2017
甘肃发展年鉴
GANSU DEVELOPMENT YEARBOOK

《甘肃发展年鉴》编委会 编
Compiled by Gansu Development Yearbook Editorial Board

《甘肃发展年鉴》编辑部

Gansu Development Yearbook Editorial Department

Editor-in-chief 主编	刘光华 Liu Guanghua	
Deputy Editor-in-chief 副主编	刘雅杰 Liu Yajie	
Chief Editor 总编辑	周立荣 Zhou Lirong	
Deputy Chief Editor 副总编辑	何子顺 He Zishun	陈雪霞 Chen Xuexia
Execute Coordinator 执行编辑	郑萍萍 Zheng Pingping	
Editor 编辑	王志杰 Wang Zhijie	王　韬 Wang Tao
（按姓氏笔划为序）	李文瑞 Li Wenrui	杨　亮 Yang Liang
	杨彩凤 Yang Caifeng	陈育麟 Chen Yulin
	邵佳霖 Shao Jialin	徐　溢 Xu Yi
	董佩姗 Dong Peishan	霍　斌 Huo Bin
English Translator 英文翻译	郑萍萍 Zheng Pingping	
Color Page Design 封面设计	张　冰 zhang bing	

编辑人员（按姓氏笔划为序）

Editorial Staff (in order to strokes of Chinese surname)

万国福 Wan Guofu	马雪萍 Ma Xueping	王玉芳 Wang Yufang	王志杰 Wang Zhijie	王韬 Wang Tao	牛乘先 Niu Chengxian
石岷 Shi Min	令军民 Ling Junmin	冯金辉 Feng Jinhui	刘杰 Liu Jie	刘金辉 Liu Jinhui	安文霞 An Wenxia
祁伟 Qi Wei	师晓军 Shi Xiaojun	苏海萍 Su Haiping	李文瑞 Li Wenrui	李忠东 Li Zhongdong	李建斌 Li Jianbin
李树海 Li Shuhai	李焱 Li Yan	杨虎 Yang Hu	杨亮 Yang Liang	杨彩凤 Yang Caifeng	余福财 Yu Fucai
何子顺 He Zishun	何涛 He Tao	何瑛 He Ying	张永明 Zhang Yongming	张晓红 Zhang Xiaohong	张爱玲 Zhang Ailing
陈育麟 Chen Yulin	陈雪霞 Chen Xuexia	邵佳霖 Shao Jialin	周立荣 Zhou Lirong	郑萍萍 Zheng Pingping	赵晓琴 Zhao Xiaoqin
胡彦荣 Hu Yanrong	徐功如 Xu Gongru	徐溢 Xu Yi	康宾 Kang Bin	郭立平 Guo Liping	黄武明 Huang Wuming
黄鹏 Huang Peng	常延斌 Chang Yanbin	董佩姗 Dong Peishan	覃海珍 Qin Haizhen	温琴 Wen Qin	裴广群 Pei Guangqun
熊艳翎 Xiong Yanling	霍斌 Huo Bin				

编者说明

一、《甘肃发展年鉴》是由甘肃发展年鉴编委会编纂，中国统计出版社出版，国内外公开发行的大型综合性年刊。它以大量翔实可靠的资料，全面记载了甘肃经济社会发展情况，是各级党政领导、经济管理部门、企事业单位、科研部门和中外投资者了解省情、市情、县情，进行科学决策、咨询和研究的重要工具书。

二、本年鉴是创刊以来的第八卷，全部为中英文对照版并配有电子版，主要记载 2016 年甘肃经济社会发展情况，统计资料在时间上有所上溯。

三、本年鉴共分为两部分：第一部分共设 9 个篇目，包括特载、概况、国民经济、建设测绘、财政金融、经济管理、社会事业、人民生活、地县及兰州新区概况；第二部分共设 23 个篇章，包括综合，人口，国民经济核算，就业和工资，价格，人民生活，财政和金融业，资源和环境，能源，固定资产投资，对外经济贸易，农业，工业，建筑业，批发和零售业，住宿、餐饮业和旅游业，运输和邮电，教育和科学技术，卫生、社会服务和社会保障，文化和体育，城市，民族自治地方，兰州新区。为方便读者使用资料，统计资料各篇前附有简要说明，篇末附有主要统计指标解释。

四、本年鉴的体例分为篇目、分目和条目三个层次，以条目为基本结构单元。条目标题均用黑体字加【】。

五、与 2016 年版《甘肃发展年鉴》相比较，本年年鉴在内容上主要做了如下修订：第一部分中，“地县概况”增加兰州新区内容，改为“地县及兰州新区概况”；删减了部分篇目；将“交通通信邮政”篇目并入“国民经济”篇目。在第二部分中，增加篇章“兰州新区”；“价格”根据统计调查方法制度中零售价格指数和消费价格指数分类的变化，进行相应的调整；在“对外经济贸易”中减少了部分细项指标和表；在“教育和科学技术”中增加了企业创新方面的表；在“卫生、社会服务和社会保障”中增加了安全生产方面的表，同时对民政部分、残疾人事业部分的指标进行了较大幅度的调整。

六、由于统计制度方法改革，有些统计指标的口径、包括范围和计算方法有所变化，使用时请注意。文稿中的数据由各单位提供，部分为初步统计数，如与统计表中不一致，以统计表为准。

七、本年鉴中所使用的度量衡单位均采用国际统一标准计量单位；部分数据合计数或相对数由于单位取舍不同而产生的计算误差，均未做机械调整。

八、符号使用说明:年鉴各表中的“空格”表示该项统计指标数据不足本表最小单位数、数据不详或无该项数据；“#”表示其中的主要项；“*”或“①”表示本表下有注解。

本年鉴的编辑出版，得到省直各部门和有关企业事业单位的大力支持，我们对此表示诚挚的谢意!

编　者

2017 年 9 月

Preface

I. Gansu Development Yearbook, edited by the Gansu development yearbook editorial board and published by china statistics press, is a large-scale domestic and international public offering comprehensive annual publication. It records comprehensively Gansu economic and social development situation by the large amount of reliable data, and is an important tool to understand the situation of the province, city, county and conduct a scientific decision-making, consult and research for every level party and government leaders, economic management department, enterprise and public institution, research departments and domestic and foreign investors.

II. The yearbook is the eighth volume since founded, which is all the in Chinese-English and equipped with electronic version, records mainly Gansu economic and social development situation in 2016, but its statistics materials have traced back in time.

III. The yearbook contains the following two parts: The first part contains Featured Articles, Survey, National Economy, Construction, Survey & Mapping, Government Finance and Financial, Economy & Management, Social Undertaking, People's Living Conditions, General Situation of Prefectures & Counties and Lanzhou New Area, total 9 chapters. The second part contains total 23 sections and chapters: General Survey; Population; National Accounts; Employment and Wages; Prices; People's Living Conditions; Government Finance and Financial Intermediation; Resources and Environment; Energy; Investment in Fixed Assets; Foreign Trade and Economic Cooperation; Agriculture; Industry; Construction; Wholesale and Retail Trades; Hotels, Catering Services and Tourism; Transport, Postal and Telecommunication Services; Education & Science and Technology; Public Health, Social Services and Social Security; Culture and Sports; City; Ethnic Minority Autonomous Area; Lanzhou New Area. For the convenience of using information for the readers, statistics have a brief introduction at the beginning of each part. In addition, explanatory notes on main statistical indicators are provided at the end of each part.

IV. The yearbook style is divided into contents, subhead and entry three levels, and entry as the basic structural unit. The entry titles are in bold and add 【】.

V. In comparison with Gansu Development Yearbook-2016, following amendments were mainly made in content of this yearbook: In the first part, of the chapter "General Situation of Prefectures and Counties", added the content of Lanzhou New Area, renamed as "General Situation of Prefectures & Counties and Lanzhou New Area"; delete part of chapters; of the chapter "Transport, Communication and Post ", incorporated into the chapter of "National Economy". In the second part, added the chapter of "Lanzhou New Area" ; of the chapter "Prices", according to changes of classification of retail price indices and consumer price indices in statistical survey and report systems, corresponding adjusts are made; of the chapter "Foreign Trade and Economic Cooperation", some detailed indicators and tables are deleted; of the chapter "Education & Science and Technology", tables of enterprise innovation related are added; of the chapter "Public Health, Social Services and Social Security", tables of safe production aspects are added, simultaneously, part of the indicators of civil affairs and cause of the disabled, are adjusted significantly.

VI. As the methods of statistical system reform, some of the caliber of statistical indicators, including the scope and computational method change and please note that when used. The presentation data is provided by the units and some are preliminary statistics, if they does not accord with the statistical tables to tables shall prevail.

VII. The units of measurement used in this yearbook are internationally standard measurement units, statistical discrepancies on totals and relative figures due to rounding are not adjusted in the Yearbook.

VIII. Notations used in the yearbook: (blank space) indicates that the figure is not large enough to be measured with the smallest unit in the table, or data are unknown, or are not available; "#" indicates a major breakdown of the total; and "*" or "①" indicates footnotes at the end of the table.

The edit and publishing of Yearbook were strongly supported by the departments under the provincial leadership, relevant enterprises and public institutions. We express our sincere thanks!

Editor

September 2017

目　录

特　载

FEATURED ARTICLES

概　况

SURVEY

国民经济

NATIONAL ECONOMY

建设　测绘

CONSTRUCTION, SURVEY & MAPPING

财政　金融

GOVERNMENT FINANCE AND FINANCIAL

经济管理

ECONOMY & MANAGEMENT

社会事业

SOCIAL UNDERTAKING

人民生活

PEOPLE'S LIVING CONDITIONS

地县及兰州新区概况

GENERAL SITUATION OF PREFECTURES & COUNTIES AND LANZHOU NEW AREA

统计资料

STATISTICS

一、综合

General Survey

二、人口

Population

三、国民经济核算
National Accounts

四、就业和工资
Employment and Wages

五、价格
Prices

六、人民生活
People's Living Conditions

七、财政和金融业
Government Finance and Financial Intermediation

八、资源和环境
Resources and Environment

九、能源
Energy

十、固定资产投资
Investment in Fixed Assets

十一、对外经济贸易
Foreign Trade and Economic Cooperation

十二、农业
Agriculture

十三、工业
Industry

十四、建筑业
Construction

十五、批发和零售业
Wholesale and Retail Trades

十六、住宿、餐饮业和旅游业
Hotels, Catering Services and Tourism

十七、运输和邮电
Transport, Postal and Telecommunication Services

十八、教育和科学技术
Education & Science and Technology

十九、卫生、社会服务和社会保障
Public Health, Social Services and Social Security

二十、文化和体育
Culture and Sports

二十一、城市
City

二十二、民族自治地方
Ethnic Minority Autonomous Area

二十三、兰州新区
Lanzhou New Area

特 载

甘肃省人民代表大会常务委员会工作报告

——2017年1月11日在甘肃省第十二届人民代表大会第六次会议上

各位代表：

我受省人大常委会委托，向大会报告工作，请予审议。

2016年的主要工作

过去一年，在省委的坚强领导下，省人大常委会认真落实中央和省委的决策部署，全面贯彻新发展理念，忠实履行各项法定职责，圆满完成了省十二届人大四次会议确定的各项任务，为促进全省经济社会发展做出了积极努力，发挥了重要作用。

一、发挥职能特点，聚焦大事要事取得新成效

常委会坚持把贯彻落实中央和省委决策部署作为重中之重，综合运用多种方式，着力抓好大事要事，努力推进工作落实，取得积极成效。

（一）切实强化履行人大职责的政治保证。常委会牢牢把握党的领导、人民当家作主和依法治国有机统一原则，切实坚持党对人大工作的领导。通过理论中心组学习、专题讲座、培训等多种形式，全面贯彻党的十八大和十八届三中、四中、五中、六中全会精神，深入学习贯彻习近平总书记系列重要讲话和视察甘肃时的重要指示精神，切实强化政治意识、大局意识、核心意识、看齐意识，自觉在思想上政治上行动上同以习近平同志为核心的党中央保持高度一致。坚持围绕省委重大决策部署谋划开展人大工作，坚持重要工作、重大问题及时向省委请示报告，自觉把党的领导落实到人大工作的各方面和全过程，确保人大工作的正确政治方向。着力加强常委会党建工作，修订党组工作规则，制定党组意识形态工作责任制实施办法及机关党建等工作制度52项，加强对机关党组和机关党建的领导，严格落实全面从严治党主体责任，大力支持省纪委派驻省人大机关纪检组工作，进一步强化了党领导人大工作的政治保证。

（二）努力助推“十三五”规划重点任务顺利实施。在深入调研、认真分析、集思广益的基础上，省十二届人大四次会议审查批准了“十三五”规划纲要。常委会坚持把推动规划启动实施作为重要任务，精心选择重点和切入点，全力推进工作落实。一是着力推动生态保护。为推动中央环保督查反馈问题整改工作，根据省委安排，常委会分管副主任带领督导组赴酒泉、嘉峪关进行现场督导检查，提出了严肃查处、认真整改的工作要求；重新制定《甘肃省节约能源条例》，及时修订《甘肃省地质环境保护条例》《甘肃祁连山国家级自然保护区管理条例》，进一步强化了绿色发展的法制保障；根据修订后的环境保护法，首次听取审议省政府关于全省环境状况和环境保护目标完成情况的专项报告，针对存在的突出问题提出了建议。二是着力推动创新发展。专题调研了创新驱动发展战略实施情况，就进一步提高科技创新能力、加大科技投入力度等提出具体建议；及时修订《甘肃省促进科技成果转化条例》，进一步细化了科技成果处置、收益分配和激励保障等措施。三是着力推动产业升级。专题调研了中医药产业发展情况，从加大产业扶持、提高中药材质量等方面提出建议。四是着力推动安全生产。全面修订《甘肃省安全生产条例》，制定《甘肃省公路建设工程质量安全监督管理条例》；审议全省安全生产情况报告，提出了促进安全发展的建议。

举办丝绸之路（敦煌）国际文化博览会是去年全省的一件大事。根据省委安排，常委会有关领导带领工作组，多次深入实地调研督查，开展对重大筹备事项、场馆建设的督促协调和工作指导，做好外国议会和团组的会见接待工作，为重点任务的完成做出了积极努力。

（三）扎实推进脱贫攻坚“一号工程”。按照省委精准扶贫精准脱贫的部署要求，突出抓了四个方面的工作：一是促进产业富民。深入开展贫困地区富民产业培育情况专题调研，提出进一步加强基础建设、推进土地流转、破解融资难题等建议。二是强化法制保障。及时启动《甘肃省农村扶贫开发条例》修订工作，重点就精准扶贫工作中扶贫对象确定、扶贫措施完善、扶贫项目实施和监管、扶贫资金使用和管理以及扶贫监督等事项作出规范。三是拓展帮扶平台。对深入推进双联“人大代表在行动”活动提出工作要求，通过跟踪调研和工作指导，促进各级人大代表和人大机关积极行动、发挥优势，多形式、多渠道开展帮扶活动，取得较好成效。四是狠抓机关双联。对机关双联进行再动员再安排，常委会副主任累计30多次深入联系的县乡，驻村干部扎实推进“六个精准”，认真落实“1+17”政策措施，着力拓宽“七个脱贫”路径，常委会机关联系的5个县、8个村已通过省市两级脱贫验收。

（四）深入落实省委人大工作会议精神。为了推动中央18号文件和省委人大工作会议精神全面落实，开展调研督导4次，成立指导组在定西开展试点工作，围绕加强和改进新形势下的人大工作，在坚持党的领导、强化责任担当、把准目标方向、突出改革创新、凝聚工作合力等方面积累了经验，并召开推进会进行总结推广。一年多来，我们坚持点上突破与面上推进相结合、强化县乡人大工作和推动人大整体工作相结合、硬件建设和软件提升相结合，狠抓中央和省委关于人大工作重大部署的贯彻落实，全省人大工作呈现出党的领导进一步强化、履职实效进一步增强、代表作用进一步发挥、工作条件进一步改善的良好局面，乡镇人大工作形成有机构、有人员、有阵地、有经费、有制度、有活动，以及自身建设标准化、履职行为规范化、代表活动经常化的“六有三化”新格局。

（五）精心指导市县乡三级人大换届选举。认真贯彻中央、省委关于换届工作的部署要求，及时研究提出实施意见，举办换届工作学习班，修订我省实施选举法细则、代表法办法及乡镇人大工作条例，就换届选举时间和市县人大常委会组成人员名额作出决定，为换届工作有序推进创造了条件。期间，常委会领导带队深入14个市州开展调研指导和跟踪督查，研究处理换届工作中的具体问题，督促各地严格遵守相关法律法规和换届纪律，确保了换届工作依法依规、风清气正。从选举结果看，新一届人大代表和人大常委会组成人员的结构、任职条件进一步优化。

二、注重务实管用，提高立法质量迈出新步伐

常委会紧紧抓住提高立法质量这个关键，完善人大主导立法工作的体制机制，狠抓重点领域立法，较好地发挥了人大的立法主导作用和立法的引领推动作用。

（一）把握立法规律，工作思路机制不断完善。进一步深化对地方立法定位和规律的认识，针对我省地方立法存在的突出问题，研究出台新形势下加强和改进地方立法工作的指导意见，明确了精立多修、减综增专、力戒照抄、提前谋划、提前参与、改进审次的总体思路。建立立法项目库，改进立法计划编制，建立法规文本起草开题会和前置评估制度，完善审次审议程序，明确法规审批工作任务分工，推进法规评估和清理工作常态化，出台立法顾问、立法联系点、立法研究咨询基地等工作办法，完善立法档案工作，初步建立起一套地方立法工作的体系机制。

（二）坚持问题导向，重点领域立法全面完成。紧紧抓住我省经济社会发展中的突出问题和民生热点，坚持急需先立，把握轻重缓急，精心选择确定立法项目，围绕农村扶贫、节约能源、科技创新、安全生产、公路建设、边境管理、生育政策、食品安全、精神卫生、乡镇人大等重点领域，制定修改地方性法规14件，批准设区市法规和民族自治地方单行条例13件，特别是积极顺应人民群众对保障食品安全、规范出租汽车经营服务等方面的立法期待，及时审议出台、审查批准食品小作坊小经营店小摊点管理条例、兰州市客运出租汽车管理条例等一批法规，地方立法服务改革发展、推进重点工作和保障民生改善的针对性、前瞻性明显增强。

（三）突出可操作性，精细立法水平有新提高。紧密联系我省发展实际，注重对法规草案重要条款进行深入研究，力争能具体的尽量具体、能不重复的尽量不重复。制定和重新制定的8部法规，基本解决了照抄重复上位法的问题，地方特色更加突出，解决实际问题的靶向更加精准。《甘肃省乡镇人民代表大会工作条例》围绕当前困扰我省乡镇人大工作的突出问题，重点就乡镇人大主席团的人员构成、工作职责、乡镇人大主席和副主席配备、乡镇人大办公室职责等作出明确规定。《甘肃省人口与计划生育条例》紧紧围绕调整生育政策、完善奖励扶助办法、深化计生服务管理体制改革三条主线，对落实全面两孩政策作出细化规定，在产假、护理假和婚假的设定上，较好地体现了以人为本的精神。《甘肃省精神卫生条例》对精神卫生服务范围、内容和机构以及政府职责、监护人责任等进行了具体规范。《甘肃省节约能源条例》等法规在体例结构上作了较大调整，大幅压减了与上位法重复的内容。

（四）强化业务指导，设区的市立法进展良好。针对地方立法主体扩展实际，及时研究出台设区市立法指导意见，指导市州人大制定立法程序规则和立法规划计划，开展市州立法干部见习培训工作，督促有关方面按照省委要求加强市州立法力量。经过共同努力，5个市的地方立法条例或立法程序规则已经获得批准，一批重点法规进入审议阶段，立法工作启动有序、进展顺利。

（五）维护法制统一，备案审查工作得到强化。积极适应规范性文件备案审查工作面临的新形势、新要求，进一步明确范围，完善流程，突出重点，依法审查各类规范性文件188件，协调督促相关部门及时纠正存在的问题，较好地维护了法制统一。

三、围绕发展大局，开展有效监督有了新进展

常委会坚持围绕中心、服务大局的工作思路，着眼增强监督实效，精心选择监督重点，注重改进监督方式，听取审议专项工作报告24项，检查5部法律法规的实施情况，开展专题调研9项，在服务大局中发挥了积极作用。

（一）围绕贯彻中央和省委重大举措，切实加强对经济运行重点工作的监督。一是促进计划有效实施。结合推进供给侧结构性改革和落实“三去一降一补”任务，审议了省政府上半年国民经济和社会发展计划执行情况的报告，针对结构调整和转型任务繁重以及项目总量减少的实际，建议进一步深化改革，加大扶贫攻坚力度，加快产业转型步伐，壮大非公经济，强调要紧紧抓住投资拉动这个关键，出台政策措施，激发民间投资，争取和落实生态安全屏障规划支持资金，力推大项目投资落地。二是推动新型城镇化建设。为推动中央、省委城市工作会议精神深入落实，审议了城市规划和建设情况的报告，就统筹规划、建设、管理三大环节，提高城市发展水平提出具体建议。三是助力交通突破行动。为进一步推动落实国家“一带一路”战略和全省重大项目工程，审议了丝绸之路经济带甘肃段“6873”交通突破行动工作报告，针对前期工作跟进、征地拆迁、资金筹措等方面的制约因素，就加强相关工作提出了具体建议。四是保障预算全面执行。听取审议预算执行情况、审计工作等报告，审查批准了2015年省级决算，要求进一步加强收入征管，强化财政支出管理和地方政府债务管理，切实抓好审计查出问题的整改落实。

（二）围绕增强监督工作实效，努力改进监督方式方法。一是不断完善专题询问方式。在开展生态安全屏障建设情况询问工作中，常委会两名副主任带队赴定西、兰州等市，重点就大气污染网格化监管、地质灾害搬迁避让、垃圾污水处理等工作进行调研，掌握第一手资料，为搞好专题询问做了充分准备。专题询问时，8名常委会委员、1名全国人大代表围绕节能减排、生态补偿、农村面源污染防治等重大问题开展询问，有重点、有针对性地提问，省政府分管副省长和有关部门主要负责人到会应询，确保了专题询问的严肃性和实效性。二是积极改进计划预算监督。坚持把审查监督政府预算决算与督促审计查出问题整改结合起来，制定审计查出突出问题整改情况向人大报告办法，首次听取审议了年度省级预算执行和其他财政收支审计查出问题整改情况的报告。对常委会审议意见和审计查出的问题，省政府高度重视，一些得到纠正解决，一些正在改进。及时听取综合部门汇报，分析经济运行形势，研究具体问题，提出意见建议。改进计划预算审查办法，遴选咨询专家26名，决算审查前首次听取市州人大和专家意见。三是注重综合运用监督方式。为了促进安全生产工作，听取和审议全省安全生产情况报告，检查了道路交通安全法及相关法规实施情况。组织“回头看”，对2015年检查水污染防治法发现问题的整改情况进行跟踪检查。搭建监督平台，组织开展“陇原环保世纪行”和“农产品质量安全陇上行”活动。

（三）围绕推动法治甘肃建设，不断强化对执法司法工作的监督。一是大力推进法治政府建设。高度重视依法行政在法治国家和法治社会建设中的引领示范作用，审议了2015年依法行政工作报告，就进一步推进法治政府建设提出具体建议。二是不断加大对司法活动的监督力度。专题调研我省行政审判和侦查监督工作情况，分别审议了省高级人民法院、省人民检察院专项工作报告，就进一步推进公正司法提出具体建议。制定司法监督咨询专家工作办法，开展人员选聘，不断促进人大司法监督工作。三是努力推动法律法规正确实施。先后检查了道路交通安全法、安全生产法及我省安全生产条例、农村能源条例等一批法律法规的实施情况，提出加强和改进相关执法工作的意见建议。

根据工作需要，精心筹备召开省十二届人大五次会议，依法选举了甘肃省省长。积极行使重大事项决定权，先后就省级财政预算调整和决算、政府债券安排计划、第七个五年法治宣传教育等事项作出决议决定。明确规范、全面实施宪法宣誓制度，先后组织34人次的被任命干部进行宪法宣誓，依法任免国家机关工作人员113人次，审查代表资格27人次。认真做好信访工作，全年共受理人民群众来信来访1093件（次）。配合全国人大常委会开展立法调研、代表视察和执法检查等活动15次。

四、强化服务保障，发挥代表作用展示新作为

常委会紧紧围绕发挥代表主体作用这个关键，进一步强化履职平台建设。

（一）持续加大代表培训力度。积极改进培训内容和方式，围绕国内经济形势、国家核心利益、人大制度、代表履职、相关法律法规实施等专题，组织省人大代表和市州人大及其代表工作部门负责人在省内外进行培训。建立省人大代表培训基地，为代表培训工作创造了良好条件。

（二）着力用好代表活动阵地。深入县乡加强调研指导，督促各地按照“六有三化”的要求，把建、管、用有机结合起来，进一步加强代表活动阵地建设。“人大代表之家”“人大代表工作室（站）”为代表在闭会期间联系群众、发挥作用创造了条件。

（三）积极扩大代表有序参与。完善代表列席会议和参加活动制度，共邀请代表列席常委会会议50多人次，组织代表参加常委会执法检查、调研视察等重要活动145人次，进一步发挥了代表在闭会期间的职能作用。

（四）不断提高代表建议办理质量。精心选择事关改革发展大局的代表建议13件，分别由常委会领导进行现场督办、专门委员会牵头重点督办，组织代表深入实地，视察了4个承办单位的办理工作，对省民政厅办理工作进行测评。截至去年7月，省十二届人大四次会议期间代表提出的651件建议已全部办理答复完毕，其中，已经解决和基本解决的占64.1%。组织在甘全国人大代表向全国人代会提出建议137件，配合全国人大常委会办公厅对其中的3件进行重点督办和追踪办理，协助全国人大在兰州举办了全国人大代表建议办理工作座谈会。

五、加强自身建设，提升履职能力呈现新气象

按照中央和省委的部署，深入组织开展“两学一做”学习教育。围绕学习贯彻党的十八大及十八届三中、四中、五中、六中全会精神和习近平总书记系列重要讲话等主题，组织集体学习、专题讲座，不断加强理论武装工作。深入实施党风廉政建设“3783”主体责任体系、“856”衡量检验标尺，制定工作推进计划，严格落实各项规定要求，认真实行逐级报告制度和“签字背书”办法，构建责任落实网状格局。按照作风建设永远在路上的要求，严格执行中央和省委加强作风建设的各项具体规定，持续狠抓“四风”问题的整改落实。努力完成省委民主法制领域深化改革任务，制定地方立法研究咨询基地和立法联系点、闭会期间代表履职及服务保障等制度。加强对常委会特色亮点工作和基层人大工作的宣传报道，组织部分中央驻甘和省里主要新闻媒体对我省乡镇人大工作进行集中采访报道。常委会机关把素质提升活动同双联、效能风暴行动、省级文明单位创建等结合起来，着力提升机关的参谋助手和服务保障水平。专委会和工作部门围绕重点业务，在省内外组织了全省各级人大干部参加的培训班9期、900多人次。同时，加强了对基层人大的联系和工作指导。

各位代表！过去的一年，省人大常委会工作取得的成绩，是省委正确领导的结果，是常委会全体组成人员和人大代表共同努力的结果，是"一府两院"和社会各界大力支持的结果。在此，我代表省人大常委会表示衷心的感谢！

回顾过去一年的工作，我们也清醒地认识到，常委会工作与新形势新任务的要求相比，与广大人民群众的期盼相比，还有一定差距。主要是：地方立法还有薄弱环节，监督工作机制和方式有待进一步完善，审议意见的跟踪督促落实仍需加强，常委会组成人员的履职能力还需进一步提升，机关队伍建设与工作要求还存在差距。对此，我们将在今后的工作中认真加以改进。

2017年的主要任务

今年，省人大常委会工作的指导思想是：紧密团结在以习近平同志为核心的党中央周围，高举中国特色社会主义伟大旗帜，全面贯彻党的十八大和十八届三中、四中、五中、六中全会精神，以马克思列宁主义、毛泽东思想、邓小平理论、"三个代表"重要思想、科学发展观为指导，深入学习贯彻习近平总书记系列重要讲话精神和治国理政新理念新思想新战略，牢固树立"四个意识"，统筹推进"五位一体"总体布局，协调推进"四个全面"战略布局，认真贯彻中央和省委决策部署，全面落实省委人大工作会议精神，切实推进地方立法、监督调研、决定重大事项、代表工作和自身建设新发展，积极进取，扎实工作，以优异成绩迎接党的十九大和省第十三次党代会胜利召开。围绕这一指导思想，我们将重点做好以下工作：

一、进一步提高立法质量

全面贯彻落实中央和省委关于立法工作的指导方针和目标任务，遵循和把握地方立法规律，加强对立法工作的组织协调和综合指导，充分发挥人大在立法工作中的主导作用，加强重点领域立法。做好农村扶贫开发条例、农村生活垃圾管理条例、招标投标条例、技术市场条例及鼠疫防控条例等法规的审议工作，做好开发区条例、石油天然气管道保护条例、村镇规划建设管理条例等法规的起草和修改完善工作，做好兰州新区管理、城镇居民住宅区二次供水管理、城市人行道管理、农作物秸秆资源化利用等法规项目的调研工作。深入推进科学立法、民主立法，健全立法论证、听证机制，做好法规草案通过前评估和立法后评估工作，健全法规草案公众意见采纳反馈机制，落实立法顾问制度，加强立法联系点建设。做好五年立法规划编制前期准备工作。加强对市州立法工作的指导，提高规范性文件备案审查质量。

二、进一步增强监督实效

坚持稳中求进工作总基调，牢固树立和贯彻落实新发展理念，围绕脱贫攻坚、"十三五"规划纲要实施和稳增长、促改革、调结构、惠民生、防风险等工作，充分运用代表视察、专题调研、联组审议等有效监督形式，加强对"一府两院"工作的监督。听取审议省政府依法行政、推进供给侧结构性改革、计划预算执行以及省法院、省检察院关于全面深化司法体制改革等情况的专项工作报告。完善监督方式方法，对审计查出突出问题整改情况开展专题询问，采用省、市、县三级人大联动的方式，对产品质量法、我省农村饮用水供水管理条例等法律法规贯彻实施情况进行检查。组织开展宪法宣誓，增强国家机关工作人员的宪法意识。围绕绿色生态与可持续发展、历史文化名城保护的政府主导和市场行为等开展专题调研。

三、进一步加强决定重大事项工作

深化对重大事项决定权意义的认识，正确处理人大决定与党委决策的关系，健全完善与"一府两院"的协调沟通机制，在依法行使重大事项决定权上取得积极进展。深入贯彻落实省委关于决定重大事项要突出规范性的要求，根据全国人大常委会有关意见精神，研究制定关于健全人大讨论决定重大事项制度、政府重大决策出台前向本级人大报告的相关规定，推动建立决定重大事项清单制度，进一步完善常委会讨论决定重大事项的内容程序和制度抓手。在加强调查研究的基础上，及时对计划、省级预算调整方案和决算等重大事项进行审查，并作出决议决定。坚持党管干部原则与人大依法行使任免权有机统一，严格按照地方组织法和常委会人事任免暂行办法，做好人事任免工作。

四、进一步拓展代表工作

举办省人大代表学习培训班，加强对市县乡三级人大代表培训工作的指导，进一步提升代表履职能力。认真做好代表履职服务保障工作，加快推进省人大代表履职服务平台建设。围绕改革发展等重大事项，组织代表进行调研视察。坚持重点代表建议督办制度，组织代表对承办单位的办理工作进行视察，启动代表议案建议网上办理工作。进一步密切人大代表同人民群众的联系，加强代表思想政治作风建设，推进代表履职档案建设。适时召开"人大代表在行动"经验交流会，进一步动员组织各级人大代表积极参与扶贫攻坚。认真贯彻中央和省委关于换届选举工作的决策部署，指导督促各选举单位依法做好省十三届人大代表选举工作。

五、进一步提升履职能力

深入贯彻党的十八届六中全会精神，坚定不移落实全面从严治党要求，把党的领导、人民当家作主、依法治国有机统一到依法履职的全过程和各方面。坚持常委会履职讲座制度，不断提升组成人员的履职能力。探索建立预算审查前听取人大代表和社会各界意见建议机制及相关制度，对市、县两级人大贯彻省委人大工作会议精神和推广定西试点经验情况进行督查调研，持续推动落实。坚决落实中央八项规定和省委"双十条"规定，持续反对"四风"，巩固"两学一做"学习教育成果，深入推进双联行动和效能风暴行动。不断加强人大业务建设，召开全省人大宣传工作会议，举办全省新任市县两级人大常委会负责人履职培训班，抓好市州和基层人大工作的联系指导。

各位代表！

做好今年的省人大工作，任务艰巨，责任重大。让我们紧密团结在以习近平同志为核心的党中央周围，在省委的坚强领导下，积极进取，扎实工作，全面完成各项工作任务，以优异成绩迎接党的十九大和省第十三次党代会胜利召开！

甘肃省政府工作报告

——2017 年 1 月 9 日在甘肃省第十二届人民代表大会第六次会议上

各位代表：

现在，我代表省人民政府，向大会作工作报告，请予审议，并请各位政协委员和列席人员提出意见。

2016 年工作回顾

过去的一年，面对复杂严峻的国内外环境和持续加大的经济下行压力，在以习近平同志为核心的党中央坚强领导下，省委省政府团结带领全省各族人民，全面贯彻党的十八大和十八届三中、四中、五中、六中全会精神，深入贯彻习近平总书记系列重要讲话和视察甘肃时提出的“八个着力”重要指示精神，统筹推进“五位一体”总体布局和协调推进“四个全面”战略布局，适应把握引领经济发展新常态，坚持稳中求进工作总基调，以新发展理念为引领，以推进供给侧结构性改革为主线，保持发展定力，聚焦脱贫攻坚，聚力深化改革，突出结构调整，坚持创新驱动，着力改善民生，加强风险防控，较好完成了省十二届人大四次会议确定的主要目标任务，实现了“十三五”良好开局，在建设幸福美好新甘肃和全面建成小康社会的道路上迈出了坚实步伐。

经济平稳健康发展，主要指标符合预期。全省实现生产总值 7085 亿元、增长 7.6%，固定资产投资 9530 亿元、增长 10.5%，社会消费品零售总额 3168 亿元、增长 9%，一般公共预算收入 786.8 亿元、同口径增长 8.8%，居民消费价格涨幅 1.8%。规模以上工业企业从 5 月份开始整体扭亏为盈，全年实现利润 120 亿元、同比净增 192.3 亿元。主要经济指标出现止跌回稳或小幅回升的势头，符合年初预期，经济继续运行在合理区间，呈现出缓中趋稳、稳中有进、进中向好的良好态势。

脱贫攻坚成效显著，人民生活明显改善。贫困地区农民人均可支配收入增长 12.2%，高于全省农民人均可支配收入增速 3.2 个百分点左右，全年减少贫困人口 101.9 万人，12 个片区县可申请国家脱贫摘帽验收、5 个插花县可申请省级脱贫摘帽验收，贫困发生率由 14.2%降至 9.3%。全省城乡居民人均可支配收入分别增长 8%和 9%左右；新增城镇就业 43.7 万人、完成全年目标任务的 109%，城镇登记失业率 2.16%、低于年控制计划 1.84 个百分点。以教育为主的社会事业加快发展，学前三年毛入园率、义务教育巩固率、高中阶段毛入学率分别达到 90%、94%、93%，均超过全国平均水平，高考录取率达到 79.39%、创历史新高。在全国率先减免学前教育保教费，率先实现困难残疾人生活补贴和重度残疾人护理补贴提标扩面、城乡同标。14 个市州 PM10、PM2.5 平均浓度值分别同比下降 4.2%、7.1%，全省平均优良天气率达到 83.5%，地级以上城市饮用水源地水质达标率为 100%。年初承诺的 10 件为民实事全部办结，各族人民群众实实在在享受到了发展成果。

转型升级步伐加快，产业结构更趋优化。以“三去一降一补”为抓手的供给侧结构性改革成效初显，特别是化解钢铁、煤炭过剩产能提前或超额完成国家下达的年度目标任务。粮食总产量达到 1140.6 万吨、实现“十三连丰”；战略性新兴产业增加值增长 12%、高于规上工业 5.9 个百分点，占生产总值的比重提高 1 个百分点、达到 13.1%；三产增加值增长 9%、比一二产增速分别高 3.7 和 2 个百分点，占生产总值比重首次超过 50%，旅游接待超过 1.9 亿人次，综合收入首次突破千亿元大关，达到 1220 亿元、增长 25%。三次产业结构进一步调整为 13.7∶36.2∶50.1。

改革红利持续释放，动能活力不断增强。新增市场主体 26.59 万户、注册资金 4583.32 亿元，分别增长 12.69%、40.02%，平均每天新增市场主体 728 户。新增高新技术企业 130 家、总数达 437 家。规上高技术工业增加值增长 13.6%、比规上工业高 7.5 个百分点；新增规上工业企业完成增加值 65 亿元、同比增长 2.2 倍，对规上工业增长的贡献率达到 45.2%。省属国有企业经营效益持续好转，实现利润 35.25 亿元、同比增利 181.37 亿元。非公经济增加值占生产总值比重达到 47.6%、比上年提高 1.8 个百分点，高于预期目标 0.6 个百分点。

基础瓶颈逐步破解，平台支撑日益凸显。建成高速及一级公路 328 公里，新增铁路运营里程 227 公里，兰渝铁路岷县至广元段建成通车，结束了陇南市政府所在地不通火车的历史。兰州中川机场旅客吞吐量突破 1000 万人次大关。成功获批国家新能源综合示范区。经济、文化、生态三个国家级战略平台对经济发展的支撑作用不断增强，兰州新区生产总值增长 20%，一般公共预算收入增长 48.5%，已成为全省重要的经济增长极；国家批复的循环经济示范区建设任务基本完成并通过现场初评估，单位生产总值能耗下降 9%，主要污染物排放量下降 1.6%，均超额完成年度目标任务。华夏文明传承创新区建设取得重大突破，特别是首届丝绸之路（敦煌）国际文化博览会的成功举办，展示了甘肃深厚的历史文化底蕴，极大提升了甘肃知名度和美誉度，进一步夯实了打造丝绸之路经济带甘肃黄金段、加快向西开放的平台支撑。国家生态安全屏障综合试验区建设取得阶段性成果。

过去的一年，宏观经济环境不确定不稳定因素较多，困难和压力比预想的大，全省上下勠力同心、克难奋进，付出了艰辛努力。全省呈现出经济平稳发展、改革有序推进、开放不断扩大、民生持续改善、社会和谐稳定的良好局面。我们主要做了以下五个方面重点工作：

一是全力促进经济运行保持在合理区间。认真落实国家稳增长、促改革、调结构、惠民生、防风险一系列政策措施，确保“十三五”开局之年经济平稳健康发展。发挥政策综合效应，积极主动抓好政策对接，先后出台贯彻新发展理念“1+19”系列文件以及鼓励社会投资、促进外贸回稳向好、全面推开营改增、实施用电用气价格改革等政策措施，结合落实国务院第三次大督查整改要求，加大政策集成，力促落地见效。加强研判精准调度，每月分析研究全省经济运行情况，逐月通报各地各部门指标完成情况，组织开展项目观摩活动，及时出台实施降低实体经济企业成本“40条”，强力支撑了经济增长企稳回升。狠抓项目投资带动，大力实施“3341”项目建设工程，基础设施建设持续推进，85个省列重大项目完成投资932亿元，新建成了一大批交通、水利、能源等重大项目，项目建设在补短板的同时有力带动了投资持续增长。结合制定“十三五”规划纲要，谋划了一批基础设施、生态保护、产业升级、区域发展等方面的重大项目，为促进投资持续增长创造了条件。挖掘消费增长潜力，大力推进“十大扩消费行动”，培育发展文化旅游、现代物流、金融服务、电子商务、健康养老等新消费热点，电子商务交易额和网络零售额均增长30%左右，高出全省消费增幅20个百分点以上。

二是大力实施脱贫攻坚“一号工程”。认真贯彻中央精准扶贫系列精神，按照省委的部署，深入推进联村联户为民富民、“1236”扶贫攻坚、“1+17”精准脱贫“三大行动”，全面实行“853”精准脱贫管理办法和“4342”脱贫验收责任体系，扎实开展“大走访、回头看”专项行动，着力提高脱贫攻坚的精准性和实效性。加大扶贫投入，重视解决农村产业发展中资金短缺的最大瓶颈，整合投入省级涉农资金568亿元，切块到县481亿元；发放精准扶贫专项贷款223亿元，累计达到434亿元，惠及96.4万户、398.2万贫困人口。努力补齐短板，建成农村公路2.1万公里，95%以上建制村通沥青（水泥）路；解决26万贫困户118万人饮水安全问题；改造农村贫困户危房14万户；实施国家下达我省建档立卡贫困群众易地扶贫搬迁16.1万人，全省实施易地扶贫搬迁24.9万人；建成58个片区贫困县有需求的行政村幼儿园2465所，贫困县学前三年毛入园率达到86%、比上年提高13个百分点；基本实现贫困村动力电、标准化卫生室全覆盖。发展富民产业，实施富民产业培育支持计划，鼓励发展特色种植、牛羊养殖、农产品加工等富民多元产业，全省特色优势产业种植面积3217.4万亩、新增163万亩；牛羊出栏分别为204万头和1453万只、同比增长5.8%和8.5%。积极培育农村电商、休闲农业、乡村旅游等新产业新业态，在100个贫困村开展旅游扶贫试点，在1641个贫困村开展电商扶贫，有效拓宽了农民增收致富渠道。陇南市探索实践的电商扶贫模式，不仅有效解决了偏远山区交通不便、特色农产品卖难问题，带动了当地特色产业发展，而且延伸了产业链，促进了特色农产品种植、储藏、加工、包装、物流一体化发展，为贫困地区脱贫致富提供了有益借鉴，获得国务院通报表扬，被命名为全国电商扶贫示范市，其他市县也在积极跟进。完善保障政策，贫困人口大病保险报销起付线由5000元下调至3000元，重特大疾病医疗救助病种调整扩大为50种，141.1万农村低保一、二类对象和特困供养人员实现“政策性脱贫”。制定实施进一步支持全省藏区经济社会发展若干政策和重大项目的意见，加快实施国家支持临夏等民族自治州建设小康社会的若干意见、陕甘宁革命老区振兴规划和我省支持革命老区发展意见，有力促进了革命老区、民族地区经济社会发展和脱贫攻坚。

三是纵深推进改革开放。坚决贯彻中央部署，认真落实省委要求，聚焦重点领域和关键环节，实施了一批增活力、添动力的举措，改革呈现出纵深推进、重点突破的良好态势。推动供给侧结构性改革，制定实施配套政策措施，不折不扣落实“三去一降一补”硬任务，分别压减生铁、粗钢、煤炭产能160万吨、144万吨、427万吨；商品住宅去化周期由年初的26.5个月下降至17.5个月；企业贷款综合平均利率较年初下降2.67个百分点；全面推开营改增试点，减轻市场主体税负24.6亿元、减负面达98%，减少企业用电用气成本54亿元，规模以上工业企业每百元主营业务收入成本减少2.8元；基础设施、公共服务、生态环境保护和建设等补短板工作进一步加强。聚焦重点领域改革，扎实推进“放管服”改革，省级取消调整下放各类行政审批事项120项、清理规范行政审批中介服务50项；随机抽查事项达到市场监管执法事项的70%以上、其他行政执法事项的50%以上；积极推进政府系统政务数据共享共用，加快政务服务网建设，35个省直部门的310项行政许可事项全部实现网上行权。全省公共资源交易系统完成了国家电子招投标试点，省市公共资源交易实现了服务系统互联互通。积极推进事业单位分类改革，机构编制总量实现零增长。推进商事制度改革，实施企业“五证合一、一照一码”和个体工商户“两证整合”登记制度，工商注册便利化服务水平大幅提升。强力推进国企国资改革，实施提质增效攻坚战，完成省属企业集团层面公司制改革，13户企业完成股份制改造，启动国企“三供一业”分离移交、员工持股等改革试点。组建成立甘肃金控集团、资产管理公司、黄河财险和兰银租赁等一批省内金融机构；新增上市公司2家，白银集团通过发审会、即将成为国内有色行业首家整体上市的大型企业集团，开创了我省国有大型企业整体上市的先河；“新三板”挂牌企业13家，华龙证券完成股份制改造、增资扩股96.2亿元，成为“新三板”创立以来融资额排名第2位的挂牌企业。不断深化农村综合改革，农村集体土地所有权、宅基地和集体建设用地使用权确权登记全面完成，农村集体土地确权登记面积5267.2万亩，土地流转面积1200万亩、流转率24.6%。加快新型城镇化建设进程，全面推进国家和省级新型城镇化试点、国家建制镇示范试点，落实户籍制度改革和居住证制度，26.7万农业转移人口落户城镇，城镇化率提高1.3个百分点、达到44.49%。供销合作社、农垦、国有林场等改革有序推进。加快对外开放步伐,成功举办第二十二届“兰洽会”、第六届敦煌行•丝绸之路国际旅游节、第七届中国(甘肃)国际新能源博览会、2016中国西部国际产能合作论坛等重大节会,中国光彩事业庆阳行暨民企陇上行、公祭中华人文始祖伏羲大典等活动的广度和深度进一步拓展。新开通国际航线7条,国内国际航线增至179条,通达91个城市。开通国内首列南亚公铁联运和兰州新区至白俄罗斯明斯克点对点国际货运班列。口岸建设取得新突破,兰州中川国际机场获准开展口岸签证业务、获批进口冰鲜水产品及水果指定口岸,兰州铁路集装箱场站作为临时口岸对外开放,武威保税物流中心获批国内第二个内陆进境木材监管区。兰州新区中韩、中德产业园开工建设,综合保税区入驻企业达到206家。与16个国家开展实质性产能合作,酒钢集团完成收购牙买加氧化铝厂项目,白银集团在秘鲁建成多金属尾矿项目,金川集团印尼红土镍矿项目开工建设,全省对外实际投资额达6.19亿美元、增长4倍。国际友好城市达到57对,境外岐黄中医学院和中医中心达到13个、商务代表处增加到9个。组团赴海外参加“四海一家”“欢乐春节”等文化交流活动。与丝绸之路沿线国家实现贸易额突破100亿元、增长8.5%。

四是不断强化创新驱动。贯彻落实中央“科技三会”精神,制定实施“科技创新30条”等系列政策措施,深化科技资源配置等关键环节改革,全省研发经费支出占生产总值的比重为1.22%,科技进步对经济增长的贡献率提高到51.3%,综合科技进步水平指数在全国排名第18位、比上年前进1位。着力推进兰白科技创新改革试验区建设,与上海张江国家自主创新示范区签订创新驱动发展战略合作协议,“六个一百”技术创新工程加快实施,开发新产品122个,转化重大成果297项,培育高新技术企业88家,新认定科技创新型企业100家,兰州新区产业孵化大厦被认定为国家级科技企业孵化器,试验区累计孵化企业超过1700家,兰州科技大市场专业服务机构达到459家。加快创新平台建设,新建3个国家地方联合工程研究中心(实验室)、1个国家企业技术中心、37家省级工程研究中心(实验室)、17家省级企业技术中心。促进科技成果转移转化,在全国率先修订实施促进科技成果转化条例,全国特色型知识产权强省建设试点获批,登记技术合同5237项、交易额达150.05亿元;专利申请受理17884件、授权7318件,分别增长38.2%、20.1%;企业专利权融资11.36亿元,超过“十二五”时期总和;科技成果登记1276项,同比增长55.8%。推进“大众创业万众创新”,实施陇原“双创”五大专项行动,举办“双创活动周”,新认定国家级众创空间14家、“星创天地”33家、小微型企业创新创业示范基地4家。

五是着力增进民生福祉。始终把改善民生作为我们工作的出发点和落脚点,着力解决关系人民群众切身利益的突出问题。切实保障改善民生,坚持把就业作为民生之本,设立省级创业带动就业扶持资金和高校大学生创新创业专项资金,开展就业技能培训、创业培训和岗位技能提升培训46.7万人,发放企业稳岗补贴4.2亿元、受益职工45.88万人,转移城乡富余劳动力527.4万人、创劳务收入952亿元。努力解决群众住房问题,实施棚户区改造13.07万户,其中货币化安置7.27万户、安置率达到55.6%;落实公共租赁住房5.17万套(户),超额完成年度任务。完善社会保障制度,整合城乡居民医保,基本医疗保险筹资标准人均达到540元,农村居民参合率达到98.62%,基本实现省内异地就医直接结算,退休人员养老金标准提高6.86%。不断筑牢民生底线,城市低保标准提高10%,农村五保供养标准提高15%,实施医疗救助446万人(次),投入救助资金4.18亿元保障受灾群众基本生活。大力发展社会事业,优先发展教育事业,基本实现1500人以上有需求的行政村幼儿园全覆盖,实施改薄学校8827所,义务教育基本均衡县达到44个;省级职教集团达到21个,西北民族大学、甘肃中医药大学签约省部(局)共建。重视卫生事业发展,133家县级公立医院实施综合改革,选派省市县三级医院医生到基层开展多点执业服务,全面推开健康促进模式改革,乡镇卫生院和社区卫生服务中心全科医生平均达到2.4名,村医补助提高到每人每月300元,人均基本公共卫生服务经费补助标准提高到45元。促进文化繁荣发展,深入实施社会主义核心价值观“人知人晓”“人信人守”工程,广泛开展群众性精神文明创建和社会志愿服务活动,鼓励创作传播甘肃声音的精品力作,《读者》《敦煌研究》荣获2016中国最美期刊称号,由我省主导拍摄的电视连续剧《淬火成钢》在央视一台黄金时段展播,这在甘肃历史上是第一次;《河西走廊》《金城兰州》《凉州会盟》《敦煌画派》《黄土大塬》等影视作品央视播出后在国内外产生了广泛影响;《丝路花雨(2016版)》等一批大型舞台精品和《又见敦煌》《敦煌盛典》等实景旅游演出深受各方赞誉。文化惠民工程加快实施,综合性博物馆市县全覆盖,“历史再现”工程各类博物馆、纪念馆挂牌490家,新达标乡镇综合文化站302个,建成“乡村舞台”3500个,首创数字农家书屋88个。加强生态环境保护,石羊河流域重点生态治理项目提前完成治理任务,敦煌水资源合理利用与生态保护综合规划项目加快实施,黑河流域近期治理成果进一步巩固。完成营造林395.8万亩,治理水土流失面积2000平方公里,沙化土地封禁286.6万亩,草原禁牧1亿亩。实施水资源消耗总量和强度双控行动,在全国率先实行取水许可动态管理,地下水超采区治理进一步加强。实施大气、水、土壤污染防治行动计划,环境质量有所改善。以中央环保督察为契机,全面排查、坚决整治环保突出问题,整改信访举报问题1436件、占总量的74.33%。促进社会和谐稳定,全面贯彻党的民族政策和宗教工作基本方针,深入开展民族团结进步创建活动,民族地区经济社会加快发展,保持了民族和睦、宗教和顺的良好局面,临夏州获全国民族团结进步创建活动示范州称号。严格按照“党政同责、一岗双责、齐抓共管、失职追责”的安全生产责任体系要求，狠抓责任落实，安全生产形势总体平稳。全面加强食品药品安全监管，开展省市县政府食品安全工作考核评议。深化拓展平安甘肃建设，大力推进社会治理创新，疏导化解社会矛盾，认真办理群众来信来访，社会大局保持和谐稳定。

过去的一年，我们牢固树立“四个意识”特别是核心意识、看齐意识，扎实开展“两学一做”学习教育，突出问题导向，顺应群众期盼，深入推进作风建设，不断强化服务意识，着力提高政府效能。大力推进法治政府建设，全面推行政务公开，完善依法行政制度体系，推进行政决策科学化、民主化、法治化，努力提升政府公信力。落实省政府和政府部门向人大常委会报告工作制度，认真执行各项决议，自觉接受人大及其常委会的法律监督、政协的民主监督、司法监督和社会各界监督，提请省人大常委会审定地方性法规 12 部，制定政府规章 13 部，628 件人大代表建议、736 件政协提案全部按期办结。加强审计监督，整改落实问题资金 85.79 亿元；强化行政监察，立案查处各类违纪违法案件 5573 件，给予党纪政纪处分 6909 人，移送司法机关 149 人，挽回经济损失 1.08 亿元。

各位代表！

过去一年全省经济社会发展取得的成绩，是党中央、国务院亲切关怀的结果，是省委坚强领导的结果，是省人大、省政协大力支持的结果，是全省各族人民团结奋斗的结果。在此，我代表省人民政府，向全省各族人民，向各民主党派、工商联、无党派人士、人民团体和社会各界人士，向驻甘人民解放军、武警官兵和中央驻甘单位致以崇高的敬意！向所有关心支持甘肃发展的中央各部委、兄弟省区市、港澳台同胞、海外侨胞和国际友人表示诚挚的感谢！

在肯定成绩的同时，我们也清醒地认识到，当前的发展还面临许多困难和问题，政府的工作还存在明显不足和差距。主要是：科技创新引领作用发挥还不够充分，科技资源配置还存在分散、重复、封闭、低效等问题；创新政策的宣传解读还不到位，一些政策还没有真正落到实处；企业创新主体地位还不凸显，高校、科研院所和各类创客共同创新创业的氛围还不够浓厚，产学研结合不够紧密。实体经济实力还有待提升，民营经济发展缓慢，重化特征产业结构转型升级的任务还很重，延链补链项目不多，上下游配套不够紧密，新旧动能转换较慢。现代农业体系还不够健全，组织化程度低，新型经营主体数量少、规模小，生产、储存、销售、保险等体系不完备，抵御市场风险能力弱，绿色农业、生态农业、品牌农业发展步伐较慢。县域经济发展滞后，主导产业发展层次不高，龙头企业带动作用不强；县域基础设施和公共服务薄弱，园区配套设施不完善，金融、科技、人才等要素保障不足；县级财政收入增长乏力，收支矛盾突出，支撑县域经济发展的体制机制还有待进一步完善，县域经济发展亟需破题。民生社会领域还有不少短板，就业的结构性矛盾比较突出，劳动者技能素质与企业岗位需求不完全吻合，城乡优质教育资源配置不均衡，基层医疗服务能力不足，一些关系群众切身利益的问题还没有得到很好解决；全面小康实现程度低，脱贫攻坚补短板任务重。生态环境保护任务较重，生态保护和建设任务与投入不足的矛盾突出，局部地区生态环境恶化趋势尚未得到有效遏制，大气、水、土壤污染防治任务仍然艰巨，我们的工作成效和人民群众对环境的要求还有差距。政府职能转变还不到位，“放管服”改革的协同性联动性不够，基层承接能力较弱；一些政府部门单位基础工作不扎实，主动服务的质量和效率不高，在一些方面群众办事还不方便，作风建设成果还需下功夫巩固。对于这些问题，我们将认真研究分析，切实采取措施，努力加以解决。

2017 年主要目标和重点工作

今年是实施“十三五”规划的重要一年，是供给侧结构性改革的深化之年，我们将迎来党的十九大胜利召开，4 月份我省召开第十三次党代会，做好政府各项工作意义特殊而重大，总体思路是：全面贯彻党的十八大和十八届三中、四中、五中、六中全会以及中央经济工作会议精神，以邓小平理论、“三个代表”重要思想、科学发展观为指导，深入学习贯彻习近平总书记系列重要讲话和视察甘肃时的重要指示精神，统筹推进“五位一体”总体布局和协调推进“四个全面”战略布局，坚持稳中求进工作总基调，牢固树立和贯彻落实新发展理念，适应把握引领经济发展新常态，以提高发展质量和效益为中心，以供给侧结构性改革为主线，着力推进脱贫攻坚，着力深化改革创新，着力激发有效需求，着力扩大对外开放，着力保障人民生活，全面做好稳增长、促改革、调结构、惠民生、防风险各项工作，促进经济平稳健康发展和社会和谐稳定，以优异成绩迎接党的十九大胜利召开。

经济社会发展主要预期目标是：生产总值增长 7.5%，在实际工作中争取更好结果，固定资产投资增长 10%以上，社会消费品零售总额增长 9%，一般公共预算收入增长 5%（同口径增长 8%），城乡居民人均可支配收入分别增长 8%和 9%以上，新增城镇就业 40 万人，居民消费价格涨幅控制在 3%左右，单位生产总值能耗和主要污染物排放完成国家下达的控制指标。

为实现上述目标，我们必须坚持党中央确定的稳中求进工作总基调这个治国理政的重要原则，牢牢把握稳的大局，努力保持进的势头，心无旁骛、奋发有为，确保经济运行在合理区间，力争在关键领域有所突破，实现以进保稳、以稳促进。重点抓好十个方面的工作：

一、深化供给侧结构性改革，提高供给体系质量

坚持以满足需求为最终目的，以提高供给质量为主攻方向，以深化改革为根本途径，适应市场需求，扩大有效供给，推动结构调整、转型升级取得实质性进展。

深入推进“三去一降一补”。去产能方面，落实国家去产能各项要求，确保完成年度目标任务，防止已经化解的过剩产能死灰复燃和新增落后产能。把妥善安置人员作为重中之重，保持企业和社会稳定。去库存方面，坚决落实中

央“房子是用来住的，不是用来炒的”定位，坚持把去库存与人口城镇化结合起来，因城因地施策，加大对农业转移人口购房、城镇居民改善性住房的支持力度，用好住房公积金、棚户区改造货币化安置等政策措施，促进房地产库存持续下降，有效防范房地产风险。去杠杆方面，在拓展直接融资渠道、扩大直接融资规模的同时，下决心在盘活存量资产、优化债务结构、有序开展市场化银行债权转股权、依法破产、发展股权融资等方面取得实质性进展，积极稳妥降低企业杠杆率。规范各级政府举债行为，落实金融风险防控责任，清理化解隐性债务，加大到期债务偿还力度，把政府债务控制在合理范围内，坚决守住不发生区域性金融风险的底线。降成本方面，把各项降成本政策措施清单化、折子化，一项一项落实，一条一条兑现，切实降低企业制度性交易成本和用工、用能、物流、融资等经营性成本。引导企业加强科学化精细化管理，强化内部挖潜，降低企业管理成本。补短板方面，坚持从制约经济社会发展的重要领域和关键环节、从人民群众迫切需要解决的突出问题着手，既补硬短板也补软短板，既补发展短板也补制度短板，重点在脱贫攻坚、基础设施、公共服务、生态环境等领域加大工作力度，促进经济社会协调健康发展。

着力深化农业供给侧结构性改革。全面贯彻中央农村工作会议精神，突出抓好调结构、提品质、促融合，加快构建现代农业体系。积极实施藏粮于地、藏粮于技战略，确保粮食总产量稳定在1000万吨以上。围绕马铃薯、中药材、优质林果、草食畜牧、现代制种等特色优势产业的提质增效，扩大种植养殖规模，提升深加工能力，延长产业链条，健全冷链物流、储藏、销售体系，着力解决有特色但不成点、不成线、不成面的问题，推动一二三产融合发展。严控农业投入品使用，加强农产品质量安全监管，创建国家绿色生态农产品生产加工基地，增加绿色优质农产品供给。细化落实土地所有权、承包权、经营权“三权分置”办法，全面完成农村土地承包经营权确权登记发证工作。按照依法、自愿、有偿原则，推动农村土地有序流转。加快培育新型农村合作经济组织，提高农业规模化、组织化、市场化程度，农民合作社达到7.9万家以上，龙头企业达到3100家以上。落实好国家强农惠农富农政策，切实提高政策的指向性和精准性。

大力振兴实体经济。把振兴实体经济作为供给侧结构性改革的主要任务，实施质量强省战略，加强质量品牌建设，围绕我省石油化工、有色冶金、装备制造等传统优势产业的转型升级，推动产品向产业链价值链中高端迈进，提高供给质量和核心竞争力。发挥我省轻工业生产技术的基础优势，引导支持企业研发生产有市场需求的轻工产品。加快战略性新兴产业发展，在积极培育新技术新产业新业态的同时，更加注重向全产业链延伸，力争战略性新兴产业增加值增长12%。大力发展现代服务业，努力创建国家全域旅游示范区，加快大景区资源整合，旅游综合收入增长26%。深度挖掘开发民俗文化资源，加快推进华夏文明传承创新区建设，大力开展文化创意、文化设计和文化贸易，支持《读者》《丝路花雨》等知名品牌发展壮大，打造兰州牛肉面等独有“百年老店”，实施大健康产业行动计划，争创国家大健康产业发展综合试验区，推动文化、旅游、体育、新闻出版、广播影视、健康、养生、养老等产业融合发展，积极培育新消费增长点。

二、打好脱贫攻坚战，加快全面小康进程

进一步强化“一号工程”意识，以更强决心、更大力度持续推进脱贫攻坚，确保完成全年脱贫80万人的目标任务。

改善生产生活条件。加快贫困地区基础设施建设，建成农村公路1万公里，全省建制村沥青（水泥）路通畅率达到100%，大力推进村组道路建设；加快解决农村饮水安全问题，贫困地区自来水普及率达到85%；全面完成农村D级危房改造；实施好国家下达我省建档立卡贫困群众易地扶贫搬迁工程。提升贫困地区基本公共服务水平，加大教育扶贫力度，加强幼儿教师的培养培训，建设贫困县行政村幼儿园1000所，实施精准扶贫专项招生计划，加大对贫困家庭大学生救助力度；推进健康扶贫，实行贫困人口大病即时结算和先诊疗后付费，调整大病报销政策，提高补偿比例；继续实施文化惠民扶贫项目，实现贫困乡镇综合文化站、贫困村综合性文化服务中心（乡村舞台）全覆盖。

增强脱贫内生动力。发挥产业扶贫关键作用，实施1000亿元产业扶贫专项贷款工程，重点支持县域经济发展和富民产业培育。开展科技扶贫、旅游扶贫、光伏扶贫，大力推广陇南电商扶贫模式，通过电商网店、电商创业、电商入股等方式，带动我省特色农产品走向国内外市场。创新贫困地区种养大户、农业合作社、龙头企业等经营主体与贫困户的合作共赢机制，增强贫困群众持续增收能力。加大农业实用技术、务工技能精准培训力度，提高劳务输转组织化程度，发挥知名劳务品牌效应，稳定并逐步拓展劳务市场，促进贫困群众就业增收。全面落实各项扶持政策，继续支持革命老区、民族地区加快脱贫攻坚步伐。

完善扶贫保障机制。严格落实增列专项扶贫预算政策，加大涉农扶贫资金省级整合和县级统筹使用力度，切实提高扶贫资金的使用效益。大力发展普惠金融，提升贫困地区金融服务水平。推进双联行动和脱贫攻坚行动融合联动，完善驻村干部帮扶和考核机制。深化定点扶贫、东西扶贫协作帮扶机制，深入实施“千企帮千村”精准扶贫行动，鼓励各类社会组织开展到村到户精准扶贫。认真落实“853”精准脱贫管理办法和“4342”脱贫验收责任体系，健全完善第三方评估机制，严格贫困人口脱贫、贫困村退出、贫困县摘帽管理，坚决防止弄虚作假、数字脱贫等问题。

三、实施创新驱动发展战略，加速动能接续转换

始终把科技创新摆在经济社会发展全局的核心位置，全面落实“科技创新30条”政策，力争科技进步对经济增长的贡献率达到52%。

推进兰白科技创新改革试验区建设。认真落实试验区建设总体规划，继续实施“六个一百”技术创新工程，用好兰白试验区技术创新驱动基金和已经设立的科技投资基金、创新创业投资基金，引进一批标志性、引领性科技示范项目，打造一批示范企业，引导创新要素向试验区集中，强化创新链与产业链、服务链、资金链的对接，争取获批国家自主创新示范区。深入推进与上海张江在技术转移、园区共建、产业对接、互派干部任职挂职等方面的全方位合作。

提高自主创新能力。依托我省现有国家级、省级重点实验室、工程技术研究中心，在风光电设备、有色冶金等领域组建产业技术创新战略联盟，加大新能源、新材料等前沿关键技术研究，加快培育一批制造业创新中心，在有色金属新材料、先进装备和智能制造、生物医药、信息技术、3D打印、大数据、云计算等领域谋划实施一批重点项目。进一步强化企业创新主体地位，激励国有企业加大技术创新投入，鼓励行业领军企业构建高水平研发机构，培育一批掌握行业“专精特新”技术的小微企业。深入实施“大众创业、万众创新”，构建众创、众包、众扶、众筹等支撑平台，拓展基于“互联网+”的创业创新活动，努力形成创新活力竞相迸发的发展格局。

加快科技成果转移转化。推进特色型知识产权强省试点省建设，构建强有力的知识产权保护体系。建设全省科技成果信息系统，完善兰州科技大市场功能，培育省级科技成果转移转化示范区，提升技术转移转化能力。加快高校和科研院所向中小企业、各类创客开放创新资源，支持企业与高校、科研院所联合设立研发机构和技术转移机构。推动军民联合创新平台和军民融合创新示范区建设，促进军民两用技术联合攻关和成果双向转化应用。落实科技人员技术入股激励政策，充分调动科技研发和技术成果转化的积极性。

四、推动重点领域关键环节改革，激发动力活力

按照统筹推进、重点突破的要求，推动中央和省委改革举措落地见效，为经济社会转型发展增活力添动力。

深入推进“放管服”改革。按照国家关于转变政府职能的总体部署，继续取消和下放一批行政审批事项，相同相近、关联事项一并取消或下放，把该取消的坚决取消、该放的彻底放到位，进一步提高放权的协同性和联动性；强化事中事后监管，推动“双随机一公开”监管方式实现全覆盖，防止一放了之，进一步提高监管水平；加快构建“互联网+政务服务”体系，推动实体政务大厅与网上服务平台深度融合，进一步提高服务质量和效率；加强对基层的培训指导，强化基础工作，进一步提高基层的承接服务能力。

持续深化国企国资改革。按照中央部署，完善我省国企国资改革配套制度体系，提高国有企业核心竞争力和资源配置效率。以混合所有制改革为突破口，分类分层推进国有企业改革，完善企业法人治理结构，建立健全现代企业制度，加快股权多元化步伐，强化国有资本引导产业发展的关键作用，努力形成灵活高效的市场化经营机制。通过重组整合，打造能够有效参与国际竞争的大型企业集团。加快剥离企业办社会职能，尽快完成省属国有企业“三供一业”分离改革。坚持以管资本为主，完善国资监管体制，加快推进省级经营性国有资产集中统一监管。全面完成省直部门管理企业改制脱钩任务。推进输配电价、盐业体制改革，加强市场监管。

加快推动投融资体制改革。修订我省《政府核准的投资项目目录》。改进企业投资管理，推进企业投资项目承诺制和涉企行政事业性收费“零收费”试点。完善政府投资体制，建立投资范围定期评估调整机制，优化政府投资安排方式，促进政府投融资平台市场化转型。大力推广政府和社会资本合作模式，筛选和推介一批有较好现金流、稳定回报预期的PPP项目，带动社会资本投资。制定上市挂牌企业后备资源库管理办法，完善培育机制，支持有条件的企业加快上市融资进程。促进产业基金在内的各类基金快速发展，推动中小企业开展私募债券融资，支持甘肃股权交易中心创新发展。建立健全政银企社合作对接机制，搭建信息共享、资金对接平台，为企业发展和项目建设提供金融支持。

五、推进深层次高水平对外开放，实现合作共赢

立足国家赋予我省“向西开放的重要门户和次区域合作战略基地”的定位，强化平台建设，创新合作机制，加快推进丝绸之路经济带甘肃黄金段建设，努力打造向西开放新高地。

提升互联互通水平。推进兰州、武威、天水三大国际陆港和兰州、敦煌、嘉峪关三大国际空港建设，努力打造丝绸之路经济带交通大通道和物流大枢纽。加快兰州国际货运班列主要货源地和铁路枢纽节点建设，提升“兰州号”“天马号”“嘉峪关号”国际货运班列运营能力。加快指定口岸监管场所建设，争取马鬃山口岸复通。加快复制推广自由贸易试验区改革试点经验，争取设立中国（兰州）自由贸易园区。加快通关一体化改革，依托电子口岸平台，推进国际贸易“单一窗口”建设，提高贸易便利化水平。

推动国际产能合作。全面落实与国家发展改革委签订的国际产能和装备制造合作协同机制协议，重点在能源资源、装备制造、工程建设、农产品、中药材种植加工、对外服务贸易转型升级等领域开展国际产能合作。完善政策和服务体系，支持有实力、有意愿的民营企业开展国际产能合作。加强对企业境外投资项目真实性、合规性审查，引导企业对外投资合作健康有序发展。

拓展平台开放功能。依托兰州新区和循环经济示范区加强与“一带一路”沿线国家、地区产业合作。办好第二届丝绸之路（敦煌）国际文化博览会、第七届敦煌行•丝绸之路国际旅游节，加强文化旅游对外交流合作。依托兰洽会、民企陇上行等展会深化经贸合作，抓好已签约项目的跟踪落实。全面提升国际友城合作关系，建设陇货跨境电商交易平台，推动重点国别产业园区和境外经贸合作区建设。

六、培育壮大县域经济，增强持续发展后劲

打赢脱贫攻坚，加快转型升级，实现全面小康，基础在县域，难点在县域，潜力在县域，必须进一步增强发展县域经济的紧迫感，把发展县域经济作为富民强县的重要支撑，作为发挥区域优势的基础平台，作为促进协调发展的关键路径，着力在壮大县域经济上取得突破。

稳步推进扩权强县。按照“决策权力下放、管理重心下移”的原则，赋予县级更大自主权和决策权，提高基层政府管理水平。进一步加大对县级财政转移支付力度，建立财源建设奖励机制，提升财政资源配置效率。构建和完善“商业银行+农村信用社+政策性金融机构+其他非银行金融机构”的金融服务体系，破解县域经济发展融资瓶颈。着力实施人才强县战略，拓宽人才引进渠道，营造人才创业环境，解决人才缺乏问题。

构建县域产业体系。充分发挥县域交通区位、资源禀赋、产业基础等比较优势，通过加大政策、资金支持力度，着力促进产业集聚发展，加快培育一批特色鲜明、辐射范围广、发展潜力大的特色产业集群，形成带动县域经济发展的产业体系。发挥农产品资源优势，培育农业产业化龙头企业，打造各具特色的农产品加工基地。促进农业与旅游、文化、健康养老等产业融合，大力发展以休闲度假、养生养老、创意农业、农耕体验等为重点的乡村旅游业。大力发展劳务经济，促进劳务输出由数量型、体力型向质量型、技能型转变，培育技能高、素质好、观念新、品牌响的劳务大军，加强农民工管理和服务，切实维护合法权益。加强县、镇、乡村市场建设，加快形成以县域商品配送和信息网络为支撑、乡镇直营店和示范店为主干、村级农家店为基础的农村现代流通体系。加大招商引资力度，吸引大产业、大项目、大企业在县域落地发展，培育形成新的经济增长点和竞争优势。

提升园区承载能力。发展县域经济，基本的依托和载体是各类园区。以提高重大产业项目承接能力为重点，全面提升园区基础设施配套水平。完善园区路网结构，尽快实现园区与高等级道路的互联通达，不断增强竞争优势。加快园区循环化改造，提升园区资源能源综合利用效益。加快智慧园区建设，提升园区信息网络支撑能力。提高园区土地开发投资强度和产出效率，积极引进专业团队、金融机构入驻园区，强化项目建设要素保障。支持具备条件的省级开发区升级为国家级开发区、工业集中区升级为省级开发区。

七、提高项目谋划建设水平，扩大有效投资

深入实施“3341”项目建设工程，不断增强投资后劲，充分发挥项目投资稳增长、调结构、补短板的关键作用。

加快重大项目建设。筹划项目抓前期、签约项目抓落地、预备项目抓开工、续建项目抓进度、竣工项目抓投运。加快推进综合交通运输体系建设，提升铁路通达水平，兰渝铁路、宝兰客专全线建成通车，中兰客专开工建设，争取兰州至张掖三四线批复实施，加快平凉至庆阳、西宁至合作至成都铁路前期工作。完善公路网络布局，全面开工平凉至天水、景泰至中川机场、甜水堡至庆城至永和 3 个国家高速公路项目，争取彭阳至大桥村、张掖至扁都口等高速公路项目可研获批，积极推进国省干线公路改造。加快机场建设步伐，建成陇南成州机场，做好天水机场迁建、中川机场三期扩建及新建武威民用机场等前期工作，推进庆阳华池等通用机场建设。推进水利工程建设，加快引洮供水二期、黄河干流甘肃段防洪、民勤红崖山水库加高扩建等在建项目进度，开工建设引洮二期配套城乡供水工程，加快推进白龙江引水、庆阳马莲河水利枢纽工程前期工作。建设国家新能源综合示范区。建成酒泉特高压直流输电工程。

加强项目谋划对接。围绕国家产业政策和投资导向，加强超前研究，完善重大项目前期工作经费投入保障机制，做好项目的谋划、论证、储备和跟进对接。立足资源禀赋，围绕延长产业链条、打造产业集群，积极承接产业转移，大力开展全产业链招商、节会招商、精准招商。加强部门联动，靠实招商责任，强化跟踪服务，严格督查考核，抓好招商引资项目落地工作。

激发民间投资活力。不折不扣地落实鼓励支持非公有制经济发展的各项政策措施，保证各种所有制经济依法平等使用生产要素、公平参与市场竞争、同等受到法律保护。建立市场准入负面清单制度，破除基础设施和公共事业等重点领域各类显性或隐性门槛，支持民间资本进入医疗、养老、教育等民生领域，促进民间投资回稳向好。不断优化非公经济发展的政策、政务和法治环境，真心实意为非公企业排忧解难，坚决打破“玻璃门”“旋转门”“弹簧门”，营造重商、亲商、爱商、安商的发展氛围，充分激发非公经济发展活力。

八、加快新型城镇化建设，促进城乡融合发展

坚持协调发展，着力推进以人为核心的新型城镇化，促进农业转移人口市民化，城镇化率达到46%左右。

加强城市规划建设管理。依法制定并严格执行城市规划，切实维护规划的严肃性和权威性。提升城市设计水平，从整体平面和立体空间统筹城市建设布局，加强对建筑高度、体量、风格的管控和指导，提高城市建设风貌的整体性和协调性，彰显城市美感和特色。加强违法建筑清查治理。加快城市基础设施建设，完善交通网络及停车场等配套设施，加强城市地下空间开发利用兼顾人民防空需求，推进重点城市地下综合管廊建设，抓好庆阳国家海绵城市建设试点工作，实施污水处理厂运营达标和垃圾无害化处理设施建设突破行动，力争所有县市区污水、垃圾处理设施达标运营。推进城市棚户区、城中村、危旧住房和非成套住房改造。提高城市管理水平，加快智慧城市建设，建立综合型城市管理数据库，50%的市州建成三维数字社会管理服务平台；完善城市抗震、排涝、消防等应急设施和综合防灾系统，构建全天候、系统性、现代化的城市运行安全保障体系，形成人民城市人民建、人民城市人民管的良好格局。

促进城乡融合发展。统筹城乡基础设施布局，加快公共交通、供水、垃圾处理、消防等基础设施向农村延伸。促进城乡基本公共服务均等化，推动教育、卫生、文化、体育、养老等公共资源向农村倾斜，养老保险、最低生活保障等制度有效衔接。落实户籍制度改革政策，推进城镇基本公共服务常住人口

全覆盖。扎实推进美丽乡村示范村和特色小镇建设，发挥小城镇联系城乡的重要节点作用，促进城乡相互融合、协同发展。

加快兰州新区开发建设。紧紧围绕国家赋予兰州新区的战略定位，坚持产业发展与城市功能提升有效结合，统筹产业发展、人居环境和生态保护建设，理顺体制机制、优化规划布局、强化产业支撑、完善城市功能、促进人口聚集，加快把兰州新区建设成为宜居宜业宜游的综合型现代新城，力争生产总值增长20%以上。

九、加强生态环境保护建设，构筑生态安全屏障

把生态文明建设放在突出位置，推进国家生态安全屏障综合试验区建设，加强生态环境保护与综合治理，增强可持续发展能力。

加快生态建设步伐。加大敦煌水资源合理利用与生态保护等重大生态项目建设力度，全面实施祁连山生态保护与建设综合治理、"两江一水"区域综合治理、渭河源区生态保护与综合治理等重点生态建设规划。继续实施退耕还林还草、天然林保护、三北防护林等重点生态工程，加大防沙治沙用沙力度，完成营造林350万亩。抓好张掖、陇南、敦煌水生态文明城市试点建设和甘南、定西、兰州、酒泉4市州国家生态文明先行示范区建设，争创国家生态文明试验区。开展坡耕地水土流失综合治理，加强地质灾害防治，实施环境恢复治理工程，治理水土流失面积2000平方公里，治理率达到28.65%。

加大环境保护力度。紧紧围绕为人民群众创造天蓝地绿水清的生产生活环境，深入实施大气、水、土壤污染防治行动计划。严格落实环境保护"党政同责、一岗双责"责任制，坚持思想不松、力度不减，确保自查和中央环保督察反馈问题全部整改到位，努力让人民满意。持续改善大气质量，巩固"兰州蓝"治理成果，提升科学化治理水平，把对市民生产生活的影响降到最低；加强空气质量监测，采取有效措施，推动各地污染物浓度持续下降，空气优良天数持续增加。全面推行河长制，加强水域岸线保护和河流纳污管理，规范河道采砂，继续开展水资源消耗总量和强度双控行动。把水环境质量目标纳入政府绩效考核，加强饮用水水源地保护、地表和地下水污染防治及城市黑臭水体治理，改善水环境质量。加强农业面源污染防治，加大废旧农膜回收和尾菜处理利用力度，破解农村垃圾污染治理难题，继续实施化肥、农药使用量零增长行动。加大自然保护区管控力度，推广甘南全域无垃圾的治理经验，保护草原生态环境。加强工业污染源治理，尽快实现全面达标排放。加强重点防控区域重金属污染治理，坚决消除病险尾矿库、堆渣场、采空区等生态环境安全隐患。加强生态文明制度建设，积极推进省以下环保监管体制改革，完善激励约束制度体系，建立生态环境保护长效机制。

推动循环绿色发展。巩固循环经济示范区建设成果，抓好工业、建筑等6大领域节能降耗工作，支持有色、钢铁、石化等传统产业绿色改造和清洁生产。推动排污权和节能量交易试点，参与全国碳排放权交易。

十、编密织牢社会保障网，提升人民群众的获得感和幸福感

牢固树立以人民为中心的发展思想，提高公共服务共建能力、共享水平和均等化程度，努力让全省人民过上更好的生活。

健全就业和社会保障体系。以高校毕业生、就业困难人员、化解过剩产能过程中分流职工、复转军人等为重点，落实就业促进计划和创业引领计划，建立引导大学生到基层就业的长效机制，高校毕业生就业率达到85%以上。完善省际劳务协作对接机制，输转城乡富余劳动力500万人以上。推进全民参保，全面实施机关事业单位养老保险制度改革，推进跨省异地就医直接结算。调整完善大病保险相关政策，提高重特大疾病高额医疗费用的保障水平。落实社会救助和保障标准与物价上涨挂钩的联动机制，完善城乡特困人员救助供养工作管理体制。

协调发展各项社会事业。加强公办幼儿园师资队伍建设，加大普惠性民办幼儿园的奖补力度，基本普及学前教育。继续实施"全面改薄"工程和义务教育学校标准化建设项目，下功夫解决农村学校分散办学、师资薄弱的问题，推动义务教育均衡发展。改善普通高中办学条件。大力发展现代职业教育，加快建设国家职业教育助推城镇化改革试验区，推进产教融合、校企合作，完成兰州新区职教园区一期建设任务。深化高等教育综合改革，加快高水平大学和一流学科建设。加强继续教育、特殊教育和民族地区教育。落实好我省全面促进卫生与健康事业发展的意见及相关规划和实施方案，进一步深化公立医院综合改革、全民基本医保制度改革，完善分级诊疗制度、药品耗材采供保障制度，提升中医服务能力，加强重大疾病防控工作，优化重点人群健康服务，着力提高人民群众健康水平和身体素质。加快城乡养老设施建设，积极推进医养结合试点，做好老年人的关爱服务工作。加大科普宣传力度，建成并开放甘肃科技馆。推进公共文化服务体系建设，加快县级图书馆、文化馆达标，完善乡镇（街道）综合文化站和村（社区）综合文化服务中心功能，推广数字农家书屋模式。实施全民健身计划，提高竞技体育运动水平。强化农村留守儿童、困境儿童关爱保护工作。全面落实党的民族政策，深入推进民族团结进步及"两个共同"示范区创建活动，促进"三个离不开"的思想更加深入人心。认真贯彻党的宗教工作基本方针，依法加强宗教事务管理，保持宗教和睦和顺，积极引导宗教与社会主义社会相适应。进一步加强国防动员和"双拥"工作，支持工会、共青团、妇联、科协、残联等群团组织工作。加强新闻出版、广播影视、气象、外事、侨务、港澳台、人民防空、老龄、参事、文史、地方志、档案、测绘、智库、红十字会、慈善等工作。

继续办好民生实事。坚持普惠性、保基本、均等化、可持续方向，围绕解决群众最关心最直接最现实的利益问题，安排资金245.3亿元，在农村D级危房改造、棚户区改造、易地扶贫搬迁、农村公路建设、城市低保提标、农村低保提标、农村特困救助供养省级补助提标、建档立卡贫困人口选聘生态护林员项目、贫困残疾人精准脱贫、高校毕业生就业扶持等方面，为民办好10件实事。

维护社会和谐稳定。坚持人民利益至上，畅通信访渠道，有效化解社会矛盾。落实“党政同责、一岗双责、齐抓共管、失职追责”安全生产责任体系，加强安全生产监管信息化和应急救援能力建设，及时排查整治安全隐患，坚决遏制重特大事故发生。加强价格监管，稳定市场供应，维护消费者合法权益。加强对社会治安、环境安全、食品药品安全等重点领域薄弱环节的隐患排查和专项整治，提高现代化治理能力和水平，推进平安甘肃建设，切实保障人民群众生命财产安全。

加强政府自身建设

完成今年的目标任务，对于政府自身建设提出了新的更高要求。我们将进一步巩固拓展“两学一做”学习教育成果，牢固树立“四个意识”特别是核心意识、看齐意识，努力建设为人民服务、对人民负责、受人民监督、让人民满意的学习型政府、创新型政府、法治型政府、廉洁型政府、责任型政府、服务型政府。

一是坚持解放思想。主动适应经济社会发展新形势、新变化，进一步解放思想、把握发展大势，努力破除因循守旧的思想、树立开拓创新的意识，破除消极等待的思想、树立抢抓机遇的意识，破除小进则满的思想、树立创先争优的意识，破除畏首畏尾的思想、树立敢于担当的意识，破除狭隘封闭的思想、树立包容合作的意识，破除急于求成的思想、树立蹄疾步稳的意识，破除坐而论道的思想、树立真抓实干的意识，观大势，谋大事，牢牢把握工作主动权。

二是推进依法行政。把法治思维和法治方式贯穿于政府工作全过程，深入推进法治政府建设，依法履行职责，做到法定职责必须为、法无授权不可为。加强和改进政府立法，积极推行政府法律顾问制度，严格落实政府重大行政决策法定程序，推动政府依法、科学、民主决策。主动接受人大法律监督、政协民主监督、司法监督以及舆论监督、社会监督。继续加大政务公开力度，切实保障人民群众知情权、参与权、表达权、监督权。创新执法体制，完善执法程序，推进综合执法，严格执法责任，建立权责统一、权威高效的依法行政体制。

三是夯实基础工作。加强对新理念、新知识、新方法的学习，努力提升研究政策、运用政策、落实政策的能力，加强政策对接、协同联动和分解细化，把促进经济持续健康发展的各项政策措施转化为可以落地的项目、转化为经济发展的质量和效益。把调查研究作为基本的工作方法和工作方式，不断深化对省情、市情、县情的把握，做到各项工作情况明、底数清、数字准，确保决策依据真实、措施办法精准，力戒形式主义和浮夸行为。

四是持续转变作风。始终保持昂扬奋进的精神状态和求真务实的工作作风，大力弘扬“人一之、我十之，人十之、我百之”的甘肃精神，主动作为、敢于担当，撸起袖子加油干，干就干成、干就干好，进一步提高政府工作效率，确保各项工作高标准、高质量完成。牢固树立群众观点，始终把人民群众对美好生活的向往作为奋斗目标，真心实意为群众办实事、做好事、解难事。健全正向激励机制，探索建立容错纠错机制，努力为广大干部营造肯干事、能干事、干成事的良好氛围。

五是强化督促检查。聚焦经济社会发展中的突出问题，对照重点工作部署和量化指标任务，一项一项分解细化，一项一项盯紧落实，确保各项工作按时间节点有序推进。加大督查力度，创新督查方法，严格考核问责，治庸治懒、奖优罚劣，以督查促落实，不断提高政府工作的执行力。

六是加强廉政建设。深入贯彻党的十八届六中全会精神，严格遵守《关于新形势下党内政治生活的若干准则》和《中国共产党党内监督条例》，持续推动政府系统全面从严治党。认真落实党风廉政建设“3783”主体责任体系，坚持把纪律挺在前面，坚决防止“四风”问题反弹，努力营造风清气正、干事创业的良好环境。

各位代表！

做好今年的政府工作，任务艰巨、责任重大、使命光荣。让我们紧密团结在以习近平同志为核心的党中央周围，在省委的坚强领导下，不忘初心，继续前进，为加快建设幸福美好新甘肃、与全国一道全面建成小康社会而努力奋斗！

关于甘肃省 2016 年国民经济和社会发展计划执行情况与 2017 年国民经济和社会发展计划草案的报告(摘要)

——2017 年 1 月 9 日在甘肃省第十二届人民代表大会第六次会议上

一、2016 年经济社会发展计划执行情况

2016 年，在省委、省政府的坚强领导下，全省上下全面贯彻党的十八大和十八届三中、四中、五中、六中全会精神，深入贯彻习近平总书记视察甘肃时提出的“八个着力”重要指示精神，坚持稳中求进工作总基调，着力推进供给侧结构性改革，统筹抓好稳增长、促改革、调结构、惠民生、防风险各项工作，全省经济运行呈现出缓中趋稳、稳中有进、进中向好的态势，实现了“十三五”良好开局。全省生产总值增长 7.6%，固定资产投资增长 10.5%，社会消费品零售总额增长 9.5%，一般公共预算收入增长 8.8%，居民消费价格上涨 1.3%。

（一）政策措施集成发力，有效需求稳步扩大。全省“十三五”规划纲要被评为国家优秀成果奖，省级重点专项规划印发实施 45 项。出台贯彻落实新发展理念“1+19”意见方案、推进供给侧结构性改革“1+2+1+9”政策体系等政策措施。84 个签约 PPP 项目吸引社会投资 639 亿元。85 个省列重大项目完成投资 932 亿元。争取中央预算内投资 153.4 亿元、国家专项建设基金 355.62 亿元。招商引资到位资金增长 11.5%。全省电子商务交易额和网络零售额均增长 30%左右，旅游综合收入首次突破千亿元大关，达到 1220 亿元、增长 25%。

（二）精准措施落实有力，脱贫攻坚成效显著。全年减少贫困人口 101.9 万人，贫困发生率由 14.2%降至 9.3%。整合投入省级涉农资金 568 亿元、切块到县 481 亿元，发放精准扶贫专项贷款 223 亿元、累计达到 434 亿元。实现 95%以上的建制村通沥青（水泥）路，解决了 26 万贫困户 118 万人的饮水安全问题，实施易地扶贫搬迁 5.71 万户 24.9 万人，完成农村危房改造 14 万户，基本实现贫困村动力电、标准化卫生室全覆盖。在 100 个贫困村开展旅游扶贫试点，在 1641 个贫困村开展电商扶贫，20 个县列为国家电子商务进农村综合示范县，陇南市被命名为全国电商扶贫示范市，我省被确定为网络扶贫试点省。

（三）供给侧结构性改革深入推进，供给结构不断改善。钢铁煤炭行业去产能提前或超额完成年度任务。商品住宅去化周期由年初的 26.5 个月下降至 17.5 个月。企业贷款综合平均利率较年初下降 2.67 个百分点。全年电价降成本总金额超过 40 亿元，天然气价格降成本金额约 14 亿元。新认定战略性新兴产业骨干企业 20 家，累计达 58 家。4 支国家参股新兴产业创业投资基金累计完成股权投资 7.56 亿元。战略性新兴产业增加值增长 12%，占生产总值的比重达到 13.1%。粮食总产量达到 1140.6 万吨、实现“十三连丰”。特色优势产业种植面积达到 3217.4 万亩、新增 163 万亩，推广高效农田节水技术面积 1018 万亩，各类家庭农场达到 6500 个、增长 28%，农民合作社达到 7.2 万家、增长 27%。

（四）改革创新力度加大，发展动力加速转换。省级取消调整下放各类行政审批事项 120 项。实施企业“五证合一、一照一码”和个体工商户“两证整合”登记制度，新增市场主体 26.59 万户。搭建促进民间投资信息发布平台，推行“1+（2+X）”并联审批。组织开展直购电交易 237 亿千瓦时、平均每千瓦时降价约 0.11 元。省属企业集团层面公司制改革全面完成，13 户企业完成股份制改造，混合所有制企业达 260 户。农村集体土地所有权、宅基地和集体建设用地使用权确权登记全面完成。全面推开营改增试点，减轻市场主体税负 24.6 亿元。全省党政机关公务用车制度改革任务基本完成。全省研发经费支出占生产总值的比重达到 1.22%，科技进步对经济增长的贡献率达到 51.3%。敦煌市荣获 2016 年全球智慧城市提名奖，兰州市跻身第六届（2016）中国智慧城市建设 50 强。

（五）重大项目加快建设，发展支撑持续增强。临洮至渭源、白疙瘩至明水、民勤至红沙岗等高速公路项目和兰渝铁路岷县至广元段、干武铁路增建二线等铁路项目建成，兰州中川机场二期扩建飞行区工程、敦煌机场 T3 航站楼、张掖临泽（丹霞）通用机场建成投运。引黄济临、临洮县东部农村引洮供水等工程正式通水，引洮供水二期、黄河甘肃段防洪、兰州市水源地等项目加快建设，民勤红崖山水库加高扩建工程等项目开工建设。酒泉特高压直流输电工程加快建设，常乐电厂 400 万千瓦配套调峰火电开工建设，新一轮农网改造升级工程全面启动，酒湖输电风光电二期项目启动，国家新能源综合示范区和总装机 65 万千瓦光热示范项目获批建设，全省光电、风电装机分别达到 680 万千瓦、1280 万千瓦，均居全国前列。

（六）城乡区域协调发展，开放合作不断深化。民族地区和革命老区发展步伐加快。完成敦煌等 17 个“多规合一”试点县市规划。庆阳市入选国家海绵城市试点。会宁、麦积、华池 3 县区被列入第三批国家新型城镇化综合试点。兰州市榆中、临夏州临夏被列为全国产城融合示范区。3 个建制镇被列入

国家特色小镇，18 个省级重点特色小镇分类培育创建。成功举办第二十二届“兰洽会”、第六届敦煌行？丝绸之路国际旅游节等重大节会。新开通国际航线7条，国内国际航线增至179条，通达91个城市。兰州新区综合保税区入驻企业达到206家，武威保税物流中心入驻企业达70家。与16个国家开展产能合作，全省对外实际投资额达 6.19 亿美元、增长4倍，省公航旅集团境外成功发行外币债券5亿美元。

（七）生态建设扎实推进，民生福祉不断增进。石羊河流域重点生态治理项目提前实现约束性目标任务。完成营造林 395.8 万亩，治理水土流失面积 2000 平方公里，沙化土地封禁 286.6 万亩，草原禁牧1亿亩，草畜平衡1.41亿亩。在全国率先实行取水许可动态管理。天水市节能量、金昌市碳排放权交易试点稳步推进。14 个市州 PM10、PM2.5平均浓度值分别同比下降4.2%、7.1%，全省平均优良天气率达到83.5%，地级以上城市饮用水源地水质达标率为100%。引导7000名高校毕业生到企业服务，安置化解过剩产能富余员工 4807 人。在全国率先减免学前教育保教费，学前三年毛入园率、义务教育巩固率、高中阶段毛入学率分别达到90%、94%、93%。133 家县级公立医院实施综合改革，选派9000名省市县三级医院医生到基层开展多点执业服务。

二、2017年主要任务

（一）突出脱贫攻坚，加快小康步伐。实施易地扶贫搬迁 5.7 万户 24 万人，实现全省建制村100%通沥青（水泥）路，贫困地区自来水普及率达到85%，建设贫困县行政村幼儿园 1000 所，实施 1000 亿元产业扶贫专项贷款工程，重点支持县域经济发展和富民产业培育。继续落实省级和片区县增列专项扶贫预算。探索建立脱贫攻坚投资基金，重点用于贫困村基础设施和公共服务设施建设。加快推进农业产业化和扶持资金折股量化，增强贫困群众持续增收能力。积极推广陇南电商扶贫模式，大力发展“互联网+现代农业”模式，拓宽农产品销售渠道。

（二）深入推进供给侧结构性改革，提高供给体系质量。完成 186 万吨煤炭去产能任务。积极稳妥推进市场化债权转股权，规范各级政府举债行为。继续实施直购电交易、综合电价扶持等改革举措，启动甘肃电力交易中心股份制改造，推动实施增量配电业务改革试点项目。加强农业基础设施和现代农业示范区（园）建设，发展高效节水农业 100 万亩，粮食总产量稳定在 1000 万吨以上。争创国家绿色生态农产品生产加工基地，全面完成农村集体土地确权登记发证工作。加快培育新型农村合作经济组织，农民合作社达到7.9万家以上，龙头企业达到3100家以上。大力发展绿色农业、生态农业和品牌农业，办好首届“甘肃农博会”。

（三）强化创新驱动，促进转型升级。全面落实“科技创新30条”政策，力争科技进步对经济增长的贡献率达到52%。加快科技成果转移转化，推进特色型知识产权强省试点省建设。大力开展“371”优势产业链培育行动，在水性材料、电池材料、碳纤维等领域，集中资源启动实施一批重大科技项目。改造提升传统产业，深入实施“中国制造 2025 甘肃行动纲要”，启动实施新一轮重大技术改造升级工程。继续打好战略性新兴产业发展总体攻坚战，推动先进装备制造、有色金属新材料等 6 支省级战略性新兴产业参股创业投资基金投入运营，设立省产业引导股权投资基金，加快形成一批创新性领军企业，力争战略性新兴产业增加值增长12%。

（四）加快项目建设，扩大有效投资。建成兰渝铁路、宝兰客专，建设中卫至兰州客运专线；全面开工建设平凉至天水、景泰至中川机场、甜水堡至庆城至永和等国高项目；加快陇南成州、敦煌机场飞行区扩建等项目建设进度，确保年内建成投运。加快引洮供水二期、黄河甘肃段防洪、民勤红崖山水库加高扩建等项目。推动国家新能源综合示范区和可再生能源就近消纳试点省建设，6月底前争取建成酒泉至湖南±800 千伏特高压直流输电工程，年内建成大唐803“上大压小”等重点民生热电工程。加快推进金昌紫金云大数据产业园区数据中心一期、甘肃省智慧城市移动应用服务平台等项目建设，实现城市20兆以上宽带网络覆盖率 60%，乡镇通光纤率100%，行政村通宽率80%。

（五）统筹城乡区域，推进协调发展。推进城镇“两供两处一轨一廊一市一场”建设，完善交通网络及停车场等配套设施。建立综合型城市管理数据库，50%的市州建成三维数字社会管理服务平台。抓好庆阳市国家海绵城市试点，金昌市、敦煌市、高台县、陇西县国家新型城镇化综合试点，省级 17 个县市、30个镇新型城镇化等试点工作。推进《甘肃省开发区条例》立法进程。优化县域产业布局，培育一批比较优势明显的首位产业。发挥兰白核心区辐射带动作用，促进资源整合、优势互补、联动发展。加快民族地区和革命老区发展。加快兰白、酒嘉、金武区域经济一体化进程。促进省内经济区与关中—天水、陕甘宁革命老区、川甘青藏区等经济区互动合作发展，推动与省域毗邻地区经济融合发展。

（六）扩大对外开放，拓展发展空间。推进兰州、武威、天水三大国际陆港，兰州、敦煌、嘉峪关三大国际空港，中欧班列兰州内陆主要货源地节点和铁路枢纽节点建设。积极推进与津巴布韦产能合作和共建产业园区工作，加快白银集团哈萨克斯坦30万吨铜冶炼项目、白银集团秘鲁多金属尾矿项目、酒钢集团收购牙买加氧化铝厂项目、金川集团印尼红土镍矿项目实施。建设加纳国际合作园区、津巴布韦产业园区、牙买加工业园区，组织实施好列入国家规划的世行贷款丝绸之路文化传承与创新项目。继续办好丝绸之路（敦煌）国际文化博览会、兰洽会、敦煌行•丝绸之路国际旅游节和中国（甘肃）国际新能源博览会，进一步提升国际影响力。

（七）深化重点改革，激发发展活力。修订《政府核准的投资项目目录》，出台《企业投资项目核准和备案管理办法》。推进企业投资项目承诺制和涉企行政事业性收费“零收费”试点。实行项目前期办理责任制和省级重点项目“1+（2+X）”并联审批。全面落实深化国有企业改革实施意见，健全企业治理结构，完成第二批5项改革试点任务。积极稳妥发展混合所有制经济，逐步优化国有股权结构。加快推动省属企业办社会职能移交，完成“三供一业”分离移交年度任务。统筹推进甘肃电网输配电价改革试点，建立和完善市场主导的电价形成机制。推进天然气、成品油价格市场化，继续落实和完善阶梯价格制度。全面放开食盐价格。出台《甘肃省公共信用信息条例》《甘肃省失信行为惩戒办法》，加快全省信用信息交换共享平台建设。加快推进工商登记全程电子化、电子营业执照、简易注销登记等改革试点，完成个体工商户营业执照和税务登记证的“两证整合”。

（八）坚持绿色发展，改善生态环境。推进国家生态安全屏障综合试验区建设，争取创建国家生态文明试验区。全面实施祁连山生态保护与建设综合治理、“两江一水”区域综合治理、渭河源区生态保护与综合治理等重点生态建设规划。继续实施新一轮退耕还林还草、天然林保护、三北防护林等重点生态工程建设，完成营造林350万亩。开展坡耕地水土流失综合治理，治理水土流失面积2000平方公里，治理率达到28.65%。开展循环经济产业基地建设专项行动，推动循环经济标准化试点。稳步推进用能权有偿使用和交易基础工作，深入推进低碳试点示范工作，实施大气污染防治行动计划，推动各地空气优良天数持续增加。加强生态文明制度建设，完善激励约束制度体系，建立生态环境保护长效机制。

（九）持续改善民生，增进人民福祉。完成全年城镇新增就业40万人，城镇登记失业率控制在4%以内，高校毕业生就业率达到85%以上，输转城乡富余劳动力500万人以上。建立全省统一的全民参保基础数据库。探索建立社会保险“五险合一”经办模式，推动社保、医保、城乡居民养老保险和机关事业单位养老保险经办机构整合。加强重要商品价格监测和调控，落实社会救助和保障标准与物价上涨挂钩联动机制。建成甘肃科技馆并对公众开放。开工建设甘肃省妇幼儿童医疗综合体、七里河体育场等重点项目。加强公办幼儿园师资队伍建设，加大普惠性民办幼儿园的奖补力度，基本普及学前教育。开展大健康行动计划，在全国率先争取建设国家大健康产业发展综合试验区。进一步深化公立医院综合改革、全民基本医保制度改革，完善分级诊疗制度、药品耗材采供保障制度。

（十）加强重点防范，筑牢风险防线。综合运用金融、土地、财税、投资等手段，进一步完善我省促进房地产健康发展的政策措施。认真落实我省促进房地产业持续稳定健康发展的意见等政策措施，加强住房市场监管和整顿。争取中央化解过剩产能专项奖补资金，发挥好社会政策的托底作用。强化分析研判和风险预警，加大重点领域风险排查，引导金融企业回归本源、专注主业。积极防范政府债务风险，建立健全风险评估、预警和应急处置机制，规范政府举债行为。完善安全生产责任和管理制度，加强安全生产监管信息化和应急救援能力建设，开展煤矿安全生产、油气管道运输安全生产等检查工作，及时排查整治安全隐患。

关于2016年甘肃财政预算执行情况和2017年全省及省级财政预算草案的报告（摘要）

——2017年1月9日在甘肃省第十二届人民代表大会第六次会议上

一、2016年全省财政预算执行情况

2016年，全省一般公共预算收入786.8亿元，完成预算的101.1%，同比增长8.8%。其中：税收收入526亿元，完成预算的94.7%，同比增长3.5%；非税收入260.8亿元，完成预算的116.9%，同比增长21.8%。全省一般公共预算支出3152.7亿元，完成预算的97.3%，同比增长6.6%。其中：农林水支出481.4亿元，同比增长8.4%；教育支出548.6亿元，同比增长10.1%；文化体育与传媒支出63.4亿元，同比增长1%；科学技术支出26亿元，同比增长28.3%；社会保障和就业支出468.3亿元，同比增长11.2%；医疗卫生与计划生育支出274.1亿元，同比增长9.6%；节能环保支出95.1亿元，同比下降0.3%；城乡社区支出200.6亿元，同比增长64.9%；资源勘探电力信息等支出69.4亿元，同比增长45.5%；一般公共服务支出295.5亿元，同比增长8.6%；公共安全和国防支出159.7亿元，同比增长26.4%。

全省政府性基金预算收入409.3亿元，支出379.8亿元。国有资本经营预算收入8.3亿元，加上上年结转、中央补助，总收入39.3亿元；支出31.1亿元。社会保险基金预算收入604.3亿元，支出568.7亿元。

省级一般公共预算收入218.9亿元，同比增长5.8%；支出639.9亿元。政府性基金预算收入136.9亿元，省级支出90.3亿元。国有资本经营预算收入5.4亿元，加上上年结转、中央补助后，总收入36.3亿元；支出29.7亿元。社会保险基金预算收入188亿元，支出165.8亿元。

2016年，我们加强分析研判，完善征管措施，挖掘增收潜力，依法依规组织收入；加强督查督办，强化考核通报，支出时效性明显提高。在全面抓好预算执行的同时，凝心聚力，主动作为，重点做了以下工作：

（一）抢抓机遇，大力争取中央支持。中央下达我省一般公共预算补助2056亿元。新增国家重点生态功能区转移支付县7个；将我省纳入国家第一批山水林田湖保护修复试点范围；安排新一轮退耕还林还草建设任务242万亩，五年共补助资金35.2亿元；庆阳市成功入围全国第二批海绵城市建设试点，三年补助资金12亿元；同时，中央在国有企业去产能和“三供一业”分离移交、国家电子商务进农村、首届丝绸之路（敦煌）国际文博会等方面都给予了倾斜支持。

（二）精准发力，全力推进脱贫攻坚。整合省级22个部门涉农资金568亿元，80%以上资金直接切块下达到县；在58个连片贫困县开展统筹整合使用财政涉农资金试点，涉及中央和省级项目34项、资金145亿元，增强了县级政府统筹使用资金的自主权。支持解决了26万贫困户118万人的饮水安全问题；改造农村贫困户危房14万户；实施易地扶贫搬迁5.71万户24.9万人。创新财政资金投入机制，通过财政贴息等方式，撬动金融资本增加扶贫领域投入。当年发放精准扶贫专项贷款223亿元，累计达到434亿元，惠及96.4万户、398.2万贫困人口。

（三）聚焦重点，着力保障改善民生。全省用于教育、医疗等10类民生支出2485.3亿元，占总支出的78.8%。省级拨付资金133.5亿元，10件为民办实事全部办结。城乡居民基本医疗保险人均筹资、城乡低保、农村五保补助标准以及机关事业单位和企业退休人员养老金水平进一步提高。设立创业带动就业、高校毕业生创新创业专项资金，开展就业技能提升培训。学前教育幼儿免保教费、建档立卡户普通高中学生免学杂费、中职免学费、建档立卡户省内高职学生免学费和书本费、乡村教师生活补助和教育各阶段困难家庭学生资助等政策全面落实。筹措资金有效改善贫困地区义务教育薄弱学校基本办学条件。支持棚户区改造13.07万户，落实公共租赁住房5.17万套（户）。

（四）多措并举，助推经济转型发展。全面推开营改增试点，落实国家支持小微企业发展税费优惠政策，扩大政府性基金和行政事业性收费免征范围，取消部分省级行政事业性收费和经营服务性收费项目，停征价格调节基金。认真落实供给侧结构性改革各项政策措施，筹集资金50.4亿元，支持煤炭、钢铁行业压减产能；落实中央下放国有企业职工家属区“三供一业”分离移交改革，为企业发展减负添力。筹措资金185亿元，支持加快交通、水利及城市等基础设施建设。出资15亿元，新设和补充政府性投资基金，有力支持中小企业、商贸流通、技术创新驱动等发展。筹措资金36.3亿元，推进兰州新区发展，支持兰州新区职教园区、体育馆、科技馆等重点项目建设。

（五）深化改革，提高财政管理水平。进一步推进预决算信息公开，省级首次公开对市县转移支付预算。省级支持经济社会发展的专项由103项归并到90项。加大清理盘活财政存量资金力度，收回资金24.9亿元，有效增加了扶贫、教育等重点领域投入。积极稳妥开展省级国库现金收益运作，当年实现增值6亿元。从5月1日起，全面推开营改增试点，实行了中央与地方、省与市县增值税收入划分过渡方案；从7月1日起，按照税负平衡原则实行了资源税改革。实施农业转移人口市民化财政支持政策，下达市县奖补资金2.2亿元。省级党政机关公务用车制度改革基本完成。组织开展了非税收入收缴、重大民生政策落实等专项检查，督促整改存在的问题。

二、2017年全省和省级财政预算草案编制情况

2017年，是实施“十三五”规划的重要一年，国家深化供给侧结构性改革，实施积极的财政政策，培育壮大经济发展新动能，振兴实体经济，推进“一带一路”建设，为我省经济发展带来新的机遇。但受宏观经济形势影响，我省固定资产投资增长后劲不足，工业企业止滑稳增步履艰难，加上营改增、增值税收入划分等政策性减收因素，财政增收难度进一步加大。同时，推进供给侧结构性改革、支持经济转型升级、加快脱贫攻坚、保障改善民生等支出不断增加，财政收支矛盾异常突出。

2017年预算编制的指导思想是：深入贯彻党的十八大和十八届三中、四中、五中、六中全会以及中央和全省经济工作会议精神，以习近平总书记系列重要讲话精神为统领，统筹推进“五位一体”总体布局，协调推进“四个全面”战略布局，坚持稳中求进的工作总基调，充分发挥财政在稳增长、促改革、调结构、惠民生、防风险中的职能作用，提高基本公共服务有效供给效率，促进经济平稳健康发展、社会和谐稳定。预算编制总体思路是：收入预算安排坚持积极稳妥、实事求是，与经济发展相适应、与财税政策相衔接，既充分考虑重点项目建设、经济转型升级等带动财政增收的积极因素，又考虑中央和地方增值税收入划分调整、落实减税降费措施等影响因素。支出预算安排体现过紧日子的思想，坚持“雪中送炭”、量力而行、统筹兼顾、保障重点，在保证工资、机构运转、基本民生政策落实的基础上，重点支持供给侧结构性改革，促进经济转型升级，全力保障国家政策和省委、省政府决策部署落实。

（一）全省预算草案编制情况

一般公共预算收入预计为820亿元以上，增长5%（同比增长8%），加上预计中央补助、调入预算稳定调节基金、上年结转、地方政府债券等收入，全省一般公共预算支出将达到3350亿元左右。

政府性基金预算收入预计为289.2亿元，加上中央提前下达补助、上年结余后，收入总计364.4亿元；调入一般公共预算30.3亿元，预计结转下年48.6亿元，安排当年预算支出285.5亿元。

国有资本经营预算收入预计为5.6亿元，加上上年结转，总计8.3亿元；调入一般公共预算1.1亿元，安排当年预算支出7.2亿元。

社会保险基金预算收入预计为1154亿元，支出预算1091.4亿元。预计当年收支结余62.6亿元，年末滚存结余767.8亿元。

（二）省级预算草案编制情况

1.省级一般公共预算草案编制情况

省本级收入预计为221.9亿元，增长1.4%（同比增长8%）。其中：税收收入156.8亿元，下降1.8%；非税收入65.1亿元，增长9.8%。加上中央提前下达补助、调入预算稳定调节基金、上年结转、地方政府债券等后，总收入2059.7亿元。

省级安排预算支出2059.7亿元，分省本级支出、省对市县税收返还和转移支付、上解中央支出反映：

省本级支出521.4亿元（含中央补助154.6亿元、动用上年结转26.7亿元），其中：基本支出132.4亿元，同比增长9.1%；项目支出383亿元，同比增长4.7%；预备费6亿元。

省对市县税收返还和转移支付预算为1533.3亿元，增长11.5%。其中：税收返还56.6亿元，一般性转移支付1042.7亿元，专项转移支付434亿元。

上解中央支出4.9亿元。

2.省级政府性基金预算、国有资本经营预算和社会保险基金预算草案编制情况

省级政府性基金预算收入预计105.6亿元，加上中央提前下达、预计上年结转，收入总计127.2亿元。按照有关政策规定和收支平衡原则，调入一般公共预算8.5亿元后，安排本级支出97.7亿元、对市县转移支付21亿元。

省级国有资本经营预算收入预计4亿元，加上上年结转，收入总计4.7亿元。按照有关政策规定和收支平衡原则，调入一般公共预算0.8亿元后，安排支出3.9亿元。

省级社会保险基金预算收入预计282.7亿元，支出250.9亿元。预计当年收支结余31.9亿元，年末滚存结余343.4亿元。

概　况

甘肃省情

【甘肃概况】甘肃以古甘州（今张掖）肃州（今酒泉）两地首字而得名，由于陇山在境内绵延又简称陇。东邻陕西省，南与四川省、青海省接壤，西与新疆维吾尔自治区相邻，北与内蒙古自治区和蒙古国交界，东北部与宁夏回族自治区连接。闻名中外的古丝绸之路和新亚欧大陆桥横贯全境，使甘肃成为西北地区连接中、东部地区的桥梁和纽带，成为贯通东亚与亚洲中部、西亚与欧洲之间的陆上交通通道。全省辖 12 个市、2 个自治州，86 个县（市、区），省会兰州是西北重要的交通通讯枢纽，陇海、兰新、包兰、兰青和正在建设的兰渝铁路在此交汇，也是石油天然气管道运输枢纽、国家级西北商贸中心。甘肃是一个多民族省份，拥有汉、回、藏、东乡、土、满、裕固、保安、蒙古、撒拉、哈萨克等 56 个民族，其中裕固、保安、东乡族是甘肃的独有民族。2016 年末，全省常住人口 2609.95 万人，其中少数民族人口占常住人口的 9.82%。

【自然环境】甘肃位于黄土高原、青藏高原、内蒙古高原三大高原和西北干旱区、青藏高寒区、东部季风区三大自然区域的交汇处，总土地面积为 42.58 万平方公里，地形呈狭长状，东西长 1655 公里，南北宽 530 公里。地貌复杂多样，山地、高原、平川、河谷、沙漠、戈壁，类型齐全，交错分布，地势自西南向东北倾斜，大致可分为陇南山地、陇中黄土高原、甘南高原、河西走廊、祁连山脉、河西走廊以北地带六大地形区域。大部分地区气候干燥，属大陆性很强的温带季风气候。2016 年，全省平均气温为 9.3℃，较常年温度偏高 1.2℃，为近 10 年最高；年平均降水量为 380.7 毫米；年日照时数为 2496.4 小时。甘肃是一个少林省份，据甘肃省第八次森林资源清查，全省森林覆盖率 11.28%。

【矿产资源】新中国成立以来，经过六十多年的开发建设，甘肃已形成了以石油化工、有色冶金、机械电子等为主的工业体系，成为我国重要的能源、原材料工业基地。截至 2015 年底，全省已发现各类矿产 119 种，其中已查明资源储量的 77 种，占全省已发现矿种的 65%。已查明矿产资源以非金属矿产为主，其次是金属矿产和能源矿产。列入《甘肃省矿产资源储量表》的固体矿产 98 种、矿产地 1580 处（含共伴生矿产）。根据《2015 年全国矿产资源储量占比排名》统计，全省资源储量居全国第 1 位的矿产有 10 种，分别是镍矿、钴矿、铂矿（伴生矿）、钯矿（伴生矿）、锇矿（伴生矿）、铱矿（伴生矿）、铑矿（伴生矿）、硒矿、铸型用粘土、凹凸棒石粘土；居前 5 位的有 38 种；居前 10 位的有 71 种。

【特色产业】甘肃土地面积广阔，居全国第七位；草地面积占土地总面积的 33.33%；光热资源充足且昼夜温差大，具有发展特色农业和优质高效农业的有利条件。许多特色农产品，无论是种植面积还是产量在全国都名列前茅，特别是玉米制种、啤酒原料、马铃薯、酿酒葡萄、油橄榄、食用百合、瓜果蔬菜和草食畜产品等特色产品，品质优良，发展前景良好。甘肃还是全国中药材主要产区之一，当归、黄（红）芪、党参、大黄、甘草等五种大宗中药材驰名中外。

甘肃是新中国成立后国家重点投资建设工业体系的区域之一。改革开放之后，特别是进入 21 世纪以来，全省上下认真贯彻落实“工业强省”战略，紧紧依靠并积极壮大传统支柱产业的发展，突出传统支柱产业的改造升级，石油化工、有色冶金、装备制造、食品医药等支柱产业呈现了良好的发展势头。

2012 年，继上海浦东新区、天津滨海新区、重庆两江新区、浙江舟山群岛新区后，国务院批复第五个国家级新区——兰州新区。兰州新区位于兰州北部秦王川盆地，地处兰州、西宁、银川三个省会城市共生带的中间位置，是国家规划建设的综合交通枢纽，也是甘肃与国内、国际交流的重要窗口和门户，距兰州市区 38.5 公里，距西宁 198 公里，距银川 420 公里。规划面积 806 平方公里，辖永登、皋兰两县五镇一乡，现有常住人口 14.28 万人。几年前，兰州新区所属的秦王川还是以发展农牧业为主的农村。随着兰州新区建设号角的吹响，通过实施出城入园、招商引资和产业培育，涌现出兰石集团、水性科天、长飞光纤光缆、和盛堂等龙头企业，初步形成了先进装备制造、生物医药、石油化工、新材料、电子信息、现代物流、文化旅游、现代农产品加工等产业集群，正在打造世界最大的水性科技园、全国先进装备制造基地和生物医药基地，产业集群效应正在显现。兰州新区是“丝绸之路经济带”上的重要节点，是甘肃对外开放的重要窗口，已建成运营综合保税区、中川国际航空港、中川北站铁路口岸，正在加快建设国际产业合作园、国际通信专用通道，“一区一港一园一口岸一通道”的开放平台作用日益凸显；兰州至中亚、南亚、欧洲的国际货运班列实现常态化运营，南亚班列被列为全国 16

个多式联运示范工程；即将开通兰州至瓜达尔港的国际货运班列，打造面向“一带一路”的国际物流中心和多式联运中心，引领全省对外开放实现新跨越。随着铁路口岸的建成，兰州新区中川北站加大园区配套项目建设，搭建综合物流运营平台，打造西北地区国际物流中心。

【历史文化】甘肃是华夏文明和中国古文化的发祥地之一，是传说中的三皇之首伏羲、五帝轩辕黄帝和女娲的生长地，故有“羲轩桑梓”之称。甘肃的大地湾文化距今约八千年，其后的仰韶文化、马家窑文化创造了彩陶文化的辉煌时代。周秦时期，甘肃的庆阳、天水又是周文化和秦文化的发祥地。汉武帝至昭帝间陆续设武威、张掖、敦煌、天水、安定、武都、金城诸郡，汉代的开边政策和张骞出使西域成功开通了丝绸之路。隋唐时期，贯穿甘肃河西走廊的丝绸之路进入了繁荣时期，甘肃成为我国联系西域各国和欧洲的重要通道，武威、张掖、敦煌成为经济文化繁荣的国际性贸易城市，整个河陇地区农桑繁盛、士民殷富，《资治通鉴》有“天下称富庶者，无如陇右”的记载。元代，全国创设省制，甘肃正式设省。明代长城由东向西穿越 9 省区后，抵达甘肃河西地区，嘉峪关成为大西北的重要关隘和前沿阵地，有“天下第一雄关”之称。海路开通后，随着全国经济政治文化重心的东移南迁，特别是气候和生态条件的变化，甘肃渐渐成为荒僻之地，晚清时期时任陕甘总督左宗棠曾奏称“甘肃地处边陲，土旷人稀，瘠苦甲于天下”。源远流长、底蕴深厚的甘肃历史文化，不断催生着时代精神，培育了《读者》、《丝路花雨》、《大梦敦煌》等一系列著名文化品牌。其中《读者》杂志成为全国发行量最大的期刊，被誉为“中国人的心灵读本”；舞剧《丝路花雨》、《大梦敦煌》享誉全球。

2013 年，甘肃省“华夏文明传承创新区”建设获国务院正式批复。按照国家关于甘肃发展的战略定位和建设文化大省的总要求，甘肃确定了“华夏文明传承创新区”建设围绕“一带”，建设“三区”，打造“十三板块”的总体布局，简称“1313 工程”。“一带”是丝绸之路文化发展带；“三区”是以始祖文化为核心的陇东南文化历史区、以敦煌文化为核心的河西走廊文化生态区和以黄河文化为核心的兰州都市圈文化产业区；“十三板块”是文物保护、大遗址保护、非物质文化遗产保护传承、历史文化名城名镇名村保护利用、民族文化传承、古籍整理出版、红色文化弘扬、城乡文化一体化发展、文化与旅游深度融合、文化产业发展、文化品牌打造、文化人才队伍建设、节庆赛事会展举办。“华夏文明传承创新区”是甘肃省继兰州新区之后，又一个摆到国家层面的战略平台，必将对中华民族文化传承创新和甘肃经济、社会、文化发展起到重大的推动作用和深远的影响。

【民族民间文化】甘肃节庆习俗丰富多彩。回族的古尔邦节、开斋节；藏族的正月十五晒佛节、五月采花节；哈萨克族的叼羊、“姑娘追”；土族的“纳顿”节、“二月二”跳神会等。甘肃饮食文化异彩纷呈。兰州牛肉面是最具特色的大众化经济小吃，声名远扬；以手抓羊肉为代表的清真风味食品，独特可口；糌粑、酸奶、奶茶、蕨麻米饭等藏族风味的食物，值得品尝；还有各种地方小吃，更是独具特色。甘肃民族歌舞多姿多彩。社火歌舞是广泛流传于甘肃民间的一种艺术，尤以兰州的太平鼓舞、武威的“滚鼓子”、张掖的顶腕舞、陇东的秧歌、天水一带的扇鼓舞、腊花等著称，还有莲花山花儿、二郎山花儿、河湟花儿、裕固族民歌等。此外，兰州微雕葫芦，平凉纸织画，庆阳牛皮影、香包、剪纸、刺绣，保安腰刀，天水雕漆漆器，酒泉夜光杯，卓尼洮砚，武威“铜奔马”等民间工艺品也久负盛名。

【旅游资源】甘肃的旅游资源既有石窟寺庙、长城关隘、塔碑楼阁、古城遗址、历史文物等文物古迹，又有青山绿水、高山草原、大漠戈壁、沙漠绿洲、丹霞奇观、冰川雪峰等独具特色的西部自然风光，还有以藏、回、裕固、保安、东乡等少数民族浓郁风情为特色的民族风情资源。丰富的文化遗产、独特的自然景观和多彩的民族风情，成为人们向往的旅游胜地，开发前景广阔。最具代表性的旅游景点：被联合国科教文组织列为世界文化遗产之一、被誉为“世界艺术宝库”和“世界现存佛教艺术最伟大宝库”的敦煌莫高窟，被称为“人文始祖”的羲皇故里——天水伏羲庙，“东方雕塑馆”之称的天水麦积山石窟，万里长城最西端的“天下第一雄关”——嘉峪关，中国彩陶之乡之称的临夏，中国藏传佛教格鲁派六大宗主寺之一的夏河拉卜楞寺，道教第一山崆峒山，中国的旅游标志——武威出土的汉代铜奔马，世界最大的室内卧佛寺——张掖大佛寺，泾川西王母宫、永靖炳灵寺石窟、永登鲁土司衙门旧址等构成了璀璨夺目的艺术长廊。近年发现的永靖恐龙足迹、和政古生物化石，是一、二千万年前中生代白垩纪的遗址。

国民经济运行

【经济运行的基本情况】2016 年以来，面对错综复杂的宏观经济形势和持续较大的经济下行压力，全省各地各部门认真贯彻落实党中央、国务院和省委省政府决策部署，以新发展理念为引领，主动适应把握引领经济发展新常态，抓细抓实稳增长、调结构、惠民生、防风险等各项工作，稳步推进供给侧结构性改革，全省经济呈现总体平稳、稳中向好的发展态势。

（一）经济运行总体平稳

在工业品价格持续下跌，困难挑战明显增多的情况下，全省经济在合理区间运行，保持总体平稳。一季度、上半年、前三季度和全年全省生产总值分别增长 7.3%、7.8%、7.5%和 7.6%，分别比全国同期增速高 0.6、1.1、0.8 和 0.9 个百分点。全年全省生产总值 7200.37 亿元，比上年增长 7.6%。其中：第一产业增加值 983.39 亿元，增长 5.5%；第二产业增加值 2515.56 亿元，增长 6.8%；第三产业增加值 3701.42 亿元，增长 8.9%。

（二）供给侧稳步回升

1.农业生产形势良好

各地全面贯彻落实省委省政府关于“三农”工作的决策部署，深入实施“365”现代农业发展行动计划，加快转变农业发展方式，积极推进农业供给侧结构性改革，全省农业生产形势良好，一季度、上半年、前三季度和全年全省第一产业增加值分别增长4.5%、5.0%、5.3%和5.5%，增速逐季提高。

粮食连续13年丰收。全年全省粮食播种面积4220.92万亩，比上年下降1.3%；粮食总产量1140.6万吨，下降2.6%。虽然受夏粮播种面积减少及干旱等因素影响，粮食产量仍保持在1100万吨以上，连续13年丰收。

特色产业较快增长。全年全省蔬菜种植面积820.44万亩，比上年增长3.8%；果园面积709.34万亩，增长3.1%；油料面积497.96万亩，增长3.7%；中药材面积435.71万亩，增长8.1%。全年蔬菜产量1951.48万吨，增长7.0%；园林水果产量506.44万吨，增长9.7%；油料产量76.02万吨，增长6.2%；中药材产量115.45万吨，增长6.7%。

畜牧业生产总体平稳。全年全省猪出栏719.61万头，比上年下降3.7%；牛出栏203.54万头，增长5.6%；羊出栏1437.05万只，增长7.3%；家禽出栏4024.9万只，增长5.5%。猪牛羊禽肉产量99.61万吨，比上年增长1.2%；牛奶产量64.07万吨，增长7.0%；禽蛋产量11.55万吨，下降1.2%。

2.工业生产稳步回升

各地坚持问题导向，靠实责任，坚决贯彻落实《甘肃省工业领域去产能去库存降成本实施方案》，加快推进工业经济转型升级提质，工业生产稳步回升，规模以上工业增加值增速由1-2月的4.7%回升至全年的6.2%。

全年全省规模以上工业增加值1565亿元，比上年增长6.2%。其中，重工业增加值1268亿元，增长8.3%；轻工业增加值297亿元，下降2.6%。从重点支柱行业看，有色、装备制造、煤炭工业增速高于全省规模以上工业增加值增速，分别增长16.1%、10.7%和7.6%；石化、建材、电力、食品、冶金工业增速低于全省规模以上工业增速，其中，石化、建材和电力工业分别增长6.0%、4.6%和1.2%，食品、冶金工业分别下降5.3%和6.6%。

全年全省工业生产者出厂价格比上年下降5.1%，购进价格下降5.4%，工业生产者出厂、购进价格累计降幅均连续11个月收窄。

全年全省全社会用电量1065.15亿千瓦时，比上年下降3.1%。其中，工业用电量811.54亿千瓦时，下降5.7%，降幅自6月份（年内最大降幅）以来连续6个月收窄。

3.第三产业增长较快

近年来，全省第三产业取得较快发展，已成为拉动全省经济增长的主要动力。2016年全省第三产业增加值一季度、上半年、前三季度和全年分别增长8.6%、9.1%、8.8%和8.9%，均高于同期生产总值增速1.3个百分点。

（三）需求侧平稳增长

1.固定资产投资保持两位数增长

自3月份以来，全省固定资产投资累计增速均保持两位数，全年固定资产投资9534.10亿元，比上年增长10.5%。分三次产业看，第一产业投资678.30亿元，增长26.8%；第二产业投资3220.99亿元，下降6.2%；第三产业投资5634.81亿元，增长21.0%。

全年全省房地产开发投资850.03亿元，比上年增长10.7%，增速比全国高3.8个百分点。从实物量指标看，房屋施工面积8933.24万平方米，增长4.0%，其中，房屋新开工面积2331.71万平方米，增长0.8%；房屋竣工面积991.73万平方米，增长3.1%；商品房销售面积1679.49万平方米，增长17.0%。

2.消费品市场稳中有升

全省社会消费品零售总额增速从1-2月的7.8%逐月提高到1-6月的9.3%，7、8月份小幅回落，8月份以后又逐月回升。全年全省社会消费品零售总额3184.39亿元，比上年增长9.5%，为年内最高增速，比1-2月（年内最低增速）提高1.7个百分点。限额以上单位商品零售类值中，消费升级类商品增势较好，全年建筑及装潢材料类比上年增长36.0%，家具类商品增长33.6%，中西药类增长21.9%，文化办公用品类增长12.6%，汽车类增长10.8%。

3.对外贸易保持顺差

全省进出口总值增速先升后降，对外贸易保持顺差。全年全省进出口总值453.2亿元，比上年下降8.3%。其中，进口总值185亿元，增长39.3%；出口总值268.2亿元，下降25.7%。对外贸易顺差83.2亿元。

（四）人民生活水平不断提高

1. 就业形势总体稳定

2016年以来，全省深入实施就业优先战略，大力推进大众创业、万众创新，千方百计稳定和扩大就业，为转方式、调结构、稳增长、惠民生提供有力保障，就业形势总体保持稳定。根据人社部门数据，截至12月底，全省城镇新增就业43.75万人，超额完成全年任务。

2. 居民收入继续增加

各地认真落实各项就业创业扶持政策，大力推进精准扶贫精准脱贫，努力拓宽增收渠道，城乡居民收入不断增加。全年全省城镇居民人均可支配收入25693.5元，比上年增长8.1%。其中，工资性收入16751.2元，增长10.3%；经营净收入1960.6元，增长8.6%；财产净收入2355.8元，增长2.7%；转移净收入4625.9元，增长3.3%。农村居民人均可支配收入7456.9元，增长7.5%。其中，工资性收入2125.0元，增长7.6%；经营净收入3261.4元，增长7.8%；财产净收入128.4元，增长0.3%；转移净收入1942.0元，增长7.4%。

3.居民消费价格涨幅温和

全年全省居民消费价格比上年上涨1.3%。全省居民消费价格累计涨幅由1-2月的0.8%提高到1-5月的1.6%，6月份后，居民消费价格小幅回落并趋于稳定。八大类商品及服务价格“六升一平一降”：食品烟酒类上涨3.2%，其他用品和服务类上涨1.5%，衣着类上涨1.4%，居住类上涨0.8%，医疗保健类上涨0.8%，生活用品及服务类上涨0.4%；教育文化和娱乐类持平；交通和通信类下降1.0%。

（五）质量效益有所改善

1. 财政收支稳步增长

全年全省一般公共预算收入786.81亿元，比上年增长8.8%。其中：税收收入525.97亿元，增长3.5%；非税收入260.84亿元，增长21.9%。一般公共预算支出3152.72亿元，增长6.5%，其中，城乡社区支出、社会保障和就业支出、教育支出、医疗卫生与计划生育支出分别增长61.5%、10.3%、10.2%和9.3%。

2.企业效益明显好转

全省规模以上工业企业效益持续好转，利润总额从1-2月的亏损11.5亿元到1-5月转为盈利6.3亿元，且盈利持续增加。全年全省规模以上工业企业实现利润总额72.7亿元，比上年净增164.6亿元。

3. 空气质量优良天数增加

按新标准评价，全年全省除兰州市外，其他各市州空气质量优良天数与上年同期相比均有增加，其中，增加天数最多的张掖市增加33天，增加天数最少的金昌市增加3天；兰州市减少9天。初步测算，全省14个市州可吸入颗粒物（PM10）浓度均值为81微克/立方米，比上年下降14.7%；细颗粒物（PM2.5）浓度均值为37微克/立方米，下降11.9%，两项指标均达到省政府确定的年度目标要求。与上年相比，14个城市可吸入颗粒物均有下降，下降幅度最大的张掖市下降19.6%，下降幅度最小的天水市下降2.5%。

4.节能形势良好

2016年，全省经济运行质量持续向好，能源利用效率不断提高，单位生产总值能耗比上年下降9.42%，超额完成“十三五”时期年均降低2.97%的目标任务；工业结构不断优化调整，能源利用效率大幅提升，单位工业增加值能耗比上年下降12.4%，降幅比上年扩大1.74个百分点。

【供给侧结构性改革稳步推进】

（一）产业结构优化调整

第三产业比重首次过半。全年全省第三产业增加值占生产总值的比重达到51.4%，首次超过50%，比上年提高2.2个百分点。规模以上服务业较快增长，全省规模以上服务业实现营业收入593.3亿元，比上年增长14.1%，比全国高3.1个百分点。

工业经济转型升级稳步推进。全年全省规模以上非公有制工业增加值414.6亿元，占全省规模以上工业的26.5%，比重比上年提高2.5个百分点。装备制造业增加值109.5亿元，占全省规模以上工业的7.0%，比重提高0.3个百分点。

种植业结构进一步调整。全省粮经饲结构由上年的67.4∶30.2∶2.4调整为2016年的66.2∶31.2∶2.6，经济作物和饲料作物比重分别上升1和0.2个百分点。

（二）“三去一降一补”扎实推进

去产能方面，全年全省压减生铁产能160万吨、粗钢产能144万吨，关闭煤矿48处、压减产能427万吨，超额完成年度目标任务。全年全省钢材产量665.9万吨，比上年下降21.5%；粗钢628.4万吨，下降26.3%；原煤4236.88万吨，下降3.5%。

去库存方面，年末全省规模以上工业产成品库存513.9亿元，比上年末下降5.6%，自5月份以来增速连续8个月保持负增长。全年商品房销售面积增长17.0%，分别比房屋施工面积和竣工面积的增速高13和13.9个百分点。

去杠杆方面，年末全省规模以上工业资产负债率为65.2%，比上年末提高1.2个百分点。

降成本方面，全年全省规模以上工业企业每百元主营业务收入中的成本为87.32元，比上年减少2.78元。其中，国有控股企业减少3.50元。

补短板方面，全年全省基础设施投资（包括电力、热力、燃气及水的生产和供应业）2825.59亿元，比上年增长24.6%，比固定资产投资增速高14.1个百分点；占全部投资的比重为29.64%，比上年提高3.35个百分点。其中，道路运输业、公共设施管理业、水利管理业、生态保护和环境治理业等行业快速增长，增速分别为50.40%、43.64%、33.92%、31.95%。

（三）新经济快速发展

新增工业企业增势强劲。全省287户新增规模以上工业企业完成工业增加值62.8亿元，比上年增长2.2倍，拉动规模以上工业增长2.8个百分点，贡献率为45.3%。

新业态快速发展。全年全省限额以上批零住餐业通过公共网络实现零售额8.6亿元，比上年增长42.3%；共接待游客1.91亿人次，实现旅游综合收入1219.2亿元，分别增长22.1%和25.1%；完成快递业务量6065.1万件，增长71.3%。

新产业加快成长。全年全省规模以上高技术工业增加值增长11.3%，增速比规模以上工业高5.1个百分点；规模以上高技术服务业实现营业收入269.3亿元，增长12.1%。

国土资源

【土地资源】土地利用现状。根据甘肃省第二次全国土地调查、2015年度土地变更调查，截止2015年12月31日，全省土地总面积4258.89万公顷（其中宁夏自治区飞地5322.53公顷）。全省主要地类面积及地类构成情况为：耕地537.52万公顷，占12.62%；园地25.69万公顷，占0.60%；林地609.92万公顷，占14.32%；草地1419.37万公顷，占33.33%；城镇村及工矿用地77.52万公顷，占1.82%；交通运输用地26.05万公顷，占0.61%；水域及水利设施用地74.76万公顷，占1.76%；其它土地1488.06万公顷，占34.94%。

耕地保护。全省耕地保有量和基本农田保护面积均超过《甘肃省土地利用总体规划（2006-2020年）》确定的6969万亩和5725万亩的目标。严格按照“以补定占，先补后占，占优补优，占水田补水田”的要求，对建设项目耕地占补平衡进行严格审查把关，并通过耕地占补平衡动态监管系统进行了挂钩与核减。为解决兰州市和兰州新区耕地占补平衡指标，实施易地占补平衡3.9万亩。全省连续17年实现耕地占补平衡。

土地整治。2016年，全省共安排土地整理开发资金共计266082万元，其中，中央新增建设用地有偿使用费76700万元（切块贫困县资金52250万元），省级投资 24450 万元，安排项目 37 个；东部百万亩土地整治重大项目资金 66595.85 万元，安排项目 23 个；省留新增建设用地有偿使用费 15634 万元，安排项目 29 个；省留开垦费 19366 万元，安排项目 32 个；切块市州新增费 46001 万元、耕地开垦费 41786 万元。全省完成梯田建设任务 60 万亩。

高标准基本农田建设。编制了《甘肃省土地整治规划（2016-2020 年）》和《甘肃省 2016 年度高标准基本农田建设实施方案》，按照先易后难、分类实施的原则，综合考虑建设条件和资金保障能力，建立“政府主导、农村集体经济组织和农民为主体、国土搭台、部门参与、统筹规划、整合资金”的工作机制，与其他部门共同建设高标准基本农田 186 万亩。

建设项目用地预审。2016 年完成 120 个建设项目用地预审（其中初审后报部项目 4 个，省级预审项目 116 个），总投资 3364.40 亿元，用地总面积 20109.98 公顷，其中农用地 11143.92 公顷（含耕地 7875.08 公顷）、建设用地 2615.23 公顷、未利用地 6350.83 公顷。与上年相比，项目数量减少 50 个，下降 29.41%；投资额增加 120.34 亿元，增长 3.71%；占地面积增加 2883.01 公顷，增长 16.74%。同时，689 个预审项目通过建设项目用地预审备案系统全部上报国土资源部备案。

建设用地审批。2016 年，省政府审查审批建设用地 754 个，总面积 12576.21 公顷。其中，农用地 7053.25 公顷，农用地中耕地 4992.47 公顷；未利用地 4455.77 公顷；建设用地 1067.19 公顷。

土地供应与市场。2016 年，全省供应建设用地 2199 宗，面积 14188.28 公顷。其中，以招标拍卖挂牌出让方式供地 1099 宗，面积 3400.08 公顷；以协议出让方式供地 298 宗，面积 649.20 公顷；以划拨方式供地 802 宗、面积 10139 公顷；从供应土地的用途看，商服用地 852.13 公顷，工矿仓储用地 2936.52 公顷，住宅用地 934.04 公顷，公共管理与公共服务用地 3644.03 公顷，交通运输用地 5474.43 公顷，其他用地（特殊用地、水域及水利设施用地、其他土地）347.13 公顷，公共管理与公共服务用地和交通运输用地占比较大。全省实现土地出让价款 217.70 亿元，其中，以招标拍卖挂牌方式出让土地成交价款 187.90 亿元，以协议方式出让土地成交价款 29.80 亿元。

不动产统一登记。全省于 2016 年 10 月 20 日全面实现不动产统一登记“发新证停旧证”。截至 2016 年 12 月 31 日，已颁发不动产权证书 6.20 万本、不动产登记证明 7.70 万本。9 个市（州）、43 个县（市、区）接入国家信息平台，超额完成国土资源部确定的西部省份 2016 年底前 20%县（市、区）接入国家信息平台目标任务，整体工作走在全国前列。

陇西县农村集体土地使用制度改革试点。陇西县农村集体经营性建设用地入市试点工作启动以来，着眼于“可推广、可复制、利修法”要求，坚守“三条底线”原则，突出“试制度、试规则”主题，完成了启动试点，建立市场、组织入市，深入推进、完善制度五个阶段的具体任务，建立了农村集体经营性建设用地交易市场，目前已组织入市交易土地 62 宗 373.90 亩，实现土地出让价款 7113.77 万元，取得了显著的阶段性成效。中央全面深化改革领导小组办公室《改革情况交流》第 166 期登载了《甘肃陇西稳妥推进农村集体经营性建设用地入市制度改革试点》，对试点工作予以交流推广。

【矿产资源】矿产资源现状。2015 年底，全省已发现各类矿产 119 种(计算到亚矿种则为 180 种)，其中，已查明资源储量的 77 种（计算到亚矿种则为 114 种)，占全省已发现矿种的 65%，未查明资源储量的 42 种（计算到亚矿种则为 66 种），占全省已发现矿种的 35%；在已查明矿产资源中，能源矿产 7 种、金属矿产 31 种（计算到亚矿种则为 36 种）、非金属矿产 37 种（计算到亚矿种则为 69 种）、水气矿产 2 种。列入《甘肃省矿产资源储量表》的固体矿产 98 种、矿产地 1508 处（含共伴生矿产，下同），其中固体燃料矿产地 244 处，黑色金属矿产地 170 处，有色金属矿产地 335 处，贵重金属矿产地 411 处，稀有稀土分散元素矿产地 42 处，化工原料非金属矿产地 96 处，冶金辅助原料非金属矿产地 52 处，建材及其它非金属矿产地 158 处；其中大型规模矿床 140 个、中型 240 个、小型 1128 个；勘查程度普查阶段 673 个、详查阶段 460 个、勘探阶段 259 个。据《2015 年全国占比排名》统计，在已查明的矿产中，甘肃省资源储量名列全国第 1 位的矿产有 10 种，居前 5 位的有 38 种，居前 10 位的有 74 种。截至 2015 年底，列入《甘肃省矿产资源储量表》的 98 种固体矿产中，与 2014 年比较，58 个矿种的资源储量没有发生变化，有 40 个矿种的资源储量发生了变化，其中资源储量增加的有 19 种，减少的有 21 种。

地质矿产勘查。2016 年，全省共投入地质勘查资金 104424.89 万元，其中，中央财政 24614.50 万元，地方财政 53779.88 万元，社会资金 26030.51 万元。全年开展基础地质调查项目 78 个，投资 22084 万元，其中，中央财政出资 15434 万元，省级财政出资 6650 万元。开展矿产勘查项目 246 个，投入勘查资金 71396.08 万元，其中，中央财政出资 3734.32 万元，省级财政出资 43664.30 万元，社会资金投入 23997.45 万元。开展水工环地质调查评价项目 62 个，投资 7144.23 万元。开展地质科技及其他项目 124 个，投资 3800.58 万元。全年完成钻探 26.49 万米，槽探 22.43 立方米，坑探 3.551 万米。开展 1:5 万区域地质调查项目 4 个，投入资金 1160 万元；开展区域地球物理调查项目 8 个，投入资金 4478 万元；开展区域地球化学调查项目 3 个，投入资金 2392 万元；开展区域遥感地质调查项目 11 个，投入资金 1420 万元；开展 1:5 万矿产远景调查项目 52 个，投入资金 12634 万元，其中中央财政 5984 万元，地方财政 6650 万元。

省级地质勘查基金。省国土资源厅会同省财政厅启动了省地勘基金项目库建设工作，全年共分两批确定 103 个项目纳入省地勘基金项目库。严把项目立项关口，坚持优选找矿靶区，紧紧围绕全省紧缺和重点矿种，全年分两批从省地勘基金项目库中优选 74 个项目进行立项安排，共安排资金 3.95 亿元，其中，第一批设立项目 36 个下达资金 21484.62 万元，第二批设立项目 38 个下达资金 18000 万元。本年度盘活了项目结余、结转资金，提高了资金使用效率，保障省地勘基金投资规模维持稳定，项目安排数量同比上升 39%。

找矿突破。全年新增矿产资源储量的矿种主要有煤、金、铜、铅、锌。其中新增煤炭资源量 43.59 亿吨，金金属量 187.14 吨，铜金属量 65.48 万吨，铅金属量 28.45 万吨，锌金属量 102.83 万吨。2016 年度完成阶段性勘查的矿产地共 9 个，其中大型 1 个，中型 2 个，小型 6 个；新发现矿产地 3 个，其中大型 2 个，小型 1 个。四方合作白银深部铜矿勘查项目和卡瓦矿集区勘查项目本年度全部完成了野外地质勘查工作，地质找矿成果显著，白银深部铜矿项目估算可提交铜铅锌金属量 50 万吨，卡瓦矿集区估算可提交铁矿石资源量 4 亿吨。

矿产开发利用。修订了《甘肃省矿业权转让管理办法》，经 2016 年 9 月 26 日省政府第 129 次常务会议审议通过，自 2016 年 10 月 10 日起施行。实行矿产资源开发利用方案、矿山地质环境保护与治理恢复方案、土地复垦方案同步编制、同步审查、同步实施的三同时制度和社会公示制度。对 2014 年 12 月 31 日前到期未延续的探矿权进行清理，探矿权人到期后未申请延续等情形的 67 宗探矿权，分别于 2016 年 11 月 2 日、11 月 9 日、11 月 16 日在《甘肃日报》、《甘肃地质矿产报》等报纸及甘肃省国土资源厅门户网站、国土资源部门户网站发布注销公告，予以公告注销。

探矿权设置。截至 2016 年 12 月 12 日，全省设置非油气探矿权 1329 宗，其中省级发证 1051 宗、部级发证 278 宗。按行政区域划分，酒泉 386 宗，陇南 320 宗，甘南 143 宗，天水 127 宗，张掖 120 宗，定西 65 宗，武威 54 宗，白银 46 宗，兰州 18 宗，金昌 16 宗，平凉 12 宗，庆阳 12 宗，临夏 6 宗，嘉峪关 1 宗。

采矿权设置。截至 2015 年底，全省有各类非油气矿山 3556 个。其中国土资源部发证 21 个，省国土资源厅发证 419 个，市级国土资源局发证 602 个，县级国土资源局发证 2514 个。全省有大型矿山 65 个、中型 94 个、小型 1226 个、小矿（生产规模低于小型矿山规模上限的十分之一）2171 个。全年开采矿石总量（原矿量）1.20 亿吨，实现工业总产值 207.40 亿元，从业人数 14.20 万人。

按矿类统计。全省开采 8 大矿类、85 种矿产，矿山构成以砖瓦用粘土、建筑用砂、水泥用石灰岩、建筑用凝灰岩、建筑石料用灰岩等建材和其它非金属矿产为主，占总数的 82%。其中，县级国土资源部门发证的砖瓦用粘土矿 1540 个，占总数的 43%；建筑用砂矿 486 个，占总数的 14%。从业人员中，能源矿产、建材和其它非金属矿产所占比重最大，分别为 36%、44%。工业总产值中，能源矿产、有色金属矿产所占比重最大，分别为 45%、26%。

按生产规模统计。大中型矿山数量所占比重较低，小矿（生产规模低于小型矿山规模上限的十分之一）所占比重最大。大中型矿山中，建材、能源、贵重金属类所占比重最大，分别为 40%、21%、16%。其中，能源矿产大型矿山 19 个、中型 15 个，黑色金属矿产大型 4 个、中型 6 个，有色金属矿产大型 4 个、中型 5 个，贵重金属矿产大型 6 个、中型 19 个，冶金辅助原料非金属矿产大型 9 个、中型 2 个，化工原料非金属矿产大型 2 个、中型 4 个，建材和其它非金属矿产大型矿山 21 个、中型 42 个，水气矿产中型 1 个。工业总产值中，大型矿山所占比重最大，人均产值最高。

按地域统计。矿山数量、从业人员较多的主要为白银、定西、庆阳、平凉市，合计占全省矿山总数的 44%，占从业人员总数的 51%。工业总产值中所占比重较大的主要为平凉、金昌、白银、陇南市，合计占全省总量的 70%。除嘉峪关市外，大中型矿山在各市州均有分布。其中，陇南、定西、平凉、白银市的大中型矿山数量较多，占全省总数的 55%。

矿业权价款及补偿费。2016 年，探矿权采矿权价款及使用费入库 44166.24 万元。其中，两权价款 43712.21 万元（探矿权价款 5206.77 万元、采矿权价款 38505.44 万元），使用费 454.03 万元（探矿权使用费 308.65 万元、采矿权使用费 145.38 万元）。国家财政部、国家税务总局联合发文规定从 2016 年 7 月 1 日起，停止征收矿产资源补偿费。本年度征收及催缴以往年度矿产资源补偿费 1.57 亿元，其中，省厅直接征收 1.03 亿元、14 个市（州）征收 0.54 亿元。

【地质环境】地质灾害防治。2016 年 10 月 1 日，省人民代表大会修订颁布实施了《甘肃省地质环境保护条例》。全省建立了省、市、县三级应急技术机构，依托国有地勘单位、科研院所，形成了片区地质灾害应急支撑体制。2016 年，全省发生地质灾害 34 起（其中达标统计 34 起），造成 6 人死亡、2 人受伤，经济损失 6178. 80 万元。全年发布预警信息 44 次，其中一级 1 次，二级 9 次、三级 34 次，成功预警避险 9 次，避免人员伤亡 2529 人，避免财产损失 661 万元。地质灾害综合防治体系建设投入资金 9.27 亿元，其中，中央财政 7.52 亿元、省级财政预算配套资金 1.75 亿元，共安排工程治理项目 66 个，安排搬迁避让 2072 户 9831 人。

矿山地质环境保护。编制了《矿山地质环境恢复和综合治理规划工作方案》、《矿山地质环境调查技术细则》及《甘肃省祁连山生态区山水林田湖生态修复项目实施方案（地质环境）》。截至 2016 年 12 月，全省 3320 个矿山企业有 2991 个已落实保证金制度，落实率为 90%。专户累计存储保证金 96978.77 万元，返还已履行恢复治理责任的矿山企业保证金 1590.32 万元；政府部门按规定累计使用保证金 46429.19 万元，实施矿山地质环境治理项目 30 个。

地质遗迹保护。截止 2016 年底，全省已有地质公园 36 个，其中世界级地质公园1个，国家级地质公园9个（其中正式揭碑开园的5个，待揭碑开园的4个），省级地质公园26个。

（刘志广）

防震减灾

【地震震性】2016年，全省共发生M≥2.0级地震53次。其中，2.0～2.9级地震47次，3.0～3.9级地震5次，4.0～4.9级地震1次，最大地震为3月21日发生的金塔4.7级地震。时间上，主要集中在1、6、10、11月份，1月份地震活动频次最高为8次，2月份地震活动水平最低仅发生为1次，其余月份地震频次2～7次；3.0级以上地震分布平均每两个月发生1次。空间上，地震活动延续了2006年以来甘肃地区地震活动格局，主要集中分布于祁连山地震带西段、祁连山地震带东段的古浪周围以及甘肃东南地区；3.0级以上地震主要分布在祁连山地震带。

【监测预报】2016年，建立省市县台站86个测项的基本信息库。组织开展地震观测仪器停测审批工作，完成地球观象台的申请和论证工作，开展电磁监测试验卫星工程项目、大地电磁测深项目、中法合作项目、电磁监测试验卫星工程项目和全国地电台网技术管理中心相关工作。

制定《甘肃省全国地震重点危险区震情跟踪工作方案》，成立3个危险区震情跟踪工作领导小组、震情跟踪工作组和专家组，建立省、市州、台站紧密结合的震情监视跟踪工作机制，开展了3次震情跟踪工作检查，在甘南藏族自治州合作市组织召开“2016年地震重点危险区震情跟踪与应急准备工作现场检查会”，强化责任落实和各环节监督与检查。制定《地震重点危险区协作工作区震情跟踪工作方案》，组织召开3次协作工作区震情跟踪研讨会。落实震情会商机制改革方案，召开周震情监视例会46次，月会商14次，震后趋势会商1次，紧急会商8次，加密会商8次，专题会商7次、年度和年中会商各2次。开展现场异常核实16次，报送宏微观异常零报告40份。规范处置3次重大地震预测意见，组织召开专题研讨会。启动1次甘青川交界地震重点危险区及附近地区8个市州、31个县区的地震宏观哨观测。组织完成“文博会”震情保障工作。

【灾害预防】贯彻落实中央和甘肃省行政审批制度改革要求，规范建设项目抗震设防要求审批，将抗震设防要求纳入甘肃省投资项目在线审批监管平台。实施兰州新区等地震小区划，及时将成果应用于新型城镇化建设和经济社会发展；中国地震局在永靖县定点扶贫帮扶启动了永靖县城地震小区划项目。积极开展学校、医院、生命线工程、重要基础设施、危险品的隐患排查，排查危房33万平方米、危旧校舍5万平方米、桥梁7处、地质灾害点171处、重大危险源39处、危化安全隐患点18处，全部完成了整改或抗震加固，工程隐患得到有效治理。

2016年，省委将危旧房排查列为“回头看、大走访”的重要内容，全面落实省政府印发的加快推进农居地震安全工程意见，分步实施抗震安全农居程建设，确保到2020年全省农居达到抗御6级左右地震的目标。各地各部门严把宣传培训关、规划选址关、结构设计关、材料进场关、质量监督关，新建抗震安全农居约18万户，全省抗震农居总数达到375.5万户，占全省农居总数的77%，特别是酒泉、平凉抗震安全农居达到80%以上。

【应急救援】2016年，新修订地震应急预案60件，全省共编制地震应急预案件19300件，编制重特大地震灾害应急处置操作手册达到100%，全省应急预案体系基本实现全覆盖。省地震局与全省行政村18194人建立联系方式，确保震后快速搜集灾情；依托信息通报系统项目，可为3500多人发送地震短信息。全省建成应急避难场所380处，260处设置明显标志、分布图、疏散路线图，新增设了供水、供电、排水等生活设施，确保震后灾民集中安置，兰州市建成的43处、平凉市建成5处应急避难场所。全省共有79个救灾物资储备库、24个市县物资储备中心，新储备了一定的震后急需的物资，完善了调运、接收、分发机制，确保震后灾民得到有效安置。

加强应急救援队伍能力建设。2016年，共组织各层次的地震应急演练4990场次、110万人次，涉及学校1900所、村庄85个、社区120个、医院86所。省东部区域救援队与兰州、白银、临夏市级救援队300人、32台车、5条搜救犬开展跨区域实战拉动对抗演练，有效增强协调指挥和快速反应能力。地震重点地区内的62支地震灾害紧急救援队，1800支矿山、医疗、交通、电力、水利等行业应急抢险队伍、26万人，配备了现代化专用设备及大型运输车、消防车、挖掘机、推土机、油铲、装载机装备，300支志愿者队伍配有基本装备，确保震后迅速开展救援抢险。兰州搜救基地培训全国省级救援队393人，省内培训890人，接待参观体验人员2000人次。2016年10月16日，甘肃省地震灾害紧急救援队成为全国第一支通过重型测评的救援队，具备了参与国际救援行动的资格。

【科技创新】甘肃省地震局申请国家、省部级科技项目开展地震基础理论和应用研究，其成果被广泛应用于地震预报、灾后重建、应急救援等领域，本年度发表论文110篇以上，其中SCI和EI论文20篇。

依托西部地球科学与防灾工程论坛，深化与阿塞拜疆、美国、日本、希腊、英国、韩国、德国等国家科研机构的交流与合作，派出5人次赴国外、接待41人次国外地震专家来华开展了深入的交流与合作，特别邀请了21位国内外专家作了19场学术报告；成功举办国际地震与火山电磁方法学术会议，27位外宾参会并作学术报告，对电磁学、黄土前沿科学成果应用进行推广，推进科技创新能力不断提升。

【法制建设和科普宣传】经甘肃省人民政府第137次常务会审议通过并发布施行《甘肃省地震预警办法》。根据防震减灾改革需要，将《甘肃省防震减灾条例》、《甘肃省地震安全性评价管理条例》修订工作纳入省人大、省政府法制办立法计划，组织起草条例修订草案。

利用传统和新媒体开展了形式多样、内容丰富的防震减灾知识宣传教育活动。大型科普宣传 120 多场次、发送手机短信 180 多万条、电影专场 50 多场次、刊发稿件 1000 多篇、电视消息 500 多条、专题新闻 70 多条、发布微信 50 万条，受众达到 120 万人次，全社会公众、中小学师生防震减灾意识明显增强，自救互救和应急避险能力普遍提高。地震、教育、科协部门联合制作了防震减灾公益广告科普宣传片，确认了地震安全示范社区 11 个，科普示范学校 20 所；陇南、白银、平凉等市及县区地震部门与当地电视台建立合作机制，开设栏目开展常态宣传；定西市编写了防震减灾科普“三字经”在微信平台上发布。甘肃省地震局被表彰为 2011-2015 年全国法治宣传教育先进单位和甘肃省法治宣传教育先进单位。

【专项工作任务】加强引导，强化服务，推进农村民居防震保安工程，全省建成“农村小康地震安全工程”示范户 871744 户。完善地震群测群防“三网一员”工作网络，加强地震灾情速报网络体系建设，整合多部门灾情速报人员，强化“三网一员”人员管理。推动建成了协调顺畅的地震应急救援管理体制机制；指导建成了横向到边纵向到底的地震应急预案体系；组织编制了覆盖省市县三级的应急处置手册。创办甘肃抗震救灾报，多措并举做好地震信息服务工作。

【重点项目建设】依据中国地震局与甘肃省政府合作协议，加快实施重点项目建设，国家地震烈度速报与预警工程甘肃分项已完成土地预审及 1118 个台站的野外勘选；兰州国家陆地搜寻与救护基地配套服务保障项目已完成场地平整、建设指标评审及施工环境的净化；完成了省地震应急指挥中心技术系统升级改造，岷县漳县地震灾后重建、中国地震科学台阵探测等项目完成建设。

（胡炜冬）

气 象

【气候】2016 年，属于气候条件较好的年景。全省平均气温为 9.3℃，较常年偏高 1.2℃，为 1961 年以来最高；年平均降水量为 380.7 毫米，较常年偏少 5%，为 2010 年以来的第二少雨年（2015 年 368.2 毫米）；年日照时数略偏多。

【气温】全省年平均气温最低中心在乌鞘岭，为 1.5℃；最高中心在文县，为 16.3℃；与常年相比，酒泉市中部、白银市西南部、兰州市中北部、甘南州北部、庆阳市东部和陇南市东部偏高 0.5～1℃，省内其余地方偏高 1.0～1.9℃。各月平均气温与常年同期相比，除了 1、2 和 5 月气温正常以外，其余各月平均气温偏高 0.9～2.8℃，其中，8 月和 12 月平均气温偏高 2.8℃和 2.7℃，均为 1961 年以来最高，3、4、6、7 和 9 月全省平均气温分别偏高 2.1℃、1.9℃、1.1℃、1.3℃和 1.3℃，分别为近 3、5、5、6 和 11 年最高，10 月偏高 1.4℃，但为近 4 年最低，11 月偏高 0.9℃。

【降水】全省平均降水量为 380.7mm，较常年偏少 5%，为 2010 年以来次少雨年（2015 年 368.2mm）；年降水量最少中心在敦煌，为 67.7mm，最多中心在碌曲，为 783.3mm；与常年相比，定西市中北部、甘南州东南部、平凉市南部、庆阳市东部和陇南市西部偏少 2～4 成，武威市东南部、白银市中北部、兰州市中北部、临夏州西部和甘南州西北部偏多 2～6 成，酒泉市中部和嘉峪关市偏多 8 成～1 倍。全省各月降水量，8、9 和 12 月降水量较常年同期偏少 2～3 成，11 月降水量偏少 7 成，为近 6 年最少，10 月份偏多近 3 成，其余各月降水量接近常年同期。

【日照】2016 年，全省日照时数为 2496.4h，为 2008 年以来最多。全省各地年日照时数，甘南州中东部、定西市南部、平凉市、庆阳市东南部和天水市中北部为 2000～2500h，陇南市为 1695～2000h，省内其余地方为 2500～3000h；与常年相比，酒泉市中南部、嘉峪关市、武威市中东部、白银市、兰州市中东部、临夏州、甘南州、定西市北部和庆阳市中北部偏多 50～200h，天水市中部和陇南市中部偏多 200～417h，酒泉市西部、张掖市中东部、金昌市、平凉市西北和东南部偏少 50～208h，省内其余地方接近常年同期。

【主要气象事件及其影响】干旱。全年主要干旱时段为 3 月上旬～4 月中旬，6 月下旬～7 月上旬，7 月下旬～8 月中旬，9 月上旬和下旬。其中，春季干旱致使河西大部连续无降水日数达 11～36 天，河东大部连续无降水日数达 5～15 天。初夏干旱主要发生在河西中东部、兰州市中西部、白银市中东部、天水市西北部和陇南市西北部等地，大部分地方连续无降水日数高达 10 天以上。伏期（7 月下旬至 8 月中旬）河东持续无有效降水，26 个县区降水不足 20 毫米，干旱持续天数大部分在 30 天以上，持续的高温导致河东大部地方降水量偏少 5 成以上，白银市、定西市和天水市北部降水量偏少 8 成以上，为有记录以来最少。兰州、白银、定西和天水 4 市部分县市连续无降水日数为 20～27 天。高温少雨致使定西市大部、天水市西北部、陇南市西北部、庆阳市北部等地出现伏旱，其中定西市大部、天水市西北部等地达中到重旱。初秋（9 月上旬和下旬）河东地区降水异常偏少，气温偏高，定西北部、庆阳东部、天水和陇南部分地方降水量偏少 6 成以上，其中平凉和庆阳东部偏少 8 成左右，干旱区土壤墒情较差，旱情较重。

暴雨。2016 年全省暴雨总日数偏多，共有 20 站累计出现暴雨 24 站日，较常年偏多 4 站日，为近 3 年最多。出现时段集中在夏季，其中 6 月下旬漳县、岷县、西峰和静宁各出现 1 次,7 月中旬镇原、西峰、崆峒、泾川、崇信、徽县和康县各出现 1 次，7 月下旬在景泰出现 1 次。7 月 24 日景泰出现暴雨，降水量达 66.3 毫米，突破历史极值。8 月中下旬和政出现 2 次，临夏、夏河、碌曲、合作、张家川、武山、泾川、崇信和华亭各出现 1 次。9 月中旬环县出现 1 次。年内出现 4 次区域性暴雨，分别出现在6月23日（4站）、7月18日（7站）、8月23日（3站）和8月25日（5站），降水量分别为50～80.1毫米、51～103.3毫米、58.1～123.5毫米和53.5～78.2毫米。受大范围的强降水和局地暴雨天气过程，夏季暴雨次数多，强度大，部分地方损失严重，同时，暴雨导致洪涝、滑坡和泥石流等次生灾害频发，给群众财产和基础设施造成了重大损失。

连阴雨。年内全省73站累计出现317站日连阴雨过程，较常年偏少6站日，出现时段为4～10月，主要分布在张掖市、武威市、兰州市、定西市、临夏州、甘南州、庆阳市、平凉市、天水市和陇南市等地。其中定西市和甘南州均出现3～13次，陇南市出现3～6次，其余地方出现1～8次。全年共有11次区域性连阴雨，春季出现4次，夏季6次，秋季1次，主要出现在4～10月，其中5月17～22日（51站）为一次大范围连阴雨天气过程，过程总降水量为15.1～89.3毫米，过程持续日数为5～11天。

冰雹。2016年全省共有27站累计出现冰雹42站日，较常年偏少47站日，为近4年最少。主要出现在酒泉市、张掖市、武威市、定西市、甘南州、平凉市和庆阳市等地。其中，6月份冰雹为2009年以来最多年,6月3～14日全省出现7次强对流天气，张掖、武威、定西、临夏、甘南、陇南、天水、平凉、庆阳等市州的35个县近100多个乡镇遭遇冰雹灾害，最大直径达40毫米（庆城、清水），给农经作物、林果业、基础设施带来严重损失；年内冰雹日数虽偏少，但局地冰雹灾害频繁。

高温。2016年全省共有66站出现日最高气温≥32℃天气，比常年偏多，出现时段为5～9月，出现在除甘南州西部、临夏南部和定西局部地区以外的大部地区，其中敦煌全年累计出现日数最多（70天），其次为武都（61天），其余大部分地方为12～57天。兰州（19天）、靖远（18天）等10个县市破历史极值。全省共有41站出现日最高气温≥35℃天气，比常年偏多，主要出现在6月下旬～8月中旬的酒泉、张掖、武威、兰州、白银、临夏、天水、庆阳、平凉和陇南等地，其中敦煌全年累计出现日数最多（34天），其次为瓜州（22天），其余大部分地方为5～18天，尤其是7月下旬至8月中旬，38县市日最高气温超过35℃，连续高温日数达5～9天；12县市出现极端高温事件，马鬃山、鼎新日最高气温破历史极值，敦煌、金塔日最高气温超过40℃。

沙尘暴。年内全省共有5站累计出现沙尘暴7站日，较常年偏少96站日，为1961年以来最少，其中鼎新和民勤各出现2站日，肃州、甘州和凉州各1站日。沙尘暴发生过程为春季2站日，发生在4月15日和16日的鼎新和民勤，风速超过10米/秒,能见度为400米；夏季2站日，发生在6月3日和8月2日的肃州和鼎新，能见度为400～900米；秋季2站日，发生在11月9日和18日的民勤和凉州，能见度小于500米。

寒潮、强降温。年内全省累计出现寒潮85站日，较常年偏多27站日，为2007年以来最多。年内累计出现强降温230站日，较常年偏多77站日，为2011年以来最多。寒潮和强降温主要出现在1月下旬、4月中旬和5月上旬。受超强厄尔尼诺致隆冬极端低温事件多发，1月23～24日省内出现区域性寒潮天气过程，共有85县(次)日最低气温低于-20℃，卓尼县最低气温跌破历史极值。5月全省有5次较强冷空气过程，42县出现强降温，均为1961年以来最多；5月有18县出现寒潮，为1995年以来最多。寒潮、强降温天气导致的冻害和低温冷害天气对酒泉市、张掖市和武威市的交通、农牧业生产造成一定的影响。

【气象服务】公众气象服务。省气象局及时通过国家突发预警信息发布系统、手机短信、微博、微信、电子显示屏、大喇叭、电视、广播、报纸、气象信息员和协理员等多渠道广覆盖传播气象灾害预警信息，全年共发布手机预警短信1135条，其中红色预警18条，橙色预警177条，黄色预警619条,蓝色预警313条，地质灾害预警6条，山洪气象风险预警2条。接收人次达9300.7万，通过国突系统发布、解除预警信号1.2万条，12379短信接收人次达20.3万，通过官方微博、微信累计推送相关天气资讯2920期，在中国天气网省级站发表气象简讯590篇。自主研发“春天在哪里？”和“高温来了”应用程序，利用EC细网格资料制作趋势预测图，丰富电视天气预报节目、微信、微博内容。甘肃省气象局官方微博“甘肃气象”在腾讯微博粉 丝数为7.3万人，新浪微博粉丝数为46.1万人。全年12121语音总的拨打次数为426715人次，其中移动用户拨打次数为234686人次，联通用户拨打次数为120856人次，电信用户拨打次数为71173人次。

决策气象服务。积极开展决策气象服务，省级制作决策服务材料145期，政府网发布气象信息通告84次，领导批示12次。在“3.02” 甘南州迭部森林火灾扑救期间，制作发布专题气象服务材料93期。

专业专项气象服务。组织开展17个县区气象灾害风险普查工作，在兰州市开展城市内涝风险普查工作。各市、州气象局积极开展气象风险预警服务，发布省、市级气象风险预警产品1084期。完成空气质量预报业务调整，将空气质量预报业务由服务中心调整至中心台。组织开展全省精细化交通气象预报服务，建立道路气象预报预警模型，推进精细化气象服务产品。

建成甘肃省专业气象服务平台，提供集约化的交通、电力、管道专业气象服务。为水电、铁路和公路交通、管道、防汛等行业和部门15家单位提供专业气象服务，在公众预报基础上根据行业用户需求制作专业气象预报服务产品。全年向专业用户共计发布预警信号77条、重要天气过程专报232份、全省雨情统计材料556份。

自主开发光电功率短期预测系统，甘肃省风光电场、交通精细化站点预报订正平台，为华电、中电国际、大唐、甘电投等10家公司的30家风光电场提供服务。新能源功率预测服务产品包括风光电发电功率（短期、超短期）、理论功率等3类16项预测预测产品和功率实况、电场状态数据、气象观测数据等 3 类 30 余项产品的监控、评估和上传。

重大社会活动气象服务。2016 年 9 月 20 日至 10 月 10 日首届丝绸之路(敦煌)国际文化博览会（以下简称“文博会”）在敦煌召开。为做好气象保障服务工作，制定了《首届丝绸之路（敦煌）国际文化博览会气象服务实施方案》，通过专题会议审核。并成立了文博气象服务领导小组。圆满完成“天宫二号”、“神州十一号”、2016 年“兰州国际马拉松”、“环湖赛”等年内其他重大活动气象服务保障工作。

印发了《春运服务方案》，全省共发布《春运气象服务》、《春运气象保障服务专报》、《春运期间天气预测》、《重大气象信息专报》等决策服务材料 550 期，预警信号 387 期。

人工影响天气服务。增强人影作业能力，积极推进重大人影项目立项进程。《西北区域人工影响天气能力建设可行性研究报告》获得国家发展改革委批复,落实西北区域人工影响天气能力建设项目地方配套投资及飞机运行维持费。编制《祁连山人工增雨（雪）体系工程（二期）项目可行性研究报告》。积极开展人影作业服务，共实施飞机作业 24 架次，增水量达 11.76 亿立方米。利用火箭和高炮实施地面人工防雹、增雨（雪）作业 1904 点次，耗弹量 49984 发（枚）。

强化人影安全管理工作。省人工影响天气领导小组办公室与 14 个市州政府、市州气象局与县区政府分别签订了《人工影响天气工作责任书》，靠实安全生产责任。印发《甘肃省人工影响天气标准化作业点建设管理办法（试行）》，规范标准化作业点建设工作。为全省各级人影作业单位配备人影弹药储存柜 323 个，建设标准化作业点 25 个。依据《人工影响天气作业点安全等级评定办法（试行）》，完成全省人影作业点的安全等级评定工作。

应急保障气象服务。年内，面对每一次重大天气过程，全省各级气象部门准确预报，提前预警，及时启动应急响应，取得了较好的预报服务效果。2016 年，省气象局共启动应急响应 9 次，其中启动Ⅰ级应急响应 1 次，Ⅲ级应急响应 1 次，Ⅳ级应急响应 7 次。

气象为新农村建设服务。组织开展春耕春播、夏收夏种、秋收秋种农业气象专题服务，共发布关键农事农业气象专题服务省级 35 期，市级 427 期。积极响应省级旱灾救灾应急响应,制作专题服务材料 3 期。与涉农部门开展联合会商，实施专家联系点制度，组织开展“直通式”服务。共有气象服务对象 16914 个，比 2015 年增加 1979 个。积极探索气象为精准扶贫服务,印发了《甘肃气象为精准扶贫服务工作方案（2016-2020 年）》，明确了气象扶贫攻坚工作方向和重点，与省扶贫办联合印发《关于进一步加强气象为精准扶贫服务工作的通知》。联合农牧厅印发了《关于联合推进气象信息进村入户的通知》。健全为农气象服务机制，印发《甘肃省农村气象防灾减灾体系建设规范》和《2016 年甘肃省基层气象为农服务社会化发展试点工作指导意见》。组织完成了 2016 年“三农”服务专项的建设。印发《甘肃省“三农”气象服务专项管理办法（试行）》。1 个区、2 个乡（镇）被确定为第四批标准化气象为农服务县（区）、乡（镇）。

气象防灾减灾服务。气象灾害防御指挥部通报了 2015 年市州政府气象灾害防御绩效考核结果，下达了“2016 年市、州政府气象灾害防御绩效考核任务”。省气象灾害防御指挥部办公室印发《2016 年全省气象灾害防御工作安排意见》，明确了气象防灾减灾指导思想、工作目标。汛期，甘肃省气象灾害防御指挥部办公室明电至各市、州政府和相关省直属单位 2 次，提请做好重大天气过程应对防范。

组织召开 27 个部门联络员参加的“2016 年气象灾害预警服务联络员会议暨气象服务需求研讨会”。截止 2016 年底，省气象局先后与省林业、农牧、兰空、军区、水利、国土资源、环保、民政、红十字会、人保财险、甘肃空管分局等 11 个部门签订合作协议；与民政、安监、旅游、通管、农牧等 5 个部门联合发文，进一步强化气象预报预警工作机制。收集印刷了《2015 年甘肃灾害防御》图册。

【气象业务与现代化建设】省政府印发《甘肃省“十三五”气象事业发展规划》，确定五项重点任务和四大重点工程。制定《甘肃省气象局 2016 年气候变化重点工作计划》，开展《西北区气候变化评估报告》成果应用工作，发布《甘肃省气候变化监测公报（2015）》，编制完成《甘肃生态文明建设蓝皮书》。积极配合甘肃省政府有关生态文明建设和精准扶贫工作，编制并上报决策服务材料 2 份。

完成酒泉高空气象观测站制氢、储氢、运氢设备及配套环境设施改造更新。建设 6 套（嘉峪关、白银、武威、酒泉、临夏、甘南）地市级移动计量检定系统，对 5 套（张掖、平凉、庆阳、定西、陇南）地市级移动将保障系统补充完善。完成全省省-市-县三级高清远程视频会商系统建设。完成西北区域（甘肃、青海、宁夏、陕西）区域站骨干网遴选工作。

公共气象服务系统建设。省机构编制委员会批复成立甘肃省预警信息发布中心，10 个市、州由政府或编办发文成立相应机构。政府应急办等 19 个部门预警信息接入省级突发事件预警信息发布系统。

预报预测系统建设。落实第七次全国气象预报工作会议精神，召开全省气象预报工作会议，编制了《甘肃省现代气象预报业务发展规划（2016-2020 年）》；编制了《甘肃省基层气象预警服务规范（暂行）》；通过省外调研、数次专家论证，编制完成《甘肃省省-市县预报预警业务一体化平台功能需求书》，为十三五期间搭建省-市县一体化预报业务工作平台做好准备。

综合观测系统建设。区域站建设：通过自建、调整区域站现有布局，全省区域站乡镇覆盖率达到 95.81%。其中定西、陇南、白银等 8 个市州区域站乡镇覆盖率达 100%。

雷达建设。开展庆阳雷达搬迁工作、完成兰州雷达大修技术升级可研编制及论证、兰州风廓线雷达正式纳入业务考核；完成金昌新一代天气雷达、临夏 CCJ 天气雷达的建设并投入业务试运行；完成陇南新一代天气雷达的现场测试工作。

新型自动站建设。完成第四批 29 套新型站建设任务，并于 7 月 1 日起全部正式业务运行，目前全省 81 个站已全部完成新型自动站建设，综合气象观测自动化水平进一步提高。

国家气候观象台建设。对张掖国家气候观象台进行了电力、涡动、风能、梯度系统改造，采集、监控软件进行升级，同时对 100 米铁塔进行维修，观测设备进行现场标校。

信息网络通信系统建设。基础资源池建设：建成 3 个资源池，11 台服务器提供 60 多个虚拟服务器，40 个业务逐步迁到池中。目前 MDOS、ASMOM、MOPS、装备动态管理系统等全省性业务系统全部在池中运行。平均每台物理服务器上虚拟机数量为 13 个，平均 CPU 使用率 15%，内存使用率 70%，存储使用率 90%。

【气象科技创新】继续推进西北区域数值模式工作，实现西北区域数值预报业务试验系统版本优化，GRAPES-LZ 正式分发产品并开展检验评估。召开多次干旱所深化科技体制改革研讨会及局长办公会，完成干旱所、重点实验室评估工作，制定《中国气象局兰州干旱气象研究所深化气象科技体制改革方案》。加强创新团队建设，成立“西北区域数值预报创新团队”、“西北强对流预警预报关键技术攻关创新团队”和“新能源气象服务技术创新团队”等三个创新团队。2016 年新上科研资助项目国家级项目 9 项，中国气象局项目 8 项，甘肃省科技计划项目 1 项，其他各类科技与业务项目 116 项，到位项目经费 4319.076 万元。荣获省部级一等奖 1 项、二等奖 3 项。全年共发表论文 198 篇，其中 SCI（SCIE）11 篇，EI4 篇，核心 122 篇。完成局列科研项目集中审计及验收共计 23 项。

【气象法规与社会管理】推进气象立法和标准化工作。《甘肃省气候资源利用与保护条例》被列为 2016 年立法调研工作。《甘肃省河东地区苹果生长发育农业气象观测技术方法》、《鲜食葡萄农业气象人工观测方法》、《防雷工程图纸设计标准》、《高架防霜机作业效果评估规范》列为 2017 年地方标准项目。组织制定《气象信息服务投诉处理规范》行业标准。提高气象依法行政能力。按照《甘肃省气象部门随机抽查事项清单》，加强事中事后监管和气象执法工作，依法全面履行气象行政管理职能。扎实推进气象行政审批制度改革。根据国务院和中国局改革要求，清理规范行政审批事项，取消 1 项中介服务，将 7 项中介服务转为受理后的技术服务，取消 2 项职业资格，取消 1 项中国气象局指定地方开展的行政审批项目。全面实施防雷减灾体制改革。制定《甘肃省防雷减灾体制改革实施细则》，确定 6 个方面 17 条具体改革措施。

【区域气象中心工作】组织召开西北区域气象中心工作会议，研究讨论《西北区域加快推进气象现代化行动计划》、《“丝绸之路”经济带气象保障规划（2016-2020 年）》和《西北区域协同创新工作机制》。继续推进兰州大气科学联合研究中心组建工作；组织召开兰州大气科学联合研究中心组建方案评审暨组建研讨会，制定《兰州大气科学联合研究中心组建方案》。区域内联合开展了干旱气象科学试验研究第一期行业专项重大项目《干旱气象科学研究--我国北方干旱致灾过程及机理》。

（蔡元成）

国民经济

发展和改革工作

【规划编制实施】编制完成并印发实施全省“十三五”规划纲要，被国家评为优秀成果奖。开展了54项省级重点专项规划编制工作。华夏文明传承创新区、生态安全屏障综合试验区、兰州重要节点城市铁路国际班列物流平台、兰州—西宁城市群等一批重大平台基地和工程项目纳入国家“十三五”规划纲要。研究出台建立健全“十三五”规划纲要实施机制的意见、重大平台基地行动计划和工程项目分工方案，有力推动了规划落细落实。

【项目投资管理】争取中央预算内投资153.4亿元、专项建设基金355.62亿元。及时更新PPP项目库，入库项目413个，总投资4423亿元，其中122个项目入选国家发改委第一批向社会资本推介传统基础设施领域PPP项目库。举办PPP项目推介签约会和培训会，84个签约PPP项目拟吸引社会投资639亿元。成功申请省公航旅集团、省电投集团境外发债8亿美元，争取到外贷规划资金20.1亿元。重新修订并公布了《甘肃省重大建设项目稽察办法》，先后派出31个稽察组，稽察项目1015个，累计下发整改通知34份，确保了项目规范实施。

【基础设施建设】临洮至渭源、白疙瘩至明水、民勤至红沙岗等高速公路建成，平凉至天水、景泰至中川机场、甜水堡至庆城至永和等高速公路获批；中卫至兰州客运专线获批，兰渝铁路岷县至广元段、干武新增二线建成通车，新增铁路运营里程227公里；兰州中川机场二期扩建飞行区工程、敦煌机场T3航站楼、张掖临泽通用机场建成投运，兰州中川机场旅客吞吐量突破1000万人次大关。民勤红崖山水库加高扩建等11项重大水利工程开工建设，引洮供水二期、黄河甘肃段防洪、兰州市水源地建设等工程进展顺利，引黄济临工程主体建成通水，重点区域和重点流域生态综合治理进展良好。酒泉至湖南±800千伏特高压直流输电工程加快实施，常乐电厂400万千瓦调峰火电项目核准开工，核桃峪等大型现代化煤矿建设进展顺利，西气东输四线工程甘肃段前期工作稳步推进，国家新能源综合示范区和总装机65万千瓦光热示范项目获批建设，光电、风电并网装机累计分别达686万千瓦、1277万千瓦，分别居全国第2、第3位。

【区域经济发展】研究制定了进一步支持全省藏族地区经济社会发展若干政策和重大项目的实施意见，编制完成藏族地区“十三五”经济社会发展规划建设项目方案。国家支持临夏等三州建设小康社会的意见、陕甘宁革命老区振兴规划和甘肃支持革命老区发展意见加快实施。完成关中—天水经济区发展规划、陕甘宁革命老区振兴规划和兰白经济区等规划实施情况评估工作。出台全省开发区深化改革创新机制的指导意见，抓住国家开展开发区审核公告目录修订的机遇，积极上报争取增加省级开发区数量。兰州市榆中和临夏州临夏县被国家列为全国产城融合示范区。

【产业结构调整】供给侧结构性改革稳步推进，坚定不移去产能，压减生铁产能160万吨、粗钢产能144万吨，关闭煤矿46处、压减产能409万吨，提前或超额完成了国家下达的年度目标任务。积极稳妥去杠杆，制定印发了《关于积极稳妥降低企业杠杆率的实施意见》，防范化解企业债务风险。多措并举降成本，研究出台了降低实体经济成本“40条”政策措施，通过降低电价、天然气价格全年降成本超过50亿元。全力以赴补短板，加大脱贫攻坚、基础设施、生态治理等领域投入力度，成效初步显现。战略性新兴产业快速发展，4支国家参股新兴产业创投基金累计完成股权投资7.56亿元，58户骨干企业不断壮大，带动战略性新兴产业增加值增长12.2%。兰州、天水、白银军民融合创新示范区加快建设，争取首批军民融合专项基金2.3亿元，“军转民”和“民参军”成为引领新兴产业发展的新动力。传统产业转型升级步伐加快，出台了《关于加快优势产业链培育发展的指导意见》，启动实施“371”优势产业链培育发展行动。服务业快速发展，加大文化旅游、商贸流通、健康养老等领域项目建设，旅游、文化、体育、健康、养老“五大幸福产业”取得了新进展。新经济发展势头良好，启动实施陇原“双创”五大专项行动计划，成功举办“双创活动周”，新认定国家级众创空间14家。实施“宽带乡村”示范工程，加快安定、临洮等25个县区农村宽带网络建设，甘肃被确定为网络扶贫试点省。

【生态文明建设】制定印发了《甘肃省生态文明体制改革实施方案》《关于进一步加快推进生态文明制度建设的意见》《关于推进农业供给侧结构性改革的指导意见》和《关于深入推进巩固提高循环经济示范区建设的实施方案》，启动了农村一二三产业融合工作。国家循环经济示范区建设通过国家现场初评估。《甘肃省节约能源条例》正式颁布实施。超额完成“十二五”能耗降低目标，位居西北五省第一位。扎实开展省级低碳城市、低碳社区试点。超额完成“十二五”碳强度降低目标，被国家考核确定为优秀等次。争取国家下达农林水利项目中央预算内投资45.99亿元，安排新一轮退耕还林还草建设任务242万亩、6.93亿元。

【重点领域改革】投融资体制改革纵深推进，研究出台了《关于深化投融资体制改革的实施意见》。在兰州、张掖、白银、定西和兰州新区开展企业投资项目承诺制试点，探索“不再审批”和“零等待”办理方式；清理规范投资项目报建审批事项，保留27项，整合25项为8项；搭建促进民间投资信息发布平台；大力推行“1+（2+X）”并联审批，推动全省投资项目在线审批监管平台升级，实行“一个窗口服务、一站式审批”。持续深化价格改革，出台《甘肃省推进价格机制改革实施方案》，研究推出直购电交易、煤电价格联动等9项改革措施，启动输配电价改革。减少省级行政事业性收费16项，取消经营服务性收费5项；取消行政许可事项1项、其他行政权力事项2项，下放定价权1项；停征了价格调节基金。依法开展定价成本监审和价格认定工作，完成定调价成本监审126项，核减不合理定价成本47.02亿元。大力推进公平竞争审查工作，研究出台《关于在市场体系建设中建立公平竞争审查制度的实施意见》。重点领域改革成效明显，党政机关公车改革基本完成；组织开展第一批行业协会商会与行政机关脱钩试点；电力体制改革稳步推进，省级电力交易中心挂牌成立，省电力市场管理委员会组建运行；盐业体制改革实施方案经国家审核后由省政府发布实施，放开食盐价格；会宁、麦积、华池3个县区被列入第三批国家新型城镇化综合试点，肃州区、临洮县国家中小城市综合改革试点进展顺利；着力打造信用信息共享平台，社会信用代码转换率达98.43%，“信用甘肃”网站开通运行。

【对外开放合作】深入实施“13685”发展战略，成功举办首届丝绸之路（敦煌）国际文化博览会、第二十二届“兰洽会”、第七届中国（甘肃）国际新能源博览会、首届中国西部国际产能合作论坛等重大节会。认真落实国际产能和装备制造合作部省协同机制协议，与“一带一路”沿线16个国家开展了产能合作，酒钢集团完成收购牙买加氧化铝厂项目，白银集团在秘鲁建成多金属尾矿项目，金川公司印尼红土镍矿项目开工建设。三大国际空港和三大国际陆港建设稳步实施，甘肃（武威）国际陆港、甘肃（兰州）国际陆港规划正式印发实施，新开通国际航线7条，开通了国内首列南亚公铁联运国际货运班列和兰州新区至明斯克点对点国际货运班列，“兰州号”、“天马号”国际货运班列常态化运行，兰州铁路综合货场海关监管区建成投运，兰州东川铁路物流中心通车运行。

【保障改善民生】易地扶贫搬迁有序实施，制定出台易地扶贫搬迁“1＋4＋1”工作方案，建立易地扶贫搬迁项目省级融资平台，实施易地扶贫搬迁24.94万人，建设集中安置点717个。安排以工代赈资金3.69亿元支持农村基础设施项目建设。深入实施光伏扶贫工程，争取国家下达光伏扶贫村级电站指标84兆瓦，在100个村开展旅游扶贫试点，提前半年实现贫困村动力电全覆盖，全面启动新一轮农网改造升级工程。社会民生事业加快发展，争取中央资金35.92亿元，重点支持500多个社会事业项目建设。甘肃中医药大学和平校区、兰州新区职教园区、省体育馆、省人民医院住院部二期、省儿童医学中心等项目加快推进。实现省属重点企业用工、收入、社保动态监测和重大项目带动就业月度监测，陇西、凉州、环县、康县、红古、安定、渭源、高台、山丹、平川10个县区纳入国家级农民工等人员返乡创业试点。岷县漳县地震灾后重建实施项目2277项、完成投资171.6亿元，灾后重建任务全面完成。

（杨定涛　王海青　简启鹏）

农　业

【综述】粮食产量继续稳定在1000万吨以上。2016年，全省粮食播种面积4187.1万亩，比上年下降2.04%；在局部遭受严重伏秋干旱影响的情况下，粮食总产达到1145.6万吨，下降2.2%，粮食生产保持基本稳定。畜牧业生产平稳向好。全省肉蛋奶总量达到182.3万吨，增长5.58%；实现畜牧业增加值201.07亿元，增长8.2%。特色优势产业强劲发展。全省特色优势产业面积达到3217.4万亩，新增163万亩，其中：蔬菜新增60万亩（设施蔬菜10.6万亩），水果新增55万亩（苹果50万亩），中药材新增8万亩，马铃薯新增27万亩。渔业生产保持稳定。全省水产品产量达到1.51万吨，增长3%；全省网箱养殖面积385亩，养殖效益稳定提升。农业机械化水平持续提升。全省农机总动力达到2778万千瓦，增长3.46%；农作物综合机械化水平达到50.16%，比上年提高1.76个百分点。

【种植业结构调整】认真推进种植业结构调整，印发了《关于全省优化调整种植结构的意见》《十三五种植业结构调整规划》，着力优化粮经饲三元种植结构和区域生产力布局，粮经饲比达到67：31：2。大力发展特色优势产业，分行业分产业召开了马铃薯、蔬菜、中药材等产业发展现场推进会，制定了全省百合扶持办法，全省特色优势产业面积、产量均实现稳步增长。全省特色优势产业面积3217.4万亩，其中：水果面积743.1万亩，产量498.7万吨（苹果面积492.1万亩、产量365.8万吨）；蔬菜面积850.8万亩（设施蔬菜166.6万亩），产量2000万吨；中药材种植411.6万亩。继续实施马铃薯脱毒种薯全覆盖工程，全年生产原原种9亿粒以上、原种12万吨、一级种67万吨。加快国家级制种基地基础设施建设，改造制种田16.57万亩。玉米制种面积达到162万亩，玉米制种产量5.96亿公斤。继续实施旱作农业项目，推广全膜双垄沟播面积1530.7万亩，超计划30.7万亩。

在 12 个粮食生产大县整建制开展粮食绿色高产高效创建，落实示范面积 247 万亩，完成了粮食产量继续稳定在 1000 万吨以上的年度目标任务。

【畜牧业转型升级】全力推进 50 个牛羊产业大县和 35 个现代畜牧业示范县建设，积极推进传统养殖场和低层次养殖小区的规模化、标准化改造，建成规模养殖场 708 个，创建部省级标准化示范场 94 个。开展畜牧业全产业链建设，引导龙头企业与养殖农户、养殖基地建立联结紧密、互利共赢的运营机制，扶持建设屠宰加工企业 23 个、畜产品交易市场 4 个、品牌及市场营销体系项目 4 个。组织 7 个县开展了粮改饲试点工作， 159 个项目实施主体种植或收贮优质饲草面积 33.6 万亩，推动试点县粮经饲三元结构调整优化。推进草产业发展和秸秆饲料化利用，完成人工种草 713 万亩,苜蓿面积达到 1035 万亩。规模化种草基地面积超过 300 万亩，草产品加工量达到 310 万吨，全省秸秆饲料化利用量达到 1535 万吨。积极调控生猪生产，科学指导生猪养殖场户理性补栏、适时出栏，促进生猪生产持续健康发展。认真推进畜牧业结构调整，巩固牛羊产业优势，全省牛、羊、猪、禽出栏分别为 203.9 万头、1453.1 万只、771.2 万头和 3976.9 万只，分别增长 5.8%、8.5%、3.2%和 4.2%；存栏分别为 536.7 万头、2132.4 万只、 689.4 万头和 3987.8 万只，分别增长 3.7%、1.7%、3.5%和 2.3%。牛羊肉产量占肉类总产的比重达到 42 %，较上年提高 1 个百分点。

【产业融合发展】出台了《甘肃省推进农村一二三产业融合发展的贯彻意见》，扎实推进农产品加工业和农业服务业，协调金融机构安排龙头企业农产品加工业贴息贷款 3500 万元，支持农业龙头企业升级改造农产品加工装备，发展特色农产品精深加工。农机社会化服务业快速发展，农机社会化服务组织达到 2532 个，增长 7.97%；农机经营服务总收入达到 110.26 亿元、纯收入达到 41.79 亿元，比上年分别增长 2.6%、2.4%。认真实施“十百千万”工程，重点扶持 15 家大型龙头企业上市，继续扶持 5 个国家级示范区、24 个省级示范区和 75 个省级示范园建设，重点组织实施了肃州区示范区以奖代补政策试点项目和张掖市临泽县等 10 个省级现代农业示范区建设与改革试点项目。推进优势特色产业基地建设，扶持建立国家级设施蔬菜标准化小区 33 个，省级高原夏菜标准园、设施蔬菜标准化小区和集约化种苗繁育基地 200 多个，省级苹果标准化示范园 37 个，道地中药材种子种苗繁育基地 1.6 万亩、标准化生产示范基地 7.5 万亩。组织实施农业产业化和农产品初加工惠民工程，建成大型果蔬保鲜贮藏库 92 座 140 多万立方米，建成马铃薯、苹果贮藏和烘干设施 2200 座，新增贮藏能力 40 万吨以上，全省果蔬储藏能力达到 390 多万吨。积极推进马铃薯主食化试点，马铃薯挂面、饼干等产品已研发成功即将批量投产。在多种政策措施的推动下，全省农业产业化组织总数达到 10100 个，增长 11.1%，其中：农业产业化龙头企业 2930 个，增长 5.3%；全省龙头企业销售收入 880 亿元，增长 10%，全省农业产业化水平进一步提升。

【农业科技成果转化】深入实施基层农技推广体系改革与建设补助项目，培育科技示范户 5.2 万户，辐射带动周边农户 100.4 万户，建设试验示范基地 188 个。大力实施节本增效技术，推广高效农田节水技术面积 1018 万亩（其中，膜下滴灌 250 万亩、垄膜沟灌 768 万亩），超额完成 1000 万亩目标任务；完成配方肥施用面积 1897 万亩。加快农机化新技术新机具推广，完成保护性耕作技术示范面积 6500 亩，机械深施化肥面积达到 1216.58 万亩、机械全膜双垄沟播面积达到 1105.5 万亩、机械植保面积达到 923.34 万亩。积极推进中等职业教育与新型职业农民培育有效融合，培育新型职业农民 2.5 万人，培训农民 90.1 万人次。推进农村沼气建设，累计推广“进棚入园”户用沼气池 1 万多座，沼肥示范推广面积达到 4.2 万亩，全省农业科技进步贡献率达到 55.5%。

【农业农村改革】出台了《关于推进农业供给侧结构性改革的指导意见》，明确了调结构、提品质、降成本、补短板、促融合、可持续六项重点任务，整合优化了农业供给侧结构性改革配套政策措施。全面推进农村土地确权登记颁证工作，88.5%的村完成权属调查，62.5%的集体耕地完成实测，64.6%的村完成审核公示，20.8%的村签订了承包合同工作。健全土地流转服务体系，全省土地流转面积达到 1198.2 万亩，流转率 24.6%，农村适度规模经营水平进一步提升。积极探索农村集体产权改革，在陇西等县区开展农村集体产权股份权能改革和土地经营权入股试点，在西和县等 6 个县区开展土地承包经营权抵押贷款试点，全省累计发放抵押贷款 20409.4 万元。全省建成农村产权流转交易市场 20 个，完成交易 3673 件。联合印发《关于借鉴贵州省六盘水市经验深入推进多种形式股份合作工作的指导意见》，鼓励各地创新农业生产经营机制。积极培育新型农业经营主体，全省各类家庭农场达到 6455 个，增长 27.7%；农民合作社达到 69784 家，增长 23.82%，成员总数达到 150 多万人，带动非成员农户 260 多万户。深入实施“两随机”行政执法抽查，加强行政许可事项事中事后监管，优化公共服务流程。

【农产品质量监管】推进农产品质量安全追溯工作，在宕昌等 4 县开展了中药材追溯体系建设试点工作，有 1100 多家监管机构、2000 多名监管人员、6500 多家种养殖基地和门店纳入全省农产品质量安全追溯信息平台管理。开展农业标准化工作，新制修订农业地方标准 50 余项，新认证无公害农产品 200 个、绿色食品 71 个，17 个产品获得了地理标志登记证书。集中开展了禁限用农药、农资打假等 7 个方面的专项整治活动，累计检查生产经营企业门店 42300 多家次，查处问题 800 多起，责令整改 730 起，立案查处 217 起。加大农产品质量安全检测频次，全力保障了首届丝绸之路（敦煌）文化博览会农产品质量安全，全省农、畜、水产品综合平均合格率达到 99.12%，农产品质量安全形势总体稳定。开展农机安全生产监管工作，全面落实农机安全生产责任制，认真组织开展了农机质量监督检验工作，开展农机安全源头治理，全省农机安全生产形势保持平稳。

【生态循环农业】深入贯彻落实“水十条”、“土十条”，着力实施化肥农药零增长行动，扎实推进土壤重金属污染普查，完成耕地保护与质量提升示范面积31万亩。加快农业循环产业链建设，建成“种植—青贮—饲喂”种养结合示范基地150个，鱼菜共生技术示范点40多个，水面种植蔬菜面积约1000亩，全省废旧农膜回收利用率达到78.5%，实现尾菜处理利用率34.5%。坚持用养结合，在会宁县、环县统筹推进耕地轮作休耕试点工作。认真落实新一轮草原生态保护补助奖励政策，深入实施退牧还草、已垦草原治理等草原保护建设工程，完成草原禁牧1亿亩，草畜平衡草原1.41亿亩，草原围栏达到1.18亿亩，全省草原综合植被盖度达到52.1%。

【防灾减灾】做好重大病虫害预测预报和综合防控工作，及时发布各种农业灾情预警信息，采取改种补种等农业救灾措施，挽回粮食82.1万吨。抓好重大动物疫病防控工作，全面完成关键季节动物疫病防控工作，口蹄疫、高致病性禽流感等重大动物疫病免疫达到全覆盖，强制免疫病种动物群体免疫密度常年维持在90%以上。抓好草原灾害防控工作，扎实开展草原火灾隐患排查专项治理，加强草原防火基础设施建设，处置草原火情信息71起，无等级以上草原火灾发生；认真组织开展了草原鼠虫害防治工作，完成草原鼠害防治340万亩，虫害防治475万亩。

（王勤）

粮食流通

【粮食流通】全年全省收购粮食346.9万吨，比上年下降11.1%；销售粮食372.7万吨，下降0.6%。收购食用油8.3万吨，增长13.1%；销售食用油13.6万吨，下降17.2%。全省粮食综合库存266万吨，比上年末增长5.2%；食用油综合库存5.9万吨，下降6.9%。全年全省国有粮食企业实现盈利1801万元，连续8年统算盈利，其中省直企业实现盈利1721万元。

【粮食调控保障】积极争取国家政策性粮食支持，调入跨省移库小麦26万吨，省内定向销售政策性粮食12.6万吨，有效弥补了省内粮源。省级储备粮完成轮出15.7万吨、食用油轮换完成0.4万吨，结合轮出轮入，较好地发挥了宏观调控蓄水池、调节器作用。兰州国家粮食交易中心交易国家政策性临时存储菜籽油和超期储存玉米65.21万吨、省级储备轮换小麦25.87万吨，成交总金额23.46亿元，满足了市场需求。坚持以兵为本，全方位保障了部队粮油供应。调整补充国家粮油价格监测信息直报点15个，价格监测点增加到439个，应急网点实现了乡镇、街道全覆盖，粮食市场预警监测和应急保障体系更加完善。

【粮食安全考核】省、市、县政府层层签订了粮食安全目标责任书，逐级分解下达国家62项考核指标，各级政府及有关部门全面落实责任，有效保障了区域粮食安全。按照省直10部门考核办法，对各市州2015年责任制完成情况进行了全面考核，提请省政府制定印发考核办法、成立考核工作组，按照国家考核办要求认真组织落实2016年省长责任制考核工作，有序推进迎接“国考”工作。在责任制考核工作中，涉考相关部门通力合作，各级粮食部门积极推动，为责任制落实提供了有力的保障。

【基础设施建设】以“14+2”亿斤仓储项目、危仓老库维修改造项目为重点的各类项目全面推进。总投资5.7亿元的49个仓储设施建设项目，已完工32个、结构封顶9个，正在主体施工4个、基础施工3个，建成后新增仓容80万吨；总投资4.39亿元的危仓老库维修改造项目完工95%以上，维修仓容156万吨，维修道路地坪50万平方米，购置各类设备1098台（套）；粮库智能化升级改造项目列入2016年中央财政14个重点支持省份之一，获得中央财政补助1.3亿元，前期工作进展顺利；总投资0.18亿元的3.6万套农户科学储粮专项实施完成，累计建成26万套，节粮减损成效明显；总投资1.17亿元的4个粮食物流项目，3个已开工，1个即将开工，年内建成后新增物流中转仓容10万吨。全省粮食仓容总量大幅增加，设施条件明显改善，仓容布局更趋合理，仓储功能更加完善，粮食收储供应安全保障能力显著增强。

【依法管粮】全省建立粮食监督检查机构10个、粮食行政执法队74个，取得资格的执法人员675人，落实检查经费92万元，9个单位被国家粮食局认定为全国粮食流通监督检查示范单位。各级粮食行政管理部门，有效开展粮食收购资格核查、夏秋粮收购检查、粮食库存检查、政策性粮油销售出库检查、成品粮市场检查等共1734次，出动人员5843人次，检查企业6277个次，查处违法违规案件172例，监督检查力度进一步加强。粮食收购许可办理入驻政务大厅，实行一站式限时办结；修订粮食监督检查办案执法程序，梳理权力清单，优化办案流程，提高办案效率，依法管粮基础进一步巩固。制定粮食质量安全保障机制实施方案，进一步明确属地管理责任和经营者主体责任，强化粮食质量责任追究制度；全面落实国家考核的3项、省食安委考核的6项食品安全指标，有效履行了食品安全部门职责；组建粮食质量检验机构15个，其中13个纳入国家监测体系，粮油质量安全保障能力有效提升。

（张海军）

林　业

【总体情况】全省完成营造林总面积423683公顷，与上年相比，减少65172公顷，下降13.33%。其中：人工造林260144公顷（其中，新造混交林121917公顷、非林业用地造林36398公顷、灌木林21282公顷），占营造林总面积的61.40%；封山育林57438公顷（无林地和疏林地封育55985公顷、有林地和灌木林地封育 1453 公顷），占营造林总面积的 13.56%；退化林修复 7998 公顷，占营造林总面积的1.89%；森林抚育98103公顷，占营造林总面积的 23.15%。全省林业重点工程完成营造林119727公顷（人工造林99260 公顷，无林地和疏林地封育19013 公顷，有林地和灌木林地封育1454公顷）。林业重点工程营造林面积占当年全省营造林总面积的 37.70%；其中天然林资源保护工程营造林 7771公顷，（人工造林 5106 公顷，无林地和疏林地封育 2665 公顷），退耕还林工程营造林面积82219公顷，（全部为人工造林），三北防护林建设工程营造林面积29733公顷，（人工造林11934公顷，无林地和疏林地封育 16346 公顷，有林地和灌木林地封育 1453 公顷），分别占当年全省营造林总面积的2.45%、25.89%和 8.90%。全省自然保护区 49 处（国家级 15 处），总面积7801878 公顷，占全省国土面积的20.08%；其中国家级自然保护区面积5937599 公顷，占全省国土面积的13.07%。国家级自然保护区面积无变化；全省实有野生植物就地保护小区1处，保护面积 469 公顷。国际重要湿地 2 个，面积 69117 公顷。野生动物种源繁育基地87处，野生植物种源培育基地19个，动物园5个，野生动植物保护管理站37个，野生动物疫源疫病监测站64个，野生动植物科研及监测机构 9 个；全省从事野生动植物保护及自然保护区建设的职工总计 2428人，其中专业技术人员 714 人。野生动植物保护及自然保护区建设工程投资完成额 1227 万元，比上年下降35.52%；其中国家投资1014万元，占全部投资完成额的82.64%。

【林业产业发展】全省林业产业总产值为4632523万元，比2015年增加775375万元。其中，第一产业产值3950840 万元，第二产业产值 206104万元，第三产业产值475579万元，分别占全部林业产值的 85.28%、4.45%和10.27%。与2015年相比，第一产业和第二产业比重有所减少，第三产业比重有所增加。全省林业产业增加值为 1802061 万元。分产业看，第一产业增加值 1525221 万元，第二产业增加值 71555 万元，第三产业增加值205285 万元，分别占全部林业增加值的84.64%、3.97%和11.39%；与2015年相比，第一产业比重基本持平，第二产业比重下降，第三产业比重上升。

【国土绿化】落实中央及省级林业投资 59.39 亿元，15 个重点林业项目纳入全国林业“十三五”发展规划。印发了《甘肃省“十三五”林业发展规划》、《甘肃省建设国家生态安全屏障综合试验区林业发展规划（2016-2020年）》，起草了《关于大规模推进国土绿化的实施意见》。认真组织实施天然林保护、新一轮退耕还林、三北五期、濒危野生动植物抢救性保护及自然保护区建设等国家重点林业工程，扎实推进国土绿化，完成营造林423683公顷，完成义务植树10039.6万株，新建义务植树基地656个。稳步推进沙化土地封禁保护区建设，封禁总面积达191100公顷。

【林业改革】围绕《全面深化林业改革实施方案》，全力推进林业重点领域改革。扎实推进集体林权制度综合配套改革，推行果树经济林确权颁证，组建林业合作社2339个、家庭林场542家。国有林场改革稳步推进，全面完成庆阳市国有林场改革试点，省委、省政府印发了《甘肃省国有林场改革实施方案》，全面启动和部署了国有林场改革工作。认真开展湿地保护与恢复，组织制定了《甘肃省湿地产权确权试点工作方案》，完成了酒泉市肃州区和甘南州碌曲县湿地产权确权试点工作。

【林业提质增效】贯彻落实全省现代林果产业建设现场会精神，不断加快林业产业转型升级步伐。新增特色经济林果 50733 公顷，完成提质增产和低产林改造 83000 公顷，分别占年度目标任务的117%和103.8%。编制完成了《甘肃省林果基地建设规划》（2016—2020 年），落实省财政林果产业发展扶持资金6150万元，落实省财政油用牡丹产业发展资金 1000 万元。全省经济林果面积达到 1452800公顷，农民人均林果收入达到1410元。全省 3 家公司被国家林业局认定为第二批国家林业重点龙头企业。新批建1个省级森林公园，全省森林公园总数达到92个。

【资源保护】林业行政审批事项在现有基础上再取消2项，建立法律顾问制度，为行政决策提供法律建议，全力推进全省第九次森林资源连续清查、林地变更调查和县级行政区域林业生态红线划定落实工作。切实做好森林覆盖率增长目标考核工作。全力以赴配合做好中央环保督察。加强自然保护区管理，对保护区内各类违法违规占地情况进行了整改。组织编制《甘肃大熊猫国家公园总体规划工作方案》，确定建设范围和进度安排。着力加强森林防火工作，白龙江林区达拉“3.02”森林火灾得到科学有序扑救。

【精准扶贫】按照全省“1+17”《精准扶贫生态环境支持计划实施方案》，及时与各地对接，签订目标责任书，分解工作任务。配合国家林业局经济发展研究中心对甘肃林业精准扶贫工作进行调研，探索林业精准扶贫的普遍规律和有效实现形式，为全国林业扶贫工作提供启示和借鉴。选聘58个国家级贫困县的20000名建档立卡贫困人口为生态护林员，落实下达林业管护补助费1.6亿元。

【提升保障能力】积极推进林业棚户区改造建设，国有林区基础设施不断改善。扎实开展林业科技、宣传和信息化建设工作，申报各类科研、推广项目128项，立项79项，甘肃林业网再次被国家林业局授予“全国林业十佳网站”。扎实推进“两学一做”学习教育，全面改进机关工作作风。强化领导班子和干部队伍建设，稳步推进事业单位改革分类工作，争取甘肃太子山国家级自然保护区管理局等3个含有自收自支事业编制的单位经省编办批复为公益一类事业单位。热情接待来信来访，妥善处理信访问题，办结来信来访 26 件，办理建议提案79件。

【天保工程】全年落实投资125362万元（中央投资112444万元、省级投资 12918 万元），其中基本建设投资 3600 万元，财政专项投资121762万元（中央投资108844万元、省级配套 12918 万元）。国家下达甘肃公益林建设任务 5333 公顷（人工造林 4667 公顷、封山育林 666 公顷），国有中幼林抚育 68867 公顷；省级下达管护站点建设任务 51 个。

【退耕还林】完成 2015 年退耕还林造林任务 80000 公顷，占任务的 100%；荒山造林 2220 公顷，占任务的 100%。提升管理水平。组织研建了《甘肃省新一轮退耕还林信息管理系统》，使工程从规划设计、整地栽植、检查验收、政策兑现、工程管护、效益分析等生产和管理全过程的根本性转变。强化技术服务。与科研院所联合，通过对苹果、枸杞、红枣、大樱桃、核桃、花椒 6 个主要经济林果树种的社会效益、经济效益、生态效益、栽培技术、果实品质等综合评估，确定不同退耕还林区域经济林果树种的生态适应性与经济效益，为新一轮退耕还林提供优质林果品种选择的理论依据，为退耕者提供优选经济林果的栽培技术和市场预期。组织严格检查验收。按照《新一轮退耕还林检查验收办法》，分组对 2014 年新一轮退耕还林任务完成情况，通过查阅图、表、卡、册，深入山头地块实地查看测量，进行严格的省级检查验收。建立完善政策制度。先后配合国家林业局、《中国绿色时报》、中国老科协等单位和部门，在甘肃开展的退耕还林政策问题及退耕还林产权模式创新等调研活动。

【三北工程】全年完成造林育林 50000 公顷，修复退化林分 9333 公顷，实现了“十三五”良好开局，整体呈现稳中有进、内涵拓展、质量提升的良好态势。10 个黄土高原综合治理林业示范项目稳步推进。坚持山、水、林、田、路统一规划，把项目建设同精准扶贫、改善民生、美化家园相结合，打造了一批高质量的优质示范工程。退化林分修复试点项目有序推进。以增加森林资源、优化林分结构、提升质量效益为重点，有效促进了防护林优化升级。在抓好镇原、庆城、泾川、麦积 4 个试点县区续建工作的基础上，新增甘谷、陇西、庄浪、和政 4 个试点县。启动实施了庆阳元城河流域百万亩水土保持林基地建设项目。

【林果产业】按照统筹抓好生态林业和民生林业的总要求，全省狠抓特色经济林果产业发展。认真贯彻落实全省现代林果产业建设现场会精神，组织编制了《甘肃省林果基地建设发展规划》（2016—2020 年），进一步优化区域布局、调整树种结构，促进生产要素向优势产区集中，为全省林果产业发展提供科学指导。各地因地制宜建设规模化特色林果基地，研发推广了一批适用先进林果技术，建成了一批林果产业化龙头企业，注册打造了平凉金果、大红袍花椒、陇南油橄榄、河西葡萄、枸杞等一批地方特色知名品牌，创新了林果产业发展机制，实现了富民兴林的阶段性目标。截止 2016 年底，全省经济林果总面积 1453467 公顷，挂果面积 750700 公顷，年产量 680 万吨，年产值 276.7 亿元，部分适宜发展县区林果纯收入已占农民人均纯收入的 50%以上。

【义务植树】全省各级绿委在“3.12”植树节集中组织开展系列宣传咨询活动，深入宣传生态文明理念，提升社会各界的造林绿化意识，使爱绿、植绿、护绿深入人心。2016 年全省应参加义务植树适龄公民 1634.7 万人，参加义务植树 1497.1 万人（次），尽责率达 92%，植树 10039.6 万株，占计划的 102%，人均植树 6.7 株，新建义务植树基地 656 个。

（陈瑱）

水　利

【概述】2016 年，全省完成水利固定资产投资 230 亿元，比 2015 年增长 34%；解决了 1107 个建档立卡贫困村 26 万户、118 万人的饮水不稳定问题，新发展高效节水灌溉面积 70.67 千公顷，治理水土流失面积 2011 平方公里、新修梯田 64.67 千公顷，全面或超额完成了省政府、水利部确定的目标任务。

【水政】积极推进水利投资项目审批网上办理，办理省级平台受理水利投资项目审批、核准、备案事项。开展“放管服”改革，向社会公开 82 项权责清单，对保留的 11 项行政许可事项加强事中事后监管。优化行政审批事项办理流程，审批事项办理时限普遍压减 2-7 个工作日。水利行政许可事项全面实现省政府政务大厅水利窗口办理。加大新颁布的《甘肃省农村饮用水供水管理条例》和《甘肃省河道管理条例》宣传和贯彻落实力度，提升饮水安全工程的管理水平，查处河道非法采砂、违法设障等水事案件 535 件，调处水事纠纷 68 件，维护了良好的水事秩序。

【用水供水】2016 年全省总供水量 118.3540 亿立方米，其中：地表水工程供水 88.0473 亿立方米，占总供水量的 74.4%；地下水工程供水 26.4380 亿立方米，占 22.3%；其他水源供水 3.8687 亿立方米，占 3.3%。全省总用水量 118.3540 亿立方米，其中：生产用水 108.9026 亿立方米（第一产业用水 94.4234 亿立方米，第二产业用水 11.5716 亿立方米，第三产业用水 2.9076 亿立方米），占总用水量的 92.0%；生活用水 5.3394 亿立方米，占 4.5%；生态环境用水 4.1120 亿 m3，占 3.5%。万元工业增加值用水量为 58 立方米，万元生产总值用水量为 162 立方米，重要江河湖泊水功能区水质达标率达到 74.6%。

【水利规划】按照甘肃省“十三五”水利发展规划编制工作的总体要求，“十三五”规划总报告、13 个“十三五”专项规划和 9 个专题研究报告已全部编制完成并印发。甘肃省人民政府办公厅印发《甘肃省“十三五”水利发展规划》。向全省水利系统印发的专项规划 1 项；作为水利厅内留存，用于下一步争取项目或指导全省水利工作的专项规划 5 项、专题研究 9 项。启动《甘肃省“十三五”高效节水灌溉发展规划》编制工作，并向全省印发。已列入全国“十三五”水利规划共 74 个重点项目，申报总投资规模达到 1488 亿元，属重点项目列入全国水利规划数量占比较高的省份之一，其中国家规划内项目 20 项，包括 7 个已列入全国 172 项节水供水重大水利工程项目和 13 条流域面积 3000 平方公里以上的江河主要支流及内陆河治理项目，新增重点项目54项。配合水利部及黄委会、长委会修改完善黑河、湟水河、北洛河、嘉陵江等流域综合规划修编工作。编制完成《全省水利扶贫“十三五”规划》《甘肃省水利灾后薄弱环节建设实施方案》。

【水利建设】重点水利工程。武威市民勤红崖山水库加高扩建工程于2月份开工建设，是2016年全国首个新开工的国列重大水利工程，水库清淤、坝体加高等主要建设任务已完工。引洮供水二期工程加快推进，累计完成总干渠、干渠隧洞掘进142公里，占隧洞总长的38%，13条隧洞贯通开始衬砌。黄河干流甘肃段防洪工程累计完成堤防护岸140公里，占计划总长330公里的42%。白龙江引水工程规划报告上报水利部待审，全面启动项目建议书编制工作。马莲河水利枢纽工程可研报告通过水利部水规总院技术审查。积石山引水、引洮入谭、引黄济临、临洮县东南部农村供水等工程正式通水，会宁北部供水水源工程具备通水条件，兰州新区石门沟2号、3号水库建成蓄水，引大渠道除险加固主体工程已完工，天水城区供水等工程加快推进。

重点流域治理。石羊河流域重点治理取得显著成效，2016年民勤蔡旗断面过水量达到3.3亿立方米，青土湖形成22.36平方公里的人工季节性水面，区域生态环境持续改善。敦煌水资源合理利用与生态保护规划项目加快实施，月牙泉周边地下水位下降趋势减缓。自2011年敦煌规划实施以来，疏勒河已累计向下游输送生态用水量3.7亿立方米。

病险水库（水闸）除险加固。新出险的12座小（1）型病险水库全部完工，双塔水库、高台县小海子水库除险加固正在加快推进。列入全国规划的37座大中型病险水闸已全部批复，安排实施的35个项目主体工程基本完成，验收9座。

中小河流、江河主要支流治理。40个中小河流治理项目和7个江河主要支流治理项目全面完成年度建设任务，治理河长222公里，有效保障了沿河居民和农田防洪安全。

【最严格水资源管理制度】 提请省政府向社会公布了全省地下水超采区、禁采区和限采区范围，印发了《甘肃省地下水超采区治理方案》。出台《加强取水许可动态管理实施意见》。分批公布国家级、省级重点用水单位名录和全省11个重要饮用水源地名录。全面落实最严格的水资源管理制度，加快推进水生态文明建设。全省加快实施最严格水资源管理制度试点工作通过水利部技术评估，2015年和“十二五”期间实行最严格水资源管理制度工作通过国家考核，成绩良好；完成对市州人民政府落实最严格水资源管理制度情况年度考核，考核结果均为良好以上。汉江、嘉陵江水量分配方案得到水利部批复，大通河、泾河、渭河、洮河、北洛河水量分配方案协调工作继续推进。提请省政府向社会公布了全省地下水超采区、禁采区和限采区范围，印发了《甘肃省地下水超采区治理方案》。在全国率先出台《加强取水许可动态管理实施意见》，水资源论证、取水许可、水资源费征收管理工作更加严格、规范。分批公布国家级、省级重点用水单位名录和全省11个重要饮用水源地名录。完成首批25家省级机关节水型单位创建工作。启动实施7个省级水生态文明试点建设工作。

【抗旱防汛】 2016年，受超强厄尔尼诺事件影响，全省极端灾害性天气十分明显，特别是主汛期以来，东旱西涝、旱涝急转、旱洪灾情叠加，灾害损失严重。汛期全省共出现4次局地极值降水过程，因洪涝灾害造成44万人受灾，农作物受灾面积25.5千公顷，成灾面积11.1千公顷；全省因旱造成57.5万人、25.9万头畜饮水困难，农作物受旱面积1095千公顷，受灾面积773千公顷，成灾面积550.5千公顷。累计解决了55.5万人、17.3万头牲畜的临时饮水困难。汛期省级雨水情信息平台和83个县级预警平台全部开启运行，共发布预警4842次，疏散转移群众1.6万人。中小河流治理、山洪沟道治理、县级非工程措施补充完善项目进展顺利，中小河流水文监测项目建设全面完成，国家地下水监测工程项目建设加快推进。岷县“5.10”灾后恢复重建中小河流治理项目、秦州区娘娘坝镇“7.25”特大暴洪灾害灾后重建防洪工程全面完成建设任务，岷漳“6.6”级地震水利灾后重建项目全部完工。全年共落实中央和省级特大抗旱防汛专项资金9600万元，支持各地开展抗旱和工程水毁修复。

【农田水利】 大力发展高效节水灌溉，加快建设河西走廊国家级高效节水灌溉示范区、陇中东南部特色农业节水灌溉示范区，全省发展高效节水灌溉面积70.67千公顷，全省高效节水灌溉面积累计达到430.67千公顷。大型灌区续建配套、大型泵站更新改造、重点中型灌区节水改造、抗旱规划引提调水项目建设稳步推进。

【水土保持】 国家水土保持重点建设工程、全国坡耕地水土流失综合治理工程、农业综合开发水土保持项目和梯田建设项目加快实施，全年治理水土流失面积2011平方公里、新修梯田64.67千公顷，超额完成年初确定的2000平方公里、53.33千公顷的目标任务。省政府印发了《甘肃省水土保持规划（2016-2030年）》，划定了省级水土流失重点预防区和重点治理区，发布了《2015年甘肃省水土保持公报》。开展了《甘肃省水土保持条例》立法后评估工作，出台了《甘肃省水土保持补偿费收费标准》，全省征收水土保持补偿费1.83亿元。

【农村水电】 2016年，启动实施8个县14个“十三五”农村水电增效扩容改造项目，新增装机容量2.2万千瓦，项目总投资13699万元。开展农村小水电扶贫工程项目储备工作。全年新增农村水电装机容量11.67万千瓦。

【农村供水】 2016年，共解决了1107个建档立卡贫困村26万户118万人的饮水不稳定问题，省委省政府“1+17”精准扶贫精准脱贫方案确定的饮水工程建设任务提前一年完成。按照底数清、问题清、任务清、对策清的要求，建成了“横向到工程，纵向到农户”的农村饮水安全信息管理系统，将全省已建成的1万处集中供水工程、43万处分散供水工程、485

万用水户信息录入系统，指导项目精准落地、精准推进，提升农村供水工程精细化和科学化管理水平。

【水利建设管理】 加强水利工程建设管理，整合了全省水利工程建设质量投诉举报平台、招标投标举报投诉平台、水利建设市场从业主体信用信息举报投诉平台。实现省属水利工程建设质量监督的常态化、全覆盖。建立了乙级以上检测企业内控信息库和质量工作台帐。建立了全省重点水利工程质量巡查及“飞检”机制。强化水利建设市场监管，优化升级甘肃省水利工程建设项目招标投标备案及企业信用信息管理系统，建立了1983家企业、4.91万人的信用信息档案，公开各类信息8200条，汇总发布各类信息1874条。依法查处12起招标事件、4起农民工欠薪事件，约谈相关工程施工、监理企业法定代表人12人。在全省58个片区贫困县和17个插花贫困县区开展水利扶贫领域“两查两保”专项行动。

【水利改革】水利投融资改革。全省已组建水务投资公司35家，各级水利投融资平台通过贷款融资等筹集水利建设资金近百亿元。坚持政府和市场两手发力，积极主动寻求社会资本参与水利建设，联合省发改委向社会公布了2批37个鼓励社会资本参与项目。会同省发改委、财政厅联合印发了《关于创新投融资机制加快水利工程建设的实施意见》，实行水利项目建设资本金制度。

水权改革。疏勒河流域全国水权试点改革取得突破性进展，农业用水户水资源使用权确权登记和发证工作已达90%，在中国水权交易平台设立了疏勒河流域水权网上交易大厅。启动实施疏勒河流域水流产权确权试点工作。

水价改革。按照明晰水权创条件、建设工程打基础、改革水价促长效的思路，大力推进农业水价综合改革，经省委全面深化改革领导小组审议，省政府印发了《甘肃省推进农业水价综合改革实施方案》。在高台、民勤等10县区开展省级农业水价综合改革试点，选择嘉峪关市、天祝县、山丹县、肃南县、平川区5市县开展市级农业水价综合改革试点，试点改革取得显著成效。

水管体制改革。以优化资产产权为抓手，深化水管体制改革，积极推进凉州、白银、武都3县区已国家小型农田水利设施产权制度试点改革，3县区已发放小型水利工程所有权证、使用权证和工程管护责任书“两证一书”9831套，占到小型水利工程总数的98%。在陇南全市开展小型水利工程产权制度改革。

水利工程建设体制改革。督促落实建管合一的项目法人责任制，实行“小业主、大监理”管理模式，充分发挥监理职责，提升项目建设管理水平。在规模化高效节水建设中，推行设计施工总承包，着力解决项目前期工作周期长、设计施工脱节以及基层水利技术力量不足等问题。在涉及民生的水利项目建设中，大力推行代建制，解决项目建设进度慢、市县技术和管理力量薄弱的问题。

【水利科研】 加大水利科技项目申报实施力度，33个项目列入国家和省上各类科研计划；向省科技厅推荐申报省科技计划项目19项，27个项目获省水利科技进步奖。联合高等院校、科研院所申报水资源领域重点研究计划项目等5项国家重点科研专项，4项已立项。成功申报了省级国际科技合作计划项目《柬埔寨洞里萨湖流域水资源利用技术应用与示范》。甘肃雨水集蓄利用技术走出国门，2016年举办第四届“雨水集蓄利用技术国际培训班”，培训了来自10个国家的学员。

（*杨宏博　解瑞　武世昌*）

钢铁工业

【生产经营】2016年，全省生铁产量693.69万吨，比上年下降28.50%；粗钢产量632.43万吨，下降25.78%；钢材产量672.41万吨，下降20.68%。铁合金产量76.71万吨，下降10.44%。炭素制品161.25万吨，增长4.66%。

全省全行业完成工业总产值413.19亿元，比上年增长6.42%；实现营业收入961.14亿元，下降19.30%；完成工业增加值49.59亿元，下降6.6%；利税总额40.86亿元，其中利润13.92亿元。全行业有规模以上企业95家，从业人员48103人，资产总额1348.74亿元。

【管理与改革】酒泉钢铁(集团)有限责任公司成立了以董事长为组长的深化改革领导小组，审议通过了14项重大改革举措，精简机关科室23个，精简机关管理技术岗位110个。金昌铁业公司组建盛隆祥机电安装维修工程有限公司，实行自主经营。完善各项政策，鼓励近百名职工自主择业创业，使公司在岗职工降至400名左右，大幅提升了劳动生产率。腾达西北铁合金公司改革管理模式，完善模拟法人运营机制，运营效率明显提升，全年赢利123万元。嘉峪关宏电铁合金公司建立原燃料采购价格评价体系，加强统筹策划，有效规避了市场风险。

【技术创新】酒钢围绕降低制造成本、资源有效利用、高附加值新产品研发、生产工艺技术改进等，组织开展了119项科技攻关。公司以市场为导向进行新产品开发，汽车排气系统用超纯不锈钢、冷轧高强钢系列化、碳钢板带产品轻量化及差异化产品开发取得重要进展。金铁公司积极开展群众性技术创新活动，全年共征集合理化建议84条，奖励54条；申报技术创新项目42项，奖励18项。宏电铁合金公司采用纵向低压电容补偿新技术，完成了对铬铁矿热电炉炉型及纵向技术改造、硅铁矿热电炉低压补偿容量扩充技术改造。方大炭素新材料科技公司积极探索碳纤维接头制备工艺改进，成功研制出高耐蚀性高炉炭砖。兰州阳光炭素公司与湖南大学炭素材料研究院共同设立节能自焙电极研发基金，成功研发了80MVA矿热炉用糊以及铁合金专用糊。

【项目建设】全行业继续加大资金投入，推进产业实力提升。酒钢集团投资10.15亿元，建成镜铁山30万吨铜矿选矿厂尾矿干排干堆技术应用项目、不锈钢分公司罩式炉项目、动力厂三制氧冷却系统改造项目、炼铁厂3#高炉优化升级项目、榆钢产品结构优化改造项目等7个重大项目，镜铁山矿桦树沟矿北翼开采项目、粉矿悬浮磁化焙烧选矿改造一期工程、不锈钢冷轧一厂热轧酸洗段刷洗设备改造项目、新型金属复合材料产业化建设项目等 11 个项目正在加紧组织实施。兰州阳光炭素有限公司投资4亿元，依托兰州市出城入园政策，在永登县树屏工业园区建成年产 30 万吨节能自焙电极糊生产线，产品受到国内电石、铁合金、有色金属及黄磷四大行业的矿热电炉企业青睐。金铁公司改造利用闲置的配电柜、电缆、除尘风机及变频器，完成镒康公司精品锅具项目建设。

【节能减排】腾达西铁公司电炉除尘系统烟气余热项目投运后，年节约原煤消耗2000吨。酒钢在部分设备停产能源利用不足的情况下，实施了球团竖炉烟气脱硫、不锈钢炼钢电炉、混铁炉及原料除尘系统等的技术改造，组织开展行业内能效对标，持续规范合同能源项目管理，重点对本部1#高炉干渣余热利用项目及 CSP 层流高效水泵建设过程进行管控，取得明显的节能减排效果。金铁公司通过调整变频器、更换变压器等措施，全年累计节约电费支出71.87万元。方大炭素公司以余热利用、中水利用开发为重点，组织实施了五组石墨化炉余热利用工程、石墨化炉结构改造、厂区中水回用工程等技术改造工程，使公司单位产品综合能耗降至 1.476 吨标煤/吨，比上年下降10.38%。

【产品结构调整】酒钢重点研发了电极扁钢、建筑结构用钢板、轻量化用钢、管线钢、装饰门业、专业用途钢板和不锈钢差异化产品。腾达西铁公司利用原有铁合金设备进行升级改造，成功冶炼出工业硅产品。公司加大高纯硅铁开发力度，满足了市场对高硅、低微量元素铁合金产品的需求。文县万利铁合金公司开发出具有自主知识产权的低铝硅钙钡和超低碳硅铁等特种铁合金产品，使全年铁合金产量增长 18.47%。方大炭素公司以市场为导向，加快结构调整步伐，努力增加市场畅销的φ600mm 及以上超高规格电极生产，提高利润较高的炭砖产量，增强了企业的盈利水平。金铁公司以精品铸铁锅具项目为突破口，开发高端民用铸造产品，成立了金昌镒康科技铸业有限公司，启动了年产 50 万口精品锅具项目，累计销售铸铁锅近万口，铸铁壶 1000 余把。

【化解过剩产能】行业企业按照中央、省上决策部署，关停过剩产能，完成了省政府下达的年度任务目标。酒钢压减生铁产能 100 万吨，粗钢产能 140 万吨，关停了榆钢公司 2 座 420 立方米炼铁高炉，2 台 40 吨炼钢转炉设备；先后出台《化解产能实施方案》、《内部退养实施方案》、《榆钢、翼钢人员安置分流方案》、《职工安置资金筹措方案》，为去产能任务完成提供了有力的制度保障和资金支撑。金铁集团化解产能 60 万吨，关停了 520 立方米高炉设备，妥善安置富余职工 750 名。

（杨勇）

有色工业

【生产情况】2016 年，全省十种有色金属产量 387.25 万吨，比上年下降 1.74%。其中：铜 87.50 万吨，下降 6.22%；铝 241.19 万吨，增长 0.19%；铅 2.16 万吨，增长 23.30%；锌 40.04 万吨，下降 0.84%；镍产品产量 15.94 万吨，下降 5.35%；单一稀土金属产量 1169 吨，增长 10.28%。有色金属加工材产量 176.41 万吨，增长 60.43%。其中：铜材 40.01 万吨，增长 49.17%；铝材 136.31 万吨，增长 64.06%；铅材 0.046 万吨，锌材 0.033 万吨。硫酸 479.55 万吨，盐酸 18.98 万吨。

【主要经济指标】2016 年，全行业完成工业总产值 1697.26 亿元，比上年增长 4.8%；完业增加值 332.70 亿元，增长 16.1%；出口交货值 34.59 亿元，增长 15.32%；产销率 95.42 %，增长 0.98%。全行业实现营业收入 3182.28 亿元；实现利税 61.43 亿元，其中利润 28.73 亿元。到 2016 年末，全行业有规模以上企业 117 家，从业人员 83815 人，资产总额 2693.24 亿元，比上年增长 7.5%。

【企业管理】各企业积极应对市场挑战，理智经营发展，采取多种有效措施降低成本，提高质量，增加效益。白银公司通过整合营销资源，降低营销费用，实现产品升水销售盈利 4600 万元。中铝兰州分公司循环利用低效资源，不断扩展经营范围，形成了以电解铝、碳素、电力、铝合金为主的多元发展的循环经济模式，有效降低了企业的成本。甘肃宝徽公司实施变压器减容增效项目，年节约电费 400 万元。嘉峪关索通公司倡导修旧利废和小改小革，取得小改小革成果 333 项目，节约资金 160 万元。酒钢东兴铝业公司全面推行生产专业化管理，通过行业对标、细化成本核算单元等措施，主要生产技术指标得到显著提高，仅指标优化就降低成本费用 7819 万元。

【改革改制】金川公司推行全流程全系统市场化改革，通过深化内部三项制度改革、强化股权投资管理、探索股权和分红多元激励模式、推动金川科技新三版挂牌等方式，实现了以改革促发展，向改革要效益。白银公司创新全价值链物流全包服务模式，向分公司下放权力，深化固定资产投资管理改革，重点推进了 57 项改革工作，进一步激发了企业活力。中铝连城分公司积极推进物流资产和人员的划转移交、连铝总医院股权转让和工服公司股权收购工作,启动了“三供一业”分离移交工作。兰州铝业按照中铝总部推进转型发展的总体部署，规范了 2015 年改制的两家单位法人治理结构，兰铝工业服务有限公司形成了机械加工、机械和电气维修、自控集成等相对完善的工业服务体系，兰铝物资运输有限公司形成了具有市场竞争力的物流储运市场主体。

【科技进步】金川公司按照“工艺为重，研发并举，以我为主、引智借力”的原则，凝练提出金川硫化镍铜矿选冶工艺技术创新及工程化应用研究、低成本红土镍矿冶炼关键技术及工程化应用研究、稀贵金属一、二次资源综合利用及深加工研究、有色金属新材料产品开发研究、金川矿山深部和贫矿安全高效低成本采矿技术研究、“互联网+”在流程型企业的应用研究六个重大科技攻关项目，组织联合攻关，已取得阶段性成果。白银公司以白银炉为载体，再次颠覆性地实施了缩减炉体宽度、调整风眼角度、增加隔墙通道面积等 14 项关键新型技术改造。酒钢“500kA 铝电解槽降低阳极效应系数技术研究”项目、金川公司“难处理镍铜冶炼中间含铜物料回收利用关键技术研究”项目荣获中国有色金属工业协会科学技术奖二等奖。

【节能减排】金川公司先后组织实施了镍闪速炉精矿干燥系统烟气达标技术改造项目、镍铜冶炼环保集气达标治理项目等烟气减排治理项目，使金昌市区空气质量明显改善，全年优良天数增加了 5 天。白银公司建成的国内最大、技术最先进的 140 万吨铜冶炼渣选循环经济项目达产达标,使公司几十年积存的铜冶炼渣料变成了宝贵的资源。连城铝业开展电解烟气余热综合利用，项目建成后每年节约标煤 1.03 万吨；进行炭素焙烧烟气净化升级改造，项目建成后每年减少二氧化硫排放量 278.5 吨，减少颗粒物排放量 48.5 吨。兰州铝业创新思路，继续实施合同能源项目管理，先后完成北厂区压缩空气、自备电厂锅炉给水泵等合同能源项目，全年节电 1500 万千瓦时。中铝西北铝加工分公司强化目标责任管理和考核。制订能源消耗定额 21 项，98%的能源消耗指标纳入考核，使万元产值能耗比上年下降 5.20%。

【转型升级】各企业把延伸产业链条、做强深加工产业做为转型升级、提质增效的有力抓手，实现产业向高附加值、高技术方向拓展。金川公司已形成 20 万吨/年镍量的综合处理能力，镍产业链延伸产品覆盖镍盐、镍粉、球形氢氧化镍、氧化亚镍、镍合金、羰基镍等，特别是锂离子动力电池用三元正极材料前驱体、硫酸镍、氧化亚镍的生产能力进一步扩大。西北铝加工公司重点开发了新能源公交汽车、铝合金人行天桥、通用航空等项目，其中新能源公交车项目的 10 个品种已通过用户检验，开始批量化生产。甘肃稀土公司有所选择地发展技术含量高、附加值高、有较好市场竞争优势的稀土功能材料、应用材料以及稀土以外的其它产业，使公司稀土分离产品生产开始向稀土应用材料、功能材料生产的战略转变。白银公司在抓好铜的深度加工的同时，充分发挥铅锌生产优势，依托现有铅锭生产线，实施铅基合金的生产，全年生产铅基合金 3000 吨。酒钢东兴铝业公司着眼进一步降低铝锭铸造和销售成本，继续加强与广银、澄宇、中威斯等下游铝加工企业间的电解铝液购销关系。通过与国内有关企业合资合作，开工建设天成彩铝有限责任公司一期项目。2016 年，全省有色金属加工材产量达到 176.41 万吨，创历史新高。

【基建技改】金川公司全年完成投资 20.4 亿元。二矿深部开采全面开工建设，二选扩能降耗、冶炼环集烟气治理、酸性废水改造按计划推进，羰基镍及铂族金属原料制备、铜阳极泥综合回收、30 万吨 PVC、40 万吨离子膜烧碱二期等工程竣工，铜尾渣综合利用投产，广西公司废水处理项目投用，金森达铜矿形成出矿能力，齐福普项目建成投产。兰州铝业铝合金扁锭生产线扩产改造、残极清理系统的完善、焙烧炉改造、烟气净化系统改造等项目顺利推进。甘肃稀土公司投资 1 亿多元，对萃取生产线进行了全面系统优化，实施了金属 La、Ce 扩能改造项目，大幅降低了生产成本，成为企业效益新的增长点。

【国际产能合作】金川集团在刚果（金）的金森达铜矿项目已完成投资 5 亿元，2016 年出矿 2.2 万吨。集团印尼红土镍矿项目已开工建设。白银公司积极谋划海外战略布局，在南非实施境外大黄金战略，在秘鲁设立资源开发和贸易平台，在哈萨克斯坦建设丝绸之路经济带“铜业中心”，与环球镍业公司签订了 7 亿美元不锈钢厂项目协议。同时借鉴国际矿业领域金属流投资模式，实施加拿大班罗公司、南非隆明公司收入流项目，全年实现税前净利润 2.6 亿元，成为海外业务新的盈利增长点。

（杨勇）

交通运输

【发展概况】截至 2016 年底，全省公路网总里程达到 14.3 万公里，公路密度 31.48 公里/百平方公里。高速公路通车总里程 3867 公里，14 个市州政府驻地全部以高速公路贯通，54 个县通了高速公路，县通高速比例达到 63%，连霍、青兰、十天、京新等国家高速公路在甘肃境内全线连通；二级公路通车总里程达到 9312 公里，86 个县区政府驻地以二级和二级以上公路贯通；农村公路达到 11.6 万公里，全省 100%的乡镇以沥青路或水泥路贯通，95%以上建制村通沥青（水泥）路。

【交通提升建设】制定《甘肃省“十三五”交通运输发展规划》《关于深入推进交通提升建设的实施方案》《“6873”交通突破行动兰州市道路率先畅通工程实施方案》《甘肃省4A级及以上旅游景区连接道路建设实施方案》《甘肃省“十三五”公路养护管理发展纲要》等一系列规划、方案。省政府在敦煌召开全省“6873”交通突破行动推进会。2016 年建成白疙瘩至明水、民勤至红沙岗高速公路，临渭高速通车试运营，全年建成高速及一级公路 328 公里、普通国省干线及旅游公路近 2000 公里。岷漳地震及甘肃南部地区水毁公路灾后恢复重建项目全部建成通车。敦煌机场扩建工程新建 T3 航站楼、张掖通用机场建成投运，兰州中川国际机场二期扩建工程全面完工并投入使用。圆满完成首届丝绸之路（敦煌）国际文化博览会 3 大场馆和 6 个交通项目建设任务。新建规范村邮站 7520 个，村邮站累计建成 10100 个，全省村邮站覆盖率达到 63%；设立快递网点乡镇 750 个，网点总数 1535 个，覆盖率 61%。

【交通精准扶贫】省委省政府连续四年召开全省交通扶贫攻坚暨农村公路建设管理现场会，省政府与交通运输部签订交通扶贫部省共建协议，形成部省联动、多方协作、合力攻坚的交通扶贫新局面。全年建成各类农村公路 21491 公里，其中建制村通沥青（水泥）路 15335 公里，新增 2732 个建制村通沥青（水泥）路，实现全省 95%以上建制村通沥青（水泥）路的目标。省政府出台《关于加快农村客运发展的意见》，着力推进城乡客运一体化进程，全省新增通客车建制村 505 个，乡镇、建制村通客车率分别达到 99.43%和 90.56%。在乡镇设立农村公路管理所，为加强农村公路养护管理提供组织保障。“交通运输+电子商务”等扶贫新模式探索推进。

【交通重点领域改革】省人大常委会通过《甘肃省公路建设工程质量安全监督管理条例》。省政府印发《关于深化出租汽车行业改革的实施意见》。推进简政放权、优化服务，加快“放管服”改革，归纳梳理公共服务事项 24 项，全部在甘肃政务服务网上公布。积极推进“两随机一公开”，对行政许可、行政处罚等执法信息网上“双公示”。建立“1+1+5”政府与社会资本合作（PPP）项目推进工作机制，制定《收费公路政府与社会资本合作（PPP）项目入库指南（试行）》和《工作指南（试行）》等管理办法。两当至徽县高速公路成为全省首个全线开工的政府与社会资本合作（PPP）高速公路项目。用好中国人民银行抵押补充贷款（PSL）新型货币政策工具，落实贷款规模 100 亿元，甘肃公路建设基金、甘肃交通投资基金分别募集资金 11 亿元、25 亿元。制定印发《深化厅属国有企业改革实施方案（2016-2017）》，厅属国有企业改制脱钩、厅属事业单位分类改革有序推进。

【交通运输服务】以促进公路及桥隧涵构造物全面养护为重点，推行公路养护工程市场准入制度，规范实施公路养护维修工程，高速公路技术状况指数达到 93，路面使用性能指数达到 91，优良路率达到 99.5%；普通国省干线公路技术状况指数达到 85，路面使用性能指数达到 84.5，优良路率达到 75%。全年完成通行费收入 80.21 亿元，比上年增长 7.39%。落实“绿色通道”和重大节假日免费通行等惠民政策，累计减免通行费 14.15 亿元，推进物流业“降本增效”。兰州国际港务区兰州南亚国际班列公铁联运工程项目入选全国首批 16 家多式联运示范工程。圆满完成春运、“十一”国庆黄金周等节假日和敦煌文博会、嘉峪关国际房车博览会、张掖国际通用航空大会等重要时段的交通运输安全服务保障工作。全省公路运输总周转量达到 974.97 亿吨公里，增长 4.05%。民航运输指数快速增长，2016 年新增客运航线 52 条，加密航线 18 条，开通 2 条定期货运航线和 3 条国际不定期货运包机航线；民航旅客吞吐量达到 1235.01 万人次、货邮吞吐量 6.1943 万吨、飞机起降 10.66 万架次，分别增长 34.61%、17.94%和 30.81%；兰州中川机场跨入全国“千万级”大型机场行列，旅客吞吐量增幅连续两年位居全国省会机场首位。完成邮政业务总量 22.2 亿元，增长 36%；快递业务量 6065 万件，增长 71.3%。

【智慧交通建设】发布《甘肃省“互联网＋交通”行动推进方案》，积极推进“互联网+交通”行动计划，12328 交通运输服务监督电话系统实现部省联网运行，开通甘肃交通公众出行服务信息发布系统。全省 81 个县（区）109 个客运站实现联网售票，全面覆盖 14 个市（州）。完成覆盖全省 14 个市（州）的省道路运输应急指挥系统改造升级。

【“品质工程”创建】出台《甘肃省公路建设项目管理办法》、《甘肃省公路工程建设项目招标投标管理办法》等一系列制度办法，积极开展在建项目质量安全专项督查，组织对全省在建项目的质量安全管理行为、工程实体质量及新开工项目参建单位的履约能力等进行多次专项督查和综合督查，并向社会全面公开督查情况。制定《钢-混凝土组合桥梁通用图（试行）》，积极推进公路钢结构桥梁的应用。甘肃路桥建设集团有限公司荣获 2016 年度“甘肃省人民政府质量奖”，成为全省首个获此殊荣的公路施工企业。

【平安交通建设】制定《“平安交通”建设行动实施方案》《安全生产“一岗双责”实施办法》等，建立健全道路运输、水上交通、工程建设等重点领域安全检查制度。组织开展“6+1”平安交通专项行动、安全生产月、道路运输平安年以及危险品运输安全整治等专项活动。开展“创建平安公路桥隧涵养护专项整治”百日竞赛，规范实施危旧桥加固改造工程，完成农村公路安全生命防护工程 51102 公里，建成 14 条省级安全生命防护示范工程 424 公里。行业安全生产形势保持平稳，被评为“2016 年道路交通安全工作先进单位”。

【廉政建设】强化审计监督，组织对重大项目、救灾资金使用、二级公路收费和领导干部任期内经济责任进行重点审计，积极抓好审计发现问题的整改。加强新闻舆论工作，开展“小康路•交通情”等重大主题宣传活动，建成全国首个以公路为主题的专题博物馆——甘肃公路博物馆。

（尉永强）

商　务

【运行概况】2016 年，全省实现社会消费品零售总额 3184.39 亿元，比上年增长 9.5%。按销售单位所在地统计，城镇实现社会消费品零售总额 2535.9 亿元，增长 9.5%；乡村实现社会消费品零售总额 648.5 亿元，增长 9.8%。按消费形态分，商品零售额 2679.2 亿元，增长 9.5%；餐饮收入 505.2 亿元，增长 9.8%。全年批发业实现商品销售额 5215.9 亿元，增长 9.2%；零售业实现商品销售额 3134.7 亿元，增长 12.4%；住宿业实现营业额 106.6 亿元，增长 13.5%；餐饮业实现营业额 628.9 亿元，增长 15.9%。全年限额以上企业实现商品零售额 1306.4 亿元，增长 4.8%。其中，石油及制品类零售额 323.23 亿元，下降 4.2%；汽车类零售额 309.13 亿元，增长 10.8%。全省商品零售价格指数为 100.9（以上年价格为 100），居民消费价格指数为 101.3（以上年价格为 100）。

【市场体系建设】编制完成了《甘

肃省农产品市场发展规划（2016-2020年）》，明确了以八大商品交易市场及公益性大型批发市场建设为龙头、以农产品产地批发市场建设为骨干、以县乡便民市场等零售市场建设为基础的农产品市场体系建设目标。积极指导2个国家级试点市场和3个省级试点市场完善建设方案，督促企业加快项目建设进度。配合商务部委托的第三方评估机构对甘肃省公益性市场进行绩效评价，从评价结果看，甘肃省公益性市场试点工作进度处于全国前列。在商务部公示了的首批全国15个公益性农产品批发市场示范市场名单，甘肃省武山洛门森源蔬菜果品市场被确定为首批全国公益性农产品示范批发市场。指导8大市场建设运营，大市场已完成投资60.36亿元，总体建设进度达到64.29%，已取得阶段性成果。全省100个县乡便民市场完成建设任务，资金总投入8.6亿元，新增商业面积134万平方米。积极向商务部、国家开发银行申报农产品骨干流通网络建设项目，争取国家开发银行的金融支持。

【市场秩序管理】加强商务行政执法指导，制定印发了《甘肃省2016年规范市场秩序工作要点》，推进商务综合执法体制改革，完善案件受理及转办督办机制和流程，强化重点领域的监督管理。全省12312商务投诉举报热线共受理各类咨询3030件，受理投诉280余件，办结并反馈举报投诉311件，开展各类执法5400多次，出动执法人员24000多次/人，查处酒类、成品油等违法违规案件1000余起。开展商务领域诚信体系建设工作，掌握各类商务领域基础信用信息65468条。推动流通追溯体系建设，印发了《甘肃省人民政府办公厅关于加快推进重要产品追溯体系建设的实施意见》，兰州市、天水市肉菜流通追溯体系建设项目和中药材流通追溯体系建设项目基本完成。加强药品流通行业管理，编制《甘肃省药品流通行业“十三五”发展规划》，积极跟进商务部《全国中药材物流基地规划建设指引》，认真做好药品流通行业统计工作，增加了14家药品流通统计直报企业，全省药品流通直报企业共达到29家。加快行政处罚案件信息公开工作和“两法衔接”信息共享平台建设，全省打击侵权假冒行政执法立案6372件，办结6134件，捣毁制假售假窝点57个，向司法机关移交案件292件。

【市场运行调节】按照“促消费、保增长、重运行、强监测、抓调控”的工作思路，全力促进消费品市场的稳定发展。多措并举促进消费增长，建立和完善对限上企业“人对点、全覆盖”联系机制，调整优化入库企业结构；商银合作促消费，与人民银行兰州中心支行、银联甘肃分公司共同探索刷银行卡促进消费新的合作模式，商贸企业刷卡消费额较上年增长29.23%，春节期间餐饮刷卡消费增长51%；组织开展春季消费促进月活动，设立300万元促消费稳增长资金，组织活动165场次，参加企业5396家，商品销售额达56亿元，增长9.8%。认真做好市场调控工作，投放省级储备冻猪肉1013吨，蔬菜13个品种、3万多吨，满足节日市场需求。完善市场监测及商贸统计体系，优化样本企业，提高报送质量，强化市场分析，刊发消费市场运行周报、专题分析资料70多篇。规范成品油市场管理，对全省1308家成品油经营企业进行年检，联合相关部门开展成品油市场专项清理整顿行动，检查经营网点226个，查获不合格油品近500吨，关闭无证经营网点70个。做好茧丝绸协调管理工作，编制《甘肃省茧丝绸行业“十三五”规划（2016-2020）》，加强桑蚕生产指导，维护蚕桑生产稳定发展。

【电子商务发展】2016年全省电子商务交易额2080亿元，比上年增长30%；网络零售额415亿元，增长超30%。服务体系加速覆盖，省财政配套5000万元专项资金，全省建成75个县级电商服务中心，1157个乡级电商服务站，5289个村级电商服务点，实现了贫困县电商服务中心全覆盖，超额完成30%的贫困乡村建成电商服务站点的目标任务。示范工程引领带动，新增20个国家电子商务进农村综合示范县，中央财政给予每县2000万元资金补助。人才培训创新推进，坚持“请进来、走出去、沉下去”相结合，办好省内专业培训机构，打造甘肃省电子商务公共服务平台，开展远程（网上）电商人才培训，全年培训10万人次。品牌培育凸现成效，引导农产品生产企业标准化生产、品牌化经营，岷县中药材，成县山货，会宁刺绣、剪纸和红色旅游产品，庆阳小杂粮等已经成为网上的明星产品，培育了“陇萃堂”、“陇上十三宝”、“琪祥阁”、“百合源”等一批网络知名品牌。

【扩大对外开放】加快构建开放型经济新体制，省委省政府印发了《关于进一步扩大对外开放的意见》和《关于深入推进招商引资工作的实施方案》，推广上海等4个自贸试验区可复制改革试点经验，对不涉及国家特别管理措施的外商投资企业的设立和变更，由审批改为备案管理。开放平台建设有了新的突破，兰州铁路集装箱场站获准对外开放，兰州铁路口岸成为甘肃省历史上第一个铁路开放口岸。兰州中川国际机场获准开展口岸签证业务、获批成为进口冰鲜水产品及水果指定口岸，武威保税物流中心获批成为国内第二个内陆进境木材监管区，嘉峪关航空口岸列入国家“十三五”口岸发展规划，兰州国际港务区建设加快推进。开放通道开辟新的路径，开通国内首列南亚公铁联运和兰州新区—明斯克点对点国际货运班列，兰州—迪拜、兰州—达卡国际货运包机出口、澳大利亚—兰州国际货运包机进口开始直航。“兰州号”、“天马号”、“嘉峪关号”国际货运班列实现常态化运营，2016年发运国际货运班列132列，比上年增长116%；完成货运16.7万吨，增长111%；货值2.42亿美元，增长30.8%。

【对外贸易】2016年全省外贸进出口总值453.2亿元，比上年下降8.3%。其中，出口268.2亿元，下降25.7%；进口185亿元，增长39.3%。一般贸易出口223.92亿元，下降33%；一般贸易进口84.81亿元，增长26%；加工贸易出口36.8亿元，增长111%；加工贸易进口86.27亿元，增长45%。出口商品销往196个国家（地区），进口商品来自68个国家（地区）。贸易便利化水平快速提升，编制《甘肃电子口岸建设方案》，推进口岸“三互”大通关建设，在兰州新区综合保税区和武威保税物流中心实施“一次查验、一次放行”，率先开展“单一窗口”试点。外贸结构不断优化，坚持“抓大促小育新引强”，新增对外贸易经营者备案企业449家，全省具有对外贸易经营者备案企业3710家；新增国际货运代理备案企业9家，国际货运代理备案企业达到61家；审核办理铜、铁矿石、燃料油、羊毛和毛条等自动进口许可证211份，办理镍、钴、柠檬酸等出口许可证975份。机电和高新技术产品进出口总值153亿元，增长1.7%，高出全省外贸增速10个百分点，占全省外贸进出口比重达到34%。特色农产品和机电高新产品进出口所占比重达到37.4%，资源型产品进出口比重下降到34%。外贸新的增长点加快培育，科技兴贸创新基地建设推进发展，逐步形成以新材料、装备制造、石化设备、电子技术、生物制药等为主的出口产业集群。跨境电子商务基础设施建设加快推进，兰州市国家跨境电子商务综合试验区建设方案已上报国务院并批转商务部审核。为64家外贸企业签发一般原产地证1081份、优惠原产地证41份，组织360家企业参加或举办25个境外专业展会。全省贸易伙伴达到180多个国家和地区，新兴市场占比达到40%。

【“一带一路”经贸合作】2016年与“一带一路”沿线主要国家贸易额突破100亿元，比上年增长10%。张掖市绿涵农产品公司向俄罗斯、塔吉克斯坦、吉尔吉斯斯坦出口700多吨果蔬。兰州牛肉面等清真餐饮走进了吉尔吉斯斯坦、哈萨克斯坦等中亚国家市场及马来西亚、尼泊尔等东南亚国家，支持驻马来西亚商务代表处设立“兰州牛肉面推广服务中心”。在吉尔吉斯斯坦和塔吉克斯坦举办“贸易与投资合作推介对接会”，达成药品代理销售意向及合作建设药品生产厂等合作意向，已有100多种中药正在办理出口注册手续。与哈萨克斯坦投资促进局以及塔吉克斯坦、土耳其、尼泊尔等53个境外商协会建立了合作机制，先后在白俄罗斯、伊朗、新疆霍尔果斯、吉尔吉斯斯坦、印度尼西亚、土耳其、哈萨克斯坦、印度、马来西亚等“一带一路”沿线国家相继设立了9个驻外商务代表处，形成了向西开放多支点分布的格局。

【对外直接投资】2016年全省新备案（增资）境外企业42家，中方协议投资额247596万美元；实际开展对外直接投资的境外企业50家，当年实际投资额63066万美元，比上年增长391%。投资涉及有色金属矿采选业、页岩油气开发、清洁能源、计算机元件制造、商务服务业、进出口贸易、房屋建筑业、房地产开发、专业技术服务、餐饮、医药制造、农业等行业，投资主要分布在牙买加、南非、印度尼西亚、美国、澳大利亚、中国香港、加拿大、肯尼亚、津巴布韦、秘鲁、白俄罗斯、阿联酋等国家 （地区）。截至2016年年底，对外直接投资累计实际投资额384232万美元。对外直接投资主要项目（中方实际投资额1000万美元以上的项目）进展顺利。

【对外工程承包】新签项目共81项，新签合同额4.64亿万美元，合同额500万美元以上的项目共21项。在“一带一路”沿线国家执行承包工程18项，完成营业额4983万美元，累计完成营业额1.69亿美元。对外劳务合作有序发展，新建2个对外劳务合作平台，新培育2家对外劳务合作企业，全年派出各类劳务人员3030人，其中向“一带一路”沿线国家派出1972人。

【多双边国际援助】全年执行国际多双边无偿援助项目7项，执行金额174.86万元。对外经济技术援助有序开展，结合甘肃优势产业和科研实用技术，开展发展中国家太阳能风能开发利用部长研讨班、蒙古梭梭栽培及草原沙化防治技术培训班及“一带一路”沿线国家针灸推拿学研究生学历教育等31个对外援助人力资源培训项目。

【政务服务】省市县三级全面实施了“五证合一、一照一码”，极大推进了注册登记的便利化，优化了营商环境。信用制度和省级公共信用信息共享交换平台初步建成，守信激励和失信惩戒机制建设取得初步进展，诚信文化建设取得实效。“甘肃政务服务网”已与省级22个部门对接，实现了主要行政部门间的信息归集和实时共享。全省综合执法改革试点启动。全面实行市场主体抽查制，制定实施《甘肃省工商局企业经营异常名录管理工作细则（试行）》，“一处违法、处处受限”的协同监管和联合惩戒作用初步显现。建立完善社会组织直接登记管理制度，制定实行了行业协会商会评估评分标准，推进行业协会商会建立健全诚信自律机制。贸易便利化专业监管制度正在全面推进。自贸试验区“最佳实践案例”得到借鉴推广。

【招商引资】2016年，全省共执行省外、境外招商引资项目6629个，累计到位资金7939.83亿元，比上年增长11.93%。以长三角、珠三角和三个500强为目标，围绕延伸有色金属产业链条和石油化工产业链条等内容，开展了一系列“点对点”的招商引资活动成功举办了民企陇上行、台商陇上行、侨商陇上行等活动。积极尝试开展项目第三方核查工作，对丝绸之路博览园等12个招商引资项目签约情况、资金到位情况、建设进展情况等进行了核查评估。开展招商引资签约项目专项督查，对各市州和兰州新区2016年招商引资工作和近三届兰洽会签约项目落地情况进行了专项督查，第七届中国(甘肃)国际新能源博览会集中签约额556亿元，与“一带一路”沿线国家合作交流持续深化。全力支持兰州新区招商引资，兰州新区综合保税区注册企业突破200家，进出口贸易额突破7亿美元。兰州新区、兰白科技创新实验区、国家级经济技术开发区和省级开发区正在成为承接产业转移和加工贸易的重要平台。

【利用外资】2016年，全省外商直接投资项目30个，其中生产型项目21个，非生产型项目9个。新批准设立外商投资企业30家，其中合资企业22家、独资企业7家，外商投资股份制企业1家，合同外资额137.5亿美元，比上年增长3053.54%。实际利用外资11588万美元，同比增长5%。其中，电力燃气供应业实际利用外资 10230 万美元，占 88.28%；制造业实际利用外资 1322 万美元，占 11.41%。

【第二十二届兰洽会】第二十二届兰洽会于2016年7月8日—11日在兰州成功举办。签约省外引资项目 1435 个，投资总额达 7607.59 亿元，比上届兰洽会增长 9.1%。其中，签约PPP项目59个，投资额801亿元。同时，签约了12个对外投资合作和进口合同项目，总金额 23.8 亿美元。本届兰洽会展览展销面积 8 万平方米，主展馆设综合展示馆、专业展览馆，重点突出与“一带一路”国家的交流合作，设置了丝绸之路国际合作展区和5个专业展区，在兰州市家盛酒店用品批发市场设置了酒店用品专业展区。共有1200多家境内外企业参展，展品包括新材料、机械设备、电工电器、生物医药、轻工食品以及葡萄酒等 20 多大类、上千种产品，参会参展客商达到5000多人。展会期间进馆观众累计36万人（次），主展馆商品展销总成交额 10.38 亿元，其中订货 7.09 亿元，现货零售3.29亿元。

【区域合作】拜访调研广东、江苏等省市甘肃商会，进一步加强了商协会的联系。在兰州和南京组织召开了兄弟省区市驻甘商会和异地甘肃商会会长、秘书长座谈会，讨论了商会联席办法，征询发挥商会优势促进招商引资的建议和意见。兰洽会期间召开了陇商回家乡投资恳谈会，鼓励和引导异地陇商积极宣传甘肃、投资甘肃。配合张掖市举办了“陇商回家乡•聚首金张掖”招商引创大会。利用江苏、天津、贵州等省市甘肃商会成立、企业家云集之际，组织张掖、庆阳等市州分别在南京、天津、贵阳举办了甘肃招商引资推介会。利用全国广东商会会长联席会和全国秦商会长联席会议召开，优秀粤商、秦商齐聚兰州之际，组织兰州等市举办了甘肃招商引资推介会。组织参加了黄河经济协作区九省十一方负责人联席会议。

（张明斌）

海 关

【运行概况】2016 年，全省对外贸易进出口总值453.2亿元，比上年下降8.9%。兰州关区共接受报关单10399份，增长20.1%；监管进出境货物170.8万吨，增长 8.2%，货值 198.7 亿元，增长 40.5%；办理备案加工贸易手册 81本、备案金额15.6亿美元，分别增长37.3%和10.7%；全年开通国际航线25条，监管进出境航班4407架次，人员 20.9 万人次，分别增长 42.8%和20.2%。

【服务地方经济】积极协调促成《海关总署 甘肃省人民政府合作备忘录》签署，成为继海关总署与福建、新疆签署合作备忘录后的第三个新一轮署省合作备忘录，为丝绸之路经济带甘肃黄金段建设争取到更高层次政策支持。与兰州市签署《兰州海关 兰州市政府合作备忘录》，对接支持甘肃黄金段建设的重要结点、重点项目。支持我国首列发往南亚的公铁联运国际货运班列顺利发运，协助完成首列“兰州号”返程国际货运班列监管工作，全年监管发运“兰州号”中欧、中亚国际货运班列 115 列，累计监管出口车皮4945节，货运量10.8万吨，货值16.58亿元。大力支持新贸易业态发展。加强与省、市商务主管部门协调沟通，组织召开企业座谈会，做好开展跨境电商前期准备工作，目前兰州市已经进入跨境电商平台实体运作阶段。

【开放型平台建设】支持兰州、敦煌航空口岸扩大开放和新增国际航线，推动兰州航空口岸开通迪拜—兰州、澳大利亚达尔文—兰州、孟加拉达卡—兰州的货运直航包机，填补该航空口岸直航货运进出口空白；支持兰州中川机场出境免税店获总署批复。结合兰州新区综保区业务实际，指导加快复制推广自由贸易试验区制度创新成果，研究提出10条自贸区创新制度复制推广项目，推动海关特殊监管区域功能多元化、业务多样化。全年综保区进出口货物总量2517吨，货值3.97亿美元。

【贸易便利化】积极落实国务院“三互”大通关改革和促进外贸回稳向好若干意见，梳理提出服务甘肃省外贸发展的3个方面共10项具体改革工作。协调推进《兰州海关 甘肃出入境检验检疫局关于关检协作合作机制的协议》和《关于深化关检合作的补充协议》落实，印发《兰州海关 甘肃出入境检验检疫局关于全面推进关检合作“三个一”的通知》，提高统一版“一次申报”系统应用实效。全年接受一体化报关单7938票，占比76%。

【综合监管效能提升】按照总署支持外贸回稳向好有关要求，积极采取措施控制查验数量、优化查验质量，关区全年进口查验率3.97%，出口查验率 9.74%，进出口查获率 12.6%。加强行邮监管，全年查获违禁物品 178件，征收行邮税款51万元。贯彻落实新《海关稽查条例》，深入推进常规稽查“双随机”、主动披露、引入社会中介参与稽查等重点改革项目，稽查追补税 843 万元。重新认证 5 家高级信用企业，对 4 家企业进行培育，争取更多的企业享受更大的通关便利。天水、金昌、新区 3 家监管场所顺利通过验收，并指导在建监管场所3家，批准新设保税仓库 1 家。关区监管基础得到全面强化。

【打击走私】开展“国门利剑2016”联合专项行动，全年新立刑事案件1起，涉案案值3513万元，涉嫌偷逃税款约 878 万元；办结以往刑事案件3起，办理行政案件15起，案值6400 万元，涉税 1.8 万元，罚没款入库35万元，补税入库527万元；协助兄弟海关缉私局办理协查案件45起，继续保持了打私高压态势。

【税收征管】开展税政调研，摸清税源底数，实行税收质量层级负责制，定期通报完成进度，全年税收入库 12.84 亿元，增长 8.5%，完成自测11.2亿元计划。加强减免税政策宣传，强化审批管理，全年共审批减免税款1.33亿元，增长26.7%，内销征税5.64亿元，增长56.3%。集中汇总征税改革初见成效。结合关区实际，对重点商品实行企业自主申报、自行缴税，海关对税收要素审核后置的新型税收征管模式，保证企业享受纳税便利服务，引导进出口企业、单位守法自律。全年办理汇总征税295票，征收税款1045万元。

【行政审批改革】“放管服”改革全面推进。落实简政放权，优化行政审批事项，建立并实施“一个窗口”受理、网上预受理及预审查制度；优化177项行政执法领域内部核批事项，取消18项，压缩40项审批环节，下放11项审批层级，优化率38.9%；清理废止29项政策性文件，进一步规范执法行为，提升执法统一性。

（张艳）

旅 游

【总体概况】2016年，甘肃省旅游业按照省委、省政府的总体工作部署，深入贯彻落实《甘肃省“十三五”旅游业发展规划》和《中共甘肃省委 甘肃省人民政府关于促进旅游业改革发展的意见》精神，以供给侧结构改革为主线，以全域旅游为导向，以大景区改革建设为重点，提升旅游综合效益和服务质量，优化旅游市场环境。全年全省接待国内外游客1.9亿人次，实现旅游综合收入1220亿元，分别比上年增长22.1%和25.1%。全省共有旅行社546家，其中出境游组团社55家，赴台游组团社4家；旅游星级饭店382家，其中五星级3家，四星级80家；全省共有住宿单位8770家，拥有床位48.7万张；全省A级旅游景区达到262家，其中5A级4家，4A级82家；全省开设旅游专业的院校达到32所；取得资格证导游人员13923人。

【旅游行政管理体制改革】2016年4月18日，甘肃省旅游局更名为甘肃省旅游发展委员会，由省政府直属机构调整为省政府组成部门，这是甘肃旅游发展史上具有里程碑意义的大事，是甘肃省全面改革创新、推动经济转型升级的重大举措，全省形成综合产业综合抓的工作机制和强大合力。

【旅游厕所】认真组织实施《甘肃省旅游厕所建设管理实施方案（2015—2017年）》，扎实推进厕所革命。张掖、酒泉、天水、甘南4个市州被国家局命名为2016年全国厕所革命先进市。截止2016年底，全省完工新、改建旅游厕所1026座，超额完成计划任务85座，超计划9.03%。累计完成投资32478.01万元。

【旅游扶贫】2016年，从全省6220个建档立卡贫困村中，排摸出共有条件发展乡村旅游的1182个建档立卡贫困村作为工作对象，制定印发乡村旅游扶贫工程行动方案。全年协调争取中央和省财政资金1.47亿元、引导撬动各方投资13.83亿元投入旅游扶贫试点村建设。全省培育具有典型引领作用的27个中国乡村旅游模范村、12个“双带双加”旅游扶贫先进典型，打造了1个“中国乡村旅游创客示范基地”。在乡村旅游扶贫典型的引导带动下，甘南州优先打造60个乡村旅游扶贫村，陇南市康县集中力量打造50个旅游扶贫村。出台《甘肃省开展乡村旅游富民工程推进旅游扶贫工作实施方案》，力争到2020年扶持约500个贫困村开展乡村旅游。在陇南市康县召开全省乡村旅游精准扶贫现场会，推出旅游扶贫增收的4种模式。2016年，全省新建旅游专业村50个，累计达到564个；新建农家乐1815户，累计达到12563户；带动农民直接就业15万人。庆阳天富亿生态民俗旅游创客基地荣获第二批“中国乡村旅游创客示范基地”。

【国内旅游】2016年，全省共接待国内游客19089.4万人次，实现国内旅游收入1219.2亿元，分别比上年增长22.1%和25.1%。2016年，整合旅游宣传资金6118.464万元。联合文化、交通、铁路、民航等部门举办专题推介会10余场。根据《甘肃省旅发委关于鼓励旅行社“引客入甘”旅游的补贴办法》，对在组织游客来甘肃旅游中成绩突出的24家旅行社给予253.39万元的奖励补贴。组织承办“弘扬长征精神•传承红色记忆”纪念红军长征胜利80周年红色旅游系列活动闭幕式和“重走长征路”红色旅游主题活动首发团甘肃兰州交接仪式两项重大活动；在《中国旅游报》通版宣传甘肃红色旅游资源和线路产品；组织6名优秀红色旅游讲解员参加第二届全国红色旅游故事大赛，其中两人成功入围全国60强，1人入围全国20强。印发实施《甘肃省2016-2020年红色旅游发展实施方案》。

【入境旅游】2016年全省接待入境旅游者累计达71479人次，实现旅游外汇收入约1890万美元，分别比上年增长31.1%和36.1%。先后参加国家旅游局组织的2016印度“中国旅游年”开幕式、“美丽中国—2016内地旅游（港澳）嘉年华”、赴澳新“美丽中国-天下黄河”、赴印尼、马、新“美丽中国-古老长城”、第11届海峡两岸台北旅展、第19届海峡两岸旅游界联谊会、第12届厦门海峡旅游博览会等系列旅游推广活动；牵头组织丝绸之路旅游推广联盟成员单位赴德、法、英开展“丝绸之路推广活动”；自组团赴西班牙、葡萄牙、希腊、俄罗斯、捷克、匈牙利举办甘肃旅游宣传推广活动。成功举办第六届敦煌行•丝绸之路国际旅游节。邀请世界旅游组织官员参加首届敦煌文博会。

【旅游市场监督管理】制定2016-2018年旅游市场秩序专项治理行动方案，专项治理“以不合理低价”组织旅游活动、诱导和强迫旅游者购物、虚假旅游广告宣传、不与旅游者签定旅游合同、不经旅游者同意擅自转团拼团等违规经营行为以及严重失信旅游网站等。专项治理行动期间共约谈涉嫌违规企业51家，行政处罚旅行社7家。联合省发改委等38个部门建立失信企业协同监管联合惩戒备忘录，对失信旅游企业负责限制高消费等惩戒措施。建立企业信用信息公示系统，接受社会监督。

【旅行社管理】甘肃省嘉峪关君和国际旅行社有限责任公司入选国家旅游局“全国文明旅游先进单位”名单。全省47家旅行社自愿承诺成为国家旅游局第二批诚信经营旅行社。全年6家旅行社被国家旅游局许可经营出境旅游业务，全省经营出境旅游业务的旅行社达到55家。

【导游员管理】与省人社厅、省总工会联合印发实施《关于进一步加强劳动权益保障的实施意见》。举办甘肃省第四届导游服务技能竞赛，全省1万多名导游员和景区讲解员参加竞赛，产生一等奖2名，二等奖5名，三等奖9名，单项奖5名，优秀奖26名。组织完成2016年甘肃省122名无导游证领队人员导游资格考试工作，全省92名考生通过考试。完成2016年度导游资格考试、中高级考试工作，全省共有836人通过导游资格考试，31人获得中级导游等级资格证书，3人获得高级导游等级资格证书。

【旅游饭店管理】2016年，对全省382家星级饭店全面开展复核检查，通过检查充分肯定绝大多数星级饭店在坚持星级标准、提升质量水平所作出的积极贡献，对严重不达标的16家星级饭店取消星级标志。

【旅游商品管理】2016年，组织参加第八届中国国际旅游商品博览会、中国旅游商品大赛和中国国际旅交会特色旅游商品展览会，获得银奖1项、铜奖2项。组织举办敦煌行•丝绸之路国际旅游节丝绸之路旅游商品展览会，评选出金奖2项、银奖5项、铜奖5项、设计创新奖5项。

【旅游公共信息服务】印发《推进全省旅游产业运行监测与应急指挥平台建设工作方案》，积极衔接市州旅游局和5A级景区，对全省4家5A级景区智慧化建设情况进行督查、现场对接和跟踪管理。2016年10月，全省4家5A级景区全部与国家旅游局旅游产业运行监测与应急指挥平台完成对接工作。

【旅游安全与应急管理】2016年，在各级旅游部门逐级签订安全生产监管承诺书的基础上，重点落实市州、县(区)旅游部门与全省532家旅行社签订安全生产责任书；联合有关部门制定《旅游客运企业安全生产规范》、《旅游景区安全生产规范》、《旅游星级饭店安全生产规范》、《导游领队人员履行安全提示警示职责服务规范》等安全生产标准。

【旅游规划】编制《甘肃省“十三五”旅游发展规划》。组织编制《甘肃祖脉旅游圈总体规划》《甘肃省户外旅游建设标准》《甘肃省“沿黄四市（州）”旅游业联动发展规划》；积极参与《丝绸之路甘肃省交通房车露营地发展规划》的编制、论证；参与指导部分市州“十三五”旅游发展规划以及市域旅游发展规划的编制论证评审工作。

【旅游招商引资】统筹谋划征集“十三五”规划重大旅游建设项目798个，总投资2862.1亿元；储备旅游招商项目1238个，总投资3904亿元。精选457个、总投资1500亿元的重点招商项目，通过多种渠道进行宣传推介，全省共签约各类旅游项目320个，签约金额1627亿元；经积极争取全省共有36个旅游项目列入全国优选项目名录，总投资达488亿元；争取国家旅游发展基金补助地方项目资金3950万元，达到历年最高。全年在建旅游建设项目1006个，总投资3664.5亿元。实际完成投资518.17亿元，同比增长26.6%。

【旅游景区建设】积极争取国家级全域旅游示范区创建单位，在获得首批5个国家全域旅游示范区创建单位的基础上，2016年10月，张掖市、嘉峪关市、永靖县等两市7县被列入第二批国家全域旅游示范区创建单位，全省共有3个市（州）、11个县（区、市）进入国家全域旅游示范区创建单位名单。2016年，全省在建大景区项目230个，总投资785.41亿元，实际完成投资135.69亿元，增长48.3%。张掖丹霞景区通过国家5A级旅游景区景观质量专家评审。2016年全省A级旅游景区达到262家。甘肃敦煌和酒泉卫星发射中心被授予“中国研学旅游目的地”和“全国研学旅游示范基地”称号。

印发实施《关于促进智慧旅游发展的实施意见》，全面启动智慧旅游景区和旅游饭店、旅行社等智慧旅游企业创建工作；举办全省智慧旅游视频培训会；研究制定《甘肃省智慧旅游建设总体方案》，绚丽甘肃资讯网及微信公众平台已建设完成，正式上线运营。

【旅游教育培训】成功举办全省旅游产业发展专题研讨班。全面开展全省旅游人才培养“百千万”工程，围绕全省大景区建设、旅游精准扶贫、“互联网+旅游”、乡村旅游等重点工作，全年累计举办各类培训班122期，累计培训学员15342人。积极推动全省旅游人才培养“113”机制建设，按照“出台1项意见、完善一个平台、打造3个旅游人才培训基地”计划，完成甘肃旅游网络培训平台的改版升级。在陇南市康县和庆阳市环县挂牌成立“甘肃省乡村旅游培训基地”，为全省乡村旅游人才培训奠定基础。成功举办全国红办“西南西北地区红色旅游讲解员导游员骨干培训班”。

（刘晓）

烟草专卖

【综述】全年全省烟草商业系统销售卷烟87.07万箱，增幅列烟草行业第6位，其中地产烟销售50.08万箱；实现税利48.79亿元(含多元化经营)，比上年增长2.77%，增幅列烟草行业第13位。

【市场管理】通过把卷烟打假打私服务经济发展、维护消费者利益的，坚持“打团伙、端窝点、破网络、抓主犯”，充分发挥联合打假机制作用，落实打假打私经费管理办法和重大案件奖励办法，落实大要案件督办制度、网络案件定期通报制度和后进单位约谈制度，加大对“互联网+物流快递”贩销非法卷烟活动的打击力度，集中开展全省卷烟市场清理整顿、“陇剑5号”、“两打两保”等专项行动。2016年查处百万元以上网络案件17起，千万元以上网络案件4起，累计拘留49人，批捕38人，判刑30人。市场净化率达到91.32%，同比提升0.97个百分点。把提升依法行政能力作为法治烟草建设的重要任务，严格规范行政许可管理，加快网上行政审批平台建设，落实“一口受理、规范办理、限时办结、网上审批、公开透明”的要求，进一步提高行政审批质量和效率；严格规范执法行为，落实执法责任，强化执法监督，进一步提高依法行政水平；严格规范权力运行，落实《行政权力与责任清单》，防控法律风险，切实做到依法用权、履职尽责。

【营销网建】以保障客户盈利为网建工作的出发点和落脚点，试点推进市场化取向改革，深化“135”工作法平台工具应用，有效满足客户货源需求，零售客户户均毛利达到 2.96 万元，比上年增长 0.3%。把终端建设作为网建工作的重中之重，完善评价标准，实施动态管理，注重服务维护，全省建成现代零售终端 2.23 万户，比重达到 19.01%，现代终端户均销量和结构分别高于全省平均水平 50.6、25.3 个百分点。把提升营销服务能力作为网建工作的有力支撑，组织开展“消费者在哪里、我们就到哪里”卷烟营销主题活动，探索面向消费者的营销措施，为构建工商零共同面向消费者的营销体系积累了经验。深入推进物流建设，单箱物流费用、单箱仓储费用、单箱分拣费用、单箱配送费用位于行业先进水平。

【烟叶产销】全省种植烟叶 3.7 万亩，收购 10.84 万担。烟叶种植规模化程度显著提升，百亩以上连片种植 102 处，种植面积占总面积的 75%，同比提升 32 个百分点。推广精益烟叶生产，亩均增收 200 元。特色优质烟叶开发初现成效，全面完成了项目研究各项指标，建立了庆阳塬地、陇南山地特色优质烟叶评价指标和生产技术体系，推广比例分别达到 80%、60%以上。全省烟叶亩均收入 2730 元，烟农户均收入 3.24 万元。

【精益建设】扎实推进精益营销、精益专卖、精益物流、精益烟叶生产和精益财务建设，扎实开展综合管理体系运行管理、对标管理，15 项卷烟对标指标中，12 项提升速度高于行业平均水平，3 项指标位列行业先进水平。扎实推进财务管理，重点费用下降 11.8 个百分点，实现资金收益 1.77 亿元，收益率 3.8%。扎实推进信息化建设，制定印发全省系统“十三五”信息化总体规划，完成 9 个业务信息系统的开发、升级、改造工作。

【精准扶贫】热心公益事业，关注弱势群体，履行社会责任，认真落实省委省政府扶贫攻坚和精准脱贫行动部署，聚焦“六个精准”，2016 年投入资金 2010 万元，加快推进联系村基础设施建设、公共服务保障、特色产业发展，精准扶贫工作取得了显著成效，累计实现贫困户脱贫 295 户，比重达到 90%。

（毕耜栋）

建设 测绘

住房和城乡建设

【房地产业】2016 年，全省房地产开发投资 850.03 亿元，比上年增长 10.7%；商品房销售面积 1679.49 万㎡，增长 17.04%,其中住宅销售 1478.81 万㎡,增长 13.1%。

【制度建设】9 月 25 日通过《甘肃省建设工程质量和安全生产管理条例》；制定印发《甘肃省住房城乡建设系统法治宣传教育第七个五年规划（2016 年—2020 年）》和《完善全省住房城乡建设系统国家工作人员学法用法制度的实施方案》；取消 6 项其他行政权力事项和 6 项部门内部管理事项；建立《甘肃省住房城乡建设系统随机抽查事项清单》和《执法人员名录库》和《市场主体名录库》，《随机抽查工作细则》，完成“双随机一公开”制度建设要求的“一单两库一细则”。

【去库存和市场监管】省政府成立“甘肃省去房地产库存工作协调推进领导小组”。省政府办公厅 3 月份印发《甘肃省去房地产库存实施方案》，6 月份印发《甘肃省人民政府办公厅关于加快培育和发展住房租赁市场的意见》。

规范甘肃省房地产库存和交易数据自动传输流程，完成接口连接和调试、历史数据核对及归档入库工作，把推动《甘肃省国有土地上房屋征收与补偿条例》的出台并列入 2017 年省人大立法计划项目作为重点工作。

【物业管理】截至 2016 年底，全省物业服务企业 2223 家、物业管理从业人员 69353 人、服务项目 7016 个、管理面积 23191.31 万平方米。为进一步规范物业服务行为，促进物业服务行业发展，下发《甘肃省住房和城乡建设厅关于对全省物业管理服务情况进行检查的通知》（甘建函[2016]207 号），重点指导兰州市开展物业服务质量专项整治活动。

【保障性安居工程建设】2016 年，全省保障性安居工程建设实施棚户区改造 13.07 万户，其中棚改货币化安置率不低于 50%；基本建成历年结转保障性住房和棚户区改造安置住房 5.76 万套；发放住房租赁补贴 7.72 万户。省政府办公厅每月对各地棚改开工、基本建成、公租房分配入住以及政府购买棚改服务贷款等工作进度进行排名通报。

【公积金管理】2016 年末，全省住房公积金归集余额为 783.66 亿元，比上年增长 11%；个人住房贷款余额为 565.69 亿元，增长 38%；住房公积金使用率为 84.91%，提高 9.08 个百分点；全省住房公积金个人住房贷款市场占有率为 37.22%；新增归集额 228.12 亿元，增长 22.36%；新增提取住房公积金 150.41 亿元，增长 19.52%；个贷率达到 72.18%，提高 15 个百分点；共发放个人住房贷款 7.37 万笔、230.6 亿元，分别增长 10.49%、25.78%；结余资金 230.99 亿元，全年释放 70 亿元，下降 23.24%。

【规划编制】对《甘肃省城镇体系规划》进行了修改完善，完成 17 个试点县市“多规合一”规划成果的技术审查工作；高台县等 14 个“多规合一”试点县已按照《城乡规划法》规定的县城总体规划的报批程序，取得上级人民政府批复文件，完成“多规合一”规划成果报批工作。武威市、白银市、定西市城市总体规划成果已编制完成，酒泉市、嘉峪关市、临夏市正在编制总体规划成果，天水市、庆阳市、陇南市正在开展新一版总体规划纲要编制工作。

印发《关于进一步加强城市规划建设管理工作的实施意见》。组织开展第七批中国历史文化名镇名村申报工作；完成对武威、天水历史文化名城保护规划实地调研和专家审查工作；修订完善 2016 版《甘肃省建设项目选址规划管理办法》，进一步减少项目选址办理要件，简化项目办理流程，缩短办理时限，将项目公示时间由 10 个工作日缩短为 5 个工作日。坚持专家论证和部门审查相结合的联合审查制度，2016 年共核发建设项目选址意见书 65 项。完成兰州、武威、敦煌开发区规划与城乡规划衔接审核工作。

【新型城镇化试点】全面推进全省新型城镇化三年期试点第三阶段交流提升工作，促进试点典型经验总结并在全省推广借鉴。组织召开省推进新型城镇化试点工作领导小组办公室成员单位座谈会，安排落实 2016 年度试点工作任务。梳理汇总各试点县镇报送的 2016 年涉及基础设施建设、产业发展、生态建设、社会民生等方面的重点建设项目共 954 项，建设资金总计 1041 亿元。组织召开省新型城镇化试点工作研讨培训班，先后在高台县、陇西县召开全省新型城镇化试点经验交流现场会。组织对试点县镇工作成效进行全面考核验收。

【基础设施建设】截至年底，全省设市城市（县城）用水普及率达到 97.28%、燃气普及率达到 85.77%、污水处理率达到 89.62%、生活垃圾无害化处理率达到 80%、人均公园绿地面积达到 12.23 平方米、人均城市道路面积达到 15.18 平方米。全省共建成污水处理厂 89 座，试运行 1 座，在建 3 座；共建成生活垃圾无害化处理厂 86 座，在建 4 座。全省运营与在建的污水处理厂和垃圾处理场已全部覆盖 16 个设市城市和 65 个县城。

【城市管理】指导各地加快城市地下综合管廊建设、补齐城市防洪排涝能力不足短板。组织各城市规划编制单位参加管廊专项规划编制工作巡查辅导。指导各地贯彻落实《甘肃省人民政府办公厅关于加快推进海绵城市建设的实施意见》，做好海绵城市建设项目信息报送工作。庆阳市入选全国第二批海绵城市试点城市。

组织开展建筑垃圾风险排查工作，推进建筑垃圾回收和再生利用体系建设。加强对城市供水水源地水质、城市供水水质和水压等相关指标的日常监督检查。

组织全省开展省级园林城市创建活动。推荐榆中县“节能暖房”工程申报“中国人居环境范例奖”。各地推行道路机械化等低尘作业方式，截至年底全省机械化清扫率达到 53.42%。各市州全面加强城市集中供热工作，加快集中供热设施提升改造，实施供热老旧管网改造。截至年底已完成集中供热老旧管网改造一级网 201.11 公里、二级网 376.72 公里。各地做好城市桥梁检测改造和信息管理系统建设工作，加强城市防汛排涝的监管。

【村镇规划编制】2016 年完成 27 个建制镇、32 个乡的总体规划修编工作。截止到 2016 年底，18 个建制镇编制完成控制性详细规划，编制行政村规划 376 个，基本实现镇乡总体规划全覆盖的目标；全省建制镇控制性详细规划覆盖率达到 72%；全省行政村规划覆盖率达到 87%；全面完成 200 个美丽示范村规划的编制任务。

修订《甘肃省县域乡村和村庄建设规划编制技术导则（试行）》，在 14 个县和 28 个村开展县域乡村建设规划和村庄建设规划编制试点（其中省级美丽示范村 18 个）。

【村镇建设管理】积极组织开展特色小镇培育创建工作，制定并印发《甘肃省人民政府关于推进特色小镇建设的指导意见》，提出甘肃省特色小镇的建设目标、实施步骤、总体要求和保障措施。在充分调查研究、考察论证和广泛征求意见的基础上，推出第一批 18 个特色小镇，其中榆中县青城镇、和政县松鸣镇、凉州区清源镇被评为第一批全国特色小镇。筛选推荐的 83 个村庄有 21 个通过住房城乡建设部审查并被命名为第四批中国传统村落；甘肃省中国传统村落数增加到 36 个。组织开展《中国传统建筑解析与传承——甘肃篇》的编纂工作。截至年底，全省 1229 个乡镇中 1048 个建立环卫机构、1168 个乡镇制定农村垃圾治理工作计划；全省 16063 个行政村中 14873 个制定垃圾治理工作计划、15373 个行政村完成陈年垃圾摸底排查、14071 个行政村完成陈年垃圾清理、13402 个行政村组建保洁队伍、13329 个村的保洁队伍能够正常开展工作。

【农村危房改造】2016 年，省委省政府确定实施精准扶贫农村危房改造 14 万户，争取国家年度计划 11 万户（占甘肃省 14 万户年度目标的 78.6%），争取到中央补助资金 9.76 亿元。截至年底，14 万户危改任务全部竣工，完成投资 102.38 亿元。为确保危改底数清、对象准、任务明，按照省精准脱贫领导小组的安排部署，组织开展农村危房的核查及建档立卡贫困户危房信息核查完善；组织编制甘肃省农村危房改造“十三五”规划；按照精准扶贫“大走访、回头看”的要求，组织农村危房的全面排查核实，省委省政府印发《关于加快推进农村 D 级危房改造工作的意见》，提出 2017 年全面完成 11.05 万户 D 级危房改造的目标任务。完成上年度全省农村危房改造绩效评价并进行通报，对精准扶贫精准脱贫贫困县退出及县级领导班子考核的危房改造指标进行审查核实。组织开展全省精准扶贫农村危房改造工作督查。

【工程建设标准管理】完成《建筑基坑工程技术规程》、《湿陷性黄土场地挤密地基技术规程》、《生活垃圾卫生填埋场施工技术规程》、《预拌砂浆生产与应用技术规程》、《建筑混凝土结构基础隔震设计规范》等 21 项标准审查、报批、备案工作。编制制定《庆阳居住危窑加固改造技术导则》和《甘肃农村 C 级危房加固改造技术导则》。完成《家庭无障碍设计》图集的审查与报批工作。完成《甘肃省市政工程预算定额》的《土石方工程》册、《隧道工程》册、《生活垃圾填埋及焚烧工程》册、《路灯工程》册及《桥涵工程》册的编制方案。编制完成《甘肃省建筑与装饰工程概算定额》交底汇编资料。完成全省工程造价咨询企业诚信评价活动，评出 28 家优秀企业、58 家良好企业、65 家合格企业。完成甘肃省 2015 年度全国造价员（甘肃省造价师）考试合格人员以及甘肃省建筑职业技术学院 2015 年下半年考试合格人员初始登记工作。网上办理审批初始登记 2657 人、续期 65 人、变更 682 人。

【工程建设管理】2016 年，共受理监理企业升级、增项 47 项，其中 11 项资质升甲级；核发监理企业资质 42 家；办理监理资质延期 20 家、省外监理企业进甘备案 217 家次；办理施工许可申请 22 项、竣工验收备案 1 项。

【工程质量安全监督】2016 年，全省受监工程 10011 项、建筑面积约 10861 万平方米、市政基础设施工程总长度约 239.6 万延米、工程造价约 3203 亿元、大中型项目监督覆盖率 100%、竣工项目 2945 项、一次性竣工验收合格率 100%。全省受监房屋建筑和市政基础设施工程共发生施工生产安全一般事故 12 起、死亡 15 人，未发生一般及以上工程质量事故，全省工程质量安全总体受控。依法办理建筑施工企业安全生产许可证 236 家、安全生产考核合格证书 6149 人；建筑安全生产许可证延期 220 家，安全生产考核合格证书延期 5234 人。全年考核通过建筑施工特种作业人员 5981 人，完成 8644 人次和 2587 人次的检测人员上岗考核和延期复核工作，对全省 1200 多名质量安全监督人员进行集中培训考核。

【工程招标投标管理】2016 年，由省招标办监管进入省公共资源交易平台公开招标工程 275 项 616 标段次，工程中标总价 143.6 亿元。组织完成房屋建筑和市政基础设施工程评标专家及行业监管人员 2400 余人的培训和发证工作。对甘肃省公共资源交易局评标专家库进行更新，自 2016 年 12 月 1 日起正式启用。审核办理 45 家招标代理机构的资格申报、核查、审定、发证工作。截至年底，全省招标代理机构共计 193 家，其中甲级 18 家、乙级 94 家、暂定级 81 家。完成 23 家省外进甘甲级招标代理机构信息登记。

【绿色建筑与建筑节能】完善绿色建筑工作制度，组织修订甘肃省绿色建筑设计、施工验收等地方标准，进一步完善绿色建筑地方标准体系。组织验收2015年既有居住建筑节能改造合格项目334万平方米（超额完成14万平方米）。结合7月份工程质量治理两年行动大检查，检查节能强制性标准执行情况。2016年全省新建建筑设计阶段执行节能强制性标准比例达到100%，施工阶段执行节能强制性标准的比例达到98%以上。加快省级公共建筑能耗监测平台建设，省级平台数据中心已建成并试运行。举办首届“绿色建筑与建筑节能技术、产品交流会”，组织建筑节能新技术新材料推广应用交流研讨活动。组织开展2016年建设科技建筑节能和绿色建筑科研项目申报工作，共52项列入2016年度科研项目计划，涉及钢结构建筑、BIM技术建筑应用、绿色建筑、地下空间施工等多个重点方向。组织召开2016年智慧城市试点创建工作交流会议。在建设科技期刊上集中刊登兰州、敦煌、陇南等智慧城市试点创建的典型经验。

【教育培训】完善建设行业职业教育培训管理制度，印发《关于贯彻实施<建筑与市政工程施工现场专业人员职业标准>的通知》、《关于贯彻实施<住房和城乡建设部关于加强建筑工人职业培训工作指导意见>等文件的通知》，分别对建筑施工现场专业人员和建筑工人的培训、考核做出相应规定。完善职业标准考核评价制度，印发《甘肃省建筑与市政工程施工现场专业人员职业标准实施方案》，制定《甘肃省住房和城乡建设领域现场专业人员职业标准考试管理细则》和《甘肃省建筑与市政工程施工现场专业人员证书管理实施细则》。2016年，会同省人力资源考试中心共完成各类执业资格考试报名79652人次，受理各类执业资格人员的注册申报16185人次，核发一级建造师等各类证书及印章共计23546人次。

【勘察设计】2016年全省共有44家企业新申请、增项、升级勘察设计及城乡规划资质，24家企业通过省住房和城乡建设厅审核审批、3家企业通过住房城乡建设部审核审批，31家企业资质延续。截至年底，全省有勘察设计企业323家，其中甲级58家。全年共有210家省外勘察设计企业对在甘承揽的建设项目进行登记备案。

【城乡规划督察】2016年，继续以巡视督察和卫星遥感监测图斑技术为手段开展城乡规划督察工作，实现对省政府批准城市总体规划的15个城市的全覆盖、全方位精准监控。通过卫星遥感影像数据比对，共提取变化图斑672个、图斑面积1183.78公顷。各城市规划行政主管部门已完成变化图斑情况核实工作并报送核查报告。为全面建立和实施城乡规划督察工作机制，规范城乡规划督察工作程序和工作内容，确保督察工作依法进行，编制了《甘肃省城乡规划督察管理导则》地方标准。

（彭强）

测　绘

【省级基础测绘】深化地理信息供给侧结构性改革，贯彻创新发展和新型基础测绘理念，对重点区域、核心要素实施了动态更新，完成了兰州测区0.5米分辨率基础测绘航空摄影4700平方千米，酒泉、临夏、兰州、平凉、陇南等测区1:1万数字地形图测绘与更新4.45万平方千米，为省级时空信息数据库建设奠定了基础。

【基础测绘】2016年，甘肃省测绘地理信息局启动了省级基础测绘首轮更新，按计划对重点区域、核心要素实施动态更新，完成酒泉南部、临夏、兰州、礼县等测区开展1:1万数字地形图测绘与更新，新测1:1万数字地形图881幅，更新1:1万数字地形图860幅、1:5000数字地形图188幅，省级基础地理信息数据库同步更新。完成平凉市1:1万基础地理信息数据联动更新生产试验428幅，为甘肃省建立省级时空信息数据库奠定了基础。组织完成了2013-2015年度省级基础测绘项目验收。

【第一次全国地理国情普查】全省2000多名普查人员攻坚克难，完成地理国情普查任务，获取了全覆盖、无缝隙、高精度的地理国情普查成果，查清了自然和人文地理要素的现状和空间分布情况，首次摸清了全省地理国情家底。地理国情普查分项成果通过了省级检验和国务院第一次全国地理国情普查领导小组办公室的质量复核，并实现了普查成果数据与全国数据库的有效衔接。坚持“边普查、边监测、边应用”的原则，重点围绕生态环境监测和保护，实施了6个地理国情监测项目。

普查分项成果通过了省级验收和国务院普查办组织的质量复核。与国土、水利、交通、农牧等省直部门进行了成果数据对接，实现了与全国数据库的有效衔接。建成的甘肃省地理国情普查数据库建设，经过性能测试达到设计要求，于10月通过了省普查办组织的单项验收。甘肃省地理国情普查数据库由地形地貌、遥感影像、地表覆盖等九大类数据组成，形成了精准、详实、丰富、多元的数据成果，总量约66.48TB。普查成果已应用于基础测绘生产、国情监测、天地图更新、第二次全国地名普查、“多规合一”试点等重点工作。

【依法行政】按照《国家测绘地理信息局关于贯彻落实〈法治政府建设实施纲要〉（2015-2020年）实施意见》和《甘肃省法治政府建设实施方案（2016-2020年）》要求，对测绘地理信息法律法规、规章及部门“三定方案”进行全面梳理，梳理确认行政许可事项8项、行政处罚事项36项、行政征收2项、行政奖励3项、其他行政权力10项、公共服务事项27项。推行“互联网+政务服务”，测绘行政许可事项全面实行“一个窗口服务、一站式审批”全流程网上办理，省政府政务大厅测绘地理信息服务窗口全年办理行政审批项目867件，两名工作人员获得“优秀服务明星”荣誉称号。甘肃省测绘地理信息局开展行政审批制度改革，取消了“测绘计量检定人员资格认定”这一行政审批事项，并向社会进行了公布。优化行政审事项及批流程，完善了利用涉密基础测绘成果审批、拆迁或者使永久性测量标志失效的审批、建立相对独立平面坐标系统的审批、重要地理信息数据的审核和对外提供属于国家秘密测绘成果的审批等内容。依据新修订的《地图管理条例》，增加了“地方性地图、地方专题地图在印前或者展示前试制样图的审核”审批事项。

创新监管模式，制定了“一单两库一细则”（即：随机抽查事项清单、随机抽查对象名录库、执法检查人员名录库和随机抽查工作细则），推行“双随机”抽查工作机制，首次将测绘资质巡查与成果质量监督检查联合开展，采取“量化考评”的方式，从专业技术人员情况、仪器设备、成果质量、保密、档案条件等 10 个方面进行实地检查，共巡查测绘资质单位 65 家，通过检查发现有 23 家单位不合格，依法对不合格单位作了相应处理，其中：通报 7 家、约谈 12 家、处罚 4 家。

【测绘资质管理】加强全省测绘资质管理，全年共初审转报国家测绘地理信息局审批的甲级测绘资质单位 11 家（升级 2 家、业务范围变更 2 家、补充和修改数据 5 家、基本信息变更 2 家），审批测绘资质单位 93 家，其中新申请测绘资质 19 家、测绘资质升级 15 家、业务范围变更 10 家、审核测绘资质单位基本信息变更 33 家次 、补充和修改数据 23 家次，注销 3 家。截至年底，全省有测绘资质单位 413 家，其中，甲级 16 家、乙级 87 家、丙级 132 家、丁级 178 家。

【项目备案】在“测绘资质管理系统”接入“测绘地理信息项目备案管理系统”，实行项目备案网上办理，方便省内外测绘资质单位办理测绘地理信息项目备案，有 26 家单位通过网络备案，实现了省市县三级信息共享。全年受理备案登记测绘地理信息项目 55 项，其中，省内资质单位备案 24 家，省外测绘资质单位 31 家（包括:农村土地经营权确权项目 21 项、街景地图及导航更新 2 项、地下管网普查测量 2 项、基础测绘 2 项、其他测量 4 项）。

【信用管理】开展了信用管理平台应用及测绘资质单位信用信息征集、信用信息异议处理、发布和信用报告查询服务等工作。按照《测绘地理信息行业信用信息管理办法》和《测绘地理信息行业信用指标体系》规定，基于国家测绘行业信用管理平台，征集发布甲级测绘资质单位信用信息 62 条，征集发布乙丙丁级单位行业信息 14 条，征集和发布的信用信息主要分布在部门奖励、质量管理、应急救灾等 6 个方面。

【基础测绘规划编制】完成了《甘肃省“十三五”基础测绘规划》的编制、论证和评审等工作，2016 年 6 月 22 日，省政府办公厅印发实施。《甘肃省“十三五”基础测绘规划》明确了“十三五”期间全省基础测绘工作的总体思想、发展目标和重点任务，确定了九大工程项目，制定了六大保障措施。各市州“十三五”基础测绘全部完成了规划的编制、论证工作，其中定西、白银、张掖、酒泉、天水等市的规划已由本级政府批准实施。

【数字城市建设】推进数字城市地理空间框架建设，数字定西地理空间框架建设项目启动实施，数字酒泉地理空间框架建设项目通过验收并投入运行；完成了数字武威、数字平凉地理信息公共平台建设，并向两市移交了建设成果。配合国家测绘地理信息局监督抽查兰州和白银两市数字城市建设和推广应用情况，推动已建成的数字城市扩展应用系统，与“天地图”国家级、省级节点互联互通，加强成果深度应用。积极推进智慧城市建设，在经费落实、项目设计、技术攻关、业务培训等方面，大力支持列入国家试点的兰州市、天水市智慧城市时空大数据与云平台建设。9 月，两市智慧城市时空大数据与云平台建设项目设计通过了国家测绘地理信息局组织的设计书评审，项目进入正式实施阶段。

【质量管理】加强省级基础测绘成果质量管理工作。制定《2016 年测绘地理信息质量监督检查工作方案》，开展基础测绘成果质量检验，重点加强对不动产登记、城市地下管网普查、农村集体土地三权发证等国家及省上重大项目的测绘质量监管，完成国家下达基础测绘检验项目 1 项、省级基础测绘检验项目 4 项、委托检验项目 7 项。配合国家测绘产品质量检验测试中心完成对瓜州、敦煌 2015 年度省级基础测绘成果质量监督抽查工作，被检单位甘肃省地图院基于信息化测绘生产体系的质量管理体系完备，被检成果质量良好。甘肃省测绘产品质量监督检验站全年检定校准仪器 1559 台，其中 GPS 632 台、全站仪 432 台、手持 GPS 4 台、手持测距仪 185 台、经纬仪 26 台、水准仪 227 台、电子水准仪 61 台。

【地理国情监测】坚持“边普查、边监测、边应用”的原则，重点围绕生态环境监测和保护，实施了 6 个地理国情监测项目。“冰川与常年积雪基础性地理国情监测”“国家级新区兰州新区建设变化监测”等 2 个国家试点项目完成并通过国家验收。“丝绸之路经济带重要地理国情监测”“地理国情监测服务生态文明建设试点示范项目”“兰州新区建设变化监测”“甘肃省地级以上城市空间格局变化监测”等 4 个国家级项目按计划推进。联合省发展和改革委员会开展了全省资源环境承载能力监测预警体系建设试点，探索常态化地理国情监测技术体系和工作机制。

【地图审核】甘肃省测绘地理信息局全年共受理、审核《两当县十二五公路建设成果图》《陇药产业发展地图册》《数字酒泉地理空间框架电子地图》等地图批件 26 个，核发审图号 83 个。印发了《关于组织开展地图编制和互联网地图服务等自查的通知》，组织省级地图编制、出版单位对 2015 年以来的地图编制和互联网地图服务工作进行了自查，全省重大项目和部门工作需求，开展辅助决策用图和公益性地图编制工作，为省委、省政府以及省直各部门编制地图 16 幅（册）。

【地图监管与服务】开展全省地图市场大检查，对各类地图市场、文化用品市场、展览、纪念馆、博物馆、互联网地图服务网站等进行了全面检查，全省开展地图市场执法检查 400 多次，查处刊载违法违规地图网页网址 12 条、刊载“问题地图”报社 1 家。加强大型节会的地图监管，对兰州国际马拉松赛赛事沿线、市内重点区域和相关网站涉图信息进行了全面检查，对第 22 届中国兰州投资贸易洽谈会各展位正确使用地图情况开展执法检查，检查各类地图 200 多幅，均无发现“问题地图”。为省委、省政府、省政协、省人力资源和社会保障厅、省国土资源厅等部门提供公益性地图服务 13 批次，打印地图 200 平方米，装裱安装 20 幅，提供政务图包 50 套、丝绸地图 100 幅，分发《甘肃省地图》《甘肃省交通旅游图》《甘肃政务专用图集》《甘肃省地图集》以及市州图集等各类地图、地图集（册）150 份。开展新版全国地理信息资源目录服务系统完善工作，完成了新版系统中省级站点元数据的整合处理和提交。

推进天地图省级节点数据更新融合，完成“天地图•甘肃”省级节点 6.82 万平方千米的矢量、影像数据融合。参照国省数据融合机制，开展省市级节点数据融合工作，完成全省 15—17 级和 14 个市州城区范围 18-20 级影像电子地图更新，完成全省县级以上道路、全省铁路、全省五级以上河流和 14 个市州城区的“城市道路”和“城市绿地”等要素的矢量电子地图更新，完成全省行政村以上地名和全省学校、医院数据的地名地址更新工作。开展天地图市级节点评估和天地图母库建设，完成 11 个市级节点评估工作，确定了评估结果和星级，并以兰州市为试点，以《天地图数据母库技术设计》为蓝本，完成兰州市全域矢量数据、影像数据、地名地址与 POI 的母库数据入库工作。

推进天地图专题应用，基于“天地图•甘肃”（政务版）政府内网完成了水利、宗教、安监危化品等三个专题应用系统；基于“天地图•甘肃”（公众版）搭建了兰州新区环境保护地理信息系统，实现了省公安厅 PGIS 系统和天地图的对接；基于“天地图•甘肃”前置服务，为庆阳市、甘南州建成区域级地理信息公共服务平台。基于“天地图•甘肃”，为省水利厅工程管理局开发了甘肃省高效节水灌溉项目信息管理系统和甘肃省水利工程 GIS 管理系统，并提供了二次开发技术支持。

【成果汇交与分发】2016 年，全省 329 家测绘资质单位汇交测绘成果目录 2546 项，从中遴选了包括基础测绘、工程测量、地图编制、地理信息系统工程 4 大类 1421 个项目，在甘肃省测绘地理信息局门户网站进行了公布。甘肃省测绘地理信息局为全省国土、规划、城建、农林、水利、交通、铁路、气象、地震、旅游、科研和部队等 955 家单位提供了业务咨询和数据查询服务，完成了 701 家企事业单位测绘地理信息成果分发服务，累计提供各类基础测绘成果 23252 幅，各类控制点成果 3265 点，提供各类航空航天影像资料约 48 万平方千米。2016 年甘肃省卫星定位连续运行基准站网注册单位 14 家、注册用户（仪器）数 89 个。

【测量标志管理】组织开展测量标志巡查工作，现场维护基准站 99 个，处理各类故障 170 次，完成东乡、华池、正宁、平山湖 4 个站点的迁建工作。完成甘肃省境内 6 个国家基准站建设项目验收材料汇编，向国家现代测绘基准工程项目部报送了国家基准站验收报告。完成甘肃省卫星导航定位基准站安全风险点的排查工作，向国家测绘地理信息局上报了基准站安全风险点排查工作情况的报告。截至 2016 年底，全省共有 235 家省内外测绘资质单位注册使用 GSCORS 系统，实际使用用户账号约 1347 个。

编制了《甘肃省信息化应急测绘保障体系建设总体方案》和《甘肃省应急测绘保障服务体系建设专项实施方案》，应急测绘保障纳入了甘肃省自然灾害救助体系，测绘应急协作和信息共享机制初步建立。配合省减灾委员会完成《甘肃省自然灾害救助应急预案》、《甘肃省实施〈自然灾害救助条例〉办法》修订工作，加强与省减灾委员会成员单位的沟通协调和救灾应急联动。成立甘肃省应急测绘工程研究中心（工程实验室），配备应急监测车及移动测量系统等先进应急测绘设备，应急测绘水平和保障能力大幅提升，为甘南藏族自治州迭部县森林大火灾情紧急提供灾区影像图 50 幅、行政区划图 10 幅，为陇南市尾矿库、堆渣场管理监测预警信息平台建设紧急提供测绘地理信息数据保障服务。

【发展地理信息重点领域】落实国省扶持地理信息产业发展相关政策，引导地理信息产业深度融入经济发展新常态，释放改革红利，激发市场活力，支持企业升级资质、扩增业务，新增甲级测绘资质单位 3 家，全省测绘资质单位达到 413 家，从业人员数量达到 1.5 万人，地理信息产业产值增速为 16%。筹备成立了甘肃省地理信息产业协会，协会在政策咨询、技术交流、人才培训等方面发挥了桥梁纽带作用，引导全省地理信息企业发展。积极引导全省地理信息企业发展，积极扶持大中企业发展，龙头企业开始涌现，天水三和数码测绘院被中国地理信息产业协会评为 2016 年中国地理信息产业百强企业。

【优化产业发展环境】甘肃省测绘地理信息局建立完善地理信息产业单位名录库，下发《关于核查地理信息产业单位名录库中非测绘资质单位名录数据的通知》，对全省地理信息产业相关单位数据进行了分类统计和核查，共接收国家测绘地理信息局名录数据 886 条，核查删除无关名录数据 177 条，增加单位名录数据 6 条，最终认定为产业单位的名录数 713 条。

全省测绘地理信息行业引进科技人才，着力提升科技创新能力，大力开展科技攻关和自主创新，一批科技项目获得国家、省市级科技进步奖，其中获得国家级科技奖 1 项，省部级科技奖 8 项，地厅级科技奖 7 项。

加强与发改、公安、农牧、环保、审计等部门的业务协作，推动测绘地理信息与相关部门业务深度融合发展。联合省发展和改革委员会推进地理空间规划试点，编制了《甘肃省空间规划研究工作方案》，完成了临泽县的试点工作。协助省农牧部门开展了全省农村土地承包经营权确权登记工作，完成了高分辨率影像质量检查。围绕领导干部自然资源资产离任审计，与省审计厅签订了厅局战略合作框架协议，建立了战略合作伙伴关系。实施“走出去、引进来”战略，围绕“一带一路”、西部生态环境建设，与陕西省测绘地理信息局、青海省测绘地理信息局签订了战略合作框架协议，与西部 6 个兄弟省局签署合作协议，建立了测绘地理信息服务“丝绸之路经济带”建设西部合作联盟。

（伏黎明）

财政 金融

财 政

【财政预算执行】2016 年，全省一般公共预算收入预算汇总后为 800.9 亿元，支出预算为 2014.5 亿元。按照中央部署，从 5 月 1 日起全面推开营改增改革，并同步实行增值税收入划分改革，考虑净上划中央增值税收入因素，全省一般公共预算收入预算变动为 778.5 亿元；年初支出汇总预算加上执行中新增中央补助、地方政府债券收入等，支出预算变动为 3241.7 亿元。截至 2016 年底，全省一般公共预算收入 786.8 亿元，完成预算的 101.1%，比上年增长 8.8%。其中：税收收入 526 亿元，完成预算的 94.7%，增长 3.5%；非税收入 260.8 亿元，完成预算的 116.9%，增长 21.8%。全省一般公共预算支出 3152.7 亿元，完成预算的 97.3%，增长 6.6%。

全省政府性基金预算收入 409.3 亿元，比上年增长 16%；支出 379.8 亿元，增长 7.9%。

全省国有资本经营预算收入 8.3 亿元，比上年下降 18.3%（主要是受企业利润下降、上年股权转让一次性因素影响），加上上年结转 10.1 亿元、中央补助 20.9 亿元，总收入 39.3 亿元；支出 31.1 亿元，增长 814.3%（主要是中央下达“三供一业”分离移交补助 20.6 亿元），加上调入一般公共预算 5.5 亿元，总支出 36.6 亿元。

全省社会保险基金预算收入 604.3 亿元，支出 568.7 亿元，加上历年滚存结余 669.6 亿元后，累计结余 705.2 亿元。

省级一般公共预算收入 218.9 亿元，完成预算的 98.8%，比上年增长 5.8%（主要是税收收入增幅低于预期）；支出 639.9 亿元，完成预算的 93.2%，下降 8%（主要是中央车购税补助预算调减，对甘肃省公路建设补助资金比上年减少 80 亿元）。对市县税收返还和转移支付 1818.5 亿元，增长 6.7%。其中：税收返还 51.8 亿元，一般性转移支付 1027.8 亿元，专项转移支付 738.9 亿元。

省级政府性基金预算收入 136.9 亿元，增长 11.8%；省级支出 90.3 亿元，增长 1.7%。对市县转移支付补助 45.3 亿元。

省级国有资本经营预算收入 5.4 亿元，加上上年结转 10 亿元、中央补助 20.9 亿元后，总收入 36.3 亿元；支出 29.7 亿元，加上调入一般公共预算 4.5 亿元，总支出 35.6 亿元。对市县转移支付补助 1.4 亿元。

省级社会保险基金预算收入 188 亿元，支出 165.8 亿元，加上历年滚存结余 304.7 亿元，累计结余 326.9 亿元。

全省及省级政府债务情况。经国务院批准，财政部核定全省 2016 年政府债务限额 1959.5 亿元，增加 250 亿元。经省人大常委会批准，分配省级 588 亿元，增加 100 亿元；市县 1371.5 亿元，增加 150 亿元。按照国家统计口径初步汇总，全省债务余额为 1801 亿元，其中：省级 587 亿元，市县 1214 亿元，均在核定的限额之内。

预算稳定调节基金情况。2015 年末，全省预算稳定调节基金规模为 111.9 亿元，其中省级 73.9 亿元。2016 年初，全省动用预算稳定调节基金 52 亿元，其中省级 30 亿元。2016 年末全省预算稳定调节基金总规模 120 亿元左右，占全省总支出的 3.8%，其中省级 82 亿元左右，占当年省本级一般公共预算支出总额（含对下级转移支付）的 3.3%。全省及省级预算稳定调节基金规模均在规定比例 5%之内。

【中央支持】2016 年中央下达甘肃省一般公共预算补助 2047 亿元。均衡性转移支付等财力性补助 618 亿元，增长 14.1%；甘肃省列入全国资源能源型重点省份，中央财政给予特殊财力补助 6 亿元；新增国家重点生态功能区转移支付县 7 个，补助总额达到 42.6 亿元；各类扶贫资金 74 亿元，增长 48%；安排新一轮退耕还林还草建设任务 242 万亩，2016-2020 年共补助资金 35.2 亿元；庆阳市成功入围全国第二批海绵城市建设试点，2016-2018 年补助资金 12 亿元；中央将甘肃省纳入国家第一批山水林田湖保护修复试点范围，预计补助 20 亿元。同时，中央在国有企业去产能和“三供一业”分离移交、国家电子商务进农村、首届丝绸之路（敦煌）国际文博会等方面都给予了倾斜支持。

【脱贫攻坚】多渠道增加投入，整合省级 22 个部门涉农资金 568 亿元，80%以上资金直接切块下达到县；在 58 个连片贫困县开展统筹整合使用财政涉农资金试点，涉及中央和省级项目 34 项、资金 145 亿元，增强了县级政府统筹使用资金的自主权。创新财政资金投入机制，通过风险补偿、财政贴息等方式，撬动金融资本增加扶贫领域投入。2016 年发放精准扶贫专项贷款 223 亿元，累计达到 434 亿元，惠及 96.4 万户、398.2 万贫困人口；累计发放双联惠农贷款 258 亿元，惠及 36.3 万户、145 万农村人口；牛羊蔬菜产业发展贷款 301 亿元，惠及农户 18 万户、农民合作组织 4800 多个。支持解决了 26 万贫困户 118 万人的饮水安全问题；改造农村贫困户危房 14 万户；实施易地扶贫搬迁 5.71 万户 24.9 万人。

【保障改善民生】全省用于教育、医疗卫生、社会保障等 10 类民生支出 2485.3 亿元，占总支出的 78.8%。省级拨付资金 133.5 亿元，10 件为民办实事全部办结。提高社会保障水平，城乡居民基本医疗保险人均筹资标准达到 540 元，城市低保补助标准提高 10%，农村五保供养标准提高15%，农村一、二类低保标准实现与扶贫脱贫线“两线合一”。设立创业带动就业、高校毕业生创新创业专项资金，开展就业技能提升培训。机关事业单位和企业退休人员养老金平均提高6.86%。学前教育幼儿免保教费、建档立卡户普通高中学生免学杂费、中职免学费、建档立卡户省内高职学生免学费和书本费、乡村教师生活补助和教育各阶段困难家庭学生资助等政策全面落实。筹措资金41亿元，有效改善贫困地区义务教育薄弱学校基本办学条件；基本实现1500人以上有需求的行政村幼儿园全覆盖。支持棚户区改造13.07万户，落实公共租赁住房5.17万套（户）。艰边津贴、警衔津贴、机关事业单位在职职工调资等政策落实到位。

【经济转型发展】全面推开营改增试点，纳入试点企业19万户，直接减轻企业负担24.6亿元以上，减税面达到98%以上。落实国家支持小微企业发展税费优惠政策，累计为55.6万户企业减免税费16.6亿元。扩大政府性基金和18项行政事业性收费免征范围，取消省级行政事业性收费16项、经营服务性收费5项，停征价格调节基金。认真落实供给侧结构性改革各项政策措施，筹集资金50.4亿元，支持煤炭、钢铁行业压减产能；落实中央下放国有企业职工家属区“三供一业”分离移交改革，为企业发展减负添力。积极落实各项财税扶持政策，补助资金15.2亿元，加快推进兰州新区建设发展。筹措资金185亿元，支持加快交通、水利及城市等基础设施建设。出资15亿元用于新设和补充政府性投资基金，有力支持中小企业、商贸流通、技术创新驱动、旅游产业、战略性新兴产业等发展。支持成功举办首届丝绸之路（敦煌）国际文化博览会、第二十二届“兰治会”，增开国际国内航线、运行中欧货运班列。累计安排资金21.1亿元，支持兰州新区职教园区、体育馆、科技馆等重点项目建设。加快推进政府和社会资本合作（PPP）模式，累计纳入财政部PPP综合信息平台项目466个，13个项目进入公开选优社会资本方的采购阶段和落地执行阶段。

【财政改革管理】深化改革，提高水平。进一步推进预决算信息公开，省级首次公开对市县转移支付预算。省级支持经济社会发展的专项由103项归并到90项。加大清理盘活财政存量资金力度，收回资金24.9亿元，有效增加了扶贫、教育等重点领域投入。积极稳妥开展省级国库现金收益运作，当年实现增值6亿元。成功发行政府债券666.6亿元，平均利率2.98%，每年减轻政府利息负担约13亿元。从2016年5月1日起，全面推开营改增试点，实行了中央与地方、省与市县增值税收入划分过渡方案；从2016年7月1日起，按照税负平衡原则实行了资源税改革。实施农业转移人口市民化财政支持政策，下达市县奖补资金2.2亿元。省级党政机关公务用车制度改革基本完成。组织开展了预决算公开、非税收入收缴、重大民生政策落实等专项检查，督促整改存在的问题。

（闫树北）

国家税务

【概述】2016年，甘肃省国税局坚持依法征税，在经济下行压力较大、减税规模不断增加的复杂形势下，收入规模突破700亿元，为平衡财政收支、促进经济社会事业发展提供了有力的财力保障。落实税收优惠政策，发挥税收政策在促发展、调结构、惠民生方面的重要作用，支持和促进地方经济发展。持续优化纳税服务，加强国税地税合作，落实便民办税措施30余项。扎实推进税收信息化建设，实施专业化管理和信息管税。加强各税种管理、大企业税收管理和税务稽查工作，推进依法行政，税收征管质量和效率不断提高。

【税收收入】全年全省完成各项国税收入761.58亿元（含海关代征增值税、消费税，剔除出口退税），除海关代征部分外，全省国税部门组织税收收入753.22亿元，增长11.73%，收入增幅位居全国国税系统第24位。全年税收收入运行主要呈现四大特点：一是受营改增全面扩围的影响，国税收入规模扩大；二是受营改增全面扩围和财政体制调整双重因素的带动，国税对地方财政收入的贡献增大；三是各项税收优惠政策落实，国税对全省经济发展的扶持力度加大；四是受经济下行压力的影响，国税收入呈现下行态势。

【营改增】2016年5月1日全面推开营改增以来，全省营改增试点税制转换平稳顺利、征管和技术保障支持有力、宣传和培训辅导持续深入、税负分析和运行监控工作有序实施。截至2016年12月申报期，全省营改增试点纳税人共190026户，累计入库改征增值税收入122.80亿元，所有增值税纳税人实现净减税21.92亿元。

【税收法治】出台《甘肃省国家税务局行政问责办法（试行）》和《关于加强办税服务厅管理防范税收执法风险若干问题的意见》。甘肃省国税局、兰州市国税局、通渭县国税局被评为全国法治宣传教育先进单位，6个单位被评为全省法治宣传教育先进单位。清水县国税局被命名为全国“法治税务示范基地”，5个县国税局被命名为全省“法治税务示范基地”。加强对备案、发票、申报的管理，大力推进企业、社会组织“三证合一”“五证合一”和个体工商户“两证整合”、实名办税，完善事中事后监管。充分利用增值税发票管理新系统数据运用开展风险防控，有效防范和打击虚开虚抵违法行为。消费税和车购税各项工作有序推进。企业所得税汇算清缴总进度为100%、所得税专项核查工作获得总局所得税司的肯定。制定下发甘肃省国税局《非居民纳税人享受税收协定待遇管理工作指引》。国际税收服务管理扎实推进。甘肃省国税局、省地税局与19个部门联合开展税收信用激励惩戒，在18个领域实施41项守信联合激励措施，发布红黑榜企业名单357户。创建17个国地税合作示范区，3个示范区被税务总局确定为全国百佳示范区。联合省地税局制定下发《甘肃省税务行政处罚裁量权实施办法（试行）》，细化确定了统一的处罚标准。制定《国地税涉税信息共享共用实施办法》，将国税代征地方税费范围扩大到

7类。

【税收政策落实】2016年甘肃国税系统共办理各类减免（退）税167.36亿元。其中，减免增值税61.21亿元，消费税36.55亿元，所得税45.09亿元，车购税10.65亿元，出口货物退（免）税4.18亿元，其他税费9.68亿元。

【纳税服务】分批落实好10类31项便民办税措施。全面推行7大类45个涉税事项的全省通办。56万户小规模纳税人申报期限由月度调整为季度。网上办税服务厅功能拓展到8类42项，“网上办税服务厅”和“便民办税服务平台”被税务总局确定为“互联网+税务”项目可复制可推广成果。与15家银行开展银税互动，累计为1.24万户企业发放贷款612.82亿元，合作金融机构数量、放贷规模居于全国前列。纳税人满意度排名位居全国36个国税单位第19名，较2014年提升了8名。

推行实名办税。确定9大类39大项91小项重点风险管理事项，研发“虚开增值税专用发票涉税风险可视化分析平台”，累计推送风险应对任务2.75万户次，风险分析识别命中率达到93.76%。在非试点地区主动推开大企业管理服务改革，团队化应对铁塔资产转让、上市公司大股东减持股票两个风险事项在全国推广。

建立“经常调研走访、定期高层对话、税企三级联络、税企联防风险、日常绿色服务”等五项服务机制。组织开展大企业税务风险内控调查和测试，指导企业调整财务核算方法。对48户企业开展案头审计，发现企业税收风险点418个，企业已补缴税款0.26亿元。组织开展中国移动等3家电信企业出售铁塔资产专项风险核查，企业已补税2.74亿元。组织开展大股东减持上市公司股票专项风险核查，已有3户企业补税0.87亿元。2016年通过大企业税收风险管理堵漏增收，累计入库税款4.38亿元，两个风险事项被税务总局在全国推广，组织收入300多亿元。

【国际税收管理】反避税工作亮点凸显，共补征入库各项税收收入1936.89万元，增长40.77%。对6户非居民企业办理了6次非居民享受税收协定待遇相关手续，减免税额853.33万元。

【税务稽查】对总局安排的213户及与省地税联合选案的15户重点税源企业开展随机抽查，入库税收2.2亿元。对35户出口骗税案源组织检查，已查实虚开增值税专用发票485份，金额4829万元，税额821万元，虚假海运提单140份，涉及违规退税2009万元，暂扣退税1286万元。以兰州、定西、陇南、兰州高新区、兰州经济区为重点，开展医药行业税收专项整治。向文明办先后提供红榜企业325户，黑榜企业32户。

【电子税务管理】2016年，金税三期系统共升级302个版本，通过“优化实施问题管理平台”受理问题10622笔，处理10529笔，问题处理率达到99.12%。建立信息办可行性分析论证、信息化领导小组审批的税收信息化项目层层审核机制，审核立项信息化项目17个。设立实名办税窗口1099个，采集实名信息48560户，核验人员身份信息126419次，办理实名涉税业务9万余件。

【人事管理】启动了全系统近5年来规模最大的副处级领导干部竞争性选拔和副处级领导干部平级转任重要岗位工作，选拔副处级领导干部42人，转任24人。配合税务总局完成了3名副巡视员的组织考察工作。交流、调整正副处级领导46人。精心组织实施2016年公务员招录面试、体检、考察、公示、审核备案等工作。市县两级选拔出岗位能手100名，省局选拔出业务骨干21名，在全国业务大比武擂台上，金昌市国税局惠栋获得稽查岗位状元。

【教育培训】全系统围绕重点工作共举办各类培训2020期，培训干部8.3万人（次）。全系统2296人参加“师带徒”传帮带活动，结成师徒对子1131对。选拔出43名首批省级领军人才培养对象，建立省局专业人才库12个、入库594人，市一级人才库入库890人。组织市县两级党组成员任职能力和业务水平考试，全系统市县两级524名党组成员参加了考试，437人合格，合格率83.4%。

【全面从严治党】明晰全面从严治党主体责任，从领导、用人、保障、管理4个方面明确各级党组主体责任21项。明晰党建责任，制定了“四层七岗”责任清单，形成了“横向到边、纵向到底”的责任落实网状格局。建立“866”责任检验标尺，推动主体责任落实。完善推进组织体系、目标体系、责任体系、制度体系、保障体系和创建项目体系“六大体系”建设。运用巡视监督、专项检查、明察暗访、查办案件“四种形态”，严肃监督执纪问责。2016年，全系统多数单位被确定为当地党建示范点。甘肃省国税局被评为全省党建工作先进单位。

（王雷雷）

地方税务

【概述】2016年甘肃地税局面对经济下行压力持续加大、营改增等结构性减税、堵漏增收难度增大等多种情况，依法征税，应收尽收，共组织各项税费收入753.1亿元，同口径增长8.1 %，为全省经济社会发展和保障改善民生提供了强有力的财力保障。全力服务供给侧结构性改革，顺利完成营改增试点工作，继续深化商事制度改革，大力支持全省产业结构调整、企业转型升级，支持实体经济发展和大众创业万众创新。严格落实各项税收政策，坚持应免尽免、当减则减，依法减免各项税收64.1亿元，占当年实际完成数的14.9%。全面落实《甘肃省深化国税、地税征管体制改革实施方案》，坚持铁面严管队伍、倾情善待干部，用心用力以“钢班子”带出“铁队伍”。认真落实全面从严治党主体责任，坚决落实派驻纪检组的监督责任，不断深化纪检监察同级监督。全力开展双联行动，推动精准扶贫工作，全系统2016年筹集资金6017万元，完成自建和协调项目188个。

【税收及费金收入情况】2016年，地方税收累计入库430.22亿元，完成年度目标的100.05%，剔除营改增后同口径增长11.72%，增收45.15亿元；同比下降15.33%，居全国地税系统第28

位、西北省区第3位。社会保险费收入304.28亿元，增长4.16%；甘肃教育附加等其他收入18.63亿元,下降5.21%。税收收入特点一是税收增速直线上行。二是第三产业支撑地方税收稳定增长，结构持续调整。三是公有制经济占比过半，非公经济快速增长。四是各级次增长不均衡，县级增收领先各级次、省级较快增长。五是主体税种贡献突出。六是城建税、教育费附加双双下降。七是税源发展不平衡，中心城区贡献突出。八是税收优惠政策发挥积极作用，减负规模扩大。

【营业税改征增值税】顺利完成营改增扩围，移交14.7万户纳税人征管信息，全力做好“双代”工作。实现营改增后国地税发票印制、管理、收尾等工作。

【税收法治】建立全员学法制度。完善重大行政执法决定法制审核、法律顾问、公职律师制度，加强税收规范性文件管理。开展税务行政复议应诉工作，全系统共办理税务行政复议案件13件，行政诉讼案件7件。开展法治税务示范基地创建活动，确定20个基层单位作为法治税务示范基地，2016年成县地税局被税务总局评为“全国税务系统法治基地”。推进税务行政审批制度改革，取消税务行政审批项目6项。加强执法证件管理，开展税收执法案卷评查试点工作。

【税收政策落实】落实小微企业、促进创业就业、农村金融、落实股权激励和技术入股所得税等税收优惠政策。2016年，全省享受小微企业优惠政策企业6852户，实际受惠面100%。减免小微企业所得税4351.79万元，户均减免税0.6351万元；与上年相比减免税额增加1652.51万元，上升61.22%；户均减免税降低了0.0027万元。严格执行城镇土地使用税税收优惠政策，118户困难企业减免5600万元；落实高新技术企业税收优惠政策，全省地税系统管辖落实高新技术企业税收优惠政策企业42户，减免税款3963万元；落实固定资产加速折旧税收优惠政策，享受固定资产加速折旧优惠政策企业9户，享受优惠96.14万元。

【税种管理】推进资源税全面改革。强化以地控税，2016年共查补土地使用税7800多万元，查补房产税等8000多万元。落实契税减负政策。强化房地产交易服务管理及车船税管理，推进车船税子系统上线。完成企业所得税预缴税款工作，完成2015年度企业所得税汇算清缴。加强城镇土地使用税、耕地占用税日常管理。规范房产税税源管理，2016年房产税纳税人76791户，缴纳房产税19.54亿元。完成2015年度年所得12万元以上个人所得税自行纳税申报及个人所得税全员全额明细申报，2016年共受理年所得12万元以上自行纳税申报35618人，比2015年申报人数增加10577人，增长42.24%，申报应缴个人所得税98325.80万元，比2015年增加17884.98万元，税额增长22.23%。

【纳税服务】扎实开展“便民办税春风行动”，推进国地税合作常态化，重点开展“窗口互设、人员互派”工作，22个县区地税局实现“一窗一人一机双系统”。狠抓办税服务厅服务制度落实。落实“二维码”一次性告知制度，做好纳税信用等级评定。开展“银税互动”，累计为4079户企业发放贷款336亿元。推进纳税服务平台、等办税服务新途径。完成12366纳税服务中心全面升级，在国家税务总局委托第三方开展的纳税人满意度调查中，甘肃地税满意度位居全国34个省级地税部门第17位、较2014年前移2位，兰州市地税局位列省会城市第8名、首次进入全国十强。总局开展的12366纳税服务热线测评中，甘肃地税12366纳税服务中心在全国排位第6名，首次进入全国优秀行列。完成全省第二批“优秀办税服务厅”和“办税服务明星”考察评选。

全面落实《深化国税、地税征管体制改革方案》，扎实开展“征管基础夯实年”活动。开展“漏征漏管户专项清理”，对全省29.75万户纳税人进行信息比对和核实调查。全力推进《全国税收征管规范》落实，甘肃国税局、甘肃地税局2016年累计相互委托代征税款2.25亿元；积极推进商事制度改革。加强“三证合一”后续管理，完成了“五证合一”、“两证整合”工作。

【税收服务与管理】推进大企业服务与管理，开展千户集团名册采集与核实、税收风险应对和专项调查，开展省级大企业税收风险分析，深化大企业个性化服务。

加强外商投资企业收入分析、非居民税收风险管理、外籍个人所得税管理、“走出去”企业税收服务与管理工作，强化税收协定及“一带一路”政策宣传、反避税管理。加强外商投资企业联合年检、大企业数据采集。加强大企业税收风险分析。开展税收理论研究，2016年安排研究课题11个，征集2015年调研论文132篇，组织专家组评审出省级优秀论文30篇。

【税务稽查】开展省级重点税源企业税收轮查，全系统对333户省级重点税源企业开展自查与重点检查，自查收入与检查收入1.37亿元。开展区域税收专项整治10个行业460户，组织自查和重点检查收入2.1亿元。开展“营改增”高风险企业专项稽查，查补收入342万元。部署旅游市场税收专项整治，联合检查93户，查补入库199.47万元。深入开展打击发票违法犯罪活动工作，全系统共检查1349户，查处违法企业252户，查处非法发票1086份，涉及金额8663.29万元，查补收入486万元。严格办理举报案件受理查处，共受理举报案件117件（其中甘肃地税局稽查局受理19件），查补收入376.98万元。全面落实税务稽查“双随机”抽查工作制度，随机抽查1391户，随机抽查户数占立案查处户数的87%，查补收入2.7亿元，占稽查总收入的37%。推行公安派驻税务联络机制，推行“黑名单”制度和联合惩戒等工作。

【电子税务管理】扎实开展金税三期工程深化应用，开展金税三期数据质量管理，加大数据共享和运用。完成甘肃地税局张掖数据灾备中心建设。实施税收业务监控数据可视化展示项目。开展金税三期工程第二阶段信息安全项目，共完成258个基础系统和151台网络安全设备基线加固。加强税收风险管理，开展网络安全检查。建立驻场运维管理机制。完成社保基金和残保金纳入金税三期系统等重点工作。开展资源税基础数据调查分析、税率测算。

【督察内审】完善督察内审工作机制，认真开展自查自纠、重点督察及跟踪督察和后续审计工作。严肃履行内部财务审计和领导干部经济责任审计、系统内财务审计，积极承接内控机制建设工作，稳步推行税收执法责任制，充实督察内审人力储备。

（徐明霞）

中国人民银行兰州中心支行

【货币信贷】全力引导金融机构切实加大对稳增长、调结构、惠民生等重要环节的信贷支持力度，确保了信贷支持重点更加突出。认真落实法人金融机构优惠存款准备金政策，积极争取调增再贷款、再贴现限额，推动国开行和农发行甘肃省分行申请使用抵押补充贷款（PSL），累计投入到甘肃的央行资金达1100多亿元。2016年，金融机构通过贷款再融资和贷款重组等形式累计为全省2300多户工业企业提供信贷支持近600亿元。年末，全省购房贷款余额1103.55亿元，涉农贷款余额6265.82亿元，为甘肃供给侧结构性改革任务的顺利推进提供了有力支撑。年末，全省金融机构本外币各项贷款余额1.59万亿元，比上年末增长16.01%，增速居全国第7位；投入甘肃实体经济的央行资金超过1100亿元。建立了拟发债企业及商业银行债券承销情况统计制度，共有28家企业累计通过银行间债券市场融资2164.9亿元，推动甘肃公航旅集团成功发行了5亿美元高等级无抵押境外债券。

突出信贷支持重点。以推动区域经济创新发展为目标，深入开展科技金融创新专项行动。制定印发了金融支持张掖全国小微企业创业创新示范基地和金融支持兰白科技创新改革试验区建设的指导意见，全力引导金融机构进一步明确科技创新的突破口和着力点，积极推进科技金融专营机构、专业部门和团队建设，努力打造科技金融服务模式和品牌。浦发银行兰州分行、甘肃银行、兰州银行在兰白科技创新试验区、兰州新区设立了科技专业支行，制定了专门的科技信贷管理制度，提升了服务科技创新的专业化水平。建立了金融支持战略性新兴产业监测考核机制，推动金融机构与全省58家新兴产业骨干企业建立了主办行制度，引导金融机构探索推出“双创贷”“助创贷”和知识产权质押贷、股权质押贷、科技基金增信贷等信贷产品，加强与创业投资、证券、保险、信托等机构合作，积极向科技企业、众创空间等科技孵化载体提供一站式、系统化的服务。2016年末，全省支小再贷款余额49.25亿元，金融机构中小企业票据贴现余额51.96亿元，推动全省小微企业贷款余额达到3708.42亿元，比上年末增长25.69%；战略性新兴产业贷款余额732.12亿元，增长4.43%。

【金融精准扶贫】精准对接甘肃脱贫攻坚的金融需求，把助推脱贫攻坚作为“一号工程”，实施了以“一个目标、三项任务、八大专项行动和四项推进措施”为内容的“1384”金融精准扶贫工程，10月27日中央电视台新闻频道在“朝闻天下”栏目作了专题报道，10月20日《金融时报》头版以“甘肃迈上金融扶贫‘新长征’”为题作了大篇幅的介绍。一是突出政策支持精准。牵头成立了金融精准扶贫工作领导小组，组织实施了金融扶贫攻坚行动，建立了金融扶贫主办行制度，创建支农再贷款示范区75个，认真落实定向降准、差别存款准备金等各项激励政策，将全省90%的支农再贷款限额投向75个贫困县，推动金融机构创新推出1000亿元产业扶贫专项贷款，有力促进了金融资源向贫困地区积聚。二是突出信贷投放精准。引导金融机构坚持普惠金融和产业扶贫理念，推出了针对农户创业增收的精准扶贫小额贴息贷款、双联惠农贷款、牛羊蔬菜贷款、农户小额信用贷款、易地扶贫搬迁贷款、贫困地区基础设施建设贷款等涉农信贷创新产品80多项，推动110多家金融机构与3200多个新型农业经营主体签订主办行合作协议，累计发放针对建档立卡贫困户的免抵押、免担保、财政全额贴息精准扶贫小额贷款433.8亿元，惠及90多万贫困户，实现了信贷资金对有发展生产愿望和能力的贫困农户全覆盖。积极督促金融机构开展金融精准扶贫信息系统数据报送工作，累计报送个人、产业、项目精准扶贫贷款信息100多万笔，报送量位居全国第一，保障了信贷资金精准对接。到年末，全省75个贫困县（区）贷款新增973.01亿元，余额达到6969.21亿元，比上年末增长16.30%。三是突出金融服务精准。积极构建惠农、利农、助农支付绿色通道，自主研发并上线运行了“甘肃省银行卡助农取款服务业务管理信息系统”，科学管理全省20793个助农取款服务点，有效解决了农村助农取款服务点不能联网通用的问题，进一步拓展了金融服务在偏远贫困村社的辐射范围。在西和县等6个县（区）全面开展“两权”抵押贷款试点工作，指导兰州银行研发农村产权信息化综合服务平台，并试运行成功，明年将在全省推广。积极推进农户基础信用信息与建档立卡贫困农户信息共享对接，引导金融机构累计为438.01万农户建立了信用档案，评定信用农户368.54万户，实现了建档立卡贫困农户信用信息采集全覆盖。

【金融监管】金融风险防范工程进一步筑牢。认真落实宏观审慎管理政策措施，在全省组织实施筑牢金融风险防范工程，构建了覆盖省、市、县三级多层次金融风险监测体系，进一步完善了金融风险监测、评估、预警和处置机制，金融风险防范的力度和绩效不断强化。持续监测银行、证券、保险机构和部分重点企业风险状况，对辖内法人机构信用风险和流动性风险状况进行了压力测试，组织开展了票据中介运作模式、金融机构资产管理、委外投资、非标资产投资、产业基金等重点调查，对地方政府融资平台、影子银行、房地产信贷等重点领域进行了风险排查，进一步摸清了金融风险底数。切实加强反洗钱监管，对70多家金融机构和非银行支付机构反洗钱工作进行了考核评估，组织召开了金融机构洗钱和恐怖融资风险自评估工作推进会。牵头开展的“打击利用离岸公司和地下钱庄转移赃款专项行动”，被人民银行等三部委通报表扬，相关做法在承办的北方16省市区专项行动推进会暨金融法治工作座谈会上进行了重点发言。深入开展互联网金融风险专项整治行动，推动成立了互联网金融风险专项整治工作领导小组，会同金融办等二十个部门联合印发了《甘肃省通过互联网开展资产管理及跨界从事金融业务风险专项整治工作实施方案》，共排查各类机构634家，网点8218个，全面掌握了互联网金融发展现状，为全省经济社会发展创造了稳健的金融运行环境。

金融管理职责切实履行。全年共完成新设金融机构开业核查28次，受理加入人民银行金融管理与服务体系业务申请156项，收到全省重大事项报告117项，对12家银行业金融机构开展了不良资产真实性现场评估，对66家金融机构开展了年度综合评价，评定A级机构9家，对农信社、农行甘肃省分行、光大银行兰州分行3家银行机构的420多个网点开展了综合执法检查，对40家金融机构开展了专项执法检查，对7家机构给予行政处罚170.1万元，并对存在的问题进行督促整改，完成新设金融机构开业核查28次，受理加入人民银行金融管理与服务体系业务申请139项，促进了金融机构依法合规经营。积极开展打击电信网络新型违法犯罪活动，组织法人银行机构开展业务系统改造，成功办理紧急止付、快速冻结、查询等业务4336笔，最大限度地挽回了受骗群众的资金损失。牵头制定了《非银行支付机构专项整治工作实施方案》，联合公安等部门查封一家无证机构，查扣非法支付工具300多个，进一步规范了银行和支付机构支付结算行为。切实加大“控流出，扩流入”管理力度，对民生银行、兴业银行、浦发银行兰州分行开展了大额购汇专项检查，并给予了行政处罚，严密监测66家重点企业大额购付汇情况，对44家异常出口不收汇企业下发了风险提示函，对18家银行分支机构和11家企业开展了异常购付汇约谈，对56家企业进行了“控流出”专项核查，对其中33家企业进行了降级处理，推动全省货物进出口差额、出口收汇率等货物贸易指标持续好转。扎实推进金融消费者投诉分类标准应用试点工作，组织开展了“金融消费者权益保护日”活动，对16家金融机构的71个网点开展了金融消费权益保护专项检查，进一步提升了金融机构保护消费者权益的积极性。2016年，全省人民银行共受理金融消费者咨询1079件，受理投诉195件，办结率100%。

【金融改革】坚持市场化改革导向，有序推进政策性金融机构、大型商业银行、邮储银行和地方法人机构改革，督促农业银行甘肃省分行稳步实施“三农金融事业部”改革，推动各类金融机构进一步健全市场化经营管理模式。稳步推进存款保险制度在全省全面实施，上线运行了存款保险统计系统，高效完成全省103家投保机构的风险评级工作，并根据评级结果顺利完成了首次差别化保费缴纳工作，有效发挥了存款保险差别化政策的激励引导作用。充分发挥存款利率定价自律公约等制度框架作用，切实加强金融机构定价行为评估，督促金融机构切实提升利率定价能力，推动社会融资成本不断降低，2016年，全省企业贷款加权平均利率为5.61%，比上年下降165个BP。积极推广新型融资工具，建立拟发债企业及商业银行债券承销情况统计制度，全力推进金融机构和企业进一步拓宽融资渠道。全省共有28家企业累计通过银行间债券市场融资2164.9亿元，尤其是推动甘肃公航旅集团成功发行了5亿美元高等级无抵押境外债券，实现了甘肃企业境外发行美元债券零突破，极大缓解了甘肃重点项目和优质企业融资难题。

【金融支持对外开放】紧紧围绕甘肃“走出去”“引进来”战略，紧盯重要节点城市和重大项目发展需要，加快转变外汇管理理念和方式，优化对涉外经济主体的服务质量，有力促进了全省涉外经济发展。一是切实强化政策引导。先后赴兰州新区、酒钢集团、金川集团、白银公司、天水华天科技等重点涉外企业和金融机构，详细了解涉外企业发展中遇到的困难问题以及金融支持丝绸之路经济带建设面临的制约因素，在广泛调研、充分征求省政府政研室、发改委等10个部门意见的基础上，制定了《金融支持甘肃对外经济发展的意见》，提出了14条精准支持政策，引导金融机构通过专项信贷、银团贷款、海外并购贷款、内保外贷、协议融资、涉外保函等形式，全力支持重点区域、重点项目和重点产业发展。2016年，全省新登记外商投资企业和境外投资企业共计49家，有13家企业与4家中资银行海外分行开展了业务接洽，全省对外实际投资额达6.19亿美元，比上年增长4倍多；与丝绸之路沿线国家实现贸易额突破100亿元，增长8.5%。二是着力推进保税区建设。深入兰州新区综合保税区和武威保税物流中心，跟踪了解口岸建设情况和区内企业金融需求，督促金融机构创新金融产品和服务模式，打造了以信贷为主体，投资、租赁、贸易融资、咨询等业务为补充的多元化服务体系。三是全力支持敦煌文博会建设。围绕中央和省委省政府关于做好丝绸之路（敦煌）国际文化博览会的战略部署，制定了《金融支持敦煌文博会建设的指导意见》和《助力敦煌文博会创建丝路文化金融核心示范区工作方案》，全力引导金融机构积极支持文博会建设，深入推进敦煌市金融IC卡“闪付”示范区建设，对敦煌市所有POS机进行了非接功能改造，使敦煌成为全省首个“云闪付”全覆盖城市，在敦煌市共布放POS机等自助服务终端4600多台，布放可受理境外银行卡终端110台，为敦煌文博会成功举办营造了良好的金融环境。四是积极推动跨境人民币业务。督促银行业机构建立了外汇市场自律机制、签订了外汇和跨境人民币业务展业公约，举办了“支付系统推动对外贸易”培训班，加强了跨境人民币流动的真实性审核，有效促进了跨境人民币业务健康发展。2016年，全省跨境人民币实际收付241.95亿元，占本外币全部跨境收支的比例达到32.1%。

【金融服务】全面强化沟通协调。建立了货币信贷、调查统计等7部门共同参与的货币信贷政策执行分析小组，通过专门汇报、专报件、金融形势分析会等途径，积极主动地向省委、省政府宣传解读金融宏观调控政策意图，与兰州新区和 14 个市州政府就金融支持区域发展问题进行了面对面的深度交流，取得了各级地方党委、政府对金融工作的重视和支持。完善了“一行三局”及与金融机构之间的信息共享机制，召开了全省银行业金融机构负责人会议，向金融机构安排部署了紧盯甘肃重大发展战略、深入实施“三项工程”和“一个专项行动”；紧盯供给侧结构性改革、切实发挥金融助推作用；紧盯全省金融发展短板、全面提升综合服务水平；紧盯稳健合规经营目标、全力维护良好金融秩序四项重点工作任务，增强金融工作合力，为有效履职创造了良好外部环境。

深入开展调查研究。围绕金融支持精准扶贫、金融支持甘肃对外开放、金融风险防范化解和基层行履职情况等重点，7 名党委班子成员先后 55 次赴 13 个市州中心支行、63 个县支行、50 多家企业、130 多户贫困农户，深入了解全省精准扶贫和基层人民银行履职情况，主动掌握全省金融发展状况和工作中存在的问题，进一步吃透了下情、了解了外情、熟悉了内情。在全面掌握甘肃金融业基本状况的基础上，建议省政府按照“普惠、创新、协调、绿色、稳健”的基本原则，制定了《甘肃省金融业十三五发展规划》，确立了“十三五”甘肃金融业发展的总体目标、行业目标，明晰了当前和未来一段时期甘肃金融业发展的重点和方向。调研制定的金融精准扶贫、金融支持甘肃对外经济发展、筑牢金融风险防范工程三个指导意见和上报的《国际大宗商品价格走势及影响分析》《甘肃企业出口不收汇问题应引起高度重视》等 31 篇专报件得到省政府领导的肯定性批示。

充分发挥决策支持功能。组织开展了“统计数据质量提升年”活动，制定了《甘肃省扶贫贷款专项统计监测制度》，高效完成了金融精准扶贫贷款专项统计工作，举办了全省级金融机构统计知识竞赛，研发了民间融资和小贷公司数据校验程序，确保了金融统计数据上报“零差错”目标的顺利实现。金融统计分析在总行 2017 年金融统计制度会议上作了交流。成功举办了 2016 第三届中国西北金融高峰论坛，紧紧围绕普惠金融体系建设、“营改增”对银行业的影响、金融支持“一带一路”等重点领域开展调查研究，形成了一批较高质量的调研成果，6 篇研究成果被总行研究局刊用，4 篇学术论文在 CSSCI 核心期刊发表，1 篇学术论文获得甘肃省第十四次哲学社会科学优秀成果三等奖，1 篇学术论文入选第五届中国•亚欧博览会《丝绸之路金融论坛征文文集》，并在 2016 年中国人民银行青年论坛“携手青春 筑梦丝路”分论坛上进行了交流，金融研究工作得到了总行研究局充分肯定。上报的《境外媒体、市场机构和专家学者对 2015 年中国金融改革的评论综述》《美联储加息对甘肃省涉汇企业造成的影响》《甘肃省加工贸易发展情况存在的困难问题及政策建议》等 4 篇政务信息被国办、中办采用，有 38 篇政务信息被总行、省委省政府采用，《地下钱庄案件起诉审判的法律难题及对策建议》《互联网金融发展与潜在洗钱风险分析报告》等 31 篇专报件和 2 条政务信息被总行和省委省政府领导批示。

切实提升支付服务能力。牵头制定了《甘肃省普惠金融服务实施意见》，鼓励各银行机构在农村地区布设 ATM 机 9477 台、POS 机 15.10 万台，发放银行卡 6089.97 万张，手机银行和网上银行用户数量分别达到 1923.44 万户和 1343.51 万户，进一步提高了农村地区金融服务的便捷性。全力保障支付清算系统高效运行，切实加强大小额支付系统监控，着力提升票据交换服务质量，顺利推进中央银行会计核算数据集中系统（ACS）综合前置子系统在农信社辖属 87 家法人机构和 11 家村镇银行上线运行，实现了中央银行会计核算数据集中系统（ACS）与国库会计数据集中系统（TCBS）国库存款利息的自动结转，共处理支付业务 6647 万笔，金额 31.41 万亿元。

深入推进征信体系建设。推动省政府以甘政办发[2016]129 号文件出台《甘肃省“十三五”社会信用体系建设规划》，联合省发改委出台守信联合激励和失信联合惩戒制度，对省内 3 家农商行个人信息泄露事件进行了严肃查处，组织开展了“6.14 信用记录关爱日”等专题宣传活动，深化“征信知识进校园”活动，在兰州大学等高校开展金融征信知识讲座，推动省教育厅在《形势与政策指导纲要》中设置“征信与诚信文化”专栏，实现了征信知识进教学大纲的重大突破。自主研发了个人信用报告查询前置系统并在全省推广使用，深入开展全国农村信用体系试验区及中小企业试验区建设，农牧户信用信息系统建设工作被总行宣传推广。

高效履行经理国库职责。积极推广 POS 机刷卡、银行端查询缴税等业务，国库信息处理系统（TIPS）电子缴税业务量占税收收入比重达 81.1%，财政支出电子化建设积极推进，实现了省本级、兰州市、金昌市财政支出实现无纸化处理，全力配合推进“营改增”等财税体制改革，推动全省 15000 多个预算单位纳入国库集中支付改革范围，通过“国库直通车”办理涉农惠民专项补助资金直拨到户业务 87.65 万笔、73.25 亿元，全力推进国库会计标准示范库建设工作，积极开展地方国库现金管理试点工作，推动省级财政资金增收 5 亿多元，实现了财政资金保值增值和强化银行资金实力双赢目标。

全面强化货币发行管理。认真开展发行基金需求预测，科学制订发行基金调拨计划，不断优化发行基金券别结构，较好地满足了全省经济社会发展的现金需求。开展了“反假货币宣传月”活动，充分利用公交移动电视、手机 APP 等平台宣传反假货币知识，日均受众超过 300 万人（次），实现了金融机构现金柜台和 ATM 机冠字号码查询率 100%。充分发挥钱币博物馆教育宣传职能，推进钱币知识进校园、进课堂，拓宽了钱币文化普及面。

大力提升科技服务保障能力。建立健全了信息安全管理制度，组织召开了全省银行业信息安全联席会议暨技术培训会，深入推进业务网网络和信息系统虚拟化工程，实现了 IT 基础架构、系统运维、保障能力的同步优化，保障了人民币结算账户管理、网间互联平台等应用系统安全稳定运行，省级数据中心基础环境“云”化工程试点工作走在全国前列。同城转接中心暨兰州CCPC同城网络备份中心机房建设全面完工并投入运行，得到总行机房建设专家的肯定。与商业银行和支付机构签订了《甘肃省金融IC卡与移动金融公共服务领域应用联网通用建设公约》，金融IC卡累计发卡量达到5200余万张，金融IC卡在公共交通、教育医疗等行业的应用范围不断拓展，推进了移动金融和金融IC卡融合发展。

（陈蓝萍）

省政府金融办

【金融供给】2016年，甘肃省金融业保持了良好发展势头，金融总量增长总体趋于平稳，金融结构进一步调整优化，金融发展综合效益不断增加，金融持续加大对实体经济的有效供给，全力支撑全省经济呈现缓中趋稳、稳中有进、进中向好发展态势，也积极助推供给侧结构性改革和脱贫攻坚“一号工程”。2016年，全省金融业增加值实现507.02亿元，比上年增长14.4%，占全省GDP比重为7.09%，占第三产业比重13.75%，成为全省支柱产业。社会融资规模增量达到2720亿元，金融从业人员达到18.8万人。全年金融业纳税114.65亿元，在全省纳税行业中位居第三。研究制定了《甘肃省金融业发展第十三个五年规划》，通过综合施策，引导金融资源大力支持地方经济建设。2016年末，全省各项存款余额17515.66亿元，增长7.46%，全年新增存款1216.16亿元；各项贷款余额15926.41亿元，增长16.01%，高于全国3.21个百分点；全省存贷比90.93%，高于全国18.87个百分点；全年新增贷款2197.52亿元，占全国1.73%，全年新增贷款高出新增存款981.36亿元，金融支持地方经济发展力度明显增强。

全省资本市场加快发展，完成直接融资672.48亿元，比上年增长11.17%。金徽酒业、陇神戎发成功上市，亚太实业注册地址由海南变更至全省，全省上市公司达到31家，新三板挂牌企业达到31家，甘肃股权交易中心登记累计托管企业3241户，托管总股本1073.91亿元，挂牌企业2636户，完成融资598.85亿元。省公航旅成功发行5亿美元债券，实现了甘肃企业在境外发债的零突破。更新完善全省重点上市培育企业后备库，入库企业增加到294户，覆盖全省十四个市州和兰州新区。充分发挥省战略性新兴产业创业引导基金的作用，扩大战略性新兴产业企业融资规模，支持战略性新兴产业加快发展。推动全国优质券商加大对甘肃区域内企业服务力度，先后与海通证券总部、中信建投证券总部、国泰君安证券总部、银河证券总部签订战略合作协议。大力实施甘肃中小企业新三板百家上市工程，制定印发《甘肃省支持企业挂牌上市奖励办法》，积极推动省内企业在主板、中小板、创业板上市融资，在新三板和甘肃股权交易中心挂牌融资，鼓励和支持中小微企业通过发行集合债券（票据）、私募债扩大融资，提升企业直接融资能力，推进企业资产证券化，降低企业杠杆率。

保险业积极发挥社会“助推器”和“稳定器”作用,全省保险业累计实现原保险保费收入307.66亿元，比上年增长19.76%；赔付支出109.38亿元，增长17.93%。大力实施“险资入甘”，新增保险资金投入全省项目建设36.7亿元，累计达到206.7亿元。推出地方特色农业保险产品和服务，扩大马铃薯、中药材等产业保险，促进县域经济和富民产业发展。在全国首推中药材产值保险，为药农提供自然灾害和中药材价格下跌“双保险”，共向3.5万户药农赔款2364万元，户均赔款2400元。积极发展农房保险，省级财政统保5个市，支付赔款34.02万元。全年共计支付农业保险赔款6.86亿元，受益农户153万户次，增长31.3%。开展小额信贷保证保险试点，累计支持580家涉农小微企业及农户获得银行贷款超过2亿元。

【金融改革】金融开放开发不断深化，全省与国家开发银行、建设银行、进出口银行、农业发展银行、银河证券、中国人寿等金融总部签订了战略合作协议，为全省充分利用全国性金融机构的综合优势、实现借力发展创造条件。大力推进“招行引资”，积极引进全国性金融机构入驻甘肃，增设分支机构。中国进出口银行甘肃省分行已挂牌营业，韩亚银行通过中民投引荐，意向入驻全省。与此同时，抢抓政策机遇，加快地方性金融机构组建步伐，进一步壮大地方金融实力，提升服务地方发展的能力。2016年，全省组建成立了甘肃金融控股集团、甘肃资产管理公司、黄河财产保险股份有限公司、甘肃电投集团财务公司、兰银金融租赁公司、甘肃东方种业交易中心和甘肃中药材交易中心等一批地方金融机构，新设村镇银行4家，总数达到22家，新组建13家农村商业银行，总数达到36家，民营银行已向银监会申报材料。

强化紧抓金融领域项目投资，进一步激发和扩大省内有效资金需求，支撑实体经济向好发展。开设全省项目融资信息公开窗口，定期汇总整理更新易地扶贫搬迁、棚户区改造、重大水利工程、农村电网、交通运输、生态环保等领域项目融资数据信息，精心谋划关系国计民生和全省经济建设的大项目、好项目，有效拉动全省经济社会投资需求。积极争取国家开发银行、农业发展银行、进出口银行、中国人寿、建设银行大规模意向性融资支持，“十三五”期间，国家开发银行、农业发展银行、进出口银行将分别向全省提供5000亿元、4400亿元、1000亿元的融资支持，中国人寿将提供300亿元的保险资金投资额度，建设银行将在未来3年向全省投放100亿元扶贫贷款。

金融人才培育发展持续推进，2016年，第三批金融挂职干部人才引进工作基本完成。根据省委主要领导指示，从省属金融机构中选派7名优秀中层干部赴浦发银行总行挂职，开启全省金融干部双向交流挂职的先河。11月，为加强地方金融人才和党政领导干部金融培训，举办全省金融管理人员浦东干部学院培训班。深入实施人才强省战略，实施第三期全省金融后备人才培养项目，组织省属金融机构优秀后备干部先后赴成都西南财经大学和加拿大开展了集中培训。邀请上海证券交易所、全国中小企业股份转让系统有限公司等单位讲师，对省有关部门、市州政府金融办、省市投融资公司、重点企业等近 600 余人次进行了以扩大直接融资规模为重点的资本市场方面培训。

【普惠金融】全面落实《甘肃省普惠金融发展规划（2014—2018 年）》，探索符合省情实际的三农、小微企业发展路径，破解三农、小微企业发展瓶颈，为三农、小微企业展提供可获得性的金融服务。引导金融机构将金融资源向农村地区倾斜，进一步延伸服务网络，强化县以下机构网点功能建设，扩大农村地区金融服务覆盖面。农业银行、工商银行、邮储银行网点已实现县域全覆盖，农村信用社网点实现乡镇全覆盖，金融便民服务点覆盖 80%以上的行政村。2016 年末，全省涉农贷款余额 6265.82 亿元，当年新增 922.81 亿元，增长 18.78%。省政府制定《甘肃省农村承包土地经营权和农民住房财产权抵押贷款试点方案》，“两权”抵押贷款试点工作稳妥有序推进。全省试点县“两权”抵押贷款余额达到 6.92 亿元，其中，农村土地承包经营权抵押贷款余额 6.48 亿元，农民住房财产权抵押贷款余额 4420 万元。引导金融机构设立科技专业部门，目前交通银行省分行、甘肃银行、兰州银行、浦发银行兰州分行均设立了科技支行，提升了服务科技创新专业化水平。鼓励金融机构积极探索创新，开发更多适合全省实体经济发展的金融产品和服务，探索推出了“双创贷”、“助保贷”和科技基金增信贷等信贷产品，支持小微企业发展壮大。充分发挥全省小微企业互助贷款风险补偿担保基金作用，调动各银行对小微企业贷款的积极性。2016 年末，小微企业贷款余额 3708.41 亿元，当年新增 758.03 亿元，增长 26.84%，高于各项贷款增速 10.83 个百分点，高于同期大中型企业贷款增速 11.88 个百分点，小微企业贷款“三个不低于”全面完成。探索通过“知识产权+订单”、“知识产权+股权”、“知识产权+固定资产”等抵押融资方式支持企业融资，全年已累计发放知识产权抵（质）押贷款 20 多亿元。

【金融精准扶贫】甘肃金融业为全省建档立卡贫困人口量身打造“精准扶贫专项贷款”专属金融产品，建立了精准扶贫贷款风险补偿基金，全年累计发放精准扶贫专项贷款 433 亿元，惠及 93 万贫困户，达到总规模要求的 99%，基本完成了全部贷款任务，全力助推脱贫攻坚“一号工程”。整合财政资金,综合运用贴息、担保、风险补偿等方式，引导金融机构创新产品和服务，精准对接产业扶贫、创业扶贫、易地搬迁、危房改造等领域，提高贫困地区金融服务的可获得性，帮助贫困户脱贫致富。将全省 85%的支农再贷款限额投向 58 个贫困县和 17 个插花县，投放支农和扶贫再贷款 213.72 亿元，增强涉农金融机构支农实力，其中，扶贫再贷款 121.96 亿元，居全国前列，实现了金融资源向贫困地区积聚。2016 年末，全省 75 个贫困地区贷款余额 6969.21 亿元,比上年末增长 16.30%。积极构建惠农、利农、助农支付绿色通道，推动全省所有涉农金融机构加入人民银行现代化支付网络，实现建档立卡贫困户信用信息采集全覆盖。甘肃金融扶贫工作成效显著，让人民群众更多地享有了发展的获得感、生活的幸福感，有效拉长了全省经济社会发展的最大短板，增强持续发展后劲，全面小康进程进一步加快，得到党中央、国务院的充分肯定，成为全国知名、社会关注、群众认可的“扶贫品牌”。2016 年 6 月份全国金融精准扶贫工作电视电话会议上，甘肃作为大会唯一发言的省份介绍了金融扶贫经验。

【金融安全稳定】金融是现代经济的核心，又是实体经济的“血液”，省委、省政府积极引导金融业回归本源，处理好金融创新和安全发展的关系，提升服务实体经济的质量和水平，全力维护金融市场稳定，促进金融业健康发展。2016 年初，省政府和各市州政府及 17 家成员单位签订了《甘肃省防范和处置非法集资工作目标考核责任书》，明确金融风险“属地管理”原则，靠实市州政府主体责任和行业主管部门监管责任，实现监管职责全覆盖，全省防范和处置非法集资工作持续保持高压态势，非法集资新发案件已连续两年保持回落。为确保 2016 年春节及全国“两会”期间全省金融安全和社会稳定，集中开展重要节点重大社会矛盾纠纷排查化解活动，对影响全省金融稳定突发事件早发现、早预警，依法、快速、高效处置，最大限度减少金融突发事件对社会造成的危害和损失。按照国家统一部署要求，组织开展为期一年的全省互联网金融风险专项整治行动，整治违法违规行为，切实防范互联网金融风险。制定打击非法集资监测预警工作制度，印发小额贷款公司专项整治、涉嫌非法集资广告资讯信息排查清理、校园网贷风险提示等多个专项工作方案，开展专项清理整顿行动，严厉打击各类非法集资活动和各类交易场所违规经营行为，认真做好金融风险处置及维稳工作，消除各类风险隐患，建立常态化的金融稳定风险评估工作机制，全力维护地方金融安全和社会稳定，守住不发生区域性金融风险的底线。

（王荣）

保险监管

【保险市场】2016 年，甘肃省保险业保持稳中有进的发展势头。全年实现保费收入 307.7 亿元，比上年增长 19.8%。其中，产险公司保费收入 109.2 亿元，增长 12.2%；人身险公司保费收入 198.5 亿元，增长 24.4%。全省赔款与给付支出 109.4 亿元，增长 17.9%。其中，产险公司赔款支出 56.9 亿元，增长 9.5%；人身险公司赔款及给付支出 52.5 亿元，增长 28.7%。寿险退保率 3.4%，低于全国 2.3 个百分点。市场未发生重大风险和非正常群体性事件。

2016 年，辖内保险公司总资产 689.4 亿元多。全年提供风险保障 28.8 万亿元，比上年增长 165.5%。2016 年 9 月，黄河财产保险股份有限公司获批筹建，标志着甘肃法人保险机构实现了零的突破。得力于后发优势和良好环境，一年内吸引 5 家财产险总公司相继来甘设立分支机构。全省共有法人保险主体 1 家（在筹），省级保险主体 29 家（其中 4 家在筹）。保险专业中介公司 40 家。

【风险防范】根据保监会“偿二代”统一安排部署，以防范化解风险为底线，开展“偿二代”评估评级。开展对中法人寿和都邦产险总公司 SARMRA 评估。参与对保险公司法人机构的分类监管评价。强化风险监测预警排查。加强满期给付与退保监测分析，对银保存量业务规模较大的公司开展满期给付与退保风险专项督查，定期发布风险提示。与有关部门建立监管合作机制，深入开展“三反”防范风险工作。在全省集中开展 4 大类、40 余个风险点的排查工作，对各保险机构风险管控进行评价。开展以“慧眼•守信•明责”为主题的保险业防范非法集资专题宣传月活动。联合省公安厅开展“安宁 2016”反保险欺诈专项活动。加强案件风险防范和考核，持续推进保险机构案件问责整改清理工作。关注防范中介机构和个人销售非保险类金融理财产品风险，开展专业中介机构风险排查和保险公司中介业务自查督导工作。

【市场监管】一是引导行业发展氛围日益浓厚。省政府一年内相继出台了商业健康保险、农险基层服务体系建设、城乡居民基本医保委托商业保险机构经办等 3 个省级政策文件。12 个市州政府制定出台促进保险业发展的实施意见。央视《朝闻天下》对全省农业保险进行专题采访报道，中央深改办内部信息专题介绍全省“两保一孤”保险的“秦安模式”，《甘肃日报》头版头条刊载保险扶贫报道。二是加强保险消费者权益保护。建立调查案件上墙制度，细化工作流程，明确各环节办理时限。制定《投诉受理及检查注意要点》，针对 33 个关键节点提出风险控制具体措施。开展 3•15 保险消费者权益保护系列活动和 7•8 全国保险公众宣传日活动，持续开展车险理赔服务质量测评工作。指导保险公司完善保险销售环节风险提示，做好服务承诺公开工作，开展总经理接待日活动 996 次，解决消费者投诉事项 553 件。三是做好投诉处理工作。全年接待处理有效保险消费投诉 730 件，共对涉嫌违法违规的 31 件投诉案件进行立案调查。办理行政复议案件 18 件，行政诉讼案件 17 件，政府信息依申请公开 50 件，局长信箱来信 26 件，信访事项 5 件。四是注重标本兼治，着力规范市场秩序。修订行政处罚裁量标准适用规则和现场检查依法行政工作手册，规范执法行为。深入开展保险机构“两个加强、两个遏制”、产险、寿险、中介领域的专项检查，全年派出检查组 76 个，3131 人次，检查保险机构 76 家次。做出行政处罚 17 件，处罚机构 17 家次，处罚责任人 19 人次，罚款共计 179.5 万元，其中机构罚款共计 161.5 万元，个人罚款共计 18 万元，机构警告 3 家次，撤销任职资格 3 人，警告 16 人次。

【服务经济社会发展】一是加强保险扶贫制度设计，联合省扶贫办出台《甘肃省保险业助推精准扶贫精准脱贫工作的指导意见》，精准对接全省脱贫攻坚多元化的保险需求，进一步健全保险助推脱贫攻坚支撑体系。探索形成了农业保险“精准滴灌”、贫困人群“缺口补位”和贫困地区“造血扶贫”3 种具有甘肃特色的保险扶贫新模式。城乡居民大病保险覆盖人群稳定在每年 2210 万人，年内为 17.6 万群众支付补偿 5.5 亿元;“两保一孤”特困人群保险试点覆盖 97.2 万贫困人口，提供风险保障超 295 亿元，累计支付保险补偿 674.6 万元。农业保险参保农户 202.2 万户次，全年支付赔款 6.9 亿元，受益农户 153 万户次。农房保险扩大到 5 个市开展统保，定西市开展农房地震保险。2016 年甘肃保险业助力精准扶贫工作先后两次得到领导重要批示。

二是推动农业保险扩面、提标、增品。省政府出台《关于加强农业保险基层服务体系建设的通知》，成为全国首个省级政府关于农险基层服务体系建设的顶层制度安排和指导性文件。年内新开办茶叶、李广杏、枸杞、洋葱、葡萄、军马等 6 个特色险种，继续办好 11 个中央财政补贴险种和苹果、蔬菜等近 20 个地方特色险种，全省农险品种接近 30 个，初步形成了“覆盖大宗种养殖、区域性优势品种、地方性特色产品”和“传统成本保险、新型价格指数保险、天气指数保险”的“3+3”保障体系。甘肃农险发展规模达到 8.4 亿元，继续位居全国中游，西北第二。

三是大病保险构筑民生保障。省政府印发《甘肃省整合城乡居民基本医疗保险制度实施意见》，明确由商业保险机构经办全省城乡居民基本医保。创新大病保险运行模式，将门诊慢特病纳入大病保险保障范围。指导承办机构对接系统、改善流程，在兰州 14 家省级医疗机构启动实施一站式结算和异地就医即时结算。调整完善报销政策，提高筹资标准用于大病保险补偿和新增自负高额医疗费用的再报销。推动税优健康保险在全省正式落地。在兰州、天水、武威三市开展老年人意外伤害保险试点。

四是主动参与社会治理。推动责任保险参与社会治理体系建设，大力推动安全生产、环境污染、食品安全、校园安全、火灾公众等责任保险发展，转嫁公共安全事故损失发生后的政府风险和买单责任。联合省综治办出台《关于保险业参与全省平安建设的意见》。协调省高法开展诉讼财产保全责任保险试点。依托医疗责任险，继续完善医患纠纷人民调解机制，服务“平安医院”建设。大宗艺术品保险取得突破。运用保险机制强化病死动物无害化处理，防止病死畜禽流入市场，保障“舌尖上的安全”。

五是推动保险服务实体经济。推动“险资入甘”，年内引进保险资金 107.3 亿元，累计已有 46 个项目获得保险投资 277.6 亿元。助力小额信贷，全省 9 个县开展“政保银”小额贷款保证保险，累计支持 580 家涉农小微企业获得银行贷款超 2 亿元，在解决“三农”、小微企业、居民消费融资难方面取得了一定成效。推动科技与保险结合创新，联合省科技厅出台《甘肃省开展专利保险工作的指导意见》，稳步推进首台（套）重大技术装备保险，为企业自主创新、技术改造和装备升级提供全方位风险保障。

（田逸君）

证券监管

【上市公司监管】坚持以信息披露监管为中心的理念,增强对辖区上市公司信息敏感度,做到快速反应和及时处置。把年报监管作为重点,通过约谈年审会计师、列席年审会计师与公司审计委员会沟通会和现场督导等方式,确保年报现场检查工作扎实有效开展。做好现场检查工作,2016 年对 8 家上市公司开展现场检查,根据现场检查结果,对 4 家公司下发监管函,实施行政监管措施 4 次,对涉嫌信息披露违法的 1 家公司移交稽查立案处理。四是开展针对性走访调研,全面掌握辖区公司生产经营情况。全年对 12 家上市公司、2 家“新三板”公司和 1 家会计师事务所开展了实地调研走访。

【证券基金期货机构监管】组织召开辖区机构监管和私募基金监管工作会议,传达监管要求,通报存在问题,明确监管底线。做好非现场监管工作,做好法人证券期货机构年报审计分析及合规风控报告审阅,认真开展备案报告事项审阅,共审阅各类备案报告材料 160 余份;依法开展行政许可审核,共审核行政许可事项 8 项。做好现场检查工作,落实“双随机”抽查工作机制开展 3 次,针对信访举报线索开展 5 次,针对私募基金开展 6 次,共完成重点业务的现场检查 22 次。依法查处机构违法违规行为,针对公司违规销售基金行为及私募基金管理人违规信息披露行为,及时采取行政监管措施;协助公安和工商等部门,对非法期货交易平台进行认定。做好机构信息技术监管,及时传达监管要求,充分揭示隐藏风险,督促引导合规发展,确保法人机构信息系统稳定运行。

【延伸监管强化风险防控】做好非上市公众公司监管,根据举报线索对 1 家公司进行现场核查,认真核实举报事项;按照工作要求,对 2 家公司开展现场检查,对 2 家公司开展关联方占用公众公司资金情况专项检查。加强中介机构履职监管,在挂牌公司现场检查中,调阅核查主办券商相关资料并密切关注执业情况;对未履职尽责的签字会计师出具警示函;认真组织开展对中介机构双随机检查工作。开展互联网金融风险专项整治,与甘肃省政府金融办牵头组织开展辖区股权众筹风险专项整治,制定印发工作方案,研究整治重点内容,积极开展风险排查和处置工作;配合做好互联网金融活动专项整治,对排查中发现的 2 个线下众筹项目,督促地方政府及时规范治理。强化甘肃省私募基金风险防范,及时向甘肃省政府金融办通报私募基金监管要求和省内私募基金开展情况,充分揭示行业风险和存在问题;建立私募基金突发事件应急处理机制,会同政府、工商、公安等部门建立风险防范和应急处置机制。

【稽查执法】坚持制度创新与机制创新并抓并举,落实全员稽查理念,强化监管联动机制,案件数量显著增加,执法效能持续提升。2016 年共办理案件 14 件,是 2015 年办案数量总和的 2.5 倍,其中,主办案件 7 件,协查案件 5 件,证监会稽查局以案代训 2 件。建立完善行政处罚工作制度体系,切实保障案件审理工作有效有序开展,全年共受理稽查部门移交案件 2 件,办结 1 件,罚没款 95 万元。打非工作有效推进,印发执行《甘肃证监局打非工作要点分解表》,落实打非工作责任制;组织开展防范打击非法集资宣传月活动,集中宣传非法集资危害;联合开展辖区各类交易场摸底排查,甄别出违规经营交易所及外省交易所代理商 8 家。

【投资者教育与保护】一是建立投资者诉求统一受理平台及多渠道协同处理机制,畅通维权渠道。2016 年,共办结信访、举报和投诉事项 81 件,通过“12386”热线渠道办结各类投诉事项 21 件。二是推动市场主体承担投诉处理首要责任。联合甘肃证券期货业协会举办“甘肃辖区证券期货经营机构投诉处理培训班”,督促证券期货经营机构严格执行投资者适当性管理,完善投诉处理机制,畅通诉求处理渠道,切实承担投诉处理首要责任。三是推动自律组织发挥投资者保护积极作用。与甘肃省证券期货业协会、甘肃省上市公司协会、中证中小投资者服务中心有限责任公司共同签署合作备忘录,切实强化纠纷调解专业指导和人力支持;推动建立纠纷调解中心与诉调结合试点法院联系机制,有效畅通投资者诉求表达和解决渠道。四是加强投资者教育,增强投资者维权意识。组织专题讲座 210 余次,参与投资者 5000 余名;开展进社区等活动 150 余场,受众人数 15000 余人;印制宣传折页 20000 份、海报 1000 份、环保袋 10000 份,引导辖区投资者正确认识私募基金和远离非法投资。

【多层次资本市场建设】鼓励上市公司并购重组和再融资,2016 年,甘肃上市公司并购重组和再融资态势持续良好,实现再融资 123.82 亿元,有 6 家公司重大资产重组正在推进中。推进拟上市后备资源培育,有 2 家公司首发上市,募集资金 10.61 亿元;有拟上市公司 12 家,其中 1 家公司首发已获得通过,3 家公司已报送 IPO 申请材料。持续深化与地方政府相关部门合作,引导公司在“新三板”挂牌发展,全年有 15 家公司在“新三板”挂牌,总数达到 32 家,其中有 8 家公司增发募集资金 109.78 亿元。协助甘肃省政府金融办履行日常监管,持续推动区域性股权市场健康发展。2016 年底,甘肃股权交易中心挂牌公司 959 家,纯托管企业 648 家;当年私募债券融资 3.79 亿元,股权质押融资 236.22 亿元。支持公司通过债券市场融资,有 6 家公司通过交易所市场发行公司债券,累计融资 67.4 亿元。六是促进私募基金行业规范发展,2016 年底,甘肃省在中国证券投资基金业协会“私募基金登记备案系统”已登记私募基金管理人 21 家,备案私募基金 24 只,私募基金实缴规模 60.32 亿元。引导机构强化合规创新理念,积极引导证券期货机构围绕自身服务宗旨和市场定位,规范开展业务创新、产品创新和服务创新。

(姚觐轲)

中国建设银行股份有限公司甘肃省分行

【综述】2016年，中国建设银行甘肃省分行主动适应经济发展新常态，以服务甘肃经济平稳健康发展和社会和谐稳定为己任，积极贯彻落实省委、省政府经济发展战略，整体经营效益稳步增长，市场竞争力不断增强，不良贷款暴露得到有效遏制，内控管理水平持续提升。本外币各项贷款余额1244.53亿元，人民币贷款新增166.23亿元，新增四行占比达51.73%，四行第一。个人住房贷款余额、新增继续保持市场第一。一般性存款时点余额突破1700亿元大关，日均余额1684.04亿元；日均新增66.09亿元，四行排名第一。实现税前利润22.54亿元，中间业务收入13.96亿元，四行排名第一。

【服务实体经济】优先满足国家与省委省政府战略实施相关重大项目需要。一是重点保障城乡基础设施建设的资金需求。铁路、公路、轨道交通以及水利、电力和城镇一体化等基础设施行业贷款余额472亿元。二是持续加大对交通等现代服务业和战略新兴产业领域的信贷支持，以信贷结构调整助力区域经济结构转型升级。交通运输等第三产业贷款余额占比43%，电力、制造业等工业和建筑业贷款余额占比28%。三是切实满足农业特色产业发展和扶贫的资金需求。以“农耕文明精准贷、农业产业优惠贷”等特色支农产品为基本模式，不断创新信贷产品，完善涉农金融服务，加大对农村和精准扶贫领域的支持力度。累计投放“农耕文明”涉农个人贷款95亿元。四是继续加大对省内传统行业升级改造的支持力度。重点支持五大发电集团在甘分子公司、甘肃省电力投资集团及其它重点水电、风电企业；持续为省内大型企业如酒钢集团、金川集团、白银公司等的大型金属冶炼项目扩能改造、技术升级项目提供资金支持。

以客户为中心，发挥综合化经营优势，大力拓展融资渠道，提供多元化、专业化金融服务。一是大力拓展消费金融。以发展信用卡业务，优质高效地服务消费市场，集中推进汽车、家电、教育、旅游等与居民生活密切相关产业的信贷消费。信用卡累计发卡134.5万张,消费交易额304亿元。二是加快发展新型业务同业、理财、产业基金、资产证券化等新型融资业务近150亿元，增速51%，销售或代理销售非存款类金融产品258亿元。三是扩大融资渠道和直接融资规模。对公直接融资66.8亿元，新增55.85亿元。借助债务融资工具，助推重大项目建设，承销地方政府债92.69亿元，承销省内首笔美元债（省公航旅）7500万美元。加大外汇贷款和贸易融资力度，为全省“走出去”企业贸易融资90亿元，重点满足金川、酒钢、白银等省属核心企业经营周转资金需求，为金川、酒钢、白银投放流动资金贷款及贸易融资111亿元。积极运用跨境融资性风险参与类等创新产品，打通境内外融资渠道，为企业引入海外低成本资金40亿元。

围绕小微企业需求，持续加大信贷资源投入，坚持创新驱动。截至2016年末，四部委口径小微企业贷款余额180.41亿元，授信客户5124户。一是建立了独立的专营体制机制。建设银行甘肃省分行21个二级分支行成立小企业业务专门管理部门或团队。二是对接需求破解“融资难”。针对小微企业普遍“轻资产”情况，积极开展产品创新。截至12月末，“五业富民贷”、“张掖双创贷”和“金城一贷通”等创新产品共投放贷款289户、金额2.65亿元。以“五业富民贷”为主的精准扶贫贷款投放32户贷款金额1.49亿元，吸纳“建档立卡贫困户”171人实现就业。三是缓解小微企业“融资贵”。积极运用大数据技术创新信用贷款，实现信贷资金随借随还、循环支用，降低企业融资成本。截至12月末，大数据信贷产品客户数1016户，贷款余额6亿元。四是搭建小微企业信贷服务平台。截至2016年全省已搭建银政合作的“助保贷”类平台26个，累计支持小微企业727户、贷款金额16.59亿元。全省共搭建“银税平台”94个，“税易贷”客户303户，贷款余额2.36亿元。

【金融精准扶贫】按照电商扶贫先行、信贷扶贫创新、普惠金融延伸、捐赠项目支持的四大扶贫思路，全力以赴，扎实推动金融精准扶贫工作。一是电商扶贫先行。免费为全省58个贫困县域企业及帮扶的部分贫困村搭建“善融商务”电商平台，拓展农产品销售渠道，增加农民收入。举办“善融西部行——甘肃精准扶贫电商洽谈会”，开启了“善融•甘肃馆”，吸引了省内知名农业企业和特色商户的入驻。发展1853户精准扶贫善融商城会员，打造59个善融商务企业旗舰网店，搭建88户核心商户“善付通”订单管理平台，惠及3035户“建档立卡贫困户”和农户。二是信贷扶贫创新。推出适合贫困地区的“精准扶贫小额农户贷款”和小微企业“五业富民贷”。投放精准扶贫农户小额贷款10361万元，支持845户“建档立卡贫困户”和农户。三是普惠金融延伸。按照微型县支行经营管理的思路，在贫困县域建设“小而美、小而智、小而全、小而强”的多功能自助银行，在贫困村重点乡镇布局“助农支付服务点”。在无机构县域设立了7家多功能自助银行，布设助农支付服务点20个。四是捐赠项目支持。2016年捐赠资金522万元。

【信贷审批】积极应对市场环境，严格遵守各类信贷审批政策，坚持统一风险偏好，保质保量完成各类授信审批工作，助力全省经济健康稳健发展。执行好一带一路、供给侧改革和绿色信贷等政策要求，以政府背景客户、基础设施建设和重大项目建设领域及在甘央企、地方重点国企、上市公司、学校、医院、文旅等客户为审批支持重点。提高审批效率，受理时效控制在1个工作日内。全年审批公司类客户信贷业务4226笔，对私信贷业务32292笔，个人类贷款审批金额首年突破百亿大关。

【公司业务】紧跟国家“供给侧结构性改革”、“三去一降一补”等宏观形势变化，强化信贷管控，坚持合规经营，不断提升价值贡献。紧跟“一带一路”国家战略和其他发展规划，突出对实体经济和基础设施建设的支持力度，着力挖掘战略性新兴产业、居民消费服务等领域的信贷增长点，优先满足绿色信贷、扶贫贷款等国家经济薄弱环节的资金需求。积极探索投贷联动综合金融服务，发挥集团整体优势，通过投贷联动型产品，为大中型优质客户提供“直接+间接”、“融资+融智”的全方位金融服务。紧扣相关基础设施建设、产业转型升级、新兴产业发展领域重点项目，适时创新推出创新产品和综合服务方案。截至 12 月末，人民币贷款余额 871.05 亿元，较年初新增 81.46 亿元，人民币大中型公司贷款较年初新增 102.55 亿元。

【国际业务】坚持价值创造导向，认真促进结构调整，持续提升市场竞争力和价值创造力。相继创新“存汇盈+黄金租借”、“他行单位定期存单质押办理黄金租借”、“跨境融资+CCS”等产品组合，有效带动存款、客户和中收增长。把握市场机遇，在同业中率先推广跨境融资性风险参与产品。办理跨境融资业务 25 笔，累计金额 44.39 亿元。加强外汇资金业务推广，办理首笔人民币利率衍生业务，扩大建行金融市场产品服务客户范围。强化内外部联动，拓宽业务发展渠道。与 9 家海外分行建立密切合作关系，全年累计办理联动类业务 66.21 亿元，海外联动业务规模日均新增 22 亿元。

【投资银行】加大营销力度，抓重点业务突破，稳步推动全行资管投行业务发展。全面发展理财融资业务，重点推进甘肃省及各地市州政府存量债务置换工作，累计实现地方政府债置换理财产品投放 53.32 亿元，创历史新高。大力发展债券承销业务，积极协助省财政厅发行 532.1 亿元地方政府债，其中建行承销金额（中标金额）92.67 亿元，占比 13.75%，承销金额、份额同业第一。成功完成省内首单美元债发行工作，发行金额 5 亿美元，其中建行承销 7500 万美元。努力推进产业基金业务，积极探索通过 PPP 基金、城镇化基金、一带一路基金、地方政府债务置换基金、国企混改基金、国企并购基金、新兴产业股权投资基金等支持全省经济发展。

【个人金融业务】坚持“全量客户、全量资金”发展思路，围绕“经营网点、经营客户”经营理念，强化目标管理和过程管控，实现客户、资金、渠道三维统筹发展。推动客户拓展从分层管理、网点营销向类群管理、场景营销转变。强化全量资金和全量客户经营，组织开展专项培训和营销活动，推动个人存款市场份额稳步提升。开展各层级“联动高端”工作，推行“1+3”客户联动营销策略，落地客户增长战略。为商圈客户提供支付结算、资产增值和经营融资一揽子金融服务，加大结算资金的承接力度，促进个人资金的“体内循环”。围绕消费、移动支付和商户等重要场景，打造金融生态圈，不断提升场景获客能力。

【住房金融业务】贯彻落实总分行转型规划要求，积极应对复杂形势和激烈竞争，加大创新转型力度，多项指标创历史最好水平。商业性个人贷款和公积金个人贷款投放双双超过“百亿”元，市场份额领先优势持续扩大。住房资金归集（存+贷）继续保持了房改金融同业市场份额第一的良好位次，公积金住房贷款同比翻番，创历史新高。甘肃省住房资金管理中心 G 系统双贯标版本在全国首家成功上线，实现了与国家住建部应用结算系统和网上营业厅功能的全面结合。发挥网络个贷产品优势，持续做好“快贷”为拳头产品的批量客户营销。创新“个人商融贷”和“精准扶贫贷”等新产品，通过个贷资产服务固化个人商户在建行的经营现金流，成为网点“决战商圈”的重要抓手。

【网络金融】紧紧围绕“移动优先”战略转型思路，坚持大厅制胜，持续开展走出去活动，加快民生类缴费平台建设，抢占移动金融制高点。移动金融客户快速增长，移动金融服务触角已深入到代发单位、校园、社区等。其中，手机银行客户总量保持同业领先，微信银行引领社交网络金融服务创新潮流。积极开展电商精准扶贫工作，坚持“精专特优”和“涉农深耕”的工作思路，深入挖掘地方特色和名优商品。强化协同作战，有效促进信用卡、龙支付、快贷、ETC 客户移动金融应用水平。全年成功搭建 100 多个缴费平台，丰富了移动金融应用场景，提升了客户黏性。

【渠道与运营】以“两经营，两提升”为目标，深入推进网点“三综合”建设。网点综合化经营能力进一步提升，对公业务开办率从年初的 90.45% 提升至 97.17%；全行综合柜员占比达到 93%，较年初提升了 6 个百分点；营销服务岗位人员占比由年初 54%提升至 61%；全行正常对外营业网点全部组建了综合营销团队。合理调整网点布局，2016 年网点新设 2 个，升格 9 个，迁址 13 个；装修网点 21 个，局部装修改造 7 个；新设多功能自助银行 15 个，离行自助银行 26 个，单台自助设备 2 个。快速推进智慧柜员机布放，全行已注册上线智慧柜员机 635 台，日台均业务笔数 31.45，超过全国平均水平 1 个百分点。

【资产质量与风险防范】以“守底线、降不良、压逾期、控风险”为主线，优化结构调整，坚持压缩存量不良和遏制新暴露不良“两手抓”，夯实基础管理，保持资产质量相对稳定。截至 2016 年 12 月，不良贷款 30.18 亿元，不良贷款率 2.43%，较年初增加 0.45 个百分点。逾期贷款 31.11 亿元，逾期贷款率 2.50%，较年初增加 0.52 个百分点。同时积极开展“内控攻坚行动深化年”活动，以重点领域治理为抓手，进一步规范全行规章制度全流程管理，持续推进合规文化建设，不断强化员工合规理念、底线思维、规矩意识。联合审计开展风险排查，综合利用业务检查、柜面监测、稽核系统等手段，形成案件风险防控的整体合力。加强对多发问题整改的督导、核查，加大违规违纪问题的惩戒力度，通过强化问责约束力，加强警示教育，防范遏制重大违规事项和风险事件。

招商银行兰州分行

【综述】2016 年招商银行兰州分行资产总额 364.38 亿元。人民币一般性存款时点余额 328.89 亿元，其中，对公存款余额 228.53 亿元，储蓄存款余额 100.36 元。全折人民币一般贷款余额 231.44 亿元，其中，对公贷款余额 158.16 亿元，个人贷款余额 73.28 亿元。票据融资余额 9.64 亿元。

【资产负债业务】2016 年，兰州分行不断优化负债结构，努力夯实负债增长基础。加快资产投放，努力提升资产经营效益。梳理重点投放客户名单，完成 18 户重点客户投放，累计投放金额 25.03 亿元，实现了资产投放逆势增长。小企业贷款主要投向本地优质的教育、医疗、民生消费、医药、文化、信息技术等行业客户以及千鹰展翼、供应链类的业务。截至 12 月末，小企业贷款余额达 15.58 亿。零售信贷大力发展住房按揭贷款和优质行业消费贷款，稳定小微贷款规模；调整客户结构，提升定价能力和定价水平；加强贷后管理和不良清收，全面管控风险，取得了较好的成绩。截至 12 月末，兰州分行零售贷款余额 73.28 亿元，余额较年初新增 7.62 亿元。其中，住房贷款余额 39.76 亿元，余额较年初新增 9.94 亿元，当年增量为分行成立以来最多的一年。票据业务方面，调整思路，改变策略，全年共完成票据贴现、转贴现业务量 3468.69 亿元。其中：直贴业务 64.99 亿元，较上年增长 38.61%；转贴现买入 1127.41 亿元，增长 26.52%；转贴现卖出 1121.62 亿元，增长 142.6%；正回购 39.44 亿，其中再贴现 19.95 亿。

【新兴业务】2016 年，投资银行完成债务融资工具 30 亿元，发行额度 13.32 亿元。发行单笔承销费收入历史最高的私募债，发行 2.12 亿元券商短融。同业金融围绕本地核心客群深入拓展，，客群基础不断扩大。大力发展同业理财业务，积极拓展新兴业务，投资他行理财、资产支持证券业务的相继落地，既解决了传统渠道无法满足的客户融资需求，也拉动了存款和中间业务收入增长。截至 12 月末，分行实现同业业务营业净收入 7643 元，其中非利息净收入 5664 万元。实现招赢通交易量 737 亿元，完成总行全年计划的 145.78%；新增托管规模 171 亿元，完成全年计划的 102%。单个客户使用产品数量较年初新增 1.53 个。未发生一笔操作风险和违约业务。交易银行多项业务取得突破性进展，收入更加多元化。把握“供给侧”改革大势，抓实“付款代理”，连续落地，实现了新型供应链金融业务的新突破。截至 12 月末，国际结算量完成 3.37 亿美元，完成率 112.33%；互联网金融客户数增量完成 5,118 户，完成率 153.92%；供应链金融高价值客户数增量完成 170 户，完成率 141.67%；互联网外部资产业务量完成 26.77 亿元，完成率 133.85%；C+智慧票据池项目数际完成 20 户，完成率 133.33%；移动支票有效交易笔数完成 11.2 万笔，完成率 112%；移动支票交易金额完成 70.8 亿元，完成率 708%。

【客群建设】2016 年，兰州分行公私联动、强化转介，不断拓展获客平台。零售金融先后推出了快乐宝贝卡、滴滴联名卡、行者驿站联名卡、狗不理联名卡、社区联名卡、女企业家商会女神卡等，累计发卡过万张，实现异业批量获客，并扩大了异业对我行的产品宣传。公司金融主动“瘦身止血”，聚焦基础客群建设，分行对公有效户 6436 户，较上年末增加 2146 户，预算完成率 165.08%；分行净增核心价值客户 15 户，预算完成率 250%；公司理财客户 600 户，较上年增长 285 户。小企业客群方面加强了与华龙证券、省科技厅、省市工信委等部门的合作，搭建多方位获客渠道。对优质的存量客户，通过提前审批、提高审批效率，做好维稳续作工作。截至年末，无贷有效户较上年新增 2163 户，完成任务指标 180.25%，小企业价值客户数 69 户，完成任务指标 138%。

【风险内控管理】2016 年，兰州分行狠练风险管理基本功，理性、审慎推动业务发展。信用风险管理方面，兰州分行致力于打造风险管理“最强中场”。率先推行风险官制度，对信贷业务的风险状况进行检测，及时发现、解决、报告信用风险隐患和问题，切实推进经营主责任人制度。加强到期及逾期授信业务管理，强化日常信贷检查和预警排查力度。坚决落实“铁三角”制度，用项目制方式配置审贷官嵌入大中型核心客户及复杂业务，风险经理协同作业贯穿“三查”环节，实施业务全流程管理。严防死守，严控资产质量下行，将应该下调的风险客户全部下调移位，压缩退出高风险客户，加大不良资产清收处置力度。截至年末，分行不良贷款额 4.91 亿，不良率 2.04%，均在控制目标范围内。计提质量拨备 1.93 亿元，较总行预算少 1.73 亿元。合规管理方面，启动“合规管理年”建设。在加强合规日常管理的同时，从严治行，理性、审慎地推动业务发展。并在干部员工中强化遵章守法、遵规守纪的红线意识，培育风清气正、令行禁止的工作氛围，打造专业、敬业、职业的干部员工队伍，取得了较好成效。

（沈建强）

经济管理

国资监管

【经济运行】开展提质增效攻坚行动。会同6个省直部门联合出台了《省属国有企业提质增效攻坚行动方案（2016-2017年）》。各省属企业积极采取减少“两金”占用、严控费用开支、实施管理提升等一系列措施，实行“成本管控、效益否决”，倒逼企业层层落实经营责任，全方位降本增效。逐月排查省属企业带息负债和资金管控情况，加大对债务负担重、营运资金紧张、资金链脆弱等高风险企业的监控力度，指导企业强化债务风险防控，建立健全资金信用内控制度体系。围绕战略风险、市场风险、运营风险、财务风险和法律风险等风险点，对省属企业全面风险管理情况进行分析诊断，提出风险管控建议措施，督导企业稳健经营。2016年的33户省属企业全年完成营业收入4896.13亿元，比上年下降2.36%；实现利润总额8.71亿元，增利154.36亿元；已缴税费总额126.73亿元，增长15.16%；上缴2015年国有资本收益5.39亿元，下降17.58%。在全国省属企业效益排序中，从2015年底的倒数第1位上升到2016年底的正数第19位，呈现出缓中趋稳、稳中有进、进中向好的态势。

【国企改革】改革配套制度措施不断完善。对接中央关于国企国资改革“1+N”政策体系，按照省委省政府《关于深化国有企业改革的实施意见》要求，省政府国资委制定出台加强和改进党对国有企业的领导、完善国有资产管理体制等11个配套方案；针对省属企业改革发展的薄弱环节，制定省属企业规范董事会建设方案等22项“自选动作”方案。省属企业制定各类改革方案500多项，完善各类经营管理制度700多项，全省国企国资改革的框架制度体系基本健全。“5+5”改革试点有序推进。持续推进5户企业改革试点，初步形成了一些好的经验做法。酒钢集团通过深化经营管理体制机制改革焕发了生机活力，扭转了连续14个月亏损局面，全年实现利润总额20.35亿元，比上年增利108.81亿元，其经验做法在《人民日报》《甘肃日报》等报刊以及国务院国资委和省委改革简报上刊发。新启动的董事会选聘高级经营管理者、混合所有制企业员工持股、剥离国有企业办社会职能、开展“双创”示范引领、改组国有资本投资公司等5项改革试点正在有序推进。现代企业制度不断健全。以规范董事会建设为重点出台“1+17”配套文件，成立外部董事监事管理中心，加强董事监事人才储备。加快公司制股份制改革步伐，34户省属企业集团层面完成了公司制改革，13户企业整体或主业完成了股份制改造。积极推进资本证券化，28户省属企业纳入全省上市后备库，陇神戎发在深交所创业板首发上市，白银有色集团成为国内有色行业首家整体上市的大型企业集团，开创了全省国有大型企业整体上市先河。企业内部“三项制度”改革不断深化，市场化选聘经营管理者、探索经理层任期制契约化管理、市场化选人用人和劳动分配机制取得新进展。

【结构调整转型】加快新兴产业发展步伐。快速发展新能源、新材料、生物医药、现代服务业等新兴产业，加快培育新的经济增长点。金川集团、白银公司、甘肃稀土等企业在新材料产业上迈出重要步伐；省公航旅集团完成甘肃省首个通用航空机场和首批两个房车露营地建设；八冶集团加快健康养老项目建设；物产集团探索“互联网+供应链”模式，积极拓展物流电商业务。不断提升开放合作水平。酒钢集团中建钢构兰州钢结构制造基地项目建成投产、甘肃电投引进韩国LG商事投资武威热电项目、省建投集团境外订单增长385%，酒钢集团牙买加氧化铝厂项目、金川集团印尼红土镍矿项目已开工建设，白银公司秘鲁多金属尾矿项目投产，省属企业全球配置资源能力和国际化经营水平不断提高。加大重组整合力度。充分发挥省国投集团国有资本投资运营平台功能，完成兰州电机、三毛集团兼并重组，正在有序推进省属电子电器类企业整合重组；组建甘肃能源化工投资集团，对靖煤、窑煤、煤投公司等省属煤炭企业进行整合重组；组建甘肃金控集团、甘肃资产管理公司、黄河财险公司等企业，整合省内金融资源，推进金融产业加快发展；依托长城电工集团改组设立国有资产管理公司，对6户破产存续和改制留存企业进行整合重组，进一步盘活有效资产，提高资本运营效率。

【科技创新发展】创新体制机制不断健全。积极将科技创新纳入省属企业负责人经营业绩考核，酒钢集团建立科技人员奖励制度，组建由科研院所和科技人员参与持股的科技公司；金川集团设立国家重点实验室开放基金，对科技型子公司骨干人员实行股权激励；省科投公司建立兰白实验区技术创新驱动基金，资金总规模达50亿元，撬动社会资本35.3亿元。多层次创新平台不断完善。金川公司镍钴资源综合利用实验室，长城电工股份大型电气传动系统与装备技术实验室成为甘肃省首次获批的企业国家重点实验室。省属企业已建成17个国家重点试验室或国家级企业技术中心，72个省部级工程技术中心或重点实验室。21户企业被认定为省级高新技术企业，8户企业被认定为省级战略性新兴产业发展总体攻坚骨干企业。兰石集团与清华大学等国内外30多家高校院所建立技术战略合作联盟，10余名院士加盟开展技术攻关。

兰电股份与中船重工 703 所合作完成液力变矩器国产化研究设计。自主创新步伐不断加快。省属企业共承担省级重大科技计划项目 5 项，获得甘肃省科技奖及企业技术创新示范奖 14 项、申请专利 1086 项、授权专利 833 项，其中发明专利 150 项，有 10 户企业 18 个产品获得甘肃名牌产品称号。靖煤集团“急倾斜厚煤层走向长壁综放开采关键理论与技术”，获得国家科技进步二等奖；省建投 GB50375-2016《建筑工程质量评价标准》，被国家知识产权局认定为国家知识产权优势企业；西北永新“一种元胡止痛滴丸制备及其制备工艺”获第十八届中国专利优秀奖。

【国有资产监管】加快转变国资监管职能，坚持简政放权、放管结合，加强事中事后监督，建立省属企业重大项目投资后评价等制度，加大监督检查力度。加强财务监督，向 21 户省属企业派出财务总监。加强产权管理，省属企业国有资产交易全部依法在产（股）权交易中心公开竞价交易。监事会监督。建立监事会及监事考核评价、监督检查要情月报告和年度综合报告、境外资产监督管理等制度，会同省委组织部制定《省属国有企业监事会派驻工作方案》拟将省属国有企业外派监事会由 5 个增加到 12 个，加强监督力量，提高监督质量。审计、纪检监察和巡视监督。指导省属企业建立内部审计、重要报告备案等制度，加快推动企业建立和完善内部审计部门向董事会负责的工作机制。成立巡察组，对省属企业开展巡察，实现巡视巡察监督全覆盖。完善国资监管体制进。以管资本为主加强国有资产监管，大力推进国资委自身职能转变，建立国资监管权力清单和责任清单，不断健全国资监管制度体系，探索建立监督工作会商、监督信息共享、监督成果运用和监督意见反馈整改机制。

（李军）

工商行政管理

【法治工商建设】紧盯“放管服”工作部署，开展“权责清单”的调整更新工作，全年修改行政许可 1 项，新增行政处罚 37 项、取消 27 项、修改 3 项，修改其他行政权力 1 项、取消 3 项。协调清理省直各执法部门行政许可和处罚目录，把 42 个厅局单位的权责清单中的3745项内容进行了归集梳理，筛选出各部门涉企项目并通过政府服务网在公示系统进行了公示。开展公共服务事项梳理工作，共梳理省局公共服务事项 18 项。扎实开展地方性法规、省政府规章、行政规范性文件的清理工作，共清理地方性法规 7 件。起草并出台《甘肃省工商行政管理局法治宣传教育第七个五年规划（2016-2020）的实施意见》、《甘肃省工商行政管理机关规范性文件管理办法》、《重大行政决策程序规定》、《关于加强工商行政执法与刑事司法衔接保护市场经济秩序工作的指导意见》等一批重要文件，法治工商建设成效明显，全省系统依法行政能力得到有效提升。

【反垄断与反不正当竞争】紧紧抓住市场竞争中多发易发的热点问题，多渠道收集和分析媒体报导、行业动态、社会组织调查报告等信息，以互联网领域、汽车及配件销售维修、家具建材装修装饰、公用企业等行业和领域为重点，集中整治社会关注度高、反映强烈的仿冒、虚假宣传、限制竞争、商业贿赂等突出问题。2016 年，全省工商系统共立案查处各类不正当竞争案件 136 起，案值 359.24 万元，收缴罚没款 247.3 万元。根据工商总局关于在全国统一开展集中整治公用企业限制竞争和垄断行为专项执法行动的安排部署，全省各地以开展“市场监管机制创新年活动”为契机，针对供水、供电、供气、供暖、广播电视、通信、交通运输、市政停车、殡葬、气象、银行业、医疗、教育等行业企业存在的限制竞争、不正当竞争、垄断等损害竞争秩序和侵犯消费者合法权益的行为，集中力量、统一行动，有力查处了一批扰乱市场竞争秩序、损害经营者、消费者权益的案件。共摸排甄别线索 36 条，立案调查案件 15 起，结案 9 起，案值 139.72 万元，收缴罚款 54.72 万元，没收金额 44.79 万元。

【打击传销和规范直销】针对新型传销违法活动特点，下发《2016 年打击传销集中行动工作方案》，明确工作重点、行动步骤和措施，加强对集中行动的指导和督促，集中行动取得了实效。切实加强对直销企业的监管，召集直销企业在甘分支机构负责人座谈会，动员部署竞争执法局与企业在甘分支机构签订《规范经营责任书》，特别就落实国家工商总局关于《直销企业履行社会责任指引》的通知提出了具体要求。分层次对行政执法人员、加盟店负责人及销售人员进行了法律法规培训和职业道德教育，深入宣传开展直销市场检查的必要性和现实意义，引导各直销企业在甘分支机构认真开展自查整改工作，及时组织召开自营店、加盟店会议传达学习。

【防范和处置非法集资】认真抓好对投资咨询类公司和非融资性担保公司的风险防范工作，反复开展检查，排查风险隐患，保障人民群众合法权益，维护社会稳定。截至 2016 年底，全省注册登记投资（咨询）类公司 4290 户，其中注销 855 户，吊销 641 户，实际开业 2794 户；注册登记非融资性担保类企业 101 户，其中注销 9 户，吊销 1 户，实际开业 91 户。立案调查 82 户，收缴罚没款 104 万元，移送公安机关涉嫌非法集资案件 33 起。

【消费维权】以“新消费、我做主”为主题，以消费维权“五进”为载体，组织开展 3·15 宣传咨询服务活动，当日发放 15 类宣传资料 2 万余份，接待消费者咨询建议 700 余人次，受理投诉 37 件。发布《2015 消费维权蓝皮书》，继续主办《消费维权在身边》电视栏目，披露曝光重大消费侵权案件。探索建立异地联动维权机制，妥善处理“假劣种子坑农”“微耕机伤人”等消费侵权事件。对通信运营商、汽车 4S 店等消费投诉集中的行业开展行政约谈，并组织专项整治，规范行业经营行为。在甘南率先推行旅游行业消费环节经营者首问和小额消费纠纷先行赔付工作，在兰州、酒泉积极开展试点。

【流通领域商品质量监管】对家用

电器、电子产品、服装鞋帽、建筑材料、家居用品等23个品种1895组商品实施了抽检。加大对首届丝绸之路（敦煌）国际文化博览会期间旅游市场专项检查和旅游纪念品的专项抽检，有力保障了博览会的成功举办。建立流通领域商品质量抽查检验系统和侵害消费者权益案件数据库，依法公示抽检不合格商品，提升了抽检工作效能。

【12315一体化建设】扩大12315“绿色通道”覆盖面，深度挖掘12315数据信息资源，强化消费维权案例指导警示作用，促进消费纠纷源头化解。拓展12315平台功能，设立英语受理坐席和移动互联网接诉平台，满足多元化投诉需求。全年共接收登记消费者热线电话134755个，其中咨询117255件，投诉12832件，举报2926件，建议1705件，表扬37件，为消费者挽回经济损失共计1938.21万元。

与“全国网络购物消费维权直通车”平台建立互联互通机制，启动京东、淘宝等17家电商消费维权“绿色通道”，拓宽网络维权渠道，方便跨区域消费维权。通过比较试验、函询建议、高校联动等方式，推动了消费维权社会共治体系建设。各级工商部门和消协组织全年共受理消费投诉举报2.56万件，挽回经济损失3037万元。

【信息公开】按照“建、联、集、用”要求，整体搭载“甘肃政务服务网”，建成运行“国家企业信用信息公示系统（甘肃）”，顺利通过总局验收。截至2016年底，系统累计访问量达2.1亿人次，累计查询量达1.66亿人次，日均登录查询量达28.8万人次。至2016年底，已与22个部门建立了信息交换共享通道，有11个部门向公示系统推送了数据，有效打破了“信息孤岛”和数据壁垒，实现了主要行政监管部门间的信息归集和实时共享。

【“双随机、一公开”抽查】省政府印发了《甘肃省市场监督管理随机抽查办法》。按照“一单两库一细则”要求，制定抽查事项和抽查流程规范，建设市场主体名录库和工商执法人员名录库。全省系统随机抽查5.32万户市场主体的经营行为，抽查率为3.8%；随机抽查4.15万户市场主体的公示信息，抽查率为3.1%，抽查结果及时向社会进行了公示。

【“双公示”工作】全省有21.2万户企业、64.35万户个体工商户、5.13万户农民专业合作社公示了2015年年报信息，年报率分别达到95.89%、70.42%和83.37%，其中企业年报率比上年提高近16个百分点，高于全国平均水平7.57个百分点，全国排名第二。通过几年连续推动，行政处罚信息公示逐步走向常态化，累计公示案件信息4404件，公示率达99%。

【协同监管和联合惩戒】加强企业经营异常名录和严重违法失信企业管理，2016年共有3.68万户企业和农民专业合作社被列入经营异常名录，27.03万户个体工商户被标记为经营异常状态，其中1.34万户市场主体因补报了年报或履行了相关义务被移出经营异常名录库。落实38部门合作《备忘录》，对4392名失信被执行人做出任职限制，体现了“一处违法、处处受限”的信用惩戒，降低了市场交易风险和社会交易成本。

【节日市场专项整治】部署元旦、春节、中秋、国庆等节日市场专项整治监管工作，规范商品市场经营秩序，维护了节日市场经营秩序。整治期间，全省共检查市场146个，景区景点125处，商场、超市674农，检查宾馆、酒店169家，加油站187户；检查酒类市场主体1128家，检查家用电器经营800户；下发整改通知书75户，查处无照经营案件和产品质量案件55起，案值28.9万元，罚没款36.4万元。

【红盾护农“春雷行动”专项整治】部署了全省2016年红盾护农整治行动。对历年来在创建的300户“农资放心店”进行了清理规范，对新创建86户“农资放心店”，在外网进行了公示。在红盾护农“春雷行动”中共出动执法人员7918人次，执法车辆1476台次，悬挂宣传横幅389余条（幅），发放宣传材料36.1万余份，检查各类农资经营户10884户次，抽检化肥828个批次，不合格化肥108个批次，查处农资违法案件217件，移送公安机关案件1件，案值179.86万元，罚没款88.425万元，为农民挽回经济损失13.9万元。

【“守合同重信用”企业公示工作】制订了《甘肃省工商行政管理局诚信示范市场考评办法》和《甘肃省诚信示范市场标准和考评细则》。开展“2014－2015年诚信示范市场”创建公示工作，对各市、州申报的80家“诚信市场”进行了复审公示，有2家市场被国家总局评为国家级“诚信示范市场”。

【网监专管】省市县网监专管机构逐步建立。截止2016年底，14个市州局独立的网监机构有8个，县区局单独设立网监机构9个。网店核查和违法线索认定工作全面展开，网络交易平台和网络商标侵权、销售假冒伪劣商品、虚假宣传、刷单炒信等问题得到有效整治，线上线下一体化监管格局正在加快形成。

【“五证合一、一照一码”改革】与发改、人社、统计、法制等部门衔接，于9月14日全面实施了“五证合一、一照一码”改革，比国务院规定时间提前了半个月；12月1日顺利启动了个体工商户“两证整合”改革。办理“五证合一”营业执照4.11万份、“两证整合”营业执照2.14万份。积极推进外资企业登记制度改革，实行外资准入负面清单加备案管理，截至2016年底，全省登记外资企业2079户，注册资本31.9亿美元，2016年新增外资企业54户，注册资本3483万美元。

【“先照后证”改革】严格执行总局公布的工商登记前置审批事项目录，对所有后置审批事项主动履行“双告知”职责，确保了工商登记和审批监管的有序衔接。调整更新权责清单事项72项，梳理公共服务事项18项，实现了“权责清单”常态化管理。

【市场主体】全年新登记各类市场主体26.56万户，新增注册资本（金）4583亿元，同比分别增长11.6%和25.8%，平均每天新增市场主体728户。全省市场主体累计达到142.9万户，注册资本（金）达到2.29万亿元。

【广告监管】以工商总局广告监测大数据为支撑，扎实开展虚假违法广告的监测及处理工作，及时叫停和督促整改问题广告，始终保持甘肃广告市场监管的高压态势。先后9次组织主要媒体召开座谈会和约谈会。全年共立案查处108件，罚没款达63.23万元。发出《责令停止发布通知书》26份，停止发布、整改违法违规广告437条；下发查处违法广告通知书12份，涉及违法广告356条。处理并答复人大代表建议6份，处理投诉16起。全年共监测广告190多万条次，实现了广告监测的“全天候”和“全覆盖”。

【商标品牌战略】省政府出台了《关于深入实施商标品牌战略的意见》，对“十三五”商标品牌战略实施做出全面规划。建立全省商标注册情况季度通报制度。在《每日甘肃网》、省广播电台开播了“甘肃商标品牌战略”专栏，在甘肃卫视集中宣传商标品牌战略，与省电视台合作拍摄了甘肃首档口述记录栏目《品牌之路》宣传片，社会各界反响强烈，营造了良好的商标品牌建设氛围。开发运行了“甘肃商标网”，初步具备了宣传展示、商标查询、网上办事、网上培训、业务开展等功能。开发运行了“甘肃省著名商标网上申请认定系统”，形成了商标申报数据信息的后台自动比对、正确认定通过、错误退回修改、逐级流水审核提交、时限倒计时自动提醒、过期自动关闭、电子版本水印防伪等功能，实现了省著名商标认定和续展的网上申报，大大提高了省著名商标申报、续展信息提交的正确率，缩短了认定时间，提高了工作效率，提升了商标整体质量和商标战略信息化水平。全年商标申请量17958件，新增有效注册商标7580件，总数达41430件；新增驰名商标6件，总数达71件；新认定著名商标140件，总数达1077件；新增地理标志证明商标5件，总数达62件；申报商标国际注册11件，总数达21件。

【信息网络综合业务平台】全面梳理业务系统，提出业务系统初步改造框架。改造执法办案系统，完成了异地行政处罚交换接口的开发，增加了异地执法数据认领核实、公示公告功能，实现与外省行政处罚信息的交换共享及公示。增加了后置审批告知登记系统（企业端）、登记系统双告知工商业务办理功能（公示告知、告知书打印）。开发完成了数据推送、双告知、信息查询、信息填报、信息公告、企业经营异常名录、严重违法企业名单管理等系统模块。完成了业务系统“双随机”模块的技术开发，实现了随机确定抽查检查人员和抽查检查对象功能。建立工商后置审批目录，推进甘肃省工商局与“甘肃省政务服务网”双告知数据交换应用，实现双告知信息部门推送以及部门接收、反馈等功能。完成业务系统对“失信被执行人”任职限制，实现工商“联合惩戒”业务要求，建立联合惩戒目录，实现与省高院等部门之间的联合惩戒。

【数据中心升级改造】实施“数据中心升级改造项目”，推进总局配发省局的硬件设备数据上报联调工作，开展数据中心数据同步上报应用支撑建设和容灾备份建设。对省局存量数据进行标准化处理，完成了省局标准库的数据汇总，实现了向工商总局同步上报数据。建设数据中心运维管理系统，实现省局数据中心关键指标项质量检查、生成统计报表、报表数据比对校核和数据管理等功能。“甘肃省政务服务网”和省局数据安全管理按照行业标准建设，达到工商总局安全标准。在此基础上，开展了国家法人库项目甘肃工商部分可研报告招标文件的编写和招标工作，完成可研报告编制并得到批复。

【非公经济发展】建成运行全省小微企业名录库，协调做好扶持政策、申请扶持导航及享受扶持信息等公示工作。组织参加第22届“兰洽会”，协助总局和省政府召开“发挥工商职能作用、推进‘一带一路’建设论坛”，推出“丝绸之路经济带”中亚五国商事制度研究成果。推进“个转企”工作，年内共扶持7355户个体工商户转型升级为企业，完成省政府目标的184%。非公经济增加值占全省生产总值的比重达到47.6%，比上年提高了1.8个百分点。有8家单位、9名个人分获全国个私协会系统“先进单位”和“先进工作者”称号，9名个体户获得“全国先进个体工商户”称号。

（白春鸣）

统　计

【党的建设】全省统计系统把加强党的领导作为统计改革发展的根本，全面落实从严治党主体责任，从严治统，依法维护统计工作的严肃性和权威性。一是扎实开展“两学一做”学习教育。各级统计部门结合工作实际，制定工作方案，坚持问题导向，坚持以上率下，坚持统筹推动，坚持知行合一，坚持日常经常，在扎实开展好规定动作的基础上，突出统计特色，做好自选动作，学习教育取得实实在在成果。二是落实从严治党主体责任。全系统认真落实省委“3783”主体责任体系、“866”衡量检验标尺和“111”督查落实细则，切实履行从严治党主体责任，细化落实举措，层层传导压力，确保了统计队伍的纯洁性，始终与以习近平同志为核心的党中央保持高度一致。与各级党组织签订《省统计局机关党组织落实主体责任承诺书》和《省统计局机关党员廉洁自律承诺书》，按要求配齐机关纪委领导机构，强化党建责任考核，加大问责力度。三是加强党风廉政建设。严格落实中央、省委关于党风廉政建设的决策部署，积极开展廉政警示教育活动，筑牢思想道德防线。认真学习贯彻十八届六中全会精神，认真对照《条例》和《准则》，查找问题，认真整改。把落实党风廉政建设责任制与统计改革发展同部署、同落实、同检查、共促进。层层签订了党风廉政建设承诺书和统计行风建设责任书，排查防范统计廉洁风险点，制定切实可行的防控整治措施。扎实开展廉政约谈，切实加强系统党风廉政建设，确保了统计系统良好的政治生态和风清气正的政治氛围。四是认真贯彻中央和省领导同志批示指示精神。全系统及时召开专题会议，传达学习和贯彻落实中央和省委省政府领导同志关于统计工作的批示指示讲话精神，专题研究部署贯彻落实措施。开展了数据质量“大调研”工作，剖析查找问题，研究改进措施，完善管理制度。加强统计法治宣传教育，促进领导干部知法、统计队伍守法、调查对象和社会公众敬法。实施“双随机”抽查制度，加大执法检查力度，依法治统管统，多管齐下，综合治理，严防统计造假、弄虚作假。五是全力配合巡视审计和推进整改。积极配合省委第四巡视组对省统计局的专项巡视，高度重视巡视组通报的意见建议，态度鲜明，照单全收，抓紧制定整改落实方案，明确牵头领导、责任单位和完成时限，责任到处到人，从速狠抓整改，已完成 49 条意见建议中 15 项整改工作。建立整改长效机制，按照“问题导向、分类处置、制度规范”原则，采取“台账管理、挂号销号”的办法，切实推动反馈问题逐个得到整改落实。认真做好审计组对省统计局原领导离任经济责任审计配合工作，审计工作进展顺利。优质高效的向中央巡视组回头看、中央环保督察组提供了统计服务。

【统计改革】全省统计系统牢固树立使命意识、责任意识，切实增强统计供给侧改革的自觉性、紧迫性，主动作为，各项改革有序推进。一是科学编制《甘肃省“十三五”统计改革和发展规划》。确立了“十三五”时期全省统计改革和发展的指导思想、基本原则及总体目标，明确了主要任务，已列入省政府第一批重点规划中，由省政府印发，为全省“十三五”统计改革发展提供了基本遵循。二是落实甘肃省统计供给侧改革。按照省委经济工作会议要求，全省统计系统着力加强战略性新兴产业统计监测，建立完善非公有制统计监测制度，加强文化产业统计，积极参与《全国全面建成小康社会统计监测体系研究》，加强“三去一降一补”重点领域统计监测，探索大数据在统计工作中的应用，补齐“新经济”活动、社会领域和民生领域统计短板，提高统计数据质量，切实做到应统尽统。三是扎实做好核算改革准备工作。及时跟进国家统计局生产总值统一核算改革。开展了编制自然资源资产负债表和资产负债表试点，调研数据来源渠道，探索工作经验。四是进一步深化服务业统计改革。调整了规上服务业统计范围，整合服务业统计职能分工和资源，实施主管部门负责制，进一步细化强化了各主管部门职责。同时，全力做好信息化和电子商务统计工作，开启电子商务平台季度统计；建立与部门共建共享服务业单位机制，力争做到应统尽统。五是稳步推进投资统计改革。每月通过在线平台，及时动态做好法人及项目的“双入库”审核工作，正式实施了 5000 万元及以上项目联网直报，实现了“工程进度法”和财务支出法的双轨运行。六是探索实施“三新”统计。全省统计系统深入调研摸底，详细了解甘肃省“三新”经济发展现状。动员部署，组织全省实施“三新”统计制度。开展了“四众”统计调研分析，开展“三新”经济与“营改增”调研，有效跟踪并反映了甘肃省新经济发展情况及“营改增”政策实施效应。进一步完善战略性新兴产业统计体系，核定 2016 年骨干企业名录，按季提供了全省战略性新兴产业统计数据。七是加强与工商部门协作，推进“五证合一，一照一码”登记制度，促进全省商事制度改革。

【统计服务】全省各级统计部门密切关注经济运行走势，不断提高统计分析研究水平，统计服务逐步由侧重事后分析向预测预判预警和运行分析并重转变，提高了统计参与决策的能力，为稳增长调结构提供了统计咨询建议。一是创新统计服务理念。全系统努力提高宏观经济运行态势的研判和预警能力，多次召开投资形势研判视频分析会，研究全省投资发展情况及趋势，强化投资统计监测分析预判，提前向各级党委政府报告经济运行趋势，为各级党政领导准确判断形势，及时出台相关政策发挥了积极作用。二是加强经济运行分析。面对经济下行压力增大的严峻形势，全省统计系统不断加强经济运行动态分析，准确把握经济“脉搏”。每月召开经济形势分析会，定期向党委、人大、政府、政协汇报经济运行情况。三是加强重点领域监测。各级统计部门加大了对重点投资项目、重点企业的跟踪监测，密切关注党委政府重大决策实施效果，注重先行指标和支撑因素分析。四是积极推进全面小康监测。完善了市、县全面小康工作流程和监测体系，全面完成了省市县及六盘山片区 2014 年全面小康统计监测及报告，完善了 2010—2014 年全面小康监测数据。落实兰州新区监测工作，纳入全省系统。五是社情民意调查成效明显。开展了国家、省委省政府及有关部门委托社情民意调查项目 21 项（次），其中“工作落实年满意度调查”和“放管服”改革调查得到省上主要领导的批示。六是积极开展经济运行“大调研”活动。全系统针对经济运行中的难点、焦点问题，深入市县、农村、企业进行实地调研，与有关部门、项目单位、企业法人密切沟通，听取意见建议，了解情况，全面掌握经济形势发展动态，以微观调研支持宏观决策咨询建议。七是专题分析研究水平进一步提升。省统计局向省委省政府呈送各类专题分析报告 100 多篇，其中 40 篇得到省委省政府领导的批示，全年共向国家统计局和省委、省政府办公厅报送各类信息 307 条，比上年增长了 28%。各市州统计局多篇分析报告也得到当地党政领导的批示和好评。八是统计产品多元化。全省统计系统紧紧围绕各级党委政府和社会各界的需求，精心策划，积极创新，开发编印多种统计年鉴、刊物等书刊资料，让各级领导和社会公众更好的了解统计、运用统计、支持统计。九是拓展网络新媒体宣传。拓展信息互动渠道，完善局内外网宣传，充分利用政务微博、微信平台，公开信息、发布数据、解疑释惑、回应关切，有效增强政府统计透明度，提高政府统计公信力。十是“陕甘宁革命根据地时期统计实践活动”课题编纂工作卓有成效。在国家统计局大力支持下，经省统计局多方沟通协调，课题编纂工作已初步完成，庆阳市和华池县统计局多方征集大量史料，为组织课题编纂付出了艰辛努力。

【农业普查】按照国务院农普办部署，扎实做好全省农业普查各项准备工作。一是组建机构，完善工作制度。全省各级完成了普查机构组建工作，制定了普查办公室工作规则和工作计划安排，明确了各级各成员单位工作职责任务。二是开展农普试点工作。省农普办分别在陇南市、酒泉市和平凉市组织了国家级和省级综合试点，试点经验和意见建议被国务院农普办采纳，国务院农普办发来了感谢信。市县各级都组织了普查试点，总结经验，探索办法。三是落实普查经费。省农普办对各级经费保障做出了要求，省级农业普查经费预算已纳入2016-2018年度财政预算，经费保障位于全国较好水平。四是物资准备和数据处理平台搭建工作全面完成。投入大量经费，完成了数据处理平台搭建，购置配发了PDA数据采集设备24000余台，各项物资全部到位。五是完成了清查摸底工作。对全省480万农村住户和46000余家农业生产经营单位进行了清查摸底，开发清查数据处理程序，取得了普查登记前农户和单位的基本资料。六是加强督促检查。先后组织了农业普查准备工作和清查摸底两次大规模督查，通报整改了督查问题，得到国务院农普督查组的肯定。七是加大普查宣传力度。策划制作了甘肃省第三次全国农业普查宣传片，设立了农业普查专题网页，开通了“甘肃统计微讯”农普专栏，在甘肃电视台播放农业普查宣传片，利用新媒体助推农业普查宣传工作。10月份，省政府农业普查领导小组举办了以“农业普查，福到农家”为主题的宣传活动，为普查工作顺利实施营造了良好的工作氛围。

【统计大数据建设】按照省政府和国家统计局以大数据、云计算等新技术推动统计改革的要求，结合甘肃省经济发展特点及统计业务需求，攻坚克难、开拓创新，大数据平台建设有序推进。一是科学谋划。组建大数据工作组，多次召开会议研究解决大数据工作有关事宜，多次同科研院校研讨大数据技术在统计工作中的应用，科学布局甘肃省统计大数据应用发展方向。二是制定方案。科学编制了《甘肃省统计局大数据统计平台建设方案》，明确了当前及今后2至3年的大数据平台建设目标，为甘肃省统计大数据工作稳步推进奠定了基础。三是开展研发。完成了大数据统计平台及宏观经济、文化产业、新经济统计三个应用系统的软件研发工作，拓展了统计数据资源，实现了主要统计指标的预测预判、分析对比、图文展示等功能，该系统已通过验收。

【扶贫工作】省统计局专门成立帮扶行动工作机构，各级统计部门选派驻村干部，加大资金投入和项目协调力度，加强基础建设，力促产业帮扶。省统计局全年自筹帮扶工作资金310余万元，协调落实各级各类项目资金900余万元，完成灵台、庄浪、康乐对口帮扶七类19个项目建设，农民实现增收，新农村建设明显加快。全系统组织开展了双联行动“大走访、回头看”活动，填写走访问题销号管理台账等表册1万余份，排查整改问题67件。建立了全省统计系统扶贫工作推进机制。成立了全省统计系统扶贫领导小组，建立了“五项工作机制”，协调推进全省统计系统扶贫工作全面开展，确保“一号工程”各项工作落到实处。

【法治建设】一是扎实开展“数据造假、以数谋私”专项治理。根据国家统计局安排部署，迅速启动全省专项治理工作。各级统计部门制定方案，靠实责任，细化措施，确保专项治理出成果见实效。全系统查摆问题，并积极实施整改，逐一纠正违反统计法精神的文件和做法，各地对出现的问题不遮掩、不隐瞒，专项治理工作取得实效。二是有效推进行政审批制度改革。取消统计从业资格认定行政许可事项；规范了统计执法、地方统计调查项目审批、涉外调查资质和调查项目的审批流程；依据统计法律法规，认真梳理统计部门权责清单；积极推进网上行权，及时回应网民咨询。三是加大统计普法力度。制定出台了“七五”统计法治宣传教育规划。邀请国家统计局专家为省政府领导、各部门主要负责人做统计法专题讲座，强化领导干部的统计法律意识；开展了统计法律法规知识培训和《统计法》《农业普查条例》知识竞赛。制定了《甘肃省重大统计执法决定法制审核实施细则》《甘肃省统计随机抽查实施方案》。扎实开展统计执法案卷的评查工作，完成了规范性文件的清理工作，规范执法证件，强化统计法治基础工作。

【统计自身建设】一是统计队伍建设进一步加强。组织开展了高级统计师任职资格评审和聘任工作，每月举办全省统计人员业务知识视频培训会，全系统针对不同层次，采取不同形式，举办各类培训班，提升业务素质，省统计局全年组织各类培训55次，5216人次接受了培训，收到了很好的培训效果。加强班子建设，提高班子领导统计工作的能力和水平。加强人才队伍建设，不断充实统计力量，加大选拔任用、交流轮岗力度，努力营造干事创业的良好氛围。加强政治思想建设，努力锻造忠诚、干净、担当的统计队伍。二是统计信息化建设稳步推进。优化数据存储环境，顺利实施存储虚拟化改造项目，切实提高统计数据存储的可靠性和安全性；完成了省局“五证合一”文件柜系统及前置机软硬件环境的搭建、运维及技术支持等工作，实现了“五证合一”前置系统数据的对接、交换。积极探索统计网络管理方法，加强全省统计网络边界安全管理，为各项统计调查工作的开展提供了强有力的信息化保障。

【部门统计】2016年，各部门紧紧围绕全省经济社会发展大局和本部门管理需求，不断加强统计工作，完善部门统计调查体系，开展统计分析调查研究。各部门与统计部门密切合作，形成了政府统计合力。省科技厅与省统计局密切协作，建立了兰白试验区统计监测评价指标体系，量身设计兰白试验区统计报表制度，做好甘肃科技进步监测工作。省旅游发展委员会与省统计局共同开展了国内游客抽样调查工作。省委宣传部、省委农办、省财政厅、省扶贫办积极配合三农普工作，协调解决农普宣传、经费保障、“两员”选聘等重大事项。各相关部门共同推进服务业名录库共建、共享、共同维护机制。省委宣传部牵头推动，落实文化产业监测相关工作。省商务、工商、税务、外汇管理等部门与统计部门共同协作，在商贸统计工作和商事制度改革上取得新突破。财政、金融等部门全力支持国民经济核算工作。各部门大力支持全面小康监测、“三新”统计、社会科技统计、应对气候变化统计及经济运行中社会民生指标分析等工作开展。

煤矿安全监察

【总体情况】2016 年初辖区共有各类矿井 173 处，年内整合关闭矿井 36 处，截止年底共有各类矿井 137 处。按隶属关系划分，中央在甘煤矿企业 17 处，省属煤矿企业 14 处，地方国有煤矿 26 处，乡镇煤矿 80 处。按矿井性质划分：生产矿井 49 处，生产能力 5236 万吨/年。其中，中央在甘煤矿企业 11 处，生产能力 2350 万吨/年；省属煤矿 12 处，生产能力 1858 万吨/年；地方煤矿 26 处，生产能力 1028 万吨/年。注销安全生产许可证矿井或待整合矿井 20 处,生产能力 238 万吨。

2016 年，全省生产原煤 4254.29 万吨，比上年下降 3.3%。其中：中央在甘煤矿 1810.22 万吨，下降 4.76%，占 42.55%；省属煤矿 1741.19 万吨，下降 5.02%，占 40.93%；市县国有煤矿 326.98 万吨，增长 97.43%，占 7.69%；乡镇煤矿 375.9 万吨，下降 24.84%，占 8.84%。

2016 年，全省发生煤矿死亡事故 11 起、13 人（其中基本建设 1 起、1 人），与上年 14 起、19 人相比减少 3 起、6 人，分别下降 21.43%和 31.58%。事故起数、死亡人数和百万吨死亡率均呈下降趋势，事故起数与 2013 年的历史最低水平 10 起相比增加一起，死亡人数与 2014 年的历史最低水平持平，未发生煤矿较大及较大以上事故，辖区煤矿安全生产形势保持了稳定向好的发展态势。

【煤矿安全监察】2016 年，坚持目标导向和问题导向，以促进辖区煤矿生产安全形势持续稳定好转为中心，以坚决防范遏制较大及以上事故为目标，紧扣监察执法和队伍建设两条主线，突出重点、严格执法，有力地促进了辖区煤矿安全生产形势持续稳定好转。坚持“两个导向”扎实开展监察执法。一是坚持目标导向。以有效防范和坚决遏制较大以上事故为目标，紧盯重点地区、重点矿井、重大灾害，认真组织编制和实施监察执法计划，“两节”、“两会”、“十一”等重要时间节点由局领导带队开展重点监察和重点督查。在春节及“两会”期间，与省安监局联合开展了专项督查。组织开展了煤矿安全设备专项监察异地互检，全面完成 9 个专项监察任务。进一步加强煤矿职业危害防治的监察执法。大力推行“双随机”和突击暗查方式，对停产停工、维修和改建矿井突击暗查 87 矿次。全年实际监察矿井 152 处、449 矿次，监察覆盖率 100%，监察计划完成率 163.2%。查处一般事故隐患 2083 项，实际完成整改 2058 项，隐患按期整改率 100%;查处重大事故隐患 7 项,已完成整改 4 项。责令停产整顿生产经营单位 5 处。二是坚持问题导向。召开专题会议分析监察执法和事故调查处理中存在的问题，研究制定针对性措施。以“减少存量、杜绝增量”为原则，把罚款收缴作为执法闭合的必然要求，要求必须穷尽包括申请法院强制执行在内的所有法定催缴措施，确保行政处罚执行到位，当年罚款在时限内全部收缴。三是强化执法规范。着眼于强化依法治安意识，规范执法行为，制定了行政权力清单，明确职责边界。认真组织学习《法理学》、新《煤矿安全规程》和《煤矿企业安全生产许可证实施办法》等法律法规以及《煤矿安全监察执法手册》，制定了《监察执法同类案件公开裁定暂行办法》，修订了《煤矿企业安全生产许可证颁发管理办法》，推行随机抽取决定行政许可审查人员制度，严格许可受理、现场审查和会议审批工作。制定了《煤矿安全监察执法监督实施办法（试行）》和相关制度，加强对监察执法事前、事中、事后的全过程监督。四是严格事故调查处理。依法查处 11 起事故，事故时限结案率 100%。建立了“两个第一时间”的事故应急响应机制，抢占工作主动权：即必须第一时间报送事故信息，相关人员必须第一时间赶赴现场指导抢险救援和开展事故调查。积极推动矿山应急救援工作，参加全国省级矿山救援管理机构职能建设及矿山救护队质量标准化达标互查互检并开展了全省矿山应急救援机构质量标准化达标验收工作。

【煤矿安全大检查】按照省政府要求，牵头成立全省煤矿安全生产大检查督查工作领导小组，统筹领导全省煤矿安全生产大检查工作。根据省政府要求，对先期 3 个检查组进一步增派人员，在充实力量后转为督查组，对全省安全生产大检查开展情况和驻矿盯守情况进行督查。对重点企业煤矿安全大检查开展情况进行督查。认真贯彻落实国务院安委办 21 号明电要求，主动承担省级单位负责盯守的 23 处矿井中 12 处矿井的驻矿盯守任务，确保了安全大检查期间的安全稳定。

【强化煤矿安全基础】制定了《标本兼治防范遏制煤矿重特大事故工作方案》，靠实煤矿企业防治重大灾害的主体责任。深入推进《煤矿安全规程》宣贯和落实，督促煤矿企业抓紧修订规章制度、完善作业规程、对标整改落实。着力推动监管责任落实。向各级地方政府、煤矿安全监管部门和中央在甘、省属煤矿集团公司下发监察建议书和意见书 57 份。依法推动煤炭产能化解，认真做好停止新建项目、新增产能技术改造项目、煤矿生产能力核增项目安全核准和安全设施设计审批等政策的衔接和落实工作。依法注销了省政府公告关闭的 28 处持证煤矿和有效期满未申请办理延期手续的 47 处煤矿的安全生产许可证。积极配合省发改委和省安监局等单位对全省 55 处正常生产煤矿重新确定生产能力并加强监察，推动全省压减煤炭产能 427 万吨。积极参加了全国、全省“第 15 个安全生产月”活动，广泛开展了“国家宪法日”、“节能宣传周”等宣传教育，增强红线意识、法治意识和节能意识。

（赵鹏）

安全生产

【总体情况】2016 年，全省安全生产形势总体稳定。各类事故起数和死亡人数继续下降，全省共发生各类生产安全事故 1214 起，死亡 978 人，受伤 1036 人，直接经济损失 9958.99 万元，较大事故18起，死亡66人。按照可比口径，事故起数及死亡人数分别比上年下降13.6%和15.9%，较大事故数和死亡人数分别下降55%和57.4%。发生重大生产安全事故一起。

【安全生产管理】各级党委政府切实把加强安全生产工作作为政治工程、生命工程、民生工程、一把手工程来加以实施。省政府与14个市州、31个行业部门签订安全生产目标责任书；省安委会修订了安委会及成员单位安全生产职责，制定了部门安全生产责任清单，进一步明确了安全生产工作责任。大部分市州制定了安全生产工作部门和人员责任清单及问责实施细则等，做到明责在前、追责有据。大多数乡镇（街道）明确了村级组织安全管理职责，初步实现安全生产责任制"五级五覆盖"。大部分企业自上而下岗位逐级签订责任书，将安全责任落实到最小工作单元。

【依法治理】完善法规制度。修订了《甘肃省安全生产条例》，制定了《生产安全事故隐患排查治理办法》，出台了安全生产巡查制度等配套性制度规范。规范执法行为。创新执法检查方式，推行省级督查、市县全面检查、企业自查的工作模式和专家参与检查制度，监管执法逐步规范化。三是加大执法力度。全年共责令停产整顿914家，关闭取缔466家，经济处罚2200万元；对130起工矿商贸事故的499名责任人给予党纪政纪处分，32人移送司法机关处理，事故查处和执法力度不断加大。

【督查检查】2016年全省共督查检查生产经营单位近7万家次，排查各类隐患12万余条，即查即改9.26万条，限期整改2.74万条。工信、发改、安监等部门通力协作，全面整改573处管道隐患，提前7个月完成了国家部署的油气输送管线隐患整治攻坚战任务；公告关闭小煤矿46处，淘汰产能406万吨；国土资源部门清理采矿证过期矿山253家，逐矿下达停产整改通知，检查企业2091家，查出无证开采、勘查问题242个、越界开采问题17个，行政处罚184.3万元，移送司法机关4人；消防部门共检查单位8844家，整改火灾隐患16967处，临时查封62家，责令"三停"（停产停业、停止施工、停止使用）60家，行政拘留12人；住建部门开展了房屋市政工程安全质量治理行动，共检查建设项目3263项；公安交警部门查处严重交通违法行为661.8万起，行政拘留2.1万人，刑事拘留515人。

【安全生产培训】深化安全培训，安全监管和企业管理能力稳步提高。在省委党校、行政学院主体班开设了安全生产课程；在国家行政学院和省委党校举办3期安全生产应急管理和舆情应对专题培训班，市县两级党政负责同志和有关部门负责人353人参加；依托高等院校，举办专业进修、业务轮训、专题培训，对3195名安监人员培训，并组织开展全省安监人员、县区分管领导交叉学习检查活动，确保了换届后顺利衔接。在重点领域开展送教上门活动，培训4万多人；督促企业开展自主培训，培训"三项岗位人员"5万多人次。大部分市州举办多期领导干部专题培训班，监管队伍和企业管理人员两支队伍安全素质得到有效提升。

【安全生产宣传教育】综合运用传统媒体新兴媒体，宣传教育向千家万户深入。坚持安全工作与群众路线相结合，综合运用传统媒体和新媒体，有效拓展安全宣传的广度和深度，为全民安全素质提升这个大课题，找到了具体载体、平台和方法。一是努力打造新兴媒体宣传平台。截止目前，省市县三级安监机构全部建成微信平台，分级建立了危化、煤矿、非煤矿山、交通运输等行业企业微信群；乡镇（街道）全部建立了安监微信群，并延伸到辖区企业、村社、驻乡镇站所负责人和各类车辆驾驶人员；一半以上的行政村建立了安全生产微信群，将小微企业、驾驶员和外出务工人员列为重点宣传对象，正在向户户通推进；规模以上企业分车间、班组，基本建立了微信宣传群，并延伸到一线劳动者，新兴媒体已经成为全省安全生产领域部署、推动、反映、评比工作，宣传安全常识，落实群众路线的好平台好载体。二是狠抓重点人群教育培训。将安全生产知识纳入国民教育体系，联合教育部门编制中小学、职业技术院校安全知识读本，研究设置安全常识课，打造学校、家庭、社会三位一体的安全教育模式，以学生安全素质提升带动全社会整体安全素质提升。树立"把农民工培养成产业工人"的理念，编印《工程施工作业安全常识》等教材，将安全知识纳入就业培训内容，提高农民工的安全意识和自我防范能力。三是深入开展安全警示教育。累计向各级政府、重点行业企业发放警示教育光盘7万多张，组织安全管理人员、生产一线员工和社会群众观看，用典型事故案例、职业病危害案例推动安全生产和职业病防治工作。公安交警部门公开曝光了四次以上"一次性记12分"的159辆机动车、200辆"违法大户"、200名"终身禁驾"人员名单。四是注重打造安全宣传品牌。在中国甘肃网、每日甘肃网、甘肃电视台开设了《安全生产》和《问安陇原》栏目，打造安全生产宣传之窗；编印《平安家园——公民生产生活安全知识读本》，向全省850余万户家庭免费发放。

【信息化建设】坚持向科技要安全，强力推进信息化建设。紧抓甘肃被确定为国家安全生产信息化建设试点省的机遇，累计投入资金6430万元，建成了省市县三级安全生产专网，并与省政府专网实现互联互通；建成了三级远程会商系统，并采取"云视频+流媒体"方式将视频会议延伸到乡镇（街道）；建成了省级应急指挥中心，并与15个移动应急救援指挥平台进行联通；建成事故隐患排查治理信息系统并上线运行，已有6万多户生产经营单位注册登录。高危行业和重点领域积极推进视频监控系统和在线监控系统，提高了重点部位管控能力。

【基层基础建设】夯实基层基础，安全保障能力取得长足进步。全省1370个乡镇（街道）均成立了安监站，配备了专兼职安监人员，安全监管力量延伸到乡村基层，乡镇安监站在基础管理、群众宣传、日常检查和配合执法等方面正在发挥越来越重要的作用。按照省编办、省安委办、省人社厅、省安监局通知要求，目前绝大多数市县安监部门专业监管执法人员已达到30%目标。

积极推进全省安全生产应急指挥平台建设，组织15个省级应急救援基地开展跨区域实战拉动演练，锻炼了跨区域救援、远程指挥和协调联动能力。依托白银公司、甘肃金徽矿业、华煤集团甲醇分公司等企业，新组建三个救援基地，优化了总体布局，填补了救援网络盲点。8户企业完成“机械化换人、自动化减人”省级试点工作，为在面上推广进行了有益探索。工贸行业、非煤矿山、交通运输等行业1716户企业安全生产标准化二级达标，危化、煤矿生产企业全部三级以上达标。大力推进公路安全生命防护工程建设，投资2.5亿元整治国、省干线隐患路段1942公里，并督导各地完成农村公路5.1万公里的治理改造，有效提升了公路安全通行能力。

社会事业

科　技

【概况】2016 年，甘肃省综合科技进步水平居全国第 18 位，7 项重大科技成果获国家科学技术奖，登记省级科技成果 1276 项，技术市场合同交易额达到 150.05 亿元。争取国家科技计划项目 715 项，资金 7.39 亿元；组织省级科技计划项目 739 项，安排资金 2.95 亿元。专利申请受理 20276 件，比上年增长 39.0%；授权 7975 件，增长 15.4%；有效发明专利 5022 件，增长 22.7%；PCT 国际专利申请 8 件；万人口发明专利拥有量 1.93 件。科技对经济增长的贡献率达到 51.3%。

【科技创新战略】召开全省科技创新大会，明确着力重点，聚焦政策落实，发挥科技创新的引领作用，激发科技创新的动力活力，全省上下形成抓创新、谋发展的浓厚氛围。创新发展理念全面落实，省委省政府出台《关于深入贯彻新发展理念的实施意见》，把坚持创新发展置于首位，完善区域创新体系，改造提升传统产业，培育壮大新兴产业，进一步拓展发展空间，加快新旧动能转换，积极培育经济发展新动力。全省“十三五”科技创新规划发布实施，按照省委省政府“十三五”总体任务部署，发布《甘肃省“十三五”科技创新规划》，实施“14610”重点计划，着力推进科技供给侧改革，大力开展科学普及，充分发挥科技创新在推动产业迈向中高端、增添发展新动能、拓展发展新空间、提高发展质量和效益中的核心引领作用。“科技创新 30 条”制定出台，出台《甘肃省支持科技创新若干措施》，着力破解制约科技创新发展的障碍和约束，通过奖励、股权激励、后补助等形式激发创新主体活力，加快科技成果转化；放开科研单位、企业用人自主权，放开科研人员经费使用权和设备采购权，给广大科研人员“松绑”；鼓励省外科研机构在省内单独设立或者联合设立研发机构以及省外科研人员积极参与甘肃省科技创新活动。

【兰白试验区建设】试验区发展规划发布实施，《兰白科技创新改革试验区发展规划(2015-2020 年)》印发实施，全面推进“3510”行动计划，确保兰白试验区建设有力有序有效开展。“六个一百”技术创新工程成效显著，2016 年兰白试验区开发 122 个新产品、转化 297 项重大成果、培育 87 家高新技术企业、建设 137 个创新平台、培育和引进 160 个创新团队、科技创新投入达 122.35 亿元，认定了首批 100 家科技创新型企业。产业集聚效应明显增强，推动传统产业改造升级和新兴产业培育发展，2016 年共组织实施传统产业改造提升重点项目 262 项,战略性新兴产业骨干企业达到 34 户，占到全省 60%。打造石油化工千亿元产业链和生物医药、航空航天、特色农产品加工等 7 大百亿元产业链。2 个世界 500 强企业入驻试验区，兰石集团创造了甘肃省装备制造产业单笔出口订单的历史记录。财政资金杠杆作用凸显，新增 3 亿元兰白试验区技术创新驱动基金，总规模达到23 亿元。2016 年，发起设立 12 支子基金及张江创新创业投资基金，总规模达到 56 亿元，其中吸引社会资本 39.53 亿元；设立 2.3 亿元科技贷款风险补偿资金（风险池），共帮助 253 家（次）科技型企业完成贷款 15.03 亿元；对 24 家科技孵化器拨付后补助 1690 万元，对 2 家科技孵化器参股投资 1.1 亿元。开放合作深层拓展，上海张江国家自主创新示范区与兰白试验区签订创新驱动发展战略合作协议，并设立张江兰白基金与张江兰白科技金融平台。上海张江、北京大学、中国科技大学和国家技术转移中心在兰白试验区分中心的成果转移转化能力不断提升。中国瑞士合作项目甘肃子项目“兰白科技创新改革试验区科技金融人才培训班”成功举办。

【科技体制改革】制定《甘肃省深化科技体制改革实施方案》，推动以科技创新为核心的全面创新，推进科技治理体系和治理能力现代化，营造有利于创新驱动发展的市场和社会环境，激发大众创业、万众创新的热情与潜力，主动适应和引领经济发展新常态，加快创新型省份建设步伐，为实现发展驱动力的根本转换奠定体制基础。省级财政科研项目资金管理进一步完善，制定《关于完善省级财政科研项目资金管理政策的实施意见》，放宽省级财政资金使用权限，简化改进高校、科研院所科研仪器设备采购的管理流程，放宽了高校、科研院所基本建设项目的管理权限。科技计划管理改革深入推进，出台《甘肃省科技计划管理改革的实施方案》，形成新的科技重大专项计划、重点研发计划、技术创新引导计划、创新基地和人才计划、知识产权计划以及专项基金等科技计划体系，明确省级财政科技计划管理改革路线图。探索引入 2 家单位试点建设项目专业管理机构。适当扩充省级基础研究 B 类计划项目依托单位。加强科研信用体系建设，建立省级科技计划项目动态调整机制，开展“十二五”以来应结未结项目清理工作，结题率达 99.28%。出台《甘肃省省级科技计划（专项、基金等）严重失信行为记录规定（试行）》和《甘肃省科技评价评审专家行为规范（试行）》步构建诚实守信的科技创新环境氛围。推进科技评价改革，修订《甘肃省科学技术奖励办法实施细则》，完善科技奖励推荐评审机制，发挥科技奖励的导向作用。完善科研评审，实行评审专家轮换、调整机制和回避制度，保证评审的公正性。加强和规范科研基地建设管理和绩效评估，建立稳定支持和退出机制。提高科技资源利用效率和共享水平，出台《甘肃省大型科研基础设施和大型科研仪器开放共享及后补助管理办法（试行）》和《甘肃省大型科研基础设施和大型科研仪器后补助方案》，推动科研设施与仪器拥有单位向社会开放，加快推进全省科技资源共享和优化配置。

【科技成果转移转化】科技成果转化条例率先修订，《甘肃省促进科技成果转化条例》正式施行，是全国首部修订出台的促进科技成果转化的地方性法规。《条例》明确下放了科技成果处置权收益权分配权，提高科技人员职务科技成果转化收益比例，为激发科研机构和科技人员投身科技成果转化、提高全省科技创新和成果转化能力提供了法律保障。促进科技成果转移转化行动正式启动，出台《甘肃省促进科技成果转移转化行动方案》，建立健全了科技成果转移转化体系，激发了创新主体科技成果转化积极性，发挥了科技创新和成果转化在经济转方式调结构的重要作用。双创有效支撑实体经济转型升级，出台《甘肃省加快众创空间发展服务实体经济转型升级实施方案》。科技部认定国家级众创空间 14 家，新增省级众创空间 42 家，总数达到 103 家，入驻创业团队及企业 2568 家，带动创业 22025 人。科技部认定首批国家级“星创天地”33 家，带动科技特派员、农民工、大学生持久深入地在农业农村领域创新创业。新增 2 家国家级科技企业孵化器，全省总数达到 7 家；首批认定 20 家省级科技企业孵化器。张掖市小微企业创业创新基地城市示范工作有力推进。成功举办第五届中国创新创业大赛(甘肃赛区)暨“兰州高新杯”甘肃省创新创业大赛、“甘肃银行杯”甘肃省第七届大学生创新创业大赛、2016 年全国双创活动周甘肃分会场活动。技术市场蓬勃发展，出台《甘肃省技术市场管理办法》，进一步加强技术市场管理，保障技术交易当事人的合法权益，促进科技成果转移转化。兰州科技大市场运行良好，2016 年共发布科技成果 722 项，登记科学仪器设备 863 台(套)，入驻专业服务机构 459 家，成为新常态下全省技术市场的示范案例。全省技术合同认定登记点达到 18 个。科技创新券正式使用，印发《甘肃省科技创新券实施管理办法（试行）》，创新财政科技投入使用方式，采取电子券形式发放给省内创新企业和创业团队，推动科技服务需求方和供给方有效对接，降低中小微企业创新创业成本。目前，认定科技创新券服务机构 84 家，发放科技创新券 1548 万元。科普和创新文化建设进一步加强，出台《甘肃省“十三五”科普发展规划》，科普助推创新驱动发展战略行动计划有力推进，鼓励支持科普创作。成功举办全省科技活动周、甘肃省首届科普讲解大赛、甘肃省第十一届中小学生科学知识网络竞答等活动。

【科技精准脱贫】科技精准扶贫脱贫取得新成效，10058 名科技特派员精准扶贫创新创业行动成效显著，累计完成实用技术培训、扶贫创业培训、政策业务培训 10 万余人次。渭源县积极开展科技特派员创新创业改革和示范探索。“三区”科技人员专项计划大力推进，为全省 60 个县（区）选派科技人员 1425 人，培训本土科技人才 138 人。《甘肃省深入推行科技特派员制度的实施方案》印发实施，有力激发科技特派员创新创业热情，促进一二三产业融合发展。实施“康县多元产业培育及新农村建设示范”、“热电气联供系统在古浪县农牧生产中的示范应用”、“正宁县苹果产业培育与科技精准扶贫试点建设”民生科技项目，带动当地优势产业发展，促进农户增收致富。帮助康县建成长坝镇山根村高山蔬菜科技示范点和大堡镇漆树沟村生态鸡特色养殖科技示范点。推进美丽乡村建设，帮助康县贫困村对饮用水水源地水质进行采样检测，完成 10000 m²农户庭院硬化及村道硬化工程，建成 1200 m²文化广场并安装健身器材，帮助安装太阳能路灯 38 盏。

【科技创新】农业科技创新加快推进，成功培育高山美利奴羊，填补了世界高海拔生态区细型细毛羊育种的空白。苦水玫瑰工厂化育苗技术研究、自走式青贮饲料（饲用甜高粱）联合收获机组研制等项目取得丰硕成果，走出一条具有甘肃区域特色的现代农业发展新路子。新增省级农业科技园区 1 个，全省 32 个产业富集、特色鲜明的农业科技园区，对发展现代农业、推广农业新品种新技术提供了有力的科技支撑。战略性新兴产业引领经济转型升级，制定省科技厅支持战略性新兴产业骨干企业发展 8 条措施，围绕战略性新兴产业推动专利导航产业发展试验区建设和专利池建设，编制 42 家骨干企业技术路线图，持续打好战略性新兴产业总体攻坚战。落实《中国制造 2025 甘肃行动纲要》，全力推进军民深度融合，形成 3D 打印、新能源多用途运载平台等一批科技成果，军民融合公共服务能力进一步提升。新认定高新技术企业 129 家，总数达到 436 家。知识产权支撑创新驱动发展能力显著增强，获批全国特色型知识产权强省建设试点省，出台《关于新形势下加快知识产权强省建设的实施方案》和《甘肃省建设特色型知识产权强省试点省实施方案》。兰州市获批国家专利运营试点城市，兰白试验区成为全省知识产权工作先导区。全省专利权质押融资金额达 12 亿元，超过了“十二五”时期的总和。13 家企业入选国家知识产权示范优势企业，全省拥有国家级知识产权示范企业 4 家和优势企业 44 家。5 项发明专利获得第 18 届中国专利优秀奖。有效推进知识产权执法维权“护航”专项行动，共受理各类专利案件 483 件，接听 12330 知识产权维权援助与举报投诉电话 1000 余次。科技创新服务社会发展能力持续提升，大禹节水集团股份有限公司牵头承担的“西部牧区高效节水灌溉技术与集成应用”等生态环境领域 4 个项目获国家重点研发计划立项，支持经费 9176 万元。独家产品结核丸二次开发、国家一类新药“丹参酚酸 A 注射液”临床前研究、13 价肺炎球菌结合疫苗等新药研制项目，有力提升甘肃生物医药产业的科技创新能力。“智能机动车安全技术检测方法”入选国家标准，积极开展水资源可持续合理利用技术创新，示范推广风沙治理技术体系，成功研制我国首个石窟围岩风化和壁画盐害机理试验成套装置，生态环境、生物医药、公共安全、节能减排等领域科技创新力度持续加大。

【科研建设】国家重点实验室建设加快推进，大型电气传动系统与装备技术国家重点实验室、镍钴资源综合利用国家重点实验室、省部共建有色金属先进加工与再利用国家重点实验室建设运行实施方案通过专家论证。全省共建有国家实验室 1 个，国家重点实验室（培育基地）12 个，国家工程技术研究中心 5 个。科研基地布局进一步优化，在空间电推进技术、黏土矿物应用、传染病病原学、可穿戴装备等领域布局培育，新建省级重点实验室 8 个、省级工程技术研究中心 10 个。全省共建省级重点实验室 109 个，省级工程技术研究中心 160 个。科技创新人才队伍持续壮大，全省专业技术人员达到 56.9 万人，研发人员 4 万余人，在甘两院院士 18 人。全省 630 个项目获国家自然科学基金委立项，直接资助经费 3.12 亿元。积极推荐“万人计划”、创新人才推进计划、“西部之光”访问学者等，一批科技领军人才、优秀科技创新团队和创业人才加快涌现。2016 年，全省引进 33 名科技人才挂职。基层科技进步与创新能力不断提升，科技工作主动适应地方经济社会发展需要，更好地为经济发展、社会进步和民生改善服务。武威市省级创新型试点城市建设为全省科技创新和区域创新体系建设探索了典型经验，提供了示范样板。

【合作交流】“一带一路”科技创新合作持续深化，中国-马来西亚清真食品国家联合实验室、中国-巴基斯坦农业生物质能源技术研发与示范联合中心建设稳步推进。组织全省科技合作访问团出访以色列、马其顿、瑞士等三国商谈科教合作事宜，与以色列农业研究组织签署了合作协议，深化双边科技创新合作。积极谋划推动甘肃省与巴基斯坦、马来西亚、新加坡、柬埔寨、蒙古、俄罗斯、白俄罗斯、奥地利等国家的科技合作。新增 2 家国家国际科技合作基地，总数达到 15 家。国内科技合作水平显著提升，院地合作进一步深化，签署了甘肃省中国科学院第四轮科技合作协议，邀请我国有色冶金及新能源材料领域的 11 名中国工程院院士专题论证了《金川电池材料产业园发展规划》。省校合作不断推进，有效落实与北京大学、中国科技大学战略合作协议。成立“甘肃-青海食品研发及检测联合实验室”。科技交流活动丰富多彩，举办 2016 中国•兰州科技成果博览会，共签约科技合作与成果转化转移项目 203 个。巴基斯坦、阿联酋、瑞典、奥地利、德国、丹麦、以色列、马来西亚等国家和欧盟驻华使馆科技参赞访问甘肃省，推动科技创新交流合作。组织 3 名亚非青年科学家来甘肃省工作，全省 20 名优秀高中生和 10 名青年科技人员赴日本开展“樱花科技计划”青少年科技交流活动，承办中日核聚变双边合作第九次联合工作会，举办中欧科技创新合作宣讲会。积极组织全省高校、科研院所、高新技术企业参加北京科博会、东盟博览会、深圳高交会等展会活动。

（荣良骥　刘军）

教　育

【概况】2016 年，甘肃教育系统深入学习贯彻习近平总书记系列重要讲话精神，以五大发展理念为统领，紧盯落实省委省政府各项决策部署，以提高质量和促进公平为核心，聚力教育精准扶贫，深化教育综合改革，努力提升教育服务能力和共享水平，实现“十三五”良好开局。2016 年全省共有各级各类学校 15580 所，在校生 508.37 万人，教职工 39.78 万人。全省学前三年毛入园率 90%，比上年提高 15 个百分点；九年义务教育巩固率 94%，提高 1 个百分点；高中阶段毛入学率 93%，提高 1 个百分点；普通高校 49 所，其中本科院校 22 所、高职（专科）院校 27 所；高等教育毛入学率 35%，提高 3 个百分点。全省学前教育专任教师 3.94 万人；小学、初中专任教师分别为 14.11 万人、8.24 万人，学历合格率分别为 99.86%、99.63%；普通高中专任教师 4.51 万人，中职教育专任教师 1.54 万人，高等教育专任教师 2.76 万人。

【基础教育】坚持把学前教育作为阻断贫困代际传递的重要途径，持续扩大农村学前教育资源。2016 年在 58 个贫困县 1500 人以上有需求的行政村、17 个插花型贫困县和革命老区有需求的行政村建设幼儿园 2465 所，基本实现全省乡镇，58 个贫困县 1500 人以上行政村，17 个插花型贫困县行政村、革命老区和藏区有需求的行政村幼儿园“五个全覆盖”。全省幼儿园达到 6441 所，比 2015 年增加 2470 所；在园幼儿达到 89.2 万人，比 2015 年净增 19.09 万人。

15 个县通过国家义务教育均衡发展评估认定，全省实现义务教育基本均衡发展的县累计达到 44 个，占全省县市区总数的 51%。扎实推进实施全面改善贫困地区义务教育薄弱学校基本办学条件项目，2014-2016 年三年累计落实各级“全面改薄”资金 145.8 亿元（其中 2016 年 41.66 亿元）。已实施项目惠及 1.13 万所义务教育薄弱学校、253 万名学生，分别占义务教育阶段学校数、学生数的 84%和 93%。基本消除了 D 级危房和“大通铺”现象，基本达到学生 1 人 1 桌 1 椅（凳）、寄宿学生 1 人 1 床的要求。加快推进“三通两平台”建设，扩大信息化优质资源共享，为义务教育学校配备“班班通”设备 5 万余套，全省中小学互联网接入率达到 86.85%。

将进城务工人员随迁子女义务教育纳入教育发展规划和财政保障范畴，保障随迁子女平等接受义务教育。落实外来务工人员子女参加高考政策，不再限制考生户籍，全省 1016 名外来务工人员随迁子女参加高考，录取率 78.84%。保障特殊教育发展，在武威等 5 个市州建立特殊教育指导中心，在兰州市城关区等 38 个县区建立县级残疾儿童随班就读资源中心，实现特殊教育指导中心市州全覆盖和残疾儿童随班就读资源中心县区全覆盖。关爱留守儿童成长，全面摸清农村留守儿童底数，健全农村留守儿童基本信息动态管理机制，制定实施《甘肃省精准扶贫农村留守儿童教育专项支持计划（2016-2020 年）》，通过改善留守儿童教育条件、加强农村留守儿童服务阵地建设等系列举措，推动留守儿童教育关爱工作制度化、规范化。持续推进实施农村义务教育学生营养改善计划，184.1 万名农村学生全部享受免费营养餐。为 5670 所农村义务教育阶段学校食堂配备了厨具设备，有效改善了农村学校食堂设施和就餐条件。

大力调整高中阶段教育结构，促进普通高中与中职教育协调发展。加快推进中职资源整合，中职学校由 2015 年的 228 所优化整合为 190 所，中职实现招生 8.1 万人。加快改善普通高中办学条件，投入资金 3.12 亿元实施集中连片特困县普通高中改善办学条件项目 52 个。推动普通高中特色化、多样化发展，新创建普通高中特色实验校 22 所，累计达到 66 所。

【职业教育】启动建设国家职业教育助推城镇化建设改革试验区，省政府教育部联合印发《共建国家职业教育助推城镇化建设改革试验区实施方案》，研究制定《甘肃省职业教育助推城镇化建设改革试验区发展规划（2016-2020 年）》。兰州新区职教园区建设顺利推进，省统建“三校一区”主体全部完工，2017 年 9 月将实现入驻办学。深化职业教育考试招生制度改革，职业学校学生上升通道逐步打通，一体化人才培养体系基本形成。深化产教融合、校企合作，新组建甘肃省现代林业职业教育集团等 6 个省级行业型职教集团，累计达到 21 个。17 所院校开展现代学徒制试点。着力提高职业教育办学质量，实施中职教师素质提升“双千计划”，2016 年中职学校面向社会输送 6.5 万毕业生，中职就业率达到 95.93%。扩大职业教育对外交流与合作，组织 115 名职业学校教师和管理人员赴法国参加培训。德国汉斯•赛德尔基金会设在酒泉职业技术学院的职教师资培训机构“中国西部职业教育与发展中心”通过德国政府专家评估。鼓励引导贫困家庭适龄青年接受职业教育，近两年累计招收建档立卡贫困家庭中职学生 10.5 万人，占全省中职招生规模的 70%。协同省人社、扶贫部门实施农民工职业技能提升计划，大力开展城乡富余劳动力转移就业创业培训和劳务品牌培训，年培训规模达到 100 余万人次。

【高等教育】启动高水平大学和一流学科建设工作，省政府印发关于统筹推进高水平大学和一流学科建设的实施方案，重点支持 6 所大学进入高水平行列，重点建设 50 个左右一流学科，2016 年 3 所高校的 14 个学科入围美国基本科学指标数据库（ESI）全球前 1%学科排行榜。优化高等教育布局和专业结构，新设置甘肃财贸职业学院等 4 所高职院校并实现首届招生。深入推进实施高等教育质量工程，评定优秀教学成果 200 项，培育教学名师 20 名、教学团队 20 个、实验教学示范中心 10 个，打造精品课程 60 门、特色专业 30 个。成立甘肃省高等学校教学评估中心，开展普通高等学校本科专业综合评价试点，828 个高职高专专业通过教育部审批备案。贯彻落实国家和全省科技创新大会精神，推动高校主动投身创新驱动发展。面向兰白科技创新改革试验区骨干企业建立研究生联合培养示范基地，省教育厅发起成立兰白试验区联合创新研究院，40 所高校和科研院所首批加盟。打造创新创业人才培养和战略性新兴产业培育新载体，省政府出台《关于推进大学科技园建设的意见》，启动实施“大学科技创新园提质扩容行动”。加强高校科研平台和团队建设，新增省级重点实验室和人文社科重点研究基地各 1 个、电子商务重点实验室 13 个、省级“2011 协同创新中心”10 个。提升高校科研能力，全省高校立项国家自然科学基金项目 393 项，社科基金项目 83 项。高校到账科研经费 9.14 亿元，较 2015 年增加 1.01 亿元。获国家级科研奖励 2 项，省部级 65 项。促进科研成果转化，全省高校获得专利 1297 项，签订技术合同 199 项，合同金额 3.44 亿元。高校面向社会开放科研平台近 300 个。支持建设“一带一路”战略与教育发展研究中心等 20 个高校新型智库，立项支持科技成果转化和原创性科技成果培育项目 10 项、战略研究项目 19 项、基础性科研项目 159 项，评出全省高校科研优秀成果奖 311 项。

【就业创业】依托项目带动就业创业，省财政设立 5000 万元就业创业专项资金，启动实施“甘肃省高校大学生就业创业能力提升工程”，扶持 19 所高校 35 个创新创业项目，受益学生 20 万人。加强就业创业服务平台建设，设立甘肃省兰白科技创新改革试验区人才精准服务平台、甘肃省师范教育人才精准服务平台、甘肃省战略性新兴产业骨干企业人才精准服务平台、甘肃省中小微企业人才精准服务平台等 4 个省级人才精准服务平台。举办人才招聘会、专项宣讲会 1321 场次，提供就业岗位 18.81 万个。加强大学生创新创业教育，积极搭建创新创业平台，45 所高校成立创新创业教育改革专门机构，组织实施国家级、省级和校级大学生创新创业训练计划“521 工程”，开展大学生就业创业之星引领行动，建立新型创新创业教育基地。在第二届中国“互联网+”大学生创新创业大赛中，甘肃高校获得 1 银、10 铜的成绩。制定新的高校教师高级职务任职资格评审条件，鼓励高校教师创新创业。实行“一把手”工程，全面推动就业创业，2016 年全省高校初次平均就业率 66.09%，同比增长 3.77 个百分点。

【落实立德树人根本任务】全面贯彻党的教育方针，推进党的教育方针进校园。加强中小学德育，深入推进未成年思想道德建设“金种子”工程，以 10 余项主题教育活动为抓手，大力培育和践行社会主义核心价值观。扎实推进“五个千所示范校”建设，立体构建推进素质教育新载体，累计创建省级中小学德育示范学校 800 所、快乐校园示范学校 600 所、语言文字规范化示范校 563 所，绿色学校 260 所和国家校园足球特色学校 357 所。加强学校体育，改进美育教学，落实“一校一品”、体育艺术“2+1”项目和每天一小时校园体育活动，实施“中小学舞蹈课程进校园工程”。

【教育综合改革】加强改革统筹设计，《甘肃省教育综合改革重点推进事项》经国家教育体制改革领导小组审议通过。重点突破专项改革，省政府印发《甘肃省深化教育考试招生制度改革实施方案》，省政府办公厅印发《甘肃省强化学校体育促进学生身心健康全面发展的实施方案》和《甘肃省全面加

强和改进学校美育工作的实施方案》。加强教育项目专项督导，省教育厅、省政府教育督导团印发《甘肃省

全面改善贫困地区义务教育薄弱学校基本办学条件工作专项督导实施方案 》。科学谋划教育事业发展，《甘肃省“十三五”教育事业发展规划》经省政府印发实施。全面落实义务教育免试就近入学，普通高中学业水平考试实施办法和学生综合素质评价实施办法经教育部审核备案。继续实施高考招生平行志愿投档录取模式，2016 年录取考生 23.57 万人，高考录取率 79.39%，创历史新高。深化职业教育分类考试和招生改革，扩大中高职衔接和“五年一贯制”贯通培养试点规模，6822 名中职学生完成 2 年学业顺利转段进入高职院校学习。中职对口升学考试录取 9568 人。推进自学考试改革，面向需求调整专业结构，停考社会长线专业 18 个、预停考应用型专业 30 个，开展高职高专在校生衔接自学考试本科教育试点。深入推进课程与教学改革，省教育厅印发《全面深化义务教育课程改革的指导意见》。开展国家义务教育质量监测，10 个样本县 222 所学校参加义务教育语文、艺术学科监测，在 6 个县启动实施“基于监测结果使用的区域督学能力建设项目”。省教育厅印发实施甘肃省高职高专教学诊断改革实施方案，推进高职高专教学诊断改革。深化高校学分制改革，以“甘肃高校教师教育联盟”“安宁五所高校战略联盟”为依托，实施跨校选课、学生交换和主辅修教育等 3 种方式的合作育人，实现了思想政治理论课跨校选课、学分互认。研究生课程建设试点工作有序推进，3 所高校被国家确定为 2016 年研究生课程建设试点单位。健全城乡学前教育发展体制机制，省教育厅研究制定《关于建立健全农村学前教育发展体制机制的指导意见》，鼓励探索公建民营、民建公助等灵活多样的办园模式。开展省级《义务教育学校管理标准（试行）》实验区试点。强义务教育学校标准化管理，遴选开展省级《义务教育学校管理标准（试行）》实验区试点工作。推进义务教育学校校长教师交流轮岗制度改革，鼓励和引导优秀校长和骨干教师向乡村学校合理流动。

【教育精准扶贫】专项制定并实施学前教育、义务教育、普通高中、职业教育、乡村教师队伍、民族教育、学生资助、高校招生、留守儿童等 9 个专项支持计划和支持革命老区教育跨越发展行动计划（简称“9+1”教育精准扶贫专项支持计划），实现教育精准扶贫政策在各学段、各关键点全覆盖。建成并完善教育精准扶贫大数据平台，确保教育扶贫政策精准兑现到位。完善从学前教育到研究生教育全覆盖、无缝隙学生资助体系。省委省政府将免补学前教育保教费和免补省内高职（专科）、普通高中贫困生学杂费及书本费列入为民办实事项目，强力予以保障。对全省在园幼儿按每人每年 1000 元标准免除（补助）保教费，并对特困县建档立卡贫困户入园幼儿再增加 1000 元补助，全年发放免补资金 7.76 亿元，累计受益幼儿 163.48 万人次。对贫困县建档立卡贫困家庭高中学生按每人每年 800 元标准免除（补助）学杂费和书本费，发放资金 9911 万元，受益学生 21.96 万人次。对建档立卡贫困家庭进入省内高职（专科）院校学生按每人每年 5000 元标准免除（补助）学费、书本费，累计向 3.58 万名学生发放资金 1.86 亿元。免除了全省所有中职学生学费，13.7 万名农村户籍学生和城市家庭经济困难及城市涉农专业学生享受到了每人每年 2000 元的中职国家助学金。健全完善国家助学贷款还款救助机制，向家庭经济困难的本专科大学生每人每年提供最高 8000 元、研究生每人每年提供 1.2 万元的生源地信用助学贷款，2016 年发放信用助学贷款 13.5 亿元，23 万名家庭贫困大学生受益，贷款规模较 2015 年增长 6.6%，贷款金额增长 10.7%，有力确保了不让一名贫困家庭学生因贫失学。大力推进实施招生扶贫，面向集中连片特殊困地区实行定向招生。2016 年，各类高校招生专项计划共录取贫困地区考生 3.55 万人，比 2015 年增加 1.32 万人。集中连片贫困县考生高考录取率达到 77.74%，较 2015 年增加 0.74 个百分点。

【教师专业化建设】以学前教育师资补充为重点，精准招录优秀人才到乡村学校任教，2016 年通过国家“特岗计划”、省政府民生实事项目等渠道精准招聘幼儿园、中小学教师 6547 人(其中幼儿园教师 5332 名、中小学教师 1215 名），乡村教师占 96.3%。精准打好乡村教师培训“组合拳”，全年培训中小学教师 10.31 万人次、幼儿园教师 1.84 万人次，占基础教育师资总量的三分之一。上海华信公益基金会等外援项目培训中小学、幼儿园教师和教育局长近 5000 人。大力提高乡村教师待遇，省委省政府将“为 58 个集中连片特困和 17 个插花型贫困县乡村中小学和幼儿园教师发放生活补助”列入为民办实事项目，2016 年发放贫困县乡村教师生活补助资金 6.03 亿元，16.36 万名乡村教师受益，人均补助标准达到 300 元以上。建立乡村教师荣誉制度，省委省政府召开甘肃省庆祝第 32 个教师节暨乡村教师工作座谈会，为全省从教 30 年以上的 6.07 万名乡村教师颁发国家级荣誉证书，为从教 20 年以上的 3.08 万名乡村教师颁发省级荣誉证书，市州为从教 10 年以上乡村教师颁发荣誉证书。全面深化中小学、中等职业学校职称制度改革，首次开展中小学正高级教师评审，在全国率先制定政策并开展中职学校正高级讲师评审，突破中职学校教师不能评正高级职称的“天花板”。深化高校职称改革，向高校下放副教授评审权。制定出台职业院校“双师型”教师职称评审实施办法，推动职业院校、应用型高校加强“双师型”教师队伍建设。

【教育保障】建立城乡统一、重在农村的义务教育经费保障机制，实现“两免一补”和生均公用经费可携带，推进城乡义务教育一体化、均衡化发展。统一城乡义务教育生均公用经费基准定额，普通小学每生每年 600 元，普通初中每生每年 800 元，对寄宿制学校按校内寄宿生数每年再增加 200 元公用经费补助，对农村百人以下小规模学校按 100 人标准核定公用经费，对特殊教育学校和随班就读残疾学生按每生每年 6000 元标准核拨公用经费。改革省属高校预算拨款制度，改进资金分配

和管理方式，建立以办学能力提升、转型发展和绩效考核为导向的项目支出体系，引导高校突出内涵发展。

【民族教育】加强民族教育发展顶层设计，省政府印发《甘肃省加快发展民族教育专项规划（2015-2020年）》。坚持问题导向着力解决民族教育发展中面临的突出问题和困难，省教育厅启动实施临夏回族自治州义务教育控辍保学行动计划和全省藏区教育发展五年攻坚计划，印发《关于进一步提升民族地区中小学理科教育教学质量的实施方案》。加强藏区双语教师队伍建设，对甘南、天祝2400名双语教师进行全员轮训，选派381名大学生赴藏区开展顶岗支教实习。大力实施藏区“9+3”免费中职教育，全年招生296人。启动实施少数民族紧缺人才培养专项计划，首次招生1600人。加快改善民族地区办学条件，“全面改薄”资金按在校学生数120%向民族地区倾斜，2016年向藏区投入改薄资金2亿元。

【依法治教】省教育厅研究制定《甘肃省依法治教实施规划（2016-2020年）》和《甘肃省教育系统法治宣传教育第七个五年规划》。深化教育行政审批制度改革，取消行政审批和部门内部管理事项各1项。加强教育督导，省政府新聘任第九届督学79人、第二届县级政府工作督导评估专家56人，培训督导人员1633名。推进中小学责任督学挂牌督导工作，新命名1个县为中小学校责任督学挂牌督导创新县。对15个县（市、区）进行县域义务教育均衡发展省级督导评估。对18个县（市、区）进行县级政府教育工作督导评估，追回欠拨教育经费12.54亿元，第二轮县级政府教育工作督导评估任务全面完成。开展春秋季开学检查、中小学有偿补课、择校乱收费、校园欺凌综合治理、中小学教辅材料散滥问题治理、学前教育、特殊教育、语言文字工作、“全面改薄”工作等余10项专项督导。深入开展校园及周边综合治理、安全隐患大排查等专项行动，排查学校2万余所，督促整改安全隐患近700余条。加强学生安全教育和心理健康教育，推进“安全教育实验区”建设，强化节假日和重要敏感期值班，有力维护了教育系统安全稳定大局。

【教育治理】加强机构编制建设，成立省教育厅经费监管事务中心，组建甘肃省高等学校服务中心。甘肃省教育科学研究所更名为甘肃省教育科学研究院。加强干部队伍建设，选拔任用干部35名。加强干部档案规范管理，专项审核干部人事档案216卷。深入推进效能风暴，严格执行首问责任制、限时办结制等8项管理制度，建立重点工作“每周例会、逐月报告、季度推进、半年总结”督查制度，重要事项台账管理、图表上墙、动态监控、销号落实。实行重点任务目标责任制管理，层层签订目标责任书，全年督办人大代表建议、政协委员提案101件，督办转办通知、领导批示等重要事项800余件。

【教育对外开放】紧扣丝绸之路经济带甘肃黄金段建设需求，省委办公厅、省政府办公厅印发《关于做好新时期教育对外开放工作的实施意见》。省教育厅成功举办首届敦煌文博会“一带一路”高校联盟主题论坛，中外126所高校加盟并签署合作备忘录，达成多元化共识。省教育厅设立“甘肃省丝绸之路专项奖学金”，吸引更多“一带一路”沿线国家学生来甘留学。设立西北师范大学中亚研究院，兰州交通大学在马其顿奥赫里德信息技术大学成立科技文化交流中心。亮点工作国家层面交流树立了甘肃新形象，省教育厅承办召开全国“全面改薄”工作现场推进会，甘肃的改薄工作经验得到国家充分肯定和推广。在第十一届全球孔子学院大会、纪念国务院《关于推广普通话的指示》发布60周年座谈会、第十届国家督学聘任工作会议等10余次国家级会议上甘肃作了交流发言。教育部与甘肃签署“一带一路”教育行动合作备忘录和学校美育改革发展备忘录，国家语委“一带一路”汉语普通话推广培训基地（西北中心）在西北师范大学挂牌成立，在全国率先开展语言文字工作督导评估改革实验工作。

【民办教育】省政府出台《加快民办教育发展的实施意见（试行）》，鼓励和引导社会力量办学。加大普惠性民办幼儿园发展支持力度，省财政拨付奖补资金3192.4万元，奖补普惠性民办幼儿园368所。大力实施民办幼儿园能力提升工程，基本完成省内所有民办幼儿园园长、教师轮训工作。完善民办院校法人治理结构，推进民办院校所有权与管理权分离，实现民办高校董事长和校长分设。

文　化

【概况】2016年，全省各类文化（文物）单位5752个，比上年增加318个；从业人员47868人，增加30人。其中，各级文化文物部门所属单位2219个，增加9个；从业人员26291人，增加150人。

【艺术创作演出】2016年，在艺术创作上转变观念，面向全国征集舞台剧本176个，形成甘肃舞台艺术剧本库。修排2016版舞剧《丝路花雨》，在首届丝绸之路（敦煌）国际文化博览会开幕式演出广受好评；创作秦腔《八月十五月儿圆》、话剧《小吉普•变变变》等剧目，移植创作大型现代反腐倡廉题材陇剧《全家福》。话剧《天下第一桥》入围第十一届中国艺术节参评文华大奖，主角朱衡荣获文华表演奖。组织开展“舞台精品惠百姓演出年”、“送戏下乡共筑中国梦”、“纪念建党95周年”和“纪念红军长征胜利80周年”等文艺演出活动。歌剧《貂蝉》、陇剧《官鹅情歌》、话剧《天下第一桥》、儿童剧《木偶奇遇记》及大型音乐会《甘声肃韵》《陇上行》等分别在国家大剧院、西安、乌鲁木齐、兰州等地演出。

年末全省共有艺术表演团体227个，比上年增加36个，从业人员7224人，增加485人。其中各级文化部门所属的艺术表演团体66个，占艺术表演团体总数的29.07%，从业人员3571人，占从业人员总数的49.43%。

全年全省艺术表演团体中，原创首演剧目31个，拥有知识产权剧目17个，全年演出3.14万场，比上年增长35.56%，其中赴农村演出2.27万场，增长37.58%，赴农村演出场次占总演出场次的72.29%，提高0.89个百分点；国内观众2774.92万人次，增长36.41%，其中农村观众1394.49万人次，下降4.56%；总收入4.69亿，增长12.2%，其中演出收入1.17亿元，增长27.17%。

全年全省文化部门所属艺术表演团体共组织政府采购公益演出0.32万场，增长16.55%；观众301.4万人次，增长16.23%。利用流动舞台车演出0.214万场次，增长2.39%；观众188.77万人次，下降18.31%。

年末全省共有艺术表演场馆48个，观众坐席数20602个。各级文化部门所属艺术表演场馆23个，观众坐席数12922个，减少304个；全年共举行艺术演出0.246万场次，增长84.96%，其中惠民演出0.046万场；艺术演出观众人次37.44万人次，增长1.46%。

【公共文化服务】2016年，印发实施《关于推进基层综合性文化服务中心实施方案》《甘肃省"十三五"公共文化服务体系建设规划》。扎实开展文化志愿服务活动，对招募的基层文化志愿者进行培训。开展公共图书馆阅读推广活动，举办甘肃省第三届图书馆学情报学学术成果评奖，评选学术成果奖37项。遴选优秀作品、团组、选手参加各类节会赛事，1个作品进入第十七届群星奖决赛并现场展演，组团参加"第十八届中国老年合唱艺术节"并获奖。

召开两次"乡村舞台"建设推进会，启动实施全省城市街道、社区综合文化服务中心建设。全省各级共投入资金10亿多元，完成了3500个"乡村舞台"（其中建成精准扶贫精准脱贫贫困村"乡村舞台"3000个）、302个未达标乡镇综合文化站达标建设、56个城市街道和523个城市社区综合文化服务中心建设任务。

年末全省共有公共图书馆103个，其中少儿图书馆6个。公共图书馆从业人员1450人，增加7人。全省公共图书馆实际使用房屋建筑面积26.76万平方米，增长23%；图书总藏量1393.95万册，增长4.06%，其中古籍52.08万册；电子图书243.03万册，增长25.01%；阅览室座席数20158个，增长6.81%；计算机0.51万台，增长4.08%；供读者使用的电子阅览终端0.33万台，增长6.45%。平均每万人公共图书馆建筑面积102.56平方米，增加18.28平方米；全省人均图书藏量0.53册，增加0.01册；全年全省人均购书费1元，比上年增加0.08元。公共图书馆发放借书证35.97万个，增长14.37%；总流通人次724.29万，增长6.81%。书刊文献外借册次618.82万，增长5.16%；外借人次352.61万，增长2.53%。全年共为读者举办各类讲座1118次，参加人次22.02万人；举办展览387次，参加人次50.67万人；举办培训班376次，参加人次2.92万人次。

全省共有群众文化机构1458个，增加3个。其中各级文化馆103个，乡镇综合文化站1229个，城市社区文化站126个。全省群众文化机构从业人员6342人，减少58人。群众文化机构实际使用房屋建筑面积74.09万平方米，增长2.12%；藏书454万册，增长4.97%；计算机10617台，增长6.05%；对公众开放的阅览室面积3.22万平方米，增长8.05%。年末全省平均每万人群众文化设施建筑面积283.91平方米，比上年末提高4.8平方米。群众文化机构共组织开展各类文化活动2.95万场次，增长10.49%；服务人次945.89万，增长2.88%。群众文化机构共有馆办文艺团体203个，演出3018场，观众154.95万人次。由文化馆（站）指导的群众业余文艺团体9674个，参加人数16.35万人，馆办老年大学20个。

全省共有国有美术馆51个，从业人员322人，增加2人。藏品1.97万件，其中文物藏品877件。全年共举办展览644次，增长24.32%，参观人次120.43万人次，下降18.97%。

【文化市场】落实和完善"放管服"政策措施，对演出、娱乐、网络文化市场准入政策进行大幅度调整，新增市场主体1082家。全省1286家上网服务场所完成了转型升级，占全省上网服务营业场所总数的66%。加大文化市场巡查、执法力度，扎实开展专项整治行动，全年出动执法人员17.6万人次，检查经营单位7.6万家次，责令整改2402家次，警告969家次，受理举报336件，责令停业整顿119家，吊销许可证5家。

全省文化市场经营单位3503家，增加309家；从业人员2.06万人。全年全省文化市场经营单位营业总收入16.82亿元。其中：城市文化市场经营单位1076个，占文化市场经营单位总量的30.69%；县城1946个，占55.5%；县以下地区481个，占13.72%。共有娱乐场所1327个，从业人员0.88万人，全年营业总收入7.05亿元；共有互联网上网服务营业场所1556个，从业人员0.55万人，全年营业总收入5.12亿元；演出经纪机构48个，全年营业总收入1.31亿元。

【文化产业与文化科技】2016年，全省5个文化产业重大项目和15个院团改革项目获1890万元中央文化产业专项资金支持，兰州市列入全国首批城乡居民扩大文化消费试点城市，南特科技数码动漫作品《敦煌传奇》入选文化部动漫品牌建设和保护计划项目产品类名单。加快实施"互联网+"、"双创"项目，敦煌研究院、省博物馆被确定为全国文创产品开发试点单位。扎实推进藏羌彝文化产业走廊建设，甘南夏河创意文化产业园全面完工并投入使用，临夏砖雕文化产业基地建设形成规模，陇南文县氐羌和白马藏族文化旅游园已对游人开放。2016年，省文化厅监控的全省服务业规模以上企业增加到了21家，较上年增长31%；营业收入2.21亿元，增长68.6%。

2016年，全省共有2个国家级文化产业示范园区和6个国家文化产业示范基地，5个省级文化产业示范园区，8个省级文化产业示范基地；从业人员1805人，其中具有技术研发岗位人员72人；利润总额5319万元，获得国家级文化奖项21项，辖区内单位企业数量146个。共有9家国家认定的动漫企业，从业人员284人，主营业收入4564万元，研发经费594.5万元，营业利润711.9万元，本单位拥有自主知识产权525个，其中自主知识产权动漫软件32个，原创漫画作品26部，原创动画作品51部。

【文化遗产保护】全省“历史再现”工程博物馆总数达490个，市、县（区）国有博物馆实现了全覆盖。全省第一次可移动文物普查工作基本完成，共采集登录41.7万件（套）文物数据。“互联网+中华文明”行动初显成效，“数字敦煌”资源库上线运行。《敦煌莫高窟风沙灾害预防性保护体系构建与示范》《中国古代车舆价值挖掘及复原研究》获得全国“十二五”文物保护科学和技术创新奖。

全省共有文物机构319个，增加3个。其中，文物保护管理机构60个，占18.81%；博物馆152个，占47.65%。全省文物机构从业人员6867人，比上年末增加12人。文物机构拥有文物藏品573857件，比上年下降5.9%。其中，文物科研机构文物藏品27042件，占文物总藏量的4.71%；博物馆文物藏品522853件，占文物藏品总量的91.11%；文物商店文物藏品20984件，占3.64%。文物藏品中，一级文物4751件，占0.83%；二级文物12922件，占2.25%；三级文物106613件，占18.58%。全省不可移动文物共有16895处，其中全国重点文物保护单位131处。全省文物机构共安排基本陈列357个，举办临时展览361个，接待观众2876.94万人次，增长6.57%。其中未成年人729.74万人次，增长4.59%，占参观总人数的25.37%。博物馆接待观众2317.25万人次，增长5.77%，占文物机构接待观众80.55%。

2016年，积极争取中央财政国家级非遗保护专项资金，扎实开展非遗传承人群研修培训，实施国家级代表性传承人抢救性记录工程等。组织唐卡、洮砚等多个项目传承人参加第四届中国非物质文化遗产博览会，39种、78本全省非遗保护学术出版物进行展示；组织香包、唢呐艺术、环县皮影等多个非遗项目和传承人参加了首届敦煌文博会。全省共有非物质文化遗产保护机构128个，从业人员841人。非物质文化遗产保护机构共举办展览829次，增长18.43%，接待观众88.72万人次，下降14.11%；举办演出1811场，增长12.14%，观众147.72万人次，下降7.55%；举办民俗活动611次，增加13.15%，观众122.5万人次，下降25.96%；举办传承人培训班225次，增加70.45%，培训人数1.33万人次，增长77.42%。

【文化交流】2016年，组派艺术团组分别赴印度、不丹、埃及等国参加文化部“欢乐春节”访演，举办“春节大庙会”、“丝路书艺——阿拉伯文书法展”和“第九届国际心灵音乐节”等演展活动。舞剧《丝路花雨》赴新加坡、香港、台湾进行交流演出，在美国、俄罗斯、印度等国家和地区举办“敦煌石窟寺——中国丝绸之路上的佛教艺术展”、“数字敦煌成果展”、“大秦文化特展”及相关学术交流活动。在“走出去”的同时，加大“请进来”工作力度，邀请斯里兰卡美术家采风团、埃及摄影家采风团、中东欧16国作曲家采风团等国外团组来甘开展交流，邀请丝路沿线8个国家200多名艺术家和文化界人士参加了第四届兰州国际鼓文化艺术周暨第五届兰州国际民间艺术周。全省组团的对外文化交流项目共54起，参与交流人员412人，演出展览天数1951天，演出展览22场（次），观众人数3.3万人次。

【文化建设】2016年，中央财政通过继续实施“三馆一站”免费开放、非物质文化遗产保护、公共数字文化建设、“三区人才”文化工作者专项经费，共落实中央补助地方专项资金2.71亿元，比上年增加26.05%。全省文化文物事业费29.95亿元，增长27.66%；全省人均文化事业费54.86元，增长25.31%。全省财政预算支出中，文化体育传媒经费63.4亿元，占财政预算支出的2.01%。

卫 生

【卫计概况】2016年，全省医疗机构（含村卫生室，下同）实现总诊疗13150.60万人次，其中，医院4361.59万人次，占33.17%；基层医疗卫生机构（包括乡镇卫生院、社区卫生服务站、村卫生室、个体诊所）8335.51万人次，占63.39%；专业公共卫生机构452.71万人次，占3.44%；其他卫生机构0.79万人次。全省医疗机构出院人数398.12万人次。与上年比较，医院出院人数增加35.29万人次，增长12.99%；卫生院出院人数增加1.93万人次，增长3.37%；社区卫生服务中心（站）出院人数增加0.74万人次，增长15.64%。

2016年，全省公立医院门诊病人次均医药费用为178.67元，其中药费为84.32元；住院病人人均医药费用为5790.27元，其中药费为2150.34元。与全国同期相比，甘肃省2016年公立医院门诊和住院费用均低于全国平均水平。

【卫计改革】2016年，全省各市县卫生计生机构改革全面完成，73个县市区和1271个乡镇、街道保留计划生育技术服务机构并加挂健康教育所，促进了卫生计生工作深度融合，得到国家卫计委充分肯定。县级公立医院综合改革全面推开，城市公立医院改革扩大到3个市，以医疗服务价格调整和政府财政补偿为主的补偿机制不断完善。新农合参合率达98.62%，人均筹资标准提高到540元，实际补偿比比上年提高4个百分点。城乡居民基本医保整合顺利推进，跨省就医即时结报工作正式启动。完成新一轮公立医院药品集中采购，中成药中标价比全国省级平均中标价低7.27%，药品平均配送率达98.2%。分级诊疗实现“医生、患者、基金”三下沉，全省住院县外就诊率15.48%，县级住院次均费用下降1.12%。

【计划生育】2016年，全面两孩政策有序实施，全年出生31.79万人，人口自增率为6.00‰，符合政策调整预判。计划生育目标考核进一步完善，生育服务登记制度全面落实。投入1.81亿元为29.5万计划生育群众落实奖励和扶助政策。87.65万流动人口纳入基本卫生计生均等化服务范围。全员人口信息系统为推进社会综合治理提供了信息保障。加强妇幼健康服务，为23.56万人提供免费孕前优生健康检查，有效保障了生育安全。

【居民健康】2016年，健康促进模式改革被纳入省委省政府重点督查事项，定期监测空气、水、土壤等健康影响指标。73个县开展以总额包干、合理奖惩为主的新农合支付方式改革，334.3万群众享受免费体检和健康指导。省级每年选择5种患病人数多、群众看病负担重的大病，开展患病原因调查，组织全社会干预。继续开展“村级三件事”，累计发放健康工具包430万个，培训344.9万余人次，城乡居民健康素养持续提升。爱国卫生工作持续加强，新申报国家级卫生县城5个，创建省级卫生城市53个，卫生乡村433个，卫生社区133个，省级卫生单位432个。世界卫生组织总结了甘肃省健康融入所有政策工作经验，将健康融入所有政策被国家确定为新时期卫生与健康工作方针的重要内容。

【公共卫生】2016年，基本公共卫生服务纳入市州政府人口与计划生育目标责任考核。建立重大疾病部门联席会议制度，国家免疫规划疫苗报告接种率达95%以上，艾滋病等重大传染病呈低流行状态，地方病防治扎实有效，创建国家级、省级慢性病示范县（区）7个。出台《甘肃省精神卫生条例》，卫生计生综合监督体系逐步完善，执法监督工作进一步加强。食品安全风险监测覆盖80%以上县级行政区域。

【卫计建设】2016年，建设137个卫生计生项目，连接1.8万家医疗机构的卫生信息专网和人口信息平台，远程会诊网络覆盖所有市、县及80%的乡镇。卫生人才工作进一步加强，完成785名住院医师规范化培训招录、425名免费医学生录取和100名全科医生转岗培训，选拔277名大学生到乡镇卫生院工作，选派369名医护人员到国（境）外、3572名到省内外进修学习。村医补助由每月200元提高到300元-400元。改革基层收支两条线管理，提高基层服务质量，138个乡镇卫生院获“全国群众满意乡镇卫生院”称号。强化行业监管，坚持推行“八八排队”等22项行业监管制度，实现防统方软件在二级以上医院全覆盖，开展医疗收费专项检查，分别记录医疗机构、医务人员不良积分1319分和2000分。落实患者维权“四联单”制度，通过患者维权促进医院改善管理，省级上访患者减少20%以上，医疗秩序总体向好。

【中医药工作】2016年，持续推进国家中医药发展综合改革试点示范省建设，累计建成中医药先进示范县区49个，列建省级中医药重点专科176个，47家综合医院加挂中西医结合医院牌子，中医药参与治疗率达80%以上，80%以上疾控、妇幼保健机构开展中医治未病工作，中医药在医改中的优势作用进一步发挥。中医药适宜技术推广应用持续推进，96.5%的社区卫生服务中心、91.2%的乡镇卫生院、75%的社区卫生服务站和村卫生室均能提供中医药服务。

【对外交流合作】2016年，中医药“一带一路”合作交流成绩显著，在国外建立8个岐黄中医学院、5个中医中心，210个中医药产品在境外注册，年出口额达4000多万元。承办首届中医药文化和健康产业国际论坛。

【卫生扶贫】2016年，投入9750万元支持贫困县建设县级重点专科48个和薄弱学科30个；新建贫困村标准化卫生室565个，实现贫困村标准化卫生室全覆盖。选派408名优秀干部担任乡镇卫生院副院长、贫困村工作队队长，抽调1361名医生开展支农工作，组织天津及省内三级医院对63家贫困县医院开展为期5年的对口帮扶。贫困人口大病报销起付线从5000元降至3000元。配合省委组织部抽调52名省级专家开展为期1年的“组团式”援藏，推动甘南州医疗卫生事业发展。

（陈自全）

民　政

【概况】2016年，全省民政事业专项资金达到141.54亿元，比2015净增23.15亿元，增长19.6%。其中，争取中央财政安排资金104.37亿元，比2015年净增14.77亿元，增长16.5%。

【救灾防灾减灾】2016年全省各类灾害频发，尤其以干旱、洪涝灾害最为严重，共造成14个市（州）、85个县（区）1012.2万人次受灾，7人遇难、1人失踪，4.15万间房屋倒损。面对灾情，全省各级民政部门积极有效应对，及时查核灾情，启动省级响应3次，提请国家启动响应1次，争取中央旱灾救助资金6000万元，下拨省级救灾资金2500万元，受灾市县投入2314.72万元，扎实做好应急救助和民房重建等工作，确保了受灾群众基本生活。年初下拨2015-2016年度冬春救助资金3.34亿元，12月又下拨2016-2017年度冬春救助资金3.53亿元，有效解决了受灾群众冬春生活困难。修订《甘肃省自然灾害救助应急预案》，出台《省级综合减灾示范社区创建管理办法》、《灾情信息报送管理办法》、《加强自然灾害救助物资储备体系建设的实施意见》和《受灾人员冬春生活救助指导标准》等12项政策文件。争取国家发改委、民政部“十三五”期间对甘肃省39个市县救灾库建设给予支持，2016年争取中央资金3836万元资助15个市县救灾库建设项目，安排省级福彩公益金4000万元支持44个市县救灾库建设。协调交通厅完善了运送救灾物资车辆免费通行机制。举办三期全省灾害信息员师资培训班，指导市县分批培训1.8万人次，全面推开乡镇网络报灾。组织市县创建全国和省级减灾示范社区各30个。出台了《支持引导社会力量参与救灾工作实施意见》，建立社会力量机构数据库，成立非实体化的协调服务中心，推进了社会力量参与救灾工作。

【社会救助】省政府第122次常务会议审议通过《甘肃省特困人员救助供养办法》，健全和完善甘肃省特困人员救助供养制度，为保障城乡“三无”人员生存权益提供了政策依据。省政府办公厅转发省民政厅等部门《关于做好农村最低生活保障制度与扶贫开发政策有效衔接实施方案的通知》，为甘肃全面实施农村低保制度与扶贫开发政策有效衔接提供制度保障。配合省发改委、财政厅、人社厅等部门印发《关于甘肃省社会救助和保障标准与物价上涨挂钩联动机制实施意见的通知》，为应对物价波动、随机启动联动机制，确保困难群众基本生活提供政策依据。完成省委省政府确定的“提高城乡低保标准和补助水平、提高农村特困供养省级补助标准”3件为民办实事任务，城市低保指导标准、月人均补助水平分别提高10%，达到418元、361元；农村低保年指导标准、月人均补助水平分别提高17.29%、4.13%，达到2855元、151元，其中：农村低保一、二类保障对象年补助水平分别达到3300元、2988元，促使其实现了收入上的“政策性”脱贫；农村特困供养省级补助标准提高15%，集中、分散供养省级补助标准分别达到人年5000元、3925元，加上市、县每年每人不低于600元的配套资金，全省农村特困供养集中、分散供养标准分别不低于5600元、4525元。全面开展50种重特大疾病医疗救助工作，全年共实施医疗救助约452.9万人次，其中实施重特大疾病医疗救助16.7万人次。会同省财政厅印发《关于公布临时救助指导标准的通知》，明确了分类确定临时救助标准的计算办法。全年累计实施临时救助困难群众55.39万人次。

【社会福利事业】2016争取中央专项彩票公益金5410万元，支持兰州市居家和社区养老服务改革试点工作，下拨部级彩票公益金6181万元，资助41个社会福利项目，下拨省级福彩公益金和公共预算资金4.88亿元，资助111个养老和社会福利项目。建成城乡社区日间照料中心1200个，社区养老服务设施已覆盖65%的城市社区和38%的行政村，福利服务设施条件不断改善。全省养老床位增幅明显，2016年达到14.01万张，同比增加2.33万张；每千名老年人拥有养老床位34.3张，比上年增加3.9张。居家养老服务积极推进，27个县区建立信息服务平台，覆盖所有市（州），安排省级福彩公益金1100万元，购买服务支持养老组织和机构提供居家养老服务。加强养老护理队伍建设，年内培训养老护理员470人，提升养老服务的专业化、职业化水平。提请省政府出台《关于促进慈善事业健康发展的实施意见》，为加强和改进慈善工作提供了制度保证。建成甘肃慈善信息平台，安排省级福彩公益金446万元资助建设41个慈善超市。全省慈善协会（基金会）达74个，慈善超市达到158家，为慈善事业持续健康发展奠定了基础。积极实施“福康工程”，全年共配备康复辅具1412件。强化福利彩票发行管理，全省年销售福利彩票45.03亿元，筹集公益金12.92亿元。

【优抚安置】持续推进军地援建“双十工程”，先后投入6.3亿多元，援建部队营区设施、训练场地等项目78个。协调推荐兰州、酒泉、武威、金昌、白银、庆阳、天水和敦煌等9个市被表彰为全国双拥模范城，张掖市民政局被表彰为爱国拥军模范单位。提高部分优抚对象抚恤和生活补助标准，核拨抚恤和生活补助经费5.57亿元。将优抚对象全部纳入城乡医疗保障体系，对符合条件的优抚对象优先予以大病医疗救助，及时下拨医疗补助资金3630万元，有效缓解优抚对象就医压力。认真履行伤残评定和烈士评定审核职责，全年组织体检评残92人，转移抚恤关系156人，审核烈士评定3名，下拨烈士褒扬260万元。投资1428万元，对17个烈士陵园和优抚事业单位维修改造项目进行补助。以政府令的形式出台《甘肃省实施<退役士兵安置条例>办法》，制定《甘肃省实施军队离休退休干部服务管理办法细则》和《关于实施军队离休退休干部服务管理机构工作的指引意见》。2016年全省各地共发放《致退役士兵的一封信》、《退役士兵教育培训指南》、《退役士兵自主就业解答》等宣传册（单）6万余份。组织对全省213所退役士兵教育培训机构进行了全面考核评估，取消91所考评不合格的培训机构资格；积极探索将甘肃文理职业培训学校定为省级示范培训机构，2016年共有259名自主就业退役士兵参加了培训。结合实际制定了《甘肃省军用饮食供应站服务规范》，争取中央资金350万元（较去年增长9.4%），军供基础设施有了较大更新。

【社会组织管理】坚持培育发展和监督管理并重，重点培育和优先发展行业协会商会类、科技类、公益慈善类、城乡社区服务类社会组织。2016年全省共登记成立7189家社会组织（省级登记成立58家），增长34.3%，其中直接登记913家（省级直接登记25家），全省直接登记率达13%（省级直接登记率达43%）。报请省委办公厅省政府办公厅制定出台《关于改革社会组织管理制度促进社会组织健康有序发展的实施意见》。协同省发改委报请省委办公厅省政府办公厅印发《甘肃省行业协会商会与行政机关脱钩实施方案》，以省脱钩联合工作组办公室名义印发了《关于做好省级行业协会商会与行政机关脱钩第一批试点工作的通知》，年内完成31家全省性行业协会商会脱钩工作。按照简政放权的要求，实行城乡社区服务类社会组织直接向县级民政部门申请登记，对暂达不到登记条件的城乡社区社会组织，按照不同规模、业务范围、成员构成和服务对象，由街道办事处（乡镇政府）实施备案管理；取消公益性捐赠税前扣除资格确认审批；简化登记审批程序，缩短登记审批办理时限，由法定的60个工作日缩短为30个工作日，提高了行政办事效率。年内共年检667家全省性社会组织，参检率为75.5%。分两批对参加年检的667家社会组织年检结论和未参加年检的216家社会组织在《甘肃日报》上进行了公告。全年全省登记管理机关依法查处社会组织违法违规案件364起，其中行政处罚360家、取缔4家。争取民政部支持甘肃省社会组织参与社会服务项目18个，投入资金545万元。印发《省级福利彩票公益金支持社会组织参与社会服务项目实施方案》，列支省级福利彩票公益金200万元，重点用于资助8个全省性社会组织开展社区服务、养老照护、助残助医、扶贫济困等方面的社会服务项目。

【基层民主政治与社区建设】报请省委办公厅省政府办公厅印发《2016年全省村和社区“两委”换届工作方案》，编印《村和社区“两委”换届工作指南》，制定《甘肃省村民委员会选举程序》、《甘肃省城市社区居委会换届选举指导规程（试行）》、《甘肃省社区公共服务综合信息平台基本规范》等规范文件，在全省城乡自治组织换届选举中首次实现村居同步、市州同步。

编制《甘肃省“十三五”城乡社区服务体系建设规划》，客观总结“十二五”工作，分析面临的形势任务，明确“十三五”工作目标和重点措施。制定印发《甘肃省村（社区）协商指导目录》和《甘肃省村（社区）协商一般程序》，在省级层面对城乡社区居民议事决策提供规范程序和办法措施。组织开展农村社区建设试点工作，在嘉峪关市、金昌市和16个县（市、区）的196个村分区域、分类型进行试点，完成了试点村农村社区服务站（中心）建设工作。组织开展全省第二批和谐社区示范单位评比验收工作，对2个示范城区、10个示范街道、33个示范社区进行了命名表彰。全面落实了1.6万个村务监督委员会主任年度补贴和村务监督委员会工作经费补助，城乡社区建设不断加强。

【区划管理】围绕新型城镇化建设加大行政区划调整力度，2016年完成113个乡的撤乡改镇任务；深入调研论证，加快推进县改市（改区）工作。召开全省加强地名文化保护暨清理整治不规范地名工作现场推进会，举办《中华人民共和国标准地名词典》编纂工作培训班，下拨地名普查补助经费3215万元，第二次全国地名普查工作有序开展，地名文化建设持续推进。开展平安和谐边界创建活动，分别与陕西省民政厅、内蒙古民政厅联合下发《甘陕两省行政区域界线第三轮联合检查实施方案》、《甘蒙两省区行政区域界线第三轮联合检查实施方案》。完成全省5条1073公里市级界线和22条1184公里县级界线联检工作。召开甘青平安和谐边界创建示范活动第六届经验交流会，表彰2个平安和谐边界示范县（区），示范县总数达到29个。

【社会事务】稳步推进殡葬改革，认真贯彻落实民政部等9部门《关于推行节地生态安葬的指导意见》精神，报请省政府下发《甘肃省人民政府办公厅关于重新划定火葬区和土葬改革区范围的通知》，全省火葬区调整划定工作全面展开。制定《甘肃省殡葬服务单位执法检查办法》、《甘肃省“十三五”殡葬服务体系建设规划》，会同省发改委、省财政厅印发《甘肃省殡葬服务价格管理办法》。加快殡葬设施建设，争取中央预算内资金和部级公益金2396万元，下拨省级福彩公益金4400万元，资助殡葬设施建设项目67个。强化殡葬服务监管，组织开展了“殡葬服务提升年活动”，对全省殡仪馆火化情况进行专项检查，对824个公墓（集中安葬区）和1个殡仪馆、4个殡仪服务中心、29个丧葬用品销售门店进行执法检查，强化各级民政部门的监管责任，提升群众对殡葬服务的满意度。认真抓好清明祭扫服务保障工作，深入开展老一辈革命家签名倡导火葬60周年纪念宣传活动，3个单位和4名个人被民政部表彰为全国殡葬工作先进集体、全国殡葬工作先进个人。认真做好经常性生活无着、乞讨人员救助管理工作，全年下拨救助补助资金3114万元，救助3.5万人次。加强救助设施建设，中央财政预算投资1040万元，下拨民政部和省级福彩公益金1841万元，资助新建、改（扩）建救助管理机构和未成年人救助保护中心建设项目20个。组织开展“流浪孩子回校园”和“酷暑送清凉、寒冬送温暖”专项活动，出动救助车辆8526台次，发放衣物、棉被6415件，救助生活无着乞讨人员6579人次。认真做好婚姻和收养登记工作，全省办理国内外婚姻登记27万余对，依法办理涉外收养登记110件。积极推进加强农村留守儿童关爱保护工作和困境儿童保障工作，出台《甘肃省人民政府关于进一步加强农村留守儿童关爱保护工作的实施意见》和《甘肃省人民政府关于加强困境儿童保障工作的实施意见》，全年共下拨孤儿基本生活保障补助资金1.34亿元，福利机构集中供养孤儿基本生活费达到月人均1000元、社会散居孤儿基本生活费达到月人均640元，有效保障全省20584名孤儿的基本生活。加强儿童福利机构建设，全年下拨中央和省级福利彩票公益金7774万元，资助儿童福利机构建设项目24个。扎实开展残疾孤儿手术康复明天计划等医疗救助项目，完成各类康复手术265例。

（张江宁）

体　育

【体育健身】编制《甘肃省全民健身实施计划（2016-2020年）》，明确了未来五年甘肃省全民健身工作的发展目标、主要任务及组织保障措施。调整了甘肃省全民健身工作领导协调机构。编制《2016年度全省群众新体育赛事活动名录》，放开群众体育赛事审批，促进群众体育赛事活动健康发展。全省各市(州)、县(区)开展形式多样、喜闻乐见的各类比赛和展示活动近千场，参与人数近800万人次；举办“我爱足球”中国足球民间争霸赛（甘肃赛区）、首届丝绸之路汽车拉力赛、中国拔河公开赛等群众性体育赛事活动68项。

全省培训社会体育指导员10600人次，其中国家级社会体育指导员184人，一级社会体育指导员394人；开展滑雪、游泳救生员、健身教练、网球、跆拳道、健美操等7个项目的职业技能鉴定，254人获国家体育职业资格；对23个省级体育社团进行了集中年检，完成了省乒乓球运动协会、省桥牌运动协会的换届工作；以高尔夫球运动协会、体育舞蹈交流协会、桥牌运动协会为试点，进行协会与行政机关脱钩改革。

全年建成42个乡镇农民体育健身工程、61个乡镇和社区体育健身中心、75个乡镇和社区体育健身广场、62个笼式足球场、900套健身路径、2781个行政村农民体育健身工程、7个拼装式泳池、2个拆装式冰场、5个多功能运动场。“甘肃省体育馆”完成主体建设。七里河体育场项目完成可研、环评等前期工作。临洮体育训练基地建设持续推进，省体工二大队滑冰馆建成并投入使用。

【竞技体育】第31届奥运会全省共有5名运动员、3名教练员和1名裁判员参加，是甘肃省境外参加奥运会人数最多的一届。叶尔兰别克•卡泰获得男子自由跤65公斤级第12名，罗晓玲获得女子全能比赛第15名，王祯获得男子山地车第43名。张新艳在女子

3000 米障碍赛中跑出 9 分 31 秒 47 的成绩，列小组第 5 名，创造了中国选手在奥运会该项目的最好成绩。甘肃省运动员吴琼参加的中国女曲队获得第 9 名。

全省优秀运动队参加国际国内比赛 146 场（次），共获得亚洲锦标赛第 1 名 2 个，第 2 名 3 个，第 3 名 2 个；成年组全国各类比赛第 1 名 48 个，第 2 名 28 个,第 3 名 43 个。青少年组全国各级各类比赛第 1 名 16 个，第 2 名 11 个，第 3 名 16 个。成功举办兰州国际马拉松赛、第十五届环青海湖国际公路自行车赛甘肃段比赛、全国山地自行车冠军赛总决赛、全国沙滩排球巡回赛等赛事活动 9 项。

编制完成《甘肃省足球改革发展实施方案》，制定《甘肃省足球中长期发展规划（2016-2050 年）》、《甘肃省足球场地设施建设规划（2016-2020 年）工作实施方案》。举办全省足球裁判员、教练员培训班 7 期，培训人员 300 人次。举办甘肃省青少年 5 人制足球锦标赛、甘肃省青少年足球锦标赛等赛事 200 余场，开展校园足球活动，参赛队伍达 1441 支，初步形成校园足球三级联赛体系。足协改革工作正在逐步推进。

探索青少年体育竞赛模式，将全省青少年锦标赛与第七届全省运动校重点业余体校运动会合并举办，合理设置赛事项目和时间，共有 2892 名教练员和运动员参加 19 个项目的比赛，涌现出一批优秀体育苗子。广泛开展青少年阳光体育活动，举办“未来之星”阳光体育大会甘肃分会场活动、全省科技体育无线电测向定向锦标赛等多项省级青少年阳光体育活动，组队参加 10 项全国青少年体育活动。省体校、兰州市体校、酒泉市体校、定西市体校、张掖市体校等 5 所体育运动学校被认定为新周期国家高水平体育后备人才基地；兰州市体校、省体校、嘉峪关体校、靖远县少儿体校等 5 所体校被确定为国家曲棍球后备人才基地。联合国家体育总局手曲棒垒中心，在兰州市体校组建了男子曲棍球国家少年队。

制定下发《2016 年甘肃省竞技体育竞赛计划》，完成局系统训练单位 15 个大项 947 名运动员代表资格注册工作；全年申报审批国际级运动健将 1 名，运动健将 4 名，一级运动员 228 名；配合国家体育总局完成运动员技术等级审批专项督查；强化赛风赛纪和反兴奋剂工作，在 2016 年国家反兴奋剂中心兴奋剂抽检工作中，甘肃省运动员未出现任何兴奋剂问题。

【体育产业】积极督促落实体育产业政策，完成 2016 年甘肃省体育产业发展引导资金的申报、评审和上报工作，重点对全省体育竞赛表演、体育场馆经营与健身服务、运动休闲、体育产业服务平台、产业创新、品牌培育等 40 个项目进行扶持。会同省财政厅开展了 2015 年体育产业发展专项资金使用管理专项调研。

2016 年全省体育彩票销售 26.21 亿元，同比增长 17.2%。

落实体育场馆免费低收费政策，向国家体育总局申请大型体育场馆免费、低收费开放补助资金，确保了全省大型公共体育场馆免费、低收费开放；加强局系统全民健身场馆的经营管理，创新服务方式，促进了群众健身消费。

【体育赛事】积极培育兰州国际马拉松赛、环青海湖国际公路自行车赛、张掖汽车拉力赛、山地户外挑战赛、航空滑翔锦标赛等体育品牌赛事；促进全民健身与全民健康相结合，加强了体育与旅游、文化的互动融合，推动了体育休闲娱乐、体育观光旅游、体育健身服务业的发展，拉动了体育消费；组织参加 2016 中国体育文化•体育旅游博览会，获全国“十佳”精品旅游景区 1 个、赛事 1 个，精品景区 3 个，精品赛事 6 个，创新示范项目 1 个。张掖市和金昌市被国家体育总局批准为河西走廊国家体育产业示范基地和金昌青少年沙漠户外生存训练营示范项目。

【精准扶贫】推进精准扶贫，充分发挥组长单位的组织协调作用，在原来 4 名干部挂职的基础上，选派 3 名干部积极参与省委“千名干部挂职精准扶贫行动”任务。积极宣传政策，排查困难、联系项目，先后为靖远县黄坪村争取到村级道路建设项目 300 万元，为华池县杜寨村争取道路建设项目 100 万元。督促落实体育惠民工程，对 58 个贫困县给予村级农民健身工程倾斜。2016 年全省 255 个精准扶贫、插花贫困县的行政村农民体育健身工程健身器材已全部安装到位。

【体育文化宣传】整合中央、省及地方新闻媒体、甘肃省体育局网站及系统内各单位的宣传资源，加强体育宣传工作的力度；将甘肃电视台都市频道《新体育》栏目由周播改为日播，提高收视率；组织中央驻甘和省内主流媒体加大对全民健身、体育赛事、体育产业、重要政务活动和精准扶贫等工作的宣传报道，在报纸、电视、网络等发表稿件 4000 多篇，发稿量稳步增长；加强局政务网站建设，坚持办好甘肃省体育局官方微信公众号，全年推送体育政务新闻 260 期 610 篇。

积极开展以项目文化为核心的体育文化建设，组团参加中国体育文化博览会，送展作品 20 幅（件），9 幅（件）获奖。组织全省性体育文化展会活动 3 场。积极参与丝绸之路（敦煌）国际文化博览会，14 项体育赛事列为丝绸之路国际文化旅游节重点活动，17 项体育赛事列为华夏文明传承新区重点活动。

（刘志忠）

新闻出版广播电视

【新闻宣传】牢牢把握正确舆论导向，充分发挥新闻出版广播影视媒体主阵地、主渠道作用，精心组织图书、报刊、广播电视节目栏目、影视剧作品等深入宣传阐释习近平总书记系列重要讲话和党的十八大、十八届三中、四中、五中、六中全会精神，全面宣传省委十二届历次全委（扩大）会议、全省“两会”、全省经济工作会议等重要会议精神，精心组织开展“五位一体”总体布局、“四个全面”战略布局、新发展理念、供给侧结构性改革、全面建成小康社会、纪念中国共产党成立95周年、红军长征胜利80周年等重大主题和“丝绸之路经济带”甘肃段建设、“3341”项目工程、脱贫攻坚等重点工作、重大活动宣传报道工作，为全省改革发展稳定营造良好舆论氛围。指导全省广播电视媒体从时度效着力，建立完善节目选题、策划、制作、审查、播出、监看、评议、整改等一系列宣传管理制度，严守政治纪律、政治规矩和宣传纪律，确保各项宣传、各类节目成为传播主流声音和先进文化的重要阵地，切实增强主流媒体的传播力、引导力、公信力、影响力。

【敦煌文博会】牢固树立全省“一盘棋”的思想，举全局之力圆满完成所承担文博会各项工作任务，荣获首届敦煌文博会“先进集体”称号。协调国家新闻出版广电总局邀请巴基斯坦新闻广播国家遗产部部长一行、土耳其广播电视高级委员会主席一行、伊朗文化部长一行出席文博会相关活动；投入资金300万元完成敦煌市无线发射台基础设施建设、中央和省市县广播电视节目无线数字化工程；圆满完成敦煌市三星级以上涉外宾馆、饭店境外广播电视节目落地接收工作，会同省广电总台、省网络公司完成电视现场直播摄录编设备购置、临时直播点专用光缆通道建设任务；高质量、高标准完成文化年展“书香丝路”精品图书展布展及展出工作，共展出中外14个国家、20多个语种精品图书8314种12109册，累计接待观众30000余人次。举行图书移交仪式，将价值204.7万码洋的参展图书移交敦煌研究院、省图书馆和敦煌市；成功举办“让真实永生”为主题的第五届中国•嘉峪关国际短片电影展，组织开展纪录片文化跨界论坛、印度电影展映等一系列活动，有效扩大中国•嘉峪关国际短片电影展辐射效应，学术性、专业性进一步增强，国际影响力持续提升，对甘肃省纪录片大省建设起到积极助推作用。

【体制改革】编制全省新闻出版广播影视“十三五”发展规划，多次与国家、省上有关部门对接重点项目、重大工程，邀请专业研究机构对规划进行评估论证，向全系统征求意见建议并印发。不断深化行政审批制度改革，做好“网上行权”试点工作，进一步清理、减少、调整涉及新闻出版广电行政审批事项，对应取消、调整行政审批项目10项。加快推进“两集中、两到位”，出台《关于进一步深化行政审批制度改革的实施意见》，政务大厅窗口以受理为主向受理、审核、审批、回复、送达“一个窗口服务、一站式办结”转变。以岗位管理、绩效考核、薪酬激励为重点，深化事业单位分类改革，有效增强内生动力。鼓励支持民营企业创新发展，积极吸纳民营资本进入印刷发行领域，新增印刷发行企业24家，吸纳社会资本8160万元。指导和帮助飞天出版传媒集团完善组织架构，优化组织方式和运行方式，切实履行国有资产出资人职责，确保国有资产保值增值。指导和帮助读者出版集团与飞天出版传媒集团实施战略重组，增强国有出版传媒企业的市场竞争力。

【公共服务】积极推动广播电视村村通向户户通升级，印发甘肃省《实施意见》；制定广播电视村村通户户通运维考评办法和细则，运维工作考评内容进行逐一量化，了解群众使用感受和收视需求；全面完成6000个农家书屋和266个藏传佛教寺庙书屋出版物补充更新任务，数字农家书屋试点工作取得积极进展，深入推进全民阅读进农村、进社区、进家庭、进机关、进企业、进军营，实施“书香童年”学龄前儿童基础阅读工程试点，“书香陇原”全民阅读品牌影响不断扩大；切实抓好城市电影市场规范化管理，着力提升服务水平和放映质量。深入推进农村电影放映工程，完成“一村一月一场”放映任务，向各市州配发广场电影放映设备30套、流动电影放映设备304套，全年累计放映农村公益电影19.68万场次，观众达1736.87万人次；中央和省市县广播电视节目无线数字化覆盖一期93个台站建设任务完成，二期353个乡镇台站补点建设正在抓紧推进，全省68个台站基础设施建设进入收尾阶段，西新工程五期夏河县、卓尼县2个实验台建设正在加紧实施。

【精品创作】实施精品图书出版工程，出台《甘肃省“十三五”精品出版规划》，《西夏研究文库》、《丝绸之路石窟艺术》等12种图书和音像制品入选国家新闻出版广电总局《“十三五”国家重点图片、音像、电子出版物出版规划》。组织开展首届甘肃省“十佳期刊”评选活动，《读者》、《敦煌研究》荣获2016“中国最美期刊”称号，《甘南民族文化研究（藏文）》正式创刊。电影《大会师》入选中宣部重点展映影片目录，电影《丢羊》获得中美电影电视节最佳剧情片及最佳编剧奖，《黄天厚土》等5部影片在央视播出，《鸣沙佩日》等4部电影剧本创意入选中宣部、国家新闻出版广电总局电影剧本中心孵化项目，纪录片《敦煌画派》、《金城兰州》、《凉州会盟》在央视播出，《河西走廊》荣获国家新闻出版广电总局第四届优秀国产纪录片及创作人才扶持项目表彰活动优秀系列长片、优秀摄影奖。《敦煌画派》、《金城兰州》、《兰州空战》等3部纪录片入选总局2016年度“优秀国产纪录片”推荐播映名单。实施以“弘扬社会主义核心价值观共筑中国梦”为主题的原创网络视听节目征集活动暨甘肃省微电影、网络剧大赛，微电影《蓝天下绽放》、《正月》荣获中宣部微电影征集展示活动三等奖，《大山里的坚守》入选国家新闻出版广电总局2016年网络视听节目内容建设扶持项目。开展全省第三届“讲文明树新风”广播电视公益广告制作宣传活动。

【产业发展】2016年省级新闻出版广电行业资产总额达156.16亿元，比上年增长13.05%；实现营业收入64.49亿元，增长3.84%。积极申报各类产业项目73个，“个人风格化动态字库输出中心”等4个项目入选2016年度新闻出版改革发展项目库，争取中央文化产业发展专项资助资金4850万元，6个民族文字出版项目获得补助资金650万元，争取国家出版基金366万元。全省城市数字影院达到138家、541个影厅，其中县级城市数字影院82家、225个影厅，全省电影票房达4.283亿元，增长11.2%。加快推进文化产业园区二期工程建设，高新绿色印刷园完成投资 9000 万元，飞天热丽科技园建设工程正在有序推进。新建文化集市固定经营点 58 个，累计建成 100 个，销售收入 6.1 亿元，利润 1.9 亿元；新建文化集市生产加工基地 60 个，累计建成 120 个，销售收入 6.3 亿元，利润 1.8 亿元，带动 9.1 万户农户参与相关产业。

（王发存）

档 案

【服务能力建设】扎实推进“两学一做”学习教育，在学习教育中，认真组织党员持续深入学习党章党规和习近平总书记系列重要讲话，全面理解深刻内涵，引导党员进一步坚定理想信念，增强政治意识、大局意识、核心意识、看齐意识，树立清风正气，强化宗旨观念，在工作、学习和社会生活中起先锋模范作用。认真学习党的十八届六中全会精神，重点在持续强化上下功夫，及时传达学习会议公报和准则和条例，严明政治纪律“十二个”不准，坚决杜绝“七个有之”，遵守政治纪律和政治规矩“五个必须、五个决不允许”的要求，牢固树立“四个意识”，自觉向党中央看齐、向习近平总书记看齐，向党的路线方针政策看齐，在思想上真诚认同核心、在政治上坚决维护核心、在组织上绝对服从核心。通过持续深入的学习教育，局领导班子和全体党员干部政治素质得到新强化，党性修养受到了新锻炼，思想层次有了新提高，科学思维有了新进步，工作思路有了新拓展，班子的凝聚力和战斗力进一步加强。认真学习贯彻省委十二届历次全委会议精神，紧紧围绕省委、省政府把牢“一条红线”、贯彻“四个全面”、践行“五大理念”、抓好“五个最大”的工作思路，档案工作主动跟进，对“3341”项目工程、“1236”扶贫攻坚行动、华夏文明传承创新区建设、“丝绸之路”（敦煌）国际文化博览会等档案提前介入收集整理。加强对重大建设项目档案、土地确权档案、企业档案、林改档案、廉政档案、高校档案等关系社会经济发展和民生领域重要档案的监督和指导，确保了省委重大决策部署在档案部门的全面落实。

【党建工作】强化党建主体责任，坚持全面从严治党，始终加强党组班子建设。严格落实民主集中原则、党组中心组学习和民主生活会等制度，全面提高党组班子的统筹谋划的能力。强化党风廉政建设主体责任，认真学习贯彻《中国共产党廉洁自律准则》《中国共产党纪律处分条例》，局党组自觉担负起全面领导党风廉政建设和反腐败工作的主体责任。班子主要负责人认真履行好第一责任人的职责，班子其他成员根据工作分工，对职责范围内的党风廉政建设负主要领导责任，切实做到“一岗双责”。强化工作主体责任，始终狠抓机关自身建设不放松，着力提高机关效能。印发了《甘肃省档案局 2016 年效能风暴行动重点工作安排的通知》，制定了双联、考勤、请销假、外出报备、挂职等 5 项管理制度。对年度重点工作进行了细化分解，按照周例会、月计划、季通报、半年小结、年度总结的方式，坚持每周召开行政例会听取工作情况汇报，每月制定到处室的工作计划，每季由分管局领导牵头，组织机关党委、机关纪委、人事处、办公室组成督查组，对机关开展效能风暴行动和重点任务推进情况进行督查，并在机关大屏幕进行通报等方式，狠抓工作推动落实。

【事业发展】按照中办国办《意见》、省委办公厅、省政府办公厅《实施意见》和《全省档案事业发展“十三五”规划纲要》精神，积极争取将甘肃档案大厦、甘肃档案职业技术学院、甘肃简牍档案馆建设项目纳入《甘肃省国民经济和社会发展“十三五”规划纲要》，科学制定了《全省档案事业发展“十三五”规划纲要》，将档案工作纳入国民经济和社会发展计划，纳入党委政府考核范围，档案工作考核体系初步建立。制定了《全省档案系统“七五”普法教育规划》，开展了“档案与档案知识竞赛”活动，全国 12 个省市 6.5 万多人参加了竞赛，持续增强了档案工作影响力。会同省政府办公厅、省人大教科文卫委组成 3 个行政执法检查组，对全省 80 个各级机关、团体、高校、企业、乡镇、社区和行政村落实两办《意见》情况进行了执法检查，对存在问题的相关市县和单位下发了限期整改通知书，有效推动了每卷每年 3 元档案管护费、县级国家综合档案馆和重点档案抢救与保护等项目的落实。全面加强项目谋划和管理，重点实施 “十三五”期间国家中西部县级档案馆建馆项目、国家重点档案保护和开发项目，推进甘肃档案大厦、甘肃档案职业技术学院、甘肃简牍档案馆等项目建设。建立完善了“十三五”期间全省国家重点档案保护与开发项目储备库，申报国家储备库项目 65 个，省级储备库项目 227 个，其中 2016 年实施国家重点档案保护与开发项目 12 个，省级档案保护与开发项目 47 个。制定了《甘肃省档案数字化管理办法》《甘肃省归档文件整理细则》《甘肃省文书档案电子目录及全文数据结构与交换格式》，修定《甘肃省档案工作规范化管理办法》《甘肃省会计档案管理实施细则》。全年组织申报档案科技项目 9 项，推进档案数字化进程和到期档案“双套”进馆，加强对各市州档案馆和省直各单位档案数字化的督察和指导，存量档案的数字化率大大提高。召开全省机关和企业档案工作会议，制定出台关于加强全省机关档案工作和全省企业档案工作的意见。开展了全省档案工作先进集体和先进工作者评选活动，着力打造档案队伍建设“五个平台”，在全省档案系统继续推进学政治、学法律、学业务、学先进的“四学”活动。采取招录、遴选等方式，有计划引进人才，分批选派年轻干部到浙江、江苏等地学习交流，一些退休老专家与局年轻干部进行业务交流，实行传帮带。省局共举办各类专题培训班 8 期，全省各级档案部门共举办培训班 112 期。加强与中央档案馆的合作，联合省委党校建成了第一批党性教育主题教室，完成了《红军长征在甘肃》、《甘肃历代政要施政文献选编》、《城市解放纪实—兰州卷》三个出版项目，开展了《甘肃记忆》《历史将永远铭记》两个大型展览的布展工作。与西北民族大学联合开展档案大数据平台的研究，对档案资政中心的筹建进行了规划设计。

（郭潇月）

文 物

【概况】2016 年，省政府公布第八批省级文物保护单位共 96 处，全省省级文物保护单位增至 556 处。省政府在敦煌市召开全省文物工作会议，安排部署"十三五"时期全省文物工作；省政府常务会议审议通过《甘肃省人民政府关于进一步加强文物工作的实施意见》，并印发实施。省人社厅和省文物局联合表彰全省文博系统 21 个文化遗产工作先进集体和 48 名先进工作者。敦煌莫高窟、麦积山石窟分别被国家旅游局评为 2016 年"十一"假日旅游服务最佳景区和厕所革命最佳景区；10 个红色旅游景区被列入《全国红色旅游经典景区名录》。省政府办公厅转发五部门《关于推动文化文物单位文化创意产品开发的实施意见》，制定《全省文博单位文化创意产品开发实施方案》。敦煌研究院荣获"2016 年度甘肃省人民政府质量奖"。

【法制建设】《甘肃永靖炳灵寺石窟保护条例》经省政府常务会议审核并提请省人大常委会进行了第一次审议，《甘肃省长城保护条例》完成初稿及立法说明。组织开展全省长城执法专项督察和文物法人违法案件专项整治行动，查处了一批违法案件。

【规划编制与文保项目】编制完成《甘肃文物事业发展"十三五"规划》、《华夏文明传承创新区文物保护与大遗址保护"十三五"专项规划》、《甘肃省长城保护总体规划初稿》。编制完成《大堡子山考古遗址公园规划》。大地湾遗址、锁阳城遗址等 9 处大遗址被列入国家大遗址保护"十三五"专项规划，10 个重大文物保护项目列入省发改委"十三五"规划重点项目，3 个项目列入国家重点投资计划，文化遗产"历史再现"工程和国保单位数字化保护项目列入省属重大文化旅游设施建设项目。

【文物安全】加强文博单位"三防"工程建设，组织编制报审批复重点"三防"工程方案 86 项，组织实施"三防"工程 24 项。加强业余文物保护员和长城保护员队伍建设管理和教育培训，发放补助和巡查服装。开展全省文博单位消防安全专项检查，消除安全隐患。省博物馆和省文物考古研究所获得涉案文物鉴定评估资格。

【资源调查】完成甘肃省第一次可移动文物普查工作。330 个收藏有文物的国有单位全部完成数据采集登录及审核上报工作，采集登录文物数据 423444 件/套（实际数量 1958351 件）。登录文物总量位居全国第 17 位，实际数量位居全国第 10 位。

【文物保护】嘉峪关文化遗产保护工程基本竣工，对部分分项工程进行验收；拉卜楞寺文物保护工程持续推进，念智仓囊欠等 10 处古建筑本体修缮工程完工，25 处佛殿电路照明改造工程及壁画保护修复工程开工实施；榆林窟第 6 窟抢险修缮、武威海藏寺保护维修、会宁红军会师旧址建筑基础保护等 21 项全国重点文物保护单位保护工程以及会宁郭蛤蟆城遗址加固维修，岷县前川寺保护修缮等 26 项省级文物保护单位保护工程正在实施。实施大堡子山遗址及墓群保护展示工程，21 号建筑基址本体保护工程开工建设。敦煌莫高窟第 98 窟壁画保护修复工程入围 2015 年度全国优秀文物保护利用工程终评名单。修复莫高窟、西千佛洞、榆林窟等重点石窟壁画 1674 平方米，修复出土和馆藏文物 2834 件（套）。划定公布第七批全国重点文物保护单位，开展第一至四批全国重点文物保护单位记录档案续补和省级文物保护单位记录档案编制工作；公布全省 3852 个点段的长城保护范围和建设控制地带。开展全省第七批中国历史文化名镇名村评选。建成敦煌沙州古城城市遗址公园，F901 保护大厅土建工程顺利完成，启动实施大堡子山遗址及墓群保护展示工程，武威皇娘娘台城市遗址公园开工建设。大地湾国家考古遗址公园建设稳步推进，F901 保护大厅土建工程完工，开始实施内部陈列展示项目。敦煌沙州城城市遗址公园基本建成，武威皇娘娘台城市遗址公园开工建设。

【考古工作】以马家塬遗址为中心深入开展"早期秦文化调查与研究"项目，继续实施"黑水国遗址河西走廊冶金史调查"、"马鬃山遗址古代玉矿遗址调查发掘"等主动性考古研究项目。武威亥母寺遗址发掘出土 4 万多枚"擦擦"（注：源于古印度中北部的方言，是藏语对梵语的音译，意思为"复制"，指一种模制的泥佛或泥塔。）等西夏时期佛教文物；考古宁县石家墓群发现春秋时期车马坑 2 座、中型墓葬 13 座。配合全省"6873"交通突破行动及水利、能源等国家重大基本建设项目，实施 60 多项文物调查、考古发掘及抢救性保护工作。配合国家重大基本建设开展文物调查、考古发掘及抢救性保护项目 72 项，其中配合"6873"交通突破行动开展 48 项，比 2015 年增长 20%。

【文化遗产"历史再现"工程】审核公布第三批"历史再现"工程博物馆名录 75 个，第四批"历史再现"工程博物馆名录 30 个，全省"历史再现"工程博物馆数量达到 490 个，列入国家文物局公布的全国博物馆名录的 190 个，评选出 35 个"历史再现"工程示范性博物馆。文化遗产"历史再现"工程获得 2015 年度"全省宣传思想文化工作创新奖"。市（州）、县（区）博物馆覆盖率达到 100%。

【博物馆工作】组织开展全省博物馆理事会组建试点，报请省编委批准，将省直管理的麦积山石窟、炳灵寺石窟、北石窟寺等重要石窟类文物保护单位交由敦煌研究院统一管理。将大地湾遗址及大地湾博物馆交由天水市管理。依托敦煌研究院成立甘肃省古代壁画与土遗址保护标准化委员会。成立甘肃省第二个国家文物局重点科研基地——"石窟文物保护技术集成与应用研究国家文物局重点科研基地"。敦煌研究院和天水市博物馆晋升为国家一级博物馆，酒泉市等 6 个市级博物馆、天祝县等 10 个县级博物馆、永靖县黄河水电博览馆等 4 个行业博物馆以及天庆博物馆等 6 个非国有博物馆新馆建成开放。省博物馆基本陈列——《甘肃丝绸之路文明》展完成改陈，全省各级各类博物馆共组织开展“四进”（注：进企业、进机关、进社区、进农村）、青少年教育等社会教育活动400余次，接待观众1500余万人次。各级各类博物馆改造提升陈列展览14个；30多个博物馆和省直有关文博单位的2000多件（套）文物参加赴国内外的40多个展览。省博物馆智慧博物馆建设试点取得阶段性成果，全省大部分国有博物馆开通了门户网站，推出特色藏品和陈列展览在线展示。省文物局与省财政厅联合组织实施了2015年度全省博物馆免费开放绩效考评工作。

【文物科研】《敦煌莫高窟风沙灾害预防性保护体系构建与示范》和《中国古代车舆价值挖掘及复原研究》两个项目被国家文物局评为“十二五”文物保护科学和技术创新奖二等奖。《敦煌研究》杂志荣获“中国最美期刊”和甘肃省首届“十佳社科期刊”称号；《敦煌石窟艺术简史》入选中国图书评论学会和中央电视台科教频道合办的“2015中国好书”。《敦煌翟氏研究》《西戎遗珍—马家塬战国墓地出土文物》等5项学术成果荣获甘肃省第十四次哲学社会科学优秀成果三等奖。《敦煌佛教图像研究》等一批敦煌学研究成果出版或发表；《肩水金关汉简》第五卷出版发行，《居延新简集释》（七卷本）整理出版。一批市、县级博物馆和省直有关文博单位编辑出版了馆藏精品文物图录，《甘肃省志•文物志》编纂工作全面启动。

配合省文化厅完成《甘肃省文化文物单位文化创意产品开发的实施意见（征求意见稿）》；制定《甘肃省文博单位文化创意产品开发实施方案》。敦煌研究院和省博物馆被列为全国文创产品开发试点单位，文创产品研发取得突破。

【对外交流】甘肃陕西两省联合主办的“大秦文化特展”在台北故宫博物院开幕。敦煌研究院和美国盖蒂保护研究所联合举办的“敦煌莫高窟：中国丝绸之路上的佛教艺术”展在洛杉矶盖蒂中心开幕。中外文化交流中心与敦煌研究院在俄罗斯莫斯科中国文化中心共同举办了“丝路明珠，数字永恒——数字敦煌成果展”。

【敦煌文博会】以首届丝绸之路（敦煌）国际文化博览会为平台，通过文物展示、专题论坛、学术研讨等形式，展现甘肃的历史文化底蕴和华夏文明传承创新等文物保护成果。成功举办丝绸之路文化遗产国际论坛、简牍学国际学术研讨会，中国馆主体展览《丝绸之路对话与交流——十三省区市文物精品展》接待观众6万余人次，《梦幻莫高》文物数字化展示节目赢得中央首长、各国政要和嘉宾好评。

（刘木子）

信　访

【信访制度改革】深入贯彻省委、省政府关于信访工作的决策部署，紧紧围绕省委常委会对信访工作提出的“发挥好领导的关键作用、机制的合力作用、基层的源头作用、队伍的协调作用”的总体要求，深入推进信访工作制度改革和信访法治化建设，坚持问题导向，严格落实责任，强化工作措施，狠抓积案化解，扎实推进各项改革措施落实，全省信访形势继续保持了“四下降一好转”（全省信访总量、来省上访量、来省集体上访量、进京非正常上访量同比下降，信访秩序明显好转）的良好态势，较好地维护了全省社会和谐稳定大局。

【阳光信访建设】建设全省信访信息系统。着眼“方便群众、阳光透明、便于监督”的目标，建成全省网上信访信息系统，搭建起集投诉、查询、跟踪、监督、评价于一体的互联网信访综合业务平台，与国家信访信息系统实现互联互通，省、市、县、乡四级实现应联尽联，信息化水平显著提升。积极推行网上信访。大力推进“互联网+信访”模式，把来信、来访、网上投诉等不同形式受理的信访事项全部纳入网上信访信息系统统一办理，“让数据多跑路、群众少跑腿”。实行群众满意度评价。按照“受理—办理—监督—评价”的工作流程，对初次登记受理的信访事项全部纳入群众满意度评价范围，信访人可随时查询信访事项办理情况和处理结果，并对信访部门和责任单位作出满意度评价。对群众评价不满意的信访事项，及时提醒、回访、督办、问责，倒逼改进工作。2016年群众对信访部门和责任单位的满意度评价均在90%以上。加强宣传舆论引导工作。加强宣传舆论引导工作的主动性和针对性，利用主流权威媒体主动发声，充分运用省信访局门户网站、微博、微信公众号及“今日头条”等新媒体手段开展宣传，拍摄的反映信访工作制度改革成效的微电影《暖阳》现已杀青，同时大力推介信访工作典型经验和先进人物，最大限度释放改革正能量。

【责任信访建设】修订完善信访工作考核办法，加大信访事项及时受理率、按期办结率、群众满意率考核权重，实现工作重心下移，树立正确考评导向。与14个市州和41个省直部门一把手签订了责任书，在全省范围开展“三无”县（市、区）创建活动，推动基层和属地落实责任，努力把大多数信访问题解决在县（市、区）级内，2016年全省重信重访比重同比下降19%。严格落实《中央办公厅国务院办公厅信访工作责任制实施办法》，制定《实施细则》，逐级靠实工作责任，形成一级抓一级、层层抓落实的良好局面。继续严格落实月通报、专项通报、季点评、约谈领导、挂黄牌、一票否决等制度，每月向信访问题突出的地方和部门党政主要领导同志通报工作情况，每季度召开一次全省信访形势通报会。落实《省委省政府领导定期接待来访群众工作制度》和《省委省政府领导阅批重要来信来访事项暂行办法》，实现省级领导干部阅信接访规范化、常态化。

【法治信访建设】编印了《甘肃省分类处理信访投诉请求的主要法定途径及相关法律依据》，指导推动信访工作任务较重的35个省政府职能部门梳理处理信访问题的法定途径，进一步厘清了信访与诉讼、仲裁、行政复议、行政裁决等法定途径的受理范围；不断强化综治、维稳、信访、公安协作配合的非正常上访联动处置机制，公检法司联合出台了《依法处置信访活动中违法犯罪行为的指导意见》，加大对缠访闹访、聚众滋事等违法行为的处理力度，有效遏制了“以闹求决，以访牟利”等问题；强化信访、公安、保卫、警卫、保安“五位一体”的处置来省集体上访快速反应机制，省委、省政府机关上访秩序明显好转。

【信访积案化解】全省信访系统把开展化解信访积案集中攻坚活动作为“两学一做”学习教育重要抓手，全力推进问题解决，切实维护群众合法权益。省信访局梳理出涉及劳动社保、征地拆迁等领域的22件信访积案，报请省政府由分管副省长协调推动化解。在省委、省政府领导带头包案、以上率下的示范引领下，省信访局向各地各部门梳理交办信访积案771件，通过市州党委书记和省直部门一把手集中批转，逐一确定包案领导、逐案明确责任主体，提出化解时限，要求妥善化解。强化督查督办，由局党组成员带队组成6个督查组，邀请新闻媒体记者、人大代表、政协委员全程参与，深入14个市州实地督查重点信访事项，促进了信访个案解决和成批问题化解的良性互动。截止2016年底，国家信访局和省上交办的信访积案已全部结案化解，实现了“清仓见底”目标。

【信访秩序维护】牢固树立政治意识、大局意识、核心意识、看齐意识，充分发挥非正常上访联动处置工作机制作用，狠抓事前排查、人员稳控、值班值守、劝返接领等关键环节，圆满完成全国“两会”、G20杭州峰会、十八届六中全会等重要活动期间集中劝返工作。把做好敦煌文博会期间的信访工作作为一项重要的政治任务来落实，制定了《首届丝绸之路（敦煌）国际文化博览会期间信访工作实施方案》，全力落实“矛盾纠纷排摸细之又细、信访积案化解实之又实、稳控责任落实紧之又紧”的工作要求，文博会期间全省信访系统共排查化解矛盾纠纷，预警并妥善处置各类上访事项，较好地保障了文博会的顺利召开。全力做好中央第三巡视组、中央环境保护督察组进驻甘肃期间的信访接待和执勤值守工作，有力支持了全省工作大局。强化信访、公安、保卫、警卫、保安“五位一体”的处置来省集体上访快速反应机制，严格落实《依法处置信访活动中违法犯罪行为的指导意见》，有效维护了省委、省政府机关工作秩序。

【队伍建设】坚持用中国特色社会主义理论体系武装头脑，通过开展交流研讨、组织生活、宣讲辅导等多种方式，深入学习党的十八届三中、四中、五中、六中全会和习近平总书记系列重要讲话精神，以理论上的清醒保证政治上的坚定。以“双争双创”活动为载体，扎实开展“两学一做”学习教育，引导全局干部强化党性观念，不断改进工作作风，树立忠诚、干净、担当的良好形象。举办全省信访局长培训班等各类培训3期、受训人员450余人，提升了各级信访干部落实信访工作制度改革任务的能力。坚持把精准扶贫作为锤炼干部作风的重要阵地，全体机关干部进村入户接地气、连民心、办实事，得到联系村干部群众的普遍好评。认真落实全面从严治党“两个责任”，把握好监督执纪“四种形态”，局党组同各处室、中心主要负责人层层签订《党风廉政建设责任书》，把纪律和规矩挺在前面，推动实现不敢腐向不能腐、不想腐迈进。

（麻浩明）

人民防空建设

【人防组织指挥】立足应战应急职能使命，完善组织指挥体系建设，根据战时防空袭需要，陇南市、天水市和临夏市、合作市等部分县（市）人防办，组织完成了城市防空袭预案的制定工作。临夏州、甘南州和永靖县人防办开展人防数据资料调查工作，为制定城市防空袭预案做好准备；着眼实战实备能力建设，全省人防系统强化训练演练工作，统筹兼顾指挥训练与日常工作，严格按照《人民防空训练规定》、《人民防空训练与考核大纲》抓好专业课目训练，达到时间、人员、内容、效果四落实。积极开展信息化条件下防空袭特点规律研究，紧贴职能使命任务需求组织机关室内演练，增强了训练的针对性和前瞻性。指导社区群众和在校学生开展紧急疏散演练，省人防办参加了西部战区联合训练，提高了实战实备能力。

【信息化建设】积极适应信息化条件下防空袭战争需要，加强预警报知系统建设，人防北斗卫星导航定位系统建成投入使用。省人防办开通短波通信网和光纤传输网，实现了省、市、县人防信息互联互通；兰州、天水、酒泉、张掖、武威、金昌、陇南、定西、白银、嘉峪关、临夏、合作、敦煌、玉门等市和兰州新区、金塔县人防办建设了新型防空防灾警报报知系统，陇南市人防办建成无线短波通信网和广播电视防空警报发放系统。2016年，警报音响覆盖率平均达到96%，鸣响率达到100%；按照国家人防办要求，省人防办开展省、市两级人防战备数据库平台搭建工作，天水市、嘉峪关市、张掖市人防办完成一期数据平台建设任务，全省人民防空信息化建设水平得到了进一步提升。

【人防工程】严格落实人防结建政策，抓好人防工程项目建设。各级人防部门加强在建人防工程质量管理，严格人防工程验收、备案、质量监督检查，确保人防工程符合战术技术要求，实现人防工程建设在提质增量上全面突破的工作目标。着力实施人防与经济社会、城市建设相融合战略，组织开展人防专项规划编制工作，省人防办编制完成《甘肃省省域人防体系规划》，并经省政府办公厅、省军区司令部批准，颁布实施。兰州市人防办编制《轨道交通沿线土地资源开发及地下空间控制性详细规划》和《城市重点地区地下空间控制性详细规划》，白银市人防办编制《中心城区人防工程建设与地下空间开发利用规划》，庆阳市人防办编制《城市地下空间开发利用与人防工程建设规划》，张掖市人防办编制《人民防空和地下空间开发规划》，兰州新区人防办编制《地下空间开发利用专项规划》。酒泉、武威、临夏、合作、兰州新区等36个市、县、区人防办开展人防建设与城市建设相结合的规划编制工作。

【平战结合】认真贯彻人防工程“平战结合”方针，完善人防“战时防空、平时服务、应急支援”机制，统筹兼顾应战应急与便民、惠民、富民相统一，在保障民生上发挥最大效益。健全完善平战结合使用工程转换方案，落实平战转换措施，确保临战转换战备效应。加强人防工程平战结合管理，省人防办组织开展人防工程平时开发利用情况普查，针对存在的问题，下发《人防工程平战结合管理办法》。建立完善平战结合工程信息数据库，全省完成人防工程挂牌管理88项531块，新增平战结合工程30万平方米。

【宣传教育】加强人防宣传教育工作，把人防宣传教育纳入全民普法教育总体部署，健全普法宣传教育机制，多渠道多形式开展人防普法工作。认真学习宣传第七次全国人民防空会议精神，习近平总书记“人民防空是国家之大事，是国家战略的，是长期战略”的论述深入人心；结合“9.18”防空警报试鸣活动，在全省各地掀起宣传人防法规政策、宣传人防职能、普及人防知识的的高潮；各重点城市人防办加大协调力度，持续抓好人防宣传教育进机关、进企业、进社区、进学校、进媒体活动，特别是推进人防宣传教育进社区工作，省人防办在督导检查的基础上，下发《关于进一步推进人防宣传教育进社区工作的实施方案》，全省人防宣传教育进社区覆盖面达到80%以上，为人防建设营造了良好的社会氛围。

【行政执法】认真贯彻中共中央、国务院、中央军委《关于深入推进人民防空改革发展若干问题的决定》，深入调查研究，广泛征求意见，加强沟通协调，印发《关于深入推进人民防空改革发展的意见》和《关于加强县级人民防空工作的通知》。全省各级人防部门依法履行行政职能，认真执行权力清单制度、行政裁量权基准制度和责任追究制度，深化“放管服”改革，加强人防执法队伍建设和执法人员资格管理，规范人防行政执法主体行为，全省人防行政执法水平得到进一步提高。

【“准军事化”建设】围绕“政治坚定、业务精湛、纪律严明、作风过硬、廉洁高效”的目标要求，着力在规范行为操守、解决突出问题、推进制度建设上下功夫、见成效。全省各重点城市人防办加强领导班子建设，持续深入开展“三严三实”专题教育，不断增强各级党员干部严以修身、严以用权、严以律己和谋事要实、创业要实、做人要实的自觉性和坚定性。狠抓干部教育培训，省人防办依托国家人防办信息科技应用研发协同创新基地举办干部培训，落实省委组织部、省人社厅及国家人防办的干部培训要求。各重点城市人防办紧密结合工作实际，采取多种形式，广泛开展学习培训活动，全面提高机关干部的工作水平；以“两学一做”学习教育和党课教育为主线，以“军事化”为目标，深入持久地加强机关作风建设，着力塑造人防机关“快、准、严、细、实”的工作作风。以创建文明机关为载体，强化人防机关正规化建设，不断规范办公秩序、工作秩序和生活秩序，注重日常养成，加强品德修养，营造了机关内部团结和谐的干事氛围。主动适应经济社会发展新常态，牢固树立“大人防”观念，调整工作思路，转变工作方式，发挥人防资源优势为政府防灾减灾和应急救援服务，为方便群众生产生活服务，展示了人防机关的良好形象。

（宁翼龙　汪洋）

妇女工作

【妇女扶贫】深化“陇原妹走出去、陇原巧手干起来、女能人带起来”精准扶贫举措，确定56.92万名16-60岁有劳动能力的建档立卡贫困妇女为妇联扶贫对象，制定减贫任务书，量身打造脱贫措施，把资金全部落实到贫困妇女。将扶贫措施录入各地精准扶贫大数据管理平台，精准化识别、针对性扶持、动态化管理。2016年，帮助19.99万名贫困妇女实现了脱贫增收。争取资金252.34万元，实施“母亲邮包”、“母亲水窖”等项目。为贫困乡镇争取“母亲健康快车”11辆，累计达到140辆。

【妇女劳务经济】一是加大陇原妹输转，打造陇原妹巾帼家政品牌，帮助能“走出去”的贫困妇女在家政服务领域就业。落实省扶贫办、省政府劳务办家政培训资金1400万元，培训1.53万名贫困妇女。支持省女企业家联合会牵头成立甘肃陇原妹巾帼家政服务公司，举办兰洽会巾帼家政展示、项目签约及家政技能大赛，与天津、厦门等对口帮扶省市签订输转协议，开展陇原妹回娘家、联谊慰问等活动，为贫困妇女提供集培训、教育、输转、管理、维权、关爱为一体的综合服务。向省内外培训输转陇原妹家政服务员3.16万人，其中建档立卡户贫困妇女占52%，发挥了“输出一人、脱贫一户，致富一家、带动一片”的作用。二是扶持陇原巧手产业，提升妇女手工编织技能培训水平，帮助“走不出去”的贫困妇女实现居家就业。落实省财政1000万元陇原巧手培训资金，培训3.5万名贫困妇女。扶持经纪人成立甘肃省陇原巧手文化产业公司和陇原巧手网上商城，创建市级陇原巧手展销厅、创意园、体验馆38个，在旅游景区、商业中心等创建县级陇原巧手营销中心74个，创建村级女人坊412个，凝聚经纪人210名，完善“企业（协会）+基地+经纪人+妇女”的生产经营模式。加强与省文发集团、读者集团、省女企业家协会合作，参加丝绸之路(敦煌)国际文化博览会、义乌中国妇女手工制品博览会等文化交流活动。2.76万名贫困妇女通过陇原巧手培训实现就业增收，取得了编织小产品、就业大舞台的综合效应。三是妇女小额贷款扶持创业就业，把妇女小额贷款与各地扶贫规划、产业发展和重点项目结合起来，注重向具有发展意愿的建档立卡户贫困妇女和返乡女农民工倾斜，发挥贷款的最大使用效益。放贷13.38亿元，扶持妇女1.85万人；其中为建档立卡户贫困妇女放贷1.21亿元。2009年以来，累计放贷329.89亿元，扶持妇女72.69万人。四是能人带动放大示范效应，联合省供销社成立甘肃省农产品经纪人协会农业女经纪人联谊会，吸收96名女性农业企业家、经纪人、带头人、科技工作者成为首批会员，带动贫困妇女走专业化、产业化发展道路。创建全国巾帼脱贫示范基地10个、省级示范基地72个，争取妇女扶贫项目资金733.07万元，发挥能人引领、基地示范、贫困妇女受益的作用。配合做好全国妇联定点帮扶点漳县、西和县工作，形成上下联动工作新局面。

【特色家庭工作】一是推进寻找“最美家庭”活动，举办“清风正气传家远•廉洁齐家扬党风”讲座等活动，引导机关党员干部培树清廉家风。全省共评选产生省级“最美家庭”100户，市县乡村各级“最美家庭”4.41万户。二是构筑巾帼志愿品牌，推进“邻里守望•姐妹相助”巾帼志愿服务制度化、规范化建设。全省有各类巾帼志愿服务队伍3537支，在册巾帼志愿者10.03万人，共开展巾帼志愿服务活动6651次。三是发展家庭教育服务，以学习家教知识、传承良好家风为主题，打造“母亲讲堂”品牌，建立省级家庭教育示范点14个，举办“母亲讲堂”220场次，5.2万名家长接受家庭教育指导服务。以培育社会主义核心价值观为核心，开展“我爱我家•同悦书香”亲子阅读等家庭教育实践活动，为未成年人健康成长营造良好社会环境。四是深化平安家庭建设，以婚姻登记机构为载体，提供婚姻家庭咨询、矛盾纠纷调处等服务。参与法院系统家事审判制度改革，探索联合建立家庭纠纷诉调对接机制。与酒泉卫星发射基地联合举办两期“相约航天城•共圆航天梦”军地青年联谊活动。

【特殊妇女儿童关爱】一是实施关爱贫困妇女心理健康行动，为贫困妇女提供社会化、规范化、专业化心理咨询服务。继续与省委组织部举办“两癌”贫困妇女创业技能和康复能力培训班；全省累计办班56期，培训“两癌”贫困妇女2845人。二是关爱留守儿童，依托全省1268所“农村留守儿童之家”，动员9.13万名妇联干部、巾帼志愿者、省直机关干部组建“爱心妈妈”队伍，与19.58万名留守儿童结对、认亲。争取“儿童快乐家园”等项目，为留守儿童提供设施健全的课外活动场所。三是救助困境儿童，实施“快乐宝贝”公益项目，募集款物184.73万元。举办“春蕾计划•护蕾行动”培训班12期，发放助学金216万元。开展中国“微笑行动”走进甘肃、“消除婴幼儿贫血行动”、“贝因美与爱同行”等公益慈善活动，惠及更多困难儿童。

【妇女上网工程】一是建设“网上妇女之家”，丰富新闻图片、视频资料，增加互动交流、在线服务，使其更加契合妇女群众的个性化、多元化需求。全省妇女网络平台关注度、阅读量、活跃度等各项指标明显提高，综合排名在全国省级妇联中稳步提升。二是健全新媒体矩阵，推出“甘肃妇女”官方微信公众号、陇原妹、陇原巧手等一批特色鲜明、形式活泼的妇联工作移动宣传端，入驻今日头条、企鹅号、牛肉面、中国甘肃网等新媒体平台，全方位、多层次打造妇联新媒体矩阵，提高妇联组织的传播力、引导力、影响力。三是强化融合联动，制定下发推进全省妇联系统网络及新媒体建设指导意见。全省妇联系统共开通网站53个、微博60个、微信公众号144个，年访问量达437.6万次，推动妇联工作实现线上线下有机融合。

【法律服务】一是开展普法宣传教育活动，下发全省妇联系统“七五”普法规划，开展“建设法治甘肃•巾帼在行动——法治教育陇原行”，在“妇女之家”举办以案释法宣传活动2.5万余场次，受益群众80余万人。在重要节点群发普法宣传短信和微博微信，进一步扩大了普法宣传的覆盖面。二是依法维护妇女儿童合法权益，推行人身保护令、家庭暴力告诫等制度实施，参与农村土地承包经营权确权登记。执行全国妇联/联合国“多部门合作预防和应对家庭暴力”项目，培训骨干370人。组建全省首支反家暴培训师资骨干队伍，联合省卫计委设立医疗机构家庭暴力报警点。在县级以上妇联设立婚姻家庭纠纷调解委员会213个，发展调解员1918名，调解案件1.33万起，接待办理群众信访3687件次。

【妇联建设】一是调研起草改革方案，起草省妇联改革方案，从机构设置、人员构成、工作方式、运行机制等方面，提出具体改革措施，广泛征求意见建议，确保改革任务落实到位。二是加强基层建设，出台“党建带妇建”加强服务型基层妇联组织建设意见，加强乡镇（街道）妇联组织建设，推动村（社区）妇联组织与“两委”同步换届，切实提高女性进村“两委”、村妇代会主任进村委比例。加快“会改联”步伐，推动部分市州落实乡镇妇联工作经费和村妇代会主任报酬。探索灵活多样的基层妇联组织设置形式，重点将手臂延伸到了以女性为主的新领域新阶层。三是促进作风转变，扎实开展“两学一做”学习教育，认真接受省委政治巡视。举办全省妇联干部岗位能力提升培训班，增强干部改革创新意识和履职担当能力。严格落实密切联系基层、联系妇女群众长效机制，“下基层、访妇情、办实事”、接待妇女群众来信来访等工作常态化开展，树立妇联组织“温暖之家”的良好形象。

（赵芳）

机关事务管理

【省部级干部住房清理】及时转发相关文件，明确清理工作要求，以两办名义转发了国家机关事务管理局、中共中央直属机关事务管理局《关于印发〈关于省部级干部住房集中清理中有关问题的处理意见〉的通知的通知》，对清理工作提出具体要求，领导小组办公室加强与相关部门和单位的协作配合，严格把好政策关，按计划步骤抓好工作落实，为完成清理任务奠定了基础。吃透政策精神，做到“两个到位”，认真学习《处理意见》等政策规定，深刻领会和熟悉掌握清理工作中的刚性要求和柔性政策，力求宣传解释时口径统一、标准统一、要求统一，避免造成不必要的政策误读。政策宣传到位，组织编写政策解读材料，并针对在职和离退休、已故省部级干部遗属的不同情况，给每位省部级干部呈送了《温情寄语》和政策解读小册子，在严格落实政策规定的同时，充分体现了组织的关怀，为清理工作顺利进行创造了良好条件。严格审核建好台账，依规推进整改落实，督促各有关部门和单位，协调对口省部级干部根据要求认真填写住房情况和整改措施等表格台账，做到情况明、底数清、数字准。逐人建立台账。各部门和单位采取一人一台账的做法，给每位省部级干部的住房建立专门工作台账，分超标类型制定整改措施。领导小组办公室严格对照《处理意见》要求，对各部门和单位报送的台账数据进行认真审核，凡不符合标准要求的一律退回重新填报，确保每个台账表格数据完整、政策界定清晰。积极协调沟通，破解整改中的难题，明确阁楼面积和补交房款方式等具体问题，一些难点问题得到妥善解决。目前，在职省部级干部住房集中清理工作已经完成，离退休省部级干部住房清理工作也正在有序进行。

【公务用车改革】2015 年 12 月 31 日省直部门相当数量的公务用车已经封存。抢时间赶进度，加快搭建公车服务平台，选定省政府统办三号楼、省政府礼堂、兰州饭店原有场地，建成公车中心的三个临时停车点。公开招标选定技术实力雄厚的专业公司，设计开发安装车辆信息管理调度系统；分三批精选各类车辆 233 辆，做好过户、保养等相关工作；通过劳务派遣公司面向社会公开招聘 56 名驾驶员，并对他们进行了政治和业务培训；组织开展对参改的 116 家单位主管车辆人员的专题培训。省级机关公务用车服务中心于 2016 年 6 月正式揭牌运行，成为了全国首家公务用车平台。建章立制，科学制定公务出行的规章制度，以“两办”名义印发《甘肃省省级机关跨区域公务出行和省直部门综合执法用车服务方案》和《甘肃省省级机关跨区域公务用车服务平台运行管理办法（试行）》、《甘肃省省直部门综合执法用车服务平台运行管理办法（试行）》，建立起集中管理、统一调配的制度框架。积极协调落实公务用车专用号段管理工作，与省公安厅联合下发《关于全省各级党政机关公务用车实行专段号牌管理的通知》，省直部门保留车辆的号牌更换工作已近尾声。规范运行，为紧急、重大活动提供保障，平台共安排跨区域出车 660 多台次，安全行驶 56.8 万多公里。参与敦煌文博会的交通服务工作，公车中心被评为优秀服务单位，受到了省委省政府的表彰。配合完成省级公务用车集中处置运作机构入围项目的公开招标，确定车辆鉴定评估、拍卖和解体机构，已处置取消车辆两批 209 辆；省级机关一般公务用车信息化、标识化工作也正在有序推进。

【办公用房管理】完成闲置办公用房专项调查，收回 4 家部门占用的办公用房 1255 平方米，将约 6333 平方米的办公用房调配移交给 5 家省级部门使用，提出统筹解决省级以下邮政机构办公业务用房问题的意见，保障工作需要。从严审核租用办公（业务）用房，通过实地调研和标准核定，审批 11 家单位租房 1.62 万平方米，核定租房经费 850.25 万元。认真办理房屋处置业务，对省交通厅等 8 家单位待报废拆除或处置拍卖的房产下达了处置批复，审批办理了有关部门购置业务用房事宜。建设完成了国有资产及办公用房信息系统，分 9 期完成省直 1232 个部门及下属单位近 900 名业务人员的信息系统操作培训，同时做好资产和办公用房原始数据导入和审核工作。研究制定《甘肃省省级行业协会商会与行政机关脱钩后办公用房管理办法（试行）》，并按有关规定完成了第一批试点的 31 家协会资产财务核定剥离、办公用房性质界定及清理腾退等相关工作。加强国有资产处置管理，办理了 6 个部门 10 台公务用车和 169 万元固定资产的报废处置工作。

【办公用房维修改造】制定印发《甘肃省省级党政机关办公用房维修改造项目申报管理规定（试行）》和《甘肃省省级党政机关办公用房维修改造项目申报指南》。认真核查办公用房维修改造项目方案，审核办理 26 家省级部门及下属单位办公用房维修改造项目 41 个，累计审核投资 8884.36 万元。推进省人大原东院办公楼维修改造和统办三号楼附楼改建职工食堂工作。按照公开透明、规范运作、严格监管的要求，依法组织施工队伍、监理单位招投标工作，公开条件、公开比选、优中选优。自去年 5 月份统办楼职工食堂改造工程开工以来，严格选择工程建材，严控施工环节，狠抓安全管理，室内外装饰及安装、土建改造、室外管网线路改造、院坪改造等项目已初步具备验收交工条件，厨房、餐厨垃圾回收和太阳能设备也已安装完毕。省人大原东院办公楼也已于去年 9 月份开工，施工场地“三通一平”工作已经完成，正在进行楼内拆除工作。

【物业管理保障服务】及时听取服务对象的意见和建议，落实安全、保洁、消防等工作责任，全力做好各项管理保障服务工作，努力为住户排忧解难、营造良好的生活环境。定期开展安全检查和保养，及时解决水、电、暖等方面存在的问题，做到了安全检查到位、保养维护到位、隐患消除到位。完成人和家园可视楼宇对讲系统、锅炉房外围护栏和安宁科教城围墙护栏、污水管道、保安值班室维修建设，对部分住宅小区供暖管道、阀门进行了改造更换，保证冬季供暖的顺利进行。统办二、三号楼管理严格落实值班登记制度，组织驻楼单位协同推进综合治理工作，实现了运行零事故的目标。筹集资金对三号楼附楼屋面防水进行维修改造，对所有消防通道及应急设备、供暖主管道、监控系统进行了更换改造，有效提升了大楼的保障能力。

【公共机构节能管理】公布第四批省级示范单位名单，完成了“十二五”国家和省级节约型示范单位创建任务，创建国家级示范单位 62 家，省级示范单位 117 家，省级机关节水型单位 25 家。对各市州及省直重点用能部门“十二五”公共机构节能工作进行了考核，配合国家考核组完成了甘肃省“十二五”公共机构节能工作的实地考核。组织编制《甘肃省公共机构节能“十三五”规划》，结合实际确定“十三五”能耗量化目标和节能四大行动六大工程，差异化分解下达各市州“十三五”节约能源资源强度目标。建成开通全省公共机构能耗统计信息平台，完成全省公共机构“十二五”能耗统计分析工作。安排省市县节能改造补助项目 29 个，补助资金 1000 万元，项目建成后预计年节能量 2274 吨标准煤，节水 1.17 万吨，减排二氧化碳5913吨。继续推进节水改造和示范项目建设，支持开展中水回用、节水器具改造等项目建设。实施了省直部门办公建筑能耗监测系统建设，完成了33栋办公建筑能耗在线监测系统建设工作。制作播出节能公益广告，举办节能形势与管理知识讲座，印制发放宣传海报、节电节水小贴士、行为节能知识手册等5万多份，带动了全社会节能意识的提高。

人民生活

城镇居民

2016 年，是“十三五”规划的开局之年，也是推进供给侧结构性改革的攻坚之年。面对错综复杂的国际国内形势和持续增大的经济下行压力，甘肃省委、省政府始终坚持稳中求进总基调，聚焦推进供给侧结构性改革，多渠道拓宽居民增收路子，全省城镇居民收入稳步快速增长，消费水平进一步提高。

【收入情况】2016 年，全省城镇居民人均可支配收入 25693.5 元，比上年增长 8.1%。从收入构成看，四项收入全面增长，工资性收入仍是城镇居民收入最主要的来源。

工资性收入是居民收入的主要增长点。2016 年，全省城镇居民人均工资性收入 16751.2 元，比上年增长 10.3%，占人均可支配收入的 65.2%，比重较上年增加 1.3 个百分点。主要原因：就业规模扩大，截止 2016 年 11 月底，城镇新增就业 43 万人；调整机关事业单位工作人员基本工资标准，提高部分省直机关事业单位业绩考核奖发放标准；发放省直机关和参公以及部分市县单位公车改革交通补贴，兑现全省法官、检察官工资待遇；部分企业职工工资增加。

创业创新带动经营净收入增长。2016 年，全省城镇居民人均经营净收入 1960.6 元，比上年增长 8.6%。政府鼓励发展实体经济，加大对小微企业的扶持力度，积极落实“大众创业，万众创新”等各项优惠政策，有效刺激就业并带动了经营净收入增长，非公经济特别是第三产业发展速度明显加快。

多因素致财产净收入增长放缓。2016 年，全省城镇居民人均财产净收入 2355.8 元，比上年增长 2.7%。股市下跌、银行降息、理财产品利率下调、人民币兑美元汇率持续走低等多因素共同作用，居民投资渠道受限，投资意愿下降，财产净收入增速较上年有所放缓。

政策因素助推转移净收入增长。2016 年，全省城镇居民人均转移净收入 4625.9 元，比上年增长 3.3%。拉动转移净收入增长的主要因素：一是城市低保标准提高，标准由月人均 328 元增加到 361 元，增长 10%。二是退休人员养老金标准提高，每人每月约增加 160 元。

【消费支出】2016 年，全省城镇居民人均生活消费支出 19539.2 元，比上年增长 12.0%。在收入增长的拉动下，八大类消费增长势头强劲，居民消费观念从追求数量型转向追求质量型，消费结构由生存支出向发展、享受支出转变。

一是交通通信支出增长速度居各类支出首位。2016 年，甘肃城镇居民人均交通通信支出 2517.9 元，比上年增长 36.1%，增幅在八大类消费中居首位。主要原因是：家庭汽车拥有量大幅增加，交通工具支出 717.9 元，较上年增长 2 倍多。相关燃料费、维修保养费、保险费用等支出也相应增加，其中，交通工具用燃料支出 245.5 元，增长 26.9%；交通工具使用及维修支出 228.0 元，增长 37.1%。百户城镇居民家庭拥有汽车 23.6 辆，比上年增加 5.5 辆。

二是服务性消费成为消费新亮点。一是 2016 年全省城镇居民人均生活用品及服务支出 1329.1 元，比上年增长 18.2%。近些年来，居民享受型耐用品拥有比例和需求逐步增加，家庭设备用品呈现科技含量高、功能多样化、档次提升的格局，家具及室内装饰品、家用器具消费都呈现大幅增长态势。二是其他用品和服务支出 479.9 元，比上年增长 21.3%。主要是由于随着居民消费观念逐渐改变，追求高标准、享受型的生活方式已成为普遍现象，美容美发等杂项消费不断增加。

三是教育文化娱乐、医疗保健支出快速增长。2016 年，城镇居民人均教育文化娱乐支出 2322.1 元，比上年增长 13.6%。一方面，居民日益重视子女的教育培养，教育投入不断加大，各类兴趣班、辅导班火爆；另一方面，越来越多的居民追求更加丰富的精神文化生活，体育健康、休闲娱乐、旅游度假持续升温。全省城镇居民人均医疗保健支出 1583.4 元，比上年增长 13.8%。居民健康意识普遍增强，有病治病、无病保健的观念萌生，用于体检、购买保健品等方面支出呈逐年上升趋势。

四是食品烟酒、居住支出呈稳步增长态势。随着人民生活水平的不断提高，以吃、住为主的消费需求已呈现基本饱和状态。2016 年，城镇居民人均食品烟酒、居住消费支出分别为 5777.3 元、3752.6 元，分别比上年增长 8.1%、6.0%。在饮食服务中，其他在外饮食支出 1304.2 元，增长 9.5%，市民在外就餐逐渐成为新趋势。

五是互联网消费成为新热点。随着互联网的普及以及物流业的快速发展，居民消费逐步从大型百货商场转战淘宝、京东等电商平台。2016 年，居民通过互联网购买商品和服务人均支出 277.6 元，比上年增长 30.3%。

（堵绍彤）

农村居民

2016 年，甘肃省委、省政府高度重视农民增收问题，进一步加大对农业和农村的投入力度，大力推进精准扶贫和农业现代化发展，农村居民收入稳中有升。

【收入情况】2016 年甘肃农村居民人均可支配收入为 7456.9 元，比上年增长 7.5%。

家庭经营净收入平稳较快增长。2016 年，全省农村居民人均经营净收入 3261.4 元，比上年增长 7.8%，增收贡献率为 43.7%，拉动农村居民人均可支配收入增长 3.4 个百分点。增长的主要原因有：一是农业供给侧结构性改革效果初显。2016 年全省扎实推进农业供给侧结构改革，水果、蔬菜、中药材、马铃薯、玉米制种等特色优势产业播种面积增加。二是主要农畜产品价格回暖，部分产品价格大幅上涨。2016 年中药材价格上涨 28%，生猪毛重价格为 5 年来最高水平，蔬菜价格上涨 8%，带动农户经营性收入增长。三是第三产业收入增长较快。2016 年，全省农村第三产业经营净收入比上年增长 21.6%，其中，批发零售、交通运输、仓储和邮政业、住宿和餐饮业、居民服务、修理和其它服务业收入增长较快，主要是随着“一带一路”战略的深入实施，丝绸之路旅游热的持续升温，乡村游、周边游、自驾游等使农产品、电商品平台迅速发展，带动相关产业发展。四是高效设施农业持续推进。全省各县（市、区）按照“统一规划、合理布局、集中连片、规模发展”的思路，通过政府补贴扶持，引导农民大力发展高效设施产业，保证了农村居民经营收入增长。

工资性收入稳中有升。2016 年，虽然面临较大的经济下行压力，但随着省上实施的一系列稳增长、调结构的政策效应的显现，农民工务工形势受经济放缓的影响小于预期，总体务工形势较好。全年农村居民人均工资性收入达到 2125.0 元，比上年增长 7.6%，增收贡献率为 28.5%，拉动农村居民人均可支配收入增长 2.2 个百分点。增长的主要原因：一是省内重点建设项目，如敦煌文博会基础项目建设、兰渝铁路、临渭高速、银西高铁等，带动了本地区务工人员的工资性收入。二是精准扶贫、“双联”行动、美丽乡村建设等各项政策措施的大力实施，拉动农村水利设施、危房改造、旧村改造、新农村建设等基础设施的大力发展，带动了本地务工人数的上升。三是随着“大众创业，万众创新”优惠政策的出台，甘肃服务业发展加快，创造了更多就业岗位，提高了农村居民的工资性收入。四是土地流转规模扩大，农村居民将土地流转后，解放出来的剩余劳动力接受承租方的聘用，增加了工资性收入。

政策性因素推动农村居民转移净收入增长。近年来，在省委省政府的坚强领导下，各级政府进一步加大对农村和农民的转移支付力度，坚持强农惠农富农政策不减弱，扶贫政策精准发力，直接促进农村贫困人口增收，各地农村低保标准同比提高 10～15%，部分地区新农保领取人数增加，新农合报销比例继续扩大，失地农民保险政策开始实施等，促使农村最低生活保障费增长 40.1%，为农民转移净收入增长增加了新来源。另外，随着精准扶贫政策的推进，农村居民人均扶贫款增长 116.6%。2016 年全省农村居民转移净收入达到 1942 元，比上年增长 7.4%，增收贡献率 26%，拉动农村居民人均可支配收入增长 1.9 个百分点。

【消费支出】2016 年，甘肃农村居民人均生活消费支出 7487.0 元，比上年增长 9.6%。农村居民八类消费支出呈全面增长态势，居民生活消费理念和消费层次不断提高，消费领域不断扩大，消费结构也进一步趋于优化。

一是农村居民医疗保健消费快速增长。随着人们保健意识的增强，从被动就医到主动预防，居民在医疗器械和医疗服务方面投入加大，消费大幅增加。农村居民人均医疗保健支出 821.3 元，比上年增长 22.6%。其中医疗器具及药品支出增长 26.4%，医疗服务支出增长 21.0%。

二是农村居民购买交通工具消费拉动交通通信支出较快增长。2016 年，甘肃农村居民人均交通通信支出 954.6 元，比上年增长 17.6%，拉动消费支出增长 2.1 个百分点。其中，购买汽车等交通工具消费支出的大幅度增加是交通通信支出增长的主要原因，人均购买交通工具支出 230.9 元，增长 32.5%。年末每百户农村居民家庭拥有汽车数量 13.5 辆，比上年末增加 4 辆。

三是教育文化娱乐消费继续增长。随着生活水平的稳步提高，农村居民对教育的重视程度和对文化娱乐消费的需求不断增加，用于教育文化娱乐方面的支出不断增长。2016 年，农村居民教育文化娱乐支出比上年增长 13.1%，拉动农村居民消费增长 1.6 个百分点。其中，人均教育支出 817.3 元，增长 17.6%。

四是农村居民居住更加注重舒适便捷。近年来，农村对生存环境、生活环境有了更高追求，居住消费已成为农村居民消费的亮点。尤其随着农村居民现代化家电的增多，水电燃料等消费支出逐步提高。全年农村居民人均居住消费支出 1541.1 元，比上年增长 9.8%。其中，用电消费支出增长 9.0%。农村居民对子女的教育重视程度不断提高，越来越多的农民为孩子上学到城镇租房生活，全年农村居民人均租赁房房租支出增长 113%。

五是网购消费日渐活跃，新的购物方式正在形成。随着城乡一体化建设步伐的推进，物流体系逐步向农村地域延伸，加之新生代农民工消费观念的转变，网购作为一种新型便捷的消费方式正快速融入农村常住居民家庭生活。2016 年，甘肃农村居民人均通过互联网购买商品或服务支出比上年增长 40.7%，呈现快速增长态势。

（杨彬）

扶贫开发

【概况】2016 年，省扶贫办深入学习贯彻习近平总书记扶贫开发战略思想和视察甘肃时的重要指示精神，坚持把脱贫攻坚作为首要政治任务和最大民生工程来抓，以脱贫攻坚统揽全省经济社会发展全局，扶贫攻坚行动和精准扶贫行动落地见效，脱贫攻坚各项工作任务顺利完成。制定出台《关于打赢脱贫攻坚战的实施意见》以及《任务分解方案》。调整成立了省脱贫攻坚领导小组，组建了省精准脱贫大数据管理平台和脱贫攻坚成效考核两个领导小组，省级领导、市州党政领导和省直部门主要负责同志向省委省政府签订了脱贫攻坚责任书，各市县也层层签订责任书，逐级传导责任压力，形成横向到边、纵向到底的责任体系。全省贫困人口从2015年底的295.4万人减少到2016年底的226.9万人，减贫69万人，贫困发生率由2015年底的14.2%降至10.9%，贫困地区农民人均可支配收入达6487元，增幅12.2%，比全省平均增幅高4.7个百分点。

【扶贫资金投入】2016年，中央下达甘肃各类扶贫资金73.95亿元，其中中央专项扶贫资金59.5亿元，较上年增长44.8%，比全国平均增幅高出近2个百分点；2015年到期的“三西”资金延长至2020年，由每年的2亿元增加到4亿元，五年共20亿。省级安排扶贫资金19.76亿元，增长60.7%。省级22个部门整合涉农资金568亿元，切块到县，集中使用。出台《关于支持贫困县开展统筹整合使用财政涉农资金试点的实施意见》，对纳入试点范围的中央20项、省级14项专项资金项目审批权限完全下放到县，由贫困县自主统筹使用，涉及资金145亿元，有效改变了财政资金多头管理、分散使用、撒胡椒面等现象，初步形成“多个渠道引水、一个龙头放水”的投入使用机制。

【扶贫资金监管】财政专项扶贫资金的立项审批权、计划安排权、管理使用权、备案审查权彻底下放到县，严格落实“三张清单一张网”工作要求，按时公示公告扶贫资金项目，认真受理“12317”扶贫监督电话和群众来信来访等举报事项。联合省纪委开展全省扶贫领域“两查两保”专项行动，联合省检察院开展集中整治和加强预防扶贫领域职务犯罪专项工作，全省各级纪检监察机关共受理扶贫领域问题举报线索1609件（次），查处违纪问题686件，处理人数1516人，其中党政纪处分572人、组织处理846人、移送司法16人，有效查处了扶贫领域侵害群众利益的不正之风和腐败问题。甘肃省财政专项扶贫资金管理使用经绩效考评，连续三年被国家评为A级。

【扶贫基础设施建设】落实“1236”扶贫攻坚行动“六大突破”和“1+17”精准扶贫方案，完成农村公路2.1万公里，95%以上的建制村通沥青（水泥）路；提前一年解决了26万贫困户118万人的饮水安全问题；改造农村贫困户危房14万户；建成58个片区县有需求的行政村幼儿园2465所；建设贫困村乡村舞台3000个；基本实现贫困村动力电、标准化卫生室全覆盖。

【行业扶贫】出台《关于进一步加强“七个一批”清单式管理工作的通知》，对建档立卡贫困人口实施“七个一批”及危房改造、安全饮水清单式管理，建立到户工作台账，使行业扶贫政策、资金、项目、力量聚焦扶贫对象，确保贫困人口按需求落实行业帮扶措施，按行业标准验收退出。

发展特色产业方面：2016年全省向贫困地区投入产业扶贫资金35.2亿元，加快“一县一业”产业对接和“一村一品”产业培育，全省新增特色优势产业种植面积150万亩，新增饲草料作物51万亩；在100个贫困村开展旅游扶贫试点工作，在1641个贫困村开展电商扶贫，景泰、靖远等20个县列为国家电子商务进农村综合示范县，陇南市被授予全国电商扶贫试点市，全省建成75个县级电商服务中心、1157个乡级服务站、5016个村级服务点。

引导输出劳务方面：打造提升“陇原妹”、“陇原月嫂”、“陇原巧手”和兰州牛肉拉面等劳务品牌，按照建档立卡户与非贫困户分离、培训资金归类使用的原则，开展精准扶贫劳动力培训49.7万人，其中建档立卡贫困户劳动力38.8万人。

易地扶贫搬迁方面：2016年，全省易地扶贫搬迁总建设规模24.94万人，其中建档立卡贫困人口16.1万人。下达易地扶贫搬迁资金额度97.85亿元。共涉及717个集中安置点，项目计划总投资131.9亿元。按照“一年建设、两年搬迁、三年稳定”的要求，截至2016年12月底，717个集中安置点全部开工建设，2.77万搬迁群众实现入住，累计完成投资约71.1亿元。

生态保护方面：75个贫困县新造林270.02万亩，封山育林23万亩，新增经济林果57万亩、特色苗木11万亩，完成低产果园改造121万亩，新建林下经济示范点60个。争取国家生态护林员补助资金1.6亿元，选聘护林员2万名，每人每年补助8000元，将部分建档立卡贫困人口就地转为生态护林员。

教育扶贫方面：在全国率先免除学前教育保教费，省政府将学前教育免除（补助）保教费以及高中学生免（补助）学杂费和书本费、高职学生免（补助）学杂费和书本费三项工作纳入2016年为民办实事项目；基本实现乡镇、片区县1500人以上行政村、插花县行政村、革命老区和藏区行政村幼儿园“五个全覆盖”，贫困县学前三年毛入园率达到86%、比上年提高13个百分点；各类扶贫专项共录取贫困地区学生3.55万人、增长37%。

医疗救助方面：下拨6000万建设补助资金支持24个贫困县重点专科建设，开展贫困村订单定向3年制专科层次医学生免费培训，选派1281名支农队员到基层医疗机构进行帮扶，将贫困人口大病保险报销起付线由5000元降至3000元，重特大疾病医疗救助病种调整扩大为50种，从政策上解决了因病返贫窘况。

低保兜底方面：一、二类对象年人补助由3300元、2808元提高到3420元、2988元，农村五保集中供养和分散供养标准分别提高到5600元、4525元。

【金融扶贫】坚持把金融资金支撑作为“六大突破”的核心，创新推出“双业”贷款、特色农业产业保险等一系列扶贫专属产品，累计撬动银行贷款和社会投入1304亿元。精准扶贫贷款累计发放434亿元，惠及96.4万户、398.2万贫困人口，建档立卡贫困户获贷比达95.1%。贫困村互助资金项目覆盖了全省贫困村和有贫困人口的非贫困村，共涉及79个县14890个村，资金总规模达到42亿元。

【精准识别和退出】开展4次“回头看”，通过明查暗访、交叉检查、专项巡查、问题核查等方式，及时发现不准不实的问题，从内容、程序、方式、责任等方面完善落实措施办法，层层压实识贫、校贫、定贫等各个环节，持续弄准弄清全省建档立卡工作底数。开展

“脱贫攻坚回头看”专项行动，省市县乡四级33万名干部深入村组农户，对全省2013年底以来的建档立卡贫困人口进行全覆盖、地毯式、无遗漏的摸排核查，全省贫困识别更加精准、贫困退出更加真实、脱贫攻坚工作基础更加坚实，建档立卡由基本精准向比较精准转向更加精准。

2015年度拟脱贫人口逐村逐户全面开展复核工作，重点对年人均纯收入超过国家现行扶贫标准但低而不稳、家庭成员患长期慢性病或大病经济比较困难、享受低保政策的预脱贫户需要继续扶持、有5万元以上大额债务的等不稳定、不可持续脱贫的9种情况进行清理，清理出35万人，作为“巩固提高户”列入2016年度预脱贫人口，给予扶持，直到其稳定脱贫。坚持时间服从质量，采取自下而上和自上而下相结合的办法，再次对全省58个贫困县和17个插花县摘帽退出指导时序和贫困人口脱贫计划作了反复测算和分析，出台《全省“十三五”贫困县摘帽退出指导时序》，指导贫困县有序摘帽退出，防止个别地方出现“急躁症”。出台《甘肃省贫困退出办法》，将贫困人口11项指标、贫困村20项指标、贫困县7项指标均设置为否决性指标，将行业部门项目验收意见作为退出验收的主要依据，把国家公布的贫困识别标准和脱贫验收标准分开，将甘肃2016年收入验收标准调整到3500元，确保贫困人口脱贫退出时稳定达到“两不愁、三保障”标准，用贫困人口脱贫、贫困村退出、贫困县摘帽的高标准提高脱贫质量，保证贫困人口持续、稳定脱贫。严格退出程序，切实做到程序公开、数据准确、档案完整、结果公正，对贫困人口退出实行民主评议，对贫困村、贫困县退出进行审核审查，开展第三方评估，公示公告退出结果，强化监督检查，确保脱贫结果真实可信。

【精准管理】出台脱贫攻坚督查巡查工作实施办法、重大涉贫事件处置反馈机制的意见、“4342”脱贫验收责任体系实施办法等一系列精准管理政策措施。紧盯识真贫、扶真贫，出台《甘肃省脱贫攻坚“853”挂图作业实施意见》，做到“平台8个准”、“村级5张图”、“户户3本帐”，再次认定了建档立卡贫困村户底数和动态变化情况，详细记录各项到村到户普惠和特惠措施，系统谋划帮扶计划、帮扶措施和帮扶责任，明确全省脱贫攻坚的时间表、路线图和任务书。

【“雨露计划”】2016年，全省实施“两后生”培训71887人，其中：省内学校52573人，省外学校19314人。在甘肃电大、河西学院、陇东学院、陇南师专、定西师专共组织实施“一村一名农民大学生”培训2859人；实施创业致富带头人培训7031人，其中省内6616人，省外培训415人（福建蓉中培训300人）；向北京、天津培训输转陇原妹3333人，向省内培训输转2000人。

【以工代赈】2016年，全省下达以工代赈资金36891万元，重点安排小型农田水利、县乡村道路和小流域综合治理等农村基础设施工程，着力改善贫困乡村生产生活条件。其中，上半年下达以工代赈资金20636万元（国家以工代赈资金19500万元，省预算内基建配套资金1136万元），在58个片区县新建、改建乡村公路575.22公里，桥梁35座725.11延米，修建河堤35.51公里，新增、改善有效灌溉面积4.56万亩。下半年，按照国家和省上关于统筹整合财政涉农资金的要求，下达以工代赈资金16255万元（国家以工代赈资金4900万元，中央预算内投资6800万元，省级财政配套资金4555万元）。

【社会帮扶】中央召开东西部扶贫协作座谈会之后，新增青岛、福州对口帮扶陇南、定西，实现“两州两市”东西扶贫协作全覆盖，出台《关于进一步加强东西部扶贫协作工作的实施意见》，围绕产业合作、劳务协作、人才支援、资金支持和社会参与等五个方面开展项目对接。中组部、国务院扶贫办、银监会等22个国家机关及企事业单位主要负责同志来甘肃密集调研定点帮扶工作，33个中央国家机关和单位全年直接投入甘肃省帮扶资金14183万元，实施项目157个；引进帮扶资金35286万元，实施项目35个。天津市援助甘肃省帮扶资金8162万元，较2015年增长8%；厦门市援助临夏州帮扶资金4661万元，增长15%。组织开展“千企帮千村”精准扶贫行动，1596户企业与1360个贫困村、63家商会与126个贫困村建立结对帮扶关系，带动贫困户91504户、贫困人口39.84万人，帮助6.16万贫困户实现脱贫。全国工商联直属商会在甘肃投资26.85亿元，省属33家商会投资434.91亿元，扶贫捐款925万元。中央统战部、全国工商联在庆阳举行“中国光彩事业庆阳行暨民企陇上行”活动，现场签约合同项目2726个，合同金额5187.5亿元。

【扶贫宣传】2016年，刊发脱贫攻坚《专报》33期、《动态》115期，通过开展“四个一批”典型宣传、积极推广人行“1384”金融精准扶贫工程、省妇联“343”工作模式助力脱贫攻坚、甘肃省检察院“精准扶贫实验班”、陇南市电商助推扶贫、定西市“三个四”产业扶贫、临夏市“以德扶贫”、康县旅游扶贫“花桥模式”等精准扶贫先进典型和成功模式。国务院扶贫办与国务院新闻办联合开展了“走进甘肃看中国脱贫攻坚”采访活动，国家先后在甘肃召开全国精准扶贫建档立卡现场会、创业致富带头人现场推进会、扶贫领域预防职务犯罪现场推进会、金融扶贫现场会、健康扶贫视频会议、“巾帼脱贫行动”现场会和电商精准扶贫现场会。在首届全国脱贫攻坚奖评选表彰活动中，甘肃省1人被评为脱贫攻坚创新奖，2个单位和3名个人被评为全国扶贫系统先进集体和先进工作者。甘肃省被国务院扶贫办评为“全国扶贫宣传先进单位”。

（任爱军）

人力资源和社会保障

【就业情况】2016年，全省城镇新增就业43.75万人，完成年度目标任务的109.38%。其中，失业人员再就业14.93万人，就业困难人员实现就业

4.74 万人。城镇登记失业率 2.2%，低于年控制计划 1.8 个百分点。截至 12 月底，全省失业动态监测企业用工总数为 646595 个，流失率为 0.22%。

【企业就业】制定推进供给侧结构性改革降低企业用工成本的意见，全面实施“五缓四降四补贴”和税费减免等政策，帮助企业降低用工成本，稳定岗位用工。制定阶段性降低社会保险费率的具体措施，企业职工养老保险单位缴费比例由 20%降低至 19%，失业保险费率由 2%下调至 1.5%，工伤保险实际缴费费率由原来的 0.88%下降到了 0.74%，实现社会保险费率“总体降低”的目标，预计每年可为企业减轻负担近 11 亿元。运用失业保险基金为 1988 户企业发放稳岗补贴 6.11 亿元，受益职工 59.95 万人。妥善安置去产能分流职工，先后出台化解钢铁煤炭行业过剩产能过程中做好职工分流安置工作的实施办法等一系列政策措施，对涉及去产能的嘉峪关、金昌、兰州、平凉等 6 市 11 户企业加大调研督查力度，全面完成职工安置计划，共分流安置 6600 人，其中，钢铁行业 4231 人，煤炭行业 2369 人。加强失业动态监测，将享受稳岗补贴的企业全部纳入省级监测范围，被监测企业由 644 户增加到 1102 户，覆盖全省 14 个市州，涉及 18 个行业、64.5 万名职工。

【高校毕业生就业】应届高校毕业生就业率 91.8%，比上年提高 2.2 个百分点。实施高校毕业生就业促进计划，实施扶持 1 万名普通高校毕业生就业民生实事项目，引导高校毕业生到中小企业、战略新兴产业企业和公建民营幼儿园服务。统筹实施“三支一扶”等基层服务项目，共选聘 5396 人。实施高校毕业生创业引领计划，对毕业 5 年内符合条件的高校毕业生给予 5 万元的一次性初始创业补助，共为 3397 名大中专毕业生发放创业担保贷款 2.64 亿元。加大困难毕业生就业援助力度，为省内高校获得国家助学贷款的 24350 名应届毕业生，每人一次性发放 1000 元求职创业补贴，占应届高校毕业生总数的 19%。

【创业带动就业】出台鼓励事业单位工作人员离岗创业和农民工返乡创业的意见，重点鼓励扶持科研人员、返乡农民工、高校毕业生、企业技术人员创业。加大创业扶持力度，设立 1 亿元的省级创业带动就业扶持资金，对 12 个市县、13 家单位、113 户企业和 68 个创业项目给予创业补助。稳定创业担保贷款发放规模，新发放贷款 35.02 亿元，吸纳带动就业 13.85 万人。新认定省级创业就业孵化示范基地（园区）15 个，累计建成 65 个。开展“中国创翼”青年创业创新大赛，13 个项目晋级全国半决赛和总决赛，新认定省级创业项目 360 个。

【职业技能培训】着力提高劳动者技能素质，分层分类开展就业技能培训、创业培训、岗位技能提升培训等各类培训。全省组织开展各类技能培训 119 万人，其中，职业技能培训 50.2 万人，劳务输转培训 68.8 万人。全省开展职业技能鉴定 45.76 万人，获证 42.56 万人。开展职业技能培训鉴定维权上门服务 29.68 万人，获证 27.31 万人，获证率 92%。完善职业培训补贴政策，将贫困家庭子女纳入职业培训补贴资助范围，将就业技能培训补贴标准提高到 300～1200 元，将创业培训补贴标准统一提高到 1300 元。

【就业援助】全省共支出就业专项资金 16.29 亿元，83 万人次享受职业培训、社会保险和公益性岗位等补贴。开展就业援助活动，依托各级人力资源市场和基层公共就业服务平台，采取就业培训、职业介绍、开发公益性岗位等措施，对高校毕业生、失业人员、复转军人、残疾人等重点就业困难群体给予就业援助和帮扶，确保每个零就业家庭至少有 1 名成员就业，实现动态消零。

【公共就业服务】初步形成布局合理、设施完善、功能齐全的公共就业服务体系。定期组织开展就业援助月、春风行动、民营企业招聘周、高校毕业生就业服务月等就业服务专项活动，帮助各类重点群体实现就业再就业。省人力资源市场综合运用现场招聘、报纸招聘、“互联网+”招聘、校园招聘、猎头推荐等方式，建立起一套多层次、全覆盖的招聘信息服务网络，全年举办各类现场人才招聘会 106 场次，提供岗位 23.56 万个，共达成意向性就业协议 10.05 万份，其中，高校毕业生达成意向性就业协议 5.76 万份，同比增长 28%。

【富余劳动力输转就业】 全省共输转城乡富余劳动力 527.4 万人，完成目标任务的 105.5%，其中就近就地转移就业 336.9 万人；创劳务收入 952.1 亿元，完成目标任务的 102.4%。加强省际劳务协作，累计与 16 个省市区签订了劳务合作协议。开展“春风行动”系列活动，通过专场招聘会免费为农村劳动者提供就业服务。大力支持农民工返乡创业，在全省建立 4 个国家级、3 个省级农民工创业示范县。推行劳务输转实名制管理，在 7 个重点市州开展动态监测，在贫困县筛选 150 个村建立劳务输转省级监测点。

【精准扶贫】全省完成精准扶贫劳动力培训 49.7 万人，占年计划 36.4 万人的 136.5%，其中建档立卡贫困户 38.8 万人。输转贫困农户富余劳动力 116.56 万人，其中建档立卡贫困户 66.79 万人。在 58 个片区贫困县和 17 个插花型贫困县，推行农村创业和技能带头人示范性培训，把培训班办在乡镇、村组、企业、工地，让农民在家门口、田间地头、务工岗位接受培训鉴定，实现持证务工，全年共培训 5.25 万人。

【劳动关系管理】开展和谐劳动关系创建活动，完善劳动关系三方协调机制，推进工资集体协商和集体合同制度。全省劳动合同签订率 94%，劳动用工备案率 81%，企业集体合同签订率 80.6%。调整发布 2016 年度工资指导线，企业货币平均工资增长基准线、上线和下线分别为 8%、14%和 4%。面加强劳动监察执法能力建设，劳动监察“两网化”基本建成，督促指导各地贯彻落实中央关于建立企业劳动保障诚信等级评价及严重失信行为社会公布制度的指导意见。认真落实关于全面治理拖欠农民工工资问题的实施意见，建立建设领域农民工工资支付保证金、应急周转金制度和劳动监察执法联动机制，全省农民工工资保证金达到 14.96 亿元，农民工工资清欠比例达 92%。全省各级劳动监察机构共检查用人单位 2.98 万户，涉及劳动者109万人；受理举报投诉案件7668件，查结7526件，结案率98%；督促用人单位依法补签劳动合同9.14万份，追发劳动者工资等待遇9.3亿元。

【专业技术人才工作】完善人才政策体系，制定加强基层专业技术人才队伍建设的实施意见和改革完善博士后制度的实施意见。加强高层次人才队伍建设，推荐上报40名2016年享受政府特殊津贴专家，遴选102名甘肃省优秀专家，新补充42名专业技术人才进入领军人才第一层次队伍，甘肃省领军人才达到924人。全省共招聘各类紧缺人才196名，其中博士研究生124名。推进专业技术人员继续教育工作，分解下达专业技术人员培训计划164期，对专业技术人员培养培训14470人。推进高技能人才振兴工程，新建1个国家级和2个省级高技能人才基地，总数分别达到13个、14个；新增高技能人才1.64万人，其中，技师和高级技师2719人。

【公务员管理】推进公务员分类改革，启动实施公安机关人民警察执法勤务警员、警务技术职务序列套改试点。坚持“凡进必考”和“阳光招录”，完成全省公务员“四级联考”招录工作，招录机关公务员和参照公务员法管理单位工作人员2100名。做好公务员公开遴选工作，为18个省直单位的49个职位遴选公务员85人。规范公务员调任转任工作，制定《甘肃省公务员调任规定实施细则（试行）》，着力优化调配转任程序，压缩公务员转任交流审批周期，共办理干部转任206人。公务员日常登记，全年登记公务员和参照公务员法管理事业单位人员登记580人。严格非领导职务管理，核定省直9家单位增加处级非领导职数11名，调整1家单位处级非领导职数2名，新核定3家单位处级非领导职数49名，对省直机关和参公单位885名晋升调研员以下非领导职务人员进行审核备案。人事任免相关工作，完成省人大、省政府34批267名人事任免事项。组织开展“四类培训”，调训省直行政机关新晋升领导职务公务员100人，组织全省行政机关公务员进行网络培训13万余人。做好东西部对口培训、贫困地区公务员能力提升培训和跨省培训合作项目培训，共计调训学员340人。落实分级考核制度，完成省直系统229个独立审核单位已完成公务员定期考核以及优秀等次的审核、备案工作。评比达标表彰工作，对评比达标表彰活动中存在违规行为的17个单位下发了督办通知，向国家有关部门评选推荐先进集体和先进个人18批（次），开展省级以下部门表彰活动20项。

【人事工作】制定印发《关于事业单位工作人员离岗创业有关问题的通知》、《甘肃省事业单位公开招聘人员面试工作规则（试行）》、《关于进一步规范事业单位公开招聘工作的通知》，事业单位人事管理工作更加规范。推行事业单位人员聘用、岗位管理、审批招聘制度，发布事业单位公开招聘公告12期，计划招聘2701人，审批聘用1065人；事业单位岗位核准备案岗位658150个，备案率98.7%；30582家单位实施岗位管理和人员聘用制度，占95.2%；644820人签订聘用合同，占97.3%。

军转安置工作：2016年接收安置军转干部978人，其中，计划分配233人，自主择业745人。

引进国外智力工作：全省共引进外国专家2825人次，其中，执行国家和省列引进外国专家项目71项，引进外国高层次专家228人次。执行出国（境）培训项目28项，派出培训459人。评审命名21家甘肃省引进国外智力成果示范推广基地和甘肃省引进国外智力示范单位。全年受理办结各类外国人工作许可证件465件，其中外国专家类工作许可证件410件，普通外国人就业许可证件55件。4名外国专家荣获2016年甘肃省人民政府“敦煌奖”，1名获得国家“友谊奖”，截至2016年底，全省累计已有163名外国专家获甘肃省政府“敦煌奖”，29名外国专家获国家“友谊奖”。

【制度改革】职称制度改革：深化中小学教师职称制度改革，制定实施方案及7个配套办法，组织完成全省286061万名中小学教师职称资格过渡及评价工作，其中高级教师25009人，一级教师115367人，二级教师141596人，三级教师4089人。完成正高级教师全省首评工作，68名高级教师获评正高级教师资格，全省正高级教师数量达到84名。制定下发《关于调整职称外语、计算机应用能力和论文要求的通知》，扩大职称外语和计算机应用能力免试范围，对论文论著作了明确。制定印发《关于进一步规范高、中级专业技术职务评审公示工作的通知》，职称评审公示制度进行调整，确定职称评审实行用人单位推荐上报前公示和评委会评审结束后公示的二次公示办法。启动会计、中专教师两个系列正高级资格首评工作。完成全省正高级工程师评审工作，112人获得正高级工程师资格，正高级工程师人数达到942人。做好全省各系列高级资格评审工作，共有12个专业开展高级资格评审工作，1064专业技术人员获得高级资格，基层专业技术人员所占比例较往年有较大提高。

工资制度改革：推进机关事业单位收入分配制度改革，调整纳入国家艰边津贴实施范围84个市县区的艰边津贴标准，平均增幅达25%；完成全省机关事业单位工作人员基本工资标准调整工作，月人均净增资300元。推进法官检察官和司法辅助人员工资制度改革试点，全省各级法院检察院预入额法官检察官、司法辅助人员和司法行政人员，分别按月人均1200元、350元、350元的增资标准兑现了工资。推进省属国有企业负责人薪酬制度改革，制定省属国有企业在岗职工平均工资审核认定办法、省属国有企业负责人薪酬管理办法和省属监管企业负责人经营业绩考核办法，开展省属国有企业负责人薪酬审核，督促指导市州制定地市以下国有企业负责人薪酬制度改革方案。

【社会保障】出台机关事业单位养老保险制度改革配套政策措施，完成全省2.9万户机关事业单位、93万名参保人员的基础数据采集审核入库工作。城乡居民医疗保险制度改革积极推进，审议出台了实施意见。完善城乡居民大病医保制度，建档立卡及城市低保人群起付线降低至3000元，最高可给予5万元的大病医保再次报销。改革医保支付方式，全面实行基本医疗保险付费总额控制。实现医疗保险省内异地就医直接结算，加强跨省异地就医结算经办合作，先后与宁夏、海南签订异地就医结算经办合作协议。推进“五证合一、一照一码”登记制度改革，自2016年9月14日起，全省社保经办机构已停发社会保险登记证，取消社会保险登记证定期验证和换证制度。

社会保险参保：扩大以养老、医疗保险为重点的全民参保计划实施范围，实施“同舟计划”，建立全面、完整、准确的参保基础数据库，促进和引导各类符合条件的人员参加社会保险，社会保险覆盖面逐步扩大。截至2016年底，全省五项社会保险参保总人数达到2727.5万人（次），比上年末增长1.87%。其中，职工养老保险参保315万人；基本医疗保险参保643.3万人；失业保险参保164.3万人；工伤保险参保188.4万人；生育保险参保162.8万人；全省城乡居民基本养老保险参保1253.7万人。各项社会保险基金累计总结余701.03亿元，其中，职工养老保险基金结余370.89亿元、职工医保基金结余97.39亿元、居民医保基金结余17.92亿元、失业保险基金结余78.5亿元、工伤保险基金结余13.47亿元、生育保险基金结余8.7亿元；全省城乡居民基本养老保险基金结余114.16亿元。

社会保障待遇：省本级按时足额为39.98万离退休职工发放养老金148亿元；医疗保险待遇12.2亿元；工伤保险待遇5854万元；生育保险待遇2386万元,保发放率为100%。全省参加基本养老金待遇调整109.19万人，人均月增加基本养老金140元，2016年养老金水平达到2338元。全省城乡居民基本养老保险待遇享受人数308.26万人。离休人员各项医疗待遇及时、准确的发放到位。调整提高城镇居民基本医疗保险政府补助标准，由年人均380元提高到420元。

社会保险经办服务：指导兰州、白银、定西、张掖以及永靖、山丹、景泰等市县开展标准化建设。推进“五险合一”经办机构整合，创新经办模式，优化经办管理服务流程，全省“五险合一”社保信息系统建设在兰州、张掖、临夏、定西、庆阳、白银、陇南完成建设，在金昌、天水、平凉、甘南启动试点。开展城乡居民养老保险经办“数据质量年”和“能力建设年”专项活动，推进社会保险“三化”建设。省直社保卡制卡信息采集全面开展，完成610家参保单位的7.9万余名参保人员个人信息确认表审核认定工作，完成系统入库7.2万余人。推进社保保障卡发放工作，全省社保卡持卡人数达1450.7万人。

社会保险风险管控：加强对重点部位、关键环节的监督，健全社会保险风险防控体系。加强内部控制工作的监督管理，不断完善基金预算编制、执行、监督等管理制度，强化预算理念，将机关事业单位养老保险基金纳入预算管理范围；加强社保基金经办安全管理，签订支出户服务协议，推进网银直发。开展重复参保重复领取社保待遇专项行动和医保专项稽查，开展社会保险异地交叉专项稽核、社会保险预算执行暨应参保人数专项核定、社会保险数据大检查。完成2016年跨省重复领取城乡居民基本养老保险待遇比对工作，核查疑似重复领取待遇人员2387人，核实重复领取待遇人员879人，终止发放371人，追回337人多领取的养老金71.61万元。

（李兴华）

地县及兰州新区概况

兰州市

【基本情况】兰州是甘肃省省会，位于祖国西部三大高原交汇处，是全省的政治、经济、文化中心。兰州地处黄河上游、甘肃省中部及我国陆域版图的几何中心，是西陇海兰新线经济带的重要支撑点和辐射源，也是新亚欧大陆桥通往中亚、西亚和欧洲的国际大通道和陆路口岸。市区东西黄河穿城而过，南北群山环抱，属中温带大陆性气候。兰州现辖城关、七里河、西固、安宁、红古5个区和永登、榆中、皋兰3个县以及国家级兰州新区、高新技术开发区和经济技术开发区，有21个乡、40个镇、53个街道办事处，市域总面积1.31万平方公里。2016年末，全市常住人口370.55万人，户籍人口324.23万人，户籍城镇人口222.73万人，占68.69%，共有汉、回、满、藏、东乡、裕固等56个民族。

【资源优势】兰州境内已探明的有黑色金属、有色金属、贵金属、稀土等35个矿种。兰州水力资源丰富，以兰州为中心的黄河上游干流段可建25座大中型水电站，现已建成刘家峡、八盘峡、盐锅峡和大峡等水电站。兰州是闻名全国的“瓜果城”，盛产白兰瓜、黄河蜜瓜、软儿梨、白凤桃等瓜果，百合、黑瓜子、玫瑰、水烟等土特产蜚声中外，素有“看景下杭州、品瓜上兰州”之说。兰州是丝绸之路大旅游区的中心，东有天水麦积山、平凉崆峒山，西有永靖炳灵寺，南有夏河拉卜楞寺，北有敦煌莫高窟；市域内有我国保存最为完好的土司衙门—鲁土司衙门，有“天下黄河第一桥”—中山铁桥，有“陇右第一名山”—兴隆山，有国家级森林公园—吐鲁沟、石佛沟、徐家山，有“母亲河、生命河”的象征—黄河母亲雕像。

【国民经济】2016年，兰州市生产总值2264.23亿元，比上年增长8.3%。其中，第一产业增加值60.36亿元，增长6%；第二产业增加值790.09亿元，增长4.3%；第三产业增加值1413.78亿元，增长10.9%。按常住人口计算，人均生产总值61207元，增长7.7%。三次产业结构比为2.67：34.89：62.44。文化产业增加值70.56亿元，增长15.84%，占生产总值的3.12%。社会消费品零售总额1263.35亿元，增长9.7%。一般公共预算收入215.48亿元，增长16.35%；一般公共预算支出424.16亿元，增长23.3%。兰州新区固定资产投资491.26亿元，增长3.14%；生产总值达到151.66亿元，增长25.1%，正在成为全市经济发展新的增长极。高新区、经济区生产总值分别达到221.67亿元和246.04亿元，分别增长8.7%和11.0%。

【农业生产】2016年，全市农作物播种面积358.85万亩，比上年增长1.14%。其中，粮食作物播种面积178.72万亩，下降1.8%；蔬菜种植面积108.12万亩，增长7.46%；药材种植面积21.21万亩，增长8.84%。粮食总产量45.07万吨，下降1.8%；蔬菜产量311.99万吨；药材产量3.61万吨；水果产量17.23万吨。建成万亩以上种植基地12个，千亩以上标准化基地43个，全市蔬菜、玫瑰、百合、中药材四大特色产业面积新增14.26万亩，达到160万亩，占农作物播种面积的45%。完成全膜双垄、脱毒马铃薯等旱作农业109.55万亩。实施畜牧业增量工程，建成万只以上大型养殖基地5个，新改扩建千只以上标准化规模养殖场108个，全市畜禽饲养总量净增65万头只，达到798万头只，肉蛋奶总产量达到14.52万吨。着力培育优质畜产品品牌，“甘草羊”、“七山王”等羊肉品牌养殖规模达到3.9万只。新发展市级产业化重点龙头企业26家，达到159家；农产品加工量达到317.4万吨，加工产值达到77.72亿元。大力发展休闲农业，全年重点打造6个休闲创意农业示范园，累计完成投资4.1亿元，辐射带动作用逐步显现。

【产业转型】2016年，全市产业结构持续优化，第三产业比重首次超过60%，较2015年提高2.46个百分点。全市107户出城入园企业61户已建成，22户正在建设，进展顺利，其余24户企业出城入园工作正在积极推进中。29户企业入围全省战略性新兴产业骨干企业，占全省总数的50%，科天化工、正威铜加工、四联光电等重点企业产能正在积极形成和逐步扩大。实施中小企业新三板挂牌行动计划，累计18户企业实现挂牌上市，累计完成融资132.86亿元。全力支持三维商城、秀宝网等47家本地电商平台建设，电商企业累计达到2000家以上。全年电子商务交易额达到980亿元，总量约占全省一半。加快发展循环经济，高新区、经济区等6个省级以上园区循环化改造已经全部完成，37个循环化改造项目均已建成，培育兰石集团等省级循环经济示范企业30户。“城市矿产”示范基地加快建设，9.9万吨废旧铝深加工、报废汽车拆解等6个项目基本建成。截止2016年底，累计推广应用新能源汽车8859辆标准车。加快发展现代物流业，西北地区同类最大的瑞鑫冷链物流园基本建成，北龙口物流园、毅德商贸城、家盛酒店用品专业市场、华尊立达等重点项目正在建设。加快发展会展经济，重点培育牛肉拉面、汽车机械等一批产业带动能力强的品牌展会，全年举办展会55个，交易额达78亿元。加快发展文化旅游业。西北印刷文化产业园等41个项目进展顺利，兰州创意文化产业园入驻企业93家。2016年，全市接待国内外游客人数达到4121.26

万人次，增长 23.53%；旅游总收入达到 334.56 亿元，增长 25.54%。加快发展非公经济，出台《兰州市进一步推动全市非公有制经济跨越发展实施方案》等政策，实施扶持小微企业创业信用融资贷款工作，2016 年为小微企业提供无抵押信用贷款 2.04 亿元。完善公共服务平台建设，累计创建中小企业公共服务平台 59 家，实现非公经济增加值 1015.8 亿元，增长 11.4%，占生产总值的 44.9%。

【城市建设】编制并获批实施第四版城市总体规划，中心城区控制性详细规划和乡镇总体规划实现全覆盖。城市规划展览馆建成开馆。西客站、兰新高铁和中川城际铁路建成运营，铁路交通跨入高铁时代。轨道交通 1 号线一期工程完成投资 109.37 亿元，打通国内首条下穿黄河地铁隧道。构建城市“139”骨干路网体系，南山路建成通车，北环路主线贯通，西行线、五〇四厂立交桥开工建设，雁白黄河大桥建成通车，建成 10 座港湾式公交车站。开通公共自行车租赁系统和黄河水上公交。开工建设保障性住房 13.91 万套。全面整治黄河两岸违法建设、环境卫生和各种经营场所，建成健身步道 6 公里，公共自行车道（试验段）0.65 公里，黄河风情线环境面貌明显提升。改造提升五泉山、白塔山、兰山、雁滩和金城 5 大公园，新建马拉松主题公园、雁滩湿地公园、黄河湿地公园，新增城市绿地 514 公顷。实施黄河兰州城区段南北两岸排污口（污水溢流口）截流整治、雁滩地区污水管网完善及南河道截流工程，完成污水“全收集全处理”工程，污水处理率达到 95.72%。统筹实施餐厨垃圾、生活垃圾、建筑垃圾处理等项目建设，兰州丰泉垃圾焚烧发电项目（中铺子垃圾焚烧发电厂）一期正式并网发电。改造“三不管”楼院 289 个，改造供热老旧管网 150 余公里。城市道路机械化清扫率由 30%提高到 90%。推进“数字城市”向“智慧城市”转型。强化城市应急管理体系建设，建成 15 个应急避难场所。在全国率先开展政府环境审计试点工作，环境能源交易工作走在全国前列。继续推进国家节能减排财政政策综合示范城市创建工作。超额完成示范城市创建年度各项目标任务。按照项目实施后有明显节能减排效果的标准，确定了产业“出城入园”低碳化改造、交通清洁能源改造、重点污染源减排、生态环境优化和垃圾无害化处理、污水处理及供热设施节能改造示范等 5 大类典型示范项目。截止 2016 年底，5 大类典型示范项目中，垃圾无害化处理、全市燃煤供热锅炉环保提标改造等 10 个项目已建成或基本建成，兰州市水源地建设等 9 个项目正在实施。

【人民生活】2016 年，全市城镇居民人均可支配收入 29661 元，比上年增长 9.5%；城镇居民人均消费性支出 22893 元，增长 13.6%；城镇居民家庭恩格尔系数（即居民家庭食品消费支出占家庭消费支出的比重）为 31%。农村居民人均可支配收入 10391 元，增长 8%；农村居民人均生活消费支出 8717 元，增长 9.8%；农村居民家庭恩格尔系数为 33%。基本建立覆盖城乡的社会保障体系，城乡居民基本养老保险基础养老金提高到 105 元。城乡低保补助分别提高 85%和 188%，城镇居民基本医疗保险补助提高到 420 元。

【精准扶贫】扎实开展精准扶贫、精准脱贫。农业特色富民产业提质增效明显，高原夏菜、中药材、玫瑰、百合和规模养殖等特色产业发展壮大，截止 2016 年底，市级以上农业龙头企业达到 159 家，农民专业合作社达到 4606 家。农村环境发生历史性变化，新建农村公路 2346 公里，建制村通畅率达到 100%；连续实施农村饮水安全工程，解决全市 90.73 万人饮水安全问题，完成 61 座大中型泵站改造；建成省级美丽乡村示范村 35 个、市级美丽乡村示范村 60 个；改造全市农村危房 7.1 万户。2016 年新建标准化卫生室 45 个、文化活动室（乡村舞台）40 个、全民健身场地 130 个，实现全市行政村全覆盖。

【环境保护】2016 年，兰州市环境空气质量总体平稳改善，达标天数 243 天，在剔除沙尘天气影响后，达标率为 72.8%；全年无人为因素导致的重度以上污染天气发生，年度排名稳定退出全国十大重污染城市行列。研究制定了《兰州市大气污染防治考核、评价和奖惩暂行办法》，启动了《兰州市实施大气污染防治法办法》修订工作和大气污染防治“1+8”地方管控标准编制工作。完成 2 家火电企业的 4 台 330MW 机组超低排放改造，全面开展石化等行业挥发性有机物治理。实施 55 户企业“出城入园”，27 户企业正在搬迁建设。发放财政补贴 9500 万元，对全市 95 家 195 台 2412 蒸吨燃煤锅炉、煤粉锅炉、水煤浆锅炉全面实施清洁能源改造和提标治理。黄河干流兰州段水质状况良好，达到国家三类标准，河流水质总体上保持稳定，水质达标率 100%。

【社会保障】2016 年，全年城镇新增就业 12.36 万人，实现劳务输转 31.06 万人，创劳务收入 64.52 亿元。年末全市参加城镇职工基本养老保险人数为 71.73 万人，比上年末增长 4.3%；参加城镇职工基本医疗保险人数为 90.73 万人，增长 5.8%；参加城镇居民医疗保险人数为 105.91 万人，下降 0.85%；参加失业保险人数为 56.76 万人，增长 0.02%；参加工伤保险人数为 49.91 万人，增长 8.69%；参加生育保险人数为 48.49 万人，增长 7.16%；城乡居民社会养老保险参保人数为 72.78 万人。参加新型农村合作医疗农民人数为 113.04 万人，参合率为 98.05%。全年新型农村合作医疗基金支出总额为 5.97 亿元，比上年增长 4.98%，累计受益 225.37 万人次。

【社会事业】2016 年，全市登记科技成果 864 项，比上年增加 326 项。其中，基础理论成果 346 项，应用技术成果 495 项，软科学成果 23 项。专利申请受理 7488 件，比上年增长 31.3%；授权专利 3505 件，增长 20.28%；授予发明专利权 867 件，增长 2.24%。全年共签订技术合同 4178 项，增长 6.66%；技术合同成交金额 46.72 亿元，增长 16.13%。全市研究生教育招生 1.06 万人，比上年增长 6.35%；普通高等教育招生 8.78 万人，增长 3.56%；中等职业教育招生 1.58 万人，下降 5.51%；普通高中招生 2.29 万人，下降 0.80%；初中学校招生 3.29

万人，增长 5.52%；普通小学招生 3.76 万人，增长 4.61%；特殊教育招生 33 人，增长 6.45%；幼儿园在园幼儿 11.28 万人，增长 47.65%。广播和电视综合人口覆盖率分别为 99.64%和 99.70%，分别比上年提高 0.01 和 0.02 个百分点。有线电视用户 46.43 万户，下降 6.8%；有线数字电视用户 41.65 万户，下降 6.9%。年末全市共有卫生机构 2379 个，其中医院、卫生院 162 个；医院、卫生院拥有床位 2.24 万张；卫生技术人员 2.11 万人，其中，执业医师和执业助理医师 0.79 万人，注册护士 0.95 万人。

城关区

【基本情况】城关区位于兰州河谷盆地东部，区域总面积 207.83 平方公里，城区面积 67.92 平方公里。行政管辖 24 个街道和 151 个社区、18 个行政村。区内有汉、回、满、蒙古、藏、维吾尔等 52 个民族，2016 年末，常住人口 130.52 万人，户籍人口 93.44 万人。四季分明，气候温和，城区平均海拔 1520 米，年均气温 11.2℃，年均降水量 327.8 ㎜，蒸发量 1437.7 ㎜，全年日照时数平均为 2446 小时，无霜期 180 天以上，年平均相对湿度 56%。城关区承东启西，连南襟北，交通便捷。西兰、兰新、甘青、甘川、兰包等公路通往全省各地和毗邻省区；134 余条航线与国内 75 个城市通航；陇海、兰新、包兰、青藏四大国家铁路干线在这里交汇，构成以城关区为中心的西北铁路交通网。

城关区科技文化资源丰富，是省市知识与信息集散中心、观念创新中心。区内有兰州大学、中科院兰州分院、中国航天科技集团公司 510 研究所、中国农科院兰州兽研所等著名科研院所 124 家，其中国家级科研单位 14 个；有各类科技专业人才 20 万人，两院院士 14 名。作为历史文化名城，城关区文化底蕴深厚，丝路文化、黄河文化、伏羲文化、宗教文化在这里交汇融合，孕育出独具特色的地域文化。《读者》《丝路花雨》《大梦敦煌》《敦煌韵》等一大批文化艺术成果不断走出金城，发展成长为世界级的文化艺术精品。区内有五泉山公园、白塔山公园、徐家山国家森林公园、兰州碑林等多处自然人文景区，更有水车博览园、黄河铁桥、百里黄河风情线等黄河文化胜境，具有西部“山河之城、水车之都、丝路明珠”的美誉。

【国民经济】2016 年，全区生产总值 853.65 亿元，比上年增长 9.3%。其中，第一产业增加值 2.15 亿元，增长 5.2%；第二产业增加值 116.69 亿元，增长 5.5%；第三产业增加值 734.81 亿元，增长 9.9%，三次产业比为 0.25:13.67:86.08。文化产业增加值达 42.52 亿元，占地区生产总值的 4.98%。固定资产投资 408.22 亿元，增长 9.1%；社会消费品零售总额 687.96 亿元，增长 9.55%。城镇居民人均可支配收入为 33399 元，增长 9.4%；农村居民人均可支配收入为 20780 元，增长 7.9%。一般公共预算收入 35.77 亿元，增长 22.23%。

【“三农”工作】全年实现农林牧渔业增加值 2.24 亿元，比上年增长 5%。其中，农业增加值 1.9 亿元，增长 4.57%；林业增加值 0.14 亿元，增长 17.42%；牧业增加值 0.11 亿元，增长 6.48%；农林牧渔服务业增加值 0.09 亿元，下降 0.3%。蔬菜播种面积为 2.64 万亩，比上年增长 1.8%，产量 9.55 万吨，增长 1.27%；粮食总产量达 477 吨。农业生产能力不断加强，创新推广农作物新品种 15 个；推广双垄全膜沟播技术 2000 亩、高效农田节水技术 10000 亩、测土配方施肥技术 1.8 万亩；落实各项惠农补贴资金 31 项 677 万元；建成省级示范合作社 1 家、市级示范社 2 家，休闲农业产业发展资产总额达 3010 万元，实现收入 435 万元，利润 235 万元，带动农户 131 户，实现农民就业 200 余人；培育行业协会和龙头企业 21 家。农业安全得到有效保障，落实资金 220 万元，完成日常检测 27 万例、例行监测 2007 例，合格率均达 99%以上；落实防控物资 4 吨，设立监测点 9 个，监测面积 540 亩。农业培训工作扎实推进，举办农机安全知识培训班 4 期，农业安全技术讲座 10 次，发放宣传资料 4800 份，培训农机人员 200 名；培训村级财务管理人员和街、村土地确权人员 388 人次，发放土地确权宣传资料 10000 余册份。

【项目建设】全区招商引资新签项目 408 个，到位资金 518.65 亿元。重点实施的 100 个项目中，已开工 85 项，完成投资 196 亿元。红楼时代广场、省人民医院住院部二期等 9 个市列重大项目全部开工建设，完成投资 51 亿元；兰州盛达金城广场等 12 个项目进行基础施工；名城兰州综合体等 34 个项目进行主体施工；甘肃农村信用社综合办公大楼等 27 个项目主体封顶，进行装修施工；酒钢会馆及资金结算中心、伊真置业广场等 12 个项目竣工。新开工项目及时入库，全年累计新入库 5000 万元以上项目 25 个、房地产项目 32 个。重新修订了《城关区政府投资管理办法》，规范政府投资项目的审批流程，制定了《城关区政府投资项目稽查办法》，进一步加强对政府投资项目全过程的监督管理，确保项目规范有序建设。

【优势产业】全区大力实施创新驱动战略，全面加快产业转型升级，第三产业占生产总值比重不断提升。建立了“互联网+”经济、现代金融服务、文化旅游体育、养老服务、牛肉面五大千亿产业链推进机制，利用小额担保贷款、“万企计划”、城关区“双创”风险补偿金等融资政策，推动产业结构优化升级，光网城关、华歆养老产业孵化器、兰州牛肉拉面产业孵化园、A9•国际三创示范区等五大千亿产业链项目有序推进，新建陇 E 贷、万科商城 2 个本土电商平台。截至 2016 年底，发放各类贷款 2.23 亿元，扶持小微企业 917 户。推荐申报省级项目 5 项、市级 72 项，受理区级专利资助申请 233 件。培育西部创客等各类众创服务平台 40 余个，其中国家级众创空间 11 个，省级众创空间 22 个，入孵企业 1400 余家。

【人民生活】2016 年，全区城镇居民人均可支配收入 33399 元，比上年增长 9.4%；农村居民人均可支配收入20780元，增长7.9%；城乡居民收入比为1.61。城镇居民家庭恩格尔系数为30.43%，农村居民家庭恩格尔系数为32.98%。完成城乡低保提标，全年累计发放低保10万户次、14万人次，累计发放城乡低保金和五保供养费7234万元；累计救助住院困难群众1287人次，发放医疗救助金835万元，为11999名低保对象、五保对象发放门诊费28万元；投入422万元，建成24个街道临时救助“一门受理”服务窗口，累计救助3081人（次）困难群众；发放慰问金458万元，慰问城乡困难群众6090户、困难党员90人、驻区部队8家、复员干部154名、优抚对象600人；新建火车站、五福巷、上川村3个标准化菜市场，1家雁兴路菜市场正在试运营；在伏龙坪、青白石两个街道选址建成了10个村邮站，打通服务民生的“最后一公里”。

【环境保护】围绕生态文明建设，扎实推进污染防控、总量减排和民生工程建设，大气污染防治工作取得新成效。全年共取缔小火炉1635台，出动执法人员3085人次，执法车辆3674台次，下发《责令整改通知书》838份，暂扣渣土及商砼车辆50余辆，空气质量达标天数237天。全面推行“六个100%抑尘作业法”，对全区41个重点工地实施了全方位的扬尘管控；采取“六位一体道路抑尘措施”，提升环卫作业水平；开展煤粉锅炉提标治理工作，全区4家单位10台锅炉共计460蒸吨，3家已完成治理工作，1家（盐场供热站）正在进行治理；查处各类环境违法案件30件，处罚金额116.59万元；处理各类环保信访投诉1866余件；全面加快水体生态修复，辖区内地表水、地下水、年度水质达标率均为100%；集中排查300余家餐饮企业、对其中100余家下达整改通知书；完成固定声源监测314家、施工工地监测31家，信访监测169家，在38条主次干道布点监测交通噪声69个，全区交通干线噪声平均等效声级为69分贝，区域环境噪声昼间平均值为55分贝，达到了国家区域环境噪声质量标准。

【就业与社会保障】打造“互联网+政企合作”——O2O就业模式。携手赶集网和智联招聘网，将线上互联网信息资源和线下实体招聘会有机结合起来，着力打造360度全方位一体化综合招聘会，全年举办40场招聘会，参会企业达3000家，进场人数2万多人，职业介绍成功6000多人；相继开设30多个免费培训工种，通过政企联合和校企联合，加强对毕业或即将毕业大学生的培训；举办“城关区月嫂技能大赛”，城关区第二届大学生创新创业大赛；做好“就业援助月”、“春风行动”、“兰州市‘两癌’贫困妇女培训”、“兰州监狱对接会”等专项活动；聘请知名企业家、成功创业者、创业投资人举办各类创业活动201场，培训、指导10000余人次。全年完成城镇新增就业55548人，安置困难人员就业3193人，城镇登记失业率为1.91%；完成职业技能培训14030人，创业培训1870人，岗位技能提升培训3310人，职业技能鉴定1995人；输转劳动力8662人，劳务收入16315万元。社会保障体系进一步提升。被征地农民养老保险工作接近尾声，累计参保人数达17347人，其中7148人已享受基本养老金待遇；机关事业单位参加养老保险拉开序幕，将全区近13000名机关事业单位在职工作人员、6600名退休职工纳入养老保险体系；全民参保登记全面展开，60万条参保人员信息已全部提交市社保局。养老保险全年参保单位3628户，参保人数98987人，征缴养老保险费104286万元，发放企业退休人员基本养老金86545万元。基本医疗保险参保人数571314人，征缴基本医疗保险金37357万元。

【社会事业】科技工作成效显著。全年科技经费投入达4308万元；推荐申报国家、省、市科技项目78项，其中32项获得上级科技部门立项支持，立项金额503万元，专利申请量达到2815件，增长43.8%，万人发明专利拥有量达14.71件。开展“知识产权校企百日服务活动”，印制《知识产权普及知识读本》10万册，向区属中小学生发放6万余册，向企业、辖区居民发放1万余册，深入企业开展知识产权服务50余次；开展科普大篷车“三进”活动60次，受益人数42000余人次；举办“兰白科技创新改革试验区政策宣讲”、“城关区中小企业创新发展”等专题培训、讲座、沙龙交流活动10多期，参与人数1500余人次；定制开通“城关科普”微信公众号，搭建科普宣传及科普活动综合信息平台，目前微信公众号关注人数已达10063人，累计下发科普信息百余条。

教育事业全面发展。年末辖区内拥有各级各类学校140所，幼儿园276所，新审批7所民办幼儿园，增加学位600余个。启动并开展了“创新‘三师一建’品牌，打造‘四优’教育生态”系列活动20项；率先在全省开展“智慧教育”建设，利用多媒体教室、录播教室、安全云平台、视频互动系统和“互联网+”技术，初步建成智慧教育“云平台”，推动教学方式、教研方式、管理方式、学习方式的信息化、现代化；建成全省首个封闭式教师培训基地，全年累计开办培训班17期，培训人数达1000余人；建设科技类活动室，共建成科技体验馆、创客教室、比特实验室、乐高创新实验基地等科技类活动室79个；多频次、多元化开展高端培训和交流活动，全年累计交流教师130人，交流科级和中层干部114人，培训420人；组织参加了第31届甘肃省青少年科技创新大赛、第十六届机器人大赛和全国无线电测向竞标赛，成功举办了第七届城关区青少年科技创新大赛和城关区科技体育竞赛活动。

文化体育活动丰富多彩。年末登记在册群众文化队伍206支，参与人数8679人，文化志愿者2516人。文化市场经营场所共计287家，其中，娱乐场所49家，营业性演出场所16家，图书报刊经营场所151家，打字复印店经营场所41家，音像制品经营场所29家，接收卫星传送境内电视节目许可1家。组织各类文化活动共计60余场、100余支团队、近50000人次参加；成功举办了第十一届金城社区艺术节、第四届合唱高级研修班等活动，累计参与人数5000余人；举办各类培训班50余期，群文干部外出辅导培训80余次，参加培训人员近万人；按照“保护为主，抢救第一”的原则，积极开展辖区文物申报工作，目前全区有国家级文保单位4处，省级文保单位10处，市级文保单位3处，区级文保单位4处；加强非物质文化遗产保护工作，目前全区有省级项目3项、市级项目6项、区级项目9项，非物质文化遗产传习所5处，市级非物质文化遗产传承人15位。全年举办群体竞赛活动168场次，参与人数77240人次，圆满完成兰州国际马拉松赛等品牌赛事保障任务。

公共卫生事业迈上新台阶。全年儿童“五苗”接种率达到95%以上，传染病疫情直报符合率达到100%。妇幼保健工作扎实推进，积极开展育龄妇女妇科病筛查工作，全年共筛查9954例，筛查率达到91.33%；7岁以下儿童健康指导52367人，管理指导率91.54%；0-3岁健康指导28630人，指导率83.41%。惠民工程又有新提升，65岁以上老人健康体检32594人次，体检率达到61%；开展养生保健知识专题讲座和座谈交流846场次25375人次；举办各种主题“健康沙龙”活动3954场次，活动受益57071人次，社区居民健康知识知晓率达75%以上。

七里河区

【基本情况】七里河区地处兰州市中南部，东与城关区交界，东南和榆中县接壤，南与临洮县接壤，西邻西固区、永靖县，北临黄河。东西最大距离21千米，南北最大距离33千米，全区总面积397.25平方千米。其中拥有林地12.6万亩，林木覆盖率25.48%；有效管护天然林7.21万亩。2016年辖西园、西湖、西站、土门墩、敦煌路、建兰路、龚家湾、晏家坪、秀川9个街道，魏岭1个乡，阿干、八里、彭家坪、西果园、黄峪5个镇。有汉族、回族等45个民族，2016年末，常住人口57.01万人，户籍人口46.81万人，共16.45万户。境内资源有煤炭、石英石、石灰石、坩土、沙石、路标石以及地热等7种。阿干镇煤矿可开采的煤炭只剩下0.0348亿吨。另有石灰石储量0.04亿吨，砂子2亿立方米，天然卵石约1亿立方米，路标石有0.5亿立方米，坩泥0.2亿吨，石英矿储藏量1亿吨。探明瓜州路有地热，井深2300米，水温63.5度，富含偏硅酸、氟、铁、偏硼酸等多种微量元素。西部欢乐园地下2500米处，地热水温60度左右。

【国民经济】2016年，全区生产总值414.6亿元，比上年增长7.1%。其中，第一产业增加值5.45亿元，增长5.7%；第二产业增加值161.7亿元，增长1%；第三产业增加值247.47亿元，增长12.1%；社会消费品零售总额215.38亿元，增长10.03%；固定资产投资总额274.9亿元，增长15.37%；一般公共预算收入17.97亿元，增长25%。

【精准扶贫】2016年全区共安排使用财政专项扶贫资金3530.56万元（中央资金540万元，省级资金568万元，市级资金530万元，区级资金1892.56万元）。区财政局、扶贫办、城投公司联合实施精准扶贫专项贷款工作，为全区所有建档立卡贫困户每户发放贷款5万元，共计发放贷款5575万元，实现全区建档立卡贫困户精准扶贫专项贷款全覆盖。全面完成21个市级重点贫困村和18个区级涉贫村脱贫任务，贫困发生率由2011年的16.83%下降到2016年底的0.44%。

【“三农”工作】2016年，全区蔬菜面积达到13.92万亩，蔬菜产量25.2万吨，其中百合产量2.82万吨。畜禽饲养量45.6万头只。设施农业建设稳步推进，全年新增设施农业532亩，其中日光温室202亩，占计划100亩的202%。科技培训得到加强，培训农民0.51万人次。在西果园镇、黄峪镇、魏岭乡等乡镇推广全膜双垄沟播技术面积3.02万亩，建立2个千亩示范点，5个鲜食玉米示范点。不断完善加强提高“农民田间学校”工作。加强动物疫病防控工作，全年无动物重大疫情发生。

【项目建设】2016年，全区共开工建设各类项目463项，总投资553.3亿元，完成投资235.72亿元。组织申报各类项目资金，共争取到各类资金5.6亿元。继续实行重点项目县级领导包抓责任制，拟定50个区列重点项目，已开工项目35个，完成投资83.3亿元。重点加快兰石豪布斯卡、兰州中心、黄河楼等重大项目建设，其中海德堡极地海洋馆已投入使用。“一事一议”项目26项，财政奖补资金867.8万元。其中，完成道路工程项目12项，共计23.1公里；桥梁工程项目1项，侯家峪便民桥；文化广场项目5项，共计8900平方米；村道亮化工程8项，共计安装路灯327盏。农村公路计划列养里程352.04公里。

【优势产业】省级百合示范园区建设工作完成，成立兰州百合产业技术创新联盟，组织申报关于百合研发的科技项目，建成爽口源和甜甜两个百合脱毒种球育苗中心，建成西果园堡子村和魏岭白家岘百合标准化种植基地，建成甜甜百合展示厅，引进米家山和鹏成2家百合深加工生产线。随着西客站、宝兰客专、兰新二线、兰渝铁路、城际高铁等相继建成投运，将有大批的人流、物流、资金流注入，为七里河区带来难得的经济增长机遇。石佛沟景区开发建设的深入推进，兰州老街、黄河楼等一大批文化旅游产业项目的建成运营，将为全区产业结构、发展环境、经济增长带来更加深刻的变化。兰州中心、兰石豪布斯卡、中天健广场、天泰世纪家园、东立开泰园等项目陆续建成，将有160万平方米的楼宇面积，为全区加快发展楼宇总部经济提供强有力的空间支撑。万华物联网大厦、三维数字产业中心及产业孵化园等项目的建成，以及与中关村赛伯乐集团、实创集团的战略合作，将有力带动全区信息产业孵化发展。

【人民生活】2016年，全区城镇居民人均可支配收入达到28260元，比上年增长9.8%，其中人均工资性收入占比最大，达到18251元。增长17.85%，城镇居民家庭恩格尔系数为34.06%；农村居民人均可支配收入达到15506元，增长7.9%，其中人均工资性收入7476元，增长9.17%，农村居民家庭恩格尔系数为32.5%。

【环境保护】2016年，全区空气质量优良天数达到243天。七里河区职工医院国控监测点位可吸入颗粒物年日均值为132ug/m3、细颗粒物年日均值为56ug/m3、二氧化硫年日均值为15ug/m3、二氧化氮年日均值为58ug/m3。全区包兰桥断面全年水质稳定达到国家三类水质要求，乡镇集中式饮用水水源地饮用水水质达标率为100%。辖区交通干线噪声为68.0dB(A)，区域环境噪声为54.9dB(A)。

【就业与社会保障】2016年，输转劳动力21076人，创劳务收入4.36亿元。城镇新增就业25493人，城镇登记失业率为1.93%；安置困难群体就业1580人。全年培训各类劳动力共9083人，举办各类用工洽谈会28场，发布用工信息1.46万余条，吸引2.4万名求职者应聘，促成4938人实现就业。全年发放金额6875万元，带动就业创业2745人；发放公益性岗位补贴5912.94万元；为44名进企业服务大学生发放生活补助金22.8万元。全年征缴城镇职工基本养老保险基金67226万元；发放城镇职工基本养老金35827万元；征缴城镇职工基本医疗保险基金9765.25万元；征缴失业保险基金851.8万元；征缴生育保险基金306.65万元；征缴城镇居民基本医疗保险基金2405万元；城乡居民养老保险参保54272人，参保率98.35%，征缴基金960万元；发放养老金2252.97万元，发放率100%。落实城乡最低生活保障，保障城市低保对象78702户次、163225人次，发放低保金6294.28万元；保障农村低保对象15849户次、36786人次，发放低保金578.42万元；保障农村五保供养对象244户、244人，发放供养资金124.55万元。保障医疗救助对象33767人次，发放救助金823.89万元。全年虚拟养老服务总量近11万人次，比上年增长57%。农村互助老人幸福院的覆盖率达到56%，贫困村农村幸福院实建4个，覆盖率为50%。

【社会事业】全年申请专利登记1165件，比上年增长43.30%，发明专利万人拥有量达到8.11件/万人。财政科技投入2893万元占本级财政支出的比例为1.44%。联合各乡镇举办各类实用技术培训班52期，共培训3100人次。全区九年义务教育巩固率99.9%。投入580余万元，继续实施农村义务教育学生营养改善计划，惠及全区所有农村学校6483名学生；投入120余万元，继续实施“热饭工程”，解决了农村中午不能回家吃饭的1505名学生就餐困难；投入96万元，实施校车工程。完成18个行政村幼儿园建设任务，建成省级示范性幼儿园2所，省级一类幼儿园4所。

西固区

【基本情况】西固区位于兰州市西郊，是甘肃省的核心工业区、中国西部最大的石油化工基地，素以“西部石化明珠”、“石化工业摇篮”闻名遐迩。被确定为国家石化新材料产业化基地、省级可持续发展试验区和甘肃省循环经济试点示范城区。全区总面积385.02平方公里，地势西南高，东北低，南北两山向河谷川区倾斜，海拔在1500米至2000米之间。西固在兰州交通中享有独特优势，位属全国城镇体系9大综合交通枢纽、21个物流节点、18个铁路集装箱中心站之列，毗邻兰州中川机场，区域交通优势明显。2016年，全区常住人口36.79万人，户籍人口32.36万人，由汉、回、满、蒙古、藏等27个民族组成。区辖达川、河口、东川、新城、柳泉、金沟五镇一乡，西柳沟、临洮街、西固城、四季青、福利路、先锋路、陈坪、新安路八个街道。

【国民经济】2016年，全区生产总值327亿元，比上年增长4%。其中，第一产业增加值4.7亿元，增长6.4%；第二产业增加值181.5亿元，下降0.2%；第三产业增加值140.8亿元，增长9.4%。三次产业结构比值为1.4:55.5:43.1。固定资产投资257亿元，增长16%；社会消费品零售总额122.3亿元，增长9.8%；城镇居民人均可支配收入32586元，增长9.8%；农村居民人均可支配收入15448元，增长8.1%。

【项目建设】兰州国际港务区列入国家“十三五”规划，上升为全省“三个标志性工程”和兰州市“一号工程”，港务区管委会正式获批成立。“3+10”基础路网和五大核心功能项目建设全速推进，带动港务区固定资产投资达到79.3亿元。坚持建设与运营并重，争取到全国首批多式联运示范工程，获得支持资金7000余万元；同步正在向国家相关部委申报兰州铁路口岸、保税物流中心(B型)等项目。南亚国际货运班列实现常态化运营，已开行5列，出口额达到2亿元，开创了全国唯一一条南亚贸易通道。

【优势产业】全年投入到第三产业发展的项目资金达到150亿元，兰州金城中心商业综合体启动实施，华奥全球商品直销中心开工建设，西港物流园有序推进。河口古镇初具规模，“十里黄河金岸”景观栈道和古堡酒店加快建设，关山森林公园核心景区主体景观基本建成，金城公园二期民俗院落商业区和综合文化展示区完成主体建设。制定出台电商专项扶持政策，丝路电商产业园一期建成运行；打造本土电商品牌8家，新增电商企业100余家、O2O社区配送体验店25家。“农业+旅游”融合发展，带动流转土地2600亩，新增设施农业500亩。

【新型城镇化建设】注重规划引导、试点带动，达川、柳泉完成撤乡设镇，河口镇、达川镇分别列入省市特色小城镇建设计划，新型城镇化建设的引领作用初步显现。全力推进五大棚户区改造，兰西铁苑、东川棚户区改造完成建筑面积55.7万平方米，达川安居工程一期开工，新城棚户区改造完成征拆，河口安居工程启动实施。整合资金3300万元，完成10个市级小康示范村和6个美丽乡村建设；创新成立乡镇环境综合管理所，全面落实“日检查、周通报”督查机制，农村环境面貌持续改善。

【城市品质】扎实开展“强基础、补短板、建长效”城市精细化管理攻坚行动，古浪路跨线大桥、7#路至西固城站前广场道路加快推进，全面完成9条道路排水防涝改造、13条道路整治和10条小街巷提升工程，更换人行道砖2.9万平方米，道路罩面补修5.8万平方米。西出口一期提升改造工程开工建设，南山路及中川铁路沿线环卫保洁实行市场化运作，工地管控在全市创出“西固标准”。累计拆除违法建设17万平方米，实现大型户外广告全清零。完成生态防护林和经济林建设1000亩，城区增改绿地11万平方米。

【社会事业】完成10所薄弱学校基建改造工程，港务区学校主体封顶，“西固教育城域网”完成硬件设施建设，全区高考上线率达到99%。区中医院和妇幼计生服务中心加快建设，区医院门诊医技大楼投入使用。民俗文化馆全面建成，金城、鲜卑两大博物馆即将完成布展。

【社会保障】创新建立“项目带动+技能培训+贷款扶持”就业联动机制，带动新增就业1.5万人。城乡低保再提标10%和21.7%，向1937名困难群众发放各类救助资金近700万元，为7500名失地农民办理了养老保险。新建13个老年人日间照料中心，“一站式”便民服务平台上线运行。培育引入8家社工组织，2万多名群众享受到专业化公共服务。群众住房和出行条件持续改善，建成保障性住房4000套，改造农村危旧房57户；主城区通往达川、河口、孟家山、小金沟4路公交巴士通车运营，再投放区域出租车150辆，建成农村公路25公里。

【社会治理】“三调联动”大调解体系更加完善，信访工作连续五个季度实现“三无”县区目标。社会治安防控“六张网”体系全面深化，刑事案件发案率下降30.3%、破案率上升2.3%，全区治安防控实现“一平稳、两提升”。安全生产“遏重”试点工作全面启动，综合监管应急指挥平台正式启用，实现了对21家危化企业的实时监控。持续开展食品药品安全专项整治，大中型食品生产经营企业全部纳入可追溯系统监管范围。智能应急广播系统加快推进，应急避难指挥中心建成投用。

【政府建设】政府职能加快转变，“三单一网”晒权工作全面完成，2029项行政权力事项“流程图”向社会公布；引入社会力量广泛参与公共服务，政府购买服务事项达到429项；组建成立了区市场和质量监督管理局，市场监管综合执法体系更加完善。“营改增”工作全面推开，2797户试点纳税人完成申报。公车改革顺利推进，清理公务用车近200辆。着力打造一流创业环境，全市首家“双创公寓”正式入住。招商引资取得实效，签约引进项目71项、到位资金153亿元；加大向上争取力度，争取项目资金15.8亿元。

以“4+1”专题为重点，扎实开展“两学一做”学习教育，遵规守纪成为广大干部的行动自觉。主动接受人大法律监督和政协民主监督，53件人大代表建议、85件政协提案已全部办结。强化财政资金专项整治和巡查检查，规范实施公共资源交易项目2017宗、审计财政投资项目244项，节约、审减财政资金9474万元，三公经费下降23.3%。主动接受社会公众的广泛监督，公开政府信息1万余条，认真办理“民情通”转办件8200余件。

安宁区

【基本情况】安宁区位于兰州市近郊，黄河北岸，区名源自明代军事城堡安宁堡，取“安宁无患、不受侵害”之意，素有“金城西北门户，河西五埠咽喉”之说，是“丝绸之路”必经要津，也是兰州市重要的现代装备制造与科教文化区。区内拥有西北师范大学、兰州交通大学、甘肃农业大学、甘肃政法学院、甘肃省委党校、甘肃省农科院等19所大专院校和科研院所，各类科技人才3万余人。安宁区素有“十里桃乡”之美誉，区内环境优美，蜿蜒24公里的黄河旅游风情线穿境而过，天斧沙宫、仁寿山、兰州植物园、湿地公园、安宁生态文化园等自然人文景观星罗棋布。举办33届的“兰州桃花旅游节”在国内闻名遐迩。全区总面积82.33平方公里，区辖十里店、培黎、孔家崖、西路、银滩路、刘家堡、安宁堡、沙井驿8个街道办事处，共59个社区。2016年末，全区户籍人口19.02万人，常住人口28.25万人，人口自增率10.66‰，耕地629亩，园地1613亩。

【国民经济】2016年，全区生产总值161.17亿元，比上年增长7.8%。其中，第一产业增加值0.16亿元，与上年持平；第二产业增加值72.13亿元，增长5.5%；第三产业增加值88.88亿元，增长10.1%。三次产业结构比值为0.1:44.75:55.15。工业增加值49.5亿元，增长4.6%。其中，规模以上工业增加值48.1亿元，增长4.5%。固定资产投资221.66亿元，增长12.3%；社会消费品零售总额101.4亿元，增长10.07%；一般公共预算收入12.82亿元，增长10.86%；城镇居民人均可支配收入为29846元，增长9.6%。

【“三农”工作】依托仁寿山风景区旅游资源和白凤桃产业特色，实现桃品牌、桃资源、桃文化保护和发展，通过努力，安宁区的白凤桃获“国家地理标志认证”。继续加大赵家二沟省级现代农业示范园区基础配套设施建设，为发展养殖业和招商引资奠定了前提基础；全力支持刘家堡街道的农业科技观光园的开发。将安宁区精准牧业科技有限公司推向市场，引入创客领域，其试验成功的“牧工在线”荣获“全国‘互联网+’现代农业百佳实践案例”称号，为新型农民职业化教育、畜牧与饲料产业在新的产业价值领域实现创新。农资打假从严从重，兽药专项整治合法有序，全年出动执法人员354人次，执法车辆34台，检查经营单位244家。农产品质量监测检验频率增大，全年共例行检测蔬菜样品1565个，合格率100%，日常监测2078个，超标1个，合格率99.9%。畜牧业安全检测全覆盖，全年共检疫活禽12300只，生猪529头，无害化处理病死猪25头，病害禽8只，检查“瘦肉精”960头份，没有发现有添加“瘦肉精”现象。对现存栏1610头猪、2073只羊、220只牛、1.4万只鸡采取集中与补针免疫相结合、消毒等综合防控措施，全面加强了重大动物疫病防控，年内没有发生重大动物疫病。开展口蹄疫、布鲁氏菌病、牛结核、猪瘟、猪蓝耳病、禽流感、新城疫等7种动物疫病的12种亚型实验室检测，检测抗体2328份，给市疫控中心送检抗体血清160份；实验室自检血清160份。组织农机安全管理人员参加业务培训23人次，制作农机安全宣传展板8个，制作宣传条幅8条、农机安全警示牌100个，发送宣传短信50条，发放《农机安全管理监督条例》、《安全生产法规汇编》等宣传资料800余份。

【项目建设】2016年，区承担的7个市列重大项目计划投资为17.3亿元，完成27.38亿元。甘肃省科技馆、永新华兰州国际酒店及商务中心一期主体已基本建成；中海.河山郡城市商业综合体项目一、二期已交付使用。总投资32亿元的荣光城市综合体项目和总投资29.9亿元的五矿钢铁物流园项目前期开建的相关手续正在办理中。总投资39亿元的兰州国际建材家居博览城（一期工程）项目按计划正常建设。第22届兰洽会签约项目12个，开建项目10个，已建成项目1个，基本实现了“签约一批、动工一批、竣工一批、储备一批”的项目建设良性循环。

【人民生活】2016年，安宁区城镇居民人均可支配收入29846元，比上年增长9.6%；消费性支出26328.74元，增长23.1%。坚持为民办实事，全面落实低保等各项社会救助政策，加大困难群众急难救助力度，全年享受城市低保的共39336人次，发放保障性资金1469.17万元；发放医疗救助金214.40万元；发放临时救助金92.15万元；支付重特大疾病“一站式”结算服务救助金32.20万元；发放贫困学生救助金19.5万元；发放困难群众冬季取暖补贴131.51万元。共落实市区领导批示督办件8件。答复处理群众信访件4件，民情通投诉件32件，市民网上留言4件。办理人大、政协议案8件。群众反映的热点、重点、疑难信访件办结率达到100%。

【环境保护】实施安宁区罗九公路沿线景观提升完善工程、安宁区火焰山面山景观绿化及兰州市中川铁路沿线安宁段绿化工程、大青山至石楷湾区域面山景观提升工程、安宁区九洲台区域绿化景观提升工程。坚持多渠道添绿、多层次植绿，新增建成区绿化覆盖率38.87%，绿地率33.7%，人均公共绿地13.2平方米。植树节当天共栽种雪松、樟子松、银杏、红叶碧桃、榆叶梅等乔灌木720多株，完成义务植树60万株。开展市容环境综合整治行动，共清理各类摊点、店外店经营1万余次，清理各类广告6.6万平方米；加大联合执法力度，共拆除各类违章建筑7.34万平方米。整治店外店7300多次，规范周末市场1处。监督、监测辖区企业及餐饮业单位废水156家，监测天然气锅炉26台，煤锅炉14台。安装油烟净化设备480台。对全区工地现场跟进督办，设置围挡18.23万平方米，覆盖裸土总计126.3万平方米，硬化路面31万平方米，巡查工地2万多次。常规检查重点污染源和一般污染源企业污染防治设施运行情况，检查次数分别为126次和128次。与兰州交通大学联建环境监测站实验室，城区空气质量新标达标243天。开展洗尘净天活动。对黄河风情线、城区主次干道、公园、游园、城市出入口区域绿地及树木进行彻底冲洗，减少植被积尘，防止裸露绿地起尘，减少污染源，有效提升黄河安宁段生态环境。

【民生保障】大力推广“民生就业360”服务机制，2016年为494名灵活就业人员发放社保补贴资金49.17万元，共筹集就业专项资金2317.61万元。“万企计划”共向银行审核推荐349笔，发放贷款248笔2397万元，完成目标任务的100%，安置失业人员及大中专毕业生981人。城镇新增就业人数12691人，城镇登记失业率2.33%；高校毕业生就业率为91.1%。继续实施城区老旧住宅楼“穿衣暖民”工程和“三无小区”改造工程，投资约3561.42万元，完成20个老旧小区的整治改造。新开工建设棚改安置房2.27万平方米，调剂现房920套，建成安置房550套，公共租赁住房1230套。全年落实分房供热计量面积333.16万平方米，涉及25个供热站，45个小区。全区27个蔬菜直销店共投放“一元菜”30万斤，发放补贴15.2万元。创建75家药品放心门店、14家A级零售药店、1条食品安全示范街、30家省市级食品安全示范店、1家A级餐饮服务单位。30家大型餐饮服务单位在全省率先实现远程视频监控。规范食品药品监督管理所5个。全年检定计量器具1577台件，其中固定门店416台件，集贸市场1161台件，出具检定证书416份，粘贴计量检定合格证标贴2000余枚。

【社会事业】全区共有区属中小学、幼儿园19所，在校学生13340人，在职教职工926人。落实“两免一补”政策，共下达城市义务教育阶段公用经费1079万元，其中，中央资金859万元、省级资金220万元。实施学校中大型基建项目13个，计划投资3.74亿元，新增建设用地4.6万平方米（合68亩），新建校舍3.1万平方米。全力保障进城务工人员随迁子女、留守儿童入学，2016年辖区已入学的进城务工随迁子女6178人，入学率为100%，并多方捐资共计46000元慰问全区50名困难留守流动儿童。辖区学校共有义务教育阶段残疾儿童59名，入学率为100%。2016年，保障残疾儿童生均公用经费达到6000元，并投入特教经费7万元，进一步改善特殊教育办学条件。区政府积极筹措资金1.8亿元，对区医院进行翻建，同时积极做好万里医院建设的可研编制等前期工作。在大型养老机构设置以老年科为主的医疗机构，建立“孝慈院”医养结合中心。广泛开展群众文化活动，圆满完成了2016兰州国际马拉松赛安宁段各项工作任务，成功举办第33届中国兰州桃花旅游节、迎新春群众精品文艺演出、群众民俗文化展演等系列活动。推荐农家书屋优秀管理员参加全省星级农家书屋评选活动，组织筛选群众优秀节目参加第五届兰州农民艺术节暨第八届兰州社区艺术节。

红古区

【基本情况】红古区是兰州市的远郊区，位于兰州、西宁两大省会城市的几何中心，109国道、京藏高速公路、兰青铁路贯穿全境，是内地通往青海、西藏的咽喉通道。总面积567.66平方公里，2016年末常住人口14.09万人，户籍人口14.49万人。辖4镇4街道，有回、满、藏、土、东乡等17个少数民族。自然资源富集，境内有煤炭、石油、天然气、坩土、页岩、石英石等矿产，大通河、湟水河穿越全境，年径流量达到46亿立方米，素有“八宝川”之美称。工业发展强劲，辖区有中铝兰州分公司、窑街煤电集团公司、方大炭素公司、祁连山水泥公司等大中型企业，以及伊利乳业、新希望等多家国内知名企业，基本形成了以煤炭、电解铝、炭素制品、清真明胶、电力、硅系列、建材等为主的工业产业体系，是甘肃省重要的煤炭和电解铝生产基地、全国主要的炭素生产基地、全国第一家清真明胶生产基地。城郊农业发达，四条长达95公里的自流灌渠浇灌着7.8万亩耕地，面积达9.7万亩47个坪台地开发潜力巨大，建成了国家级工厂化育苗中心、陇海园艺、荷斯坦奶牛繁育中心等一批特色基地，形成了以精细蔬菜、优质果品、高效养殖、林木种苗、牧草花卉、农副产品储运加为主的农业产业体系，是兰州市重要的无公害蔬菜生产基地、甘肃省5万亩高效农业科技示范基地和西北重要的高原夏菜生产基地。

【国民经济】2016年，全区生产总值125.8亿元，比上年增长9%。其中，第一产业增加值9.9亿元，增长6.4%；第二产业增加值78.5亿元，增长8.9%；第三产业增加值37.4亿元，增长10%。三次产业结构比值为7.92:62.39:29.69。固定资产投资额69.2亿元，增长6.1%；社会消费品零售总额24.8亿元，增长9%；一般公共预算收入2.6亿元，增长5%；城镇居民人均可支配收入25717元，增长9.2%；农村居民人均可支配收入16179元，增长7.7%。

【供给侧结构性改革】去产能方面，2016年水泥产量比上年下降44.11%，铝产量下降0.99%。去库存方面，2016年全区商品房待售面积13.98万平方米，较2014年减少16.93万平方米。去杠杆方面，2016年全区规模以上工业企业资产负债率为60.68%，比上年下降0.28个百分点。降成本方面，规模以上工业企业每百元主营业务收入中的成本继续下降。另外，短板领域投资继续保持较快增长，农业、生态环境保护、水利投资都保持较高的增长。

【“三农”工作】一是加大招商引资力度，落实到位资金预计达到2亿元；争取各类资金预计达到1600万元。二是积极对接国家和省、市各项产业政策和项目申报指南，结合红古区实际，搜集、筛选、整理、编写、申报各类项目共计18个。其中，果蔬保鲜贮藏库项目4个、精深加工贴息项目1个、农民工返乡创业项目1个、生物技术研究与应用开发项目1个、一二三产业融合项目1个，上报列入2017年红古区重大项目6个、2017年转型资金项目4个。三是金砂台千亩果园建设项目，已完成温室大棚主体建设；完成400亩大樱桃树苗浇灌、修剪，初步确定成活率在98%左右；已将2万株葡萄树苗栽种在营养钵中；从大连订购了一批樱桃树苗，并已运达。四是现代农业科技园太空农庄建设项目，落实到位资金1800万元，截止目前，栽植樱桃3200株（40亩）、太空树莓10000株，完成1600平米花卉智能温室及花卉场主体工程，29座日光温室全部维修启动。五是红古有机观光农业示范区建设项目，到位资金4000万元，新建钢架网室1.6万平方米、五连体三层塑料膜覆盖拱顶樱桃温室4000平方米以及花卉观赏园、精品采摘园30亩，已完成罗金台马铃薯微型薯的收获和特色经济林的越冬管护，后续收尾工作正在进行。六是新建、扩建规模养殖场15个，新增肉羊饲养量5800只，达到95000只；新增生猪饲养量5500头，达到77000头；完成黄牛冻精改良600头，肉羊改良17000只，生猪改良6000头。

【优势产业】坚持以工业园区为依托，着力打造转型发展战略平台，经济区红古园区投资1.2亿元的“一横三纵”路网全面建成，依托“三大园区”引进建成了总投资112亿元的兴盛源再生资源循环经济加工产业园、93万吨铝合金加工产业链、蓝天太阳能光热新材料产业园、阿敏4500吨明胶等90多个项目，基本形成了有色冶金、“城市矿产”、新型建材、生物科技、煤基循环、高端炭素六大循环经济产业链，新增规模以上工业企业21家。加快提升现代示范农业规模档次，累计投资3.5亿元，新建了金砂台生态循环农业产业园、罗金台有机观光农业示范园等4个集种植、养殖、观光、示范功能于一体的大型现代农业园，建成了千亩果品、千亩特菜、万亩育苗、万只肉羊等20个标准化种养基地，新发展龙头企业10家，基本形成了产、加、销一体化的产业发展体系。着力促进商贸物流产业发展壮大，构建了金海湾品牌服饰、红古广场休闲购物、东口建材家居、红古路特色餐饮四大商业片区，建成北区农贸物流市场、天韵七彩文化市场等8个专业市场，电子商务、文化旅游、物流服务等新型业态日趋活跃，新增商业面积65万平方米，新发展限额以上商贸企业36家，第三产业在生产总值中的比重提高7.7个百分点。

【民生保障】全面落实“大众创业，万众创新”一揽子政策，累计发放扶持创业贷款2.45亿元，新增就业人数6539人，城镇登记失业率控制在4%以内。着力完善保障体系，城乡居民养老和医疗保险参保率均达到95%以上，城镇居民养老保险和医疗保险参保人数分别达到23552人、59298人；生育保险参保人数8111人；新型农村社会养老保险参保人数27102。城乡低保、“五保”供养、救济救助实现应保尽保、应救尽救，新增保障性住房32万平方米，建成农村互助老人幸福院和社区日间照料中心42个。棚改、教育、卫生、医疗、社保等民生方面的支出累计达到20.9亿元。尤其是筹资10.8亿元实施了大砂村、海石村、虎头崖等一批棚户区改造工程，改善了2300多户群众的住房条件；想方设法解决了因兰铝扩建、兰海高速、兰新铁路等重大项目建设征地产生的9931名失地农民养老保险历史遗留问题；完成区医院改扩建并移交省人民医院托管，医疗水平大幅提高，就医环境大幅改善，事关群众切身利益的重大民生问题得到有效解决。

【社会事业】大力发展社会事业，累计投资10.6亿元，新建了区体育中心、海石二小教学楼、华夏数字影城等一批惠民工程，义务教育发展基本均衡顺利通过国家级评估认定，“营养改善计划”和“安全校车”惠及7000多名学生，学校危房、乡镇卫生院改造和村级文体场所设施建设实现全覆盖。坚持中心城、旧城区、小城镇协调发展，基础设施投资累计达到32亿元，新型城镇化率达到76.4%。全力破解区域性交通瓶颈，投资5.5亿元的川海大桥、团结桥等民海互联互通项目启动实施，投资4亿元的省道301线改扩建工程，尤其是海窑隧道、北环路建成通车，解决了周边百余家企业和10余万群众通行安全问题，打通了连海地区的经济大通道和甘青两省的交通、旅游快速大通道，红古联外输内的交通体系日臻完善。

【环境保护】坚持久久为功、善做善成，投资1.3亿元，集中实施了以危房搬迁、煤场清理、道路拓建、绿化美化为重点的窑街采煤沉陷区生态环境综合治理工程，搬迁居民525户，整理土地1700亩，造林绿化1080亩，建成了千亩“森林公园”，沉陷区面貌发生了历史性变化；投资1.13亿元的海石湾北山绿化和北山公园改造工程启动实施，全区生态环境持续优化。

永登县

【基本情况】永登县位于甘肃省中部，兰州市西北部，是古“丝绸之路”的重镇，河西走廊的门户。全县总面积5622平方公里，现辖12个镇、4个乡、10个居委会、200个村委会和1338个村民小组，2016年常住人口34.52万人，户籍人口53.87万人。永登县海拔高度在1500---3200米，2016年年均气温6.8℃，年总降水量259.7毫米，年日照时数2718.1小时，无霜期172天。全县耕地112.17万亩，其中水浇地32.89万亩。

【国民经济】2016年，全县实现生产总值98.55亿元，比上年增长8.8%。分产业看，第一产业增加值11.29亿元，增长6.7%；第二产业增加值30.55亿元，增长6.1%，其中，工业增加值20.72亿元，增长5.7%；第三产业增加值56.71亿元，增长11.1%。固定资产投资76.8亿元，增长8.6%。全社会消费品零售总额25.22亿元，增长10.01%。一般公共预算收入4.52亿元，增长11.8%；一般公共预算支出达到23.29亿元增长15.4%。

【供给侧结构性改革】去产能方面，2016年全县水泥产能640.6万吨，比上年增长7.5%。去库存方面，全县规模以上工业产成品存货5.9亿元，下降13.2%；全县商品房销售面积443863平方米，增长31.36%，较2015年提高1.02个百分点。降成本方面，全县规模以上工业主营业务收入103.1亿元，下降16.8%，主营业务成本95.5亿元，下降22.7%。每百元主营业务收入中的成本为92.63元，比上年下降7.05%。补短板方面，全县民生投资16.41亿元，增长10.29%，增速高于全县投资1.69个百分点。

【脱贫攻坚】2016年退出贫困人口2313户7602人，贫困发生率下降为1.1%，贫困县退出的7项指标均达到退出验收标准。共落实财政专项扶贫资金2.166亿元（其中中央及省级7220万元，市级2440万元，县级1.2亿元），发放扶贫惠农贷款8113万元、农村妇女小额担保贷款4860万元，为304户建档立卡贫困户发放精准扶贫专项贷款1675万元。持续改善贫困村基础条件，狠抓农村水、电、路、房建设，打通贫困地区“最后一公里”障碍。持续提升公共服务水平，乡镇综合文化站、村级文化活动室、贫困村乡村舞台和标准化卫生室实现全覆盖。聚焦小康村建设，整合各类资金3亿多元，建成小康村33个，省市美丽乡村7个。

【“三农”工作】2016年，全县粮食总产量达到17.42万吨，比上年增长2.72%；蔬菜产量达到37.21万吨，增长12.33%；肉猪出栏12.81万头，增长5.97%；肉牛出栏0.18万头，增长6.59%；出售和自宰的肉用羊11.65万只，增长9.51%；出售和自宰肉用家禽34.08万只，增长9.72万只；禽蛋产量5378吨，增长7.23%；牛奶产量4481吨，增长9.87%。全县完成新增蔬菜面积2.3万亩，累积种植规模达16万亩；新增中药材面积0.55万亩，累积种植规模达3.06万亩；新增玫瑰1万亩，累积种植规模达9.66万亩；脱毒马铃薯推广面积达23.34万亩；全垄双膜沟播技术推广面积达19.38万亩。成功打造了“玫瑰川”、“葡萄沟”、“药材谷”、“高原夏菜绿色长廊”、“泉碱羊品牌养殖区”等现代农业示范基地，形成了以马铃薯、中药材、苦水玫瑰、红提葡萄、高原夏菜、双垄沟播玉米以及鲑鳟鱼、七山羊为主的八大特色产业。

【项目建设】全县计划实施投资1000万元以上的重点建设项目198项，总投资129.89亿元，2016年完成投资69.71亿元。其中，亿元以上项目28项。全县重点推进的市列重大项目1项，即永登县大天源建材物流市场建设项目。实施以工代赈项目10项，争取资金641.2万元，完成投资461.2万元。实施通远乡边岭村易地扶贫搬迁项目1项，计划完成投资1200万元。

【优势产业】在巩固提升百里玫瑰川、十里葡萄沟、万亩药材谷、七山泉碱肉羊天然牧场、高原夏菜绿色长廊等农业基地的基础上，更加注重品牌建设，全县共培育涉农商标222件（其中认定甘肃著名商标7件、兰州知名商标2件），认证无公害农产品12个、绿色产品5个，有机产品2个，促进了农业规模化、基地化、品牌化、市场化发展。深入挖掘玫瑰文化、彩陶文化、丹霞文化、土司文化、引大文化、传统农耕文化和独有的土族、薛家湾民俗文化，以农家乐、渔家乐、开心农场和西行客栈为载体，精心打造连城历史文化和土司衙门古色游、玫海花香红色游、森林草原绿色游、工业遗产金色游、丹霞地质风貌彩色游和吉普赛民俗文化体验游等六个旅游品牌，连城地区和树屏丹霞景区被列入兰州市七大旅游景区规划，城郊游、乡村游成为经济发展的又一“卖点”。

【人民生活】2016年，全县城镇居民人均可支配收入达到16618元，比上年增长9%；农村居民人均可支配收入达到8974元，增长8.3%。年末城镇单位职工人数22269人，职工工资总额11.23亿元，平均工资51092元，增长2.58%。全县金融机构各项存款余额149.84亿元，增长1.46%；贷款余额146.86亿元，增长31.5%。城乡居民储蓄存款96.32亿元，增长14.45%。

【环境保护】完成补植补造工程4180亩，建设林产品基地6700亩，建设养殖暖棚3500平方米。围绕祁连山冰川与水源涵养重点生态功能区建设，全面实施林业四大工程，全县森林覆盖率达到13.26%，“两河”流域达到国家三类水质标准。深入开展大气污染治理攻坚行动，强化对永固、祁连山、红狮三家水泥企业脱硝工程的在线监控，完成了18家50台燃煤锅炉改造任务，空气质量优良天数达到255天以上，城乡人居环境持续改善。

【社会保障】2016年，全县落实低保金4964.4万元、五保供养金613.9万元，城乡居民基本医疗保险参保率达到98.06%，新型农村社会养老保险参保率达到95%以上。新增就业3379人，是全年目标任务3200人的105.6%；困难人员就业288人，是目标任务180人的160%；职业技能培训1110人；城镇登记失业率3.01%。

【社会事业】坚持教育优先发展战略，着力推动义务教育均衡发展，2016-2017学年度义务教育阶段学生入学率达到100%，九年义务教育巩固率小学达到100%，初中达到99.28%，高中阶段毛入学率达到97%，学前一年、三年毛入园率分别达到98.6和86.3%。县级公立医院改革顺利推进，国家基本药物制度、分级诊疗制度、医师多点执业制度等重点改革工作进展顺利。深入开展“周末广场文艺展”活动、“文化下乡百村行”、“两省三地五县区书画联展”等文化活动，群众文化生活空间活跃。成功举办“兰州树屏丹霞热气球观光基地启动仪式暨首届热气球旅游节”，“中国玫瑰之乡•兰州玫瑰节”、“中国•连城土司文化旅游节”、“石家滩原生态草原文化旅游节”等传统民俗节会，提升旅游品位。完善社会治安防控体系，建立健全“党政同责、一岗双责、失职追责”的安全生产责任制，严格落实“三管三必须”管理制度，食品药品“五级”监管网络逐步完善，社会大局持续稳定。

皋兰县

【基本情况】公元前127年首置金城县，1738年更名为皋兰县，被誉为“名藩自古皋兰”。解放初隶属兰州市，县政府驻兰州市区，1957年迁至现址。地处兰州、白银和兰州新区三角辐射中心地带，是兰州新区的重要组成部分，也是兰白经济圈发展中不可替代的关联带。辖区属陇西黄土高原，地势西北高、东南低。具有“一河六线”（黄河、兰白高速、国道109线、中川高速、水秦快速通道、包兰铁路、兰渝铁路）的交通优势，开通兰州至什川黄河豪华游轮航线。最高海拔2445米，最低海拔1411米，县城海拔1650米，年均气温7.4℃，年均降水量246毫米，年均蒸发量1675毫米，年日照2768小时，无霜期144天。总面积2136.69平方公里；耕地面积29.23万亩，其中水地面积15.25万亩，人均1.33亩，现辖6个镇；2016年，户籍人口19.11万人，常住人口10.76万人。

【资源优势】皋兰县矿藏资源丰富，金属矿有金、银、锌、铜等，非金属矿有石英砂、大理石、花岗岩、粘土等，具有较高的开采价值。水电资源充足，引大入秦、西岔电力提灌、大砂沟电力提灌三大水利工程覆盖全县，拥有调蓄水库四座、自来水厂两座，安全饮用水管网覆盖全县。拥有装机22万千瓦的小峡水电站和330KV变电站一座、220KV 变电所一座、110KV 变电所三座。特色农产品高原夏菜、兰州白兰瓜、旱砂西瓜、红砂洋芋、优质林果软儿梨久负盛名。旅游资源得天独厚。东南部什川镇有“世外梨园”之美誉，被吉尼斯认证为“世界第一古梨园”，被农业部命名为“国家首批重要农业文化遗产”，被环保部授予“国家级生态乡镇”称号，2014年被评为国家4A级旅游景区；中部石洞镇有远近闻名的石洞寺；西南部九合镇有“万亩桃园”、“天斧沙宫”丹霞自然景观；北部黑石镇地域广阔，有独特的高原风光。

【国民经济】2016年，全县实现生产总值46.76亿元，比上年增长8.7%。其中，第一产业增加值6.53亿元，增长6.10%；第二产业增加值20.54亿元，增长7.5%；第三产业增加值19.69亿元，增长11.0%。三次产业结构比值为14.0∶43.9∶42.1。固定资产投资55.35亿元，增长29.8%；社会消费品零售总额20.37万元，增长12.0%。一般公共预算收入3.91亿元，增长13.0%；一般公共预算支出15.97亿元，增长30.3%。城镇居民人均可支配收入15375元，比上年增长9.05%；城镇居民人均消费支出12050.54元，增长11.05%。农村居民人均可支配收入9076元，增长8.37%；农村居民人均消费性支出6826.68元，增长6.68%。全年共接待旅游人数247.5万人次，实现旅游收入7.43亿元。

【供给侧结构性改革】2016年，全县坚持不懈去产能，积极稳妥去杠杆，多措并举降成本，供给侧结构性改革稳步推进。全年规模以上工业实现主营业务收入77.8亿元，比上年下降13.9%，主营业务成本70.63亿元，下降15.7%，成本降幅大于收入降幅1.8个百分点。规模以上工业能耗消费量115.85万吨标准煤，增长1.29%，规模以上工业增加值13.3亿元，增长7.4%，万元工业增加值能耗为8.71吨标准煤/万元，下降5.69%。随着“去库存”、“降首付”、“减税收”等刺激房地产政策的有效推进，房地产开发投资恢复增长，销售情况良好，去库存效果明显。2016 年全县商品房销售面积 40.83 万平方米，增长 64.99%。

【脱贫攻坚】全县始终坚持把脱贫攻坚作为“一号工程”放在各项工作首位，坚持问题导向，因村因户施策，认真落实“853”挂图作业工作措施，精准扶贫精准脱贫各项工作任务进展顺利，顺利通过省市贫困退出复核验收。2016 年，脱贫 134 户 443 人，贫困发生率下降到 1.45%。县级财政共投入 2.03 亿元，整合各类涉农资金 6.5 亿元，全部用于改善农村基础设施条件，进一步夯实了农村农业发展的基础。加强专项扶贫，共争取中央和省上专项扶贫资金 4127 万元。加强金融扶贫，全年发放扶贫惠农贷款 2395 万元，发放妇女小额贷款 2315 万元，落实发放精准扶贫专项贷款 7100 万元，为 1837 户群众发展产业项目提供强有力的资金保障。强化教育扶贫，免除幼儿保教费 274.547 万元，免除建档立卡高中生学费 19 万元、高职生学费 94 万元。强化卫生扶贫，投入资金 25.5 万元为全县 3001 名五保户、低保户和农村孤儿统一购买大病医疗保险。强化社会保障，落实精准扶贫新农合政策，提高报销比例 5 个百分点，发放补偿款 509.28 万元；农村低保标准平均提高 21.7%。政府采取全额“兜底”方式，为 290 户五保户、低保户及残疾、无劳动能力贫困户新建房屋，实现住房安全率 100%。开通村镇城乡公交线路 4 条，实施进村项目 748 个、整乡整村推进项目 23 个，建成省市美丽乡村 14 个。

【“三农”工作】2016 年，加大新品种、新技术的引进和试验示范工作，引进试验示范新品种 20 个，其中高原夏菜 8 个、白兰瓜 6 个、西瓜 4 个、红砂洋芋 2 个；示范推广“双杆四膜”、林下香菇栽培、苹果矮化密植、茄子嫁接换根、穴盘育苗等先进实用技术 8 项。培育省级示范社 5 家，市级 2 家，规范县级合作社 20 家，目前全县各类专业合作社 353 家。建成高原夏菜、兰州白兰瓜、旱砂西瓜、红砂洋芋、优质林果五个万亩标准化生产基地 16.08 万亩，建立核心示范区 4 个，培育主导产业村 40 个。新增高原夏菜标准化生产基地 500 亩，兰州白兰瓜标准化生产基地 500 亩，旱砂西瓜标准化生产基地 500 亩，红砂洋芋标准化生产基地 500 亩，优质林果标准化生产基地 2000 亩。经济作物播种面积 20.14 万亩，增长 2.29%；蔬菜产量 29.09 万吨，增长 9.11%；油料产量 3970 吨，增长 0.03%；瓜类产量 13.46 万吨，增长 5.39%；水果产量 3.26 万吨，增长 5.84%。粮经比例由上年的 38.3:61.7 调整为 38.0：62.0，经济作物提高 0.3 个百分点。新建扩建皋兰青大、运昌、金山、神农源、韵达、方常、盛斐、恒山、天逸园、黄兴、亿升、吉祥等标准化规模养殖场 12 家，累计达到 66 家，新增规模养殖户 50 户，累计达到 1183 户。

【项目建设】2016 年，全县共实施重点项目 75 项，总投资 223 亿元，年度投资 51 亿元，开工建设 70 项，开工率达到 93%，建成和完成一期 36 项。实施市列重点项目 5 项，年度投资 32.7 亿元，开工建设 5 项，开工率 100%，建成省警察学院，完成投资 38.42 亿元，占年度计划的 117%。建成李麻沙沟、省门第一道绿化、中型灌区改造、农村安全饮水工程，完成九合、黑石高标准农田建设、亿生养殖场等项目。建成兰州盈德气体、肖家窑循环产业园等项目，长龙、多祥、宏原钢结构等项目建成试生产，污泥处置项目、刘香记冷冻食品生产线、道地中药饮片等项目完成主体建设。北龙口商贸物流城建成板材、酒店用品等多个市场并投入运营，康顺物流园建成酒店、大型仓库，400 家商铺已部分入驻，兰州铁邦物流仓储配送中心、九合新联友冷库已具备运营条件。保利领秀山、亿家品尚、尚锦城、鼎达天润等房地产项目已部分交付业主入住，后期建设稳步推进。完成甘肃省警察学院、县司法局业务用房、盐什公路安置区、改善人居环境、小康村建设等项目，县医院外科楼、三川口小学教学楼、水阜二中教学楼完成主体建设，什川颐养中心完成公寓装修。建成忠和至六合公路、水阜至什川连接线、黑石至巴家坡公路建设等项目，盐什公路、G341 公路、国道 109 改扩建、朱中铁路等项目有力推进，逐步完善县域交通网络体系，极大的改善城乡居民出行条件。

【优势产业】2016 年，按照“标准、绿色、安全、高效”的要求，继续推进五个万亩标准化生产基地和七个千亩设施农业示范园区建设，不断提高农业标准化生产水平。建成高原夏菜、兰州白兰瓜、旱砂西瓜、红砂洋芋、优质林果五个万亩标准化生产基地 16.08 万亩。建成钢架大棚 1230 亩，其中日光温室 40 座，高架大棚 1190 亩。打造绿色大棚韭黄产业示范基地，全县大棚韭黄基地面积累计达到 2000 亩。大力发展软儿梨、西甜瓜、禾尚头、红砂洋芋等农业品牌，打造“有品牌有规模、有市场有优势”的特色农产品。工业结构调整不断加快，初步形成以冶金铸造、装备制造、节能环保、生物医药等新兴产业体系。北龙口国际商贸物流城、久和汽配城、康顺物流园、铁邦物流等大型现代商贸物流项目陆续建成并投入营运。基本形成以什川为中心，以石洞寺、“万亩桃园”“天斧沙宫”为辐射的生态文化旅游园区，文化旅游业蓬勃发展。

【环境保护】2016 年，全面落实结构减排、工程减排、管理减排三大措施，实施污染治理工程。完成主要污染物减排计划。皋兰县生活污水处理厂正常运行率和上传率均达到 100%。规范排污许可证管理工作，对 35 家企业发放排污许可证。完成黄标车和老旧车淘汰任务和工业企业整治回头看工作。开展燃煤锅炉提标治理改造工作，完成 10 家 22 台 167 蒸吨提标治理改造任务，超出计划任务 45 蒸吨。开展砖瓦企业环保设施提标治理工作，全县 22 家砖瓦企业中，8 家企业已完成提标治理工作。严把项目“准入关”，杜绝污染严重项目落地新建。

【社会保障】2016 年，突出做实民生，压缩“三公经费”和一般性支出，千方百计保障民生投入，全年财政民生支出 7.18 亿元。推进财政惠农“阳光补贴”工程，及时足额发放农业支持保护、退耕还林、良种、牧草、农业保险保费等强农惠农补贴 2309 万元。加大扶贫力度，共投入扶贫资金 6252 万元，危房改造救助 134.55 万元。按规定免除学生各种费用 388 万元。加强就业和社会保障，按政策足额发放城乡低保金 3279 万元、五保金 203 万元、优抚及社会救助 233 万元，筹措 1.1 亿元解决失地农民养老保险。提高村社干部工资标准。投资 2102 万元完成全县农业综合开发项目 4 个。投资 3724 万元完成“一事一议”村级公益事业项目 56 个，覆盖 55 个行政村，受益人口 9.76 万人。

【社会事业】继续深化科技融合，科技服务能力不断提高。2016 年全县科技专项支出 365 万元。申报省市项目 13 项，其中农业项目 8 项，工业项目 5 项，争取扶持资金 820 万元。教育资源扩容增量，办学条件大幅改善。2016 年顺利通过省级、国家级县域义务教育均衡发展评估认定。全县教育支出 34507 万元，改善 38 所学校基本办学条件，全面落实两免一补、营养餐补助、高中助学金等农村家庭困难学生补助。学前教育三年入园率 90.36%，九年义务教育巩固率 99.63%，高中阶段毛入学率 97.29%。高考二本上线人数 478 人，上线率 30.39%，提高 6.14 个百分点。选派 113 名农村中小学教师参加兰州市教师“千进八百互动”顶岗支教培训，遴选 9 名中小学、幼儿园新教师到甘肃省“金色教苑”乡村教师影子研训基地跟班跟师学习。加强医护队伍建设，医疗服务水平不断提高。全县医疗机构共设病床 519 张，配备医务人员 390 人，其中卫生技术人员 362 人。继续执行分级诊疗，各医疗机构分级诊疗结算实际补偿比为 70.78%，县内就诊率较上年提高 2.13 个百分点。文化、体育、广电事业稳步发展。全县文化产业单位 105 家，实现文化产业增加值 1.3 亿元，占生产总值的比重为 2.78%，比上年提高 0.5 个百分点。新增成立 2 所市级非遗传习所。拥有国家级非遗项目 2 项，省级 3 项，市级 5 项。新建 5 个行政村综合文化活动示范点。新建 11 个农民健身场地，兰州龙山国际滑雪场正常运营填补空白。荣获全市中小学生运动会县区组第三名，夺得全省青少年自行车锦标赛 5 金 3 银 1 铜，取得了金牌数第一、团体总分第一的优异成绩。开设《平安皋兰》、《我们在一线》、《曝光台》等栏目，广播电视安全播出率 100%。有线电视数字用户累计达到 5100 户，户户通用户累计达到 21600 户。广播人口综合覆盖率达 100.0%，电视人口覆盖率达 100.0%。

榆中县

【基本情况】榆中县地处兰州市东郊，西靠兰州市城关区，东邻定西市安定区，西南与临洮县交界，北隔黄河与白银市相望，县城距兰州市区 30 公里。全县海拔在 1480～3670 米之间，全年降水量 309.9 毫米，年平均气温 8.1℃，无霜期 141 天左右。境内有兴隆山、马啣山、官滩沟、青城古建民居等旅游风景名胜区。境内 312 国道、109 国道及宝兰铁路、兰渝铁路通过，道路交通比较发达。全县总面积 3301.62 平方公里，现有耕地 102.55 万亩，其中有效灌溉面积 29.51 万亩。现辖 11 镇 12 乡、4 个社区、268 个行政村，2016 年常住人口 44.33 万人，户籍人口 45.12 万人，其中非农业人口 9.58 万人，农业人口 35.54 万人。

【国民经济】2016 年，全县生产总值 91.4 亿元，比上年增长 9.6%。其中，第一产业增加值 16.5 亿元，增长 6.8%；第二产业增加值 22 亿元，增长 5.1%；第三产业增加值 52.8 亿元，增长 13.1%。三次产业比重由上年的 17∶31∶52 调整为 18∶24∶58。实现工业增加值 12.61 亿元，增长 4%。人均生产总值 20246 元。固定资产投资总额 136.5 亿元，增长 16.3%。一般预算收入 5.9 亿元，增长 21.4%。城镇居民人均可支配收入 15323 元，增长 9.3%；农村居民人均可支配收入 8763 元，增长 8.2%。

【供给侧结构性改革】2016 年，全县钢材产量比上年下降 87.04%，粗钢全线停产，去产能效果明显。规模以上工业企业每百元主营业务收入中的成本为 87.59 元，比上年减少 18.65 元。去杠杆方面，全年规模以上工业企业资产负债率为 52.53%。商品房销售面积增长 36.16%，比房屋施工面积增速高 7.9 个百分点，去库存效果显著。补短板方面，全县基础设施投资 39.16 亿元，增长 5.61%。

【脱贫攻坚】2016 年，实现 159 个贫困村整村脱贫，贫困人口由 2011 年的 12.93 万人减少到 0.39 万人，贫困发生率从 33.82%下降到 0.99%。由输血式扶贫向造血式扶贫转变，由重点扶持脱贫村向改善生活水平整体奔小康转变，切实增强群众的幸福感。以“两不愁、三保障”为目标，全力打造智力扶贫、电商扶贫、光伏扶贫、旅游扶贫、生态扶贫等五大品牌。对照农村小康主要监测指标实现程度，分三年每村投资 100 万元，力争每年建成 50 个左右的小康达标村。全面打响村容村貌改造战，争取国开行贷款 5.55 亿元，着力解决 114 个贫困村村貌差、硬件差的问题。全力开展美丽乡村提升战，强力推进“555”建设计划，力争五年内建成 35 个美丽乡村、100 个环境整洁村。

【“三农”工作】2016 年，全面启动实施亚行贷款榆中特色农业及金融服务体系建设项目。成功创建为全省光网示范县，城关镇李家庄村建成全省首家“智慧乡村”，开启了全县“智慧化”农业新时代。三角城康源、詹家营、青城魏家大坪等一大批农业示范园快速发展，进一步加快榆中特色农业产业化发展道路。同时也创造了都市观光农业新亮点。“52369”产业发展计划全面落实。2016 年全县粮食作物播种总面积 71 万亩，粮食总产量达到 17.04 万吨。全县蔬菜种植总面积 39.1 万亩，总产量达到 96 万吨，比上年增长 10%。中药材总产量达到 2.7 万吨，增长 22.7%。新增中药材种植 3 万亩，总面积达到 20 万亩。新增百合 0.5 万亩，总面积达到 3.53 万亩。全县各类畜禽规模养殖场户达 600 多家，其中存栏 100 只以上的肉羊养殖户 220

家，存栏100头以上的生猪养殖户213家，存栏1000只以上的家禽128家，全县畜禽规模化养殖程度逐步提高，占全县畜禽饲养量的70%。全县新修高标准基本农田9.9万亩，新增流转土地2.5万亩。重点扶持带动力强、优势明显的龙头企业10家，新增农民专业合作社292家。完成飞播造林10万亩，退耕还林15万亩，是全省首例飞播造林县和退耕还林面积最大县。实施农村饮水安全工程，解决和平、银山、新营等3个乡镇13个贫困村建档立卡户1924户7984人的安全饮水问题。

【项目建设】2016年，共列重大建设项目共50项（新建33项，续建17项），总投资284.57亿元，年度计划投资71.68亿元，当年完成投资65.22亿元。成立了县建投、农投、文旅投3家投融资公司，与第三方股权机构共同设立了平潭兰银兴隆城市综合发展基金，首次募集资金23亿元，争取棚改注册资金4亿元和国开行棚改长期贷款23亿元，上报基础设施建设专项基金8亿元，为全县项目建设提供了强大的资金支持。投资3.8亿元的兴隆山大道一期建成通车，完成栖云北路北段改造，大成路中段贯通。全力实施交通改造提升工程，投资1亿元，改造路网及村社道路182.4公里，重点养护农村公路140公里。有序推进棚户区改造，招待所片区旧城改造项目主体建设已完成，西关新村教师楼片区、三角城片区、政府家属楼片区和西关新村一二区等棚改项目加快推进。不断拉开城市框架，投资42.5亿元，启动市民公园、大剧院、迎宾大酒店、盛世阡陌院、县客运中心等重点项目。着力提升城市形象，投资2亿元，实施兰州东出口、县城北出口改造工程。投资100万元，开展兴隆山水源地保护专项治理。

【优势产业】坚持“稳一产、保二产、强三产”，不断培育支柱产业。农业综合生产能力显著提高，以高原夏菜、中药材为主，百合、双垄沟播玉米、马铃薯、养殖为附的“两主四附”产业发展格局初步形成。成功创建全国高原夏菜产业知名品牌示范区，获得“国家级出口食品农产品质量安全示范县”荣誉称号。深入实施工业强县战略，大力推进循环经济和绿色经济，完成甘草水泥集团等重点企业节能减排任务，实现了节能降耗和污染减排目标。建成联合重工、京兰水泥等重大项目，金川新材料、庄园乳业等三家企业成功上市。获批创建全国产城融合示范区。依托和平工业园区等平台，积极发展高新技术产业，成功引进陇神戎发、金阳高科等一批企业，工业总量不断壮大。第三产业快速发展，商贸物流体系日趋完善。瑞鑫国际商贸城、和平家盛市场等一批重点商贸项目建成运营。投资180亿元的毅德商贸城项目已完成一期工程，建成后将成为西北最大的商贸物流基地。电子商务蓬勃发展，已成为兰州大众电商最活跃的区域。积极推进全域旅游示范县创建工作，大力发展全域旅游和乡村旅游，青城古镇被评为国家4A级旅游景区。

【人民生活】认真落实创业促就业政策，新增城镇就业2395人，困难人员就业214人，劳务输转10.26万人（次）。新增保障性住房6.5万平方米，建成经适房580套、廉租房和公租房782套，改造农村危旧房4400户。实施高沿坪易地扶贫搬迁和张家湾、窦家营两村整体搬迁项目，集中搬迁安置农户1489户。城镇职工基本养老、医疗、失业、生育、工伤保险覆盖面逐步扩大，被征地农民养老保险稳步推进，累计保障失地农民1.66万人。城乡低保、救灾救济和五保供养工作全面加强，累计发放城乡低保金4.33亿元、救灾救济款2652万元。建成甘草店镇中心敬老院和125个互助老人幸福院，全县特困供养人员集中供养率达到17%。

【环境保护】2016年，全县以大气污染防治和兴隆山水源保护为重点的各项环境保护工作进展顺利，确保了经济社会与环境保护的协调发展。实施砖瓦企业环保设施升级改造，并落实燃煤锅炉提标改造工程。开展专项整治行动，出动执法人员120人（次）排查餐饮企业13家，下达限期整改通知书3家，累计拆除违法建筑530多平方米，清理广告牌1000多平方米，解决了兴隆山水源保护区“脏、乱、差”和私搭乱建的问题，确保了水源安全，实现旅游业和水源保护的协调发展。辐射安全许可证发放率达到100%。核技术应用单位、输变电与广电通信类设施监督检查率、整改达标率均达到100%。对县城、和平等重点区域交通运输噪声、社会生活噪声、建筑施工噪声及工业生产噪声实施了集中整治，共出动执法人员145人次，检查建筑工地18家（次）、娱乐场所30家（次），餐饮业25家（次），下达整改通知书36次，为城乡居民创造了良好的生产生活环境。大力推进环卫机械化作业，初步实现垃圾不落地收集，人居环境不断改善。全力抓好大气污染防治工作，对低空面源污染进行全方位、无缝隙管理，保持了良好的生态环境。

【社会事业】大力实施科技兴县战略，累计投入资金1804万元，落实科技项目144个，获国家专利253个。推进教育均衡发展，实施校安工程、百所寄宿制二期、全面“改薄”等项目，新建校舍32.4万平方米，排除D级危房15万平方米，改扩建幼儿园34所。逐步健全卫生计生服务体系，完成县中医院、疾控中心综合楼等一批重点工程，新建银山、清水驿等9个乡镇卫生院业务用房和98所标准化村卫生室。深入实施医药卫生体制综合改革，健全基本医疗保障制度，在全市率先推行“先住院后付费”服务模式及“一站式”保险救助模式。积极推行中医药特色医疗服务，成功创建为全省中医药示范县。文体事业快速发展，创建全省体育运动示范县，建成新视界兴隆影院和8个体育健身中心，行政村文化活动室、农家书屋实现全覆盖。深入推进文明创建活动，在全市率先成立“道德银行”，广泛开展“最美家庭”、“道德模范”等创建评选活动。深入开展双拥创建工作，荣获全省双拥模范县“八连冠”。

兰州新区

【基本情况】兰州新区位于兰州市区北部秦王川盆地，因唐朝秦王在此屯牧而得名。改革开放初期，中央政治局原常委、时任甘肃省委书记宋平高瞻远瞩，规划建设了亚洲最大的自流引水工程—“引大入秦”工程，并提出了在秦王川发展大工业、建设兰州卫星城的构想，为在秦王川盆地建设现代新城奠定了基础、创造了条件。2010 年 5 月，国务院办公厅《关于进一步支持甘肃经济社会发展的若干意见》（国办发〔2010〕29 号）明确提出“加快兰州新区建设”；2010 年 8 月，甘肃省委省政府开始筹建兰州新区；2012 年 8 月，国务院批复设立兰州新区，范围涉及兰州市永登县、皋兰县 6 个镇，总面积 1744 平方公里，目前已对中川镇、秦川镇、西岔镇实行托管，规划控制面积 821 平方公里，核心区规划建设面积 246 平方公里。2016 年末，新区总人口 25.93 万，其中流动暂住人口 4.59 万。

【国民经济】2016 年，兰州新区生产总值 151.66 亿元，比上年增长 25.1%。其中，第一产业增加值 3.62 亿元，下降 1%；第二产业增加值 113.86 亿元，增长 26.1%；第三产业增加值 34.8 亿元，增长 25%。三次产业结构由 2015 年的 3.05:75.44:21.51 调整为 2016 年的 2.39:76.07:22.54。实现工业增加值 49.3 亿元，增长 59.7%，其中，规模以上工业增加值 42.7 亿元，增长 70%。固定资产投资 491.26 亿元，增长 3.14%。社会消费品零售总额 29.41 亿元，增长 12%。完成一般公共预算收入 13.87 亿元，增长 51.2%。城镇居民人均可支配收入 25800 元，农村居民人均可支配收入 9200 元，城乡居民收入比为 2.8。

【精准扶贫】争取上级“三农”财政专项资金 10.49 亿元，新区本级财政民生支出累计达到 14.14 亿元，发放精准扶贫专项贷款 2456 户、1.24 亿元，实现 20 个贫困村整村脱贫，累计减贫 2.45 万人，贫困发生率由 8.67%下降到 0.91%以下。

【“三农”工作】2016 年，全区农作物播种面积 30.77 万亩，其中，蔬菜种植面积 6.44 万亩，粮食作物播种面积 14.71 万亩，中药材 2507 亩。全区粮食总产量 4.46 万吨，比上年下降 2.71%；蔬菜产量 9.42 万吨，增长 3.25%。全区猪、牛、羊、禽的饲养量达到 52.71 万头只，肉、蛋、奶产量完成 1.50 万吨。新发展农民专业合作社 37 家，合作社总数达到 383 家，农产品加工量达到 2.36 万吨，产值达到 4.71 亿元。规模养殖户达到 8 户，其中奶牛户 1 户，养羊户 3 户，养猪户 3 户，养鸡户 1 户。

【项目建设】2016 年，全区固定资产投资 491.26 亿元，25 个省、市列重大项目已开工 24 个，共完成投资 171 亿元。执行招商引资项目 211 项，引进到位资金 453.51 亿元，其中 22 届兰洽会签约项目 30 个，总投资 263.73 亿元，累计到位资金 69.41 亿元，资金到位率 26.32%，已开工项目 18 个，开工率 60%。在产业发展方面，紧紧围绕新区产业发展规划，要素支撑不断加强，核心区的道路、水电气热、污水及垃圾处理等基础设施建设基本完成，中川机场二期、城际铁路、中马铁路建成投运，形成了内部快速疏解、外部高速连接的城市路网框架。第一给水厂、第一污水处理厂、史喇口天然气站、1 号热源厂、生活垃圾处理场和中川 330KV 变电站、空港 110KV 变电站等 5 座变电站建成投运，为产业集聚发展和产城融合发展创造了良好的基础条件。

【优势产业】兰州新区突出特色产业、循环经济和节能环保，重点建设石化园区（规划面积约 60 平方公里）、装备园区（规划面积约 30 平方公里）、科教园区(规划面积约 60 平方公里)、行政文化园区（规划面积约 70 平方公里）、南部综合产业园区（规划面积约 27 平方公里）、机场北高新技术园区（规划面积约 60 平方公里）、“飞地经济”园区（规划面积约 84 平方公里）、兰州新区综合保税区（规划面积 2.86 平方公里）、空港经济园区（规划面积约 3 平方公里）等九大园区，着力打造石化及新材料、高端装备制造、水性科技、光电制造、电子信息、生物医药等 6 大产业链和大数据、现代物流、文化旅游、食品加工等 4 个专项产业链。

【环境保护】为更好地适应当前大气污染防治工作需要，进一步提高监测数据质量，强化国家、省、市环境空气质量考核，积极推进新区环境监测站、空气自动站、重点污染源监控中心建设，自 2016 年 7 月 1 日新区空气环境自动站投入运行以来的监测结果显示，7 月至 12 月新区空气优良天数为 148 天，达标率为 82%。加强排污口规范管理，监督新区第一污水处理厂达标运行，申请省级环保专项资金 300 万元用于支持中川机场污水处理站改建省级，推进乡镇生活污水收集处理及市政管网敷设工作，进一步加强饮用水安全保障工作，划定新区饮用水源保护区，饮用水源地水质达标率为 100%。

【就业与社会保障】组织开展就业技能等各类培训 5100 余人次，实现城镇新增就业 421 人，城镇登记失业率控制在 4%，新增城镇化就业 1.03 万人。相继举办了春风行动、校园招聘会、校企现场对接招聘会等活动 10 余场，参会企业累积 200 多家，提供岗位 3800 余个，达成就业协议 1200 多人，以兰白科技创新示范区为平台，大力推进“万企计划”创业贴息贷款，发放贷款 170 余万元，助推了双创工作，激发了创业活力。全年城镇职工社会保险新增参保单位 59 家、2762 人，征缴基金 9852.98 万元，累计达到 233 家、9323 人。被征地农民养老保险新增参保 2302 人，征缴基金 5772.21 万元，累计参保 2.1 万人，全年争取省级财政配套资金 1.3 亿元。新型农村合作医疗参合 12.72 万人，参合率达到 98.69%，征缴基金 1526.51 万元。充分发挥基本医疗保险与大病医疗保险协同互补作用，有效降低城乡居民医疗费用支出，新农合住院补偿 10597 人次、补偿 4093.72 万元，普通门诊补偿 28.63 万人次、补偿 572.97 万元，特殊门诊补偿 3990 人次、补偿 345.16 万元，大病保险补偿 705 人次、补偿 245.86

万元。

【社会事业】吸引省内外优质教育医疗资源向新区集聚，核心区建成幼儿园 14 所、小学 2 所、初中 1 所、高中 1 所，新增学前学位 3660 个、小学学位 2160 个、初中学位 1500 个、高中学位 3000 个，在建幼儿园 3 所、小学 2 所、初中 2 所、高中 2 所，将新增学前学位 870 个、小学学位 3240 个、初中学位 3300 个、高中学位 5400 个，基本满足群众教育需求。建成综合门诊部、二级医院各 1 所、总床位 120 张，在建二级医院、三级综合医院各 2 所、总床位 1300 张，医疗卫生体系正在逐步健全。加快商贸服务设施建设，彩虹城、兰石等 5 大商圈初步形成，建成三星级酒店 2 家、准三星级以上酒店 10 家，建成各类商业场所 19 个 302 万平米。开通公交线路 21 条，投放公交车 99 辆、出租车 230 辆，努力解决群众的出行需求。

嘉峪关市

【基本情况】嘉峪关市位于甘肃省西北部，河西走廊中部，东临河西重镇酒泉市，距省会兰州 776 公里；西连石油城玉门市，至新疆哈密 650 公里；南倚终年积雪的祁连山与肃南裕固族自治县接壤，与青海相距 300 余公里；北枕色如铸铜的黑山，与酒泉金塔县、酒泉卫星发射基地和内蒙额济纳旗相连接，中部为酒泉绿洲西缘。境内地势平坦，土地类型多样。城市的中西部多为戈壁，是市区和工业企业所在地；东南、东北为绿洲，是农业区，绿洲随地貌被戈壁分割为点、块、条、带状，占总土地面积的 1.9%。嘉峪关市因关得名，因企设市，是 1958 年依托国家“一五”计划重点项目“酒泉钢铁公司”的建设而新兴的工业城市。嘉峪关市 1965 年建市，1971 年经国务院批准为省辖市。嘉峪关是长城文化和丝路文化的交汇点，拥有世界历史文化遗产地---嘉峪关关城、世界一流的国际滑翔基地、亚洲距城市最近的七一冰川、国家重点文物保护单位魏晋墓群、“西部八达岭”之称的悬壁长城、万里长城第一墩、讨赖河大峡谷、长城博物馆、迎宾湖旅游园区、东湖生态旅游景区和酒钢水上乐园、方特欢乐世界等旅游资源，是中国优秀旅游城市。嘉峪关市还是中国铁人三项运动训练基地和专业赛场，是国际铁人三项赛和全国汽车场地越野赛重要举办地，有西北一流的体育场馆，是举办国际、国内重大体育赛事的理想城市。2016 年，全市常住人口为 24.59 万人，城镇人口 22.98 万人，城镇化率为 93.44%。

【国民经济】2016 年，全市生产总值 153.4 亿元，比上年增长 7.3%。其中，第一产业增加值 4.4 亿元，增长 5.6%；第二产业增加值 60.3 亿元，增长 3.1%；第三产业增加值 88.6 亿元，增长 13.4%。三次产业结构比值为 2.9 ∶ 39.3 ∶ 57.8，人均生产总值 62641.8 元。工业增加值 50.1 亿元，增长 2.7%。规模以上工业企业完成工业增加值 48.7 亿元，增长 2.6%。实现社会消费品零售总额 60 亿元，增长 9.2%。城镇居民人均可支配收入 33539.7 元，比上年增长 9.2%；城镇居民消费性支出 23819.2 元，增长 11.1%；城镇居民家庭食品消费支出占消费性支出的比重为 33%。农村居民人均可支配收入 16462.3 元，增长 7.1%；农村居民人均消费支出 12484.9 元，增长 5.1%；农村居民家庭食品消费支出占消费性支出的比重为 31%。

【扶贫开发】嘉峪关市是全省唯一一个没有集中连片贫困人口和扶贫攻坚任务的地区，但市委、市政府依然遵循“居安思危、富而思进、自加压力，建设更高水平小康社会”的总体要求，明确了以帮助相对贫困人口增加收入为目标，积极开展精准扶贫工作。一是通过大力发展设施农业日光温室、养殖暖棚产业，从 2012 年起，按耕地每标准座 1.5 万元、戈壁每标准座 2.5 万元的补助标准，扶持日光温室建设，同时强化产业扶贫举措，依托嘉峪关市洋葱、啤酒花、大葱、瓜果、畜禽等优势产业和产品已初步形成了一批支撑贫困农民增收的区域性主导产业。二是依托正大项目组建扶贫互助合作社，使贫困户抱团取暖，通过政府担保、银行贷款、企业经营的思路，通过融资建设正大现代种猪繁育项目，目前项目运行良好，每年能为贫困农户增收 3000 元。根据嘉峪关市特殊的地理位置，光照强度大、光照时间长，利用居民屋顶建设分布式光伏发电系统，实施分布式光伏扶贫项目，预计每年能为安装的农户增收 2000 元。三是全面开展驻村帮扶和第一书记派驻工作。为落实省委“1+17”精准扶贫方案，每个驻村帮扶工作队由 3-4 人组成，其中队长由该村扶贫行动牵头单位的 1 名正科级领导干部担任，队员由该村常务副书记（市委组织部选派到村任职干部）和大学生村官组成，全市轮换的第二批 17 个驻村帮扶工作队队长于 9 月份已全部到村开展驻村帮扶工作；在全市副处级后备干部中鳞选 17 名担任各行政村第一书记的干部，已全面进入工作状态，为加速推进城乡一体建设进程、率先全面建成小康社会提供坚强有力的组织保证。四是在“双业”贷款、妇小贷、扶贫小额贷款上政府给予一定时限的贴息，创新农业金融服务方式，制定了《关于加快推进城乡一体化率先实现全面小康小额信贷支持计划的实施方案》，依托嘉峪关市农业信用担保中心，进一步破解农村发展资金贷款难、贷款贵的问题。五是利用劳动力输转培训、新型职业农民培训等方式，开展电焊工、锅炉工、农机维修和家政服务等培训，提高农户技能，定向转移，增加收入。

【“三农”工作】发布了《关于落实发展新理念加快推进城乡一体化建设更高水平小康社会的实施意见的通知》（嘉发〔2016〕1 号）、《关于分解落实 2016 年全市“三农”目标任务的通知》（嘉办发〔2016〕2 号），明确了全年“三农”重点工作。为农家乐、农家旅馆颁发了乡村旅游标识牌 70 副，兑付 2015 年乡村旅游奖励资金 83.5 万元，进一步推进了嘉峪关市乡村旅游家庭旅馆建设。全市建成农家乐 50 余家，家庭旅馆 33 家。培训农民 5100 余人次，成立各类农民专业合作社 27 个，其中国家级示范社 5

个，省级示范社 8 个。积极开展了“富而思进、富而思源”活动，引导农户转变思想观念，增强自力更生能力。全市三镇均为省级文明单位，17 个行政村中，国家级文明村 2 个、省级文明村 6 个。制定了 2016 年度省级“千村美丽”示范村河口村、黄草营村改善农村人居环境具体实施方案，确定了河口村和黄草营村美化亮化、环境卫生整治、公共基础设施完善等 9 个项目，总投资 600 万元。加大美丽乡村建设宣传力度，在电视台进行专题报道。开展了创建“优美庭院”助力“美丽乡村”建设工作，引导群众从自家庭院的洁化、绿化、美化做起，从根本上改善农村人居环境。2016 年，嘉峪关市干部进村入户达 1.1 万余人次，开展义诊 950 余人次。完成帮办实事 720 余件，开展政策宣传 1500 余场次，反映社情民意 438 条，化解矛盾纠纷 250 件，解决急事难事 319 件，投入帮扶资金 2100 余万元。

【工业经济】2016 年，嘉峪关市坚持从供给侧入手，着力改造提升传统产业，积极培育新兴产业，工业经济止跌企稳，实现规模以上工业增加值 48.74 亿元，增速由年初的下降 9.7% 回升到年末的增长 2.6%。规模以上工业企业实现利润总额 35.7 亿元，增盈 124.8 亿元。酒钢集团扭亏为盈，实现盈利 20.3 亿元，并安全兑付 128 亿元到期债券，化解了金融风险。发展后劲稳步增强，围绕钢、铝两大千亿级产业链，全力推进延链、补链、强链项目建设，宏汇 150 万吨煤炭分质利用、嘉策铁路扩能改造、330KV 宏丰开关站改造、索通预焙阳极二期及余热综合利用等重点项目基本建成，天成彩铝 40 万吨绿色短流程铸轧铝深加工、粉矿悬浮磁化焙烧选矿改造工程等重点项目顺利推进。循环经济取得新进展，全年工业固废综合利用率达到 61.8%，单位生产总值能耗和万元工业增加值用水量均下降 6.7%，万元工业增加值能耗下降 7.47%，工业园区成功创建国家级低碳示范园区和循环化改造示范试点园区。

【项目建设】2016 年，嘉峪关市全年完成固定资产投资 160.4 亿元，比上年增长 11.28%。按行业划分，实施重大基础设施和道路交通项目 14 项，完成投资 6.5 亿元，其中，长城旅游公路、S305 嘉峪关至祁丰段、S595 嘉峪关至新城公路、断山口至树窝井战备公路、南市区道路、胜利路提升改造等工程基本建成，八昼夜滩生活垃圾处理场、双拥路口公铁立交、城市地下综合管网等工程顺利实施。实施工业、能源及环境综合治理项目 16 项，完成投资 31.1 亿元，其中，宏汇 150 万吨煤炭分质利用、嘉西光伏产业园 70 兆瓦光伏发电、嘉西光伏产业园 110 千伏配套送出工程、330 千伏黄草营变电站 110 千伏送出工程、索通余热综合利用等项目基本建成，天成彩铝公司绿色短流程铸轧铝深加工等项目顺利推进。实施教育、卫生及社会事业项目 14 项，完成投资 2.4 亿元，其中，市明珠学校初中部、市第四中学综合教学楼等项目基本建成，南市区医院、中医医院、甘肃钢铁职业技术学院实训基地等项目完成了年度计划建设任务。实施文化旅游及商贸流通项目 21 项，完成投资 21.2 亿元，其中，天空之盛购物广场、讨赖河北岸休闲商业街一期、开通宾馆、大宇酒店等项目建成开业，丝绸之路文化博览园、天诚美居家居文化产业园、雄关供销大厦改扩建、玉龙湾文化旅游商业综合体、南湖文化生态园、水立方文化旅游乐园等项目顺利实施。实施棚户区改造及房地产开发项目 12 项，完成投资 37.2 亿元，实施棚户区改造 4394 套，同时，阳光金水湾、中鹏嘉年华、南湖学府等重点房地产开发项目建设进度进一步加快。

【环境保护】全年完成人工造林面积 301 公顷，开展全民义务植树 68.3 万株，比上年增长 0.4%。全市从事环保工作人员 120 人，拥有各级环境监测站 1 个，监测人员 35 人，噪声功能区类别为 4 类，噪声功能区面积 172.05 平方公里，城市生活垃圾无害化处理率 100%。建成环境噪声达标区 101 个，建成环境噪声达标区面积 16.16 平方公里，一年内空气质量达标天数 315 天。

【社会保障】2016 年末，全市参加城镇职工基本养老保险 10.43 万人，增长 3.32%；参加城乡居民基本养老保险 1.9 万人，增长 3.27%；参加企业职工基本医疗保险 8.92 万人，增长 2.02%；参加失业保险 5.76 万人，增长 3.8%；参加工伤保险 7.36 万人，增长 1.13%；参加生育保险 7.5 万人，增长 1.75%；参加新型农村合作医疗农民人数 2 万人，参合率达 98.8%；新型合作医疗基金累计支出 988.32 万元。城镇居民得到政府最低生活保障 35535 人，比上年下降 14.6%；农村居民得到政府最低生活保障 5983 人，比上年下降 18.2%。

【社会事业】2016 年，全市中等职业教育招生 146 人，普通高中招生 2071 人，初中学校招生 2824 人，普通小学招生 2811 人，特殊教育在校 108 人，幼儿园在园幼儿 8737 人，学前 3 年毛入园率 97.8%。年末全市共有医疗卫生机构 118 个，其中，医院、卫生院 8 个，社区卫生服务中心（站）20 个，疾病预防控制中心（防疫站）1 个，卫生监督检验机构 1 个；医院、卫生院床位数 1711 张；卫生技术人员 2694 人，其中执业医师和执业助理医师 911 人。乡镇卫生院 3 个，乡镇卫生院床位 66 张，乡镇卫生院卫生技术人员 81 人。

金昌市

【基本情况】金昌市 1981 年建市，地处甘肃省河西走廊东段，祁连山北麓，阿拉善台地南缘。北、东与民勤县相连，东南与武威市相靠，南与肃南裕固族自治县相接，西南与青海省门源回族自治县搭界，西与张掖市民乐、山丹县接壤，西北与内蒙古自治区阿拉善右旗毗邻。全境东西长 144.78 公里，南北宽 134.6 公里，边界线总长 486 公里，总面积 8896 平方公里。2016 年末，金昌市常住人口 46.98 万人，其中城镇人口 32.46 万人，城镇化率 69.09%。辖永昌县、金川区，全市共有 12 个乡（镇），6 个街道办事处。金昌有色金属得天独厚，是我国最大的镍钴生产基地、铂族贵金属提炼中心和全国资源综合利用三大基地之一，被誉为“中国的镍都”。有色金属就地加工转化率达到 60%，镍网生产能力占全国的 40%，成为全国最大的镍网生产基地。金昌被确定为全国首批循环经济示范市和全国质量强市示范城市创建市，被命名为全国文明城市、国家园林城市、国家首批公共文化服务体系示范区、全国残疾人工作示范城市和省级创新型试点城市，连续两次荣获国家卫生城市、全国未成年人思想道德建设先进城市，第七次荣获“全国双拥模范城”称号，“紫金花城浪漫金昌”成为城市新名片。

【国民经济】2016 年，全市生产总值 207.8 亿元，比上年增长 6.4%。其中，第一产业增加值 20.7 亿元，增长 5.3%；第二产业增加值 104.1 亿元，增长 5.8%；第三产业增加值 83.0 亿元，增长 7.8%。三次产业结构进一步调整，结构比由上年的 8∶58.2∶33.8 调整为 10∶50.1∶39.9。固定资产投资 229.1 亿元，下降 7.8%；社会消费品零售总额 82.9 亿元，增长 9.1%；一般公共预算收入 20.8 亿元，增长 7.2%；进出口贸易总额 76.8 亿元，增长 13.4%；居民消费价格总指数 101.3%。

【“三农”工作】2016 年，全市实现农业总产值 37.43 亿元，比上年增长 2.86%。农作物播种面积 110.87 万亩，增长 3.06%。其中，粮食播种面积 79.23 万亩，增长 0.82%；蔬菜面积 15.79 万亩，增长 7.41%。粮食总产量为 39.32 万吨，增长 0.25%，实现“六连增”。全年新建标准化养殖小区（场）10 个，畜禽总饲养量 254.37 万头（只）。其中，羊饲养量为 130.24 万只，增长 1.66%；牛出栏 0.99 万头，增长 5.31%；羊出栏 43.61 万只，增长 7.06%；家禽出栏 49.84 万只，增长 4.42%。拥有农业机械总动力 104.6 万千瓦，增长 3.56%；农用拖拉机 4.94 万台；年机耕面积 98.63 万亩，机播面积 88.02 万亩，机收面积 75.37 万亩；农机化综合作业水平达到 80.82%。

【产业发展】工业经济下行压力持续加大。全年规模以上工业企业实现增加值 70.01 亿元，比上年增长 5.2%。8 月份以来，规模以上工业增速呈逐月小幅回落态势，增速由 7 月末的 6.8%回落到年末的 5.2%。主导工业产品价格持续低位运行。2016 年，镍、铜累计平均出厂价格分别为 6.46 万元/吨和 3.22 万元/吨，分别比上年下降 15.6%和 8.7%，镍、铜产品价格整体处于历史低位。在需求放缓、产能过剩、价格下跌等因素的共同作用下，工业企业效益大幅下滑，全市 90 户规模以上工业企业中，有近四成以上企业处于亏损状态。第三产业增速保持平稳增长，占生产总值的比重较上年提高 6.1 个百分点，对生产总值增长的贡献率接近 40%。文化旅游加快发展，全年全市文化产业增加值 3.1 亿元，增长 16.4%，占生产总值比重与上年相比提高了 0.3 个百分点；全年共接待游客 336.3 万人次，增长 20.6%；实现旅游综合收入 17.8 亿元，增长 23.06%。

【项目建设】全年共实施投资项目 588 项，比上年增加 105 项，其中，续建项目 175 项，新开工项目 413 项，本年投产项目 432 项。永昌至下四分一级公路改造、城市应急备用水源等项目开工建设，金川集团公司二选扩能降耗技术改造、金润达公司城市建筑垃圾处理循环再利用等项目顺利推进；金川神雾弃渣综合利用项目一期试生产、二期开工建设，甘肃有色金属新材料创新创业示范园项目建成，宇恒镍网四期、紫金云大数据产业园一期、鑫盛源超细金属及氧化物等项目顺利推进，氯碱化工产业链建成项目整合重组工作启动；建成金阿高速（金昌段）、金阿铁路、金武高速等一批交通基础设施；紫金苑、植物园、龙首湖、龙泉景观带二三期等项目顺利推进。

【脱贫攻坚】2016 年，全市认真贯彻落实中央和省委、省政府关于精准扶贫精准脱贫的一系列决策部署，坚持把脱贫攻坚作为全面小康的重中之重，聚焦“六个精准”，整合资源，综合施策，聚力攻坚，精准扶贫精准脱贫工作取得良好成效。全年全市存量贫困人口人均可支配收入达到 6316 元。贫困人口减少到 111 户 386 人，贫困发生率降到 0.2%。

【环境保护】2016 年全市环境空气质量稳中趋好，市区环境空气质量达标天数共 304 天，占总天数的 83%；城市污水处理厂集中处理率达到 95.17%；城市生活垃圾无害化处理率 100%；建成区绿地率 32.51%，较上年提高 0.4 个百分点；建成区绿化覆盖率 36.74%，提高 0.45 个百分点；城市人均公园绿地面积 22.86 平方米，增加 1.85 平方米。主要污染物中二氧化硫、二氧化氮、可吸入颗粒物、PM2.5 和臭氧 8 小时浓度均值分别下降 17.8%、10.5%、1.9%、13.5%和 5.9%。单位生产总值能耗下降 9.61%。

【社会保障】全年全市城镇新增就业人数 18510 人，共接收应届高校毕业生 2382 人；城镇登记失业人员 4979 人，城镇登记失业率 3.03%。城镇职工基本养老保险参保人数 66901 人、城乡居民社会养老保险参保人数 159056 人、城镇职工基本医疗保险参保人数 121101 人、城乡居民基本医疗保险参保人数 309551、失业保险参保人数 75510 人、工伤保险参保人数 73120 人、生育保险参保人数 40598 人。全年城市发放低保资金 8590.8 万元，农村发放低保金 5608.1 万元。城市低保标准由每月 527 元提高到 580 元，月人均补差由 343 元提高到 377 元；农村低保标准达到每年 2522 元，农村低保月人均补助水平由 147 元提高到 157 元。

【社会事业】科技创新能力不断增强。2016 年安排市拨科技三项费 260 万元，科技奖励基金 100 万元，安排科技计划项目 56 项。共组织申报国家（省）科技计划项目 48 项，组织推荐国家科技支撑计划项目 1 项、新产品计划 1 项、火炬计划 1 项，推荐申报省级项目 45 项。共申请专利 640 件，每万人口发明专利拥有量 4.76 件。教育事业蓬勃发展。截至 2016 年末，全市各级各类学校（园）110 所，在校学生（幼儿）69238 人，教职工 5810 人，基础教育校舍建筑总面积 61.59 万平方米，九年义务教育巩固率 99.88%，高中阶段毛入学率 99.75%，学前三年毛入园率 98.3%，“三类”残疾儿童少年入学率 100%。医疗卫生水平不断提高。2016年末，全市共有各级各类医疗卫生机构558个，卫生机构拥有床位数2649张，每千人拥有床位5.64张；卫生专业技术人员3594人，其中，执业（助理）医师1313人，每千人拥有执业（助理）医师2.79人；注册护士1442人，每千人拥有执业护士3.07人。城市社区卫生服务机构覆盖率达到100%。孕产妇、婴儿和5岁以下儿童死亡率分别为34.55/10万、5.53‰和6.22‰，孕产妇住院分娩率100%，国家免疫规划疫苗接种率平均达到98%，婚前医学检查率36.71%。文化事业繁荣发展。全年艺术团体表演200多场次。已建成乡镇综合文化站12个，村文化室138个。图书馆共借阅图书近64万余册，接待读者75万余人次。全市共有中短波发射台1座，调频、电视转播发射台12座；全市有线电视用户89538户，已转换数字电视用户89538户，数字电视转换率达到100%。广播和电视综合人口覆盖率分别达到98.62%和98.82%。

（蔺彧）

金川区

【基本情况】金川区系金昌市人民政府所在地，是全市政治、经济、文化和社会活动中心，是新兴的工业城市，又是我国最大的镍钴生产基地和铂族元素提炼中心。东邻民勤，西靠山丹，南接永昌，北连内蒙古阿拉善右旗。属于典型的温带大陆性气候，光照充足。2016年，区内常住人口23.37万人，总面积3019平方公里，辖2个镇和6个街道办事处，27个行政村，16个社区居委会。

【国民经济】2016年，金川区生产总值141.9亿元，较上年增长6.8%。其中，第一产业增加值5.5亿元，增长5.6%；第二产业增加值86.6亿元，增长6.3%；第三产业增加值49.8亿元，增长8.3%，人均生产总值60747元，增长6.4%。一般公共预算收入3.9亿元，下降12.8%；固定资产投资157.2亿元，下降11.2%，其中，区级完成投资18.24亿元，增长7.12%；社会消费品零售总额57.04亿元，增长9.3%。

【脱贫攻坚】严格落实省、市精准扶贫方案，始终坚持把扶贫开发与区域发展、“三农”工作紧密结合起来，深入推进精准扶贫工作。将全区706个建档立卡户全部纳入帮扶范围，精准识别贫困对象，科学区分贫困类别，逐村逐户完善建档立卡资料，研究制定了贫困户结对帮扶方案706份，签订干部联户责任书共1253份。全年共下拨专项扶贫互助资金621万元，促进了农户的增收致富。经严格统计考核，全区建档立卡贫困人口人均可支配收入8846.24元，按照贫困人口退出标准，金川区所有贫困户得分都达到了退出标准。

【“三农”工作】2016年，全区共农作物种植面积23.63万亩，其中，粮食作物11.47万亩，经济及其它作物12.16万亩。“两园”建设持续推进，引进农作物新品种52个，良种覆盖率达98%以上，推广露地蔬菜无纺布覆盖栽培面积0.35万亩，完成高标准农田和高效节水农田13.48万亩，新增土地流转面积2.57万亩；累计扶持发展规模养殖户2860户、家庭农场86家，肉、蛋、奶产量分别达到3099吨、458吨和13488吨；大力培育新型经营主体，各类专业合作社达到421家，培育市级示范社23个，申报省级示范社5个。动工改造农村危房70户，硬化村组道路17.7公里，农村生产生活条件得到进一步改善。

【项目建设】紧紧围绕国家产业政策和投资导向，认真落实重大项目领导包抓责任制和项目“四制”要求，全力推进项目建设和管理。全年共筛选确定建设项目152项，其中，新建项目121项，续建项目31项，重点项目开工率达到75%。农林水利方面，造林补贴、废旧农膜综合回收利用、中日绿化防沙治沙示范林、巩固退耕还林等项目已完工；2016年第一批高标准农田、经济林节水示范区、西坡生产区防洪工程等项目已开工建设。交通能源方面，宁远至东湾公路、山亥路至亥姆寺公路、金昌至芨芨泉线三级公路已开工建设；双湾镇环镇北路等项目正在开展前期工作。城建及基础设施方面，金和花园基础设施、新农村“一事一议”、紫金苑、双湾镇“十里花海”、“区三馆”绿化等项目已完工；建设西路老城区改造、嘉园国际旅游大厦、白家嘴棚改工程等项目已开工建设。社会事业方面，区旅游集散中心、维誉技能培训基地、区警示教育基地、双湾镇车窗景观带等项目已完工。同时，招商引资成效显著，共实施引资项目53项，到位资金20.1亿元，完成年度目标任务的91.33%。

【优势产业】金川区作为中国最大的镍钴生产和第三大铜生产基地，拥有世界第三大硫化铜镍矿床，主产品涉及镍系列、铜系列、钴系列、贵金属系列和化工产品系列产品等。形成了以矿业和金属为主业，采、选、冶、化、深加工联合配套，相关产业共同发展，工贸并举，产融结合的金川集团公司。全区实现工业增加值59.59亿元，比上年增长5.9%。努力破解中小企业融资难问题，为企业解决贷款5000余万元。争取国家专项建设基金3000万元用于中小企业承载园区建设；共审核入园企业30家，开工建设13家 生产企业5家。

文化旅游业快速发展。进一步提升紫金苑景区景观，完成各类乔木、花卉的种植工作，完成花文化博览馆基础装修。建成并运行区旅游集散中心，组织落实来金游客优惠补贴政策。充分利用域内宣传平台，制作《金川旅游宣传片》，印发《金川旅游指南》、《金昌旅游优惠政策》等宣传品。高质量举办了金昌市第二届“薰衣草之约”集体婚礼五场。重点做好文昌园、民俗园、文化美食一条街等乡村旅游景区（点）道路、观景平台、旅游厕所等公共服务建设，完成文昌园免费WiFi覆盖项目，不断健全乡村旅游配套服务功能，改造农家乐13户，实施乡村客栈示范建设，打造旅游景点和服务基地，吸引游客观光旅游。旅游接待人数160.05万人（次），增长25.51%；实现旅游收入9.32亿元，增长27.19%。

继续抓好电子商务发展良好势

头，建立电子商务服务中心，在两镇建立电子商务服务站，开展农村电子商务试点，培训农村电子商务人才200人次。源达果品、天乐食品等企业依托第三方平台销售本地农特产品900多万元。发展第三方电子商务平台12家，全区企业和个体工商户共开设网店320多家，从业人员达650余人，电子商务销售额达1500万元以上。

【人民生活】2016年，全区城镇居民人均可支配收入35724元，比上年增长7.6%，恩格尔系数26.7%；农民人均纯收入15337元，增长7.4%，恩格尔系数23.9%。居民储蓄存款142.82亿元，比年初增加2.89亿元；年末个人消费贷款余额49.2亿元，年增长8.5%。坚持以大众创业、万众创新为导向，以扩大和稳定就业为目标，全区城镇新增就业8035人，失业人员再就业5098人，接收高校毕业生410人，城镇登记失业人员3232人，登记失业率为2.9%。培训城乡劳动力2534人，输转1.83万人（次），实现劳务收入3.6亿元。

【社会保障】2016年末，区级单位参加城镇职工养老保险的人数3966人，参加城镇失业保险人数3668人，参加城镇职工基本医疗保险人数7643人。全区城乡居民基本医疗保险实际参保人数为61864人，参保率达到103.6%；城乡居民社会养老保险参保人数36212人，参保率达到96.7%。全年共发放医疗救助金407.44万元，救助691人，资助参保参合11075人，资助金额达166.13万元。城乡低保标准并轨运行，全额标准每月580元，平均补差为每月377元。全区城市低保对象月保障8330人，共计3742户，发放低保资金3911.21万元；农村低保对象月保障2689人，共计1355户，发放低保金1264.24万元。农村公立敬老院2个，在院人数53人。全年开工建设城市保障性住房总面积61128万平方米，其中公租房建设面积8245万平方米，棚户区建设面积52883万平方米。发放廉租住房补贴119.77万元。

【环境保护】大力实施城市绿化、美化、亮化、净化工程，着力打造生态优美、舒适宜居的城市环境。实施了龙泉花园北侧、金水新区东侧、恒昌国际西侧等小区路4.2公里道路绿化种植任务，完成了新华路、天津路等60.5公里路段花卉播种工作。不断加强环卫基础设施建设，完善旅游景区公厕建设，新建简易式垃圾中转站2座，环境卫生综合整治能力显著提高。切实加大市容景观综合改造力度，拆除户外广告146块，更换店招店牌92块。不断加大“门前四包”责任制督促落实力度，加强城市绿化、道路、规划管理，查处各类噪声扰民行为，整治马路市场、人行道车辆停放、建筑垃圾乱倒乱堆等不文明现象，城市形象大为改观。2016年全区环境空气质量稳中趋好，市区环境空气质量达标天数共304天，占总天数的83%；主要污染物中二氧化硫、二氧化氮、可吸入颗粒物、PM2.5和臭氧8小时浓度均值分别比上年下降了17.8%、10.5%、1.9%、13.5%和5.9%。城市污水处理厂集中处理率95.17%；城市生活垃圾无害化处理率100%；建成区绿地率32.51%；建成区绿化覆盖率36.74%；城市人均公园绿地面积22.86平方米；人均城市道路面积25.08平方米。

【社会事业】全面实施创新驱动战略，按照国家、省、市科技项目申报指南，建立科技项目库，共申报科技项目17项。不断巩固义务教育均衡发展成果，提升教育教学质量。严格落实划片、免试就近入学政策，不断促进教育公平。积极落实“两免一补一餐”等政策，落实农村学生营养改善计划资金283.22万元，落实寄宿生困难生活补助81.07万元，落实学前教育补助资金465.2万元。重点实施了双湾中学室外运动场及供热管网改造等项目。持续推进城乡居民基本医疗服务和公共卫生服务均等化进程，积极落实国家基本药物制度，实施区属公立性医疗机构、村卫生室药品零差率销售。有序实施全面两孩政策，组织两镇、各社区培训150人次，发放《生育保健服务证》1437本。

（武恩洪）

永昌县

【基本情况】永昌县地处河西走廊东部，祁连山北麓，阿拉善台地南缘，东邻民勤、武威，西迎山丹，南依肃南、青海门源县，北与金川区接壤。境内地形以山地高原为主，山地、平川、戈壁、绿洲相连，属大陆性季风气候，平均海拔1950米，年平均气温6.5℃，年平均降水量204.3毫米，全年无霜期137天，干燥多风，昼夜温差大，春季回暖慢。文物古迹较多，有新石器时代的鸳鸯池、二坝遗址；有西汉时期的骊靬遗址、汉明长城以及为数众多的汉墓群；有唐代圣容寺塔；有被誉为“河西中天一柱”的明代永昌钟鼓楼；有以北海子塔为主的古建筑群和骊靬城、骊靬公园。全县辖6个镇4个乡，16个社区，111个村民委员会。总面积7439平方公里，2016年末，常住人口23.61万人。

【国民经济】2016年，永昌县生产总值65.9亿元，比上年增长5.4%。其中，第一产业增加值15.2亿元，增长5.2%；第二产业增加值17.5亿元，增长3%；第三产业增加值33.2亿元，增长7.1%。人均生产总值27856元，增长5.6%；公共财政预算收入3.5亿元，增长8%；社会消费品零售总额25.9亿元，增长8.8%；城镇居民人均可支配收入和农民人均可支配收入分别为24678元和11438元，增长9%和7.1%。

【项目建设】全年全县签约招商引资项目156项，招商引资项目开工建设80项，落实到位资金28亿元；完成固定资产投资71.9亿元，增长0.6%。紧盯国家产业政策和投资导向，积极向上组织申报各类项目，全年申报项目86项。“多规合一”试点工作进展顺利，新型城镇化规划、综合交通体系规划、县域村庄布局规划以及部分乡镇总体规划和新建美丽乡村示范点、农村集中居住点建设规划编制完成；县城基础设施投融资体制改革试点有序推进，积极探索开展PPP模式项目，有5个项目进入国家和省上PPP项目库，县城集中供热工程、污水处理厂中水利用、武当山文化广场等项目已作为重点项目启动实施，客运中心、公共实训基地等项目有序推进；按照“景城一体”要求，加快骊靬文化产业园、北海子湿地风景区等景区基础设施建设；以改善城乡人居环境为突破口，着力实施了一批道路交通、供水、供热、供电、污水处理、绿化美化、“城中村”改造、防洪工程等城乡公共设施建设项目，县城供水工程全面建成投用，四大街街景改造工程和G570线县城过境段改造项目进展顺利，新建改造县城道路5.5公里，新建乡村道路65.26公里；保障性住房棚户区改造项目开工建设2289套；扎实推进“3453”村容村貌整治工程，焦家庄乡杏树庄村、红山窑乡毛卜喇村两个省级美丽乡村示范点和六坝乡九坝村市级示范点建设进展顺利；新建农村集中居住点8个，对13个形成规模的集中居住点进行了提质扩容改造，新建农宅320套，改造380套；农村危房改造项目开工建设200套，城乡面貌明显改善。

【“三农”工作】全年农作物播种面积95.49万亩，较上年增加1.4万亩。其中粮食作物播种面积67.34万亩，减少0.78万亩；油料播种面积8.29万亩，增加0.57万亩；药材播种面积1.52万亩，减少0.08万亩；蔬菜播种面积13.84万亩，增加0.76万亩；其他作物播种面积4.5万亩，增加0.91万亩。全县畜禽总饲养量210.57万头（只），与上年基本持平，其中，羊饲养量109.91万只，增长1.02%；猪出栏5.04万头，减少2.7%；牛出栏0.79万头，增长6.76%；羊出栏35.74万只，增长7.81%；家禽出栏42.57万只，增长4.59%。新、改建日光温室820座、塑料拱棚520座、养殖小区10个、养殖暖棚1065座，建成工厂化食用菌棚5000平方米。新增农民专业合作社98个，认定家庭农场47家，建设农产品配套冷链贮藏设施13个，成功创建国家农产品质量安全县。农业农村发展条件持续改善，高效节水灌溉示范、新增千亿斤粮食产能、西河老灌区续建配套与节水改造、高标准农田建设等项目顺利实施，新改建维修渠道367公里，新建蓄水池19座。农村综合改革全面推进，累积完成流转面积54.1万亩，较上年增加16.08万亩，占总播种面积的60.4%，其中有19个村、292个社实现整村整社流转。完成农村土地承包经营权确权登记工作，调查确认111个村909个社48267户承包地面积102.84万亩，共签订合同47504份，占全县农户数的98.4%。

【人民生活】2016年，全县城乡居民人均可支配收入16789元，比上年增长8.6%；人均生活消费性支出11627元，增长16%，恩格尔系数为27.1%；城镇居民人均可支配收入24678元，增长9%；人均生活消费性支出14554元，增长12%；恩格尔系数为26.8%；城镇居民人均住宅建筑面积46.6平方米。农村居民人均纯收入11438元，增长7.1%；农民人均生活消费性支出9642元，增长19.8%；恩格尔系数为27.3%；农村居民人均住房面积89.2平方米。

【环境保护】全年完成环境治理项目7项，投入资金4114万元。全县工业二氧化硫排放量1963.5吨，化学需氧量排放总量942.2吨，工业固体废物产生量68500吨，工业固体废物综合利用率达到77.9%；城区环境空气质量良好，达到国家《环境空气质量标准》（GB3095-1996）二级标准。城市污水处理率85%，城市生活垃圾无害化处理率96%，建成区绿化覆盖率32.4%。全年完成造林面积0.65万亩，其中人工造林面积0.65万亩，完成四旁植树88万株，新育苗木740亩，森林覆盖率达到27.26%。创建国家级生态乡镇1个，省级生态乡镇5个、生态村7个。节能减排力度进一步加大，万元生产总值能耗降幅达到8.18%，低于年度预期控制目标4.75个百分点；污染物排放总量减排2%。

【社会保障】2016年，全县城镇新增就业9525人，安排高校毕业生就业143人，城镇下岗失业人员再就业9250人，就业困难人员实现就业3571人，城镇年末登记失业人员1172人，城镇登记失业率3.26%。完成职业技能培训2577人，输转6.22万人（次），实现劳务收入12.2亿元。全县参加城镇企业职工基本养老保险11553人，参加失业保险8342人，参加工伤保险6724人，参加城乡居民基本养老保险122844人，参保率99.13%，待遇享受29941人。参加企业职工基本医疗保险22622人，参加城镇职工生育保险14215人，参加城乡居民基本医疗保险195947人，城乡居民基本医疗保险并轨实行统一政策，统一筹资标准，统一报销比例。城市低保标准由人均每月527元提高到580元，月人均补差由343元提高到377元，年末全县城市低保对象5166户10254人，共发放低保金4677.38万元；农村低保标准每年2850元，农村低保月人均补助水平由343元提高到377元，年末全县农村低保对象4971户9624人，共发放低保金4343.85万元。农村五保供养标准提高到6916元，发放双拥优抚资金1009万元、残疾人补贴293.64万元，建成互助老人幸福院76个、日间照料中心10个。

【社会事业】实施各类科技项目15项，科技对经济增长的贡献率达到53.2%，研究与实验发展（R&D）经费占生产总值的比重达到2.33%；义务教育发展基本均衡县成果得到进一步巩固提升，“全面改薄”工程进展顺利，教育基础设施更加完善；农村卫生基础设施建设力度不断加大，人口和计划生育政策全面落实，人口自然增长率预计控制到4.46‰；智慧永昌网络信息平台建设宽带乡村完成年度建设任务，食药安全监控工程已完成中小学和幼儿园监控，食品、药品安全监管体系不断完善；社会管理综合治理稳步推进，社会保持和谐稳定。全县数字电视入户率达到95%，乡镇、村（社区）文化服务场所实现全覆盖，“卍”字灯被列为国家级非遗保护项目。申报国家级非遗项目1个，省级7个，市级32个，县级48个；建成县级非遗综合传习所1个、乡镇非遗传习所3个、民俗博物馆1个、历史“再现”工程博物馆3个。已建成“农家书屋”125个；全年图书馆共借阅图书近6万余册，接待读者6.8万余人次。实施体育惠民工程14项，建成农民健身工程83个。共有文化及相关产业法人单位92家，全年实现文化产业增加值 0.63 亿元，增长 12.5%。共有国家 4A 级景区 1 个、3A 级景区 1 个、2A 级景区 1 个，“神秘骊靬”景区被列入全省 18 个大景区核心景区之一，全年接待游客 181.74 万人次，增长 20.2%；实现旅游综合收入 8.8 亿元，增长 22.7%。

（姚林　王维龙）

白银市

【基本情况】白银 1956 年设县级市，1958 年升格为地级市，1963 年撤销，1985 年 8 月 1 日经国务院批准恢复建市，是全国唯一以贵金属命名的城市。据志书记载，白银矿藏的开采，始于汉代，明朝洪武年间，官方曾在现市政府驻地设立办矿机构“白银厂”，有“日出斗金”之说，白银缘此而得名。白银市地处黄土高原和腾格里沙漠过渡地带，海拔 1275-3321 米，年降水量 110-352 毫米，年蒸发量 2101 毫米，黄河流经全市 258 公里，流域面积 14710 平方公里。现辖白银、平川两区，会宁、靖远、景泰三县，全市共有 16 个乡，53 个镇，9 个街道办事处。辖区土地面积 2.12 万平方公里，2016 年末，常住总人口为 171.64 万人，其中，城镇人口 82.23 万人，乡村人口 89.41 万人。

【资源优势】境内发现矿产 45 种，金属矿藏有铜、铅、锌、金、银等 30 多种。煤炭储量 16 亿吨，凹凸棒资源初步探明储量占世界总量的 70%。累计堆存各种剥离矿石、废料 4.2 亿吨，含有可回收金属元素 18 种，堆存粉煤灰炉渣及煤矸石 6000 多万吨，“城市矿山”极具开发价值。近年来，白银矿田深部找矿行动取得重大突破，新增铜铅锌金属量 50 余万吨、金资源量 10 余吨，被列为国家级地质找矿整装勘查区。白银电网在甘肃乃至西北电网中处于枢纽地位，是甘肃第二大电网。黄河沿岸土地宽阔平坦，被纳入国家低丘缓坡未利用地开发试点，可供开发建设用地 123 万公顷，重点建设的白银工业集中区适宜布局大型工业项目，是西部地区天然“工业港”。

【国民经济】2016 年，全市生产总值 442.2 亿元，比上年增长 7.4%。其中，第一产业增加值 62 亿元，增长 5.2%；第二产业增加值 178.1 亿元，增长 5.9%；第三产业增加值 202.1 亿元，增长 9.7%。三次产业结构比值为 14.01：40.28：45.71。固定资产投资 528.4 亿元，增长 11.4%。社会消费品零售总额 193.6 亿元，增长 9%。一般公共预算收入完成 28.7 亿元，增长 12.7%；一般公共预算支出 161 亿元，增长 23.1%。年末全市金融机构本外币各项存款余额 683.2 亿元，增长 8.1%；金融机构本外币各项贷款余额 582.4 亿元，增长 13.8%。

【农村经济】深入推进“365”现代农业发展行动计划，着力实施“12313”工程，瓜菜、林果、草畜等优势产业加快发展，“三品一标”认证面积达到 234.4 万亩，新增农业龙头企业 10 家、农民专业合作社 6510 个、家庭农场 524 家，农产品加工转化率达到 53%以上，规模化养殖比重达到 79.2%。实施农产品出省工程，向京津冀、长三角、西藏等区域销售农产品 159 万吨，实现销售收入 34 亿元，国家级农业科技园区建设稳步推进，现代农业生产经营体系已具雏形。建成省级现代农业示范区 3 个、示范园 5 个，白银国家农业科技园区获科技部批准建设。靖远县被确定为全国农村一二三产业融合发展试点示范县，平川区进入国家综合农业开发县区。实施土地整治项目 159 个，新增耕地 2940 公顷，建设高标准基本农田 71.4 万亩，耕地保有量和基本农田保护目标全面实现。以黄河为轴线，高扬程灌区为主体，旱作农业为特点的现代化绿色农业园区已基本形成。2016 年，全市农作物播种面积 463.7 万亩，比上年增加 1.3 万亩，粮食播种面积 363.6 万亩，粮食总产量达到 79.6 万吨。

【工业经济】加快产业产品转型升级，工业经济核心竞争力持续增强。东方钛业 10 万吨钛白粉、白银神龙年产 500 架无人机及轻型通用飞机生产基地、长盛再生资源利用、白银公司锌资源综合利用、45 万吨新工艺芳烃、昌元化工 10 万吨重铬酸钠及配套清洁设施、华鹭铝业出城入园等项目有序推进，白银公司通过中国证监会 IPO 审核，成功上市。白银市被确定为国家循环经济示范城市，全国 67 个资源枯竭城市转型绩效评估中，位列 7 个优秀城市第 3 名。着力培育战略性新兴产业，稀土新材料、中天化工、长通电缆、郝氏炭纤维、中科宇能等 5 户企业入选全省战略性新兴产业整体攻坚战骨干企业。全年实现工业增加值 125.2 亿元，比上年增长 5.5%。

【项目建设】全年实施各类项目 1166 个，完成投资 500.9 亿元，增长 12.7%。其中新开工 838 个。国道 247 线靖远至会宁段、国道 341 线白银至中川机场、国道 338 线景泰至年家井段、景泰至中川高速公路等项目加快推进，引洮一期会宁北部供水和兴电灌区齐家大岘隧洞改扩建工程建成通水，黄河白银段防洪治理、大型泵站更新改造、祖厉河会宁城区段综合治理二期等项目加紧建设，地下综合管廊试点项目完成投资 10.4 亿元，包兰铁路中卫至兰州客运专线开工在即，国际青少年儿童美术博览馆完成主体工程。

【招商引资和园区建设】全面对接丝绸之路经济带黄金段建设“13685”战略规划，坚持“引进来”和“走出去”相结合，积极利用兰洽会、津洽会、广交会、文博会等各类招商引资平台，加大招商引资力度，第二十二届“兰洽会”共签约项目 186 个，签约资金 669.2 亿元，全年实施招商引资项目 484 个，落实投资 456.5 亿元，比上年增长 9.3%。突出园区平台建设，“一区六园”总规划面积 340 平方公里，累计开发土地 91.7 平方公里，入园企业 465 家。完成基础设施投资 8.3 亿元，工业投资 73.3 亿元，园区发展格局初步形成，成为转型发展的重要载体，为承接产业梯度转移奠定了基础。

【商贸流通】立足全市地域特点，坚持特色化商贸体系建设思路，着力打造商贸流通综合体。邦农现代农贸物流中心主体完工，进入项目招商阶段；居然之家白银阳明广场，6 月份正式开业入驻商户百余家；白银外滩尚街商务中心一期竣工，商城已投入运营，二期工程正在规划之中；福门综合农贸市场主体完工，已进入内部装修阶段。积极推进电商发展。已建成5个县（区）级电商服务中心，全市共建成乡级电商服务站67个，建成村级电商服务点297个。加强与阿里巴巴、京东、苏宁云商等知名电商企业对接，阿里巴巴村淘项目在三县落地。推荐会宁、靖远、景泰三县先后纳入国家电子商务进农村综合示范县，争取6000万元国家项目资金扶持电子商务加快发展。以靖远枸杞、靖远羊羔肉、黑瓜籽、石门大枣等地标产品为主打品牌，筛选确定小杂粮、番茄酱、胡麻油、菊粉、杏脯等农特名优产品进行精深研发包装，将会宁剪纸、白银铜工艺品、景泰刺绣、麦秆画、康视达美瞳眼镜等产品进行网络推广，形成了适宜网销的地方特色名优商品。同时，加强质量监督监管，强化“三品一标”认证，切实提高网销产品的知名度和影响力。积极抓网络物流体系建设。全市快递物流覆盖村239个，覆盖率35.4%。进一步加大对外贸企业的扶持力度，组织企业参加上海国际进出口交易会，深化与丝绸之路沿线国家和地区在基础设施、产能对接、工业项目等方面的合作，积极引导白银公司等骨干企业参与国际产能合作，哈萨克斯坦30万吨铜冶炼、乌兹别克斯坦金矿、塔吉克斯坦铅锌矿等项目有序实施，与丝绸之路沿线30多个国家和地区建立贸易关系，鼎丰保税物流仓封关运营，对外开放、合作交流向更高层次、更高水平迈进。

【文化旅游】以黄河文化、丝路文化、工矿文化、红色文化和民俗文化五大文化为主线，加快文化体育旅游融合发展。以精准扶贫工程为依托，以农家乐休闲旅游开发为途径，将旅游要素渗透到现代农业示范园区和示范小城镇的规划建设中，大力发展乡村旅游。与兰州、西宁、银川、西安四座省会城市达成黄河沿岸旅游联盟，水川大峡—皋兰什川旅游航线开通运营；与中卫市签订旅游互惠合作协议，联合推广黄河石林—沙坡头湿地精品旅游线路，积极参与以黄河文化为核心的“兰州—白银—银川”黄河风情旅游线、以红色文化为核心的“兰州—白银—庆阳—延安”红色旅游线、以丝路文化为核心的“白银—河西五市”丝绸之路旅游线。成功举办了第二届甘肃•会宁乡村民俗文化旅游节、靖远枸杞采摘文化旅游节。全年接待旅游人数879.5万人次，比上年增长22%；实现旅游综合收入50.2亿元，增长23%。

【非公经济】积极引导和支持民间投资进入基础产业、基础设施、市政公共事业和商贸流通等领域，稳妥推进“五证合一”改革，降低非公经济市场准入门槛，凝练PPP项目106个，总投资814亿元，新增非公经济市场主体16261户，新增注册资本196亿元，分别增长19.4%、22.3%，非公经济占经济总量比重达到49%。全力搭建中小企业融资平台，拓宽融资渠道，建立小微企业互助贷款风险补偿担保基金，落实小微企业互助贷款“政府+银行+企业”和“政府+银行+保险+企业”的新模式，全年发放小微企业贷款11.2亿元。

【科技创新】全面推进兰白科技创新改革试验区建设进程，生物医药、碳纤维材料、精细化工、新能源产业装备制造、稀土新材料、陶瓷新材料等6个专业园区建设步伐加快；持续推进白银科技企业孵化器建设，入孵企业达到134家，拥有专利176件，开发项目350多项，孵化器“白银创新梦工厂”通过国家级众创空间认定，成为首批国家小微企业创新创业示范基地，被科技部评为2015年度优秀（A类）国家级科技孵化器，跨入全国“百强国家级孵化器”行列。不断深化与上海张江自主创新示范区、中科院、兰州大学的交流合作，成功举办兰州理工大学技术成果白银对接洽谈会。组建白银凹凸棒研究与应用工程技术研究中心，组建战略联盟6个；加大科技扶持力度，新培育高新技术企业14家，省市级科技型企业59家；深入实施知识产权战略，每万人发明专利拥有量达到1.6件，全年共取得科技创新成果52项，白银科技大市场启动运行，顺利通过全国知识产权试点城市验收，科技进步对经济增长的贡献率达到52%。全社会研究与实验发展经费内部支出4.22亿元，占生产总值的0.95%，比上年提高0.03个百分点。

【循环经济】推进循环经济示范城市建设，高新区循环化改造进展顺利，银西工业园和平川经济开发区两个省级园区循环化改造基本完成。建成循环经济项目209个，完成投资509亿元，淘汰电解铝产能23万吨，引导退出地方煤矿11处，淘汰产能87万吨。工业固体废物综合利用率达到75%。

【民生保障】全年城镇居民人均可支配收入25352元，比上年增长8%；城镇居民人均消费支出14599元，增长5.1%。农村居民人均可支配收入7623元，增长7.9%；农村居民人均生活消费支出5871.7元，增长6.8%。居民家庭恩格尔系数（即居民家庭食品消费支出占家庭消费总支出的比重），城镇为32.98%，比上年下降1.47个百分点；农村为38.27%，比上年下降2.34个百分点。深入实施全民创业行动，积极落实促进就业各项优惠政策，城镇新增就业54024人，城镇登记失业率为2.5%，组织输转城乡富余劳动力28.18万人，创劳务收入50.8亿元。持续完善社会保障体系。5项社会保险综合参保率达到95%，其中参加基本养老保险的人员84.31万人；共征缴基本养老保险费67545万元，征缴失业保险费6089万元，基本医疗保险费54669万元。城市低保补助标准提高10%，农村低保一、二类对象补助水平分别达到285元/人.月、249元/人.月；全年全市共有25568户、64606名城镇居民得到政府最低生活保障救济，发放保障金28779万元；63584户、219048名农村居民得到政府最低生活保障救济，发放保障金36821万元。加快发展养老服务业，17所城市社区老年人日间照料中心和88所农村互助老人幸福院全部建成。加快推进保障性安居工程建设，实施城市棚户区改造5333户，旧住宅区改扩建2000户，已全部开工建设，开工率100%，完成投资12.16亿元。

【社会事业】坚持教育优先发展

战略，协调推进各级各类教育协调均衡发展，全力加强义务教育薄弱学校改造和村级幼儿园建设，努力提高高等教育办学水平，全市学前教育入园率达到 90%，义务教育巩固率达到 99.45%，高考二本上线率达到 32.53%。加快医疗卫生事业发展，强力推进市一院、三院、平川中医院及乡镇卫生院建设等重点项目，全市标准化村卫生室实现全覆盖，新农合参合率达到 98.78%，健康白银建设步伐加快。以“五城联创、六城同建”为抓手，动员全市力量，纵深推进全国文明城市创建，进一步健全完善公共文化服务体系，建成“乡村舞台”247 个，乡镇综合文化站 23 个，城市社区综合性文化服务中心 36 个，“农家书屋”实现行政村全覆盖，国际青少年美术馆建成，进一步满足了人民群众的文化需求。

【环境治理】坚持绿色、低碳、循环发展，突出重点、聚焦热点、突破难点，着力推动生态环境持续改善。中央和省上督察组指出环保方面存在的 38 个问题，已办结 10 件，转办的 30 批 146 件环保信访投诉案件，已办结 137 件，按期办结率 100%。持续推进生态林业建设，着力构筑生态安全屏障，共完成各类营造林 36.09 万亩，森林覆盖率达到 14.34%。认真落实中央和省上下达的节能减排任务，强化建设项目总量指标管理，完成了 66 户重点用能企业碳排放核查工作；继续强化城市大气污染防治，从重点区域、重点行业和重点污染物抓起，以点带面，集中整治，全年城区空气优良天数达到 299 天，比上年增加 21 天。深入实施改善农村人居环境、推动美丽乡村建设行动，建成 11 个省级示范村、5 个市级示范村和 138 个环境整洁村。

白银区

【基本情况】白银区位于甘肃中部、白银市西部，黄河上游中段，地处陇西黄土高原西北边缘，地形总趋势西北高，东南低，平均海拔 1946.5 米。西与兰州市皋兰县接壤；南临黄河，与榆中县青城乡及靖远县平堡乡隔河相望；东与靖远县刘川乡毗邻；北与景泰县中泉乡为界。辖区东西长约 47 公里，南北宽约 60 公里，总面积 1372 平方公里。白银区属于中温带大陆性干旱、半荒漠气候区，总的气候特点是四季分明，光照充足，干旱多风，降雨稀少。年平均气温 8.07℃，日极端最高气温 37.3℃，最低气温 -26℃。年均降水量 198 毫米，年均蒸发量 1997.1 毫米。太阳年均辐射量 141 千卡/平方厘米。年平均大风日数 51.6 天。年均无霜期 183.8 天。现辖强湾、武川 2 个乡，四龙、水川、王岘 3 个镇和人民路、公园路、工农路、四龙路、纺织路 5 个街道办事处，有 45 个行政村，35 个社区居委会。白银区是汉族聚居、少数民族散杂居的地区，有汉、回、满、蒙、土家、苗等 22 个民族，2016 年末常住人口 29.1 万人，其中城市人口 23.7 万人，农村人口 5.4 万人。

【国民经济】2016 年，全区实现生产总值 187.9 亿元，比上年增长 7.8%。其中，第一产业增加值 5.6 亿元，增长 5.2%；第二产业增加值 83.2 亿元，增长 5.4%；第三产业增加值 99.2 亿元，增长 10.6%。三次产业结构比值为 2.96∶44.27∶52.77，与上年相比，第一产业和第三产业分别上升 0.03、6.83 个百分点，第二产业下降 6.86 个百分点。按常住人口计算，人均生产总值 68916 元，增长 7.7%。工业增加值 69.5 亿元，增长 5.1%；社会消费品零售总额 109.3 亿元，增长 9%；固定资产投资 179.6 亿元，增长 2.2%；一般公共预算收入 7.4 亿元，增长 9.8%。城镇居民人均可支配收入 30750 元，增长 8.4%；农村居民人均可支配收入 12171 元，增长 8.0%。

【“三农”工作】2016 年，全区农作物播种面积 11 万亩，其中粮播面积 7.5 万亩，粮食总产量 2.4 万吨。新改建日光温室 1700 亩，新增露地蔬菜 4000 亩，新增果品 2000 亩，推广测土配方施肥技术 16 万亩，创建粮食高产创建万亩示范片 1 个，完成农田节水灌溉示范 5.5 万亩，新建标准化养殖场（小区）5 个（白银晟元农业科技示范园、白银谢忠贵养鸡场、白银天博奶牛养殖有限公司、白银安太和养殖专业合作社、白银百宏养殖农民专业合作社）。猪、牛、羊、鸡饲养量分别达到 20.3 万头、0.7 万头、18.3 万只、110 万只，肉类总产量 1 万吨，蛋类总产量 0.17 万吨，鲜奶总产量 1.2 万吨，水产品产量 735 吨。全区发展设施蔬菜 2.6 万亩，红富士苹果 2 万亩，旱砂地红枣 1 万亩，梨园 2000 亩，日光温室反季节特色经济林果 1 万亩。建成各类养殖小区（场）25 个，配套建设机械化挤奶站 3 个；全区拥有省级农业龙头企业 5 家（金穗种业、鑫昊工贸、雨润肉类食品、三旺饲料、德福祥面业），市级 6 家（今日阳光、晋江福源、万成农工贸、正生生物、伟慈、华都）。

【优势产业】以白银有色集团有限责任公司为重点，以有色金属矿产资源和废旧有色金属拆解回收利用为核心，着重提高矿石回采率、原矿回收率、冶炼回收率、加工材成品率等利用水平，逐步形成铜、铝、铅、锌、锂、稀土及精细化工一体化产业链，有色金属粉体材料、高纯金属、高附加值压延加工产品、贵金属产品得到了有效发展，再生铜、再生铅等的高值利用得到了大幅提高。以中材甘肃水泥有限责任公司、一刀玻璃有限责任公司等企业为重点，加速淘汰小水泥、小玻璃、实心粘土砖等落后工艺和产品，通过推广应用新型干法窑外分解、窑尾余热发电及利用工业废弃物和生活垃圾等工艺技术，高强煤粉灰砖、高强承重砌块、建筑保温材料等利用工业固体废弃物生产新型墙体材料和新型“生态水泥”得到了有效推广。以中科宇能风电设备、荣信电力钢绞丝生产等企业为重点，通过几年发展，风电成套设备制造、交通运输设备制造、电气机械及器材制造等专用设备制造业已初具规模。以银光公司 TDI 为核心，整合区内化工资源，开发聚碳酸酯、碳纤维、锂材料、电池材料、氟材料高纯氢氟酸（PC）、MDI、PVC、DNT、民爆产品，扩大 HDI、PC、PVC 建设规模，通过延伸上下游产业链，促进上下游配套，建设醋酸、甲醇、涂料和化肥等生产线，精细化工产品的比重不断提高，形成了白银特色精细化工支柱产业。杰康诺酵母科技、食用级葡聚糖、有机肥、复混肥等新型产业兴起，促使转型发展。依托雨润肉制品、蒙牛乳业、鑫昊乳业、盼盼食品、德福祥面粉等知名企业，发挥区域农产品质量优良、特色明显的优势，形成了以蔬菜、瓜果为主的特色种植业，以养牛、养羊为主的畜禽养殖业，以特种畜产品生产、加工为主的产业体系。

【扶贫开发】2016 年，实施扶贫开发项目有：武川乡中山村、武川村、强湾乡麦地沟村、月亮湾村、川口村、水川镇五柳村、大川渡村和四龙镇永兴村等 8 个小水工程，覆盖农户 2133 户，其中贫困户 516 户，改善灌溉面积 4060 亩。武川乡新安中山饮水安全工程，解决两个贫困村 1152 户 5761 人饮水安全问题。水川镇桦皮川村、武川乡中山村磨石沟、武川乡武川村石窖沟村、王家沟村等 4 个村组道路硬化项目，覆盖贫困户 222 户 844 人，解决农户农产品运输难和行路难问题。产业化项目 4 个，对武川乡牛羊交易市场进行基础设施建设，解决贫困户 80 人就业；为白银众品养殖农民专业合作社引进约克长白种猪 25 头，带动周边 165 户群众发展养殖业；对安泰和合作社养殖场进行基础设施建设，带动周边贫困户发展养殖；贴息扶持 6 家龙头企业，辐射带动贫困户发展种养业。对 7 个贫困村和 18 个非贫困村扶贫互助协会进行增资，扩大协会资金规模，进一步解决贫困群众贷款难贷款贵问题。开展雨露计划，培训“两后生”815 人，对农村户籍“两后生”实行全覆盖，每人每学年补助 1500 元。

【环境保护】2016 年，城郊大环境绿化总面积 5000 亩，各乡镇完成绿色通道建设 30 公里，完成村屯绿化 40 个，完成 3000 户农户庭院绿化。森林覆盖率达到 14.18%。白银城区生活污水处理厂处理污水 1214.99 万立方米。无害化处理生活垃圾 6.06 万吨、医疗垃圾 398.007 吨。城区可吸入颗粒物(PM10)平均浓度为 95 微克/立方米（标准 70，目标数 98）；细颗粒物(PM2.5)平均浓度为 39 微克/立方米。城区空气质量二级以上优良天数达到 299 天，占全年天数的 81.9%。

【民生保障】2016 年，全区城镇新增就业人数 23390 人，其中城镇下岗失业人员再就业 3239 人。城镇登记失业率 1.6%。新增小额贷款担保基金 70 万元，发放小额担保贷款 409 笔、2735 万元。开展就业培训 3556 人，开展创业培训 925 人，岗位技能提升培训 618 人。完成劳务输转 1.94 万人，实现劳务收入 3.88 亿元。实施旧住宅综合整治项目 6 处、完成投资 5962 万元，改造楼栋 64 栋，总面积 51.62 万平方米，惠及居民 2396 户 6422 人。建成分配保障房 4120 套，其中银馨家园 2642 套、锦华苑 1478 套。住房租赁补贴保障家庭 1822 户，补贴资金 554 万元。全年区级统筹城镇职工养老保险参保 13731 人，征缴养老保险费 7099 万元；工伤保险参保 11034 人，征缴工伤保险费 361 万元；生育保险参保 11609 人，征缴生育保险费 272 万元；失业保险参保 6602 人，征缴失业保险费 392 万元；城镇职工医疗参保 19327 人，征缴保险基金 5149 万元。城镇居民医疗保险参保 74829 人，征缴 605 万元；城乡居民基本养老保险参保 53913 人，征缴保险费 1031.38 万元。农村新型合作医疗参保 65358 人、筹集新农合资金 3600.09 万元，参合率达到 98.35%。全年发放最低生活保障资金 1.4 亿元，惠及城镇居民 1.27 万户、3.12 万人；农村居民 3378 户、7635 人。发放五保对象保障资金 113.1 万元，惠及五保对象 229 人。实施城乡医疗救助 7035 人，发放救助资金 1141.92 万元。

【社会事业】年末辖区拥有各类学校 114 所，在校学生 52718 人，教职工人数 4849 人，校舍建筑面积 55.61 万平方米。学龄儿童入学率 88.3%；初中入学率 100%；高中阶段毛入学率 94.6%。区财政科技经费投入 1543.5 万元。争取国家、省、市科技项目 19 项，资金 846.5 万元。传统特色产业领域转化实施科技成果 5 项，其中重大科技成果 4 项；战略新兴产业领域实施 16 项科技成果转化，其中重大科技成果 5 项。区列科技项目 9 项，经费 115 万元，辖区专利申请受理 721 件（含高新区），每万人发明专利量达到 7.1 件；社会研究与实验发展经费内部支出占地区生产总值的 1.59%，科技进步贡献率达到 58%。组织开展各类文体活动动 40 余场次，参与演出人员 5000 余人，观看人数 6 万余人次，农村电影放映共 550 场次。《今日白银区》栏目播发电视新闻 294 期 1176 条，通联外宣方面完成省台 21 条，市台 115 条。全区体育彩票销售 4083 万元。全区文化产业机构数 280 家，法人单位从业人员 3900 人。实现文化产业增加值 3 亿元，比上年增长 15.4%，占地区生产总值的 1.6%；接待游客 240 万人次，旅游综合收入达到 13.6 亿元，增速均为 30%，新增旅游就业人数 1058 人。其中，乡村旅游接待游客 74 万人，乡村旅游收入 1.2 亿元，分别增长 30%和 33%。年末辖区拥有卫生机构 201 个，其中，医院 9 个，基层医疗卫生机构 164 个，专业公共卫生机构 28 个。各类卫生机构拥有床位 2420 张，卫生技术人员 3502 人，其中，执业（助理）医师 1033 人。

平川区

【基本概况】平川区位于白银市中部偏北，腾格里沙漠边缘，南北与靖远县接壤，东北与宁夏回族自治区海原县毗邻，东南与会宁县相接，西北与景泰县相界。总面积 2126 平方公里，地质构造位于祁连山东端，秦祁褶皱强烈。自远古代前寒武系至新生代第四地层均有出露，以第四系覆盖面积最大。已探明的地层主要有寒武系、奥淘系、志流系、泥盆系、石炭系、二迭系、三迭系、侏罗系、白垩系、第三系和第四系。黄家洼山及屈吴山前有寒武系的加里东中期花冈闪长岩、奥淘系灰岩、大理石、侏罗系的烁岩出露。境内陶瓷原料矿产丰富，尤其以粘土、长石、石英石、紫砂为主的陶瓷原料资源更是非常丰富，各类陶土的测算储量已达到 40 亿吨以上，而且这些陶土资源种类齐全，质地优良，开采方便，在质量上能满足多种陶瓷制品生产的要求。平川区因煤设企，因企设区，属典型的资源型城市。2016 年，全区辖 2 乡（种田、复兴）5 镇（共和、水泉、王家山、宝积、黄峤）4 个街道办（长征、红会路、兴平路、电力路），30 个社区居委会，61 个村民委员会，309 个村民小组。居住着汉、回、满、蒙等 11 个民族。区政府驻地兴平路街道办育才社区。

【国民经济】2016 年，全区实现生产总值 71 亿元，比上年增长 7.2%。其中，第一产业增加值 2.7 亿元，增长 5.1%；第二产业增加值 49.3 亿元，增长 6.3%；第三产业增加值 19 亿元，增长 10.3%。第一产业增加值占生产总值的比重为 3.8%，比上年回落 0.1 个百分点；第二产业增加值占生产总值的比重为 69.4%，回落 3.3 个百分点；第三产业增加值占生产总值的比重为 26.8%，提高 3.4 个百分点。社会消费品零售总额 17.9 亿元，增长 9.4%。新增网店 92 家，网络交易额 0.36 亿元，其中农村交易额 581 万元。城镇居民人均可支配收入为 30264 元，增长 5.2%；农村居民人均可支配收入为 8184 元，增长 8.1%。一般公共财政预算收入 28741 万元，增长 8.1%；一般公共财政预算支出 141288 万元，增长 18.9%。全区金融机构各项贷款余额 81.3 亿元，增长 8.4%；各项存款余额 116 亿元，增长 9.6%，其中城乡居民储蓄存款余额 70.8 亿元，增长 11%。文化产业法人单位有 179 家，资产总计 7.03 亿元，从业人员数 2598 人，文化产业增加值 2.1 亿元，增长 14.3%，占生产总值的比重为 2.9%。

【农业经济】立足区情，发挥优势，积极培植玉米制种、番茄酱、菊芋、全膜双垄沟播等特色产业，走出了一条农民增收致富的路子。全区农作物播种面积 25.8 万亩，粮食作物播种面积 20 万亩，其中小麦 3.3 万亩，玉米 8.7 万亩，马铃薯 4.6 万亩。经济作物播种面积 5.7 万亩，其中油料播种面积 1.7 万亩，蔬菜 1.5 万亩，瓜类 1.3 万亩，中药材 0.7 万亩，菊芋 0.4 万亩，棉花 0.1 万亩。果园面积 0.9 万亩，全区完成造林绿化面积 2.1 万亩。粮食总产量 3.6 万吨，油料产量 0.2 万吨，蔬菜产量 5.2 万吨，瓜类产量 4.3 万吨，水果产量 0.5 万吨。全年植树造林合计 2.1 万亩，其中防护林 1.1 万亩，经济林 1.1 万亩。年末大牲畜存栏 1.2 万头，羊出栏 5.5 万头，羊存栏 7.3 万只；猪出栏 3.4 万头，猪存栏 3.4 万头；鸡出栏 22.4 万只，鸡存栏 25.5 万只。蛋产量 764.4 吨，牛奶产量 417.5 吨。全区农业机械总动力达到 27.5 万千瓦，农村用电量达到 9690 万度，水地有效灌溉面积 9.8 万亩，保灌面积 7.1 万亩。梯田年末累计达到 9.4 万亩，其中当年新修梯田 1.2 万亩。

【工业经济】依托资源优势，着力打造中心主城区、经济开发区、开发区南区、水泉工业集中区。2016 年，全区原煤产量 996 万吨(含会通 17 万吨)，比上年下降 9.9%，库存 71 万吨。发电量 96.6 亿度，增长 40%，其中靖远一电发电量 19.8 亿度，下降 25.9%；靖远二电发电量 54 亿度，增长 31.6%；靖煤煤电公司发电量 21.4 亿度。陶瓷企业墙地砖产量 858 万㎡，增长 13.5%；瓦 510 万片，增长 137%。全区工业增加值 34.1 亿元，增长 6%，工业增加值占全区生产总值的比重为 48%。规模以上工业增加值 33.2 亿元，增长 6%；中央、省属企业工业增加值 31.7 亿元，增长 5.9%；区属企业增加值 1.5 亿元，增长 7.9%。煤炭行业增加值 27.7 亿元，增长 7.1%；电力行业增加值 4 亿元，下降 30.8%；陶瓷行业增加值 0.4 亿元，增长 29.5%。煤、电、陶行业占全区工业经济比重达 94.3%。规模以下工业增加值 0.8 亿元，增长 10.3%。

【项目建设】全年完成固定资产投资 86.2 亿元，比上年增长 13.1%。5000 万元以下施工项目 171 个，续建项目 16 个，新建项目 155 个，完成投资 43.5 亿元，增长 23.2%。5000 万元及以上施工项目 36 个，续建项目 9 个，新建项目 27 个，完成投资 39.5 亿元，下降 1%。工业投资 35.3 亿元，增长 4.2%。民间投资 62.6 亿元。城市地下综合管廊工程、经济开发西区基础设施建设项目、白银熙瑞生物工程有限公司菊粉生产关键工艺与设备技术创新项目等一批重大项目加快建设。房地产业完成投资 3.2 亿元，增长 176.8%；房地产业销售额 1.4 亿元，增长 43.3%；销售面积 38362 平方米，增长 52%，比房屋施工面积增速高 37.1 个百分点。

【教育卫生】全区有中小学校及幼儿园 106 所，其中完全小学 32 所，小学教学点 20 所；初级中学 8 所，九年一贯制学校 8 所，高级中学 3 所，幼儿园 35 所(公办 17 所，民办 18 所)。全区中小学校学生数 28382 人，幼儿园人数 7881 人；教职工总数 3693 人，专任教师总数 3306 人。全区中小学占地面积 134.2 万平方米，中小学校校舍建筑面积 30.7 万平方米；中小学图书有 72.5 万册；中小学有计算机 4791 台，固定资产总值 6.99 亿元。年末全区共拥有各类医疗卫生机构 204 个，其中医院 9 家，乡镇卫生院 7 家，社区卫生服务中心（站）14 个，诊所（卫生所、医务室）98 个，村卫生室 61 个，疾病预防控制中心 1 个，妇幼保健站 1 家，卫生监督所 1 个；卫生床位数 1545 张；卫生技术人员 2179 人，其中执业医师 452 人，执业助理医师 129 人，护士 989 人。

【社会保障】全区新型农村合作医疗平均参合率 98.4%。全区应参加城乡居民养老保险人数 62103 人，实际参保 61757 人，参保率 99%。全年续保缴费人数 43366 人，续保率 91%。参保人员共缴纳养老保险费 727 万元，按时足额发放养老金 1566 万元。征缴 3988 人城镇企业职工基本养老保险费 5421 万元，为 2452 名退休人员发放养老金 6376 万元。全区有 228 家各类单位的 16372 名职工参加医疗保险，征缴医疗保险费 4843 万元。为 2936 名住院职工参保患者支付医疗保险费 2545 万元，其中统筹基金支出 1769 万元，个人帐户基金支出 777 万元，确保了参保患者的基本医疗需求；城镇居民基本医疗保险已实现参保 39398 人，全年共为 5770 人（次）参保患者支付城镇居民基本医疗保险费 2016 万元；有 197 家单位的 31951 人参加了失业保险，征缴失业保险费823万元；有131家单位的10205人参加了工伤保险，征缴工伤保险基金356万元，为符合规定的55名参保职工支付工伤保险金328万元；有119家单位的7408人参加了生育保险，征缴生育保险费160万元。城市低保达到3518户9268人，全年发放保障资金4444万元；农村低保达到4560户15459人，全年发放保障资金2916万元。城市低保由每人每月432元提高到475元，农村低保由每人每年2434元提高到2855元。

靖远县

【基本情况】靖远县位于黄河中上游，地处甘肃省中东部，白银市腹地，东临宁夏海原县，西接白银区，南邻会宁县，北与景泰县、宁夏中卫市毗邻。东西长120公里，南北宽135公里，总面积5614.06平方公里，其中耕地面积120.5万亩。属黄土高原丘陵沟壑区和干旱草原区，地势东高西低，由南向北倾斜，分为川区、山塬区和黄河谷地三类地形，平均海拔1398米。属温带半干旱气候，2016年，全年最高气温36.2℃，最低气温-21℃，平均气温10.7℃，年无霜期201天，年降雨量242.1毫米，年日照时间3018.1小时，四季分明，日照充足。黄河流经县境9个乡镇、154公里，流域面积100.49平方公里，拥有水能开发资源300万千瓦以上，风能、太阳能可开发面积150平方公里以上。煤炭、有色金属、石灰石、高岭土、坡缕石等矿产资源储量丰富，坡缕石储量达10亿吨，开发前景广阔。现辖13镇5乡，176个行政村，186个村居民小组，1139个村民小组，56个居民小组。全县有汉、回、满等9个民族，2016年末总户数14.62万户，总人口50.17万人。

【旅游资源】境内有各级文物保护单位129处，其中国家级文保单位1处（北城滩明长城）、省级文保单位6处（法泉寺石窟、寺儿湾石窟、钟鼓楼、黑城子古城堡、潘育龙将军墓、北城滩古城遗址），旅游资源极富特色。中国百大名寺法泉寺同陕西法门寺一脉相承，其石窟艺术与敦煌莫高窟极为相似，被评为国家3A级旅游景区和省级森林公园。154公里黄河风情线上，高山、峡谷等自然景观星罗棋布，黄河风情、名胜古迹、人文遗址、科技园区、森林公园、田园风光交相辉映，“农家乐”悄然兴起。以法泉寺、寺儿湾为主的石窟文化游，以乌金峡、河心岛为主的黄河风情游，以平堡特色观光、大坝高科技示范园为主的观光农业游，以虎豹口红西路军强渡黄河遗址为主的红色文化游，以哈思山、泰和山、屈吴山为主的森林生态游，以北城滩、黑城子为主的历史文化游等旅游线路极具开发价值，发展黄河文化旅游产业潜力巨大，前景广阔。钟鼓楼文化商业城、南华山生态文化产业园、鱼龙山红色旅游景区等文化旅游项目有序实施，腾飞国际越野赛车场和滑雪场建成运营正常，文化商业广场、龈萃园生态度假村、农家乐等运营良好，旅游服务设施日趋完善。全年接待游客83万人次，实现旅游收入4.6亿元。

【国民经济】2016年，全县实现生产总值70.2亿元，比上年增长7.1%。其中，第一产业增加值24.4亿元，增长5.2%；第二产业增加值17.9亿元，增长7.5%；第三产业增加值27.9亿元，增长8.5%。按平均常住人口计算，人均生产总值15376元。三次产业结构比例由上年35.0:24.8:40.2调整为34.8:25.5:39.7。社会消费品零售总额24.1亿元，增长9.3%。一般公共财政预算收入3.2亿元，增长6.3%；公共财政预算支出30.6亿元，增长14.5%。年末全县金融机构各项存款余额89.3亿元，增长11.2%；金融机构各项贷款余额78.4亿元，增长25.1%。

【农业】以建设省级现代农业示范区为契机，不断优化农业及农村经济结构，努力提升特色产业开发水平，全面深化农村改革，加快推进农业现代化步伐，全力推进蔬菜、畜禽、林果三大特色产业发展。2016年，全区粮食总产量18.9万吨，比上年下降1.8%。依托黄河资源优势和地域实际，通过多年的培育发展，蔬菜、畜禽、林果三大特色优势产业快速发展。全年蔬菜种植面积达到17.15万亩（不包括薯类和复种面积），较上年增加0.27万亩，其中日光温室蔬菜面积达到6.6万亩。蔬菜总产量为101.8万吨，增长6.9%。当年完成造林面积10.3万亩。瓜类种植面积13.8万亩，中药材种植面积10.5万亩。全年肉类总产量20444.9吨，禽蛋总产量8992.2吨，水产品产量815.5吨。

【工业】2016年，全县工业增加值5.3亿元，比上年增长7.5%。规模以上工业企业完成增加值2.5亿元，增长6.6%；规模以下工业企业完成增加值2.8亿元，增长9.0%。全县规模以上工业企业实现营业收入18.8元，下降7.5%，产销率为94.5%。能源消费总量32.9万吨标准煤，下降1.3%，其中，工业能源消费47.4万吨标准煤，下降7.5%，单位生产总值能耗为1.22吨标准煤/万元，下降7.8%。

【项目建设】2016年，全县共组织实施固定资产项目个数271个，其中本年新建项目143个，续建项目128个，完成固定资产投资101.01亿元，比上年增长12.49%。不断创新工作思路，改进招商方式，拓展招商领域，狠抓责任落实，着力改善和优化投资环境，招商引资工作取得较好成效。共实施招商项目115项，到位资金96.033亿元，增长12.37%。其中新开工项目43个，续建项目72个。

【交通通讯】靖远距兰州150公里、白银67公里，白宝铁路、G025（刘白高速）、G109线、S207线、S308线及正在规划建设的包兰铁路复线贯穿全境。京呼银兰光缆横贯全县，已建成交换程控化、传输数字化、有线和无线相结合的现代化信息通信网络，邮电通讯事业发展迅速，交通通讯十分便捷。全年交通运输邮政仓储业共完成增加值3.58亿元，比上年增长1.0%。客运周转量30112.7万人公里，客运量792.3万人。邮政业务总量1054.7万元(包括快递业务)，增长15%。年末，本地固定电话用户3.6万户，移动电话用户25.9万户，互联网用户3.3万户。

【城乡建设】全力加快新型城镇

建设，大力实施城市基础设施建设工程，城市环境明显改善，县城中心城区建成区面积达到12.3平方公里，城镇化率34.1%，园林绿化覆盖率18.8%，供水普及率100%，城区污水集中处理率90.4%，城市生活垃圾无害化处理率100%。

【民生保障】年末全县城镇非私营单位从业人员25292人，人均年劳动报酬47057元，增长4.05%。全年城镇居民人均可支配收入21664元，增长8.7%；农村居民人均可支配收入8085.47元，增长7.83%。城镇新增就业5930人，共有1154名下岗失业人员通过各种渠道实现了再就业，年末城镇登记失业率3.3%。城乡居民基本养老保险农业人口已参保232532人，参保率95.3%；共征缴城乡居民社会养老保险费2024万元。新型农村合作医疗参合人数41.79万人，参合率达到99.35%。全年全县共有3250户、7620人城镇居民得到政府最低生活保障救济，发放保障金3349万元；共有18522户、66302人农村居民得到政府最低生活保障救济，发放保障金1.1亿元。

【社会事业】全年共实施科技计划项目7项，其中省列项目2项，市列项目5项；获得专利授权140件，其中发明专利3件，实用新型专利131件，外观专利6件。现有各类学校241所，幼儿园112所；在校学生人数59319人，教师总数6654人。全县大中专院校录取人数5715人，普通高校招生考试二本上线总人数2265人。共有卫生计生机构223个(不包括个体诊所79个)，其中县级卫生行政机构1家，卫生监督机构、新型农村合作医疗管理机构各1家，县级综合医院、中医院、疾病预防控制和妇幼保健机构各1家，民营专科医院1家，社区卫生服务中心1个，计划生育服务站1个，乡镇卫生院19个（含分院1家），乡镇计划生育服务中心18个，村卫生室176个。医疗卫生机构实有床位1261张，其中县级900张、卫生院331张、社区卫生服务中心30张，每千人口床位数2.74张。全县卫生计生医疗机构共有在职职工1037人（不含临聘人员），其中共有卫生技术人员825人。

会宁县

【基本情况】会宁县位于甘肃中部，白银市南端，东与静宁、西吉、海原三县接壤，南同通渭县毗邻，西连定西、榆中两县，北靠靖远县、平川区。南北长约140公里，北部东西宽约90公里，南部宽约50公里，总面积6439平方公里，耕地面积226.06万亩。县境群山连绵，梁峁交错，沟壑纵横，可概括为“七川八塬九道梁”，属典型的黄土高原丘陵沟壑区。春寒雨少刮风多，夏多冰雹不炎热，秋凉阴雨多早霜，冬月干燥少落雪。平均海拔2025米，全县年降水量267.1毫米，年平均气温9.2℃，年无霜期154天。水资源短缺，地表水大部分苦咸，干旱是主要自然灾害，霜冻、冰雹、风灾、洪灾、病虫害也比较突出。现辖24个镇4个乡，304个村（居）委会。全县有汉、回、东乡、藏、满、哈萨克、蒙古族等7个民族，2016年末全县有总人口58.03万人，其中城镇人口15.15万人，占28.13%。

【名优特产】会宁有独具特色的绿色产业，海拔适中、光照充足、无污染，发展绿色产业具有得天独厚的优势。经过多年的发展，培育形成了马铃薯、草畜、小杂粮、籽瓜、杏等特色产业，“懿隆”荞麦米，“三利”荞麦挂面、良谷米、胡麻油，“万里缘”杏仁露，“祁连雪”马铃薯淀粉等产品获得国家绿色食品认证，会宁被中国特产之乡委员会命名为“中国小杂粮之乡”和“中国肉羊之乡”，绿色产业开发具有坚实的基础和广阔的市场前景。

【旅游景点】会宁历史文化丰富。汉唐时期，会宁是古丝绸之路中西商旅要道，现存大量的历史文化遗迹。牛门洞新石器遗址出土的彩陶、磨制石器等文物，是甘肃仰韶文化马家窑类型、半山类型和齐家文化共存的见证；境内有古城遗址和以汉墓群为代表的古人类墓葬20多处，其中最具代表性的是筑于金代的郭哈蟆城和宋代的西宁城，属省级文物保护单位。省级森林公园铁木山，集文化遗产、人文景观和自然景观为一体，现存多处石窟和庙宇古建筑，地貌独特，森林葱郁，有“旱塬秀峰”之称。位于铁木山下的马明心教堂，始建于清乾隆年间，为伊斯兰哲赫忍耶门宦创始人马明心的创道传教遗址，是全国各地穆斯林进行宗教活动的主要圣地之一，有“小麦加”之称。会宁有光荣的革命传统。1936年10月，中国工农红军三大主力在会宁胜利会师，是中国革命走向胜利的转折点。会宁被列为全国30条红色旅游精品线路、100个红色旅游经典景区和20个重点红色旅游城市之一，成为享誉全国的红色旅游圣地。先后建成以“万分之一时间走完万分之一长征路”为主题，再现二万五千里长征艰辛悲壮情景的红军长征胜利景园，建成了目前国内规模最大、唯一全面反映长征历史的红军长征胜利纪念馆，建成了邓小平亲笔题名的中国工农红军一、二、四方面军会师纪念塔。会师旧址是全国首批百个爱国主义教育示范基地之一，是国家4A级旅游景区。红军会师楼被评选为“大国印记：1949-2009中国60大地标”之一，2010年8月，在“第六届中国旅游城市（县）发展大会”上被评为“中国优秀红色文化旅游名县”、“中国优秀红色旅游目的地”称号，提升了会宁的影响力。《会师山歌》作为甘肃省唯一入选歌曲，在北京举办的世界音乐教育大会上演唱。

【四通情况】312国道和平定高速公路穿越县城，将会宁融入兰州1小时经济圈；平定高速公路、国道312线、309线横跨东西，国道247线、定会路贯通南北。境内公路总里程达到5128.99公里，其中国道212.6公里，省道117.5公里，县道502公里，乡道404.16公里，村道3888.3公里，专用公路4.43公里。实现了乡乡通公路，100%的乡镇通油路，100%的行政村通公路、通汽车。110千伏输变电线路拉通。乡、村、社通电率为100%、100%、100%。全县284个行政村中257个村实现了3G/4G网络全覆盖，136个行政村实现了有线宽带/WLAN全覆盖，乡镇通纤率和村级电话入村率均达到100%。宽带用户达到3.6万户，本地电话用户年末达3.98万户，移动电话用户达到37.95万户，电话普及率达到72.3部/百人。广播人口覆盖率99%，电视人口覆盖率99%。

【国民经济】全年实现生产总值61.4亿元，比上年增长7%。其中，第一产业增加值17.6亿元，增长5.3%；第二产业增加值15.2亿元，增长7.3%；第三产业增加值28.6亿元，增长8%。按平均常住人口计算，人均生产总值11418元，增长6.8%。粮食总产量38.1万吨，下降8.7%；一般公共财政预算收入2.6亿元，增长8.2%。消费品零售总额25.9亿元，增长9%；固定资产投资103.1亿元，增长24.6%。

【教育情况】会宁有西北教育名县盛誉。全县共有学校375所，其中普通中学48所，小学265所（其中教学点137个），幼儿园57所(其中民办幼儿园21所)，职业学校4所，特殊教育学校1所。在校学生83977人，比上年减少1969人，其中普通高中17339人，普通初中17405人，小学29151人，学前教育15349人，职业学校4673人，特殊教育学校60人。教职工总数7959人，其中专任教师7746人。适龄儿童入学率100%。

【医疗卫生】年末全县共有卫生机构37个（不含个体诊所），床位2060张，卫生技术人员2461人。年内门诊就诊127万人次，入院人数6.27万人，出院病人6.27万人。卡介苗接种率、麻苗接种率、糖丸接种率、百白破接种率均分别达到99.95%、100%、100%、100%；乙肝疫苗首针及时接种率98.85%、乙肝疫苗全程接种率为100%。5岁以下儿童死亡率为6.34‰，婴儿死亡率为3.44‰，孕产妇住院分娩比例达99.28%，孕产妇死亡率达18.12 / 10万。健康教育覆盖率以村为单位达到100%。

【民生保障】全年城镇居民人均可支配收入15683元，比上年增长9.5%；城镇居民消费性支出12777.2元，增长8.1%；城镇居民家庭食品消费支出占消费总支出的比重为35.5%。农村居民人均可支配收入6283.4元，增长7.7%；农村居民人均生活消费支出5604.92元，增长1.8%；农村居民家庭食品消费支出占消费总支出的比重为46.2%。城乡居民人均储蓄13533元，增长17.5%。

年末全县6259人城镇企业职工参加养老保险，征缴养老保险费5512.9万元，为2992名离退休人员发放养老金6702万元，增长9.6%；城乡居民285338人参加了养老保险，征缴养老保险费3049.09万元，为8.3万名60岁以上老人发放养老金8975万元。20737人城镇职工参加了基本医疗保险，征缴医疗保险费5276万元，支出医疗保险费3476万元；农村居民473477人参加新型农村合作医疗，参合率98.61%，筹集资金25911.2万元，为58424名参合农民因病住院报销17398.52万元，报销比例为61.39%；城镇居民22326人参加了医疗保险，征缴医疗保险费161万元，支出医疗保险费1076万元。参加失业保险人数为12225人，征缴失业保险费215.9万元，支出失业保险费42.3万元。参加工伤保险人数为15210人，征缴工伤保险费427万元，支出工伤保险费249万元。参加生育保险人数为15063人，征缴生育保险费115万元，支出生育保险费121万元。

城市低保对象9691人，保障标准由每人每月346元提高到381元，提高10.1%；月人均补助水平达到361元，提高10.1%。发放保障金4168.06万元，比上年增长5.9%。农村低保对象113535人，保障标准由年人均纯收入不低于2434元提高到2855元，提高17.3%；月人均补助水平达到132.6元，提高2.8%。发放保障金18149.08万元，增长0.5%。农村五保对象3155人，分散供养标准由年人均4114元提高到4525元，提高411元；集中供养标准由年人均4314元提高到5800元，提高1486元。发放五保供养金1466.42万元，增长6.9%。城乡困难群众医疗救助130542人次2395.66万元，其中住院救助6073例133.24万元，例均救助2195元。城乡困难群众临时生活救助4550户次802.19万元，户均救助1764元。

景泰县

【基本情况】景泰县位于甘肃省中部，东临黄河，西接武威，南邻白银、兰州，北依宁夏、内蒙古，地处黄土高原与腾格里沙漠过渡地带，为河西走廊东端门户。海拔1274～3321米。属温带大陆干旱气候，年均气温10.1℃，年降水量为261.3毫米。现辖8镇3乡，136个行政村，7个社区，2016年末总人口24.07万人。全县总面积5483平方公里，总耕地面积78.59万亩，其中水浇地43.49万亩，有天然草场522.8万亩。主要农产品有小麦、玉米、啤酒大麦、洋芋等；主要畜牧产品有羊肉、猪肉；特色产品有沙漠枸杞、大红枣、蜜瓜、蜂蜜、大接杏、早酥梨等。主要工业产品有水泥、石膏、石膏粉、石膏板、原煤、硅铁、电石、啤酒麦芽、面粉、配混合饲料等。

【资源优势】矿产资源丰富，石膏储量达3.85亿吨，居全国第二，石灰石8亿多吨，煤3.8亿吨，石英石2000多万吨，铜200多万吨，此外，金、银、锰、墨玉、陶土、蛇纹岩也有一定分布。灌溉条件优越，境内有“中华之最”景电高扬程大型提灌工程两处，总装机容量24.56万千瓦，提水量28.5立方米/秒，是黄河上游重要的灌溉农业区。全县光热资源丰富，年日照时数为2802.5小时，日照百分率64%，无霜期195天，是我国除青藏高原外光热资源最丰富的地区之一。旅游资源奇特壮观，有被誉为“中华自然奇观”的国家地质公园黄河石林、“沙漠绿色宝岛”寿鹿山省级森林公园、有开凿于北魏时期的五佛沿寺石窟、有建于明代万历年间的永泰龟城、明长城及享誉“中华之最”的景泰川电力提灌工程等诸多自然和人文景观。这些自然景观和历史遗迹越来越受到影视界青睐，成为国内外不可多得的影视基地。《最后一个冬日》、《西部热土》、《爸爸去哪儿》、《地理中国》等数十部影视剧曾分别在黄河石林、永泰龟城等处取景拍摄。国家唯一以敦煌体裁为内容的“大敦煌”影视城，被影视界看好，其大漠、敦煌、绿洲、黄河以其宏伟气势成为西部的一个精品影视基地。2016 年，累计接待游客 185.4 万人次，实现旅游综合收入 10.8 亿元。

【基础设施】包兰(包头—兰州)、甘武（甘塘－武威）两条铁路在境内有 11 个火车站。公路以县城为中心，省道 201 线贯穿全境，308 线西上武威至河西走廊，217 线南通白银市，县城距中川机场不足百公里，营双高速、景天公路等建成通车，公路总里程达 2133 公里。境内电力充足，有 220 千伏输电线路 1 条，110 千伏输电线路 14 条，35 千伏输电线路 8 条，330 变电所 2 座，年供电量 60 亿千瓦以上。大唐景泰电厂一期装机规模 2×66 千瓦，有大唐兴泉一、二期风电场、乾风风电场、沙塘子风电场和华电马昌山一、二期风电场、白银中凯寺滩风电场、中电投上沙沃红山一期风电场，装机容量近 400 兆瓦。中电国际白银景泰 15 兆瓦光伏电站、白银中凯永泰 50 兆瓦风电项目建成并网发电，江苏矩阵景泰光伏发电 10.5 兆瓦项目已完成配变电安装及部分基础设施开挖，甘肃天正新能源有限公司景泰光伏发电 7.5 兆瓦项目正在积极开展项目各项前期工作；建成个人分布式光伏电站 132 户共 1.2 兆瓦。中电投上沙沃红山二期风电场、大唐前台子风电场、喜集水风电场、华电米家山一期风电场等项目已核准，正在开展各项前期工作。兰成渝、涩宁兰、西气东输一、二线等 6 条油气管道穿越县境。开建泰和苑小区、三和嘉园小区等城市棚户区改造工程 5 个，改造城区道路 2.2 公里，完成路灯节能改造 1297 盏，新增城区绿化面积 3.8 万平方米，以大唐电厂为热源的城区集中供热工程开工建设，当年供热覆盖面积可达 150 万平方米。11 个美丽乡村、22 个环境整洁村加快建设。实施林果示范基地、骨架林带建设等重点工程，完成封育造林 6.2 万亩。

【国民经济】2016 年，全县完成生产总值 51.5 亿元，比上年增长 7%。其中，第一、二、三产业增加值分别为 11.7 亿元、12.5 亿元、27.3 亿元，分别增长 5.4%、5.1%、8.8%。粮食总产量 17 万吨，肉类总产量 1.9 万吨，全社会固定资产完成 55.5 亿元，增长 17%。一般公共预算财政收入 2.2 亿元，增长 8.6%。社会消费品零售总额 16.5 亿元，增长 9.3%；城镇居民人均可支配收入 22486.1 元，增长 8.6%；农村居民人均可支配收入 8974，增长 8%。万元生产总值能耗、化学需氧量和二氧化硫排放量严格控制在指标以内。

【项目建设】实施 500 万元以上重点项目 98 个，完成投资 43 亿元。旱作农业示范区建设、兴源铁合金矿热炉技术提升改造、建顺煤业改扩建等项目全面建成，黄崖坝现代有机农业综合开发、阳光国际城棚户区改造及住宅楼开发等 7 个市列重点项目顺利实施。筛选上报争取债券基金扶持项目 49 个，已落实债券基金 2.2 亿元。积极参加第 22 届兰洽会、西洽会等重大节会，共签约项目 29 个，签约资金 98.8 亿元，合同项目资金到位率和项目开工率分别达 41%和 100%。新增正路工业园石油化工配套产品产业区，园区控制性详细规划修编完成，综合服务中心及孵化器建成投用，288 万方调蓄水库工程进展顺利；大唐工业区总体规划和控制性详细规划通过评审，场地平整、道路建设等基础设施工程前期工作基本完成。实施华峰公司新型脱硫石膏制品生产线、黄河石林食品公司万吨红枣深加工等重点工业项目 24 个，完成投资 10.8 亿元，企业改造升级步伐加快。中电国际景泰一期 15 兆瓦光伏发电项目并网发电，甘肃陇业新能源年产 15000 台汽车项目开工建设，新能源产业发展取得明显成效。十里沟煤业单井产能压减至 13 万吨，煤炭过剩产能得到有效化解。建成县级电商服务中心、10 个乡级电商服务站和 49 个村级电商服务点，实现电商销售额 5500 万元。实施华尔润农超对接项目，新建乡镇便民市场 2 个，商贸流通体系逐步完善，消费市场日益活跃。

【特色农业】新建标准化规模养殖场 25 个，羊、猪、牛、鸡饲养量分别达 61.4 万只、13.1 万头、3392 头和 40.9 万羽，肉蛋奶总产量 2.4 万吨，发展水产养殖水域面积 398 亩。新增市级以上重点龙头企业 10 家、农民专业合作社示范社 20 家。致力放大农产品品牌效应，“黄河石林牌”枸杞、“景卉牌”蜂蜜、“甘草羊肉”等产品国内市场占有率和知名度不断提升，和尚头小麦在央视科技苑节目播出，条山梨、景泰枸杞等 4 个地理标志产品正在积极申报。扎实开展农村土地和农业设施产权确权登记颁证工作，累计完成土地流转面积 17.6 万亩，流转率达 27.3%。继菁茂公司之后，丝路林牧生态科技公司成为全市第二家新三板上市企业。

【精准扶贫】整合各类扶贫资金 7 亿元，集中破解瓶颈制约，衬砌农业灌溉渠道 410 公里，新建农村饮水安全工程 4 处，改造农村电网 62 公里，硬化农村道路 478 公里，实施易地扶贫搬迁集中安置点工程 7 处，新改建农村危房 1242 户，发展覆膜玉米、马铃薯等特色经济作物 49 万亩。加强就业技能培训，完成贫困户劳动力培训 2912 人，输转农村劳动力 5.35 万人次，创劳务收入 6.2 亿元。发放精准扶贫专项贷款 6791 户 3.4 亿元，互助资金借款 2857 万元，贫困群众发展缺资金问题得到有效解决。扎实开展扶贫领域“两查两保”和“预防职务犯罪”专项行动，各项惠农政策和扶贫资金落地落实。年内实现 1.2 万贫困人口、27 个贫困村整体脱贫，全县贫困面下降至 7.85%。

【社会事业】行政村幼儿园改扩建、育才小学教学楼等项目加快实施，高考应届生一、二本上线率分别提高 4.48 和 5.37 个百分点；研究出台了《关于进一步深化改革加快教育事业发展的意见》和《关于进一步深化改革加快高中教育发展的意见》，全县高中教育资源整合工作初步完成。公立医院改革持续深化，建成乡镇卫生院业务楼及周转宿舍各 2 处，新农合参合率达 98.18%，“全面二孩”政策落地实施。新建行政村文化广场 10 个、“乡村舞台”22 个、“一村一场”24 家，成功举办县第三届运动会。新增城镇就业 5733 人，下岗失业人员再就业 396

人，城镇登记失业率为3.2%。新建乡镇敬老院1座，城乡日间照料中心17所，发放各类救助资金7369万元，残疾人补贴690万元。深入推进平安景泰建设，社会治理能力不断增强。着力抓好安全生产隐患排查整治，安全生产形势持续稳定。高度重视群众来信来访和网络舆情，有效化解各类矛盾纠纷和信访积案，化解率达92%。

天水市

【基本情况】天水市位于甘肃省东南部，地处陕、甘、川三省交界，东连祖国内地华中、华东及沿海各地，西通青海、西藏、新疆、直至欧亚大陆桥上的欧洲各国，南邻祖国大西南，四川、重庆、云南、贵州，北上翻越六盘山便可进入宁夏。冬无严寒，夏无酷暑，春季升温快，秋多连阴雨。

境内山脉纵横，地势西北高，东南低，海拔在1000～2100米之间。最高峰天爷梁，高达3120米；最低点牛背村，海拔760米。地貌区域分异明显。东部和南部因古老地层褶皱而隆起，形成山地地貌。北部因受地质沉陷和红、黄土层沉积，形成黄土丘陵地貌。中部小部分地区因受纬向构造带的断裂，经第四纪河流分育和侵蚀堆积，形成渭河河谷地貌。地跨长江、黄河两流域，以西秦岭为分水岭。北部地区为渭河流域，面积11673平方公里，占总面积的81.5%；南部地区为嘉陵江流域，面积2652平方公里，占总面积的18.5%。渭河流长约280公里，沿河接纳流域面积1000平方公里的支流有榜沙河、散渡河、葫芦河、藉河、牛头河。嘉陵江的主要支流有白家河、花庙河、红崖河等，流程较短，水量丰沛。

天水属华北、华中、蒙新和喜玛拉雅植物交汇处，树种成份复杂，森林资源丰富。天然林地主要分布在东部、东南部的陇山、西秦岭和关山林区，有木本植物87科224属804种，其中乔木312种，灌木437种，藤本55种，常绿植物122种。野生药用植物660多种，其中常用药220多种。广阔的天然森林，繁衍了许多珍禽异兽，栖息着30多种野生动物，有国家一类保护的羚牛、梅花鹿、金猫、云豹等，二类保护的羚麝、马麝、白臀鹿、斑羚、石貂、水獭、猞猁、猕猴、红腹角雉、兰马鸡、红腹锦鸡、大鲵、暗腹雪鸡、淡腹雪鸡、勺鸟、血雉、黑熊、秦岭红鳞鲑等。

【国民经济】2016年，全市实现生产总值590.5亿元，比上年增长8.6%。其中，第一产业增加值100.4亿元，增长5.9%；第二产业增加值190亿元，增长8.8%；第三产业增加值300.1亿元，增长9.3%。三次产业结构比为17.0∶32.2∶50.8。规模以上工业企业实现工业增加值104.2亿元，增长9.8%；社会消费品零售总额288.7亿元，增长10%；固定资产投资671.2亿元，增长11.4%。一般公共预算收入42.2亿元，增长15.1%；一般公共预算支出277.9亿元，增长12.7%。年末金融机构人民币各项存款余额1155.8亿元，增长12%；人民币各项贷款余额748.6亿元，增长16.5%。城镇居民人均可支配收入22684元，增长9%；农村居民人均可支配收入6499元，增长8.2%。

【外贸旅游】全年进出口总额32万元，比上年增长34%。其中，出口17.7亿元，增长27%；进口14.3亿元，增长43.9%。接待国内外游客2778.9万人次，增长34%；实现旅游综合收入158.8亿元，增长32.6%。

【供给侧结构性改革】“去产能”方面：锻压设备产量比上年下降42.9%，金属切削机床下降20%，轴承下降24.6%，低压开关板下降11.2%，水泥产量下降18.1%。“去库存”方面：商品房销售面积80.2万平方米，下降5.1%。“补短板”方面：水利、能源等基础设施建设投资快速增长。基础设施投资增长11.55%，其中电力、燃气及水的生产和供应业投资增长40.1%，水利、环境和公共设施管理业投资增长26.7%，电信、广播电视和卫星传输服务业投资增长108.7%。

【脱贫攻坚】争取落实各级财政扶持资金3495万元，培育蔬菜苗6.9亿多株，新增蔬菜播种面积5.7万亩，在武山、甘谷两县渭河川道区完成设施蔬菜大棚改造面积2万亩。新认证“三品一标”蔬菜品牌15个，蔬菜标准化生产面积96万亩。新建中药材良种繁育基地1380亩、标准化示范基地4000亩。实现了乡镇中心幼儿园、1500人以上建制村幼儿园、标准化村卫生室、村文化图书室、村便民超市、体育活动设施、乡村舞台、贫困村扶贫互助资金协会、山洪灾害防治区“户户知”工程“9个全覆盖”和沥青（水泥路）、动力用电、安全饮水、有线广播电视、4G互联网络“5个村村通”。深入开展“大走访、回头看”活动，排查出各类问题和矛盾纠纷1万多件，已整改落实90%以上，改造贫困户危房1.3万户。减贫12.7万人，贫困人口减少到37.4万，贫困发生率降至12.3%。

【“三农”工作】2016年，全市争取落实各类农业项目35项，总投资4.58亿元，争取到省以上无偿投资2.13亿元。争取省级农产品产地初加工补助项目以奖代补资金1449万元，在秦州、麦积、甘谷3县区建设果品贮藏保鲜库138个。建立农村清洁能源综合配套示范村2个。落实农田高效节水示范面积9.9万亩，其中垄膜沟灌8.4万亩，膜下滴灌面积1.4万亩，水肥一体化示范0.1万亩。新建废旧农膜回收网点163个，回收废旧农膜8720万吨、处理尾菜26.5万吨，废旧农膜回收利用率、尾菜处理利用率、农作物秸秆综合利用率分别达78.8%、34.3%和81.5%。新创建农村土地流转示范点24个，新增土地流转面积10.3万亩，流转率19.1%。3个整县推进县农村土地确权登记颁证工作深入开展，4个两年推进县区有序推进，113个乡镇和1个街道办事处的2483个村完成农村土地确权登记权属调查，有92个乡镇的1798个村完成审核公示，有60个乡镇的1152个村建立登记簿，分别占行政村总数的比重为99.7%、72.2%和46.2%。新扶持培育农业龙头企业30家，其中市级141家、省级32家、国家级2家。农产品加工率提高到57.5%。新培育农民合作社1552个、家庭农场 137 家，新命名第七批市级农民合作社示范社 55 家、第二批市级示范性家庭农场 40 家。引进农业新品种、新材料、新技术、新机具 882 个，试验示范 628 个，建立试验示范基地 255 个 56.18 万亩。举办各类科技培训 2839 期，培训农技人员 0.7 万人，完成农民科技培训 20.4 万人次，培育新型职业农民 2477 人。

【项目建设】2016 年，全市共确定市级领导包抓重大建设项目 200 个。其中，建设项目 124 个，总投资 1698.5 亿元，年度计划投资 404.54 亿元；预备项目 76 个，总投资 1384.3 亿元。124 个重大建设项目完成投资 364.5 亿元。在建项目中，48 个续建项目大部分已超额完成建设，76 个计划新开工项目除天水军民机场迁建工程、天水市三馆建设项目、天水国际陆港等未开工建设，其余项目已建成或按计划完成年度任务。其中，麦积区甘泉镇至麦积山景区高速公路、S529 清水县城至社棠公路、城区南北两山 50 公里绿色生态长廊、天水长城果汁饮料有限公司年产 10 万吨高端果蔬汁罐装示范基地、长城电工天水物流服务中心建设、飞将广场周边环境综合整治工程安置房和商业开发房、甘肃华夏春秋（天水•铁笼山）文化旅游影视基地部分子项目、景区旅游环道建设项目中麦积镇——麦积山景区段旅游公路、麦积山—曲溪景区开工建设。天水大秦嬴山文化产业园（原翠园文化产业园）施工队进场搭建施工用房，三阳川新城、中梁空港城、秦州新城、成纪新城、麦积新城、社棠工业新城、颖川新城和东柯新城建设齐头并进，五县加快旧城改造和新城开发，市区“两山两河”生态综合治理及景观建设成效显著。

【社会保障】2016 年年末，全市参加基本养老、失业、城镇职工基本医疗、工伤、生育五项社会保险人数分别达 12.49 万人、14.1 万人、25.16 万人、13.33 万人和 13.84 万人。离退休人员 9.33 万人，养老保险基金支出 24.49 亿元。参加城镇职工基本医疗保险的农民工 325 人，参加工伤保险的农民工 1.59 万人。各类企业劳动合同签订率 94.3%。共有城市最低生活保障对象 3.21 万户、7.93 万人，累计发放低保补助资金 2.83 亿元；农村最低生活保障对象 12.84 万户、40.32 万人，累计发放低保补助资金 6.94 亿元。农村临时救济 1.79 万户。城镇新增就业 7.35 万人，下岗失业人员再就业 1.36 万人，新增小额担保贷款 1.8 亿元。单位从业人员 23.22 万人，单位从业人员工资总额 113.22 亿元，比上年增长 12.26%。

【社会事业】2016 年年末，全市共有普通高校 5 所（包括电大、工学院），在校学生 4.42 万人；中等职业学校 15 所（含 3 所成人中专学校），在校学生 2.73 万人；普通中小学校 1259 所（不包括 1005 个小学教学点），在校学生 47.11 万人。小学学龄儿童入学率 100%，初中学龄儿童入学率 99.9%。共组织实施市级以上科技项目 436 项，其中取得科技创新成果 109 项。省级工程技术研究中心 18 家。重点实验室 9 家，其中国家级 1 家、省级 8 家。国家、省级创新型企业及试点企业 11 家。高新技术企业 39 家。共有文化艺术表演团体 7 个，文化馆 8 个，乡镇综合文化站 123 个，农家书屋 2540 家，公共图书馆 8 个，各类藏书 83.9 万册，广播、电视人口覆盖率分别达 99.41%和 99.15%，有线数字电视用户 11 万户。共有全民健身点 520 个。在省级以上各类比赛中共获得金牌 36 枚、银牌 43 枚、铜牌 37 枚。共有卫生机构 3577 个（包含诊所），其中医院 37 个，卫生院 132 个，妇幼保健院、所、站 8 个，社区卫生服务中心（站）45 个。各类卫生技术人员 1.95 万人（含村卫生室卫生员），其中执业医师 4832 人（含卫生院执业医师），注册护士 4210 人。床位 1.35 万张。国家免疫规划疫苗接种率稳定在 95%以上。

【环境与安全生产】2016 年，全市环境空气质量总体水平为良，城区空气质量综合指数 65，渭河水质达标率 100%。生产安全事故死亡 78 人，比上年下降 17.02%。亿元生产总值生产安全事故死亡率 0.13%。工矿商贸企业事故 7 起，死亡 10 人、受伤 5 人，直接经济损失 766.8 万元；交通运输和仓储业事故 64 起，死亡 68 人、受伤 56 人，直接经济损失 922.79 万元。

秦州区

【基本情况】秦州区位于甘肃省东南部，是天水市政治、经济和文化中心。全区行政区域面积 2442 平方公里，城市建城区面积 29 平方公里。地理位置独特，区位优势明显。扼陕甘川之要道，自古为陇右门户、战略要冲和商贸中心。古往今来，这里人流物聚，商贾云集，是陇东南最大的交通枢纽和商品物资集散地，受西安、兰州两大城市的双向辐射，是联系西北与中原、西南的交通枢纽。国道 310、316 线、宝天、天定、十天高速公路横贯境内，与境内省道和县（区）乡公路形成健全的交通网络，畅通能力进一步提高。

【国民经济】2016 年，全区实现生产总值 183.6 亿元，比上年增长 10.3%。其中，第一产业增加值 12.8 亿元，增长 6%；第二产业增加值 66.8 亿元，增长 11.3%；第三产业增加值 104 亿元，增长 10.3%。完成规模以上工业增加值 33.2 亿元，增长 14.4%；固定资产投资 182.8 亿元，增长 12.8%；社会消费品零售总额 94.9 亿元，增长 10%；一般公共预算收入 8.7 亿元，增长 17%；城镇居民人均可支配收入 24571 元，增长 9.3%；农村居民人均可支配收入 7527 元，增长 8.1%。

【供给侧结构性改革】坚持以发展现代农业为取向，狠抓林果、劳务、畜牧、蔬菜、中药材五大特色优势主导产业，新增土地流转面积 3.72 万亩，新建果园 6.28 万亩，种植蔬菜 16 万亩，种植中药材 7.5 万亩，劳务创收 12.5 亿元。加快产业转型升级步伐，落实各项扶持奖励优惠政策，持续发展战略性新兴产业，积极开展暖和湾、东十里工业园区增容扩区和争创省级示范区行动，关子镇、天水镇新的工业园区启动实施。“四大商圈”、“六大商贸聚集区”和“十个乡镇商贸中心”正在城区、建制镇、中心镇规划建设，稳步推进实施。文化旅游融合发展，景区景点建设步伐加快，66 号文化创意空间、金龙山文化旅游园等项目建成运营。

【脱贫攻坚】2016 年，整合项目资金 16.1 亿元，脱贫村整合项目 138 个，在区一级下设 19 个专项小组、在乡镇一级配备了 5～10 名专职扶贫干部、在村一级成立了 84 个驻村帮扶工作队进驻 84 个贫困村。解决饮水安全贫困人口 4467 人，自来水入户 970 户。实施 3 个贫困村动力电覆盖电网工程 3 公里，“千村美丽”示范村道路建设 78.5 公里，危房改造 1250 户，建设安置点 33 个，完成三北防护林工程 0.26 万亩，退耕还林 1.46 万亩，建设农业科技示范基地 2 个，建成乡村电商工作站 118 个，贫困村服务网店 51 个，贫困村幼儿园建设 17 所，“全面改薄”项目 73 个，新建标准化村卫生室 8 所，建设“乡村舞台”152 个。劳动力培训 1.3 万人，实用人才培训 3920 人次。

【农业和农村工作】2016 年，全区实现农业增加值 12.79 亿元，比上年增长 6%。粮食总产量 19.6 万吨，水果总产量 24 万吨，蔬菜总产量 26.1 万吨，新培育发展龙头企业 8 家、农民专业合作社 150 个、家庭农场 26 个，完成农村饮水安全工程 4 处，新建标准化规模养殖场 18 个，新农村建设 4 大示范点完成投资 1.1 亿元，累计发放各项惠农补贴资金 4.4 亿元。甘肃天水“秦州大樱桃”品牌签约项目 14 个，签约额达 5.3 亿元。

【项目建设】2016 年，全区实施招商引资项目 84 个，总投资 170.7 亿元，累计到位资金 52 亿元。引进实施 5000 万元以上重点产业项目 21 个，其中投资上亿元项目 19 个，资金到位率 52.4%。实施新签约项目 63 个，总投资 88.8 亿元，实际引进到位资金 37.5 亿元，主要项目：投资 6000 万元的罗玉大樱桃果品市场建设项目、投资 1 亿元的牡丹镇千亩蔬菜生产基地建设项目、投资 11 亿元的秦州农业经济综合体建设项目等。实施续建项目 21 个，总投资 81.9 亿元，实际引进到位资金 14.5 亿元，主要项目：投资 10 亿元的七里墩建材市场升级改造、投资 16 亿元的闫新庄村城市综合体建设、投资 18 亿元的佳•水岸小镇、投资 2.1 亿元的明讯通讯产业基地建设项目等。重点组织实施了民生工程、城市品味提升、生态环境综合治理、文化旅游开发建设等 4 个方面 35 个重点建设项目，累计完成投资 4.9 亿元。

【社会保障】2016 年年末，全区城乡居民社会养老保险参保 26.5 万人，参保率 97.6%，续保率 98.2%。为 5.5 万名符合待遇享受条件的 60 周岁以上参保人员发放养老金 6422.4 万元，为符合条件的 156 名村干部发放养老保险待遇 9.6 万元。参加企业职工养老保险统筹 2.3 万人，其中在职职工参保 1.1 万人，离退休人员 1.2 万人。失业保险参保 1 万人。城镇职工基本医疗保险参保 2.5 万人。城镇居民基本医疗保险参保 8 万人，工伤保险参保 1.1 万人，生育保险参保 1.7 万人。城镇职工基本养老保险基金征缴 2 亿元，失业保险基金征缴 225.5 万元。城镇职工基本医疗保险基金征缴 4627 万元。城镇居民基本医疗保险基金征缴 567 万元，工伤保险基金征缴 227 万元，生育保险基金征缴 188 万元。劳务输转 11.3 万人，其中有组织输转 6.8 万人。农村劳动力技能培训 1.5 万人，劳务收入 19.6 亿元。城镇新增就业 2.1 万人，其中下岗失业人员再就业 4728 人，困难人员再就业 1562 人，公益性岗位就业 2281 人。城镇登记失业率 3.1%。受理劳动监察案件 39 起，结案 39 起，清理拖欠农民工工资 310.6 万元。

【社会事业】2016 年，全区共实施各级各类科技项目 71 项。其中省级 7 项、市级 14 项、区级 50 项。组织鉴定验收科技成果 27 项。组织 11 项科技成果项目参加天水市 2016 年度科技进步奖的评审，其中二等奖 2 项、三等奖 5 项。完成专利申请量 164 件，其中发明专利 105 件、外观设计专利 11 件、实用新型专利 48 件。举办各类科技培训班 80 多期，培训农民 1 万多人次，印发科技资料 1 万多份。共有区属公办幼儿园、中小学校 151 所，专任教师 6773 人，在校学生数 8.8 万人。高考上线人数 1499 人，上线率 35%。区属医疗机构 60 家，其中区级综合医疗 1 个、公共卫生机构 2 个、专科医院 2 个、乡镇卫生院 20 所、社区卫生服务机构 24 个、其他卫生管理办事机构 6 个。床位数 659 张。专业技术人员 779 人，其中具有副高级职称的 42 人、中级职称的 229 人、初级职称的 402 人。

【环境保护】2016 年，全区共审批各类建设项目 209 个。其中环评报告书 1 个、报告表 58 个、登记表 150 个、为企业出具环保证明 8 个。清理未批先建、久拖不验、批建不符等项目 96 家，已整顿规范 50 家，完善备案 5 家，淘汰关闭 41 家。完成了天水罗成农业综合开发有限公司规模化畜禽养殖污染治理项目和市供热公司东关、庆华 2 个供热站工业企业污染治理项目建设，对符合要求的 13 家单位开展工业企业标准化建设暨环境信用评价工作，对已办理排污许可证的 10 家单位排污许可证进行了年审。对 338 台燃煤锅炉进行了集中排查，完成整治、改造、淘汰燃煤锅炉任务 207 台/581.3 蒸吨，完成了杨家寺集中式饮用水水源地保护项目建设和天水陇香食品有限公司污水处理站项目建设，督促完成退休医师医院、魏氏骨伤医院 2 家医疗废水治理项目建设，责令水源地内的 3 家砂厂和 4 家企业违法违规建筑限期拆除设备，对 35 家固体（危险）废物经营和产生单位进行清查，对 19 家乡镇卫生院和城区重点医疗机构开展医废集中处置工作专项检查。共接到环境污染纠纷、信访案件 344 起，查处率 100%，结案率 100%。

麦积区

【基本情况】麦积区位于甘肃省东南部，西秦岭北麓，渭河中上游，地处陕、甘、川之要冲，是甘肃省和天水市的“东大门”。全境东西长 123 公里，南北宽 50 公里，总面积 3484 平方公里。夏无酷暑，冬无严寒，四季分明，景色秀美，素有陇上“小江南”之美誉。境内已探明储量的矿产有 50 多种，主要有铅、锌、金、白云石、大理石、石英、云母、石棉等。野生动植物资源和药材资源种类繁多，珍稀动物主要有牛羚、大鲵、猕猴、金猫、水獭、林麝等。中药材200多种，主要有党参、当归、天麻、大黄、茴香等。盛产苹果、西瓜、桃、杏、板栗、核桃、花椒、木耳、生漆等干鲜土特产。旅游资源丰富，国家5A级风景名胜区——麦积山风景区就镶嵌在东南部的秦岭群峰之中，景区内有驰名中外的麦积山石窟，秦州“第一洞天福地”的仙人崖，享有“小黄山”美誉的石门，湾湾有景、步步留情的曲溪，荟萃珍奇物种的小陇山植物园；净土寺，蛟龙寺以及诗圣杜甫流寓秦州时的东柯草堂，国画大师齐白石题匾的双玉兰堂；牧马滩秦汉古墓葬等许多古遗址、古建筑和古墓葬，是甘肃东部最佳森林旅游避暑胜地和中外游客观光的旅游胜地。

【国民经济】2016年，全区实现生产总值163.7亿元，比上年增长7.4%。其中，第一产业增加值13.1亿元，增长5.9%；第二产业增加值70.3亿元，增长5.9%；第三产业增加值80.4亿元，增长9.4%。完成规模以上工业增加值47.8亿元，增长5.1%；固定资产投资110.8亿元，增长12.2%；社会消费品零售总额92.8亿元，增长10%；一般公共预算收入5亿元，增长10.9%；城镇居民人均可支配收入23006元，增长8.8%；农村居民人均可支配收入6504元，增长8.5%。

【供给侧结构性改革】研究制定了2016年区委全面深化改革工作要点，各项改革任务有序落实。深化投融资体制改革，充分利用“一中心、八公司”投融资开发建设平台，累计争取到国家投资额度大的棚户区改造、城镇化建设等各类资金40多亿元。扩大政府公共服务购买范围，先后分两批购买了31家社会审计力量。深化民主政治领域体制改革，创建国家和省、市级“民主法治示范村（社区）”39个。社会体制改革、文化体制改革等领域改革协调推进。

【脱贫攻坚】紧紧围绕2020年全面建成小康社会总目标，集中攻坚、精准施策、务求实效，按期完成年度减贫任务，全面打赢脱贫攻坚决胜战。创建“4211”帮扶工作机制，制定“1+18”实施方案，整合608名各级优秀干部组建了170个常驻帮扶工作队，深入开展“千名干部帮万户”精准帮扶活动。实行脱贫攻坚“853”挂图作业，对2.5万户、10.3万建档立卡贫困人口进行了精准再识别，加强了大数据平台动态管理，提高了数据信息质量。整合省级扶贫攻坚项目资金7.7亿元，争取到位中央和省市级专项资金9218万元，落实区级配套资金6538万元。加快实施“五个一批”工程，实施整村推进项目21个，农村通畅工程、农村饮水安全、自然村动力电全覆盖、标准化村卫生室等四个基础设施项目提前一年完成了建设任务，扶贫易地搬迁等项目加快实施，成功承办了全省精准扶贫现场观摩会。发放精准扶贫专项贷款7.81亿元，实现脱贫3.18万人。

【农业和农村经济】积极实施“一十百千”现代农业建设工程，16个市列科学示范点建设全面完成，新建果品基地2.3万亩、设施蔬菜1500亩，建成标准化规模养殖场11个，完成高效节水灌溉工程2处、新一轮退耕还林1万亩。粮食总产量16.1万吨，其中夏粮产量5.7万吨，秋粮产量10.3万吨。粮食作物种植面积63万亩，肉类总产量9183.5吨，大牲畜存栏4.6万头。

【项目建设】2016年，组织参加“兰洽会”等各类大型招商活动，签约和实施招商引资项目79个、到位省外资金89.13亿元，争取项目225个、到位资金14.47亿元。11个城市片区开发改造、12个保障性安居工程有序推进，马跑泉公园改造全面完工，完成26条城区小巷道治理，兴陇路改造、林水路十字人行天桥竣工投入使用，区府路西延段、颖川西路建成通车，19条农村公路通畅工程全面完工，甘泉物流园区一期320亩征地全面完成，滨河广场、伯阳下河综合农贸市场投入运营，百花小镇、西部华昌城、数字麦积山及游客集散中心等项目有序推进，翠园项目功能定位、片区布局重新优化完善。

【优势产业】2016年，天祥公司日产2500t/d新型干法水泥生产线项目建成试产，众兴菌业杏鲍菇工厂化生产技术研究与应用项目竣工验收，锻压机床国内首台套多工位柔性数控金属板材伺服剪切自动生产线产业化项目正在准备项目决算及验收材料，东柯河工业园区市政基础设施、众兴菌业年产7200吨杏鲍菇生产线等2个项目全年完成投资5081万元、7400万元。

【社会事业】2016年，区中医医院迁建、康宁医院等项目加快建设，3880套保障性住房全面开工、竣工率达95%，自然灾害应急避难场所建成并投入使用，全国综合养老示范基地完成资产股权重组，严格落实安全生产责任制，认真落实区级领导重点信访案件包案制度和坐班接访制度，一批群众关心的热点难点问题得到有效解决。加快科技成果的应用推广，组织实施各类科技项目99项。稳步推进教育事业均衡发展，总上线率和应届上线率连续三年居天水市第一，高铁新城、颍川家园幼儿园项目启动实施，市一中麦积校区初中部教学楼、街子初中综合楼等全面完工，职业教育集团化办学深入推进。不断完善公共文化服务体系，区博物馆项目建设正在扫尾，大革命历史纪念馆和“三馆一站”免费开放工作持续深化，公共文化吸引力不断提升。不断加快对外开放步伐，成功举办了中国龙舟公开赛、“双玉兰杯”全国钓鱼邀请赛、全国山地自行车锦标赛和邀请赛等赛事。

【环境保护】依法拆除非法砂场9家，下发限期整改通知书16份。累计出动清运车辆60台次，执法人员260余人次，挖掘机28辆次，清运建筑、生活垃圾1.4万方，平复河道6处。每季度清理一次西排洪渠、中排洪渠、东排洪渠和东排洪渠闸口四处污水收集口，清理城区水箅子1314个，疏通管道约5公里，确保污水收集管网畅通。围绕“管煤、改炉、降尘、限车、控烟”五大方面，集中清洁能源改造80台燃煤锅炉，加大机械化清扫作业力度和作业频次，利用5台除尘车、4辆洒水车、2台高空喷雾抑尘车每天循环对城区主次干道进行除尘作业和洒水降尘。切实强化机动车尾气排放污染防治工作，加快尾气排放不达标“黄标车”、老旧机动车淘汰步伐，全面完成黄标车和老旧机动车淘汰任务。

清水县

【基本情况】清水县位于甘肃省东南部，东界陕西省陇县、宝鸡，南连麦积、秦州两区，西接秦安，北临张家川回族自治县，距陇海铁路天水站40公里。古称上邽，以“清泉四注”而得县名，历史悠久，人杰地灵。系中原与西北的古通道，素有陇上要冲，关中屏障之称。最高海拔2201米，最低海拔1112米，相对高差1089米，夏无酷暑，冬无严寒，四季分明，气候宜人。早在五千多年前，人类先祖就在这里生息繁衍。马家窑——齐家文化古遗址30多处，出土珍贵文物3000多件，是中华人文初祖轩辕黄帝的诞生之地、秦统一全国的发祥地、西汉名将赵充国的桑梓故里，秦先祖非子、一代天骄成吉思汗等历史人物都在这片土地上留下足迹。矿产资源已发现铁、锰、铜、铅、钼、白云石、大理岩、钾长石等14种。温和湿润的气候和丰富的土地资源、水资源、矿产资源、农林牧副产品资源及野生资源，具有广阔的深度开发前景和极大的市场开发潜力，是天水市生态旅游的重要水源保护地。汤浴温泉为全国十三大名泉之一，庞公玉石被誉为“中国一绝”，轩辕文化、先秦文化、汉唐文化、宋金文化交融聚汇，使清水成为陇坂脚下的一方人文厚土，炎黄子孙寻根问祖、观光旅游的一方胜地。

【国民经济】2016年，全县实现生产总值41.5亿元，比上年增长7.8%。其中，第一产业增加值11.1亿元，增长5.6%；第二产业增加值5.7亿元，增长9.4%；第三产业增加值24.8亿元，增长8.6%。完成规模以上工业增加值1.2亿元，增长11.8%；固定资产投资66.8亿元，增长12.6%；社会消费品零售总额8.1亿元，增长10.1%；一般公共预算收入1.7亿元，增长12.2%；城镇居民人均可支配收入21527元，增长9.1%；农村居民人均可支配收入5926元，增长8%。

【供给侧结构性改革】全面落实土地制度改革，抓好土地承包经营权确权登记颁证工作，完成17乡镇224个行政村的权属调查工作，实测土地60.07万块83.4万亩。积极探索形式多样的土地流转模式，流转土地13.5万亩。紧紧围绕农业优势产业和特色产业，大力发展和培育新型农业经营主体，发展农民专业合作社310个、家庭农场86家。发展以高原夏菜为主的蔬菜产业、以半夏为主的中药材产业和以大麻、小杂粮、油料为主的区域优势产业。红堡、永清等7乡镇建成半夏标准化生产基地，大力发展大麻产业和以“全县6个5万亩干鲜果示范基地”为主套种小杂粮的区域优势产业。开展循环农业科技示范试点，建设推广“畜—沼—果、畜—沼—粮、畜—沼—菜、畜—沼—畜”等生态循环农业先进模式，大力推进无公害苹果、有机绿色蔬菜等农业科技示范项目，进一步整合农业项目、资金和技术优势，发展高效生态循环农业，探索特色的循环农业经济。加快黄门承接产业转移园区和光伏产业园建设，加快天河生态酿酒城技改扩建、金精粉冶炼项目建设进度，着力打造农特产品精深加工、矿产资源开发、能源化工、酒饮食品、新型建材五大工业集群。主动融入陇东南祖脉文化旅游圈，启动黄帝谷•清水温泉养生文化创意园建设，推行温泉康疗、潭沟风光、张吕牧场、轩辕谷、花石崖、长沟河、小华山、石洞山等景区景点建设，开发高品质、复合型旅游产品。

【脱贫攻坚】2016年，实现了标准化村阵地、农村饮水安全工程、乡镇中心幼儿园、1500人以上行政村幼儿园、村文化图书室、村级数字电影放映、村便民超市和贫困村通水泥（沥青）路、标准化村卫生室、扶贫互助资金协会、贫困户户均两亩园全覆盖。贫困人口由2011年底的13.9万人减少到2016年底的4.1万人，累计减贫10.5万人，贫困发生率由46.5%下降到13.5%，贫困群众人均可支配收入3950元，比上年增长18.3%。累计投入各类扶贫资金7.2亿元，率先创新农村危房改造差异化补助、“20+10”农村环境优化等扶贫模式，扎实推进脱贫攻坚“十二大重点工程”，脱贫攻坚取得阶段性显著成效。

【农业和农村经济】2016年，全县农作物播种面积102.21万亩，经济作物播种面积17.4万亩。粮食总产量15.5万吨，水果总产量11.1万吨，核桃产量8388.5吨，花椒产量535.6吨，大牲畜存栏11.9万头（匹、只）。实施“五个一”劳动力培训工程，完成各类培训154期1.2万人（次），输转劳动力7万人，创劳务收入11.9亿元。以建设轩辕文化历史名城和最佳宜居环境城市、打造天水生态旅游后花园为目标，以精准扶贫工作为统揽，抢抓全省开展的“千村美丽、万村整洁、水路房全覆盖”农村人居环境集中改善行动历史机遇，以省、市级示范村和整洁村为重点，扎实推进“一池两改三化四美”农村环境综合整治工作，使广大农村的村容村貌得到了明显改观，群众生产生活水平显著提升。

【项目建设】2016年，谋划论证“十三五”重大项目445个，总投资575.3亿元。推进158项重点建设项目开工建设153项，开工率96.8%。其中项目续建48项、新建105项，累计完成投资58.5亿元，占计划任务的97.4%。成立发改局项目咨询评审工作组，搭建了61人的评估专家库，严格执行项目申报、审批相关规定。累计投资10.3亿元，建成充国广场、轩辕大剧院等城建项目41个。新修温泉大道、迎宾大道等城市道路23.1公里，“五横十三纵”的路网框架基本形成。加快红堡镇天水大菜园、小华山风景区为龙头带动的文化旅游基地建设和培育发展现代服务业，全面加快危房改造进程。不断深化住房保障体系建设和保障性安居工程建设，建设公（廉）租房4731套。

【优势产业】2016年，新建干鲜果基地5.27万亩，完成历年果园后续管理43.3万亩，先后建设白驼河流域、红堡安坪等6个蔬菜产业示范基地。积极扶持引导新型农业经营主体发展中药材产业，种植以半夏为主的中药材5.3万亩。建设规模养殖场40个，新发展规模养殖户102户，畜禽饲养量459.1万头（只）。规划建设黄门承接产业转移园区和光伏产业园，330千伏变电站、华博智源20兆瓦光伏电站和日产300吨金精粉冶炼等项目开工建设，天河生态酒业城主体工程竣工，华盛农业投产运营。积极推进电子商务等新型业态发展，电商服务网络初步建成，覆盖城乡的商贸流通体系日趋完善，基本实现了县有服务中心、乡有服务站、村有服务点的三级电商服务体系。

【社会保障和社会事业】2016年，新型农村合作医疗工作规范运行，参合率98.1%。疾病预防和妇幼保健工作成效明显。全面落实教育优先发展战略，投资4.5亿元，新改扩建县三幼等学校274所，消除D级危房17.73万平方米。普通高考二本以上上线率36.19%。第15届环青海湖国际公路自行车赛清水赛段比赛圆满完成，年内举办各类竞赛活动56次。文化事业日益繁荣。《轩辕大帝》荣获第七届西北五省秦腔艺术节优秀剧目特别奖等7项大奖，李崖遗址被国务院公布为第七批全国文物保护单位。广播电视设备基本实现数字化，广播通播率98%，电视覆盖率98%。县级公立医院综合改革有序推进，养老、医疗、失业、工伤和生育五项社会保险综合覆盖面97%。新扩建乡镇敬老院6所，新建县老年养护院1处。共有卫生机构416个，各类医务人员1402人，病床总数956张。

【环境保护】2016年，全县环境质量各项指标全部达标。对建筑施工工地配置喷雾、洒水车辆，对城区重点区域和主要道路实施定时洒水、机械化清扫，道路机扫率75%以上。对主要河流沿线工业企业水污染防治设施进行强制建设或改造，加强对所有入河排污口的监测。对牛头河、后川河流域的所有采砂场、采砂点全部实施了取缔拆除。对牛头河流域影响水质的污染物进行全面清理，分类填埋处理，有效消除了河道污染隐患。加强对轩辕纸业、天河酒业、华盛农业等重点企业的管理，督促天河酒业完成技改项目污水处理站建设。加强城区生活污水处理厂运行管理，污水收集率85%。城区设床位的医院和个体诊所产生的医疗废物集中处置率100%，乡镇卫生院80%以上。

秦安县

【基本情况】秦安县位于甘肃省东南部，天水市北部，东接清水县和张家川回族自治县，南邻麦积区，西连通渭县、甘谷县，北靠庄浪县、静宁县。属陇中黄土高原西部梁峁沟壑区，山多川少，梁峁起伏，沟壑纵横，是天水市的北大门和后花园，东西长约65公里，南北宽约50公里，地势西北高而东南低。属陇中南部温和半温润季风气候区。气候温和日照充足，降雨较少，干旱频繁。盛产苹果、桃、梨、脆瓜等，素有“瓜果之乡”的美称，先后被省委、省人民政府授予全省“经济林建设十强县”、“发展个体私营经济十强县”、“全省劳务经济先进县”和“乡镇企业十强县”，被国家科技部、林业局、文化部授予全国“科技工作先进县”、“中国名特优经济林桃之乡”、“文物工作先进县”，被中国果品流通协会授予全国“兴果富农”工程果业发展百强优质示范县和中国花椒之乡称号，被中国百县（市）优特经济专题调查办公室命名为“中国甘肃优特苹果生产基地”。秦安蜜桃、秦安苹果、秦安花椒分别获得国家地理标志产品保护，其中秦安蜜桃“北京七号”桃荣获北京奥运推荐果品一等奖，并荣获“中华名果”称号，秦安蜜桃成功入选《2016年度全国名特优新农产品目录》。著名的“街亭古战场”和女娲庙，元代建兴国寺、明代建文庙大成殿和清代建筑群泰山庙等旅游景点，也是不可多得的历史文化瑰宝。

【国民经济】2016年，全县实现生产总值54.8亿元，比上年增长8%。其中，第一产业增加值15.9亿元，增长5.9%；第二产业增加值12.1亿元，增长9.4%；第三产业增加值26.9亿元，增长8.7%。完成规模以上工业增加值2.6亿元，增长14.3%；固定资产投资50.8亿元，增长13.1%；社会消费品零售总额30.2亿元，增长9.9%；一般公共预算收入2.3亿元，增长10%；城镇居民人均可支配收入22334元，增长8.6%，农村居民人均可支配收入6584元，增长8.5%。

【供给侧结构性改革】鼓励工业企业不断盘活存量，更新淘汰落后工艺设备，不断提高生产水平，提升产品档次。加大消费促进力度，组织企业“走出去”拓展市场，引导企业与“互联网”深度融合，推广以互联网订单为基础的产品研发、生产、销售新业态。全面落实企业减负各项政策，推进涉企收费目录清单制度落到实处，加快工业企业转型升级，运用技改资金支持中小企业“专精特新”项目，进一步加强品牌建设，提高产品科技含量和附加值。依托何川、安伏等重点工业园区，加大招商引资和承接产业转移力度，重点引进和承接新材料、信息技术、生物医药等战略性新兴产业，发挥“互联网+”的创新驱动作用，大力推广使用西北中小企业云平台，推动中小微型企业信息化应用，使信息化成为企业经济增长的重要引擎。

【脱贫攻坚】2016年，全县有21个贫困村、2.3万贫困人口实现脱贫，贫困人口从10.3万人减少到7.9万人，贫困发生率从2015年底的18.1%下降到14.3%，下降3.8个百分点。共有193名科技特派员赴193个贫困村对口帮助贫困户，建立科技特派员示范村（示范基地）2处。此外，对创建的柴家山桃专家大院、冯沟苹果专家大院等专家大院进行了充实完善。

【农业和农村经济】2016年，全县农作物播种面积115万亩，其中粮食作物播种面积83.8万亩，经济作物播种面积12.2万亩。粮食总产量19.7万吨，下降11%，其中夏粮产量6万吨，增产1.4%；秋粮产量13.7万吨，下降15.5%。大牲畜存栏5.2万头，其中猪存栏15.1万头，羊存栏3.8万只，鸡存栏81.4万只。新建优质林果基地

3.4 万亩，实施果园提质增效 5.3 万亩。林果面积 90.9 万亩，总产量 81.6 万吨，总产值 30.6 亿元。新增标准化规模养殖场 10 个，推广全膜玉米 9.1 万亩。输转劳动力 11.4 万人，创劳务收入 19.6 亿元。

【项目建设】2016 年，落实各类项目 66 项，总投资 8.4 亿元。其中国家投资 7.3 亿元。新签约招商引资项目 17 项，新建、续建项目累计到位资金 42.9 亿元。新引进亿元以上重点产业项目 12 项，开工建设 7 项。

【社会保障】2016 年年末，新增就业 7327 人，开展职业技能培训 4848 人，创业能力培训 864 人，城镇登记失业率 3.2%。养老保险参保 7910 人，征缴养老保险费 4743.4 万元，为 5574 名离退休人员发放基本养老金 1.1 亿元；失业保险参保 7972 人，征缴失业保险费 253.4 万元，为 23 名失业人员发放失业保险金 32.5 万元。城乡居民养老保险参保 31.8 万人，收缴参保资金 2710.5 万元。城镇职工医疗保险参保 1.8 万人，保费收入 5129 万元。城镇居民医疗保险参保 2 万人，保费收入 1091 万元；工伤保险参保 1.2 万人，保费收入 184.2 万元；生育保险参保 1.4 万人，保费收入 128.4 万元。特困供养人员 3043 人，有优抚对象 1074 人。其中革命伤残 223 人，烈军属 50 人，在乡复员军人 233 人，带病回乡退伍军人 181 人，参战参试退伍人员 337 人。为 8959 名高龄老人发放高龄老人补贴 352.4 万元，为 461 名孤儿发放基本生活费 244.3 万元。享受最低生活保障 7.6 万人，其中享受城镇居民最低生活保障 6794 人，发放最低生活保障金 2666.1 万元；享受农村最低生活保障的 6.9 万人，发放最低生活保障金 1.3 亿元。享受医疗救助政策人数 9 万人，发放救助金 1417.8 万元。

【社会事业】2016 年，共组织实施科技项目 30 项。其中争取省列项目 3 项、市列项目 7 项、县列项目 20 项。争取科技经费 95.6 万元。鉴定科技成果 33 项，其中获得市级奖励 4 项。共有各级各类学校 414 所，中小学生 7.2 万人，中小学教学班 2418 个，公办教职工 6175 人。校舍建筑面积 65.7 万平方米，危房面积 4.1 万平方米。初等教育的入学率 100%、毕业率 99.92%、升学率 98.27%，学前三年毛入学率 85.29%，九年义务教育巩固率 91.88%，普及初级中等教育的入学率 100%、毕业率 99.62%，普通高中升学率 60.01%，高中阶段毛入学率 91.29%。共有各类卫生机构 29 家，其中各类医院 2 家、卫生院 17 家、卫生分院 5 家、疾病预防机构 1 家、妇幼保健机构 1 家、卫生监督机构 1 家、新农合机构 1 家、地方病防治办公室 1 家。卫生技术人员 991 人，其中执业医师 319 人、助理医师 53 人、注册护士 220 人、药剂人员 22 人、检验员 3 人、其它 374 人。标准床位 1163 张。文化艺术表演团体 2 个，其中国有演出团体 1 个。图书馆 1 所，各类藏书 5.8 万册。文化馆 1 所，农家书屋 433 个。乡村广播电视站 17 个，广播覆盖率 99.8%。电视地面接收站 1.3 万座，电视覆盖率 99.7%。有线电视用户 1.2 万户，广电宽带 2552 户，转播节目 184 套。

【环境保护】2016 年，全县共有废水治理设施 4 套，日处理废水能力 2 万吨，工业废水排放达标率 100%。化学需氧量排放量 2489.52 吨，氨氮排放量 322.27 吨，二氧化硫排放量 1315.97 吨，氮氧化物排放量 1.42 万吨。

甘谷县

【基本情况】甘谷县位于甘肃省东南部，天水市西北部，渭河上游，东邻秦安县、麦积区，南接秦州区、礼县，西与武山县接壤，北与通渭县相连。南北长 60 公里，东西宽 49 公里，总面积 1572.6 平方公里。渭河由西向东横贯全境，南部山区为秦岭山脉西延，北部山区为六盘山余脉。平均海拔 1972 米，最低 1228 米（六峰镇觉皇寺村东），最高 2716 米（古坡乡大条梁）。河流属黄河支流的渭河水系，主要河流有四条，最大河流为渭河，属过境河，其它三条主要河流为散渡河、古坡河和西小河。渭河北有陇海铁路东西延伸，渭河南有 316 国道（福州至兰州）和 G30 连霍高速（连云港至霍尔果斯）过境。以 316 国道、秦甘、北甘、通甘四条交通大动脉为主线，不同等级公路三百多条，交错纵横，把甘谷和外地、城镇和乡村紧紧联系在一起，为市场经济的发展提供了极为有利的条件。

【国民经济】2016 年，全县实现生产总值 64.4 亿元，比上年增长 7.5%。其中，第一产业增加值 18.3 亿元，增长 5.6%；第二产业增加值 20.3 亿元，增长 7.4%；第三产业增加值 25.9 亿元，增长 8.9%。完成规模以上工业增加值 5.6 亿元，增长 8.1%；固定资产投资 88.2 亿元，增长 4.9%；社会消费品零售总额 31.8 亿元，增长 9.9%；一般公共预算收入 4 亿元，增长 15.3%；城镇居民人均可支配收入 22385 元，增长 9%；农村居民人均可支配收入 6464 元，增长 8.4%。

【供给侧结构性改革】大力推广旱作农业技术，加快提升耕地质量，新建高标准农田 6 万亩，新修标准化梯田 17.4 万亩，实现抗旱播种、地膜覆盖、优质良种、机械耕种适宜区全覆盖。实施蔬菜增效、果园提质、养殖改良工程，培育壮大花椒、辣椒、花卉、中药材等特色产业，全力打造渭河川道区设施蔬菜示范基地、南北浅山区百里林果示范带、“种养加”结合生态养殖循环产业链。实施电商扶贫和乡村旅游扶贫工程，扶持发展种养大户、家庭农场、农民合作社等新型经营主体，鼓励扶贫对象通过参社入股等方式参与产业化经营、获得分红收益。统筹推进冀城产业园一期建设，完善仓储、供热、污水处理、地下管网等配套设施。开展优势产业链培育计划，支持骨干企业转型升级，做大做优电力能源、化工颜料、建筑建材、农产品加工等传统产业。规范提升餐饮住宿、批发零售、中介咨询等传统业态，培育壮大健康养老、金融服务、商贸会展等新兴业态，推动生产性服务业专业化发展、生活性服务业精细化转变。

【脱贫攻坚】2016 年，全力推进 4 大片带 16 个流域连片综合开发，农村基础设施、富民产业、公共服务全面提升。农村自来水覆盖率由2011年不足30%提高到90%，行政村水泥路实现全覆盖，改造农村危旧房1.2万户，实施易地扶贫搬迁364户，自然村全部通上了动力电，建成标准化村卫生室296个、文化室144个，金融便民服务点、扶贫互助协会实现全覆盖。为2.2万户贫困户发放精准扶贫专项贷款10.9亿元，培训贫困对象4.9万人。组织输转劳务55万人次，创劳务收入68亿元。五年减少贫困人口17.4万人，贫困发生率由43.2%下降到12.6%。

【“三农”工作】2016年，全县粮食作物播种面积72.2万亩，粮食产量17.2万吨。建成了省级现代农业示范园，新建无立柱钢架大棚3000座，新建优质果品基地20万亩，建成标准化规模养殖场78个。新建堤防70.5公里，新修高标准梯田24.4万亩，新增有效灌溉面积2.6万亩，综合治理小流域208平方公里，各类造林10.4万亩，新建农村户用沼气3500口。建成了东北部人饮、南部山区人饮、西北人饮扩网等8处农村饮水安全工程，解决了32.7万人的饮水安全问题。深入推进美丽乡村建设，扎实开展“一池两改三化”和“五清五改”行动，积极实施硬化、净化、绿化、亮化、美化工程，加强农业面源污染和畜禽污染治理，逐步延伸基本公共服务，积极倡导文明新风，努力建设村容优美、生态秀美、庭院净美、生活甜美、乡风和美新农村。

【项目建设】2016年，甘谷物流园、大像山文化园、六峰工业园、现代农业示范园四大园区初具规模，西城区开发建设、整流域综合开发、城市基础设施、农村饮水安全、通村水泥路、城乡幼儿园建设成效显著，浙江商贸城、仿古文化街、冀城大酒店等一批重大招商引资项目落地实施，有力拉动了经济增长，改善了基础条件，为长远发展积蓄了后劲。

【优势产业】规划建设甘谷物流园，落地实施了浙江商贸城、农产品冷链物流中心、陇东南汽配城、县客运中心等一批大型商贸项目，园区已成为县域商贸业发展的重要平台。新建改造乡镇综合市场7处，建成农家店、便民店、农资连锁店350个。建成了县级电子商务中心、15个乡镇服务站和95个村级服务点，新增电商企业122家、快递公司15家。被确定为国家级供销合作社综合改革试点县，各类市场主体超过1.6万户。实施了大像山山体亮化和古建维修工程，建成了游客服务中心、文化舞台、停车场，大像山成功创建为国家4A级旅游景区。

【社会保障】2016年，全县2478名高校毕业生稳定就业，新增城镇就业3.4万人。建成各类保障性住房2814套25.6万平方米。各类民政服务对象21.6万人，其中社会救助9.94万人，灾害救助2.7万人，社会福利服务8.6万人，优抚安置对象4107人。发放各类民政资金2.3亿元。

【社会事业】2016年，高考成绩在天水市领先，教育获得优秀等次，无偿划拨教育用地289亩，新建改造校舍28.7万平方米，公办幼儿园从5所增加到65所。毛家坪遗址考古发掘取得重大成果，建县2700年庆祝活动成功举办。建成体育健身中心6个、农村文化大院10个、“乡村舞台”281个，公共文化服务体系不断健全，群众性文体活动日益丰富。建成了县儿童福利院、谢家湾中心敬老院、金山中心敬老院，新建农村互助老人幸福院135个。

【环境保护】深入推进大气、水、土壤污染防治，落实管煤、改炉、降尘、限车、控烟、治水六项措施，实施渭河流域水污染防治、10蒸吨以上燃煤锅炉改造、废旧地膜回收综合利用等工程，推进城区生活污水、垃圾处理设施全覆盖，城镇水源地水质达标率100%，空气质量优良天数超过340天。积极实施土地整治、水土保持、流域综合治理工程，80%以上的坡耕地得到整治，水土流失治理率超过70%。

武山县

【基本概况】武山县位于渭河上游，是中国古代文明的重要发祥地之一，是龙文化的故乡，是古“丝绸之路”上的一颗璀璨明珠。属温带大陆性半湿润季风气候区，冬无严寒，夏无酷暑，适宜各种生物生长。其中反季蔬菜名扬西北，韭菜、洋葱、胡萝卜、蚕豆、洋芋等运销20多个省、市，已成为富民强县的支柱产业。矿产资源品种多，储量大。已探明蛇纹岩(鸳鸯玉)、石灰石、大理石、花岗岩等非金属矿产十多种，金属矿主要有钼、铁、铜、铬、金等。水资源充足，渭河及其5条支流榜沙河、漳河、山丹河、大南河、聂河分布均匀，干流总长178公里。有分散在渭水南北的仰韶、马家窑和齐家文化遗址36处，属国家级文物保护单位的有始建于后秦的水帘洞石窟群、重建于明代的木梯寺石窟及付家门、观儿下、西旱坪遗址和官寺古店等6处，武山温泉为我国仅有的五家氡化矿泉之一，水帘洞、温泉旅游度假村、草川大草原、卧牛山森林公园、木梯寺、老君山森林公园等旅游景点为人们旅游、疗养、避暑提供了绝好去处。

【国民经济】2016年，全县实现生产总值56.6亿元，比上年增长7.8%。其中，第一产业增加值21.9亿元，增长6.3%；第二产业增加值10.3亿元，增长9.1%；第三产业增加值24.5亿元，增长8.5%。规模以上工业增加值2.3亿元，增长14.1%；固定资产投资86.9亿元，增长12.5%；社会消费品零售总额23亿元，增长10.2%；一般公共预算收入1.8亿元，增长2.7%；城镇居民人均可支配收入21369元，增长8.2%；农村居民人均可支配收入6740元，增长8.3%。

【供给侧结构性改革】通过棚改货币化安置、加强供地管理、支持农民进城购房等措施，消化商品房库存865套10.82万平方米。加快发展多层次资本市场，引导经营情况好、有潜力的企业，在“新三板”和省股权交易中心登记挂牌，开展直接融资，全面降低企业杠杆率。减免税收2000万元，有效减轻了企业负担。大力实施开放带动战略，主动融入国家“一带一路”和关中—天水经济区建设，不断加强与丝绸之路沿线城市的经济交流、产业合作和旅游开发。鼓励支持金陇公司、绿源国际、莹豪玉器等企业开展跨境电商，持续加强与新西伯利亚浆果店铺和天水贝尔克商贸易有限公司合作力度，进一步扩大出口规模。

【脱贫攻坚】积极争取帮扶项目，落实帮扶资金2833万元。发放精准扶贫专项贷款4.16亿元。分解安排省级专项扶贫资金5100万元，争取国开行贫困村基础设施建设贷款3亿元，县财政自筹资金6522万元，盘活财政存量资金1695万元，全部用于贫困乡村路、水、电、房和其他公共服务设施建设。新建农民专业合作社和家庭农场280家，新建自然村砂化路367.4公里，完成55个村的安全饮水工程改造提升，建成1500人以上行政村幼儿园35个、精准扶贫农民合作综合服务社10个、乡村舞台95个、改扩建村级综合服务中心77个，硬化297个自然村巷道76万平方米。完成贫困户危旧房改造2270户、易地扶贫搬迁1018户，99%的自然村通了动力电，97%的行政村通了宽带网络，85%的贫困村通了客运车。县财政投入1000万元，扶持贫困群众种植豆角4万亩，总产值突破2亿元，人均增收2100元，豆角已成为促进贫困群众增收最快的一项致富产业。积极扶持贫困群众以各种方式参与特色农产品网上销售，建成乡镇电商服务站15个、村级电商服务点149个，电商交易额1.2亿元。大力发展特色乡村旅游，落实奖补资金200万元，新建农家乐60家。

【“三农”工作】2016年，在适宜区域大力推广“菜—粮—油”两年三熟高效种植模式，在浅山半干旱区和南部二阴山区推广复种蔬菜和高原夏菜，实现了蔬菜错季种植、均衡上市。建成通济牧业循环畜牧业大型示范基地，新建“蛋鸡+果树”、“生猪+蔬菜”生态循环畜牧发展示范点5个。投入资金3400万元，新建改扩建规模养殖场（小区）16个，发展规模养殖户71户，规模化养殖率58%。及时足额兑现草原禁牧补助资金187.2万元。建成洛门牟坪省级苹果标准示范园，新建四门南坪、马力北顺、洛门金川、鸳鸯李山等千亩优质果品示范基地5个，新建优质果园1.6万亩，改造老果园1500亩。咀头大樱桃被认证为A级绿色食品，洛门镇金川合作社选送的俄矮2号苹果在花牛果品大奖赛中荣获金奖，牟坪现代农业苹果矮化密植示范园区荣获果品示范园区建设第二名。举办各类果品技术培训班90期，培训果农1.4万人次。

【项目建设】2016年，争取政府投资项目183个，总投资11.6亿元。其中国家和省级项目资金7.2亿元。争取国家专项建设基金1.7亿元、地方政府债券0.6亿元，全部用于支持重点项目和民生项目建设。投资5450万元的武漳公路、投资5721万元的贺岷公路、投资1395万元的姚杨公路、投资1000万元的洛门至蓼阳公路等一批重点公路建成通车，投资8.7亿元的国道310线武山段升级改造、投资1.5亿元的洛门至水帘洞景区旅游公路、投资4600万元的中国建材集团祁连山武山水泥生产线技改迁建道路等一批项目加快推进，民武灌区、高效节水灌溉等一批重大水利工程全面建成，投资2.88亿元的引洮供水二期工程武山段、投资2000万元的鸳鸯渭河大桥、投资2亿元的四星级宾馆宁远国际大酒店、投资4434万元的人民广场、投资6461万元的县体育馆、投资2500万元的城关五小等项目加快实施。

【优势产业】2016年，以“一园一区四片两带”为重点，做大做强蔬菜首位产业，蔬菜种植面积39万亩，标准化生产面积32万亩，总产量108万吨，总产值22亿元。整合资金，在城关、洛门、山丹、马力、高楼、滩歌6乡镇建设钢架大棚5000亩。以武山蔬菜科技示范园为平台，引进蔬菜新品种30个，全面展示水肥一体、立体栽培、农业物联网等生产新技术。“武山蒜苗”成功注册为国家地理标志证明商标，推广航天蔬菜新品种种植2.5万亩。列入预算专项补助资金1000万元，大力实施豆角产业扶贫工程。建成城关南峪、洛门邓湾、温泉东梁、榆盘下河、高楼吴坪、李坪等32个豆角集中连片示范点。

【社会保障】2016年，全县共有城市低保对象2423户5683名，发放低保金2083.9万元；农村低保对象1.6万户5.4万名，发放低保金8957.8万元。农村五保供养对象2043户2079人，发放五保供养资金1027万元。救助城乡困难群众2254人，发放医疗救助金478.6万元。其中定点医疗机构即时结算1840人，发放救助资金152.2万元；救助大病患者414人，发放救助资金326.3万元。城镇新增就业9105人，城镇居民登记失业率3.2%。培训城乡各类人员6550人，已认定创业孵化基地4个。劳务输转10.8万人，创劳务收入18亿元。征缴城镇职工养老保险费4302.2万元，失业保险费211.4万元，基本医疗保险费4000万元；城镇居民基本医疗保险费148万元，生育保险费141万元，工伤保险费241万元。城乡居民社会养老保险参保22.2万人。新农合参合率98.1%，共为60万例参合病人报销医药费1.4亿元，武山县新农合平均住院实际补偿比例位居全省第二名。

【社会事业】2016年，实施教育项目140个，总投资1.4亿元。县一中分校区新建、县二中迁建前期工作进展顺利。县三中扩建和城关四小、城关五小新建及32个“全面改薄”项目加快推进，新建校舍2.8万平方米。足额落实国家助学金4380万元、义保经费5721万元，为3886名乡村教师落实生活补助金1065万元，为985名农村代课教师落实教龄补助39.5万元，资助各类贫困学生11.9万人次。对建档立卡贫困家庭普通高中学生免除了学杂费和书本费，补充招聘教师580名，引进急缺专业人才72名，学前教育三年毛入园率、九年义务教育巩固率、高中阶段毛入学率分别达90.4%、94.3%、91%，高考二本上线1352人。成功举办了第十九届中学生田径运动会和第32届春节武术表演赛。申报“武山秧歌”等省级非遗保护项目7个，县博物馆、美术馆、图书馆、文化馆、龙台农耕文化博物馆、石岭下彩陶博物馆正式开馆，举办了“中国梦•武山情”大型书画展、纪念红军长征胜利80周年“永远的长征”文艺晚会等各类大型文艺活动。县医院迁建前期工作进展顺利，县妇幼保健院、城关社区卫生服务中心康复楼、马力卫生院等项目加快建设，完成了77个贫困村标准化村卫生室建设，贫困村标准化村卫生室实现全覆盖，建成滩歌、鸳鸯等11个中医药特色乡镇卫生院和榆盘马寨等51个中医特色村卫生室。五朝梁高山台站基础设施建设项目完成主体工程，广播电视节目无线数字化覆盖工程全面完成，104个行政村“村村响”三期工程建设进展顺利。“平安武山”建设扎实有效。“七五”普法规划全面启动，查处行政、治安案件1479起，侦破刑事案件677起，办理群众来信来访87件，办理法律援助案件383件，成功调处矛盾纠纷2565件，被评为信访“三无”县，社会大局更加稳定。

【环境保护】深入开展燃煤锅炉、小石灰窑机砖厂、建设项目、涉矿企业、畜禽养殖、农村环境等六个环保专项整治行动，城区空气质量优良天数达330天以上，地表水水质和饮用水水源水质达标率连续稳定保持在100%。环保部西北督查中心和省、市、县环保督查中发现的问题全部得到有效整改。持续开展林业生态建设和城乡环境秩序整治，深入推进“三城联创”，严厉打击乱修乱建等违法行为，天定高速沿线城乡一体化示范长廊、“三线四片两带百村”美丽乡村示范片带建设成效显著，建成2个省级、3个市级美丽乡村示范村和35个市级整洁村。城区生活垃圾无害化处理率81%，城镇人均公园绿地面积2.1平方米。

张家川回族自治县

【基本概况】张家川回族自治县位于甘肃东南部，东依陕西陇县，南邻清水县，西接秦安县，北与华亭、庄浪两县接壤。总面积1311.8平方公里，东西长62公里，南北宽48公里。地势由东北向西南倾斜，最高海拔2659.4米，最低海拔1486米，平均海拔2011.4米。自然景观和文化遗址较多，主要景观有五龙山、老龙潭、斩蛇崖、小麦积、五指山、青石崖、石人峰等，主要文化遗址有五龙山云风寺遗址、佛爷崖太极八卦图、二郎神脚印石、栓马桩以及宣化岗拱北、清真寺、正觉寺、花果山石窟、摩崖石刻、老庵寺、街亭古战场遗址、秦亭遗址、马家塬战国古墓遗址等。植物有木本、草本、观赏和药用4大类600多种，乔木类主要集中在东北部天然林区，灌木类主要集中在东北部关山区，野生草本植物比较常见的有240多种，观赏植物有70多种。珍贵动物9种均属国家一、二、三级保护动物。矿产资源储量丰富，已探明有铁、铜、铅、锌、水晶、长石、大理石、花岗岩等20多种矿产资源。

【国民经济】2016年，全县实现生产总值27.4亿元，比上年增长7.6%。其中，第一产业增加值6.5亿元，增长5.4%；第二产业增加值3.2亿元，增长9%；第三产业增加值17.7亿元，增长8.3%。完成规模以上工业增加值1.5亿元，增长11.1%；固定资产投资51亿元，增长11.6%；社会消费品零售总额7.8亿元，增长10.1%；一般公共预算收入1.5亿元，增长10%；城镇居民人均可支配收入20893元，增长9.2%；农村居民人均可支配收入5843元，增长8.2%。

【供给侧结构性改革】把农业供给侧结构性改革作为全新发力点，紧紧瞄准市场需求，不断优化农业产业结构，大力发展特色优势产业，开启农业产业“进沟上山”模式，全力推进农业转型升级，全面提升农业生产综合效益。积极引进种养殖加工和林产品加工企业，拉长农业产业链，促进三产深度融合。

【脱贫攻坚】集中力量推进23个“三最村”脱贫攻坚工程，实施了10乡镇40村的整村推进项目。依托互助协会向3074户贫困户发放精准扶贫专项贷款1.73亿元。大力发展“三大富民产业”，培训“伊香拉面师”1851人，新增清真餐饮经营店750家、宾馆50家。建设养殖场14个，发展规模养殖户235户，有效拓宽了群众增收渠道。实施大阳等8乡镇12个贫困村饮水安全巩固提升工程，实现贫困村饮水安全全覆盖。积极推进水土保持生态功能区建设，新增造林7600亩，新修坡改梯5100亩。

【农村和农业经济】2016年，全县实现农业增加值6.5亿元，比上年增长5.4%。粮食总产量11万吨，下降11.7%。主要经济作物中，油料产量5340吨，增长3%；蔬菜产量13.4万吨，增长11.7%；中药材产量1184吨，增长1%。粮食作物种植面积47万亩，油料种植面积7.1万亩。大牲畜存栏13.2万头（匹），下降1.5%。其中牛存栏12万头，下降0.2%；羊存栏12.5万只，下降2.1%；猪存栏1.3万头，下降2.2%。牛出栏4.3万头，增长5.5%；羊出栏5万只，增长9.1%；猪出栏1.5万头，下降3.2%。肉类总产量6939吨，增长4%。输转富余劳动力6.9万人（次），创劳务收入12亿元。7个示范村和35个整洁村改善农村人居环境工程扎实推进。

【项目建设】2016年，全县共争取项目65项，到位国家和省市投资5.5亿元。建设项目113项，开工率72%，累计完成投资10.9亿元。迎宾大道、工业一路、风情园综合服务管理区、宏昇路、后川河（风情园段）河道治理、棚户区改造等县城建设项目顺利推进，恭门镇至天河三级公路即将建成通车，古土梁至清水县薛堡、龙山镇至张棉三级公路开工建设，8乡镇11村581户易地扶贫搬迁工程全面开工，6条61.3公里建制村通畅工程、4个“千村美丽”示范村道路建设工程扎实推进。成立了交投公司、水投公司，申请到农发行专项基金贷款2.09亿元，有效解决了项目建设资金短缺难题。

【优势产业】东部矿产业加工园区完成了园区总体规划和规划环评，中部工业园区完成了后川河治理工程，西部皮毛加工贸易园区进行总体规划编制工作。天源一期49.5兆瓦风电项目全面建成，二期50兆瓦风电项目启动建设，太极集团三期扩建项目、国梦天然气利用项目积极推进，联民畜牧养殖有限公司定点屠宰生产线投入使用，工业带动支撑县域经济发展的能力明显增强。

【社会保障】2016 年，全县城镇新增就业 2241 人，输转富余劳动力 6.6 万人，创劳务收入 8.9 亿元。认真落实城乡低保、农村五保供养提标提补政策，有效实现了农村低保标准与扶贫脱贫线的“两线合一”。不断巩固提高新农合参合率，补偿参合农民 55 万人（次），补偿金额 1.2 亿元。

【社会事业】2016 年，全县 91 所行政村幼儿园开园招生。高考各类本科上线 674 人。持续深化县级公立医院综合改革，全面落实基本药物制度。72 个贫困村标准化村卫生室全部建成使用，3 个乡镇卫生院业务用房及职工周转宿舍完成主体工程。双拥共建、扶残助残活动深入开展。深入开展信访秩序、城市管理和土地管理秩序大整顿，城乡环境面貌有了初步改观。加大安全生产隐患排查整治力度，不断完善应急处置预案体系，组织开展多层次处置突发事件应急演练，有效保障了人民群众生命财产安全。

【环境保护】2016 年，全县城区 PM10 年均值 0.066mg/m3，空气达标优良天数 330 天。饮用水 61 个项目全部达标，达标率 100%。环境噪声测点达标率 100%，平均等效声级 41.1 分贝，未超过二类区噪声标准 60 分贝。科学编制石峡水库、马关乡庙湾村供水工程、连五乡马咀村供水工程集中式饮用水水源地保护项目实施方案，完成项目建设污染源清理整治工程 5700 立方米、安装一级保护区隔离防护带 8890 米、设置宣传警示标志界标 97 个，界桩 45 个，环保宣传牌 9 个，交通警示牌 10 个。

武威市

【基本情况】武威位于甘肃省中部、河西走廊东端，是中国旅游标志——马踏飞燕的出土地。1986 年被国务院命名为全国历史文化名城和对外开放城市，2001 年 5 月经国务院批准撤地设市，2005 年被命名为中国优秀旅游城市，2012 年 10 月被命名为中国葡萄酒城。现辖凉州区、民勤县、古浪县和天祝藏族自治县，总面积 3.2 万平方公里，有 93 个乡镇、1126 个村民委员会、9 个街道办事处、74 个居民委员会。2016 年，年末常住人口 181.98 万人，其中，城镇人口 68.65 万人，乡村人口 113.33 万人，聚居着汉、藏、回、蒙等 38 个民族。

【国民经济】2016 年，全市实现生产总值 461.7 亿元，比上年增长 8.5%。其中，第一产业增加值 108.3 亿元，增长 6.3%；第二产业增加值 170.7 亿元，增长 9%；第三产业增加值 182.7 亿元，增长 9.3%。三次产业对经济增长的贡献率分别为 18.6%、40.0%和 41.4%，结构比为 23.4：37：39.6。固定资产投资 689.2 亿元，增长 11.2%；社会消费品零售总额 178.2 亿元，增长 9.6%。一般公共预算收入 31.1 亿元，增长 22.5%；一般公共预算支出 176 亿元，增长 2.4%。工业用电量 26.6 亿千瓦时，增长 15.6%。公路运输总周转量 142.7 亿吨公里，增长 16.2%。

【供给侧结构性改革】2016 年，全市关闭煤矿 5 处、退出产能 33 万吨；水泥生产企业 1 家，停建水泥生产项目 2 个。对涉嫌生产“地条钢”的 3 家企业依法依规拆除设备。商品房销售面积达 19.4 万平方米，比上年增长 22.6%，商品住宅去化周期由 2015 年底的 26 个月缩减到 18 个月。全面落实结构性减税、普遍性降费和降低融资成本、制度性交易成本、用能用地成本等政策措施，企业运营成本不断下降。截至 2016 年底，全市贫困人口减少到 8.32 万人。累计完成“下山入川”生态移民 3.51 万户、13.46 万人，实现了生态、扶贫与新农村建设的共赢发展。全年农林牧领域项目投资增长 61.2%，交通运输、仓储和邮政业投资增长 95.3%，水利、环境和公共设施投资增长 67.3%，公共管理和社会组织投资增长 35.9%。

【脱贫攻坚】建成古浪黄花滩、天祝南阳山片等生态移民安置区。2016 年落实精准扶贫项目资金 32.7 亿元。累计发放精准扶贫专项贷款 32.8 亿元。落实“下山入川”移民搬迁 1.87 万户、7.51 万人，搬迁入住 0.62 万户、2.38 万人。全年减贫 5.39 万人，贫困发生率下降到 5.65%。

【农业和农村经济】2016 年，全市完成农业增加值 109.7 亿元，比上年增长 6.3%。农作物播种面积 380.2 万亩，增长 0.6%。其中，粮食作物 196.9 万亩，经济作物 183.3 万亩。粮经比为 51.8：48.2。甜高粱新兴产业发展势头良好，种植面积达 40.2 万亩。全年粮食产量达到 106.6 万吨，其中夏粮产量 14.6 万吨，秋粮产量 92 万吨。特色优质作物面积达 252 万亩，占农作物总播种面积的 66.3%。其中：优质小杂粮、优质马铃薯、优质中药材和优质蔬菜的播种面积分别为 13 万亩、38.9 万亩、16.4 万亩和 37.5 万亩，分别增长 42.8%、18.6%、17.8%和 5.6%。培育市级以上农业产业化龙头企业 146 家。农民专业合作社达到 8548 家，成员总数达到 8.6 万人，建成国家级农民合作社示范社 24 家、省级 95 家。新认证“三品一标”农产品 46 个、累计达到 176 个。制定实施农产品销售和冷链物流发展实施方案，新增冷链仓储库容 9.4 万吨、累计达到 29.3 万吨，设施农产品外销量达到 72%。

【项目建设】2016 年，共签约招商引资项目 629 项，开工 356 项，实施招商引资项目 1165 项，总投资 2919 亿元，到位资金 978 亿元，比上年增长 4.3%。全年共实施 500 万元及以上项目 1293 项，比上年增加 164 项。实施 500 万元及以上新开工项目 985 项，增加 312 项，完成投资 381.3 亿元，增长 60.6%，拉动固定资产投资增长 23.2%。完成房地产开发投资 41.6 亿元，增长 46.9%，比上年提高 29.4 个百分点。在北仙高速、天景公路、世行贷款基础设施、甘肃（武威）国际陆港凉州产业基地道路、工业园区道路工程等项目的带动下，交通运输类项目完成投资 163.6 亿元，增长 95.3%，拉动固定资产投资增长 12.9 个百分点。

【优势产业】2016 年，中国航天武威新能源装备制造产业园、甘肃建投新能源装备制造产业园、青啤 28 万千升啤酒、京奥港 30 万吨高档饮品、承威专用车、祁连山水泥等一大批骨干工业项目建成投产。风光电装机规模达到 300 万千瓦。战略性新兴工业企业达 51 户，完成工业增加值 14 亿元，比上年增长 16.3%。省、市级工程技术研究中心、企业技术中心、高新技术企业分别达到 35 家、53 家、13 家。武威市被列为甘肃省循环经济试点城市、创建国家循环经济示范城市。新增设施农牧业 5.8 万亩，累积建成 90.8 万亩，户均 2.6 亩，新增特色林果业 12.8 万亩，累计达到 168.5 万亩，户均 1.1 亩。设施瓜菜、肉类和特色林果产量分别达到 131.5 万吨、19 万吨和 23.3 万吨。实施 50 项出口农产品生产技术规程，建成出口农产品基地 65 万亩，辐射带动周边区域 120 万亩。认证“三品一标”农产品 161 个。市级以上农业产业化龙头企业达到 146 家，设施农产品外销量占总产量的 70% 以上，冷藏储备库容达到 37 万吨。新建、续建生活消费品、生产资料等各类市场 93 个，建成农家店 1263 个、商品配送中心 14 个、商贸中心 4 个。万嘉国际广场、新圣园家居汇展中心等一批大市场建成运营，红星时代广场、万嘉汇·台湾士林不夜城、武威天马中心等项目加快建设。《金色大道·马踏飞燕大景区总体规划暨节点修建性详细规划》获批实施，莫高·中国葡萄酒城、塔儿湾祁连冰雪嘉年华滑雪场一期工程等项目建成投运。完成快递业务量 165.4 万件，增长 58.6%。全年接待国内外游客 970 万人次，增长 22.91%，实现旅游总收入 50 亿元，增长 24.5%。实现外贸进出口总额 2.1 亿元。举全力建设甘肃（武威）国际陆港，《甘肃（武威）国际陆港发展战略规划（2016～2030）》获省政府批复实施。中欧国际货运班列“天马号”累计发运 51 列、货运量 7.5 万吨、货运总值 1.57 亿美元。武威进境木材集中监管区、进口肉类查验场获批建设，陆港基础设施建设加快推进。武威天马机场列入国家民航总局“十三五”民航发展规划，武威铁路口岸列入甘肃省“十三五”口岸发展规划。甘肃路斯宠物食品等 16 个项目入驻陆港，跨境电商全球直购体验中心建成运营，武威众兴菌业循环经济示范园开工建设。

【人民生活】2016 年，全市城镇新增就业 2.9 万人，城镇登记失业率为 3.06%。居民消费价格总指数 101.4%，商品零售价格总指数 100.9%。全年城镇居民人均可支配收入 23612 元，比上年增长 8.8%；城镇居住人均消费支出 16941 元，增长 11.6%。农村居民人均可支配收入 9784 元，增长 7.5%；农村居住人均消费支出 7494 元，增长 10.9%。全年新建续建新型农村社区示范点 52 个，建成新农宅 2.4 万户；城镇保障性住房基本建成 1.2 万套，实施棚户区改造 9392 户。创建省级“千村美丽”示范村 24 个、市县区级 80 个，“万村整洁”村 469 个。

【环境保护】石羊河流域重点治理规划完成省级评估，蔡旗断面过水量达到 3.4 亿立方米，民勤盆地地下水开采量 8536 万立方米，青土湖水面扩大到 25.2 平方公里，地下水埋深升至 3 米，形成旱区湿地 106 平方公里。甘蒙省界千里大林带建设持续推进，完成压沙 4.8 万亩、造林 14.8 万亩、封育 10.5 万亩。完成人工造林 41.1 万亩、封育 36.7 万亩。完成防沙治沙用沙面积 22.6 万亩，比上年增加 5.4 万亩。全市达到地表水 III 类功能区标准断面的比例为 100%。城市空气质量优良天数达到 308 天。城市污水处理厂日处理能力达 9 万立方米，城市污水处理率 96%。城区集中供热面积 1180 万平方米。城市生活垃圾无害化处理率达 99.5%。城市建成区绿地率达到 22.7%。

【社会保障】2016 年年末，全市城镇职工基本养老保险参保人数 12.5 万人，其中离退休人员 4.3 万人；基金征缴 70813 万元，支付 99147 万元。城乡居民基本养老保险参保人数 87.5 万人，其中城镇居民 2.4 万人。城镇职工基本医疗保险参保人数 13.3 万人，基金征缴 38629 万元，支付 37239 万元。城镇居民基本医疗保险参保人数为 16.7 万人，基金征缴 2168 万元，支付 8406 万元。失业保险参保人数 7.3 万人，基金征缴 4409 万元，支付 2101 万元，领取失业金人数 1984 人。工伤保险参保人数 12.5 万人，其中农民工参保 5.2 万人；基金征缴 3154 万元，支付 4015 万元；享受工伤待遇人数 1319 人。生育保险参保人数 7.6 万人，基金征缴 933 万元，支付 1244 万元，享受生育保险人数 1965 人。新型农村合作医疗保险参保人数 139.7 万人，参保率达 98.9%。城镇居民得到最低生活保障救济的人数 4.5 万人。农村最低生活保障救济人数达 18.4 万人，农村五保供养 0.95 万人。全市有福利院 5 所，在院人数 445 人；民办养老机构 4 所，拥有床位 425 张；农村敬老院 18 个。各类养老机构拥有床位数 3780 张，在院人数 2687 人。

【社会事业】2016 年，凉州区、天祝藏族自治县通过义务教育发展基本均衡县国家评估认定。改造中小学校舍及运动场 20.9 万平方米，新建改建村级幼儿园 74 所，武威一中迁建提升工程启动建设。学前教育幼儿免（补助）保教费、建档立卡贫困家庭普通高中学生免（补助）学杂费和书本费等政策全面落实。九年义务教育巩固率、高中阶段毛入学率分别达到 99.5%、93.2%。武威职业学院建成国家骨干高职院校，一期扩建工程和直属附属医院建设进展顺利。中国首台自主研发的医用重离子加速器建成，恶性肿瘤高发区防控模式示范项目、乙肝防治示范区建设项目持续推进。乡镇以上医疗卫生计生机构达 294 个，床位 9263 张，有各类卫生技术人员 9471 人，每千人拥有医师 1.96 人，每千人拥有床位 5.09 张。图书馆达到 5 个，博物馆 10 个，文化馆 5 个，乡镇文化站 93 个，建成乡村综合性文化服务中心（乡村舞台）940 个、乡镇及社区体育健身中心和村级体育场 770 个。广播节目综合人口覆盖率为 99.2%，电视节目综合人口覆盖率为 99.7%。幸业养老中心建成投运。实施凉州城区 65 岁及以上老年人免费乘坐城区公交车和公交“一卡通”。深入推进平安武威建设，依法严厉打击各类违法犯罪活动。加大食品药品安全监管力度。严格落实安全生产责任制，安全生产形势保持稳定。深入推进藏族地区社会治理，确保了天祝藏族地区和谐稳定。

（刘锦莲）

凉州区

【基本情况】凉州区位于甘肃省河西走廊东端，地势西南高东北低，平均海拔1632米，地形分为三部分，西南部为祁连山地，中部为走廊平原，东北部为沙漠。属冷温带干旱区，是典型的大陆性气候，日照充足，温差大，无霜期为150天，宜于粮油作物的生长。全区土地面积4907平方公里，现辖29镇8乡、2个生态建设指挥部、9个城区街道办事处，441个村民委员会、40个城区社区居委会，聚居着汉、藏、回、蒙等38个民族，常住人口101.3万人。

【国民经济】2016年，全区实现生产总值287亿元，比上年增长8.5%；工业增加值63.7亿元，增长10%，其中规模以上工业增加值56.4亿元，增长10.4%；固定资产投资352.9亿元，增长11.3%；社会消费品零售额105亿元，增长9.5%；一般公共预算收入12.2亿元，增长22.1%；一般公共预算支出59.1亿元，下降4.2%。城镇居民人均可支配收入24924元，比上年增长8.9%；农村居民人均可支配收入11966元，比上年增长7.1%。

【供给侧结构性改革】对钢铁、煤炭、十五小、新五小企业及落后生产线、设备定期检查，及时淘汰落后产能，目前全区无钢铁和煤炭生产企业。2016年全区商品房销售面积达67.3万平方米，比上年增长31.4%，商品住宅去化周期由2015年底的33个月缩减到20个月。规模以上工业企业资产负债率为61.2%，比上年下降2.9个百分。规模以上工业企业每百元主营业务收入中的成本为85.9元，比上年减少0.2元。全年全区脱贫28276人，贫困发生率下降到2.1%；农林牧领域项目投资增长49.4%，交通运输、仓储和邮政业投资增长89.5%。

【脱贫攻坚】坚定不移地走建棚子、栽林子、抓票子、盖房子、过上好日子的扶贫开发新路子，补短板、打基础，促产业、增收入，抓搬迁、建新村，减贫脱贫成效显著。2016年，全区脱贫7308户、28276人，贫困发生率下降到2.1%。

【农业和农村经济】2016年，全区农作物播种面积167.4万亩。其中：粮食作物总播种面积104.9万亩，下降3.5%，经济作物播种面积62.5万亩，增长6.8%。粮食总产量达67.8万吨，蔬菜总产量达169万吨，比上年增长5.5%。肉类总产量8.8万吨，比上年下降1.1%。奶产量1.7万吨，增长61.3%。油料产量2.1万吨，增长22.7%；园林水果产量10.2万吨，增长13.5%；中药材产量2.2万吨，下降4.8%。年末大牲畜存栏36.9万头(只)，下降2.2%；牛存栏36.3万头，下降1.9%；羊存栏94.8万只，下降4.1%；猪存栏76.1万头，下降3.1%。农业机械总动力165.4万千瓦，比上年增长3.4%。大中型拖拉机6462台，增长30.7%，小型拖拉机47860台，下降1.6%，农用水泵12654台，农村载重汽车7135辆，与上年持平，农用化肥使用量（实物量）271878吨，下降3.2%。

【项目建设】2016年，全区实施500万元及以上在建项目500项，比上年减少124项，计划总投资606.3亿元，比上年减少73.8亿元。其中亿元以上项目113项，比上年增加1项。共签约招商引资项目202项，落实招商引资到位资金393.6亿元，比上年净增17.8亿元，增长4.7%。

【优势产业】凉州区境内有可供游览、观光、考古、研究的古建筑群、古遗址、古墓葬等160多处，馆藏文物4万多件，有举世闻名的珍贵国宝西夏碑、被称为陇右学宫之冠的文庙、始建于北凉时期被称为石窟之祖的天梯山石窟、西藏正式纳入中国版图的历史见证地白塔寺、中国旅游标志铜奔马的出土地雷台汉墓等一批国家级重点文物保护单位。2016年，全年接待国内游客790.1万人次，同比增长23.3%；旅游综合收入40.0亿元，增长25.2%，接待入境游客919人次，旅游外汇收入17.1万美元。抢抓国家一带一路战略机遇，着力打造新丝绸之路经济带黄金节点。武威保税物流中心封关运营，中欧国际货运班列“天马号”常态化运行，进境木材检验检疫集中监管区、进口肉类指定查验场获批建设。

【环境保护】全区有环境监测站1个，环境监察机构1个，环境监测和监察人员分别有12人和21人。全年完成环境污染治理项目463个，工业污染企业废水达标率为80.5%。城市空气质量优良天数308天，PM10平均浓度值97微克/m3。

【社会保障】2016年年末，全区城镇职工基本医疗保险参保人数为51070人，参保率为99.1%；城镇居民基本医疗保险参保人数为120890人，参保率达99.4%；新型农村合作医疗保险参保人数达743841人，参保率达99.9%。城镇职工基本养老保险参保人数达60272人；城乡居民社会养老保险参保人数为440246人；参加失业保险人员29956人，参加工伤保险参保人数为63621人。参加生育保险人数为18199人。

【社会事业】2016年，区级以上科技成果61项，比上年增长15.1%。专利申请受理566件，增长64%；授权专利328件，增长45%；授权发明专利23件，增长187.5%。共鉴定技术合同36项；技术合同成交金额48441.3万元，增长21.4%。全区共有文化馆1个，公共图书馆1个，乡镇文化站37个。数字有线电视入户率和广播电视无线覆盖率分别达到60%和100%。共有卫生机构905个，其中医院、卫生院45个。社区卫生服务中心(站)7个。拥有床位5893张，卫生技术人员7408人。有运动场1076个，室外全民健身路径292条，新建成农民体育健身工程行政村73个。

（冯淑玲）

民勤县

【基本情况】民勤县地处河西走廊东北部、石羊河流域下游，南临凉州区，西南与金昌市连接，东西北三面被巴丹吉林和腾格里两大沙漠包围。全县土地总面积1.58万平方公里。现辖18个乡镇、248个村民委员会、7

个居民委员会，2016 年，常住人口 24.13 万人，其中城镇常住人口 7.78 万人，农村常住人口 16.35 万人。农作物种类繁多，品质优良。工业矿藏已探明的有储量 10 亿吨煤炭资源，还有品质石墨、芒硝、石膏、铁、镍等多种具有较高开发价值的矿产资源。县内风光资源丰富，具有发展风电、光伏电等清洁能源产业得天独厚的地域优势。

【国民经济】2016 年，全县实现生产总值 77.8 亿元，比上年增长 8.7%。其中，第一产业增加值 25.2 亿元，第二产业增加值 25.7 亿元，第三产业增加值 26.9 亿元，分别增长 6.9%、9.2% 和 9.9%，三次产业结构比为 32.4∶33.1∶34.5。完成全部工业增加值 18.8 亿元，增长 10.1%。其中，规模以上工业增加值 10.8 亿元，增长 10.7%。完成固定资产投资 156.2 亿元，增长 11.1%。招商引资实际到位资金 236.6 亿元，增长 6.4%。一般公共预算收入 4.1 亿元，增长 25.6%。实现社会消费品零售总额 25.9 亿元，增长 10.4%。年末全县金融机构各项存款余额 126.9 亿元，下降 8.6%；各项贷款余额 158.1 亿元，增长 12.6%。

【供给侧结构性改革】牢固树立绿色发展理念，2016 年全年单位工业增加值能耗降低率 4.4%，单位工业增加值用水量下降 4.9%。全年规模以上工业企业存货比上年下降 3.3%，其中产成品存货下降 20.4%。全面落实结构性减税、普遍性降费和降低融资成本、用能用地成本等政策措施，企业运营成本不断下降。全县贫困发生率下降到 0.53%。农林牧领域项目投资增长 25.8%，交通运输、仓储和邮政业投资增长 2.5 倍；水利、环境和公共设施投资增长 8.8 倍。

【脱贫攻坚】按照“两不愁、三保障”要求，组织开展全县农户“五项否决指标”清查行动和精准扶贫对象“大走访、回头看”行动。按照新出台的《甘肃省贫困退出验收办法》，对重新识别的贫困人口全部建档立卡，落实单位集体帮扶措施和医疗救助政策，实现了贫困人口享受一、二类低保全覆盖。认真落实“七个一批”清单式管理要求，因村因户因人施策，精准落实帮扶措施，精准改善基础条件，着力保障精准扶贫实效。2016 年完成建档立卡贫困户危房改造 147 户、非贫困户危房改造 505 户。全年实际减贫 68 户、237 人，贫困发生率下降到 0.53%，脱贫成果不断巩固提升。

【农业和农村经济】2016 年，全县农作物种植面积 86.6 万亩，比上年增长 3.3%。其中，粮食作物 19.8 万亩，下降 15.8%，粮食总产量达 12.6 万吨；经济作物 56.3 万亩，增长 6%；青饲料 10.4 万亩，增长 47.5%，粮经草比为 22.9∶65∶12.1。新建设施农牧业 0.6 万亩，新植特色林果业 2.6 万亩。蔬菜产量 41.9 万吨，其中设施蔬菜产量 27.5 万吨；水果产量 8 万吨；肉类总产量 2 万吨，增长 3.7%。新建、续建新型农村社区 23 个，完成主体工程 8368 户。创建“千村美丽”示范村 12 个、“万村整洁村”32 个。新增农民专业合作社 438 家，累计达到 2373 家，累计创建示范性专业合作社 207 家，新增国家级示范合作社 1 家、县级 100 家。全年土地流转面积 5.03 万亩，累计达到 26.45 万亩，涉及农户 1.85 万户。

【项目建设】2016 年谋划项目 120 项，储备重大项目 80 项，争取到位国家及省市各类项目资金 25 亿元。实施 500 万元及以上项目 256 项，比上年增加 105 项，其中新开工项目 237 项，增加 124 项。投资 5000 万元及以上项目 66 项，亿元及以上项目 36 项。全年共实施招商引资项目 265 项，落实到位资金 236.6 亿元，比上年增长 6.4%。民红高速公路建成通车，红崖山水库加高扩建、中医院整体搬迁及妇幼保健院业务用房等项目完成主体工程，千里沙漠大林带治沙道路、北仙高速公路民勤段、大滩至南湖公路等项目快速推进；武威洁源风电项目并网发电，武威杰达 2000 吨氯甲基吡啶项目投入试运行，东顺化工 30000 吨硫化碱、鑫达 6000 吨二甲基二硫等重点项目建成投产。

【优势产业】2016 年，全县特色林果面积累计达到 49.7 万亩；设施农牧业累计达到 13.9 万亩，规模养殖场（小区）累计达到 986 个。加大“三品一标”认证力度，向日葵、枸杞、辣根、甜瓜、籽瓜等 7 个产品绿色食品前期申报工作顺利完成。民勤红枣、民勤枸杞通过国家地理标志产品保护认定。深入推进国家电子商务进农村综合示范项目建设，健全完善县乡村三级电商服务体系和农村物流配送体系，全年农产品网上销售额突破 2 亿元大关。培育了金樽宝、梭梭农庄、乐活沙宝、连古城、沙漠狼等网销品牌，打造了民勤羊肉、民勤蜜瓜、民勤人参果、民勤沙葱等区域品牌。以发展农副食品加工制造业、轻工制造业、机械制造业、仓储物流业等特色优势产业为核心，加快园区建设，提升产业集聚和产业核心力，培育形成民勤中天羊业有限公司、民勤县兴宝实业有限公司、甘肃正元生物科技有限公司、甘肃华葉生物科技有限公司等龙头企业。建成并网风光电企业 22 户，其中 15 户企业达到规模以上标准入库进行统计，全年风光电企业完成工业增加值 3.3 亿元，占规模以上工业的 30.5%。

【人民生活】2016 年，全县城镇居民人均可支配收入突破 2 万元大关，达到 20340 元，比上年增长 9%；农村居民人均可支配收入 11250 元，增长 7%。城镇、农村居民人均消费支出分别为 16348 元、10453 元，分别增长 9.7%、10%，城镇新增就业人员 3880 人，下岗失业人员实现再就业 1100 人，就业困难人员实现再就业 155 人，年末城镇登记失业率为 3.41%。输转城乡富余劳动力 6.02 万人，实现劳务收入 11.02 亿元。完成创业能力培训 839 人，安置公益性岗位 155 个。完成城镇棚户区改造 450 户，公租房基本建成 1200 套。

【环境保护】2016 年，全县严格落实最严格的水资源管理制度，严守“三条红线”不突破。蔡旗断面过水量达到 3.374 亿立方米，民勤盆地地下水开采量 8536 万立方米。红崖山水库向青土湖下泄水量 0.3358 亿立方米，形成水面 25.16 平方公里，地下水埋深升至 2.99 米。石羊河流域重点治理规划完成省级评估。严格执行“五禁”规定，突出加强千里沙漠大林带禁牧工作和石羊河国家湿地公园、青土湖、黄案滩等湿地保护建设，全力巩固扩大生态治理成果。全年以千里沙漠大林带、万亩胡杨林实验培育基地、梭梭井国家沙化土地封禁保护区等为重点，完成人工造林11.83万亩（其中营造胡杨林3000亩），封沙育林（草）10.5万亩，工程压沙4万亩，通道绿化322公里，义务植树232万株。民勤县黄案滩国家沙漠公园通过国家林业局评审并开展试点。全面实施大气、水、土壤污染防治行动计划，实行环境保护常态化巡查。完成环境污染治理项目19个（类），环境污染治理总投资16373.44万元。新增城区绿地面积1.6万平方米，改造绿地面积7.2万平方米，建成区绿地率达到13%。创建“全域无垃圾示范县”，深入开展“城乡环境卫生综合大整治百日攻坚行动”，城乡人居环境显著改善。

【社会保障】2016年，全县用于各类民生方面的支出达到23.8亿元，占财政总支出的81%。养老保险参保人数15.23万人，参保率达99.43%；参加基本医疗保险人数3.22万人。年末共有7666人享受城市居民最低生活保障，月保障标准达到418元；27407人享受农村居民最低生活保障，年保障标准2855元。农村五保供养1271人，累计救助医疗对象2165人次，救助城乡困难家庭2905户，保障城乡散养孤儿84人，受益残疾人2654人。失能老人养护院、儿童福利院等工程建设进展顺利，51个农村日间照料中心完成建设任务。年末参加新型农村合作医疗农民人数20.36万人，参合率达98.83%，全年筹资总额10993.32万元，累计收益48.5万人次。完成精准脱贫恶性肿瘤防控、乙丙肝及妇女“两癌”筛查16027人。

【社会事业】2016年，县长教育基金救助贫困师生1373人，发放贫困大学生生源地助学贷款1446万元；学前教育保教费补助、农村教师生活补助等优惠政策全部落实。积极推进医药改革工作。乡镇卫生院、社区卫生服务中心、村卫生室全部配备使用基本药物，各医疗机构除中药饮片外的所有药品全部实行了零差率销售。“营改增”等税收征管改革任务全面落实。实现企业“五证合一、一照一码”和个体工商户营业执照、税务登记证“两证合一”，新增各类市场主体2916户。建成“乡村舞台”248个，健身站点85个，村级体育场248个。成功举办第二届全县民间文艺大赛、第三届“端阳节赛诗会”等文化赛事活动；举办各类体育竞赛17次，参加省市比赛6次，获得奖牌8枚。健全社会治安立体防控网格管理体系，全力防范治安、金融、生态、安全生产、食品药品安全等领域的各类风险，社会大局和谐稳定，人民群众安全感和满意度持续提升。

（连昱洁）

古浪县

【基本情况】古浪，系藏语古尔浪哇的简称，意为黄羊出没的地方。古浪县地处河西走廊东端，为古丝绸之路要冲。属国家集中连片特困地区甘肃58个县之一，也是甘肃中部18个干旱县之一。全县国土总面积5047平方公里，东南分别与白银市景泰县和武威市天祝藏族自治县相连，西北与武威市凉州区接壤，北邻腾格里沙漠，是青藏、蒙新、黄土三大高原交汇地带。县境内区域类别多，自然条件差异大，地势南高北低，海拔1550～3469m，平均气温5.6℃，年降水量300毫米左右，蒸发量2300毫米以上，日照时数2852.3h，无霜期140天左右。全县辖19个乡镇，263个村（居）委会，常住人口38.8万人，其中农业人口35.4万人。境内居住着汉、回、藏、蒙、苗、满、东乡、土、瑶等十多个民族。主要矿产资源有石灰石、煤炭、石膏、花岗岩、重晶石等，其中石灰石储量达12.4亿吨，具有较高的开采价值。

【国民经济】2016年，全县实现生产总值47亿元，比上年增长8%。工业增加值8.7亿元，增长9%。完成固定资产投资83.3亿元，增长10.9%。一般公共预算收入2.7亿元，增长30.4%。社会消费品零售总额20.6亿元，增长9.1%。城镇居民人均可支配收入达到19278元，增长8.4%；农村居民人均可支配收入达到5821元，增长7.6%。

【供给侧结构性改革】2016年，古浪黑松驿水泥厂已废除年产30万吨水泥落后产能生产线主要设备，并拆除了生产线相配套的附属设施。制定《古浪县去房地产库存工作计划》，新建商品房6.56万平方米，销售商品房797套9.19万平方米。已建成的保障性住房全部分配到户。有序推进结构性减税、积极推动普遍性降费，有效降低企业融资成本、制度性交易成本、企业人工成本、企业用能用地成本、物流成本，强化企业内部挖潜和优化企业发展环境。累计投资4.2亿元建成农村公路866.8公里，全县乡镇和行政村实现100%通沥青（水泥）路。争取资金5.27亿元资金，新改建校舍17.8万平方米，完成15所乡镇卫生院改扩建和4所乡镇卫生院职工周转宿舍建设，建成村卫生室标准化209所。建成农村文化广场13处，村级农民体育健身场地52处。

【扶贫开发】2016年，全县脱贫2万人，贫困面下降到13.3%。307.5公里农村道路通畅工程、70公里“千村美丽”示范村村组道路全部建成；改造农村危房7538户，建成村级综合文化服务中心38个、乡级电商服务站4个、村级电商服务点34个，26所贫困村村级幼儿园、15所贫困村卫生室全部竣工，新建农村老年人日间照料中心52所、村级互助资金协会127个。全力实施“下山入川”工程，实施易地扶贫搬迁项目8项，开工建设5个移民点，启动建设绿洲生态移民小城镇，建设移民住宅5681套，搬迁入住1.3万人。

【农业和农村经济】2016年，全县完成农作物播种面积90.5万亩，其中，粮食作物播种面积为56.5万亩，经济作物播种面积为27.3万亩，青饲料及其它农作物播种面积为6.7万亩。粮经饲结构比为62.5∶30.2∶7.3。粮食总产量21.1万吨，增长3.9%。其中：夏粮产量4.6万吨，增长1.6%；秋粮产量16.5万吨，增长4.6%。发放各项惠农贷款14亿元，扶持建成设施农牧业1.1万亩，新建特色林果3.4万亩，挂果面积达到7.6万亩。完成44个示范点电力设施配套，建立日光温室改造提升示范点8个。种植甜高粱12.3万亩。建成青贮池5.6万立方米、蔬菜冷藏库9万平方米，新认定5家公司为县级重点龙头企业，新发展农民专业合作组织173个。完成无公害蔬菜产地认定3个，无公害畜产品产地认定3个，5个农产品通过绿色食品认证。建成出口农产品生产基地17.7万亩。

【项目建设】2016年，雍和新能源松山滩第二风电场、古浪客运中心等89个项目顺利完成。实施市列重大项目15项，完成投资25.19亿元。实施招商引资项目235项，总投资385.1亿元，落实到位资金149.8亿元，比上年增长7.7%。实施重点工业项目35项，完成投资32.5亿元，增长9%。绿润超大口径PE管和甜高粱收割机、绿邦3万吨有机肥、路斯6000吨宠物食品等21个项目建成；正阳现代农业3万吨马铃薯主食产业化生产线、伊禧堂6万吨红秃头小麦循环经济产业园等11个项目加快建设。

【优势产业】突出“规模化、区域性、多品种、高效益”发展方向，积极推广“下双”模式，引导和支持企业、合作社带动农户集中连片规模建设，设施农牧业累计达到18.84万亩，户均达到2.45亩；特色林果累计达到35.91万亩，人均达到1.02亩。推广高效农田节水技术55.12万亩、旱作农业25.52万亩，新扩建日光温室示范园区（点）5个、1313亩，养殖场（小区）34个、6328亩。特色优势产业在农业中所占比重达到80%以上。古浪县农业循环经济产业示范园创建为省级现代农业示范园。绿润现代农业、绿邦有机肥、鑫天泽塑业、雍和新能源4户企业达到规模以上工业标准入库统计。50万亩节水灌溉材料生产项目、10万吨平方米仓储深加工项目、1000万套注塑成型周转箱生产线等10多个项目建成投产。建设县乡农贸市场和畜产品交易市场4个。红色教育基地古浪战役纪念馆建成开馆。

【环境保护】2016年，甘蒙72公里边界建成100米宽的生态大林带，埋压草方格沙障1.4万亩，完成造林2.3万亩。金荣沙漠生态公路沿线两侧埋压草方格沙障1万亩，完成道路绿化11公里。完成人工造林10.7万亩，封沙育林11万亩，通道绿化371公里。认真整改国家和省市环保部门督查发现的各类环保问题，加快建设工业污染集中处理和城镇环保基础设施，深入开展环保执法专项行动，环保各项目标任务全面完成。依法严厉打击撒野放牧、乱砍滥伐等不法行为，“五禁”工作实现常态化。

【社会保障】2016年，43项“全面改薄”、27项幼儿园建设和教师周转宿舍项目全部完工，落实各类教育资助金238万元，惠及家庭贫困学生3万人。县中医院整体迁建项目住院部综合大楼完成主体工程，精准脱贫恶性肿瘤防控工程完成筛查1.4万人。建成农村文化广场4个、乡村舞台38个，9个乡镇综合文化站达标运行。裴家营中心敬老院建成投用，城乡低保、五保全面提标，保障人口5.6万人。城镇新增就业3858人，城镇登记失业率3.5%。严格落实安全生产党政同责、一岗双责，扎实开展安全隐患大排查整治行动，及时消除隐患，有效遏制了重特大事故发生。强化食品药品监管，保障了群众饮食用药安全。

（胡东山　于林）

天祝藏族自治县

【基本情况】天祝，藏语称“华锐”，意为英雄部落。天祝藏族自治县是中华人民共和国成立后第一个实行民族区域自治的地区，由周恩来总理命名的第一个少数民族自治县。地处甘肃省中部、武威市南部、祁连山东端，素有河西走廊“门户”之称。东接景泰县，西邻青海省门源、互助、乐都3县，南接永登县，北靠凉州区、古浪县，西北与肃南裕固族自治县交界。兰新铁路和连霍高速公路穿境而过。东西宽142.6千米，南北长158.4千米，面积6558平方公里。耕地面积32万亩，天然草原面积621.2万亩，森林面积410.2万亩，是石羊河流域6条内陆河（金塔河、杂木河、黄羊河、古浪河、大靖河、西营河）和黄河流域2条外流河（大通河、金强河）的重要水源涵养区和水源补给区。境内地势西北高，东南低，处于青藏高原、黄土高原和内蒙古高原交汇地带，海拔在2040米～4874米之间。地形以山地为主，山脉起伏，沟谷交错，草地广布，河流纵横。以乌鞘岭为界，岭南属大陆性高原季风气候，岭北属温带大陆性半干旱气候，年均气温-8℃～4℃，气候带垂直分布十分明显，小区域气候复杂多变。境内有以“天祝三峡”、天堂寺、石门沟、马牙雪山为代表的生态自然景观和以藏土民俗风情和藏传佛教文化为代表的人文景观。全县辖11镇8乡，174个行政村。有藏、汉、土、回、蒙古等28个民族，2016年总人口23.9万人。少数民族占总人口的37.1%，藏族占少数民族人口的97.1%。

【国民经济】2016年，全县实现生产总值50亿元，比上年增长8.6%。其中，第一产业增加值7.4亿元，增长6.5%；第二产业增加值23.1亿元，增长8.8%；第三产业增加值19.5亿元，增长9.1%。规模以上工业增加值17.4亿元，增长9.1%。固定资产投资96.8亿元，增长10.9%。社会消费品零售总额26.7亿元，增长9.3%。城镇登记失业率控制在3.2%以内。

【供给侧结构性改革】成立华威天泉公司建成了碳化硅深加工项目、玉通公司建成了中钢耐火材料有限公司等项目，为实现碳化硅可持续发展奠定了良好的基础。大力引进科技型、效益型等项目，有效改变天祝工业产品科技含量不高、产品价值低、供求关系失衡的现状。大力进行落后产能的淘汰工作，重点对安全隐患加大、生产工艺落后、环境压力较大的石灰窑进行了清理。长烟煤、海绵钛、蓄电池正极等高科技产业的相继落地建设，通过改造传统产业、淘汰落后产能，使“僵尸企业”逐步恢复生机，使资源得以有效利用。

【脱贫攻坚】紧盯一号工程，脱贫攻坚进程稳步推进。争取各类资金20.3亿元，全力推进道路交通、安全饮水、动力电覆盖、危房改造、美丽乡村等基础设施和教育、卫生、文化、基层组织等公共服务设施建设。建成贫困村道路134.1公里、乡村停靠点25个；建成贫困村小学校舍5所、幼儿园6所，综合性文化服务中心13个，标准化卫生室12个；8个贫困村动力电覆盖工程全部完工；改造贫困户危旧房1000户；开工新型农村社区10个，建成住宅2157套，并配套了基础设施和公共服务设施。落实藏族地区对口帮扶资金3500万元，实施基础设施建设、产业培育、科技扶贫等项目15项。发放精准扶贫专项贷款1239户6200万元，易地扶贫搬迁贷款196户2700万元，扶贫惠农贷款1503户3.2亿元。

【“三农”工作】2016年，新建设施农牧业5184.5亩，累计建成设施农牧业12.5万亩，日光温室集中连片示范点达71个，规模化养殖小区1116个。建成设施果蔬生产基地2.7万亩，特色种植面积达61.4万亩。推广马铃薯全膜垄作栽培技术为主的旱作农业4.7万亩，高效农田节水技术6.3万亩。种植高原绿色有机蔬菜10万亩，中（藏）药材2.1万亩。积极开展新品种、新技术试验、示范和推广，完成绵羊改良30万只，黄牛改良0.5万头。扶持发展雪峰源、天禾、绿龙、三洋盛等农业产业化龙头企业27家，农民专业合作社累计达到929家。加强农产品质量安全生产监管，认证农产品“三品一标”25个，建成出口农产品生产基地5万亩。调查核定承包地10.3万块、76.3万亩，农户签字确认地块27.3万块、74万亩，签订土地流转合同6075份，全县农村土地流转面积累计达到10.5万亩。积极推进林权抵押贷款，简化手续办理，林权抵押贷款规模达250万元。推进水权水价改革，完善水权交易市场，运用价格杠杆促进节水。

【项目建设】2016年，全县共实施500万元及以上项目297项，总投资148.7亿元，项目数量比上年增加91项；争取落实国家和省上各类资金20.8亿元，比上年增加2.8亿元，增长15.2%；10项市列重大项目全部开工建设，完成投资14.7亿元。

【优势产业】积极引进文化旅游项目，加大景区旅游基础设施和公共服务设施建设力度，推进精品景区和特色景区建设。推进文化旅游产业深度融合，以实施天祝三峡国家森林公园文化生态旅游产业基地和“三河流域”文化景区建设，创建天祝三峡国家AAAA级旅游景区为重点，全力打造全省最具吸引力的民俗宗教生态避暑旅游胜地。依托国家火炬天祝藏族自治县高性能碳基新材料特色产业基地，大力发展碳基新材料、风电新能源、氟化工新产业。改造提升传统产业，培育发展新型产业。坚持引进龙头企业与吸引配套中小企业并重，培植新兴产业，延伸产业链条，初步构建形成了比较优势的新型工业体系。

【人民生活】2016年，认真落实各类津补贴及正常晋升，提高企业退休人员待遇、提高城镇低保对象最低生活保障标准，全县城镇居民收入稳步提升。加强对农民工合法权益保障，农民工的就业能力和工资水平不断提高，农村剩余劳动力转移规模不断扩大；新农村建设有力推进、农村产权制度改革不断深化，财产性收入更趋多元化；贫困补贴、农村低保、养老金、草原补助、粮食直接补贴、农机具补贴等惠农政策到位，农村居民收入稳步提升。城镇居民人均可支配收入20721元，比上年增长8.3%；农村居民人均可支配收入6369元，增长7.7%。

【环境保护】严格执行《环境保护法》、国务院“大气十条”、“水十条”，全面落实污染治理全防全控措施，坚决治理环境污染。实施工业点源、农业面源和大气污染、生活污染综合治理，严格控制主要污染物排放。建立自上而下、条块结合的网格化责任管理体系，强化考核考评，实行环境保护“一票否决”。

【社会保障】2016年，全县新增城镇就业3873人，城镇登记失业率为3.24%，输转城乡富余劳动力5万人，实现劳务收入9.1亿元。城乡居民基本养老保险参保10.15万人，参保率97.8%，发放率100%。城镇居民基本医疗保险财政补助标准提高到420元。企业职工养老保险单位缴费比例由20%降至19%；失业保险费率由2%下调至1.5%，工伤保险平均费率降低0.25%，生育保险费率降低0.5个百分点。落实农村低保金8896.5万元，城市低保金3526.1万元，农村五保供养金771.7万元，为2661户困难家庭落实临时救助795.7万元，救助“急、难”对象215例，支出救助金218.5万元；医疗救助4992人（次）543.6万元，为54869名城乡低保户、农村五保、孤儿等生活困难对象垫付补助2017年城镇居民基本医保或新农合246.1万元。为531名“4050”灵活就业人员给予养老保险补贴，每人发放养老保险补贴4356.8元，有效缓解原企业下岗人员、大龄自谋就业者养老金缴费压力。为762人发放创业担保贷款7618万元，开展创业培训513人。

【社会事业】2016年，全县财政用于民生的各项支出达27亿元，占财政支出的82%。认真落实各项惠民政策，建制村通沥青路、标准化卫生室建设、恶性肿瘤防控工程等为民所办实事全面完成。着力改善办学条件，优化教育资源配置，扎实推进“全面改薄”项目，实施各类教育项目9大类61项，落实资金20761万元；全县九年义务教育巩固率达99.8%，高中毛入学率达92.3%，高考录取率达86%；新农合参保率达98.65%，累计为618人次参合农村重大疾病患者补偿医药费用719万元。扎实推进文化体育惠民工程，加快“乡村舞台”、综合性文化服务中心建设，全面提升公共文化服务水平。深入开展“送文化下乡”、全民健身等活动，文化体育事业繁荣发展。

（王东升）

张掖市

【基本情况】张掖古称甘州，西汉以“张国臂掖，以通西域”而得名，位于青藏高原和蒙古高原交汇的河西走廊中部，自古以来就是丝绸之路商贾重镇和咽喉要道，素有“塞上江南”“金张掖”之美誉。境内祁连山水源涵养区、黑河绿洲、荒漠戈壁三大生态系统交错衔接，雪山冰川、森林草原、七彩丹霞、田畴沃野、湿地候鸟、荒漠沙丘等地貌交相辉映，使张掖成为坐落在祁连山、黑河湿地两个国家级自然保护区之上的城市，被国家列为生态文明示范工程试点市。全市总面积3.86万平方公里，辖甘州区、临泽县、高台县、山丹县、民乐县、肃南裕固族自治县一区五县。2016年末，全市常住人口122.42万人，城镇人口53.78万人，城镇化率43.93%，境内有汉、裕固、藏、蒙、回等38个民族，其中分布于祁连山区的裕固族是全国独有的少数民族。

【资源优势】张掖市境内河流众多，阳光充足，土地肥沃，灌溉便利，是国家现代农业示范区，是全国最大的玉米制种区和重要的粮食、蔬菜、瓜果、油料和牛羊生产基地。也是甘肃省以钨钼、铜、金、铁、煤、粘土、钾盐等矿种为主的金属、非金属矿产集中区和水能、光能、风能开发区。张掖既有“半城芦苇”的自然美景，也有“半城塔影”的历史风貌，文化沉积深厚，人文景观丰富，是国家级历史文化名城和中国优秀旅游城市。这里有祁连山草原、张掖丹霞、黑河湿地、黑河峡谷和平山湖大峡谷，有全国最大的山丹马场、保存最完整的汉明长城、历史文化名山焉支山、名城骆驼城，有距城市最近的七一冰川、沙漠公园，有全国最大的室内泥塑卧佛张掖大佛、坐佛山丹大佛，有与敦煌莫高窟同时代的马蹄寺石窟群，还有红西路军烈士陵园和独特的裕固族、蒙古族、藏族风情等。

【国民经济】2016年，全市实现生产总值399.94亿元，比上年增长8%。其中，第一产业增加值102.42亿元，增长5.5%；第二产业增加值110.13亿元，增长7.9%；第三产业增加值187.39亿元，增长9.3%。三次产业结构比为25.6:27.5:46.9。按常住人口计算，人均生产总值32729元，比上年增长7.5%。实现工业增加值70.62亿元，增长8.4%。其中，规模以上工业增加值59.57亿元，增长8.4%。社会消费品零售总额160.9亿元，增长9%。一般公共预算收入27.1亿元，增长16.87%。

【项目建设】2016年，全市固定资产投资349.72亿元，比上年增长11.8%。其中，项目投资297.9亿元，增长14.9%；房地产开发投资51.82亿元，下降3.2%。第一产业投资47.02亿元，增长39.7%；第二产业投资114.23亿元，下降11.3%，其中，工业投资99.98亿元，下降10.5%；第三产业投资188.47亿元，增长25.4%。基础设施投资102.25亿元，增长28.9%，占固定资产投资的比重为29.2%。招商引资成效显著。全年签约招商引资项目300项，总投资684亿元，落实省外到位资金485.9亿元，增长14.9%。

【农业和农村经济】2016年，围绕玉米制种、马铃薯、高原夏菜、中药材、肉牛养殖等特色优势产业，建成产业化基地面积253.09万亩。新开工投资上千万元的农产品加工龙头企业80户，建成年销售收入5000万元以上农产品龙头企业56户，农产品加工龙头企业年加工消耗农产品278.64万吨，农产品加工转化率61%。全年粮食种植面积285.95万亩，比上年增加3.59万亩。玉米制种面积109.68万亩，增加10.62万亩；蔬菜面积41.64万亩，减少1.59万亩；油料面积37.86万亩，减少0.26万亩；中药材面积23.55万亩，增加1.05万亩。全年粮食产量138.79万吨，比上年增长2.43%。肉类总产量11.68万吨，下降0.17%。年末，猪存栏67.85万头，下降4.02%；牛存栏65.61万头，增长0.08%；羊存栏276.24万只，下降3.38%。

【人民生活】2016年年末，全市城乡从业人员74.26万人，比上年末增加0.29万人。其中，城镇从业人员31.03万人，乡村从业人员43.23万人。全年城镇新增就业2.94万人，城镇登记失业率控制在2.6%以内。2016年，城镇居民人均可支配收入21503元，比上年增长9.3%；城镇居民人均消费支出18923元，增长10.3%；城镇居民家庭恩格尔系数为30.66%，比上年降低0.17个百分点。农村居民人均可支配收入11646元，比上年增长7.6%；农村居民人均消费支出10379元，增长8.9%；农村居民家庭恩格尔系数为34.82%，比上年降低0.51个百分点。

【扶贫开发】至2016年底，全市贫困人口由1.43万人减少到1.26万人，全市贫困发生率下降到1.26%。甘州、高台、山丹、民乐、肃南5个“插花型”贫困县区和65个贫困村均初步达到了脱贫标准。

【社会保障】2016年年末全市参加城镇基本养老保险人数15.3万人，参加农村居民社会养老保险人数65.03万人，参加城镇职工基本医疗保险人数12.16万人，参加城镇居民基本医疗保险人数16.71万人，参加失业保险人数7.67万人，参加生育保险人数7.9万人，参加工伤保险人数8.73万人，其中参加工伤保险的农民工2.41万人。各项社会保险基金总收入19.4亿元，比上年末增长14.83%；各项社会保险基金总支出18.36亿元，增长12.94%。参加新型农村合作医疗农民人数94.46万人，参合率为99.64%。新型农村合作医疗基金累计支出总额51693.4万元，累计受益人数308.79万人次。城镇居民最低生活保障人数4.05万人，城镇低保资金支出15309.2万元；农村居民最低生活保障人数7.9万人，农村低保资金支出14387.05万元。

【环境保护】2016年，全市可利用水资源总量26.5亿立方米，其中可利用地表水资源量24.75亿立方米，与地表水不重复的净地下水资源量1.75亿立方米。全年空气可吸入颗粒物年均值0.090mg/m3，二氧化硫年均值0.025mg/m3，二氧化氮年均0.022mg/m3，空气优良天数（Ⅰ-Ⅱ级）比例为86.7%，区域环境噪声平均值53.2dB，交通干线噪声平均值68.0dB，地表黑河干流水质达标率100%，城镇集中式饮用水源水质达标率100%。

【社会事业】2016年年末，全市共有科研机构5个，各类专业技术人员2.19万人。其中，工程技术人员0.17万人，农业技术人员0.14万人，教学技术人员1.43万人。全年科学技术支出8512万元，比上年增长60.54%。共取得市省级以上科技成果60项，获得奖励项目65项，高技术产业化示范工程项目4项。受理专利申请2255件，授权专利679件，授予发明专利权159件。共签订技术合同89项，技术合同成交金额16.07亿元，增长21.74%。向全国各类高、中等专业院校输送新生13925人，高考录取率为94.75%。共有文化馆7个，图书馆7个，档案馆7个，博物馆10个，艺术表演团体4个。年末广播节目综合人口覆盖率98.61%，电视节目综合人口覆盖率98.67%。有线电视用户16万户。共有卫生机构1589个，卫生技术人员9276人，其中执业医师和执业助理医师3095人，注册护士3332人。医疗卫生机构拥有床位数8395张，其中医院、卫生院床位数7784张。

甘州区

【基本情况】甘州区位于河西走廊中部，古“丝绸之路”南北两线和“居延古道”交汇点上，南枕祁连山，北依合黎、龙首二山，全国第二大内陆河—黑河横穿全境，形成了闻名遐迩的张掖绿洲，素有“塞上江南”之美誉，是张掖市委、市政府所在地。辖1个工业园区、18个乡镇、5个街道办事处。黑河湿地国家级自然保护区、甘肃张掖国家湿地公园、张掖城北国家城市湿地公园、张掖绿洲现代农业试验示范区、国家级张掖经济技术开发区座落其中，是国务院公布的中国历史文化名城和中国优秀旅游城市。2016年末全区常住人口51.58万人，城镇人口25.19万人，城镇化率48.84%，有汉、回、蒙、裕固等22个民族。

【资源优势】矿产资源：全区已发现并初步探明地质储量相对比较丰富的矿产资源有10种，分别是：煤、锰、铁、锌、铅、冶金用石英岩（硅石）、石膏、水泥用灰岩（石灰石）、砖瓦用粘土、建筑用砂石矿等，黑河、山丹河、酥油口河、大野口河等河流贯穿而过，年径流量24亿立方米，水能蕴藏量达2.2亿千瓦，地下水储量10亿立方米。全区地势平坦，土地肥沃，水源丰富，日照充足，气候温和，渠道纵横，条田成方。有耕地面积93.84万亩，是典型的绿洲农业和大型灌溉农业区，是全国重点商品粮基地县(区)和全国“西菜东运”五大基地之一，是全国最大的县级玉米种子生产基地，被国内外专家称之为“天然玉米种子生产王国”，农业的整体发展水平处于全国一熟制地区的先进行列，农业产业体系完整，已初步形成了蔬菜、草畜、种子三大农业支柱产业，产业集聚度高，生产的农产品质量好，品种多，成批量，有特色，品牌知名度高，“金张掖高原夏菜”、“金花寨小米”等特色产品远销国内外。先后被命名为国家现代农业示范区、农业改革与建设试点示范区、国家农业产业化示范基地、全国粮食生产先进县等。，旅游资源丰富，雪山、草原、绿洲、沙漠纵横交错，湿地、河流、戈壁、峡谷点缀其间，融南国秀色与西部风光为一体，自然景色旖旎，名胜古迹众多，人文景观奇特。以黑河湿地、平山湖大峡谷、东大山原始森林为代表的自然生态景观绚丽多彩，汉、蒙、回、裕固等民族风情异彩纷呈。“一湖山光，半城塔影，苇溪连片，古刹处处”是古甘州的真实写照，原始遗存、黑水古城、汉代墓群、明朝烽燧、隋代木塔、西夏大佛、明代钟楼、绝世金经，折射出古甘州灿烂的文化；老子出关、周穆王西巡、霍去病西征、张骞出使西域、法显夏坐、玄奘取经、忽必列出生、赵显赐死、马可•波罗驻足、张三丰传道、西路军浴血等历史事件揭示出古甘州的文明历程。

【国民经济】2016年，全区实现生产总值168.77亿元，比上年增长8%。其中，第一产业增加值37.43亿元，增长5.2%；第二产业增加值39.06亿元，增长7.5%；第三产业增加值92.28亿元，增长9.3%。完成固定资产投资123.3亿元，增长12.13%。实现社会消费品零售总额88.48亿元，增长10%。一般公共预算收入8.42亿元，增长21.29%。

【项目建设】2016年全区开工建设各类项目249个，其中，续建、新建计划投资上亿元的项目81项，完成投资84.16亿元；新开工建设33项，完成投资45.07亿元。招商引资新签约项目61项，开工建设48项，占签约项目的78.6%，落实到位资金91.44亿元。

【城市建设】紧紧围绕构建“1+5”生态城市框架，强力推进滨河新区建设，累计投资85亿元，实施公共服务项目98项，道路、供水、供热、电力、通信等基础设施基本建成，学校、医院、养老等公共服务体系正在逐步健全。坚持把历史文化名城保护与城市建设开发相结合，全力推进总兵府等文物景区保护和甘泉公园周边区域改造，启动实施西洞堡大捷遗址恢复建设等红色旅游工程，旅游城市功能定位更加清晰。集中开展城乡环境综合整治行动，探索推行环卫保洁、园林绿化市场化运作，城乡环境质量明显改善，顺利通过省级卫生城市验收。加快重点小城镇建设，党寨镇被列为全省新型城镇化试点镇，城镇化发展水平不断提高，2016年全区城镇化率达到48.84%。

【农业和农村经济】2016年，以建设国家现代农业示范区为核心，连续出台扶持政策，累计完成投资25亿元，培育壮大制种、蔬菜、草畜三大主导产业，扩大食用菌、小杂粮、中药材等特色产业。制种产业稳步发展，制种玉米种植面积达到64.35万亩，是全国最大的县级玉米种子生产基地，被列为农业部、财政部重点扶持的制种基地。蔬菜种植面积12.76万亩，建成蔬菜标准化示范园区40多个，认证绿色、无公害蔬菜产品91个，“金张掖高原夏菜”俏销国内外市场。规划建设现代循环畜牧产业园，配套完善园区道路、供电等基础设施，已入驻大中型养殖企业12家，成为全省唯一同时实施国家粮改饲和草牧业试点项目的县区。建成农业产业化基地面积86万亩，占总耕地面积的90%。市级以上农业产业化重点龙头企业达到78家，其中，农业产业化省级重点龙头企业22家，销售收入23.4亿元；农业产业化市级重点龙头企业 56 家，销售收入 21 亿元。依法新登记注册各类农民合作社 188 个，农民合作社工商登记累计达到 2285 个，带动农户 30615 户，占全区总农户的 46.18%。土地流转面积 22.44 万亩，占总耕地面积的 23.4%，涉及 17 个乡镇、198 个行政村、1196 个合作社、26242 户农户，土地规模化经营水平明显提高。

【人民生活】2016 年年末，城镇登记失业率为 3.04%。城镇单位从业人员 91511 人，城镇新增就业 10251 人，安置下岗失业人员再就业 8855 人、困难人员就业 1039 人。城镇居民人均可支配收入 22067 元，比上年增长 9%；城镇居民人均消费支出 20391 元，增长 10.1%；城镇居民家庭恩格尔系数为 29.47%，比上年下降 0.03 个百分点。农村居民人均可支配收入 12218 元，增长 7.9%；农村居民人均生活消费支出 10963 元，增长 9%；农村居民家庭恩格尔系数为 35.44%，比上年下降 0.66 个百分点。

【扶贫开发】2016 年，以美丽乡村建设为载体，完善渠、路、林等基础设施，新建、改建农村公路 658 公里、渠道 314 公里，完成“三北五期”防护林 6.1 万亩，建成国家级生态乡镇 2 个，省级美丽示范村 7 个。

【社会事业】2016 年末，全区拥有科研机构 5 个，全年科学技术支出 6717 万元。取得市、省级以上科技成果 41 项。获得奖励项目 14 项（省级 2 项，区级 12 项）。受理专利申请 589 件，授权专利 180 件；授予发明专利权 23 件。签订技术合同 26 项，技术合同成交金额 4.27 亿元，比上年增长 12.7%。新建、改扩建城乡学校 112 所，顺利通过国家县域义务教育基本均衡县评估认定。学龄儿童入学率达 100%，初中入学率达到 100%。向全国各类高、中等专业院校输送新生 4905 人，高考录取率达到 93.18%。年末全区共有艺术表演团体 7 个、文化馆 1 个，公共图书馆 1 个，博物馆 1 个，档案馆 1 个，乡镇文化站 18 个。广播电视台 1 座，广播调频发射机 1 部。有线数字电视用户 10.39 万户。广播节目综合人口覆盖率 100%，电视节目综合人口覆盖率 100%。实现文化产业增加值 4.36 亿元，增长 15.52%。建成区医院门诊综合楼、区妇幼保健院和残疾人康复中心，改扩建卫生服务机构 159 个，被评为全省中医工作先进区和全国计划生育利益导向政策体系示范区。全区共有各类医疗卫生机构 553 个，卫生技术人员 4262 人，其中，注册执业医师 1362 人和执业助理医师 214 人，注册护士 1742 人。卫生机构拥有床位 3557 张，其中医院 2553 张，卫生院 824 张。

【社会保障】2016 年，全区城乡居民基本养老保险参保 248955 人；城镇职工基本养老保险参保 23417 人。城镇居民基本医疗保险参保 93570 人；城镇职工基本医疗保险参保 26086 人；失业保险参保 18876 人；工伤保险参保 26086 人；生育保险参保 17370 人。各项社会保险基金总收入 3.9 亿元，各项社会保险基金总支出 4.13 亿元（以上社保数据均为区属部分）。年末参加新型农村合作医疗农民人数 34.57 万人，参合率达到 100%。参合农民补偿基金 17674.14 万元，受益农民达到 124.88 万人次。全区享受城镇最低生活保障的居民 20114 人，发放城市居民最低生活保障资金 7050 万元。纳入农村最低生活保障的居民 19916 人；发放农村居民最低生活保障资金 3801 万元。

【环境保护】全区现有自然保护区 2 个，总面积 15693 公顷。2016 年，全区可吸入颗粒物年日均值 0.090mg/m3，二氧化硫年日均值 0.025mg/m3，二氧化氮年日均值 0.022mg/m3，区域环境噪声平均值 53.2dB，交通干线噪声平均值 68.1dB。空气质量优良天数 315 天，优良天数比例 86.3%。黑河干流张掖段水质状况良好，各监测断面地面水质达标率 100%，水质均达到相应水域标准。

肃南裕固族自治县

【基本情况】肃南裕固族自治县成立于 1954 年，因地处肃州(酒泉)以南而得名，是全国唯一的裕固族自治县。地处河西走廊中部，祁连山北麓一线，东西长 650 公里，南北宽 120～200 公里，总面积 23887 平方公里，东邻天祝藏族自治县，西接肃北蒙古族自治县，南与青海省相邻，北与永昌、山丹、民乐、临泽、高台、玉门等甘青 2 省 7 个市州 15 个县(市)区接壤，是一个地大物博，美丽富饶的地方。境内草原广袤、土地肥沃、森林茂密、河流纵横、矿藏丰富，除明花乡属沙漠外，其余均系山地，平均海拔约 3200 米。祁连山主峰素珠莲及著名的“七•一冰川”即在境内。由于地势复杂，气候差异明显，全年平均气温 3.6℃，日照时数 3085 小时，无霜期 83 天左右。全县森林面积 46 万公顷，森林覆盖率达到 22.6%；基本草原面积 2677.55 万亩。动植物资源除原始森林和种类繁多的优质牧草外，还有 100 多种中药材和 19 种主要珍贵野生动物。境内主要河流分布有石羊河、疏勒河、黑河三大水系，总流域面积 21462 平方公里。辖 3 镇 5 乡、102 个村委会、3 个社区和 9 个国有林牧场，是个多民族聚居的少数民族县，境内居有裕固、藏、蒙古、回及少量的满、东乡、保安等共 18 个少数民族。

【资源优势】肃南裕固族自治县境内矿产资源丰富。截止到 2016 年底，已探明的矿产 27 种，分布在 228 处。已探明的主要金属矿产有煤炭、铜、铁、钨、铬、锰等。非金属矿有萤石、石灰岩、石英沙、硫、粘土、石膏、石棉、磷镁、白云岩、玉石、芒硝、重晶石、大理石、矿泉水等 16 种 32 处。其中已探明的钨矿储藏量在全国单个矿山储藏量中排名前 5 位，储藏量达 46 万吨。石羊河、黑河、疏勒河横贯全境，总流域面积为 2.15 万平方公里，水能蕴藏量达 204 万千瓦时，冰川蓄藏量约 159 亿立方米，共有大小河流 33 条，年径流总量约 43.11 亿立方米，人均流量 11.4 万立方米，是河西绿洲灌溉的主要水源。从人文资源看，既有建于北魏时期的马蹄寺、文殊寺、金塔寺等历史文化遗迹，又有裕固族等独特的民族风情和历史文化；既有可与敦煌莫高窟相媲美的石窟壁画艺术，又有博大精深的藏传、汉传佛教等宗教文化。从自然资源看，既有雪山冰川、又有大漠戈壁；既有草原森林，又有河流瀑布；既有幽谷深涧，又有绿洲平原。境内动植物资源丰富，生物多样性程度高，在我国干旱半干旱生物多样性保护中占有极其重要的地位，是西北内陆干旱区重要的生物基因库。境内有鸟类196种、昆虫1201种、兽类58种、两栖爬行类13种，其中有白唇鹿、雪豹、蓝马鸡、藏雪鸡等国家重点保护的一、二类野生动物59种；境内有高等植物84科399属1044种，盛产雪莲、冬虫夏草、大黄、锁阳等100多种中药材。

【国民经济】2016年，全县实现生产总值28.68亿元，比上年增长8.1%。其中，第一产业增加值4.82亿元，增长6.2%；第二产业增加值15.76亿元，增长7.8%；第三产业增加值8.09亿元，增长9.8%。三次产业结构比整为16.8∶55∶28.2，第三产业增加值比重比上年提高3个百分点。实现工业增加值14.01亿元，增长8%，其中，规模以上工业增加值13.09亿元，增长8%。固定资产投资31.4亿元，下降21.2%。社会消费品零售总额4.73亿元，增长10%。一般公共预算收入23280万元，增长10.3%。

【环境保护】大力实施天然草原治理、退牧还草等重大项目，积极落实以草定畜、休牧禁牧、划区轮牧制度，强化草原监管和综合治理工作，在重点区域防治草原鼠害37万亩，灭蝗60万亩；加大人工草地建设力度，大力推行舍饲养殖，减轻天然草地承载压力，有效促进了草原生态植被的恢复，全县天然草原总盖度达到77.6%，牧草平均高度15厘米，优质从生牧草比例上升到58%以上。深入实施天然林保护、国家重点公益林建设、三北防护林、退耕还林等重点生态工程，完成人工造林1673亩、封山育林1.75万亩。城区绿化覆盖率65.5%，非天保工程区森林覆盖率23%，天保区森林覆盖率13.05%以上，森林蓄积量0.13亿立方米。大气污染、农牧村面源污染等重点领域的突出环境问题得到有效整治。深入开展生态文明创建工作，建成国家级生态乡镇3个、省级生态乡镇8个。

【民生保障】2016年，城镇居民人均可支配收入22931元，比上年增长9.9%；城镇居民人均消费性支出22086元，增长9%；城镇居民家庭食品消费支出占消费总支出的比重为32%，比上年下降4.3个百分点。农村居民人均可支配收入14418元，比上年增长7.3%；农村居民人均生活消费支出14889元，增长8.6%；农村居民家庭食品消费支出占消费总支出的比重为32%，比上年下降2个百分点。

2016年，全县城乡居民养老保险参保率达到98%，医疗保险参保率达到99%，覆盖城乡的社会保障体系逐步完善。新增城镇就业1139人，城镇登记失业率为2.05%。5个建档立卡贫困村所有贫困户全部达到脱贫标准，顺利通过省市验收，20个巩固提升村自我发展能力进一步增强，农牧村发展整体水平持续提升，全面建成小康社会的基础不断夯实。

【绿色畜牧业】2016年，依托项目，投资5200多万元，新建养殖小区（场）30个，配套建成养殖棚圈217座36660平方米、储草棚174座20834平方米，分户建成80平方米以上暖棚羊舍3000座，引进优质细毛种公羊640只，购买基础母羊1633只。新创建1个省级标准化养殖示范场和2个市级标准化养殖示范场。加大人工种草力度，调运优质牧草种子262.9吨，完成人工草地建植10.63万亩。加大“三品一标”畜产品申报认证工作，全县“三品一标”畜产品占生产总量的比重达到45%以上。严格落实禁牧和草畜平衡各项管护措施，大力整治祁连山自然保护区草原超载过牧问题。在重点区域防治草原鼠害37万亩，灭效率90%以上，防治草原蝗虫60万亩，平均灭效率92%以上。

【特色旅游】以文化旅游为主攻方向，坚持文化旅游体育医养融合发展，着力打造“山水肃南•裕固家园”特色品牌，加快推进国家全域旅游示范区创建工作，建成中华裕固风情走廊、冰沟丹霞等6家国家4A级旅游景区，隆畅河风情线被水利部评为“国家水利风景区”。连续成功举办六届祁连玉文化旅游博览会和各类特色文化旅游活动，2016年接待游客424.7万人次，实现综合收入15.47亿元，分别比上年增长46.3%和52.9%。先后荣获“中国生态旅游大县”、“中国旅游文化特色县”、“最具民俗风情的生态旅游大县”、“中国民俗文化摄影基地”等称号。

【社会事业】统筹推进各项社会事业协调发展，幼儿园到高中阶段实现“三免两补”15年免费教育，城乡学校教学设备和硬件条件基本实现均衡化、现代化，2016年全县学龄儿童入学率、高考录取率分别达到100%和99.1%，义务教育均衡发展通过国家评估认定。全面深化县级公立医院改革，实施公共医疗机构分级诊疗和药品零差价销售，医疗卫生条件和装备水平大幅提升。落实促进人口均衡发展措施，成功创建全国人口和计划生育利益导向政策体系示范县。祁连玉文化产业园被命名为“国家级文化产业示范基地”，建成中国裕固族博物馆、非物质文化遗产保护传承中心和乡镇民族民俗记忆馆等传承展示基地，各民族优秀文化得到传承保护和创新发展，获得“全国文化先进县”称号。

【城乡环境】建设实施裕固文化风情苑、红湾综合市场、县城污水处理厂等城建项目，城区集中供热、供排水、垃圾处理实现全覆盖，公共建筑面积由“十一五”末的37.5万平方米扩展到62.3万平方米，被甘肃省住建厅命名为“甘肃园林县城”。创建省级“美丽乡村”3个，榆木庄村、大都麻村被农业部命名为“中国美丽休闲特色民居村”。累计建成游牧民定居住宅4643套、保障性住房1170套，改造危旧房1994套，农牧村自来水普及率95%以上，建制村电网覆盖率100%，有线电视和网络覆盖率74%，牧民定居率80%以上，城镇化率39.27%。

民乐县

【基本情况】民乐县地处祁连山

北麓、河西走廊中段，是连接甘青两省的“要冲”，自古就是丝绸之路东段南线之“咽喉”，属祁连山水源涵养区，是黑河水资源可持续利用和永续补给的绿色生态屏障。县域内地势南高北低，地形分山地和倾斜高原两大类，总面积3687.23平方公里，海拔1589米～5027米，年平均气温4.4℃，年平均降水量338毫米，属温带大陆性荒漠草原气候。全县辖6镇、4乡、1个社区管理委员会，172个行政村，6个居民委员会。全县有汉、藏、回、蒙古、苗、裕固、维吾尔等14个民族。县城规划区面积12平方公里，建成区面积达7.8平方公里，城镇化率34.6%，绿地率达37.4%。县境内现有各级公路239条2011公里，有大小河流13条，建成中小型水库7座、塘坝6座，总库容7060万立方米，灌溉水利用率达到51.6%。建有小水电站8座，年发电量2500万度，电力、通讯和广播电视网络实现了村村通、全覆盖。

【资源优势】民乐县境内矿产资源丰富，有煤、铬、铁、石灰石、石膏、金、铜、粘土等，其中，原煤储量约2.6亿吨。有耕地96.16万亩，其中，水浇地74.8万亩。有林地110万亩，其中，水源涵养林100万亩。森林覆盖率19.2%。有大小河流13条，年地表水径流量4.2亿立方米，地下水总量2.5亿立方米。境内东西灰山文化遗址证明早在五千多年前，就有人类在此繁衍生息。汉元狩二年，骠骑将军霍去病收复河西，建郡置县。大业五年，隋炀帝“西巡”出扁都口，召开万国会议。1949年9月，王震将军兵出扁都口解放河西。民国18年（公元1929年），定县名为“民乐”，寓“人民安居乐业”之意。民乐县因短距离大幅度落差，形成了由北到南包括荒漠戈壁、田园绿洲、森林草原、高山峡谷、雪山冰川等全景式的高原生态旅游景观。全县共有国家级文物保护单位4处、省级文物保护单位7处、县级文物保护单位116处。有西汉古城、魏晋名寺、明清水陆画等众多文物古迹。民俗文化底蕴深厚，有38项非物质文化遗产分别列入省、市、县保护名录，其中顶碗舞、皮影戏列入省级非遗保护名录。

【国民经济】2016年，全县实现生产总值50.06亿元，比上年增长8.6%。其中，第一产业增加值15.81亿元，增长5.6%；第二产业增加值15.08亿元，增长8.2%；第三产业增加值19.17亿元，增长11.5%。三次产业结构比为31.6∶30.1∶38.3，与上年相比，第三产业所占比重提高1.4个百分点。人均生产总值22391元，增长8.8%。城镇居民人均可支配收入19780元，比上年增加1706元，增长9.4%。农村居民人均可支配收入9976元，增长7.4%。

【项目建设】2016年，全县固定资产投资49.5亿元，比上年增长20.0%。其中，第一产业投资6.4亿元，增长135.57%；第二产业投资19.5亿元，增长13.2%，其中工业投资15.3亿元，增长7.9%；第三产业投资23.6亿元，增长10.9%。包括房地产在内的亿元以上项目21个，完成投资23.7亿元，占投资总额的57.5%。从项目计划总投资来看，全县上亿元的项目有20个，占项目总数的14.49%，亿元以下5000万元以上项目21个，占项目总数的15.22%，5000万元以下项目97个，占项目总数的70.29%。

【扶贫开发】2016年，建成食用菌大棚2239座、果蔬日光温室1810座、养殖小区70个、家庭养殖棚圈2万间，发展农民专业合作社123个，输转劳动力3.4万人次、创收2.8亿元。发放精准扶贫专项贷款1.29亿元，成立扶贫互助资金合作社174个，注入资金5540万元。改造贫困户危旧房4000户，建成标准化村卫生室52个、文化广场30个、文化室55个，实现贫困村基础设施全覆盖、公共服务全达标。发放高中生、大学生资助金100.55万元，免除幼儿保教费11.7万元；为3025人次建档立卡贫困患者报销住院费用735万元，贫困人口大病诊疗费用报销比达71.52%，实现社会救助兜底保障全覆盖。五年累计减少贫困人口7987户、32834人，贫困发生率由2011年的16.2%下降到1.47%。

【农业和农村经济】2016年，全县紧扣农业增效农民增收，坚持主攻结构调整和现代农业两个方向，走好土地规模经营和外出务工两条路子，打造国道227线、干山路、南和路、洪平路四条农业和农村经济示范长廊，建设全省中药材、马铃薯、草畜、食用菌生产加工大县。整合各类涉农资金，加快土地整理和土地流转，扶持特色优势产业发展壮大，全县中药材、马铃薯、高原夏菜等特色优势产业种植面积稳定在总播面积的80%左右。全力推进现代农业示范园区、食用菌产业园建设，充分发挥农业和农村经济示范长廊典型引领作用，辐射带动全县设施果蔬、食用菌、草畜等产业发展壮大、提档升级，累计建成果蔬日光温室及钢架大棚10212座、食用菌大棚4248座、工厂化食用菌大棚194栋、标准化养殖小区296个。加大“三品一标”认证力度，标准化生产面积达85.7万亩，紫皮大蒜、马铃薯入选全国名特优新农产品目录。着力培育、引进建设特色农副产品购销、流通和生产加工市场主体，扶持培育专业合作社、家庭农场1613个，农业产业化龙头企业30家；加快建设农畜产品交易市场和冷链物流体系，建成工业园区中药材交易市场，开工建设绿色蔬菜产业园区，建设运营牛羊肉屠宰、冷冻生产线，进一步畅通农产品向西开放渠道，农业产业化水平不断提升。

【社会保障】2016年，不断加强民生保障，医疗、工伤、失业、生育保险等社会保险覆盖范围不断扩大，养老服务水平逐步提升，城乡低保、大病医疗、五保供养等社会救助体系进一步健全，困难群众基本生活得到保障，被甘肃省民政厅列为“救急难”试点工作县。坚持以创新创业带动就业，新增城镇就业人数1.6万人，城镇登记失业率控制在2.12%以内。认真落实住房公积金制度，累计归集住房公积金3.53亿元，发放个人住房贷款3.52亿元，提取住房公积金1.46亿元。持续加大城乡居民住房保障力度，建成保障性安居工程4289套，棚户区改造3950户，改造农村危旧房6189户，发放保障性住房补贴1153.69万元。

【社会事业】2016年，大力实施

“名师名校长”培养工程，引进教师320名，转正代课教师120名，新建和改扩建中小学59所、幼儿园42所，建成教学楼、学生宿舍楼、实验楼等23幢，学前三年毛入园率达99.81%，中职教育毕业生就业率达100%，各类教育均衡协调发展。全县现有中小学186所，其中普通高中1所、中等职业学校1所、初级中学3所、少年军校1所、小学168所、教学点10个、县直幼儿园3所，所有农村小学均附设幼儿园或学前班。适龄儿童入学率达100%，15周岁人口初等教育完成率达100%。民乐一中是甘肃省首批14所“示范性普通高中”中唯一的一所县级中学，二本录取率达52.29%。建成全民健身中心、数字影院、公共电子阅览室及农村文化广场143个、文化活动室172个、非物质文化遗产传习所5个、行政村体育健身工程57个。现有文化馆1个，歌曲文艺演出120场次，公共图书馆1个，藏书量120350册，书刊借阅册数91256册，文化站10个，村文化室203个，图书量365200册。博物馆1个，文物藏品9235件。电影放映机构12个，电影放映4367场次。广播电视台1个，乡广播站6个，村通播率94%。成功举办全省民歌大赛等大型节会，圣天寺景区创建为国家3A级旅游景区。深入实施“名医名科”建设工程，建成县医院住院部综合楼、中医院新院区、妇幼保健院、疾控和卫生监督业务综合楼及44所标准化村卫生室，引进医务人员151名，命名表彰名医4名、名科3个，新农合参合率达到99.65%，成功创建全国人口计生利益导向示范区、国家级妇幼健康优质服务示范县，公共卫生服务能力和水平不断提升。现有卫生机构21个，其中：县级医院2个、乡镇卫生院14个，其它卫生机构5个；卫生技术人员670人，其中执业医师200人，执业助理医师46人，注册护士203人；卫生机构床位1517张，县人民医院和中医医院正在由县级医院向区域性医疗服务机构转变，被青海省门源县、祁连县确定为该县农牧民新农合定点医疗机构。

【环境保护】 大力实施祁连山生态保护与建设综合治理规划，编制完成《民乐县国家生态文明建设示范县规划》，合理界定生态保护、农业生产、城市发展三类空间开发管制范围，严厉打击乱砍滥伐林木、乱垦滥占林地、乱捕滥猎野生动物等违法犯罪行为。积极构建高效农田防护林、生态经济型防护林、防风固沙防护林和荒漠绿洲生态体系，全县活立木蓄积量达341万立方米，森林覆盖率达到22%，人均公共绿地面积达16.24平方米。实施污染物排放许可证制度，健全污染防治区域联动、环境保护市场体系、环境信息公开等制度，全面实施大气、水、土壤污染防治和工业污染源全面达标排放计划，发展高效节水灌溉面积19.58万亩，及时淘汰落后产能，完成重点企业强制性清洁生产审核和废弃物回收设备安装升级，全县人均水耗、能耗及单位面积能耗持续下降。持续强化祁连山生态环境保护和综合治理，全面抓好中央和省环保督察组反馈祁连山生态问题的整改，坚决保护好祁连山生态安全。坚持“十走四治”不留死角，发现和整治生态环境保护突出问题3968件，推进全县生态环境保护工作取得新成效。

临泽县

【基本情况】 临泽县地处河西走廊中段，东邻甘州区，西接高台县，南依祁连山与肃南裕固族自治县接壤，北靠合黎山与内蒙古阿拉善右旗连界，总面积2727.29平方公里。全县地形呈南北高中部低分布，由东南向西北逐渐倾斜，分三个类型区：南部祁连山中部山区，中部走廊平原区，北部合黎山剥蚀残山区。全县辖7个镇，71个行政村、5个社区居委会、703个村民小组。2016年末全县常住人口13.64万人，有汉、回、藏、蒙、裕固等11个民族。

【国民经济】 2016年，全县实现生产总值50.14亿元，比上年增长7.6%，其中，第一产业增加值15.43亿元，增长5.7%；第二产业增加值12.56亿元，增长5.6%；第三产业增加值22.15亿元，增长10.0%。人均生产总值36815元，增长7.3%。社会消费品零售总额15.2亿元，增长12.4%。一般公共预算收入2.74亿元，增长11.15%。

【深化改革】 持续深化行政审批制度改革，行政审批事项净减少229项，精简70%。农村宅基地和农村土地承包经营权确权登记颁证及集体林地股份制改革试点工作基本完成，3.2万农户土地承包经营权确权到户。成立甘肃省首个农村产权交易中心，设立不动产登记中心，颁发了甘肃省第一本农村不动产权证书，累计为农村各类经营主体办理抵押贷款144笔5亿元，撬动近15亿元民间资本投入农业生产，带动全县流转土地13万亩，被确定为国家不动产登记信息管理基础平台联系点，成为西北首个与国家不动产信息平台实现成功对接的地区。积极推进“多规合一”，被列为甘肃省空间规划编制试点县。全面推进公共资源配置市场化改革，建成运行公共资源交易分中心，完成各类交易877项13.1亿元。“营改增”政策全面落实，减税面达88.3%。2016年新增市场主体7493户，年均增长24.83%。

【脱贫攻坚】 2016年，全县易地扶贫搬迁项目资金已到位54399万元，其中：项目资本金12439万元，中央预算内投资专项资金689.6万元，农发行贷款4亿元。通过一系列脱贫攻坚措施的落实，2016年全县脱贫500多户、1500多人，易地搬迁建档立卡贫困户286户、862人，顺利地完成了年度扶贫攻坚各项工作任务。

【农业和农村经济】 2016年，全县粮食总产量15.43万吨。落实玉米制种26.07万亩，种植各类蔬菜9.02万亩，新发展设施农业3537亩，其中钢架拱棚3520亩，设施农业面积累计达2.89万亩。新建特色经济林基地9593亩，其中：新建标准化红枣基地4475.4亩，葡萄基地745.5亩，梨基地1297.2亩，油用牡丹基地1050亩，桃、杏等杂果基地185.8亩，枸杞、肉苁蓉等中药材基地 1839.1 亩。规模化养殖稳步推进，累计建成标准化养殖场（区）185 个；建成秸秆青贮窖 1.18 万座 96.42 万立方米，累计青贮玉米秸秆 60 万吨以上。建成省级美丽乡村示范村 3 个，市级 1 个，县级 7 个；建成“万村整洁”示范村 7 个。

【项目建设】2016 年完成固定资产投资 47.71 亿元，比上年增长 19.98%。绿色食品加工集中区被确定为全省重点支持的工业小镇，已入驻企业 21 户。张掖丹霞通用航空机场建成运营，被确定为丝绸之路（张掖）国际通航大会永久会址。扎尔墩生态工业集中区、凹凸棒产业园已具雏形。天恒新能源 6×2 兆瓦分布式光伏发电、动力源公司红枣果酒、宏远科技公司农用地膜、红桥庄园年产 3000 吨葡萄酒生产线、年产 3000 吨万寿菊颗粒等建设项目建成投产。绿色食品加工创业创新孵化园 2.4 万平方米标准化厂房和综合服务楼已完工，部分企业已入驻。

【优势产业】全县落实玉米制种基地 26.07 万亩，玉米制种产量 13.21 万吨。累计建成标准化养殖场（区）185 个。其中，奶牛养殖场（区）10 个，新建肉牛养殖小区（场）5 个，累计达到 66 个，牛饲养量达 18.3 万头。红枣栽植面积 9.24 万亩，年产量 1.89 万吨，随着红枣栽培规模的扩大，枣产品加工的领域不断拓展，开发出了饮料、保健品、食品三大系列的 20 个品牌的加工产品。新发展设施农业 3537 亩，其中钢架拱棚 3520 亩，设施农业面积累计达 2.89 万亩。张掖丹霞七彩镇、丹霞景区游客服务中心、丹霞景区广场及环形干道、张掖丹霞通用航空机场、七彩宾馆、梨园口战斗遗址公园、梨园新村二期等项目已建成投入使用，河西民俗文化村、华夏牡丹文化旅游观光园、河西民俗博览园、流沙河景区游客服务中心、西游文化苑等建设项目正在有序推进，旅游产业重点建设项目完成投资 14.32 亿元，其中丹霞大景区完成投资 12.34 亿元。“七彩月色街”被命名为张掖市旅游特色街区；成功举办首届丝绸之路（张掖）国际通用航空大会。2016 年接待国内外游客 394.75 万人次，实现旅游综合收入 22.29 亿元，分别比上年增长 76.78%和 97.8%。其中，丹霞景区接待游客 150.07 万人次，增长 37.48%。

【人民生活】2016 年，城镇居民人均可支配收入 20905 元，比上年增加 1769 元，增长 9.2%；城镇居民人均生活消费支出 16324 元，增长 8.94%；城镇居民家庭食品消费支出占消费支出的比重为 30.89%，比上年下降 0.56 个百分点，城镇居民人均住房使用面积 39.5 平方米。农村居民人均可支配收入 12408 元，比上年增加 891 元，增长 7.7%；农村居民人均生活消费支出 11153 元，增长 7.05%；农村居民家庭食品消费支出占消费总支出的比重为 33.3%，比上年降低 1 个百分点。

【环境保护】建成昭武路、枣乡路、机场路、大沙河高铁至泄洪明渠入口段、大沙河西岸、G30 高速公路北侧、临梨公路、西干渠沿线等一批重点绿化工程，建成绿地面积 1400 亩。评选命名园林化单位 2 个，花园式单位 3 个，市级园林化小区 1 个。全县新增公共绿地面积 16 万平方米，城区绿化面积 275.89 万平方米，绿化覆盖率 45.5%，比上年提高 0.5 个百分点。城区供热面积 243 万平方米，比上年增加 88.2 万平方米。完成营造林任务 9.5 万亩，其中人工造林 2.9 万亩，封滩育林 0.6 万亩，封育沙化土地封禁保护区沙生植被 6 万亩，森林覆盖率 16.67%；完成义务植树 206 万株，更新改造绿色通道 53 公里。以生态文明引领城镇化建设，持之以恒实施流沙河流域综合治理工程，高标准建设流沙河开发区，重要民生工程红山湾水库建成蓄水，城区集中供热高效清洁能源供应、城区新建水源地工程、第二污水处理厂等项目开工建设，张掖丹霞通用航空机场建成运行。

【社会保障】2016 年，全县新增城镇就业 4119 人，539 名高校毕业生实现了就业，年末城镇登记失业率为 2.39%。年内输转劳动力 2.9 万人，其中有组织输出 1.34 万人，实现劳务收入 4.89 亿元，比上年增长 6.95%。城市低保和农村低保对象分别达 3383 人和 6663 人，城市低保平均指导标准、月人均补助水平提高了 10%，达到 418 元和 361 元。农村低保一类保障对象月补助水平由 275 元提高到 285 元，二类保障对象月补助水平由 234 元提高到 249 元。发放城市低保金 1435 万元，农村低保金 1175 万元，五保供养金 271.2 万元，重点优抚对象抚恤金 656.8 万元，孤儿生活费 72.7 万元。98.03%的适龄城乡居民纳入城乡居民社会养老保险范围，为 19567 名符合条件的老年人发放养老金 2236.8 万元。参加企业职工养老保险 3513 人，为 2622 名企业退休人员发放养老金 5294 万元；参加失业保险 6939 人，为 908 人次发放失业保险金 79.21 万元；参加城镇职工医疗保险 11417 人，为 1790 人次住院患者支付医疗费用 1299 万元；参加工伤保险 8211 人，为 218 名工伤职工支付工伤保险费用 306 万元；参加生育保险 8171 人，共为 135 名生育夫妇支付生育保险费用 37 万元。严格执行廉租住房租赁补贴制度，为 599 户城镇低收入住房困难家庭发放租赁补贴 97.20 万元。

【社会事业】全县建立科技示范点 18 个，引进新品种 102 个，引进新技术 20 项，全县规模以上企业研发费用达到 10508.3 万元，研发经费占生产总值比重为 2.1%。现有普通高中 1 所，职业中学 1 所，初级中学 3 所，普通小学 87 所（含教学点 76 个），幼儿园 81 所。幼儿入园率 99.85%，小学适龄儿童入学率、巩固率均达 100%，初中适龄少年净入学率达 99.9%，巩固率达 99.8%。2016 年高考一本上线率 25.69%，二本及以上上线率 59.67%。有文化馆、图书馆、档案馆、博物馆各 1 个；新建村级综合文化服务中心（乡村舞台）31 个，累计达到 61 个。新建社区综合文化服务中心 2 个，村级文化广场项目 6 个；精心组织第七届“中国枣乡魅力临泽”旅游文化艺术节，举行全县性系列文化活动 12 场次；组织开展“快乐老乡”、“送戏下乡”等文化惠民活动 50 场次。广播电视台 1 座，广播电视覆盖率 100%；全县有线电视数字化整体转换工作全部结束，网络双向化改造达到 60%，有线数字电视用户 30858 户，入户率 95.5%；宽带用户 3000 户，入户率 9.3%；全年放映电影 2398 场（次）。2016 年末全县共有各级各类医疗卫生机构 135 家，计生服务机构 8 家，卫生专业技术人员 704 人，床位 905 张。参加新农合 119901 人，参合率 99.4%，年内为参合患者补偿 6329.89 万元。完成沙河镇惠民社区七彩家园和沙河社区银先嘉园小区 2 个体育健身中心、沙河镇和鸭暖镇 2 个体育健身广场以及 14 个行政村农民体育健身工程建设任务。成立临泽县排球运动协会和临泽县户外运动协会，成立 8 个单项体育协会，全民健身站点达 99 个。举办三级社会体育指导员培训班一期，命名三级社会体育指导员 61 名，免费为 3011 名干部群众开展了国民体质监测。

高台县

【基本情况】高台县地处甘肃河西走廊中部，黑河中游下段。地势南北高、中间低，形如马鞍。总面积 4425 平方公里，全境海拔在 1260 米至 3140 米之间，气候属于大陆性温带干旱气候，全年无霜期 149 天左右，全年降水总量 112 ㎜，年均气温 8.1℃，全年日照时数为 3103 小时。2016 年末全县常住人口 14.51 万人，有回、藏、维、彝、裕固、东乡等 16 个少数民族。现辖 9 个镇、136 个村委会、9 个居委会、1005 个村民小组。

【资源优势】境内已发现和探明的矿产资源有 10 多种，其中：芒硝储量 1187 万吨，原盐储量 195 万吨，萤石储量 97 万吨，钾盐（KCl）储量 26 万吨。此外还有钛铁、蛭石、石英、重金石、石灰、煤炭等。文物资源丰富，历史悠久，有北凉古都骆驼城、佛教胜地梧桐泉寺、古长城、烽燧等文物古迹，其中：北凉古都骆驼城遗址及墓群和许三湾古遗址及墓群已被国务院列为国家文物保护单位；红西路军纪念馆创建为国家 4A 级景区，被列为“全国百家红色旅游经典景区”，大湖湾文化旅游风景区、月牙湖景区晋升为国家 4A 级景区，祁连葡萄庄园创建为国家 3A 级风景区，月牙湖公园被命名为“国家级全民健身户外活动基地”，湿地公园被国家住房和城乡建设部命名为“国家级城市湿地公园”。

【国民经济】2016 年，全县实现生产总值 54.34 亿元，比上年增长 7.6%。第一、二、三产业分别实现增加值 17.34 亿元、15.85 亿元、21.15 亿元，分别增长 5.9%、10.3%、6.9%；完成固定资产投资 47.83 亿元，增长 19.3%；实现社会消费品零售额 14.29 亿元，下降 7.3%；一般公共预算收入 2.76 亿元，增长 24.1%；农村居民人均可支配收入 11707 元，增长 7.5%；城镇居民人均可支配收入 20898 元，增长 9.7%。

【农业和农村经济】2016 年，全县蔬菜、制种、番茄、葡萄等特色产业面积达 36 万亩，粮食种植面积 35.81 万亩，比上年下降 0.80%；经济作物种植面积 21.69 万亩，增长 3.19%。全年粮食总产量达到 186246 吨。设施农业面积达到 4.05 万亩。成为省级农业科技园区、省级现代农业示范区。累计认定无公害农产品产地 14 个，认证“三品一标”农产品 51 个，农业标准化生产面积达 45 万亩。新建各类养殖场区 239 个，养殖专业村 87 个、专业社 168 个，养殖大户达到 1.34 万户，其中牛、羊饲养量分别达到 16.95 万头、56.23 万只，形成种植业“一圈三带”和畜牧业“六园一廊四带”产业布局。建成“千村美丽”示范村 6 个、新农村“四化”示范村 30 个、新型农村社区 19 个，人居环境不断改善。造林 3.09 万亩，森林面积达 88.6 万亩，森林覆盖率达 13.6%。

【项目建设】2016 年，全县开工建设各类项目 122 个，完成投资 42.15 亿元，比上年增长 19.77%。续建、新建计划投资 5000 万元以上项目 25 项，完成投资 23.78 亿元，增长 27.36%。其中，新开工建设亿元以上项目 9 项，完成投资 9.31 亿元。奥得赛 DSD 酸、H 酸制造、华能年产 1.6 亿个彩印包装箱、中盐二甲基二硫、九发妇女创业孵化实训基地、甘肃鑫粮商贸公司年产 30000 吨饲料加工、共裕高新农牧科技公司肉羊养殖基地建设、昌星农牧肉牛养殖、智杰科技有限公司反季节香菇生产等重大项目完成年度建设任务并投入运行；西腰墩水库至刘家深湖水库段防洪治理工程、黑河湿地湖泊生态恢复保护示范区天鹅湖保护工程、县客运站二期建设项目、城区道路改扩建工程、农网改造升级 10 千伏及以下工程和 2016 年度建制村通畅道路工程完工投入使用；中央财政农田水利设施建设项目、农田水利高效节水灌溉等水利工程顺利完工投入使用。

【城市建设】坚持旧城改造与新区建设、设施配套与内涵提升同步，水如意生态绿地、水之印广场、宇阳酒店及“八馆”建成投入使用，黑河湿地公园被命名为“国家城市湿地公园”。改造棚户区 25.82 万平方米，新建景隆南苑、滨河丽景、天和家园等住宅小区 23 个，建成商品住宅 8877 套、保障性安居住房 7844 套。累计投资 2.3 亿元，新改建人民东西路、县府街、滨河路等城区道路 25 条 16.92 公里，供热总面积达 300 万平方米，自来水供水覆盖率达 99%，城市承载能力大幅提升。城市建成区面积扩大 1.5 倍，城镇化率达 44.47%，宜居宜游、灵秀精美的城市特色日益凸显，被列为“国家新型城镇化综合试点县”。

【旅游产业】加快景区基础设施建设和晋等升级步伐，大湖湾文化旅游风景区连续两年获评“中国体育旅游精品景区”，红西路军纪念馆人物馆建成开馆，与月牙湖景区一并晋升为国家 4A 级旅游景区。坚持文体旅融合发展，成功举办了全国成人游泳邀请赛、全国农民跳绳大赛、大湖湾旅游文化艺术节等重大文化体育活动，对外知名度和影响力不断提升。2016 年，全年接待游客 195 万人（次），实现旅游综合收入 10.97 亿元，分别增长 25.4%和 39.7%；旅游综合收入占全县生产总值的比重达到 20.2%；新增旅游直接就业人数 1361 人，增长 36%。

【扶贫开发】聚焦“六个精准”，举全县之力推进精准扶贫、精准脱贫工作，确保脱贫攻坚取得实效。截止2016年底，全县剩余贫困人口1016户2741人，贫困发生率降至2.1%，贫困人口人均可支配收入达到5983元，比2015年5200元增加783元，增长15.05%。

【人民生活】城镇居民人均可支配收入20898元，比上年增长9.7%；人均生活消费支出17487元，增长12.4%，恩格尔系数31.80%。农村居民人均可支配收入11707元，增长7.5%；人均生活消费支出9733元，增长10.6%，恩格尔系数39.21%

【社会保障】2016年年末全县参加基本养老保险人数101939人，其中，参加城乡基本养老保险人数92770人，参加企业职工基本养老保险人数9169人。参加城镇职工基本医疗保险人数10122人，参加城镇居民基本医疗保险人数15623人，参加失业保险人数7029人，参加工伤保险人数10204人，参加生育保险人数7669人。全年征缴基本养老保险费7946万元，征缴城镇职工基本医疗保险费4343万元，征缴失业保险费655万元，征缴工伤保险费305万元，征缴生育保险费195万元。低保户6107户、12138人，其中农村低保户4613户、9152人；全县农村五保供养服务机构8个，集中供养五保对象308人。全县共有优抚对象704人，其中烈属2人，病故军人家属6人，革命伤残军人50人，参战退役人员183人。发放城市低保金1340.3万元、农村低保金1569.86万元、医疗救助438.4万元、自然灾害生活救助340.7万元。

【社会事业】2016年，申请专利250件，授权专利95件。共签订技术合同5项，技术合同成交金额2.5亿元，比上年增长25%。评选县级科技进步奖19项，其中，卫生5项、教育9项、农业4项、林业1项。年末全县共有文化馆1个，公共图书馆1个，博物馆(含纪念馆)7个，艺术表演团体240个，其中办证的艺术表演团体3个。广播综合人口覆盖率100%，电视综合人口覆盖率100%；有线数字电视用户42500户。文化产业实现增加值11651万元，增长16.06%，占生产总值的比重达2.1%。有各类医疗卫生机构169个，拥有病床1165张，卫生专业技术人员1136人，其中执业医师和执业助理医师322人，执业护士441人；平均每千人拥有病床位7.35张，每千人拥有医师数2.03人，每千人拥有执业护士2.78人。有各类学校131所。全县在校中小学、幼儿园学生18539人，专任教师1765人。中小学入学率100%，初中升学率97.6%，高中升学率98.54%。向中专以上院校输送新生1442人，大专以上录取率达98.54%。

山丹县

【基本情况】山丹县位于甘肃省西部河西走廊中段，是张掖市的东大门，素有“走廊蜂腰”、“甘凉咽喉”之称。总面积5402平方公里，海拔在1550～4441米之间，属大陆性高寒半干旱气候。全县辖2乡、6镇、110个行政村、6个居民委员会、756个村民小组，县内有95876部队、中牧公司山丹马场、山丹农场、山丹培黎学校等省、市驻丹企业和单位。2016年末全县常住人口16.82万人，城镇常住人口7.32万人，城镇化率达到43.51%。

【资源优势】山丹县土地总面积5402平方公里，折合810.36万亩。可耕地85.71万亩，草地、荒地365.83万亩，耕地、草地占80.59%。荒地资源丰富，面积达94.5万亩，若有水灌溉，发展潜力很大。境内已发现矿种24种，各类矿产地54处，现已开发利用的有煤、粘土、铁、石灰岩、硅石、滑石、金、银、白云岩、花岗石等10种。初步查明可开采的煤炭储量为4.03亿吨，白云岩3.85亿吨，耐火土2.86亿吨、高岭土1.5亿吨，硅石6700万吨、铁矿石449万吨、莹石56万吨。主要工业产品有水泥、硅铁、耐火材料、石油钻井泥浆助剂、焦炭、煤炭、白酒、植物油等。水资源总量1.945亿立方米，自产自用水资源总量1.24亿立方米，其中地表水资源0.857亿立方米，地下水资源0.383亿立方米。境内河流有马营河、霍城河、寺沟河和山丹河以及大黄山浅山区的小沟小岔。山丹历史悠久，文化灿烂，旅游资源丰富。南部有亚洲最大的马场——山丹军马场，景色别致，是领略草原风光的好去处，也是有名的影视外景拍摄基地。中部有被称为“丝路绿宝石”的焉支山，这里因西汉名将霍云病大败匈奴和隋炀帝西巡接见西域27国王公使而载入史册。东部有甘肃省保存最完整的汉、明长城，被称之为“露天长城博物馆”。西部有大佛寺，为全国最大的室内泥胎坐佛。北部有著名新西兰国际友人路易•艾黎的陵园和捐赠文物陈列馆。

【国民经济】2016年，山丹县实现生产总值47.76亿元，比上年增长8.2%。其中，第一产业增加值11.58亿元，增长5.4%；第二产业增加值11.86亿元，增长8.8%；第三产业增加值24.32亿元，增长9.1%。人均生产总值28472元，增长6.6%。三次产业结构比为24.3∶24.8∶50.9，与上年相比，第一产业比重上升1.8个百分点，第二产业比重下降1.7个百分点，第三产业比重下降0.1个百分点。

【项目建设】2016年实施各类项目172项。花草滩循环经济产业区2×35万千瓦低热值煤发电、张掖国际物流园、培黎国际职业学院、山丹河城区段综合治理与景观提升工程、全省马铃薯产业示范区等一批事关全县长远发展的重大项目开工建设，为县域经济较快增长注入了强大活力。全县完成固定资产投资500172万元，比上年增长19.35%。按产业分，第一产业投资75032万元，增长106.88%；第二产业投资201593万元，增长11.78%；第三产业投资223547万元，增长10.4%。

【农业和农村经济】2016年新增设施农业624亩。马铃薯、食用菌、枸杞、油用牡丹等特色农业稳步发展。亚盛薯业集团1万吨马铃薯全粉生产线建成投产，农业龙头企业达到18家。发放易地扶贫搬迁贷款9054万元，搬迁群众441户、1516人，贫困发生率下降到1.1%。建成“美丽乡村”示范村、“环境整洁”示范村27个。全县完成总播种面积68.39万亩(含复种面积 6.68 万亩）。其中，粮食种植面积 44.57 万亩，油料种植面积 9.92 万亩，蔬菜和园艺种植面积 2.16 万亩，中药材种植面积 2.07 万亩，其他作物种植面积 9.67 万亩。全年粮食总产量 204112 吨，油料总产量 21321 吨。共完成造林面积 2.6 万亩。实有封山育林面积 1.1 万亩。全年猪饲养量达 5.77 万头，出栏 2.98 万头；羊饲养量达 103.71 万只，出栏 42.47 万只；牛饲养量达 2.42 万头，出栏 0.45 万头。肉类总产量达 9582 吨，牛奶产量 1991 吨，绵羊毛产量 914 吨，禽蛋产量 734 吨。全年输转劳动力 6.28 万人，劳务收入达到 107800 万元。

【人民生活】2016 年，全县城镇居民人均可支配收入 21282 元，比上年增长 9.4%；城镇居民人均消费支出 17302 元，增长 10.6%；城镇居民家庭恩格尔系数为 35%。农村居民人均可支配收入 11295 元，增长 7.3%；农民人均消费支出 8811 元，增长 7.9%；农村居民家庭恩格尔系数为 37%。

【环境保护】2016 年，全县完成环境污染治理项目 11 个，项目总投资 8896 万元。全年空气可吸入颗粒物年均值 0.112mg/m3，二氧化硫年均值 0.014mg/m3，二氧化氮年均 0.019mg/m3，空气优良天数（Ⅰ-Ⅱ级）比例为 90.4%。规模以上工业企业能源消费总量为 25.1 万吨标准煤，比上年下降 2.45%。其中，煤炭消费量 19.86 万吨，下降 6.79%；电力消费量 62804 万千瓦小时，增长 4.45%。万元规模以上工业增加值能源消耗 5.85 吨标准煤，下降 12.88%。万元生产总值能源消耗 1.9 吨标准煤，下降 3.97%；万元生产总值电耗 1350.2 千瓦时，下降 3.44%。

【社会保障】2016 年，全县新增城镇就业 4884 人，安置下岗再就业人员 2097 名，登记失业率控制在 2.2%。全县 7273 人参加失业保险，5412 人参加城镇基本养老保险，20495 人参加职工医疗保险，27688 人参加居民医疗保险，102340 人参加城乡居民社会养老保险。参加新型农村合作医疗农民人数为 13.97 万人，参合率为 99.66%。全年新型农村合作医疗基金支出总额为 7496.1 万元(包括大病保险补偿金额 493.52 万元)，比上年增长 33.49%；累计受益 55.17 万人次，增长 51.95%。抚恤、补助各类优抚对象 862 人，金额达 691.2 万元；城镇居民得到政府最低生活保障的人数为 8051 人，下降 18%，发放城镇最低生活保障金 3216 万元，下降 16.8%；农村居民得到政府最低生活保障的人数为 17348 人，与上年持平，发放最低生活保障金 3161.5 万元，增长 0.04%。年末拥有敬老院 9 所，床位数 507 张，收养人数 450 人。

【社会事业】截至 2016 年，全县拥有中等专业学校 1 所，高级中学 1 所，普通中学 6 所，（其中：九年一贯制 3 所，12 年一贯制 1 所），小学 23 所。小学学龄儿童入学率达 100%；初中入学率达 100%。2016 年全县向全国各类高等专业院校输送新生 1645 名，高考录取率达 99.58%。在校学生体育达标率达 100%。幼儿园在园幼儿 5238 人。财政用于民生的比例保持在 70%以上。清泉学校如期招生，总场中学、李桥中心小学、南关学校教学楼建成投用。残疾人托养中心、健康教育所、新区中医院等重点民生项目开工建设。全县实现文化产业增加值 12015 万元，比上年增长 15.64%，占生产总值的比重 2.52%。有艺术表演团体 6 个，文化馆 1 个，公共图书馆 1 个，博物馆 1 个，广播电台 1 座，电视台 1 座。广播和电视综合人口覆盖率分别为 95%和 98%。《西部山丹》全年发行 45 期，累计发行 648 期。高质量举办了首届丝绸之路（敦煌）国际文化博览会“路易•艾黎国际主义精神与‘一带一路’建设国际论坛”山丹分活动。丝绸之路全球商学院智慧精英挑战赛、祁家店冬至民俗旅游文化节等文体活动连续成功举办。全年共接待境内外游客 264 万人次，实现旅游综合收入 13.3 亿元。实行县级公立医院药品零差率销售，分级诊疗和大病保险工作全面推开，医疗卫生综合服务能力和水平稳步提高。年末全县各级各类医疗卫生机构 235 个，卫生技术人员 1326 人，其中执业医师 402 人，执业助理医师 232 人，注册护士 442 人，其它卫生技术人员 250 人。医疗卫生机构床位 1451 张，其中乡镇卫生院 408 张。

平凉市

【基本情况】平凉市位于甘肃省东部，地处陕、甘、宁三省（区）交汇处，横跨陇山(关山)，东邻陕西咸阳，西连甘肃定西、白银，南接陕西宝鸡和甘肃天水，北倚宁夏固原、甘肃庆阳，是古“丝绸之路”必经重镇，素有陇上“旱码头”之称。312 国道横穿全境，宝中铁路纵贯南北，随着银武、平定、西长凤 3 条高速和西平、天平铁路以及支线机场的陆续建成，平凉将成为陕甘宁交汇区重要的交通枢纽。全市辖泾川、灵台、崇信、华亭、庄浪、静宁和崆峒区及平凉工业园区，102 个乡镇，3 个街道办事处，1457 个村民委员会。区域面积 1.1 万平方公里，海拔在 890～2857 米之间。年均气温 8.5℃，年降水量 420～600 毫米之间，平均日照总时数 2144～2380 小时，无霜期 156～188 天。全市常住人口 210.31 万人，其中城镇人口 79.5 万人。人口密度每平方公里 188 人。境内有汉、回、蒙、满、朝鲜等 20 多个民族，民俗风情浓郁。

【资源优势】平凉是甘肃省主要农林产品生产基地和畜牧业、经济作物主产区，盛产小麦、玉米、谷类、荞麦、油菜、胡麻、林果、烤烟等，具有开发“两高一优”农业的广阔前景，以“陇东粮仓”闻名遐迩。旱作山区盛产胡麻、葵花、土豆、莜麦和豆类等；阴湿山区林草茂盛，是西北重要的畜牧业基地、皮毛集散地和各类中药材的重要产地。中药材主要有党参、黄芪、甘草、大黄、贝母、冬花等 150 多种。山药、百合、蕨菜、甲鱼等极具地方特色，皮毛肉类远近闻名；川区以果、菜为主。有国家级森林公园 1 个，省级森林公园 6 个，森林覆盖率 31.1%。植物种类共 51 科 254 种，野生动物 31 种。全市煤炭地质储量 650 亿吨，已探明储量 97.26 亿吨，石油资源量 4.3 亿吨，原煤产量、火电装机容量分别占甘肃省的一半和五分之一，是全国13个大型煤炭基地之一、甘肃省最大的煤电化产业基地。且煤质优良，具有高活性、高发热量、低灰、低硫、低熔点的特性，不仅是优质动力用煤，而且也是目前我国最好的气化用煤。目前预测石灰岩总储量30多亿吨，但勘探程度低，探明储量约3亿吨，主要分布在崆峒区和华亭县；庄浪县卧龙石灰岩矿床为远景储量，约2亿吨。对石灰岩的利用，目前主要是生产水泥、石灰和建筑石料。另外还有粘土、石英砂等，主要分布在华亭县安口镇一带，开采利用历史较早，目前主要用于生产日用陶瓷、高低压电瓷、灯泡等。平凉历史悠久，文化灿烂。现已发现各个时期的古文化遗址465处，省级以上文物保护单位25处。其中“道教第一山”--崆峒山(崆峒区)、王母宫--西王母降生处的回中山(泾川县)、人文第一祖--伏羲氏诞生地古成纪(静宁县)、西周第一台--古灵台(灵台县)等历史遗址和西周青铜器(灵台县)、南宋银本位货币银合子、佛舍利金银棺(泾川县)，被誉为“中华之最”。崆峒山道教文化、西王母文化、大云寺佛教文化、皇甫谧文化独具魅力。平凉也是祖国针灸学鼻祖、晋代医学家皇甫谧(灵台县)，唐代著名宰相牛僧儒(灵台县)，南宋抗金名将吴玠、吴璘(庄浪县)，明代“嘉靖八才子”之一赵时春(崆峒区)的故乡。平凉以国家重点风景名胜区、国家首批5A级旅游景区、国家地质公园的崆峒山为中心，以国家级森林公园云崖寺、王母宫、柳湖、南石窟寺、龙隐寺、莲花台、紫荆山、明代宝塔、李元谅墓等为网点的风景名胜、文物古迹星罗棋布，都是寻根访古、观光旅游、避暑休闲的好去处。

【国民经济】2016年，全市实现生产总值367.3亿元，比上年增长7%。其中，第一产业增加值103亿元，增长5.8%；第二产业增加值91.06亿元，增长5.6%；第三产业增加值173.24亿元，增长8.5%。人均生产总值17486元，增长6.7%。三次产业结构比为28.0∶24.8∶47.2。居民消费价格总水平上涨1.6%。商品零售价格总水平上涨0.7%。规模以上工业增加值42.75亿元，增长4%。社会消费品零售总额194.16亿元，增长9.4%。全年接待国内外游客1600.06万人次，增长20.1%。旅游综合收入86.79亿元，增长23.1%。公路客运周转量20.58亿人公里，增长5%，货运周转量110.58亿吨公里，增长16.48%。全年邮电业务总量32.26亿元，增长49.1%。一般公共预算收入26.55亿元，增长9.9%。年末金融机构本外币各项存款余额736.06亿元，增长4.82%，本外币各项贷款余额533.16亿元，增长13.35%。全年保费收入14.79亿元，增长13.95%。

【供给侧结构性改革】2016年，全市原煤产量2024.19万吨，比上年下降5.55%；水泥产量381.73万吨，下降16.85%；水泥熟料348万吨，下降1.91%。年末全市规模以上工业中产成品库存15.07亿元，下降21.7%。商品房销售面积95.18万平方米，增长18.65%。工业企业主营业务成本129.85亿元，下降2.7%。交通运输、仓储和邮政业完成投资增长8.3%；水利、环境和公共设施管理业完成投资增长30.72%；教育、卫生、文化、体育和娱乐业完成投资增长44.75%。

【脱贫攻坚】2016年，全市加大资金整合力度，集中力量开展产业扶贫，整合资金12项1.06亿元，开展专项技术培训186期，因地制宜打造了一批特色鲜明、优势明显的多元富民产业，全市138个预脱贫村均形成了村级主导产业，137个村被认定为“一村一品”专业村，贫困村合作社实现了全覆盖。

【农业和农村经济】2016年，全市粮食作物种植面积507.04万亩，减少16.75万亩；粮食总产量110.91万吨，减少2.03%。蔬菜种植面积96.18万亩，增加2.98万亩。蔬菜产量156.57万吨，增长7.83%。全年肉类总产量8.91万吨，增长4.21%。牛奶产量1.78万吨，增长5.95%。水产品产量2763.72吨，增长19.17%。年末牛存栏74.81万头，下降0.55%；羊存栏21.5万只，下降3.59%；猪存栏43.11万头，下降2.31%。完成全膜双垄沟播231.08万亩、高效节水6.88万亩、测土配方施肥568.5万亩、“一喷三防”145.9万亩，创建高产示范片19个19.7万亩。大力培育休闲农业等新兴产业，全市休闲农业经营主体达到74家，崆峒区崆峒镇寨子街等12个休闲农业经营主体被评为“甘肃省休闲农业示范点”。实施农村饮水安全工程22处，解决了13.9万人饮水不稳定问题；危房改造2.2万户，移民搬迁3177户1.3万人；新建改建农村校舍8.5万平方米，农村低保标准提高到2855元。完成1418个村土地确权登记颁证权属调查，累计流转土地95.1万亩，新发展家庭农场421个，建立农民合作社840家，市级政策性农业保险签单保费2920万元。深入实施新型职业农民培育工程，培训农民20万人次，鉴定初、中级农民技术员7268名。实施化肥、农药零增长行动，建成大型沼气集中供气工程3个，秸秆综合利用率达到80%，废旧农膜回收利用率达到80.4%，尾菜资源化处理利用率达到32%，草原植被盖度达到83.3%。争取各类农业项目资金4亿多元，旱作农业推广、地膜回收利用、现代农业发展、农机具购置补贴等重点项目全部完成了年度任务。“三补合一”补贴政策改革全面推进，整合补贴资金2.6亿元。

【项目建设】2016年，全年实施500万元以上各类建设项目2358项，完成投资614.99亿元，比上年增长14.66%；5000万元以上投资项目159项，完成投资161.01亿元，下降52.35%；亿元以上投资项目86项，完成投资118.42亿元，增长138.01%；10亿元以上投资项目8个，完成投资17.61亿元，增长49.76%。全市新开工项目2014个，比上年增加650个，5000万元及以上新开工项目101个。房地产开发完成投资55.76亿元，下降16.27%。房屋施工面积440.41万平方米，下降8.42%。房屋竣工面积82.95万平方米，增长64.52%。商品房销售面积95.18万平方米，增长18.65%。

【优势产业】2016年末，全市新建标准化养牛小区42个，完成冻配改良15.62万头，完成基础母牛保护3.4万头，新建标准化养殖小区46个，大牲畜存栏85.89万头。不断加快果产业品种更新改优、推广矮化密植栽培，以泾汭河川区国家级现代蔬菜生产示范区建设为重点，不断扩大冷凉型高原夏菜、设施蔬菜生产规模，加快老旧日光温室和塑料拱棚改造升级，有效增强生产能力和市场均衡供给能力，新建日光温室4588亩、累计达到1.8万亩，新建大中拱棚10397亩、累计达到8.9万亩，新增设施蔬菜2.3万亩。全年水果产量132.24万吨，增长10.53%。

【人民生活】2016年，全市城镇居民人均可支配收入达23445.7元，比上年增长9.1%；城镇居民人均消费性支出14407.37元，增长2.2%。农村居民人均可支配收入7008.1元，增长7.8%；农村居民人均生活消费支出7459.84元，增长9.18%。随着危房改造、旧村改造、美丽乡村建设等项目的有序推进，本地务工机会增多，吸纳劳动力人数持续增加，使农村居民劳动报酬有效增加，拉动了农村居民工资性收入的持续增长。

【环境保护】2016年，全市城区大气环境可吸入颗粒物（PM10）年均浓度为80微克/立方米，比上年下降15.8%；二氧化硫年均浓度为19微克/立方米，下降13.6%；二氧化氮年均浓度为39微克/立方米，下降13.3%；细颗粒物（PM2.5）年均浓度41微克/立方米，下降16.3%；空气自动监测站每月联网率均达到99%以上，全市城区空气质量优良天数按新标准考核为310天，占全年天数366天的84.7%。全市地表水断面水质优良比例为85.7%，其中泾河、汭河、达溪河全年水质综合评价达到国家Ⅲ类水质标准要求，县级以上在用城市集中式饮用水水源地水质达标率及地下水质量考核点位水质达标率均为100%。区域环境噪声和交通干线噪声平均值分别为54.8分贝和69.1分贝。

【社会保障】2016年末，全市有社会福利院9个，床位1032张，在院供养491人；建立城镇社区服务中心14个。全年城镇就业25.87万人，新增城镇就业3.70万人，比上年末增加765人，下岗失业人员再就业1.24万人，年末城镇登记失业率3.63%。年末参加城镇职工基本养老保险10.41万人，增加856人；参加城镇职工基本医疗保险12.36万人，增加4016人；参加城镇居民医疗保险18.17万人，增加7049人；参加失业保险8.66万人，减少217人；参加工伤保险8.88万人；参加生育保险7.58万人，增加2159人；城乡居民社会养老保险参保续保120.76万人，增加11633人。年末参加新型农村合作医疗农民173.82万人，参合率为98.7%。全年新型农村合作医疗基金支出总额为9.4亿元，累计受益462.78万人（次）。民政部门资助农村合作医疗的人数达24.39万人。全年5.24万城镇居民和21.38万农村居民享受政府最低生活保障。

【社会事业】2016年，全市争取国家和省上科技项目17项，资金484万元。国家项目1项，落实资金132万元；省列项目16项，落实资金352万元；安排实施市列科技项目8项，经费75万元。本年共评出科技进步奖50项，一等奖9项，二等奖34项，三等奖7项。有各级各类学校1870所。小学入学、毕业率都达到了100%，初中阶段学生入学率99.68%，毕业率100%。全市参加高考考生21722人，上线人数达21316人，上线率98.1%。年末有各种艺术表演团体8个，公共图书馆8个，博物馆（含纪念馆）13个。全年发行《平凉日报》365期，10585万份。有广播电台8座，有线广播电视传输干线网络总长8436.5公里，比上年增加5127.5公里，广播电视调频电视转播发射台9座。广播综合覆盖率99.13%；电视综合覆盖率97.45%，比上年提高0.03个百分点，有线电视用户11万户。年末有卫生机构（包括村卫生室、诊所）2700个。卫生技术人员10769人，执业医师和执业助理医师4317人，医院和卫生院有执业医师和执业助理医师3103人，注册护士3626人；医院、卫生院拥有床位12251张，医疗机构病床使用率84.7%。参加省级及以上各类赛事获得奖牌83枚，金牌27枚、银牌26枚、铜牌30枚。

【安全生产】2016年发生各类生产安全事故163起，比上年增加10起；死亡118人，增加8人。亿元生产总值生产安全事故死亡人数0.29人，工矿商贸企业10万从业人员生产安全事故死亡人数为0.96人，煤矿百万吨死亡人数为0.15人。全年发生道路交通事故108起，死亡108人、受伤69人，直接经济损失26.66万元，道路交通万车死亡人数为3.02人。

（王康列）

崆峒区

【基本情况】崆峒区地处甘肃东部，六盘山东麓，东邻泾川、镇原，南依华亭、崇信，西与宁夏回族自治区的泾源、原州区接壤，北与彭阳、镇原县毗邻。在历史上为丝绸古道西进北上甘凉的第一座关隘重镇。亦为陕甘宁三省交通要塞和陇东传统商品集散地，素有“旱码头”之称。现为平凉市政治、经济、文化和交通中心，是一座新兴的工贸旅游城市。全区辖11个乡、5个镇、3个街道办事处和1个示范区，有226个村、15个城市社区(居委会)。总土地面积1808.84平方公里，2016年年末常住人口47.77万人，人口密度264人/平方公里，人口自然增长率6.91‰。属陇东黄土高原丘陵沟壑区，境内西北高峻多山，东南丘陵起伏，中部河谷密布，平均海拔1540米。气候属半干旱、半湿润季风型大陆性气候。最高气温33.9℃，最低气温-12.4℃，平均气温10.3℃，年降雨量493.7毫米，日照2287.3小时，无霜期178天。

【国民经济】2016年，全区实现地区生产总值114.13亿元，比上年增长7.7%。其中，第一产业增加值17.76亿元，增5.7%；第二产业增加值21.47亿元，增长5.2%；第三产业增加值74.9亿元，增长8.9%。三次产业结构比为15.6∶18.8∶65.6，人均地区生产总值24796元，增长7.5%。规模以上工业增加值6.63亿元，增长1.0%。社会消费品零售总额70.53亿元，增长8.8%。一般公共预算收入5.26亿元，增长21.4%；一般公共预算支出28.2亿元，增长4.8%。年末全区金融机构存款余额 282.45 亿元，下降 0.06%；各项贷款余额 209.47 亿元，增长 3.25%。

【供给侧结构性改革】2016 年，全区无钢铁生产企业，淘汰关闭了甘肃平凉经纬露天煤业有限公司；年末中心城区现有商品房库存面积 5505 套 65.5 万平方米，比上年末减少 1541 套 16.6 万平方米，存量房消化周期 22 个月。健全多层次资本市场体系，加快上市后备企业培育进程，完善地方金融监管体系，有效防范和科学处置区域性金融风险。全面推开营改增试点，顺利实现营改增，阶段性降低企业职工基本养老保险等社会保险费率，停征和归并政府性基金。

【“三农”工作】2016 年，精准扶贫纵深推进，全区实现 1.26 万名贫困人口脱贫退出，贫困发生率下降到 2.37%。发展壮大新鑫、惠丰、丰源等一批农业示范园，培育鑫海、云翔、新阳光农业产业化龙头企业 3 家，农畜产品仓储、物流、加工水平明显提升，农产品加工转化率达到 57.6%。建成易地扶贫搬迁安置点 23 个、新农村示范点 18 个、环境整洁示范村 33 个，硬化通村道路 204 公里，实施动力电改造工程 28 处、安全饮水工程 14 处。认真落实各项惠农政策，实现农村一二类低保与脱贫线“两线合一”，农村重特大疾病救助病种扩大到 50 种，为 3.07 万名农村学生免除保教费、学杂费等 1500 万元，发放惠农资金 2.4 亿元。全膜双垄沟播、测土配方、农田高效节水、冻配改良、农产品质量安全检测等技术大面积使用，农业科技进步贡献率达到 55%。

【项目建设】2016 年，全区实施的 235 项重点建设项目，总投资 526.18 亿元，完成投资 115.6 亿元。其中，新型工业化项目完成投资 9.5 亿元，现代农业发展项目完成投资 10.89 亿元，城市规划建设管理项目完成投资 81.41 亿元，交通基础设施项目完成投资 8.93 亿元，旅游产业开发项目完成投资 3.46 亿元，民计民生项目完成投资 1.02 亿元，社会治理项目完成投资 3943 万元。

【优势产业】2016 年，新建标准化肉牛养殖小区 33 个，新植果树经济林 1.5 万亩，发展设施蔬菜 6400 亩，全年共接待国内外游客 725.36 万人（次），实现旅游综合收入 39.2 亿元，分别比上年增长 20.36%和 23.1%。实施平凉原生态民俗文化体验区、崆峒旅游度假山庄、广成驿站改造提升等项目 16 项，完成投资 1.8 亿元。成立了平凉文化旅游产业投资集团公司，成功争取中华崆峒养生地养老服务中心等 5 个专项建设基金项目，落实到位资金 4.85 亿元，通过发行私募债、企业债和银行贷款等方式实现融资 2.7 亿元。先后开展了 2016 崆峒名山登山赛、西兰银崆峒山自驾游启动仪式及媒体采风活动、崆峒武术擂台赛、摄影艺术大展系列活动、崆峒山佛教祈福法会、首届摇滚音乐节、非遗展演、美食及地方特色旅游产品展示展销活动、历代名人“咏崆峒•颂平凉”诗词歌会和最美崆峒游记征文等 20 余项赛事和乐游系列活动，崆峒旅游品牌知名度和影响力不断提升。

【人民生活】2016 年,全区城镇居民人均可支配收入 23096.5 元，比上年增长 9.31%；农村居民人均可支配收入 8857 元，增长 8%。城镇居民人均消费性支出为 15131 元，增长 0.56%；农村居民人均消费性支出为 7264.3 元，增长 7.82%。年末参加城镇基本养老保险人数达到 23498 人，失业保险人数 11997 人,职工医疗保险人数 16173 人，居民医疗保险人数 73881 人，工伤保险人数 9107 人，生育保险人数 7613 人。城镇居民基本医疗保险参保人数为 21687 人，农村居民基本医疗保险参保人数为 23917 人。共有 9724 户 22042 名城镇居民、8776 户 22684 名农村居民得到政府最低生活保障。全区农村“五保”1218 人 1062 户，农村敬老院集中供养 96 人。

【环境保护】2016 年，全区环境污染治理总投资 24822.74 万元，其中：大气污染防治完成投资 8708.74 万元，水污染防治完成投资 16114 万元。主要污染物化学需氧量削减约 1006 吨，氨氮削减约 184 吨，二氧化硫削减约 186 吨，氮氧化物削减约 1250 吨。中心城区空气质量优良天数达到 310 天，可吸入颗粒物（PM10）年均浓度为 85 μg/m3，比上年 95μg/m3 下降 10μg/m3，下降 10.5%；细颗粒物（PM2.5）年均浓度为 42μg/m3，比上年 49μg/m3 下降 7μg/m3，下降 14.3%；二氧化硫、二氧化氮、一氧化碳、臭氧四项指标平均浓度均达到国家二级标准。泾河水质达到国家地表水Ⅲ类标准，达标率达到 75%以上，城市集中式饮用水水源水质达到 100%。区域环境噪声平均值控制在 55dB(A)以内，交通干线噪声平均值控制在 70dB(A)以内。

【社会事业】2016 年，争取省、市科技项目 3 项，资金 60 万元；有 7 项科技成果获得市级科技进步奖，其中一等奖 1 项，二等奖 6 项；评出区级科技进步奖 13 项，其中一等奖 6 项，二等奖 7 项。全区有各级各类学校 319 所，在校学生 77689 人。九年义务教育巩固率达到 95.74%，高中阶段毛入学率 88.89%，全区报考人数 3564 人，上线人数 3509 人，其中重点本科上线 627 人，上线率 17.6%，一般本科上线 1144 人，上线率 32.1%，三本上线 733 人，上线率 20.6%。有各种艺术表演团体 1 个，公共图书馆 1 个，博物馆 1 个，文化馆 1 个，数字影院 4 个，乡镇综合文化站 16 个，农家书屋 226 个，全区有广播电台 1 座，全区广播和电视信号实现全覆盖。有各级各类医疗卫生机构 497 个，实有床位 3826 张，医疗机构病床使用率为 68.96%。卫生技术人员 3691 人，其中：执业医师和执业助理医师 1404 人，注册护士 1553 人，药剂、医技及其它卫生技术人员 734 人。

（曹勇）

泾川县

【基本情况】泾川县位于甘肃东部、陕甘交界处，全县辖 14 个乡镇、1 个经济开发区，215 个行政村，1466 个村民小组，总面积 1409.3 平方公里，耕地面积 68.0 万亩，常住人口 28.52 万人。自然条件优越，境内海拔 930～1460 米，年均日照 2039 小时，平均气温 11.4℃，年均降水 469.6 毫米，相对湿度70%，无霜期194天，是国家农业部划定的全国优质苹果最佳适生区。区位优势独特，泾川居丝绸古道要冲，为华夏文明腹地，自古以来就是西出长安通往西域的第一重镇，是西兰银三大中心城市交汇点和陇东地区重要交通枢纽，国道312线、福银高速公路和西平铁路横贯全境。生态环境良好，全县水土流失治理程度达到82.4%，森林覆盖率38.13%，先后荣获“甘肃省实现绿化第一县”、“全国水土保持先进县”、“全国绿化模范县”等称号。旅游资源丰富，泾川是西王母降生地和西王母文化的发祥地，以始建于西汉元封年间的王母宫为代表的西王母文化遗存引起了国内外民俗文化界的广泛关注。王母宫被中央台办、国台办授予甘肃首个“海峡两岸交流基地”，泾川“最古老西王母”被列入世界纪录。1964年12月，古泾州大云寺地宫出土的14枚佛祖骨舍利及石函、铜匣、银椁、金棺、琉璃瓶五重套函被评定为国宝级文物。2013年1月，大云寺遗址再次发现佛教造像窖藏，出土宋代龙兴寺瘗埋的“诸佛舍利两千余粒并佛牙佛骨”，发掘各类单体造像、造像碑（塔）270余件（组），涵盖北魏、西魏、北周、隋唐等多个朝代，有力佐证了古泾州在丝绸之路佛教文化繁荣和传播中处于东渐桥头堡的重要位置。南石窟寺、王母宫石窟为国家重点文物保护单位，大云寺•王母宫景区和田家沟生态风景区为国家4A级旅游景区。产业资源富集，全县果品、畜牧、蔬菜等产业开发初具规模，培育形成了特色鲜明的主导产业集群；煤炭石油资源丰富，探明煤炭储量21.7亿吨，初步测算煤炭地质资源量273.6亿吨，可采储量118.9亿吨，探明石油储量8000万吨以上，远景资源量1.8亿吨以上。

【国民经济】2016年，全县实现生产总值51.10亿元，比上年增长7.2%。其中，第一产业增加值20.77亿元，增长5.7%；第二产业增加值10.29亿元，增长8.1%；第三产业增加值20.04亿元，增长8.2%。三次产业结构比例为40.6:20.2:39.2。人均生产总值17933元，增长7%。一般公共预算支出20.2亿元，增长5%。农村居民人均可支配收入8118元，城镇居民人均可支配收入21596.5元，分别增长7.78%和9.01%。规模以上工业增加值1.67亿元，增长9%；社会消费品零售总额22.54亿元，增长10.1%。年末金融机构各项贷款余额61.12亿元，增长29.87%；各项存款余额92.26亿元，增长12.54%。

【供给侧结构性改革】始建于1975年的县属国有企业豹子沟煤矿产能由原来的21万吨/年核减为18万吨/年。为保障煤炭企业平稳关闭退出，申请落实职工失业保险补贴等优惠政策，投资3600万元建设立架栽植、水肥一体现代化矮化密植苹果产业园，计划走出一条依托工业办农业的创新之路。清理取消行政审批事项243项，全面启动不动产统一登记，探索推行“PPP”模式，落实“五证合一”、“营改增”、“放管服”和公共用车等改革举措，减轻企业负担。适度提高棚户区改造货币化安置比例。清理收回财政专户结余结转资金2600万元，统筹用于扶贫、教育及医疗卫生等方面。大力推进“宽带中国”战略和“互联网+”行动计划，实施乡村光网覆盖工程，全县215个行政村实现农村宽带网络全覆盖，基本建成覆盖县、乡、村三级的农业综合信息服务体系。

【脱贫攻坚】全县上下精心实施富民产业培育、基础设施改善、公共服务保障、能力素质提升工程，集中建成了一批贫困村幼儿园、标准化村卫生室和村级文化活动场所。扎实推进果品提质、蔬菜增效、养殖扩量、劳务增收，招商建成了润昌公司等产业化龙头企业，成功举办第三届平凉金果（泾川）博览会。因地制宜种植油用牡丹、山地杂果2.5万亩。易地扶贫搬迁工程、整村推进项目全面完成，安全饮水、通村油路、幼儿园、卫生所、幸福大院、电商服务站等396个精准扶贫项目建成投用。引导农村土地向家庭农场、经营承包大户、农民专业合作社有效流转，完成土地流转1.13万亩，新建果品、畜牧、蔬菜等专业合作社92个，建成村级扶贫资金互助协会31个，家庭农场26个。创新农村金融服务体系，协调发放精准扶贫专项贷款、扶贫惠农贷款、林权抵押贷款等，农村经济活力不断增强，2016年实现脱贫1.2万人，贫困发生率降至8.23%。

【农业和农村经济】2016年，全县农业增加值20.82亿元，比上年增长5.7%。建成泾明乡白家村、红河乡田赵村、柳王村3个市列及高平镇牛家咀村、太平镇三星村2个县列美丽乡村，精心培育“万村整洁”示范带，农村人居环境得到显著改善。全面落实农村低保、五保供养、医疗救助、救灾救济等政策，建成农村老年人日间照料中心32个、幸福大院8个，城乡居民社会养老保险参保率达到98.7%。完成果树经济林确权颁证面积1.6万亩，发放林权抵押贷款3800万元，流转林地0.6万亩，实施林下种植2.07万亩、林下养殖32万只，完成树种改优1.36万亩。

【项目建设】2016年，多方加强项目衔接争取，论证储备盘口水库、刘李河水库等重点项目681项，争取各类专项资金10.14亿元，累计落实专项债券资金4.4亿元、地方政府债券1942万元、贴息贷款5222万元，实施城东综合开发、棚户区改造等500万元以上项目99项，完成投资78.15亿元，比上年增长14.3%。花样年文旅综合体、朱家涧水库等续建项目加快实施，鼎惠现代农业产业园、天然气输配工程等新开项目进展顺利。精心实施重点工业项目，110千伏变电站等续建项目全面建成，天纤棉业二期棉纱生产线、农业光伏并网发电、万吨气调库及冻干食品生产线等重点项目加快实施。

【优势产业】2016年，新建现代苹果设施栽培示范园3000亩、果品冷藏库3座，建成规模化养牛小区（场）9个，搭建日光温室80座、大中拱棚879座，完成旱作农业技术推广13万亩，成功举办第三届平凉金果（泾川）博览会，泾川果品的知名度进一步提升。全力加快景区开发，大云寺中心景区基本建成，花样年展示体验中心建成投用，文旅大厦、养生养老地产、四星级酒店建设进展顺利；1964年出土的佛祖舍利迎回安奉，泾川县作为敦煌文博会唯一的县级参展单位，展出的佛教文物受到广泛关注；成功举办第四届华夏母亲节暨海峡两岸西王母故里民俗文化交流等活动。

【环境保护】全力加快生态文明先行示范区、生态保护与建设示范区、生态文明示范工程试点、森林城市创建等国家级示范试点创建，不断加大城区工业企业、建筑工地烟粉尘治理力度，大力推广清洁能源，加快推进燃煤锅炉“煤改气”和脱硫除尘改造，全面淘汰“黄标车”及老旧车辆，集中治理餐饮油烟污染，扎实推进水污染治理。依法关停流域内采砂场、疏浚点和石料厂16户，近年来先后建成生活垃圾无害化填埋场4处、污水处理厂6个、城区天然气加气站1处，关闭实心粘土砖落后生产企业48户、转产改造5户，建成信泰、新创建材公司煤矸石制砖生产线。大力推广使用有机肥料，减少农药、化肥使用，不断提高废旧农膜回收利用率，土壤污染得到有效控制。2016年全县空气质量优良天数350天，达标率95.8%。可吸入颗粒物（PM10）平均浓度为78微克/立方米，二氧化硫日均浓度小于22.5微克/立方米，二氧化氮日均浓度小于29.8微克/立方米，均达到国家二级标准；列入国家考核的泾河泾川段出境断面地表水水质稳定达到Ⅲ类标准，水质达标率达到91.7%，全县城乡集中式饮用水源水质达标率达到100%。区域环境噪声、交通干线噪声平均值均达到全省控制目标，二氧化硫、氮氧化物、化学需氧量、氨氮四项主要污染物排放量持续下降。

【城镇建设】第四轮县城总体规划成果通过市级评审，城东世纪花园B区、星鼎庭院等住宅小区建设进展顺利，新城东路、文昌南路全面建成，东大街、新建街、中山街、农林路等街路改造工程建成投用，220套公租房建成主体，棚户区改造稳步推进，西门片区安置楼全面建成。建成美丽乡村示范村8个、“万村整洁”示范村30个。新建通村油路（水泥路）21条153公里，实施危房改造2841户，完成生态造林7.3万亩，新建、改造农村电网90公里，实现了贫困村动力电全覆盖。

【民生保障】不断加大民计民生投入，蒋丰路、红柳路、北大路建成通车，紧切社会关注焦点，城区街路改造提升、棚户区改造、天然气入户等惠民实事顺利办理。新建、改扩建中小学校舍5.7万平米，97所农村幼儿园基本完工，县城第三小学建成招生。县医院整体搬迁项目开工建设，丰台等3个卫生院业务用房及玉都、泾明卫生院中医馆全面建成。加快实施文化集市、“历史再现”工程，建成乡村舞台65个，公共文化服务体系进一步完善。认真落实各项社会保障政策，全面完成城乡低保重新评定，2016年新增城镇就业3820人。

（王海峰）

灵台县

【基本情况】灵台县位于陇东黄土高原南缘，地势西北高、东南低，海拔在890～1520米之间，其中县城海拔966.8米；年平均气温10.2℃，最高气温35.9℃，最低气温-15.7℃；年降水量610.7mm；年日照总时数2005.6小时，全年无霜期151天。境内有一塬（什字塬）一山（南部山区）两道川（达溪河、黑河川区），全境东西长78公里，南北宽40公里，总流域面积2038平方公里，属黄土高原沟壑区。东南与陕西长武、彬县、麟游、千阳、陇县接壤，西北与本省崇信、泾川县毗邻。全县辖9镇4乡5个居委会、184个行政村、1429个村民小组。2016年末全县总人口233282人，其中，城镇人口55747人，乡村人口177535人。民族以汉族居多，占96.7%，少数民族有回、藏、满、苗、蒙古族等占3.3%。

【国民经济】2016年，全县实现生产总值314439万元，比上年增长7.2%。其中，第一产业增加值131958万元，增长5.9%；第二产业增加值57169万元，增长7.7%；第三产业增加值125312万元，增长8.5%。人均生产总值达到17154元，增长7.2%。三次产业结构比例为41.9∶18.2∶39.9。固定资产投资484327万元，增长14.02%，实现社会消费品零售总额137950万元，增长9.4%。一般公共预算收入完成8255万元，下降11.8%。年末金融机构本外币各项存款余额563055万元，增长2.61%；本外币各项贷款余额372842万元，增长14.37%。

【供给侧结构性改革】2016年，积极顺应市场需求变化，着力得升主导产业，持续强化多元支撑，积极推进融合发展，加快构建财政资金与金融资金协调融合、民间资金为补充的多元化资金保障体系，注重营造良好的招商环境，不断加快推进政府职能改革，持续深化“先照后证”和“三证合一、一照一码”登记制度改革，注重激发社会投资潜力，城市集中供热、棚户区改造等PPP合作项目取得突破性进展，为创新筹融资方式开辟了新路子。

【脱贫攻坚】2016年，全县贫困户人均可支配收入达到4304元，年内实现减贫15336人，贫困发生率下降到9.04%。投资8785.8万元，实现了全县184个行政村及万宝川农场互助资金项目全覆盖。投入资金4680.5万元，新建87个、续建40个，开展了86个村市、县（区）配套资金试点。重点支持贫困家庭劳动力技能培训，开展“两后生”培训1500人，产业带头人培训371人次，实施旱作农业示范项目，推广全膜双垄沟播种植10万亩。

【农业和农村经济】2016年，全县种植全膜双垄沟播玉米17.4万亩，旱作农业技术推广效果明显。建办冬小麦、玉米高产创建万亩示范片5个，示范面积7.5万亩。全年农作物播种面积104.24万亩，其中粮食作物播种面积72.04万亩，粮食总产量达到18.04万吨。完成无公害生产面积13.5万亩，发展订单农业14.7万亩，分别比上年增长36.8%和13.07%。全县新增农民专业合作社53个，累计达到440个，其中：省级示范社7个，市级示范社25个，县级示范社35个，建办农民专业合作社联合社1个。完成生态造林工程5.6万亩。抓建省列“千村美丽”示范村4个、市级美丽乡村示范村3个、县级美丽乡村示范村2个、“万村整洁”村30个。拆迁安置农户45户，平整场地194亩，平填沟壑6万方，硬化（铺油）村社及户间道路7.4公里，铺设人行道7950平方米，建成文化广场3650平方米，新修排水渠2.8公里，安装分类式垃圾箱74个，栽植绿化苗木7120株，安装太阳能路灯60盏，安装变压器1台，架设输电线路300米，改造农电线路0.8公里，完成自来水入户89户，组织开展环境卫生整治30次，环境整治村30个。

【项目建设】2016年，全县实施500万元以上项目134项，完成投资39.8亿元。列入百日集中攻坚行动重大项目重点突破的12个未开工项目中7个开工建设，完成投资2.9亿元；24个重大调度项目完成投资9.5亿元。重点围绕牛果菜主导产业开发、城乡基础设施建设、文化旅游、养生养老发展等重点方面，指导督促乡镇部门谋划论证各类项目344项。立足县域资源优势，积极开展精准招商和上门招商，落实招商引资项目66项，协议引资239亿元，到位资金61.55亿元，比上年增长12.5%。

【优势产业】全县累计建成万头牛乡13个，千头牛村44个，百头牛社225个，十头以上养牛大户3276户，完成肉牛冻配改良4.21万头，牛饲养量达到18.1万头，出栏商品肉牛6.5万头。新植苹果园3.1万亩，2016年挂果面积达到14.56万亩，总产量达到15万吨。新建日光温室150亩，钢架塑料大棚2250亩，累计分别达到813亩和11210亩，设施蔬菜总面积1.2万亩。抓建中台、梁原千亩设施蔬菜基地2处，建成设施标准化生产小区14个，建办上良千亩高原夏菜示范点1处，落实春播高原夏菜6万亩，复种蔬菜8.74万亩，蔬菜种植总面积达到14.74万亩，总产量22万吨。已实施的五个煤炭工业项目共完成投资15237万元，占计划任务的53.3%。抢抓“丝绸之路经济带”重大机遇，着力打造“针灸之都，文化灵台”旅游品牌，加速文化与旅游的深度融合，持续加大了宣传推介和项目建设，推动全县旅游事业平稳健康发展。2016年旅游业接待人数达到138.2万人（次），比上年增长23.2%；旅游综合收入69238.2万元，增长23.2%。

【人民生活】2016年，全县城镇居民人均可支配收入19066.43元，比上年增长8.89%；人均消费支出10728.8元，下降6.05%；恩格尔系数为24.37%，提高3.12个百分点。农村居民人均可支配收入7006元，增长7.7%；人均生活消费支出6674.7元，增长11.78%；恩格尔系数为20.62%，下降1.04个百分点。全县城镇单位从业人员年工资总额49574.8万元，增长15.05%；人均年工资53804元，月工资4484元，年增长12.1%。城乡居民储蓄存款余额466126万元，增长13.66%；人均储蓄存款20005元，增长13.68%。

【环境保护】2016年，安排县级污染治理资金12万元，督促惠民热力公司实施了2号锅炉脱硫除尘改造项目，依法关停不达标燃煤锅炉10台。在西屯柳家铺村和中台康家沟村2处精准扶贫农村环境综合整治项目共购置安装勾臂式垃圾箱17个，分类式垃圾箱80个，手推式保洁车21个，建设排污管338米，制作水源地保护警示牌、标志牌各2个，拉建水源地防护围栏300米，修建小型化粪池28个。全面完成了污染减排项目任务，化学需氧量、氨氮、二氧化硫、氮氧化物等四项主要污染物排放量控制在目标值之内；县城区空气质量达标率为100%；区域环境、交通干线噪声平均值控制在目标值（55[dB(A)]和70[dB(A)]）之内。达溪河灵台段水质符合地表水Ⅲ类水质标准，县城区饮用水水源水质达标率为100%。重点污染源按时完成了企业自测及结果发布，企业自测结果公布率、重点污染源自动监控数据传输有效率、重点企业监督性监测结果公布率分别达到了100%、75%、95%。

【社会保障】2016年，全县城镇新增就业人数3063人，城镇登记失业率为3.01%。完成了城乡低保、农村五保扩面提标，提高了县聘临时代课教师和环卫工人工资标准，启动了城乡居民大病医疗保险理赔工作。投资5.6亿元，在陇塬明都住宅小区、新河小区、兴盛花园住宅小区、滨河新城小区、翡翠豪庭商住楼和方圆公寓住宅楼6处建设住宅楼16幢19.6万平方米。改造棚户区166户，建设安置楼2幢108套1.2万平方米，完成农村危房改造836户。全县城乡居民社会养老保险参保131896人，参保率95.3%。为2120名符合条件的参保城乡居民发放高龄补贴64.85万元，为1172名死亡的待遇领取人员发放丧葬补助金114.5万元。全县有9689名城镇居民缴纳了26.16万元保险费，为127人赔付城镇居民大病保险44万元。受理农民工工资案件28起，为295名农民工追讨工资218.1万元。受理办结劳动人事争议调解仲裁案件6件，结案率100%。

【社会事业】2016年，全县继续大力推进教育布局优化工程，概算总投资9860万元，实施新建、续建项目73个，建设校舍30134平方米，运动场44748平方米，围墙457米，涉及13个乡镇46所学校，有效解决了1500多名教职工和2万多名学生的上学、住宿、就餐等问题。投资611.12万元，购置课桌凳7076单人套，购置“班班通”设备276套，购置计算机185台，全县各级学校办学条件持续改善。适龄儿童入学率为100%，小学升学率为100%，初中毕业率为99.76%，九年义务教育巩固率95.62%，高中阶段毛入学率90.21%。全县一本上线282人，上线率14.8%；二本以上上线943人，上线率49.4%。全县所有医疗机构实现了药品网上采购和零差率销售，药品价格明显降低；新农合“一卡通”全面普及，参合率达到98%。建成集中医治未病、理疗、养生保健、旅游休闲为一体的综合性中医养生机构---皇甫谧国医养生馆，科技成果转化和知识产权工作取得新成绩。

（郑钦文）

崇信县

【基本情况】崇信县位于甘肃省平凉市东部，关山东麓，泾河之南。东靠泾川、灵台，西连华亭，北依崆峒区，南与陕西陇县接壤。东西宽35公里，南北长41.5公里，总土地面积850平方公里。地形呈西北高，东南低，海拔1085.4～1728米之间，关山支脉——唐帽山、老爷山屹立于西北部。地貌复杂多样，山地、台地、高原、河川交错分布，属黄土高原丘陵沟壑区。泾河支流——汭河、黑河、达溪河由西向东贯穿县境，形成狭窄的两塬三川五大区域。气候属暖温带半干旱大陆性气候，四季比较分明，2016年全年平均气温11.4℃，日照2124.4小时，无霜天数216天，降水量443.6毫米。全县辖4镇2乡2管委会，79个行政村，409个村民小组。常住人口10.35万人，农业人口8.19万人。

【资源优势】崇信县境内主要矿藏有煤炭、陶土、坩泥、石灰石、石英砂、矿泉水等，尤以煤炭资源最为丰富，现已探明储量18.3亿吨。宝(鸡)中(卫)铁路和省道泾(川)甘(谷)公路横贯全境，县内干线公路四通八达，油路通村率达到100%。县内西南山区天然次生林植被良好，森林植被覆盖率达到了90%以上，有植被29科42属69种，境内野生动物共16目44科118种，全县森林覆盖率为34.8%。县城北有闻名秦陇、具有一千多年历史的国家4A级旅游景区龙泉寺，西有风景秀丽的省级名胜区五龙山，有秀景天成的唐帽山森林公园，有直插云宵的人间仙山水泉岭和独具特色的世外桃源樱桃沟。有国家级文物保护单位武康王庙，有西周时期的古墓群和仰韶文化、齐家文化遗址及大量的唐文化遗迹，有革命烈士保至善故居、王震、彭德怀等革命将领的驻足宿营地等革命遗址，还有被誉为华夏第一槐的关河古槐，渭河以北最大的佛教圣树菩提树，奇特罕见的三义柏等古树名木。

【国民经济】2016年，全县实现生产总值24.8亿元，比上年增长5.0%。其中，第一产业增加值7.28亿元，增长5.9%；第二产业增加值8.82亿元，增长1.5%；第三产业增加值8.7亿元，增长9.1%。规模以上工业增加值7.15亿元，增长0.5%。固定资产投资62.79亿元，增长9.6%。社会消费品零售总额8.1亿元，增长10.6%。城镇居民人均可支配收入27961元，增长9.1%；农村居民人均可支配收入6720元，增长7.8%。一般公共预算收入2.56亿元，增长1.3%。

【供给侧结构性改革】2016年，全县深入推进“三去一降一补”供给侧结构性改革，引导企业加快技术改造，引进开发煤电下游产品，提高产品竞争力；实现精细管理、控制企业成本增加企业效益；提高科技研发投入，扩大高新技术产业规模。2016年底，全县原煤产量590.8万吨，比上年下降11.09%。原煤库存减少99万吨，规模以上工业产成品库存减少1.02亿元。

【农业和农村经济】2016年，扶持建办鑫塬果品等龙头企业12户，示范种植了香菇、铁皮石斛、灵芝等高附加值农产品，新改建肉牛养殖小区25个，创建省级标准化畜禽养殖示范场3个，全县牛存栏量和出栏量分别达到6.5万头和5.25万头，绿源牧草公司建成投产，玉米秸秆转化率达到85%以上。建办柏树党洼、黄寨张明洼苹果矮化密植示范园，果园面积达到7万亩，水果总产量达到3万吨。培育了新集设施蔬菜标准园和方盛百万棒香菇生产基地，带动全县种植蔬菜7.36万亩。粮食播种面积26.34万亩，粮食总产量5.56万吨。农林牧渔业增加值。72781万元，比上年增长5.9%。

【扶贫开发】2016年，投入资金33.5亿元，实施帮扶项目332项，帮办实事3000多件，易地搬迁群众665户，贫困村硬化路、卫生室、安全饮水、幼儿园（班）、文化服务中心、电子商务和金融便民服务点全面达标。加强贫困群众适用技术培训，大力发展牛、果、菜、木本油料等富民产业，扩大劳务输转，贫困群众自我“造血”功能明显增强，贫困人口人均可支配收入比上年增长18.6%。贫困人口由2011年的3.05万人减少到5695人，贫困发生率由36.9%下降到6.96%。

【项目建设】2016年，全县共实施各类全年实施500万元以上建设项目210项，实施16个过亿元项目，其中五举煤矿及选煤石项目、赤城煤矿建设项目、平凉泾汭河川区崇信蔬菜产业园建设项目，崇信县农耕文化生态养老体系建设项目，崇信县龙泉寺景区旅游基础设施建设项目，崇信县重点流域河道水污染整治项目，崇信县铜城3000亩油用牡丹育苗基地建设项目，崇信县芮河川食药用菌标准化种植基地等一系列重大项目均完成了建设任务。

【优势产业】2016年，坚持煤电产业改造升级与非煤工业发展同步，努力提高工业经济发展的质量和效益。赤城煤矿加快建设，新安、百贯沟煤矿洗煤厂建成运行、顶优聚氨酯泡沫厂建成投产，鑫盛新型建材公司固体废弃物综合利用二期项目启动实施。启动赤城煤田资源开发，新建改扩建矿井5对，煤炭设计生产能力由860万吨增加到1200万吨。崇信电厂铁路集煤站、鑫盛新型建材等项目建成投产，非煤工业比重提高到42%。建成了五龙山游客接待中心和保至善烈士纪念馆，龙泽湖荣获国家水利风景区，全年共接待各类游客106万人次，比上年增长21.3%；实现旅游综合收入5.2亿元，增长13%。农耕文化生态苑、龙泉寺基础设施和武康王庙保护修复项目有序推进，华夏古槐王景区创建全面启动，全年文化产业法人单位达到41户，实现文化产业增加值2868万元，增长16.16%。全力支持非公经济发展，深入推进市场体系建设，华通汽配物流中心完成主体，新世纪商厦开业运营，崇信宾馆、金融大厦全面建成。快递物流、家政服务、电子商务等新兴服务业不断发展，新增个体工商户754户，全县共有4个乡级电子商务服务站、11个村级电子商务服务点，电子商务网店达到了150家。

【人民生活】2016年，措办惠民实事50件90项，民生支出占到财政总支出的80%以上。大力实施“全面改薄”工程，深入推进全县县级公立医院综合改革，全面完成了县一中、二中和职教中心搬迁，启动了城区一小迁建工程，考录高校毕业生1200人，解决再就业2440人。全面落实公务员职务职级并行制度和各类政策性增资，住房公积金缴存比例提高到12%，乡镇工作生活条件“三年改善工程”全面完成。不断加快推进新型城镇化，县城新区初具规模，建成区面积由5.2平方公里扩展到6.9平方公里，城镇居民人均住房面积由25.6平方米增加到32平方米，城镇化率达到45.5%。累计建成建制村停靠站100个。实施“千村美丽”村组道路硬化工程6项60.28公里，建制村通畅工程2项，30.875公里，全县沥青（水泥路）通村率达到100%。解决了2.1万人饮水安全问题，自来水入户率达到90%，新增灌溉面积1.2万亩。创建省列美丽乡村6个，新农村建设和旧村改造覆盖面达到89%。

【环境保护】2016年，大力实施“大地增绿”工程，完成造林绿化4.9万亩，新修梯田4.6万亩。全县化学需氧量、二氧化硫、氨氮、氮氧化物排放量分别为2403吨、3509吨、102吨、4102吨，分别比上年下降10.63%、2.17%、6.68%、7.98%。空气质量达到功能区标准，地表水汭河崇信出境断面水质达标率达到92%以上，城乡饮用水源水质达标率达到100%，区域环境噪声平均值控制到了55分贝以内，交通干线噪声平均值控制到了70分贝以内，全县未发生严重环境违法行为和重大环境辐射安全事件。

【社会保障】2016年，城乡低保、五保供养标准不断提高，城乡居民养老保险基础养老金增加到85元，五项社会保险综合参保率达到97%。新建保障性住房1854套，改造农村危房6156户，建成“幸福大院”21处，实现了告别窑洞目标。多渠道促进就业，应届高校毕业生就业率在85%以上。新建返乡农民工就业创业园等创业孵化基地，城镇登记失业率控制在3.5%以内。全县城镇职工参加失业保险参保2887人，城镇职工养老保险参保2311人，城乡居民基本养老保险参保58176人，工伤保险参保3630人，生育保险参保3590人，城镇医疗保险参保13673人。全县8700名困难群众享受农村低保，1850名城镇困难居民享受城市低保，五保供养人数314人。

【社会事业】2016年实施城区二小等校舍工程56项，新建改扩建校舍11万平方米，生均校舍面积增加到14.8平方米，人均受教育年限提高到9.8年。完成了县中医院、新窑卫生院迁建和乡镇卫生院改扩建，每千人拥有床位数实现翻番。公立医疗机构药品实现“零差率”销售。文化三馆建成并免费开放，体育中心即将建成，乡镇中心幼儿园、综合文化站、村卫生室、文化室实现全覆盖。新建改扩建校舍5.1万平方米，学龄儿童入学率达到100%，全县共有在校学生15489人。高考上线率98.4%(高职以上)，本科以上35.1%。新增医疗业务用房2.1万平方米，全面实施城乡居民健康营养提升工程，全县健康档案建档率达到97%，全县卫生机构数20个，床位数530张，卫生机构人员570人，医师185人，护士153人。乡村诊所133个，村医生156人，个体诊所49所。参加新型农村合作医疗人口7.87万人，参合率达到99.3%。

（关旭东）

华亭县

【基本情况】华亭位于甘肃省东部、关山东麓，东临崇信县，西连庄浪县和宁夏回族自治区泾源县，南接张家川回族自治县和陕西省陇县，地处陕甘宁三省（区）交汇处。现辖7镇、3乡、1个街道办事处、1个省级工业园区，101个行政村，26个社区，总面积1183平方公里。2016年底，全县常住人口19.64万人。华亭自然资源富集，煤炭储量达33.74亿吨，煤炭具有“三高三低”（高挥发性、高化学活性、高发热量，低灰、低硫、低磷）的优良品质，是优质的动力、气化和化工用煤。境内林丰草茂，植被良好，关山林区有40万亩原始森林，森林覆盖率达到36.94%。华亭交通便利，宝平、天平铁路、省道304、203线及在建的彭大、天平高速穿境而过，境内铁路总里程68.8公里、公路686.6公里，有年吞吐量1000万吨的煤炭铁路专用线和140万吨的铁路集运站，辖区“七纵六横十四个出口”的路网框架初步形成，实现了乡乡通油路、村村通水泥路和城乡客运站点全覆盖。水利水保设施不断加强，有中小水库5座，年供水能力799万立方米，建成了农村饮水安全工程示范县、自来水化县。电力通讯发达，农村畅通工程实现行政村全覆盖，光纤宽带传输网络辐射城乡，移动通讯、程控电话、宽带上网等数字化通信网实现乡镇全覆盖。属黄土高原丘陵沟壑区、温带湿润性气候，年平均气温8.7℃，降雨量631.8mm，海拔1226米～2748米。人文古迹众多，境内现存古人类遗址、古墓葬群、石窟石雕、古城堡遗址和古动物化石点106处，馆藏珍贵文物近1000件，曲子戏、传统打击乐表演等民间艺术跻身全国“非遗”项目。旅游资源丰富，国家4A级森林公园莲花台和国家3A级莲花湖公园、双凤山公园和米家沟生态园，风光绮丽的五台山、规模宏大的石佛群和石拱寺、神奇的海龙洞、药王洞、仙姑山等景区风景秀丽，交通便捷，开发前景广阔。

【国民经济】2016年，全县实现生产总值43.34亿元，比上年增长5.0%，三次产业结构比为20.0∶43.6∶36.4，与上年相比，第一、第三产业所占比重分别增加0.6和0.3个百分点，第二产业所占比重减少0.9个百分点。一般公共预算收入5.14亿元，固定资产投资143.35亿元，社会消费品零售总额21.55亿元，城镇居民人均可支配收入和农村居民人均可支配收入分别为27679.17元和7649元，分别增长8.8%和7.7%。

【供给侧结构性改革】2016年，不断削减煤炭库存，压减粗钢产能，陶瓷、管材等主要工业品产销两旺，非煤工业涨势明显，产业结构进一步优化。新增市场主体1686户、注册资本13亿元。积极开展财税金融改革，组建成立水投公司、交通旅游公司、建源公司，政银企对接实现常态化，全县金融机构新增贷款 8.73 亿元，累计达到 74 亿元，金融对实体经济的支撑力进一步增强。城市集中供热、棚户区改造等 PPP 合作项目取得突破性进展，为创新筹融资方式开辟了新路子。

【脱贫攻坚】2016 年，全县投资 18.09 亿元，组织实施完成六类 143 个重点项目，新建移民安置点 19 个，帮助 368 户群众实现易地安家落户，3836 户群众彻底告别土坯房；硬化砂化通村社、村组道路 75 公里，4.29 万人饮水不安全问题有效解决，“广电扶贫平安乡村”通达 50%以上行政村，三相动力电全面覆盖，农村教育、卫生等各项公共服务设施日益完善。整合各类涉农专项贷款 2.45 亿元，全力支持贫困村、贫困户兴产业、促增收，稳定脱贫 843 户、3051 人，贫困人口减少到 4133 户、14674 人，贫困发生率降至 10.75%，全县农民人均可支配收入 7649 元，建档立卡贫困人口人均可支配收入 4054 元。

【农业和农村经济】2016 年，全县建成标准化产业示范基地 19 处、2 万亩，完成旱作农业技术推广 5.2 万亩，新植核桃 1 万亩，补植核桃 2 万亩，新建、改扩建养殖小区 5 个，建成千亩无公害药材标准化生产基地 6 个，牛出栏 7.23 万头，核桃挂果面积 8.4 万亩，药材种植面积 7.1 万亩，蔬菜种植面积 10.01 万亩。大力培育新型农业经营主体，扶持建办伦源肉牛、中兴堂芍药等重点龙头企业 16 户，发展专业合作社 216 个，培育产业大户 4350 户，全县农业增加值达到 8.71 亿元，增长 5.7%。

【项目建设】2016 年，全县签约招商引资项目 237 个，签约资金 176.8 亿元，到位资金超过百亿元，建成了世纪花园 A 区、上亭幼儿园等一批招商项目。全力以赴推进项目建设，加大专题调度、现场会办和一线督查力度，积极配合平天、彭大高速等重点项目建设。华庭明珠、居礼华亭、世纪花园 A 区、金华庭院和宏源大厦等商住项目建设已竣工投用，20 万吨聚丙烯、7 万吨再生胶、龙凯华新粉煤灰制砖、天润石膏建材等一批骨干企业年底试车生产，热电联产、彭大高速、平天高速、平华一级等一批重大项目进展良好。

【优势产业】2016 年，煤化工产业在资源开发、链条延伸、转型升级上实现了新突破，逐渐从能源工业向多元工业升级。陶瓷、管材等主要工业品产销两旺，非煤工业涨势明显，特别是以 20 万吨聚丙烯主体完工和庆华公司二期的建成投产为标志，新型工业化迈出了坚实一步。现代农业围绕核桃、药材、蔬菜、草畜四大主业稳步壮大，东华黎明川、神峪袁庄、安口晨光、砚峡乡流域等产业示范片（带）效益逐步显现，伦源、宏源、中兴堂等龙头企业成长壮大，牡丹、芍药、鹿、麝等特色种养业蓬勃发展。文化旅游养生深度融合，以关山大景区为核心，积极实施莲花台基础设施、三线文化园、古塔寺公园、秦史文化大道等项目，上美商业广场、天街购物广场、宏源大厦等现代商贸综合体持续壮大，举办了关山大景区山地自行车、摩托车赛、徒步游等活动。建成了华夏星光、金润数字影城、启动实施了万亩芍药牡丹、策底大南峪生态旅游村、庆丰公司仿古文化砖生产线等 8 个文化旅游产业项目。

【人民生活】2016 年，全县坚持现代城市、新型城镇、美丽乡村统筹推进，基础设施、公共服务、对外形象一起提升，不断加快城乡一体化进程，新建拓建乡村道路 90 公里，改造安口、东华、西华、策底棚户区 4 个，涉及住户 503 户，新建保障房 300 套，热电联产集中供热、市民广场、世纪花园 A 区、皇甫路延伸等 27 项重点民生工程全面竣工，天然气入户、生活垃圾处理场等工程加快推进，公交出行、绿化亮化、排污排洪等基础公共设施配套跟进，常态化开展交通秩序、市场秩序、公共卫生、违章建筑等领域综合执法，市容市貌明显改观，服务功能日趋完善；开展广场文化月系列文艺展演活动 16 场次，开展曲子戏调演等非物质文化遗产展演、宣传活动 21 场次，开展书画作品展、摄影展等交流宣传活动 25 场次，开展职工篮球运动会等文体活动 13 场次，开展社火表演、书法比赛、农民演讲比赛、农民运动会、乡村舞台展演等各类群众文化活动 300 多场次，极大地丰富了城乡群众的文化生活。扎实开展了安口、策底省市列新型城镇化试点工作，撤县设市取得积极进展。纵深推进美丽乡村建设，创建省、市、县列示范村 14 个，策底大南峪、上关西庄等一批特色村初具规模。深入开展环境综合整治，累计清理农村“三堆”2700 余处，完成造林绿化 7.04 万亩，城乡面貌和人居环境持续改观。

【环境保护】2016 年，全县主要污染物去除量完成了省市目标任务，污染物排放量均在控制目标范围之内，辐射安全许可证持证率保持 100%，城市污水集中处理率达到 87%，城市生活垃圾无害化处理率达到 93%。全年城区空气质量优良天气数按新标准要求达到监测天数的 100%，区域环境噪声平均值控制在 52.5 分贝。城镇集中式水源地水质达标率达到 100%，汭河小庄桥出境断面水质达到地表水三类水质标准，污水处理厂集中处理率 77%。拆除甘肃大昌鑫金属工业有限责任公司 30 吨电弧炉 2 台，依法关停实心粘土砖厂 5 户和煤矿 1 户，依法取缔违法煤炭经营户 83 户，集中整治建筑工地 26 个，216 户餐饮企业安装了油烟净化设施并使用清洁能源，36 户餐饮企业安装了油烟净化设施，172 户餐饮企业使用清洁能源，淘汰黄标车 1725 辆。1 个乡镇完成了国家级生态乡镇创建，10 个乡镇完成了省级生态乡镇创建，18 个村完成了省级生态村创建；华亭一中等 3 所学校开展了省级绿色学校创建。

【社会保障】2016 年，全县城乡居民社会养老保险参保率达到 99.2%，城镇和乡村低保对象补差标准分别提高了 10%和 17%。纵深推进“双创”行动，落实创业贴息贷款 3333 万元，招录 173 名高校毕业生服务基层和企业，多渠道开发就业岗位 4120 个，城镇登记失业率控制在 3.5%以内。开展各类技能培训 7426 人，输转城乡富余劳动力 3.12 万人，职工五项社会保险确保率和发放率均达到 100%。

【社会事业】2016 年，集中实施了中医院门诊楼、乡镇卫生院业务用房、薄弱学校改造提升、乡村舞台等一批民生项目，筹办了塌陷治理、搬迁安置、群众就业等一批为民实事，全面落实救济救助、城乡低保、社会保障、困难群体补助等政策。进一步优化了城乡教育资源和县级医疗资源配置。司法局业务用房、社区矫正监管中心、消防大队执勤楼、公安局警犬训练基地建成投用，深入推进“七五”普法和法律“八进”活动，广大干部群众依法化解矛盾、维护稳定和解决问题的能力不断提升，严格落实安全生产“一岗双责”，持续加强企业矿山、公共消防、道路交通等重点领域安全监管。

（董中华）

庄浪县

【基本情况】庄浪县位于甘肃中东部，六盘山西麓，属黄土高原丘陵沟壑区。全县共 18 个乡镇、293 个村，总面积 1553 平方公里，总人口 45.16 万人，耕地 92 万亩，县境内海拔在 1405～2857 米之间，无霜期 160 天，年平均气温 8.1℃，年平均降水量 482 毫米，属大陆性季风气候。庄浪人杰地灵，人文历史悠久。因北宋时期党项庄浪部族而得名，属羲皇故里成纪文化圈，是中华民族的发祥地之一和古丝绸之路的重要驿站。境内有“仰韶”、“齐家”、“寺洼”等旧、新石器时代古文化遗址 700 多处，历代文物 4000 多件，素有“文化之乡”、“书画之乡”和“体育之乡”之美誉，是“全国文化模范县”。庄浪民风淳朴，人民吃苦耐劳。从上世纪 60 年代开始，庄浪人民锲而不舍，兴修梯田，经过 34 年坚持不懈的努力，于 1998 年建成了第一个“中国梯田化模范县”，磨砺出了“实事求是、崇尚科学、自强不息、艰苦创业”的庄浪精神。

【国民经济】2016 年，全县实现生产总值 38.42 亿元，比上年增长 7.2%。人均生产总值 10020 元。固定资产投资 55.29 亿元，城镇居民人均可支配收入 23280 元，农村居民人均可支配收入 5739 元。文化产业实现增加值 8200 万元，增长 17.54%，占生产总值的 2.13%。

【供给侧结构性改革】强力推动煤炭、水泥、砖瓦等传统产业改造升级，去掉了无效和不符合环保政策的落后产能，依法清理了部分没有市场经营行为的“僵尸企业”。2016 年新开工房地产开发项目房屋面积 9.17 万平米，比上年减少 1.59 万平米；商品房销售面积 4.91 万平方米，增加 0.22 万平米，商品房待售面积明显下降。新组建水投、城投两家投资公司，由政府牵线，结合扶贫贷款政策用活信贷资金，发放小额扶贫信贷资金，有效缓解小微企业的融资难题，帮助企业发展壮大。深入开展“企业服务年”活动，全面落实现有惠企政策和营改增政策，优化企业经济发展环境，以技术升级推动企业降本。加快推进了天平高速、棚户区改造、水利项目等一批重大基础设施项目，努力补齐基础设施建设和全面小康的短板。

【脱贫攻坚】持续改善路、水、电、气、房等基础条件，加大造林绿化和环境整治工作力度。5000 万元专项扶持资金有效撬动短、平、快产业发展，促进了贫困群众稳产增收。积极开展就业培训，大规模、多层次提升农民技能素质，贫困户的自我发展能力进一步增强。加大民计民生投入，有序发放扶贫贷款，金融支持和社会兜底促进了全县惠民保障水平进一步提升。与天津市河西区和兰州市城关区建立对口帮扶关系，贫困群众的脱贫渠道进一步拓宽。全面完成年度脱贫任务，切实做到稳定脱贫。整合各类帮扶资金 11 亿元，落实帮扶项目 500 多个，县上自筹产业扶贫资金 5000 万元，贫困群众收入明显增加，贫困村基础设施有效改善。

【农业和农村经济】2016 年，全县建成新农村 25 个，完成农村危房改造任务，妥善搬迁安置一批困难群众，配套建成了幼儿园、卫生室和村文化室，有效改善了农村人居环境和群众生产生活条件。部分乡镇统筹危房改造、整村推进等项目，全民动员、全线整治，高起点规划，高标准建设，做到了翻新与治乱并举，绿化与美化同步。扎实推进农村平安建设，促进社会和谐。全年粮食总产量 19.61 万吨，增产 0.8%；完成造林面积 7.86 万亩。水果总产量 18.06 万吨，增长 11.4%；年末森林覆盖率为 27.54%。年末大家畜存栏 12.09 万头，全年肉类总产量 1.37 万吨。

【项目建设】天平高速庄浪试验段全面开工，通村硬化路、梯田产业路建设成效显著，水利基础设施加快推进。持续推进城乡建设、破解发展瓶颈，花崖河水库和李庄棚户区改造工程、新昌桥、迎宾北桥改造等项目投资多、质量高，改善人居环境和优化服务功能作用显著。南湖、朱店等小城镇建设全面加快、配套设施不断完善，高标准建成了一批新农村，尤其是郑河上寨、韩店石桥、通化中庄等旅游示范村规划建设档次高，突出了乡村人文特色。建成了循环经济产业园区“一纵四横”道路网络，新建了光伏发电、果品贮藏、中药材加工等一批工业商贸项目。全年实施 500 万元以上项目 248 个，其中 500～5000 万元项目 240 个，5000 万元及以上项目 8 个。

【优势产业】2016 年，全县持之以恒发展苹果、洋芋、畜牧三大主导产业和蔬菜、育苗、中药材等区域特色产业。苹果产业新植补植果园 11.1 万亩；建成了一批欧盟标准、国家标准和市级标准示范园，有力促进了全县果产业扩量提质增效创牌。洋芋产业在科技创新上不断取得新突破，引进国际领先水平的马铃薯原原种“雾培法”栽培技术，建成了全省第一个“雾培法”原原种繁育基地。因地制宜发展蔬菜、中药材等区域特色产业；大力推广旱作农业技术，农业综合生产能力明显提高。畜牧产业鼓励小户散养、大户适度规模养殖，走出了“畜-沼-果”相结合的路子。加快关山大景区建设，组建了关山文化旅游有限责任公司，成功举办了“生态梯田•大美关山”文化旅游节和全国山地自行车邀请赛，庄浪旅游的知名度和影响力不断跃升，被农业部认定为全国休闲农业和乡村旅游示范县。

【人民生活】2016 年，全县城镇居民人均可支配收入 23280 元，比上年增长 8.8%；农民人均可支配收入 5739.7 元，增长 8.1%。城镇居民人均生活消费支出 16848 元，农村居民人均生活消费支出 5678 元。落实各项惠农政策，提高城乡低保和五保补助标准，城镇居民医疗保险、新农合、新农保基本实现了全覆盖。贫困面降到 18.68%。继续实施“万村千乡”市场工程、家电下乡补贴等政策，电脑、空调、轿车等高档消费品进入普通百姓家庭。建设新农村示范村、改造农村危房，实施“一事一议”财政奖补和新型农业社会化服务项目，农村新型能源，农村改厕等一系列项目和举措的实施，农村人居环境明显改善。

【环境保护】2016 年，全县削减化学需氧量 848.34 吨、氨氮 80.8 吨、二氧化硫 306.74 吨。可吸入颗粒物年均值 0.83 ㎎/m³，二氧化硫年均值 0.251 ㎎/m³，二氧化氮年均值 0.313 ㎎/m³，空气质量优良天数达到了监测天数的 100%；饮用水源水质达标率为 100%；区域环境噪声测量均值 52.3 分贝，交通干线噪声测量均值 69.0 分贝。污染削减和污染防治项目全面完成。核发机动车环保标志 3900 多枚，淘汰黄标车 918 辆，淘汰 10 蒸吨以下燃煤锅炉 6 台。城区生活垃圾填埋场管理规范，做到了黄土覆盖、分层碾压，垃圾渗滤液无外排现象，运行率达到了 100%。成立辖区内矿产资源开发、生态环境专项执法检查和秸秆禁烧领导小组，集中开展检查 6 次。投资 70 万元实施了永宁葛峡、大庄上李、柳梁下岔 3 乡镇 3 个村的农村环境综合整治项目，通过了市上验收。加强对县医院、中医院等医疗机构辐射安全的监督管理，辐射安全许可证持证率达到了 100%。加强对重点行业、重点领域的日常监管，累计出动执法人员 300 多人次，检查重点行业企业 45 家，发现并督促整改环境违法问题 12 个，环境管理问题 19 个。其中对 12 户企业进行了行政处罚，对 16 起环境违法行为责令限期进行整改，全面完成了“三大体系”和环保能力建设。

【社会保障】2016 年全力办好省、市、县列各项惠民实事，民生支出占到财政总支出的 70%以上，圆满完成了年初承诺的“十件实事”。全县机关事业单位养老保险制度改革全面开展，城乡居民社会养老保险实现全覆盖。参加失业保险 9274 人，基本养老保险 10169 人，参加基本医疗保险 27137 人。享受城镇居民最低生活保障 3709 人，发放最低生活保障金 1516 万元；农村低保已保 57861 人，发放保障金 10847 万元。新型农村合作医疗参保 39.27 万人，参合率 98.6%；医疗基金支出 20177 万元，比上年增长 16.3%。城乡居民社会养老保险参保 25.04 万人，参保率 98.1%。为符合待遇享受条件的老人发放养老金 6792.94 万元。

【社会事业】义务教育发展基本均衡县通过了国家评估认定，国家卫生县城通过了省级初步评估。思源学校等重点项目建设进展顺利，九年义务教育巩固率和高考二本上线率稳步提高。健全完善城乡医疗卫生体系，县中医院住院部综合楼建成主体，全县贫困村标准化村卫生室实现全覆盖。加大村级文化综合服务中心建设配套力度，规范落实城乡五保、低保和大病医疗救助政策。2016 年末，全县有各级各类学校 327 所。教职工 6189 人，其中专任教师 5849 人。有中小学生 78179 人，校舍面积 61.39 万平方米，小学、初中入学率均达到 100%。有各级各类卫生机构 458 个，病床位 1770 张，卫生技术人员 1514 人。全年举办各级各类运动会 95 次，参加人数 9300 人次，训练各类体育干部 228 名。参加各类运动会，获得市级奖牌 114 枚，其中金牌 44 枚，银牌 34 枚，铜牌 36 枚。

（王珍琴　李志荣）

静宁县

【基本情况】静宁县位于甘肃省东部，东、北与宁夏回族自治区隆德、西吉县接壤，西、南与通渭、秦安县毗连，西北与会宁县为邻，东南同庄浪县相依。县境南北长 81 公里，东西宽 68.75 公里，土地总面积 2193.9 平方公里。2016 年年末户籍总人口 48.75 万人，主要有汉、回两个民族，人口密度 222 人/平方公里。现辖 13 个镇、11 个乡、1 个城市社区管委会，333 个村民委员会、2319 个村民小组，7 个居民委员会、15 个居民小组。县境内已发现的非金属矿产有石灰石、煤、高岭土、火山岩棉、硅石、粘土；金属矿产有铅锌矿、钒钛磁铁矿、黄铁矿、铁锰矿。主要有威戎受家峡铅锌矿、仁大高家峡铁矿、雷大麻峡石灰岩矿、界石铺罐子峡煤矿、李店杜家大湾铁矿。静宁县是华夏文明的发祥地之一，古迹众多，旅游资源丰富。境内有大地湾文化、仰韶文化、马家窑文化、齐家文化等丰厚的古文化遗存；有人文始祖伏羲诞生地——古成纪遗址；有明代风格的建筑群静宁文庙、站院清真寺；有古朴典雅、规模宏大的国家 3A 级旅游景点成纪文化城；有全省爱国主义教育基地——界石铺红军长征纪念园；有奇峰错列、幽谷盈香的仙人峡和大地滩十万亩休闲农业观光园等旅游景点；有供居民休闲娱乐的西岭公园、文屏山公园及烽台山公园。

【国民经济】2016 年，全县实现生产总值 49.4 亿元，比上年增长 7.1%，第一、二、三次产业分别实现增加值 19.28 亿元、10.5 亿元、19.62 亿元，分别增长 5.8%、6.5%、8.6%，人均地区生产总值 11626 元。三次产业结构比为 39.0∶21.3∶39.7。完成固定资产投资 82.5 亿元，增长 14.07%。实现社会消费品零售总额 27.4 亿元，增长 10.2%。一般公共预算收入 2.4 亿元，增长 10.34%。

【供给侧结构改革】建立果品营销激励机制，制定扶持奖励办法，下功夫拓宽销售渠道，初步形成了相对稳定的果品营销市场。加大果品宣传推介和保护力度，举办了第二届静宁苹果节，组团参加了北京农交会等各类节会，央视等主流媒体专题报道静宁苹果，静宁苹果的品牌知名度和影响力进一步提升，区域品牌价值达到132.2亿元，被评为“2016全国果菜产业最具影响力品牌”。旱作农业和畜牧产业稳步发展，呈现出规模化推进、集约化经营的良好势头，成为西北部群众致富增收的主渠道。全力支持重点企业加快技术改造、优化产品结构，着力实施有机肥生产、皓天天然植物提取、新型建筑材料等一批工业项目。界石铺红色文化旅游资源开发加快，农业观光、生态旅游等新型业态发展势头看好。成功创建全国电子商务进农村示范县，一批电商服务站点建成投用，宾馆饭店、快递配送、仓储物流等服务业蓬勃发展。

【脱贫攻坚】2016年，整合资金8.6亿元，集中实施基础设施改善、富民产业培育、公共服务保障、能力素质提升工程，建成了一批贫困村幼儿园和文化活动场所，通村硬化路、村卫生室、动力电实现了全覆盖，解决了4.2万人的住房安全和2.2万人的饮水不稳定问题，贫困群众人均可支配收入增幅高于全县2个百分点，实现稳定脱贫2.18万人，贫困发生率降至18.7%。

【农业和农村经济】苹果产业不断壮大，深入开展果品产业提质增效年活动，全面推行精细化管理，2016年高标准新植果园7.8万亩、补植5万亩，建成三级五类示范园33.3万亩，覆黑膜50万亩，果实套袋30亿只，完成果园标准化管理90万亩，丰产园投保12万亩。加快果品营销市场体系建设，在重庆等大中城市设立静宁苹果直营店5家，新增果品贮藏保鲜能力5万吨。畜牧产业加快发展，注重项目支撑、企业引领、大户带动，扶持发展养殖企业（小区）累计191户、养牛示范户6400户，完成冻配改良3.6万头，全县牛、猪、鸡饲养量分别达到11.75万头、22.03万头、119.18万只，青贮玉米秸秆26万吨。旱作农业全面推广，建成万亩示范带10个、千亩示范点35个，发展旱作农业85.96万亩、瓜菜12万亩，粮食总产量达到21.2万吨。

【项目建设】2016年，全县实施各类基础设施项目360项，完成投资82.6亿元。国道312线静宁段改造建成通车，公路安全生命防护、危桥改造等交通项目全面建成。引洮供水二期工程顺利推进，13处农村集中供水工程、8处高效节水和抗旱应急水源工程建成运行，城乡电网改造升级工程完成年度任务，4G网络、广电网络加快向乡村延伸。造林规模和资金投入实现了“两个翻番”。

【优势产业】截至2016年底，全县建成33.6万亩全国绿色食品原料（苹果、梨）标准化生产基地、1万亩良好农业规范（GAP）基地和24.9万亩出口创汇基地，基地认证规模达到59.5万亩，占全县果园总面积的58.8%。相继扶持建成常津公司、恒达纸箱、鼎元纸业、通达果汁等贮藏营销型、包装配套型、加工增值型龙头企业50余家，年贮藏能力达45万吨，加工转化能力达7万吨，年纸箱生产能力3.3亿平方米。具有自营出口权的企业6家，果品畅销国内20多个大中城市和东南亚、俄罗斯、欧盟等国家和地区，成为全省果品出口创汇第一县。

【民生保障】2016年，全县城镇居民人均可支配收入达到21389.7元，比上年增长8.76%，人均消费支出达到13984.2元，增长15.8%；农村居民人均可支配收入达到6462元，增长8.18%，人均消费支出达到9365.7元，增长19.74%。城乡居民人均储蓄存款达到15712.7元，增长15.75%。全县城镇单位从业人员年工资总额126096万元，增长8.24%；人均年工资51738元，增长9.21%；城镇登记失业率3.19%，城镇新增就业人数4560人，增长0.97%。民生支出占财政总支出的88.4%。城乡社保覆盖面不断扩大，参加城镇职工基本养老保险27567人，增长132.03%；参加城镇职工失业保险12023人，增长1.61%；参加职工基本医疗保险参保20074人，增长5.34%。各项兜底保障提标任务全面落实，实施医疗、临时救助2.3万人次。多方筹资2亿多元，兑现科学发展业绩考核奖、个人取暖费补贴、乡村教师补贴、警衔津贴补贴，落实职级并行和正常晋升。221所农村学校改造、14个村卫生室、3个体育惠民工程等社会事业基础设施项目全面建成，公共服务能力不断提升。

【环境保护】认真办理环保信访问题，扎实开展了餐饮油烟、建筑工地扬尘、燃煤锅炉粉尘污染治理，封堵治理非法排污口34个，新建改造城区雨污管网6公里，敷设污水临时收集管网3.1公里，启动实施了企业违法排污、砖厂毁山取土、砂场非法采砂、石料厂破坏环境等专项整治行动，全县环境质量明显改善。2016年大气环境可吸入颗粒物（PM10）年均浓度为90微克/立方米，比上年下降10.5%；二氧化硫年均浓度为24微克/立方米，下降30.2%；二氧化氮年均浓度为30微克/立方米，下降9%；县城空气质量达标率100%。

【社会事业】2016年争取省列科技项目3项，落实资金22万元；安排实施市列科技项目1项，经费3万元。年度共评出科技进步奖37项，其中，一等奖32项、二等奖3项、三等奖2项。推荐申报市级科技进步奖成果8项，获得二等奖和三等奖各4项。高考二本线上2397人，上线率38.2%，比上年增加2.8个百分点。公立医院改革全面推进，县级2家公立医院实施全部药物零差率销售。建成红寺二河等12个标准化村卫生室，建成三合、贾河卫生院业务用房和职工周转宿舍。为精准扶贫村卫生室免费配发健康一体机91台。全县实有病床位2314张，比上年增长11.8%；医疗卫生专业技术人员2125人，增长3.5%。新农合参合率达到98.6%。新建“乡村舞台”80个、体育惠民工程3个、村文化广场13个，新增有线电视用户1600户。全县广播综合人口覆盖率达到99.2%，电视综合人口覆盖率达到97.1%。

（薛红平）

平凉工业园区

【基本情况】平凉工业园区成立于2002年，2006年被省政府批准为省级经济开发区。2012年，平凉市委、市政府对平凉工业园区管理体制和运行机制进行改革，将园区从崆峒区分列单设，组建了园区党工委、管委会，享有县级党委、政府和部门在经济社会管理方面的职权。平凉工业园区位于中心城市以东5公里，是平凉市“一中心两园区”战略布局的核心区域，现托管一个建制镇——崆峒区四十里铺镇（全国重点镇、全省新型城镇化试点镇），镇区面积127.4平方公里，园区批准规划面积66.36平方公里，目前建成区面积10.04平方公里。设有商贸加工区、电力工业区、农副产品加工区、仓储物流区、高新技术区、四十里铺综合服务区和煤化工区7个功能分区。2016年末，辖区总人口5.96万人，新增私营企业176户，新增农民专业合作社14户，新增个体工商户501户，比上年分别增长47.17%、35.29%、19.07%。截至2016年末，辖区内共有各类企业647户，个体工商户3069户，农民专业合作社46户。

【国民经济】2016年，园区实现生产总值16.93亿元，比上年增长9.3%。其中，第一产业增加值1.34亿元，增长5.7%；第二产业增加值9.54亿元，增长10.1%；第三产业增加值6.04亿元，增长8.8%。三次产业增加值结构比为7.9∶56.4∶35.7。按常住人口计算，人均生产总值34743.3元。固定资产投资57.12亿元，增长16.8%。社会消费品零售总额10.78亿元，增长10.3%。一般公共预算收入0.66亿元，增长4%。进出口总额2896万元，增长855.8%。年末金融机构各项存款余额11.03亿元，下降12.6%；各项贷款余额10.19亿元，增长9.6%。

【供给侧结构性改革】立足园区自身优势及现有产业基础，发挥项目聚集作用，参加兰洽会、西洽会等大型节会开展推介活动，突出重点领域，引进亿元以上项目15个，签约项目、签约金额分别占年计划的186%和110%，招商引资实际到位资金比上年增长11%。2016年实施重点项目67个，开工54个（亿元以上26个），杭萧钢构项目填补了全省钢结构装配式住宅领域的空白，智能立体停车库、海升12万平方米智能温室等一批事关长远发展的重大项目先后实施。

【农业和农村经济】2016年年末，园区有耕地面积6.22万亩，人均耕地面积1.27亩。全年粮食总产量1.51万吨。粮食作物种植面积4.37万亩，比上年下降0.37%；油料种植面积0.4万亩，下降0.05%；蔬菜种植面积2.28万亩，增长0.09%；果园面积0.67万亩，与上年持平。年末大牲畜存栏0.35万头（只），下降0.55%。全年肉类总产量0.06万吨，增长5.84%。水产品产量2763.72吨，增长19.17%。全年造林面积0.87万亩，增长256.85%；育苗面积0.40万亩，增长0.58%。

【项目建设】2016年谋划500万元以上重大项目67个，完成投资61亿元。平凉•义乌国际商贸城一期等29个项目建成，海升12万平方米智能温室工业化栽培生态示范等项目完成部分主体工程，鑫鑫建材、嘉洪钢构等入驻中小企业创业园的项目建成主体工程，永泰红木家具生产线等项目前期工作推进顺利，中德合作智能立体停车库生产基地、宝马纸业年产5万吨木浆纸生产线、中电科500兆瓦晶体硅太阳能光伏产业园等项目接受全省重大项目观摩，并得到一致好评。

【优势产业】大力发展煤电化、装备制造、新能源新材料、商贸物流、生物医药和现代服务等主导产业，不断扩大经济总量，增强综合实力，使园区成为平凉重点项目投资最为密集的区域之一。目前已初步形成了以陕西星王企业集团、甘肃利友能源化工有限公司、华能平凉发电公司等为代表的煤电化产业；以祁连山水泥、房丽美建材为代表的新型建材产业；以虹光电子、荣康实业、亨达机械制造为代表的装备制造业；以金江副食、新世纪柳湖春酒业、景兴食品为代表的食品加工业；以500MW晶体硅太阳能光伏产业、半导体碳纤维复合材料、平凉天然气综合利用、新型合成环保生物清洁燃料研发中试等为代表的新能源、新材料产业；以世博伟业家居建材广场、风尚吉伍国际商贸建材市场、仁河汽配城、平凉东运综合物流中心等为代表的商贸物流业。

【招商引资】2016年组织外出招商25次，迎接各类考察、洽谈活动50余批次150余人次，对接洽谈各类项目70余项，完成项目签约28项，占年计划的186%，签约金额102.68亿元，占年计划的110%（其中，亿元以上项目15项，千万元以上项目27项，分别占年计划的250%、180%）引进500强企业2个，上市公司3个，占年计划的200%。

【人民生活】2016年，园区共办理《就业创业证》11个，发放小额担保贷款8人、80万元；完成就业技能培训3016人、创业培训120人、技能鉴定690人，城镇新增就业1480人，选拔“三支一扶”项目人员3名，招募“支企”服务生29名，引进紧缺人才8名，开发公益性岗位14名，申报认定市级创业孵化基地3户，城镇登记失业率控制在2.9%以内。城镇居民人均可支配收入23097元，比上年增长9.3%。

【扶贫开发】2016年，协调辖区企业设立扶贫岗41个，落实扶贫贷款156户780万元，54户、200人实现脱贫。完成镇区中心改造项目路面、雨水、污水、通讯及供水等工程，建成七府美丽乡村7幢安置楼主体工程，完成庙底下新农村村级综合活动场所等后续工程，实施吴岳至梨树园、芦寨至G312建制村通畅工程，实现通村道路硬化全覆盖，建成2个文化广场、4个“乡村舞台”、6个老年人日间照料中心，面山绿化植树造林10600亩。与建行合作开展“助保贷”业务，落实助保贷资金1000万元。依法依规完成生物医药科技产业园等9个项目646亩土地征收工作，确保了项目建设用地需求。

【环境保护】2016年，园区城区大气环境可吸入颗粒物（PM10）年均浓度为80微克/立方米，比上年下降15.8%；二氧化硫年均浓度为19微克/立方米，下降13.6%；二氧化氮年均浓度为39微克/立方米，下降13.3%；细颗粒物（PM2.5）年均浓度41微克/立方米，下降16.3%；空气自动监测站每月联网率均达到99%以上，城区空气质量优良天数按新标准考核为310天，占全年的84.7%。地表水断面水质优良比例为85.7%，其中泾河全年水质综合评价达到国家Ⅲ类水质标准要求，县级以上在用城市集中式饮用水水源地水质达标率及地下水质量考核点位水质达标率均为100%。区域环境噪声和交通干线噪声平均值分别为54.8分贝和69.1分贝。

【社会保障】2016年发放农村低保金279.4401万元，农村居民最低生活保障标准2855元，比上年增长17.3%，月补助水平140.5元，增长8.9%；五保供养资金55.157775万元，农村五保分散供养对象年补助水平4681元，增长9.6%；集中供养对象年补助水平为5940元，增长33.4%；全年发放城市低保金67.2107万元，城市低保差额发放420元，增长19.3%，月人均补助水平325.7元，增长9.8%。参加城乡居民基本养老保险28868人，享受待遇7022人，农村养老保险28480人；城镇居民基本医疗保险1032人，城镇职工基本医疗保险948人；新型农村合作医疗43167人；工伤保险447人；生育保险734人；参加失业保险453人；新型农村合作医疗保险参保率达99.07%。

【社会事业】2016年年末，园区有各类学校42所，共有在校学生5861人。普通中学专任教师200人，小学专任教师220人。辖区四所中学考入重点高中学生人数达到211人，重点高中升学率达到41.7%；小学双科合格率达到96.4%，三科合格率达到75.6%；学前三年教育毛入园率达到81.19%；九年义务教育巩固率达到95.34%，高中阶段毛入学率达到90.87%。文化惠民工程深入推进。全年共组建文化社团27支。专利申报数量达到62件，其中发明专利申请量15件，实用新型专利申请量13件，外观设计专利申请量34件，每万人发明专利拥有量达到3.14件。新增高新技术企业2户，全年R&D经费支出1236.06万元，占园区生产总值的0.73%，财政科技投入占本级财政支出的1.3%，完成技术市场成交合同金额20280万元。卫生服务水平不断提升。年末共有卫生机构37个，卫生技术人员167人，执业医师和执业助理医师96人，注册护士49人，拥有床位240张，标准化村卫生室实现全覆盖。

（林宁宁）

酒泉市

【基本情况】酒泉地处河西走廊西端，南接青海，西邻新疆，北界内蒙古并与蒙古国接壤，总面积16.8万平方公里，年日照时数2788～3409小时，年平均气温7.1～11摄氏度，年降水量29.8～262.3毫米，属典型的温带大陆性气候。常住人口111.94万人，境内聚居着汉、回、蒙、哈萨克、裕固等46个民族，辖1区2市4县，分别为肃州区、金塔县、玉门市、敦煌市、瓜州县、肃北蒙古族自治县和阿克塞哈萨克族自治县，有67个乡镇437个村，8个街道66个社区。境内和周边分布着玉门石油管理局、酒泉钢铁公司、四〇四核工业城等一批国有重点大中型企业。酒泉历史悠久，文化积淀浓厚，是敦煌艺术的故乡、中国航天事业的摇篮、全国首座千万千瓦级风电基地、我国石油工业和核工业的发祥地。

【资源优势】酒泉有丰富的风能和太阳能。据评估，酒泉市风能资源的理论总储量为1.5亿千瓦，可开发量4000万千瓦以上；风能资源可开发利用面积近1万平方公里，占全市总面积的5.15%；10米高度风功率密度均在每平方米250～310瓦以上，年平均风速5.7米/秒以上，年有效风速达6300小时以上，具有建设大型风电场的良好资源条件。年平均日照时数3000小时以上，是全国最具开发潜力的清洁能源基地。水资源可利用量29亿立方米。光热条件优越，农副产品种类多，粮食、棉花、蔬菜资源丰富，是全国、全省的商品粮棉基地、瓜果蔬菜基地和最具优势的对外瓜菜制种、花卉制种基地。矿藏种类多，储量大，品位高，有5个成矿带共有矿点572处，构成矿床92处，矿种48个。旅游资源得天独厚，全市境内已查明的文物景点1393处，其中国家级文物景点20处、省级75处，目前已开发利用98处。敦煌莫高窟、月牙泉、西汉胜迹、酒泉卫星发射中心等景区成为国内外游客向往的旅游目的地，敦煌文化、边塞文化和航天科技享誉海内外，酒泉曾被评为“最具人气的西部名城”，是中国优秀旅游城市。

【国民经济】2016年，全市实现生产总值577.9亿元，比上年增长6.5%。其中，第一产业增加值87.2亿元，增长6.2%；第二产业增加值202.2亿元，增长5.2%；第三产业增加值288.5亿元，增长7.4%。三次产业结构为15.1∶35∶49.9。全年人均地区生产总值51721元，增长6.1%。财政总收入102.5亿元，增长1.9%。其中，一般公共预算收入36.2亿元，同口径增长8.1%。财政总支出143.7亿元，增长15.9%。固定资产投资1215.7亿元，增长10.1%。社会消费品零售总额193.3亿元，增长9.5%。居民消费价格总水平上涨2.2%。

【供给侧结构性改革】规模以上工业能源消费总量166.5万吨标准煤，比上年下降4.8%。规模以上高耗能行业用电量12.9亿千瓦时，下降5.7%；高耗能行业实现工业增加值57.8亿元，下降2.1%，降幅比上年扩大0.6个百分点。商品房待售面积71.7万平方米，比年初减少30.5万平方米。其中，住宅面积56万平方米，减少24.7万平方米。规模以上工业企业产成品库存连续21个月下降，企业产成品库存下降22.4%。规模以上高技术服务业实现营业收入9.1亿元，增长9.3%；限上批发和零售业通过互联网实现商品零售额3421.9万元，增长57.7%；快递业务量278.5万件，增长46.5%。

【“三农”工作】全市财政投入农林水事务资金23.2亿元，比上年增长16.7%。新增日光温室5377亩、钢架大棚1.9万亩，定植特色林果14.9万亩，新增3000元以上高效田8万亩。完成人工造林面积17万亩，新增高效节水面积13.5万亩。农村土地规模经营达到56万亩，新认定农民专业合作示范社72家，新建改建产业化龙头项目25个。全年粮食产量33.8万吨，减产5.1%；棉花产量1.4万吨，减产35.1%；油料产量2.6万吨，增产25.6%；

甜菜产量 4 万吨，增产 9.9%；蔬菜产量 218.5 万吨，增产 9.4%；水果产量 30 万吨，增产 13.9%；药材产量 13.9 万吨，增产 13.6%。全市牛饲养量 26.2 万头，增长 2.3%；羊饲养量 680 万只，增长 1.6%；生猪饲养量 46.1 万头，下降 3.5%。肉类总产量 8.2 万吨，增长 3.8%；牛奶产量 3.1 万吨，下降 8.1%；禽蛋产量 0.97 万吨，下降 9.5%。

【项目建设】全年开工建设项目 2594 个，比上年增加 516 个。其中，5000 万元及以上项目 383 个，完成投资 619.7 亿元；5000 万元以下项目 2108 个，完成投资 562.9 亿元。基础设施投资 293.5 亿元，比上年增长 55.7%。民间投资 699.6 亿元，增长 3.7%。六大高耗能行业投资 241.2 亿元，下降 7.8%。房地产开发投资 33 亿元，下降 21.5%。柳敦公路和白明高速、额哈铁路、敦格铁路酒泉段建成通车，敦当高速开工建设，肃航公路完成路基工程，百立通用机场游客接待中心建成，酒额铁路、敦煌客运专线等项目前期工作进展顺利。灌区续建配套、中小河流治理、湿地保护等农林水利项目完成年度任务。认真研究国家产业政策和投资导向，狠抓项目论证和争取衔接，谋划生成项目 1474 个，获准进入国家和省上 PPP 项目库 18 个。

【城乡建设】酒泉市历史文化名城保护规划、城市风貌规划、交通专项规划编制和地下管线普查基本完成，酒泉城区南滨河路、风光大道等 11 条道路和金河大桥建成通车，第二水厂迁建工程投入运行。新城区二期热源及 6 座换热站建成供暖，新增供热面积 200 万平方米，集中供热面积达 2112.2 万平方米。全国园林城市、国家卫生城市和全国文明城市创建深入推进，锦玉公园、中医药养生园、滨河路绿色景观廊道建成向市民开放，新增绿化面积 188 万平方米。积极推进棚户区改造工程，建成保障性住房 2.68 万套。加快推进城乡一体化，新增农村安全用水居民 1.6 万人，新续建楼居式社区化中心村 12 个，建成美丽乡村示范点 36 个，敦煌市、玉门市和航天镇、总寨镇“多规合一”试点达到省定考核目标。新建提升农村公路 960 公里，实现了乡乡通油路。全面放开城乡落户限制，城镇化率比上年提高 1.8 个百分点。着力改善城乡生态环境，实施减排及污染防治项目 54 个。

【人民生活】全市城镇居民人均可支配收入 30072 元，比上年增长 8.2%；城镇居民人均生活消费支出 23329 元，比上年增长 7.7%；城镇居民恩格尔系数 30.2%。农村居民人均可支配收入 14596 元，比上年增长 7.3%；农村居民人均生活消费支出 11133 元，比上年增长 7%；农村居民恩格尔系数 32.7%。燃气普及率 100%。城市建成区绿化覆盖率 37.5%。人均公园绿地面积 13.6 平方米。

【脱贫攻坚】移民乡村实现整体脱贫。落实帮扶资金 8.2 亿元，实施基础设施建设项目 100 余项。强化扶智工程，培训输转劳务 1.1 万人。坚持富民产业培育，移民乡村新增枸杞、甘草等高效田 9.1 万亩，新建日光温室和钢架大棚 1318 座，新增暖棚圈舍 1032 座，调引基础母羊 3.4 万只，移民乡村高效特色产业比重达 71%。建设光伏扶贫项目 25.7 兆瓦，贫困乡村电商扶贫站点实现全覆盖，减贫人口 2.42 万人。

【环境保护】2016 年，全市能源消费总量 409.8 万吨标准煤，比上年增长 2.5%；万元生产总值能耗下降 3.8%。全年水资源总量 35.3 亿立方米，水资源可利用量 29.2 亿立方米。年用水总量 25.3 亿立方米，下降 10.9%。其中，生活用水量 0.6 亿立方米，增长 20%；工业用水量 1 亿立方米，下降 28.6%；农业用水量 23.7 亿立方米，下降 10.6%，其中人工生态环境用水量 3.2 亿立方米。万元工业增加值用水量 71.2 立方米。全市各类建设用地供应总量 7.8 万亩，年内建设用地面积 4.4 万亩。耕地保有量 24.9 万公顷，其中基本农田面积 20 万公顷。实际建设占用耕地 283.2 公顷。土地整理复垦开发耕地 320 公顷。年末城市污水日处理能力 16.25 万立方米，增长 58.5%；城市污水集中处理率 89.9%，提高 3.4 个百分点；生活垃圾无害化处理率 100%。

【社会保障】争取就业补助资金 1.06 亿元，购买公益性岗位 1225 个，帮助 2337 名困难人员实现就业，选拔扶持 1353 名高校毕业生到基层和企业服务，新增城镇就业 3.5 万人。企业退休人员养老金提高 8.1%，城乡居民医疗保险筹资标准提高 7%，城乡低保标准提高 10%，五保集中供养标准提高 63%。全年社会保障和就业支出 14.3 亿元，比上年增长 33.3%。年末全市城镇基本养老保险参保人数 13.8 万人，增加 1.8 万人；城镇基本医疗保险参保人数 28.9 万人，增加 0.5 万人；失业保险参保人数 7.2 万人，增加 0.5 万人；工伤保险参保人数 10.2 万人，增加 0.5 万人，其中农民工参保人数 2.8 万人，增加 0.2 万人；生育保险参保人数 7 万人，增加 0.3 万人。农村社会养老保险参保人数 44.5 万人，增加 112 人。城乡居民社会养老保险参保率 98.9%，城镇居民医保参保率 98%，新农合参合率 98.8%。年末全市共有 2.97 万人享受城市居民最低生活保障，10 万人享受农村居民最低生活保障。全年发放企业离退休人员基本养老金 10 亿元，为城镇参保人员支付医疗保险费 4.3 亿元，发放失业人员失业保险金 3701 万元，发放工伤保险金 4086 万元。新型农村合作医疗基金支出总额 3.2 亿元。

【社会事业】成功举办首届敦煌文博会，建成了国际会展中心、敦煌大剧院、国际酒店等核心场馆，完成了敦煌机场扩建、市容美化亮化、宾馆饭店改造、旅游景区提升等配套工程，综合保障、环境整治、群防群治、网络管理等工作保障有力，确保了来自 85 个国家、5 个国际组织的 1700 多位中外嘉宾参与，达到了推动“一带一路”沿线国家和地区文化融合、思想融汇、感情融通的目的，唱响了文博盛会国际品牌。实现文化产业增加值 20 亿元，比上年增长 15.5%。年末文化产业法人单位 933 户，增长 12.4%；从业人员 15863 人，增长 24.9%；资产总计 70.2 亿元，增长 36.2%。年末全市共有艺术表演团体 3 个，剧场、影剧院 19 个，文化馆 8 个，公共图书馆 7 个，各类博物馆、纪念馆 42 个。公共图书馆图书总藏量 62.9 万册。全市共有广播电视台 8 个，调频、电视转播发射台 13 座，广播人口覆盖率 99.1%，电视综合人口覆盖率 98.94%。

有线电视网络总长 17081 公里。有线电视终端用户 34.54 万户，入户率达到 98%。数字电视用户 20 万户，入户率达到 94%。

年末全市共有各类专业技术人员 28018 人，其中具有中级及中级以上职称人员 8093 人。全年财政投入科技经费 7443 万元，引进新技术成果 230 项，申请专利 1529 项，授权专利 420 项，其中发明专利 40 项。签订技术合同 66 项，技术合同成交额 22.3 亿元，比上年增长 14.9%。

实施教育改薄工程 205 项，新建维修校舍 11 万平方米，新增幼儿园 12 所，酒泉北苑学校、工贸中专新校区、实验幼儿园等学校建成使用。九年义务教育巩固率为 99.43%。学龄儿童入学率 100%，巩固率 99.43%。高中阶段教育毛入学率 95.52%。初中毕业生升学率 95.52%。小学毕业生升学率 100%。初中学生辍学率 0.78%，小学学生辍学率 0.2%。青壮年文盲率 0.2%。

被确定为第四批公立医院改革试点城市，10 家县级公立医院实行药品、医用耗材零差率销售，近 400 名医师赴基层开展多点执业，县域内就诊人数比例达到 85%。年末全市共有医疗卫生机构 1000 个；卫生技术人员 7166 人，其中执业医师 2300 人、执业助理医师 600 人、注册护士 3168 人；卫生机构床位 6581 张。全市共有卫生防疫防治机构 8 个，卫生技术人员 220 人。妇幼卫生机构 8 个，卫生技术人员 128 人。乡村医生和卫生员 576 人，农村有医疗点的村占总村数的 99%。

年内向各类大专院校输送体育人才 82 名。在省级以上体育比赛中，全市获得奖牌 71 枚，其中金牌 18 枚，银牌 17 枚，铜牌 36 枚。全市举办运动赛会 250 次，参加人数 45 万人。全市共有 10.5 万名适龄学生达到《国家体育锻炼标准》。

肃州区

【基本情况】肃州区位于甘肃省西部，河西走廊西段，是古丝绸之路上的重要历史文化名城，与现代驰名世界的中国航天城--酒泉卫星发射中心、世界闻名的敦煌莫高窟、“天下第一雄关”嘉峪关、中国最早的石油工业基地玉门油田、国家重要的核工业基地四〇四厂、西北最大的钢铁基地酒泉钢铁公司接壤紧邻。海拔高度 1340～2200 米。年平均气温 8.7℃，年降水量 145.8 毫米，年平均日照时数 3190.9 小时。全区常住人口 44.11 万人，总面积 3353 平方公里，辖 10 个建制镇、5 个乡，122 个村；7 个街道办事处，21 个城市社区居委会，是酒泉市人民政府所在地，也是全市政治、经济、文化、科技、教育、金融中心。

【国民经济】2016 年，全区生产总值 168.7 亿元，比上年增长 4.8%。分产业看，第一产业增加值 27.9 亿元，增长 6.3%；第二产业增加值 41.2 亿元，下降 3.0%，其中工业增加值 21.5 亿元，下降 10.7%；第三产业增加值 99.6 亿元，增长 8.2%。三次产业结构由 2015 年的 15.6∶27.7∶56.7 调整为 16.5∶24.4∶59.1。按平均常住人口计算，人均生产总值 38370 元，增长 4.3%。社会消费品零售总额 81.9 亿元，增长 9.7%。接待海内外游客 606.2 万人次，增长 27.4%；实现旅游收入 45.0 亿元，增长 25.0%。财政总收入 17.3 亿元，增长 31.3%；财政总支出 26.6 亿元，增长 18.8%。年末全区金融机构本外币各项存款余额 398.9 亿元，下降 4.7%；各项贷款余额 337.7 亿元，增长 9.8%。

【供给侧结构性改革】工业产成品库存逐月减少，规模以上工业产成品库存降至 6.3 亿元，比上年下降 34.9%。商品房销售较快增长，商品房库存面积下降，全区商品房销售面积 79.4 万平方米，增长 17.7%；商品房库存面积为 258.9 万平方米，下降 10.0 个百分点。规模以上工业企业营业成本 63.9 亿元，下降 29.8%。

【脱贫攻坚】将扶贫工作与国家现代农业示范区、“一区十园”建设、精准扶贫工作有机结合，落实各项帮扶措施，促进农村贫困人口脱贫致富。持续加大农村水、电、林、路、渠、房等公益设施的建设改造力度，农村困难群众生活条件明显改善。健全学前教育资助制度，帮助农村贫困家庭幼儿接受学前教育，着力解决贫困家庭无钱上学和因学致贫问题。实施健康扶贫工程，保障贫困人口享有基本医疗卫生服务，建立贫困人口健康卡，对贫困人口大病实行分类救治和先诊疗后付费的结算机制。鼓励支持民营企业、社会组织、个人参与扶贫开发，实现社会帮扶资源和精准扶贫有效对接。大力实施“十百千万”精准扶贫工程，贫困发生率下降到 1%以内，全区实现整体脱贫。

【“三农”工作】2016 年，种植结构不断优化，农作物播种面积 72.2 万亩(含复种)，比上年增加 1.1 万亩，粮经比例为 36.7∶63.3。粮食总产量 15.7 万吨，粮食混合单产 591 公斤，增产 15 公斤。蔬菜面积 21.7 万亩，比上年增长 6.2%；蔬菜产量达到 77.5 万吨，增长 10.3%。畜牧业稳步发展，畜禽饲养量达到 883.3 万头只，下降 0.5%。其中，畜禽存栏 315.8 万头只，下降 9.0%；畜禽出栏 567.5 万头只，增长 5.1%。以农民增收为核心，推进“一区两带三产业”和“四化一体”现代农业发展进程。年内投资 3550 万元，配套完善园区水电路林等基础设施，引进入驻泰和花卉博览园、金硕元、龙德胜等企业 212 家，十大农业产业园规模进一步扩大，集聚效应和示范引领作用日益明显。新建 50 亩日光温室小区 24 个 1411 亩，百亩钢架大棚小区 37 个 6627 亩，300 万株以上育苗中心 2 个，建成肉羊纯种繁育场 2 个、扩繁场 5 个，建成经济林示范小区 23 个，新增特色林果 5200 亩。加大龙头企业引进力度，酒泉种子产业园、西部牛羊加工交易市场等一批农业项目开工建设。深入开展“互联网+现代农业”行动，以“有种网”和“巨龙农网”为代表的农业电商平台加速推进，区、乡、村三级电子商务网点实现全覆盖。

【项目建设】2016 年，以六大“国”字号战略平台为依托，抢抓丝绸之路经济带建设的重大机遇，强化招商引资工作，全力以赴开展项目建设“百日攻坚行动”，固定资产投资保持较快增长。全区完成固定资产投资额

295.5 亿元，比上年增长 11.6%，其中区本级完成投资额 278.5 亿元，增长 13.8%，酒泉经开区完成投资额 17 亿元，下降 15.1%。种子产业园、巨龙农网综合物流园、万达广场、汉唐文化新区、特尔鲜商城一期、天下太岁宫、酒泉植物园二期、东洞滩光电项目、四坝湖生态湿地公园、湿地景观大道、智能停车场、第二水厂、生活垃圾处理厂建设、棚户区改造等重大项目顺利推进。

【优势产业】全区耕地面积 62.5 万亩，玉米、蔬菜、花卉制种享誉国内外，是全国重要的对外制种基地；盛产小麦、玉米、洋葱、蔬菜、瓜果、啤酒花等 200 多种农产品和奶牛、肉牛、肉羊、肉鸡、猪等大宗畜禽产品。2016 年以国家现代农业示范区建设为重点、农业十大产业园区建设取得新成果，制种、蔬菜、草食畜三大特色优势产业规模化经营、产业化发展的带动力明显增强。蔬菜面积 21.7 万亩，蔬菜制种及其他制种 12.3 万亩，玉米制种 17.3 万亩；以琉璃菊、甜叶菊、啤酒花为主的新型特色产业面积 5.6 万亩。区内风力、光热资源充足，石油、花岗岩、祁连玉等矿藏贮量丰富。形成了以新能源装备制造业为龙头，煤光电能源、农产品加工、机械制造、灌溉机械、生化制药、新型建材等为补充的新型工业体系，培育了风机总装、叶片、轮毂、塔筒、太阳能电池板等风光电设备和农业机械、节水灌溉、白酒、夜光杯、家具、面粉等名优新特产品。

【人民生活】2016 年，全区在岗职工年平均工资 50663 元。城镇居民人均可支配收入 31742 元，比上年增长 8.2%，城镇居民人均生活消费支出 24626 元，增长 8.1%。农村居民人均可支配收入 14226 元，增长 7.3%，农村居民人均生活消费支出 11107 元，增长 7.2%。居民消费价格比上年上涨 2.2%。

【环境保护】2016 年，建成区绿化覆盖面积 1951 公顷，公共绿地面积 1634 公顷，其中公园绿地面积 441 公顷。城市污水日处理能力 4 万立方米，城市生活垃圾无害化处理率达到 100%。城市集中供热面积 1460 万平方米。镇化率达到 67.85%，比上年提高 1.67 个百分点。加大环境综合整治力度，集中开展建筑工地、占道经营等六项专项整治，环境面貌明显改观。购置环卫作业车辆 13 辆，加大城区道路机械湿式清扫保洁力度，拓展洒水区域，增加洒水和喷雾抑尘频次，建立了清扫、洒水、抑尘等长效保洁机制。组织开展大气、噪音等环境污染整治专项行动，城区环境质量明显提高。

【社会保障】全年新开发就业岗位 10494 个，城镇新增就业 11473 人，年末城镇登记失业人员 2860 人，城镇登记失业率 3.04%。年末全区城镇职工基本养老保险参保人数为 4.81 万人，其中在岗职工 3.64 万人，离退休人员 1.17 万人。城乡居民基本养老保险参保人数 15.09 万人，其中城镇居民养老保险参保人数 1.38 万人，新型农村社会养老保险参保人数 13.71 万人。城镇职工基本医疗保险参保人数为 2.42 万人，城镇居民基本医疗保险参保人数 7.18 万人。年末参加失业保险人数为 1.44 万人，参加工伤保险人数为 3.02 万人，参加生育保险人数为 1.51 万人。年末参加新型农村合作医疗的农民 21.61 万人，全年新型农村合作医疗基金支出总额 11305 万元。城镇居民最低生活保障人数 13601 人，农村居民最低生活保障人数 20567 人，农村五保救济人数 1151 人；城市低保标准提高到 426 元/月，农村低保标准提高到 2434 元/年，五保供养标准提高 5425 元/年。养老服务机构 89 个，养老服务机构床位数 2435 张。

【社会事业】新建北苑学校，改扩建泉湖中学、果园中学、酒泉三中等中小学和幼儿园，新增校舍 2.3 万平方米，维修改造运动场 4.2 万平方米，增加学前和义务教育学位 2270 个，教育布局和城乡办学条件进一步改善。广播电视台播发广播电视新闻 6967 条，制播专题节目 8892 期，全景多媒体演播室全面建成，交通之声广播电台顺利开播。新改建村级文化活动中心、文化大院 10 个、乡村舞台 27 个、组级文化活动室 103 个，配套文体设施设备 181 套 5465 件，组织文化“六进”服务活动 36 场次，组织大型书法、美术、摄影类等展览 11 期，共展出作品 2150 幅，城乡群众文化生活日益丰富。2016 年，全区文化产业实现增加值 5.06 亿元，增长 16.1%，占生产总值的比重为 3.0%。年内建成省级重点实验室 4 户，市级工程技术研究中心 5 户，市级企业技术研发示范中心 4 户。建成省级众创空间 3 户，市级众创空间 13 户。评出肃州区科技进步奖 23 项，其中：一等奖 19 个，二等奖 4 个。荣获市科学技术奖 18 项，其中，技术发明一等奖 1 项，科技进步一等奖 4 项，二等奖 4 项，三等奖 9 项。全年申请受理专利 600 件，新授权发明专利 18 件，万人发明专利拥有量达到 1.47 件。积极改善医疗条件，组织实施“一站七院十室”建设和卫生院基础提升工程，乡镇卫生院建成医疗污水处理系统，公共卫生服务均等化水平、重点人群健康管理率全面提升。年末卫生技术人员 2796 人，其中执业医师和助理医师 1203 人，注册护士 1195 人。医院、卫生院住院床位 2903 张，其中乡镇卫生院床位 715 张。卫生服务覆盖率达到 100%。

金塔县

【基本情况】金塔县位于河西走廊中端北部边缘，古丝绸之路沿线，是连接两省（甘肃、内蒙）三市（酒泉、嘉峪关、张掖）重要通道，举世闻名的酒泉卫星发射中心坐落于县境内。辖区总面积 1.88 万平方公里，其中绿洲面积 180 万亩，现辖 10 个乡镇、89 个行政村，总人口 14.85 万人。县域南北环山，内居平山地带，地形开阔，地势平坦，源于祁连山冰川群中的黑河、讨赖河流经全境，多年平均径流量达到 14.5 亿立方米，境内有鸳鸯湖、金沙湖、北河湾等水库 14 座，总库容量达 1.8 亿立方米，灌溉着金塔、鼎新两大绿洲。金塔县历史悠久、文化灿烂，旅游资源丰富，境内有国家级文物保护单位汉代大湾城、地湾城、肩水金关、长城烽燧等古城堡遗迹。省道214线和酒航公路贯横南北与国道312相连，嘉策铁路、清绿铁路和拟建酒航铁路贯穿全境，百公里内有通往全国各地的鼎新、嘉峪关和下河清三个机场，外进内出十分便利。通信网络覆盖城乡，设施完善；文化、教育、卫生、金融、商贸服务功能健全，经济发展保障有力。

【国民经济】2016年，全县实现生产总值75.9亿元，比上年增长8.4%。其中，第一产业增加值19.6亿元，增长6.4%；第二产业增加值19亿元，增长9.1%；第三产业增加值37.3亿元，增长9%。按常住人口计算，人均生产总值为5.1万元。固定资产投资106.3亿元，增长11.2%；社会消费品零售总额13.2亿元，增长9.3%；财政总收入达到4.6亿元，增长15%。

【“三农”工作】2016年，大力实施1151富民增收工程，积极转变农业生产方式，着力构建现代农业产业体系，农业经济保持了平稳增长态势。全年完成农业增加值22亿元、增长6.4%。种植结构进一步优化，农作物播种面积46.4万亩，其中：种植粮食12.4万亩，种植蔬菜14.7万亩，发展制种7.3万亩，种植孜然、瓜类、药材等其它优质作物12万亩。养殖业发展势头良好，当年猪、牛、羊饲养量分别达到10.9万头、1.9万头、158.5万只。大力发展劳务经济，全年开展农民工职业技能培训4128人，累计输转劳动力34526人，创劳务收入6.4亿元。

【项目建设】全县开工建设各类项目175个，其中，5000万元以上项目47项，完成投资72亿元，增长5.6%；5000万元以下项目130项，完成投资33.2亿元，增长33.6%；房地产投资2项，完成投资1.1亿元，下降57.4%。肃航一级公路、新城区基础设施建设、竟日新能源光伏发电、恒远金太阳光伏发电、万里鑫农可降解餐具加工项目、泰宁兴达石材加工项目、中核龙瑞民用产业园项目、翔宇房地产航天商业步行街开发等一批大项目陆续落地开工，大部分已建成投产。

【优势产业】一是立足土地光热资源优势，把制种、特色林果、草畜产业作为发展现代农业，增加农民收入的重点来抓，力促农业优势产业快速发展。通过外引内联建基地、产销抓订单、高效创精品等措施，持续做大做强制种产业，金塔已发展成为国内瓜菜制种强县，制种产业已成为农民增收的“金种子”。深入实施“五配套”工程，大力发展肉羊养殖业，养殖业发展势头良好，金塔已发展成为全省农区最大养羊县。二是矿产资源丰富，县内已探明的主要有铜、铁、铅、锌、金、镁、钨、煤炭、芒硝、石膏、花岗岩、硅、红柱石等8大类50多个品种，总储量达20多亿吨。特别是煤炭、菱镁石、花岗岩等资源十分富集，发展煤化工、金属采选冶炼和花岗岩板材等高载能产业有着得天独厚的优势。三是按照“四个全面”战略布局要求，抢抓国家加大新能源开发的有利机遇，以实施“双千百十”工程为抓手，以项目建设为突破口，坚持“多能并举、多电互补、突出重点、梯度开发”的原则，以培育壮大资源开发为基础的新能源产业作为首位产业，突出光、风、生物质等新能源项目建设，全面提升新能源及配套产业的整体发展水平，努力打造新能源产业强县。全县已建的红柳洼光电产业区，装机规模已达279兆瓦，万晟500兆瓦多晶硅太阳能电池完整产业链项目一期工程，已完成投产。以打造全省百万千瓦级光伏发电基地为目标，已完成了《甘肃省金塔县红柳洼110万千瓦光电产业园总体规划》，到“十三五”末，全县新能源装机总容量将突破500万千瓦，其中：太阳能发电装机规模达到300万千瓦，风电装机规模达到200万千瓦，生物质发电装机达到0.6万千瓦，水电装机达到2.3万千瓦。

【人民生活】全年全县城镇居民人均可支配收入28467元，比上年增长7.7%；人均消费支出21360元，增长7.6%。农村居民人均可支配收入14637元，增长7.6%；人均生活消费支出11044元，增长7.5%。城镇居民家庭恩格尔系数为30.3%，比上年下降0.2个百分点；农村居民家庭恩格尔系数为31.8%，提高1.6个百分点。全县城镇居民人均住房面积34.5平方米；农村居民人均住房面积40平方米。

【扶贫开发】2016年，紧盯已脱贫人口巩固提升、未脱贫对象精准帮扶两大重点，以实施“6776”精准扶贫推进计划为抓手，精准发力，强势推进，全力打好扶贫攻坚战，羊井子湾移民乡农民人均可支配收入达10939元。一是投资1625万元，在全县80个行政村和潮湖林场组建村级扶贫互助协会81个，实现了全县村级互助资金全覆盖，与农村信用合作联社签订合作协议，建立扶贫互助增信平台，撬动银行贷款8100多万元，有效解决了贫困户发展生产资金短缺问题。二是投资6万元，进行电商精准扶贫试点，在羊井子湾乡建成6个扶贫电商网站，带动和提升贫困户增收。三是投入10万元，开展贫困妇女扶贫示范项目，扶持79户贫困妇女新植198.5亩，扶持4户贫困妇女修建4座暖棚圈舍，发展特色产业。四是投入9万元，开展扶贫科技培训12场次，培训农户1800人次。五是投入17.6万元，在东坝镇三上村五组衬砌渠1.25公里，修建地口闸56个。

【环境保护】全县环保投资10135万元，城乡饮用水达标率分别为100%和98.1%；工业废气排放达标率95%，废水排放达标率96%。城区生活垃圾集中处理(填埋)率达到100%；集中供热面积160万平方米；建成区绿化覆盖率达到39.1%，比上年提高0.4个百分点；城市人均公共绿化面积11.4平方米。

【社会保障】年末全县参加城镇基本养老保险19049人，城镇基本医疗保险26086人，失业保险4432人，工伤保险7413人。参加城镇居民医疗保险16123人。新型农村养老保险参保75041人，参保率达到98.7%。新型农村合作医疗参合人数113589人，参合率达到99.8%。新开工建设城镇保障性安居工程住房252套，其中棚户区改造安置房252套。城镇居民最低生活保障对象应保尽保，全年为保障对象1936人发放保障金890万元。农村低保全面实施，全年为被确定的低保对象7072人发放低保金1256万元。

为 519 人发放五保供养经费 291.5 万元。为城乡医疗救助对象 9742 人发放救助金 423.6 万元，为 1606 户 5771 人发放冬令、春荒救济金 70 万元。

【社会事业】组织实施各类科技项目 25 项，取得科技成果 5 项。全年引进各类农林牧渔新品种 28 个，新建农业科技示范园区 11 个。开展科技培训 96 场次，培训干部群众 3.6 万人次。全县科技成果转化率为 56.5%，农业科技覆盖率达 87%。全县城乡学前 2-3 年教育普及率分别达到 99%和 96.3%。义务教育阶段小学入学率、巩固率、普及率、毕业率均保持在 100%，初中入学率、巩固率、普及率、毕业率分别达到 100%、99.3%、100%、99.7%。高中阶段教育普及率达到 96.4%。初中毕业会考多科优秀率为 39%。年末全县有文化馆 1 个，公共图书馆 1 个，博物馆 1 个，档案馆 1 个，广播电视台 1 座，千瓦以上电视发射及转播台 1 座，25 平方米室外全彩电子显示屏 1 台，广播和电视综合人口覆盖率分别达到 100%和 100%，数字电视入户率达到 91%。馆藏图书 6.4 万册，流通量 2.8 万册次，流通人数 3.2 万人次。馆藏文物 1556 件。年末全县共有卫生机构 148 个；卫生机构病床床位 687 张，其中城镇 505 张，农村 182 张；卫生技术人员 971 人，其中城镇 860 人，农村 111 人。全县 94%的村拥有医疗点，有乡村医生和卫生员 111 人。

瓜州县

【基本情况】瓜州县地处甘肃省河西走廊最西端，东连石油名城玉门，西邻旅游胜地敦煌，南北与肃北蒙古族自治县相接，西北经猩猩峡与新疆哈密市接壤，南望祁连，北枕大漠。全县辖 5 镇 10 乡，有 74 个行政村，467 个村民小组，8 个社区居委会。有汉、回、蒙、藏、满、东乡、裕固等 21 个民族，少数民族人口 2.5 万人，总人口 14.9 万人，其中城镇人口 5.67 万人，农村人口 9.23 万人。整建制移民乡镇 6 个，移民人口 8.2 万人，占全县总人口的 55%。瓜州地域辽阔，物产丰富，县境东西长 185 公里，南北宽 220 公里，县域总面积 2.36 万平方公里，地形地貌复杂多样，山地、高原、平川、河流、沙漠、绿洲类型齐全，交错分布。地势南北高，中间由东向西渐低，海拔在 1150～2000 米之间。占县境面积 8.5%的绿洲被戈壁、山地、丘陵分割为东、西、南三大块，西热东凉和南山地区多泉眼湿地的特点，属中温干旱气候，日照时间长，光资源丰富，相对温度低，冬冷夏热，风大沙多，昼夜温差大，是典型的荒漠、半荒漠气候。农业已实现由传统农业向特色农业的转变，棉花、枸杞、蜜瓜、中药材成为农村重点产业。瓜州风能资源丰富，素有“世界风库”之称。风能密度 174 瓦/平方米，日平均风速不低于 3 米/秒，可利用天数年均百天以上，年有限风能时间 6000 小时以上，风能资源利用前景广阔。境内建有国家级戈壁荒漠草地自然保护区，栖息着雪豹、金雕等国家一、二级保护动物 30 余种。

【国民经济】2016 年，全县实现生产总值 75.4 亿元，比上年增长 7.6%。分产业看，第一产业增加值 12.7 亿元，增长 5.8%；第二产业增加值 35.5 亿元，增长 7%；第三产业增加值 27.2 亿元，增长 9.1%。三次产业结构由上年的 15∶49∶36 调整为 17∶47∶36，产业结构进一步优化。从对经济的贡献率看，三次产业分别对经济增长的贡献率是 37.2%、29.4%和 33.4%。

【供给侧结构性改革】一是着力打造“国家煤电外送基地”。把常乐火电厂项目作为全县项目建设的重中之重，举全县之力，以更加优惠的政策，跟踪服务，加速推进常乐火电厂建设项目，做强火电产业。持续加大基础配套力度，以火电厂辐射带动柳沟物流园区供水、供热、供气等基础设施及公益事业建设，建成国家煤电外送基地，形成新一轮工业经济发展的爆发点和增长极。二是着力打造“国家新能源示范基地”。积极抢抓国家新能源综合示范区建设的有力机遇，加快推进桥湾±800 千伏直流换流站等能源输出项目，畅通电力大通道。着力实施酒泉泰源等 8 个风电厂、中广核等 3 个光伏项目，强势推进弃风储能、清洁能源供暖、100MW 光伏扶贫产业园等项目。加快推进新能源组件、风机运营维护、检测维修中心等新能源装备制造项目，全面跟进东方宏海 300 兆瓦光热发电、北车集团装备制造等重大项目落地。着力建设集新能源发电、装备制造、低碳环保、产品研发和绿色生态“五位一体”的国家新能源示范基地。三是着力打造“国家硅材料产业基地”。扎实开展“三帮一联”活动，积极协调解决三新硅业、新哈矿业发展中存在的问题，突出抓好三新硅业高纯硅材料精细加工及综合利用、新哈矿业碳化硅生产、金德矿业和宝海矿业石英砂生产等重大项目，不断延伸硅材料产业链条，形成太阳能光伏硅材料、电子硅材料、硅化工循环利用三大产业链，着力打造硅资源综合利用产业集群，强力推进硅产业突破。四是着力打造“全省现代煤化工产业基地”。全面抢抓火电厂建设有力机遇，加快柳沟煤化工项目技改，力促鑫源、水木紫荆、淡水河谷等 5 家煤化工企业投产，力争广汇 1000 万吨煤化工、三一重工甲醇制烃基燃料、中华煤气粉煤清洁利用、成宇气体处理中心等重大项目早日落地，强力推进煤化工壮大。

【脱贫攻坚】全县农村贫困发生率由 2011 年的 66.7%降低到 2015 年的 18.2%。累计争取扶贫项目资金 10.9 亿元，配套财政资金 1.6 亿元，发放精准扶贫贷款 3.19 亿元，实施整村推进项目 45 个，新建乡发展特色产业 13 万亩，建成日光温室、塑料大棚 1150 座，枸杞烘干房 54 座，投放基础母羊 7.5 万只。输转劳动力 8.2 万人次，实现劳务收入 9.5 亿元。改造危旧房 1 万户，铺筑农村道路 360 公里，改良土地 12.4 万亩，4 万人安全饮水得到保障。学校、卫生院、广播电视、金融网点实现全覆盖。创新开展日光温室确权颁证工作，25 兆瓦光伏扶贫项目全面建成。落实帮扶资金 1.49 亿元，帮办实事 2000 余件。

【“三农”工作】完成农业增加值 12.7 亿元，增长 5.8%。从种植结构看，全县粮食播种面积6.3万亩，下降21.5%，粮食总产量2.97万吨，下降10.6%；棉花面积7.47万亩，下降27.2%；瓜类面积9.75万亩，下降9.2%；蔬菜面积3.76万亩，增长6%；中药材面积22.03万亩，增长33.5%。

【项目建设】全县500万元以上固定资产投资完成214.2亿元，增长12%。开工建设各类项目457项，比上年增加23项。其中本年新开工项目434项，增长34.8%。房地产完成投资1.27亿元，增长13.4%。商品房销售面积4.1万平方米，增长3.5倍。2016年全县重点在建项目163项，总投资823亿元，当年计划投资210亿元，全年累计完成投资214.2亿元，占年计划102%。

【优势产业】建成投运风电场33个，风电装机并网645万千瓦，占全市风电总装机76%，占全省风电总装机61.4%，2016年发电65.87亿千瓦时，上网63.99亿千瓦时。规划风电二期二批新建15个风电场，装机容量320万千瓦，计划总投资256亿元，2016年省发改委已经核准9个风电场，装机容量160万千瓦，计划总投资128亿元。

【民生保障】全县城镇居民人均可支配收入26929元，比上年增长7.5%；人均消费性支出22396元，增长7.3%；恩格尔系数31.1%，上升4.1个百分点。农村居民人均可支配收入14237元，增长7.2%；人均消费性支出12205元，增长5.4%；；恩格尔系数30.37%，下降0.1个百分点。全年城镇职工基本养老保险征缴收入4215万元、城镇职工基本医疗保险征缴收入3500万元、城镇居民基本医疗保险征缴收入140万元、失业保险征缴收入453万元、工伤保险基金征缴收入343万元、生育保险基金征缴收入197万元；城乡居民社会养老保险参保率、续保率、发放率分别达到100%、95.5%、100%。解决城乡最低生活保障居民42999人，落实农村五保供养待遇304人，发放低保金7392.7万元。

【环境保护】全年环境污染治理投资额1270万元。城区环境噪声达标区覆盖率100%，饮用水达标率100%，城市生活垃圾无害化处理率达到100%，城市污水处理率87%，城区绿化覆盖率40.26%，万元生产总值能耗降低率3.25%。

【社会事业】教职工人数达到1632人，城乡幼儿入园率达到100%，初中“五合率”达到47.8%，义务教育巩固率达到99.4%，专科以上录取率达到86.5%，本科录取率30.7%。共组织各类农业技术培训及科技宣讲65场（次），培训农民1.03万人次，培训基层农业技术骨干65人，培训示范户、带头人1400人，印发各类技术资料1.2万余份。全县申请专利180件，其中申请发明专利67件，累计授权发明专利达到9件，每万人拥有发明专利0.6件。当年授权发明专利3件。推荐鉴定市级科技成果6项，推荐市级科技进步奖7项，有3个项目获得酒泉市科学技术进步奖，其中，二等奖1项，三等奖2项。推荐申报市级技术研发示范中心2个，市级工程技术研究中心1个，申报认定瓜州昊泰生物科技有限公司、北京时代瓜州顶松机械设备制造装备有限公司2家企业为国家高新技术企业，全县高新技术企业达到5户。共组织举办各类文艺专场演出205余场次、开展千台大戏送农村110场次、周末大舞台演出20场次。举办参加体育赛事8大项。开展戏剧公演100场次。全面完成了74个行政村、23个小农场的一村（场）一月一场公益电影的放映任务。年末共有卫生医疗机构123个，其中医院3所；卫生机构床位数619张，其中医院380张；卫生技术人员729人，其中执业医师及执业助理医师307人，注册护士342人。卫生防疫防治机构1个，卫生技术人员21人。妇幼卫生机构1个，卫生技术人员17人。全县共有乡镇卫生院14所，床位数219张，卫生技术人员169人。农村有医疗点的村占总村数的比重达93.2%，有乡村医生和卫生员63人。积极申报争取获批实施了乡镇及社区体育健身中心建设项目；获批实施了4个“一村一场”农民体育健身工程项目配套器材；实施了1个笼式足球场建设项目；全县越野摩托车赛车场规划、选址、设计、施工任务，已初具规模。

肃北蒙古族自治县

【基本情况】肃北蒙古族自治县地处河西走廊西段，是甘肃省唯一的以蒙古族为主体的少数民族自治县，也是全省唯一的边防县。肃北蒙古族自治县周边与1个国家(蒙古国)、3个省区（新疆、青海、内蒙古)、10个县市接壤，总面积55263平方公里，是全省面积最大的县。辖地分南北两部分，南部祁连山区（习惯称南山），平均海拔3000米以上。北部马鬃山区（习惯称北山），平均海拔2000米左右。县辖4个乡镇26个行政村2个社区。2016年末全县常住人口为1.53万人，城镇人口0.93万人，城镇化率达60.8%。

【国民经济】2016年，全县生产总值18.8亿元，比上年增长5.3%。其中，第一产业增加值0.5亿元，增长5.5%；第二产业增加值11.5亿元，增长9.4%；第三产业增加值6.7亿元，下降2.4%。三次产业结构比为2.8∶61.4∶35.8，常住人口人均地区生产总值达123014元；固定资产投资完成70.3亿元，下降15.3%；社会消费品零售总额完成2.1亿元，增长9.0%；财政收入3.32亿元，下降29.0%。

【“三农”工作】种植油料作物1980亩、菠菜制种763亩，新植李广杏经济林300亩，新增牧农业专业合作社6个，扶持林下经济示范户8户，林业产值1000万元。引进优质种畜1500头（只），新建饲草料加工厂1座，牲畜饲养量达到36.2万头（只），清真屠宰厂开始运营。全面落实惠农政策，新一轮草原生态保护补助奖励工作有序推进，发放粮食直补、农资补贴、良种补贴、农机补贴共126万元。

【优势产业】坚持工业强县战略，加大资源勘查力度，加快资源优势转化步伐，矿山开发利用水平明显提升。镁科技年产4万吨电熔镁砂、华阳柳沟峡年产20万吨铁精粉示范工程等17

个非能源项目和中节能20万千瓦风电等能源项目建设进展顺利，完成投资34.8亿元。新培育华泰博伦、天尊矿业2户规下转规模以上企业已上报统计部门逐级审核。年内全县规模以上工业企业将达到22家。

【文化旅游】启动实施了《肃北蒙古族自治县旅游业发展总体规划》和《紫亭湖一党河河道—民族风情园景观带规划》修编工作，目前已完成修编前的咨询、资料收集等工作。成功签约丝路肃北•文体产业基地、梯梯湾（一个庙）休闲度假村、冰川滑雪场等5个文化旅游项目，签约额达21.3亿元。党河峡谷（梯梯湾）旅游度假区等文化旅游项目进展顺利。积极参加各地旅游宣传、推介、展览活动，雪山蒙古族木制手工艺品系列荣获2016年甘肃省旅游商品大赛设计创新奖，民族服饰荣获第十三届中国•蒙古族服饰艺术节暨蒙古族服装服饰大赛蒙古族饰品一等奖。成功举办了首届风筝比赛、第二届徒步体验等活动。全年完成文化产业增加值4100万元，增速10.8%。全年接待游客约21.8万人次，实现旅游综合收入1.7亿元。

【项目建设】94项重点项目全部开工。马鬃山供水、牧区抗旱水源井等13个牧农业项目开工建设，康沟风沙口治理、党河西岸防护林等绿化工程全面完成，昌马至石包城三级公路、肃盐公路改建等交通项目开工建设，马鬃山第一风电场40万千瓦项目获核准批复，将于2017年全面开工建设。五个庙14兆瓦光电等新能源项目进展顺利，五个庙蒙古文化风情园、透明梦柯29号冰川等文化旅游项目如期开工建设，盐池湾35千伏输电线路和敦格铁路110千伏开关站工程完成建设。积极参加兰洽会、新博会等招商节会，开展小分队招商活动，全年外出招商18次，成功签约项目18个，签约金额125亿元。组织经贸文化交流团访问了蒙古国戈壁阿尔泰省，在口岸复通、经济合作、文化交流等诸多方面形成了共识。

【人民生活】注重民生，“七免六补六高一覆盖”即“十五年基础教育、城乡有线数字电视、城乡居民优质自来水、60岁以上居民乘坐公交、城乡居民健康体检、医院门诊挂号、妇女“两癌”普查实现全免费；城乡低保户、残疾人、寄宿学生、70岁以上居民、80岁以上高龄老人、企业退休（职）高龄职工发放生活补助；城乡低保、老人生活补助、牧农村五保供养、孤儿基本生活保障、新型牧农村合作医疗和城镇居民基本医疗保险等补贴多次提标，均高于全省、全市标准水平，城乡居民新型养老保险实现全覆盖”保障体系全面建成，城镇居民人均可支配收入达到31626元，农村居民人均可支配收入达到21393元，居民收入不断提高。

【社会保障】圆满完成2016年省市县惠民实事。大力开展“双创”工作，城镇新增就业231人，输转劳动力3125人次，劳务创收3278万元。城市低保提标10%，牧农村低保标准与扶贫脱贫线实现“两线合一”，牧农村五保户集中供养标准提高至10790元/人.年，分散五保户供养标准提高至8415元/人.年，牧农村社会散居孤儿补助金提高到1000元/人/月。发放城乡低保509万元、五保供养金24万元，医疗救助、临时救助金193万元、高龄老人、困难老人补助金33.万元。

【环境保护】年内新增绿化面积1.84万平方米，提升改造绿化面积1.62平方米，绿化覆盖率已达38.9%。建成三类以上公共厕所9座，城区污水处理厂运行正常，污水处理率达89%。城区及周边村镇生活垃圾无害化处理率达100%。县城空气环境质量持续保持Ⅱ级良好水平，地表水水质达标率、城乡集中式饮用水源地水质达标率100%；城区功能区噪声和交通噪声达标率100%。化学需氧量、氨氮、二氧化硫、氮氧化物等主要污染物排放量均控制在指标范围内，实现了良好的污染减排目标。

【社会事业】教育工作再创佳绩，九年义务教育巩固率达100%，高中阶段毛入学率达99.06%，高考一本上线6人，二本上线16人。蒙古族学校、蒙古传统文化实训楼和党城湾镇幼儿园完成主体工程，正在进行附属工程。县计生站、妇幼保健站资源整合工作进展顺利；县卫生监督所业务楼投入使用，县妇幼保健站业务楼完成主体工程，新农合基金筹集标准由去年的590元/人提高至650元/人。全县出生人口106人，出生率7.83‰，自然增长率3.03‰，人口直报系统应用率达99%以上，全面二孩政策稳妥有序实施，流动人口服务管理不断强化，清理清查工作全面完成。扎实开展鼠疫综合防控，实现鼠疫“零发生”的目标。

阿克塞哈萨克族自治县

【基本情况】阿克塞哈萨克族自治县位于甘肃省酒泉市最西端，介于甘肃、青海、新疆三省（区）交界处。东与肃北蒙古族自治县接壤，北与敦煌市毗邻，南与青海省相连。西与新疆自治区相望。是一个以哈萨克族为主体，汉、回、维、藏、土、裕固、萨拉等十一个民族共同居住的少数民族自治县。现辖二乡一镇11个行政村，户籍人口9113人，其中少数民族人口3501人，占总人口的38.4%；总土地面积2.91万平方公里，其中天然草场面积98.64万公顷，占总面积的29.47%。城市道路硬化率、天然气入户率、自来水入户率、供电供热普及率、有线电视普及率均达到100%。县城绿化覆盖率达49.6%，人均公共绿地面积达42.7平方米。城镇化率达到96.1%。

【国民经济】2016年，全县生产总值15.31亿元，比上年增长3.8%。三次产业分别实现增加值0.56亿元、9.65亿元和5.09亿元，分别增长5.62%、2.1%和7.1%。三次产业结构比为3.7∶63∶33.3，人均生产总值达到168908元，增长1.5%。社会消费品零售总额2.02亿元，增长9.1%；财政总收入2.19亿元，下降12.03%；农村居民人均可支配收入22879元，增长6.6%；城镇居民可支配收入33610元，增长7.8%。单位生产总值能耗较上年下降3%。

【脱贫攻坚】按照《甘肃省贫困退出验收办法》对2014、2015年建档立卡的31户100人农牧户进行回头看，真正做到全覆盖、地毯式、无遗漏排查核实，确保建档立卡精准识别、精准退出。细化扶贫措施。及时深入贫困户家中摸底调查、了解生产生活情况，针对每户的实际情况，制定帮扶计划、目标和工作措施，共落实到位帮扶资金256万元，引进种羊80只，落实帮扶措施105件，实现了贫困户收入稳步增长，2016年扶贫对象人均纯收入13979元，比上年增长10%。

【“三农”工作】草食畜牧业健康稳步发展。有效推进传统自然放养生产方式逐步向舍饲半舍饲养殖规模方向的转变，通过科学布局，已基本形成肉羊产业区的一乡一业的产业布局。各类牲畜饲养量控制到27万头（只），仔畜成活率达到98%。积极改良优良种畜，扩大基础母畜比例，引进优质种畜400头（只），良种覆盖率达到93%。特色高效农业面积稳步扩大。粮经草比例达24：29：47。依托日光温室产业发展，组织实施以设施蔬菜、特色林果种植为重点的科技助农项目，建设180亩经济林示范工程，栽种枸杞等2万余株，特色林果种植面积达到1662亩。农牧村保障能力日益增强。实施新续改扩建农牧业重大项目42项，累计完成投资2.05亿元。美丽乡村建设加速推进。以新县城整体创建4A级旅游景区为契机，按照打造哈萨克族特色村寨的思路，统筹城乡发展，整合各类资金，大力开展改善农牧村人居环境行动。投资6362万元，重点实施了民族新村住房改造项目和基础设施建设两大工程。

【项目建设】年内共实施各类新、续建项目62项，实现全社会固定资产投资41.2亿元，增长11.7%。其中，5000万元以上项目投资完成28.3亿元，下降12.4%；5000万元以下项目投资完成12.8亿元，增长12.4%。按构成分，建筑安装工程完成投资30.4亿元，下降16.7%，占500万元及以上项目投资完成量的73.9%，其他占比依次是设备工器具购置占24.9%；其他费用占1.2%。

【人民生活】城镇居民人均可支配收入33610元，比上年增长7.8%；城镇居民人均消费性支出25510元，增长7.62%；城镇居民恩格尔系数39.2%，提高了1.3个百分点；城市居民人均居住面积35.7平方米。农村居民人均可支配收入22879元，增长6.6%；农村居民人均消费性支出18098元，增长4.84%；农村居民恩格尔系数41.9%，下降0.1个百分点；农村居民人均居住面积43.5平方米。

【环境保护】制定《阿克塞县关于环境保护实行党政领导干部问责的实施细则》（试行）、《阿克塞县环境保护监督管理规定》。约束性指标达到规定要求，化学需氧量排放263.51吨，氨氮排放26.87吨，二氧化硫169.03吨，氮氧化物547.13吨。国控重点源企业恒亚水泥有限公司污染自动监控数据有效率达到100%，自行监测结果公布率达到95%，监督性监测公布率达到95%。印发《阿克塞县2016年大气污染防治实施方案》、《阿克塞县大气污染防治行动计划重点工作部门分工方案》及《阿克塞县2016年水污染防治行动计划》，空气环境质量达到《国家环境空气质量标准》二级标准；地表水水质、饮用水水质达到《地表水环境质量标准》（GB3838-2002）III类标准。

【社会保障】职工养老保险参保单位101户，参保1807人，退休827人。居民养老保险参保1420人，退休345人。城乡居民以灵活就业人员的身份参加职工养老保险796人，征收灵活就业人员养老保险费1842万元，发放2020万元。162个机关事业单位共1840名干部职工参保。职工医疗保险参保率达96%以上，居民医疗保险参保率达98%以上，职工和居民医疗住院实际补偿比分别达80%、55%以上。工伤保险、失业保险、生育保险参保人数分别达到3576人、1439人、2273人。加快网络信息化系统建设步伐，确保“金保工程”建设、全民参保、机关养老保险、“五险合一”，异地就医直接结算、社会保障卡发放等工作进展顺利。提高城乡低保及农村五保补助标准。其中，城乡最低生活保障标准由2015年的387元提高到426元，增幅10%；人均补差由2015年346元提高到380元，全额保障标准最高达到528元。农村五保集中供养对象年补助标准由6514元提高至9700元，分散供养对象年补助标准由5514元提高至6616元，增幅分别达到32%和16.6%。发放低保金256.85万元，发放五保供养补助金8.65万元。医疗救助扩面增幅。修订完善《阿克塞县城乡居民医疗救助实施细则》，增加病种至50种，救助范围进一步扩大。截至10月底，累计实施医疗救助64人（次），补助医疗救助资金42.54万元。同时，通过“政府资助、民政买单”的方式，投入5.23万元，帮助506名低保、五保对象参加新型农村合作医疗和城镇居民医疗保险，参合率达到了100%。

【社会事业】全县有完全中、小学各1所，幼儿园1所，在校学生1744人；有教职工180人，专任教师165人，其中少数民族教师46人。幼儿入园率达到98%以上，中小学适龄儿童入学率均达到100%，残疾儿童入学率达到87.5%，建立了“绿色通道”，保障了农民工子女及时就学。高考录取率达到61.7%。有各级各类医疗卫生机构10个，卫生技术人员115人，病床总数82张，每千人拥有床位9张。建立健康档案5917份，“两癌”累计筛查1066人（次）。传染病及时报告率、审核率均达到100%。继续推进国家基本药物制度，严格执行药品和医用耗材零差价销售。推行新农合分级诊疗制度，制定114种病种，执行费用限额标准，提供即时结报服务。拥有集文化、图书、博物为一体的综合文化馆一个，总藏书6万册。全年共组织赛马会12场，周周乐广场文艺演出8场；成功举办了第二届哈萨克族“阿克塞文学奖”颁奖典礼，第二届“大美阿克塞”手机摄影大赛，创编了哈萨克民俗风情歌舞剧目《寻梦阿克塞》，组织开展“激情阿克塞好客哈萨克”系列文体比赛活动；全年组织各类文化活动和文艺演出共96场次，举办大型文化演出45场次，选派文艺人才参与国家、省、市声乐、民歌大赛，6名选手荣获省市级奖项。培育图书漂流点22个，县、乡、村三级公共文化服务网络健全，县城文化体育活动场所达到40余处，初步形成了“5分钟文化活动圈”。组队参加酒泉市第四届运动会的羽毛球、乒乓球、篮球、足球4等个项目的比赛，开展全县性大型体育活动4场次，其中开展户外徒步活动2次，广场健身操大赛2场。

玉门市

【基本情况】玉门是中国石油工业的摇篮，“铁人”王进喜的故乡。地处河西走廊西端，东临钢城嘉峪关和西部名城酒泉，西通旅游胜地敦煌，南接肃北蒙古族自治县，北达中蒙边境马鬃山口岸。东西长114公里，南北宽112.5公里，总面积1.35万平方公里。辖新、老两个市区和6镇6乡。辖区内常住人口16.56万人，其中男性人口8.55万人，占总人口的51.6%，女性人口8.01万人，占总人口的48.4%，男女性别比为107:100。境内有玉门油田分公司、核工业四〇四厂、黄花农场、饮马农场等中央、省属大中型企业10多家。

【资源优势】玉门自然条件良好，境内主要河流有疏勒河、石油河、白杨河和小昌马河，年径流量11亿立方米，平均海拔1500米，年日照时间约3136小时，平均无霜期146天，年平均降水量61.8毫米，光照、水、土等自然条件得天独厚，人参果、韭菜、枸杞、葡萄、食葵、蜜瓜、辣椒、啤酒花、孜然等特色农产品享誉省内外。境内自然资源丰富，有富足的风、水、光能资源，蕴藏风能达3000万千瓦以上，石油、煤、石灰石、云母、石棉、硫磺、芒硝、重晶石、金刚石、食盐以及铁、锰、铜、金等20多种矿藏储量较大，开发潜力巨大。交通条件便利，兰新铁路双复线、兰新高铁、连霍高速公路、西油东送、西气东输管道、750千伏超高压输电线路横贯全境，历来是中原通往新疆、青海、西藏和连接蒙古、中亚、欧洲的重要通道，素有“塞垣咽喉，表里藩维”之美称。文化底蕴深厚，境内文物古迹、人文景观和自然景观众多，有县级以上保护景点144处，其中著名的有3700年前的火烧沟遗址、中国最早的伊斯兰教传播者吾艾斯拱北及汉长城遗址、五代时期昌马石窟、硅化木地质公园、“中国石油第一井”、赤金峡水利风景区和“铁人”王进喜纪念馆等文化旅游胜地。

【国民经济】2016年，全市实现生产总值119亿元，比上年增长6.6%。其中，第一产业增加值11.3亿元，增长6.2%；第二产业增加值58.7亿元，增长4.9%；第三产业增加值49亿元，增长8.8%。三次产业比重为9.5：49.3：41.2。固定资产投资287.7亿元，增长10.1%。社会消费品零售总额29.1亿元，增长9.4%。旅游接待人数达到293.9万人次，旅游收入达到25.8亿元。

【“三农”工作】全市新建高标准日光温室1162亩，新建钢架拱棚3519亩，新增特色林果33642亩，新建养殖圈舍2000座；认定无公害农产品产地11.1万亩、绿色食品产地2.9万亩，注册登记农产品商标50个，新增土地流转面积5.3万亩，新增高效节水面积8.2万亩，全市农产品加工企业达到86家，带动生产基地35万亩；劳务输转3500人，660人取得职业资格证书，实现劳务收入3920万元，有效增加了农民收入，促进了群众快速稳定增收，全年农村居民人均可支配收入达到14455元。积极推行“互联网＋特色农业”模式，成功争取“全国电子商务进农村示范县”项目，实现了人参果、枸杞、孜然等特色农产品网上销售，提升了农产品附加值和品牌效应。深入推进美丽乡村建设，投资3300万元实施“一事一议”农村基础设施工程50项，铺筑乡村油路60公里，新增高效节水面积6.8万亩，创建美丽乡村示范村6个，有力推动了城乡协调发展。

【项目建设】全年实施重点建设项目324个，总投资906亿元，开工250个，开工率77%，完工率57%。连霍高速玉门出入城互通立交、建化工业区调蓄水库、花海盛唐公司枸杞精深加工等186个重点项目建成运营。大唐八〇三火电、炼化总厂技改、科陆风光储电网融合验证示范、风宇风机叶片二期、新市区生态治理等46个亿元项目加快推进，推动固定资产投资持续稳步增长。狠抓项目谋划和引进，成立8个项目谋划工作小组，谋划储备重大基础设施建设、传统产业升级改造、战略性新兴产业等各类项目1200个，组织开展赴外招商活动55批次262人，新签约项目235个，签约金额368.2亿元，项目履约率达到98%，落实到位资金183.4亿元。谋划引进海关监管物流园、智能微电网、大数据中心、塔式熔盐光热发电、中小企业创新创业孵化基地等一批重大项目，进一步夯实了全市产业发展和经济增长后劲。

【产业发展】设立了促进工业发展、农业产业化发展及脱贫攻坚、第三产业发展专项扶持资金5500万元，投入2000万元建立了政策性融资担保公司，推动三次产业协调发展。出台了加快工业经济发展的18条扶持政策措施，大力实施石化产业提质增效工程，全力支持玉门油田技术改造，玉门炼化总厂实现了17年来首次盈利3.5亿元的良好效益；成功争取武威、张掖等四个西油东输管道分输口成品油销售在中石油西北销售公司玉门分公司结算，弥补了玉门炼化总厂成品油管道输出造成的税收外流损失，对稳增长起到了重要作用。实施新能源产业提速攻坚工程，积极争取新装机份额，扩大产业规模，科陆公司风光储输电网融合验证示范和宇丰公司、艾朗公司年产500套风机叶片二期等项目基本建成，配套“酒湖工程”的风光电项目全部完成核准备案；全力破解电网输出瓶颈，玉门镇至黄草营330千伏输变电工程、花海110千伏输变电工程及酒湖±800千伏特高压输电工程玉门段全面建成，准东至华东±1100千伏特高压输电工程玉门段全面开工。实施煤化工产业扩张增量工程，华事达公司100万吨活性石灰石、鲁玉公司10万吨液化石油天然气深加工、浩海公司二号焦炉及环保改造等项目取得重大进展。加大融资力度，为各类企业协调贷款和争取专项资金18.5亿元。强化扶持措施，第三产业加快发展。制定了加快第三产业发展实施意见，出台了“大众创业、万众创新”扶持政策50条，深入实施商贸体系建设“44531”工程，时代购物广场、新天地大厦等重大三产项目全面建成并已投入运营。大力推动文化体育和旅游业融合发展，成功举办首届玉门文化旅游产业发展暨项目合作洽谈会，组建了文化旅游公司五家，玉门国家公园、油田红色旅游、铁人纪念馆改造等景区景点建设顺利推进，电商微商创业园开工建设，丝路汉通美术馆、数字图书馆、红色文化博物馆等建成投运；成功举办酒泉市第四届运动会、首届玉门国际“飙山越野•魔山挑战赛”、第二届CBA四强对抗赛、全省羽毛球锦标赛等8场国家级和省市级体育赛事，极大地提升了玉门的商气、人气和名气，推动了第三产业加快发展。

【人民生活】2016年，全市城镇居民人均可支配收入27503元，比上年增长7.4%；农民人均可支配收入14455元，增长7.7%。城镇居民食品消费支出占消费总支出的31%，农村居民食品消费支出占消费总支出的31.9%。城乡居民储蓄存款余额达到50.3亿元。城乡居民居住条件和生活质量进一步改善和提高，城乡居民人均住房面积分别达到30.7平方米和39.4平方米。

【城市建设】围绕建设“美丽玉门”，积极践行城市让生活更美好的理念，注重建管并重、美化环境、优化服务、提升品位，新老市区面貌持续改善。投资8.5亿元实施重点城市建设项目44项，圆满完成“多规合一”规划评审，为玉门城市建设和发展争取了宝贵空间。启动新市区控制性详规修编及供热、供水、供气、绿化等八个专项规划编制工作，医疗服务小区、第三小学、石油中专实训楼、自来水改造提质等十大城建工程顺利推进，公共汽车站建设、市政广场改造、全民健身广场改造、新老城区老旧散居楼院改造、老市区油城公园改造等工程全面竣工，连霍高速玉门出入城互通立交工程建成通车，新市区水源地保护、自来水第二供水管线、新市区5条道路铺油罩面、生活用水与生态用水管线分设等工程全面建成。投资2亿元完成新老市区供热系统回购、环保设施建设及管网改造，投资1.2亿元的管道天然气工程建成供气。投资2000万元，启动实施“智慧玉门”一期工程，“无线城市”基本建成，实现新市区公共区域免费无线网络全覆盖。加大房地产去库存力度，销售商品房969套、9.6万平方米，房地产市场运行平稳。大力实施城市重点区域美化、亮化工程，新老城区综合亮化一期工程、新市区重点道路绿化提升工程、玉泉湖景区改造等工程为新市区增添了靓丽风景。新市区生态环境综合治理一期工程全面完成，新增绿化造林面积5000亩。全面启动国家卫生城市创建工作，扎实开展城市环境卫生整治百日攻坚行动，乡镇基础设施建设和改造、“铁人家乡”美丽乡村建设等重点乡村建设项目全面建成。

【扶贫开发】纵深推进精准扶贫和脱贫攻坚，全力落实各项帮扶举措，确保了贫困发生率控制在2%以下。围绕贫困村贫困户脱贫致富，突出财政专项扶贫、行业部门扶贫、社会力量扶贫三个重点，全力推进“1+17”扶贫政策方案和“七个一批”脱贫措施落地见效。投入扶贫脱贫资金3317万元，发放精准扶贫专项贷款1.2亿元；新建暖棚圈舍247座，调引基础母羊11852只，搭建日光温室55座、钢架拱棚684座，发展枸杞等特色林果3.2万亩，培训输出劳务761人，修建和改造危房354户；铺筑道路29.46公里，新建农田渠道48.69公里，实施土地治理改造2.43万亩，新建农田防护林508亩。

【环境保护】加强生态环境建设。重点实施国家重点公益林保护、昌马水库库区水土保持等生态治理工程，完成人工造林2.76万亩。全市有自然保护区3个，保护区面积22.18万公顷，占辖区面积的16.4%。新市区污水处理率达到86.1%，生活垃圾无害化处理率100%，城市绿化覆盖率36.07%，人均公园绿地面积23.1平方米。加强节能减排综合治理，全市万元生产总值能耗较上年下降3.36%。

【社会保障和社会事业】免除城乡幼儿园保教费，启动实施了高中阶段免费教育，落实乡村教师生活补贴、班主任津贴及教师超课时工作补贴；面向全国引进招聘中小学教师57名，设立高中阶段政府助学金和奖学金，高考二本上线率达到49.5%，超出酒泉地区平均水平11个百分点；石油中专教育质量稳步提升，93名中专学生走进了大学深造，482名学生顺利实现了就业。加快医疗卫生基础设施建设，投资7000万元的医疗服务小区一期工程基本建成，二期工程及昌马乡卫生院等四个乡镇卫生院改造全面开工建设；引进医疗卫生高校毕业生23名，县级公立医院法人治理结构改革、居民健康促进模式改革、分级诊疗和医生多点执业制度全面启动实施，两孩政策全面落实，鼠疫等传染病防控全面加强，独山子乡、六墩乡农村饮水安全工程全面建成并投入使用。着力提升社会保障水平。全民参保计划全面实施，参保率达到99.7%，城乡低保、五保供养、孤儿生活保障、大病救助全面提标，惠及城乡群众4.3万人，资助了3.4万名低保人员、五保供养人员参加医保，妥善解决了38户市属改制企业882名失业人员的医保遗留问题，承接了农垦团场4908人的社会保险。大力推进“大众创业、万众创新”，多渠道开辟就业岗位。发放创业贷款、妇女小额担保贷款5509万元，新增市场主体1489户，增长15.9%，新增就业6098人；招录安置高校毕业生276人，建立玉门籍未就业高校毕业生到企业见习就业制度，首批150名玉门籍高校毕业生实现到企业就业，城镇登记失业率降到1.13%；建立“三支一扶”等服务基层大学生入编制度，年内入编163人，充实了基层一线工作力量。投资2061万元，新建、回购公租房448套，有效解决了部分城镇低收入家庭和园区企业职工的住房问题。投资5265万元，对新老市区2918户老旧房屋和散居楼院进行了维修改造。深入推进“平安玉门”建设，安全生产、环境保护、食品药品安全、产品质量监管更加严格，形势平稳。启动了“七五”普法工作，扎实开展群防群治，严厉打击各类违法犯罪，加大矛盾纠纷、信访积案化解力度，社会大局保持了和谐稳定，人民群众的安全感、获得感、幸福感不断增强。

敦煌市

【基本情况】敦煌市位于河西走廊最西端，甘、青、新三省（区）交汇处。全市总面积3.12万平方公里，其中绿洲面积1400平方公里，仅占总面积的4.5%。平均海拔1139米，年平均降水量42.2毫米，蒸发量2505毫米，年平均气温9.9℃，最高气温41.7℃，最低气温-30.5℃。年平均无霜期152天，属典型的暖温带干旱性气候。辖9镇，56个村委员会，总人口19万人，城市化率达65.3%，总人口中汉族占绝大多数，回、蒙、藏、维吾尔、苗、满、土、哈萨克、东乡、裕固等27个少数民族仅占总人口的2.2%。境内现存各类文物景点241处，其中国家级重点文物保护单位3处（莫高窟、玉门关、悬泉置遗址），省级文物保护单位9处，市级文物保护单位35处，4A级景点3处（鸣沙山•月牙泉、阳关和雅丹地貌国家地质公园），3A级景点2处（敦煌影视城、三危山景区）。境内已探明的矿产资源有金、银、钒、铁、磷、硫、石棉、芒硝等4大类（能源、金属、非金属、水气）26个品种，品位高、贮量大、易开采。发源于祁连山的党河，全长390公里，流域面积1.68万平方公里，年径流量3.02亿立方米，是敦煌人民的母亲河。全市耕地面积25万亩，以葡萄为主的优质林果面积20万亩，敦煌葡萄生产基地被中国果品流通协会授予“全国优质葡萄生产基地”称号。

【国民经济】2016年，全市实现生产总值106.4亿元，比上年增长7.0%。三次产业结构由上年的13.3∶28.3∶58.4调整为13.7∶25.4∶60.9。人均生产总值74297元，增长6.6%。工业增加值15.4亿元，增长4.8%；固定资产投资200.2亿元，增长16.8%；社会消费品零售总额42.9亿元，比上年增长9.6%；财政总收入14.01亿元，增长16.6%；个人存款余额131.4亿元，比上年增长1%。全年共接待国内外游客801.5万人次，增长21.4%；实现旅游总收入78.4亿元，增长22.9%。

【供给侧结构性改革】绿色、循环、低碳的新型工业发展方向基本确立，光伏光热发电、新型材料应用等一大批战略性新兴产业快速崛起，提前两年建成全国首个百万千瓦级光伏发电示范基地；高压电网建设实现与国家西北电网联通，各等级电压电网配套体系不断完善；建成全省首个民营企业院士工作站，在全省战略性新兴产业总体攻坚战骨干企业中占据了一席之地。“互联网+旅游”发展模式走在全省前列，以家庭公寓为代表的旅游供给侧改革成为全省典范，莫高窟、鸣沙山•月牙泉智慧景区全面建成。持续拓展政府购买服务范围，结合首届文博会环境整治工作，在全省率先启动环卫一体化体改革，与北京环卫集团合作实施了城乡环卫一体化项目，敦煌城乡正在以“首都标准”进行清扫保洁。深化农业和农村改革，全面开展农村土地承包经营权确权登记颁证工作，完成了22个村的二轮土地承包权属调查、信息采集和16个村审核公示；建立了市、镇两级土地流转服务中心，引导农村土地规范有序流转。深化水利运行制度改革，明确限定2016年度用水总量控制指标，编制出台了《地下水限采区禁采区范围》、《水资源确权登记实施方案》等文件，为水资源得到合理开发利用提供了遵循。扩大公共文化供给，公共文化综合服务中心建成投用，以建设“书香敦煌”为目标，启动实施了图书馆总馆和乡镇（社区）分馆建设工程。积极推进多元化投融资体制改革，坚持将信贷投放重点向重大项目、基础设施、中小微企业及“三农”、民生工程倾斜。创新实施政府和社会资本合作PPP模式融资项目，敦煌至柳沟客运专线建设PPP咨询服务机构已公开招标确定，并拟定了项目PPP模式运行方案。

【脱贫攻坚】全面落实“2+18”精准扶贫政策措施，大力发展村级集体经济，突破贫困群众资金瓶颈，实现“输血式”帮扶向“造血式”扶贫转变。通过调整优化产业结构，发展特色林果产业和畜禽养殖，贫困群众和移民的生活水平得到了很大提高，到2016年年底，贫困人口人均纯收入达到4500元，移民人均纯收入达到9688元。各帮扶单位和干部围绕“水、电、路、房”等难点问题，通过破解难题，积极争取项目资金1232万元，有效改善了农村基础设施和公共服务。按照“户均一亩高效田、户均输转一个劳动力、户均增养十只羊”的“1110”发展目标，新增葡萄、大枣、设施蔬菜等高效田874.2亩，劳务输转814人，新建养殖圈舍28座，调引基础种羊142只。积极推进农业与文化旅游融合，引导贫困户参与旅游接待、餐饮服务、工艺品和土特产品销售等活动，为贫困群众创新发展创造了良好条件。教育、卫生、残联等部门分别制定了防止因学、因病、因残返贫的具体实施帮扶意见，实现了社会保障兜底工作的常态化、规范化、制度化。

【“三农”工作】2016年，全区实现农林牧渔及其服务业总产值31.7亿元，比上年增长4.9%。其中，农林牧渔及服务业增加值17.3亿元，增长6.1%。在林果种植方面，新植特色林果1.1万亩，全市共建成百亩以上标准化示范点34个，落实葡萄标准化示范面积3.6万亩，发展订单葡萄1.66万亩，建成红枣标准化示范基地1万亩。在设施农业发展方面，主要发展以塑料大棚、日光温室为主的高效瓜菜产业，建成七里镇杜家墩村等集中连片温室小区11个、610亩，建成肃州镇武威庙村等塑料大棚百亩连片小区12个、1472亩；在设施养殖方面，全面推行“五化”标准，建成转渠口镇定西村等高标准千家万户养殖小区5个，新建黄渠镇芭子场村等标准化规模养殖场7个。在园区建设方面，聚力打造了莫高镇、七里镇两个核心示范园区，314线、215线两侧农业观光带和特色产业带，带动发展的成效逐步显现。七里镇休闲观光产业园农家客栈一条街建成投运，葡萄酒庄、农产品检测中心、智能化温室、生物有机肥厂等配套设施逐步完善。高标准编制了莫高镇高效节水示范产业园详细性建设规划，“一环两带三区”发展布局拉开框架，并新建2座集农业科技、模式推广、趣味观赏于一体的三代日光温室，推广了立体管道式栽培、立柱式栽培等种植新技术，园区建设水平得到了大幅提升。在村容村貌方面，以美丽乡村建设为抓手，整合涉农项目资金，启动实施了七里镇三号桥村、莫高镇泾桥村、郭家堡镇土塔村等3个省级千村美丽示范村及2个酒泉市级、2个敦煌市级美丽乡村示范村建设，农村生产生活环境不断优化。

【项目建设】全年开工建设各类项目322个，高起点配套完善了文化产业示范园区、循环经济产业园区、新能源产业园区基础设施。会展中心、大剧院、又见敦煌情景融入式演出剧场、景观大道、飞天大道、柳敦二级公路、瓜敦辅道、阳关至二墩旅游专线、文博会电力保障等23个项目建成投运；人防地面应急指挥中心及地下人员掩蔽部项目、棚户区改造等25个项目开工建设；机场T3航站楼和国际酒店1号、5号、6号楼建成投运；丝绸之路文化遗产博览城、千年敦煌、天赐一秀、中医生态养生园等18个功能性产业项目快速推进。

【优势产业】文化旅游产业强势推进，实现增加值11亿元，比上年增长16.12%，占生产总值比重达10.3%。玉门关、悬泉置遗址列入世界文化遗产名录，雅丹、鸣沙山•月牙泉、莫高窟、阳关、玉门关、西湖自然保护区捆绑申报为敦煌世界地质公园，敦煌大景区建设全面启动。成功举办了首届丝绸之路（敦煌）国际文化博览会；相继举办了第六届中国民族声乐敦煌奖、朝圣敦煌全国美术展、全国沙滩排球锦标赛等10项重大品牌文体赛事活动；《又见敦煌》、《敦煌盛典》等创新演艺剧目已常态化演出，特别是在首届文博会期间《丝路花雨》（2016版）、《相约敦煌》等精品剧目在敦煌成功演出，进一步活跃了文化演艺市场；加快文化集市建设，积极搭建民间民俗工艺美术产品展示销售平台，在销文化产品达12大类、3000多种。

【人民生活】全年城镇居民人均可支配收入29467元，增加2309元，上年增长8.5%。农村居民人均可支配收入15311元，增长7%。城镇居民食品消费支出占消费总支出的28.16%；农村居民食品消费支出占消费总支出的30.14%。年末城镇居民人均住宅建筑面积35.34平方米；农村居民人均住房面积49.55平方米。星级公厕、公园广场、停车场、集中供热等公共服务条件显著提升。

【环境保护】环境质量得到进一步改善。辖区内总悬浮颗粒物、二氧化硫、二氧化碳、空气质量等检测指标均优于国家二级标准。地面水质、饮用水源水质达标率为100%。区域环境噪声平均值和城市交通干线噪声平均值均小于目标值。城市生活垃圾无害化处理率达到99%，城市建成区绿化覆盖率40.77%，辖区内2家污水处理厂监督性达标率100%。大力实施植树造林、防沙治沙工程，全年完成义务植树62.3万株，新建农田防护林85.7公里，治沙造林7053亩。完成了党河水库饮用水源地水质全分析、农村饮用水源地水质监测及宾馆室内空气质量检验检测等文博会保障任务。节能降耗取得新进展，单位生产总值能耗下降3%。

【社会保障】年末城乡居民社会养老保险参保缴费人数7.2万人，参加城镇职工基本养老保险人数为1.6万人，比上年增长9.6%。全年各项社会保险基金总收入1.7亿元，各项社会保险基金总支出1.8亿元。参加新型农村合作医疗农民人数为9.7万人，参合率为98.09%。全年新型农村合作医疗基金支出总额为0.4亿元，累计受益1.15万人次。健全完善社会救助制度，落实60～79岁困难老人、残疾老人特殊生活补贴政策，实施60周岁以上老年人免费乘坐市内公交车和旅游景点门票优惠减免政策，全面落实复员军人优抚政策，规范社会事务管理。全市救助各类困难群众3.6万人次，发放各类救助资金0.4亿元。全年销售社会福利彩票0.5亿元，筹集社会福利资金216万元，直接接受社会募捐20.3万元。

【社会事业】“两基”工作通过国家验收，义务教育均衡发展通过国家评估认定；高中阶段教育毛入学率95.6%，初中教育入学率100%，初中毕业生升学率95.6%，学龄儿童入学率100%，学前三年教育普及率达到99.1%；义务教育阶段“四率”高水平保持在部颁标准以上，适龄残疾儿童、少年入学率达100%，进城务工人员和流动人口子女入学率为100%；高考上线率、二本以上上线率、重点上线率分别达到99.1%、42.3%和13.9%。城市公共文化综合服务中心和30个乡村文化体育活动场所建成投用，每万人口拥有“三馆一站”面积达1500平方米；公共图书馆图书总藏量20万册，全年出版《敦煌文化旅游报》25.3万份；广播、电视人口覆盖率99%。数字电视用户4.6万户，入户率达到99%。公共卫生和医疗服务能力全面提高，中医院门诊住院综合楼开工建设，新改扩建乡镇卫生院9个；城乡居民免费孕前优生检查实现全覆盖，人均预期寿命提高到74.5岁；高血压、糖尿病人群规范化管理从无到有，孕产妇住院分娩率达到100%；全面推行新农合“一卡通”和单病种定额付费，人均筹资标准提高到540元，比上年提高14.9%。科技对经济增长贡献率提高到56%，全年组织实施市列科技项目15项，争取省级科技项目2项、酒泉市级科技项目4项；申报专利111项；评出敦煌市科技进步奖一等奖3项，获酒泉市科技进步一等奖1项、三等奖2项；组织相关企业及技术部门完成科技成果登记及鉴定7项。深入实施全民创业就业工程，全市从业人员8.3万人，劳动报酬总额9.9亿元，在岗职工人均年工资额51058元，增长7.9%；新开发公益性岗位145个，城镇新增就业人数0.7万人，发放再就业小额担保贷款0.4亿元，城镇登记失业率控制在3.4%以内。

庆阳市

【基本情况】庆阳市位于甘肃省东部，习称“陇东”。东接陕西省的宜君、黄陵、富县、甘泉、志丹等县；北邻陕西省吴起、定边及宁夏回族自治区的盐池县；西与宁夏的同心、固原县接壤；南与本省的泾川县及陕西的长武、彬县、旬邑县相连。南北长207公里，东西跨208公里，总面积27119平方公里。辖庆城、环县、华池、合水、正宁、宁县、镇原7县和西峰区。地形北高南低，海拔在885～2082米之间，中南部为黄土高原沟壑区，北部为黄土丘陵沟壑区，东部为黄土丘陵区；山、川、塬兼有，沟、峁、梁相间，高原风貌雄浑独特。全境有10万亩以上大塬12条。董志塬面积为136.47万亩，是世界上面积最大、土层最厚、保存最完整的黄土塬面，堪称“天下黄土第一塬”。地处东南部的子午岭，林木茂密，水草丰盛，其470多万亩次生林，为植被最好的水源涵养林，有“天然水库”之美誉。庆阳为大陆型气候，四季分明，降雨量南多北少，2016年全市年平均降水量329.4～499.8mm，平均气温9.3～11.2℃，日照时数为2206.2～2560.1小时。年末常住人口224.19万人，其中城镇人口78.44万人，占常住人口比重为34.99%。

【自然资源】庆阳能源富集、物产丰富，是甘肃的石油天然气化工基地、长庆油田的主产区。已探明油气总资源量40亿吨，占鄂尔多斯盆地总资源量的41%，其中石油地质储量16.2亿吨，2016年全市原油产量达到763.24万吨、加工量343.36万吨；全市煤炭开发初见成效，刘园子煤矿生产原煤40.73万吨。庆阳素有“陇东粮仓”之美誉，盛产小麦、玉米、油料；荞麦、小米、燕麦、黄豆等特色小杂粮久负盛名，备受推崇。庆阳地处全国苹果生产最佳纬度区，红富士苹果、曹杏、黄柑桃、九龙金枣倍受消费者青睐。庆阳是甘肃优质农畜产品生产基地，早胜牛、环县滩羊、陇东黑山羊、羊毛绒等大宗优质农牧产品享誉国内外。庆阳是全国规模最大的白瓜籽仁加工出口和杏制品加工基地，是全国品质最优、发展面积最大的黄花菜基地，是国家有关部门和单位命名的“中国优质苹果之乡”、“中国黄花菜之乡”、“中国小杂粮之乡”和“中国杏乡”。庆阳还是中医药之乡，产有甘草、黄芪、麻黄、穿地龙、柴胡等300多种中草药，其中69种已列入《中华人民共和国药典》。

【旅游资源】国家重大考古发现的“环江翼龙”和“黄河古象”古生物化石，均发掘于庆阳境内。标志中国旧石器时代肇始的华夏第一块旧石器，出土于华池县赵家岔。具有重大文物价值的境内新石器时代的仰韶、齐家文化遗址和历代古建筑、石刻、墓葬及古生物化石点有近千处。战国秦长城在华池、环县、镇原三县均有遗存。秦直道沿子午岭穿越正宁、宁县、合水、华池四县。开凿于北魏永平二年的北石窟寺为甘肃四大石窟之一。庆阳是甘肃唯一的革命老区。1927年，中国共产党在宁县建立了甘肃第一个农村党支部。1931年，刘志丹等建立了西北较早革命武装——南梁游击队。1934年，以刘志丹、谢子长、习仲勋等革命早期领导人创建了西北最早的陕甘边区苏维埃政权——南梁政府。以南梁为中心的陕甘边根据地是我党在第二次国内革命战争时期“硕果仅存”的革命根据地，后与陕北革命根据地连成一片，形成的西北革命根据地，为长征红军和党中央提供了落脚点和抗日战争的出发点。现存的华池“南梁政府”旧址、环县河连湾陕甘宁省委省政府旧址、山城堡战役等革命遗址，是国家、省、市分别确定的爱国主义和革命传统教育基地。近年来，市、县将南梁革命纪念馆、列宁小学、陕甘边区军委、苏维埃政府旧址、中国人民抗日军政大学七分校校部旧址和大凤川军民大生产基地旧址整体修复开发，南梁红色旅游景区被评定为国家4A级旅游景区。

【国民经济】2016年，全市实现生产总值597.83亿元，比上年增长8.2%。其中，第一产业增加值85.49亿元，增长5.7%；第二产业增加值287.98亿元，增长8.8%；第三产业增加值224.36亿元，增长8.1%。三次产业结构由上年的13.5∶52.7∶33.8调整为14.3∶48.2∶37.5，三次产业对经济的贡献率分别为9.5%、57.0%和33.5%。

【脱贫攻坚】全市上下始终把脱贫攻坚作为一号工程，抢抓国家支持革命老区发展的政策机遇，打响了以通村道路为牵引的基础设施建设和以农民“五变”为内容的富民产业培育“两大扶贫攻坚战”。全市农村公路里程达到9096公里，农村群众出行条件显著改善。建成农村安全饮水工程6.37万处，解决了93.3万群众的安全饮水问题。改造低电压村（组）1030个、农村危房（窑）11万户，实施易地扶贫搬迁9.2万人。金融扶贫力度持续加大，农村产业发展资金合作社累计发放贷款49亿元，脱贫攻坚资金累计达到145亿元。农村居民收入显著提高。

【农业经济】2016年，全市全年完成农林牧渔业增加值88.86亿元，比上年增长5.7%。粮食播种面积698.44万亩，增加0.25万亩；粮食产量156.74万吨，减产6.39万吨；水果产量78.86万吨，增长12.4%；蔬菜面积129.4万亩，增长2.5%，产量102.32万吨，增长11.1%；瓜类面积26.08万亩，增长4.4%；药材面积19.22万亩，增长13.1%。育苗面积16.09万亩，增长8.8%；当年造林面积108.73万亩，下降0.8%。大牲畜存栏65.03万头，增长0.5%。肉类总产量7.32万吨，增长2.4%，鲜蛋产量1.04万吨，牛奶产量0.91万吨。

【项目建设】2016年，全市完成固定资产投资总额1313.38亿元，比上年增长8.0%。其中，地方完成1200.87亿元，增长11.1%；油田完成112.51亿元，下降16.5%。从三次产业看，第一产业完成54.06亿元，增长27.7%；第二产业完成431.65亿元，下降31.3%，其中工业投资186.51亿元，下降15.9%；第三产业完成715.16亿元，增长73.9%。项目资金来源1000.38亿元，增长15.7%。其中，国家预算内资金126.37亿元，下降9.4%；国内贷款75.06亿元，下降5.9%；自筹资金869.56

亿元，增长 18.5%；其他 43.39 亿元，增长 15.5%。

【优势产业】能源产业持续壮大。2016 年实现规模以上工业增加值 247.63 亿元，比上年增长 9.0%。其中占规模以上工业增加值比重达 69.5% 的石油和天然气开采业增加值 172.01 亿元，增长 7.1%。瑞华天然气、永欣石化两个能源开发配套产业项目基本建成。甜水堡 2 号矿井具备联合试运转条件，核桃峪矿井井巷二期工程正在收尾，新庄矿井获得省发改委开工备案手续。庆阳能化集团螺旋焊管、新型电热节能锅炉项目建成投产。富民产业培育进展良好，新栽苹果 15 万亩，其中矮化密植标准园 7 万亩；中盛华美肉羊产业化项目启动实施，西峰 2 万只、镇原 3 万只种羊繁育场建成投产；种植高原夏菜、特色瓜菜 150 万亩；完成苗林结合培育 108 万亩。文化旅游突围突破，庆城药王洞马嵬驿民俗文化村、镇原北石窟寺文化生态旅游区、正宁黄帝文化景区等重点项目快速推进，宁县“印象义渠”莲花池、庆城北欧风情小镇薰衣草庄园等景点成为假日旅游重要目的地。全市文化产业增加值完成 15.03 亿元，增长 15.3%。电子商务快速发展，电商从业人员超过 2 万人，交易额突破 20 亿元，增长 33%。

【民生保障】2016 年，全市城镇居民人均可支配收入 25300 元，比上年增长 8.0%；农村居民人均可支配收入 7480 元，增长 7.7%。居民消费价格总指数 101.3%；商品零售价格总指数 100.6%。年末全市参加城镇企业基本养老保险人数 7.64 万人，比上年末增加 723 人。其中，参保职工 4.82 万人，参保离退休人员 2.82 万人。参加城镇基本医疗保险人数 28.45 万人，增加 0.2 万人。其中，参加城镇职工基本医疗保险人数 14.15 万人，参加城镇居民基本医疗保险人数 14.30 万人。参加失业保险人数 8.26 万人，增加 197 人。参加工伤保险人数 7.53 万人，增加 1 万人。参加生育保险人数 9.16 万人，增加 0.2 万人。新型农村合作医疗参合率 98.63%。新型农村合作医疗基金支出总额 11.47 亿元，累计受益 400.59 万人次。全市城市低保 17549 户、41526 人，比上年末减少 2951 户，减少 7358 人；农村低保 107513 户、344264 人，增加 47 户。

【社会事业】2016 年末，全市事业单位各类专业技术人员 44695 人，其中高级技术人员 2545 人。全年共组织实施农业、工业、医疗卫生和社会公益事业等各类国家、省、市科技计划项目 30 项，共投入科技经费 1158 万元。评出市级科技进步奖 100 项，其中一等奖 13 项，二等奖 73 项，三等奖 14 项。九年义务教育巩固率达到 95.69%。全市大专以上高考录取人数 18421 人，比上年减少 960 人，下降 5.0%；录取率 80.37%，比上年下降 0.33 个百分点。全市共有专业国有文化艺术表演团体 9 个，全年演出 1704 场（次），观众 208.82 万人次；年末共有公共图书馆 9 个，藏书 55.17 万册；博物馆、纪念馆 19 个，文物藏量 38901 件；综合性档案馆 9 个，馆藏各类档案 54.67 万卷、35.27 万件，资料 9.10 万册，照片 2.49 万张；文化站 119 个。全年《陇东报》出版 366 期，发行 1354.20 万份。全市医疗卫生机构总数 1939 个，比上年减少 11 个。年末实有医疗床位 9420 张，比上年净增 456 张，增长 5.1%。全市共有卫生技术人员 9431 人，比上年净增 257 人，增长 2.8%。全市举办县以上运动会 19 次，参加运动员 36290 人次。在市级以上运动会上全市体育健儿共夺得 14 枚金牌，8 枚银牌，7 枚铜牌。

西峰区

【基本情况】西峰地处甘肃省东部，泾河上游，位于董志塬腹地，北靠庆城县，南接宁县，西和镇原县毗邻，东与合水县相望。属陕、甘、宁三省区金三角地带，是庆阳市政治、经济、文化、交通和商贸流通中心。全区共辖 2 乡 5 镇 3 个街道办事处，年末全区总人口为 38.83 万人，比上年末增加 0.66 万人。西峰系黄土高原沟壑区，海拔 1421.0 米，地势由东北向西南倾斜。地形呈一扇状，南北长约 47.7 公里，东西宽约 34.8 公里，总土地面积 996 平方公里。塬面较为完整，地势平坦广阔，耕地以黑垆土为主，微碱性，土壤肥沃，疏松、保水保肥，垂直渗透力强。属半干旱大陆性气候，具有季风及黄土高原气候的双重特点，冬春多干旱，夏秋雨水较多，暴雨多集中在七、八月份。主要农作物以小麦、玉米为主，并盛产谷子、洋芋、油菜，苹果栽培处于最佳纬度区。主要旅游资源有国家4A级景区天富亿民俗生态文化村；发掘多处的新石器时代仰韶文化、齐家文化遗址；北魏永平二年开凿的北石窟寺，二十世纪六十年代建设的巴家咀水库大坝，宽 539 米，高 74 米，肖金宋代金城寺砖塔、小崆峒山、南小河沟等自然景观以及以周祖农耕文化为主线的公刘庙、老洞山等历史遗迹。

【国民经济】全年实现生产总值 171.9 亿元，比上年增长 7.0%。其中，第一产业增加值 10.8 亿元，增长 7.7%；第二产业增加值 74.0 亿元，增长 8.1%。第三产业实现增加值 87.1 亿元，增长 6.2%。三次产业结构比例由上年的 6.6∶41.5∶51.8 调整为 6.3∶43.0∶50.7。固定资产投资 294.16 亿元，增长 10.4%，其中，亿元以上项目 50 个，完成投资 92.05 亿元，增长 10.13%。

【“三农”工作】全年启动实施了 6 个美丽乡村示范村及 10 个环境整洁村建设任务，完成改善农村人居环境总投资 6622 万元。累计完成公路沿线杂草清理 323.5 公里，垃圾清运 6780 吨，树畦树行整修 235.7 公里，垃圾坑点治理 678 处，配备垃圾箱 600 多个，清理门前“三堆”4635 处，农宅涂白美化 562 户，新栽行道树 8400 多株，行道树涂白 38.5 公里，门头改造 180 多间，建成人工水景及小游园 8 处，居民点门前新建小菜园（花园）329 处，完成庆西路沿线两侧草坪种植 12.7 万平方米，整治蒲河川区河道 6.5 公里，整理美化连心桥河岸 1000 平方米，整治旅游景点 10 多处，完成面山绿化 2100 亩。建成集中供水工程 23 处，分散工程 89 处，解决了 1857 户 7559 人的饮水不安全问题。建成 3 个苹果基地乡镇、25个苹果重点村、55个果品专业合作社，102处百亩以上流转土地果品专业合作社和经营大户；建成肖金设施基地、三川、董志南庙等设施蔬菜生产示范点9个，建成显胜三泉刘等露地瓜菜示范点5个；启动新建千头（只）养殖小区（场）8处，发展规模养殖户550户。

【人民生活】辖区全部单位在岗职工年工资总额达到438979万元，比上年增长6.89%，年人均工资额69780元，增长7.96%。其中,区属职工工资总额为82665万元，增长16.95%；年人均职工工资额68110元,增长15.6%。城镇居民人均可支配收入25897.93元，增长8.6%；人均消费性支出14921.29元，增长5.7%；城镇居民家庭恩格尔系数为31.6%。农村居民人均可支配收入8461.4元，增长7.4%；人均生活消费支出6599.42元，增长4.7%；农村居民家庭恩格尔系数为36.7%，比上年下降1.2个百分点。

【社会保障】辖区参加基本养老保险的职工人数为19557人，其中离退休人员17064人；参加失业保险40053人；参加工伤保险75252人；参加职工基本医疗保险49515人。城市低保参保人数达到4892户、12137人，发放保障金5179万元,比上年增加499万元，城市低保月人均补差338元。农村低保参保人数达到3912户、12758人，发放保障金2432万元，比上年增加104万元，农村低保月人均补差159元。

【环境保护】城市环境质量7项指标全部在市上下达的控制指标之内。PM10（可吸入颗粒物）年均浓度72微克/标立方米，PM2.5（可吸入颗粒物）年均浓度36微克/标立方米，二氧化氮年均浓度22微克/标立方米，二氧化硫年均浓度38微克/标立方米，集中式饮用水源地水质达标率100.0%，地面水水质达标率100.0%，交通干线噪声平均值≤57.1分贝，空气优良天数321天。

【社会事业】全区共有各级各类学(协)会34个,其中专业技术学(协)会10个，农村专业合作组织24个，当年完成专利申请472件，授权发明专利188件,授权有效发明专利40件。各类学校224所;共有教职工8419人，其中专任教师7792人;在校学生97910人；九年义务教育巩固率97.59%，学前三年毛入园率95.68%。有专业剧团2个，文化（艺术）馆2个，图书馆2个，博物馆2个，画院1个，文化站8个，农村文化室100个，农家书屋104个，露天剧场35个。拥有卫生机构330个，其中医院13个、社区卫生服务中心(站)18个、卫生院8个、村卫生室113个、门诊部、诊所（卫生所、医务室）160个、疾病预防控制中心2个、妇幼保健院（所、站）2个、采供血机构1个、卫生监督所（中心）1个，计划生育服务机构16个；实有医疗病床3606张;卫生技术人员4220人,其中,执业（助理）医师1485人，注册护士1292人，药师（士）201人，技师（士）180人，其他人员320人。

庆城县

【基本情况】庆城县位于甘肃省东部、泾河上游，地处陕甘宁三省区交汇地带，东邻合水，西濒黑河，与镇原县相望，南与西峰毗邻，北与环县、华池接壤。位于兰州至青岛、福州至银川、延安至九寨沟高速公路和西安至银川铁路四线交汇处，国道309线、211线、省道202线贯通全境，距离庆阳机场40公里，是庆阳北三县的交通枢纽，是西安、银川经济圈的重要节点。全县辖7镇8乡2个办事处，总土地面积2692.6平方公里，2016年末常住人口26.67万人。是华夏农耕文化的发祥地之一，中医鼻祖岐伯在此与轩辕黄帝论医，成就了医学巨著《黄帝内经》，也是原陕甘宁边区的重要组成部分。县内矿产资源丰富，尤以石油、天然气储量较大，是长庆油田的发祥地和主产区，油井遍布全县所有乡镇共1000多口,全年原油产量140万吨以上；探明煤层气储量818亿立方米、煤炭储量50亿吨。盛产的红富士苹果为部优产品；黄花菜被国家外经贸部命名为“西北特级金针菜”，远销东南亚和西欧；是国家农业部确定的“无公害果蔬”生产基地，是陇东农副产品加工贸易“旱码头”。

【国民经济】2016年，全县实现生产总值81.2亿元,比上年增长6.6%；固定资产投资103.8亿元,增长12.3%；规模以上工业增加值9.6亿元，增长12.3%；社会消费品零售总额34亿元，增长9.5%；城镇居民人均可支配收入25026元，增长7.5%；农村居民人均可支配收入7238元，增长7.5%。

【项目建设】全年开工建设500万元以上项目342个，其中，亿元以上项目达37个，5000万元以上项目67个。银西铁路、打庆高速相继开工，甜罗高速完成招标，G213同心至桐川公路、S505庆城至周祖陵公路等项目进展顺利；安全饮水工程、蔡家庙高标准农田建设、美丽乡村示范村建设、扶贫开发等项目建设使农业农村基础条件极大改善；苏武万只种羊场建设示范带动全县规模养殖快速发展；县城生活垃圾处理、新区城市基础设施配套、人民路拓宽改造等城市基础配套工程建设将极大提高城市承载能力；山水凤城、商业大厦提质改造、恒森大厦等项目建成后将极大提升城区商住条件；旅游基础设施建设凸显大手笔，麻家山薰衣草庄园建成投运，药王洞马嵬驿民俗文化村部分景区对外开放；东西河道治理完成护岸工程正在抓紧实施水面工程；南门周礼广场、梦阳文化景区、唐宋一条街、明清一条街、老城区仿古改造、古城墙加固保护、药王洞康养院等项目全力推进；县医院搬迁、陇东中学迁建、残疾人托养中心、敬老院、疾控中心综合业务楼、庆城县群众艺术馆及全民健身中心、岐黄中医疗法与养生中心等民生项目全面启动。

【招商引资】依托兰洽会、“一会一行”等平台，积极开展外出招商活动，全年累计招引项目67个，签约资金57.4亿元，比上年增长29%。中天蓝瑞中水回用、兰河饮品苹果醋生产等项目签订合作协议，河北微聚防腐材料处理、京酿调味品生产等项目落地建设，裕陇轻烃分离、高晨工贸等企业建成投产，醋头醋、众行电动车等企业代表市上迎接了国务院第三次大督查和全省重大项目观摩。

【农业生产】产业规模持续壮大，苹果突出标准化示范片带建设，完成新栽4.3万亩，间伐改造1.2万亩，新建小型果库28座，培育优质苗木600多亩。草畜以推广舍饲养殖、疫病防控、良种繁育为重点，成立了羊产业协会，新建苏武万只种羊场，新增规模养殖场45个。苗林坚持整山、整沟、整流域推进，完成苗林结合培育16.7万亩，建成万亩以上示范点3个。中药材采取连片种植和果园套种等方式，推广种植黄芪、板蓝根等地产中药材3.7万亩。

【基础建设】城乡面貌大为改观，抢抓国家棚改政策机遇，对城墙周边、药王洞、南门片区等区块进行了拆迁改造，古城墙加固保护、河道综合治理、县医院整体搬迁、三角花园广场、新区综合管廊等项目加快推进，庆阳民俗展览馆建设、东区集中供热、县城道路拓宽改造竣工投用，城市品位明显提升。加快马岭、玄马等重点乡镇综合开发，建成高楼杨塬、玄马柏树、蔡口集周家塬等“美丽乡村”，开展环境综合整治，城乡人居环境进一步优化。

【生态环境】全年全县大气污染物年均浓度分别为二氧化硫7.8ug/m3、二氧化氮15.2ug/m3、可吸入颗粒物（PM10）84.3ug/m3，均达到《环境空气质量标准》（GB3095-1996）二级标准；马岭东沟、纸坊沟饮用水水源地水质全年4个季度均达到《地表水环境质量标准》（GB3838-2002）中III类标准，水质达标率100%；取缔庆城小学等4家单位小燃煤锅炉，并纳入城区集中供热，小锅炉淘汰完成率达100%，城区集中供热率达到95%以上；全年完成环保标志核发18915份（绿标17307份，黄标1608份），占任务的172%；制定了秸秆禁烧工作方案，加强监督检查力度，秆焚烧现象得到遏制。完成土桥乡佛殿湾村环境综合整治项目，购置垃圾转运箱45个，人力保洁车10辆，三轮垃圾清运车1辆，设置项目公示栏1个；完成马岭东沟水源地环保设施补助资金项目建设任务，购置户外垃圾桶108个，自卸式垃圾清运车1辆。

【民生保障】全年新增城镇就业8245人，城镇登记失业率控制在1.99%以内。省、市列26件民生实事全面办结。城镇职工基本养老保险参保4494人，征缴基金2814万元，共计发放养老保险金1210人3448万元，其中，完全失地农民165人；失业保险参保5357人，征缴基金266万元；城镇职工基本医疗保险参保13716人，征缴基金2816万元，共计报销医疗费用1415万元；生育保险参保9940人，征缴基金82万元，共计报销生育保险费用57万元；工伤保险参保14124人，征缴基金462万元；城镇居民医疗保险参保19788人，征缴基金66.3万元。全年参合农民人均筹资额提高到540元，参合率达到98.2%，落实新农合资金13096.83万元，资金到位率103.2%；累计补偿51.60万人次，报销资金12145.03万元。城镇居民最低生活保障人数为4977人，农村最低生活保障人数为34741人，全年共投入低保资金8017.13万元。农村“五保”供养人数746人，其中集中供养121人。有社会福利机构1个，床位192张。

【社会事业】全年申报国家、省、市各类科技计划项目31个，获得国家、省、市科技计划项目5个，到位资金71万元；组织实施国家、省、市、县列科技计划项目45项；申报国家各类专利200件，其中发明专利1件。全年对50至60岁参合农民和慢病患者进行了免费体检，成功举办第六届中国中医药发展大会，建成庆阳首家国医馆和国医大师吕景山工作室，委托大连医科大学附属第一医院完成首期40名专业医护人员培训。维修开放群众文化活动中心，启动运营城市数字影院，新建乡村舞台98个、文化广场62处。全县共有文化馆1个、公共图书馆1个，年末图书馆藏书量达到163088册，比上年增加4298册。年总流通书籍达36157册次、35506人次，书刊外借册数20370册次。图书馆年开馆时间达300天以上，周开馆56小时。博物馆年接待参观10.7万人次。艺术表演团体1个，全年公益性演出60场，大型综合演出7场，商业性演出183场，经济毛收入达到45万元。全年落实村级健身活动场地41个，体育健身中心1个，新建篮球活动场42个、乒乓球活动场地45个，安装室外健身活动器材240件。

环　县

【基本情况】环县踞陕、甘、宁三省（区）之交界，鄂尔多斯盆地之腹中，大西北经济圈之中枢，银(川)—(长)武大动脉纵贯全境，神府、宁东、华亭、彬长四大煤田分布四周，中石化、中石油、延长油矿开采区块均有分布。西距兰州480公里，北距银川260公里，南距西安420公里，东距榆林280公里、延安320公里。全县辖20个乡镇、1个旅游开发办、251个行政村，1487个村民小组，总土地面积9236平方公里，2016年末全县户籍人口35.8万人，其中农业人口30.32万人；常住人口30.99万人。境内海拔高度在1200～2089米之间，年均降雨量412.9毫米，年平均日照时间2600.1小时。属于国家扶贫开发工作重点县和干旱困难县。

【资源优势】环县是绿色杂粮的原产地，品质优良，物美价廉。环县盛产荞麦、糜子、谷子、洋芋、燕麦等小杂粮和胡麻、葵花、黄豆、中药材等多种经济作物，质优品良，属绿色无公害产品。其中小杂粮产量居全省之首，被命名为“中国小杂粮之乡”。全县羊只饲养量居全省第二，是西北羊绒、羊毛、皮张和各种肉食品的主产地之一。矿产资源丰富，境内有石油、天然气、石灰岩、煤炭、白云岩等多种矿藏。石油地质储量达5亿多吨，是长庆油田的主产区之一；优质石灰岩储量达2000多万吨，正在开发利用；白云岩储量达18亿吨，属特优品位；全县煤炭预测储量684亿吨，其中千米以浅整状煤田预测储量51亿吨，煤层气预测储量3480亿立方米。现已探明千米以浅整状煤田储量达22亿吨，构造简单，煤质优良，煤炭开发全方位展开。

【国民经济】2016 年，全县完成生产总值 74.95 亿元，比上年增长 6.6%；固定资产投资 133.16 亿元，增长 11.98%；社会消费品零售总额 18.07 亿元，增长 10.1%；一般预算收入 30140 万元，下降 27.37%；城乡居民人均可支配收入分别达到 25046.7 元和 7088 元，增长 7.7%和 8.4%。

【工业发展】紧紧围绕加快油煤风等优势资源转化为目标，奋力推动工业经济总量增加，2016 年原油产量达到 198 万吨，油井 3465 口，涉油村 118 个。刘园子煤矿建成投产，马福川煤矿获得核准，甜水堡 2 号煤矿获准联合试运转。环县燃煤电厂获得省发改委核准批复，部分设备已完成采购。华电南湫、毛井一期和华润甜水堡三座风电场并网发电，装机总规模达到 65 万千瓦，累计发电 20.6 亿度，产值达到 11.9 亿元，上缴税金 1226.3 万元。2 万千瓦集中式光伏发电项目开工建设，200 户分散式光伏发电项目基本建成。

【基础建设】新修农村道路 586 公里，实现了村村通油路。新建农电线路 965 公里，治理低电压自然村 104 个，完成 82 个自然村通动力电，实现了动力电通村民小组全覆盖。实施小电井、集雨场窖供水工程共 18254 处；实施扬黄集中供水工程 4 处；3 乡镇抗旱应急水源工程和 18 处小型集中供水工程已全面建成，安全饮水得到有效保障。5459 户危房改造任务已全面完成。推行整乡整村整组搬迁模式，建设安置点 76 个，搬迁群众 4950 户 21345 人，罗山、八珠、秦团庄、南湫、甜水街 5 个小城镇安置点加快推进，67 个中心村安置点已基本建成 50 处，可安置 1736 户的县城“富润小康嘉园”（农民城）一期完成基础施工。

【城乡发展】实施南区市政道路、公用设施、房地产和商贸楼建设项目 55 个，计划投资 16.8 亿元，目前已开工建设 35 个，完成投资 12.5 亿元。城南新区建设上，农贸中心已建成主体，正在抓紧招商入驻。生态文化广场建成投入使用，国贸新天地商业综合体基础施工加快推进。市政道路完善上，滨河南路、滨河北路、光明路西段等 6 条市政道路完成总投资的 80%，环江大道北段综合整治基本完成，城北区环境明显改善。城市景观提升上，“一江两岸”景观绿化工程的核心“红园”全面完成，建成水景公园。在环江两岸安装河堤护栏 7000 米。继续加大县城东山生态综合治理力度，扩建老虎山水景公园，完成古烽火台景区和虎头山游园建设，修建虎头山、银顶山人行步道 2 条。服务设施配套上，理顺了县城公交线路，新增 3 路公交，规划新建港湾式公交站台 118 处，县城居民出行更加方便。总投资 1.75 亿元的南区集中供热工程全面建成，城区集中供暖面积由 120 万平方米扩大到 206 万平方米。棚户区改造上，签订协议 1121 户，建成安置房 939 套。累计房地产去库存 1347 套，占全县商品房存量的 89%。

【农村经济】按照“县北县中枸杞、县南苗林苹果、全县草畜杂粮”的思路布局，扶持特色产业优化升级，试点培育优质枸杞 8300 亩、苹果 7247 亩。新种紫花苜蓿 45.1 万亩，其中地膜种草 4 万亩，建成万亩优质苜蓿示范点 7 个，青贮玉米秸秆 42.6 万吨，年底羊存栏达到 180 万只。130 万亩全膜作物和 60 万亩小杂粮在灾害之年获得丰收，全年粮食产量 37 万吨。秋覆膜工作加快推进，已完成 12.3 万亩。充分利用环江川区水源优势，新建日光温室 140 座、钢架拱棚 1000 座，发展设施农业 1.3 万亩、籽用南瓜 5300 亩，以草莓采摘等为主的休闲体验农业试点初见成效。新建村级电子商务服务点 135 个，培育规模以上电商企业 40 户，发展网上销售企业 135 家、个体网店经营户 820 家。通过“触网借力、变有为优、卖优卖特”，全县小杂粮价格普遍上涨了 20%，累计实现线上交易额 3.45 亿元。2 万千瓦集中式光伏发电站建设有序推进。在农户屋顶院落安装分布式光伏发电系统 265 户，其中 200 户已并网发电，年内 447 户全部建成后，受益农户将实现用电不花钱、售电有收入，年均获得 3000 元左右的收益。

【环境保护】2016 年，地表水水质属于Ⅴ类，饮用水达标率 100%。可吸入颗粒物 0.15 毫克/立方米，二氧化硫年平均值控制在 0.11 毫克/立方米，二氧化氮年平均值控制在 0.12 毫克/立方米；可吸入颗粒物、二氧化硫、二氧化氮全城区平均浓度均达到 GB3095-1996《环境空气质量标准》二级标准。区域环境噪声等效声级 52.6 分贝，交通干线噪声等效声级 66.7 分贝，均低于平均标准。

【社会事业】计划完成薄弱学校改造 198 所；新建村幼儿园 215 所，实现行政村幼儿园全覆盖。中医院和疾控中心整体搬迁加快推进。新建村卫生室 35 所，目前 28 所已投入使用，其余建成主体，年内实现标准化村卫生室全覆盖；定向培训乡村医生 50 名，脱贫村乡村医生持证率达到 100%。启动中国•印象皮影城建设，实施综合文化服务中心（乡村舞台）57 个，目前已全面完成。“百姓大舞台”、“秦腔自乐班”等活动深受欢迎，极大丰富了城乡群众的精神文化生活。投资 100 万元，扶持发展 1 个旅游重点乡和 10 个乡村旅游扶贫试点村，旅游收入达到 3.7 亿元。经过多方汇报争取，以山城堡战役为题材的电视连续剧《红旗漫卷》即将开拍。开工建设 43 处城乡老年人日间照料中心，已完成 36 处；建成县社会养老服务中心，残疾人康复中心和残疾人托养中心加快建设，全面落实低保、临时救助等各项惠民政策，特困群众基本生活得到较好保障。深入开展安全生产基层基础建设、矛盾纠纷排查调处等活动，社会服务管理有力有效，社会大局和谐稳定。

华池县

【基本情况】华池县位于甘肃省东部，庆阳市北部，东、北与陕西省志丹、吴旗、定边县接壤，西、南与环县、庆城、合水为邻，县境南北长 37～110 公里，东西宽 27～84 公里，地形北高南低，海拔在 1100～1780 米之间。总土地面积 3791 平方公里，可耕地面积 104.19 万亩，其中山地占

85.4%。全县共辖6镇9乡，9个社区，2016年末常住人口13.13万人，城镇化率34.88%，有汉、蒙、回、藏、维、苗、壮、满、侗、土家、彝、布依、朝鲜等13个民族居住。全年降雨量436.7毫米左右，年平均气温9.3℃。境内有元城河、柔远河、城壕河、二将川河四条主要河流，年总流径量10220万立方米。石油蕴藏面积2200平方公里，储量8.6亿吨，初步预测悦乐矿区（含庆城、环县）储煤面积约2364平方公里，预测储量约80亿吨。横跨县境东端的天然屏障子午岭林区原始次森林面积达150多万亩；土地资源丰富，土层深厚，光照充足，适生作物品种繁多。白瓜籽、黄花菜、黑木耳、小杂粮等土特产品驰名陇上。黄豆、荞麦深受国内保健食品原料市场的青睐。沙棘原浆口服液、白瓜籽等走出国门，销往美国、东南亚等地。华池是陕甘边区最早的革命根据地之一。1929年建立党组织，1931年建立了南梁游击队。1934年刘志丹、谢子长、习仲勋等老一辈革命家在南梁创建了西北第一个陕甘边苏维埃政权—南梁政府。以南梁为中心的陕甘边革命根据地，是第二次土地革命战争后期我党“硕果仅存”的革命根据地，是党中央和中央红军长征的落脚点，是八路军奔赴抗日前线的出发点。南梁革命纪念馆、南梁革命历史陈列馆是国家“AAAA”级旅游景区，被国家确定为全国爱国主义教育示范基地。

【国民经济】2016年，全县生产总值72.45亿元，比上年增长7.4%。其中，第一产业增加值5.44亿元，增长5.4%；第二产业增加值54.47亿元，增长7.5%；第三产业增加值12.54亿元，增长7.7%。三次产业结构比由上年的6.5∶79.8∶13.7调整为7.5∶75.2∶17.3，人均生产总值56775元。固定资产投资额96.1亿元，增长10.3%；社会消费品零售总额12.16亿元，增长9.4%。城镇居民人均可支配收入25485.5元，增长8.1%；农村居民人均可支配收入7223.3元，增长7.8%。地方公共预算收入2.26亿元，下降60.6%。

【农业发展】2016年，全县农林牧渔业总产值9.05亿元。年内全县造林21.44万亩，下降2.2%。育苗面积2.17万亩（当年新增0.54万亩），增长29.4%。苗木产量22379万株，增长42.3%。果园面积0.59万亩，水果产量2.25万吨，增长11.1%；林木蓄积量366.43万立方米，森林覆盖率33.03%。年末全县大家畜存栏6.39万头，增长3.9%。牛存栏2.64万头，下降0.7%；猪存栏3.67万头，下降1.1%；羊存栏19.29万只，下降0.2%。肉类总产量0.59万吨，增长3.5%。禽蛋产量706吨，牛奶产量32吨，绵羊毛95.5吨。水产品产量124.6吨，增长9.9%。年末全县水平梯田面积60.57万亩（当年新增5.26万亩），增长9.5%。有效灌溉面积7.09万亩（当年新增0.31万亩），增长10.0%。保证灌溉面积5.43万亩（当年新增0.25万亩），增长10.6%。综合治理水土流失面积60平方公里。农用化肥施用量（折纯）0.53万吨，下降65.8%。薄膜使用量0.27万吨，增长3.8%。地膜覆盖面积51.18万亩，增长1.7%；棚膜覆盖面积1.26万亩，增长27.3%；日光温室0.12万亩。年末农业机械总动力19.65万千瓦，增长11.6%。

【项目建设】年内论证储备南梁景区5A级提升工程等项目188个，全县在库项目投资达到200亿元；争取华池一中整体搬迁等国省投和债券项目26个，落实到位资金4.2亿元。一批事关全局、事关发展、事关民生的重大项目开工建设，共实施500万元以上重大项目131个。借助“民企陇上行”、“兰洽会”等重要活动和平台，签订了汽车露营基地建设、天虹驴业等合作协议，全县完成各类经济合作项目20个，到位资金35亿元。

【优势产业】严格按照“旅游兴县、能源强县”战略，全力助推资源优势向经济优势转化。“红色南梁”品牌效益凸显。南梁红色5A级景区创建工作有序开展，荷花池度假村、南梁干部学院二期等项目稳步推进，全县旅游接待人数160万人，比上年增长20%；旅游综合收入6.17亿元，比上年增长23%。红色旅游产业开发带动特色民俗文化产品开发、物流仓储、交通运输、旅店餐饮、信息咨询等新型服务业发展提速、比重提高、水平提升。建成了全县农村电子商务运营体系、县乡村三级物流体系和农产品深度溯源体系，新开网店340个，带动电商从业人员560人。企地共建实现“双优化”。积极克服能源开发市场低迷的不利影响，全力支持长庆油田扩能上产，全县原油产量达到224万吨，争取地企共建资金5500万元。日处理100万方液化天然气项目进展顺利，国电远鹏光伏发电项目并网发电，新建石油伴生气回收利用项目等工业企业6个，完成荞麦香醋生产线等扩能技改项目5个。大力开展金融服务进企业活动，支持建办中小微企业15户，全年实现地方工业增加值9293.8万元，增长7.5%。

【人民生活】2016年，全县城镇居民人均可支配收入25485.5元，增长8.1%；消费支出15324.8元，增长2.7%。农村居民人均可支配收入7223.3元，增长7.8%；消费支出5288.3元，增长4.4%。城乡居民人均住房面积27.6平方米，其中城镇36.6平方米、农村25.1平方米。城乡居民恩格尔系数34.7%，其中城镇27.8%、农村37.6%。年末全县有从业人员10072人，下降0.7%。从业人员劳动报酬总额5.64亿元，年均工资5.62万元，增长9.6%。在岗职工人数8326人，工资总额5.13亿元，年人均工资6.19万元，增长10.7%。

【精准扶贫】全县上下聚力脱贫攻坚“一号工程”，按照“群众按需求点单、政府以精准配餐”的思路，整合投入资金17.5亿元，实施水、电、路、田、房、网等46类18500多个（处）项目，贫困村户“六个全覆盖”、“六个全达标”和“六个全落实”目标基本实现，实施柔远镇李庄等精准扶贫核心村建设12个。坚持“造血”与“输血”相结合，苗林、养羊、特色种植等富民产业开发扎实推进。大力推广“企业+合作社+农户”的养殖模式，引进了陇牛乳业优质奶牛等养殖项目，通过农业产业结构调整，引领农民“五变”步伐明显加快。持续推进“干部住进贫困户，贴近贫困、感受贫困、解决贫困”主题实践活动，精准扶贫精准脱贫工作机制不断完善。年内全县 6981 人实现稳定脱贫，贫困面由 15.6%下降到 9.5%。

【社会保障】全力推进实事惠民、科教育民、文化乐民、卫生健民、就业安民、保障亲民“六大惠民工程”，深入开展“五项安全”和“一项维稳”工作，保障了人民安居乐业、社会安定有序。全年参加养老保险人数达 79966 人，净增 2548 人。在岗职工参加养老保险 2351 人，参加医疗保险 9347 人，参加失业保险 4708 人，参加工伤保险 2347 人，参加生育保险 5797 人。农村居民合作医疗参合 107743 人，参合率 98.2%。全县城镇低保户 1170 户 2443 人，农村低保户 5139 户 18976 人。享受五保人数 535 户 566 人（孤儿 116 人）。残疾人口 6104 人。当年解决饮水困难人数 6428 户 3.2 万人，农村自来水受益人口 792 户 3822 人。医疗条件不断改善。年末全县共有医疗卫生机构 28 个，现有职工 680 人，增长 1.7%。共有卫生技术人员 633 人，增长 17.1%。医疗床位 693 张，千人拥有病床 5.13 张。拥有 CT、全自动生化分析仪、彩超、500mAX 光机等大型医疗设备 223 台，拥有救护车 20 辆，母婴巡回保健车 1 辆，卫生监督车 1 辆，疫情处理工作车 2 辆。5 岁以下儿童死亡率 6.4‰。教育事业较快发展。年末全县有各类学校 147 所，教职员工 2022 人，当年新招生 4873 人，在校学生 22089 人，增长 1.6%。学龄儿童入学率 100%、高中阶段毛入学率 87.92%、7-12 岁儿童入学率 100%、小学生巩固率 100%、学前三年毛入学率 90.51%。新建、改建校舍 3.82 万平方米，全年教育经费支出 3.52 亿元。年末全县有专业文化艺术表演团体 22 个，乡镇文化站 15 个，文化产业调查单位 97 户（当年新增文化产业企业 2 户），实现文化产业增加值 1.55 亿元，增长 10.7%。广播电视机构 1 个，调频转播台 1 座，卫星地面接收站 1 座，有线数字电视用户 4000 户，增长 6.6%。户户通 2.2 万户，电视综合人口覆盖率 100%。全县图书藏量 4.0 万册，文物 2009 件。文书类电子档案 3000 件，纸质档案 2100 卷，案卷 4.32 万幅。全县共有体育馆 1 个、乡村体育活动场地 80 个。共举办县级以上运动会 2 次，学校、乡镇、企业举办各类体育活动 32 次，累计参加人数 6000 人（次），参加市县体育比赛约 380 人（次），获奖 200 人（次）。

合水县

【基本情况】合水县位于甘肃省东部，地处陇东黄土高原，东邻陕西省富县，西连庆城县，南接宁县，北靠华池县及陕西省志丹县，东西长 138 公里，南北宽 80 公里。东北部为丘陵沟壑区，海拔 1458～1682 米，总土地面积 2933.37 平方公里，折合 440.01 万亩，其中林地 346.34 万亩，森林覆盖率 70.74%。西南部分为高原沟壑区，海拔 1190～1387 米，系泾河上游地带，境内有县川河、马莲河、固城河、葫芦河四条河流，年入境平均总径流量 3.67 亿立方米，水资源总量 4.42 亿立方米。全年总降水量 408.2mm，年平均气温 10.2℃，年日照总时数为 2536.5 小时，年最大积雪深度 3cm，最大冻土深度 70cm，全年无霜日数 216 天，年极大风速 19.0 米/秒。全县下辖 7 乡 5 镇，5 个社区居委会，80 个村民委员会、498 个村民小组，2016 年常住人口 15.1 万人，城镇化率 34.24%。有汉族、回族、蒙古族、满族、东乡族、苗族、壮族、土家族、裕固族等 9 个民族。

【资源优势】合水地处子午岭山麓，境内地势山川相间，东北高，西南低，子午岭纵贯南北，将县分为东西两大部分，呈现出东水东流，西水西去之势，岭上有穿境而过的“秦直道”被誉为古代中国的高速公路，闻名遐迩；岭下有“小江南”之称的太白川，林草茂密。县内物华天宝，沃野千里，资源丰富，有小麦、玉米、马铃薯、黄豆、油料等特色小杂粮品质优良；瓜菜、苹果、白瓜籽、黑木耳、鹿茸等优质土特产品久负盛名；甘草、麻黄、柴胡、远志、枣仁等 150 多种名贵中药材及核桃仁、花椒、槐米、稻米等土特产品倍受客商青睐；梅花鹿、狐、黄羊、野猪等 140 余种野生动物与 200 多万亩森林依栖相伴，生息繁衍。石油、煤炭等矿产资源丰富，已探明石油储量 2.7 亿吨，石油产量达到 120.3 万吨，煤炭总储量 71.3 亿吨，最优煤层厚度 12.75 米。境内发掘文化遗址及文物点 654 处，其中列为省级保护的 10 处，地、县级保护的 31 处，馆藏各类文物 3000 余件；1973 年春，在板桥镇穆旗村挖掘出土的第四季早期完整的黄河剑齿象化石，是世界上发现最早、骨骼最大、个体保存最完整的剑齿象化石，现陈列在北京自然博物馆；国家 AAA 级旅游景点陇东古石刻艺术博物馆被誉为“可移动的敦煌莫高窟”；石桥遗址、九站遗址为新石器时代的仰韶文化、齐家文化、寺洼文化；西辕的青铜器，战国时代的铁器、玉器；春秋时期的古道；北魏的保全寺石窟、张家沟门石窟；唐宋的莲花寺石窟遗址和古建筑。主要民俗文化有剪纸、香包、刺绣、根雕、皮影、面塑、石雕等。《合水面塑风俗》《合水石雕艺术》《合水编结技艺》《合水民谣》被列入省级非物质文化遗产名录，《合水唢呐》《合水香包刺绣》被列入市级非物质文化遗产名录，被命名为省级“面塑之乡”。合水是南梁根据地和陕甘宁边区的重要组成部分，刘志丹太白起义（1930 年 9 月）、包家寨子会议（1933 年 11 月）、倒水湾整编（1931 年 9 月）等历史事件在境内发生，为中国革命做出了巨大贡献。目前包家寨子革命纪念馆、黄河古象森林公园、南区文化广场建成开放，陕甘红军纪念园主体完工。

【国民经济】2016 年，全县完成生产总值 46.84 亿元，比上年增长 7.8%。其中，第一产业增加值 8.3 亿元，增长 5.5%；第二产业增加值 26.39 亿元，增长 9.0%；第三产业增加值 12.15 亿元，增长 5.6%。三次产业结构比由上年的 14.43∶64.54∶21.03 调整为 17.71∶56.35∶25.94。按常住人口计算，人均生产总值31311元，增长6.6%。固定资产投资 94.98 亿元，增长 12%；社会消费品零售总额 11.93 亿元，增长

9.21%；规模以上工业增加值9555万元，增长12.5%；文化产业增加值1.23亿元，比上年增长18.27%。一般公共预算收入14899万元，下降34.52%。城镇登记失业率、人口自然增长率分别是2.14%、6.23‰，单位生产总值能耗和主要污染物排放均控制在指标以内。

【扶贫攻坚】2016年县委、县政府围绕落实精准脱贫“1221”思路和“5321”模式，适时确立了“1248”脱贫攻坚行动。全年共脱贫4个村、959户3719人，贫困人口减少到924户3440人，贫困发生率下降到2.23%。通过复核压减，目前下剩贫困人口1507户5697人。全年共整合资金10.7亿元，全县80个行政村实现了饮水安全、村通硬化路、通讯网络、标准化卫生室、幼儿园、乡村舞台和组通砂石路、动力电“八个全覆盖”，危房改造完成率达到100%，城乡居民基本养老保险、医疗保险参保率达到98%以上，义务教育阶段适龄人口无辍学学生，参加基本医疗保险人口全部享受基本医保相关政策，民生保障水平得到持续提升。培育了“果菜畜林”四大特色产业基地的规模持续扩大，效益不断提升，四大产业对群众收入的贡献率达到70%以上。全县80个村农民专业合作社、金融网点、电子商务、互助资金协会实现“四个全覆盖”，所有贫困户金融贷款、农民培训、技术明白人实现“三个全覆盖”。

【“三农”工作】全县完成粮食作物播种面积为34.7万亩，比上年增长0.4%；油料面积9.5万亩，下降1.01%。粮食总产量9.57万吨，减产4.8%。全县水果产量13.3万吨，增长13.84%；蔬菜面积18.61万亩，增长0.77%；产量15.6万吨，增长10.02%。大牲畜存栏2.97万头，增长0.93%；牛存栏2.14万头，下降0.01%；猪存栏3.19万头，下降1.54%；羊存栏18.04万只，下降5.53%；肉类总产量5247.39吨，增长4.22%，家禽出栏9.32万只，增长4.84%，鲜蛋产量790.5吨，牛奶产量4204吨，水产品产量189吨。

【优势产业】2016年，优势资源开发有序推进，新打油水井286口，产量达到120.3万吨，争取油田支地资金5014万元，实现石油税收6300万元。5个区块煤炭勘探顺利推进，累计布设探井29口。工业集中区建设完成投资3.3亿元，延伸道路3.32公里，签约入驻的蓓蕾金菜果蔬冷链物流项目建成运营，百跃乳业一期主体工程完工。新办工业企业12户，小微企业19户。“大众创业、万众创新”战略深入推进，建成县级电子商务服务中心1处，乡村级电子商务服务站点56个，带动发展电子商务网店700多个，实现了县、乡、村三级电商网络全覆盖，交易额突破1.6亿元，被确定为全国电子商务进农村示范县。大力推进“果、菜、畜、林”四大特色产业，新栽苹果1.06万亩，发展矮化密植园1498亩，完成郁闭园改造1.2万亩；在京东总部成功举办了合水苹果“京动全国”线上销售新闻发布会，进一步拓宽了销售渠道。大力推进以高原夏菜为重点的蔬菜产业转型发展，种植各类瓜菜11.83万亩，其中设施瓜菜2.27万亩，高原夏菜7.3万亩；全力推进草畜产业向规模化、良种化、产业化方向转变，建成标准化规模养殖场58处，发展规模养殖户413户；注重生态效益和经济效益双向共赢，培育苗林4.5万亩，成功承办了全国三北工程黄土高原综合治理林业示范建设培训会。

【项目建设】2016年全县争取到国家、省市各类项目和补助资金359项10.28亿元；开工实施亿元以上项目7个，500万元以上项目187个，县上确定的“十大工程”和71个重点建设项目全部完成进度计划，合观油路、全面改薄、农村安居工程等一批事关民生的重点项目建成投用。配合完成甜永高速、南太高速合水境内年度拆迁保障工作，新建农村公路安全生命防护工程608.6公里；新建供水工程962处，解决了2.4万人的安全饮水问题；安装配变49台，户表改造844户；保护建设天然林50.9万亩、重点公益林28.44万亩，新修梯田9000亩，完成流域综合治理35.59平方公里。县城建设以旧城与棚户区改造为首位工程，完成投资9.46亿元，实施西华北街延伸及秦直路铺油罩面等重点工程30项；13个棚改片区完成搬迁居民1915户，市上在合水县召开了棚户区改造工作现场会。小城镇建设完成投资2.72亿元，重点实施了何家畔、板桥、老城、肖咀4个乡镇的提质改造工程和太白特色风貌小镇建设。新建美丽示范村7个，建成环境整洁村、整治村2[illegible]个，完成危房改造952户。

【人民生活】2016年，全县城镇居民人均可支配收入24450元，增长7.5%；人均消费性支出12688元，增长10.6%；恩格尔系数31.1%，下降0.8个百分点。农村居民人均可支配收入为7374元，比上年增长8.2%；人均生活消费支出7271元，增长9.6%；恩格尔系数35.4%，下降0.8个百分点。

【环境保护】全年削减化学需氧量45.12吨，削减氨氮8.14吨，削减二氧化硫10.14吨，削减氮氧化物5.42吨。城区二氧化硫浓度0.005mg／m3、二氧化氮浓度0.019mg／m3、可吸收颗粒物0.108mg／m3，平均浓度达到《环境空气质量标准》二级标准；铁李川大桥地表水2016水质现状Ⅳ类，新村水库饮用水水质达标率分别为100%；县城城区及交通干线环境噪声分别为53.2分贝、66.5分贝，平均等效声级符合《声环境质量标准》Ⅰ、Ⅳ类昼间标准。对太莪、西华池、吉岘、肖咀、段家集、店子6个乡镇地下水进行了监测，均符合《地下水质量标准》Ⅲ类标准。

【社会保障和社会事业】2016年，全县引进新品种54个，推广新技术12项；实施全面改薄项目44个，39个行政村幼儿园建成投用。建成县医院综合门诊楼、太白和固城卫生院“温暖工程”、7个村卫生室，为30万人（次）参合农民报销医药费7500万元；完成了10个乡镇30个行政村广电宽带入村入户工程，广播电视节目实现无线数字化全覆盖。实施就业促进、就业援助、创业扶持“三大工程”，公开招录（聘）高校毕业生196人，城镇新增就业6445人；发放低保、五保等各类社会救助资金7964万元，新农合参合率达到98.03%，城乡居民养老保险参保率达到98.69%；开工建设各类保障性住房140套，发放廉租住房租赁补贴515户84.1万元，省市县确定的27件为民实事全部落实。扎实推进“放管服”工作，取消调整行政审批事项302项，行政审批逐步规范。实施了公务用车制度改革，取消了行政单位公务用车，组建了公务用车和执法用车平台；完成了农村土地承包确权登记，新增流转土地1.61万亩；全面推行“三证合一”、“一照一码”和“营改增”试点工作。持续扩大对外开放，同哈萨克斯坦、吉尔吉斯斯坦等国家和地区建立了长期经贸合作关系；抢抓“一会一行”历史机遇，集中推介招商，全年开展招商活动13次，到位资金31.39亿元。成功举办了2016秦直道中国（庆阳•合水）乡村马拉松赛，中央电视台《乡约》栏目走进合水。

正宁县

【基本情况】正宁县位于甘肃省庆阳市东南部、子午岭西麓，属陇东黄土高塬沟壑区，东与陕西省黄陵县以子午岭为界，南与陕西省旬邑县、西南与陕西省彬县相邻，西与陕西省长武县以泾河为界，北与本省宁县相接。地形东高西低、东宽西窄，略呈三角形，东部为子午岭林区，中西部为平原沟谷宜农区。境内被支党河、嘉峪河、四郎河分割为“四塬三川”，平均海拔1460米，年平均气温9.9℃，年降水量423.3毫米，无霜期194天左右。全县辖8镇2乡、94个行政村、7个社区居委会、677个村民小组。县域总面积1319.5平方公里，耕地43万亩。2016年常住人口18.3万人，城镇化率33.3%。

【资源优势】正宁气候湿润、土壤肥沃，物产富饶，是天然的绿色农产品生产基地，素有“陇东粮仓”之称，农产品种类繁多，品质优良，“陇蜜”苹果、“宫河”大葱、罗川旱烟享誉陇原，形成了“塬面果烟、川区蔬菜、林缘草畜、全县劳务”的特色产业格局。正宁煤炭资源富集，是庆阳作为“东翼”主战场和建设亿吨级大煤田的主要组成部分，已探明煤炭储量19亿多吨，其中宁正煤田探明煤炭储量18.48亿吨，由中国华能集团公司投资开发，核桃峪800万吨矿井进入了建设阶段，宁长二级运煤通道顺利实施，随着4×66万千瓦电厂、煤田供水工程等重大项目以及周家煤电工业集中区、中铝罗川煤电铝一体化循环经济区的开工建设，必将带动经济快速增长。

【国民经济】2016年，全县实现生产总值28.2亿元，比上年增长6%。一般公共预算收入15230万元，下降15.2%；固定资产投资119.7亿元，增长10.2%；社会消费品零售总额16.2亿元，增长9%；城镇居民人均可支配收入24116.5元，增长7.3%；农村居民人均可支配收入8209.5元，增长7.5%。

【农业经济】全年农林牧渔业总产值16.56亿元，比上年增长0.94%。粮食作物播种面积27.5万亩，增长1.4%；粮食总产量90025吨，下降0.3%。油料产量16306吨，下降0.6%；蔬菜产量15.42万吨，增长8.8%；烤烟产量6474吨，下降14%；中药村产量47219吨，下降0.1%；水产品产量219吨，增长12.3%；水果产量114330吨，增长4%。全年牛出栏0.75万头，下降1.66%；羊出栏1.05万头，增长1.56%；猪出栏2.46万头，下降2.28%；家禽8万只，增长5.82%。全年造林6.7万亩，新育苗木0.5万亩，四旁植树67.2万株，新栽苹果3.5万亩，新修梯田1.8万亩，退耕还林1.62万亩。

【工业及建筑业】规模以上工业总产值21065万元，增长0.5%，增加值2814万元，增长1.5%；规模以下工业总产值27336万元，增加值9502万元，增长3.6%。年末全县资质以内建筑企业2家，完成总产值14800万元，下降6%。房屋建筑施工面积12万平方米，下降4.4%。房屋建筑竣工面积6.65万平方米，下降7.3%。其中，住宅房屋竣工面积3.54万平方米，下降15.7%。

【项目建设】全县共实施各类招商引资项目26个，签约资金58.75亿元，到位资金30.14亿元，比上年增长10.77%。其中新建项目20个，签约资金21.57亿元，到位资金16.34亿元；续建项目6个，签约资金37.18亿元，到位资金13.8亿元。

【城市建设】全年共开工建设各类工程49处，其中，县城建设各类项目18处，小城镇建设项目31处，完成投资4.8亿元。组织实施了县城集中供热、新宁路、开源路、同兴路、安定路、街区补修、县城东关出口改造安置房1#楼等重点建设项目，完成投资1.29亿元。建成房屋开发建设天润新城、金牛四季城、锦绣城、新都汇广场、金鹰大厦等房地产开发工程5处，总建筑面积43.8万平方米，总投资11.6亿元，完成投资5.1亿元，建成1028套，已出售673套，库存358套。农村危旧房改造争取补助资金3500万元，开工建设3231户，建成3082户。

【旅游开发】开发“革命圣迹缅怀游、黄帝文化始祖游、子午岭绿色生态游、罗川寻清访古游、农业观光休闲度假游”五大精品品牌。重点实施了黄帝文化旅游景区项目建设（已建成黄帝文化博览园功德厅、姓氏广场及岐黄广场项目，正在建设桥山厅、布衣馆及勤政园项目），修复了中华苏维埃共和国关中特区政府旧址（习仲勋旧居）、中国工农红军第一军团政治部旧址和罗川古城保护开发项目，力促调令关森林公园争创4A级旅游景区。大力发展乡村旅游，建成了正宁县彩叶苗木休闲观光科技示范园、子午田园葡萄采摘园、宋畔村四季青蔬菜采摘园、宝塬山庄、宫河东里村千亩矮化苹果密植示范园、宫河农业科技示范园、四郎河川区蔬菜大棚基地等一批乡村旅游生态休闲观光园区，实现了发展乡村旅游和休闲农业对群众脱贫致富的带动作用。全年共接待游客41.6万人次，旅游综合收入2.3亿元，旅游业直接从业人员达到800人以上，间接从业人员1000人以上。

【民生保障】全年城镇居民人均可支配收入24116.5元，比上年增长7.3%；人均消费支出21738.17元，增长 15.11%；人均住房建筑面积 37.37 平方米。农村居民人均可支配收入 8209.45 元，增长 7.54%；人均消费支出 5526.44 元，增长 7.34%；人均现住房面积 28.42 平方米。城镇登记失业率为 2.19%，城镇新增就业 8672 人，投入就业资金 575 万元，发放创业担保贷款 1014 万元，发放灵活就业人员社保补贴 45.8 万元，开发公益性岗位 47 个，就业技能培训 2126 人，创业能力培训 400 人，职业技能鉴定 2810 人；全年劳务输转 5.25 万人，创劳务收入 12.02 亿元。应届普通高校毕业生就业率 86%。

【环境保护】城市空气质量达到国家二级标准，水质达到国家Ⅲ类标准，城区饮用水水源地水质达标率 100%。化学需氧量完成削减 188.79 吨，氨氮完成削减 31.11 吨，二氧化硫完成削减 52.48 吨，氮氧化物完成削减 10.21 吨；淘汰改造燃煤锅炉 4 台，安装脱硫除尘设施 2 台、油烟净化设施 4 台；检查砖瓦企业，对 20 户进行了技术改造，关停不符合产业政策的砖瓦企业 6 户；核发机动车环保标志 5400 份，淘汰黄标车、老旧车 72 辆。

【社会事业】2016 年，共论证储备科技项目 12 个，争取项目资金 60 万元。实施关键技术项目 2 项，引进省级以上新品种 17 个，推广高新技术及实用新技术 13 项，实施科技合作项目 1 个。全年专利申报 32 件，授权 12 件。

全县共有各级各类学校 134 所，在校学生 31398 人，教职工 3036 人，其中专任教师 2924 人。学前三年毛入园率达到 90.8%，九年义务教育巩固率达到 95.86%，高中阶段毛入学率达到 85.89%；小学毕业生学业水平监测成绩合格率达到 75.2%，初中毕业生学业水平监测成绩合格率达到 79.13%，高中九科学业水平考试平均成绩合格率达到 96.7%。高考应届二本以上进线率 17.85%，较上年提高 3.47 个百分点。专任教师学历达标率幼儿园、小学、初中、高中分别为 100%、100%、100%、81%。全县校舍总建筑面积 40.73 万平方米，生均建筑面积分别为：小学 9.87 平方米，初中 26.46 平方米，高中 20.07 平方米，中等职业学校 28.88 平方米。

成功举办了第十三届中国•庆阳（正宁）端午香包民俗文化节，组织参加 2016 年庆阳市农耕节等香包展销活动。文化产业新增法人企业 3 家，法人单位机构数达到 62 家；从业人员达到 4542 人；增加值完成 1.03 亿元。新建乡村舞台 34 个、乡镇综合文化站 4 个（榆林子镇、宫河镇、永和镇、三嘉乡）、山河镇社区综合性文化服务中心 1 个、村级综合性文化服务中心示范点 10 个；完成了湫头镇、榆林子镇、宫河镇、永和镇、三嘉乡等 5 个乡镇综合文化站的评估定级工作。数字影院及广播电视高山台站建设项目完成主体工程，《罗川赵氏石坊保护规划》文本完成第三次修改，《罗川赵氏石坊维修工程设计方案》已立项批复，正宁文庙和罗川赵氏祠堂完成修复工作。

全县拥有医疗卫生机构 16 个，床位 606 张；卫生技术人员 458 人，其中：执业医师 136 人，执业助理医师 46 人，注册护士 176 人。全年县级两所公立医院门诊 22.79 万人次，住院 12469 人次，业务收入 7014.39 万元，分别增长了 15.7%、27.3%、42.7%；门诊总量 40.99 万人次，住院总量 16489 人次，业务总收入达 8504.87 万元，分别增长了 32.9%、43.0%、44.4%。新农合参合率达到 99.72%，筹备资金 10607.81 万元。免费婚前医学检查 1787 对，婚检率 93.7%。为 2016 年剩余贫困人口 3613 人按每人 150 元标准代缴新农合参合费 54.2 万元，为 130 名贫困患者免费实施白内障复明手术，为 15204 名农村妇女免费进行了宫颈癌和乳腺癌检查，为 813 名精准扶贫对象报销 318.47 万元，提高报销住院费 9.28 万元，为 127 名贫困对象提高大病保险补偿费用 5.48 万元。

宁 县

【基本情况】宁县位于甘肃省庆阳市东南部，东倚子午岭，南通陕西，西临泾河和蒲河，北与庆阳市合水、西峰接壤，扼甘、陕、宁三省之要冲，是三省结合部人流、物流、信息流、资金流的窗口，具有显著的区位优势。全县总土地面积 2653.38 平方公里，耕地 96.28 万亩，辖 18 个乡镇、257 个行政村，13 个社区，2 个工业园区，2016 年末常住人口 40.76 万人。年降水总量 520.7 ㎜，年均气温 10.9℃，全年无霜期 166 天左右，属典型大陆性季风气候。海拔 860～1760 米，境内主要有九龙河，马莲河、泾河、蒲河等 9 条河流，土壤以黑垆土、黄绵土为主，是小麦、玉米、油料、黄豆等作物的主产区，素有“陇东粮仓”之美称，是中华民族最早开拓的区域之一。境内历史文化遗址众多，黄土地域文化深厚，香包、刺绣、剪纸、石雕等民俗文化产品享誉陇上。

【国民经济】2016 年，全县实现生产总值 64.52 亿元，比上年增长 8.6%。其中，第一产业增加值 15.99 亿元，增长 5.7%；第二产业增加值 19.36 亿元，增长 7.7%；第三产业增加值 29.17 亿元，增长 11.0%。三次产业结构由上年的 23.8∶35.5∶40.7 调整为 24.8∶30.0∶45.2。规模以上工业增加值 5.53 亿元，增长 12.6%；固定资产投资 230.64 亿元，增长 10.5%；社会消费品零售总额 33.24 亿元，增长 9.8%；一般公共预算收入 1.52 亿元，下降 8.8%。

【“三农”工作】2016 年，全县农作物播种面积 155.69 万亩，与上年基本持平。粮食播种面积 100.86 万亩，与上年基本持平；粮食总产量达到 24.67 万吨，下降 5.8%。蔬菜播种面积 16.64 万亩，增长 1.9%；蔬菜产量 17.42 万吨，增长 8.4%。瓜类播种面积 8.95 万亩，增长 2.1%；产量 37.06 万吨，增长 3.0%。以宁县富士苹果，曹杏，九龙金枣，黄干桃，核桃等为主的经济果园面积 25.99 万亩；水果产量 7.78 万吨，增长 0.8%，其中苹果产量 2.87 万吨，增长 1.1%。荒山荒地造林面积 17.48 万亩，增长 0.3%。封山育林面积 6.18 万亩，与上年持平。当年苗木产量 2.92 亿株。幼林抚育面积 4.5 万亩。年末大牲畜存栏 9.30 万头，下降 1.6%。牛存栏 9.17 万头，下降 1.6%；猪存栏

9.17 万头，下降 4.0%；羊存栏 10.27 万只，下降 2.3%。肉类总产量 1.39 万吨，增长 0.7%。

【项目建设】全年储备各类项目 475 个，实施 5000 万元以上项目 115 个，完成投资 119.19 亿元，比上年下降 27.7%。小盘河水库顺利实施建设，砚瓦川水库被列入国家重点支持的重大水利项目名录，宁南煤炭转化配送、中石化宁县区域天然气储量评估项目、长庆桥至政平二级公路建设工程等一批在建项目顺利实施。长庆桥工业集中区投资 22.7 亿元，实施了工业Ⅱ区群众安置、仓储区道路等基础设施建设，启动了 SCR 脱硝脱硫催化剂、神华国能热电联产等 5 个工业项目；和盛工业集中区装备制造园螺旋焊管、电热锅炉生产项目已建成试投产，防腐保温、石油助剂等项目即将安装设备，海越冷链物流和一达启航生物制剂项目签约落户，正在有序推进。银西高铁、甜罗高速项目启动实施，成为多条交通主干线的重要交汇点。

【优势产业】苹果、苗林、瓜菜、草畜四大主导产业发展思路更加清晰，基地规模不断扩张，质量效益同步提升。成功探索推广了苹果“海升模式”和宁州肉羊“30+1”养殖模式，为全市现代农业发展树立了标杆。在全市首创了苗林结合培育“五种模式”，形成了“两川”设施瓜菜、“三线”高原夏菜和“四塬”晚秋西瓜种植格局，拓宽了群众稳定增收渠道。全县新栽苹果树 25.08 万亩，其中发展“海升模式”5 万亩，全县果园面积达到 45 万亩，年均产值 12 亿元；建成千只羊场 26 个，培育养殖户 3.56 万户，全县畜禽饲养总量达到 357.8 万头(只)，实现牧业产值 9.6 亿元；完成苗林结合培育 43.6 万亩，全县森林覆盖率提高了 9 个百分点；年均种植瓜菜 20 万亩以上，实现了订单生产。今年，全县新栽苹果树 4.46 万亩，在早胜、良平和焦村建成自根砧海升模式苹果示范基地 2 处共 2.24 万亩，使苹果产业在早胜塬有了突破性的发展；在焦村建成现代化设施草莓基地 500 亩，填补了全国夏秋季草莓市场的空白；全年新增肉羊 10 万只、肉牛 6000 头，种植瓜菜 24.7 万亩，培育苗林 15.7 万亩。

【扶贫开发】2016 年，扶贫办共实施财政专项扶贫项目 10704 万元，新修维修砂石道路 35 条 205.6 公里，新建漫水桥 2 座；新打小电井 1000 眼、深水机井 4 眼、大口井 1 眼，新修 16 米 30 方高位水塔 3 座、蓄水池 2 座，铺设供水管线 6500 米，配套水泵、电缆、上水管等附属设施；为村级扶贫互助协会补助互助资金本金 4270 万元；扶持 1081 户建档立卡贫困户完成危房改造；实施双垄沟播玉米 10 万亩；完成精准扶贫贷款贴息 2170 万元；新建镀锌大棚 30 座，投放良种羊 250 只；开展“两后生”培训 700 人；落实村级“853”挂图作业经费补助 29.4 万元。其中，2016 年脱贫攻坚示范村建设及平道川科技扶贫工程，共投入资金 275 万元，为盘克镇宋庄-新宁镇金钟等 12 个村扶贫互助协会注入互助资金资本金 160 万元；扶持春荣镇王台、盘克镇宋庄 2 个贫困村 22 户贫困户实现安全住房；新修盘克镇宋庄村、良平镇赵家村砂石路 4 公里，在南义乡寨河、焦台新建漫水桥 2 座；为湘乐镇瓦窑村 25 户残疾户投放良种羊 125 只，在平道川区种植双垄沟播玉米 9038 亩。目前，2016 项目已完成建设任务的 90%，超额完成了年度建设任务，完成报账 9426.6 万元，报账率达到了 90%，高出目标任务 5 个百分点。

【保护环境】2016 年，根据庆阳市环境监测站监测数据显示，县城空气质量达到国家二级标准（GB3095-1996），可吸入颗粒物（PM10）年均浓度值较上年比上年下降。投资 26 万元，完成了省市下达的庆阳裕丰源肉牛养殖厂、宁县犇腾肉牛养殖厂畜禽养殖污染减排项目，建成 120 平方米的畜禽粪便发酵堆肥场 2 处、80 立方米的粪尿沉淀池 2 座、100 米的排污渠 1 条，60 立方米的粪尿沉淀池 1 座和 46 米的砖混结构排污渠 1 条。划定了大气污染重点防控区和高污染燃料禁燃区，建立了大气污染预警应急工作机制，定时通过微信公众号、腾讯 QQ 群等方式向公众发布大气质量状况。全年发放环保标志 4580 个（其中绿标 4552 个，黄标 28 个），为 2 辆提前淘汰的“黄标车”发放奖励资金 3.6 万元；完成了宁县生活污水处理厂、甘肃通达果汁有限公司 2 个企业的标准化建设和信用等级评价工作。

【民生保障】2016 年，全县城镇居民人均可支配收入 25113 元，比上年增长 7.8%；人均生活消费支出 14357 元，增长 4.0%。农民人均纯收入达到 7356 元，增长 8.4%；人均生活消费支出 7162 元，增长 7.5%。社会保障水平稳步提高，发放各类救助资金 6.69 亿元，补偿新农合医药费 10.12 亿元；建成社会福利院、敬老院、日间照料中心、五保家园和互助老人幸福院等养老服务机构 166 个，新建保障性住房 862 套、公益性公墓区 270 处。就业创业工作持续加强，安置普通高校毕业生 1568 人、退役士兵 256 人，输转富余劳动力 81 万人(次)，创劳务收入 131 亿元。民生实事办理扎实有效，办结各类民生实事 198 件。

【社会事业】开工建设县医院门诊综合楼，完成县妇幼保健站改造搬迁和县社区卫生服务中心、6 个乡镇卫生院、20 个标准化村卫生室改扩建，全面落实两孩生育政策。建成乡镇文化站 18 个、村级文体广场 164 处、乡村舞台 209 个、农家书屋 257 个；注册文化企业 127 家，新增从业人员 4100 多人；建成 3A 级古豳文化旅游区、2A 级桂花园森林公园等景区(点)26 处；安装“村村通”、“户户通”11.38 万户，广播电视实现了乡村全覆盖。新建“乡村舞台”48 个，实施吝店生态农业观光园等乡村旅游开发项目 8 个，成功举办了首届义渠国历史文化研讨会，建成了印象义渠•莲花池生态旅游景区，乡村旅游实现了新突破。建立了县乡村三级电商服务体系，注册各类网店 1200 多个，线上销售 2380 万元，涌现出庆新果业、彩霞香包等一批优秀电商企业和知名品牌，全面实施了全国电子商务进农村综合示范县项目，助推了电商发展。社会治安综合治理、市场秩序整顿、安全生产专项整治扎实开展，食品药品监管体系逐步健全，产品质量安全监管持续加强，

“六五”普法深入开展，全县社会大局和谐稳定。规划、物价、气象、防震减灾、外事侨务、民族宗教、妇女儿童、老龄、残疾人事业、国防动员等工作都取得了新成效。

镇原县

【基本情况】镇原县位于甘肃省庆阳市西南部，东临庆城县、西峰区，西接宁夏回族自治区彭阳县，南界平凉市泾川县、崆峒区，北靠环县。南北长91.24公里，东西宽78.3公里；平均海拔1450米；总土地面积3500平方公里，折合524.97万亩，其中，耕地总面积176.28万亩，林地面积172.14万亩，草地面积119.71万亩，水域面积5.6万亩，居民和工矿占地面积27.84万亩，交通用地面积13.06万亩，未利用土地面积10.34万亩。全年日照总时长2488.9小时，年平均气温11.2℃，极端最高气温35.7℃，极端最低气温-18.2℃，无霜期195天，全年降雨量428.1毫米。全县共辖9镇10乡、215个村民委员会、5个社区居委会、1991个村民小组。2016年末，常住人口42.08万人，其中，城镇人口11.56万人。镇原沃土平畴，物产称丰。全县小麦、玉米、药材、黄花菜、杏子、瓜菜、石油、煤炭等资源丰富。先后被命名为“全国粮食生产先进县”、“中国杏乡”、“中国优质瓜果基地重点县”、“中国民间文化艺术之乡”和“中国书法之乡”。

【国民经济】2016年，全县完成生产总值57.46亿元，比上年增长8.5%；规模以上工业增加值1.73亿元，下降4.3%；固定资产投资128.3亿元，增长12.2%；社会消费品零售总额28.41亿元，比上年增长10%；一般公共预算收入17259万元，下降45.9%；城镇居民人均可支配收入24536.9元，增长7.9%；农民人均可支配收入7192.6元，增长8.5%。

【扶贫攻坚】围绕持续增加贫困人口收入这一目标，全面打响了以通村公路为牵引的基础设施建设和以农民“五变”为内容的富民产业培育攻坚战。启动实施农村公路建设“三年大会战”行动，累计新建通村公路1129公里、通村砂石路1822公里，是2011年末的5.8倍，全县建制村通畅率提升至100%。建成各类供水工程8826处，解决了19.2万农村群众和学校师生饮水不安全问题。完成农网改造1458公里，改造低电压村组896个，实现了贫困自然村动力电全覆盖。实施危房（窑）改造1.64万户、易地扶贫搬迁2625户，解决了6.7万人住房不安全问题。实施整村推进项目109个、整乡推进项目3个，贫困群众生产生活条件得到极大改善。全县贫困人口由21万减少到6.44万，贫困面下降至13.55%，贫困户人均可支配收入由1927元增长至4100元，翻了一番多。

【产业开发】坚持不懈调结构、育特色，发展方式加快转变。三次产业比例由2010年的32.8：32.8：34.4调整到2016年的28.4：29.8：41.8。粮食综合生产能力稳定提升，每年种植全膜粮食100万亩以上，年均产粮38万吨。草畜、苹果、苗林、瓜菜四大产业规模持续壮大，特色产业收益占到农民人均可支配收入的一半以上。草畜产业按照“两抓两带”的思路，成功引进中盛公司，仅用两年时间，就全面实现了“四全三链”运作，累计饲养肉鸡4500万只，年屠宰加工能力达到3600万只。带动全县发展规模养殖户1.26万户，全县肉羊、肉牛、生猪饲养量分别达到86万只、23.7万头、14.7万头。苹果产业在“海升模式”的辐射引领下，实现了由传统经营向现代化、集约化模式转变，新栽苹果17.4万亩，屯字甘旭、上肖净富等品牌畅销国内外。苗林产业紧盯全市“再造一个子午岭”目标，全民参与，规模栽植，完成苗林培育46.6万亩。瓜菜产业规模不断扩张，年均种植面积20万亩以上，其中设施瓜菜种植面积1.6万亩，总产达到40万吨。工业经济持续壮大。大力实施“工业强县”战略，金龙工业集中区面积由2011年的370亩拓展到1780亩，累计完成投资25亿元，入园企业21户，集聚效应和辐射带动功能进一步增强；企业提质扩容改造步伐加快，实施技改项目53个，完成投资29.8亿元。全县规模以上企业达16户，培育了中盛中有、解语花等省级名牌34个、著名商标6个。交通运输、餐饮娱乐等传统服务业持续壮大；电子商务快速发展，两年实现电商交易额2.6亿元，进入国家农村电商示范县行列，“互联网+”成为推动发展的新亮点。文化旅游融合发展，北石窟寺文化生态旅游区、书画产业基地等项目快速推进，茹河川区文化旅游黄金通道已具雏形，为镇原经济持续健康发展注入了强大活力。

【行政改革】行政审批制度改革力度加大，县级审批事项由856项减少至259项；建成了县有政务大厅、乡有政务中心、村有便民中心的政务服务体系，打通了服务群众的“最后一公里”。政府机构改革进展顺利，撤销整合县直部门（单位）42个，公务用车改革顺利实施。财税管理体制改革加快推进，“营改增”全面落实，国库集中支付、部门预算编制实现全覆盖，国库集中支付率达到100%。地方金融服务体系不断完善，成功引进甘肃银行、邮政储蓄2家商业银行入驻运营，各金融机构五年新增贷款100亿元，金融对经济的支撑作用显著增强。医药卫生体制和公立医院改革全面推开。农村综合改革扎实推进，累计流转土地29.56万亩，新建农民专业合作社1015个、家庭农场47个。对外开放力度加大，招商引资成效明显，积极参加“兰洽会”等重点节会招商，开展“民企陇上行”等活动，实施招商引资项目152个，到位资金170亿元。

【城乡建设】坚持老城改造与新区开发同步推进，五年新建市政道路23.4公里、保障性住房16.7万平方米、行政办公区6.9万平方米、城市广场4处，改造棚户区2338户、开发房地产面积260万平方米，县城建成区面积从4平方公里扩大到9平方公里。小城镇建设快速推进，孟坝进入全省新型城镇化试点乡镇行列；19个乡镇五年实施排污排洪、街区三化、商住楼等建设项目320个，建成区面积累计达到12.3平方公里，是2011年的3倍，小城镇发展空间明显扩大，综合承载能力显著提升。交通建设实现突破，庆镇二级公路建成通车，结束了全县没有高等级公路的历史；镇北公路改造提速，使镇原到市区的车程缩短至40分钟；县城北出口道路全线贯通，实现了过境车辆绕城行驶；广大干部群众翘首期盼的庆平高速和国道309线改造已经开工；改建县乡道路87公里，实现了乡乡通油路的目标，全县硬化路路网密度由每百平方公里20.7公里提高到55公里。水利建设成效显著，累计投入4亿元，实施了人饮安全、水库维修、灌区改造、中小河流治理等一批重点水利工程，新修河堤护岸39公里，新增灌溉面积5万亩，全县安全饮水普及率达到92%，自来水入户率达到70%。供电保障能力增强，建成输变电工程2处，新增供电能力25万千伏安。生态建设成效明显。五年新修梯田29.3万亩，创建省级以上生态乡镇19个，治理流域面积500平方公里，全县森林覆盖率提高至16.11%。

【社会事业】教育教学条件全面改善，五年累计投入29亿元，新建维修校舍36.4万平方米、幼儿园170所，镇原二中、职专新校区建成投用。科技培训、推广、运用更加广泛，步入“全国科技进步县”行列。医疗卫生条件持续改善，县一院住院楼、中医院搬迁新建全面完成，五年新增医疗业务用房4万平方米，建成标准化村卫生室212个，合作医疗补偿比例提高了20个百分点。城乡文化更加繁荣，建成乡镇综合文化站4个、文化集市6个、乡村舞台180个，广播电视实现全覆盖。体育设施逐步完善，完成了9个乡镇和114个行政村标准化健身工程，全民健身工作得到加强。持续强化就业创业工作，安置高校毕业生2321人，新增城镇就业4万人，城镇登记失业率稳定在3%以下。城乡低保、五保和社会救助水平持续提升，保障8.54万人，占全县总人口的16%，累计建成日间照料中心130处；城乡居民养老保险参保率达97%。惠农惠民政策全面落实，累计发放惠农资金26.8亿元，办理民生实事175件。社会治安综合治理、市场秩序整顿、安全生产专项整治活动扎实开展，全县社会大局稳定。工青妇、双拥、气象、档案、老龄、残疾人、红十字会、防震减灾、民族宗教、文明创建等工作都取得了新的进步。

定西市

【基本情况】定西位于甘肃中部，地处黄土高原、青藏高原和西秦岭交汇地带，通称“陇中”，是古丝绸之路重镇和新欧亚大陆桥必经之地。辖安定及通渭、陇西、渭源、临洮、漳县、岷县1区6县。2016年末，全市常住人口278.98万人，其中城镇人口88.99万人，城镇化率31.9%。

甘肃历史上最大的水利工程、定西人民期盼半个多世纪的引洮“圆梦工程”一期于2014年底建成、二期正在建设，160多万城乡群众喝上了洮河水。陇海铁路和国道G30连霍高速、G22青兰高速及国道312、310、316线穿境而过，正在建设的兰渝铁路、宝兰客运专线和兰海高速也途经定西。境内有以漳县国家4A级景区贵清山、遮阳山和渭河源大景区为代表的自然景观，以红军长征通渭“榜罗会议”、岷县“岷州会议”纪念馆为代表的红色旅游景点，以及马家窑等新石器时代文化遗址、海内外李氏同胞寻根祭祖的“陇西堂”为代表的人文历史景观，旅游文化产业开发潜力巨大。

【国民经济】2016年，全市实现地区生产总值331.08亿元，比上年增长7%。其中，第一产业增加值78.75亿元，增长5%，第二产业增加值75.44亿元，增长8.3%，第三产业增加值176.89亿元，增长7.4%。三次产业结构比为23.8∶22.8∶53.4，与上年相比，第一产业所占比重下降1.4个百分点，第二、三产业所占比重分别上升1个和0.4个百分点，对经济增长的贡献率分别为18%、26.1%、55.9%。固定资产投资621.2亿元，增长11.9%；社会消费品零售总额117.66亿元，增长9.6%；一般公共预算收入25.1亿元，增长3.07%；一般公共预算支出200.51亿元，增长1.3%。

【农业经济】全年实现农业增加值80.32亿元，增长5%。粮食作物播种面积630.84万亩，比上年增加1.95万亩；粮食总产量143.19万吨，减产18.94万吨。其中，夏粮作物播种面积102.41万亩，增加0.91万亩；夏粮产量17.86万吨，减产0.75万吨。秋粮作物播种面积528.43万亩，增加1.04万亩；秋粮产量125.33万吨，减产18.19万吨。其中，玉米产量为68.26万吨，下降15.8%；马铃薯产量为55.79万吨，下降8.5%。

【优势产业】2016年，全市种植中药材139.96万亩，比上年增加1.25万亩；中药材加工和仓储能力分别达到35万吨和85万吨。种植马铃薯295.16万亩，比上年增加8.45万亩，其中主食专用品种120万亩，生产脱毒原原种9.2亿粒；马铃薯加工和贮藏能力分别达到60万吨和350万吨。蔬菜种植面积61.5万亩，比上年增加1.14万亩。全市共种植牧草及饲料作物140万亩，其中，种植以紫花苜蓿、红豆草为主的多年生牧草50.73万亩，多年生牧草留床面积累计达到300万亩；种植以饲用玉米、燕麦、甜高粱为主的当年生牧草90万亩。全市新建畜禽规模养殖场283家，累计达到2485家；家庭养殖场1060家，累计达到6176家；新培育家庭适度规模养殖户10456户，累计达到90456户；新建养殖专业村150个，累计达到642个，新建养殖专业合作社176家，累计达到1636家。

【工业经济】全年实现工业增加值43.41亿元，比上年增长9.4%。其中，规模以上工业实现增加值29.42亿元，增长9.5%；规模以下工业实现增加值13.99亿元，增长9.1%。完成销售产值164.84亿元，增长16.6%；产销率为91.3%，比上年提高0.9个百分点。

【项目建设】2016年，全市共实施500万元以上项目1904个，完成项目投资587.16亿元，比上年增长12%。

其中，5 亿元以上项目 24 个，增加 8 个，完成投资 140.1 亿元，增长 3.5 倍；1～5 亿元项目 80 个，减少 65 个，完成投资 89.6 亿元，下降 20.4%。100 个市列领导责任制重点项目中，85 个建设项目开工 78 个，当年完成投资 131.9 亿元，15 个前期项目整体进展顺利，已开工建设 4 个。政府与社会资本合作（PPP）项目已开工建设 20 个，完成投资 15.5 亿元。

【供给侧结构性改革】全市马铃薯、中药材、蔬菜等优势产业的种植面积占农作物播种面积的 57.51%，比上年提高 0.81 个百分点；粮经结构由上年的 74.3∶25.7 调整为 74.1∶25.9，经济作物比重继续保持上升趋势。全市规模以上工业能源消费量 60.7 万吨标煤，下降 8.14%；规模以上工业万元增加值能耗下降 16.11%，降幅比上年扩大 3.83 个百分点。全市新增市场主体 2.5 万户，增长 22%。其中新增私营企业 0.34 万户，增长 37.1%；新增个体工商户 1.91 万户，增长 19.8%。全市建成 7 个县级电子商务服务中心，121 个乡级电子商务服务站，1210 个村级电子商务服务点，其中贫困村村级电子商务服务点 703 个；实现电子商务交易额 13.72 亿元，其中外销 2.7 亿元。快递业务量 275.81 万件，增长 140.94%；快递业务收入 5084 万元，增长 78.71%。

【脱贫攻坚】2016 年，市县财政用于脱贫攻坚的支出占财政总支出的 75.9%，特别是对全市 33 个脱贫难度最大的村，每村由市财政投入 100 万元、县区财政投入 200 万元以上，集中财力补齐短板。发放精准扶贫专项贷款 65.95 亿元、互助资金贷款 7.8 亿元，有效扶持 15 万户贫困群众发展增收致富产业。大力实施“四跟进”产业扶贫模式，切实促进了农民增收，农民人均产业收入占可支配收入的 60%以上。加快发展光伏、旅游等多元富民产业，通渭、临洮 600 户分布式光伏扶贫试点项目全面完成；7 县区全部列入全省光伏扶贫试点县，建设旅游项目 60 个，有 9 个村被列入国家乡村旅游扶贫试点村。加强基础设施建设，农村自来水普及率提高到 90%，改造农村危房 10.48 万户，易地扶贫搬迁 16.4 万人，建成农村道路 7517 公里，行政村水泥（沥青）路、标准化卫生室、农家书屋、贫困自然村动力电和 1500 人以上有需求行政村幼儿园实现全覆盖。全国建档立卡现场会、首届中国扶贫论坛、全省农村危房改造现场会等会议相继在定西召开或观摩，汪洋副总理及国扶办领导多次到定西视察指导工作，山西、新疆、吉林、广西、安徽等 15 个省（区、市）的考察团先后到定西考察学习工作经验，在《中国扶贫开发报告 2016》（扶贫蓝皮书）发布会暨中国扶贫经验和“十三五”脱贫政策研讨会上作了交流发言，全市精准扶贫精准脱贫工作得到了各级领导和各方面的充分肯定。

【招商引资】先后多次赴北京、天津、浙江、上海、山东、四川等地开展招商引资专题推介活动，对接洽谈项目，成功引进史丹利年产 50 万吨专用复合肥、通渭 20 兆瓦农光互补一体化光伏发电、陇西城区垃圾无公害化处理、渭源渭河源大景区开发以及海宁皮革城等重大项目。全年实施招商引资项目 360 项，到位资金 402 亿元，比上年增长 12.3%。其中：新建项目 160 项，到位资金 202 亿元，下降 1%；续建项目 200 项，到位资金 200 亿元，增长 28.5%。

【城乡建设】2016 年，全市开工建设各类城建项目 212 项，完成投资 122.2 亿元，其中市区 72 项，完成投资 53 亿元。3 个省级特色小镇启动建设，改造农村危房 1.02 万户。兰渝铁路岷县至广元段、临渭高速建成通车，宝兰客专、渭武高速加快建设。全市开工棚户区改造项目 49 个、5103 套（户），其中货币化安置 3693 户，主体竣工 1107 套。基本建成保障性住房和棚户区改造 3477 套（户），其中公共租赁住房 720 套，棚户区改造 2575 套（户），基本建成任务分配入住 3252 套，历年开工建设的 20708 套公共租赁住房已全部竣工，已分配入住 18887 套，发放低收入家庭住房租赁补贴 1254 户，其中新增发放户数 26 户。全年发放租赁补贴资金 257 万元。

【文化旅游】2016 年，全市抢抓国家“一带一路”战略和华夏文明传承创新区建设的重大机遇，立足资源优势突出项目带动，加大招商引资，积极推动文化与旅游的融合发展。全市实现文化产业增加值 6.01 亿元，比上年增长 15.36%。全年新创建 3A 级景区 2 个，2A 级景区 4 个，三星级饭店 1 家。全年接待游客 537.6 万人次，增长 21.2%；实现旅游收入 23.3 亿元，增长 23.3%。

【社会事业】2016 年末，全市共有各类学校 1805 所，在校(册)学生 45.97 万人。学前教育三年毛入园率 88.48%，学龄儿童入学率达到 100%；初中毕业生升学率 92.01%，九年义务教育巩固率为 93.58%，高中阶段毛入学率为 92.01%。2016 年，向全国各类高等院校输送新生 30420 人，高考录取率达到 72.3%，比上年提高 1.5 个百分点。全年科学技术支出 3369 万元。评定市级科技进步一等奖 5 项、二等奖 40 项、三等奖 3 项；荣获省科技进步三等奖 1 项。取得各类科技成果 54 项；认定登记技术服务合同 43 份，交易额 2.58 亿元，比上年增长 21%。受理专利申请 642 件，增长 47.2%；授予发明专利权 59 件，增长 10%。每万人口发明专利拥有量达到 0.536 件。全市共有医疗卫生机构 2787 个，医疗卫生机构床位 14229 张。卫生技术人员 10066 人。其中，执业（助理）医师 4438 人，注册护士 3280 人。

【人民生活】全年城镇居民人均可支配收入 20815 元，比上年增长 8.6%；城镇居民人均消费支出 15026 元，增长 16.3%；城镇居民家庭恩格尔系数为 30.9%，比上年降低 1.8 个百分点。农村居民人均可支配收入 6289 元，增长 8%；农村居民人均生活消费支出 6324 元，增长 18.9%；农村居民家庭恩格尔系数为 37.1%，比上年降低 2.27 个百分点。全部职工年平均工资为 53297 元，增长 10.13%，其中在岗职工年平均工资 54735 元，增长 10.4%。

【社会保障】2016 年末，全市参加城镇基本养老保险人数为 10.29 万人，比上年增长 1.9%；参加城镇职工基本医疗保险人数为 15.82 万人，增长 2.2%；参加城镇居民基本医疗保险人数为 17.77 万人，增长 3.49%；参加失业保险人数为 8.82 万人，增长 3.04%；参加工伤保险人数为 9.53 万人，增长 0.95%；参加生育保险人数为 10.75 万人，增长 1.13%；城乡居民社会养老保险实际参保 156.18 万人，增长 4.08%，参保率 96.38%。全年各项社会保险基金总收入达到 20.22 亿元，增长 4.66%；各项社会保险基金总支出 18.11 亿元，增长 10.29%。

【环境保护】大气环境质量方面，2016 年，空气可吸入颗粒物（PM10）年日均值 0.075mg/m3，可入肺颗粒物（PM2.5）年日均值 0.036mg/m3，二氧化硫年日均值 0.025mg/m3，二氧化氮年日均值 0.031mg/m3，市区环境空气质量稳中向好。水环境质量方面，国控断面、省控断面、市控断面和联合监测断面水质均达到相应控制水域类别，地表水水质达标率 100%；饮用水源水质达标率 100%，饮用水水质安全。声环境质量方面，区域噪声昼间平均值 54.8〔dB（A）〕，交通噪声昼间平均值 64.6〔dB（A）〕，市区声环境质量状况良好。

（安云珍）

安定区

【基本情况】安定区原名定西县，地处甘肃省中部、定西市北部，距省会兰州 90 公里，东北及东部邻会宁，东南接通渭，南部与陇西、渭源毗连，西南连临洮，西部至西北与榆中接壤。全区地势自西南向东北倾斜，地势最高处为西南部高峰乡城门寨，海拔 2577.3 米；最低处为北部关川河谷地，海拔 1671.3 米。城区所在地海拔为 1898.7 米。全境处祖厉河支流关川河流域，大地构造属祁连山加里东褶皱带东部、陇西旋卷体的一部分。气候属中温带干旱、半干旱区，大陆性季候风气候显著。年平均太阳辐射量 141.4 千卡/平方厘米，年平均日照 2500.1 小时。年均气温 6.3℃，极端最高温 34.3℃，极端最低气温零下 27.1℃。无霜期 141 天。正常年降水量 400 毫米左右，多集中在秋季，蒸发量高达 1500 多毫米，是一个干旱、冰雹、霜冻、低温等自然灾害频繁的农业区。陇海铁路、宝兰铁路二线及国道 310、312、定兰高速公路穿境而过，自古就有“甘肃咽喉”、“兰州门户”之称。是定西市委、市政府所在地，全市政治、经济、文化中心。1998 年底整体基本解决温饱，2003 年经国务院批准撤县设区。全区辖 12 镇 7 个乡和 2 个街道办事处，有 317 个村（居）委会，2315 个社（组），年末常住人口 42.74 万人。总流域面积 3638.7 平方公里，其中耕地 171.76 万亩，是“中国马铃薯之乡”。

【国民经济】2016 年，全区完成生产总值 76.12 亿元，比上年增长 7.7%。其中，第一产业增加值 12.49 亿元，增长 4.9%；第二产业增加值 22.56 亿元，增长 9.3%；第三产业增加值 41.06 亿元，增长 7.7%。三次产业结构比为 16.4∶29.6∶54。固定资产 141.24 亿元，增长 16.2%；社会消费品零售总额 38.66 亿元，增长 9.6%。一般公共预算收入 3.93 亿元，增长 2.91%；一般公共预算支出 31.81 亿元，增长 7.08%。城镇居民人均可支配收入 21723 元，增长 9.2%；农民人均可支配收入 6529 元，增长 8.2%。年末全区各类金融机构存、贷款余额分别达到 230.12 亿元和 176.92 亿元，增长 7.32% 和 10.91%。

【供给侧结构性改革】以适应市场需求为导向，加快优势传统产业提升改造。一是特色优势产业方面。马铃薯产业按照“主攻主食化、龙头建基地、培育产业群”的思路，围绕主食化产品开发，以精淀粉、变性淀粉、全粉、主食化食品等为主的马铃薯加工体系已经形成。全区马铃薯加工能力达到 46.3 万吨，分别占全国 500 万吨的 9.3%、全省 60 万吨的 77%，马铃薯主食产品加工能力达到 10 万吨。畜草产业按照“做‘畜’口粮、带畜产业”的思路，以草带畜、以畜促草、循环发展的模式正在形成，如民祥裹包青贮饲草加工生产线，建立“企业+合作社+农户“的扶贫模式，推动了从“粮-经”向“粮-经-饲”的转变，促进了农民与企业双赢。二是传统产业方面。围绕装备制造、化工建材、冶金机电、药材加工等工业领域的传统产业，着力增加工业产品的有效供给，提升产业核心竞争力。对不符合国家能耗、环保、质量、安全等标准和长期亏损的企业，通过兼并收购、资产重组、产权转让等方式进行关停并转，盘活闲置资源。对高耗能、高污染的企业，通过社会资本合作模式，有效的降低了成本。

以打造区域经济新的增长极，加快新兴产业培育发展。一是文化旅游。精心包装打造了一批休闲渡假、乡村农家、风情体验类的文化旅游项目，实施了西岩山生态文化公园、陇中文化旅游创意产业园、巉口古城莽权文化旅游产业园等投资超 50 亿元的项目，建设进度良好。二是现代物流业。实施了军民融合（西北）应急物流基地、金帆现代物流中心、西部汽车城、国家级定西马铃薯批发市场等超 100 亿元的项目，目前已完成 18 亿元。三是新型能源产业。实施了华家岭西风电基地、330 千伏汇集升压站、鲁家沟农光互补光伏发电等投资超 15 亿元的项目。四是健康养生业。围绕健康、养老、保健、养生等新兴服务业，构建旅游养生、饮食养生、生态养生、医疗养生、健身养生等多种形式的养生服务业发展体系。

以改革创新破解发展瓶颈，提升经济发展的驱动力。一是深化重点领域改革，优化营商环境。坚持“便捷高效、规范统一、宽进严管”的原则，加快推进“四证合一”商事制度改革，全面清理各种不合理收费特别是中介服务收费项目，为各类市场主体和社会公众提供“一站式”、高效率的便捷服务。二是促进大众创业、万众创新，助推经济增长。依托区电子商务创业园，拓展众创空间，发展创客经济，孵化培育电商企业 26 家，开办网店 423 家，培育了“广生源马铃薯”、“石磨面小杂粮”、“千年药乡中药材”、“大坪剪纸”等一批具有区域特色的电商营销品牌。

【脱贫攻坚】2016 年，全区减少贫困人口 1820 户 7406 人，贫困人口减少到 1.1 万户 4.13 万人，贫困发生率为 11.08%。全区危房改造率达到 81.8%，饮水安全农户比例达到 100%，义务教育巩固率达到 97.81%，城乡居民基本医疗保险参保率达到 98.3%，当年新型农村合作医疗住院报销 50918 人次 1.38 亿元，全区农户特别是贫困户在住房、饮水、教育、医疗等方面的保障水平明显提高。

一是突出主体参与，在产业扶贫上建立新机制。坚持把培育引导新型经营主体参与精准扶贫作为破解贫困对象产业增收难题的重要举措，按照“打绿色生态牌、走合作带动路”的思路，依托扶贫项目、金融信贷等资金，采取“六优先”（优先提供良种、优先收购产品、优先安排用工、优先土地流转、优先吸纳入社、优先入股分红）、“三个一”（每户贫困户都有一个龙头企业或一个合作社或一户种养大户带动）和折股量化等方式，加快建立新型经营主体与贫困户之间的契约关系和帮带机制。全区共有 423 个市场主体与 1.66 万户贫困户建立了帮带关系。

二是突出短板弥补，在基础建设上实现新突破。采取财政筹资、整合资金和争取项目相结合的方式，投资 6.29 亿元，大力推进水、电、路、房和公共服务设施为主的基础建设。先后争取资金 6084 万元，实施了 174 个村 2.19 万农户的供水入户工程，年内 90%的贫困户和 80%的常住农户吃上了自来水。争取资金 8789 万元，完成了 77 个村 1100 公里农网改造升级工程，全区动力电自然村覆盖率达到 94%。争取资金 1.75 亿元，实施通畅工程 312.5 公里，配套安全防护工程 621.7 公里，实现了“村村通畅”的目标。争取资金 1725 万元，整合财政涉农资金 5834 万元，按照户均 3 万元的标准，实施了 2777 户建档立卡贫困户危房改造工程，有效解决了部分贫困户安全住房问题；争取资金 6000 万元，实施中央财政移民搬迁补助项目 860 户；争取资金 1.28 亿元，易地扶贫搬迁贫困人口 1245 户 5623 人。争取资金 4130 万元，新建改造贫困村幼儿园 42 个、标准化卫生室 21 个、综合文化中心 65 个，在 32 个贫困村实施宽带覆盖工程，有需求的贫困村幼儿园和所有贫困村卫生室、互联网实现全覆盖。

三是突出能力提升，在技能培训上搭建新平台。坚持把加强技能培训作为增强贫困家庭自我发展能力的重要途径，按照组织领导、资金使用、培训主体、师资力量、统计口径“五统一”的要求，采取实训基地集中培训和乡镇分级培训相结合的办法，切实加大对农村贫困劳动力的技能培训和实用技术培训。2016 年，区上整合资金 1000 多万元，培训贫困家庭劳动力 2.09 万人，其中集中培训 6000 人，乡镇分级培训 1.49 万人。

四是突出模式创新，在金融支撑上探索新路子。坚持把创新农村信贷模式作为金融助推精准扶贫的重要载体，在精准扶贫专项贷款落实方面，探索推行了“农户直贷为主、主体帮贷为辅”贷款发放模式，两年共为 2.03 万建档立卡贫困户发放精准扶贫专项贷款 9.16 亿元；在扶贫互助金方面，按照“因地制宜、便民利民”的原则，探索实施了“协会主导贷、担保增信贷、富民接力贷”三种功能互补、各具特色的互助资金运行模式，累计发放互助金贷款 5231 户 1.13 亿元。同时，发放农村小额信贷、双联惠农贷款、中和农信贷款 1.3 万户 6.28 亿元。

五是突出贫中之困，在政策兜底上取得新成效。坚持把解决贫困户中特殊困难户的生活问题作为政策兜底保障的基本内容，严格落实各项社会保障和救助政策，提高农村五保、低保补助水平，农村五保集中供养、分散供养、一类、二类低保年人均补助资金分别达到 6840 元、4800 元、3420 元和 2988 元。同时，全面落实教育、卫生扶贫特惠政策，为 11242 名接受学前、高中、高职和大学的建档立卡贫困家庭学生落实免保教费、免学费和书本费、助学金、生源地助学贷款共计 1828.9 万元；为 7364 名住院贫困患者提高 5 个百分点和降低大病保险起付线报销医疗费用 612.5 万元。

六是突出对象精准，在动态管理上创立新举措。坚持把对象精准作为精准扶贫精准脱贫的前提基础，按照“科学核定、有进有出、严格程序、分类管理”要求，先后提出并实践了大数据管理平台“四级联审、五级联签”制度、“五必进、六不准”扶贫对象识别法、“五优先、八不准”贫困人口退出办法等创新性举措，进一步增强了贫困人口进出识别的可操作性。

【“三农”工作】以市场需求为导向，按照“坚决压缩小麦、发展饲料（草）玉米、继续稳定马铃薯、积极扩大蔬菜、全面推广种草”的原则，引导广大农户科学调整种植结构。全年完成农作物播种 179 万亩，其中粮食作物 152 万亩，包括马铃薯 101 万亩；完成蔬菜种植面积 14.1 万亩（含复种），较上年增加 1.31 万亩；完成玉米种植 44.8 万亩，其中发展饲料（草）型玉米种植 12 万亩，较上年增加 5 万亩。把以顶凌覆膜为主的旱作农业作为春耕生产的硬仗，及早开展抢墒覆膜，共投放地膜 4801.1 吨，共完成覆膜 128.25 万亩（黑膜 86.2 万亩、白膜 42.05 万亩），占下达任务 120 万亩的 108.9%；对配套地膜采取政府统一采购，保证了地膜质量、价格和配套数量。在顶凌覆膜中，突出了 20 个 10 万亩全膜玉米示范基地和 26 个 16 万亩黑色全膜马铃薯连片示范基地的续建和填平补齐。积极培育龙头企业、合作社、种养大户、家庭农场等新型经营主体，全力构建集约化、专业化、组织化、社会化相结合的新型农业经营体系。2016 年末，全区适度规模经营主体 656 个，共经营面积 22.23 万亩；共培育种植大户 2009 户、家庭农场 236 家（新增 128 家）、合作社达到 1375 个（新增 640 个），实现贫困村合作社覆盖率 100%，农户入社率达到 46.25%（其中所有贫困户入社率达到 83.8%、有劳动能力的贫困户加入合作社的比例达到 100%），带动农户 7.1 万户，占全区总农户的 72.64%，成员户均增收 3138 元。

【项目建设】2016 年，争取到中医院住院综合楼、易地扶贫搬迁、光伏发电扶贫工程等国家政策性项目 140 个，到位资金 17 亿元；争取到南山根集中供热工程、交通路城市停车场、国家级马铃薯批发市场、南环路棚户区改造等专项建设基金项目7个，到位资金4.12亿元。新能源方面，全年共签约华家岭西风电项目、通渭风电基地330kv2#汇集升压站、鲁家沟农光互补发电等3个项目，总投资达30亿元以上；620户分布式光伏系统及250户村级光伏扶贫电站建设顺利推进。采用政府和社会资本合作（PPP）模式实施的巉郭公路、渭源街热源厂及供热管网、殡仪服务中心等项目顺利建设。

【优势产业】马铃薯产业，围绕打造“中国薯都核心区”和全国最大的县（区）级马铃薯种薯繁育、商品薯生产、精深加工、仓储销售“四大基地”以及全国具有影响力的马铃薯物流集散、价格形成、信息发布、科技交流、会展贸易“五大中心”的目标定位，建立了产加销相衔接、贸工农一体化的产业体系，全区农民人均从马铃薯产业中获得的纯收入稳定在1500元左右，占到了农民人均纯收入的1/3。种植规模持续稳定在百万亩以上，分别占到全市的1/3和全省的1/10，户均达到10亩左右，人均达到2亩以上；培育制种龙头企业17家，原原种生产能力稳定在4亿粒以上，分别占全市的1/2和全国的1/3，建成万吨以上马铃薯精淀粉及其制品生产企业达到9家，精淀粉及其制品年设计加工能力达到56.25万吨，实际加工能力达35万吨，培育了爱兰、凯凯、百泉等一批全国马铃薯种业先进企业，注册了“爱兰”、“新大坪”、“圣大方舟”等10多个马铃薯商标。荣获“全国现代农业示范区”、“全国马铃薯产业知名品牌创建示范区”，“定西马铃薯”被认定为“中国驰名商标”。

草牧产业，围绕打造“中国西部牧草之都”的目标定位，顺应农业供给侧结构性改革和“粮改饲”政策，完成饲草玉米种植15万亩，新增优质牧草20万亩，牧草加工能力达到105万吨。建成养殖龙头企业（小区）32个、发展规模养殖户12000户。全区畜禽饲养量由2011年的312.4万头（只）增加到540万头（只）。

蔬菜产业，围绕打造“全省重要的高原夏菜生产基地、绿色蔬菜深加工基地和蔬菜销售配送基地”的目标定位，按照“传统优势区提档升级、新增灌溉区扩大面积、旱川浅山区适度延伸”的思路，扩大蔬菜种植规模，完成高原夏菜种植14.1万亩，累计新建日光温室743座、塑料大棚8640座。水、川、山地结合，高、中、低档搭配的蔬菜产业化发展体系逐步形成。

【环境保护】2016年，定西市区空气质量优良天数为313天，优良率为85.5%，可吸入颗粒物（PM10）平均浓度为75微克/立方米，比上年下降11.8%，二氧化硫为25微克/立方米，二氧化氮为31微克/立方米，细颗粒物（PM2.5）为36微克/立方米，一氧化碳、臭氧等两项指标均未超空气环境质量二级标准。城市集中式饮用水水质达标率均为100%。

【社会保障和社会事业】2016年，全区城镇新增就业人员4432人，失业人员再就业1031人。年末城镇登记失业率为3.7%。年末全区参加职工基本养老保险人数11888人，比上年减少430人。参加失业保险人数13367人，比上年增加265人。参加城镇职工基本医疗保险人数23827人，减少13人。参加城镇居民基本医疗保险人数48136人，增加2173人。参加工伤保险人数14182人，增加597人。参加生育保险人数15836人，增加626人。参加城乡居民基本养老保险人数226490人，参保率95.98%。全区参合农民共317296人，参合率为98.36%，人均筹资标准为530元。全区现有各级各类公办学校193所，在校学生63559人，有教职工5514人。全区残疾儿童入学率达到94.1%。2016年安定区参加高考6837人，本科上线2413人，上线率35.3%，比上年度提升2.4个百分点。

（郑鹏）

通渭县

【基本情况】通渭县位于甘肃省东南部，定西市东侧，东南、南分别与秦安、甘谷县接壤，西南、西分别与武山、陇西县相邻，西北、北、东北分别与安定、会宁和静宁县毗连。通渭县地处黄土高原南部边缘地带，为黄土丘陵沟壑区，地势西北高，东南低。属温带半湿润向半干旱过渡区。年平均风速1.5米/秒，年平均气温8℃，年总降水量377.7mm，年无霜期141天，年总日照时间2034.6小时。东西长约78公里，南北宽约64公里，总面积2908.5平方公里，现有耕地面积183.28万亩，县内主要河流牛谷河、金牛河、安逸河、清溪河、苦水河，由于干旱少雨，加之地下水位下降，部分河流出现断流。现辖6镇、12乡，332个村民委员会、10个社区居委会，2440个村民小组。矿藏资源主要有温泉地热、花岗岩、大理岩、安山岩、硅铁矿、高岭土等。通渭温泉日泛水量6000吨以上，地下200米处恒温113℃，地表水温53.9℃，富含钾、钠、锂、锶、硼、钙、铁、碘、硼酸、硫酸、氟、氡等32种元素和化合物，属国内少见的复合型富质高热矿泉；花岗岩仅露地可采储量29.4亿立方米，大理岩总储量约900万立方米，安山岩总储量约10亿立方米。县内建有榜罗红军长征纪念馆、义岗红军烈士陵园、红军长征纪念碑等革命纪念建筑。鹿鹿山、尖岗山、清凉山是避暑、游玩的理想场所。

【国民经济】2016年，全县完成生产总值38.47亿元，比上年增长8.0%。其中，第一、二、三产业增加值分别为9.39亿元、5.09亿元和23.99亿元，分别增长4.8%、9.2%和9.3%，三次产业比重为24.4:13.2:62.4。固定资产投资52.79亿元，增长13.6%；社会消费品零售总额8.65亿元，增长9.6%。一般公共预算支出27.68亿元，增长15.5%。城乡居民人均可支配收入分别达到19691元、5696元，分别增长8.9%、7.7%。金融机构人民币存款余额76.1亿元，增长16.9%；贷款余额83.19亿元，增长36.3%。

【扶贫开发】2016年，全县集中可支配财力增加精准扶贫投入2153万元，完成“大扶贫”支出22亿元、占财政支出的 80%。发放精准扶贫专项贷款 5.49 亿元、互助资金担保增信贷款 4167.5 万元。实施了一大批基础设施建设项目，贫困群众生产生活条件得到显著改善。特别是实施农村饮水安全巩固提升工程，全县农村自来水通水率由 74%提高到 95%。完成农网线路改造 180 公里，提高了 94 个自然村的生产生活用电质量。改造农村危房 4531 户，实施易地扶贫搬迁 667 户 3323 人，新建农村卫生厕所 1000 座。新建村级光伏电站 47 个、户用分布式光伏电站 565 个，带动贫困户 2420 户。培育农民专业合作社 366 个、家庭农场 2 个。组织劳务输转 10.05 万人次，创劳务收入 17.97 亿元。全县稳定脱贫 4135 户 19298 人，贫困人口减少到 14504 户 68245 人，贫困面下降到 17.1%。

【产业发展】大力推广全膜双垄沟播等旱作农业技术，以玉米、马铃薯、小杂粮为主的粮食作物产量逐年提高。大力发展经济作物，中药材种植面积 7 万亩，新建以苹果为主的林果基地 14.5 万亩、累计达到 15 万亩，种植的“烟富 3 号”和“长富 2 号”苹果分别获得全省名优苹果金奖、铜奖。农作物耕种收综合机械化水平达到 29.3%。把草畜作为战略升级产业，新建规模养殖场（小区）374 个，牛、羊存栏分别达到 4.54 万头、3.97 万只。大力培育新型农业经营主体，新增农业产业化龙头企业 12 家、农民专业合作社 1242 个、家庭农场 18 个。工业经济明显壮大。县工业集中区发展规划通过省发改委批复，投资 3 亿元完善了道路、给排水、供电等基础设施，新引进入园企业 37 家、累计达到 56 家，园区集聚效应逐步凸显。实施工业项目 78 个、完成投资 40.9 亿元。新能源产业初具规模。甘肃通渭风电基地规划获得国家能源局批复，华岭一期、二期和义岗一期风电场先后建成并网，已累计发电 7.6 亿度，实现税收收入 4100 万元。陇阳风电场、光伏扶贫产业示范园和村级光伏电站加快建设，全县风电、光电装机容量年内将分别达到 45 万千瓦、6 万千瓦。文化旅游产业迅速发展。实施悦心国际书画村、天象文化综合体等文化旅游项目 10 个，完成投资 5.4 亿元。组建了朝阳文化产业助保贷资金管理公司，搭建了“政府+企业+银行”的“助保贷”融资平台。培育文化企业 68 家，发展画廊 480 家，成立了县书协、美协、音协、作协等 10 个专业协会和画廊协会、画廊联盟、文房四宝协会等 5 个行业协会。连续成功举办 5 届书画文化艺术节，书画品牌效应显著增强。文化产业增加值 1.14 亿元，比上年增长 15.3%。现代服务业更加活跃，建成本地电商平台 2 个，培育电子商务企业 15 家、网店 262 个。新增物流快递企业 16 家，建成乡镇农贸市场 7 个、“万村千乡市场工程”农家店 172 个。引进建设银行、甘肃银行、中华联合财险等 8 家金融保险企业，新增农村金融便民服务点 527 个。

【项目建设】全年争取到国家政策性项目资金 16.7 亿元，比上年增长 30.7%。加大专项建设基金争取力度，已下达专项基金项目 3 个、专项建设基金 6 亿元。大力开展“百亿元大招商活动”，实施招商引资项目 31 项、总投资 116.53 亿元，到位资金 51.58 亿元，增长 10.3%。城镇建设方面，县城建成区面积由 2011 年的 6 平方公里扩大到 8 平方公里。新建温泉路、滨河路东段、北街东段等城区道路 21.2 公里，实施城区供水管网改造 34.6 公里。建成东城区和西城区集中供热站，新增集中供热面积 118 万平方米。建成城区污水处理厂，污水收集率达到 85%以上。实施房地产开发和保障性住房项目 38 个，完成棚户区改造 919 户，新增住房 4691 套 56.95 万平方米。17 个乡镇小城镇建设同步推进，先后投入 8.65 亿元，实施了一批农贸市场、街道道路、垃圾处理、给排水等基础设施建设项目，辐射带动作用更加明显，全县城镇化率由 2011 年的 14.15%提高到 2016 年的 21.77%。交通水利方面，宝兰客专结束了通渭县没有铁路的历史，将于 2017 年上半年投入试运行。马云公路建成通车，通榜公路将于 2017 年建成投入使用，新增二级公路 130.8 公里，完成靖天路等道路铺油改造 130 公里，交通区位优势更加凸显。引洮一期配套工程全面建成，实现了全县人民期盼半个世纪的“引洮梦”。实施小型农田水利重点县、城区抗旱应急供水等项目，改善和新增节水灌溉面积 5.9 万亩，新建堤防工程 8.9 公里，供水保障和防汛减灾能力显著增强。生态建设方面，实施全国坡耕地水土流失综合治理、甘肃省东部百万亩土地整治等重大工程，新修高标准梯田 35.6 万亩。实施巩固退耕还林成果、“三北”防护林、天然林资源保护等重点林业工程 26 万亩，完成城乡面山绿化 4.6 万亩，栽植行道树 1685 公里，森林覆盖率达到 11.3%。

【城乡建设】加强城市建设规划，编制了《通渭县城人防专项规划（2014-2030）》《通渭县平襄书画特色小镇总体规划》《通渭县东川片区风貌控制规划》《马营镇控制性详细规划》《通渭县县域村庄建设规划》。投资 3.07 亿元实施市政项目 14 个，北街东段道路改扩建、滨河路东段道路及景观等项目全面建成。实施弘泰商住楼、康馨花园住宅楼等棚户区改造项目 10 个，完成投资 12.6 亿元，完成拆迁安置 605 户，其中一次性货币安置 523 户、占 86.4%。加强城市管理，大力整治违法建设行为，依法强制拆除违章建筑 25 起，查处非法买卖土地行为 7 起，违法建设蔓延势头得到明显遏制。

【社会事业】投资 1.63 亿元新建和改扩建校舍 3.12 万平方米，投资 2285 万元建成行政村幼儿园 58 所，设立了县第五幼儿园和通和小学，思源学校和县职专新校区建成使用，温泉路学校和第四幼儿园正在加快建设，姜滩小学搬迁工程完成选址。全县高考二本上线率达到 26.56%。医疗服务方面，分级诊疗深入推进，县外就医比例由 2015 年的 44.8%下降到 43.2%。在 105 个行政村开展健康促进模式改革，完成免费健康体检 1.8 万人次。实施卫生计生基建项目 7 个、总投资 1.87 亿元，27 个标准化村卫生室和鸡川、北城 2 所卫生院业务用房及周转房项目全面建成，县中医医院整体搬迁、妇幼保健院和华岭、义岗 2 所卫生院业务用房及周转房项目正在加快建设。同时，实施乡镇综合文化站项目2个，建成乡村舞台63个，群众文化活动广泛开展，基本公共文化服务水平明显提高。城乡低保月人均补助标准分别提高到290元、150元。加强重点领域安全生产专项整治，全县安全生产形势保持稳定。深入开展食品药品专项整治行动，立案查处食品药品违法案件138起。普法依法治理工作成效显著，被评为全国普法宣传教育先进县，全县社会大局保持和谐稳定。

【生态环境】新修梯田8万亩，治理水土流失面积60平方公里。实施重点造林工程6.59万亩、县城面山绿化6000亩、乡镇街道面山和美丽乡村示范点绿化9000亩，栽植行道树300公里。结合中央环保督察工作，对河道采砂、河道污染、大气污染等突出环境问题进行了重点整治，城乡生态环境明显改观。北城乡被命名为省级生态乡镇，新景乡被命名为市级生态乡镇，新景姚河等21个村被命名为市级生态村。

（赵亮亮）

陇西县

【基本情况】陇西县位于甘肃省东南部，定西市中部，渭河上游。地处陇中黄土高原中部，北纬34度50分至35度23分，东经104度18分至104度54分之间。东接通渭县，南连武山、漳县，西邻渭源县，北靠安定区，东西宽52公里，南北长46公里，总面积2408平方公里。辖10镇7乡，215个行政村，11个社区，1287个村民小组，2016年末，常住人口46万人，其中乡村人口25.29万人，居住着汉、回、满等13个民族。

【国民经济】2016年，全县实现生产总值63.07亿元，其中，第一产业增加值14.74亿元，第二产业增加值12.35亿元，第三产业增加值35.98亿元。社会消费品零售总额27.35亿元，财政收入9.16亿元，固定资产投资131.82亿元，城镇居民人均可支配收入20409元，农民人均纯收入6936元，金融机构存、贷款余额分别达到131.97亿元和161.99亿元。

【农业】全县年末耕地面积117.53万亩，全年共播种各类农作物172.79万亩，其中粮食作物120.8万亩。中药材、草食畜、马铃薯、菌菜已成为全县的主导产业。全县已普查到的中药材品种310种，在全国统一普查的363个主要品种中，陇西有96种，占全国的26.4%；常用的130多个品种中，陇西有93种，占全国的72%。2016年中药材种植面积35万亩，标准化种植面积20万亩，总产量9.66万吨，产值达14.04亿元。陇西是“中国腊肉之乡”，畜产品加工具有悠久的历史，千吨以上肉制品加工企业7家，年加工各类肉制品1.8万吨，金钱肉、口条、火腿被誉为“陇原三绝”，“陇原情”、“足赤”牌肉制品为地方名优产品，驰名陇上。全县建成养殖小区209个，规模养殖户16631户，养羊大户160户，50头以上养牛大户23户，养鸡大户36户；畜禽存栏数达到243.42万头（只），出栏数达到225.44万头（只）；现有陇原中天羊业股份有限公司、百绿草业公司、宏明农牧科技公司、锐锋农牧科技公司等龙头企业51家（其中国家级龙头企业1家、省级龙头企业2家、市级龙头企业18家、县级龙头企业30家）。2016年马铃薯种植面积40万亩，总产量30.66万吨，年外销量12万吨，实现销售收入1.42亿元。全县菌菜种植面积12.89万亩（其中，日光温室0.35万亩，大棚2.17万亩，地膜6.1万亩，露地2.1万亩，复种2.17万亩），年产量25.39万吨，总产值5.33亿元。

【工业】全县现有各类工业企业261户（其中规模以上企业27户），工业产品3800多种。2016年全县实现工业总产值58.67亿元、增加值7.19亿元，工业对生产总值和财政收入的贡献率分别达到11.4%和42.19%。其中，27户规模以上工业企业实现产值48.17亿元、增加值3.92亿元。目前全县已形成了中医药加工、铝冶炼及制品、装备制造、特色农产品加工、新型建材、新型包装等六大工业体系。中医药加工方面，全县有较大规模的中药材加工企业52家，其中省级龙头企业10家，通过新版GMP认证的企业18家，个体加工户3800户，年加工转化各类中药材15.24万吨，产值达到220亿元，实现税收1.3亿元，对财政收入的贡献率达到14.2%，基本实现了由初级切片向饮片炮制、有效成份提取、成药制造、保健品开发全产业链的拓展延伸。铝冶炼及制品方面，全县有各类铝冶炼及加工企业17家，加工生产能力达到85万吨，2016年实现产值52.2亿元，上缴税金1.05亿元。产能在10万吨以上的企业有4家，其中，西北铝加工厂以国防军工、航空航天、核工业和汽车用品等高附加值铝合金产品生产为主，甘肃东兴铝业陇西分公司是全县唯一一家生产电解铝的上游企业，甘肃顺泰铝业公司和甘肃中盛铝业有限公司主要以铝棒和型材加工为主。装备制造方面，现有大鑫铜业、宏腾油气、渭河福利等装备制造企业18家，年产值达到1.35亿元，上交税金271.5万元。新型建材方面，现有凯华化工、大禹节水等化工建材企业89家，年产值达到8532万元，上交税金479万元。特色农产品加工方面，现有陇原情、金华、中天羊业、清吉集团、凯龙淀粉等农副产品加工企业35家，年产值达到3.99亿元，上交税金576.5万元。新型包装方面，现有恒利塑料、立祥纸品、宏文印刷等新型印刷包装企业8家，年产值3170万元，上交税金36.8万元。

【生态环境】全县累计造林60.61万亩（其中，退耕还林17.66万亩，荒山造林40.4万亩），封禁治理187.6万亩，森林覆盖率达到7.98%；建成淤地骨干坝21座，中型坝24座，小型坝22座；兴修梯田99.21万亩，治理水土流失面积1468.1平方公里，治理率为61.2%。同时，大力推广农村清洁能源，全县共建成沼气池19735座，占全县总农户数的20.6%。

【城市建设】全县城区规划面积70平方公里，建成区面积31.8平方公里（其中城区建成区面积24.1平方公里），城镇化率48.1%，中心城区绿化率13.4%。先后建成崇文路、中天路、渭洲路等主次干道38条36.9公里，城区路网硬化率达到98.5%，城区道路初步形成了“三横十纵”的结构性主干路网系统；改造城区给水管网23公里，城区自来水入户率达到99.5%。特别是正在实施的引洮工程全面建成后，城区日供水能力将达到15万立方米，可以满足30多万人的生产生活用水和城市未来20多年的发展需求；铺设污水收集管网54.86公里、雨水排洪管线45.3公里，城区污水管网总长度110公里，污水处理率达到89%；城区垃圾无害化处理率达到100%；累计投入资金1.8亿元，全面完成了文峰和城区集中供热工程，铺设供热管网22.34公里，关停各类分散供热点19个，全县供热总面积达到389万平方米；累计投资27.8亿元先后建成金宝翡翠新城、广场丽苑等22个住宅小区，丽苑新城、龙熙臻品、开元华府等15个住宅小区基本建成，城区商住面积达到440.08万平方米，人均住房面积达到24.1平方米；累计建成各类保障性住房6944套，保障覆盖率达到16.3%。

【社会保障】全县纳入城市低保2968户7189人，月人均补差284元，保障面8.9%；纳入农村低保18010户65695人，月人均补差133元，保障面15%，五保对象1974人（其中分散供养1908人，供养标准达到每人每年4525元；集中供养66人，供养标准达到每人每年5600元）；纳入孤儿生活补助保障人数291人，供养标准机构集中供养每人每月1000元，城市散居每人每月640元，农村散居每人每月640元。全县17个乡镇共建立扶贫互助协会215个，实现了行政村互助资金全覆盖，互助资金总规模达到5110万元，其中财政扶贫资金4575万元、市级奖补资金92万元、占用费净收入230万元、农户交纳互助金165万元，其他资金48万元。

【社会事业】全县现有科技管理机构18个，技术推广服务机构6个，高新技术企业3家，省级工程技术研究中心2家，市级工程技术研究中心30家。县直专业技术学会37个，会员3700人；农民专业技术协会199个，会员3.32万人。现有各级各类学校260所，在职教职工7291人，其中专任教师6932人，在校学生80896人。学前三年“毛入园率”达到93.84%，九年义务教育巩固率达到95.68%，“三残”儿童入学率达到91.83%，高中阶段毛入学率达到92.67%，中职教育学生就业率达到95%以上。全县校园占地总面积241.3万平方米，校舍建筑面积70万平方米。高考本科以上上线2731人、上线率42.51%。建有乡镇文化站17所，农家书屋和文化资源共享工程215家，城乡简易篮球场784处，业余剧团50个，“四馆一站”全部实现免费开放。现存189处古文化遗址、遗迹，其中国家级文物保护单位2处，省级文保单位10处，市级文物保护单位2处、县级文保单位10处。全县共有文化旅游经营场所248家，纳入法人单位统计的106家，2016年，文化产业资产总额7.18亿元，增加值8861万元，比上年增长15.4%。现有县级综合医院3所，中医医院（含中西医结合医院）2所，县级疾病预防控制、卫生监督、妇幼保健计划生育服务机构各1个，基层医疗机构19所，社区卫生服务中心2所，村卫生室216个，驻陇企业医院2所、民营医院2所、个体门诊部2所、个体诊所95所，专业技术人员2929人（含临聘890人、村医272人）。县乡两级医疗卫生机构共核定床位编制2262张，实际开放床位2328张。全县现有体育总会1个，单项体育协会10个，各级社会体育指导员647名，健身站点22个、老年人活动中心1处。

（张力）

渭源县

【基本情况】渭源是黄河最大支流渭河的发源地，也是中国古丝绸南路和唐蕃古道的必经之地，位于甘肃省中部，定西市中西部。212、316国道，兰海高速临渭段和正在设站建设的兰渝铁路、渭武高速穿境而过。县城距省会兰州市174公里，距陇海铁路陇西站55公里，距天定高速公路延长线出口13公里。全县总面积2053.49平方公里，共辖8镇8乡，3个社区居委会，217个行政村，年末常住人口32.88万人，其中城镇人口7.63万人，乡村人口25.25万人。全县耕地面积80.07万亩，林地面积132.29万亩，草场面积81.28万亩，地势西南高，东北低，地形地貌复杂多样，年平均降水量510毫米，平均气温5.8℃，无霜期160天。境内融汇了仰韶文化、马家窑文化、齐家文化等三大古代文化，是黄河上游古文化发祥地之一。葬有孤竹国二圣伯夷、叔齐的首阳山夷齐陵园，鸟鼠同穴奇迹的鸟鼠山、秦长城遗址和始建于明洪武年间（公元1368-1398）全国独一无二的悬臂式纯木拱桥——灞陵桥等一些历史人文景观。现已开发出“渭水探源”、“十里画廊”、“太白云海”、“双门踩浪”、“灞陵听涛”等十多处景点。

【国民经济】2016年，全县实现生产总值30.61亿元，比上年增长6.1%。其中：第一产业增加值10.39亿元，增长4%；第二产业增加值4.25亿元，增长8.2%；第三产业增加值15.97亿元，增长6.9%。固定资产投资64.77亿元，增长18.7%。社会消费品零售总额6.96亿元，增长9.5%。一般公共预算收入1.75亿元，下降6.46%；一般公共预算支出22.36亿元，增长1.54%。年末金融机构存款余额60.84亿元、贷款余额达到52.52亿元。

【供给侧结构性改革】坚持以供给侧结构性改革为抓手，多维拓展，持续做大做强马铃薯种薯、中医药、草牧业等优势产业，大力发展劳务经济，积极培育壮大工业经济、电商物流、文化旅游等新兴产业，三次产业结构由2015年的34.51：12.55：52.94调整为33.95：13.9：52.15。第一产业增加值占地区生产总值的比重由2015年的34.51调整为33.95，下降0.56个百分点；第二产业增加值占地区生产总值的比重由2015年的12.55调整为13.9，提高1.35个百分点；第三产业增加值占地区生产总值的比重保持在52%左右。第三产业增加值比重占据“半壁江山”，全县经济呈现多业态并举、多元化发展、多极点增长的崭新格局。

【脱贫攻坚】始终坚持把脱贫攻坚作为“一号”工程，坚持精准扶贫精准脱贫基本方略，发挥政府主导作用，举全县、全社会之力，集聚资源要素、凝聚攻坚合力，精准发力，推动“1+17”、“1+16+5”、“1+30+9”等省市县精准脱贫系列政策和“六个精准”措施落实到村到户到人，脱贫攻坚取得阶段性成效。围绕贫困村“六有五通”目标，实施了基础改善、民生改善等“八大工程”，破解了制约发展的瓶颈问题。围绕贫困户“两不愁、三保障、两高于、一接近”的脱贫目标，实施“七个一批”到户扶持措施和马铃薯、中医药、草牧业、劳务输转、光伏扶贫、电子商务等六大脱贫产业，贫困户人均可支配收入达到3607元，净增1709元。

【“三农”工作】2016年，全县马铃薯种植面积达到35万亩，年产脱毒瓶苗2.6亿株、原原种3.9亿粒、原种10万吨，年产种薯80万吨，渭源县已成为全国以县区为单位最大的马铃薯种薯生产基地，被农业部授予“全国马铃薯标准化种植示范县”；年中药材种植面积30万亩，已形成规模种植的主要有当归、党参、红芪、黄芪等品种，干药产量8万多吨，先后建成清源、会川、莲峰、新寨等中药材专业交易市场。引进发展中药材加工企业65家，其中省市级龙头企业6家，GMP认证企业27家，发展中药材个体加工户1200多户，年中药材加工能力达到7万吨，基本形成了中医药产业“种植—加工—销售”一体化体系；渭源县有80万亩天然草场资源，规模养殖企业585家，辐射带到规模养殖户1.3万户，牛、羊、猪、鸡饲养量分别达到14万头、90万只、36万头、500万只，产值15.2亿元，被列为全省牛羊养殖大县。

【项目建设】全年全县实施各类项目150项，总投资达64.77亿元。建设完成了渭水润园、一中东侧、北环路等棚户区改造项目11个，新建居民小区13个、公租房（廉租房）1572套，城市住房面积净增62.2万平方米，新增城市常住人口2.34万人。新建渭河大桥、火车站站前大桥及广场，建成清源路东段、河锹路等城市道路13.6公里，对外交通衔接更加通达顺畅。县城供热二期、污水处理厂等基础设施项目投入使用，渭河公园、渭河风情景观带等建成并向市民开放，新增供热面积53万平方米。新建堤防工程107公里、改造自然村电网465个1453公里，电网改造面和动力电覆盖率分别达到96%、100%。完成东南部供水、北部安全饮水复线以及引洮一期西南部、东峪沟等农村供水工程，新接通自来水3.4万户15.3万人，自来水普及率达到96.99%；灌溉渠道465公里，有效灌溉面积达到10.3万亩。硬化农村道路1034公里，砂化道路1201公里，所有乡镇、行政村实现通沥青（水泥）路，村组道路硬化率达到20.77%。新建易地扶贫搬迁安置点82个5718户，鼓励支持1301户农民进城安置，改造危房18485户，改造面达到72.2%。

【优势产业】加快马铃薯种薯产业扩量提质，种植面积稳定在35万亩，达到年产原原种4.5亿粒、原种10万吨、良种70万吨的生产能力。力促中医药产业转型升级，中药材种植面积稳定在40万亩，建成了渭水源、江能等中药材综合交易市场，年加工能力达到7万吨。推动草牧业井喷式发展，新增各类养殖小区（企业）653家、规模养殖户1.4万户，牛、羊、猪、鸡饲养量分别达到14万头、90万只、36万头、500万只。“一区三园”工业平台初具规模，建成区面积达到3.6平方公里，入驻企业58家，总投资达到27.6亿元，园区工业经济实现从无到有、持续扩张。新增GMP认证企业20家，累计达到25家。发展小微企业468家、工业企业176家。投资7.3亿元强势推进渭河源、首阳山等核心景区及外围环境建设，渭河源景区成功创建国家AAAA级旅游景区，获得“绚丽甘肃•十佳生态旅游景区”称号，“华夏文明渭河源”旅游品牌声名鹊起。新建星级宾馆2家、农家乐71家，累计接待游客220万人次，综合收入达到8.3亿元。抢抓国家光伏扶贫重点县机遇，规划建设千亩光伏食用菌产业园，元古堆村光伏发电站并网发电。大力发展蔬菜、苗木等富民产业，新增蔬菜种植专业村7个，种植面积达到5.3万亩，繁育苗木0.75万亩。引进大型超市、商业广场5个，建成源泰建材等专业市场8个、乡镇便民市场4个，君山路商业街等特色街区2个。电子商务蓬勃兴起，发展网购平台7个、网销企业51家、网店540家，建成覆盖县乡村快递网点（邮政配送点）282处，实现线上交易额1.2亿元。

【城乡建设】修订完善县城区总体规划，顺利通过规划中期评估，城市建成区面积扩大到6.1平方公里，规划区面积拓展到14.2平方公里。坚持节点式推进，特色化发展，率先推进会川、莲峰等中心城镇，打造五竹、路园、上湾等特色小城镇，城镇化率达到23.22%。生态造林十年规划有序推进，完成植树造林31.5万亩，退耕还林2.6万亩，治理水土流失面积275平方公里，森林覆盖率、水土流失治理程度分别提高到17.5%、50.1%。积极推进改善农村人居环境计划，开展房屋风貌整治4203户，新改扩建村级阵地188个、村民文化休闲广场115处，实施农村环境连片整治项目12个，建成美丽乡村5个、环境整洁村37个，城乡环境卫生综合整治长效机制初步建立。元古堆村荣获“绚丽甘肃•十大美丽乡村”荣誉称号。

【社会事业与社会保障】2016年，全县财政投入民生和社会发展资金达到19亿元，占财政支出比重90%。累计投入资金6亿元，新建第三高中、实验小学、特教学校和85所幼儿园，清源一小、县职专、县幼儿园整体搬迁，56所中小学完成改扩建，新（改）建校舍面积26.4万平方米，D级校舍全部消除。自筹资金1489万元引进优秀教师119人，将乡村教师生活补助标准提高到人均每月300元。学前三年毛入园率达到88%、义务教育巩固率达到89.8%、高中阶段毛入学率达到91.8%，2016年高考二本上线1282人，上线率达到35.6%。创建义务教育标准化学校137所，义务教育均衡发展通过省级评估验收。文化综合场馆、全民健身体育馆加快建设，建成农民健身工程175个，乡镇综合文化站和行政村农家书屋、广播电视村村通（户户通）实现全覆盖，羌蕃鼓舞等 4 个项目入选省级非遗项目名录。3 所县级医院及妇幼保健站整体搬迁，18 个乡镇卫生院相继完成改扩建，标准化村卫生室实现全覆盖。深化医疗卫生体制和公立医院改革，全面实施大病保险、医疗救助和分级诊疗制度，在全省率先推行“14885”健康促进模式改革和新农合兜底“零费用”救助模式，新农合参合率提高 3 个百分点，平均报销比例达到 62%。认真落实计划生育优先优惠和全面二孩政策，人口实现均衡发展。城镇新增就业 1.31 万人，完成农村劳动力培训 16.3 万人次、职业技能鉴定 1.3 万人，年均转移农村劳动力 7.3 万人以上。实施机关事业单位养老保险，启动全民参保登记计划，社会保险覆盖面达到 96%，城乡低保标准每人每月分别提高到 290 元、153 元，覆盖面分别达到 16.4%、24.5%。

（赵克俭）

临洮县

【基本情况】临洮，古称狄道，位于甘肃省中部，定西市西部，是黄河古文化的重要发祥地之一，素有“彩陶之乡”之称。全县总面积 2854.53 平方公里，有 18 个乡（镇），323 个村、12 个社区，户籍人口 55.18 万人，其中农业人口 49.34 万人，有汉、回、东乡等 19 个民族。年末耕地面积 106.28 万亩，其中保证灌溉面积 27.42 万亩，人均耕地 2.16 亩。全县海拔 1730～3670 米，年平均气温 7℃，年降水量 317～760 毫米，无霜期 80～190 天。

临洮是省会兰州的南大门，县城距兰州市区 80 公里，是“兰白经济区”内重要节点城市。兰临、康临高速和 212 国道及省道 309、311 线穿境而过，是连接甘肃中南部与临夏、甘南两个少数民族地区的必经之地和欧亚大陆桥经济带辐射圈内重点县区。随着定临、临康等二级公路的建成通车和临渭高速、水罐二级公路的动工建设，以及临洮机场军民合用改扩建、兰州至临洮至天水城际铁路等重大项目的规划实施，临洮的交通条件将更加便利。

临洮自古为西北名邑、陇右重镇，地处古“丝绸之路”要道，迄今建县已有 2390 多年的历史，是甘肃唯一集马家窑文化、秦长城文化、老子文化、李氏文化、藏传佛教文化、洮河文化等优秀文化资源于一体的地区，开发前景广阔。谋划了占地 24.67 平方公里的沿洮文化产业带，规划了 18 平方公里的太石休闲养生区项目，被省政府列为“华夏文明传承创新区”重点项目。规划建设了“一区（临洮经济开发区）三园（中铺工业园、洮阳高新技术产业园和康家崖农副产品集散加工园）”的工业聚集发展平台，引进入驻企业 59 家，其中占地 18.93 平方公里的中铺工业园已被纳入兰州高新技术产业开发区。

【国民经济】2016 年，全县完成生产总值 64.06 亿元，比上年增长 7.7%，其中，第一、二、三产业增加值分别为 14.86 亿元、18.27 亿元和 30.93 亿元，分别增长 5.1%、8.9%和 8.2%。固定资产投资 119.1 亿元，增长 15.8%。完成社会消费品零售总额 20.32 亿元，增长 9.6%。一般预算支出 29.26 亿元，增长 7.42%。

【项目建设】安排前期费 1000 万元，争取各类专项资金 10.3 亿元、基金 3.01 亿元，兰州至天水城际铁路、临洮军民合用机场纳入全省“十三五”规划纲要重大基础平台建设计划。实施重点项目 190 个，临洮二中学生宿舍楼、中医院门诊综合楼等 84 个项目全面完成建设任务。招商引进省建投建材物流园等项目 30 个，到位资金 57.4 亿元，比上年增长 22%。

【现代农业】全力开展抗旱救灾生产，农业经济保持基本稳定，完成农作物播种 129.9 万亩，粮食总产量 21.34 万吨。县财政累计投入各类产业扶持资金 7000 万元，扶持发展设施农业 6510 亩，建立马铃薯良种繁育基地 18.6 万亩，新建规模养殖小区（场）76 个、发展示范户 2360 户，种植中药材 15 万亩，新增核桃、油用牡丹等花木种植面积 8700 亩。

【地方工业】筹资 9755 万元实施中铺工业园盛和路等基础设施项目 13 个，中铺工业园污水处理厂投入试运行，康家崖农副产品集散加工园完成荣康路路基和管网工程。新建、续建工业项目 35 个，成勇板材、众合新型建材等 17 个项目建成投产，完成投资 17.2 亿元。个性化扶持工业企业开展技改扩能、融资信贷、销售倍增工程，新增规模以上工业企业 2 家。

【产业发展】沿洮文化产业带 17 个重点项目当年完成投资 2.8 亿元，八思巴文化产业园一期主体完工，马家窑洮砚小镇被列为全省创建的 18 个重点特色小镇之一，总投资 200 亿元的太石特色小镇项目成功签约，卧龙湾洮砚水镇、平长人家现代农业科技示范园投入运营。大力发展商贸物流产业，隆晟商贸商品仓储物流一期工程投入运营，兴荣蔬菜市场和良新蔬菜市场建成运营。新发展电子商务服务站点 110 个，开设网店（网站）548 家，实现网上销售额 3480 万元。

【城乡建设】油化改造文峰东西路、纸坊路等主干道 5 公里，硬化小巷道 11 条 10.3 公里，建成棚户区改造房屋 3369 套，去房地产库存 35.45 万平方米，城镇化率达 33.56%。东部农村引洮供水工程建成通水，彻底解决了东北部 8 个乡镇 8.7 万人的饮水不安全问题。城区给水厂扩建工程完成 85% 的工程量，达到了试通水条件。编制完成了辛店、衙下集等 5 个镇的镇区控制性详细规划，通过灾后重建和园区带动，南屏、中铺、辛店等特色小城镇功能不断完善。玉冶路试验段和巴红路改造工程完成了路基工程，当年硬化农村道路 131 公里。实施八里铺宿郑家坪等土地整治重大项目 6 个，整理改造高标准农田 5.4 万亩。

【脱贫攻坚】县财政列支扶贫专项资金 1.39 亿元，整合其他涉农资金 7265 万元，大力实施“四跟进”产业扶贫模式，全年减少贫困人口 4049 户、15823 人，贫困发生率下降到 8.07%。全力补齐基础短板，维修加固 C、D 级农村危房 3529 套，完成自来水入户 5500 户，砂化通社道路 251 公里，建成村级文化广场 175 个，行政村标准化卫生室实现了全覆盖。持续推进金融扶贫，发放精准扶贫专项贷款 4.87 亿元，互助资金担保增信贷款 1.02 亿元。大力实施农业职业技能提升计划，培训农民 5.8 万人次，输转富余劳动力 10.5 万人，实现劳务收入 19 亿元。

【社会民生】高考二本以上上线 2528 人，上线率 40.43%，居全市第二，市委、市政府授予“教育质量振兴奖”。甘肃农业大学应用技术学院启动建设，义务教育均衡发展通过教育部评估认定。县中医院综合门诊楼投入使用，建成了八里铺、漫洼等 4 所乡镇卫生院业务用房。全面落实医疗救助、临时救助和残疾人“两项补贴”政策，发放各类保障金 1.14 亿元，建成农村互助老人幸福院及社区老年人日间照料中心 38 所。

（赵学东）

漳　县

【基本情况】漳县位于定西市南部，地处西秦岭和黄土高原过渡地带，东连武山，西邻卓尼，南靠岷县，北与陇西、渭源接壤，地势东高西低，版图呈琵琶型。全县辖 10 镇 3 乡，135 个村民委员会，5 个居民委会，年末常住人口 19.67 万人。总土地面积 2165.59 平方公里，海拔 1640 米至 3941 米，年平均气温 8.2 度， 无霜期 155 天，日照时数 2313 小时，年降雨量在 500 毫米左右，属湿润半湿润气候。

全县有耕地面积 46.77 万亩，主要农作物有 25 科、68 种，其中粮食作物以小麦、蚕豆、洋芋、玉米为主。经济作物以油料和当归、党参、红（黄）芪等中药材为主。全县宜林地面积 81 万亩，森林面积 39 万亩；有天然草场 131 万亩，占总面积的 40.4%；药材共约 440 个品种，主要有当归、党参、冬虫夏草、大黄、贝母、元胡、红芪、黄芪、秦艽等。漳县所产当归俗称“岷归”，由于气候条件适宜，土质较好，总产量达到 5000 吨左右。另有蕨菜、羊肚菌、乌龙头等野生蔬菜质纯味美，餐用极佳，远销韩国和东南亚等地。

境内有漳河、龙川河、榜沙河三条主要河流，河道总长 154.2 里，年径流量 3.582 立方米，入境水 1.661 立方米，共计 5.243 立方米。非金属矿有岩盐、红柱石、石灰石等十九种，金属矿有金、银、铜、铁、铅、锌等六种。岩盐是漳县优势最大的一种矿产资源，已探明储量达 5000 多万吨；石灰石储量在 16 亿立方米以上；境内的红柱石矿属世界第四、国内第一的大型矿床，远景储量约 1 亿吨，红柱石精矿粉三氧化二铝含量达到 56%以上，开发利用价值极高；大理石储量约 15 亿立方米，氧化钙含量为 54%，方解石含量 95%。硫铁矿储量 309 万吨，品位达到 30%。金矿为中型矿床，品位为 15 克/吨。现有国家级森林公园一处、新石器文化遗迹三处、省级文物保护单位三处。有史称“贵清仙境”贵清山森林公园，因“日出而为山所蔽”得名的遮阳山等国家 AAAA 级旅游景区；被称为海内之最的汪家坟元墓群，是研究元明历史的珍贵史料；红色旅游有红军长征盐井纪念馆。

【国民经济】2016 年，全县完成生产总值 22.41 亿元，比上年增长 5.7%。其中，第一产业增加值 6.32 亿元，增长 5.6%；第二产业增加值 4.15 亿元，增长 7.0%；第三产业增加值 11.94 亿元，增长 5.3%。固定资产投资 48.21 亿元，增长 15.8%；社会消费品零售总额 3.88 亿元，增长 9.7%；一般公共预算财政支出 13.8 亿元，下降 8.96%；城镇居民人均可支配收入 20074 元，增长 8.4%；农民人均可支配收入 5972 元，增长 8.4%。

【脱贫攻坚】按照新的扶贫标准，全年全县减少贫困人口 1.19 万人，贫困发生率下降到 15.46%。农村自来水普及率提高到 96%以上；行政村动力电覆盖率、建制村通畅率均达到 100%；改造农村危房 1.3 万户，易地扶贫搬迁 5574 人。累计争取财政专项扶贫资金 2.2 亿元，实施整乡、整村推进项目 46 个，135 个行政村村级扶贫互助资金协会全覆盖。发放精准扶贫专项贷款 4.14 亿元，扶持 8298 户贫困户发展脱贫产业。强化贫困群众技能培训，全年培训贫困群众 1.35 万人，年均输转城乡劳动力 5.4 万人次，实现劳务收入 9.4 亿元。倡导社会帮扶资源与精准扶贫有效对接，省市县乡 5400 多名干部职工联系全县所有贫困户，36 家省内外社会力量参与全县帮扶。全县精准扶贫大数据平台全面建成，“853”挂图作业实现县乡村户全覆盖，“扶持谁”“谁来扶”“怎么扶”三个关键性问题得到有效解决。

【“三农”工作】围绕打造新寺、武阳两个万亩蔬菜生产基地，建成日光温室、塑料大棚 1.5 万座 1.1 万亩，其中日光温室 3240 亩、塑料大棚 8760 亩；武阳韭菜集散市场、新寺蔬菜批发市场建成投入使用，认证无公害蔬菜 2 个、绿色食品甘蓝、西兰花、番茄、黄瓜等 7 个，蔬菜持续均衡生产能力不断提高。累计建成农业科技综合示范点 130 个，农机总动力达到 21.7 万千瓦，粮食总产量稳定在 6 万吨以上。新组建农民专业合作社 46 个、规范提升 21 个，基本形成与市场需求相适应、与资源禀赋相匹配的农业生产结构和区域布局。全县现有果园面积 1.2 万亩，果品年产量达 4916 吨以上。围绕美丽漳县建设，立足大地增绿、农民增收两大目标，深入实施“生态立县”战略，全县森林覆盖率达到 20.8%，绿色成为漳县主色调。建成县城至佛梁隧道 6 公里生态长廊，建成花卉特色突出、苗木品种优良的贵清山植物园景观基地 600 亩，多树种、多色彩绿化贵清峡二级旅游公路，高质量、高品位提升贵清峡面山绿化 5000 亩，形成了园林、村庄、面山、道路相互映衬，四季常绿、三季有花的生态旅游休闲景观区。累计种植优质核桃 5 万亩，打造油用牡丹基地 5100 亩。保护发展沙棘林 30 万亩，荣获“中国沙棘之乡”荣誉称号。持续开展全民义务植树，大力实施天然林保护、三北防护林和新一轮退耕还林等重点林业工程，完成面山绿化及改造提升 3.5 万亩、工程造林 10 万亩、绿色廊道 126 公里。坚持以草促畜、草畜联动，养殖方式由散户放养向设施养殖逐步转变。落实草原生态保护奖补资金 5365 万元，全县人工种草面积达到 15 万亩，建成规模养殖场 106 个、规模养殖户 2658 户，牛羊存栏量达 17.8 万头，漳县珍稀水生野生动物保护区成功晋升为国家级自然保护区，休闲渔业及中华蜜蜂、蕨麻猪、放养鸡等特色养殖已成为助农增收的重要支撑。

【项目建设】项目建设扎实有效，落实项目前期经费 800 万元，完成项目可研等前期编制 72 个，争取到位国家和省上各类项目 138 项 5.7 亿元；组织实施 500 万元以上项目 115 个，完成投资 48.2 亿元、增长 15.8%。实施招商引资项目 32 个，到位资金 54.4 亿元。第 22 届兰洽会成功签约项目 10 个，引进资金 478.7 亿元。陇西至漳县高速公路可研通过评审，漳县通用机场完成选址，水上公园、盐川古镇文化产业园等前期项目完成可研。兰渝铁路及漳县车站完成铺轨并通过试车、渭武高速漳县过境段、国道 212 线漳县段升级改造等省部属项目顺利实施，文殪二级公路等重大项目全面建成。180 户 779 名省内异地安置群众实现搬得出、稳得住。总投资 1.2 亿元休闲式的旅游小镇火车站建成。殪虎桥、三岔小城镇和 5 个重灾村、11 个集中安置点基础设施健全，集聚功能完善，集中展现了灾后重建成果。完成高新路、陇漳路、香贵路等交通重建项目 141 个，新增公路里程 471 公里。防洪护岸、农村安全饮水、灌区工程等 33 个水利项目全部竣工。

【工业经济】工业集中区发展规划通过省政府批复，完成基础建设投资 4000 万元，引进甘肃衡济堂、艾康沙棘等 2 户企业入驻特色农产品加工园。积极落实融资担保、用地保障等优惠政策，加大企业扶持力度，中材祁连山集团年产 300 万吨新型干法水泥生产线全面建成投产，纯低温余热发电项目投入运行，年产值稳定在 6.8 亿元，上缴税金 8000 万元；中盐甘肃武阳盐化有限公司年产 30 万吨盐硝联产项目达产达标；金地矿业年产 3 万吨红柱石精矿粉生产线建成并投入试生产；城关加油站实现出城搬迁，城市天然气开发利用工程投入运营。2016 年完成工业增加值 2.79 亿元，增长 6.6%。

【城乡建设】编制完成县城 10.67 平方公里控制性详规。城镇化率达到 28.16%，全面建成商贸街、西三路、东一南路、东二北路、西一南路，城区“三横九纵”道路框架趋于成型。编制完成县城控制性详细规划，实施城区生活污水处理、生活垃圾处理、集中供热等城建项目 69 个，完成翠苑小区、中心市场等老旧供热管网和东城区电网改造。中兴路、泰安南路、东晖北路、文苑南路完成综合开发，陈庄路、盐川路建成通车，滨河路、武阳路、龙川路完成改造提升。县城建成区面积扩大到 4.68 平方公里。完成大草滩、殪虎桥、盐井、四族、石川、草滩撤乡改镇及更名工作，各乡镇实现主街道硬化全覆盖，建成“千村美丽”省级示范村 5 个、市级示范村 5 个。理顺城乡管理体制，成立县乡综合执法机构，大城管格局基本形成。县财政多渠道筹资 405 万元，支持开展城乡环境卫生综合整治，人居环境明显优化。

【优势产业】漳县蚕豆高产栽培技术通过省科技厅成果鉴定，达到同类研究国内领先水平。蚕豆、燕麦、蕨菜、羊肚菌通过国家绿色食品认证。2016 年，强化“菜单式”定向培训，全年培训 1.35 万人，输转城乡劳动力 5.4 万人次，实现劳务收入 9.4 亿元；中药材、蚕豆、蔬菜等特色优势产业种植面积达 30 万亩，占全县总播种面积的 65%。中药材种植面积扩大到 16 万亩，标准化种植技术全面推广，原药年产量稳定在 3600 万公斤左右，市场供给能力明显提升。建成贵清峡游客接待中心、9 公里旅游二级公路和遮阳山东溪游客接待中心、西溪水景工程等一批重大旅游项目。创建农家乐 143 户，大草滩新联村荣获中国乡村旅游模范村，贵清山镇香桥村、新寺镇青瓦寺村被评为省级乡村旅游示范村，集农业观光、休闲度假、民俗体验为一体的乡村旅游业态基本形成。2016 年接待游客 125.2 万人次，增长 20.5%；实现综合收入 3.26 亿元，增长 22.4%。

【环境保护】大气环境质量中总悬浮微粒年日均值控制在国家标准之内，二氧化硫、氮氧化物年日均值控制在国家一级标准之内。城镇、农村饮用水水质达标率继续保持在 100%。区域环境噪声和交通干线噪声分别控制在了国家规定的排放限值之内。完成水土流失综合治理面积 150 平方公里、梯田建设 8.5 万亩、耕地复垦 692.1 公顷，新修堤防 80 公里。全力开展节能减排，全县生产总值综合能耗下降 4.3%。全面开展大气污染防治、河道污染治理、农村环境连片整治，环境质量有效改善。

【社会保障】不断完善社会保障体系，城乡居民养老保险综合巩固率达到 95%，累计发放农村五保、城乡低保金 1.02 亿元，城镇职工基本养老、医疗、失业、工伤、生育等社会保险新增参保人数 1500 人，被征地农民养老保险稳步推进。住房公积金缴存比例均提高到 10%。多方开辟社会就业渠道，城镇新增就业 3498 人，其中高校毕业生 182 人，城镇登记失业率 3.8%。

【社会事业】投入资金 8.2 亿元改善办学条件，全县校舍面积达到 36.6 万平方米。县一中、县二中、职业中专等 7 所学校完成整体搬迁，新改扩建幼儿园 37 所。高考二本上线 417 人，上线率达到 30.6%。发放城乡班主任津贴和乡村教师生活补助 674 万元，落实贫困寄宿生生活补助等各类资金 2705 万元。全国科技进步县创建工作通过国家科技部考核，59 项科技创新获国家专利授权，创新成果转化应用能力不断增强。建成 13 个乡镇综合文化站、县广播电视发射台站和地质博物馆，县博物馆实现整体搬迁，县文化馆完成主体工程，市县数字广播电视农村覆盖网基本建成，公共文化服务设施免费开放，乡村百姓舞台实现全覆盖。多渠道筹资 4460 万元，完成县医院改扩建和县中医院、妇幼保健站整体搬迁，建成县卫生监督所、120 急救中心。全面实行大病保险、分级诊疗和支付方式改革，新农合参合率达到 98%，补偿农民 61.2 万人次 2.3 亿元。“全面二孩”政策稳妥实施，成功创建全国利益导向政策体系示范县、计划生育优质服务先进县和基层群众自治示范县。人口和计划生育工作稳步推进，人口文化建设亮点纷呈，孕前优生健康检查全面开展，入户访视有效提升，成功创建全国利益导向政策体系示范县，人口自增率5.89‰。

（成春江）

岷　县

【基本情况】岷县古称岷州，位于甘肃西南部，洮河中游，地处青藏高原东麓与秦岭陇南山区接壤区。岷县地处青藏高原边缘，是甘南高原向黄土高原、陇南山地的过渡地带。总流域面积3578平方公里，耕地面积64.49万亩，水域面积63.6平方公里，森林面积351.7平方公里，森林覆盖率为9.83%。岷县气候属于高原性大陆气候，降雨量多，气温低，无霜期短，多冰雹等自然灾害。境内海拔2040～3754米，县城海拔2300米，年平均日照时数2184小时、气温6.1摄氏度，年降雨量451～818毫米，无霜期90～120天。全县辖9乡9镇、359个行政村，13个居委会。年末常住人口45.7万人，城镇人口9.46万人，城镇化率20.7%。居住着汉、回、藏、东乡、蒙古族等7个民族。其中除汉族外，回族群众占有较大比重。

【资源优势】岷县有草场面积406万亩，占总土地面积的75.6%，累计人工种植多年生优质牧草146.6万亩，岷山红三叶草、岷山猫尾草成为岷县两大特色优质草种。黑裘皮羊、蕨麻猪、高原牦牛是地方特产，蕨麻猪、黑裘皮羊已经取得国家农业部地理标志认定，“蕨麻猪”、“白牦牛”于2013年4月被国家体育总局训练局列为运动员备战保健产品。盛产当归，红芪、黄芪、党参、大黄、贝母等中药材238种，素有“当归之乡”、“千年药乡”之称，岷县年种植当归、红芪、黄芪、党参等各种中药材35.61万亩，是重点外贸产品。境内水系分长江、黄河两大流域，3个水系。有大小河流22条，年平均径流量42亿立方米。黄河一级支流洮河流经县内9个乡（镇）83.5公里、年平均流量120立方米每秒。境内分布金、锑、铅锌、花岗岩、大理石、石灰岩、红柱石等金属或非金属矿产25种。可开发利用的矿产有金、铅锌、花岗岩板材、石灰岩、砖瓦粘土等。有“彩陶之乡”马家窑文化、寺洼文化、齐家文化等文化遗迹6处。明代建于县城的真武庙至今保存完好。洮岷花儿、洮砚加工制作技艺、巴当舞、青苗会先后被列入国家级非物质文化遗产名录，其中洮岷花儿被列入世界非物质文化遗产名录。有风景秀美的国家AAA级旅游景区湿地草原狼渡滩、省级自然保护区双燕生态景区及马烨仓自然风景区；有以中共中央西北局岷州会议会址、二郎山战斗遗迹为代表的红色旅游景点等各类旅游资源100多个。1997年建成并开放的中共中央西北局“岷州会议”纪念馆已被确定为全国100个红色旅游经典景区之一，并列入全国30条红色旅游精品线路。二郎山革命战斗遗址对外开放。

【国民经济】2016年，全县完成生产总值36.33亿元，比上年增长5.7%。其中，第一产业增加值10.55亿元，增长6.7%；第二产业增加值8.76亿元，增长6.7%；第三产业增加值17.02亿元，增长4.5%。三次产业结构比为29.03:24.13:46.84。固定资产投资总额63.24亿元，下降6.6%。社会消费品零售总额11.85亿元，增长9.7%。一般公共预算收入2.17亿元，下降8.83%；一般公共预算支出25.19亿元，下降15.55%。金融机构各项存款余额为87.36亿元，增长8.47%；各项贷款余额为68.2亿元，增长27.57%。城镇居民人均可支配收入20403元，增长8.6%；农村居民人均可支配收入5931元，增长7.8%。

【脱贫攻坚】岷县是国扶贫困县和六盘山片区58个重点贫困县之一。2014年底，全县有建档立卡贫困村150个，贫困人口3.12万户12.69万人，贫困发生率28.07%，农民人均纯收入4350.7元。2015年，全县有2.59万贫困人口实现整体脱贫并顺利通过省、市考核评估。2016年，全县有0.49万户2.1万贫困人口达到退出标准，顺利通过国家、省、市验收和第三方评估，贫困人口下降到8.12万人，贫困发生率下降到18.2%

【项目建设】全力保障和配合省、市列重点项目，兰渝铁路岷县至广元段建成通车，渭武高速岷县段重点控制性工程已开工建设，进展顺利。积极实施市列责任制及县级重点项目，北城区城市综合体建设等10项市列重点项目全面完成年度目标任务，2016年完成投资7.62亿元；全县开工建设500万元以上重点项目超过200项，完成投资70.82亿元。岷县南城区集中供热等22个总投资在5000万元以上的重点项目完成可研编制等前期工作，总投资达316亿元的506个重点项目被纳入国家政府投资项目三年滚动计划库。2016年通过各种渠道共争取到位中央及省上预算内资金8.2亿元。积极推进招商引资项目落地，2016年共实施招商引资项目58个，到位资金55.65亿元、增长13.27%。

【优势产业】围绕产业增效、群众增收，扎实推进特色农业发展。一是中医药产业方面：全省中医药产业转型升级岷县先行先试工作取得重要进展，中药材标准化种植和机械化推广应用程度显著提升，道地中药材标准认定、地方标准申颁、质量追溯体系建设基本完成，配方颗粒研制加快推进，“岷县当归”中国驰名商标获得国家工商总局颁布，“岷县当归”种植系统全国重要农业文化遗产申报成功，成立甘肃岷县当归研究院，“岷县当归”获得中国驰名商标称号、完成农业部国家地理标志认证、通过国家级出口食品农产品质量安全示范区验收。二是畜草产业方面：依托实施“四黑两绿”工程，大力发展草牧产业，加快培育中蜂养殖，新建各类养殖小区215个，发展规模养殖6300户，畜禽饲养总量达到242万头（只）；顺利完成岷山种畜场交接工作，新增草原面积85万亩，产业规模进一步扩大。

【社会事业】2016年共投入资金3754.9万元，改善义务教育薄弱学校办学条件。投资5878万元，新建幼儿园64所，全县公民办幼儿园达到166所，基本实现了有需求的行政村幼儿园全覆盖。高考二本上线757人，上线率为27.1%，较2015年提高3.1个百分点。加强县级公立医院综合改革，严格执行基本药物制度，全面落实新农合优先优惠政策，全县参合率达到98.4%。全面实施两孩政策，推动人口长期均衡发展。马坞乡综合文化站和107个村级文化活动室全面完成验收并投入使用，“乡村舞台”建设工作全面推进，岷县首家民族博物馆—岷县民族民俗博物馆揭牌并面向社会免费开馆。岷县剪纸、陶艺加工、彩陶复制等7个项目申报了省级非物质文化遗产项目。同时，不断提高科技投入，县财政科技投入达2000多万元。

【环境保护】2016年完成造林面积4.8297万亩，全民义务植树370万株，自然保护区达到1个。开展农村面源污染整治，最大限度减少农业污染。狠抓矿山和河床生态恢复治理，严厉打击非法探采矿和非法采砂活动，重点做好三沟金矿恢复治理和禾驮等无主矿山治理及河道治理工作。

【民生保障】2016年，用于民生方面的财政支出21.59亿元，占财政总支出的89.96%。城镇新增就业5612人；应届高校毕业生报到注册1514人，其中1371人实现就业，就业率达90.6%以上。新增小额担保贷款3740万元。及时下拨冬春生活困难救助资金557万元，旱灾救助资金95万元。全面开展城乡低保农村五保提标工作，农村低保保障面达到23.33%，城镇低保保障面达到16.45%。全面开展城乡居民社会养老保险，参保人数达到23.8万人，参保率达到99.9%，年内发放城乡居民社会养老保险基础养老金5461万元，发放率实现100%。进一步加强农村敬老院、五保家园、互助老人幸福院规范化管理，建成农村老年人日间照料中心77所，集中供养服务水平进一步提升。加快保障性安居工程步伐，完成了新城佳苑经适房竣工决算审计，安泰家园廉租住房正在进行合同签订。

（包建科）

陇南市

【基本情况】陇南市位于秦巴山区、青藏高原、黄土高原三大地形交汇区域，西部向青藏高原边缘过渡，北部向陇中黄土高原过渡，东部与西秦岭和汉中盆地连接，南部向四川盆地过渡，整个地形西北高东南低，西秦岭和岷山两大山系分别从东西两方伸入全境，境内形成了高山峻岭与峡谷盆地相间的复杂地形，是甘肃省唯一的长江流域地区。东邻陕西，南接四川，辖一区八县，全市共195个乡镇，其中75个乡（含4个民族乡）、120个镇，3167个村委会，其中113个城市社区。2016年末，全市常住人口260.41万人，其中城镇人口79.37万人；人口自然增长率为6.34‰。全市分布着汉、回、藏、蒙等29个民族。总面积2.78万平方公里（合4187万亩），其中耕地面积829.52万亩。陇南处于北亚热带向暖温带的过渡地区，年平均气温10～15℃，年降雨量400～1000毫米之间，无霜期120～260天。海拔在550～4187米之间。境内地貌俊秀，气候宜人，雨量充沛、光照充足，森林覆盖率高，素有“陇上江南”之美称。

【资源优势】陇南矿产资源富集。有铅、锌、锑、铜、锰、金、硅、重晶石、煤等金属和非金属矿34种，其中西成铅锌矿带为我国第二大矿体，已探明储量2400万吨；锑为我国第三大矿体，已探明金属储量14.9万吨；文县阳山金矿已探明储量300吨以上，是我国特大型金矿之一，有望成为亚洲最大的金矿。水力资源丰富。市内河流纵横交错，有嘉陵江、白龙江、白水江、西汉水四大水系，大小河流3900多条，年径流量279亿立方米，水电开发潜力较大。旅游资源独特。《史记》记载，华夏人文始祖伏羲“生于仇池，长于成纪”，仇池就是现在陇南的西和县，至今伏羲崖还耸立在仇池山上；陇南是中国历史上第一个封建帝国秦王朝的发祥地，秦始皇先祖在礼县繁衍生息；成县的《西狭颂》摩崖石刻，是汉代“三颂”中保存最为完整的书法艺术瑰宝；宕昌哈达铺是中国工农红军的加油站和决定中国革命命运的转折点，宕昌哈达铺红军长征纪念馆被列为全国重点文物保护单位。比较著名的人文景区景点还有成县杜甫草堂、礼县先秦文化遗址、祁山三国古战场、西和仇池国遗址、阴平三国古栈道。

【国民经济】2016年，全市实现生产总值339.9亿元，比上年增长8.4%。分产业看，第一产业增加值73.9亿元，增长5.5%；第二产业增加值73.3亿元，增长7.7%；第三产业增加值192.7亿元，增长9.9%。三次产业结构比值为21.73∶21.57∶56.70，与上年相比，第一、二产业比重分别下降0.58个百分点、1.57个百分点，第三产业比重上升2.15个百分点。固定资产投资654.0亿元，增长10.74%；社会消费品零售总额99.5亿元，增长9.6%；进出口总额17285万元，增长72.9%。城镇居民人均可支配收入20504元，增长8.4%；农村居民人均可支配收入5859元，增长8.4%。一般公共预算收入26.7亿元，增长10.78%；一般公共预算支出208.4亿元，增长6.68%。全年金融机构人民币各项存款余额782.6亿元，增长8.26%；各项贷款余额558.4亿元，增长16.66%。

【“三农”工作】2016年，全市粮食种植面积470.15万亩，比上年增长0.05%；油料种植面积34.80万亩，增长0.38%；蔬菜种植面积58.40万亩，增长2.51%。粮食总产量106.35万吨，下降7.38%。新增电子商务网店1944家；电子商务培训人数76513人；实现销售总额36.36亿元，其中线上销售12.41亿元、线下销售23.95亿元；通过电子商务新增就业人数26213人；入驻陇南馆网店数量累计469个。全市累计建设物流企业数一共247家，快递网点累计建设数量953个；全市有2561个行政村已覆盖宽带。全市行政村宽带覆盖率达到80.81%。开辟了农民增收、农业增效和农村发展的新途径，闯出了一个贫困地区发展农产品电子商务的“陇南模式”。

【扶贫工作】2016年，确定了300个建档立卡贫困村开展试点，继续加大一村一店建设，创新“电子商务+合作社+贫困户”的脱贫模式，推进电商与农产品龙头企业、专业合作社对接，进一步放大电商脱贫的效应。加强贫困村的信息、交通、物流基础建设，推广放大特困片区宽带进村试点经验，着力解决物流快递“最后一公里”的问题，全面推进信息流、物流、资金流向贫困村发展，确保让贫困群众享受电商扶贫红利。在全国率先启动贫困村基础设施建设融资项目，三年期间融资75亿元，其中贷款59.75亿元，对1365个建档立卡贫困村的基础设施“短板”问题，按照贫困村脱贫标准，一次平茬，全面解决。全市1区8县所有融资贷款实现落地，9县区已发放首期贷款19.2亿元，项目建设相继启动。大力发展互助资金，累计安排3127个村互助资金6.2亿元，其中贫困村1365个，非贫困村1762个，达到贫困村和有10户以上建档立卡贫困户的非贫困村全覆盖。在两当县和徽县大河店乡启动了开发性金融支持精准扶贫试点，为513户互助社社员发放互助资金1527万元；累计发放精准扶贫小额贷款12.8万户、61亿元。积极争取项目资金，共安排礼县光伏扶贫试点专项资金320万元，户均投入1.6万元。在西和县西高山乡朱河、刘河两村开展构树扶贫试点工作，建成栽植基地200亩，通过贷款新建麻纸加工厂一个，发展合作社6家，受益农户170户、752人，其中建档立卡户数69户、259人。

【项目建设】兰渝铁路陇南段建成通车，实现了陇南人民的百年火车梦。渭武高速公路、徽两高速公路全线开工建设，武九高速试验段工程开工。陇南成州民用机场、国道G567线礼成康段、G345线康武段、G247线文九段、G212线武罐段等国省干线升等改造项目进展顺利，综合交通运输体系基本形成。兰渝铁路供电工程、天水至晒经至武都330千伏Ⅱ回输电线路、酒泉至湖南±800千伏特高压直流输电陇南段等电网工程已建成，农网改造升级加快推进，供电网架结构进一步优化。全年实施市政基础设施项目160项，完成投资10.38亿元，成县城区西出口道路改造等一批项目建成投用，徽县城区集中供热工程等项目加快建设。

【特色产业】陇南市生物资源丰富，境内自然生长的树种有1300多种，其中有花椒、核桃、油橄榄、茶叶、银杏等经济树种400多种，是甘肃唯一产茶区和全国油橄榄最佳适生区；有中药材1300多种，其中名贵中药材300多种，《本草纲目》中的党参、当归、红芪、大黄、甘草等五大药材中，四种产于陇南，素有“天然药库”、“千年药乡”之称誉。有可利用天然草场990万亩，加之荒山荒坡、退耕地人工种草和大量的农作物秸秆，发展草食畜牧业具有优厚的资源；境内有山珍、食用菌100多种。2016年，陇南市农业特色产业中核桃产量60017吨，产值68628万元；花椒产量30106吨，产值165051万元；中药材产量153632吨，产值165051万元；油橄榄产量26434吨，产值31972万元；茶叶产量1326吨，产值5039.18万元；苹果产量104391吨，产值28905万元；蔬菜产量616060吨，产值131570万元；蚕茧产量462吨，产值905万元；牛出栏10.68万头，牛产值46163万元；羊出栏21.02万只，羊产值10501万元。

【社会保障】2016年末，全市登记失业人数7600人，比上年增长14.37%；城镇职工医疗保险14076人，增长7.17%；城镇居民医疗保险158295人，增长11.21%；城镇养老保险53295人，与上年持平；工伤保险参保69659人，增长4.4%。城镇居民最低生活保障对象5.38万人，发放低保金2.34亿元；农村低保对象45.96万人，发放低保金8.68亿元。

【环境保护】全市现有环境监测站10个。空气质量优良指数达93.91%；地表水、饮用水达标率均达到100%；区域内环境噪声平均值为54.5分贝，交通干线噪声平均值65.3分贝。

【社会事业】2016年末，学校总数2345所，教职工31366人，在校学生数488227人。学龄儿童入学率99.05%，初中入学率87.32%。小学、初中、高中专任教师合格率分别为99.65%、99.31%、92.39%。全市共有艺术表演团体45个，全年演出1148场，观众达339万人次；文化馆9个；公共图书馆9个，藏书达80.19万余册；博物馆10个；文化古迹52处，文物藏量10250件，其中一级文物144件。广播和电视综合覆盖率分别为92.86%和95.68%；数字有线电视用户129309户，增长37.45%。有公立医疗卫生机构1733个，其中县级以上综合医院10个、中医院8个、疾病防控中心9个、社区服务中心（站）10个、妇幼保健院（站）9个、卫生监督所9个、乡镇卫生院215个。拥有病床位8055张，共有卫生技术人员8102人，其中执业医师和执业助理医师2691人、注册护士2023人。

（常宏）

武都区

【基本情况】武都区地处甘肃东南部，白龙江中游，东与康县、成县、陕西省宁强县为邻；南与文县、四川省青川县接壤；西与宕昌、舟曲县相靠，北与西和、礼县毗连。全区南北极长为100.8公里，东西最宽为76.2公里，总土地面积4683平方公里，辖36个乡镇，650村，14.03万户，56.68万人。耕地面积69.35万亩，属南秦岭山系，地形复杂，素以“山大沟深”而著称。白龙江自西北入境，向东南流过。地势西北高，东南低，山脉多呈西北一东南走向，境内峰峦起伏，群山环绕，沟壑纵横，山势陡峻，城区海拔998米，构成了气候、土壤的垂直差异，农业生产条件也随平均海拔、坡向的不同，呈现“立体农业”的特点，自古就有着“天旱收高山，雨涝收半山，不涝不旱收沿川”和“一眼望四季”的说法。境内海拔600～3600米之间，年平均气温14.7℃，年日照时数1911.3小时，年降雨量400mm左右，无霜期210～240天，属亚热带半湿润气候。

【国民经济】2016年，全区完成生产总值103.7亿元，比上年增长9.0%。其中，第一产业增加值增长5.8%，第二产业增加值增长6.4%，第三产业增加值增长10.4%。农民人均可支配收入6161元，增长8.9%；城镇居民可支配收入21502元，增长8.8%。全年完成农作物播种面积122.86万亩，比上年增加0.08万亩，其中，粮食种植面积82.3万亩，减少0.2万亩；粮食总产量17.38万吨，下降5.4%。工业增加值3.9亿元，增长3.7%，其中，规模以上工业增加值2.3亿元，增长3.9%。固定资产投资107.74亿元，比上年增长5.0%；社会消费品零售总额39.3亿元，增长9.7%。金融机构各项存款余额212.8亿元，增长7%；金融机构各项贷款余额195.9亿元，增长16.3%。

【城乡建设】深入推进华夏文明传承创新区建设，全年完成城市风貌特色专项规划、村庄布局规划和71个新农村建设规划，加快吉石坝、江南片区和钟楼滩新区开发，在城区建成行人天桥3座，更换体现油橄榄元素路灯652盏，硬化背街小巷道路7224平方米，城区供热面积达50万平方米，江南管线工程全面完工，江南公园建成即将开放，南山生态工园“一中心两广场”基本建成，西南小区旧城改造、北峪河西提路改造、长江大道西延伸段工程等一批城市建设项目进展良好，安化小城镇综合改革试点取得阶段性成效，城市功能进一步完善。扎实开展城乡环境秩序集中整治，大力创建省级卫生城市。建成洛塘石沟、无马市场等41个美丽乡村，在全省改善农村人居环境考核中被评为“优秀”等次，裕河自然保护区晋升为国家级自然保护区，PM10等环保控制指标全面完成，城乡面貌日益改观。

【项目建设】全年完成项目投资97.4亿元，年初确定的124个新建项目和50个续建项目进展良好，完成投资52.7亿元。严格执行政府投资项目预决算审核，代建管理等一系列办法，降低建设成本，全年共审核各类项目435个，审减资金1.52亿元。认真落实招商引资工作责任制，着力提高项目落地率，全年签约招商引资项目13个，签约资金72.88亿元，到位资金50.2亿元。积极服务重大项目建设，及时解决项目征地拆迁等问题，成武高速、武罐高速、兰渝铁路建成通车，渭武高速武都段工程进展良好。

【优势产业】坚持把特色产业作为富民兴区的支柱产业来抓，加大特色产业扶持力度，通过建基地、抓管理、强科技、促营销，加快油橄榄、花椒、核桃、中药材、蔬菜等特色产业提质增效，全力打造“中国橄榄之城”、“中国花椒之乡”。全区已发展油橄榄40余万亩，2016年鲜果产量3.23万吨，榨油3870吨，实现综合产值1.62亿元。依托电商平台，成功举办了武都花椒节会，进一步拓宽营销渠道，全区花椒基地达100万亩，花椒产量达2.12万吨，实现产值11.67亿元。全面落实经济林综合管护措施，完成核桃高接换优32万株，核桃基地面积达50万亩，保存株数1300万株，产量0.54万吨，产值0.81亿元。

【扶贫开发】扶贫开发成效显著，发展环境不断增强，进一步修订招商引资优惠政策，多次组团参加大型节会招商引资，全年签约招商引资合同项目13项，签约资金7.88亿元，到位资金50.2亿元。深度落实市委“433”发展战略和“精准扶贫”行动，加大基础设施建设、富民产业培育、异地扶贫搬迁等工作力度，大力改善贫困村生产生活条件，有效落实287个贫困村11.81万贫困人口建档立卡工作，精准扶贫大数据平台建成运行，及时准确发放精准扶贫小额贷款11.76亿元，整合资金6.23亿元向特困片区、贫困村倾斜。实施贫困村公路畅通工程116项，硬化通村公路700公里，解决42个村3.5万人农村人口安全饮水问题。全年输转富余劳动力13.6万人，劳务创收24.723亿元，农民收入实现快速增长。

【环境保护】环境保护效果明显，坚持“环保优先，生态立区”发展理念，全面实施退耕还林还草，天然林保护等工程，全区森林覆盖率达到30.01%，完成重点地质灾害隐患点综合治理5处，治理水土流失面积3.3平方公里，裕河自然保护区晋升为国家级自然保护区。全面贯彻落实国家环境保护各项政策规定，扎实开展机动车、燃煤锅炉、餐饮行业和秸秆垃圾焚烧污染治理，2016年空气优良天数达到324天。加强水源地监管，城乡水源水质全部达标。扎实做好中央第七环境保护督查组环保信访案件办理工作，共办结转办的信访举报问题33件，办结率100%，办结的信访问题已基本整改到位。全面落实节能减排措施，城镇污水集中处理率达到97%，城市生活垃圾无害化处理率达到95%，主要污染物总量减排指标均控制在计划指标内，万元生产总值综合能耗下降2.6%。

【社会保障】年末全区企业职工参加基本养老保险7382人，征收养老保险费4539万元，参加失业保险6413人，征收失业保险金469万元；城乡居民参加基本养老保险28.85万人，征收养老保险费2190万元；城镇职工参加医疗保险1.79万人，征收职工医疗保险费4853万元；城镇居民参加医疗保险5.16万人，征收居民医疗保险费280万元；农村居民参合率98.9%；城镇居民发放低保金6160万元；农村居民发放低保金19530万元；供养农村五保对象3021人，发放补助资金1045万元。

【社会事业】认真落实教育优先发展战略，加快实施农村寄宿制学校、中小学危房改造等建设项目，办学条件得到改善，教学质量明显提高。年末全区有各类学校334所，年末有教职工6179人。学龄儿童入学率100%，初中入学率100%。小学、初中、高中专任老师合格率分别为99.5%、99.7%、96.3%。全区普通高考4054人，二本上线1278人，上线人数比上年增加43人，上线率32.63%，被985、211大学录取141人。科技工作以农村经济结构调整为突破口，围绕“万元田”、“多千田”建设和特色产业开发，开展多种形式的技术服务和科技培训工作。新建各类科技示范点172个，培训乡村干部和农民技术人员3.48万人(次)。计划生育工作以巩固优质服务为基础，全区人口出生率为13.54‰，人口自然增长率为6.49‰。卫生工作以建立新型农村合作医疗制度为重点，不断加强公共卫生体系建设，年末全区有公立医疗卫生机构48个，拥有病床位1925张，有卫生技术人员1643人。34所基层卫生院重建工程已经完工，医疗卫生体制改革全面实施，基层卫生院全部实行了国家基本药物零差率销售。

（宗春荣）

成 县

【基本情况】成县位于甘肃省南部的陇南市，东北与徽县接壤，西与西和相邻，南以西汉水为界与康县相望，东南与陕西省略阳县毗邻。属西秦岭余脉，地势呈西北高，东南低，海拔在 750～2377 米之间，境内多高山峡谷，地貌特征南北为山地，中部为丘陵。属暖温带半湿润气候，四季分明，冷暖适度，年均气温 13.3℃。无霜期 212 天，年日照时数 1692 小时。年均降雨量 563.6 毫米左右，相对湿度 69%。境内有犀牛江、东河、南河、洛河等“一江三河”丰富的水资源。全县辖 14 镇 3 乡，15 个居民委员会，245 个村民委员会，1472 个合作社。2016 年末，常住人口为 24.41 万人，人口自然增长率为 6.65‰。土地总面积 1676.54 平方公里，其中耕地 40.57 万亩，林地 118.65 万亩，天然草场 15.5 万亩。

【资源优势】境内已知植物种类达 1958 种，动物种类 54 种。林果有核桃、柿子、樱桃、板栗等，还有天麻、茯苓、杜仲等名贵药材及千余种药用植物；有梅花鹿、豹、熊、画眉、红腹锦鸡等十余种珍稀野生动物。初步探明的金属矿藏有铅、锌、黄金、白银、铁、锰等 17 种，尤以铅锌储量较大，为全国第二大铅锌矿带，其地质储量约 1100 万金属吨。国家级重点保护文物汉隶《西狭颂》摩崖石刻为全国仅存“汉三赋”中保存最完整，历史研究价值极高，古西汉栈道，风光峻奇、环境优美；诗圣杜甫流寓同谷纪念地“杜少陵祠”，合山环水，景幽文蕴；南宋抗金名将吴挺陵园，历史蕴藏丰富；以及国家级森林公园鸡峰山和唐韵遗风裴公莲沼等人文景观和五龙山红色旅游景区，是处于麦积山、九寨沟、西安、汉中等多条黄金旅游链上的重要“驿站”。

【国民经济】2016 年，全县实现生产总值 54.5 亿元，比上年增长 8.2%。规模以上工业增加值 10.3 亿元，增长 7.3%。固定资产投资 85.1 亿元，增长 5.5%。社会消费品零售总额 9.9 亿元，增长 9.4%。三次产业结构比值为 18.10∶32.09∶49.81。

【农村经济】全力抓好农业特色产业开发工程。全年完成核桃树改良 181 万株，成县核桃被认证为全国地理标志保护产品，新发展中药材、油用牡丹等特色产业 2.3 万亩，油用牡丹、食用菌、土蜂养殖等林下立体经济初具规模。积极扶持发展规模养殖业，全县规模养殖户达到 49 户。加强农民职业技术培训，输转外出劳务人员 56313 人，创劳务收入 12.67 亿元。发展专业合作社 704 户、农头企业 17 户，流转土地 9.9 万亩。实现农业增加值 9.86 亿元，比上年增长 6.2%。

【工业经济】实施了 9 项工业技改扩建项目，以铅锌、白酒、建材为主的传统工业加速改造升级，全面完成了厂坝矿区资源整合资产重组；实施了厂坝公司 300 万吨采选扩能、祁连山 320 万吨干法水泥及余热发电、红川酒业 4000 吨白酒生产线扩建等工业项目 65 个，骨干企业不断壮大；园区建设步伐加快，签约招商项目 40 个，实际到位资金 53.39 亿元，园区承载力持续增强。民营经济突飞猛进，扶持发展小微企业 191 户，非公经济增加值占全县生产总值的 51%。全年完成工业增加值 10.95 亿元，比上年增长 7.4%.

【旅游业】以文化旅游、休闲养生、农业观光、度假体验为主的旅游业逐渐兴旺，星级酒店达到 8 个，农家乐（客栈）达到 180 家。获得亚洲金旅奖最美生态旅游目的地、中国最佳旅居度假名县、中国最具投资潜力旅游名县、最美中国民俗旅游目的地城市、生态文明标杆县等荣誉。2016 年接待游客 169.45 万人，比上年增长 30.3%，实现旅游综合收入达到 8.46 亿元，比上年增长 32.2%。

【电子商务】实施“互联网+行动”计划，在全市率先发展农产品电子商务，成立了西北地区首个电子商务协会，建成运营了淘宝网特色中国陇南馆，实施了国家电商进农村综合示范县项目；围绕全产业链构建了覆盖农村的电商服务体系，投资 16 亿元的“一馆两园”产业平台项目顺利推进，阿里巴巴、京东商城、苏宁易购等知名电商平台入驻成县，累计开办网店 915 家、发展物流快递企业 61 户，电商销售额突破 5.3 亿元；新发展农村市集、村玩儿、陇南生活网、同谷商城等自建电商平台 9 个，建成了农村淘宝县级服务中心和 43 个村级服务站；探索出的“电商扶贫”模式，被国务院扶贫办、商务部在全国推广，成县被列为全国电子商务进农村综合示范县、全国农业农村信息化电子商务示范单位、农村电商创新型示范县，陇南电子商务产业孵化园被列为国家级电子商务示范基地，成县作为唯一地方代表参加了国务院副总理汪洋在中南海主持召开的“互联网+现代农业”座谈会，提出的意见和建议被采纳，并纳入国家层面电商发展规划。

【人民生活】全县从业人员 15.44 万人，其中，农村 11.87 万人，城镇 3.57 万人。城镇单位从业人员年平均工资 49630 元，比上年增长 5.04%；城镇居民人均可支配收入 20599 元，增长 8.5%；农村居民人均可支配收入达到 7019.8 元，增长 8.1%。城乡居民储蓄存款余额达到 68.4 亿元，增长 6.36%。居民消费价格总水平为 101.7。

【精准扶贫】整合各类项目资金 4.55 亿元，争取贫困村基础设施融资贷款 6.5 亿元，积极实施易地扶贫搬迁、贫困户危房改造、全域旅游、产业开发等农村扶贫项目和人饮工程、文化广场、村幼儿园等公共服务项目 60 个。完成 3192 户危房改造，完成 39 个贫困村和 97 个非贫困村安全饮水工程，完成 35 个贫困村文化服务中心、12 个贫困村幼儿园、433 公里的通社公路硬化等建设。实施 507 户 1827 人异地扶贫搬迁工程。建立村级扶贫互助协会，开展劳务技能培训，建成生态文明新农村和美丽乡村。全县农村安全饮水入户率达到 85%，广播电视户户通入户率达到 95%，农家书屋全覆盖，全年减贫 1.32 万人，减贫率

42.27%，脱贫退出贫困村37个。

【项目建设】实施各类建设项目192项，十天高速正式通车，成州机场等重点交通项目加快推进。城市天然气项目顺利通气，城乡电网改造工程全面完成。完成征地拆迁任务，保障项目建设用地。积极实施棚户区改造项目，已签订协议664户，发放补偿资金3.95亿元；全年签订招商引资项目40个，累计到位资金53.59亿元。西成经济开发区循环化改造稳步推进。

【城镇建设】编制了成县城市风貌等专项规划45套。实施城市建设项目43项，完成了城区130公里小巷道硬化、东新街地下人防工程、华昌大桥、金和大桥、磨坝峡水库、莲湖公园升级改造等城市重点项目；实施房地产、城市综合体改造项目15项，总投资近13亿元。开展了城市环境集中整治活动，实施了智能交通指挥系统、人行道改造等工程，市政设施不断完善。小川镇被列为全省新型城镇化综合改革试点镇，仿古风貌的小城镇建设步伐加快，城镇功能日趋完善。积极实施旧城区改造和新城区开发建设，城区建成面积达到12平方公里，城镇化率提高到47.44%。

【社会保障】城乡低保、新农合、养老保险等社会保障扩面提标，社会保障、养老服务、医疗救助、大病统筹、社会保险等“一站式”服务体系更加完善；城乡低保年人均保障标准分别提高到现在的2439元、420元；全县新农合参合率、城乡居民养老保险参保率达98%以上。积极引导大学生、返乡农民工等群体开展“双创”行动，全县新增就业1890人。落实了乡镇干部、教师津补贴。持续开展了安全生产、环境保护、社会治安等专项整治活动，社会大局保持稳定。办理人大代表建议98件、政协提案88件。

（张宏军）

文县

【基本情况】文县位于甘肃南陲，坐落在甘、川、陕三省交界处，地处秦巴山地，素有“陇上江南”、“甘肃西双版纳”、“大熊猫故乡”之美誉，既有北国之雄奇，又有南疆之灵秀。地理位置处于亚热带向暖温带过渡地带，素有“一山有四季，十里不同天”的特征，年平均气温16.3℃，无霜期272天，年均降雨383毫米，海拔550米至4187米。全县辖14镇6乡，305个村民委员会，7个社区，1305个村民小组。2016年末，全县总户数9.05万户，总人口24.73万人，其中乡村人口19.15万人，居住着汉、藏、回等7个民族，全县少数民族人口达到0.87万人。全县总土地面积4994平方公里，有耕地面积30.75万亩，其中水田1.48万亩，旱地29.27万亩，在旱地中有水浇地7.88万亩。全年农作物播种面积达到55.94万亩，其中粮食作物达到38.13万亩。粮食作物主要以小麦、水稻、玉米、薯类为主，经济作物及林果产品以蔬菜、纹党、花椒、核桃、茶叶、油橄榄为主。

【资源优势】文县境内有“两江八河”和360多条溪流，年径流总量90多亿立方米，水能理论蕴藏量303万千瓦，其中可开发利用的达210万千瓦，目前已开发利用91.25万千瓦，占到可开发利用水能的43.5%。金属和非金属矿藏达20多种，储量大，品位高，已探明黄金储量300余吨，硅矿1亿多吨，铜金属储量5万多吨，重晶石矿3200多万吨，锰矿储量119万吨。有洋汤天池、白马藏族民俗村、阴平古道、碧口景区、白水江自然保护区等一批旅游景点，可与九寨沟、黄龙连成一条黄金旅游线，发展前景广阔。

【国民经济】2016年，全县实现生产总值25.8亿元，比上年增长9.6%。其中，第一产业增加值5.8亿元，增长5.7%；第二产业增加值6.6亿元，增长12.8%；第三产业增加值13.4亿元，增长9.6%。完成工业增加值5.4亿元，增长14%，其中规模以上工业增加值4.9亿元，增长14.2%，新建成投产了文县中庆塑料制品厂、李子坝水电站等一批重点工业项目。实施500万元以上项目230个(其中5000万元及以上项目10个)，完成固定资产投资78.9亿元，增长5.6%。社会消费品零售总额69109万元，增长9.7%。一般公共财政预算收入2.3亿元，增长8.5%；一般公共预算支出20.2亿元，增长17.7%。全县金融机构各项存款余额59.8亿元，增长3%；贷款余额53.6亿元，增长10.3%；居民储蓄存款40.3亿元，增长16.5%。职工平均工资50212元，增长9.7%；城镇居民人均可支配收入19650元，增长8%；农民人均可支配收入5389元，增长8.6%。

【“三农”工作】2016年，全县狠抓农业经济结构调整，大力推进农业特色产业开发和植树造林工作，全力推进农业经济稳步增长。全年兴修水平梯田0.25万亩，累计达到23.94万亩；新增有效灌溉面积0.1万亩，全县有效灌溉面积累计达到9.36万亩；粮食总产量71312吨，比上年减产7.2%。农业特色产业总产值达到54487万元，增长19.8%。农业特色产业产品中，花椒产量3270吨，增长23.4%；核桃产量4623吨，增长14.8%；药材产量6584吨，增长16.8%；蔬菜产量89981吨，增长9%。当年造林面积达到5.79万亩，其中营造生态林1.42万亩，栽植经济林4.37万亩。出栏牛0.42万头，增长9%；羊出栏2.18万只，增长7.5%；出栏猪10.94万头，增长9%；家禽出栏19.77万只，增长66.7%；水产品产量达到1270吨，下降8%。人饮解困工程得到较好实施，累计解决了300个村5.93万户21.11万人的饮水困难问题的。扶贫开发和新农村建设稳步推进，整合项目资金7.4亿元，争取国开行贫困村基础设施建设项目贷款2.5亿元，盘活存量资金5220万元，为1.04万户贫困户发放精准扶贫专项贷款4.9亿元，全年共减少贫困人口1.32万人，贫困发生率下降至15.2%；建成生态文明新农村40个，其中省市级美丽乡村3个、县级美丽乡村4个、改善农村人居环境示范村33个。

【社会保障】全年累计发放各类社会救助资金1.44亿元；城市低保人均月补助标准提高到362元；农村低保年保障标准年提高到3300；农村五保年供养标准从3500元提高到4114元 年末全县参加城镇职工基本养老

保险的人数为 6562 人，参加城镇基本医疗保险人数 13265 人，参加失业保险的人数为 2652 人，城镇居民最低生活保障人数 6752 人，农村居民最低生活保障人数 46627 人，五保户供养人数 1486 人，参加农村合作医疗的人数 186744 人，参加农村社会养老保险的人数 110983 人。

【社会事业】社会事业协调发展。新建尚德初级中学等 6 所学校教师周转房 215 套，开办了全县第一所民办学校"东方中学"，2016 年全县高考二本以上上线人数达到 413 人，比上年增长 42.7%；创建科技示范村 20 个、科技示范户 300 户，申请专利 47 件；率先在全市建成了文县区域卫生信息管理平台；全县城镇新增就业 3784 人；安置高校毕业生 205 名、2014 年以来符合条件的退役士兵 13 名。

（崔耀文）

宕昌县

【基本情况】宕昌县位于甘肃南部，陇南地区西北部，东接礼县，南连武都，西邻舟曲，北靠岷县，地处西秦岭、青藏高原、黄土高原交汇的复杂构造带,境内山峦起伏，沟壑纵横，地形地貌异常复杂，山岳特征显著。地势由西北向东南倾斜，地形由山地、丘陵、河谷三大单元构成，南部多深山峡谷，北部多黄土梁峁。县境海拔在 1138～4154 米之间，平均海拔 2300 米，最高雷古山海拔 4154 米，最低沙湾水洞里沟口，海拔 1138 米，县城海拔 1748 米。年平均气温 10.0°C，年平均无霜期 180 天，年平均降水量 635.5 毫米，年蒸发量 1180.9 毫米，年平均日照时数 2085.1 小时，年太阳辐射量 119.5 千卡/㎝²，境内气候温和，光照充足，冬无严寒，夏无酷暑，属大陆温带季风气候区。全县辖 19 个乡、6 个镇、336 个行政村，幅员 3331 平方公里，2016 年户籍人口 31.9 万人，常住人口 27.77 万人，城镇人口 6.34 万人。

【资源优势】有当归、大黄、党参、红芪、丹参、柴胡等 636 种，尤以当归、党参、红芪、大黄四大药材质优量大，远销中外。有珍稀动物金钱豹、香獐、鹿、熊、狐等。有野生蕨菜、松花蜂蜜、生漆、羊肚菌、花椒、核桃、柳编工艺品、手工地毯等林副特产。已探明的矿产有锑、铜、铅、锌、金、铁等金属，石灰石、石膏、重晶石、煤、泥、炭、玛瑙等非金属。主要旅游景点有：哈达铺红军长征纪念馆、素有"小九寨沟"之称的大河坝森林公园、官鹅沟 AAAA 级风景区、南阳牛头寺、高庙山公园等。

【国民经济】2016 年，全县完成生产总值 23.4 亿元，比上年增长 8.9%；规模以上工业增加值 2.4 亿元，增长 10.6%；固定资产投资 74.3 亿元，增长 21.7%；社会消费品零售总额 7.4 亿元，增长 9.6%；一般公共预算支出 20.4 亿元，增长 6.1%；城镇居民可支配收入 19476 元，增长 8.1%；农村居民可支配收入 5251 元，增长 8.7%。

【精准扶贫】深入实施"1+17"精准扶贫方案，扎实开展脱贫攻坚"回头看"专项行动，确保了"七个一批"各项政策措施精准落实到村到户。申请国开行贫困村基础设施贷款 7.7 亿元，县财政筹措配套资金 0.5 亿元，整合农村危房改造、山洪灾害防治、财政专项扶贫等涉农资金，集中推进了建档立卡贫困村基础设施建设，扎实推进了 5 个特困片区开发，实施易地扶贫搬迁项目 3 个，贫困村动力电、文化广场全覆盖，完成了 43 个村 300 公里建制村通畅工程，解决了 39 个村 2.95 万人饮水安全问题，改造农村危房 3263 户。扎实开展助农增收"十条路"行动，全年减少贫困人口 1.84 万人。

【"三农"工作】建成万亩中药材种植示范基地 2 个，新建了福江源药业公司 GMP 中药材饮片生产线，引进甘肃琦昆公司仓储物流项目，延长了产业链条。新建林果基地 2.8 万亩，完成核桃高接换优 2.8 万株，发展生态放养鸡重点村 80 个，全县养蜂规模由 2015 年的 1.2 万箱增加到 3.6 万箱。积极打造劳务品牌，全年完成技能培训 1.48 万人、鉴定颁证 1.19 万人，输转劳务 9.31 万人，创劳务收入 18.03 亿元，产业效益明显提升。

【旅游开发】扎实推进官鹅沟大景区综合体制改革，组建了官鹅沟大景区管委会。官鹅沟 5A 级景区、哈达铺 4A 级景区、官鹅沟国家级地质公园创建扎实推进，完成了木隆沟道路硬化和金羊湖等湖泊建设，在重庆、西宁、银川等 9 个城市开展了宕昌旅游宣传推介活动，与 56 家旅游企业签订了合作协议，成功举办了宕昌县纪念红军长征胜利 80 周年暨旅游文化艺术节•道地药材电商营销展示会。打造旅游富民示范村 4 个，建成农家客栈 35 家、农家乐 18 家，以药膳包为主的旅游产品销售达到 1000 万元,旅游文化、中医药保健养生等相关产业融合发展。全年接待游客 176.3 万人次，旅游综合收入达到 10.6 亿元，比上年增长 24.5%和 27.8%。4460 名贫困人口通过发展旅游业实现脱贫，旅游扶贫效益显现。

【电子商务】深化"接放管服"改革，全年共承接省市下放行政审批事项 17 项、取消 11 项、调整 13 项，县政府工作部门 247 项审批事项全部纳入县行政审批和电子监察系统管理。国库集中支付、预算管理改革深入实施，公务用车改革有序推进。优化非公经济发展环境，新增各类非公经济主体 1642 户。全国电子商务进农村示范县项目顺利实施，全县开通网店 1300 家，指导研发网销产品 53 大类 284 种，实现线上销售额达到 1.65 亿元，创造就业岗位 2830 个，电商扶贫效益逐渐显现。乡镇物流配送达率 100%，企业电商应用率达到 76.5%，建成了农村产权确权抵押交易服务中心和农村产权交易服务平台，全年流转土地 6078 亩，累计发放三权抵押贷款 8.72 亿元，发放精准扶贫专项贷款 1.86 万户 9.17 亿元，实现了行政村扶贫互助资金协会全覆盖。

【项目建设】积极开展重大项目协调服务，加大征地拆迁力度，渭武高速征地任务基本完成；国道 212 线升级改造项目顺利推进，兰渝铁路宕昌段通车运行。谋划储备城市基础设施、产业发展、生态保护等重点项目

100 项，争取各类项目 78 项。签约招商引资项目 32 项，签约资金 54.2 亿元。全年实施的 120 项重点项目竣工 80 项、完成投资 57.5 亿元。提升改造新城子至车拉等县乡道路 32 公里，完成了新城区部分路段人行步道改造，棚户区改造项目有序推进，完成了哈达铺车站站前广场建设和纪念馆广场铺装工程，启动了沙湾镇区国道 212 线过境段改线工程，新建生态文明新农村 34 个，巩固提升 16 个，电力、水利、通讯等基础设施建设取得显著成效。

【基础建设】紧盯贫困村退出的 20 项验收指标，指导建立了《宕昌县贫困村基础设施短板台账》，利用国开行基础设施贷款，因地制宜，完善规划，提高定位，集中推进了 150 个建档立卡贫困村基础设施建设，着力补齐贫困村基础设施硬件短板，贫困村面貌发生了显著变化。同时，统筹推进城乡发展，新建省级美丽乡村 3 个、生态文明新农村 34 个，完善提升生态文明新农村 16 个，电力、水利、通讯等基础设施条件得到有效改善，打牢了脱贫攻坚基础。

【生态文明】实施新一轮退耕还林工程 5.25 万亩，完成荒山造林 3.7 万亩，全县林木绿化率达到 47.5%。全面落实第二轮草原生态保护奖补政策，水土涵养能力得到提升。按照“一库一策”要求全面完成了全县 6 座尾矿库的治理。严格落实排污申报登记和排污收费制度，建成了城区空气质量自动监测站，完成了 3 个乡镇集中式饮用水水源地保护项目。深入开展环境执法检查，依法关停采砂企业 20 家。对中央环境保护督察组、环保部西北督查中心交办的 15 起环保突出问题，都在第一时间予以办理，处罚环境违法行为 6 起。

【社会事业】全面完成了市、县民生实事，落实了各项政策性增支。坚持教育优先发展战略，新增校舍 1.45 万平方米，全县普通高考二本以上上线 309 人，比上年增长 7.75%。扎实推进文化事业发展，重视卫生事业发展，完成了县妇保院和两河口、狮子乡卫生院建设项目，新建村级标准化卫生室 25 个，新农合参合率达到 98%以上。加大救灾救助力度，完成了城乡低保和五保供养提标，城乡居民基本养老保险参保率达到 98.1%。强化群众饮食用药安全监管，坚持安全生产常抓不懈，积极推进社会管理创新，扎实开展矛盾纠纷排查调处，社会大局和谐稳定。

（韩黎明）

康　县

【基本情况】康县位于甘肃省东南部，陕甘川三省交汇地带，东邻陕西略阳县，南接陕西宁强县，西邻武都区，北隔西汉水（犀牛江）同成县相望；地处西秦岭南侧陇南山中，地质构造为昆仑秦岭地槽褶邹地带，地势西高东低，起伏大，中部高，南北低；最高海拔 2484.8 米，最低海拔 560 米。境内气候属亚热带向暖温带过渡区域，雨量充沛，气候湿润，光照充足，年总降水量 689.3mm，年均气温 11.8℃，年总日照时数 1893.3 小时，无霜期 215 天。全县总面积 2967.95 平方公里，耕地总面积 64.86 万亩。全县共有 21 个乡镇、350 个村、8 个社区居委会，总人口 20.34 万人，人口以汉族为主，占总人口的 99.7%，有回、满、壮、藏、蒙、瑶、维吾尔等少数民族。

【资源优势】康县素有“万宝山”之称，物产资源丰富，境内有高等植物 172 科 1000 余种，特有经济林树种 30 余种，林木真菌 96 种；有天麻、杜仲等名贵中药材 576 种，市场走俏的农特产品达 300 多种，国家野生保护动物数百种。境内青山绿水，现有森林约 339 万亩，活立木蓄积量 1267.3 多万立方米，全县森林覆盖率达到 67.64%，林木绿化率高达 70.4%。境内已发现的主要矿种有金、铜、铁等金属矿产，金矿是县内优势资源，黄金储量丰富，岩金矿在县境内大部分地区均有分布。铜矿主要分布在康南的阳坝—太平一带地区，已探明铜矿石资源储量 448.8 万吨。共有一江十四河，水能蕴藏量（理论）9.98 万 kw，可开发量约占 3.68 万 kw。人力资源，全县城乡劳动力资源总数 13.97 万人，其中乡村劳动力 12.44 万人；2016 年输转城乡富余劳动力 6.48 万人，创劳务收入 13.5 亿元。

【生态旅游】生态旅游资源丰富，全县从南到北无山不青、无水不秀，风光旖旎，景色迷人。茶园、竹海、灵山、秀水、幽谷、茂林、飞瀑、流泉构成了康县独具特色自然生态风光，山川秀美，千峰叠翠，万峡溢绿，悬泉飞瀑，百鸟争鸣，是西北天然生物园和野生动物园，已成为西北地区较有名的生态旅游胜地和享誉省内外的生态旅游名县。县内 2 家国家 4A 级景区，康县长坝花桥旅游示范村和阳坝自然风景区，已成为省内黄金旅游线路，其风光具有“陇上版纳”之赞誉，其中的房车露营地、菩提广场、梅园沟、红豆谷、清河原始森林更是景区之精华。近年来，以打造国家级生态旅游产业示范县和“中国最佳生态宜居宜游目的地”为目标，依托美丽乡村打造全域旅游大产业，实施了乡村旅游“十村百户千床”示范工程，建成了 36 个以长坝镇花桥村、城关镇凤凰谷村、王坝大水沟村为典型的乡村旅游专业村和农家客栈，不断提升康县旅游的美誉度和知名度，全县已初步打造成了“不要门票的生态旅游大景区”。康县已荣获“中国最佳生态宜居宜旅游目的地”、“中国最美绿色生态旅游名县”及“全国休闲农业和乡村旅游示范县”荣誉称号。成功组织召开了全省乡村旅游精准扶贫现场会。完成了长坝镇花桥旅游示范村国家 4A 级旅游景区创建与评定目标。凤凰谷村、花桥村被评为“中国乡村旅游模范村”，凤凰谷乡村旅游度假公司被评为“中国乡村旅游模范户”。在乡村旅游的强势推动下，全年共接待游客 189.9 万人次，实现旅游综合收入 10.34 亿元，分别比上年增长 24.4%和 27.8%。

【国民经济】2016 年，全县实现生产总值 20.7 亿元，比上年增长 8.7%。其中，第一产业增加值 4.9 亿元，增长 5.8%；第二产业增加值 5.5 亿元，增长 7.6%；第三产业增加值 10.3 亿元，增长10.8%。三次产业结构比为23.77∶26.46∶49.77，人均生产总值11533元。固定资产投资74.89亿元，增长6.3%。社会消费品零售总额5.8亿元，增长9.4%。一般公共财政预算收入1.5亿元，增长2.98%。农村居民人均可支配收入5455元，增长8.4%；城镇居民人均可支配收入19755.6元，增长8.2%。年末各项存款余额50.9亿元，比年初增长3.05%，其中，储蓄存款余额31.7亿元，增长12.83%；各项贷款余额35.8亿元，增长39.8%。

【项目建设】全年共实施投资500万元以上重点项目68项，建成59项，完成投资35.3亿元。国道567线康县段项目基本建成，省道S222线康阳段旅游公路前期工作进展顺利，省道329线周昌段26.5公里公路改建工程启动实施，实施通畅工程27项273.054公里和村内道路硬化10个村90公里，新建便民桥20座，交通运输体系进一步完善。建成生态林6408亩，完成退耕还林4.5万亩。争取国开行棚户区改造项目贷款授信2.9亿元，贷款到位1亿元，2016年428套（新建安置房215套，货币化安置213套）棚户区改造项目全面启动。加快推进1381户农村危房改造项目建设，已开工1097户，竣工744户。进一步加大招商引资力度，全年共签约招商引资合同项目37个，签约资金62.62亿元，到位资金53.4亿元，合同履约率达到100%。

【“三农”工作】坚持不懈地推动特色农业产业建基地、扩总量、强龙头、创品牌、增效益。发展农业特色产业基地面积5.92万亩，新建特色经济林面积3.11万亩，实施了99.96万亩经济林综合管理。新建标准化养殖场2个，建成规模养殖场307个，其中标准化规模养殖67个。新建鱼塘面积5.6亩，发展淡水养殖218亩，产量100吨；累计发展大鲵养殖面积246亩，大鲵养殖户328户，养殖大鲵12.89万尾。大力推广食用菌袋料栽培技术，食用菌产量420吨，产值897万元，其中黑木耳产量179吨，“康县黑木耳”成为全国食用菌行业“实施品牌战略，推创行业品牌”上榜品牌。145个贫困村共组建合作社339个，实现了农民专业合作社贫困村全覆盖。坚持把休闲农业、旅游农业、观光农业作为拓展现代农业功能，增加农业效益，促进农民增收的新途径，积极培育乡村旅游农业体验大产业，被评为“全省休闲农业示范县”、“全国休闲农业和乡村旅游示范县”，康县王坝镇何家庄村被评为“全省休闲农业示范点”，康县获批为国家农村产业融合发展试点示范县，入选国家全域旅游创建单位名单。

【美丽乡村建设】美丽乡村建设与精准扶贫深度融合，把美丽乡村建设作为全县最大的民生工程来抓。按照“突出重点，兼顾全面”的要求，以望关至长坝、城关至王坝两大乡村旅游示范片区和豆坪、店子、阳太三个精准扶贫示范片区等五大片区为重点，把全县47个村高标准（4个省级、43个县级美丽乡村示范村）打造成了基础设施完善、公共服务便利、村容村貌整洁、生态环境优美、文化特色鲜明、生活富裕和谐的美丽乡村，使全县美丽乡村总数达到了262个，占行政村总数的75%；3.6万户群众实现了安居乐业之梦，占农村4.7万户的76.6%，惠及贫困户10909户，占贫困户总数的87%，在康县大地绘就了一幅“天蓝地绿水清、村美院净家洁”的秀美画卷，实现了乡村美、旅游兴、群众富的新发展、新跨越、新成就，用诗情画意破解了发展难题，探索出了一条贫困山区脱贫致富建小康之路。康县美丽乡村建设连续五年获得全省第一，在全省创出了经验，在全国有了一定的影响，已有1镇5村评选为全国最美村镇。

【脱贫攻坚】全面完成了年度减贫任务，全年共减少贫困人口9964人，贫困发生率下降至16.9%。盘活存量资金3000万元，整合项目资金2.86亿元，争取国开行贫困村基础设施建设项目贷款3亿元，加快改善贫困村社基础条件，按期完成了贫困村社水、电、路、房、网络等基础设施年度建设任务；为7051户贫困户发放精准扶贫专项贷款3.15亿元；大力推进劳务扶贫，全年输转农村劳动力5.85万人（次），创收13.1亿元。

【工业发展】继续坚持“依托优势、突出特色、抓大扶小、外引内培”的工作思路，以项目建设为抓手，以企业提质增效为重点，以园区基础建设为突破，确保康县工业经济健康稳步发展。独一味循环工业园区“筑巢引凤”成效显著，兴源土特产、恒丰核桃、润霖杜仲、华彩彩印、恒杨食用菌等一批企业相继落户园区，入园企业已达12户，实现增加值3.59亿元。全部工业实现增加值5.0亿元，比上年增长7.6%。其中，5户规模以上工业企业实现增加值4.78亿元，主营业务收入6.66亿元，利润总额1.26亿元，利税总额1.43亿元。

【社会保障】2016年，全县城镇新增就业329人，年末城镇登记失业率3.8%。参加城镇养老保险人数5665人（其中职工3590人，居民2075人），城镇医疗保险人数17414人（其中职工人数9121人，居民8293人），参加失业保险人数2518人。城镇居民最低生活保障3211人，发放低保金1401万元；农村低保32137人，发放低保金5973.9万元；农村五保对象1625名，发放供养资金752.7万元。参加农村新型合作医疗16.7万人，参合率达98.01%；参加新型农村社会养老保险12.58万人，参保率达98.0%。

【环境保护】深入开展环境保护大督查专项行动，排查整治了一批环境风险隐患，中央环保督察组交办的4批4件（次）信访问题全部办结。全面贯彻实施《环保法》及四个配套办法，以污染减排为重点，严格建设项目环境管理，加大污染治理力度，严格环境执法，深入开展环境隐患排查整治行动，加快环保机构能力建设，认真落实环保工作目标责任制。化学需氧量排放量为866.42吨，氨氮排放量为137.52吨，二氧化硫排放量为461.80吨，氮氧化物排放量为74.28吨。四项主要污染物排放量均控制在计划总量指标内，全面完成污染物控制目标和减排计划。

【社会事业】全力实施了6所乡镇中心幼儿园建设和76所农村薄弱学校改造项目，狠抓教育教学质量提升，学前三年毛入园率89.54%，九年义务教育阶段巩固率达92.17%，入学率为99.9%；高中阶段毛入学率达85.2%，高考一本上线率7.5%，高考二本上线率28.45%。加快医疗卫生事业发展步伐，分级诊疗改革有序实施，大病保险做到了应保尽保，医疗救助覆盖面进一步提升；近年来，争创了“全省中医药工作先进县”、“全省卫生县城”和“全国计划生育优质服务先进县”，改建了15个乡镇卫生院，建成了166所村级标准化卫生室（其中当年新建成投用贫困村标准化卫生室34个）和42个农民健康促进村。大力发展文化体育事业，新建“乡村舞台”90个，提前实现了全县350个行政村乡村舞台建设全覆盖。新建文化小广场46个，文化活动室、农家书屋达到了行政村全覆盖。康县阳坝镇油坊坝、长坝镇花桥、王坝镇廖家院、王坝镇何家庄、城关镇凤凰谷、白杨乡朱家沟、岸门口镇严家坝等7个村特色记忆博物馆示范馆上榜甘肃省“历史再现”工程“乡村记忆”博物馆。创建国家级文明镇1个、文明村2个，康县被中国民间文艺家协会命名为“中国茶马古道文化之乡”，启动了康县茶马古道申报世界文化遗产前期工作。全县广播和电视节目综合人口覆盖率均达到98.29%，建成县城及阳坝镇区无线wifi基站126个，新增宽带村50个，宽带行政村覆盖率达到86.5%，接入率达到55%以上。

（肖平）

西和县

【基本情况】西和县位于甘肃省东南部，西秦岭南侧长江流域西汉水上游。东临徽县、成县，南依武都、康县，西北与礼县交界，东北与礼县、天水秦州区接壤。西和北距天水市90公里，东距西安市400公里，十天高速（湖北十堰至甘肃天水）横贯全境，交通便利，处于“关天经济区”辐射交汇点，是南下川渝，进入湖北的重要通道和枢纽。行政区域面积为1861平方公里。平均海拔1692米。平均气温8.4℃，无霜期149天至214天，日照时数1500～1800小时，年降水量451～734.7毫米。属大陆性季风气候。辖9个建制镇11个乡。行政村384个，2016年末全县总人口44.25万人。

【资源优势】西和金属矿产资源丰富，有色金属有铅、锌、金、铜等。县境东南部属全国铅锌矿第二大矿产带的西成矿带，探明储量521.7万吨，金属量14.93万吨；黄金矿散布全县。非金属矿产有大理石、冰洲石、陶土等。野生药材有柴胡、西贝母、淫阳霍等，是久负盛名的“中国半夏之乡”。自然景观绚丽别致，有仇池胜境、有“圭峰秋月”之称的八佛崖、有“九眼鼎沸”之称的九眼泉，新建旅游景点晚霞湖（晚家峡水库）被评为4A级旅游景区。成功开发了仇池石、绣花保健枕、西和麻纸等系列文化旅游产品。

【国民经济】2016年，全县实现生产总值完成30.1亿元，比上年增长6.5%，人均生产总值7559元。其中，第一产业增加值6.4亿元，增长5.5%；第二产业增加值4.7亿元，下降1.3%；第三产业增加值19.0亿元，增长10.1%。固定资产投资76.1亿元；社会消费品零售总额6.9亿元，增长9.5%。一般公共财政预算收入1.8亿元。城镇人均可支配收入19561.2元，比上年增长7.9%。农村居民人均可支配收入5396.8元，增长8.5%。

【“三农”工作】首次设立了800万元的特色产业发展基金，启动了特色产业“五个一”工程（即：种植香椿1万亩、养蜂1万箱、新增土鸡养殖10万只、提升和改造经济林果100万亩、发展优质良种苗木1000万株）和中国半夏中药材研究所建设，积极扶持发展专业合作社，着力做大做优马铃薯、中药材和经济林果产业，努力解决特色产业链条短、效益低的问题。2016年，已试种香椿0.5万亩，发展养蜂1.5万箱，完成经济林综合管理52.5万亩、低产园改造8.3万亩、核桃高接换优10.8万株。依托乞巧女儿节文化名片，大力实施劳务技能培训和鉴定工作，全年实施劳务技能培训1.21万人，输转劳务10.53万人，创收近21亿元，进一步拓宽了群众增收渠道。

【项目建设】全力加快重点项目建设。筛选论证重点项目4大类2722个，总投资1316.5亿元；精心编报三年滚动投资计划，共筛选项目1361项，总投资292亿元。坚持争取国省投资和创新融资并举，积极争取国开行贫困村基础设施建设、棚户区改造、易地扶贫搬迁和产业扶贫等政策性贷款，有效解决了项目建设资金短缺难题。全年签约招商引资项目22个，签约资金62.52亿元，新建续建项目到位资金50.71亿元。启动城乡一体化建设项目80多个，完成了城南“三路两街”、城北“四路两桥”、五个生态停车场、乞巧文化苑、仇池广场、隍城至晚霞湖道路改造、晚霞湖整体提升等重点项目，加快推进老城区道路及管网改造、城区供热供水供气、绿化美化亮化、中山北路建设和三个片区棚户区改造等重点工程，综合治理环境卫生秩序，城市功能加快完善，城区面貌焕然一新。

【脱贫攻坚】整合各类项目资金6.6亿元，围绕100个重点贫困村，集中实施了一批水电路房网及教育、文化、卫生等基础设施和公共服务设施建设项目，完成农村通畅工程23项180公里、村组道路硬化162.5公里，新建和巩固贫困村安全饮水工程73村，实施农村危旧房改造3846户，新建综合性文化服务中心97个、标准化村卫生室41个，改造薄弱学校24所、新建农村幼儿园37所，177个贫困村4G网络覆盖率达到95%、动力电实现全覆盖。累计发放精准扶贫专项贷款2.04万户10.2亿元，383个有贫困人口的行政村实现互助资金协会全覆盖，为贫困户发展产业提供了有力的支持。2016年，全县实现27个村整村脱贫、减贫2.54万人，贫困发生率从24.2%下降到17.7%。

【优势产业】文化旅游在挖掘内涵中呈现新亮点。抢抓全省华夏文明传承创新区建设的重大机遇，成功举办了第七届中国（陇南）乞巧女儿节。在北京举办的乞巧女儿节与妇女发展国际论坛，把传承保护乞巧文化与推动妇女事业发展有机融合，进一步拓展了乞巧文化内涵、丰富了表现形式，提升了乞巧女儿节影响力。建成及提升乞巧文化传习所 6 个，命名并表彰了一批“乞巧世家”、“乞巧之家”和“巧婆婆”、“巧媳妇”。文艺创作繁荣发展，被文化部命名为中国民间文化艺术之乡。晚霞湖成功创建为国家 4A 级旅游景区。实现旅游综合收入 3 亿元。全力加快电子商务发展。设立电商发展基金 800 万元，启动实施了电商发展“千人计划”，鼓励以贫困家庭为主的未就业大学生，从事电商就业创业和社会化服务，促进电子商务团队作战、抱团发展，目前已吸纳未就业大学生 310 余人。建设电商扶贫试点村、农村电商便民服务点 98 个，全县电商网店达到 1530 余家，实现线上线下销售额 2.69 亿元。依托城北商业综合体，启动了电商“双创”园建设，高标准建设集劳务输出 O2O 平台、电商大数据平台、农特产品等网络集散中心、电商物流仓储中心和实训基地为一体的电商孵化园区，推动全县电子商务发展提质增效。启动了中国半夏中药材研究所建设，建成了马铃薯脱毒繁育、半夏标准化种植、核桃高接换优等示范基地。

【环境保护】2016 年，实施新一轮退耕还林 3 万亩、绿色通道建设 50 公里、坡耕地综合治理 0.83 万亩、地质灾害防治工程 2 个、地质灾害搬迁避让项目 1 个，启动美丽乡村建设 5 个，扎实开展城乡环境卫生综合治理和乱修乱建专项整治行动，城乡环境面貌不断改善。坚持“一库一策、一库一套班子”原则，加快全县尾矿库、堆渣场和矿山采矿区综合治理；坚持“一项问题、一名责任领导、一套工作方案”原则，全力整改环保部和省市督查发现的水源地、矿区、尾矿库等环境隐患问题，深入开展采砂场、采石场专项整治，认真办理中央环境保护第七督察组交办的环境信访问题，对违规违纪问题严肃追究责任，环境保护工作得到全面加强。城市建成区绿地率达到了 2.73%，城市供水率达到了 71.16%，燃气普及率约为 25.6%；城市污水处理率约为 85%；城市生活垃圾基本做到了日产日清，垃圾处理场设施完善，达到了二级无害化处理要求，无害化处理率达到了 100%。

【社会保障与社会事业】2016 年，全县新增城镇就业 4303 人。城镇基本养老保险参保人数 5628 人，城乡居民养老保险参保率达到 96%；城镇基本医疗保险参保人数 23615 人，失业参保人数 6098 人，新型农村合作医疗参保人数 34.94 万人；新型农村养老保险参保人数 14.96 万人，城镇居民最低社会保障人数 7664 人；农村居民最低生活保障人数 67087 人。积极争取国家和省市支持，进一步完善农村教育、文化、卫生和体育第公共服务设施。县级公立医院改革全面启动，免费为 4.55 万名 55 岁以上农村老人进行了 1 体检。落实住房租赁补贴 262 户，分配廉租住房 134 户。发放残疾人“两补”资金 2540 户、城镇居民养老保险金 5827 万元。提高了城乡低保补助和五保供养标准，农村一、二类低保补助标准达到国家贫困线以上。学前教育和职业教育得到加强，教育基础设施不断改善。普通中学 25 所；中等职业学校 1 所；小学数 169 所，普通中学在校人数 19422 人；小学在校人数 32045 人。全面落实教育医疗特惠政策，新农合参合率达到 98.37%，计生优质服务水平不断提升。

（孙玉峰）

礼　县

【基本情况】礼县地处甘肃省东南部、陇南市西北部、长江流域嘉陵江水系西汉水上游，东邻天水、西和，西接宕昌、岷县，南连武都，北与武山、甘谷接壤。境内海拔最高 3312 米，最低 1080 米，年均气温 11.9℃，年降水量 339.5 毫米，全年日照 1923.6 小时，无霜期 212 天。全县幅员面积 4263.58 平方公里，辖 15 镇 14 乡，568 个村 11 个社区，全县总人口 53.79 万人，乡村人口 46.64 万人，占总人口 86.71%。民族构成以汉族人口为主，占全县总人口的 98.2%，另外还有回、藏、满、蒙、苗、彝等 6 个少数民族。礼县是国家扶贫开发工作重点县，全国苹果重点生产县，全省无公害苹果生产基地、牛羊产业大县和梯田建设大县。

【资源优势】礼县矿产资源丰富，主要矿藏有金、锑、铅、锌和花岗岩等，已探明黄金储量 230 吨、远景储量 400 吨以上，花岗岩大理石地质储量 400 万立方米，远景储量 1200 万立方米以上。礼县畜牧产业开发优势得天独厚，有天然草场 144 万亩，载畜量达 80 多万个羊单位。礼县经济林果优势明显，现有苹果 30.88 万亩、核桃 47.6 万亩、花椒 12 万亩，产业初具规模。礼县境内生物资源丰富，有大黄、当归、红芪、党参、半夏等中药材 534 种，大黄出口量曾占全国的 56%，被誉为“中国铨黄”。

【旅游景点】礼县是先秦文化与中华原生文明的摇篮，也是世界首个国家制度诞生地和黄河仰韶文化与长江巴蜀文化的交汇点，素有“秦皇故里，三国胜地”之美誉。境内有秦皇湖、大香山和上坪草原等自然景观，以秦人第一陵园大堡子山秦西垂陵园（国家重点文物保护单位）、诸葛亮“六出祁山”遗址祁山武侯祠（全国五大武侯祠之一）、发祥于周代的卤城古盐井为代表的先秦、三国等历史遗存珍贵，开发文化旅游产业潜力巨大。2016 年全县接待游客 102 万人次，比上年增长 37.6%。实现旅游综合收入 4.65 亿元，增长 37%。

【国民经济】2016 年，全县实现生产总值 33.1 亿元，比上年增长 8.0%。分产业看，第一产业增加值 9.4 亿元，增长 5.3%；第二产业增加值 6.6 亿元，增长 5.9%；第三产业增加值 17.1 亿元，增长 10.6%。三次产业结构比值重为 28.35∶19.88∶51.77。固定资产投资 72.7 亿元，增长 13.0%；社会消费品零售总额 14.3 亿元，增长 9.1%。一般公共财政预算收入 2.16 亿元，增长 3.31%；般公共财政预算支出 29.44 亿元，增长 4.46%。金融机构各项贷款余额 54.06 亿元，增长 36.98%；各项存款余额 103.99 亿元，增长 9.15%。商品零售物价总指数 101.9，居民消费价格总指数 101.3，控制在省市下达的目标范围内。

【农业和农村经济】全年粮食总产量 14.17 万吨，减产 11.94%。苹果产量 8.79 万吨，增长 8.57%；花椒产量 2550 吨，增长 11.67%；核桃产量达 5200 吨，增长 10.87%，林果产业成为农民增收的重要支柱。劳务经济稳定，输转劳务 12.05 万人，实现劳务收入 24.26 亿元，增长 4.43%。农民人均可支配收入达到 5490.2 元，增长 8.2%。其中，工资性收入、家庭经营净收入分别完成 1221.1 元、1857.3 元，分别增长 10%、10.5%。

【工业经济】积极承接产业转移，做大做强黄金、石材、农副产品、化工建材等工业主导产业。全年规模以上工业总产值 139335.1 万元，比上年增长 11.88%；增加值 51064 万元，增长 5.6%；销售产值 139442.3 万元，增长 12.25%。在主要工业产品产量中，天然花岗石建筑板材产量 103.80 万平方米，增长 152.90%；黄金产量 3804 公斤，下降 3.89%；果汁和蔬菜汁饮料类产量 6120 吨，增长 148.18%。

【脱贫攻坚】创新资金投入、片区开发、产业激励、电子商务、金融支持、技能培训、社会帮扶、资金监管等精准扶贫模式，加快脱贫攻坚进程。贫困人口由 2015 年的 10.29 万人减少到 2016 年底的 9.3 万人，贫困发生率由 2015 年的 21.9%下降到 2016 年底的 19.8%。发放精准扶贫专项贷款 8.9871 亿元，电子商务年度交易额突破 4 亿元大关。

【基础设施建设】全面加快以交通、水利、生态、能源为重点的基础设施建设，全县实现了村村通沥青（水泥）路，建成农村公路通畅工程 55 项 315 公里，新建堤防工程 9 处 17.52 公里，新建抗旱应急水源工程 2 处，实施农村安全人饮工程 45 处，有效解决了 2.83 万人饮水安全问题。加快能源通信设施建设，实施“一池三改”927 户，节柴改灶 2250 户，安装太阳能热水器 850 台、太阳灶 3667 个，新建 4G 基站 56 座，行政村宽带覆盖率提高到 90.3%，动力电覆盖率达到 100%。

【城乡建设】城市提质扩容步伐持续加快，城市功能更加完善。盐官小城镇综合改革和永兴、白河、中坝等小城镇建设取得明显进展，新建成 64 个生态文明新农村，城镇化率提高到了 24.29%。生态建设和环境保护工作显著增强，环保突出问题整改和环境隐患排查整治深入推进，节能减排目标全面实现，人居环境更加宜人、更趋优美。

【民生保障】全面落实各类惠民政策和就业创业政策，社会保障和救助水平进一步提升，养老服务体系逐步完善。2016 年农村最低生活保障人数达 103299 人，城镇最低生活保障人数达 8609 人，参加基本养老保险职工数达 6965 人，参加基本医疗保险职工数达 34042 人，参加农村合作医疗保险的人数 443370 人。发放创业再就业小额担保贷款 1570 万元，有效带动创业促进就业。2016 年，全县职工年平均工资 712555 千元，比上年增长 34.9%；城镇居民人均可支配收入 19402.6 元，比上年增长 8.4%。坚持安全生产与环境保护工作常抓不懈，质量监督工作进一步加强，物价调控和食品药品安全监管措施有效落实，应急处置机制不断完善，有效维护了社会大局和谐稳定。

【社会事业】优先发展教育事业，新建村级幼儿园 30 所，实施 14 所学校“全面改薄”项目。全县普通高考本科上线率达 25.81%，中职生高考本科上线人数占全市的 95.2%，2016 年全县共有学校 487 所，教师 5959 人，在校学生 87804 人。加大卫生惠民力度，新建贫困村卫生室 47 所，实现贫困村标准化卫生室全覆盖。大病保险有序开展，新农合参合率达到 98.49%。2016 年全县共有医疗机构 45 个，乡镇卫生院 29 个，病床 1388 张，卫生技术人员 999 人，其中执业（助理）医师 352 人。落实各项节育措施 8228 例，计划生育率 97.13%。全面推进“文化三馆”建设、乡镇综合文化站免费开放和图书馆延伸服务工作，新建乡村舞台 107 个，完成文化产业增加值 6664.18 万元，比上年增长 16.15%。承包科研项目 8 项，已验收 7 项。年内科技推广户达 5092 户，科技示范户达 2926 户，科技事业取得新进展。

（苏麟）

徽　县

【基本情况】徽县位于甘肃省东南部，西秦岭南麓，嘉陵江上游，东邻秦川，南通巴蜀，素有“陇上江南”之美誉。境内海拔在 700～2500 米之间，南北为山地，中部为浅山丘陵，属北暖温带向亚热带过渡性气候，年均气温 13.5℃，无霜期 208 天，全年降雨量 668 毫米。国道 316 线、省道江武公路及宝成铁路从县境内穿过。全县辖 15 个乡镇、213 个村民委员会，总面积 2699 平方公里，耕地面积 39 万亩，2016 年末总人口 22.4 万人。主要有汉族、回族、藏族、蒙古族、壮族、锡伯族、满族、畲族、土家族、苗族 10 个民族，以汉族为主。

【资源优势】全县森林面积 189 万亩，森林覆盖率 48%。境内有大小河流 600 多条，属长江流域嘉陵江水系，年径流量 19.86 亿立方米，水能资源蕴藏量 14.76 万千瓦，可开发量 8.46 万千瓦。现已探明的矿藏有铅、锌、铁、金、铜、汞、硫、砷石、大理石、石灰石等 4 大类 22 种矿产资源，储量丰富。有各类野生植物 250 多种，百年以上银杏树遍布全县。有野生动物 200 多种，其中有羚牛、红腹锦鸡、白唇鹿、长臂猿、梅花鹿、大鲵等珍贵动物 10 多种。盛产核桃、银杏、板栗、柿子、生漆、狼牙蜜等林副产品，出产杜仲、柴胡、黄芩、金银花、天麻等 100 多种中药材。

【旅游景点】徽县旅游资源丰富独特，境内的三滩风景名胜区总面积约 800 平方公里，森林覆盖率达 80%以上，被誉为陇上的“西双版纳”。险要的地理位置和优美的自然风光，自古以来就牵引着文人墨客的目光和脚步，形成了徽县厚重的历史文化积淀。诗仙李白在《蜀道难》中吟唱:“青泥何盘盘，百步九折萦岩峦”，抒发了诗人面对青泥岭之雄奇的感叹。诗圣杜甫寓居徽县栗亭，写下了《木皮岭》、《水会渡》、《白沙渡》等名篇，“始知五岳外，别有他山尊”的诗句使木皮岭名载史册。南宋名将吴玠抗金的蜀道要塞仙人关、闻名天下的青泥古道和具有重要历史文物价值的“新修白水路记碑”、佛爷崖唐代摩崖石刻、栗川郇庄宋代白塔等众多文物古迹，极具文化研究和旅游开发价值。

【国民经济】2016年，全县实现生产总值45.5亿元，比上年增长8.7%。其中，第一产业增加值11.8亿元，增长5.1%；第二产业增加值12.7亿元，增长10.6%；第三产业增加值21.1亿元，增长9.7%。三次产业结构由上年的27.0：28.2：44.8调整为25.8:27.9:46.3。工业增加值6.9亿元，增长13.4%，其中，规模以上工业增加值6.6亿元，增长13.7%。固定资产投资65.9亿元，增长12.51%。社会消费品零售总额6.7亿元，增长9.5%。完成一般公共预算收入3.1亿元，一般公共财政预算支出15.8亿元，增长5.3%。营运汽车拥有量1758辆，其中货运车1358辆，客运车400辆。居民消费品价格总水平比上年上涨1.7%。金融机构各项存款余额79.8亿元，增长17.5%，各项贷款余额为56.5亿元，比上年增长0.7%。

【旅游业】充分发挥“陇上江南”的独特资源优势，积极探索自然生态、人文景观和休闲娱乐相结合的特色旅游产业开发路子，初步形成了以三滩生态旅游为主体，以嘉陵江漂流、月亮峡度假村、银杏山庄特色农家乐为辅助的三滩风情旅游线。全年旅游接待总人次达129.3万人次，旅游业综合收入达5.79亿元，比上年增长25.4%和24.6%。

【电子商务】建成电子商务中心及特色产品展示馆，“徽县电商之家网站”和“徽县电商微信平台”开通运行，全县网店数量达到1130家，实现电子商务销售总额4.65亿元，线上交易额1.15亿元。

【民生保障】年末全县总人口为22.4万人，其中，城镇人口7.87万人，乡村人口14.53万人。男性人口为11.68万人，女性人口10.72万人。全年出生人口3270人，出生率为14.61‰；死亡人口1520人，死亡率为6.78‰，自然增长率为7.83‰。城镇居民人均可支配收入20744元，比上年增长8.3%；农村居民人均可支配收入7084元，增长8%。年末全县参加基本养老保险人数145206人，其中，参加城镇企业职工基本养老保险人数8098人，参加城乡居民社会养老保险人数129346人；参加城镇职工基本医疗保险人数14271人；参加失业保险人数4093人；农民参加新型农村合作医疗178390人，参合率98.04%。享受城市低保的共4573人，累计发放保障金2024.7万元；农村低保24285人，累计发放保障金4551.4万元；特困群众大病医疗救助金455.36万元；抚恤事业费426.56万元，社会临时救济费150.01万元，五保供养资金461.31万元。

【社会事业】科技创新能力不断增强，2016年推出科研成果18项，申请国家专利64件。以巩固“两基”为工作重点，优化教育结构，调整教育布局，提高教学质量，适龄儿童入学率和初中入学率分别100%和97.1%，高考录取率达到87.2%。有文化站15个，乡镇广播电视站15个，电视人口覆盖率98%。进一步巩固广播电视“村村通”建设成果，并努力向“社社通”延伸，完善广播电视传输网络，提高传输质量，扩大有效覆盖面。城区有线电视节目增至186套，城乡有线电视用户0.64万户，城乡人民文化生活水平得到显著提高。年末全县共有卫生机构23（不含个体）个，其中：县级卫生机构2个，乡镇卫生院17个。有病床629张，卫生技术人员475人，其中执业医师141人。每千人拥有卫生技术人员2人，拥有病床2.8张，村卫生室覆盖率达100%。积极开展全民健身活动，共举办各类群众运动会40次，参加运动员1.5万人次。

（周琳）

两当县

【基本情况】两当县位于甘肃省东南部，地处陕甘川交界的秦岭山区，属长江上游嘉陵江水系。北靠天水，西邻徽县，东南二面与陕西宝鸡、汉中相连。全县辖6镇，6乡，116个行政村，4个社区，总人口4.9万人，其中：农村人口3.65万人。全县总面积1408.73平方公里，总耕地面积17.65万亩。两当素有“秦陇之捍蔽、巴蜀之襟喉”之称，是唐代诤臣吴郁故里，著名诗人杜甫、陆游均留有不朽诗篇；是王羲之家谱的珍藏地，传说中八仙之一张果老的登真地，作家杜鹏程《夜走灵官峡》的创作地，电影《白莲花》的拍摄地。两当光热资源丰富，适宜发展设施农业、观光农业，特色产业发展基础较好，粮食作物以小麦、玉米、黄豆为主；特色产业以核桃、食用菌、中药材、烤烟、养殖、珍稀苗木繁育为主，有“狼牙蜜乡”之称。交通较为便利，国道316线和宝成铁路穿境而过，境内有4个火车站，两当火车站停靠直达北京、上海、西安、兰州、成都等城市的快速列车，两当至徽县高速公路正在建设，全县农村路网密度83.9公里/百平方公里。

【资源优势】县境内有丰富的矿产资源，已探明的有金、银、铜、煤炭、陶土、大理石等10多种；有羚羊、獐子、水獭、大鲵、麝、锦鸡等珍稀动物；有红豆杉、铁杉、银杏、香樟、合欢、白皮松等珍稀树种；有油松、华山松、落叶松、红桦等用柴树种；出产鹿茸、麝香、猪苓、五灵脂、天麻、杜种、黄姜等中药材400多种。县内生态良好，森林覆盖率达74.1%，林木绿化率达82.5%。

【国民经济】2016年，全县完成生产总值7.5亿元，比上年增长8.5%。固定资产投资18.4亿元，增长79.96%。社会消费品零售总额2.2亿元，增长9.4%。不断优化支出结构，盘活存量资金3877万元，集中用于精准扶贫、民生保障。加快“3+1”金融体系建设，成立了农村产权确权抵押贷款交易中心，发放“三权”抵押贷款2.19亿元。筹建两当农村商业银行股份有限公司，金融支撑能力进一步增强。城镇居民人均可支配收入达到20960.1元，增长7.8%；农村居民人均可支配收入达到5430元，增长9.2%。

【精准扶贫】整合涉农项目资金2.28亿元投入精准扶贫领域，实施了涉及53个行政村110户的易地扶贫搬迁工程，完成农村危旧房改造200户，自筹资金对382户不安全住房进行了维修，修建了1680户的农村安全饮水工程，实施了45个村的宽带建设项目，建设网络基站58个，完成33个自然村的动力电改造工程，路、水、电、房、网实现全覆盖。在48个贫困村全面开展了电商扶贫工作，电子商务销售额达到6485.6万元。县财政筹资680万元用于村级扶贫互助金建设，实现扶贫互助协会行政村全覆盖。培训贫困劳动力7690人次，输转贫困劳动力2369人，创劳务收入4245万元。全年完成脱贫6629人，全县贫困人口下降至1854人，贫困发生率由2015年的23%降至5.02%。

【项目建设】全年完成项目前期论证68项，储备PPP项目12个。争取到位项目88项，到位财政投资1.72亿元。两徽高速全线开工，徐阳河引水工程及两当至云屏三峡公路改建工程获得批复。年初确定的500万元以上重点项目开工75项，全年完成固定资产投资18.38亿元，比上年增长79.96%。进一步优化投资环境，不断加大招商引资力度，精心组织参加了兰洽会等招商节会，成功推介签约招商项目6个，签约资金19.66亿元。

【“三农”工作】全县筹措精准扶贫产业发展资金1954万元，大力扶持特色农业产业发展。完成核桃树高接换优8.98万株，新发展食用菌656万袋。建成红豆杉珍稀树种保护繁育发展试验示范基地，新增苗木种植1000亩。通过订单式公司化运作，发展生态放养鸡66.25万羽，新增中蜂养殖3.37万箱。新发展蔬菜2000亩、中药材1.07万亩、烤烟3710亩。新增绿色食品认证2个。加强农民专业合作经济组织“十到社”建设，新发展农民专业合作社138个。农村改革深入开展，6个乡镇的农村土地经营权确权颁证工作加快推进。

【工业发展】工业企业克服市场价格低迷等困难，实现工业增加值7154万元，其中规模以上工业增加值3287.5万元，比上年分别增长8.8%、10.4%。金润玉大理石开采加工新技术获得省级认证和全市科学技术进步一等奖，招金公司技术攻关产业应用项目和中金公司金矿采选项目加快推进，宏庆煤业和西坡煤矿机械化改造完成建设任务。积极培育和发展农产品加工业，黄波菌业食用菌生产基地项目启动实施，环宇公司农产品加工项目一期工程建成投产，秦南公司标准化建设加快推进，农业产业化步伐不断加快。“营改增”工作全面实施，全县非公经济体达到3240户，实现非公经济增加值3.26亿元。

【第三产业】启动了国际慢城创建工作，实施张果老登真洞景区等重点旅游项目建设。巩固提升国家4A级景区创建成果，实施云屏自驾游度假公园等重点旅游项目建设，启动张果老登真洞景区国家3A级景区创建。加快智慧城市建设步伐，基本实现4A级景区、星级饭店、旅游扶贫示范村无线网络全覆盖。积极发展乡村旅游，新增农家客栈29户、农家乐55户。应邀参加国际慢城（中国）联盟会成立大会，推介了全县文化旅游资源。推动文化旅游融合发展，承办甘肃省文联“送欢乐下基层”走进革命老区两当文艺演出及纪念建党95周年书画展等活动。

【社会事业】新改建村级幼儿园12所，实施了新城区幼儿园建设项目，义务教育均衡发展通过国家评估认定，全县高考录取率达到92.7%。县医院住院部大楼投入使用，新建12个标准化村级卫生室，实现贫困村全覆盖。全面实施城乡居民大病保险，建立健全了分级诊疗和医师多点执业机制，全县新农合参合率稳定在99%以上。新建改造文化广场37个，新建维修文化室31个，新建综合服务中心3个，实现综合性文化服务中心行政村全覆盖。积极推进“大众创业、万众创新”，新增城镇就业2295人。新建了社会保险业务大厅，实现了社会保险业务的集中办理和一站式服务。全民参保工作顺利推进，城乡居民社会养老保险覆盖面达到98%，全省全市全民参保登记计划工作推进会先后召开。新建日间照料中心34个、维修改造五保家园3个。进一步加强安全生产和环境保护工作，扎实开展“双查双整”行动，严格落实安全生产责任和监管措施，对5户尾矿库进行了综合整治，安全隐患得到有效整改，全县安全生产形势稳定向好。全力做好保障中央环保督察工作，信访投诉问题按期办结，环保问题得到有效整改。

（胡豪）

临夏回族自治州

【基本情况】临夏回族自治州地处甘肃中部西南，北邻兰州市，南靠甘南藏族自治州，东连定西市，西接青海省。全州土地面积8169平方公里，平均海拔2000米，最高处4636米，最低处1563米。年平均气温8.1℃，无霜期174天，年平均降雨量516.2毫米，属温带大陆性气候。全州有临夏市1个县级市，临夏县、康乐县、永靖县、广河县、和政县5个县，东乡族自治县、积石山保安族东乡族撒拉族自治县2个自治县，46个镇、78个乡、7个街道办事处，1151个行政村。总人口220.51万人，常住人口202.64万人，州内聚居回、汉、东乡、保安、撒拉等民族，其中东乡族、保安族是临夏独有的民族。

【资源优势】临夏历史文化悠久，民族风情浓郁，旅游资源丰富，是甘肃省“回藏风情草原风光线”上的黄金地段。历史上就是古丝绸之路南道要冲、唐蕃古道重镇、茶马互市中心，被誉为“大禹治水的源头”“中国西部旱码头”“中国彩陶之乡”“中国花儿之乡”“民族建筑艺术的博览园”和“古生物的伊甸园”。截止目前，全州共创建国家A级旅游景区14家，其中，4A级4家（黄河三峡、松鸣岩、和政古动物化石博物馆、莲花山景区），3A级7家（枹罕山庄、东公馆、东郊公园、大山庄峡、大墩峡、关滩沟、龙首山），2A级3家（红园、积石民俗村、三岔沟）；省级大景区2个（黄河三峡大景区、和政松鸣岩-古动物化石地质公园大景区）；工业旅游示范点1个（刘家峡水电站）。黄河三峡景区5A级旅游景区资源评估报告，经省旅游局审定，现已上报国家旅游局申请资源评估。和政县获得中国休闲农业示范县称号，松鸣岩、黄河三峡和大河家镇分别获得绚丽甘肃“十佳旅游景区”“最佳品牌形象景区”和“十大魅力乡镇”称号。

古生物化石遗址。临夏州保留了诸多地质年代的古动物遗迹，积石山、永靖、和政、康乐、广河、临夏、东乡等县均有大规模发现，在和政县古动物化石博物馆，目前，馆藏的古动物化石近5000件，均属距今约1300万年的铲齿象动物群和三趾马动物群，其中定为一级品的50多件，二级品的180多件，三级品的350多件。1999年8月由甘肃省第三地质矿产勘查院地质工作者在永靖县盐锅峡水电站1公里处发现了距今1.7亿年的恐龙足印化石群，共10个恐龙足迹化石点，404个足印化石，其中最大的蜥脚类足印化石前脚79×112厘米，后脚150×120厘米，是世界上发现的规模最大的恐龙脚印。该化石群规模之大、种类之多、遗存之完整、清晰度之高，立体感之强均属世界之最。正在逐步兴建的刘家峡国家地质公园，将再现神秘的地质年代，成为进化论的科学普及教育阵地。

文化深厚积淀。临夏文物资源丰富，以马家窑文化、齐家文化为代表的各类文物遗址达584处，是我国新石器文化最集中、考古发掘最多的地区之一，因出土现珍藏于中国国家博物馆的“彩陶王”，临夏誉为“中国的彩陶之乡”。世界文化遗产炳灵寺石窟，距今已有1600多年历史，是我国六大石窟之一，也是第一批国家重点文物保护单位。

【国民经济】2016年，全州实现生产总值230.11亿元，比上年增长8.3%。其中，第一产业增加值38.37亿元，增长6%；第二产业增加值46.33亿元，增长8.2%；第三产业增加值145.41亿元，增长8.9%。三次产业结构比值为16.7∶20.1∶63.2。工业增加值25.87亿元，增长8.9%，其中规模以上工业增加值14.51亿元，增长7.6%。固定资产投资331.91亿元，增长11.1%；社会消费品零售总额83.68亿元，增长10%。一般公共预算收入18.21亿元，增长15.74%；一般公共预算支出197.84亿元，增长12.68%。居民消费价格总水平上涨1.2%。

【“三农”工作】农业产业结构更趋优化，临夏州全年粮食播种面积196.62万亩，比上年下降1.07%，其中夏粮播种面积45.59万亩，秋粮播种面积151.03万亩，夏秋粮比从上年的23.9∶76.1调整到23.2∶76.8。油料种植面积22.71万亩，增长0.06%。新建日光温室、塑料大棚1万亩，累计达到10.58万亩。蔬菜种植面积21.77万亩，增长7.8%；蔬菜产量31.05万吨，增长14.8%。全年完成造林面积35.3万亩。新栽植花椒1.88万亩，啤特果5.27万亩，核桃3.3万亩，育苗3.77万亩。年内新建规模养殖场115个，累计达到1344个；新发展养殖户1018户，累计达到4.1万户。肉类总产量5.87万吨，增长1.47%。大牲畜年末存栏37.71万头，下降2.34%；羊存栏144.91万只，下降3.03%。输转劳务50.01万人，实现劳务收入75.78亿元。

【项目建设】全州共实施500万元以上重点项目682项，完成投资322.4亿元。其中：续建项目复工301项，完成投资212.5亿元；计划新建项目开工381项，完成投资109.9亿元。重大项目建设顺利推进，引黄济临工程建成通水，州医院迁建、现代职业学院二期、民族大剧院等州庆项目建成，双达高速公路、康冶二级公路、永靖县刘盐八库区地质灾害综合治理、东乡县城综合开发、广河三甲集皮毛交易中心等项目进展顺利。兰州—临夏—合作铁路项目调整可研已通过国家审查、批复后将全线开工建设，临夏机场项目获得西部战区空域管理许可、正在争取国家民航局预选场址批复。项目融资渠道进一步拓宽，建立政府与社会资本合作（PPP）项目库，储备项目56项、总投资1089.5亿元。与中交建公司西北区域总部签署协议，采取PPP+EPC+可行性缺口补贴模式，合作建设总投资240多亿元的永靖至大河家沿黄一级旅游公路、临夏至大河家高速公路项目，在拓宽融资渠道、利用社会资本推进重大基础设施建设方面迈出了坚实步伐。共实施招商引资项目234个，到位资金276亿元。其中新开工项目110个，到位资金133亿元；续建项目124个，到位资金143亿元。

【优势产业】积极培育壮大以食品生产和民族用品加工业为主的特色支柱产业，工业产业发展已初步构筑起了以临夏经济开发区为主的食品生产和民族用品加工业聚集区，以永靖经济开发区为主的装备制造基础件加工聚集区，以广河经济开发区为主的皮革加工聚集区，以和政县为主的建材、饮品加工聚集区，以东乡县、康乐县、积石山县为主的食品、建材、民族用品加工聚集区。培育和形成了以食品、民族用品、皮革、装备制造基础件、建材、酒类饮品、旅游文化工艺品为主的地方特色产业。八坊清河源、康美牛业、燎原乳业、蒙牛壹清、华安生物、兴强地毯、宏良皮业、昌盛铸钢、海螺水泥、古河州酒业、88饮品、神韵砖雕等特色工业龙头企业不断发展壮大。截止2016年，全州工业企业共有1095户，从业人员5.2万人，其中，规模以上工业企业37户，从业人员1.5万人。销售收入过亿元企业达到11户，销售收入过千万元企业达到50户。全年旅游接待总人数1110.2万人次，比上年增长23.99%，其中海外游客131人次；旅游总收入48.1亿元，增长24.67%，其中国际旅游外汇收入14.38万元。

【脱贫攻坚】全年共落实财政专项扶贫资金5.69亿元，比上年增加1.41亿元。落实精准扶贫贷款24.69亿元、累计放款44.69亿元；组织实施各类项目300多个，受益农户2.3万户11万多人。新改建农村公路450公里，100%的建制村、70%的自然村实现了通沥青（水泥）路；全面完成了42个贫困村安全饮水工程，解决了5.3万人的饮水安全问题；改造农村危旧房1.96万户，易地搬迁2.2万人；新建农村幼儿园282所、乡镇卫生院8所、村卫生室5个、乡镇综合文化站38个、乡村舞台298个，2000人以上的行政村实现了幼儿园全覆盖；脱贫人口新农合参合率、养老保险参保率均达到95%以上，实施医疗救助 63.5 万人次，落实救助资金 5087 万元。

【民生保障】创业创新扎实推进，抢抓大众创业、万众创新的政策机遇，通过搭建创业孵化平台和众创空间，鼓励引导全社会创业创新，推进“互联网+”行动，电子商务呈现出快速发展的良好势头，从业人员达 5000 多人。依托临夏现代职业学院培养或培训的阿语翻译、国际商贸等专业人才，向义乌、阿联酋输转阿语翻译、对外贸易专业人才 100 名，为大中专毕业生实现转移就业开辟了新的通道。扶持 2000 名高校毕业生进企业服务，全州新增城镇就业 3.8 万人。全年城镇居民人均可支配收入 17912 元，比上年增长 8.5%；农村居民人均可支配收入 5680 元，增长 8.3%。城镇居民人均消费支出 14161 元，增长 10%；农村居民人均消费支出 5079 元，增长 6.5%。全州参加失业保险的职工人数 40715 人，领取失业保险金的人数 348 人；参加基本养老保险的人数 40162 人；参加基本医疗保险的人数 320030 人，其中城镇职工 110101 人；新型农村合作医疗参合人数 1576308 人，参合率达 98.88%；全社会低保户数 176899 户，其中农村 127260 户，城镇 49639 户；低保人数 607065 人，其中农村 472719 人，城镇 134346 人。

【社会事业】全年共组织实施各类科技计划项目 115 项，其中国家级、省级 32 项，州级 83 项；全年共取得科技成果 33 项，其中 16 项达到国内领先水平，12 项达到国内先进水平；全年申请专利 376 件。建成寄宿制学校 38 所、教师周转房 300 套，公开招聘教师 150 名，依托北师大、陕师大培训教师 1032 名。临夏现代职业学院招生 1839 人、规模达到 3529 人。全州各级各类学校共有 1747 所，学龄儿童入学率 99.78%，上升 0.4 个百分点。医疗文化服务继续得到强化，州医院迁建、州博物馆、广河齐家文化博物馆等项目建成，州疾控中心、州电视台演播大厅基本建成，4 县中医院等项目正在加快建设，广播电视户户通和有线电视向农村延伸的工作力度持续加大，农村广播电视州台、县台节目覆盖率不高的问题日益改善。广播人口覆盖率 98.12%，电视人口覆盖率 98.45%。全州共有医疗单位 236 个，其中县级及以上医院 14 个，乡（镇）卫生院 129 个，病床 8219 张，专业卫生技术人员 4990 人。共举办各类群体活动 600 余场（次），参加人数达 90 万人（次），建成县级全民健身中心 1 个，可拆卸式游泳池 1 个，乡镇和社区健身中心 7 个，乡镇和社区健身广场 8 个，笼式足球场 3 个，行政村农民健身工程 169 个，配发健身路径 30 套。在甘肃省篮球、足球等 12 个大项的锦标赛中，获得金牌 1 枚、银牌 8 枚、铜牌 12 枚。

【环境保护】利用州庆活动契机，全面开展城乡环境综合整治和绿化美化亮化，临夏市和各县县城、重点集镇脏乱差、乱搭乱建以及路面破损等问题得到初步改善。全州共有环境监测站 9 个，环境监测人员 93 人，境内自然保护区 4 处，面积达到 1177.33 平方公里。建成烟尘控制区 1 个，控制面积 23 平方公里。全年完成工业污染治理项目 7 个，工业污染治理总投资 2350 万元。

（马百平）

临夏市

【基本情况】临夏市位于甘肃省西南部，是临夏回族自治州州府所在地，是全州政治、经济、文化和商旅中心，距省会兰州市 117 公里，属兰州一小时经济圈范畴。全市总面积 88.6 平方公里，城市建成区面积 24.0 平方公里。辖 4 个镇、7 个街道，36 个行政村、34 个社区，常住人口 28.34 万人。平均海拔 1917 米，年日照时数 2490.3 小时，全年无霜期 181 天以上，年总降水量 675.5 毫米，蒸发量 1088.1 毫米，属内陆中温带气候。境内有汉、回、东乡、保安、撒拉等 18 个民族，少数民族人口占总人口的 52.94%，民族风情浓郁、特色鲜明，花儿艺术、八坊民居、回族砖雕、汉族木刻、藏族彩绘、雕刻葫芦、紫斑牡丹和清真饮食文化独具特色。东公馆、榆巴巴拱北、红园等人文景观星罗棋布，风格别致。因滨临大夏河得名临夏，是古丝绸之路的南道重镇，史称枹罕、河州，素有“茶马互市”、西部“旱码头”、“河湟雄镇”之称和“花儿之乡”、“彩陶之乡”和“牡丹之乡”的美誉。

【国民经济】2016 年，全市实现生产总值 66.28 亿元，比上年增长 8.2%。其中，第一产业增加值 3.52 亿元，增长 5.7%；第二产业增加值 9.34 亿元，增长 2.9%；第三产业增加值 53.42 亿元，增长 9.5%。人均生产总值 23522 元，增长 7.8%。三次产业结构比值为 5.3∶14.1∶80.6。一般公共财政预算收入 4.91 亿元，增长 8.4%；一般公共财政预算支出 27.60 亿元，增长 11.7%。社会消费品零售总额 42.98 亿元，增长 10.0%。外贸进出口总额 4235 万元，增长 42.8%。

【“三农”工作】2016 年，全年实现农业增加值 3.62 亿元元，比上年增长 5.9%。粮食总产量 2.26 万吨。在南龙镇罗家湾、枹罕镇王坪等村推广完成旱作农业 3000 亩，新增设施蔬菜种植面积近 1030 亩，其中：日光温室 50 亩，大小拱棚近 980 亩；完成中药材种植面积 120 亩；测土配方施肥 4 万亩。全年共引进新品种 20 个，其中玉米品种 8 个，蔬果类新品种 12 个，为种植户育种苗 14 万株。新发展农民专业合作社 31 个，申报州级示范社 7 个，县市示范社 10 个。全市已累计发展农民专业合作社 133 个，带动农户 7445 户，带动比例达到 36.4%。有规模养殖场 150 个，大牲畜存栏 11480 头，羊存栏 17940 头，猪存栏 18982 头，肉类总产量 4479 吨，奶类总产量 3364 吨，蛋类总产量 110 吨，水产品产量 194 吨。完成荒山造林 4000 亩，其中生态林 3000 亩，经济林 1000 亩；新建绿色通道 35 公里，完成育苗 500 亩，义务植树 78 万株。

【项目建设】2016 年，全年完成固定资产投资 70.53 亿元，比上年增长 14.2%。实施各类重点项目 137 个，其中，新开工项目 111 个、续建项目 26

个，上亿元项目36个。城市集中供热PPP项目3号热源厂、大夏河30里风情线及生态环境综合治理工程、奥体中心附属工程、杨妥家应急避难场所综合利用工程等27个项目竣工投入使用。总投资16亿元的临夏民族民俗文化产业园核心区、总投资6.47亿元的百益城棚户区改造、总投资16亿元的中天健广场、项目总投资13.6亿元的肖家木场棚户区等一大批项目进展顺利。

【优势产业】提升商贸流通业发展水平，引导物流企业升级，培育发展现代物流业新型业态。把清真产业作为战略支柱产业和发展外向型经济的重要支点，扩大并提升清真食品、民族用品展销会的规模和档次，全力支持八坊清河源、兴强、学和等龙头企业做大做强，提高临夏市清真产业知名度和竞争力。重点实施民族民俗文化产业园核心区、八坊十三巷民俗民居保护工程，进一步完善吃住行、游购娱为一体的旅游基础设施；大力发展节会经济，借助举办美食节、牡丹节、环湖赛等节会赛事，让更多的人走进临夏、了解临夏，促进临夏市旅游业快速发展。

初步形成了清真食品、民族用品、生物医药、毛纺地毯、酿酒为主的特色工业体系，集中分布在主城区周边。食品加工企业有48户，主要从事牛羊肉制品加工、乳制品加工、农产品加工、饮料及糖果加工；民族用品加工企业23户，主要从事穆斯林生活用品和藏族生活用品产业；地毯加工企业9户，主要从事手工地毯加工；其他行业主要从事酿酒、农产品加工、建材、制药、砖雕、葫芦雕刻等。生产的清真肉制品、古河州系列酒、手工地毯、清真面食品、糖果、阿拉伯长袍、号帽、藏毯、藏袍、藏靴、帐篷、皮革毛纺等产品销往西北、西南和国内其他省区，生产的手工地毯、肠衣系列等产品畅销了中东、欧美等国外市场，为培育和发展临夏市特色工业奠定了坚实的基础。

【文化旅游】大力发展特色文化产业，打造“小麦加”地域标志，加大花儿艺术的研究、传承、创新，发掘历史悠久的民间文化艺术。全年完成文化产业增加值17486万元，比上年增长16.2%；文化产业从业人员达到3140人，文化产业完成投资28477万元。促进休闲旅游快速发展。投入6000万元实施八坊十三巷古街民居保护工程，建成4座牌坊门7条2.2公里街巷风貌景观改造，正式对外开放，吸引了大批游客。成功举办环湖赛、牡丹文化艺术节、第四届临夏国际清真食品民族用品博览会、朗朗慈善音乐会等节会赛事。全年累计接待游客222万人次，比上年增长27.8%；实现旅游综合收入9.6亿元，比上年增长19.3%。

【交通运输】投资558万元，实施通村硬化路安全生命防护工程，安装安全保障设施村道40条、158.531公里；实施“千村美丽”示范村村组道路硬化工程，投资222万元，硬化村社道路6条11.1公里，投资1629.18万元完成临夏市公墓区道路硬化工程和烈士陵园道路改建工程，争取省上补助资金280万元；完成王闵家至刘家山道路硬化工程，全长1.3公里，总投资70万元。全市共有道路运输企业经营业户328家，其中货物运输企业123家，危货运输企业3家，租赁公司12家，客运企业5家，出租车公司（车行）6家，公交公司1家；机动车维修企业171家；机动车驾驶培训学校7所，汽车客运站7个（其中乡镇站4个）。全市拥有各类营运车辆7500辆，其中班线客车516辆；公交车198辆，开通公交线路13条；出租车767辆，危险品运输车辆54辆，普通货运车辆5965辆。开通村村通市乡客运线路8条，营运车辆181辆。2016年共完成客运量878.2万人，客运周转量98066.89万人公里，比去年同期增长15.1%，货运量809.08万吨，货运周转量128193.927万吨公里，增长15.05%。

【人民生活】着力缩小城乡居民收入差距，在提高农民收入的同时解决城市贫困人口的问题，综合施策，形成城乡优势互补、协调发展的新局面。2016年城镇居民人均可支配收入18190元，净增1433元，增长8.6%。城市居民人均消费支出16371元，净增1423元，增长9.5%。城镇居民恩格尔系数30.1%。农民人均可支配收入11266元，净增878元，增长8.5%。农民人均生活消费支出9393元，净增162元，增长1.8%。农村居民恩格尔系数30.3%。

【扶贫开发】深入实施“1236”扶贫攻坚行动，统筹推进项目扶贫、产业扶贫、金融扶贫、电商扶贫、教育扶贫、以德扶贫，整合各类涉农资金2.2亿元实施了美丽乡村、危房改造、道路硬化、渠道衬砌等126个农村基础设施和一批富民产业项目，发放精准扶贫小额贷款、扶贫惠农贷款、妇女小额担保贷款、互助社借款等各类贷款2.62亿元，精准扶贫劳动力培训4952人，年内全市脱贫177户，690人，顺利通过全省2016年度贫困人口退出第三方评估检查。

【社会保障】2016年，全市参加失业、养老保险的单位197户，参加失业保险的职工3559人，养老保险的职工3667人；支付职工养老保险费13038万元。参加职工医疗保险人数为13351人。参加农村合作医疗的人数达69332人，参合率98.35%。参加城市居民医疗保险的人数达118015人，参保率98.0%。全市累计发放低保资金28070万元，保障对象达73349人。其中，农村低保对象14123人，城市低保对象59226人。农村五保供养对象732人。全面落实全市城乡低保、农村五保、孤儿基本生活保障标准以及干部职工和警察津贴补贴等提标工作，城市低保标准从424元提高到466元，农村低保一、二类补助标准从3300元、2808元提高到3420元、2988元，五保集中供养补助标准由4114元提高到5600元；分散供养补助标准由4114元提高到4525元。大夏河南岸保障房、万寿花园经济适用房、212户农村危房改造、城市小街巷硬化工程已全面完工并投入使用，城市养老院、肖家水厂提升改造工程、2016年度1946套棚户区改造等一批与群众生活密切相关的民生项目进展顺利。

【社会事业】投资11088万元的第三中学建成使用，投入8300万元新建改建建国小学分校、江牌村幼儿园等21所中小学幼儿园。2016年末，全市共有各类学校 133 所，在校学生 65555 人，专任教师 3984 人。适龄儿童入学率达 100%，巩固率达 100%，毕业率 100%。坚持依法施教、依法治校，狠抓教育质量和教学管理，顺利通过全省义务教育均衡发展考核验收。稳步推进卫计事业，提高医疗卫生保障水平。全市拥有各级各类医疗卫生机构 20 个，卫生机构拥有床位数 2210 床，卫生技术人员 1401 人。进一步优化公共卫生布局，中山医院改扩建、市人民医院重症医学科和新生儿重症监护病房两个专科建设项目投入使用；实施东区社区卫生服务中心项目；市镇两级分级诊疗病种范围进一步扩大。县级公立医院综合改革和基本药物制度稳步推进，基本药物全部实行网上采购且实行零差率销售。启动实施大病定额补助、市镇两级分级诊疗和医师多点执业制度，医疗服务水平不断提高。实施镇、街道卫生院、社区卫生服务中心维修改造工程，完成市医院整体迁建项目方案和前期准备工作，医疗卫生基础设施日趋完善。出生人口性别比 106.29，符合政策生育率达到 98.74%，稳妥实施全面二孩政策。

【环境保护】推进生态环境保护，相继实施了北山根地质灾害治理、南龙尕塬山笔架山荒山造林、城区道路绿化、河道综合治理等生态工程。统筹推进大气污染、水污染、农村面源污染综合治理和全域旅游无垃圾示范创建，投入 5 亿元建成使用集中供热 3 号热源厂，拆并各类燃煤锅炉 135 台，封堵河道排污口 13 个，关停 17 家采砂及砂石加工企业，新建四镇垃圾收集点 11 个，依法查处环境违法行为 300 余起，推进农村旱厕改造试点和污水全收集试点，从源头上预防了环境污染。全年优良天气数达到 312 天，PM10、PM2.5 年均浓度值分别下降到 83 微克/立方米、40 微克/立方米。全市地面水水质、饮用水源水质达标率均为 100%。全市共有大型集中供热站 6 家，供热面积 730 万平方米，其中集中供热面积 410 万平方米，天然气供热面积 220 万平方米。城市绿化覆盖率达 16.35%。

（刘旭光）

临夏县

【基本情况】临夏县位于甘肃省中部，临夏回族自治州西南部，黄河南岸。县境东西宽 53.1 公里，南北长 59.85 公里，总面积 1212.4 平方公里。地貌为青藏、黄土高原参半，多山沟，兼有塬、川。地势东北低、西南高，海拔 1735～4636 米之间。临夏县地处温带半湿润区和高寒湿润区的过渡带，属温带半湿润气候，具有大陆性、季风性山地气候特点，气候因素随地势高度变化十分明显。年均日照时数为 2327.7 小时，日照率为 52%，年平均气温 8.4℃，无霜期 181 天左右，年降水量 675.5 毫米。现辖 19 个乡，6 个镇，219 个行政村，2101 个村民小组，4 个居委会，11 个居民小组。

【旅游景点】太子山、凤凰山、土门关、曳湖峡、万顷塬等有名的旅游景区，可供游览的名胜景点有龙首山、石佛寺、北山公园、五女山林场、刘家峡水库、临夏县生态园、古城公园、莲花台、大河金沙湾度假村、关滩沟风景区、祥云生态园、北塬生态园、土桥花园、三岔坪林场等。全年旅游接待人数达 43.03 万人（次），比上年增长 26.66%；实现旅游收入 20033.01 万元，增长 27.43%。

【国民经济】2016 年，全县实现生产总值 35.93 亿元，比上年增长 8.3%。其中，第一产业增加值 7.67 亿元，增长 6%；第二产业增加值 5.72 亿元，增长 14%；第三产业增加值 22.54 亿元，增长 7.7%。工业增加值 2.68 亿元，增长 17.00%，其中规模以上工业增加值 1.30 亿元，增长 18.20%。建筑业增加值 3.03 亿元，增长 11.60%。房屋建筑施工面积 21.92 万平方米，房屋建筑竣工面积 17.57 万平方米。社会消费品零售总额 7.74 亿元，增长 10.80%。固定资产投资 35.52 亿元，增长 16.90%。一般公共财政预算支出 25.01 亿元，增长 9.26%。全县金融机构各项存款余额 50.59 亿元，增长 14.74%；各项贷款余额 32.44 亿元，增长 11.68%。

【“三农”工作】年末实有耕地面积 36.94 万亩，完成粮食作物播种面积 37.54 万亩。以旱作农业为突破口，增加粮食产量，平均亩产达到 465.95 公斤，亩增 3.69 公斤，粮食总产量 17.49 万吨。全县完成造林合格面积 6.4 万亩，其中，经济林 3.05 万亩、防护林 3.35 万亩；新育苗木 5600 亩，促进了林业生产的进一步发展。花椒产量 2148.5 吨，增长 0.52%。肉类总产量 9398.16 吨，增长 1.28%；牛奶产量 22765.32 吨，增长 18.93%；禽蛋产量 2253.3 吨，下降 5.16%。水产品产量 112.4 吨，增长 8.08%。大牲畜年末存栏达到 6.01 万头，下降 1.21%。羊年末存栏 17.09 万只，下降 7.24%。猪年末存栏 7.08 万头，下降 4.47%。

【项目建设】2016 年，全县实施重点建设项目 108 个，项目建设完成投资 33.92 亿元，比上年增长 18.57%。其中，续建项目 26 个，完成投资 14.60 亿元；新建项目 82 个，完成投资 209213 万元。

【优势产业】花椒、畜牧、水电、劳务、特色产业五大主导产业作为临夏县经济发展的依托，2016 年共创劳务收入 15.883 亿元，比上年增加 1.413 亿元；劳务人员人均创收入 15420 元，比上年增长 6.87%。农民人均工资性收入 2139 元，占农村居民人均可支配收入的 35.98%；农民人均收入中从畜牧业得到的收入 786.71 元，增长 11.05%，占农村居民人均可支配收入的 13.23%。全县已经建成电站 20 座，总装机容量 4.41 万千瓦，年发电量 14053.62 万千瓦时。全年种植蔬菜 7.39 万亩，蔬菜总产量 89878.5 吨，实现产值 15454.3 万元。文化产业法人单位达到 41 户，资产总计 23195 万元；从事文化产业的人数 1069 人；增加值 7306 万元，增长 14.78%，占生产总值的比重比上年提高了 0.08 个百分点，达到 2.03%。砖雕产业势头强劲，先后兴办了神韵、能成、祥泰、青韵等 4 家龙头企业，年生产砖雕产品 20000 多平方米、砖雕工艺品 5000 多件，1800 多人从事雕刻及安装，实现产值逾 2 亿元。木雕技艺蓬勃兴起，全县现有“柏居艺”藏式家具、祥泰、飞龙、万发等木雕龙头企业 4 家，固定资产投资达3500多万元，雕刻技工有300多人，主要研发生产各类民族特色家具、装饰品、工艺品及仿古建筑构件等，产品远销青海、西藏和四川等地。另外，葫芦雕刻、民间刺绣、布鞋加工等特色产业也得到较好的发展。

【人民生活】2016年末，全县单位从业人数为11767人，比上年增长0.16%；单位年末从业人员年均工资收入52294元，增长14.51%。城镇居民人均可支配收入为17817.5元，增长8.3%；农村居民人均可支配收入为5944.7元，增长8.6%。

【扶贫开发】2016年，共计投入精准扶贫资金17501万元，实施了危房改造、饮水安全、道路硬化等基础设施项目，壮大了养殖、种植、林果等富民增收产业。到年底，1.59万人成功摘掉了贫困帽子，全县贫困面由上年的18.22%下降到13.65%。

【环境保护】加强县域内的环境整治工作，坚持综合治理，强化环境法治，完善监管体系，主要污染物排放总量得到有效控制，环境质量实现持续改善。2016年，化学需氧量排放量为1629吨，二氧化硫排放量为59.7吨，氮氧排放量15.65吨，氨氮排放量48吨。通过实施工程造林、天然林保护、滩涂治理等项目，生态环境有了明显改善。

【社会保障】全县年末优抚对象1215人，其中参战参核人员325人。得到政府最低生活保障的城镇居民13531人，得到政府最低生活保障的农村居民85878人。参加农村新型合作医疗的人数达到316850人，参合率98.95%。企事业单位养老、失业保险参保人数达到7801人，其中养老保险2517人、失业保险5284人，城乡居民养老保险人数达到220311人。参加城镇基本医疗保险人数达到38685人，其中城镇职工参加基本医疗保险人数13357人，城镇居民参加基本医疗保险人数25328人。全年人寿保险保费收入5185.48万元，比上年增长83.63%；赔付金额405.06万元，增长41.65%。财产保险实现保费收入3919.46万元，增长39.04%；赔付金额1987.59万元，增长25.64%。

【基础设施】全年新建改建公路106公里，拆除重建危旧桥4座，维修加固1座，实施了195条649公里的通村硬化路和7条90.94公里的县乡道安全生命防护工程。年末电信固定电话用户达到10000户，其中农村固定电话用户达到8000户，年末电信宽带用户达到6500户，其中农村电信宽带用户达到5000户；年末移动电话用户达186005户。全县自来水受益村219个，占全县总村数的100%；农村自来水受益户为75666户，占总农村户数的98.01%；农村自来水受益人口341077人，占乡村人口的98.09%。全县各乡镇、各村全部通电、通公路、通汽车、通邮、通电话，实现了“五通”，通电的户数77205户，占总农户的100%；通电话的户数为32054户，占总农户的41.52%。

【社会事业】全县共有各级各类学校345所，教职工3473人，在校学生52883人。适龄儿童入学率100%，巩固率100%。全县共有医疗单位36个，医院床位数1138张，其中，县级医院2个，乡（镇）卫生院28个。专业卫生技术人员693人，其中，副高45人，中级以上职称161人，初级职称249人，士员级125人。村卫生所(室)275个，个体诊所103个，村级卫生从业人员279人。全县人口出生率14.80‰，自增率7.70‰，城镇登记失业率3.31%。

（包学清）

康乐县

【基本情况】康乐县位于临夏回族自治州东南端，洮河下游西侧。东临临洮县、南接渭源县和卓尼县、西连和政县、北靠广河县。国土总面积1083平方公里。全县辖5镇10乡，152个村民委员会，1621个村民小组。全县总人口27.48万人。境内海拔1898米～3908米，年均气温7.8摄氏度，年降雨量437.7毫米，无霜期155天，年日照数23407小时，年日照百分率53%。有耕地32.65万亩，有野生中药材300多种，草场36.54万亩，林地55.42万亩，有松、柏、杨、柳、桦等200多个树种；金钱豹、鹿、猞猁等近百种；蓝马鸡、鹰、雁等珍禽60多种。矿产资源丰富，现已探明的有方解石储量1800万吨、海洋古生物化石储量300万立方米，铜、金、石蜡矿产资源等储量大。

康乐县旅游资源极为丰富，主要有药水峡森林风景区、莲花山国家森林公园、麻山峡、后墩湾风景区、西峰窝寺、亥姆寺、白云寺、西拱北、赵家湾拱北等自然和人文景区。药水峡由于受地质变化的影响，群峰突兀，山势陡峭，峡谷幽深，四季分明，气候凉爽湿润，孕育了典型而丰富的生物种群。2016年，全县接待游客95.08万人次，比上年增长27.92%；旅游综合收入达到3.92亿元，增长29.91%。

【国民经济】2016年，全县实现生产总值20.93亿元，比上年增长8.3%。其中，第一产业增加值5.16亿元，增长5.4%；第二产业增加值2.52亿元，增长8.3%；第三产业增加值13.25亿元，增长9.5%。工业企业增加值0.98亿元，增长6.7%。建筑业增加值1.54亿元，增长9%。社会消费品零售总额6.22亿元，增长10.6%。一般公共预算收入1.16亿元，增长15.35%；财政支出20.12亿元，增长16.32%。年末全县金融机构各项存款余额43.42亿元，增长28.91%；各项贷款余额26.10亿元，增长13.89%。

【“三农”工作】2016年，全县农作物播种面积50.47万亩。粮食作物39.62万亩，经济作物10.85万亩。完成三北五期防护林工程人工造林3000亩，其中在虎关乡高集村红山完成2000亩，在关丰村大北山完成1000亩，共栽植云杉、刺槐、山杏等苗木33万株；完成三北防护林退化林份改造试点项目2万亩，共栽植各类苗木84万株。完成巩固退耕还林成果补植补造7200亩。工程安排在历年退耕区域，涉及15个乡镇36行政村，目前已按照作业设计完成补植补造7200亩，栽植山杏、刺槐、速生柳12.96万多株。大牲畜年末存栏合计64734头，其中牛存栏54260头；羊存栏145062只；

猪存栏30319头。全年肉类总产量6609.06吨。全县输转劳务6.32万人，劳务收入9.33亿元。

【项目建设】2016年，全县完成固定资产投资23.36亿元，比上年增长10.24%。其中，500-5000万元项目投资8.74亿元，下降2.13%；5000万元以上项目投资12.12亿元，增长77.88%；房地产开发投资2.48亿元，下降55.05%。计划实施项目共计74项，其中续建项目23项，新开工项目51项。计划新开工按行业分为：交通项目7项，计划总投资18.27亿元；农林水利生态项目8项，计划总投资15.91亿元；社会事业项目7项，计划总投资1.09亿元；市镇基础设施项目12项，计划总投资19.1亿元；工业能源项目3项，计划总投资4351万元；商贸流通项目2项，计划总投资1.8亿元；房地产开发项目5项，计划总投资4.1亿元；精准扶贫易地搬迁项目7项，计划总投资7.82亿元。

【优势产业】2016年，全县中药材种植面积达3.84万亩，占农作物播种面积的11.15%，已建成年加工中药材1500吨以上企业一家（义顺公司），中药材初加工户80多家（其中：小型当归切片加工户30户），大小贩运户290多家。农业产业龙头企业年销售总额3.5亿元，收入增长率达12%以上。全县有国家级龙头企业1家，省级龙头企业4家。成立农民专业合作社320家，76个贫困村组建产业化经济合作组织的比例达到98.6%，新建合作社60家，全县21个重点村合作社实现全覆盖。新增育苗面积5000亩，在夏家寨苗圃建成占地面积10亩的城市园林绿化苗木展示园，主要培育品种有变色龙长须柳、长枝榆、金叶榆、四季玫瑰等19个品种1.8万株。销售以云杉为主的各类苗木400多万株，较2015年苗木销售数量翻一番，综合收入近亿元。天然林资源保护工程二期封山育林6000亩，天保内中幼林抚育2000亩。在流川乡团结村建设鸡舍500平方米、网围栏1500米、放养山鸡15000只，附城镇城南村建设鸡舍900平方米、网围栏2000米、放养山鸡10000只，莲麓镇低寺坪村建设鸡舍500平方米、网围栏500米、放养黑爪子山鸡20000只。

【扶贫开发】全面实施了2016年的24个整村推进项目，共完成基础实施道路硬化24.65公里，农路拓宽改造16.3公里，新建便民桥1座，农户居住环境改善（庭院改造）1368户，贫困村互助社注资23个，共计完成投资2351万元。共完成贫困村村组道路硬化3.5公里，道路拓宽改造8.3公里，便民桥4座，饮水安全工程蓄水池7座，埋设各类管道57.79公里，各类阀门井90座，防洪堤580米，渠道维修150米。完成贫困户庭院改造1531户、危旧房改造1610户。

扶持苏集镇古洞沟村10户贫困户，新建暖棚圈舍10座；胭脂镇郭家麻村建立妇女养殖基地10户，引进良种瘦肉种猪100头；安排惠农贷款贴息资金30万元，中和农信小额贷款资金55万元，精准扶贫专项贷款贴息资金1370万元，扶持建立村级产业发展互助社37个、投入资金540万元。加大科技扶贫力度，突出实用技术推广，完成全膜双垄沟播技术推广7个乡镇13万亩，共计投入资金321万元。完成2015年第二学年“雨露计划”（两后生）培训169人，2016年新增“雨露计划”（两后生）培训审核通过210人，贫困户劳动力短期技能培训1620人，经培训获得中技、中专学历证书和国家中级职业上岗资格证。

【环境保护】2016年，全县化学需氧量排放量7131.08吨，比上年减少了1.38%；二氧化硫排放量721.93吨，增加了1.97%；氨氮排放量120.12吨，减少了3.0%；；氮氧化物排放量为112.54吨，增加了1%。

【民生保障】2016年，全县农村居民人均可支配收入5848.6元，比上年增长7.8%。城镇新增就业人员5010名，城镇居民可支配收入增速7.6%；城镇登记失业率控制在4%以内。实现转移就业1241名，其中高校毕业生转移就业111名；就业技能培训2242名，创业培训人数152人，岗位技能培训人数54人，职业技能鉴定2515名。全县输转劳务6.32万人，劳务收入9.33亿元。全县参合人数236078人，其中五保户、低保户、独生子女领证户、二女（稀三女）结扎户、残疾人、85岁以上老人6类特殊人口参合人数45629人，参合率98.11%。全年四级财政补助标准为420元/人，共应补助全县新农合基金9915.3万元。四级财政补助资金实际到位9941.1万元，到位率100.3%。新农合共为全县37.8万人次参合患者补偿医药费用9088.34万元（含卫生精准扶贫新农合提高5%补偿费用），其中为3.3万人次参合患者补偿住院医药费用7871.43万元，为34.5万人次参合患者补偿门诊费用1216.91万元。城镇职工基本养老保险征缴收入1234万元（其中失地农民424万元），城镇职工基本养老保险基金支出1128万元；城镇职工基本医疗保险征缴收入2570万元，城镇职工基本医疗保险基金支出861万元；城镇居民基本医疗保险征缴收入131万元，城镇居民基本医疗保险基金支出364万元；失业保险征缴收入52万元，失业保险基金支出17万元；工伤保险征缴收入69万元；生育保险征缴收入63万元，生育保险支出83万元；城乡居民社会养老保险参保率98.54%，续保率95.39%，发放率100%。劳动关系，劳动合同签订率96.11%；集体合同签订率87%；劳动监察举报投诉案件结案率100%。

（周玉）

永靖县

【基本情况】永靖县位于临夏回族自治州北部，东界兰州市西固区、定西市临洮县，南濒黄河，与东乡、临夏、积石山县为邻，西毗青海省民和县，北望湟水，与兰州市红古区相望。全县东西长68.04公里，南北宽51.17公里，总面积1864平方公里，总耕地35万亩，其中山旱地22万亩，年平均降雨量260毫米，蒸发量在1500毫米以上，属大陆性、温带半干旱气候。辖17个乡（镇）、153个村（居），2016年末，全县总人口为209254人，其中少数民族占总人口的13.84%；常住人口为 18.47 万人，城镇化率 47.77%。

【旅游资源】黄河流经县域 107 公里，形成炳灵峡、刘家峡、盐锅峡—黄河三峡。有炳灵寺石窟、刘家峡水电站、炳灵石林、恐龙国家地质公园 4 个国家级旅游景点；有炳灵湖、太极湖、毛公湖三座高峡平湖；有恐龙之乡、彩陶之乡、傩文化之乡、水电之乡等美誉。黄河水电博览园建成投入使用，向阳码头至万佛谷旅游公路建成通车，炳灵寺石窟列入世界文化遗产名录，炳灵石林被列为国家地质公园，黄河三峡入围全省 20 个大景区、成为首批重点打造的八大景区之一。组建成立黄河三峡旅游投资公司，搭建融资平台，加快资源开发，加大旅游宣传推介力度，组织开展采摘节、啤酒节等特色旅游节会。2016 年，旅游总人数 391.04 万人次，比上年增长 21.78%；旅游总收入 174061 万元，增长 24.05%。

【国民经济】2016 年，全县实现生产总值 36.79 亿元，比上年增长 8.1%。其中，第一产业增加值 6.24 亿元，增长 5.9%；第二产业增加值 16.28 亿元，增长 8.2%；第三产业增加值 14.27 亿元，增长 9.1%。三次产业结构由上年的 16.68∶47.28∶36.04 调整为 16.97∶44.26∶38.77。社会消费品零售总额 7.33 亿元，增长 9.3%。一般公共预算收入 3.97 亿元，增长 13.9%。金融机构各项存款余额 76.66 亿元，增长 11.4%；各项贷款余额 66.9 亿元，增长 16.9%。

【脱贫攻坚】2016 年，全县贫困户比上年减少 1576 户，贫困人口减少 7054 人，减少到 2.15 万人。以 12 个整村推进及扶贫开发项目村为示范，整合各类项目资金 3 亿多元、协调发放各类助农贷款 6 亿多元，按照户均 1 万元的标准落实到户扶持资金 3640 万元。投资 6675 万元实施农村公路通畅工程 42 条、133 公里，投资 4870 万元改造硬化村社巷道 113 公里。筹资 1200 多万元，对全县人饮工程进行了维修改造。投资 2000 万元完成农村危房改造 2400 户，投资 760 万元一次性对 151 户五保户危房进行了统一改造。

【项目建设】全年共组织实施 500 万元以上项目 108 个，完成投资 64.08 亿元。引进签约招商项目 13 个，完成投资 12.26 亿元。重大项目建设进展顺利，兰刘沿黄河快速通道建成通车，刘盐八库区地质灾害综合治理项目有序推进，金河湾黄河大桥建成通车。太极大桥、外环路动工建设，县城至新寺公路动工建设。兰刘高速公路、刘家峡库区环湖公路列入全省路网规划。

【民生保障】全年城镇居民人均可支配收入 17619.9 元，比上年增长 8.5%；城镇居民人均消费支出 11131.35 元，增长 5.44%。农村居民人均可支配收入 5639.3 元，增长 8.2%；农村居民人均消费支出 5594.65 元，增长 9.34%。全县参加城镇职工基本养老保险人数 3614 人，参加城镇职工基本医疗保险人数为 14985 人，参加城镇居民基本医疗保险人数为 19711 人，参加失业保险人数为 6890 人，参加工伤保险人数为 7107 人。参加城乡居民养老保险人数为 10.24 万人，参保率为 96.60%。参加新型合作医疗农民人数 14.34 万人，参合率为 99.67%。城乡医疗救助 1727 人次，资助参保参合 46133 人。城镇居民得到政府最低生活保障的人数为 6910 人，农村居民得到政府最低生活保障的人数 38040 人。敬老院 11 个，五保家园 3 个，敬老院拥有床位 148 张，供养人员 28 人。

【文教卫生】2016 年，完成文化产业增加值 10741 万元，比上年增长 15.71%，占生产总值的比重为 2.92%。文化产业从业人员达到 1400 人，增长 0.65%，文化产业完成投资额 8800 万元。2016 年末，全县共有各级各类学校 179 所，在校学生人数 22031 人，适龄儿童入学率 100%，高考上省定二本线考生 377 人，上线率 19.42%，比上年提高 1.56 个百分点。全县共有医院、卫生院 23 所，病床数 973 张，专业卫生技术人员 862 人。儿童建卡率 97.88%，单苗单针次接种率 95%以上。

【环境保护】认真实施天保工程、生态公益林、“三北”防护林等生态治理项目，完成植树造林 6.3 万亩，新修梯田 8800 亩。严格实行“三个严禁”政策措施，集中整治黄河沿岸排污口，保证黄河水源安全。深入开展环境污染重点隐患排查整治，严厉打击各类环境违法行为，拆除非法采（洗）砂点 59 处，淘汰落后产能企业 1 家、生产线 3 条，关停违法违规企业 7 家。全县共有环境监测站 1 个，辐射环境监测站 1 个，环境保护监测人员 19 人。境内自然保护区面积达到 19500 公顷。城市污水集中处理率 86.19%，城市生活垃圾无害化处理率 90.46%。

（魏登峰）

广河县

【基本情况】广河，古称太子寺。地处陇西黄土高原丘陵沟壑地带，位于甘肃省中部，临夏回族自治州东南部，东与定西市临洮县隔河相邻，西接和政县，南连康乐县，北靠东乡族自治县。东西长 45 公里，南北宽 13 公里。地势自西南向东北倾斜。整个版图宛如一只奔兔。商贸流通活跃，市场功能完善。广河背靠藏 族地区，面向兰州，历来是中国西部的一个重要商埠，具有“西部旱码头”的美誉。早在汉朝时期，这里就是“丝绸之路”的一个重要驿站，举世闻名的“唐蕃古道”穿此而过，明代又是“茶马互市”的一个重要市场。常年有 3 万多人在全国各地从事商贸流通和务工创业。县内民间资本相对富足，特别是皮毛市场与国内各大市场接轨，是西北地区乃至全国的重要集散地之一，三甲集镇被誉为“西北皮毛集散第一集”。广河是临夏州的“东大门”，东跨洮河至兰州 70 公里，西距临夏州府 40 公里，省道兰郎公路和康临高速公路纵贯全境，兰临高速公路近邻而过。是国列扶贫开发重点县。总面积 538 平方公里，辖 3 乡 6 镇，102 个行政村，1121 个村民小组。年末总人口 25.73 万人，常住人口 24.02 万人，人口密度 478 人/平方公里。黄河一级支流洮河流经辖区，广通河纵贯全境。地理特征可概况为“一川两山，一路两河”，即中部广通河沿线为川区，南北为山地。平均海拔 1953 米，最高的西南部大疙瘩，海拔2620米；最低的三甲集镇五户村，海拔1800米。广河属温带半干旱气候，30年平均气温6.9℃，30年平均降雨量466.5毫米，全年无霜期140天，日照时数2571.1小时。四季分明，气候宜人。

【旅游资源】广河县境内自然遗存丰富，文物古迹众多，是我国新石器时代与夏商过渡期典型文化——齐家文化的发祥地，马家窑文化遗址和蕴藏丰富的古动物化石遗迹在国内外享有一定声誉，有“齐家文化摇篮”之美称。在广河县有一个名叫古城的村子，依山傍水，土地肥沃，地理位置优越。这里是古代大夏县城遗址，大夏城因大夏水（广通河）而得名。古城基本已无地面城垣可寻，唯城基夯土层隐约可辨。城内农田中曾发现汉瓦和宋陶片。城东越过寺沟至贾家村，发现两座汉墓，曾出土有汉代砖瓦、陶器及五铢钱等。陶罐上有朱书隶体文字，并有东汉灵帝“光和三年”（180年）纪年。还有堡子山（旧名棺木山）遗址，文物内涵极其丰富，集马家窑文化半山类型、齐家文化、辛店文化、寺洼文化为一起，被列为省级文物保护单位。堡子山也是古太子寺八景之一，名曰：“棺木藏宝”。全县的清真寺和拱北，有中国式殿堂建筑，有仿中亚或阿拉伯式，也有中西合壁式，集古典、现代和阿拉伯风格于一身，融汇回族砖雕、汉族木刻、藏族彩绘为一体，形成了独特的清真寺艺术风格，享誉西北，有“穆斯林风情大观园”的美誉。

【国民经济】2016年，广河县实现生产总值21.22亿元，比上年增长7.9%。其中，第一产业增加值3.28亿元，增长5.3%；第二产业增加值5.0亿元，增长1.9%；第三产业增加值11.49亿元，增长7.3%。三次产业结构比由上年的17.44∶18.27∶64.29调整为15.46∶23.56∶60.98。工业增加值3.55亿元，下降0.9%。社会消费品零售总额7.64亿元，增长9.5%。一般公共财政预算收入1.26亿元，增长13.83%。年末全县金融机构各项存款余额分别达到35.66亿元和37.64亿元，增长17.7%和27.04%。

【脱贫攻坚】全年投入资金12.8亿元，比2015年增加了7.59亿元，硬化或改造农村道路615公里，改造D类危房1710户、C类危房3594户、无能力建房户危房54户，实施易地扶贫搬迁工程998户4482人，实施齐家、三甲集等5个应急水源工程，贫困村薄弱学校改造5所、幼儿园14所，新建改造村卫生室26所、配备医疗设备29所、村级活动场所24个、村级文化广场11个。落实精准扶贫专项贷款2.48亿元，补助修建养殖暖棚622座，完成有组织输转精准扶贫户劳动力802人，落实贫困户救助资金4915户450多万元、救助残疾贫困人员370人，动员社会各界人士累计捐款捐物4100多万元。2016年全县脱贫人口5462人，剩余贫困人口27224人，贫困发生率13.4%。

【“三农”工作】全年实现农林牧渔业总产值56362.41万元，比上年增长5.11%。粮食总产量为110387.02吨，增长0.07%；肉类总产量2900吨，增长7.37%。进一步加大玉米新品种推广力度，调进适合广河县的优质玉米品种，玉米新品种达到95%以上。在庄禾集镇西坪、宋家山村开展原种网棚繁育马铃薯一级种繁育，种植原种田300亩，一级种薯田3000亩，累计推广种植脱毒马铃薯6.2万亩，占马铃薯种植面积的100%，实现了马铃薯种植种薯脱毒化。全县机械覆膜率达到37%，比上年提高了近7个百分点。在全县9个乡镇的82个干旱村3.76万户农户实施推广全膜双垄沟播技术36.09万亩，全膜玉米平均亩产745.5公斤，与半膜玉米亩产539.6公斤相比，亩均增产205.6公斤，增产效果显著。草食畜牧业逐步壮大，新发展农民合作组织8个；联户养殖小区（场）发展到237个，新增15个，规模养殖户发展到8257户，新增150户；创建州级畜禽养殖标准化示范场2个；完成人工种草3.75万亩；新建青贮窖池3.5万立方米，完成秸秆加工饲料30.02万吨，玉米秸秆加工利用率达70.47%。

【项目建设】全县共实施重点项目86项，总投资73.89亿元（固定资产投资39.88亿元，比上年增长10.77%），其中续建项目40项，总投资35.11亿元，新开工项目46项，总投资38.78亿元。公安局司法局业务用房、疾控中心等35个续建项目和生命防护工程、申家滩大桥等26个新开工项目已全部完工，完工率分别达到87.5%和56.5%；三甲集康家经济适用房、三甲集生活污水处理工程等5个续建项目和齐水路、城关二校综合楼等20个新开工项目完成年度建设任务。

【优势产业】全面加快园区建设步伐，创新和优化园区管理服务，不断加大基础设施投入，临达路全面完工，福禄海、西域工贸、佳美公司入驻园区，开发区入驻企业达到39家，园区功能日益完善，产业集聚效应逐步显现。同时，以园区为平台，不断加大招商引资力度，全年签约项目16个，签约资金34.1亿元。做大做强皮革毛纺传统优势产业，着力促进皮毛交易和商贸流通发展，总投资17亿元的三甲集皮毛交易中心建设进展顺利，完成投资7.8亿元；2016年，全县吞吐牛羊皮350多万张，产值6.45亿元；羊毛5.6万多吨，产值4.48亿元。

【城镇建设】加大县城东西扩建开发力度，启动实施总投资10.32亿元的15个西区开发建设项目，养老院敬老院全面建成，南滨河路县城段、易地搬迁等重点项目开工建设、进展顺利；改造提升旧城基础设施，实施亮化美化和小街小巷硬化工程，县城整体品味不断提升。推进三甲集整体开发建设，中心大道、北滨河路已全面建成，主街道基础设施改造正在实施，三甲集集镇面貌得到显著改善。加强买家巷、庄窠集、齐家等重点集镇建设，实施主街道亮化及排污工程，城乡一体发展步伐不断加快。

【环境保护】投资2464万元，实施人工造林3.4万亩，补植补造1.45万亩，栽植行道树90公里，打造千亩造林点5个。大力实施国家坡耕地水土流失综合治理等生态治理项目，完成综合治理12平方公里，累计达到94平方公里，新修梯田1.43万亩，累计达到12.6万亩。常态化推进城乡环境综合整治，对洮河、广通河、漳河等重点段进行了河道清淤和治理。坚持政府主导、以旧换新，筹资125万元，回收废旧地膜1700多吨，综合回收率达到70%以上。结合中央环境保护督察工作，采取强硬措施，取缔小皮件作坊生皮熟制鞣制工艺8家、关停无证经营砖厂14个，整治违规采砂场23个，停产整顿洗毛企业10家、淀粉加工企业1家，关停金属制品企业1家，全县环境污染问题得到有效治理。

【民生保障】全县新增城镇就业1600人，其中，失业人员再就业498人。全年城镇居民人均可支配收入17060元，比上年增长8.4%；农村居民人均可支配收入6213元，增长7.9%。全年免费培训劳务人员3600多人，完成有组织输转24批3236人，其中“暖冬”行动6批1126人，全县常年外出务工人员达5.8万人，在长三角、珠三角等沿海发达地区广河籍务工人员有7500多人，年劳务创收8.74亿元。年末城镇职工基本养老保险参加人数2255人，参加失业保险人数3213人，参加医疗保险人数7470。企业离退休人员养老金发放率达100%。城镇居民最低生活保障人数4791人；农村居民最低生活保障人数61728人。共有183520人参加新型农村合作医疗，参合率达到99.11%。社会养老保险工作深入开展，保险覆盖面持续扩大。有城市低保户2238户4791人，共发放低保金1683.2万元；有农村低保户19244户59635人，共发放低保金8559.7万元。

【社会事业】投资1854万元，实施了三甲集、齐家、祁家集、庄窠集镇抗旱应急水源配套工程；投资2716万元，对全县重点灌区农田灌溉设施进行了改造维修；计划投资2000多万元，重点实施日供应能力1.27万方的水厂及相关管网、泵站等配套建设内容。投资2.84亿元，实施县乡道路改造、安保、危桥改造等工程17项，实施农村道路生命防护工程1480公里，新建、改造危桥5座。投资9377万元，实施“改薄”项目5所，建设幼儿园33所，狠抓控辍保学工作，全县小学入学率达98.5%，初中入学率达95.1%，高考录取率达到78.35%。启动实施了三甲集卫生院、县妇保站、买家巷卫生院改造项目，规范村卫生室运行管理，稳定优化乡村医生队伍，确保了群众就近就医。积极推进齐家文化开发利用，投资5700多万元，齐家文化博物馆正式开馆，高规格举办了齐家文化与华夏文明国际论坛，进一步提升了齐家文化的知名度。

（范学华）

和政县

【基本情况】和政地处黄土高原与青藏高原交汇地带，东与广河县、康乐县接壤，南与甘南州卓尼县、夏河县相邻，西与临夏县毗连，北与临夏县、东乡县交界，总面积960平方公里。全境以太子山为主山脉，形成四个河谷地带和两个沟谷地带，平均海拔2200米，年平均气温6.6摄氏度，无霜期149天，年平均降水量664.6毫米。境内康临高速公路、临康和二级公路贯通东西，和合公路贯穿南北，县城距省城兰州市90公里，距州府临夏市20公里，面向兰州、服务藏族地区的交通区位优势明显。全县辖6镇7乡，122个行政村，4个社区，1438个村民小组，4.77万户，总人口21.51万人，有汉、回、东乡等9个民族，总耕地面积23.54万亩，人均耕地1.09亩，是国家十年扶贫规划中六盘山片区甘肃省15个重点贫困县之一。境内比较有名的旅游景点有：国家4A级风景名胜区松鸣岩；全国4A级旅游景区国家二级博物馆和政县古动物化石博物馆；铁沟风景区，三岔沟风景区，柳梅滩风景区，南阳山森林公园，滴珠山公园，清虚观等。

【国民经济】2016年，全县实现生产总值16.41亿元，比上年增长8.6%。其中，第一产业增加值4.16亿元，增长5.6%；第二产业增加值3.52亿元，增长11%；第三产业增加值8.73亿元，增长9.1%。人均生产总值8553元。完成工业增加值1.57亿元，增长17.5%，其中，规模以上工业增加值1.19亿元，增长18.4%；固定资产投资41.65亿元，增长10.63%；社会消费品零售总额3.69亿元，增长9.6%。

【脱贫攻坚】2016年在52个贫困村整合各类涉农项目资金3.48亿元，集中实施危房改造、道路硬化、村民综合文化服务中心等项目，发放精准扶贫专项贷款2.06亿元。建成了县电商服务中心、13个乡镇电商服务站和27个村级电商服务点。协调落实各类帮扶资金3221万元，脱贫1587户7260人，贫困发生率下降到14.2%，下降4.3个百分点。深入开展“两查两保”专项行动，严厉查处扶贫资金使用违规行为，确保扶贫政策、资金的安全有效落实。

【“三农”工作】全年完成农林牧渔业总产值6.13亿元，比上年增长4.78%。完成造林面积4.54万亩，增长5.65%。育苗1.78万亩，增长38.67%。年末农田有效灌溉面积4.92万亩，下降0.67%；年末保证灌溉面积4.79万亩，下降0.69%，化肥施用量（折纯）496.18吨，下降30.85%。全年粮食播种面积17.2万亩，下降2.88%，其中夏粮播种面积6.92万亩，下降8.02%，秋粮播种面积10.28万亩，增长0.98%。油料种植面积8.29万亩，增长0.89%，蔬菜种植面积0.79万亩，增长27.88%。药材播种面积1.7万亩，增长9.48%。

【项目建设】2016年谋划实施重点项目153项，投资231亿元，比上年净增26.3亿元，比上年增长12.8%。其中，招商引资项目47项，投资108.6亿元，占项目总投资的71%。项目投资完成39.95亿元，增长9.37%。全年在建项目97个，其中5000万元以上项目有20个，亿元以上的项目有：和政县珠山西路两侧开发带项目、和政国际家具博览中心一期建设项目、甘肃松鸣岩户外健身训练基地项目、和政县吊滩至临夏县漫路公路工程建设项目、和政县鸿森商贸城建设项目、和政县前川新区集中供热等项目。

【优势产业】大力发展全域旅游，实施了游客服务中心、观光车道等基础设施项目，与甘肃省民航置业投资有限公司签订了总投资约24亿元的旅游综合开发协议。充分利用和发挥节会效应，通过宁治会、美丽临夏旅游推介会、旅游宣传月等平台加强对外展示宣传；推动乡村旅游业的快速发展，成功举办了以“情系梨园花海、畅游美丽和政”为主题的首届梨花旅游节，以“畅游金色和政、体验绿色人生”为主题的油菜花旅游节，引导发挥鲁冰花培育基地效应，扎实开展城乡旅游环境卫生综合整治。全年旅游接待总人数271.9万人次，比上年增长20.08%；旅游总收入11.51亿万元，增长21.83%。

产业培育成效明显。依托中国工程院傅廷栋院士建立的油菜北繁试验研究基地，建成了标准化程度高、辐射带动力强的大南岔河流域和麻藏川两个万亩创建示范基地，粮经比达到57:43。按照“一个项目带动一个产业、一个产业带富一方群众”的发展理念和“龙头企业+基地+合作社+农户”的发展模式，引进建设了八八啤特果6万吨果汁饮料生产线、甘肃复兴厚中藏医药文化旅游产业园、奇胜源生态养殖科技苑等农业产业化龙头企业，带动中药材、油菜、啤特果、畜牧养殖产业的快速发展。2016年，油菜种植面积达15万亩，产值达1.5亿元；啤特果栽培面积达16.1万亩，产值达1.95亿元；规模养殖场达120个，畜牧业增加值达1.8亿元；中药材种植面积达6万亩，产值达1.6亿元。

【人民生活】全年城镇居民人均可支配收入17578.5元，比上年增长8.1%；农村居民人均可支配收入5400.1元，增长8%。城镇居民人均消费支出11114.2元，增长10.8%；农村居民人均消费支出4386.2元，增长5.8%。加大劳务培训输转力度，积极拓宽输出渠道，在福建、天津等省市建立了固定的劳务输出基地，劳务已成为农民增收的主渠道之一。全年开展各类技能培训7300人（次），劳务输出5.51万人，创劳务收入8.63亿元。

【环境保护】海螺公司资源化处理城市生活垃圾等项目的实施，进一步优化了生态环境，为争创旅游无垃圾示范县奠定了基础；县城新区三纵八横道路的建设，全面拉开了新版县城总体框架，使城区面积增加到了6平方公里。松鸣镇成功入选全国、全省特色小镇，吊滩村、张湾村等18个村成功创建省级环境整洁村，营造了宜居、宜业、宜游的良好环境。2016年全县共有环境监测站1个，环境监测人员10人，城市污水集中处理率85%，城市生活垃圾无害化处理率95%。

【社会保障】2016年全县参加失业保险的人数3545人；参加基本养老保险的职工人数2245人；参加基本医疗保险的人数15638人，其中城镇职工8340人；新型农村合作医疗参合人数170384人，参合率达98.86%。全社会低保户数20784户，其中农村15190户、城镇5594户；低保人数62738人，其中农村50489人、城镇12249人。农村低保金额8408.39万元，城镇5204.26万元。落实各项惠民资金5.1亿元，城乡低保覆盖率达24%，城乡居民养老保险参保率达96.67%，被省残联授予全省残疾人康复工作示范县。

【社会事业】加大教育基建投入，实施了总投资1.03亿元的69所村级幼儿园、嘉庚幼儿园、薄弱学校改造、城关初中宿舍楼、三中周转宿舍楼等教育基建项目，实现了有需求的村级幼儿园全覆盖。2016年，小学入学率99.8%，巩固率99.3%；初中入学率98.12%，巩固率99.3%；高中毛入学率46.1%，学前教育三年入园率71.6%；高考二本以上录取306人，录取率达27.62%。着力改善医疗条件，实施了投资4821万元的中医院门诊医技综合楼及妇幼保健院、三十里铺、新庄、罗家集卫生院业务楼等卫生基建项目。2016年，全县共有医疗卫生机构143个，病床1064张，专业卫生技术人员723人。大力发展文化体育事业，全县共有县级全民健身中心2个，乡镇体育场8个，村级体育场63个，健身团54支，体育协会3个，体育俱乐部3个，全年参加各类群众体育活动人数7万人（次）。成功承办了“松鸣岩.云发杯”大众高山滑雪邀请赛暨甘肃省第二届大众高山滑雪锦标赛。全县共有文化产业单位31个，完成文化产业增加值4358万元，比上年增长16.03%。

（孟小军）

东乡族自治县

【基本情况】东乡族自治县是全国唯一的以东乡族为主的少数民族自治县，是国列省扶的重点县。境内总面积1510平方公里，其中陆地面积1462平方公里。最高海拔2664米，最低海拔1735米，年平均气温为5～9℃，年降水量216～600毫米，年蒸发量1400多毫米，无霜期138天，气候特征是冬长夏短，春秋相连，无霜期短，日照丰富，降水量少，蒸发量大。全县经济以农业为主，主要农作物有春小麦、洋芋、玉米、油菜等，名牌产品有东乡洋芋，东乡手抓羊肉，唐汪大接杏，唐汪葵花籽，唐汪大红枣，河滩花椒，东乡天然地耳等。2016年，全县共有19个乡，5个镇，229个村民委员会。年末常住人口30.48万人，农业人口28.92万人，城镇化率为20.15%。

【国民经济】2016年，全县生产总值17.30亿元，比上年增长8.4%。其中，第一产业增加值4.53亿元，增长6.9%，第二产业增加值2.77亿元，增长9.5%，第三产业增加值10.01亿元，增长8.7%。三次产业结构比值为26.2∶16.0∶57.8。工业增加值5232万元，增长8.8%，其中规模以上工业增加值达到2337.96万元，增长8.5%；社会消费品零售总额2.69亿元，增长9.7%。

【“三农”工作】紧紧围绕农民增收，农业增效，农村稳定，积极采取各种有效措施，合理调整种植结构，大力推广旱作农业，实施全膜双垄沟播玉米和洋芋脱毒工程，全县洋芋种植实现了良种化，强化农业基础，加快支柱产业发展步伐，使粮食生产获得了较好收成，基本实现了农业增产、农民增收的目标，促进了农业和农村经济的全面发展。2016年，全县年末耕地面积36.78万亩，粮食播种面积37.34万亩，粮食总产量84978.23吨，粮食平均亩产 227.53 公斤，比上年增长 10.68%；当年共完成各类造林面积 6.91 万亩，增长 20.8%；全县大小牲畜存栏达到 55.35 万头（只），增长 0.8%；全县大小牲畜出栏达到 65.14 万头（只），增长 0.41%；肉类总产量达到 15236.84 吨，增长 0.77%；全县农业机械总动力达到 19.1 万千瓦，增长 6.11%；农业总产值 76863.25 万元，增长 5.5%。

【项目建设】2016 年全县共列 500 万元以上建设项目 68 项，计划总投资 39.48 亿元，其中续建项目 6 项、投资 7.54 亿元，新开工项目 62 项、投资 31.94 亿元，续建项目全部完成并投入使用，折红二级公路、董岭至唐汪道路改建、风山乡池滩沟提灌工程、国家坡耕地水土流失治理沿坪项目、退耕还林还草、高山乡基本农田整理、达板高级中学宿舍楼等项目开工建设，进展顺利。完成固定资产投资 28.3 亿元，比上年增长 8.3%，其中续建项目完成投资 4.61 亿元，新开工项目已完成投资 23.70 亿元。

【城镇园区建设】县城建设方面：按照打造开发商贸区、拓展县城发展空间，完成县城三版总体规划，加快总投资 23.65 亿元的新区开发进度，集中实施完成商贸区雨污水管道、综合廊道建设项目和土地回填工程，回填土方 680 万立方，排水管网 4475 米、集水廊道 1480 米、边坡治理 6 万平方米，棚户区改造、学校、易地扶贫搬迁等大部分项目落地动工建设，全面推进县城美化亮化绿化工程，大力发展特色农家乐，着力打造宜居宜业宜游的新县城。全面加快污水处理、垃圾处理、滨河路改造等项目进度，不断改善基础条件，扶持壮大新型建材、清真食品加工等现有产业，积极引进新材料、电子信息、节能环保、机械制造等新兴企业，着力提升工业经济实力。

河滩绿色产业园方面，继续完善生活服务区基础设施建设，着力打造现代综合旅游区和绿色产业园区。整合各类资金 2371 万元，改善了公共服务和基础设施建设，实施了唐达路铺油项目 12 公里，村道、杏园路硬化 10 公里，红塔寺硬化铺砖 1200 平米，建成百年古树区、后滩花海、红塔寺等三个景区的停车场和 2 座公共卫生间，统一更换门牌 180 多家，建成了 23 家农家乐，安装了 50 多个道路指示牌，主街道设置隔离栏 1.1 公里，深入推进陇上杏花产业园建设，有效改善了唐汪镇整体面貌。同时以那勒寺、汪集、百和、龙泉等集镇为重点，统筹规划实施道路改造、雨污排水、环卫垃圾、交通管控、市场建设等基础项目，不断完善服务功能，在全县范围内综合开展了环境综合整治暨全域生活无垃圾创建活动，切实加强城镇管理。

【特色产业】按照两羊（洋）劳务、兴农富民的发展布局，依托羊、洋芋两大资源优势，着力培育壮大羊、洋芋、花椒林果、劳务四大支柱产业，使群众增收步伐明显加快，在产业培育上迈出了坚实步伐。2016 年全县四大支柱产业人均收入达到 2027.5 元，占可支配收入比重达到 45.1%，比上年增长 8.45%。在洋芋产业方面，合理调整种植结构，大力推广脱毒洋芋良种，加快品种改良步伐，新建洋芋贮藏窖 210 座，全县 25.79 万亩洋芋种植实现了良种化，人均洋芋收入为 232 元，增长 5.94%，占农村居民人均可支配收入的 5.16%；在养羊产业方面，“东乡手抓”商标成功注册，强化政策扶持，有效衔接金融部门，降低信贷准入门槛，发放异地养殖贷款 8547 万元，新发展规模养殖场(养殖合作社)29 家，养殖大户 320 家，牛饲养量达 5.29 万头，羊饲养量达 112.4 万只通过重点扶持和示范带动，壮大了支柱产业，进一步延伸产业链条，形成了繁育、养殖、屠宰、加工、营销和社会化服务为一体的全产业链生产模式，提高了产品附加值，增加了农民收入，人均养羊收入 802.5 元，增长 8.2%，占农民人均纯收入的 17.85%；在劳务产业方面，共输转劳务人员 8 万人，其中组织输转 4 万人，自谋输转 4 万人，输转劳务 8 万人，实现劳务收入 10 亿元，人均劳务收入达到 895 元，比上年增长 8.48%，占全县农民人均可支配收入的 19.9%；在花椒林果产业方面，在巩固经济林基地规模的基础上，坚持适地适树、补植补栽，加大经济林栽植面积，花椒林果基地面积不断扩大，花椒林果人均收入花椒林果收入 98 元，占农民人均纯收入的 2.18%，比上年增长 16.67%。

【人民生活】全县各级各类单位从业人员 12429 人，年末从业人员劳动报酬达到 52756.9 万元，年平均工资为 46622 元，比去年增长 1.1%。年末在岗职工 12353 人，年末在岗职工工资 52504.8 万元，年平均工资为 46650 元，增长 1.12%。农民人均可支配收入 4496.6 元，增长 8.3%；城镇居民可支配收入 17116.4 元，增长 8%。

【脱贫攻坚】围绕基础设施、产业培育、公共服务保障、能力素质提升等项目，累计在 23 个贫困村和 17 个非贫困村投入各类项目资金 1.52 亿元，着眼于破解贫困群众生存发展问题，实施整村推进项目 21 个、“美丽乡村”建设项目 3 个，实施易地搬迁项目 14 处、安置群众 1199 户，完成村道硬化 96 公里、巷道硬化 85 公里。围绕改善村容村貌、优化人居环境的目标，发放垃圾转运车 24 辆、洒水车 14 辆、垃圾集中收集箱 610 座，安装太阳能路灯 4863 盏。投资 6300 万元实施重点水利项目 10 项，实施人饮入户 1753 户，人饮入户率达到 87%，解决 2242 户群众饮水问题。改造农村危旧房 4694 户，新修梯田 1.4 万亩，治理水土流失面积 32.7 平方公里，完成 36 个贫困村农网改造。结合促农增收“七个一”工程，用足用活精准扶贫贷款、妇小贷、互助金等金融资金，全力加快富民产业培育和公共服务保障，有力促进了全县农业产业开发提质增效，农村基础条件不断夯实，精准扶贫扎实推进，群众收入持续增加。2016 年，农村居民人均可支配收入达到 4496.6 元，增长 8.3%；年内脱贫 7549 人，贫困面下降到 22%。

【社会事业】2016 年，通过“一折统”落实惠民资金 2.51 亿元，发放养老金 3700 万元、各类救助金保障金 2.37 亿元，累计发放惠农贷款 10.7 亿元，促使社会各项事业取得长足发展。新建改扩建阳洼、毛沟等行政村幼儿园27所，实现了1500人以上有需求的行政村幼儿园全覆盖，实现了各中学及乡镇中心学校电子白板全覆盖、九年义务教育阶段“一人一桌”全覆盖、寄宿制学校学生“一人一床”全覆盖，全面落实州、县制定的一系列奖补政策，大力发展各级各类教育，全面促进了东乡民族教育的健康均衡发展，全县学前三年毛入园率达到73%，九年义务教育巩固率55.4%，高中阶段毛入学率47.93%，适龄儿童入学率达到100%。总投资4900万元的县医院灾后重建项目已建成投入使用，筹措资金117万元为61所村卫生室购置了医疗设备投资1370万元，34所村卫生室已投入使用，医疗保障水平不断提高，不断改善医疗办公条件，不断提升基本医疗和公共卫生服务水平。2016年平均每千人拥有病床2张，新农合参合率达到98.72%，住院报销比例达到61.15%。积极实施乡村舞台项目建设点60个，建设乡镇综合文化站8个，累计乡镇综合文化站达到24个，农家书屋229个，全县有线数字电视用户1849户，宽带用户120户，实施完成高山无线发射台站基础设施建设项目，放映电影1000余场（次）。建成运营了县电子商务中心，发展电子商务企业及电商扶贫网店40多家、物流快递企业8家；积极实施光伏扶贫项目，通过大型光伏地面电站带贫和分布式到户扶贫的方式，计划受益建档立卡户1000户，户均年可增收3000元。全县已享受城镇低保的人员有12840人，发放落实保障金6051万元，农村低保的人数103237万人，发放保障金1.77亿元，五保人员有3460人，发放保障金1688万元；城镇居民基本医疗保险参保10746人（其中城镇职工基本医疗保险参保8943人），工伤保险职工参保人数2622人，生育保险参保4937人、城镇基本养老保险参保124525人，基本实现了应保尽保，最低生活得到有效保障。

（唐占英）

积石山保安族东乡族撒拉族自治县

【基本情况】积石山保安族东乡族撒拉族自治县成立于1981年，是国列省列扶贫开发重点县，也是甘肃省唯一的多民族自治县，位于甘肃省西南部，地处黄土高原与青藏高原的过渡地带。东南与临夏县相连，西与青海省循化县接壤，北与青海省民和县隔河相望，东北与永靖县以黄河为界。东西长37公里，南北宽33公里，总面积910平方公里。地势西南高、东北低，海拔1735～4309米，平均海拔1787米。西南部为高寒阴湿地区，中部为二阴山区，东北部为高寒干旱山区，属典型的大陆性季风气候。辖17个乡（镇）、145个行政村、6个社区居委会、1296个合作社。基本县情呈现出“一低两穷三多”的特点：“一低”，是人均受教育程度低，全县人均受教育年限仅为6.5年，远低于全国9.85年、全省8.8年的平均水平。“两穷”，是县穷、民穷，2016年全县一般公共预算财政收入1.41亿元，财政自给率仅为6.68%；2016年底，全县有贫困村53个，贫困户12074户，贫困人口55999人，农村贫困面达23.71%，贫困面大、贫困程度深。“三多”，就是多民族、多教派、多民俗。全县总人口26.59万人，有保安、东乡、撒拉、回、汉、土、藏等10个民族，少数民族占全县总人口的53.96%，其中保安族人口1.82万人，占全县总人口的6.88%，占全国保安族总人口的95%以上，是全国唯一的保安族聚居地。伊斯兰教三大教派、四大门宦并存，保安腰刀、民族服饰、特色饮食等民族民俗文化独具特色。“大禹治水的源头、中国彩陶王的故乡、保安族聚居的地方、生态旅游的乐园、中国花椒之乡、世界民歌（花儿）采录基地”是积石山保安族东乡族撒拉族自治县的六张独特名片。

【旅游资源】旅游资源独具特色，积石山地处黄土高原和青藏高原的交汇处，是中原地区与边远少数民族地区的过渡地带，是农业文化和草原文化的结合部，是一个多元文化荟萃之地，是天然的地质民俗博物馆。积石山横亘在自治县西南部，全长50余公里，有雷帝山、五台山、黑大山、葱花岭、拉锯山、尕尖山、拉扎山、青石山、桦林山、石榴山等山峰，山势连绵起伏，巍峨挺拔，极富阳刚之美。大山峻岭之间有幽邃曲折、小溪潺潺、鸟语花香的崔家峡、樊家峡、五台峡、大峎、吊水峡等美丽的峡谷，山麓有天高云淡、碧草如茵、牛羊成群的宽阔的黄草坪、香水坪等天然牧场。特别是被古人以“积石奔流”、“积石神功”列入河州八景之第一景观的积石关，国家AA级旅游风景区积石民俗村，极具科考价值的古冰川遗迹石海。县东北与著名的炳林寺石窟隔黄河相望，西与青海省循化县孟达“天池”国家级自然保护区毗邻。三坪遗址汇集了马家窑、马厂、齐家、辛家四种类型的古文化层，现珍藏于中国历史博物馆的“彩陶王”出土于安集乡三坪村。

【国民经济】2016年，全县完成生产总值15.14亿元，比上年增长8.7%。其中，第一产业增加值3.8亿元，增长6.8%；第二产业增加值1.18亿元，增长11.2%；第三产业增加值10.15亿元，增长9.3%。固定资产投资25.86亿元，增长8.09%。社会消费品零售总额5.38亿元，增长10.26%。

【“三农”工作】年末耕地面积27.55万亩，人均耕地1.16亩。全年粮食作物播种面积28.42万亩，比上年下降0.40%；粮食产量102649吨，下降1.11%。油料播种面积6万亩，与上年持平；油料产量16258吨，增长2.24%。药材播种面积0.56万亩，下降0.94%。推广种植旱作农业25万亩，膜侧油菜5万亩，户均增收1200元以上。栽植核桃2万亩、花椒2.5万亩、育苗5500万亩，完成核桃嫁接改良1.5万亩，全县花椒、核桃栽植累计达31万亩和13.7万亩，主产区人均增收2500元和500元；大力推广贫困户投羊入股分红的“公司+农户”、“公司+合作社+农户”的养殖新模式，新建养殖小区10个，发展规模养殖户1000户，全县牛存栏5.1万头，羊存栏23.6万只。

【特色产业】突出保安腰刀、非物质文化遗产保护，实行精品化生产，辐射增加生产收入，保安腰刀年产值达 780 万元。扶持发展布鞋加工、鞋垫、刺绣等传统手工业，柳沟阳山阿阳布鞋厂生产规模不断扩大，带动周边贫困群众增收；大力发展乡村旅游、景区旅游，鼓励扶持贫困群众发展农家乐 11 家，全县农家乐累计达到 61 家，增幅达 22%。2016 年旅游收入达 2.51 亿元，特别是大墩峡旅游景区年接待游客 56.88 万人(次)，创收 7603.5 万元；建成了县电商服务中心、5 个乡级电商服务站和 19 个村级电商服务点，邮政快递物流覆盖 145 个行政村，19 个村级服务站运营人员参加了电商培训班。

【项目建设】2016 年，全县实施 500 万元以上重点建设项目 119 项，总投资 180.26 亿元，其中新开工项目 81 项，投资 147.42 亿元；续建项目 38 项，投资 32.84 亿元；重点争取项目 68 项，投资 105.65 亿元。临大高速公路、永靖至大河家沿黄河旅游一级公路两个重大项目完成可研评审；总投资 3.8 亿元的积石山引水工程，已竣工投入使用；总投资 1.2 亿元的积石山县肖红坪集镇改造工程，已完成商铺改造；总投资 1.01 亿元的积石山县移民中学已建成投入使用；总投资 7568 万元的积石山县大河家小学等 29 所“全面改薄”项目工程，已全部竣工投入使用；和谐佳苑公租房、大河家污水处理厂已完成主体工程；共签约招商引资项目 24 项，签约资金达 12.1 亿元。

【脱贫攻坚】积石山县始终把脱贫攻坚作为最大政治任务和“一号工程”，认真贯彻落实中央、省州脱贫攻坚的重大决策部署，大力开展精准扶贫精准脱贫。积极与人保公司签署战略合作框架协议，在新农合报销、大病医疗救助的基础上，从 2016 年 3 月份开始，以全县因病致贫的 1113 人为重点对象，开展精准脱贫因病致贫特困团体意外伤害附加重大疾病保险，按人均 200 元的标准由政府出资进行投保，通过保险途径解决剩余部分医疗费用，真正提高因病致贫特困户抵御返贫风险的能力，达到了救急救紧、精准扶贫的实效。全县建档立卡贫困人口由 2015 年底的 12074 户 55999 人减少到 9034 户 42204 人，当年减贫 3040 户 13795 人，贫困面从 2015 年的 23.71%下降到 17.84%，减少 5.87 个百分点。

【民生保障】全县城镇居民人均可支配收入 17555 元，比上年增长 8.0%；农村居民人均可支配收入 4793 元，增长 8.1%。开展各类技能培训 29 期，培训人数达 2.56 万人（次），组织输转 6.82 万人（次），创劳务收入达 10.02 亿元。全县城乡居民基本医疗保险参保率达 97%和 99.42%，2016 年新农合报销 36.6 万人（次）8950 万元，大病医疗救助 3800 人（次）950 万元，资助参合 8.2 万人 180 万元。2016 年，共发放救灾补助 470 万元，发放临时救助金 881.26 万元，发放五保户供养金 1184 万元，发放农村低保户低保金 1.15 亿元，发放城市低保户低保金 2345 万元，让残疾户、因灾因病贫困户享受到政策性兜底保障。在县综合福利院集中供养五保老人 374 名，县儿童福利院收养孤儿 218 名，彻底解决了弱势群体的后顾之忧。公平公正落实养老保险政策，全县城乡居民基本养老保险参合率达 96%。

【社会事业】制定了教育发展的 8 项主要措施办法。县移民中学、双语小学、13 所小学教学楼、72 所幼儿园建设项目已投入使用，全县教育基础设施明显改善。继续实行从幼儿园到高中的所有学生“零收费”入学，享受各项教育惠民政策，全年政府补贴教育惠民资金达 7678 万元；加大特困生救助力度，为建档立卡贫困家庭大学生提供每学年最高 8000 元的生源地信用助学贷款，使 3092 名家庭特困学生享受助学贷款 1817 万元，做到了应贷尽贷。加强卫生基础设施建设，建成了县中医院和 20 所标准化村卫生室，医疗服务水平显著提升。

【环境保护】大力实施封山育林、植树造林、退耕还林工程，新增造林面积 6.1 万亩，绿色通道 125 公里。组织全县干部职工开展义务栽树，在四个植树点集中栽植苗木 95 万株；种植优质牧草 13.5 万亩，落实草原生态补助资金 183 万元；依法严厉查处乱采滥挖行为，严把项目准入关，对所有建设项目全部进行环评，对达不到环评标准的一律不予开工建设，减少了项目建设污染源，加强了水土保持和水源地保护。对县城主干道和各路段每周集中开展 2 次卫生整治行动，县城面貌焕然一新；对重点集镇、公路沿线乡镇增设 3 名公益性岗位，实行全天候、常态化清扫；组织各乡镇实行集中整治与长效机制相结合，开展改厕、改圈、改灶、改庭院活动，整治乱搭、乱建、乱堆、乱放行为，对垃圾进行分类收集处理，对主干道安排专人定期清扫，对村社周边环境进行集中整治，对村社巷道实行分户清扫，村社环境卫生干净整洁。按照生态环境优良、空间布局合理、配套服务完善、社会风尚良好的标准，突出基础设施建设、危房改造、“六位一体”和产业培育，加快推进“美丽乡村”和小康示范村建设。2016 年，打造了柳沟乡阳山村 1 个省级美丽示范村，关家川乡芦家庄村、刘集乡肖家村 2 个州级美丽示范村，别藏镇吊地洼村、石塬乡肖红坪村 2 个县级美丽示范村，大河家镇韩陕家村、吹麻滩镇后阳洼村等 15 个万村整洁村。

（徐尚娟）

甘南藏族自治州

【基本情况】甘南藏族自治州是全国十个藏族自治州之一，地处青藏高原与黄土高原过渡的甘、青、川三省结合部。全州分为三个自然类型区，南部为岷迭山区，气候温和，是全国“六大绿色宝库”之一；东部为丘陵山地，农牧兼营；西北部为广阔的草甸草原，是全国“五大牧区”之一，境内海拔 1100～4900 米，大部分地区在 3000 米以上。自治州辖夏河、碌曲、玛曲、迭部、舟曲、临潭、卓尼七县及合作市，共有 99 个乡镇（街道办）、661 个行政村，总面积 4.5 万平方公里。2016 年，总人口 73.69 万人，其中藏族占总人口的 55.8%；常住人口 71.02

万人，其中城镇人口 22.73 万人，城镇化率 32%。为首批国家全域旅游示范区创建单位。

【国民经济】2016 年，全州实现生产总值 135.95 亿元，比上年增长 5.6%。其中，第一产业增加值 29.12 亿元，增长 5.1%，对经济的贡献率为 19.4%，拉动经济增长 1.1 个百分点；第二产业增加值 21.85 亿元，增长 8.2%，对经济的贡献率为 23.9%，拉动经济增长 1.3 个百分点；第三产业增加值 84.98 亿元，增长 5.1%，对经济的贡献率为 56.7%，拉动经济增长 3.2 个百分点。三次产业结构比由 2015 年的 21.34∶16.36∶62.30 调整为 21.42∶16.07∶62.51。固定资产投资 208.83 亿元，增长 12.1%。社会消费品零售总额 45.32 亿元，增长 9.0%。一般公共财政预算收入 9.85 亿元，增长 7.4%；一般公共财政预算支出 149.29 亿元，增长 3.8%。金融机构人民币各项存款余额 319.47 亿元，增长 7.9%；各项贷款余额 231.08 亿元，增长 12.5%。

【供给侧结构性改革】去产能方面，关停水泥生产企业临潭县建华水泥有限责任公司。去库存方面，加大规模以上工业企业产品去库存工作。2016 年，全州规模以上工业企业存货 4.09 亿元，比上年下降 17.9%，其中，产成品 2.53 亿元，下降 26.5%。降成本方面，落实电价市场化改革措施，降低制度性交易成本、税费和生产经营负担，让企业甩开包袱、轻装上阵、提高效益。补短板方面，深入实施“168”现代农牧业发展行动计划，调整畜群结构，加快淘汰非生产畜，提高能繁母畜比例。积极发展土鸡、土蜂、藏獒、河曲马等特色养殖，增加农牧民收入；发展羊肚菌、玛咖、红提葡萄、大樱桃等新品种示范种植，提高开发水平。大力扶持龙头企业，提升产品科技含量，构建高原特色有机畜牧、种植、土特产和中藏药循环经济产业链。围绕建设“国家级全域旅游示范区”目标，加快核心景区升级，全面完成玛曲县阿万仓、迭部县扎尕那、临潭县冶力关、夏河县甘加八角古城、碌曲县李恰如天池、舟曲县沙滩国家森林公园、卓尼县九甸峡等 13 个景区基础设施项目，加快建设合作市当周神山景区基础设施项目。全面启动万亩油菜花观赏带建设，在 3 条绿色旅游走廊沿线及周边乡镇连片播种。

【脱贫攻坚】全年落实到位中央和省级财政扶贫专项资金 5.36 亿元，比上年增长 64%。投入农牧村环境卫生整治扶贫专项资金 1100 万元。聚焦 18 个特困片带和 284 个贫困村，整合资金 19.64 亿元。新建“千村美丽”示范村村组道路建设项目 29 项、290 公里，建制村通畅工程 29 项、417 公里；安排危房改造 5288 户，其中对接建档立卡户 3465 户。新建农家乐 971 户，标准化规模养殖场 56 个，农牧民生产经营的组织化程度达到 44%，62%的农村低保对象被纳入扶贫建档立卡范围。建成县、乡、村三级电商服务中心（站、点）160 个，利用电商平台实现农畜产品销售收入 7500 万元，夏河、临潭两县成功创建为国家级电子商务进农村综合示范县。累计落实扶贫贷款 54 亿元，其中精准扶贫专项贷款 12.45 亿元，实现了三年任务两年完成的总目标。全年落实到位各类帮扶款物 18445 万元，为全州脱贫攻坚注入了强大活力和动力。全州农牧村贫困人口由 2014 年初的 17.12 万减少到 2016 年底的 5.55 万，减少 11.57 万；贫困发生率由 30.43%下降到 9.8%，下降 20.63 个百分点。

【“三农”工作】全年全州完成农林牧渔业及农林牧渔服务业增加值 29.26 亿元，比上年增长 5.1%。年末各类牲畜存栏 368.24 万头(只)，其中，大牲畜存栏 131.82 万头，绵山羊存栏 213.65 万只，猪存栏 22.77 万头。年内建成人工饲草基地 15 万亩、舍饲棚圈 7000 座，实施补播改良 54 万亩。累计组建牦牛藏羊繁育核心群 48 个，选育后备种公畜 1.85 万头（只），全州牲畜良种率达到 48.5%；新建藏羊良种扩繁基地 1 处、牛羊标准化规模养殖场 56 个、新（扩）建牲畜暖棚、贮草棚 1338 座。采取“龙头企业+合作社+农户+基地”的发展模式订单种植高原夏菜 1.7 万亩。完成投资 1 亿元，建成青稞生产基地 15 万亩、青稞良种繁育田 3.3 万亩、青稞原种繁育田 0.3 万亩；建成杂交油菜生产基地 5.5 万亩、小油菜良种繁育田 0.11 万亩、杂交油菜制种田 0.01 万亩。示范种植羊肚菌 461 亩。全州共投资 1221 万元，打造“农业生产+休闲+娱乐+旅游”于一体的生态观光农业景观，在 3 条绿色旅游走廊及周边乡镇连片种植油菜 7.8 万亩。全年全州粮食总产量 88074 吨，油料产量 21090 吨，藏中药材产量 51683 吨，蔬菜产量 22184 吨。

【项目建设】落实各类项目 417 个，争取国家和省上各类建设资金 35.57 亿元。夏河至青海同仁、合作市央德路建成通车；碌曲至青海河南二级公路、玛曲至青海玛沁三级公路完成年度建设任务；卓尼至碌曲、江果河至迭部、舟曲至永和等 7 条国省道项目完成试验段年度建设任务；兰州至合作铁路调整为 200km/h 的建设标准；西宁（经合作）至成都铁路地质及水文调查、初测与钻探工作全部完成。引洮入潭工程建成通水，引洮济合、甘南黄河重要水源补给生态功能区生态保护与建设、夏河拉卜楞寺文物维修保护工程加快推进。配合国家发改委认真开展全州“十二五”藏族地区 2507 个专项项目的稽查，项目建设与管理工作得到了国家发改委的充分肯定。

【优势产业】文化旅游业繁荣稳定。全年全州共接待国内外游客 1003.15 万人次，比上年增长 30.3%，实现旅游综合收入 46.78 亿元，增长 34.5%。开通官方微信平台 10 个，建成观景台 12 处，旅游厕所 26 座，自驾车营地 2 个，全州现有农牧家乐 971 户，其中星级 85 户，能团体住宿 493 户。在 2016 最美中国榜盛典中，荣登“2016 最美中国榜”，荣获“推动全域旅游示范目的地”，卓尼自驾线“洛克之路”获中国自驾游线路人文金奖。成功举办了 2016 年世界旅游形象大使中国少数民族赛区甘南总决赛、一带一路沿线国家民族服饰展演、全球香巴拉国际摄影大典暨香巴拉世界摄影论坛、全州旅游形象大使赛、全国楹联文化翠峰山高峰论坛暨第三届舟曲民俗风情楹联文化节、第十七届中国九色甘南香巴拉旅游艺术节、第七届校园行知客触摸梵天净土走遍九色甘南踩线暨《自游自在》旅游达人采风活动、第五届中国•碌曲锅庄舞大赛暨香浪节暨锅庄舞文化学术交流研讨会等。以甘南千幅唐卡项目为代表的文化产业项目入选国家藏羌彝文化产业走廊，“甘南唐卡”文化品牌走出国门；以“藏宝网”为代表的“互联网+”模式初具规模，电子商务、影视制作、数字影院等新业态逐渐兴盛；以藏剧《唐东杰布》和《金顶梵音》为代表的演艺产业迈出了积极进取的步伐，在演艺形式与内容方面均有创新性突破。全州文化产业法人单位260个，比上年增加36个，从业人员4459人，增加526人，完成增加值2.27亿元，占生产总值的1.7%。

【人民生活】全年全州城镇居民人均可支配收入21327元，比上年增长8.5%；城镇居民家庭恩格尔系数38.2%，比上年降低0.7个百分点。农村居民人均可支配收入6414元，增长8.2%，农村居民家庭恩格尔系数45.1%，比上年降低1.2个百分点。全年城镇新增就业人数5154人，公益性岗位安置大中专毕业生4060名，安置零就业家庭人员819名，招录“三支一扶”人员122名、特岗教师145名，考试录用机关公务员36名，引导14名符合条件的本科毕业生到新疆喀什工作，扶持360名毕业生到企业服务、159名毕业生到公建民营村级幼儿园服务，安置军转干部20名。城镇登记失业率控制在3.19%以内。

【环境保护】谋划环境卫生整治和生态保护项目130个，落实资金8.83亿元。涉及2.07万户9.66万人的300个生态文明小康村建设项目完成投资31.3亿元，占年度总投资的86%。落实生态保护与建设方面资金9.35亿元，实施了草原生态保护、水土流失治理、水源地建设、中小河流治理、天然林保护、公益林建设等工程。黄河项目落实中央预算内资金1.5亿元，治理流动沙丘1万亩，治理沙化和退化草原（黑土滩）165万亩，综合治理小流域面积63平方公里，人工种草留床面积达54.3万亩。全年全州造林面积21.21万亩，比上年增加12.19万亩，增长1.4倍。封山育林面积208.18万亩，增加0.49万亩，增长0.2%。州政府所在地合作市城区集中式饮用水水质达标率为100%；空气质量优良天数324天；细颗粒物年均值（PM2.5）38微克每立方米；可吸入颗粒物（PM10）年均值70微克每立方米；臭氧年均值146微克每立方米；一氧化碳年均值2.2毫克每立方米；二氧化硫年均值19微克每立方米；二氧化氮年均值22微克每立方米。城市生活污水日处理能力达到2万吨。土地整治、控污减排、矿山环境恢复、农牧村环境综合整治等项目深入推进。

【社会保障】全州城乡各项社会保险参保人数62.26万人，征缴各类社会保险基金4.84亿元，支出4.64亿元。城乡居民基本养老保险参保人数36.21万人，参保率98.51%，基础养老金发放率100%。建筑业新建项目280户全部参加工伤保险，参保率100%。对全州165户项目建设单位收缴保证金4800多万元，从保证金中直接支付农民工工资500多万元。全年共立案受理劳动争议投拆举报案件36件，清理拖欠农民工工资456万元，举报投诉案件结案率达95%；受理劳动仲裁调解案件20件，处理案件涉案金额274万元。新农合参合农牧民52.68万人，参合率99.02%。救治儿童急性白血病、乳腺癌等50种重大疾病患者1302人，补偿医药费2234万元。筹集1586万元为参合群众购买了商业大病保险。全州享受城市居民最低生活保障的人数为3.37万人，享受农村最低生活保障的人数为16.50万人，农牧村五保供养3930人。全年医疗救助20.53万人次，临时困难救助1.92万人次，救助流浪乞讨人员1024人次，为835名孤儿发放生活补助资金689万元，为25名困难群众提供免费火化服务。各级社会福利机构集中养育孤儿和重残儿童44名。

【社会事业】全州学前三年毛入园率、九年义务教育巩固率、高中阶段毛入学率分别达到81.1%、92.9%、83.6%，分别比上年提高15.5、4.8、4.6个百分点。全年争取幼儿园建设项目184个，新开办幼儿园96所；新建改扩建校舍4.65万平方米，室外运动场3.8万平方米；购置生活设施4288台（件套），图书1.7万册，课桌凳9721套，教学仪器设备等548台（件/套）。共投入学前教育、义务教育、高中阶段教育各类保障经费3.59亿元，基本实现15年免费教育。补充教师374名，其中引进紧缺学科教师78名，招录中小学教师40名、幼儿教师97名，公建民营幼儿园教师159名。舟曲县率先实现义务教育均衡发展目标，州幼儿园成功创建省级示范性幼儿园。全年推荐省列科技计划项目33项，立项14项，下达第一批科技计划项目（课题）5项，专利申请授权197件，技术合同登记8项，完成技术交易额5800万元。全州已建成标准化村卫生室501所，共有各级各类医疗卫生和计划生育服务机构1568所，卫生计生专业人员4272人，拥有床位2811张，每千人拥有床位数3.98张，天津定向招录甘南籍医学本科生57名，进修培训医务人员100人次。全州广播、电视综合覆盖率达到100%，少数民族语言广播、电视覆盖率分别达到62.6%和21.2%。广播电视农村直播卫星用户15.92万户，比上年增加0.63万户。有线电视用户3.75万户，比上年增加0.11万户。甘南网络广播电视台成功开办，“户户通”“舍舍通”实现全覆盖。

（蔡春辉）

合作市

【基本情况】合作市地处青藏高原的东南端，甘、青、川三省交界处，位于甘肃省西南部，东连卓尼，南靠碌曲，西接夏河，北倚临夏州和政、临夏两县，距省府兰州265公里，国道213线，省道306线中贯合作，形成了甘青川藏族地区与内地联系较为便捷的公路网络，是内地通往青海、西藏的枢纽。平均海拔2936米，年均气温3.8℃，没有绝对无霜期，属高寒阴湿地区，夏季受印度洋暖湿气流的影响，形成湿润凉爽的气候特征。全市总面积2670平方公里，辖6乡4个街道办，38个村民委员会，249个村民小组，8个社区（居委会）。2016年，全市常住人口9.39万人，其中，城镇人口5.21万人，占总人口的55.48%。

【国民经济】2016年，全市实现生产总值36.7亿元，比上年增长8%。其中，第一产业增加值2.1亿元，增长4.7%；第二产业增加值6.7亿元，增长16.5%；第三产业增加值27.9亿元，增长6.3%。三次产业结构比为5.63∶18.31∶76.06。完成全部工业增加值5.61亿元，增长18.3%。社会消费品零售总额17.5亿元，增长6.6%。一般预算收入1.8亿元，增长5.2%；一般预算支出16.2亿元，增长2.5%。

【脱贫攻坚】一是发展特色产业促脱贫。全市建设牲畜暖棚291座，组建犏牛繁育核心群9个，引进优质奶牛和良种畜0.12万头。建设优质牧草基地2万亩，圈滩种草1.6万亩，补播改良退化草地22万亩；建成青稞基地0.5万亩、藏中药材基地1万亩、优质油菜生产基地1.6万亩，示范种植羊肚菌30亩，组建农民专业合作组织386个，注册资金7.7亿元，行政村农民专业合作社覆盖率100%。二是完善基础设施促脱贫。整合涉农项目资金2.7亿元，实施了饮水安全、农电保障、通村公路、易地搬迁、危房改造等项目。三是加大金融扶持促脱贫。发放精准扶贫专项贷款8155万元、扶贫惠农贷款1.57亿元，受益贫困户4867户，有效解决了贫困户贷款难、贷款贵、贷款少的问题；投入财政专项扶贫资金1960万元，州级配套80万元，市财政配套160万元，发展扶贫互助资金协会39家，互助资金覆盖率达到100%，重点贫困村互助资金达到65万元；积极引导金融机构向乡村延伸服务网点，贫困村金融便民服务点实现全覆盖。四是强化技能培训促脱贫。不断加大劳务技能培训力度，整合涉农部门培训资源，培训劳动力1463人次，培训“两后生”160人，有培训需求的劳动力参加培训比率达到100%。同时不断拓宽劳务输转渠道，扩大劳务输转规模，完成劳务输转4800人次，创收7800万元。年内脱贫2190人，贫困发生率下降到6.35%。

【“三农”工作】一是健全完善制度，规范合作经济。建立和完善了农牧民专业合作社联席会议制度，制定出台了合作市专业合作示范社评定监测办法，进一步规范了农牧民合作社的运行机制，积极开展示范性合作社和家庭牧场的培育创建工作。全市注册登记备案农民专业合作社386家，认定国家级示范社1个、省级5个、州级13个、县级30个，带动农户5764户。培训农牧民专业合作社理事长及经理125人、专业合作社辅导员39人。聘请5名会计师建立合作市农民专业合作社会计记账代理服务中心，进一步规范了专业合作社运行模式和经营机制。同时扎实开展农牧业科技培训，整合多个涉农部门的培训资源，围绕主导产业、特色产业、农畜产品生产等方面开展实用技术培训，培训农牧民4600人次、培训专业技术人员175人次、村级防疫员237人次。完成农牧民实用技术培训15人次，持证率达到100%。二是规范土地流转、确权，全面开展农业结构调整。为探索农牧村土地征收、集体经营性建设用地入市等土地流转形式，鼓励承包农牧户将土地向种养大户、农牧民合作社、家庭农场、农牧业企业流转，全市共流转土地、草场7万余亩，签订合同115份。调查农牧户5162户，实测承包耕地面积19.29万亩，全面完成了外业权属调查和地块确认工作，顺利通过省级核查验收。三是积极推进生态文明小康村建设进程。全市申请国开行贷款资金1亿元，累计整合天津、中海油、平凉援建和“两个共同”、“美丽乡村”资金共2293万元，落实生态转移支付资金4000万元，整合涉农项目资金1900余万元。总投资1.82亿元实施了25个生态文明小康村住房特色化风貌改造、农牧村三改、主干道巷道硬化及排水工程、农牧村互联网宽带入户建设、村级综合服务中心、特色产业发展、文化广场及乡村舞台、绿化亮化等15项重点建设项目。

【项目建设】开展“项目建设年”活动，开工建设项目129个，其中亿元以上项目4个、5000万元以上项目6个。央德路建成通车，当周神山藏文化国际生态旅游体验区、引洮（博）济合等重点项目进展良好。赴深圳、江苏、宁夏等地举办招商引资及旅游项目推介会，参加“兰洽会”、“文博会”、“津洽会”等省内外招商节会，签约项目10个，签约资金16.5亿元。

【优势产业】一是高原特色生态畜牧业健康发展。全市全面推进“128”现代农牧业发展行动，建设现代畜牧业示范点6个，标准化、规范化建设农民专业合作社（小区）6个，新建牲畜暖棚291座24735平方米，组建牦牛繁育核心群3个。犏牛繁育和犏雌牛（奶牛）养殖两大产业得到了长足的发展，养牛产业初具规模，适度规模养殖户达到4882户。犏牛繁育带存栏适龄母牦牛达4.7万头，能繁母畜比例达到58%以上，年内繁育出栏犏（公）牛、犏雌牛1.6万头。引进娟姗牛冻精1200支，种公牛40头，开展牦牛提纯复壮和杂交，娟姗牛冻精人工授精等良种工程和技术，全市牲畜良种率达到48%。建成优质青稞基地4万亩、良种繁育田0.5万亩、藏中药材基地1万亩，成功培育种植羊肚菌。加快生态产业园区建设步伐，园区建设初具规模，被科技部评为国家农业科技园区。二是文化旅游发展更进一步。全市积极推动文旅融合发展，勒秀洮河景区、当周草原景区自驾车营地等项目开工建设。建成旅游专业村5个、观景台3处，种植油菜观光基地1.6万亩，完成当周草原景区2座公厕改造。成功举办了“第十七届中国•九色甘南香巴拉旅游艺术节”，组织开展了锅庄舞狂欢季、甘南藏地传奇自行车赛等群众性文化体育和赛事活动。全年接待游客人数达到184万人次，实现旅游综合收入9亿元，分别比上年增加58.5万人次和2.7亿元。

【人民生活】2016年，全市城镇居民人均可支配收入21491元，增长8.6%；人均消费支出18830元，增长9.1%；食品支出占城镇居民人均消费性支出的比重为35.5%，比上年下降1.6个百分点。农村居民人均可支配收入 6627 元，增长 8.4%；人均生活消费支出 5389 元，增长 9.85%；食品支出占农村居民人均消费性支出的比重为 43.2%，降低 2 个百分点。居民消费价格指数控制在 103%以内，城镇登记失业率控制在 3.8%以内。城镇新增就业人数达到 635 人，组织开展各类培训 1051 人（次），输转城乡劳动力 5000 人，实现劳务经济收入 9030 万元。

【环境保护】2016 年全市空气质量优良天数达 324 天，超目标 14 天完成了年度任务；可吸入颗粒物(PM10)平均浓度值为 70 微克/立方米，比上年下降 11.4%，低于年度目标值 3 微克/立方米；细颗粒物(PM2.5)平均浓度值为 38 微克/立方米，与上年持平。扎实开展面山绿化工程，实施面山绿化 1000 亩、天保工程二期管护 31.6 万亩、森林抚育工程 1.5 万亩、退耕还林 1483 亩。建设人工草地 4 万亩，退化草地补播改良 8 万亩，治理退化草地 21.3 万亩、黑土滩 7.9 万亩。整合资金 1.8 亿元建成生态文明小康村 25 个。

【社会保障】全面落实了省州承诺的 15 项民生实事。城市低保月补差标准由 424 元提高到 466 元，累计发放城市低保资金 4953 万元。农村低保年补差标准由 3300 元提高到 3420 元，累计发放农村低保资金 1323 万元。农村五保户集中和分散供养对象年补助标准分别提高到 5600 元和 4525 元，累计发放五保户供养资金 70 万元。累计救助城乡居民 440 余人次，发放医疗救助资金 271 万元。对全市 46 名孤儿发放基本生活费 36 万元。发放城乡低保金 6234 万元。“五项保险”覆盖率达到 95%以上。建设公租房 330 套、廉租房 436 套，实施棚户区改造 566 户，改造农牧村危旧房 300 户。

【社会事业】全市新建成“双语”幼儿园 3 所，4 所教师周转房已建成投用；乡村教师生活补助政策全面落实；改薄项目深入实施，投资 1.8 亿元续建市二小等 8 个教育项目，教育资源共享平台和 14 所学校教学录播室全面建成；九年义务教育巩固率、高中阶段毛入学率分别达 91.12%、80.25%。大力开展免疫规划和妇幼保健，分级诊疗顺利推进，药品供应保障机制进一步改善，公共服务能力不断提升。成功举办第十七届中国•九色甘南香巴拉旅游艺术节，协办甘南州旅游形象大使暨民族服饰展演活动。创作和编排了新锅庄《吉祥甘南》，为艺术节增光添彩。以“大美羚城、幸福合作”为主题，积极组织开展回首“2015-印象羚城”全民手机照片征集大赛、拔河比赛、冬季环城长跑赛、环城自行车赛、广场舞大赛、第 21 个“世界读书日”宣传活动、第 11 个“文化遗产日”宣传活动、全民健身锅庄舞联欢季活动、第二届合作地区锅庄舞大赛、迎七一环城长跑赛等一系列群众文化活动 17 场（次）。

（金永禄　奚青恒）

临潭县

【基本情况】临潭县，古称洮州，位于甘肃省南部，甘南藏族自治州东部，北接临夏回族自治州康乐县和定西市渭源县，东临定西市岷县，西南两侧均与卓尼县接壤。总面积 1557.7 平方公里，地貌大致分为河谷川塬、低山丘陵、高山深谷三种类型，海拔在 2209～3926 米之间，平均海拔 2825 米。春季回暖慢，降雨量少，夏季多雷暴和冰雹，秋季降温迅速，冬季寒冷，四季不分明，属典型的高寒阴湿地区。2016 年年平均气温 4.9℃，全年降水量 463.9mm，总日照时数 2399.5 小时。辖 5 镇 11 乡，3 个社区居委会，141 个村委会，705 个村民小组，全县常住人口 13.99 万人，城镇化率 32.24%，有汉、回、藏、蒙古等 15 个民族，其中：汉族占 62.6%、回族 20.2%、藏族 17%、其他少数民族 0.2%。耕地面积 26.52 万亩，人均 1.69 亩。主要种植小麦、青稞、蚕豆、豌豆、洋芋、油菜、药材等农作物；林地 24.30 万亩，人均 1.53 亩。林地蕴藏着蕨菜、人参果、鹿角菜、羊肚菌、木耳、当归、等丰富的野生菜、名贵药材。

【国民经济】2016 年，全县实现生产总值 18.13 亿元，比上年增长 3.3%。其中，第一产业增加值 3.45 亿元，增长 4.8%；第二产业增加值 2.12 亿元，增长 6.2%；第三产业增加值 12.56 亿元，增长 2.5%。三次产业结构比为 19.0∶11.7∶69.3。固定资产投资 32 亿元，增长 10.3%。一般公共财政预算收入 8180 万元，下降 13.1%；一般公共财政预算支出 214808 万元，增长 18.6%。全县金融机构各项贷款余额 31.22 亿元，增长 22.1%；各项存款余额 38.14 亿元，增长 10%。

【脱贫攻坚】2016 年，共下达专项扶贫资金 11013 万元；全县投入 115 万元，为 23 个贫困村购置了环境卫生及垃圾处理清运设备；加大“雨露计划”实施力度，完成雨露计划“两后生”补助人数 2630 人 354 万元；为 200 户贫困户，续建完成了 2000 个 3KW 户用分布式光伏发电站，并已全部并网发电，贫困户户均增收 3000 元以上。村级互助社达 141 个，实现了行政村全覆盖；互助资金规模达 4722 万元以上，向农户发放借款 185 万元以上。并结合脱贫攻坚“回头看”活动，对 314 户 1168 人已纳入建档立卡范围但不符合识别标准的农户进行了剔除；对 65 户 259 人已脱贫但未达到脱贫标准的贫困户进行了退回未脱贫状态，对 252 户 901 人真正贫困但未纳入建档立卡范围的农户进行识别纳入建档立卡管理；全县退出贫困村 18 个、贫困人口 11046 人，贫困面下降至 9.4%。

【“三农”工作】2016 年，全县农作物播种面积为 26.52 万亩，粮、经、饲比例为 28∶61∶11。粮食总产量 13857 吨，增长 0.03%；油料产量 6502 吨，下降 1.4%；中药材产量 21059 吨，略有下降。年末各类牲畜存栏 23.46 万头（只），总增率、出栏率、商品率分别为 35.04%、66.73%、36.52%。141 个行政村实现“四通”，即电通到户、水通到户、电话通到个人、公路通到村，“两覆盖”，即村级文化室、卫生室，“村村通、户户通”全覆盖。

【项目建设】2016 年，国家投资 8656 万元。其中：教育项目 17 项，全部通过县级验收；卫生项目 18 项，已全部完工通过县级验收；文化和广电项目 14 项，总投资 92 万元；就业和社会保障 3 项；农村劳动力实用技术培训基地项目已开工建设，完成工程量的 40%；技能培训项目已完成培训任务。2016 年第一、二批以工代赈共安排 12 个项目，已全部竣工，并通过县级验收。易地扶贫搬迁项目第一批共搬迁 345 户 1972 人（其中建档立卡贫困户 113 户 514 人）已全部开工建设，部分安置点房屋已完成主体建设。第二批计划共搬迁 152 户 631 人（其中建档立卡贫困户 77 户 315 人）。按竣工时限要求的政府投资项目竣工率达 95%，所有已竣工应验收项目验收合格率达 86%。

【优势产业】重点围绕打造“冶力关大景区”和创建“国家 5A 级旅游景区”，不断加大项目谋划力度，积极推进项目建设。全年累计实施各类重点旅游项目 14 个，计划投资 6.5 亿元，完成投资 1.8 亿元。积极认购了 CCTV-1《朝闻天下》栏目、甘肃卫视天气预报开窗广告、中川机场廊桥广告。继续加大在 CCTV-7、旅游卫视、人民网、新华网、腾讯旅游网、中国甘南网等主流媒体投放我县旅游宣传广告；并在兰临、康临、机场高速和冶力关、新城镇、古战等主要道路沿线投放了大型户外广告牌。在中川机场候机厅 LED 屏全天播放我县旅游形象宣传片。并在甘肃日报、甘南日报、兰州晨报、西部商报、中国旅游报、华夏游客、自驾游、中国生态旅游等报刊杂志投放宣传版面；“临潭旅游”微信、微博公众平台等自媒体建设卓有成效。编辑推送了往届“冶力关杯”中国拔河公开赛暨临潭拔河节精彩节目回顾宣传推介活动，成功举办了首届“手机微摄影大赛”。坚持以节兴旅、以旅惠民，成功举办了 2016“冶力关杯”中国拔河公开赛暨第六届甘肃•临潭拔河节、第九届洮州民俗文化节、第五届大象拔河比赛、第十八届临潭“花儿”大奖赛、“信合杯”篮球运动会暨业余拔河赛、洮州民俗文化展、“多彩临潭”摄影展、张纪中版《西游记》和大型历史剧《英雄时代》影视作品道具展、甘南“藏地传奇”自行车赛冶力关颁奖仪式、中国国家地理杂志“撼心之旅”冶力关发车仪式、新城镇洮州万人拔河（扯绳）活动等一系列大型旅游节庆活动。全年全县共接待游客 218 万人次，旅游综合收入 10.29 亿元，分别比上年增长 59%、63%。

【人民生活】2016 年，全县劳务输出 4.56 万人次，比上年下降 0.2%，创劳务收入 6.9 亿元，增长 7.8%；城乡居民人均储蓄存款 15664 元，增长 8.3%；城镇在岗职工人均年劳动工资 63539 元，增长 23.8%；全年城镇居民人均可支配收入 20971 元，增长 8.7%；农村居民人均可支配收入 6055 元，增长 8%。

【环境保护】认真实施农村环境连片整治任务，购置户用垃圾收集桶 2283 个、分类式垃圾箱 230 个、手推式保洁车 157 辆、户外垃圾收集箱 164 个、人力清洁车 47 辆、三轮厢式垃圾清运车 30 辆、电动三轮垃圾收集车 20 辆、3T 压缩式垃圾车 6 辆，配套垃圾斗 97 个、环境保护宣传牌 10 个、项目公示栏 10 个；完成退耕还林 1.2 万亩、封山育林 5000 亩、森林抚育 5000 亩、义务植树 2500 亩，有效管护公益林 6.4 万亩、天然林 33.8 万亩，森林覆盖率达 3.75%。深入推进生态文明小康村建设，对全县基础条件好的 71 个自然村社通过基础设施建设、环境综合整治等开展生态文明小康村建设，提升了农村生活质量。全县 SO2 排放量为 177.1 吨，比上年下降 9.6%；氨氮排放量为 51.1 吨，下降 1.4%；氮氧化物排放量为 96 吨，下降 45.8%；COD 排放量为 438 吨，增长 33.3%。

【社会保障】2016 年，全县城镇职工医疗保险参保 7303 人，与上年持平，征缴保金 1311 万元，下降 23.2%，报销支出 2302 万元，增长 17.7%；城镇居民医疗保险参保 8655 人，与上年持平，征缴保金 35 万元，下降 91.3%，报销支出 387 万元，增长 30.7%；城乡居民养老保险参保 91323 人，比上年增长 0.3%，征缴保金 6723 万元，下降 0.03%，发放养老金 2247 万元，下降 5.6%；失业保险参保人 3226 人，下降 1.6%，征缴保金 195 万元，下降 23.3%，发放支出 36 万元，下降 35.8%；工伤保险参保人 3952 人，下降 5.7%；居民生育保险参保人 1559 人，下降 51.1%，征缴保金 54 万元，下降 19.4%，报销支出 55 万元，增长 27.9%。全年为 2776 户 5227 人城市低保保障对象按照新标准发放保障金 2271 万元，为 16534 户 42179 人农村低保保障对象按照新标准发放保障金 6932 万元，为 972 户 1015 名分散供养五保对象按照年人均 4525 元的新标准发放五保供养金 459 万元，为全县符合临时救助条件的 3180 户困难群众发放救助资金 204 万元。

【社会事业】教育事业方面，全县共有各级各类学校 185 所；在校学生 24251 人，增长 4.5%；在校教职工 2228 人，下降 0.1%。九年义务教育巩固率达到 91.3%以上，小学适龄儿童入学率达到 100%，初中阶段入学率达到 100%。公共卫生方面，全县有各类医疗卫生机构 33 个。住院分娩率 99%，比上年提高 0.1 个百分点；婴儿死亡率 8‰，下降 4 个千分点；5 岁以下儿童死亡率 1.5‰，下降 12.5 个千分点。文化建设方面，全县共有文化企业事业单位 39 家，从业人员 780 人，实现文化产业增加值 2749 万元，比 2015 年增长 14.3%。博物馆 2 个、纪念馆 1 个、公共图书馆 1 个，藏书 8.6 万册。乡镇综合文化站 16 个，乡村文化舞（戏）台、健身广场全覆盖，旅游道路观景台 3 个，“村村通、户户通”实现了全覆盖。

（焦振华　杜元恒）

卓尼县

【基本情况】卓尼县位于甘肃省南部，甘南藏族自治州东南部。东邻定西市岷县、漳县和渭源县，北靠临夏回族自治州康乐县、和政县，西连本州合作市、碌曲县和夏河县，南接迭部县和四川省若尔盖县。海拔高度 2000 至 4972 米，年均气温 6.4℃，全年降水量 470.9mm，属大陆性气候。现辖 3 个镇，12 个乡，3 个居委会，97 个村委会，461 个村民小组。土地总面积 5419.68 平方公里，耕地面积 11333 公顷，林地面积 240650 公顷，草场面积 273956 公顷。2016 年，户籍总人口 11.02 万人，有藏、汉、回、土、满、苗等 10 多个民族，其中藏族人口 7.66 万人，占总人口的 69.5%；常住人口 10.46 万人。

【国民经济】2016 年，全县实现生产总值 15 亿元，比上年增长 3.7%。其中，第一产业增加值 4.3 亿元，增长 5.5%；第二产业增加值 2.4 亿元，增长 8.4%；第三产业增加值 8.3 亿元，增长 1.6%。完成全部工业增加值 2.3 亿元，增长 7.8%；固定资产投资 34.3 亿元，增长 21.1%；社会消费品总额 4.3 亿元，增长 10.3%。一般公共财政预算收入 0.8 亿元，增长 1.7%；一般公共财政预算支出 18.6 亿元，下降 5.3%。年末金融机构各项存款余额 28.7 亿元，增长 5.3%；各项贷款余额 24 亿元，增长 23.2%。

【供给侧结构性改革】2016 年，持续推进“三去一降一补”，去除无效供给、提升低端供给、创造有效供给，提高全要素生产率和潜在增长率，努力实现供求关系新的动态平衡。在谋划产业发展和招商引进项目时，严格执行环保、能耗、质量、安全等相关法律法规和标准，坚决杜绝落后淘汰产能进入；去杠杆的工作重点是化解地方性政府债务，截至年底全县地方政府性债务总规模为 3.4 亿元，其中政府债务 2.6 亿元。通过拉动消费和缩减投资等多种方式，成功消化 5.97 万平方米的待售商品住宅房，去库存成绩显著。

【脱贫攻坚】在脱贫攻坚实践中，将全县 15 个乡镇分北部、中部、南部三个片区，用三年时间，按照三步走战略目标，率先打响了片区脱贫攻坚战。进一步落实以行业审核指导为主的大数据采录工作体制，以“1+17+2”精准扶贫方案为依据，以问题为导向，积极协调行业部门，整合交通、财政、发改、水电、国土、住建、环保、民政、卫生、农牧、商务、扶贫等涉农单位项目资金 3.81 亿元，瞄准南部片区实施基础设施、公共服务、发展产业和建设生态文明示范村等项目；整合组织部、人社、经信、工商、扶贫等涉农培训资金 529.05 万元，针对南部片区贫困户青壮年劳动力、“两后生”开展劳务技能、实用技术等各类培训 5000 多人（次）。2016 年第一批计划中基础设施类项目投资 1533 万元，村道硬化 6 条 9.1 公里，投资 364 万元；防洪河堤及水渠 7 处 2440 米投资 368 万元；尼江片区扶贫项目村道硬化 3 处 15.5 公里，投资 621 万元；尼江片区扶贫项目防洪河堤 2 处 1.8 公里，投资 180 万元；产业类项目投资 264 万元，尼巴、江车两村苗木培育补助项目投资 150 万元；“尼江”地区畜种改良项目投资 114 万元；劳动力培训项目投资 314 万元，甘南尼江专项妇女创业培训项目 30 万元。

【“三农”工作】2016 年，全县农作物播种面积达到 16 万亩，粮经饲结构比从 2015 年的 30.04∶57.64∶12.32 调整为 27.11∶61.52∶11.37，粮食产量 0.7 万吨，油料产量 0.2 万吨，药材产量 1.5 万吨，蔬菜产量 0.4 万吨。各类牲畜存栏达 51.3 万头（匹、只），肉产量达 10921 吨，奶产量达 4562 吨，农牧业增加值达 4.3 亿元，比上年增长 5.5%。新培育发展农牧民专业合作社 57 个，入社农牧户达 358 户，注册资金达 1.23 亿元，获得州级示范社认定 5 个，申报国家级示范社 1 个，争取省级农民合作社示范项目资金 30 万元，扶持合作社 3 个，争取州级专业合作社发展补助资金 20 万元，扶持合作社 2 个。全年落实首位产业专项基金 320 万元，新建牛羊暖棚 258 座，贮草棚 130 座；完成青稞生产基地建设 2 万亩，青稞良种繁育田 0.5 万亩，杂交油菜生产基地 2 万亩，小油菜良种繁育田 0.04 万亩。种植马铃薯 2 万亩，建立马铃薯种薯、商品薯核心示范基地 2470 亩。中藏药材种植面积达 7.5 万亩，占农作物播种总面积的 46.9%，建立药材 GAP 生产基地 8000 亩，建设药材良种繁育田 2500 亩，建设药材标准化生产基地 1500 亩，单产较普通田增收 20%以上。示范种植羊肚菌 15 座约 12 亩，高原夏菜 50 亩，种植油用牡丹 800 亩。农业支持保护补贴政策补贴农作物 16.2 万亩，补贴资金 238 万元，覆盖 15 个乡镇 18629 户。九甸峡库区发展水产养殖合作社及养殖户 52 家，其中专业合作社 38 个，网箱养殖面积 70 多亩，饲养中华鲟、虹鳟、金鳟等鱼类 100 多万尾，出栏水产品 32 吨，获得农业部水产健康示范场认定 3 个，在洮砚、藏巴哇两乡建立全国水产养殖动植物疫病监测点 3 个。续建农村户用沼气池 12 户，在蔬菜温棚内安装移动式沼气池 15 座，建设安装太阳能路灯 105 盏，建设安装太阳能热水器 304 台。

【项目建设】全年共组织实施项目 199 项，其中续建 34 项，新建 165 项。通过参加第二十届“兰洽会”，新签约项目 2 项，拟引进资金 5.3 亿元。新城区滨河路及给排水工程、城南滨河东路步行街及给排水工程已竣工并投入使用；旧城区道路人行道改扩建工程全面竣工；城区道路及给排水改扩建工程、新城区道路及排水工程和北滨河西路延伸工程等项目正在建设当中；阿子滩乡道路给排水工程、纳浪乡道路给排水工程和藏巴哇乡道路给排水工程等项目已完成可研报告；扎古录镇道路给排水及桥梁改扩建工程、喀尔钦乡道路及排水改扩建工程、尼巴乡道路排水及桥梁工程刀告乡道路及给排水等一大批城镇基础设施工程相继开工建设；2015 年建制村通畅项目共 8 条道路 122 公里，其中 7 条已通过县级验收，漳县东桥至新城段由于与洮砚至藏巴哇灾后重建三级公路项目重合，经重新设计后，现已完工待验。

【优势产业】境内有马家窑文化、齐家文化和寺洼文化遗址，有历史悠久、环境清幽的安多古刹—禅定寺、旗布寺、杓哇寺、贡巴寺等十多处寺院。独特的“觉乃藏族三格毛”头饰和服饰别具一格，多姿多彩，具有浓郁的地方特色，旅游产业逐渐发展成为特色优势产业。总投资 2983 万元的大峪沟三角石旅游景区基础设施建设项目，已完成栈道 1.5 公里，垃圾中转站和公共卫生间正在主体建设，停车场铺设 2600 平方米；投资 834 万元的绿色长廊和百里油菜花观赏基地“五彩卓尼”建设取得了明显成效。车巴沟旅游景区基础设施建设项目农发行贷款到位 1260 万元，大峪沟 4A 级景区基础设施建设项目农发行贷款到位

2600 万元。在大峪沟塔古滩成功举办第三届国际自驾游活动。全年全县旅游业总收入达到 39666 万元，增长 85.3%；接待国内旅游人数 89.25 万人次，增长 78.4%。重点旅游景区大峪沟累计接待人数 1044 人次，旅游收入 5.01 万元。

【民生保障】2016 年，全县城镇居民人均可支配收入 21175 元，比上年增长 8.5%；城镇居民人均现金消费支出 14023 元，增长 9.4%。农村居民人均可支配收入 6260 元，增长 7.9%；农村居民人均现金消费支出 4532 元，增长 10.4%。全县享受城镇低保 3220 人，农村低保 26971 人；应参加养老保险人数 55870 人，实际参加养老保险人数 53925 人，占应参保人数的 96.5%。其中，参保离退休人员 546 人，参保城乡居民人数 51917 人，参保机关事业单位人数 1462 人。应参加医疗保险人数 100211 人，实际参加 100111 人，占应参保人数的 99.9%。其中，城镇职工医疗保险参保人数 10562 人，城镇居民医疗保险参保人数 6065 人，参加农村新型合作医疗保险人数 83484 人。

【环境保护】2016 年，加大了城区主街道、背街小巷、城乡结合部、公路沿线、旅游景区、洮河沿岸等环境卫生的清扫和垃圾清运力度，建立健全了环境卫生整治工作长效机制，人人关注环境卫生的氛围已初步形成，城乡环境得到有效改善，有力提升了对外形象。全县紧紧抓住国家主体功能区建设、国家生态安全屏障综合试验区建设和生态文明示范州建设等重大机遇，认真组织实施退牧还草工程和沙化草场综合治理项目，完成退化草地补播改良 20 万亩，重度退化草地(黑土滩)综合治理 6.1 万亩。

【社会事业】教育方面，全县共有各级各类学校 77 所，教学点 49 个；共有教职工 2054 名，专任教师 1775 名；全县共有 645 个教学班，共有中小学生及幼儿 19519 人。文化建设方面，全县共有文化馆 1 个，公共图书馆 1 个，纪念馆 1 个，博物馆 1 个，艺术表演团体 1 个，广播电台 1 座，电视台 1 座，档案馆 1 个。100w 以上调频转播发射台 1 座，调频发射机 5 部。有线广播电视传输干线网络总长 673 公里，有线广播电视用户达到 3800 户，其中农村有线广播电视用户数 30 户。全县广播综合覆盖率为 92%，无线广播综合覆盖率为 92%，电视综合覆盖率为 95%，无线电视综合覆盖 90%。医疗卫生方面，全县共有县、乡卫生机构 23 所，其中：医院 3 所，基层医疗卫生机构 17 个，专业公共卫生机构 3 个。设有新农合办、红十字会、爱卫会、地病办等机构，各医疗机构共设置病床 440 张。共有卫生技术人员 520 人（除乡村医生外），每千人拥有卫生技术人员 5 人，共有执业医师 196 人。

（孙永生　牛彦春）

舟曲县

【基本情况】舟曲县地处青藏高原东端南秦岭山区，东西至西北走向的岷山山系贯穿全境。位于甘肃省南部，甘南藏族自治州东南部，东邻陇南市武都区，北接宕昌县，西南与迭部县、文县以及四川省九寨沟县接壤。气候属暖温带区，海拔高度在 1173～4504 米之间。地势西北高，东南低，境内山大沟深，地形复杂，沟壑纵横，高差悬殊，是典型的高山峡谷区，气候垂直变化明显，“一山有四季，十里不同天”的气温特征十分显著。年平均气温 14.7℃，年降雨量 300.9 毫米，年日照时数 1882.6 小时，土地总面积 3010 平方公里。辖 16 个乡，3 个建制镇，有 208 个村委会，5 个社区居委会，528 个村民小组，分布在 403 个自然村。全县总人口 14.32 万人，其中：藏族人口 5.14 万人，占总人口的 35.9%，是国列重点扶持的贫困县。

【国民经济】2016 年，全县实现生产总值 14.75 亿元，比上年增长 4.3%。其中，第一产业增加值 3.77 亿元，增长 5.4%；第二产业增加值 2.02 亿元，增长 1.0%；第三产业增加值 8.96 亿元，增长 4.7%。固定资产投资 19.04 亿元，增长 17.7%；社会消费品零售总额 3.55 亿元，增长 10.1%。一般公共预算财政收入 0.98 亿元，增长 8.6%；一般公共预算财政支出 20.42 亿元，增长 18.2%。年末金融机构各项存款余额 58.17 亿元，增长 9.0%，金融机构各项贷款余额 32.73 亿元，增长 8.5%。

【供给侧结构性改革】积极推进供给侧结构性改革。不折不扣落实“三去一降一补”硬任务，关闭高耗能、高污染等落后产能企业。通过技术升级、产业链延长、资源综合利用、提高附加值等举措，进一步增强企业的市场竞争活力。大力发展节能环保、现代物流、信息消费、电子商务等现代服务业和信息应用新业态，支持各类市场主体积极发展众创、众包、众扶、众筹。

【脱贫攻坚】全面贯彻落实中央和省州精准扶贫精准脱贫系列决策部署，严格按照县上确定的“56344”总体工作思路，深入推进“1236”扶贫攻坚和“1+17+1+2”精准扶贫方案落地生根，全面推行“853”精准脱贫管理办法。全年投入财政专项扶贫资金 1.12 亿元、整合行业部门资金 2.98 亿元、盘活财政存量资金 3893 万元，用于改善贫困村基础设施和扶持贫困户发展特色产业。全县行政村道路硬化率 100%，自然村道路硬化率 81%，人饮到户率 90.6%，宽带网络覆盖率 98%，标准化村级卫生室 88.5%，易地扶贫搬迁 13 村 1953 户，危旧房改造 11597 户，建成乡村舞台 174 个，动力电、农家书屋、寺庙书屋、标准化卫生院、贫困村金融服务网点实现全覆盖。扶贫互助社实现全覆盖，互助资金总额达到 7273 万元，累计为 3430 户发放借款 3025 万元。全年发放精准扶贫专项贷款 1.08 亿元，累计发放精准扶贫、产业贴息贷款达 11.5 亿元。建设旅游扶贫试点村 3 个，打造旅游专业村 11 个，农（林、藏）家乐达到 140 家。实现农村低保与精准扶贫“两线合一”，贫困户和贫困人口享受低保比例分别达 89.4%、77.6%，实现兜底政策与精准扶贫政策紧密有效衔接。

【“三农”工作】2016 年，全县完成农林牧渔业增加值 3.79 亿元，比上年增长 5.4%。粮食产量 31932 吨，下降 8.6%；油料产量 4921 吨，增长 6.9%；中药材产量 11102 吨，增长 110%；蔬菜产量 8766 吨，下降 1.7%。各类牲畜存栏 92852 头只，下降 1.48%。肉类产量 5488 吨，下降 4.06%；牛奶产量 230.4 吨，增长 17.25%；绵羊毛产量 10.29 吨，增长 5.32%。苹果产量 5103 吨，下降 4.49%；花椒产量 669 吨，下降 2.19%；核桃产量 891 吨，增长 9.59%。

【项目建设】交通项目建设取得新突破，投资 6.95 亿元的渭武高速舟曲连接线、9.7 亿元的峰迭至代古寺、7.6 亿元的舟曲立节至四川永和 3 条重点公路开工建设，实施了通村硬化道路安全生命防护工程、通畅公路增补项目、“千村美丽”示范村道路硬化、县城至翠峰山公路硬化、亚哈至沙滩国家森林公园、两河口至峡子梁等道路交通项目。新签约招商引资项目 7 个、合同引资 5.965 亿元。全面加快城镇化建设。投资 6978 万元实施了新老城区亮化及连接线路灯安装、饮用水源地保护、道路及排水、集中供热、垃圾填埋场和农村环境连片整治项目。严格按照“965356”建设标准，强力推进“生态人居、生态经济、生态环境、生态文化”四大工程，通过整合涉农项目资金、融资贷款、群众自筹等多种方式筹措资金 7.95 亿元，建设涵盖 5300 户 19778 人的生态文明小康村 51 个，逐步夯实了农村发展基础，缩短了城乡发展差距。

【优势产业】全县把水电、药材、林果、特色养殖、设施种植、劳动力六大资源优势通过强化基础产业发展、基础设施建设、基础工作落实来努力打造为优势产业。通过灾后重建，加快工农业发展，扩大经济总量，大力发展现代农业，积极推进高半山地带中藏药材、畜牧业、草产业发展步伐。扩大全膜双垄沟播为主的旱作农业种植推广，在河川地带大力发展精品高效设施农业，农村经济得到不断壮大。加快了电力输送网络配套建设力度，最大限度的把水电资源优势转化为经济优势，加大了农产品加工龙头企业建设的扶持力度，畅通物流和销售渠道，延长产业链，加快了工业发展，全县全部工业增加值 1.61 亿元，增长 1.0%。坚持技能培训和引导培训、县内务工和向外输转相结合，劳务经济不断增强。开展培训 1.06 万人次，输转劳务 4.16 万人次。“舟曲从岭藏鸡”、“舟曲核桃”、“舟曲花椒”成为国家级农产品地理标志登记保护产品。

【民生保障】大力实施各类惠民工程，全面完成省州确定的 18 件民生实事，在 151 个村实施“一事一议”项目 165 个。全年民生支出达 13.96 亿元，比上年增长 18%，占一般公共预算支出的 72.35%。2016 年，全县城镇居民人均可支配收入 20973 元，比上年增长 8.8%；城镇居民家庭人均生活消费支出 14714 元，增长 12.4%。农村居民人均可支配收入 6185 元，增长 8.1%；农村居民家庭人均生活消费支出 4462 元，增长 16.4%。通过公开招考方式聘用 159 名大中专毕业生到县内企业就业，新增城镇就业 705 人，城镇登记失业率控制在 4%以内。城市低保全额对象补助标准提高到 421 元/月，农村低保一类对象、二类对象补助标准分别提高到 285 元/月、249 元/月；农村五保集中供养对象和分散供养对象补助标准分别提高到 5600 元/年、4525 元/年，城乡孤儿基本生活保障补助统一按 640 元/月的标准发放；按照 1440 元/年的标准为 2577 名残疾人发放“两项补贴”371.09 万元；为 961 户发放廉租住房租赁补贴 281 万元；为 29991 户农房、20 座开放寺院和民政物资储备库购买了灾害保险；发放各类救助、慰问、优抚资金 1120 万元。为农村“两保一孤”人员购买了意外伤害附加重大疾病保险。新农合人均筹资标准达到 530 元，参合率达 99.25%，新农保参合率 100%，建成各类养老机构 58 所。社会保险费率全部按要求阶段性下调，“五险合一”社会保险信息系统即将上线运行。

【环境保护】按照“树立生态信仰、共铸生态梦想、担当生态道义、建设生态舟曲”的要求，坚持环境大整治、植被大恢复、流域大治理，生态优势逐步凸显。每年为 208 个行政村投入 104 万元垃圾清运费，每年为 523 个村民小组投入 627.6 万元的保洁费，逐步形成了大规模、全覆盖、综合性、常态化的工作格局，“全域旅游无垃圾示范区”目标全面实现。强力推进林业生态建设。编制实施了新一轮退耕还林、义务植树、优质核桃和桑蚕基地建设等 21 个林业生态建设方案，森林覆盖率和草原植被覆盖度分别达 31.84%、82.1%。深入推进流域治理。实施总投资 1.45 亿元的滑坡治理、坡耕地综合整治、高标准农田建设、小流域治理等生态修复治理项目 44 个。大力推进环境监测监管。县级空气自动监测站建成投用，投入专项经费 126 万元对城区空气、集中饮用水源水质、白龙江断面水质进行监测，空气质量达标天数达 300 天以上，地表断面水质优良率达 90%以上，城区污水集中收集率和集中处理率分别达 72%、95%以上，生活垃圾无害化处理率达 95%以上。

【社会事业】深入推进公立医院改革，取消药品加成实行零差率销售，国家基本药物配备率、使用率均达到 80%以上，基层和县级医疗机构国家基本药物配备使用率分别达 100%、85%，网采率分别达 100%、85%，城乡居民健康档案建档率达 89%。认真贯彻执行计划生育基本国策，全面实施二孩生育政策，人口出生率 13.13‰，自增率 7.13‰，符合政策生育率 97.84%，节育措施落实率 87%，总出生性别比 101。在 382 家商场、超市、学校等单位注册了食品安全电子追溯系统，在 285 家餐饮服务单位实施“明厨亮灶”工程。完成 297 家餐饮服务单位量化分级等级重新评定和 282 家餐饮服务单位食品安全状况外置化工作，量化分级率和外置化率分别达 96%、95%。全面落实义务教育阶段学生营养餐改善计划、两免一补、寄宿生生活补助等政策，实施改薄项目 117 个，办学条件显著改善，九年义务教育巩固率达 95.36%，义务教育均衡发展顺利通过省上和国家评估验收。投资 3388 万元建设“双语”幼儿园 18 所，投资 2245 万元新建改扩建农村幼儿园 54 所，乡镇中心幼儿园实现全覆盖。选聘学前幼儿教师 159 名到公建民营幼儿园任教，教师紧缺问题得到缓解。高考录取率达94.91%，较上年提高4.25个百分点。县振兴教育促进会累计筹集教育基金774万元，扶贫助学1415人、奖教奖学535人，发放奖励金和助学资金330.07万元，县直各单位为学校帮扶资金73.72万元。筹资23万元对206名优秀师生进行了表彰奖励。

【文化旅游】推动文化旅游首位产业加快发展，全年共接待游客40.7万人次，实现旅游综合收入1.72亿元，分别增长47.1%、45.5%。认真贯彻实施旅游消费侵权先行赔付办法，举办旅游从业人员培训班3期320余人次，行业服务水平有效提升。拉尕山景区实现市场化运营，投资1.93亿元实施了翠峰山、沙滩森林公园、大峡沟森林公园3个景区建设项目和观景台、停车场等10个景区景点基础设施项目，峰迭新区热斯坝综合性旅游服务区、拉尕山景区游客集散中心等项目全面启动。全县重点景区达到9个，其中A级景区5个。打造了万亩油菜花观赏带和白龙江绿色长廊。成功举办“一带一路”中国楹联文化翠峰山高峰论坛暨第三届舟曲民俗风情楹联文化节，舟曲民俗风情楹联文化节荣获“最美中国•首批最具影响力特色节庆活动”。巴藏乡后北山村获“绚丽甘肃•美丽乡村”提名奖，立节镇拉尕村被评为“绚丽甘肃•十大美丽乡村”，大川镇土桥村入围首届中国美丽乡村百佳范例评选活动。《舟曲特大山洪泥石流灾害抢险救灾和灾后重建志》正式出版，精心编排了《花开舟曲》等一批彰显舟曲地方文化特色的文艺舞蹈节目赴省内外演出，创作出版了《达玛花开》、《情系藏乡谱新篇》等一批具有浓郁乡土气息的文学作品。舟曲特大山洪泥石流地质灾害纪念公园列入全国红色旅游经典景区名录，实现舟曲红色景区零突破。国家和省州级文化遗产项目达到51个。发现抢救保护苯教文献180多函2500多卷，2016年7月在舟曲召开了五省藏族地区藏学专家学者苯教文献研讨会，舟曲苯教文献引起国内外专家学者高度关注。

（张云霞　高忠明）

迭部县

【基本情况】迭部县位于甘肃省南部，地处白龙江上游的甘肃和四川两省结合部，土地总面积5108平方公里。古称“叠州”，藏语的意思是“大拇指”，被称为是山神“摁”开的地方，境内重峦叠嶂，群山连绵，森林广袤，河流纵横，冬无严寒，夏无酷暑。白龙江横贯全境110公里，落差700米，平均坡降6.4‰，是县内最大的河流。大小支流30多条，水能蕴藏量80.74万千瓦；矿产资源20余种；木本植物种类60科、123属、314种；野生山野菜菌类130种；野生珍稀动物27种；药用植物有545种，其中著名的藏中药药用植物127种，主要有红景天、雪莲、冬虫夏草、贝母、猪苓、羌活、大黄、黄芪等。境内举世闻名的天险腊子口、俄界会议遗址、次日那毛主席旧居、崔古仓开仓放粮遗址、巧夺天工的大峡谷等人文、自然景观以及浓厚纯朴的民族风情形成了一道熠熠生辉的风景线。与驰名中外的九寨沟山水相连，是得天独厚的天然“氧吧”。全县辖11个乡镇、52个村委会、233个村民小组，总人口5.36万人。

【国民经济】2016年，全县实现生产总值11.34亿元，比上年增长6.3%。其中，第一产业增加值2.63亿元，增长5.3%，对经济的贡献率13.47%，拉动经济增长1.56个百分点；第二产业增加值2.32亿元，增长5.5%，对经济的贡献率12.31%，拉动经济增长1.23个百分点；第三产业增加值6.39亿元，增长7.1%，对经济的贡献率为43.01%，拉动经济增长5.56个百分点。三次产业结构比由2015年的23.59∶20.97∶55.44，调整为23.2∶20.5∶56.3。社会消费品零售总额3.25亿元，增长10.2%；一般公共预算财政支出13.82亿元，下降7.2%。年末金融机构各项存款余额23.82亿元，增长5.5%；各项贷款余额1.84亿元，下降18%。

【供给侧结构性改革】2016年，全面推进供给侧结构性改革，积极备战春耕生产，拨付春耕备耕资金101万元，调运各类作物良种18.85吨。改造提升旦尕镇日光温室50座、洛大乡塑料大棚50座。完成种草任务1万亩，建成青稞生产基地1.1万亩，种植藏中药材8355亩、油菜6330亩，培育羊肚菌基地38亩。收缴牦牛、藏羊保险费86.94万元，共赔付资金85.47万元。免疫各类牲畜19.62万头（只）。争取到价值700万元的省级储备粮2500吨，落实县级补助138万元。全面完成了第一轮落实草原生态保护补助奖励机制政策。

【脱贫攻坚】2016年，省、州下达专项资金共计4465万元，第一批下达专项扶贫资金2033.92万元，第二批下达专项扶贫资金2431.08万元。实施整村推进项目10个，共投入743万元；投资1730万元，实施贫困户增收项目，扶持贫困户发展种养殖业，扶持专业合作社13个，扶持预脱贫贫困户1023户5082人，引导贫困农户发展特色优势产业；投资285万元，实施了惠农扶贫贷款贴息，用于重点乡村贫困户、种养业合作社、扶贫龙头企业、乡村旅游等项目，贴息引导贫困户发展项目，促进农民增收；投资356万元，实施了劳务输转培训和科技扶贫项目，完成培训“两后生”470人，一村一名大学生30人，贫困户普通技能培训1100人（次），特种作业操作技能培训200人，农牧民实用技术培训1500人（次），致富带头人及扶贫干部培训150人；投资412万元，实施了小型水利建设项目；投资454万元，实施了村组道路建设项目；投资资金161万元，实施了旅游扶贫项目建设；投资244万元，实施了贫困村精准扶贫环境卫生集中整治项目和精准扶贫“两保一孤”以及贫困人口意外伤害附加重大疾病保险；县级财政配套资金，共投入631万元，加大了贫困村互助资金额度，为贫困群众提供了更多的产业发展资金；小型水利共投资202万元。

【“三农”工作】2016年，全县农业增加值4730万元，增长5.1%；林业增加值8366万元，增长4.4%；畜牧业增加值13242万元，增长6.0%。农作物种植面积 60830 亩，下降 0.1%。粮食种植面积 67021 亩，粮食产量 11366 吨；油料种植面积 6642 亩，油料产量 803 吨；药材种植面积 13699 亩。年末各类牲畜存栏 12790 头只，比上年减少 93 头只。肉类产量 4090 吨，增长 0.04%；牛奶产量 5556 吨，下降 0.02%；绵羊毛产量 29 吨，增长 0.03%。

【项目建设】2016 年，坚持发展抓项目战略，顺利实施一批交通、水利、住房、生态环境、城镇基础设施和农牧业设施建设等项目，进一步夯实了城乡发展基础。总投资 2.7 亿元的 28 个生态文明小康村正在加快建设。总投资 3.36 亿元的林海小区城市棚户区改造和公共租赁住房项目正在实施。总投资 2.85 亿元的 2016 年巴西电尕棚户区改造项目正在开展项目前期工作。舟曲峰迭至代古寺公路试验段已开工建设，江迭公路正在开展项目初设，迭九公路已完成项目可行性研究报告，迭部至若尔盖公路建设项目已进入施工阶段，两河口至红星、麻牙至九寨沟高速公路正在编制项目可行性研究报告。旺藏乡茨日那泥石流治理项目现已竣工待验收。总投资 875 万元的县人武部业务用房及民兵训练基地建设项目投入使用。总投资 850 万元的卡坝、多儿乡敬老院和电尕镇电尕社区日间照料中心已进入项目招投标阶段。总投资 800 万元的桑坝乡赛当寺不稳定斜坡综合治理项目有效推进。总投资 500 万元的尼傲、旺藏灌区节水灌溉工程已开工建设。电尕镇供水工程已完成。巴西电尕寺等 4 个生态文明和谐寺院建设进展顺利。

【优势产业】根据《甘南州牦牛产业发展规划》，及时制定了《迭部县牦牛藏羊产业发展规划实施方案》和《2016 年迭部县农牧业工作计划》，科学合理地把上迭 5 个乡镇规划为犏雌牛养殖带、下迭 7 个乡镇（站）规划为牛羊育肥带。紧紧围绕全州“168”现代农牧业发展行动计划，按照“大林、精牧、细农”总体思路，不断优化调整农牧产业结构，在益哇、电尕、卡坝、达拉、阿夏等 5 个乡镇建成养殖示范点 5 个，存栏犏雌牛 308 头；犏雌牛产业养殖带共存栏 30458 头，繁育成活并育肥出栏牦尕力巴 11358 头。在尼傲、旺藏、花园、多儿、洛大、桑坝、腊子口等 7 个乡（站）建成牛羊育肥示范点 4 个（其中牦牛育肥示范点 3 个，藏羊育肥示范点 1 个），育肥出栏牛 342 头，羊 237 只。积极完成牦牛、藏羊各 2.1 万（头、只）的保险工作，缴纳保费 86.94 万元。已对 423 头牛和 29 只羊进行了理赔，共赔付资金 85.47 万元。结合牧草良种补贴项目发放紫花苜蓿草籽 15 吨，种植牧草 1057 亩。巩固提高电尕镇日光温室 72 座及旺藏、洛大 2 个乡 50 座塑料大棚，完善已建温棚基础设施，随着温棚蔬菜种植技术熟练，效益增长，专业合作社已初试村外异地租赁的方式发展蔬菜种植业，提高了生产经营水平。大力调整优化种植结构，增加经济作物种植面积，种植中药材 2.14 万亩，在桑坝乡、旺藏乡和尼傲乡建立藏中药材标准化示范田 0.31 万亩；推广杂交油菜 0.63 万亩；种植高原夏菜 0.63 万亩，示范推广羊肚菌 38 亩。建成青稞生产基地 11000 亩，调运发放青稞良种 218 吨，调运化肥及农药 351 吨。通过青稞基地项目的实施，有助于农业结构调整，增加农牧民收入，进一步强化农牧民合作社准入监管，深入开展示范社建设，年内审核评定县级示范社 50 个，州级示范社 6 个。

【民生保障】2016 年，全面完成省州确定的民生实事，乡村教师生活补助、高中免费教育等省、州教育民生实事项目全面落实。新建了县电子商务服务（运营）中心和 1200 平米的城东社区便民市场。全年完成就业技能培训 1666 人，创业培训 95 人，岗位技能提升培训人数 30 人，职业技能鉴定 515 人；城乡富余劳动力输转 5021 人；创劳务经济收入达 9038 万元。城镇居民人均可支配收入 20971 元，比上年增长 8.3%；农村居民人均可支配收入 6100 元，增长 8.2%。全面完成了城乡低保及五保提标提补工作。提标后农牧村一类低保补助水平达到月人均 285 元，二类低保补助水平达到月人均 249 元，城市低保补助水平达到月人均 361 元，五保对象年补助标准达到 4525 元。全县共有农村低保对象 2733 户 11231 人，全年发放保障金 2175 万元；城市低保对象 400 户 1384 人，全年发放保障金 777 万元；五保对象 621 户 622 人，全年发放五保供养金 282 万元。全年救助城乡困难群众 79 户 296 人次，发放救助款 26 万元。进一步加大了对低保、农村五保、建档立卡户等困难群众的医疗救助工作力度，及时将重特大疾病救助病种调整扩大到 50 种。全年共救助 213 人次，发放救助款 99 万元。积极为 13237 名城乡低保及五保对象代缴了参合参保金，其中城乡低保一类及纳入低保范围的建档立卡户按每人 150 元全额予以补助，其他低保对象按每人 20 元予以补助，累计代缴参合参保金 97 万元。城镇职工养老保险共参保 2683 人，共征收养老保险金 1756 万元。参加失业保险 3908 人，征缴失业金 308 万元。参加城镇职工基本医疗保险 10330 人，征缴基本医疗保险基金 3274 万元。城镇居民基本医疗保险参保人数 5104 人，完成征缴收入 40 万元。生育保险参保职工 6305 人，收缴生育保险费 132 万元。工伤保险参保人数 3289 人，征缴工伤保险费 77 万元。城乡居民社会养老保险已参保 23915 人，个人缴费 177 万元，发放养老金 667 万元。发放率 100%。

【环境保护】2016 年，完成封山育林 0.5 万亩、中幼林抚育 1.2 万亩。完成退耕还林成果巩固补植 2237 亩、薪炭林建设 527 亩、林产品基地建设 72 亩。超额完成 1.7 万亩造林绿化任务。投资 47.55 万元美化县域内公路沿线护坡 16983.43 平方米。积极开展非煤矿山清理整治工作，投资 200 余万元对全县砂石开采秩序进行全面清理整治和规范，回填整理河道 8 公里，清运砂石料 35 万余方。出台《迭部县环境卫生综合整治考核办法》、《迭部县环境卫生整治奖惩办法（试行）》等制度，建立健全环境卫生网格化管理责任体系，落实县城废品收购站补贴政策，在设施购置、人员雇佣、场地建设、垃圾清运等方面共投入 1950 余万元，环境卫生整治成效明显。在“3•02”森林火灾扑救当中，全县上下众志成城、连日奋战，所有县级干部深入一线靠前指挥，积极动员武警、消防、公安和各部门、各乡镇（站）、村组干部及农牧民群众1.4万余人次，全力保护绿色生态家园。

【社会事业】2016年，全面落实各项教育惠民政策，不断改善基础设施环境，努力提高教学质量。实施了投资1018万元的“全面改薄”项目，其中县级配套200万元。大力实施学前教育“双语”幼儿园建设项目。县政府与中央民族大学附属中学签订了教育合作交流协议，设立了每年30万元的“甘肃迭部教育发展基金”，每年选派5名品学兼优的初中毕业生赴中央民大附中就读，并在师资培训、科研教学等方面提供有力支持，积极推动迭部教育事业发展。全县各类学校35所，在校学生8686人，专任教师1066名。“组团式”医疗援藏工作成效明显，甘肃省肿瘤医院与迭部县人民医院成功建立协作医院并正式挂牌。全县有县直医疗卫生计生单位6个、乡镇（站）卫生院、计划生育服务站各12个，个体诊所15个。农牧民“三病”普查和已婚育龄妇女生殖健康检查及免费孕前优生健康检查任务全面完成。食品安全从业人员健康证持证率达100%，餐饮单位量化分级动态评定和食品流通单位信用等级良好率达98%。成功举办了2016迭部国际大力士中国公开赛暨第二届安多地区“腊子口杯”则巴邀请赛、第六届迭部腊子口红色文化旅游艺术节、纪念长征胜利80周年座谈会“三大节会”和2016年甘肃省藏医药学术研讨会，协助承办了“中国•甘南首届高原山地穿越挑战赛”。

（怕巴）

玛曲县

【基本情况】玛曲县位于甘南藏族自治州西南部，青藏高原东端，甘、青、川三省结合部，境内海拔3300～4806米，年平均气温3.0℃，年降水量592.7毫米，日照时间2663小时，全年没有绝对无霜期。境内河流纵横，黄河从青海久治县门堂乡流入县境木西合乡，经西、南、东、北环流全县，最后返流至青海河南蒙古族自治县，形成久负盛名的“天下黄河第一弯”，全境流程433.7公里，流域面积10190平方公里，入境流量137亿立方米/年，出境流量164.1亿立方米/年。全县辖7乡1镇1场1站，2个居民委员会，36个村民委员会。2016年末，全县常住人口5.75万人。

【生态资源】生态环境优越，高寒草原特有的野生动植物种类丰富。境内栖息着梅花鹿、马鹿、白唇鹿、棕熊、香獐、麝香、雪豹、猞猁、水獭、白天鹅、黑颈鹤、白肩雕、蓝马鸡、雪鸡、藏原羚等10多种珍禽异兽；伴生有47科、413种优生野生植物，其中39科，151种具有良好的药用价值，特别是分布面积广、数量多，药用和经济价值较高的有冬虫夏草、水母雪莲、红景天、甘肃贝母等20多种。

【国民经济】2016年，全县实现生产总值14.75亿元，比上年增长6.9%。其中，第一产业增加值5.08亿元，增长5.1%；第二产业增加值2.6亿元，增长10.6%；第三产业增加值7.07亿元，增长6.9%。固定资产投资17.19亿元，增长23%。社会消费品零售总额3.5亿元，增长10%。一般公共预算财政支出14.98亿元，增长20.4%。

【供给侧结构性改革】全面依法公开行政事业单位权力清单，持续深化“五证合一、一照一码”和注册登记制度改革。支持非公经济发展，新增各类非公经济市场主体369户。组建玛曲县文旅交建公司，新建电子商务服务中心。招商引资新签约项目5项，签约资金6.51亿元，到位资金0.5亿元

【脱贫攻坚】继续巩固2015年“脱贫摘帽”工作成果，争取扶贫专项资金4571万元，累计为1031户精准贫困户发放贷款5155万元，重点实施整村推进、产业开发、村组基础设施建设、贫困户危房改造和光伏扶贫等项目建设，年内减少贫困人口906人，贫困面下降到0.7%。新建7条通村公路，所有行政村通水泥路（砂砾路）。实施易地扶贫搬迁项目，363户1410人精准扶贫对象住房建设项目开工。投资2.3亿元实施光伏扶贫产业项目。投入336万元开发建档立卡贫困户生态护林员岗位420个。

【“三农”工作】全年投资1853万元，新建牛羊暖棚455座、贮草棚115座、肉牛标准化养殖场20个，建立饲草料基地1320亩。选育优质后备种公牦牛560头、后备种公羊600只。“玛曲牦牛”和“玛曲欧拉羊”顺利通过了国家农业部地理标志认证评审。年末各类牲畜存栏达96.35万头（只、匹），总增率、出栏率、商品率分别达到31.01%、38.49%、36.45%，实现牧业增加值5.08亿元。

【项目建设】全年实施各类项目61个，完成固定资产投资17.2亿元。一大批基础设施建设、道路交通、防洪治理、供水供热、景区景点、小康村建设等项目落地实施。尤其是玛久二级公路、玛沁三级公路、黄河玛曲段防洪治理工程、县城引水工程等重大项目的开工建设，夯实了玛曲长足发展的物质基础。

【优势产业】全县土地总面积10191平方公里，有天然草场858667公顷，其中可利用草场面积830333公顷，占草场面积的96.7%。天然草场植被覆盖良好，植物种类丰富，素有“亚洲第一草场”美誉。主要畜种有牦牛、欧拉羊和河曲马，年末各类牲畜存栏96.35万头(只、匹)。畜牧业作为首位产业优先发展，甘肃天玛生态科技食品有限责任公司、玛曲县雪原肉业有限公司、玛曲县昌翔清真肉业有限公司、玛曲县宏达实业有限责任公司等四家规模以上畜产品加工企业当年完成增加值2097万元。实施了河曲湿地景区和阿万仓生态旅游景区基础设施等项目，新建观景台4处。成功举办了第十届格萨尔赛马节、宣侠父甘南藏区行90周年研讨会等活动，全面启动“全域旅游示范区”创建工作，目前已接待游客55.15万人次，旅游收入达到2.51亿元，比上年分别增长63.1%和66%。加强民族民间传统文化保护与开发，外香寺被列入第八批省级文物保护单位，道瑞等3人被评为省级

非物质文化遗产传承人。支持“乡村舞台”建设、文化体育赛事、文化产业开发，文化产业从业人员达到350人，实现文化产业增加值2157万元。

【民生保障】2016年，全县农村居民家庭人均纯收入7748元，比上年增长8.5%；农村居民家庭人均消费性支出7034元，增长11.7%；农村居民恩格尔系数45.96%，下降1.76个百分点。城镇居民家庭人均可支配收入22390元，增长8.0%；城镇居民家庭人均消费性支出14601元，增长11.3%；城镇居民恩格尔系数为33.58%，下降0.5个百分点。全面落实各项强农惠农政策，通过“一卡通”发放各类补贴4437万元。新增城镇就业300人，发放创业贴息贷款700万元，城镇登记失业率为3.74%。全面完成省州14项为民办实事项目，落实配套资金137万元。落实藏族地区补贴、艰边津贴调标及公检法警察警衔津贴3803万元。发放各类社会救济救助资金3166万元，城乡低保人口覆盖面分别达到11.4%和26.7%。发放各类社会保障资金2431万元。新增公共租赁住房60套，危旧房改造80套，棚户区改造172套。受理调处劳务纠纷25起，为214名农民工追讨工资337.86万元。

【环境保护】全年累计投入资金7137万元，扎实推进“全域旅游无垃圾示范区”建设，深入开展城乡环境卫生综合整治行动，购置车载移动垃圾箱50个、勾臂式垃圾车23辆、垃圾（果皮）箱780个，对县城248栋建筑物实施了民族特色化或夜景亮化改造，对城区破损的道牙、路面、井盖、踏步、门面、牌匾、绿化栏、“蜘蛛网”等进行全面整修。总投资2.1亿元，新建24个生态文明小康村，惠及牧户2166户10561人，目前已完成整体工程量的90%。新建忠克隧道口至县城绿化带，综合治理“三化”草场40.26万亩，植树造林9万余株。全力争取省级“水生态文明试点县”项目。积极推进青藏高原土著鱼类保护区功能区划调整相关工作。专项整治沙石料场和黄金企业尾矿库。

【社会事业】教育方面，投资1090万元继续实施“全面改薄”项目，投资1055万元实施了13个幼儿园建设项目，招聘引进紧缺教师45名，培训教师139人次；落实免除学前教育、普通高中、高职学生学杂费和书本费104.5万元，落实乡村教师生活补助37万元；高考录取317名，录取率达到85.9%，比上年提高了9.6个百分点。卫生方面，全面推动县级公立医院改革，支持“组团式”援藏医疗队开展工作，加强医务人员培训，建成县疾控中心业务楼和尼玛社区卫生服务中心，村级卫生室标准化建设率达75.86%。筹资开展“三病”普查5734人，为3106名干部职工和村组干部免费体检。新型农牧村合作医疗参合率达到99.73%，为9100余名患者报销医疗费用865万元。累计建立健康档案46281人，建档率83.4%。计生方面，落实奖励扶助对象244人，奖励资金24.4万元；少生快富对象46户，奖励资金16.9万元；特别扶助2人，奖励资金1.2万元，失独家庭一次性救助1户，落实救助资金2万元；建立完善了出生人口检测和预警机制，加大出生人口性别比综合治理力度，人口自增率为11.58‰、符合政策生育率为100%、出生人口性别比为106.47。

（马晓凤）

碌曲县

【基本情况】碌曲县地处青藏高原东部，位于甘南藏族自治州西南部，甘、青、川三省交界处，南邻四川省若尔盖县，西界青海省河南县，西南与本州玛曲县接壤，东连本州卓尼县，北部与本州夏河县毗邻。地势西高东低，东西长126公里，南北宽93公里，海拔最高处额日宰4483米，最低处吾乎扎滩2860米，相对高差1623米，平均海拔在3000米以上，年均气温3.5℃，极端高温28.7℃，极端低温-25.4℃，年降水量783.2㎜，全年无夏，气候高寒、阴湿，降温频繁。县内溪流清泉遍布，河流纵横，水能蕴藏量大，开发前景广。境内金矿、铁矿、锑矿、煤炭、白云岩等矿产资源丰富。全县总面积5299平方公里。现辖7乡镇、24个村委会、95个村民小组。总人口3.69万人，其中牧业人口2.90万人，藏族人口3.27万人，是一个以藏族为主多民族杂居的纯牧业县。

【国民经济】2016年，全县实现生产总值9.80亿元，比上年增长4.2%。其中，第一产业增加值3.01亿元，增长5.2%，对经济的贡献率35.78%，拉动经济增长1.50个百分点；第二产业增加值2.41亿元元，下降0.4%，对经济的贡献率-2.78%，拉动经济下降0.11个百分点；第三产业增加值4.38亿元，增长6.5%，对经济的贡献率为67.00%，拉动经济增长2.81个百分点。三次产业结构比由2015年的29.0:27.1:43.9，调整为30.7:24.6:44.7。社会消费品零售总额3.12亿元，增长10.8%。一般公共预算财政收入6910万元，增长28.5%；一般公共预算财政支出11.16亿元，下降7.2%。年末金融机构各项存款余额13.86亿元，增长7.1%；各项贷款余额8.86亿元，增长5.4%。

【供给侧结构性改革】2016年，全面推进供给侧结构性改革，在畜牧业生产上调整畜群结构，转变发展方式，缩短牲畜饲养周期，加快出栏数量，促进草畜平衡；种植业生产上调整种植结构，向高产优质高效的特色规模经营方向发展。工业生产通过技术升级、产业链延长、资源综合利用、提高附加值等举措，进一步增强企业的市场竞争活力，去库存补短板；服务业生产方面，大力发展节能环保、现代物流、信息消费、电子商务等现代服务业和信息应用新业态，落实中央财政奖励政策，支持各类市场主体积极发展众创、众包、众扶、众筹。

【脱贫攻坚】2016年，按照“缺什么，补什么”原则，年内落实专项扶贫资金4538万元（第一批专项扶贫资金828.3万元，第二批专项扶贫资金3709.7万元），实施整村推进、基础设施建设、种养业基地建设、技能培训和互助社建设、环境卫生整治等项目。其中：投资313万元，实施玛艾村、加格村和吉扎村3个整村推进项目；投资745.5万元，建设37个种养业基地（其中扶持专业合作社20个）

项目；投资120.5万元，开展劳动力输转培训2期，其中劳务技能培训400人次、两后生培训270人；投入740万元，实施6个科技扶贫项目；投入资金905万元，实施23个基础设施建设项目（修建牧道177.7公里、村道硬化3.5公里、修建便民桥8座）；投资236.5万元，实施8个危旧房改造项目（危旧房改造11户、贫困户帐篷改造407户）；投入资金411万元，实施11个小型水利项目；投入资金106.5万元，实施5个旅游扶贫试点村建设项目；投入资金383.5万元，开展环境卫生治理和贫困户人居改造项目；投入资金5.5万元，扶持3个贫困村建设商务平台；投入10万元为贫困人口进行体检和赠送药品；为全县建档立卡中的低保户和五保户投保以外保险金7.94万元；建立贫困户因灾、重点突发事件扶持资金10万元。省、州、县、四级干部共2130人联系了全县2811户精准扶贫户和贫困户，共帮办实事489件，帮扶物资及资金达1232万元，累计发放扶贫惠农贷款2.1亿元。全年减贫56户267人，贫困发生率下降到2.85%。

【“三农”工作】2016年，全县农业增加值645万元，增长12.7%；林业增加值977万元，增长0.7%；畜牧业增加值28483万元，增长5.25%。农作物种植面积40295亩，下降0.3%。粮食种植面积23774亩，粮食产量3144吨；油料种植面积6606亩，油料产量350吨；药材种植面积630亩，药材产量641吨。全县年末大牲畜存栏199378头，绵山羊存栏353643只，猪存栏5256头。肉类产量9400吨，增长6.9%；牛奶产量18158吨，增长24.07%；绵羊毛产量353吨，下降6.37%。

【项目建设】2016年，坚持发展抓项目战略，顺利实施一批交通、水利、住房、生态环境、城镇基础设施和农牧业设施建设等项目，进一步夯实了城乡发展基础。生态文明小康村项目完成投资1.5亿元，G213线赛尔龙至碌曲段公路改建完成投资2.6亿元，碌卓公路完成投资2.4亿元；招商引资开工项目完成投资2.78亿元；2015年1000套公租房建设项目700套已完成主体工程。全年开工建设项目61个，其中新建项目39个、续建项目22个，当年竣工项目46个，完成固定资产投资额153846万元，增长25.6%。按三次产业分，第一产业投资额995万元，第二产业投资额30537万元，第三产业投资额122314万元。

【优势产业】2016年，落实首位产业专项资金800万元。其中：青稞牦牛藏羊保险保费县级配套资金621.1万元，新一轮草原补奖前期工作经费50万元，村级草管员报酬16.8万元，动物防疫经费25万元，抗灾保畜资金45万元，42.1万元用于畜种改良、土地确权、饲草料生产和农牧民培训。畜牧业重点项目建设资金3820万元，其中：现代农业牛羊产业项目300万元，转变草原畜牧业发展方式项目500万元，退牧还草工程建设1285万元，黑土滩综合治理示范项目1000万元，黄河项目暖棚养殖建设735万元。落实各项涉农资金6741.4万元，其中：上年国家畜牧良种补贴82万元，青稞、藏羊和牦牛保费3105.7万元，草原生态保护补助奖励资金3553.7万元。加强饲料基地建设，新增优质牧草人工草地1.09万亩，建成半人工刈割草场46.66万亩，圈滩种草3.91万亩。积极扶持畜产品加工龙头企业，泰霖、大河两家公司生产鲜冻畜肉4850吨。完成了碌曲县旅游发展总体规划，全力打造“一城两线三区”旅游精品路线，组织开展了全州旅游形象大赛碌曲初赛选手选拔活动，在成都市成功开展了文化旅游宣传暨招商引资推介活动，多种形式宣传碌曲旅游资源。修建加仓吾纳、贡去乎村和双岔乡旺藏寺3处道路观景台，维修和新建5座旅游厕所，成功打造旅游绿色长廊及万亩油菜花观赏带，全面提升碌曲旅游知名度和美誉度。全年接待国内外游客120.9万人次，比上年增长70.8%；实现旅游综合收入5.69亿元，增长71.9%；旅游从业人数1593人，增长39.7%。

【人民生活】2016年，全面完成省州确定的民生实事，实施2个乡镇饮用水源地保护项目和重度残疾人家庭用水、电、气、暖补贴项目。建设高原羊肚菌温棚5座，青稞良种推广1.5万亩，农牧民技术培训1386人次。全面开展“三病普查”，对1760名育龄妇女实施生殖器健康检查，为207对夫妇免费孕前优生优育健康检查。发放乡村教师生活补助73万元，发放学前幼儿保教费46万元，对建档立卡贫困家庭高中及高职学生发放补助资金13万元。全县输转农村富余劳动力1900人，创劳务经济收入5000万元。全县城镇居民人均可支配收入21990元，增长8.1%；城镇居民家庭人均生活消费支出17231元，增长6.9%；食品支出占生活消费支出的比重39.9%。农村居民人均可支配收入7616元，增长8.3%。农村居民家庭人均生活消费支出4716元，增长8.1%，食品支出占生活消费支出的比重43.6%。

【环境保护】全力开展环境保护工作，完成了碌曲县“十三五”环境保护规划和生态环境保护规划，对全县的企业、建筑工地、煤场、餐饮、烟花爆竹等单位进行检查，下发整改通知书9份，督促10家企业编制突发事件应急预案，6家餐饮单位安装了油烟净化器，征缴排污费20万元，主要污染物总量四项指标均控制在省州下达的范围以内，万元生产总值能耗降低2.62%。以打造“高原生态文化旅游城市”为目标，全力创建全域无垃圾旅游示范区，纵深推进城乡环境卫生综合整治，县城内基本实现了视线内无垃圾、城乡街道无乱停乱放、商铺门店无占道经营、县乡公路两侧无乱搭乱建的目标，在碌曲成功召开全州环境卫生整治现场观摩推进会，肯定了全县环境卫生综合整治工作取得的经验成效。天然林管护4.3公顷，公益林保护51.54公顷，封山育林333.33公顷，森林抚育466.67公顷、荒山造林66.67公顷，实施面山绿化造林16公顷，义务植树造林2.3万株，森林覆盖率24.55%。

【社会保障】农村年保障标准提高17%，由2434元提高到2855元，为2684户7608人发放农村低保金1348.7万元；城市低保标准提高10%，由384元提高到421元，为313户916人发放城市低保金396.1万元。农村五保年供养标准达到4525元，年内发放五保供养金76.9万元。发放城乡医疗救助金191.8万元（其中参保（参合）金105.9万元、大病医疗救助金16.8万元、一般门诊救助金69.2万元）；临时性救助金60.5万元、优抚资金38.2万元、退役士兵安置金45.8万元，孤儿救助金57.1万元。落实高龄老人特殊生活津贴85.6万元，发放救灾救济65万元。全年安置大中专毕业生64人，城镇新增就业人员452人，城镇登记失业率控制在2.62%以内。全县城镇职工养老保险参保人数797人，实际征缴基本养老金927.8万元，支出养老金1040.2万元；全县失业保险参保人数1507人，实际征缴失业保险基金62万元；全县城镇职工基本医疗保险参保人数4031人，实际征缴医疗保险基金1472.6万元；全县城镇居民基本医疗保险参保人数3160人，征缴居民医疗保险基金34.3万元；全县工伤保险参保职工人数3033人，实际征缴工伤保险基金50.8万元；全县1639名城镇职工纳入了生育保险范围，征缴生育保险基金47.1万元；全县城乡居民养老保险参保人数17447人，参保率达到99.0%以上，为3807名待遇享受人员累计发放养老金458.7万元，发放率达100%。全县农牧村新农合参合人数达27769人，参合率达99.1%，累计发放各类补偿金1166.7万元，参合农牧民受益人数达47909人次（包括门诊和住院）。

【社会事业】2016年，全面落实各项教育惠民政策，不断改善基础设施环境，努力提高教学质量。全县各类学校43所，在校学生6297人，专任教师834名。适龄儿童入学率达到100%，九年义务教育巩固率93.5%，学前一年入园率82.6%，高考录取率达89.2%，本科录取率达52.9%。加强医务人才的培养和引进工作，提升医疗服务水平和能力，增强居民健康质量。全县医疗卫生单位31个，床位211张，卫生技术人员234人，儿童基础免疫“五苗”合格接种率达97.3%以上，建卡率100%，婴儿死亡率14.58‰，5岁以下儿童死亡率28.83‰，藏药制剂品种达198种，已注册89个品种，产值达200万元。开展各类文化活动，承办了第五届“中国•碌曲锅庄舞大赛”、第二届“魅力碌曲摄影大赛”、民歌大赛和锅庄舞论坛等特色活动及赛牦牛、藏式摔跤、藏式围棋、大象拔河、篮球比赛等民俗活动，促进了文化事业蓬勃发展。全县文化产业增加值1885万元，增长14.0%。依法开展国土资源各项工作，查出违规违法行为14起，对砂石料场进行清理整顿，全县耕地保有量4.4万亩，出让国有土地6宗，总出让金为232.6万元，颁发不动产权证9本。

（刘鹏）

夏河县

【基本情况】夏河县位于甘南藏族自治州西北部，青藏高原的东部边缘，处于甘南高原和黄土高原的过渡带，东南面分别与州属合作市、碌曲县相邻，北依临夏州临夏县及青海省循化县、同仁县，全县土地总面积为6274平方公里，大部分地区海拔高度在3000～4200米之间，最高点为甘加达里加山主峰，海拔4636米，最低点在夏临交界处的土门关一带，海拔2200米。气候寒冷湿润，2016年年平均气温4.4度，年均降水量410毫米，平均无霜期56天，全年日照时间2296小时。辖10个乡，3个镇，65个村委会，4个社区（居委会），439个村民小组，有藏、汉、回、撒拉、蒙古、朝鲜、土等14个民族。

【国民经济】2016年，全县实现生产总值15.67亿元，比上年增长2%。其中，第一产业增加值4.79亿元，增长5%；第二产业完成增加值1.27亿元，下降13.3%；第三产业完成增加值9.61亿元，增长3.2%。一般公共财政支出16.45亿元，增长6.1%。固定资产投资25亿元，增长23%；社会消费品零售总额5.90亿元，增长10.1%。城镇居民人均可支配收入21242元，增长8.4%；农村居民人均可支配收入6439元，增长7.8%。人口自然增长率8.37‰。

【供给侧结构性改革】2016年，全县供给侧结构性改革工作深入进行，耕地确权登记颁证、流转土地改革有序进行。组建了不动产管理登记中心、城市综合执法局等工作机构。行政审批制度改革深入推进。落实电子商务进农村综合示范县建设资金1500万元。签约招商引资项目8个，签约资金5亿多元。

【脱贫攻坚】2016年，全县整合财政扶贫资金1.3亿元，落实财政扶贫资金5955万元，实施了危房改造、暖棚建设、劳务技能培训、旅游扶贫试点村建设等项目。发放精准扶贫专项贷款1672户8324万元。投资8400万元编制《阿木去乎片区发展与扶贫攻坚规划》。

【“三农”工作】2016年，全县高原特色生态畜牧业稳步发展，建成了犏牛繁育带、藏羊繁育带和犏雌牛养殖带，牲畜总增率、出栏率、商品率持续提高，肉、奶产量分别达到1.3万吨和1.25万吨。注重产业化经营，健全完善“公司+基地+农牧户”产销模式，引进扶持安多、雪顿等畜产品加工龙头企业发展，组建专业合作社400多个。夯实产业发展基础，投资3.1亿元建成了干旱草场节水灌溉项目，建设半人工刈割草场48.3万亩、人工饲草料基地5万亩，建设舍饲棚圈2382座。解决产业发展资金筹措难问题，发放了惠农贷款、精准扶贫贷款、创业贷款、妇女小额担保贷款3.9亿元。开展政策性农牧业保险工作，支付理赔资金1.2亿元。开展农牧民实用技术培训1244人（次），创业能力培训632人次，职业技能鉴定400人。

【项目建设】2016年，全县实施重点项目98个，引洮济合供水工程、拉卜楞寺文物保护、城区道路及排水、四社区巷道硬化、棚户区改造、自来水管网敷设、应急避险场所等项目顺利实施；省佛学院、夏同公路建成投用；建成部分乡村饮水安全巩固提升工程；乡镇集中供热工程、生活垃圾处理过程顺利实施。

【优势产业】2016年，全县生态畜牧业发展快速，草畜产业、畜产品加工、牲畜疫病防治等方面工作不断加强，总增各类牲畜35.6万头（匹、只）。文化旅游业融合发展，桑科湿地公园、达尔宗湖、甘加八角城景区建设实现任务过半。建设绿色旅游长廊155公里、油菜花观赏带1.74万亩，全年接待游客 217 万人次，实现旅游综合收入9.1亿元，比上年增长56.5%。

【环境保护】2016 年，全县投资5亿元建成65个生态文明小康村。采取禁牧休牧、退牧还草、草原治虫灭鼠等措施，治理退化草场，草原植被覆盖度明显提升。实施了天保工程，退耕还林、荒山造林、义务植树工作，极大保护了生态环境。关闭非法采砂场42家，封闭非煤矿山、废弃矿山矿洞42处。组建了城市管理行政执法局，配备城管人员 58 人、卫生保洁员 323人，投资2500多万元加大环卫设施投入和保障力度，配备了城乡环卫车辆和环卫设施，提高了城市管理和服务水平。广泛动员干部职工和僧俗群众参与环境卫生综合整治，全力打造“全域旅游无垃圾示范区”，城乡面貌焕然一新。

【社会保障】2016 年，全县重视就业和再就业工作，城镇新增就业人员 624 人，安置公益性岗位 276 名。州列 8 件民生实事全部办理完毕。实施了“一事一议”财政奖补项目。加快社会保障体系建设，城乡居民基本社会养老保险参保率、城镇居民基本医疗保险参保率持续提升，社会公共服务均等化进一步提高。提高和落实了村级办公经费、村干部报酬、寺管会办公经费、宗教教职人员生活补助，兑现了乡镇工作津贴、科学发展观奖励资金和职能部门岗位津贴，民生政策惠及广大干部和群众，夯实了基础，凝聚了人心，激发了动力。

【社会事业】2016 年，全县实施了学校结构布局调整、校安、改薄等工程。建立健全教育经费保障机制，拨付专项经费落实了营养餐改善计划、农村教师生活补助、班主任岗位补助，学前和高中阶段实现了免费教育。卫生计生、食品药品监管体制改革全面完成。县体育中心和 2 座数字影院建成投入使用。建设“乡村舞台”44个，农牧村“村村通”、“户户通”及乡镇文化站实现了全覆盖。

（祁荣龙）

1

综 合

General Survey

简要说明

一、本篇资料主要内容

本篇资料主要包括行政区划、河流基本情况、国民经济和社会发展综合资料、私营个体经济基本情况及法人单位与产业活动单位基本情况资料。

二、本篇资料来源

1. 甘肃行政区划资料是截止 2016 年末全省行政区划变更情况汇总，由省民政厅提供。

2. 河流资料由省水利厅提供。

3. 国民经济和社会发展综合资料是由省统计局国民经济综合处抽取全书的精华，通过对各篇章主要统计指标及其速度、结构、比例和效益等加工计算，来反映国民经济和社会发展的总体情况。

4. 全省私营个体经济资料来自省工商行政管理局。

5. 全省法人单位与产业活动单位资料由省统计局普查中心汇总、加工整理。

1-1 行政区划(2016)
Divisions of Administrative Areas in Gansu (2016)

单位：个 (unit)

地级区划名称	Prefectural Regions and Autonomous Regions	地级 City	县级 County Level 合计 Numbers of Regions at County Level	县 Counties	自治县 Autonomous Counties	市 Cities	市辖区 Districts under the Jurisdiction of Cites	乡镇级 Townships Level 合计 Numbers of Regions at County Level	镇 Towns	乡 Townships	民族乡 Ethnic Community Townships	街道办事处 Street Communites
甘肃省	**Gansu**	**14**	**86**	**58**	**7**	**4**	**17**	**1228**	**741**	**453**	**34**	**124**
兰州市	Lanzhou	1	8	3			5	61	46	15		53
嘉峪关市	Jiayuguan	1						3	3			
金昌市	Jinchang	1	2	1			1	12	8	4		6
白银市	Baiyin	1	5	3			2	69	53	15	1	9
天水市	Tianshui	1	7	4	1		2	113	101	12		10
武威市	Wuwei	1	4	2	1		1	93	72	21		9
张掖市	Zhangye	1	6	4	1		1	60	44	12	4	5
平凉市	Pingliang	1	7	6			1	102	60	33	9	3
酒泉市	Jiuquan	1	7	2	2	2	1	67	39	21	7	8
庆阳市	Qingyang	1	8	7			1	116	63	52	1	3
定西市	Dingxi	1	7	6			1	119	67	52		3
陇南市	Longnan	1	9	8			1	195	120	71	4	4
临夏州	Linxia	1	8	5	2	1		123	46	73	4	7
甘南州	Gannan	1	8	7		1		95	19	72	4	4

注：街道办事处不包括矿区街道。
a)Street communites excluding the street of Mining Area.

1-2 河流基本情况
Major Rivers

名 称	River	境内流域面积(万平方公里) Drainage Area within Borders (10 000 sq.km)	境内河流长度(公里) Length within Borders (km)	年径流量(亿立方米) Annual Flow (100 million cu.m)
长 江	Yangtze River	3.85	3484.66	58.51
#白龙江	Bailong River	1.81	450.00	35.29
黄 河	Huanghe River (Yellow River)	14.59	7752.46	70.67
#洮 河	Taohe River	2.52	673.00	26.79
内陆河	Inland Rivers	27.00	4691.00	72.84
疏勒河	Shulehe River	17.00	583.00	30.47
黑 河	Heihe River	5.94	413.00	26.29
石羊河	Shiyanghe River	4.07	179.60	16.08

1-3 国民经济和社会发展总量与速度指标

指 标	Item	1995	2000	2005
人口	**Population**			
年末总人口(万人)	Total Population at Year-end (10 000 persons)	2437.95	2515.31	2545.10
城镇人口	Urban	562.06	603.93	764.04
乡村人口	Rural	1875.89	1911.38	1781.06
就业	**Employment**			
就业人员数(万人)	Total Number of Employed Persons (10 000 persons)	1483.32	1476.45	1391.36
#在岗职工人数	Number of Staff and Workers		201.20	188.49
城镇登记失业人数(万人)	Number of Registered Unemployed Persons in Urban Areas (10 000 persons)	9.13	7.35	9.26
国民经济核算	**National Accounts**			
生产总值(亿元)	Gross Regional Product (100 million yuan)	557.76	1052.88	1933.98
第一产业	Primary Industry	110.65	194.10	308.06
第二产业	Secondary Industry	256.83	421.65	838.56
#工业	Industry	226.29	327.60	685.80
第三产业	Tertiary Industry	190.28	437.13	787.36
支出法生产总值(亿元)	Gross Regional Product by Expenditure Approach (100 million yuan)	557.76	1052.88	1933.98
#最终消费	Final Consumption Expenditure	385.35	635.71	1217.63
居民消费	Household Consumption Expenditures	291.08	496.35	893.15
政府消费	Government Consumption Expenditures	94.27	139.37	324.48
资本形成总额	Gross Capital Formation	221.20	453.44	916.96
固定资本形成	Gross Fixed Capital Formation	146.35	373.90	874.52
存货变动	Changes in Inventories	74.84	79.54	42.44
固定资产投资	**Investment in Fixed Assets**			
固定资产投资总额(亿元)	Total Investment in Fixed Assets (100 million yuan)	194.67	441.35	874.53
第一产业	Primary Industry	9.15	19.38	41.87
第二产业	Secondary Industry	97.55	143.77	350.15
第三产业	Tertiary Industry	87.97	278.20	482.51
财政(亿元)	**Finance (100 million yuan)**			
财政收入	Revenue	68.41	108.38	254.57
一般公共预算收入	General Public Budget Revenue	33.92	61.28	123.50
一般公共预算支出	General Public Budget Expenditure	81.39	188.23	429.35
物价总指数(上年=100)	**Price Indices (preceding year=100)**			
商品零售价格指数	Retail Price Index	116.5	99.1	99.9
居民消费价格指数	Consumer Price Index	119.8	99.5	101.7
工业生产者出厂价格指数	Producer Price Indices for Industrial Products	115.0	107.2	109.6
工业生产者购进价格指数	Purchasing Price Index for Industrial Producers	113.7	111.8	109.9
农业生产资料价格指数	Price Indices for Farm Products	129.6	103.9	109.0
能源(万吨标煤)	**Energy (10 000 tons of SCE)**			
能源生产总量	Total Energy Production	2276.89	1914.59	3605.12
能源消费总量	Total Energy Consumption	2737.59	3011.62	4300.88

注：1.2000年及以后年末总人口按常住人口口径统计(下表同)。
2.2010年度以前(含2010年)固定资产投资数据为全社会口径，全社会口径中包含农户投资和跨区域项目投资(下表同)。
3.从2011年起，固定资产投资的起点标准从计划总投资50万元提高到500万元，500万元以下项目不再纳入固定资产投资统计范围(下表同)。

Principal Aggregate Indicators on National Economic and Social Development and Their Related Indices and Growth Rates

总量指标 Aggregate Data			速度指标(%) Indices and Growth Rates							
			指数(2016年为以下各年%) Index (2016 as Percentage of the Following Years)					年平均增长速度 Average Annual Growth Rate		
2010	2015	2016	1995	2000	2005	2010	2015	“一五”时期 2001-2005	“十一五”时期 2006-2010	“十二五”时期 2011-2015
2559.98	2599.55	2609.95	107.06	103.76	102.55	101.95	100.40	0.24	0.12	0.31
924.66	1122.75	1166.39	207.52	193.13	152.66	126.14	103.89	4.82	3.89	3.96
1635.32	1476.80	1443.56	76.95	75.52	81.05	88.27	97.75	-1.40	-1.69	-2.02
1499.56	1535.69	1548.74	104.41	104.90	111.31	103.28	100.85	-1.18	1.51	0.48
187.96	228.97	226.50		112.57	120.17	120.50	98.92	-1.30	-0.06	4.03
10.72	9.48	9.77	107.01	132.93	105.51	91.14	103.06	4.73	2.97	-2.43
4135.86	6790.32	7200.37	806.24	503.06	302.07	177.64	107.60	10.74	11.20	10.55
599.28	954.09	983.39	280.72	245.24	182.22	140.03	105.50	6.12	5.41	5.83
1937.39	2494.77	2515.56	905.03	573.29	334.66	184.01	106.80	11.37	12.71	11.50
1551.59	1778.10	1757.53	858.17	609.31	336.90	183.51	106.40	12.58	12.92	11.52
1599.20	3341.46	3701.42	1071.45	558.86	317.18	183.14	108.90	12.00	11.61	10.95
4135.86	6790.32	7200.37	806.24	503.06	302.07	177.64	107.60	10.74	11.20	10.55
2462.03	4374.19	4751.39	737.58	506.86	293.98	175.28	107.40	11.51	10.90	10.29
1594.37	3079.86	3408.49	639.38	449.06	278.70	187.32	109.20	10.01	8.27	11.40
867.66	1294.33	1342.90	1088.52	706.30	332.40	151.67	103.20	16.27	16.99	8.01
2343.52	4448.84	4875.11	1282.72	732.72	396.82	193.94	107.30	13.05	15.39	12.57
2177.89	4412.26	4894.02	1821.27	887.48	417.30	209.33	108.60	16.29	14.79	14.03
165.63	36.58	-18.91	-22.18	-21.73	-40.78	-12.96	-51.80	-11.83	25.78	-24.21
3378.10	8626.60	9534.10	4897.57	2160.21	1090.20	282.23	110.52	14.66	31.03	23.67
137.99	534.89	678.30	7413.15	3500.02	1620.02	491.56	126.81	16.66	26.94	36.57
1597.61	3434.90	3220.99	3301.88	2240.37	919.89	201.61	93.77	19.49	35.47	17.69
1642.50	4656.81	5634.81	6405.38	2025.45	1167.81	343.06	121.00	11.64	27.76	28.13
745.25	1386.28	1440.68	2105.83	1329.35	565.94	193.32	103.92	18.62	23.97	13.22
353.58	743.86	786.97	2319.99	1284.11	637.21	222.57	105.79	15.04	23.41	16.04
1468.58	2958.31	3150.03	3870.30	1673.50	733.68	214.50	106.48	17.93	27.88	15.03
104.6	101.0	100.9								
104.1	101.6	101.3								
115.0	87.0	94.9								
114.4	87.0	94.6								
101.7	98.6	99.9								
4631.59	5816.78	5654.97	248.36	295.36	156.86	122.10	97.22	13.49	5.14	4.66
5829.85	7522.85	7333.62	267.89	243.51	170.51	125.79	97.48	7.39	6.27	5.23

a) Since 2000,total population at year-end are obtained from the standand of permanent population.The same applies to all tables following.

b) Before 2010(including 2010),data of fixed asset investment are the caliber of total society. Farm households investment and cross-regional project investment is included in the caliber of total society.The same applies to all tables following.

c) Since 2011, the standards of starting point of investment in fixed assets statistics is changed from a planned total investment of 500,000 yuan to 500 million.Project of below 500 million is no longer included in the investment in fixed assets statistics range The same applies to all tables following.

1-3 续表 1

指 标	Item	1995	2000	2005
农业	**Agriculture**			
耕地面积(千公顷)	Cultivated Areas (1 000 hectares)	3482.49	3433.20	3421.05
农林牧渔业从业人员(万人)	Employed Persons of Agriculture, Forestry, Animal, Husbandry & Fishery (10 000 persons)	667.45	697.53	761.37
农林牧渔业总产值(亿元)	Gross Output Value of Agriculture Forestry, Animal Husbandry and Fishery (100 million yuan)	269.45	320.12	549.71
主要农产品产量(万吨)	Output of Major Farm Products (10 000 tons)			
粮食	Grain	626.78	713.48	836.89
棉花	Cotton	2.29	5.75	11.05
油料	Oil-bearing Crops	31.69	41.68	50.31
中药材	Traditional Chinese Medician Materials	4.28	15.98	35.55
甜菜	Beet Roots	107.01	37.90	14.54
园林水果	Garden Fruits	80.36	121.59	172.45
肉类	Meat	47.33	57.33	69.81
猪牛羊肉	Pork,Beef,Mutton	44.02	52.77	64.09
工业	**Industry**			
规模以上工业增加值(亿元)	Value-added of Industry above Designated Size (100 million yuan)		263.42	601.80
规模以上工业主要产品产量	Main Product Output of Industry above Designated Size			
原煤(万吨)	Coal (10 000 tons)	2466.13	1632.71	3619.84
天然原油(万吨)	Natural Crude Oil (10 000 tons)	267.83	250.15	304.55
发电量(亿千瓦小时)	Electricity (100 million kwh)	237.75	280.27	506.17
粗钢(万吨)	Crude Steel (10 000 tons)	131.95	229.94	458.44
水泥(万吨)	Cement (10 000 tons)	561.48	732.10	1553.29
乙烯(万吨)	Ethene (10 000 tons)	7.28	16.72	24.57
卷烟(万箱)	Cigarettes (10 000 pack)	28.75	28.99	71.00
建筑业	**Construction**			
建筑业从业人员(万人)	Number of Employed Persons (10 000 persons)		33.17	42.77
建筑业增加值(亿元)	Value-added (100 million yuan)	30.54	94.04	152.76
施工房屋面积(万平方米)	Floor Space of Buildings under Construction (10 000 sq.m)	958.98	1914.12	3008.48
竣工房屋面积(万平方米)	Floor Space of Buildings Completed (10 000 sq.m)	408.68	1066.18	1455.17
交通运输	**Transportation**			
货运量(万吨)	Freight Traffic (10 000 tons)	20275.0	22722.1	25843.1
#铁路	Railways	2555.0	2885.0	3274.0
公路	Highways	17719.0	19800.0	22520.0

注：1.从2011年开始，规模以上工业统计范围的工业企业起点标准从年主营业务收入在500万元提高到2000万元(下表同)。
2.2013年起，公路数据统计口径为交通部专项调查数据，与往年不可比。 2015年公路数据为交通部根据2015年6月专项调查反馈数据，与往年不可比(下表同)。

continued

总量指标 Aggregate Data			速度指标(%) Indices and Growth Rates							
			指数(2016年为以下各年%) Index (2016 as Percentage of the Following Years)					年平均增长速度 Average Annual Growth Rate		
2010	2015	2016	1995	2000	2005	2010	2015	“十五”时期 2001-2005	“十一五”时期 2006-2010	“十二五”时期 2011-2015
3493.81	3553.34	3557.73	102.16	103.63	104.00	101.83	100.12	-0.07	0.42	0.34
724.82	668.07	659.76	98.85	94.59	86.65	91.02	98.76	1.77	-0.98	-1.62
1057.02	1722.09	1778.00	338.50	249.89	180.56	137.86	105.30	6.72	5.54	5.52
958.30	1171.13	1140.59	181.98	159.86	136.29	119.02	97.39	3.24	2.75	4.09
7.56	4.25	1.99	86.90	34.61	18.01	26.33	46.77	13.96	-7.31	-10.88
64.05	71.57	76.02	239.89	182.39	151.10	118.68	106.22	3.84	4.95	2.25
52.65	108.20	115.45	2696.20	722.62	324.73	219.28	106.70	17.35	8.17	15.50
22.02	16.05	16.63	15.54	43.88	114.37	75.54	103.63	-17.44	8.65	-6.12
299.46	461.80	506.44	630.21	416.51	293.67	169.12	109.67	7.24	11.67	9.05
86.78	100.55	101.90	215.30	177.74	145.97	117.42	101.35	4.02	4.45	2.99
80.77	94.05	94.98	215.77	179.99	148.20	117.59	100.99	3.96	4.74	3.09
1376.34	1662.00	1565.41		594.26	260.12	113.74	94.19	13.83	14.17	11.44
4547.20	4390.27	4236.88	171.80	259.50	117.05	93.18	96.51	17.26	4.67	-0.70
382.14	820.09	801.24	299.16	320.30	263.09	209.67	97.70	4.01	4.64	16.50
791.53	1139.45	1131.23	475.81	403.62	223.49	142.92	99.28	12.55	9.35	7.56
662.25	852.10	628.36	476.21	273.27	137.07	94.88	73.74	14.80	7.63	5.17
2414.11	4764.30	4633.00	825.14	632.84	298.27	191.91	97.24	16.23	9.22	14.56
69.48	64.20	51.73	710.51	309.36	210.52	74.45	80.58	8.00	23.11	-1.57
80.00	103.00	95.80	333.22	330.46	134.93	119.75	93.01	19.62	2.42	5.18
45.76	55.10	54.10		163.10	126.49	118.22	98.19	5.22	1.36	3.78
385.80	730.88	776.35	1235.41	446.08	323.17	185.03	107.73	6.65	11.80	11.42
5032.63	10757.08	10422.41	1086.82	544.50	346.43	207.10	96.89	9.47	10.84	16.41
2013.88	4082.94	3915.21	958.01	367.22	269.05	194.41	95.89	6.42	6.71	15.18
29008.8	58258.0	60656.7	299.17	266.95	234.71	209.10	104.12	2.61	2.34	
4926.0	5936.0	5860.8	229.39	203.15	179.01	118.98	98.73	2.56	8.51	3.80
24050.0	52281.0	54761.0	309.05	276.57	243.17	227.70	104.74	2.61	1.32	

a) Since 2011,the cut-off point of Industrial enterprises covered by statistics of industrial enterprises above designated size are raised from revenue from principal business of 5 million yuan to 20 million yuan. The same applies to the tables following.

b) Since 2013,the statistical coverage of highway data are the data from the survey of transport economics, and the data are not comparable with those in previous years.Highway data of 2015 are the feedback data according to special survey in June 2015 by Ministry of Communications,and the data are not comparable with those in previous years.The same applies to the table following.

1-3 续表 2

指　标	Item	1995	2000	2005
客运量(万人)	Passenger Traffic (10 000 persons)	10547	12907	17803
铁路	Railways	942	1039	1230
公路	Highways	9563	11600	16247
邮电通信业	**Postal and Telecommunication Services**			
邮政业务总量(亿元)	Business Volume of Postal Services			7
电信业务总量(亿元)	Business Volume of Telecommunication Services			129
函件(万件)	Number of Letters Delivered (10 000 pieces)	9104	9919	5071
报刊期发数(万份)	Number of Newspapers and Magazines Distributed (10 000 copies)	496	679	175
移动电话年末用户(万户)	Number of Mobile Telephone Subscribers at Year-end(10 000 subscribers)	2	65	408
固定电话年末用户(万户)	Number of Fixed Telephone Subscribers at Year-end (10 000 subscribers)	43	180	548
局用交换机容量(万门)	Capacity of Local Telephone Exchanges (10 000 lines)			712
国内商业	**Domestic Trade**			
社会消费品零售总额(亿元)	Total Retail Sales of Consumer Goods (100 million yuan)	240.65	379.61	638.08
对外经济贸易	**Foreign Trade**			
进出口总额(万元)	Total Value of Exports and Imports (10 000 yuan)	253405	471570	2157715
出口额	Exports	182413	343578	894604
进口额	Imports	70984	127992	1263111
金融业	**Financial Intermediation**			
金融机构人民币各项存款(亿元)	Deposits of National Banking System (100 million yuan)	628.28	1402.93	2895.86
金融机构人民币各项贷款(亿元)	Loans of National Banking System (100 million yuan)	681.08	1171.14	1923.46
保险公司保费收入(亿元)	Insurance Premium of Insurance Companies (100 million yuan)	6.42	19.05	48.24
保险公司赔付支出(亿元)	Indemnity Expenditure and Payment of Insurance Companies (100 million yuan)	3.90	6.49	11.83
教育	**Education**			
专任教师数(人)	Number of Full-time Teachers (person)			
#普通高等学校	Institutions of Higher Education	6284	7208	14816
普通中学	Secondary Schools	62669	74082	99150
普通小学	Primary Schools	130032	125172	130841
在校学生数(万人)	Students Enrollment (10 000 persons)			
#普通高等学校	Institutions of Higher Education	4.55	8.17	22.95
普通中学	Secondary Schools	91.53	131.47	194.38
普通小学	-209.0974714	273.71	316.46	303.58
地方财政用于教育的支出(亿元)	Government Expenditures on Education (100 million yuan)	14.68	31.15	75.22
科技	**Science and Technology**			
R&D经费内部支出(亿元)	Internal Expenditures on R & D (100 million yuan)			19.49

注：邮政业务总量和电信业务总量2000年及以前按1990年不变价格计算，2001-2010年按2000年不变价格计算，2011年起按2010年不变价格计算，2016年电信业务总量按2015年不变价格计算。

continued

总量指标 Aggregate Data			速度指标(%) Indices and Growth Rates							
			指数(2016年为以下各年%) Index (2016 as Percentage of the Following Years)					年平均增长速度 Average Annual Growth Rate		
2010	2015	2016	1995	2000	2005	2010	2015	"十五"时期 2001-2005	"十一五"时期 2006-2010	"十二五"时期 2011-2015
53776	41516	41775	396.09	323.66	234.65	77.68	100.62	6.64	24.74	
2178	3123	3604	382.62	346.90	293.03	165.49	115.41	3.43	12.11	7.47
51404	37242	37932	396.65	327.00	233.47	73.79	101.85	6.97	25.91	
8	16	22								
445	347	232								
3806	1582	1029	11.30	10.37	20.29	27.04	65.03	-12.56	-5.58	-16.10
210	124	129	25.93	18.93	73.50	61.22	103.73	-23.76	3.72	-10.01
1390	2108	2204	119126.49	3390.52	539.57	158.55	104.55	44.43	27.76	8.69
412	326	312	720.82	173.31	56.98	75.81	95.79	24.92	-5.55	-4.57
439	278	117			16.36	26.54	41.90		-9.22	-8.73
1435.53	2907.22	3184.39	1323.25	838.86	499.06	221.83	109.53	10.95	17.61	15.16
	4939982	4532021	1788.45	961.05	210.04		91.74	35.81	22.87	1.53
	3611734	2681775	1470.17	780.54	299.77		74.25	21.33	8.47	28.83
	1328248	1850243	2606.56	1445.59	146.48		139.30	58.38	30.06	-17.88
7115.37	16141.19	17411.68	2771.32	1241.09	601.26	244.71	107.87	15.60	19.70	17.80
4433.05	13292.18	15650.47	2297.89	1336.34	813.66	353.04	117.74	10.43	18.17	24.56
146.34	256.89	307.66	4792.16	1614.99	637.76	210.24	119.76	20.42	24.85	11.91
31.18	92.75	109.38	2804.58	1685.34	924.59	350.77	117.93	12.76	21.39	24.36
20761	26132	26731	425.38	370.85	180.42	128.76	102.29	15.50	6.98	4.71
120689	128621	127471	203.40	172.07	128.56	105.62	99.11	6.00	4.01	1.28
140381	140320	141113	108.52	112.74	107.85	100.52	100.57	0.89	1.42	-0.01
38.15	45.05	45.72	1004.84	559.61	199.22	119.84	101.50	22.95	10.70	3.38
203.10	153.86	147.97	161.66	112.55	76.12	72.85	96.17	8.13	0.88	-5.40
237.04	180.24	182.16	66.55	57.56	60.00	76.85	101.07	-0.83	-4.83	-5.33
228.23	498.33	548.95	3739.97	1762.33	729.84	240.52	110.16	19.28	24.86	16.90
41.59	82.72	86.99			446.26	209.16	105.16		16.37	14.74

a) Business volume of postal services and business volume of telecommunication services before 2000 was calculated at 1990 constant prices and that from 2001 to 2010 was calculated at 2000 constant prices. Since 2011, it was calculated at 2010 constant prices. Business volume of telecommunication services in 2016 was calculated at 2015 constant prices.

1-3 续表 3

指 标	Item	1995	2000	2005
文化	**Culture**			
图书(万册)	Number of Books Published (10 000 Volumes)	6180	7218	5895
杂志(万册)	Number of Magazines Issued (10 000 Volumes)	6214	8064	14766
报纸(万份)	Number of Newspapers Issue (10 000 Copies)	22556	25661	37900
家庭	**Family**			
家庭总户数(万户)	Total Number of Households (10 000 households)	554.3	615.3	682.8
城镇居民平均每户家庭人口(人)	Average Household Size in Urban Areas (person)	3.3	3.1	2.9
农村居民平均每户家庭人口(人)	Average Household Size in Rural Areas (person)	5.1	4.7	4.7
婚姻	**Marriages and Divorces**			
结婚登记总数(对)	Registered Number of Marriages (couples)	155553	127799	114554
离婚数(对)	Number of Divorces (couples)			22260
居住	**Housing**			
城镇居民人均居住面积(平方米)	Per Capita Net Floor Space of Urban Residents (sq.m)	10.74	15.21	24.16
农村居民人均居住面积(平方米)	Per Capita Net Floor Space of Rural Residents (sq.m)	15.64	18.00	18.71
生活	**People's Livelihood**			
城镇居民人均可支配收入(元)	Per Capita Disposable Income of Urban Households (yuan)	3153	4916	8087
农村居民人均可支配收入(元)	Per Capita Disposable Income of Rural Households (yuan)	880	1429	1980
城乡居民人民币储蓄存款余额(亿元)	Outstanding Amount of Saving Deposits in Urban and Rural Areas (100 million yuan)	380	819	1587
工资	**Wages**			
在岗职工工资总额(亿元)	Total Wages of Fully-employed staff and workers(100 million yuan)	136.70	179.98	290.22
在岗职工平均工资(元)	Average Wage of Fully-employed Staff and Workers (yuan)			14939
卫生	**Health Care**			
卫生机构数(个)	Number of Health Care Institutions (unit)	4131	7191	11849
#医院、卫生院	Number of Hospitals	1843	1867	1741
卫生机构床位数(张)	Number of Beds in Health Care Institutions (unit)	56378	59441	63638
#医院、卫生院	Number of Hospital Beds	52788	56557	59856
卫生技术人员(人)	Number of Medical Tenchnical Personnel (person)			66926
#执业(助理)医师	Number of Licensed (Assistant) Doctors			29701

注：1.家庭总户数为公安厅户籍统计人口数。
2.从2013年起，国家统计局开展了城乡一体化的住户收支和生活状况调查，甘肃省自2015年起发布城乡一体化住户收支与生活状况调查数据，表中涉及2015年的居民收支数据均来源于此调查，2014年及以前的数据来源于城镇住户调查及农村住户调查，2015年数据与历年数据不可比(下表同)。
3.2014年以前农村居民收入指标为农民人均纯收入(下表同)。

continued

总量指标 Aggregate Data			速度指标(%) Indices and Growth Rates							
			指数(2016年为以下各年%) Index (2016 as Percentage of the Following Years)					年平均增长速度 Average Annual Growth Rate		
2010	2015	2016	1995	2000	2005	2010	2015	"十五"时期 2001-2005	"十一五"时期 2006-2010	"十二五"时期 2011-2015
6737	6650	7576	122.59	104.95	128.52	112.45	113.92	-3.97	2.71	-0.26
11082	9672	9561	153.85	118.56	64.75	86.28	98.85	12.86	-5.58	-2.69
40714	50828	50207	222.59	195.66	132.47	123.32	98.78	8.11	1.44	4.54
777.2	834.5	843.46	152.18	137.09	123.53	108.53	101.08	2.10	2.62	1.43
2.8	3.2	3.3	100.30	107.14	114.19	119.57	103.13	-1.27	-0.92	3.00
4.6	4.5	3.8	73.93	80.34	81.72	82.61	84.44	-0.34	-0.22	-0.44
142294	220327	219095	140.85	171.44	191.26	153.97	99.44	-2.16	4.43	9.14
27926	46185	38839			174.48	139.08	84.09		4.64	10.59
27.89	34.00	33.69	313.69	221.50	139.45	120.80	99.09	9.70	2.91	4.04
20.96	29.30	30.36	194.12	168.67	162.27	144.85	103.62	0.78	2.30	6.93
13189	23767	25693	815.01	522.62	317.72	194.82	108.11	10.47	10.28	11.50
3425	6936	7457	847.06	521.94	376.62	217.74	107.51	6.74	11.58	13.10
3598	7580	8264	2173.75	1009.33	520.84	229.67	109.02	14.15	17.79	16.07
560.63	1259.57	1363.50	997.44	757.59	469.82	243.21	108.25	10.03	14.07	17.57
29588	54454	59549			398.61	201.26	109.36			12.98
10267	11031	11425	276.57	158.88	96.42	111.28	103.57	10.50	-2.83	1.45
1728	1793	1822	98.86	97.59	104.65	105.44	101.62	-1.39	-0.15	0.74
94883	127011	136571	242.24	229.76	214.61	143.94	107.53	1.37	8.32	6.01
82422	118609	125490	237.72	221.88	209.65	152.25	105.80	1.14	6.61	7.55
97387	129523	135188			202.00	138.82	104.37		7.79	5.87
38249	49663	53195			179.10	139.08	107.11		5.19	5.36

a) The total number of households are the household registration population counted by Gansu Provincial Public Security Department.

b) Since 2013,the NBS started an integrated household income and expenditure survey,including both urban and rural households.Gansu published the data of integrated household income and expenditure survey,including both urban and rural households in 2015.The 2015 data of this table are come from this survey,the data prior to 2014 are compiled on the basis of the urban household surveys and the rural household surveys. Data of 2015 are not comparable with the historical data. The same applies to the tables following.

c) Indicator of rural households income are the net income of rural households.The same applies to the tables following.

1-4 国民经济和社会发展结构指标
Structural Indicators on National Economic and Social Development

单位：% (%)

指标	Item	2000	2005	2010	2011	2015	2016
人口	**Population**						
城乡结构	Urban and Rural Composition						
城镇	Urban	24.01	30.02	36.12	37.15	43.19	44.69
乡村	Rural	75.99	69.98	63.88	62.85	56.81	55.31
性别结构	Sexual Composition						
男	Male	51.83	51.44	51.08	51.05	51.04	51.03
女	Female	48.17	48.56	48.92	48.95	48.96	48.97
就业	**Employment**						
产业结构	Industrial Composition						
第一产业	Primary Industry	59.64	63.67	61.61	61.26	57.06	55.96
第二产业	Secondary Industry	18.95	14.66	15.36	15.43	16.11	15.92
第三产业	Tertiary Industry	21.41	21.67	23.03	23.31	26.83	28.12
国民经济核算	**National Accounts**						
生产总值产业结构	Industrial Composition						
第一产业	Primary Industry	18.44	15.93	14.49	13.57	14.05	13.66
第二产业	Secondary Industry	40.05	43.36	46.84	46.07	36.74	34.94
第三产业	Tertiary Industry	41.52	40.71	38.67	40.36	49.21	51.40
投资	**Investment in Fixed Assets**						
固定资产投资结构	Composition of Total Investment in Fixed Assets						
产业结构	Industrial Composition						
第一产业	Primary Industry	4.39	4.79	4.08	4.58	6.20	7.11
第二产业	Secondary Industry	32.58	40.04	47.29	48.63	39.82	33.78
第三产业	Tertiary Industry	63.03	55.17	48.62	46.79	53.98	59.10
资金来源结构	Composition of Funding Sources						
国家预算内资金	State Budget	12.33	9.62	16.41	17.99	13.01	13.74
国内贷款	Domestic Loans	26.37	19.90	18.36	12.02	11.69	11.64
债券	Bonds				0.01	0.21	0.26
利用外资	Foreign Investment	1.74	1.65	0.53	0.43	0.25	0.08
自筹资金	Self-raising Funds	44.67	55.31	52.54	59.29	64.81	63.74
其他投资	Other Investments	14.89	13.52	12.16	10.25	10.02	10.54
农业	**Agriculture**						
农林牧渔业产值结构	Composition of Gross Output Value of Agriculture						
农业	Agriculture	69.60	66.01	71.67	71.43	72.73	71.69
林业	Forestry	3.48	2.89	1.75	1.45	1.66	1.73
牧业	Animal Husbandry	21.50	20.80	17.20	17.73	16.23	16.86
渔业	Fishery	0.37	0.19	0.11	0.13	0.13	0.12
农林牧渔服务业	Service for Agriculture,Forestry, Animal Husbandry and Fishery		10.11	9.27	9.25	9.25	9.59
工业	**Industry**						
规模以上工业增加值结构	Composition of Value-added of Industry above Designated Size						
轻工业	Light Industry	24.03	18.77	14.09	12.57	19.24	19.00
重工业	Heavy Industry	75.97	81.23	85.91	87.43	80.76	81.00

1-4 续表 1 continued

单位：% (%)

指 标	Item	2000	2005	2010	2011	2015	2016
建筑业	**Construction**						
建筑业总产值结构	Composition of Gross Output Value of Construction Industry						
国有经济	State-owned Enterprise	42.13	37.22	17.33	24.44	14.77	15.27
城镇集体经济	Collective-owned Enterprises	27.43	11.97	7.72	8.04	6.74	5.95
其他	Others	30.44	50.81	74.95	67.52	78.49	78.78
运输业	**Transportation**						
货运量结构	Composition of Freight Traffic						
#铁路	# Railways	12.70	12.67	16.98	15.67	10.19	9.66
公路	Highways	87.14	87.14	82.91	84.23	89.74	90.28
国内商业	**Domestic Trade**						
社会消费品零售总额构成	Composition of Retail Sales of Consumer Goods						
城镇	Urban			80.55	80.28	79.69	79.64
#城区	# City Subdivision			59.82	60.20	58.79	59.57
乡村	Rural			19.45	19.72	20.31	20.36
对外经济贸易	**Foreign Trade**						
进出口总值构成	Composition of Imports and Exports						
出口	Exports	72.86	41.46	22.23	24.97	73.11	59.17
进口	Imports	27.14	58.54	77.77	75.03	26.89	40.83
教育	**Education**						
普通学校在校学生结构	Composition of Student Enrollment in Regular Schools						
大学	Colleges and Universities	1.79	4.40	7.98	8.91	11.88	12.16
中学	Secondary Schools	28.82	37.32	42.46	42.71	40.58	39.37
小学	Primary Schools	69.38	58.28	49.56	48.38	47.54	48.47
普通学校专任教师结构	Composition of Full-time Teachers in Regular Schools						
大学	Colleges and Universities	3.49	6.05	7.37	7.70	8.86	9.05
中学	Secondary Schools	35.88	40.50	42.82	42.96	43.59	43.16
小学	Primary Schools	60.63	53.45	49.81	49.34	47.55	47.78
科技	**Science and Technology**						
R&D经费内部支出结构	Composition of Intramural Expenditure on R&D by Sources						
基础研究	Basic Research			13.58	14.10	15.45	15.55
应用研究	Applied Research			21.05	18.93	15.59	13.90
试验发展	Experimental Development			65.37	66.97	68.95	70.55

1-4 续表 2 continued

单位：% (%)

指 标	Item	2000	2005	2010	2011	2015	2016
生活	**People's Living Conditions**						
农村居民消费结构	Consumption Composition of Urban Residents						
食品烟酒	Food,Tobacco and Liquor	48.45	47.20	44.71	42.24	32.86	31.29
衣着	Clothing	5.58	5.07	6.26	6.73	6.83	6.44
居住	Residence	15.79	13.23	18.75	16.28	17.88	17.91
生活用品及服务	Living Supplies and Services	3.90	4.07	4.99	5.40	6.52	6.13
交通通讯	Transport and Communications	4.04	8.52	8.73	10.00	11.88	12.75
教育文化娱乐	Education, Cultural and Entertainment	13.27	14.17	8.09	7.99	12.50	12.90
医疗保健	Health Care and Medical Services	6.51	6.26	6.90	9.26	9.81	10.97
其他商品和服务	Miscellaneous Goods and Services	2.46	1.48	1.57	2.10	1.73	1.61
城镇居民消费结构	Consumption Composition of Urban Residents						
食品烟酒	Food,Tobacco and Liquor	37.63	36.04	37.41	37.38	30.63	29.57
衣着	Clothing	12.53	12.35	12.69	13.14	10.08	9.09
居住	Residence	7.33	10.43	9.20	10.19	20.28	19.21
生活用品及服务	Living Supplies and Services	9.74	5.61	6.04	5.90	6.45	6.80
交通通讯	Transport and Telecommunications	6.43	9.78	10.88	11.53	10.60	12.89
教育文化娱乐	Education, Cultural and Entertainment	13.65	14.44	11.49	10.35	11.72	11.88
医疗保健	Health Care and Medical Services	6.60	7.54	8.37	7.81	7.97	8.10
其他商品及服务	Other Goods and Services	6.09	3.82	3.92	3.69	2.27	2.46
卫生	**Health Care**						
卫生机构人员结构	Composition of Health Agency Personnel						
#执业医师	Licensed Doctors		28.65	27.14	22.82	22.04	22.98
执业助理医师	Licensed (Assistant) Doctors		7.99	6.02	5.29	5.20	5.37
注册护士	Registered Nurses		27.64	25.70	23.05	26.24	27.00
药师(士)	Pharmacist		6.20	4.38	3.63	3.36	3.32
检验技师(士)	Laboratory Technician		4.27	4.79	3.97	3.68	3.75
医院床位结构	Composition of Hospital Beds						
#医院	Hospitals	73.20	73.97	64.25	66.57	74.48	80.39
卫生院	Health Centers	21.95	20.09	22.62	22.03	18.91	19.61

注：2014年以前城乡居民食品烟酒支出为食品支出(下表同)。
a) Expenditures of food ,tobacco and liquor are the expenditures of food before 2014.The same applies to the tables following.

1-5 国民经济和社会发展比例及效益指标
Indicators on Proportions and Efficiency in National Economic and Social Development

指　标	Item	2000	2005	2010	2011	2015	2016
人口与就业	**Population and Employment**						
出生率(‰)	Birth Rate (‰)	14.38	12.59	12.05	12.08	12.36	12.18
死亡率(‰)	Death Rate (‰)	6.41	6.57	6.02	6.03	6.15	6.18
自然增长率(‰)	Natural Growth Rate (‰)	7.97	6.02	6.03	6.05	6.21	6.00
城镇登记失业率(%)	Registered Unemployment Rate in Urban Areas(%)	2.70	3.26	3.21	3.11	2.14	2.20
国民经济核算	**National Accounts**						
全社会劳动生产率(元/人)	Overall Labor Productivity (yuan/person)	7101	13284	27681	33351	44446	46688
第一产业	Primary Industry	2207	3468	6489	7366	10853	11284
第二产业	Secondary Industry	14601	34326	34696	99808	101393	101855
第三产业	Tertiary Industry	13903	24346	46779	58095	82987	87345
人均生产总值(元)	Per Capita GDP (yuan)	4129	7477	16172	19525	26165	27643
固定资产投资	**Investment in Fixed Assets**						
房地产开发企业房屋建筑面积竣工率(%)	Rate of Floor Space of Buildings Completed (%)			19.12	17.22	11.21	11.10
财政	**Government Finance**						
财政收入相当于生产总值比例(%)	Proportion of Government Revenue to Gross Regional Product (%)	10.29	13.16	18.02	18.66	20.42	20.01
一般公共预算支出相当于生产总值比例(%)	Proportion of General Public Budget Expenditure to Gross Regional Product (%)	17.88	22.20	35.51	35.81	43.57	53.75
农业	**Agriculture**						
人均耕地面积(公顷)	Per Capita Cultivated Land (hectare)	0.14	0.13	0.14	0.14	0.14	0.14
每公顷耕地用电量(千瓦小时)	Electric Consumption per Hectare of Cultivated Land (kwh)	605	687	789	828	936	927
每公顷耕地化肥施用量(千克)	Chemical Fertilizer Consumption per Hectare of Cultivated Land (kg)	188	222	244	249	276	245
每公顷耕地生产的农业产值(元)	Agricultural Output Value per Hectare of Cultivated Land (yuan)	9324	16068	30254	33907	48464	49976
农业从业者人均农产品产量(千克)	Output of Farm Corps per Agricultural Laborer (kg)						
粮食	Grain	1022.9	1099.2	1322.1	1418.2	1753.0	1728.8
棉花	Cotton	8.2	14.5	10.4	10.6	6.4	3.0
油料	Oil-bearing Crops	59.8	66.1	88.4	88.8	107.1	115.2
猪牛羊肉	Pork,Beef and Mutton	75.7	84.2	111.4	115.3	140.8	144.0
每公顷播种面积农产品产量(千克)	Output of Farm Crops Per Hectare of Sown Area (kg)						
粮食	Grain	2550	3235	3423	3581	4110	4053
棉花	Cotton	1657	1728	1578	1585	1656	1502

1-5 续表 continued

指　标	Item	2000	2005	2010	2011	2015	2016
工业	**Industry**						
总资产贡献率(%)	Ratio of Total Assets to Industrial Output Value (%)	5.10	8.37	11.01	10.61	5.65	6.30
资产负债率(%)	Assets-Liability Ratio (%)	65.05	58.70	62.32	64.04	65.37	65.86
流动资产周转次数(次/年)	Number of Times of Annual of Turnover Circulating Funds (times/year)	1.08	1.96	2.05	2.19	2.08	1.84
成本费用利润率(%)	Ratio of Profits to Industrial Cost (%)	1.35	3.49	4.73	4.38	-1.08	0.96
产品销售率(%)	Proportion of Products Sold (%)			95.15	95.48	94.78	94.54
建筑业	**Construction**						
产值利税率(%)	Ratio of Pre-tax Profits to Gross Output Value (%)	5.52	3.80	8.10	7.40	7.48	7.33
全员劳动生产率(元/人)(按总产值计算)	Overall Labor Productivity (yuan/person) (By Gross Output Value)	38234	73456	164323	183754	303474	309498
对外经济贸易	**Foreign Trade**						
进出口总额相当于生产总值比例(%)	Proportion of Total Value of Imports & Exports to Gross Product (%)	4.48	11.16	12.06	11.30	7.28	6.29
金融	**Financial Intermediation**						
金融机构人民币存款相当于生产总值比例(%)	Deposits of Financial Institutions as Percentage of GDP (Renminbi) (%)	133.25	149.74	172.04	167.80	237.71	241.82
金融机构人民币贷款相当于生产总值比例(%)	Loans of Financial Institutions as Percentage of GDP(Renminbi) (%)	111.23	99.46	107.19	109.32	195.75	217.36
教育	**Education**						
学龄儿童净入学率(%)	Net Enrollment Ratio of Primary Schools (%)	98.83	98.87	99.46	99.56	99.83	99.89
小学升学率(%)	Promotion Rate from Primary Schools to Junior Secondary Schools (%)	90.98	96.67	95.67	95.41	96.90	97.09
初中升学率(%)	Promotion Rate from Junior Secondary Schools to Senior Secondary Schools (%)	33.48	48.58	48.31	48.35	60.00	61.81
平均每个教师负担学生数(人)	Students Taught Each Teacher (person)						
普通高等学校	Colleges and Universities	12	15	18	19	18	18
普通中等学校	Regular Institutions of Secondary Education	12	20	23	21	17	15
普通中学	Secondary Schools	18	20	17	16	12	12
普通小学	Primary Schools	25	23	17	15	13	13
科技	**Science and Technology**						
R&D经费内部支出相当于生产总值比例(%)	Proportion of Intramural Expenditure on R&D to GDP (%)		1.01	1.01	0.97	1.22	1.22
卫生	**Health Care**						
每万人执业(助理)医师(人)	Number of Doctors per 10 000 Persons (person)	14.7	13.6	15.0	16.1	19.1	20.4
每万人医院、卫生院床位数(张)	Number of Beds of Hospitals and Health Centers per 10 000 Population(unit)	23.2	24.5	32.2	35.1	45.6	48.1
婚姻	**Marriages and Divorces**						
离婚率(‰)	Divorce Rate (‰)	0.43	1.72	2.18	2.38	3.56	2.98

1-6 甘肃国民经济主要指标占全国比重(2016)
Percentage of Gansu's National Economy in the Whole Nation (2016)

指 标	Item	全 国 Whole Nation	甘 肃 Gansu	甘肃省占全国 % As Percentage of the Whole Nation
年末总人口(万人)	Total Population at Year-end (10 000 persons)	138271	2610	1.89
就业人员(万人)	Employment at the Year-end (10 000 persons)	77603	1549	2.00
国内生产总值(亿元)	Gross Regional Product (100 million yuan)	744127.2	7200.4	0.97
第一产业	Primary Industry	63670.7	983.4	1.54
第二产业	Secondary Industry	296236.0	2515.6	0.85
第三产业	Tertiary Industry	384220.5	3701.4	0.96
固定资产投资(亿元)	Total Investment in Fixed Assets (100 million yuan)	596500.8	9534.1	1.60
一般公共预算收入(亿元)	General Public Budget Revenue (100 million yuan)	159605.0	787.0	0.49
一般公共预算支出(亿元)	General Public Budget Expenditure (100 million yuan)	187755.2	3150.0	1.68
在岗职工平均工资(元)	Average Wage of Fully Employed Staff and Workers (yuan)	68993	59549	-9444元
城镇居民人均可支配收入(元)	Per Capita Disposable Income of Urban Residents (yuan)	33616	25693	-7923元
农村居民人均可支配收入(元)	Per Capita Net Income of Rural Residents (yuan)	12363	7457	-4906元
主要农产品产量(万吨)	Output of Major Agricultural Products (10 000 tons)			
粮 食	Grain	61625.0	1140.6	1.85
棉 花	Cotton	529.9	2.0	0.38
油 料	Oil-Bearing Crops	3629.5	76.0	2.09
肉 类	Output of Meat	8537.8	101.9	1.19
主要工业产品产量	Output of Major Industry Products			
农用化肥(万吨)	Chemical Fertilizers (10 000 tons)	6629.6	29.9	0.45
原 煤(亿吨)	Coal (100 million tons)	34.1	0.4	1.24
天然原油(万吨)	Natural Crude Oil (10 000 tons)	19968.5	801.2	4.01
发电量(亿千瓦小时)	Electricity (100 million kwh)	61424.9	1131.2	1.84
粗 钢(万吨)	Crude Steel (10 000 tons)	80760.9	628.4	0.78
水 泥(万吨)	Cement (10 000 tons)	241031.0	4633.0	1.92
邮政业务总量 (亿元)	Business Volume of Postal Services (100 million yuan)	7397.2	22.2	0.30
电信业务总量(亿元)	Business Volume of Telecommunication Services (100 million yuan)	15617	232.05	1.49
社会消费品零售总额(亿元)	Total Retail Sales of Consumer Goods (100 million yuan)	332316.3	3184.4	0.96
进出口总额(亿元)	Totel Exports and Imports (100 million)	243386.5	453.2	0.19
#出口额	Exports	138419.3	268.2	0.19
普通高等学校在校学生数(万人)	Students Enrollment in Institutions of Higher Education (10 000 persons)	2695.8	45.7	1.70
医疗卫生机构数(万个)	Number of Health Care Institutions(10 000 units)	98.3	2.8	2.86
医疗卫生机构床位数(万张)	Number of Hospital Beds(10 000 units)	741.0	13.7	1.84
执业(助理)医师(万人)	Licensed (Assistant) Doctors (10 000 persons)	319.1	5.3	1.67

注：1.国家数据来源于《中国统计年鉴-2017》。
2.本表卫生机构数包含村卫生室数。

a)Data of national are from the China Statistical Yearbook-2017.

b)Number of health care institutions in this table include villages clinics.

1-7 甘肃的一天
Average Daily Social and Economic Activities in Gansu

指　标	Item	2000	2005	2010	2011	2015	2016
每天创造的财富	**Daily Production**						
生产总值(万元)	Gross Regional Product (10 000 yuan)	28846	52986	113311	137052	186036	196731
第一产业	Primary Industry	5318	8440	16419	18596	26139	26869
第二产业	Secondary Industry	11552	22974	53079	63142	68350	68731
#工业	Industry	8975	18789	42509	50533	48715	48020
第三产业	Tertiary Industry	11976	21572	43814	55315	91547	101132
财政收入(万元)	Government Revenue (10 000 yuan)	2969	6974	20418	25579	37980	39363
一般公共预算支出(万元)	General Public Budget Expenditure (10 000 yuan)	5157	11763	40235	49075	81050	86067
粮食(万吨)	Grain (10 000 tons)	1.95	2.29	2.63	2.78	3.21	3.12
棉花(吨)	Cotton (ton)	158	303	207	208	117	54
油料(吨)	Oil-bearing Crops (ton)	1142	1378	1755	1740	1961	2077
肉类(吨)	Meat (ton)	1571	1913	2378	2424	2755	2784
原煤(万吨)	Coal (10 000 tons)	4.47	9.92	12.46	14.24	12.03	11.58
发电量(万千瓦小时)	Electricity (10 000 kwh)	7679	13868	21686	28162	31218	30908
卷烟(箱)	Cigarette (pack)	794	1945	2192	2247	2822	2617
粗钢(吨)	Crude Steel (ton)	6300	12560	18144	22460	23345	17168
水泥(吨)	Cement (ton)	20058	42556	66140	75255	130529	126585
每天消费量	**Daily National Consumption**						
最终消费(万元)	Final Consumption Expenditure (10 000 yuan)	17417	33360	67453	81288	119841	129819
居民消费	Resident Consumption	13599	24470	43681	52594	84380	93128
城镇居民	Urban Households	7953	15395	29557	34906	58778	66073
农村居民	Rural Households	5646	9075	14124	17688	25602	27055

1-7 续表 continued

指 标	Item	2000	2005	2010	2011	2015	2016
政府消费	Government Consumption Expenditure	3818	8890	23772	28694	35461	36691
城镇居民每人消费支出(元)	Per Capita Living Expenditare of Urban Residents (yuan)	11.31	17.89	27.11	30.65	47.81	53.39
#食品烟酒	Food Consumption	4.25	6.45	10.14	11.46	14.65	15.78
农村居民每人消费支出(元)	Per Capita Living Expenditare of Rural Residents (yuan)	2.97	4.99	8.06	10.04	18.71	20.46
#食品烟酒	Food Consumption	1.44	2.35	3.60	4.24	6.15	6.40
社会消费品零售总额(万元)	Total Retail Sales of Consumer Goods (10 000 yuan)	10400	17482	39330	48574	79650	87005
每天其他经济活动	**Other Daily Economic Activities**						
房屋建筑竣工面积(万平方米)	Floor Space of Buildings Completed (10 000 sq.m)	5.03	6.53	6.31	6.47	7.83	7.84
#住宅	Residential Buildings	3.68	4.40	3.61	4.10	3.38	2.86
货运量(万吨)	Freight Traffic (10 000 tons)	62.25	70.80	79.48	93.64	159.61	165.73
客运量(万人)	Passenger Traffic (10 000 persons)	35.36	48.78	147.33	166.87	113.74	114.14
函件(万件)	Letters Delivered (10 000 copies)	27.17	13.89	10.43	8.98	4.34	2.81
出版报纸(万份)	Newspaper Published (10 000 copies)	70.30	103.84	111.55	125.41	139.25	137.18
居民储蓄额(万元)	Amount of Savings Deposit (10 000 yuan)	22432	43470	98582	115929	207680	225791
每天人口变动和婚姻	**Daily Population Changes and Marriages**						
出 生(人)	Births (person)	1007	892	844	850	867	867
死 亡(人)	Deaths (person)	449	466	422	424	431	440
结 婚(对)	Marriages (couples)	350	314	390	463	604	599
离 婚(对)	Divorces (couples)	15	61	77	83	127	106

1-8 人均国民经济主要指标
Per Capita Major Indicators of National Economy

指　　标	Item	2000	2005	2010	2011	2015	2016
生产总值(元)	Per Capita GDP (yuan)	4129	7477	16172	19525	26165	27643
第一产业	Primary Industry	761	1191	2343	2649	3676	3775
第二产业	Secondary Industry	1654	3242	7575	8995	9613	9658
第三产业	Tertiary Industry	1714	3044	6253	7880	12876	14210
主要工农业产品产量	Output of Major Industry and Agricultural Products						
粮食(千克)	Grain (kg)	282	329	375	396	451	438
棉花(千克)	Cotton (kg)	2	4	3	3	2	1
油料(千克)	Oil-Bearing (kg)	16	20	25	25	28	29
禽蛋(千克)	Eggs (kg)	4	4	4	4	5	4
牛奶(千克)	Milk (kg)	5	12	17	18	23	25
粗钢(千克)	Crude Steel (kg)	91	180	259	320	328	241
原煤(千克)	Coal (kg)	646	1423	1778	1835	1692	1627
发电量(千瓦小时)	Electricity (kw·h)	1108	1990	3095	4012	4391	4343
固定资产投资额(元)	Total Investment in Fixed Assets (yuan)	1745	3439	13209	16316	33241	36603
社会消费品零售总额(元)	Total Retail Sales of Consumer Goods (yuan)	1501	2509	5613	6920	11202	12225
财政收入(元)	Financial Revenue (yuan)	429	1001	2914	3644	5342	5531
一般公共预算支出(元)	General Public Budget Expenditure (yuan)	744	1688	5742	6991	11399	12093
职工平均工资(元)	Average Annual Wage of Staff and Workers (yuan)	7913	14939	29588	32906	54454	59549
城镇居民人均可支配收入(元)	Per Capita Disposable Income of Urban Residents (yuan)	4916	8087	13189	14989	23767	25693
农村居民人均可支配收入(元)	Per Capita Disposable Income of Rural Households (yuan)	1429	1980	3425	3909	6936	7457
城乡居民储蓄存款余额(元)	Saving Depositin Urban and Rural Areas (yuan)	3238	6239	14070	16515	29209	31726

注：从2011年起职工平均工资为在岗职工平均工资。
a) Since 2011, average annual wage of staff and workers of are average wage of staff and workers.

1-9 个体工商业基本情况(2016)
Basic Statistics on Individual Industrial and Commercial Business (2016)

行　业	Itme	户　数 (户) Number of Household (household)	从业人员 (人) Number of Engaged Persons (person)	资金数额 (万元) Amount of Funds (10 000yuan)
合　计	**Total**	**1057940**	**2082152**	**9058973**
农、林、牧、渔业	Agriculture,Forestry,Animal Husbandry and Fishery	23159	134255	840133
采矿业	Mining	752	4572	44945
制造业	Manufacturing	46427	108060	411171
电力、热力、燃气及水的生产和供应业	Production and Supply of Electricity, Heat, Gas and Water	157	415	6518
建筑业	Construction	1898	8013	71958
批发和零售业	Wholesale and Retail Trades	674298	1120540	4646154
交通运输、仓储和邮政业	Transport,Storage and Post	5819	11434	61913
住宿和餐饮业	Hotels and Catering Services	158804	410472	1800777
信息传输、软件和信息技术服务业	Information Transmission, Software and Information Technology	6785	12291	41646
金融业	Financial Intermediation	1	1	5
房地产业	Real Estate	270	548	1668
租赁和商务服务业	Leasing and Business Services	9386	21096	115454
科学研究和技术服务业	Scientific Research and Technical Services	2179	3840	10430
水利、环境和公共设施管理业	Management of Water Conservancy, Environment and Public Facilities	68	147	1003
居民服务、修理和其他服务业	Services to Households，Repair and Other Services	111968	209932	791883
教育	Education	314	1003	7833
卫生和社会工作	Health and Social Service	6564	13522	46334
文化、体育和娱乐业	Culture, Sports and Entertainment	8232	20362	155957
其他	Others	859	1649	3190

1-10 私营企业基本情况（2016）
Basic Conditions of Private Enterprises (2016)

行 业	Item	户 数 (户) Number of Enterprises (unit)	投资者人数 (人) Number of Investor (person)	雇工人数 (人) Number of Engaged Persons (person)	注册资本(金) (亿元) Registered Capital (100 million yuan)
合 计	**Total**	**250553**	**454953**	**1617258**	**14796.7**
农、林、牧、渔业	Agriculture,Forestry,Animal Husbandry and Fishery	27481	44463	178710	1337.3
采 矿 业	Mining	2077	4889	29284	369.4
制 造 业	Manufacturing	17752	41096	191293	1405.2
电力、热力、燃气及水的生产和供应业	Production and Supply of Electricity, Heat, Gas and Water	2073	4619	18129	638.3
建 筑 业	Construction	20452	40618	207982	1727.0
批发和零售业	Wholesale and Retail Trades	97690	174356	514448	3787.7
交通运输、仓储和邮政业	Transport,Storage and Post	6934	11074	42752	782.2
住宿和餐饮业	Hotels and Catering Services	7437	11805	51788	260.0
信息传输、软件和信息技术服务业	Information Transmission, Software and Information Technology	10627	17632	47241	315.8
金融业	Financial Intermediation	1720	5988	9509	688.0
房地产业	Real Estate	7485	15114	70977	730.2
租赁和商务服务业	Leasing and Business Services	22909	40748	112681	1613.5
科学研究和技术服务业	Scientific Research and Technical Services	4526	9035	21018	323.5
水利、环境和公共设施管理业	Management of Water Conservancy, Environment and Public Facilities	1128	2180	6265	122.6
居民服务、修理和其他服务业	Services to Households，Repair and Other Services	11471	17834	65086	369.8
教育	Education	1495	2216	9093	25.1
卫生和社会工作	Health and Social Service	675	947	5056	47.8
文化、体育和娱乐业	Culture, Sports and Entertainment	6440	9934	34750	247.6
其他	Others	181	405	1196	5.6

1-11 按登记注册类型分法人单位与产业活动单位数(2016)

Number of Legal Entities and Industrial Active Units by Status of Registration(2016)

单位：个 (Unit)

登记注册类型	Status of Registration	法人单位数 Number of Legal Entities	产业活动单位数 Number of Industrial Active Units
合　计	**Total**	**210747**	**267143**
内资企业	**Domestic Funded Enterprises**	**210489**	**266537**
国有企业	State-owned Enterprises	29878	66043
集体企业	Collective-owned Enterprises	3542	6852
股份合作企业	Share-holding Corporations	1289	2318
联营企业	Joint Ownership Enterprises	322	514
国有联营企业	State Joint Ownership Enterprises	41	106
集体联营企业	Collective Joint Ownership Enterprises	147	212
国有与集体联营企业	Joint State-collective Enterprises	25	48
其他联营企业	Other Joint Ownership Enterprises	109	148
有限责任公司	Limited Liability Corporations	25943	28796
国有独资公司	State Sole Funded Corporations	447	588
其他有限责任公司	Other Limited Liability Corporations	25496	28208
股份有限公司	Share-holding Corporations Limited	2707	5279
私营企业	Private Enterprises	69666	72031
私营独资	Private-funded Enterprises	24236	24823
私营合伙	Private Partnership Enterprises	2580	2668
私营有限责任公司	Private Limited Liability Corporations	40480	42030
私营股份有限公司	Private Share-holding Corporations Ltd.	2370	2510
其他内资企业	Other Domestic Funded Enterprises	77142	84704
港澳台商投资企业	**Enterprises with Funds from Hong Kong, Macao and Taiwan**	**108**	**189**
与港澳台商合资经营	Joint-venture Enterprises	47	55
与港澳台商合作经营	Cooperative Enterprises	2	5
港澳台商独资	Enterprises with Sole Investment	50	109
港澳台商投资股份有限公司	Share-holding Corporations Ltd.	5	15
其他港、澳、台商投资	Other Enterprises with Funds from Hong Kong, Macao and Taiwan	4	5
外商投资企业	**Foreign Funded Enterprises**	**150**	**417**
中外合资经营	Joint-venture Enterprises	70	126
中外合作经营	Cooperation Enterprises	9	18
外资企业	Enterprises with Sole Funds	45	171
外商投资股份有限公司	Share-holding Corporations Ltd.	11	74
其他外商投资	Other Foreign Funded Enterprises	15	28

1-12 按机构类型和行业分法人单位与产业活动单位数(2016)
Number of Legal Entities and Industrial Active Units by Type of Institutions and Sectors(2016)

单位：个 (Unit)

类 别	Item	法人单位数 Number of Legal Entities	产业活动单位数 Number of Industrial Active Units
总 计	**Total**	**210747**	**267143**
按机构类型分	**By Type of Institutions**		
企业	Enterprise	125742	144575
事业单位	Institution Entity	19981	46299
机关	Government Entity	7025	12377
社会团体	Social Organization	9991	10724
其他	Other	48008	53168
按行业分	**By Sector**		
农、林、牧、渔业	Agriculture, Forestry, Animal Husbandry and Fishery	36639	37482
采矿业	Mining	2310	2393
制造业	Manufacturing	17228	17637
电力、燃气及水的生产和供应业	Production and Supply of Electricity,Heat, Gas and Water	1870	2956
建筑业	Construction	5559	6792
批发和零售业	Wholesale and Retail Trades	40691	46490
交通运输、仓储和邮政业	Transport, Storage and Post	3652	5352
住宿和餐饮业	Hotels and Catering Services	4040	4558
信息传输、软件和信息技术服务业	Information Transmission, Software and Information Technology	2329	3699
金融业	Financial Intermediation	2211	8133
房地产业	Real Estate	5313	5674
租赁和商务服务业	Leasing and Business Services	11004	11863
科学研究和技术服务业	Scientific Research and Technical Services	5268	7227
水利、环境和公共设施管理业	Management of Water Conservancy, Environment and Public Facilities	1629	2424
居民服务、修理和其他服务业	Service to Households, Repair and Other Services	3136	3391
教育	Education	10694	19652
卫生和社会工作	Health and Social Service	4232	10617
文化、体育和娱乐业	Culture, Sports and Entertainment	5495	6144
公共管理、社会保障和社会组织	Public Management,Social Security ana Social Organizations	47447	64659
国际组织	International organizations		

1-13 各地区法人单位与产业活动单位数(2016)
Number of Legal Entities and Industrial Active Units by Region(2016)

单位：个 (Unit)

地　区	Region	法人单位数 Number of Legal Entities	产业活动单位数 Number of Industrial Active Units
甘肃省	**Gansu**	**210747**	**267143**
兰州市	Lanzhou	47265	54448
嘉峪关市	Jiayuguan	3946	4734
金昌市	Jinchang	5085	6308
白银市	Baiyin	19675	23345
天水市	Tianshui	15456	21132
武威市	Wuwei	11783	15807
张掖市	Zhangye	18964	23196
平凉市	Pingliang	12383	17645
酒泉市	Jiuquan	12278	15181
庆阳市	Qingyang	17087	21123
定西市	Dingxi	13677	18508
陇南市	Longnan	13089	19283
临夏州	Linxia	13266	16988
甘南州	Gannan	6793	9445

主要统计指标解释

行政区划 指国家对行政区域的划分。根据有关法规规定，我国的行政区域划分如下：(1)全国分为省、自治区、直辖市；(2)省、自治区分为自治州、县、自治县、市；(3)自治州分为县、自治县、市；(4)县、自治县分为乡、民族乡、镇；(5)直辖市和较大的市分为区、县；(6)国家在必要时设立的特别行政区。

企业(单位)登记注册类型 是以在工商行政管理机关登记注册的各类企业为划分对象，以工商行政管理部门对企业登记注册的类型为依据，将企业登记注册类型分为内资企业、港澳台商投资企业和外商投资企业三大类。内资企业包括国有企业、集体企业、股份合作企业、联营企业、有限责任公司、股份有限公司、私营公司和其他企业；港澳台商投资企业和外商投资企业分别包括合资经营企业、合作经营企业、独资经营企业和股份有限公司。对不在工商行政管理部门进行登记注册的行政机关、事业单位和社会团体，主要按其经费来源和管理方式进行划分。

国有企业 指企业全部资产归国家所有，并按《中华人民共和国企业法人登记管理条例》规定登记注册的非公司制的经济组织。不包括有限责任公司中的国有独资公司。

集体企业 指企业资产归集体所有，并按《中华人民共和国企业法人登记管理条例》规定登记注册的经济组织。

股份合作企业 指以合作制为基础，由企业职工共同出资入股，吸收一定比例的社会资产投资组建，实行自主经营，自负盈亏，共同劳动，民主管理，按劳分配与按股分红相结合的一种集体经济组织。

联营企业 指两个及两个以上相同或不同所有制性质的企业法人或事业单位法人，按自愿、平等、互利的原则，共同投资组成的经济组织。联营企业包括国有联营企业、集体联营企业、国有与集体联营企业和其他联营企业。

有限责任公司 指根据《中华人民共和国公司登记管理条例》规定登记注册，由两个以上、五十个以下的股东共同出资，每个股东以其所认缴的出资额对公司承担有限责任，公司以其全部资产对其债务承担责任的经济组织。有限责任公司包括国有独资公司以及其他有限责任公司。

股份有限公司 指根据《中华人民共和国公司登记管理条例》规定登记注册，其全部注册资本由等额股份构成并通过发行股票筹集资本，股东以其认购的股份对公司承担有限责任，公司以其全部资产对其债务承担责任的经济组织。

私营企业 指由自然人投资设立或由自然人控股，以雇佣劳动为基础的营利性经济组织。包括按照《公司法》、《合伙企业法》、《私营企业暂行条例》规定登记注册的私营有限责任公司、私营股份有限公司、私营合伙企业和私营独资企业。

其他企业 指上述企业之外的其他内资经济组织。

与港澳台商合资经营企业 指港澳台地区投资者与内地企业依照《中华人民共和国中外合资经营企业法》及有关法律的规定，按合同规定的比例投资设立、分享利润和分担风险的企业。

与港澳台商合作经营企业 指港澳台地区投资者与内地企业依照《中华人民共和国中外合作经营企业法》及有关法律的规定，依照合作合同的约定进行投资或提供条件设立、分配利润和分担风险的企业。

港澳台商独资经营企业 指依照《中华人民共和国外资企业法》及有关法律的规定，在内地由港澳台地区投资者全额投资设立的企业。

港澳台商投资股份有限公司 指根据国家有关规定，经原外经贸部依法批准设立，其中港、澳、台商的股本占公司注册资本的比例达 25% 以上的股份有限公司。凡其中港、澳、台商的股本占公司注册资本的比例小于 25%的，属于内资企业中的股份有限公司。

中外合资经营企业 指外国企业或外国人与中国内地企业依照《中华人民共和国中外合资经营企业法》及有关法律的规定，按合同规定的比例投资设立、分享利润和分担风险的企业。

中外合作经营企业 指外国企业或外国人与中国内地企业依照《中华人民共和国中外合作经营企业法》及有关法律的规定，依照合作合同的约定进行投资或提供条件设立、分配利润和分担风险的企业。

外资企业 指依照《中华人民共和国外资企业法》及有关法律的规定，在中国内地由外国投资者全额投资设立的企业。

外商投资股份有限公司 指根据国家有关规定，经原外经贸部依法批准设立，其中外资的股本占公司注册资本的比例达 25% 以上的股份有限公司。凡其中外资股本占公司注册资本的比例小于 25%的，属于内资企业中的股份有限公司。

2

人　口

Population

简要说明

一、本篇资料主要内容

本篇资料主要包括人口方面的基本情况，计划生育情况。

二、本篇资料来源

1. 本篇资料由省统计局人口与就业处整理。

2. 总人口指当地户籍人口与户口待定人口之和，包括户籍外出人口，不包括外来人口。

3. 常住人口是指实际经常居住在某地区半年以上的人口，包括离开户籍地半年以上的外来人口，不包括当地户籍外出半年以上的外出人口。常住人口包括：居住在本乡镇街道、户口在本乡镇街道或户口待定的人；居住在本乡镇街道、离开户口所在乡镇街道半年以上的人；户口在本乡镇街道、外出不满半年或在境外工作学习的人。

4. 家庭户是指以家庭成员关系为主、居住一处共同生活的人组成的户。

5. 城乡人口是指居住在城镇、乡村地域上的人口，城镇、乡村是按 2008 年国家统计局《统计上划分城乡的规定》划分的。

6. 计划生育资料来源于省卫生和计划生育委员会。

7. 户籍总人口资料来源于省公安厅。

2-1 历年人口数及构成
Population and Its Composition

单位：万人 (10 000 persons)

年份 Year	年末总人口 Total Population (year-end)	按性别分 By Sex 男 Male 人口数 Population	比重(%) Proportion	女 Female 人口数 Population	比重(%) Proportion	按城乡分 By Urban and Rural 城镇人口 Urban 人口数 Population	比重(%) Proportion	乡村人口 Rural 人口数 Population	比重(%) Proportion
1978	1870.05	965.88	51.65	904.17	48.35	269.44	14.41	1600.61	85.59
1979	1893.79	977.39	51.61	916.40	48.39	279.89	14.78	1613.90	85.22
1980	1918.43	989.72	51.59	928.71	48.41	290.65	15.15	1627.78	84.85
1981	1941.40	1004.29	51.73	937.11	48.27	304.72	15.70	1636.68	84.30
1982	1974.88	1021.41	51.72	953.47	48.28	305.83	15.49	1669.05	84.51
1983	1999.84	1034.52	51.73	965.32	48.27	324.91	16.25	1674.93	83.75
1984	2025.88	1047.58	51.71	978.30	48.29	345.18	17.04	1680.70	82.96
1985	2052.89	1063.19	51.79	989.70	48.21	366.71	17.86	1686.18	82.14
1986	2085.39	1078.36	51.71	1007.03	48.29	389.58	18.68	1695.81	81.32
1987	2115.73	1093.41	51.68	1022.32	48.32	413.88	19.56	1701.85	80.44
1988	2148.15	1110.38	51.69	1037.77	48.31	439.69	20.47	1708.46	79.53
1989	2184.86	1128.92	51.67	1055.94	48.33	467.12	21.38	1717.74	78.62
1990	2254.67	1151.95	51.09	1102.72	48.91	496.25	22.01	1758.42	77.99
1991	2284.92	1180.85	51.68	1104.07	48.32	508.76	22.27	1776.16	77.73
1992	2314.19	1197.59	51.75	1116.60	48.25	521.59	22.54	1792.60	77.46
1993	2345.23	1194.25	50.92	1150.98	49.08	534.75	22.80	1810.48	77.20
1994	2387.25	1222.27	51.20	1164.98	48.80	548.23	22.96	1839.02	77.04
1995	2437.95	1256.49	51.54	1181.46	48.46	562.06	23.05	1875.89	76.95
1996	2466.86	1276.67	51.75	1190.19	48.25	572.07	23.19	1894.79	76.81
1997	2494.20	1278.57	51.26	1215.63	48.74	582.26	23.34	1911.94	76.66
1998	2519.37	1289.16	51.17	1230.21	48.83	592.63	23.52	1926.74	76.48
1999	2542.58	1292.05	50.82	1250.53	49.18	603.18	23.72	1939.40	76.28
2000	2515.31	1303.69	51.83	1211.62	48.17	603.93	24.01	1911.38	75.99
2001	2523.35	1307.85	51.83	1215.50	48.17	618.47	24.51	1904.88	75.49
2002	2530.76	1311.95	51.84	1218.81	48.16	656.99	25.96	1873.77	74.04
2003	2537.19	1313.00	51.75	1224.19	48.25	694.68	27.38	1842.51	72.62
2004	2541.48	1314.45	51.72	1227.03	48.28	727.12	28.61	1814.36	71.39
2005	2545.10	1309.20	51.44	1235.90	48.56	764.04	30.02	1781.06	69.98
2006	2546.79	1308.54	51.38	1238.25	48.62	791.80	31.09	1754.99	68.91
2007	2548.19	1308.50	51.35	1239.69	48.65	804.97	31.59	1743.22	68.41
2008	2550.88	1309.11	51.32	1241.77	48.68	820.11	32.15	1730.77	67.85
2009	2554.91	1310.16	51.28	1244.75	48.72	834.18	32.65	1720.73	67.35
2010	2559.98	1307.64	51.08	1252.34	48.92	924.66	36.12	1635.32	63.88
2011	2564.19	1309.02	51.05	1255.17	48.95	952.60	37.15	1611.59	62.85
2012	2577.55	1316.87	51.09	1260.68	48.91	998.80	38.75	1578.75	61.25
2013	2582.18	1318.72	51.07	1263.46	48.93	1036.23	40.13	1545.95	59.87
2014	2590.78	1322.85	51.06	1267.93	48.94	1079.84	41.68	1510.94	58.32
2015	2599.55	1326.81	51.04	1272.74	48.96	1122.75	43.19	1476.80	56.81
2016	2609.95	1331.86	51.03	1278.09	48.97	1166.39	44.69	1443.56	55.31

注：1.2001-2009年数据根据2010年人口普查结果进行了数据调整。
2.2000年及以后数据为常住人口口径。

a) Data of 2001 to 2009 are adjusted according to the results of 2010 National Population Census.
b) Data since 2000 are obtained from the standand of permanent population.

2-2 人口出生率、死亡率和自然增长率
Birth Rate, Death Rate and Natural Growth Rate of Population

单位：‰ (‰)

年 份 Year	出生率 Birth Rate	死亡率 Death Rate	自然增长率 Natural Growth Rate
1978	17.77	5.87	11.90
1980	16.53	5.15	11.38
1985	18.31	5.46	12.85
1986	21.14	5.91	15.23
1987	20.55	5.71	14.84
1988	20.41	5.06	15.35
1989	22.57	5.60	16.97
1990	20.68	6.08	14.60
1991	19.38	6.05	13.33
1992	19.37	6.64	12.73
1993	20.16	6.84	13.32
1994	20.82	6.84	13.98
1995	20.65	6.49	14.16
1996	18.43	6.64	11.79
1997	17.22	6.20	11.02
1998	16.45	6.41	10.04
1999	15.61	6.44	9.17
2000	14.38	6.41	7.97
2001	13.58	6.43	7.15
2002	13.16	6.45	6.71
2003	12.58	6.46	6.12
2004	12.43	6.52	5.91
2005	12.59	6.57	6.02
2006	12.86	6.62	6.24
2007	13.14	6.65	6.49
2008	13.22	6.68	6.54
2009	13.32	6.71	6.61
2010	12.05	6.02	6.03
2011	12.08	6.03	6.05
2012	12.11	6.05	6.06
2013	12.16	6.08	6.08
2014	12.21	6.11	6.10
2015	12.36	6.15	6.21
2016	12.18	6.18	6.00

2-3 六次人口普查基本情况
Basic Statistics on National Population Census in 1953, 1964, 1982, 1990, 2000 and 2010

指　标	Item	1953	1964	1982	1990	2000	2010
总人口(万人)	**Total population (10 000 persons)**	**1109.36**	**1263.06**	**1955.93**	**2237.11**	**2512.43**	**2557.53**
男	Male	580.80	657.17	1012.37	1159.28	1302.17	1306.41
女	Female	528.56	605.89	944.56	1077.83	1210.26	1251.11
性别比(以女性为100)	Sex Ratio (female=100)	109.88	108.46	107.18	107.56	107.59	104.42
家庭户规模(人/户)	**Average Family Household Size (person/household)**	**5.40**	**4.95**	**5.17**	**4.58**	**3.99**	**3.49**
各年龄组人口(%)	**Population by Age Group (%)**						
0-14岁	Aged 0-14	39.56	40.18	36.32	27.97	27.00	18.16
15-64岁	Aged 15-64	57.35	57.75	60.19	67.97	68.00	73.61
65岁及以上	Aged 65 and Over	3.09	2.07	3.49	4.06	5.00	8.23
民族人口	**Population by Ethnicity**						
汉族(万人)	Han (10 000 persons)	1013.18	1167.50	1802.03	2051.50	2292.51	2316.48
占总人口比重(%)	Percentage to Total Population (%)	91.33	92.43	92.08	91.70	91.25	90.57
少数民族(万人)	Ethnic Minorities (10 000 persons)	96.18	95.56	154.90	185.61	219.92	241.05
占总人口比重(%)	Percentage to Total Population (%)	8.67	7.57	7.92	8.30	8.75	9.43
每十万人拥有的各种受教育程度人口(人)	**Population with Various Education Attainments Per 100 000 Persons (person)**						
大专及以上	Junior College and Above			551	1104	2665	7520
高中和中专	Senior Secondary School and Technical Secondary School			5246	7825	9863	12686
初　中	Junior Secondary School			12190	16851	23925	31213
小　学	Primary School			27679	29127	36907	32504
文盲人口及文盲率	**Illiterate Population and Illiterate Rate**						
文盲人口(万人)	Illiterate Population (10 000 persons)			634.48	631.06	361.32	222.22
文盲率(%)	Illiterate Rate (%)			50.91	39.17	19.68	8.69
城乡人口(万人)	**Population by Residence (10 000 persons)**						
城镇人口	Urban Population	111.27	140.58	300.19	493.06	603.23	923.66
乡村人口	Rural Population	998.09	1122.48	1656.74	1744.05	1909.20	1633.87
平均预期寿命(岁)	**Life Expectancy (year old)**			**65.75**	**68.25**	**70.39**	**72.23**
男	Male			65.05	67.42	69.28	70.60
女	Female			66.49	69.17	71.88	74.06

注：1.1953年、1964年、1982年及1990年全国人口普查标准时点为当年7月1日零时，2000年和2010年全国人口普查标准时点为当年11月1日零时。

2.2000年、2010年人口为常住人口。

a) Standard reference time of national population census in 1953,1964,1982 and 1990 was zero hour of July 1st, and in 2000 and 2010 was zero hour of November 1st.

b) Total population of 2000 and 2010 are permanent population.

2-4 各地区人口年龄构成和抚养比(2016)
Age Composition and Dependency Ratio of Population by Region (2016)

地 区	Region	年末常住人口(万人) Permanent Population at Year-end (10 000 persons)	0-14岁 Aged 0-14	15-64岁 Aged 15-64	65岁及以上 Aged 65 and Over	总抚养比(%) Gross Dependency Ratio (%)	少年儿童抚养比 Children Dependency Ratio	老年人口抚养比 Old Dependency Ratio
甘肃省	**Gansu**	**2609.95**	**455.18**	**1884.12**	**270.65**	**38.52**	**24.16**	**14.36**
兰州市	Lanzhou	370.55	52.58	273.95	44.02	35.26	19.19	16.07
嘉峪关市	Jiayuguan	24.59	3.81	18.27	2.51	34.59	20.85	13.74
金昌市	Jinchang	46.98	6.72	35.50	4.76	32.34	18.93	13.41
白银市	Baiyin	171.64	27.46	124.90	19.28	37.42	21.99	15.44
天水市	Tianshui	332.30	63.37	235.93	33.00	40.85	26.86	13.99
武威市	Wuwei	181.98	28.81	135.45	17.72	34.35	21.27	13.08
张掖市	Zhangye	122.42	19.35	91.85	11.21	33.27	21.07	12.20
平凉市	Pingliang	210.31	36.51	151.40	22.40	38.91	24.11	14.80
酒泉市	Jiuquan	111.94	16.31	84.72	10.91	32.13	19.25	12.88
庆阳市	Qingyang	224.19	42.55	159.24	22.40	40.79	26.72	14.07
定西市	Dingxi	278.98	47.40	202.37	29.21	37.86	23.42	14.43
陇南市	Longnan	260.41	47.26	185.78	27.37	40.17	25.44	14.73
临夏州	Linxia	202.64	48.37	134.66	19.62	50.49	35.92	14.57
甘南州	Gannan	71.02	14.68	50.10	6.24	41.76	29.30	12.46

2-5 各地区城乡人口及构成(2016)
Population of Urban and Rural and Its composition by Region (2016)

单位：万人 (10 000 persons)

地 区	Region	年末常住人口 Permanent Population at Year-end	城镇人口 Urban Population		乡村人口 Rural Population	
			人口数 Population	比重(%) Proportion (%)	人口数 Population	比重(%) Proportion (%)
甘肃省	**Gansu**	**2609.95**	**1166.39**	**44.69**	**1443.56**	**55.31**
兰州市	Lanzhou	370.55	300.18	81.01	70.37	18.99
嘉峪关市	Jiayuguan	24.59	22.98	93.44	1.61	6.56
金昌市	Jinchang	46.98	32.46	69.09	14.52	30.91
白银市	Baiyin	171.64	82.23	47.91	89.41	52.09
天水市	Tianshui	332.30	125.08	37.64	207.22	62.36
武威市	Wuwei	181.98	68.65	37.72	113.33	62.28
张掖市	Zhangye	122.42	53.78	43.93	68.64	56.07
平凉市	Pingliang	210.31	79.50	37.80	130.81	62.20
酒泉市	Jiuquan	111.94	65.68	58.67	46.26	41.33
庆阳市	Qingyang	224.19	78.44	34.99	145.75	65.01
定西市	Dingxi	278.98	88.99	31.90	189.99	68.10
陇南市	Longnan	260.41	79.37	30.48	181.04	69.52
临夏州	Linxia	202.64	66.32	32.73	136.32	67.27
甘南州	Gannan	71.02	22.73	32.00	48.29	68.00

2-6 各地、县人口（2016）
Population by Region,County (2016)

单位：万人 (10 000 persons)

地区	Region	年末常住人口 Permanent Population at Year-end	#女性 Female	出生率(‰) Birth Rate (‰)	死亡率(‰) Death Rate (‰)	自然增长率(‰) Natural Growth Rate (‰)
兰州市	**Lanzhou**	**370.55**	**182.68**	**10.11**	**4.74**	**5.37**
城关区	Chengguan	130.52	64.64	9.74	3.93	5.81
七里河区	Qilihe	57.01	28.20	9.63	4.42	5.21
西固区	Xigu	36.79	18.23	9.37	4.91	4.46
安宁区	Anning	28.25	14.03	8.17	3.29	4.88
红古区	Honggu	14.09	6.85	9.44	4.77	4.67
永登县	Yongdeng	34.52	16.80	11.31	6.59	4.72
皋兰县	Gaolan	10.76	5.30	11.54	6.25	5.29
榆中县	Yuzhong	44.33	21.69	11.79	6.11	5.68
兰州新区	Lanzhou New Area	14.28	6.94	12.51	5.96	6.55
嘉峪关市	**Jiayuguan**	**24.59**	**12.23**	**12.74**	**3.98**	**8.76**
金昌市	**Jinchang**	**46.98**	**23.00**	**10.08**	**4.83**	**5.25**
金川区	Jinchuan	23.37	11.74	9.82	4.08	5.74
永昌县	Yongchang	23.61	11.26	10.34	5.57	4.77
白银市	**Baiyin**	**171.64**	**84.04**	**10.99**	**5.32**	**5.67**
白银区	Baiyin	30.01	15.24	9.87	5.13	4.74
平川区	Pingchuan	19.53	9.42	10.12	4.96	5.16
靖远县	Jingyuan	45.88	22.42	11.36	5.37	5.99
会宁县	Huining	53.84	26.02	11.58	5.55	6.03
景泰县	Jingtai	22.38	10.94	11.07	5.23	5.84
天水市	**Tianshui**	**332.30**	**163.10**	**12.71**	**6.55**	**6.16**
秦州区	Qinzhou	65.78	32.06	12.08	6.38	5.70
麦积区	Maiji	56.53	27.86	12.47	6.44	6.03
清水县	Qingshui	27.41	13.47	12.62	6.56	6.06
秦安县	Qinan	52.48	25.64	12.82	6.59	6.23
甘谷县	Gangu	56.91	28.22	12.89	6.58	6.31
武山县	Wushan	43.87	21.49	12.92	6.67	6.25
张家川县	Zhangjiachuan	29.32	14.36	13.81	6.84	6.97
武威市	**Wuwei**	**181.98**	**88.39**	**10.83**	**5.81**	**5.02**
凉州区	Liangzhou	101.32	49.12	10.93	5.75	5.18
民勤县	Minqin	24.13	11.71	9.92	6.25	3.67
古浪县	Gulang	38.87	19.04	10.65	5.35	5.30
天祝县	Tianzhu	17.66	8.52	11.90	6.55	5.35
张掖市	**Zhangye**	**122.42**	**60.41**	**11.50**	**6.31**	**5.19**

2-6 续表 1 continued

单位：万人 (10 000 persons)

地 区	Region	年末常住人口 Permanent Population at Year-end	#女 性 Female	出生率 (‰) Birth Rate (‰)	死亡率 (‰) Death Rate (‰)	自然增长率 (‰) Natural Growth Rate (‰)
甘州区	Ganzhou	51.58	25.61	11.22	6.28	4.94
肃南县	Sunan	3.46	1.64	11.61	5.75	5.86
民乐县	Minle	22.41	10.89	11.89	6.29	5.60
临泽县	Linze	13.64	6.73	11.68	6.74	4.94
高台县	Gaotai	14.51	7.21	11.56	6.63	4.93
山丹县	Shandan	16.82	8.33	11.62	5.92	5.70
平凉市	**Pingliang**	**210.31**	**103.43**	**12.33**	**6.25**	**6.08**
崆峒区	Kongtong	47.77	23.08	11.47	4.56	6.91
泾川县	Jingchuan	28.52	14.29	12.77	7.53	5.24
灵台县	Lingtai	18.33	9.10	12.72	6.22	6.50
崇信县	Chongxin	10.35	4.89	12.92	5.44	7.48
华亭县	Huating	19.64	9.31	11.77	5.68	6.09
庄浪县	Zhuanglang	38.32	19.28	12.66	7.57	5.09
静宁县	Jingning	42.48	21.11	12.84	6.66	6.18
平凉工业园区	Pingliang Industrial Park	4.90	2.37	10.56	5.55	5.01
酒泉市	**Jiuquan**	**111.94**	**54.16**	**9.70**	**5.54**	**4.16**
肃州区	Suzhou	44.11	21.35	8.65	4.61	4.04
金塔县	Jinta	14.85	7.67	7.34	4.38	2.96
瓜州县	Guazhou	14.90	7.69	10.87	4.64	6.23
肃北县	Subei	1.53	0.79	10.80	5.21	5.59
阿克塞县	Akesai	1.05	0.54	11.72	3.83	7.89
玉门市	Yumen	16.56	8.55	10.98	6.80	4.18
敦煌市	Dunhuang	18.94	9.78	11.76	8.34	3.42
庆阳市	**Qingyang**	**224.19**	**109.72**	**13.68**	**6.96**	**6.72**
西峰区	Xifeng	37.19	17.99	13.65	6.51	7.14
庆城县	Qingcheng	26.67	12.89	13.95	7.21	6.74
环 县	Huanxian	30.99	15.03	13.79	6.97	6.82
华池县	Huachi	13.13	6.29	13.40	6.38	7.02
合水县	Heshui	15.10	7.30	13.31	7.08	6.23
正宁县	Zhengning	18.27	9.06	13.88	7.17	6.71
宁 县	Ningxian	40.76	20.23	13.72	7.28	6.44
镇原县	Zhenyuan	42.08	20.92	13.70	7.11	6.59
定西市	**Dingxi**	**278.98**	**136.65**	**12.50**	**6.74**	**5.76**
安定区	Anding	42.74	20.96	12.44	6.76	5.68
通渭县	Tongwei	40.51	19.85	12.37	6.58	5.79

2-6 续表 2 continued

单位：万人 (10 000 persons)

地 区	Region	年末常住人口 Permanent Population at Year-end	#女 性 Female	出生率 (‰) Birth Rate (‰)	死亡率 (‰) Death Rate (‰)	自然增长率 (‰) Natural Growth Rate (‰)
陇西县	Longxi	46.00	22.55	12.53	6.75	5.78
渭源县	Weiyuan	32.88	16.09	12.51	6.72	5.79
临洮县	Lintao	51.48	25.43	12.54	6.79	5.75
漳 县	Zhangxian	19.67	9.59	12.53	6.64	5.89
岷 县	Minxian	45.70	22.18	12.59	6.58	6.01
陇南市	**Longnan**	**260.41**	**125.79**	**13.26**	**6.92**	**6.34**
武都区	Wudu	56.68	27.33	13.66	6.81	6.85
成 县	Chengxian	24.41	11.98	13.62	6.97	6.65
文 县	Wenxian	22.11	10.94	13.86	8.16	5.70
宕昌县	Tanchang	27.77	13.36	12.63	6.72	5.91
康 县	Kangxian	17.92	8.47	11.41	6.69	4.72
西和县	Xihe	39.86	19.03	12.62	6.80	5.82
礼 县	Lixian	46.85	22.60	13.61	6.92	6.69
徽 县	Huixian	20.24	9.93	14.61	6.78	7.83
两当县	Liangdang	4.57	2.13	10.63	5.94	4.69
临夏州	**Linxia**	**202.64**	**100.08**	**14.85**	**7.10**	**7.75**
临夏市	linxia	28.34	14.00	12.31	6.72	5.59
临夏县	linxia	33.90	16.79	14.80	7.10	7.70
康乐县	Kangle	24.25	12.13	14.48	7.45	7.03
永靖县	Yongjing	18.47	9.01	11.94	6.19	5.75
广河县	Guanghe	24.02	11.94	17.16	7.11	10.04
和政县	Hezheng	19.23	9.51	15.64	8.34	7.30
东乡县	Dongxiang	30.02	14.56	17.41	6.70	10.71
积石山县	Jishishan	24.41	12.13	14.38	7.40	6.99
甘南州	**Gannan**	**71.02**	**34.41**	**15.11**	**7.20**	**7.91**
合作市	Hezuo	9.39	4.54	14.96	5.38	9.58
临潭县	Lintan	13.99	6.83	14.08	7.16	6.93
卓尼县	Zhuoni	10.46	5.05	14.91	7.31	7.60
舟曲县	Zhouqu	13.35	6.50	14.12	7.94	6.18
迭部县	Diebu	5.36	2.62	14.74	7.74	7.00
玛曲县	Maqu	5.75	2.69	18.28	6.70	11.58
碌曲县	Luqu	3.77	1.83	17.11	8.12	8.99
夏河县	Xiahe	8.95	4.35	15.92	7.55	8.37

2-7 各地、县总户数及总人口（2016）
Total Household and Total Population by Region,County (2016)

地 区	Region	年末总户数（户）Number of Total Households (year-end) (household)	年末总人口（人）Total Population (year-end)(person)
甘肃省	**Gansu**	**8434626**	**27673975**
兰州市	**Lanzhou**	**1095651**	**3242294**
城关区	Chengguan	328587	934416
七里河区	Qilihe	164502	468118
西固区	Xigu	116293	323617
安宁区	Anning	68566	190247
红古区	Honggu	54402	144914
永登县	Yongdeng	170733	538708
皋兰县	Gaolan	62380	191078
榆中县	Yuzhong	130188	451196
嘉峪关市	**Jiayuguan**	**75520**	**205262**
金昌市	**Jinchang**	**174342**	**459318**
金川区	Jinchuan	84384	212843
永昌县	Yongchang	89958	246475
白银市	**Baiyin**	**569361**	**1822819**
白银区	Baiyin	111221	291136
平川区	Pingchuan	69428	209004
靖远县	Jingyuan	146428	501709
会宁县	Huining	170168	580259
景泰县	Jingtai	72116	240711
天水市	**Tianshui**	**1003297**	**3706083**
秦州区	Qinzhou	198442	698547
麦积区	Maiji	178377	617779
清水县	Qingshui	89316	327246
秦安县	Qinan	157478	591245
甘谷县	Gangu	169556	639188
武山县	Wushan	122933	467219
张家川县	Zhangjiachuan	87195	364859
武威市	**Wuwei**	**598538**	**1910919**
凉州区	Liangzhou	330891	1041492
民勤县	Minqin	80190	273673
古浪县	Gulang	120275	387018
天祝县	Tianzhu	67182	208736
张掖市	**Zhangye**	**460537**	**1309910**

注：本表为省公安厅户籍统计人口数据。
a) Data from household registration of Gansu Provincial Public Security Department .

2-7 续表 1 continued

地 区	Region	年末总户数（户）Number of Total Households (year-end) (household)	年末总人口（人）Total Population (year-end)(person)
甘州区	Ganzhou	178724	512928
肃南县	Sunan	15395	38727
民乐县	Minle	83552	249130
临泽县	Linze	55302	149891
高台县	Gaotai	55267	158363
山丹县	Shandan	72297	200871
平凉市	**Pingliang**	**728717**	**2343655**
崆峒区	Kongtong	177433	520325
泾川县	Jingchuan	114490	359989
灵台县	Lingtai	79971	233282
崇信县	Chongxin	32681	101354
华亭县	Huating	63520	189612
庄浪县	Zhuanglang	124031	451641
静宁县	Jingning	136591	487452
酒泉市	**Jiuquan**	**344073**	**1018976**
肃州区	Suzhou	139195	418024
金塔县	Jinta	49346	148649
瓜州县	Guazhou	39221	127511
肃北县	Subei	5071	12083
阿克塞县	Akesai	3492	9113
玉门市	Yumen	55870	159768
敦煌市	Dunhuang	51878	143828
庆阳市	**Qingyang**	**829784**	**2699720**
西峰区	Xifeng	119266	388283
庆城县	Qingcheng	96883	293218
环 县	Huanxian	103869	357977
华池县	Huachi	45637	137956
合水县	Heshui	58835	180539
正宁县	Zhengning	78904	246512
宁 县	Ningxian	163066	561972
镇原县	Zhenyuan	163324	533263
定西市	**Dingxi**	**874015**	**3031151**
安定区	Anding	150314	465023
通渭县	Tongwei	122907	441020

2-7 续表 2 continued

地 区	Region	年末总户数 (户) Number of Total Households (year-end) (household)	年末总人口 (人) Total Population (year-end)(person)
陇西县	Longxi	138147	522492
渭源县	Weiyuan	105513	348658
临洮县	Lintao	164139	551773
漳 县	Zhangxian	62584	211690
岷 县	Minxian	130411	490495
陇南市	**Longnan**	**841932**	**2878118**
武都区	Wudu	188919	599680
成 县	Chengxian	80705	262397
文 县	Wenxian	90505	247257
宕昌县	Tanchang	83450	314009
康 县	Kangxian	65136	200567
西和县	Xihe	112867	442474
礼 县	Lixian	133848	537983
徽 县	Huixian	68910	224695
两当县	Liangdang	17592	49056
临夏州	**Linxia**	**627848**	**2308852**
临夏市	linxia	79988	262368
临夏县	linxia	113124	416910
康乐县	Kangle	78862	291551
永靖县	Yongjing	65467	207514
广河县	Guanghe	66054	280965
和政县	Hezheng	63653	227582
东乡县	Dongxiang	89054	348139
积石山县	Jishishan	71646	273823
甘南州	**Gannan**	**211011**	**736898**
合作市	Hezuo	26434	87839
临潭县	Lintan	47211	159095
卓尼县	Zhuoni	29618	110179
舟曲县	Zhouqu	43766	142781
迭部县	Diebu	15186	57509
玛曲县	Maqu	16300	53247
碌曲县	Luqu	9739	36944
夏河县	Xiahe	22757	89304

2-8 计划生育情况
Statistics of Family Planning

项　　目	Item	2010	2011	2015	2016
全省计划生育状况	**Situation of Family Planning of Gansu**				
政策计划内生育(万人)	Births under Control (10 000 persons)	24.48	25.31	23.51	27.30
符合政策计划生育率(%)	Family Planning Rate that Consistent with the Policy (%)	91.36	91.76	92.58	98.34
已婚育龄妇女人数(万人)	Married Women at Childbearing Age (10 000 persons)	562.33	562.99	571.76	554.02
实际采取节育措施的人数(万人)	Number of Married People Adopting Birth Control Measures (10 000 persons)	490.28	494.03	493.58	461.58
独生子女领证率(%)	Coverage Rate of One-child Certificate (%)	9.75	11.36	11.86	12.08
城市计划生育状况	**Situation of Family Planning of Urban**				
政策计划内生育(万人)	Births Under Control (10 000 persons)	3.75	4.42	3.92	6.53
符合政策计划生育率(%)	Family Planning Rate that Consistent with the Policy (%)	99.03	98.65	98.02	99.08
已婚育龄妇女人数(万人)	Married Women at Childbearing Age (10 000 persons)	113.69	114.31	125.22	123.46
实际采取节育措施的人数(万人)	Number of Married People Adopting Birth Control Measures (10 000 persons)	93.89	95.30	103.29	98.27
独生子女领证率(%)	Coverage Rate of One-child Certificate (%)	33.06	38.38	34.75	33.41
农村计划生育状况	**Situation of Family Planning of Rural**				
政策计划内生育(万人)	Births under Control (10 000 persons)	20.65	20.89	18.92	22.24
符合政策计划生育率(%)	Family Planning Rate that Consistent with the Policy (%)	90.08	90.42	91.44	97.67
已婚育龄妇女人数(万人)	Married Women at Childbearing Age (10 000 persons)	436.70	434.48	425.65	410.11
实际采取节育措施的人数(万人)	Number of Married People Adopting Birth Control Measures (10 000 persons)	388.58	388.16	374.35	347.95
独生子女领证率(%)	Coverage Rate of One-child Certificate (%)	3.93	4.40	5.42	5.29

主要统计指标解释

人口数 指一定时点、一定地区范围内有生命的个人总和。年末统计的年末人口数指每年12月31日24时的人口数。

城镇人口和乡村人口 城镇人口是指居住在城镇地域内的全部常住人口；乡村人口是除上述人口以外的全部人口。

出生率（又称粗出生率） 指在一定时期内(通常为一年)一定地区的出生人数与同期内平均人数(或期中人数)之比，用千分率表示。本资料中的出生率指年出生率，其计算公式为：

$$出生率=\frac{年出生人数}{年平均人数}\times 1000‰$$

式中：出生人数指活产婴儿，即胎儿脱离母体时(不管怀孕月数)，有过呼吸或其他生命现象。年平均人数指年初、年底人口数的平均数，也可用年中人口数代替。

死亡率（又称粗死亡率） 指在一定时期内(通常为一年)一定地区的死亡人数与同期内平均人数(或期中人数)之比，用千分率表示。本资料中的死亡率指年死亡率，其计算公式为：

$$死亡率=\frac{年死亡人数}{年平均人数}\times 1000‰$$

人口自然增长率 指在一定时期内(通常为一年)人口自然增加数(出生人数减死亡人数)与该时期内平均人数(或期中人数)之比，用千分率表示。

总抚养比 也称总负担系数。指人口总体中非劳动年龄人口数与劳动年龄人口数之比。通常用百分比表示。说明每100名劳动年龄人口大致要负担多少名非劳动年龄人口。用于从人口角度反映人口与经济发展的基本关系。计算公式为：

$$GDR=\frac{P_{0\sim14}+P_{65^+}}{P_{15\sim64}}\times 100\%$$

其中：GDR为总抚养比；

$P_{0\sim14}$为0～14岁少年儿童人口数；

P_{65+}为65岁及65岁以上的老年人口数；

$P_{15\sim64}$为15～64岁劳动年龄人口数。

老年人口抚养比 也称老年人口抚养系数。指某一人口中老年人口数与劳动年龄人口数之比。通常用百分比表示。用以表明每100名劳动年龄人口要负担多少名老年人。老年人口抚养比是从经济角度反映人口老化社会后果的指标之一。计算公式为：

$$ODR=\frac{P_{65^+}}{P_{15\sim64}}\times 100\%$$

其中：ODR为老年人口抚养比；

P_{65+}为65岁及65岁以上的老年人口数；

$P_{15\sim64}$为15～64岁的劳动年龄人口数。

少年儿童抚养比 也称少年儿童抚养系数。指某一人口中少年儿童人口数与劳动年龄人口数之比。通常用百分比表示。以反映每100名劳动年龄人口要负担多少名少年儿童。计算公式为：

$$CDR=\frac{P_{0\sim14}}{P_{15\sim64}}\times 100\%$$

其中：CDR为少年儿童抚养比；

$P_{0\sim14}$为0～14岁少年儿童人口数；

$P_{15\sim64}$为15～64岁劳动年龄人口数。

3

国民经济核算

National Accounts

简要说明

一、本篇资料主要内容

本篇资料主要包括国民经济核算基本情况资料。

二、本篇资料来源

本篇资料由省统计局国民经济核算处汇总、加工整理。

1. 地区生产总值数据是由省统计局国民经济核算处根据不同产业部门、不同支出构成的特点和资料来源情况而采用不同方法计算的。2013 年是第三次经济普查年度，按照《中国第三次经济普查年度国内生产总值核算方法》的要求，重新计算了经济普查年度的地区生产总值，修订了 2009–2013 年地区生产总值历史数据。本年鉴表中的数据是修订后数据。

2. 由于采取分级核算，各市州数据相加不等于全省总计。

3-1 历年生产总值

Gansu Gross Regional Product

单位：亿元　　本表按当年价格计算。Data in this table are caculated at current prices.　　(100 million yuan)

年 份 Year	生产总值 Gross Regional Product	第一产业 Primary Industry	第二产业 Secondary Industry	工 业 Industry	建筑业 Construction	第三产业 Tertiary Industry	人均生产总值（元）Per Capita GDP (yuan)
1978	64.73	13.21	39.04	34.66	4.38	12.48	348
1979	67.51	12.89	40.98	36.9	4.08	13.64	359
1980	73.9	16.46	39.85	35.25	4.6	17.59	388
1981	70.89	17.63	35.3	31.33	3.97	17.96	367
1982	76.88	19.68	38.54	33.63	4.91	18.66	393
1983	91.5	27.65	42.92	37.52	5.4	20.93	462
1984	103.17	27.83	49.98	43.65	6.33	25.36	515
1985	123.39	33.08	58.81	50.54	8.27	31.5	608
1986	140.74	38.02	65.27	56.01	9.26	37.45	684
1987	159.52	45.27	68.4	58.26	10.14	45.85	764
1988	191.84	52.77	81.33	67.28	14.05	57.74	905
1989	216.84	59.01	91.79	77.62	14.17	66.04	1007
1990	242.8	64.06	98.33	83.93	14.4	80.41	1099
1991	271.39	66.55	111.91	97.19	14.72	92.93	1204
1992	317.79	74.2	128.66	110.21	18.45	114.93	1384
1993	372.24	87.43	159.96	136.74	23.22	124.85	1600
1994	453.61	103.87	198.67	174.56	24.11	151.07	1921
1995	557.76	110.65	256.83	226.29	30.54	190.28	2316
1996	722.52	188.12	311.98	276.37	35.51	222.42	2946
1997	793.57	190.21	337.79	286.7	51.09	265.58	3199
1998	887.67	202.76	373.43	311.25	62.17	311.48	3541
1999	956.32	191.84	410.07	326.99	83.08	354.42	3778
2000	1052.88	194.1	421.65	327.6	94.04	437.13	4129
2001	1125.37	207.96	458.08	355.51	102.56	459.34	4386
2002	1232.03	215.51	501.69	389.38	112.31	514.83	4768
2003	1399.83	237.91	572.02	448.23	123.78	589.91	5429
2004	1688.49	286.78	713.3	574	139.3	688.41	6566
2005	1933.98	308.06	838.56	685.8	152.76	787.36	7477
2006	2277.35	334	1043.19	868.13	175.06	900.16	8945
2007	2703.98	387.55	1279.32	1063.84	215.48	1037.11	10614
2008	3166.82	462.27	1470.34	1188.78	281.56	1234.21	12421
2009	3478.07	497.05	1585.59	1260.5	325.08	1395.43	13624
2010	4135.86	599.28	1937.39	1551.59	385.8	1599.2	16172
2011	5002.41	678.75	2304.67	1844.46	460.21	2018.99	19525
2012	5675.18	780.5	2548.75	2009.77	538.98	2345.93	22075
2013	6330.69	844.69	2745.35	2155.22	607.37	2740.65	24539
2014	6836.82	900.76	2926.45	2263.2	681.34	3009.61	26433
2015	6790.32	954.09	2494.77	1778.1	730.88	3341.46	26165
2016	7200.37	983.39	2515.56	1757.53	776.35	3701.42	27643

注：1.1994年至2004年根据第一次经济普查结果进行了数据调整。

2.2003年及以前年份第一产业不包括农林牧渔服务业；交通运输仓储和邮政业包括电信业，不包括城市公共交通业；批发与零售业包括餐饮业(以下相关表同)。

3.2008年根据第二次经济普查结果进行了数据调整。

4.2013年起，数据根据新国民经济行业划分，第一产业不包括农林渔服务业，第二产业不包括开采辅助活动及金属制品、机械和设备修理业，归入第三产业。

5.2009年至2013年根据第三次经济普查结果进行了数据调整（以下相关表同）。

6.2016年全省生产总值中包含研究与开发支出（以下相关表同）。

a) Data of 1994 to 2004 were adjusted according to the First National Economic Census.

b) In 2003 and preceding years, the primary industry did not include service of agriculture, forestry, animal husbandry and fishery; Transport, storage and post included telecommunication services, but did not include urban public transport; Wholesale and retail trades included catering services. The same applies to the relevant tables following.

c) Data of 2008 were adjusted according to the Second National Economic Census.

d) Since 2013,data are divided according to the new National Economic Sectors,the first industry excludes Agriculture, forestry and fishery industry, and the second industry excludes mining ancillary activities, metal products, machinery and equipment repair industry,they are included in the third industry.

e) Data of 2009 to 2013 are adjusted according to the Third National Economic Census.The same applies to the relevant tables following.

f) Data of gross regional product in 2016 include the R&D data.The same applies to the relevant tables following.

3-2 历年生产总值构成
Composition of Gansu Gross Regional Product

单位：% 本表按当年价格计算。Data in this table are caculated at current prices. (%)

年 份 Year	生产总值 Gross Regional Product	第一产业 Primary Industry	第二产业 Secondary Industry			第三产业 Tertiary Industry
				工 业 Industry	建筑业 Construction	
1978	100	20.41	60.31	53.55	6.77	19.28
1979	100	19.09	60.70	54.66	6.04	20.20
1980	100	22.27	53.92	47.70	6.22	23.80
1981	100	24.87	49.80	44.20	5.60	25.34
1982	100	25.60	50.13	43.74	6.39	24.27
1983	100	30.22	46.91	41.01	5.90	22.87
1984	100	26.97	48.44	42.31	6.14	24.58
1985	100	26.81	47.66	40.96	6.70	25.53
1986	100	27.01	46.38	39.80	6.58	26.61
1987	100	28.38	42.88	36.52	6.36	28.74
1988	100	27.51	42.39	35.07	7.32	30.10
1989	100	27.21	42.33	35.80	6.53	30.46
1990	100	26.38	40.50	34.57	5.93	33.12
1991	100	24.52	41.24	35.81	5.42	34.24
1992	100	23.35	40.49	34.68	5.81	36.17
1993	100	23.49	42.97	36.73	6.24	33.54
1994	100	22.90	43.80	38.48	5.31	33.31
1995	100	19.84	46.05	40.57	5.48	34.12
1996	100	26.04	43.18	38.25	4.93	30.78
1997	100	23.97	42.57	36.13	6.44	33.47
1998	100	22.84	42.07	35.06	7.00	35.09
1999	100	20.06	42.88	34.19	8.69	37.06
2000	100	18.44	40.05	31.11	8.93	41.52
2001	100	18.48	40.70	31.59	9.11	40.82
2002	100	17.49	40.72	31.60	9.12	41.79
2003	100	17.00	40.86	32.02	8.84	42.14
2004	100	16.99	42.24	33.99	8.25	40.77
2005	100	15.93	43.36	35.46	7.90	40.71
2006	100	14.67	45.81	38.12	7.69	39.53
2007	100	14.33	47.31	39.34	7.97	38.35
2008	100	14.60	46.43	37.54	8.89	38.97
2009	100	14.29	45.59	36.24	9.35	40.12
2010	100	14.49	46.84	37.52	9.33	38.67
2011	100	13.57	46.07	36.87	9.20	40.36
2012	100	13.75	44.91	35.41	9.50	41.34
2013	100	13.34	43.37	34.04	9.59	43.29
2014	100	13.18	42.80	33.10	9.97	44.02
2015	100	14.05	36.74	26.19	10.76	49.21
2016	100	13.66	34.94	24.41	10.78	51.40

3-3 历年生产总值指数(上年=100)
Indices of Gansu Gross Regional Product (preceding year=100)

本表按不变价格计算。Data in this table are caculated at constant prices.

年份 Year	生产总值 Gross Regional Product	第一产业 Primary Industry	第二产业 Secondary Industry			第三产业 Tertiary Industry	人均生产总值 Per Capita GDP
				工业 Industry	建筑业 Construction		
1978	113.21	95.97	115.05	109.61	129.24	131.00	112.05
1979	101.41	87.43	104.89	106.45	97.21	108.88	100.04
1980	109.08	123.87	98.00	95.92	112.14	127.91	107.79
1981	91.56	93.83	85.90	84.07	86.29	102.79	90.32
1982	108.92	116.13	108.25	107.21	113.28	103.39	107.09
1983	114.86	112.64	113.14	112.07	119.42	110.13	113.41
1984	113.76	111.18	112.91	111.96	110.92	118.66	112.73
1985	113.19	108.13	113.51	110.30	129.78	118.20	111.81
1986	111.03	106.88	106.16	106.08	113.21	124.86	109.66
1987	108.92	106.54	102.41	101.94	103.42	122.05	107.21
1988	113.65	107.64	113.94	111.20	118.77	117.84	112.21
1989	108.75	105.99	109.75	108.79	108.23	109.33	106.52
1990	105.63	104.97	105.36	106.10	102.40	106.45	103.43
1991	106.57	101.61	108.99	108.90	108.90	107.70	104.49
1992	109.89	105.80	110.22	109.10	109.90	112.78	107.88
1993	111.57	108.81	113.58	114.10	110.20	111.09	110.08
1994	110.78	106.08	111.02	111.25	109.42	113.99	109.28
1995	110.36	103.15	109.99	110.09	109.29	115.87	108.23
1996	111.96	109.90	110.41	110.48	109.91	115.14	114.45
1997	109.08	98.06	110.02	110.26	108.31	114.52	103.59
1998	109.72	105.13	108.83	107.46	118.50	113.05	108.57
1999	109.03	99.48	108.48	97.67	178.65	114.15	107.99
2000	109.70	101.56	110.08	110.16	109.80	112.67	108.89
2001	109.76	107.56	109.51	109.99	107.84	110.99	109.07
2002	109.86	105.86	110.22	110.86	107.94	111.25	109.11
2003	110.74	105.48	111.73	112.86	107.62	111.96	110.98
2004	111.51	105.92	112.26	114.03	105.47	112.97	111.80
2005	111.84	105.80	113.15	115.25	104.47	112.82	111.20
2006	111.51	105.18	114.25	115.25	109.77	111.06	111.39
2007	112.30	104.18	116.80	116.50	118.50	110.50	112.28
2008	110.14	107.12	108.43	109.45	103.70	113.17	110.05
2009	110.30	105.10	110.63	109.88	114.34	111.64	110.15
2010	111.78	105.48	113.62	113.70	113.24	111.70	111.58
2011	112.52	105.90	115.30	116.34	111.09	111.65	112.32
2012	112.56	106.84	114.62	114.89	113.50	112.02	112.18
2013	110.76	105.50	111.15	110.99	111.81	111.95	110.37
2014	108.89	105.51	109.23	108.66	111.64	109.46	108.61
2015	108.08	105.39	107.38	106.99	109.13	109.73	107.72
2016	107.60	105.50	106.80	106.40	107.73	108.90	107.23

3-4 历年生产总值指数（1978=100）
Indices of Gansu Gross Regional Product (year of 1978=100)

本表按不变价格计算。 Date in this table are calculated at constant prices.

年 份 Year	生产总值 Gross Regional Product	第一产业 Primary Industry	第二产业 Secondary Industry	工 业 Industry	建筑业 Construction	第三产业 Tertiary Industry	人均生产总值 Per Capita GDP
1979	101.41	87.43	104.89	106.45	97.21	108.88	100.04
1980	110.62	108.30	102.79	102.11	109.01	139.27	107.79
1981	101.28	101.62	88.30	85.84	94.07	143.15	97.39
1982	110.32	118.01	95.58	92.03	106.56	148.01	104.30
1983	126.71	132.92	108.14	103.14	127.25	163.00	118.29
1984	144.14	147.79	122.10	115.47	141.15	193.42	133.34
1985	163.16	159.80	138.60	127.37	183.18	228.62	149.08
1986	181.15	170.79	147.14	135.11	207.38	285.45	163.48
1987	197.31	181.96	150.68	137.73	214.47	348.39	175.26
1988	224.25	195.87	171.69	153.16	254.73	410.55	197.54
1989	243.87	207.60	188.43	166.62	275.69	448.85	210.42
1990	257.60	217.92	198.53	176.79	282.31	477.80	217.65
1991	274.52	221.43	216.38	192.52	307.43	514.59	227.41
1992	301.67	234.27	238.49	210.04	337.87	580.36	245.32
1993	336.57	254.91	270.88	239.65	372.33	644.72	270.05
1994	372.85	270.40	300.73	266.63	407.40	734.89	295.10
1995	411.47	278.92	330.76	293.52	445.24	851.50	319.40
1996	460.70	306.53	365.20	324.29	489.38	980.43	365.55
1997	502.53	300.58	401.79	357.58	530.03	1122.79	378.69
1998	551.38	316.01	437.26	384.26	628.61	1269.37	411.15
1999	601.19	314.36	474.33	375.31	1123.01	1448.94	444.00
2000	659.51	319.24	522.13	413.42	1233.08	1632.51	483.49
2001	723.91	343.37	571.80	454.73	1329.81	1811.86	527.32
2002	795.32	363.48	630.23	504.11	1435.41	2015.76	575.34
2003	880.74	383.39	704.17	568.93	1544.75	2256.85	638.53
2004	982.12	406.08	790.48	648.76	1629.28	2549.45	713.90
2005	1098.47	429.88	894.45	747.71	1702.06	2876.38	793.86
2006	1224.87	452.14	1021.89	861.71	1868.29	3194.61	884.29
2007	1375.50	470.23	1193.60	1004.00	2214.00	3530.00	992.86
2008	1514.98	503.71	1294.22	1098.88	2295.92	3994.90	1092.62
2009	1671.02	529.40	1431.80	1207.45	2625.15	4459.91	1203.52
2010	1867.87	558.41	1626.81	1372.87	2972.72	4981.72	1342.89
2011	2101.73	591.36	1875.71	1597.20	3302.39	5562.09	1508.33
2012	2365.71	631.81	2149.94	1835.02	3748.21	6230.65	1692.04
2013	2620.26	666.56	2389.66	2036.69	4190.87	6975.21	1867.50
2014	2853.20	703.29	2610.23	2213.07	4678.69	7635.06	2028.29
2015	3083.74	741.20	2802.86	2367.76	5105.85	8377.95	2184.87
2016	3318.10	781.97	2993.45	2519.30	5500.53	9123.59	2342.84

3-5 历年第三产业增加值
Value-added of the Tertiary Industry

单位：亿元　　本表按当年价格计算。Data in this table are calculated at current prices.　　(100 million yuan)

年份 Year	第三产业 Tertiary Industry	#交通运输、仓储和邮政业 Transport,Storage and Post	#批发和零售业 Wholesale and Retail Trades	#住宿和餐饮业 Hotels and Catering Services	#金融业 Financial Intermediation	#房地产业 Real Estate
1978	12.48	3.23	4.55			
1979	13.64	3.26	4.83			
1980	17.59	3.27	6.86			
1981	17.96	3.50	7.07			
1982	18.66	3.74	7.18			
1983	20.93	4.07	8.63			
1984	25.36	5.14	10.16			
1985	31.50	7.36	11.40			
1986	37.45	9.33	12.71			
1987	45.85	10.67	15.67			
1988	57.74	10.94	22.55			
1989	66.04	11.82	29.08			
1990	80.41	12.01	30.64			
1991	92.93	12.45	31.17			
1992	114.93	14.18	39.15			
1993	124.85	15.03	43.11			
1994	151.07	21.40	50.17			
1995	190.28	28.72	66.99			
1996	222.42	33.66	78.86			
1997	265.58	43.74	89.54			
1998	311.48	52.20	98.34			
1999	354.42	60.26	107.15			
2000	437.13	78.38	112.81			
2001	459.34	89.00	121.28			
2002	514.83	107.01	129.91			
2003	589.91	124.99	140.18			
2004	688.41	121.91	117.54			
2005	787.36	144.70	130.78	53.53	44.73	63.78
2006	900.16	169.58	145.89	59.56	50.51	73.21
2007	1037.11	181.24	166.85	68.21	61.60	83.52
2008	1234.21	211.11	196.93	77.21	72.49	93.80
2009	1395.43	212.15	231.21	88.52	94.13	108.40
2010	1599.20	220.20	272.13	97.40	116.43	125.09
2011	2018.99	239.63	351.97	123.61	170.60	162.18
2012	2345.93	254.60	398.52	141.68	225.97	189.32
2013	2740.65	267.18	440.31	159.64	294.18	218.39
2014	3009.61	280.73	491.68	178.23	364.84	234.14
2015	3341.46	274.65	508.00	196.37	443.12	244.82
2016	3701.42	271.25	536.70	213.70	507.02	259.89

3-6 历年第三产业增加值构成
Composition of Value-added of the Tertiary Industry

单位：% 本表按当年价格计算。Data in this table are calculated at current prices. (%)

年份 Year	第三产业 Tertiary Industry	#交通运输、仓储和邮政业 Transport,Storage and Post	#批发和零售业 Wholesale and Retail Trades	#住宿和餐饮业 Hotels and Catering Services	#金融业 Financial Intermediation	#房地产业 Real Estate
1978	100.00	25.88	36.46			
1979	100.00	23.90	35.41			
1980	100.00	18.59	39.00			
1981	100.00	19.49	39.37			
1982	100.00	20.04	38.48			
1983	100.00	19.45	41.23			
1984	100.00	20.27	40.06			
1985	100.00	23.37	36.19			
1986	100.00	24.91	33.94			
1987	100.00	23.27	34.18			
1988	100.00	18.95	39.05			
1989	100.00	17.90	44.03			
1990	100.00	14.94	38.10			
1991	100.00	13.40	33.54			
1992	100.00	12.34	34.06			
1993	100.00	12.04	34.53			
1994	100.00	14.16	33.21			
1995	100.00	15.09	35.20			
1996	100.00	15.14	35.46			
1997	100.00	16.47	33.72			
1998	100.00	16.76	31.57			
1999	100.00	17.00	30.23			
2000	100.00	17.93	25.81			
2001	100.00	19.38	26.40			
2002	100.00	20.79	25.23			
2003	100.00	21.19	23.76			
2004	100.00	17.71	17.07			
2005	100.00	18.38	16.61	6.80	5.68	8.10
2006	100.00	18.84	16.21	6.62	5.61	8.13
2007	100.00	17.48	16.09	6.58	5.94	8.05
2008	100.00	17.10	15.96	6.26	5.87	7.60
2009	100.00	15.20	16.57	6.34	6.75	7.77
2010	100.00	13.77	17.02	6.09	7.28	7.82
2011	100.00	11.87	17.43	6.12	8.45	8.03
2012	100.00	10.85	16.99	6.04	9.63	8.07
2013	100.00	9.75	16.07	5.82	10.73	7.97
2014	100.00	9.33	16.34	5.92	12.12	7.78
2015	100.00	8.22	15.20	5.88	13.26	7.33
2016	100.00	7.33	14.50	5.77	13.70	7.02

3-7 历年第三产业增加值指数（上年＝100）
Indices of Value-added of the Tertiary Industry (preceding year=100)

本表按不变价格计算。Data in this table are calculated at constant prices.

年 份 Year	第三产业 Tertiary Industry	#交通运输、仓储和邮政业 Transport,Storage and Post	#批发和零售业 Wholesale and Retail Trades	#住宿和餐饮业 Hotels and Catering Services	#金融业 Financial Intermediation	#房地产业 Real Estate
1978	131.00	105.47	122.01			
1979	108.88	99.98	104.99			
1980	127.91	104.36	136.72			
1981	102.79	105.21	106.03			
1982	103.39	102.97	101.84			
1983	110.13	113.70	112.24			
1984	118.66	120.99	117.92			
1985	118.20	129.54	112.04			
1986	124.86	109.69	150.03			
1987	122.05	110.21	135.24			
1988	117.84	111.10	124.30			
1989	109.33	112.20	114.20			
1990	106.45	97.30	105.60			
1991	107.70	105.40	109.20			
1992	112.78	108.00	120.10			
1993	111.09	109.60	116.70			
1994	113.99	121.07	115.19			
1995	115.87	122.91	116.16			
1996	115.14	121.77	115.38			
1997	114.52	124.56	109.34			
1998	113.05	119.04	109.61			
1999	114.15	116.58	111.29			
2000	112.67	119.80	108.21			
2001	110.99	114.42	108.51			
2002	111.25	121.77	108.74			
2003	111.96	121.77	108.13			
2004	112.97	122.88	108.86			
2005	112.82	114.28	111.02	111.90	102.10	107.80
2006	111.06	107.57	110.23	110.00	110.20	110.70
2007	110.50	106.40	109.50	104.90	107.50	110.10
2008	113.17	107.99	109.38	99.11	109.38	101.38
2009	111.64	100.10	115.33	108.94	122.31	110.77
2010	111.70	101.19	112.73	103.72	121.85	111.90
2011	111.65	101.38	113.29	108.11	121.52	113.85
2012	112.02	100.21	110.38	108.63	124.08	112.09
2013	111.95	100.53	107.69	104.24	124.02	110.85
2014	109.46	104.57	110.52	108.25	121.76	105.37
2015	109.73	99.67	102.30	107.36	121.52	105.59
2016	108.90	99.33	104.71	107.04	114.39	106.44

3-8 历年第三产业增加值指数(1978年＝100)
Indices of Value-added of the Tertiary Industry (year of 1978=100)

本表按不变价格计算。Data in this table are calculated at constant prices.

年 份 Year	第三产业 Tertiary Industry	#交通运输、仓储和邮政业 Transport,Storage and Post	#批发和零售业 Wholesale and Retail Trades	#住宿和餐饮业 Hotels and Catering Services	#金融业 Financial Intermediation	#房地产业 Real Estate
1979	108.9	100.0	105.0			
1980	139.3	104.3	143.5			
1981	143.2	109.8	152.2			
1982	148.0	113.0	155.0			
1983	163.0	128.5	174.0			
1984	193.4	155.5	205.1			
1985	228.6	201.4	229.8			
1986	285.5	221.0	344.8			
1987	348.4	243.5	466.4			
1988	410.6	270.5	579.7			
1989	448.9	303.5	662.0			
1990	477.8	295.3	699.1			
1991	514.6	311.3	763.4			
1992	580.4	336.2	916.8			
1993	644.7	368.5	1069.9			
1994	734.9	446.1	1232.5			
1995	851.5	548.3	1431.7			
1996	980.4	667.7	1651.9			
1997	1122.8	831.7	1806.1			
1998	1269.4	990.0	1979.7			
1999	1448.9	1154.2	2203.2			
2000	1632.5	1382.6	2384.0			
2001	1811.9	1582.0	2586.7			
2002	2015.8	1926.4	2812.9			
2003	2256.9	2345.8	3041.5			
2004	2549.5	2882.4	3310.9			
2005	2876.4	3294.1	3675.9	100.0	100.0	100.0
2006	3194.6	3543.3	4051.9	110.0	110.2	110.7
2007	3530.0	3770.1	4436.9	115.4	118.5	121.9
2008	3994.9	4071.3	4853.0	114.4	129.6	123.6
2009	4459.9	4075.4	5597.0	124.6	158.5	136.9
2010	4981.7	4123.9	6309.5	129.2	193.1	153.2
2011	5562.1	4180.8	7148.0	139.7	234.7	174.4
2012	6230.7	4189.6	7890.0	151.8	291.2	195.5
2013	6975.3	4211.8	8496.7	158.2	361.1	216.7
2014	7635.1	4404.3	9390.6	171.3	439.7	228.3
2015	8378.0	4389.8	9606.6	183.9	534.3	241.1
2016	9123.6	4360.4	10059.1	196.9	611.2	256.6

注：住宿和餐饮业、金融业、房地产业均以2005年为不变价格计算(2005年=100)。
a) Hotels and catering services, financial intermediation, real estate are all calculated at constant prices of 2005.(year of 2005=100)

3-9 生产总值项目构成(2016)
Composition of Gansu Gross Regional Product by Item (2016)

单位：亿元 (100 million yuan)

项 目	Item	增加值 Added Value	劳动者报酬 Compensation of Employees	生产税净额 Net Taxes on Production	固定资产折旧 Depreciation of Fixed Asset	营业盈余 Operating Surplus
生产总值	**Gross Regional Product**	**7200.37**	**3698.07**	**1055.41**	**1198.14**	**1248.75**
按照国民经济行业分	**By Sector**					
农、林、牧、渔业	Agriculture, Forestry, Animal, Husbandry and Fishery	1027.73	953.43		74.30	
工业	Industry	1757.53	463.16	482.07	478.00	334.29
建筑业	Construction	776.35	436.48	149.74	34.86	155.27
批发和零售业	Wholesale and Retail Trades	536.70	107.26	211.51	27.21	190.72
交通运输、仓储和邮政业	Transport,Storage and Post	271.25	133.61	23.23	52.40	62.02
住宿和餐饮业	Hotels and Catering Services	213.70	102.44	36.86	26.99	47.41
信息传输、软件和信息技术服务业	Information Transmission,Computer Services and Software	215.66	18.59	28.40	102.05	66.62
金融业	Financial Intermediation	507.02	132.27	53.13	21.95	299.67
房地产业	Real Estate	259.89	36.36	39.59	159.41	24.52
租赁和商务服务业	Leasing and Business Services	303.75	179.07	16.89	88.25	19.54
科学研究和技术服务业	Scientific Research,Technical Services	120.65	58.79	3.76	45.92	12.18
水利、环境和公共设施管理业	Management of Water Conservancy, Environment and Public Facilities	45.18	29.22	0.31	11.52	4.13
居民服务、修理和其他服务业	Services to Households and Other Services	135.02	112.96	4.98	5.82	11.26
教育	Education	308.80	276.66	0.40	30.81	0.93
卫生和社会工作	Health,Social Security and Social Welfare	137.81	129.95	0.44	0.67	6.74
文化、体育和娱乐业	Culture, Sports and Entertainment	65.63	46.94	3.05	10.71	4.93
公共管理、社会保障和社会组织	Public Management and Social Organizations	517.72	480.87	1.05	27.26	8.53
按产业分	**By Industry**					
第一产业	Primary Industry	983.39	912.29		71.10	
第二产业	Secondary Industry	2515.56	891.26	627.71	510.31	486.28
第三产业	Tertiary Industry	3701.42	1894.52	427.70	616.72	762.48

注：本表按2012年国民经济行业划分标准统计。

a) Data in this table are counted according to the 2012 classification criteria of national economy sector.

3-10 三次产业贡献率

Share of the Contributions of the Three Strata of Industry to the Increase of Gross Regional Product

单位：% 本表按不变价格计算。 Date in this table are calculated at constant prices. (%)

年 份 Year	生产总值 Gross Regional Product	第一产业 Primary Industry	第二产业 Secondary Industry	#工 业 Industry	第三产业 Tertiary Industry
1995	100	7.12	41.52	36.70	51.36
1996	100	18.10	37.35	32.90	44.55
1997	100	-4.59	46.70	41.88	57.89
1998	100	10.20	38.76	28.75	51.05
1999	100	-1.07	39.74	-9.50	61.33
2000	100	2.71	43.75	34.40	53.54
2001	100	14.27	39.00	31.84	46.71
2002	100	10.72	41.39	34.32	47.89
2003	100	8.90	43.78	37.67	47.34
2004	100	8.52	43.07	39.08	48.41
2005	100	7.89	45.20	42.21	46.91
2006	100	7.17	53.69	46.98	39.14
2007	100	4.87	60.57	48.93	34.56
2008	100	9.77	38.42	35.43	51.81
2009	100	6.71	46.96	36.21	46.33
2010	100	6.01	52.76	43.77	41.23
2011	100	6.83	57.21	48.95	35.96
2012	100	7.42	55.87	45.97	36.71
2013	100	6.34	50.31	40.43	43.35
2014	100	7.32	50.66	38.67	42.02
2015	100	7.63	44.64	34.26	47.74
2016	100	10.07	32.76	22.18	57.17

注：产业贡献率指各产业增加值增量与生产总值增量之比。

a) Share of the contributions of the three strata of industry to the increase of gross regional product refers to the proportion of the increment of the valu

3-11 三次产业对生产总值增长的拉动
Contribution of the Three Strata of Industry to GDP Growth

单位：百分点　　本表按不变价格计算。Date in this table are calculated at constant prices.　　(perecentage points)

年 份 Year	生产总值 Gross Regional Product	第一产业 Primary Industry	第二产业 Secondary Industry	#工 业 Industry	第三产业 Tertiary Industry
1995	10.36	0.74	4.30	3.80	5.32
1996	11.96	2.17	4.47	3.94	5.33
1997	9.08	-0.42	4.24	3.80	5.26
1998	9.72	0.99	3.77	2.79	4.96
1999	9.03	-0.10	3.59	-0.85	5.54
2000	9.70	0.26	4.24	3.34	5.19
2001	9.76	1.39	3.81	3.11	4.56
2002	9.86	1.06	4.08	3.39	4.72
2003	10.74	0.95	4.70	4.05	5.08
2004	11.51	0.98	4.96	4.50	5.57
2005	11.84	0.93	5.35	5.00	5.55
2006	11.51	0.82	6.18	5.41	4.51
2007	12.30	0.60	7.45	6.02	4.25
2008	10.14	0.99	3.90	3.59	5.25
2009	10.30	0.69	4.84	3.73	4.77
2010	11.78	0.71	6.22	5.16	4.86
2011	12.52	0.86	7.16	6.13	4.50
2012	12.56	0.93	7.02	5.77	4.61
2013	10.76	0.68	5.41	4.35	4.66
2014	8.89	0.65	4.50	3.44	3.74
2015	8.08	0.62	3.61	2.77	3.86
2016	7.60	0.77	2.49	1.69	4.34

注：三次产业拉动指生产总值增长速度与各产业贡献率之乘积。
a) Contribution of the three strata of industry to GDP growth refers to the growth rate of GDP multiplied by the contribution share of every industry.

3-12 历年按支出法计算的生产总值
Gansu Gross Regional Product by Expenditure Approach

本表按当年价格计算 。Data in this table are caculated at current prices.

年 份 Year	支出法生产总值（亿元）Gross Regional Product by Expenditure Approach (100 million yuan)	最终消费 Final Consumption Expenditures	资本形成总额 Gross Capital Formation	货物和服务净出口 Net Exports of Goods and Services	投资率 (%) Capital Formation Rate (%)	消费率 (%) Final Corsumption Rate (%)
1978	64.73	43.12	30.73	-9.12	47.47	66.62
1979	67.51	46.57	30.04	-9.10	44.50	68.98
1980	73.90	53.77	24.38	-4.25	32.99	72.76
1981	70.89	57.24	22.32	-8.67	31.49	80.74
1982	76.88	61.32	25.34	-9.78	32.96	79.76
1983	91.50	68.10	31.58	-8.18	34.51	74.43
1984	103.17	73.43	35.46	-5.72	34.37	71.17
1985	123.39	86.23	47.16	-10.00	38.22	69.88
1986	140.74	104.24	60.02	-23.52	42.65	74.07
1987	159.52	119.56	62.02	-22.06	38.88	74.95
1988	191.84	139.60	77.57	-25.33	40.43	72.77
1989	216.84	158.00	90.06	-31.22	41.53	72.86
1990	242.80	170.20	104.91	-32.31	43.21	70.10
1991	271.39	195.73	113.17	-37.51	41.70	72.12
1992	317.79	227.96	130.90	-41.07	41.19	71.73
1993	372.24	263.00	152.27	-43.03	40.91	70.65
1994	453.61	322.59	177.10	-46.09	39.04	71.12
1995	557.76	385.35	221.20	-48.78	39.66	69.09
1996	722.52	503.16	277.46	-58.10	38.40	69.64
1997	793.57	543.95	323.18	-73.56	40.72	68.54
1998	887.67	563.03	366.34	-41.70	41.27	63.43
1999	956.32	592.61	413.12	-49.41	43.20	61.97
2000	1052.88	635.71	453.44	-36.27	43.07	60.38
2001	1125.37	702.29	523.05	-99.97	46.48	62.41
2002	1232.03	770.54	586.44	-124.95	47.60	62.54
2003	1399.83	863.46	672.98	-136.61	48.08	61.68
2004	1688.49	1047.66	817.23	-176.40	48.40	62.05
2005	1933.98	1217.63	916.96	-200.61	47.41	62.96
2006	2277.35	1367.12	1090.73	-180.50	47.89	60.03
2007	2703.98	1593.89	1322.52	-212.43	48.91	58.95
2008	3166.82	1897.06	1621.28	-351.52	51.20	59.90
2009	3478.07	2127.01	1915.97	-564.91	55.09	61.15
2010	4135.86	2462.03	2343.52	-669.69	56.66	59.53
2011	5002.41	2967.02	2872.27	-836.88	57.42	59.31
2012	5675.18	3327.97	3298.05	-950.84	58.11	58.64
2013	6330.69	3708.44	3778.97	-1156.72	59.69	58.58
2014	6836.82	4035.59	4150.35	-1349.12	60.71	59.03
2015	6790.32	4374.19	4448.84	-2032.71	65.52	64.42
2016	7200.37	4751.39	4875.11	-2426.13	67.71	65.99

3-13 历年最终消费及构成
Final Consumption Expenditures and Its Composition

本表按当年价格计算。 Data in this table are caculated at current prices.

年份 Year	最终消费(亿元) Final Consumption Expenditures (100 million yuan)	居民消费支出 Household Consumption Expenditures	城镇居民 Urban Household	农村居民 Rural Household	政府消费支出 Government Consumption Expenditures	最终消费支出=100 Final Consumption Expenditures=100 居民消费 Household Consumption	政府消费 Government Consumption	居民消费支出=100 Resident Consumption Expenditures=100 城镇居民 Urban Household	农村居民 Rural Household
1978	43.12	31.90	13.92	17.98	11.22	73.98	26.02	43.64	56.36
1979	46.57	34.98	15.24	19.74	11.59	75.11	24.89	43.57	56.43
1980	53.77	39.81	17.99	21.82	13.96	74.04	25.96	45.19	54.81
1981	57.24	42.74	18.24	24.50	14.50	74.67	25.33	42.68	57.32
1982	61.32	47.05	20.53	26.52	14.27	76.73	23.27	43.63	56.37
1983	68.10	51.54	22.10	29.44	16.56	75.68	24.32	42.88	57.12
1984	73.43	55.99	24.26	31.73	17.44	76.25	23.75	43.33	56.67
1985	86.23	66.10	28.12	37.98	20.13	76.66	23.34	42.54	57.46
1986	104.24	77.82	34.98	42.84	26.42	74.65	25.35	44.95	55.05
1987	119.56	90.63	40.69	49.94	28.93	75.80	24.20	44.90	55.10
1988	139.60	107.43	48.70	58.73	32.17	76.96	23.04	45.33	54.67
1989	158.00	120.26	52.92	67.34	37.74	76.11	23.89	44.00	56.00
1990	170.20	130.36	58.22	72.14	39.84	76.59	23.41	44.66	55.34
1991	195.73	147.60	65.05	82.55	48.13	75.41	24.59	44.07	55.93
1992	227.96	170.10	73.25	96.85	57.86	74.62	25.38	43.06	56.94
1993	263.00	194.69	89.21	105.48	68.31	74.03	25.97	45.82	54.18
1994	322.59	239.33	111.35	127.98	83.26	74.19	25.81	46.53	53.47
1995	385.35	291.08	139.69	151.39	94.27	75.54	24.46	47.99	52.01
1996	503.16	397.93	200.59	197.35	105.23	79.09	20.91	50.41	49.59
1997	543.95	430.74	234.37	196.38	113.21	79.19	20.81	54.41	45.59
1998	563.03	437.87	243.54	194.33	125.16	77.77	22.23	55.62	44.38
1999	592.61	460.49	264.66	195.83	132.13	77.70	22.30	57.47	42.53
2000	635.71	496.35	290.28	206.07	139.37	78.08	21.92	58.48	41.52
2001	702.29	538.73	320.46	218.26	163.57	76.71	23.29	59.49	40.51
2002	770.54	594.61	374.50	220.11	175.92	77.17	22.83	62.98	37.02
2003	863.46	668.37	423.52	244.85	195.08	77.41	22.59	63.37	36.63
2004	1047.66	775.53	498.44	277.09	272.13	74.02	25.98	64.27	35.73
2005	1217.63	893.15	561.93	331.22	324.48	73.35	26.65	62.92	37.08
2006	1367.12	970.01	637.11	332.90	397.11	70.95	29.05	65.68	34.32
2007	1593.89	1094.83	738.26	356.57	499.06	68.69	31.31	67.43	32.57
2008	1897.06	1261.14	836.85	424.29	635.92	66.48	33.52	66.36	33.64
2009	2127.01	1406.38	940.55	465.83	720.63	66.12	33.88	66.88	33.12
2010	2462.03	1594.37	1078.83	515.54	867.66	64.76	35.24	67.66	32.34
2011	2967.02	1919.68	1274.08	645.60	1047.34	64.70	35.30	66.37	33.63
2012	3327.97	2196.03	1468.20	727.83	1131.94	65.99	34.01	66.86	33.14
2013	3708.44	2480.71	1661.31	819.40	1227.73	66.89	33.11	66.97	33.03
2014	4035.59	2761.81	1896.57	865.24	1273.78	68.44	31.56	68.67	31.33
2015	4374.19	3079.86	2145.38	934.48	1294.33	70.41	29.59	69.66	30.34
2016	4751.39	3408.49	2418.28	990.21	1342.90	71.74	28.26	70.95	29.05

3-14 历年资本形成及构成
Gross Capital Formation and Its Composition

本表按当年价格计算。Data in this table are caculated at current prices .

年份 Year	资本形成总额(亿元) Gross Capital Formation (100 million yuan)	固定资本形成总额 Gross Fixed Capital Formation	存货变动 Change in Inventories	构成(资本形成总额为100) Composition(Total=100) 固定资本形成总额 Gross Fixed Capital Formation	存货变动 Change in Inventories
1978	30.73	28.16	2.57	91.64	8.36
1979	30.04	27.42	2.62	91.28	8.72
1980	24.38	22.18	2.20	90.98	9.02
1981	22.32	19.79	2.53	88.66	11.34
1982	25.34	21.87	3.47	86.31	13.69
1983	31.58	26.84	4.74	84.99	15.01
1984	35.46	29.65	5.81	83.62	16.38
1985	47.16	39.17	7.99	83.06	16.94
1986	60.02	45.83	14.19	76.36	23.64
1987	62.02	52.19	9.83	84.15	15.85
1988	77.57	53.64	23.93	69.15	30.85
1989	90.06	59.78	30.28	66.38	33.62
1990	104.91	67.19	37.72	64.05	35.95
1991	113.17	76.47	36.70	67.57	32.43
1992	130.9	85.73	45.17	65.49	34.51
1993	152.27	98.42	53.85	64.64	35.36
1994	177.10	116.57	60.54	65.82	34.18
1995	221.20	146.35	74.84	66.16	33.84
1996	277.46	188.67	88.79	68.00	32.00
1997	323.18	229.49	93.69	71.01	28.99
1998	366.34	258.10	108.24	70.45	29.55
1999	413.12	310.90	102.22	75.26	24.74
2000	453.44	373.90	79.54	82.46	17.54
2001	523.05	463.13	59.91	88.55	11.45
2002	586.44	534.75	51.70	91.18	8.82
2003	672.98	617.62	55.37	91.77	8.23
2004	817.23	756.02	61.21	92.51	7.49
2005	916.96	874.52	42.44	95.37	4.63
2006	1090.73	1027.78	62.95	94.23	5.77
2007	1322.52	1221.96	100.56	92.40	7.60
2008	1621.28	1493.47	127.81	92.12	7.88
2009	1915.97	1788.34	127.63	93.34	6.66
2010	2343.52	2177.89	165.63	92.93	7.07
2011	2872.27	2685.76	186.51	93.51	6.49
2012	3298.05	3128.68	169.37	94.86	5.14
2013	3778.97	3649.14	129.83	96.56	3.44
2014	4150.35	4116.72	33.63	99.19	0.81
2015	4448.84	4412.26	36.58	99.18	0.82
2016	4875.11	4894.02	-18.91	100.39	-0.39

3-15 居民消费支出
Household Consumption Expenditure

单位：亿元　　本表按当年价格计算。Data in this table are caculated at current prices.　　(100 million yuan)

指　标	Item	2010	2011	2015	2016
居民消费	**Resident Consumption**	**1594.37**	**1919.68**	**3079.86**	**3408.49**
城镇居民	**Urban Household**	**1078.83**	**1274.08**	**2145.38**	**2418.28**
食品烟酒	Foods,Tobacco&Wine	336.16	400.90	663.58	745.51
衣　着	Clothing	114.02	140.93	220.78	231.75
居住(含自有住房服务)	Residence(Include the Owned Housing Services)	152.37	215.87	352.79	388.65
生活用品及服务	Household Facilities,Articles and Services	54.31	64.40	124.92	142.81
交通和通信	Transportation and Communications	97.80	123.63	202.11	236.83
教育文化娱乐	Recreation,Education and Culture Articles	103.25	111.03	225.49	256.85
医疗保健	Health Care and Personal Articles	102.56	88.76	160.24	189.52
银行中介服务	Financial Service	41.03	46.51	94.34	110.11
保险服务	Insurance Service	22.76	25.10	36.87	42.80
其他商品和服务	Others	54.57	56.95	64.25	73.45
农村居民	**Rural Household**	**515.54**	**645.60**	**934.48**	**990.21**
食品烟酒	Foods,Tobacco&Wine	216.90	242.77	298.89	305.00
衣着	Clothing	30.38	38.68	62.53	63.26
居住(含自有住房服务)	Residence(Include the Owned Housing Services)	87.15	101.78	146.17	158.78
生活用品及服务	Household Facilities,Articles and Services	27.12	33.42	52.44	52.85
交通和通信	Transportation and Communications	18.97	57.49	98.04	105.70
教育文化娱乐	Recreation,Education and Culture Articles	39.25	45.90	64.00	70.75
医疗保健	Health Care and Personal Articles	65.27	89.20	149.18	166.67
银行中介服务	Financial Service	13.64	14.53	27.29	29.96
保险服务	Insurance Service	9.28	9.77	13.65	14.90
其他商品和服务	Others	7.58	12.06	22.30	22.34

3-16 历年居民消费水平及指数
Household Consumption Level and Indices

本表绝对数按当年价格计算，指数按不变价格计算。
Level in this table are calculated at current prices, while indices are calculated at constant prices.

年份 Year	居民消费水平（元/人）Household Consumption Level (yuan/person)	城镇居民 Urban Household	农村居民 Rural Household	指数（1978年=100）Index (1978=100)	城镇居民 Urban Household	农村居民 Rural Household	指数（上年=100）Index (preceding year=100)	城镇居民 Urban Household	农村居民 Rural Household
1978	168	535	112	100.0	100.0	100.0	112.8	102.2	103.3
1980	208	647	133	115.1	122.0	120.4	111.6	114.7	103.7
1985	323	881	220	171.7	150.2	192.5	105.4	102.6	109.2
1990	590	1608	392	194.3	160.2	227.0	99.4	98.6	99.3
1991	655	1730	440	203.6	170.6	234.3	104.8	106.5	103.2
1992	741	1888	508	218.3	186.8	244.2	107.2	109.5	104.2
1993	837	2241	547	231.4	201.4	251.5	106.0	107.8	103.0
1994	1013	2245	686	248.4	206.9	278.2	107.4	102.7	110.6
1995	1209	2516	817	268.5	208.2	303.5	108.1	100.7	109.1
1996	1623	3510	1049	298.9	233.4	334.2	111.3	112.1	110.1
1997	1737	4010	1036	307.7	259.5	319.4	103.0	111.2	95.6
1998	1747	4088	1017	310.4	267.1	313.9	100.9	102.9	98.3
1999	1819	4365	1018	330.8	319.8	290.0	106.6	119.7	92.4
2000	1947	4736	1064	361.0	356.7	306.0	109.1	111.5	105.5
2001	2099	5148	1123	384.7	385.8	315.9	106.6	108.2	103.3
2002	2301	5743	1139	424.9	433.6	322.7	110.5	112.4	102.2
2003	2592	6160	1295	473.5	460.8	361.7	111.4	106.3	112.1
2004	3016	6923	1497	523.2	492.0	396.7	110.5	106.8	109.7
2005	3453	7410	1812	573.3	512.1	447.2	109.6	104.1	112.7
2006	3810	8190	1883	624.4	559.2	458.4	108.9	109.2	102.5
2007	4298	9150	2048	667.5	593.9	468.9	106.9	106.2	102.3
2008	4947	9975	2480	709.5	599.2	522.4	106.3	100.9	111.4
2009	5509	10765	2774	779.7	641.2	571.5	109.9	107.0	109.4
2010	6234	11881	3126	847.6	677.7	621.7	108.7	105.7	108.8
2011	7493	13574	3977	945.9	719.0	734.3	111.6	106.1	118.1
2012	8542	15048	4563	1057.5	780.9	828.3	111.8	108.6	112.8
2013	9616	16327	5245	1181.2	844.1	938.4	111.7	108.1	113.3
2014	10678	17925	5661	1308.8	925.1	1006.9	110.8	109.6	107.3
2015	11868	19480	6255	1434.4	990.8	1097.5	109.6	107.1	109.0
2016	13086	21128	6781	1560.6	1063.1	1167.7	108.8	107.3	106.4

3-17 各地区生产总值（2016）
Gross Regional Product by Region (2016)

单位：万元 (10 000 yuan)

地 区	Region	生产总值 Gross Regional Product	第一产业 Primary Industry	第二产业 Secondary Industry	工 业 Industry	建筑业 Construction	第三产业 Tertiary Industry	#交通运输、仓储和邮政业 Transport, Storage and Post	#信息传输、软件和信息技术服务业 Information Transmission, Software and Information Technology Services	#批发和零售业 Wholesale and Retail Trades
兰州市	Lanzhou	22642318	603568	7900955	5268264	2671192	14137795	1242763	597086	2136239
嘉峪关市	Jiayuguan	1534088	44352	603208	501356	101852	886527	82232	78599	123970
金昌市	Jinchang	2078152	207180	1041350	725524	319915	829621	43196	56617	113618
白银市	Baiyin	4422085	619819	1781063	1251757	532605	2021203	187029	94524	371232
天水市	Tianshui	5905136	1003875	1899801	1268445	700219	3001460	269985	241478	623641
武威市	Wuwei	4617272	1082737	1707372	1123097	607373	1827164	200986	77189	261027
张掖市	Zhangye	3999436	1024188	1101312	706157	411511	1873936	224955	78507	259760
平凉市	Pingliang	3672960	1029954	910570	486528	424237	1732436	108766	72602	178335
酒泉市	Jiuquan	5779341	871890	2022191	1308575	723797	2885260	484311	51966	496926
庆阳市	Qingyang	5978324	854897	2854718	2552300	416550	2268709	90384	147428	344410
定西市	Dingxi	3310768	787477	754374	434061	320313	1768917	83458	111587	251140
陇南市	Longnan	3398884	738565	733168	440073	293095	1927151	91752	113462	238068
临夏州	Linxia	2301067	383650	463294	258681	204613	1454123	31062	136266	180997
甘南州	Gannan	1359521	291206	218467	182105	36362	849848	22151	30139	66021

3-17 续表 continued

单位：万元 (10 000 yuan)

地 区	Region	#住宿和餐饮业 Hotels and Catering Services	#金融业 Financial Intermediation	#房地产业 Real Estate	#科学研究、技术服务和地质勘查业 Scientific Research,Technical Service and Geologic Prospecting	#水利、环境和公共设施管理业 Management of Water Conservancy, Environment and Public Facilities	#教 育 Education	#卫生、社会保障和社会福利业 Health, Social Security and Social Welfare	人均生产总值（元） Per Capita GDP (yuan)
兰州市	Lanzhou	603379	1985081	985549	690579	105402	1041540	378480	61207
嘉峪关市	Jiayuguan	29135	97779	58087	9533	14009	33560	30514	62641
金昌市	Jinchang	38501	142548	41820	9834	6009	52022	35932	44202
白银市	Baiyin	109724	229847	106976	28507	49979	188111	115026	25813
天水市	Tianshui	147016	220131	222325	47025	19468	315209	107495	17800
武威市	Wuwei	67023	186906	138327	38151	37994	213610	100337	25396
张掖市	Zhangye	119715	189479	120694	28050	53320	149050	71843	32729
平凉市	Pingliang	103179	287723	201163	30311	12730	160851	71399	17486
酒泉市	Jiuquan	169471	267822	270083	59520	86800	155803	173852	51721
庆阳市	Qingyang	189178	246284	118607	23573	17916	306587	68544	26734
定西市	Dingxi	97825	208969	182030	51109	7999	261024	86168	11892
陇南市	Longnan	128740	244985	320374	19389	17907	214008	85088	13085
临夏州	Linxia	110549	155848	96904	11025	10985	115127	44030	11395
甘南州	Gannan	80699	108368	32595	6713	6220	89761	39167	19213

3-18 各地区生产总值构成（2016）
Composition of Gross Regional Product by Region(2016)

单位：% (%)

地 区	Region	地区生产总值 Gross Regional Product	第一产业 Primary Industry	第二产业 Secondary Industry	工 业 Industry	建筑业 Construction	第三产业 Tertiary Industry	#交通运输、仓储和邮政业 Transport, Storage and Post	#批发和零售业 Wholesale and Retail Trades	#住宿和餐饮业 Hotels and Catering Services
兰州市	Lanzhou	100	2.67	34.89	23.27	11.80	62.44	5.49	9.43	2.66
嘉峪关市	Jiayuguan	100	2.89	39.32	32.68	6.64	57.79	5.36	8.08	1.90
金昌市	Jinchang	100	9.97	50.11	34.91	15.39	39.92	2.08	5.47	1.85
白银市	Baiyin	100	14.01	40.28	28.31	12.04	45.71	4.23	8.39	2.48
天水市	Tianshui	100	17.00	32.17	21.48	11.86	50.83	4.57	10.56	2.49
武威市	Wuwei	100	23.45	36.98	24.32	13.15	39.57	4.35	5.65	1.45
张掖市	Zhangye	100	25.61	27.54	17.66	10.29	46.85	5.62	6.49	2.99
平凉市	Pingliang	100	28.04	24.79	13.25	11.55	47.17	2.96	4.86	2.81
酒泉市	Jiuquan	100	15.09	34.99	22.64	12.52	49.92	8.38	8.60	2.93
庆阳市	Qingyang	100	14.30	47.75	42.69	6.97	37.95	1.51	5.76	3.16
定西市	Dingxi	100	23.78	22.79	13.11	9.67	53.43	2.52	7.59	2.95
陇南市	Longnan	100	21.73	21.57	12.95	8.62	56.70	2.70	7.00	3.79
临夏州	Linxia	100	16.67	20.14	11.24	8.89	63.19	1.35	7.87	4.80
甘南州	Gannan	100	21.42	16.07	13.39	2.67	62.51	1.63	4.86	5.94

3-19 各地区生产总值指数（2016）
Indices of Gross Regional Product by Region (2016)

(上年=100) (preceding year=100)

地 区	Region	地区生产总值 Gross Regional Product	第一产业 Primary Industry	第二产业 Secondary Industry	工 业 Industry	建筑业 Construction	第三产业 Tertiary Industry	#交通运输、仓储和邮政业 Transport, Storage and Post	#批发和零售业 Wholesale and Retail Trades	#住宿和餐饮业 Hotels and Catering Services	人均生产总值 Per Capita GDP
兰州市	Lanzhou	108.3	106.0	104.3	102.8	107.3	110.9	102.3	104.7	106.7	107.7
嘉峪关市	Jiayuguan	107.3	105.6	103.1	102.7	107.3	113.4	100.1	86.7	106.8	106.3
金昌市	Jinchang	106.4	105.3	105.8	105.3	107.5	107.8	101.6	105.2	106.8	106.5
白银市	Baiyin	107.4	105.2	105.9	105.5	107.2	109.7	101.2	103.6	106.8	107.1
天水市	Tianshui	108.6	105.9	108.8	109.7	107.3	109.3	99.6	106.5	106.9	108.2
武威市	Wuwei	108.5	106.3	109.0	109.9	107.4	109.3	100.0	105.9	106.6	108.3
张掖市	Zhangye	108.0	105.5	107.9	108.4	107.1	109.3	100.8	105.0	107.0	107.5
平凉市	Pingliang	107.0	105.8	105.6	104.4	107.3	108.5	102.4	106.4	106.9	106.7
酒泉市	Jiuquan	106.5	106.2	105.2	104.4	107.5	107.4	109.7	106.9	107.0	106.1
庆阳市	Qingyang	108.2	105.7	108.8	109.0	107.5	108.1	104.2	106.1	106.4	107.7
定西市	Dingxi	107.0	105.0	108.3	109.4	107.1	107.4	99.5	106.7	106.5	106.6
陇南市	Longnan	108.4	105.5	107.7	107.9	107.4	109.9	102.2	106.3	107.0	108.1
临夏州	Linxia	108.3	106.0	108.2	110.6	107.3	108.9	102.4	106.4	106.8	107.7
甘南州	Gannan	105.6	105.1	108.2	108.4	107.1	105.1	101.8	104.2	104.5	105.0

3-20 各地县生产总值（2016）
Gross Regional Product by Region, County (2016)

单位：万元 (10 000 yuan)

地 区	Region	地区生产总值 Gross Regional Product	第一产业 Primary Industry	第二产业 Secondary Industry	工 业 Industry	建筑业 Construction
兰州市	**Lanzhou**	**22642318**	**603568**	**7900955**	**5268264**	**2671192**
城关区	Chengguan	8536505	21524	1166860	494032	679500
七里河区	Qilihe	4146133	54451	1617009	1211609	412600
西固区	Xigu	3270028	46869	1814768	1463468	351300
安宁区	Anning	1611734	1617	721286	495028	227100
红古区	Honggu	1258089	99678	784864	688894	111200
永登县	Yongdeng	985484	112856	305537	207173	98500
皋兰县	Gaolan	467591	65324	205421	154859	50600
榆中县	Yuzhong	913513	165088	220457	126078	94800
嘉峪关市	**Jiayuguan**	**1534088**	**44352**	**603208**	**501356**	**101852**
金昌市	**Jinchang**	**2078152**	**207180**	**1041350**	**725524**	**319915**
金川区	Jinchuan	1419351	55120	866078	595911	273175
永昌县	Yongchang	658801	152060	175273	129613	46740
白银市	**Baiyin**	**4422085**	**619819**	**1781063**	**1251757**	**532605**
白银区	Baiyin	1879304	55695	831952	694700	138021
平川区	Pingchuan	709689	27038	492733	340707	152026
靖远县	Jingyuan	701927	244035	178867	52557	126310
会宁县	Huining	614214	176192	152372	74153	78243
景泰县	Jingtai	514919	116859	125041	89540	38005
天水市	**Tianshui**	**5905136**	**1003875**	**1899801**	**1268445**	**700219**
秦州区	Qinzhou	1835888	127906	667639	416930	261153
麦积区	Maiji	1637392	130622	703135	584933	122827
清水县	Qingshui	414544	110455	56575	22045	35110
秦安县	Qinan	547755	158649	120578	55085	69925
甘谷县	Gangu	644332	182578	202343	86860	120590
武山县	Wushan	566112	219066	102590	45761	59264
张家川县	Zhangjiachuan	273632	64756	31933	30352	17054
武威市	**Wuwei**	**4617272**	**1082737**	**1707372**	**1123097**	**607373**
凉州区	Liangzhou	2869897	604599	1088480	636875	463320
民勤县	Minqin	777518	251795	257080	188043	73010
古浪县	Gulang	470167	152168	131259	86818	46560
天祝县	Tianzhu	499689	74175	230552	211361	24480
张掖市	**Zhangye**	**3999436**	**1024188**	**1101312**	**706157**	**411511**

3-20 续表 1 continued

单位：万元 (10 000 yuan)

地 区	Region	地区生产总值 Gross Regional Product	第一产业 Primary Industry	第二产业 Secondary Industry	工 业 Industry	建筑业 Construction
甘州区	Ganzhou	1687684	374338	390584	217645	187535
肃南县	Sunan	286759	48248	157622	140117	17668
民乐县	Minle	500662	158123	150838	117735	33103
临泽县	Linze	501420	154277	125591	74100	51491
高台县	Gaotai	543411	173361	158487	105576	53685
山丹县	Shandan	477620	115842	118633	51120	68029
平凉市	**Pingliang**	**3672960**	**1029954**	**910570**	**486528**	**424237**
崆峒区	Kongtong	1310696	191088	310109	164507	145630
泾川县	Jingchuan	511008	207686	102975	27382	75600
灵台县	Lingtai	314439	131951	57169	11673	45500
崇信县	Chongxin	248076	72342	88178	74785	13430
华亭县	Huating	433398	86638	188763	163473	25387
庄浪县	Zhuanglang	384199	147554	59497	11036	48470
静宁县	Jingning	493968	192695	105018	33694	71340
酒泉市	**Jiuquan**	**5779341**	**871890**	**2022191**	**1308575**	**723797**
肃州区	Suzhou	1687131	279071	411741	214721	197332
金塔县	Jinta	759072	196046	190045	118705	71340
瓜州县	Guazhou	753809	126997	355031	151837	203528
肃北县	Subei	188212	5188	115601	106092	11309
阿克塞县	Akesai	153132	5690	96551	88986	7565
玉门市	Yumen	1190244	113027	586510	474197	116012
敦煌市	Dunhuang	1063935	145870	270600	154039	116869
庆阳市	**Qingyang**	**5978324**	**854897**	**2854718**	**2552300**	**416550**
西峰区	Xifeng	1718890	108332	739635	663644	177388
庆城县	Qingcheng	811805	99564	500655	466416	74826
环 县	Huanxian	749458	85645	389349	385963	6432
华池县	Huachi	724452	54398	544615	501086	43690
合水县	Heshui	468413	82946	263939	263174	765
正宁县	Zhengning	282217	100919	18483	12396	6087
宁 县	Ningxian	645167	159941	193585	89810	104787
镇原县	Zhenyuan	574553	163150	171433	170115	3026
定西市	**Dingxi**	**3310768**	**787477**	**754374**	**434061**	**320313**
安定区	Anding	761212	124932	225637	155544	70093
通渭县	Tongwei	384749	93932	50895	22028	28867

3-20 续表 2 continued

单位：万元 (10 000 yuan)

地 区	Region	地区生产总值 Gross Regional Product	第一产业 Primary Industry	第二产业 Secondary Industry	工 业 Industry	建筑业 Construction
陇西县	Longxi	630681	147358	123526	71929	51597
渭源县	Weiyuan	306110	103939	42535	20921	21614
临洮县	Lintao	640630	148640	182650	86430	96220
漳 县	Zhangxian	224082	63204	41473	27890	13583
岷 县	Minxian	363292	105472	87645	49319	38326
陇南市	**Longnan**	**3398884**	**738565**	**733168**	**440073**	**293095**
武都区	Wudu	1037419	177281	141936	38929	103007
成 县	Chengxian	544892	98604	174863	109473	65390
文 县	Wenxian	258403	58026	66349	54100	12249
宕昌县	Tanchang	234313	55987	46787	27439	19348
康 县	Kangxian	206850	49174	54724	50019	4705
西和县	Xihe	300939	64011	46911	32721	14190
礼 县	Lixian	331045	93827	65811	51064	14747
徽 县	Huixian	455340	117543	127007	69273	57734
两当县	Liangdang	74646	24113	8879	7154	1725
临夏州	**Linxia**	**2301067**	**383650**	**463294**	**258681**	**204613**
临夏市	Linxia	662802	35185	93410	42177	51233
临夏县	Linxia	359301	76734	57170	26834	30336
康乐县	Kangle	209343	51611	25194	9818	15376
永靖县	Yongjing	367907	62430	162820	109029	53791
广河县	Guanghe	212182	32785	50029	38540	11489
和政县	Hezheng	164057	41631	35173	15743	19430
东乡县	Dongxiang	173012	45269	27679	5232	22447
积石山县	Jishishan	151352	38007	11818	11308	510
甘南州	**Gannan**	**1359521**	**291206**	**218467**	**182105**	**36362**
合作市	Hezuo	367296	20687	67242	56077	11165
临潭县	Lintan	181303	34480	21217	16952	4265
卓尼县	Zhuoni	150487	43211	23785	23105	680
舟曲县	Zhouqu	147475	37669	20231	16111	4120
迭部县	Diebu	113436	26338	23244	12232	11012
玛曲县	Maqu	147459	50810	26004	25529	475
碌曲县	Luqu	97977	30105	24092	19732	4360
夏河县	Xiahe	156657	47907	12652	12367	285

3-20 续表 3 continued

单位：万元 (10 000 yuan)

地　区	Region	第三产业 Tertiary Industry	#交通运输、仓储和邮政业 Transport, Storage and Post	#批发和零售业 Wholesale and Retail Trades	#住宿和餐饮业 Hotels and Catering Services	人均生产总值(元) Per Capita GDP (yuan)
兰州市	**Lanzhou**	**14137795**	**1242763**	**2136239**	**603379**	**61207**
城关区	Chengguan	7348121	420029	1287999	326654	65487
七里河区	Qilihe	2474673	300736	339990	82188	72841
西固区	Xigu	1408390	159103	301748	66314	89005
安宁区	Anning	888831	3792	97669	30219	57093
红古区	Honggu	373548	80381	36925	22273	89544
永登县	Yongdeng	567091	195607	57169	22271	28598
皋兰县	Gaolan	196846	43730	21164	7702	43700
榆中县	Yuzhong	527968	40052	80525	28525	20612
嘉峪关市	**Jiayuguan**	**886527**	**82232**	**123970**	**29135**	**62641**
金昌市	**Jinchang**	**829621**	**43196**	**113618**	**38501**	**44202**
金川区	Jinchuan	498153	20506	75610	23923	60747
永昌县	Yongchang	331468	22690	38008	14577	27856
白银市	**Baiyin**	**2021203**	**187029**	**371232**	**109724**	**25813**
白银区	Baiyin	991658	74051	173556	44582	62664
平川区	Pingchuan	189918	8923	29334	8378	36366
靖远县	Jingyuan	279024	35794	62622	26940	15376
会宁县	Huining	285650	25471	43676	12700	11418
景泰县	Jingtai	273018	42091	63206	17755	23023
天水市	**Tianshui**	**3001460**	**269985**	**623641**	**147016**	**17800**
秦州区	Qinzhou	1040343	49843	219769	63978	27948
麦积区	Maiji	803635	78967	194272	47259	29011
清水县	Qingshui	247514	36506	40578	7781	15168
秦安县	Qinan	268528	36126	64585	9697	10445
甘谷县	Gangu	259411	32874	70345	19870	11346
武山县	Wushan	244456	57588	39779	11688	12932
张家川县	Zhangjiachuan	176943	20113	20726	4005	9345
武威市	**Wuwei**	**1827164**	**200986**	**261027**	**67023**	**25396**
凉州区	Liangzhou	1176818	332295	140078	24960	28349
民勤县	Minqin	268643	20126	40440	11137	32229
古浪县	Gulang	186740	19409	15521	4409	12110
天祝县	Tianzhu	194963	13024	41124	16341	28343
张掖市	**Zhangye**	**1873936**	**224955**	**259760**	**119715**	**32729**

3-20 续表 4 continued

单位：万元 (10 000 yuan)

地　区	Region	第三产业 Tertiary Industry	#交通运输、仓储和邮政业 Transport, Storage and Post	#批发和零售业 Wholesale and Retail Trades	#住宿和餐饮业 Hotels and Catering Services	人均生产总值(元) Per Capita GDP (yuan)
甘州区	Ganzhou	922762	113280	158496	56752	32790
肃南县	Sunan	80889	4268	11136	4826	82998
民乐县	Minle	191701	13233	22791	8086	22391
临泽县	Linze	221552	35202	21955	12305	36815
高台县	Gaotai	211563	25805	20763	15759	37425
山丹县	Shandan	243145	38161	25041	17125	28472
平凉市	**Pingliang**	**1732436**	**108766**	**178335**	**103179**	**17486**
崆峒区	Kongtong	809499	41521	82230	49950	24997
泾川县	Jingchuan	200347	14167	17380	12345	17933
灵台县	Lingtai	125319	8893	9403	4833	17154
崇信县	Chongxin	87556	5728	6989	4457	23992
华亭县	Huating	157997	11124	15133	6679	22090
庄浪县	Zhuanglang	177148	10896	19069	8405	10020
静宁县	Jingning	196255	13198	25207	12799	11626
酒泉市	**Jiuquan**	**2885260**	**484311**	**496926**	**169471**	**51721**
肃州区	Suzhou	996319	176359	153581	61735	38370
金塔县	Jinta	372981	61846	67729	12399	51047
瓜州县	Guazhou	271781	65012	52071	16626	50591
肃北县	Subei	67423	30633	7882	2149	123014
阿克塞县	Akesai	50891	10461	5565	1570	145840
玉门市	Yumen	490707	34858	61160	18627	72049
敦煌市	Dunhuang	647465	114027	139045	60501	74297
庆阳市	**Qingyang**	**2268709**	**90384**	**344410**	**189178**	**26734**
西峰区	Xifeng	870922	41712	129154	80839	45527
庆城县	Qingcheng	211586	10356	24554	13223	30439
环　县	Huanxian	274464	4962	37523	17291	24305
华池县	Huachi	125438	4499	13280	9242	56775
合水县	Heshui	121528	2359	16788	9772	31311
正宁县	Zhengning	162815	6646	21696	10628	15472
宁　县	Ningxian	291641	17273	54637	26399	15918
镇原县	Zhenyuan	239970	4048	35620	18436	13686
定西市	**Dingxi**	**1768917**	**83458**	**251140**	**97825**	**11892**
安定区	Anding	410643	18111	32044	17798	17850
通渭县	Tongwei	239922	11027	35625	19021	9516

3-20 续表 5 continued

单位：万元 (10 000 yuan)

地 区	Region	第三产业 Tertiary Industry	#交通运输、仓储和邮政业 Transport, Storage and Post	#批发和零售业 Wholesale and Retail Trades	#住宿和餐饮业 Hotels and Catering Services	人均生产总值(元) Per Capita GDP (yuan)
陇西县	Longxi	359797	24270	77719	19430	13734
渭源县	Weiyuan	159636	16140	26882	8520	9330
临洮县	Lintao	309340	11430	52445	20416	12468
漳 县	Zhangxian	119404	3861	14243	3614	11421
岷 县	Minxian	170175	5791	19766	9296	7966
陇南市	**Longnan**	**1927151**	**91752**	**238068**	**128740**	**13085**
武都区	Wudu	718202	44660	103980	44144	18303
成 县	Chengxian	271425	14549	37136	23233	22341
文 县	Wenxian	134028	3236	11956	6991	11687
宕昌县	Tanchang	131539	3001	19530	7426	8317
康 县	Kangxian	102952	3566	10212	5741	11533
西和县	Xihe	190017	7669	12599	9097	7560
礼 县	Lixian	171407	4171	19260	11798	7080
徽 县	Huixian	210790	11630	21916	18178	22558
两当县	Liangdang	41654	834	2468	1941	16681
临夏州	**Linxia**	**1454123**	**31062**	**180997**	**110549**	**11395**
临夏市	Linxia	534207	10335	75500	53868	23454
临夏县	Linxia	225397	5792	20068	6318	10655
康乐县	Kangle	132538	4206	12289	10768	8659
永靖县	Yongjing	142657	4638	21941	18359	19962
广河县	Guanghe	129368	2679	22135	8276	8878
和政县	Hezheng	87253	2380	12759	4216	8554
东乡县	Dongxiang	100064	3040	2095	2934	5790
积石山县	Jishishan	101527	2251	16150	5242	6218
甘南州	**Gannan**	**849848**	**22151**	**66021**	**80699**	**19213**
合作市	Hezuo	279367	4970	17302	20607	39220
临潭县	Lintan	125606	5264	12030	11307	13006
卓尼县	Zhuoni	83491	1626	8066	8380	14442
舟曲县	Zhouqu	89575	3956	8911	6198	11084
迭部县	Diebu	63854	1272	5289	8980	21263
玛曲县	Maqu	70645	481	5874	8785	25757
碌曲县	Luqu	43780	623	4213	2788	26162
夏河县	Xiahe	96098	4220	8856	13801	17553

3-21 各地县生产总值指数（2016）
Indices of Gross Regional Product by Region, County (2016)

（上年=100） (preceding year=100)

地 区	Region	地区生产总值 Gross Regional Product	第一产业 Primary Industry	第二产业 Secondary Industry	工 业 Industry	建筑业 Construction
兰州市	**Lanzhou**	**108.3**	**106.0**	**104.3**	**102.8**	**107.3**
城关区	Chengguan	109.3	105.2	105.5	103.5	107.3
七里河区	Qilihe	107.1	105.7	101.0	99.0	107.3
西固区	Xigu	104.0	106.4	99.8	97.9	107.3
安宁区	Anning	107.8	100.3	105.4	104.6	107.3
红古区	Honggu	109.0	106.4	108.9	109.8	107.3
永登县	Yongdeng	108.8	106.7	106.1	105.7	107.3
皋兰县	Gaolan	108.7	106.1	107.5	107.6	107.3
榆中县	Yuzhong	109.6	106.8	105.1	104.0	107.3
嘉峪关市	**Jiayuguan**	**107.3**	**105.6**	**103.1**	**102.7**	**107.3**
金昌市	**Jinchang**	**106.4**	**105.3**	**105.8**	**105.3**	**107.5**
金川区	Jinchuan	106.8	105.6	106.3	105.9	107.5
永昌县	Yongchang	105.4	105.2	103.0	101.7	107.3
白银市	**Baiyin**	**107.4**	**105.2**	**105.9**	**105.5**	**107.2**
白银区	Baiyin	107.8	105.2	105.4	105.1	107.0
平川区	Pingchuan	107.2	105.1	106.3	106.0	107.0
靖远县	Jingyuan	107.1	105.2	107.5	107.5	107.6
会宁县	Huining	107.0	105.3	107.3	107.5	107.1
景泰县	Jingtai	107.0	105.4	105.1	104.4	107.3
天水市	**Tianshui**	**108.6**	**105.9**	**108.8**	**109.7**	**107.3**
秦州区	Qinzhou	110.3	106.0	111.3	113.6	108.0
麦积区	Maiji	107.4	106.0	105.9	105.5	108.2
清水县	Qingshui	107.8	105.6	109.4	111.1	108.4
秦安县	Qinan	108.0	105.9	109.4	112.7	107.1
甘谷县	Gangu	107.5	105.6	107.5	108.4	106.8
武山县	Wushan	107.8	106.3	109.1	112.3	107.0
张家川县	Zhangjiachuan	107.6	105.4	109.0	110.2	108.3
武威市	**Wuwei**	**108.5**	**106.3**	**109.0**	**109.9**	**107.4**
凉州区	Liangzhou	108.5	106.0	109.0	110.0	107.8
民勤县	Minqin	108.6	106.5	109.2	110.1	107.2
古浪县	Gulang	108.0	105.9	108.3	109.0	107.1
天祝县	Tianzhu	108.6	106.5	108.8	109.1	106.5
张掖市	**Zhangye**	**108.0**	**105.5**	**107.9**	**108.4**	**107.1**

3-21 续表 1 continued

(上年=100) (preceding year=100)

地 区	Region	地区生产总值 Gross Regional Product	第一产业 Primary Industry	第二产业 Secondary Industry	工 业 Industry	建筑业 Construction
甘州区	Ganzhou	108.0	105.2	107.5	108.1	106.8
肃南县	Sunan	108.1	106.2	107.8	108.0	106.1
民乐县	Minle	108.6	105.6	108.2	108.5	107.2
临泽县	Linze	107.6	105.7	105.6	104.9	106.9
高台县	Gaotai	107.6	105.9	110.3	111.4	107.8
山丹县	Shandan	108.2	105.4	108.8	110.5	107.5
平凉市	**Pingliang**	**107.0**	**105.8**	**105.6**	**104.4**	**107.3**
崆峒区	Kongtong	107.7	105.7	106.3	105.8	106.8
泾川县	Jingchuan	107.2	105.7	108.1	108.9	107.8
灵台县	Lingtai	107.2	105.9	107.7	108.7	107.4
崇信县	Chongxin	105.0	106.1	101.5	100.7	107.3
华亭县	Huating	105.0	105.7	103.2	102.6	107.2
庄浪县	Zhuanglang	107.1	105.8	107.4	107.3	107.5
静宁县	Jingning	107.1	105.7	106.5	104.7	107.7
酒泉市	**Jiuquan**	**106.5**	**106.2**	**105.2**	**104.4**	**107.5**
肃州区	Suzhou	104.8	106.5	97.0	107.5	107.6
金塔县	Jinta	108.4	106.4	109.1	109.9	107.8
瓜州县	Guazhou	107.6	105.8	107.0	107.0	107.1
肃北县	Subei	105.3	105.5	109.4	109.6	107.3
阿克塞县	Akesai	103.8	105.6	102.1	101.7	107.2
玉门市	Yumen	106.6	106.2	104.9	104.2	107.4
敦煌市	Dunhuang	107.0	106.0	105.9	104.8	107.7
庆阳市	**Qingyang**	**108.2**	**105.7**	**108.8**	**109.0**	**107.5**
西峰区	Xifeng	107.0	107.7	108.1	109.5	104.1
庆城县	Qingcheng	106.6	106.0	105.8	103.2	129.6
环 县	Huanxian	106.6	102.9	105.3	105.6	90.8
华池县	Huachi	107.4	105.4	107.5	107.1	114.3
合水县	Heshui	107.8	105.5	109.0	108.9	217.7
正宁县	Zhengning	106.0	105.9	102.8	102.0	104.5
宁 县	Ningxian	108.6	105.7	107.7	115.1	99.4
镇原县	Zhenyuan	108.5	106.1	111.8	111.8	117.3
定西市	**Dingxi**	**107.0**	**105.0**	**108.3**	**109.4**	**107.1**
安定区	Anding	107.7	104.9	109.3	110.5	106.9
通渭县	Tongwei	108.0	104.8	109.2	111.9	107.5

3-21 续表 2 continued

(上年=100) (preceding year=100)

地 区	Region	地区生产总值 Gross Regional Product	第一产业 Primary Industry	第二产业 Secondary Industry		
					工 业 Industry	建筑业 Construction
陇西县	Longxi	106.8	104.4	108.7	110.3	106.9
渭源县	Weiyuan	106.1	104.0	108.2	110.1	106.9
临洮县	Lintao	107.7	105.1	108.9	111.2	106.9
漳 县	Zhangxian	105.7	105.6	107.0	106.6	107.9
岷 县	Minxian	105.7	106.7	106.7	106.1	107.5
陇南市	**Longnan**	**108.4**	**105.5**	**107.7**	**107.9**	**107.4**
武都区	Wudu	109.0	106.0	106.4	103.7	107.5
成 县	Chengxian	108.2	105.1	107.4	107.4	107.4
文 县	Wenxian	109.6	105.7	112.8	114.0	107.2
宕昌县	Tanchang	108.9	105.4	109.3	110.6	107.5
康 县	Kangxian	108.7	105.8	107.6	107.6	107.5
西和县	Xihe	106.5	105.5	98.7	96.6	107.5
礼 县	Lixian	108.0	105.3	105.9	105.6	107.0
徽 县	Huixian	108.7	105.1	110.6	113.4	107.3
两当县	Liangdang	108.5	105.6	108.4	108.8	107.0
临夏州	**Linxia**	**108.3**	**106.0**	**108.2**	**110.6**	**107.3**
临夏市	Linxia	108.2	105.7	102.9	101.3	104.7
临夏县	Linxia	108.3	106.0	114.0	117.0	111.6
康乐县	Kangle	108.3	105.4	108.3	106.7	109.0
永靖县	Yongjing	108.1	105.9	108.2	107.2	110.8
广河县	Guanghe	107.9	105.3	101.9	99.1	107.5
和政县	Hezheng	108.6	105.6	111.0	117.5	106.1
东乡县	Dongxiang	108.4	106.9	109.4	108.8	109.8
积石山县	Jishishan	108.7	106.8	111.2	111.7	103.5
甘南州	**Gannan**	**105.6**	**105.1**	**108.2**	**108.4**	**107.1**
合作市	Hezuo	108.0	104.7	116.5	118.3	108.0
临潭县	Lintan	103.3	104.8	106.2	106.2	106.1
卓尼县	Zhuoni	103.7	105.5	108.4	107.8	107.8
舟曲县	Zhouqu	104.3	105.4	101.0	100.3	104.3
迭部县	Diebu	106.3	105.3	105.5	106.3	104.7
玛曲县	Maqu	106.9	105.1	110.6	110.5	116.5
碌曲县	Luqu	104.2	105.2	99.6	97.5	110.0
夏河县	Xiahe	102.0	105.0	86.7	86.4	110.3

3-21 续表 3 continued

(上年=100) (preceding year=100)

地 区	Region	第三产业 Tertiary Industry	#交通运输、仓储和邮政业 Transport, Storage and Post	#批发和零售业 Wholesale and Retail Trades	#住宿和餐饮业 Hotels and Catering Services	人均生产总值 Per Capita GDP
兰州市	**Lanzhou**	**110.9**	**102.3**	**104.7**	**106.7**	**107.7**
城关区	Chengguan	109.9	102.3	107.6	106.3	109.1
七里河区	Qilihe	112.1	101.7	103.1	106.5	107.1
西固区	Xigu	109.4	97.2	104.5	108.1	104.0
安宁区	Anning	110.1	114.5	108.6	111.2	107.5
红古区	Honggu	110.0	95.7	105.6	109.1	108.2
永登县	Yongdeng	111.1	106.6	105.4	105.0	108.7
皋兰县	Gaolan	111.0	107.7	105.0	104.7	106.1
榆中县	Yuzhong	113.1	97.3	106.8	106.7	109.3
嘉峪关市	**Jiayuguan**	**113.4**	**100.1**	**86.7**	**106.8**	**106.3**
金昌市	**Jinchang**	**107.8**	**101.6**	**105.2**	**106.8**	**106.5**
金川区	Jinchuan	108.3	101.8	104.9	106.7	106.4
永昌县	Yongchang	107.1	101.5	105.7	107.0	105.7
白银市	**Baiyin**	**109.7**	**101.2**	**103.6**	**106.8**	**107.1**
白银区	Baiyin	110.6	97.9	103.8	106.9	107.7
平川区	Pingchuan	110.3	101.2	102.8	106.1	107.2
靖远县	Jingyuan	108.5	101.0	103.9	107.3	106.6
会宁县	Huining	108.0	101.5	104.0	107.0	106.8
景泰县	Jingtai	108.8	99.3	104.1	107.8	106.9
天水市	**Tianshui**	**109.3**	**99.6**	**106.5**	**106.9**	**108.2**
秦州区	Qinzhou	110.3	106.6	106.2	107.1	110.0
麦积区	Maiji	109.4	99.1	106.3	108.0	107.2
清水县	Qingshui	108.6	103.1	107.5	107.4	107.3
秦安县	Qinan	108.7	104.3	108.1	107.4	107.7
甘谷县	Gangu	108.9	102.3	107.3	106.2	107.2
武山县	Wushan	108.5	104.5	107.3	106.8	107.4
张家川县	Zhangjiachuan	108.3	103.1	108.5	105.2	107.2
武威市	**Wuwei**	**109.3**	**100.0**	**105.9**	**106.6**	**108.3**
凉州区	Liangzhou	109.4	100.0	105.7	108.5	108.3
民勤县	Minqin	110.2	100.6	107.6	107.1	108.6
古浪县	Gulang	109.2	100.0	106.4	104.5	107.9
天祝县	Tianzhu	109.1	100.0	108.6	105.8	108.1
张掖市	**Zhangye**	**109.3**	**100.8**	**105.0**	**107.0**	**107.5**

3-21 续表 4 continued

(上年=100) (preceding year=100)

地区	Region	第三产业 Tertiary Industry	#交通运输、仓储和邮政业 Transport, Storage and Post	#批发和零售业 Wholesale and Retail Trades	#住宿和餐饮业 Hotels and Catering Services	人均生产总值 Per Capita GDP
甘州区	Ganzhou	109.3	99.4	106.1	107.3	108.3
肃南县	Sunan	109.8	101.8	104.7	106.5	107.9
民乐县	Minle	111.5	101.4	108.4	107.3	108.8
临泽县	Linze	110.0	101.5	107.5	106.9	107.3
高台县	Gaotai	106.9	101.6	95.8	106.1	107.6
山丹县	Shandan	109.1	99.9	107.6	106.8	106.6
平凉市	**Pingliang**	**108.5**	**102.4**	**106.4**	**106.9**	**106.7**
崆峒区	Kongtong	108.8	102.3	105.1	107.3	107.3
泾川县	Jingchuan	108.2	102.4	107.4	106.6	107.0
灵台县	Lingtai	108.5	102.3	106.5	107.3	107.2
崇信县	Chongxin	109.1	103.5	118.9	117.2	104.7
华亭县	Huating	106.8	102.0	106.8	106.5	104.6
庄浪县	Zhuanglang	108.1	102.4	106.0	105.8	107.2
静宁县	Jingning	108.7	103.4	107.4	105.2	107.1
酒泉市	**Jiuquan**	**107.4**	**109.7**	**106.9**	**107.0**	**106.1**
肃州区	Suzhou	108.2	106.7	104.5	107.0	104.3
金塔县	Jinta	109.1	105.0	107.4	107.6	108.6
瓜州县	Guazhou	109.1	107.5	107.6	105.9	107.3
肃北县	Subei	97.6	107.6	95.1	103.4	104.6
阿克塞县	Akesai	107.1	107.5	107.5	104.6	103.5
玉门市	Yumen	108.8	105.9	109.2	107.1	106.1
敦煌市	Dunhuang	107.4	109.7	106.9	107.1	106.6
庆阳市	**Qingyang**	**108.1**	**104.2**	**106.1**	**106.4**	**107.7**
西峰区	Xifeng	106.2	102.0	105.6	108.1	107.2
庆城县	Qingcheng	109.0	105.8	106.8	105.7	106.1
环县	Huanxian	110.3	104.5	106.2	104.5	106.0
华池县	Huachi	107.8	104.1	108.3	106.8	89.6
合水县	Heshui	105.6	102.8	107.4	105.9	107.6
正宁县	Zhengning	106.5	102.8	107.1	104.1	105.8
宁县	Ningxian	111.0	104.3	108.2	106.6	107.8
镇原县	Zhenyuan	106.3	103.9	106.5	106.1	108.1
定西市	**Dingxi**	**107.4**	**99.5**	**106.7**	**106.5**	**106.6**
安定区	Anding	107.7	97.2	106.7	106.5	107.3
通渭县	Tongwei	109.3	100.6	106.7	106.5	107.6

3-21 续表 5 continued

(上年=100) (preceding year=100)

地区	Region	第三产业 Tertiary Industry	#交通运输、仓储和邮政业 Transport, Storage and Post	#批发和零售业 Wholesale and Retail Trades	#住宿和餐饮业 Hotels and Catering Services	人均生产总值 Per Capita GDP
陇西县	Longxi	107.2	95.4	106.7	106.5	106.5
渭源县	Weiyuan	106.9	101.6	106.7	106.5	105.8
临洮县	Lintao	108.2	100.6	106.7	106.5	107.3
漳　县	Zhangxian	105.3	100.9	106.8	106.5	105.3
岷　县	Minxian	104.5	101.8	106.7	106.5	105.3
陇南市	**Longnan**	**109.9**	**102.2**	**106.3**	**107.0**	**108.1**
武都区	Wudu	110.4	102.3	105.9	107.3	108.2
成　县	Chengxian	109.9	102.1	106.9	106.6	132.1
文　县	Wenxian	109.6	102.0	107.0	106.7	108.4
宕昌县	Tanchang	110.3	102.1	108.4	107.8	108.1
康　县	Kangxian	110.8	102.2	105.0	106.9	111.5
西和县	Xihe	110.1	102.2	107.0	107.0	106.3
礼　县	Lixian	110.6	102.0	104.9	105.6	102.3
徽　县	Huixian	109.7	102.3	109.4	107.0	108.5
两当县	Liangdang	110.2	102.1	106.5	106.9	108.2
临夏州	**Linxia**	**108.9**	**102.4**	**106.4**	**106.8**	**107.7**
临夏市	Linxia	109.5	108.5	107.2	106.6	107.8
临夏县	Linxia	107.7	120.0	107.1	106.5	107.8
康乐县	Kangle	109.5	120.2	107.0	106.3	107.8
永靖县	Yongjing	109.1	107.7	107.2	106.7	107.7
广河县	Guanghe	110.2	123.3	106.8	106.4	117.8
和政县	Hezheng	109.1	111.5	107.0	106.7	107.4
东乡县	Dongxiang	108.7	124.0	106.7	106.9	107.2
积石山县	Jishishan	109.3	107.6	106.6	106.9	108.1
甘南州	**Gannan**	**105.1**	**101.8**	**104.2**	**104.5**	**105.0**
合作市	Hezuo	106.3	102.5	101.7	100.5	107.5
临潭县	Lintan	102.5	101.3	102.3	103.5	102.6
卓尼县	Zhuoni	101.6	101.3	106.6	103.1	103.1
舟曲县	Zhouqu	104.7	101.3	110.9	105.9	103.7
迭部县	Diebu	107.1	101.3	101.8	106.5	105.6
玛曲县	Maqu	106.9	101.3	106.7	111.4	106.3
碌曲县	Luqu	106.5	101.3	107.7	105.2	103.3
夏河县	Xiahe	103.2	101.3	108.0	96.4	101.6

主要统计指标解释

国内生产总值(GDP) 指按市场价格计算的一个国家(或地区)所有常住单位在一定时期内生产活动的最终成果。国内生产总值有三种表现形态，即价值形态、收入形态和产品形态。从价值形态看，它是所有常住单位在一定时期内生产的全部货物和服务价值超过同期投入的全部非固定资产货物和服务价值的差额，即所有常住单位的增加值之和；从收入形态看，它是所有常住单位在一定时期内创造并分配给常住单位和非常住单位的初次收入之和；从产品形态看，它是所有常住单位在一定时期内最终使用的货物和服务价值减去货物和服务进口价值。在实际核算中，国内生产总值有三种计算方法，即生产法、收入法和支出法。三种方法分别从不同的方面反映国内生产总值及其构成。

对于一个地区来说，称为地区生产总值或地区 GDP。

三次产业 三产业的划分是世界上较为常用的产业结构分类，但各国的划分不尽一致。根据《国民经济行业分类》（GB/T 4754—2011），我国的三次产业划分是：

第一产业是指农、林、牧、渔业（不含农、林、牧、渔服务业）。

第二产业是指采矿业（不含开采辅助活动），制造业（不含金属制品、机械和设备修理业），电力、热力、燃气及水生产和供应业，建筑业。

第三产业即服务业，是指除第一产业、第二产业以外的其他行业。

劳动者报酬 指劳动者因从事生产活动所获得的全部报酬。包括劳动者获得的各种形式的工资、奖金和津贴，既包括货币形式的，也包括实物形式的，还包括劳动者所享受的公费医疗和医药卫生费、上下班交通补贴、单位支付的社会保险费、住房公积金等。

生产税净额 指生产税减生产补贴后的余额。生产税指政府对生产单位从事生产、销售和经营活动以及因从事生产活动使用某些生产要素(如固定资产、土地、劳动力)所征收的各种税、附加费和规费。生产补贴与生产税相反，指政府对生产单位的单方面转移支出，因此视为负生产税，包括政策亏损补贴、价格补贴等。

固定资产折旧 指一定时期内为弥补固定资产损耗按照规定的固定资产折旧率提取的固定资产折旧，或按国民经济核算统一规定的折旧率虚拟计算的固定资产折旧。它反映了固定资产在当期生产中的转移价值。各类企业和企业化管理的事业单位的固定资产折旧是指实际计提的折旧费；不计提折旧的政府机关、非企业化管理的事业单位和居民住房的固定资产折旧是按照统一规定的折旧率和固定资产原值计算的虚拟折旧。原则上，固定资产折旧应按固定资产的重置价值计算，但是目前我国尚不具备对全社会固定资产进行重估价的基础，所以暂时只能采用上述办法。

营业盈余 指常住单位创造的增加值扣除劳动者报酬、生产税净额和固定资产折旧后的余额。它相当于企业的营业利润加上生产补贴，但要扣除从利润中开支的工资和福利等。

支出法国内生产总值 是从最终使用的角度反映一个国家(或地区)一定时期内生产活动最终成果的一种方法，包括最终消费支出、资本形成总额及货物和服务净出口三部分。计算公式为：

支出法国内生产总值=最终消费支出+资本形成总额+货物和服务净出口

最终消费支出 指常住单位为满足物质、文化和精神生活的需要，从本国经济领土和国外购买的货物和服务的支出。它不包括非常住单位在本国经济领土内的消费支出。最终消费支出分为居民消费支出和政府消费支出。

居民消费支出 指常住住户在一定时期内对于货物和服务的全部最终消费支出。居民消费支出除了直接以货币形式购买的货物和服务的消费支出外，还包括以其他方式获得的货物和服务的消费支出，即所谓的虚拟消费支出。居民虚拟消费支出包括如下几种类型：单位以实物报酬及实物转移的形式提供给劳动者的货物和服务；住户生产并由本住户消费了的货物和服务，其中的服务仅指住户的自有住房服务和付酬的家庭雇员提供的家庭和个人服务；金融机构提供的金融媒介服务。

政府消费支出 指政府部门为全社会提供的公共服务的消费支出和免费或以较低的价格向居民住户提供的货物和服务的净支出，前者等于政府服务的产出价值减去政府单位所获得的经营收入的价值，后者等于政府部门免费或以较低价格向居民住户提供的货物和服务的市场价值减去向住户收取的价值。

资本形成总额 指常住单位在一定时期内获得减去处

置的固定资产和存货的净额，包括固定资本形成总额和存货变动两部分。

固定资本形成总额 指常住单位在一定时期内获得的固定资产减处置的固定资产的价值总额。固定资产是通过生产活动生产出来的，且其使用年限在一年以上、单位价值在规定标准以上的资产，不包括自然资产。可分为有形固定资本形成总额和无形固定资本形成总额。有形固定资本形成总额包括一定时期内完成的建筑工程、安装工程和设备工器具购置(减处置)价值，以及土地改良、新增役、种、奶、毛、娱乐用牲畜和新增经济林木价值。无形固定资本形成总额包括矿藏的勘探、计算机软件等获得减处置。

存货变动 指常住单位在一定时期内存货实物量变动的市场价值，即期末价值减期初价值的差额，再扣除当期由于价格变动而产生的持有收益。存货变动可以是正值，也可以是负值，正值表示存货上升，负值表示存货下降。存货包括生产单位购进的原材料、燃料和储备物资等存货，以及生产单位生产的产成品、在制品和半成品等存货。

货物和服务净出口 指货物和服务出口减货物和服务进口的差额。出口包括常住单位向非常住单位出售或无偿转让的各种货物和服务的价值；进口包括常住单位从非常住单位购买或无偿得到的各种货物和服务的价值。由于服务活动的提供与使用同时发生，一般把常住单位从非常住单位得到的服务作为进口，非常住单位从常住单位得到的服务作为出口。货物的出口和进口都按离岸价格计算。

4

就业和工资

Employment and Wages

简要说明

一、本篇资料主要内容

本篇资料反映劳动就业方面基本情况，主要包括经济活动人口数、就业人员及职工人数、城镇登记失业人数、职工工资总额、平均工资及指数变化等情况。

二、本篇资料来源

1.本篇资料中劳动就业和工资等资料由省统计局人口与就业处整理提供。

2.城镇登记失业与新增就业等资料来源于省人力资源和社会保障厅。

4-1 就业基本情况
Employment

单位：万人 (10 000 persons)

项 目	Item	2010	2011	2015	2016
经济活动人口	**Economically Active Population**	**1510.28**	**1511.06**	**1545.19**	**1558.51**
就业人员	**Total Number of Employed Persons**	**1499.56**	**1500.26**	**1535.69**	**1548.74**
第一产业	Primary Industry	923.88	919.06	876.27	866.67
第二产业	Secondary Industry	230.33	231.49	247.39	246.56
第三产业	Tertiary Industry	345.35	349.71	412.03	435.51
就业人员构成(合计=100)	**Composition of Employed Persons (total=100)**				
第一产业	Primary Industry	61.61	61.26	57.06	55.96
第二产业	Secondary Industry	15.36	15.43	16.11	15.92
第三产业	Tertiary Industry	23.03	23.31	26.83	28.12
按城乡分就业人员	**Number of Employed Persons by Urban and Rural Areas**				
城镇就业人员	Urban Employed Persons	433.64	452.24	567.46	591.01
单位就业人员	Unit Employed Persons	194.29	199.29	261.76	260.96
国有单位	State-owned Units	147.36	150.05	153.88	155.53
城镇集体单位	Urban Collective-owned Units	6.88	7.46	10.17	9.24
股份合作单位	Cooperative Units	1.03	0.87	0.70	0.74
联营单位	Joint Ownership Units	0.46	1.68	0.10	0.05
有限责任公司	Limited Liability Corporations	23.84	23.96	70.65	68.99
股份有限公司	Share-holding Corporations Ltd.	10.36	11.16	22.05	22.24
港澳台商投资单位	Units with Funds from Hong Kong, Macao & Taiwan	0.47	0.29	0.85	0.88
外商投资单位	Foreign Funded Units	0.77	0.89	1.56	1.55
其他	Others	3.12	2.93	1.82	1.74
私营企业	Privite Enterprises	79.96	80.64	91.02	96.03
个 体	Self-employed Individuals	159.39	172.31	214.68	234.02
乡村就业人员	Rural Employed Persons	1065.92	1048.02	968.23	957.73
在岗职工人数	**Number of Staff and Workers**	**187.96**	**188.33**	**228.97**	**226.50**
国有单位	State-owned Units	142.46	142.44	137.97	138.02
城镇集体单位	Urban Collective-owned Units	6.76	6.98	9.14	8.24
其他单位	Units of Other Types of Ownership	38.74	38.91	81.87	80.25
城镇单位女性就业人员	**Number of Female Employed Persons in Urban Units**	**53.56**	**67.43**	**86.29**	**86.73**
城镇新增就业人员	**New Increased Urban Employed Persons**	**29.30**	**30.00**	**43.70**	**43.75**
城镇登记失业人数	**Number of Registered Unemployed Persons in Urban Areas**	**10.72**	**10.80**	**9.48**	**9.77**
城镇登记失业率(%)	**Registered Unemployment Rate in Urban Areas (%)**	**3.21**	**3.11**	**2.14**	**2.20**

注：就业人员按常住人口口径统计。
a) Data of employed persons are counted according to the caliber of permanent population.

4-2 就业人员
Employed Persons

单位：万人 (10 000 persons)

年 份 Year	经济活动人口 Economically Active Population	就业人员 Total Employed Persons	按三次产业分 By Three Strata of Industry			按城乡分 By Urban and Rural Areas	
			第一产业 Primary Industry	第二产业 Secondary Industry	第三产业 Tertiary Industry	城 镇 Urban Areas	乡 村 Rural Areas
1978		694.00				160.40	533.60
1979		713.00				164.00	549.00
1980	804.60	796.00				172.90	623.10
1981	852.80	842.00				182.30	659.70
1982	879.00	870.00				186.80	683.20
1983	998.90	993.80	797.10	108.10	88.60	191.00	802.80
1984	1051.30	1047.00	803.30	124.30	119.40	205.30	841.70
1985	1088.60	1081.40	785.90	153.00	142.50	211.30	870.10
1986	1106.00	1098.90	789.50	178.70	130.70	221.00	877.90
1987	1150.50	1139.70	753.70	171.20	214.80	231.20	908.50
1988	1190.80	1178.80	798.30	188.90	191.60	236.30	942.50
1989	1227.70	1214.00	824.20	183.60	206.20	237.30	976.70
1990	1304.90	1292.40	899.40	186.30	206.70	240.20	1052.20
1991	1313.70	1302.40	900.00	197.60	204.80	257.10	1045.30
1992	1315.40	1305.90	898.50	205.00	202.40	264.10	1041.80
1993	1427.90	1417.80	973.94	232.26	211.60	271.10	1146.70
1994	1449.20	1438.81	936.37	256.80	245.64	281.81	1157.00
1995	1492.40	1483.32	942.30	281.50	259.52	283.33	1199.99
1996	1531.00	1521.46	961.30	288.80	271.36	288.28	1233.18
1997	1538.70	1530.32	945.55	308.47	276.30	284.47	1245.85
1998	1548.10	1539.80	922.30	310.50	307.00	320.10	1219.70
1999	1496.80	1489.00	878.50	297.80	312.70	336.00	1153.00
2000	1484.19	1476.45	880.56	279.78	316.11	320.19	1156.26
2001	1496.33	1488.93	886.66	274.85	327.42	324.37	1164.56
2002	1509.25	1500.59	888.80	278.36	333.43	326.91	1173.68
2003	1520.15	1510.85	890.04	282.23	338.58	332.71	1178.14
2004	1529.99	1520.46	890.61	284.63	345.22	339.27	1181.19
2005	1400.61	1391.36	885.82	203.96	301.58	364.07	1027.29
2006	1411.05	1401.36	886.08	207.26	308.02	371.73	1029.63
2007	1424.27	1414.76	886.48	212.26	316.02	382.73	1032.03
2008	1455.77	1446.34	901.79	218.63	325.92	397.74	1048.60
2009	1498.91	1488.63	923.09	227.16	338.38	413.84	1074.79
2010	1510.28	1499.56	923.88	230.33	345.35	433.64	1065.92
2011	1511.06	1500.26	919.06	231.49	349.71	452.24	1048.02
2012	1501.29	1491.59	901.67	233.28	356.64	492.71	998.88
2013	1514.25	1504.97	891.86	241.55	371.56	514.55	990.42
2014	1529.56	1519.86	881.88	244.71	393.27	539.07	980.78
2015	1545.19	1535.69	876.27	247.39	412.03	567.46	968.23
2016	1558.51	1548.74	866.67	246.56	435.51	591.01	957.73

注：2005年及以后，就业人员按常住人口口径统计。

a) Since 2005, data of employed persons are counted according to the caliber of permanent population.

4-3 按行业分城镇单位就业人员数(2016)
Number of Employed Persons in Urban Units at Year-end by Sector (2016)

单位: 万人 (10 000 persons)

项 目	Item	合 计 Total	国有单位 State-owned Units	城镇集体单位 Urban Collective-owned Units	其他单位 Units of Other Types of Ownership
城镇单位就业人员	**Urban Unit Employed Persons**	**260.96**	**155.53**	**9.24**	**96.20**
按企、事业和机关分	**By Enterprises, Institutions and Agencies**				
企业	Enterprises	148.76	43.93	8.87	95.96
事业	Institutions	74.54	74.10	0.32	0.12
机关	Agencies & Organizations	37.29	37.28	0.01	
民间非盈利组织	Folk Non-profit Organization	0.03	0.01		0.02
其他	Other	0.34	0.20	0.04	0.10
按国民经济行业分	**By Sector**				
农、林、牧、渔业	Agriculture, Forestry, Animal Husbandry and Fishery	4.96	4.81	0.01	0.14
采矿业	Mining	10.67	2.85	0.42	7.40
制造业	Manufacturing	33.58	2.40	0.57	30.61
电力、热力、燃气及水的生产和供应业	Production and Supply of Electricity, Heat,Gas and Water	12.19	8.96	0.03	3.20
建筑业	Construction	43.70	9.15	5.42	29.13
批发和零售业	Wholesale and Retail Trades	8.12	1.34	0.40	6.38
交通运输、仓储和邮政业	Transport,Storage and Post	12.80	9.13	0.19	3.48
住宿和餐饮业	Hotels and Catering Services	3.23	0.92	0.06	2.25
信息传输、软件和信息技术服务业	Information Transmission,Software and Information Technology Services	2.75	0.67	0.01	2.07
金融业	Financial Intermediation	7.62	2.90	1.32	3.39
房地产业	Real Estate	5.17	0.80	0.09	4.28
租赁和商务服务业	Leasing and Business Services	3.60	2.02	0.34	1.24
科学研究和技术服务业	Scientific Research and Technical Services	6.89	5.55	0.03	1.30
水利、环境和公共设施管理业	Management of Water Conservancy, Environment and Public Facilities	5.91	5.66		0.25
居民服务、修理和其他服务业	Services to Households,Repair and Other Services	0.33	0.22	0.02	0.09
教育	Education	38.67	38.40	0.04	0.22
卫生和社会工作	Health and Social Service	14.54	13.95	0.22	0.37
文化、体育和娱乐业	Culture, Sports and Entertainment	2.72	2.30	0.05	0.38
公共管理、社会保障和社会组织	Public Management,Social Security and Social Organization	43.51	43.51		

4-4 城镇单位年末在岗职工人数
Number of Staff and Workers in Urban Units at Year-end

单位：万人 (10 000 persons)

行业	Sector	2013	2014	2015	2016
在岗职工人数	**Number of Staff and Workers**	**225.48**	**231.88**	**228.97**	**226.50**
农、林、牧、渔业	Agriculture, Forestry, Animal Husbandry and Fishery	4.84	4.61	4.52	4.54
采矿业	Mining	9.20	11.26	10.48	9.64
制造业	Manufacturing	35.67	34.31	32.51	30.44
电力、热力、燃气及水的生产和供应业	Production and Supply of Electricity, Heat,Gas and Water	9.50	11.75	11.02	11.10
建筑业	Construction	32.88	32.02	30.25	29.38
批发和零售业	Wholesale and Retail Trades	6.85	7.22	7.30	7.29
交通运输、仓储和邮政业	Transport,Storage and Post	11.31	11.27	11.48	11.60
住宿和餐饮业	Hotels and Catering Services	3.02	2.87	2.88	2.78
信息传输、软件和信息技术服务业	Information Transmission,Software and Information Technology Services	1.94	1.77	2.13	2.21
金融业	Financial Intermediation	6.65	6.74	6.52	6.61
房地产业	Real Estate	3.39	3.88	4.00	4.50
租赁和商务服务业	Leasing and Business Services	1.66	2.13	1.99	2.46
科学研究和技术服务业	Scientific Research and Technical Services	6.47	6.44	6.43	6.29
水利、环境和公共设施管理业	Management of Water Conservancy, Environment and Public Facilities	4.86	5.14	5.03	5.07
居民服务、修理和其他服务业	Services to Households,Repair and Other Services	0.32	0.29	0.29	0.31
教育	Education	35.20	36.54	37.25	36.98
卫生和社会工作	Health and Social Services	11.31	11.83	12.43	12.26
文化、体育和娱乐业	Culture, Sports and Entertainment	2.33	2.30	2.29	2.44
公共管理、社会保障和社会组织	Public Management,Social Security and Social Organization	38.08	39.51	40.17	40.62

注：本表中的行业分类按照《国民经济行业分类》(GB/T 4754-2011)划分。
a) Classification of industry in this table are according to the "National Industry Classification"(GB/T 4754-2011).

4-5 按行业分城镇单位年末在岗职工人数(2016)

Number of Staff and Workers in Urban Units at Year-end by Status of Registration and Sector in Detail (2016)

单位：人 (person)

项目	Item	甘肃省 Gansu	国有单位 State-owned Units	城镇集体单位 Urban Collective-owned Units	其他单位 Units of Other Types of Ownership
在岗职工人数	**Number of Staff and Workers**	**2265041**	**1380167**	**82413**	**802461**
按企、事业和机关分	**By Enterprises, Institutions and Agencies**				
企业	Enterprises	1224752	345249	79067	800436
事业	Institutions	691219	687190	2913	1116
机关	Agencies & Organizations	346960	346890	50	20
民间非盈利组织	Folk Non-profit Organizations	263	76		187
其他	Other	1847	762	383	702
按国民经济行业分	**By Sector**				
农、林、牧、渔业	**Agricultrue,Forestry,Animal Husbadry and Fishery**	**45387**	**43848**	**110**	**1429**
农业	Agricultrue	17829	17007	18	804
林业	Forestry	11920	11826	44	50
畜牧业	Animal Husbandry	630	597	33	
渔业	Fishery	20	20		
农、林、牧、渔服务业	Services in Support of Agriculture	14988	14398	15	575
采矿业	**Mining**	**96357**	**23415**	**3886**	**69056**
煤炭开采及洗选业	Mining and Washing of Coal	64176	6235	1959	55982
石油和天然气开采业	Extraction of Petroleum and Natural Gas	16904	16401		503
黑色金属矿采选业	Mining and Processing of Ferrous Metal Ores	2555			2555
有色金属矿采选业	Mining and Processing of Non-Ferrous Metal Ores	7894	662	616	6616
非金属矿采选业	Mining and Processing of Non-metal Ores	2202			2202
开采辅助活动	Support Activities for Mining	2509		1311	1198
其他采矿业	Mining of Other Ores	117	117		
制造业	**Manufacturing**	**304433**	**22028**	**4692**	**277713**
农副食品加工业	Processing of Food from Agricultural Products	15480	722	163	14595
食品制造业	Manufacture of Foods	5036	96		4940
酒、饮料和精茶制造业	Manufacture of Liquor, Beverages and Refined Tea	12607	283	62	12262
烟草制品业	Manufacture of Tobacco	2925	677		2248
纺织业	Manufacture of Textile	2895		4	2891
纺织服装、服饰业	Manufacture of Textile, Wearing Apparel and Accessories	1275		74	1201
皮革、毛皮、羽毛(绒)及其制品和制鞋业	Manufacture of Leather, Fur, Feather and Related Products and Footwear	1961		325	1636
木材加工及木、竹、藤、棕、草制品业	Processing of Timber, Manufacture of Wood, Bamboo, Rattan, Palm and Straw Products	224			224
家具制造业	Manufacture of Furniture	544	14	12	518

4-5 续表 1 continued

单位：人 (person)

项 目	Item	甘肃省 Gansu	国有单位 State-owned Units	城镇集体单位 Urban Collective-owned Units	其他单位 Units of Other Types of Ownership
造纸及纸制品业	Manufacture of Paper and Paper Products	609			609
印刷业和记录媒介复制业	Printing and Reproduction of Recording Media	4151	3413	143	595
文教、工美、体育和娱乐用品制造业	Manufacture of Articles for Culture, Education, Arts and Crafts, Sport and Entertainment Activities	595		104	491
石油加工、炼焦和核燃料加工业	Processing of Petroleum, Coking and Processing of Nucleus Fuel	30338	4670	48	25620
化学原料及化学制品制造业	Manufacture of Raw Chemical Materials and Chemical Products	24562	593	1762	22207
医药制造业	Manufactare of Medicines	9327	408		8919
化学纤维制造业	Manufacture of Chemical Fibres	291	291		
橡胶和塑料制品业	Manufacture of Rubber and Plastic Products	5630	330	398	4902
非金属矿物制品业	Manufacture of Non-metallic Mineral Products	27972	1134	70	26768
黑色金属冶炼和压延 加工业	Smelting and Pressing of Ferrous Metals	28964	57	888	28019
有色金属冶炼和压延 加工业	Smelting and Pressing of Non-ferrous Metals	65039	3076		61963
金属制品业	Manufacture of Metal Products	4763	342	44	4377
通用设备制造业	Manufacture of General Purpose Machinery	11052	858	289	9905
专用设备制造业	Manufacture of Special Purpose Machinery	17212	420		16792
汽车制造业	Manufacture of Automobile	907			907
铁路、船舶、航空航天和其他运输设备制造业	Manufacture of Railway, Ships, Aerospace and Other Transport Equipments	5152	2956	43	2153
电气机械及器材制造业	Manufacture of Electrical Machinery and Apparatus	12510	723	85	11702
计算机、通讯和其他电子设备制造业	Manufacture of Computers,Communication and Other Electronic Equipment	7389	156		7233
仪器仪表制造业	Manufacture of Measuring Instruments and Machinery	826		69	757
其他制造业	Other Manufacture	152	111		41
废弃资源综合利用业	Utilization of Waste Resources	1140	8	109	1023
金属制品、机械和设备修理业	Repair Service of Metal Products, Machinery and Equipment	2905	690		2215
电力、燃气及水的生产和供应业	**Production and Supply of Electricity, Heat, Gas and Water**	**110980**	**81703**	**324**	**28953**
电力、热力生产和供应业	Production and Supply of Electric Power and Heat Power	97689	73941	286	23462
燃气生产和供应业	Production and Supply of Gas	3249			3249
水的生产和供应业	Production and Supply of Water	10042	7762	38	2242
建筑业	**Construction**	**293783**	**38450**	**48192**	**207141**
房屋建筑业	Construction of Buildings	217601	21005	44960	151636
土木工程建筑业	Civil Engineering	48787	11380	2054	35353

4-5 续表 2 continued

单位：人 (person)

项目	Item	甘肃省 Gansu	国有单位 State-owned Units	城镇集体单位 Urban Collective-owned Units	其他单位 Units of Other Types of Ownership
建筑安装业	Building Installation	20806	4106	988	15712
建筑装饰业和其他建筑业	Building Decoration and Other Construction	6589	1959	190	4440
批发和零售业	**Wholesale and Retail Trades**	**72892**	**12499**	**3660**	**56733**
批发业	Wholesale Trade	28670	9373	1546	17751
零售业	Retail Trade	44222	3126	2114	38982
交通运输、仓储和邮政业	**Transport, Storage and Post**	**115955**	**83982**	**1586**	**30387**
铁路运输业	Railway Transport	55321	54862	49	410
道路运输业	Road Transport	44806	18385	1389	25032
水上运输业	Water Transport	95	41		54
航空运输业	Air Transport	1328	124		1204
管道运输业	Transport Via Pipelines	89			89
装卸搬运与运输代理业	Loading, Unloading and Forwarding Agency	991	227		764
仓储业	Storage	4115	1560	148	2407
邮政业	Post	9210	8783		427
住宿和餐饮业	**Hotels and Catering Services**	**27758**	**7876**	**520**	**19362**
住宿业	Hotels	18395	7200	460	10735
餐饮业	Catering Services	9363	676	60	8627
信息传输、软件和信息技术服务业	**Information Transmission,Software and Information Technology Services**	**22062**	**5912**	**50**	**16100**
电信、广播电视和卫星传输服务	Telecommunication,Radio and Television, Satellite Transmission Services	20009	5630	50	14329
互联网和相关服务	Internet and Related Services	162	100		62
软件和信息技术服务业	Software and Information Technology Services	1891	182		1709
金融业	**Financial Intermediation**	**66073**	**26188**	**12451**	**27434**
货币金融服务	Monetary and Financial Service	52806	23723	12019	17064
资本市场服务	Capital Markets Service	317	56	250	11
保险业	Insurance	12811	2270	182	10359
其他金融活动	Other Financial Activities	139	139		
房地产业	**Real Estate**	**45005**	**7391**	**758**	**36856**
租赁和商务服务业	**Leasing and Business Services**	**24599**	**13206**	**3039**	**8354**
租赁业	Leasing	558	26	49	483
商务服务业	Business Services	24041	13180	2990	7871

4-5 续表 3 continued

单位：人 (person)

项目	Item	甘肃省 Gansu	国有单位 State-owned Units	城镇集体单位 Urban Collective-owned Units	其他单位 Units of Other Types of Ownership
科学研究和技术服务业	**Scientific Research and Technical Services**	**62889**	**51472**	**293**	**11124**
研究与试验发展	Research and Experimental Development	13022	12346		676
专业技术服务业	Professional Technical Services	39331	29060	256	10015
科技推广和应用服务业	Science and Technology Popularization and Application Services	10536	10066	37	433
水利、环境和公共设施管理业	**Management of Water Conservancy, Environment and Public Facilities**	**50721**	**48683**		**2038**
水利管理业	Management of Water Conservancy	20725	20623		102
生态保护和环境治理业	Ecological Protection and Environmental Treatment	4235	4235		
公共设施管理业	Management of Public Facilities	25761	23825		1936
居民服务、修理和其他服务业	**Service to Households, Repair and Other Services**	**3120**	**2143**	**103**	**874**
居民服务业	Services to Households	1953	1538	33	382
机动车、电子产品和日用产品修理业	Repair of Motor Vehicle, Electronics and Household Products	647	510	55	82
其他服务业	Other Services	520	95	15	410
教育	**Education**	**369818**	**367475**	**393**	**1950**
卫生和社会工作	**Health and Social Services**	**122587**	**117075**	**1918**	**3594**
文化、体育和娱乐业	**Culture,Sports and Entertainment**	**24445**	**20699**	**420**	**3326**
新闻和出版业	Journalism and Publishing Activities	2911	2234	309	368
广播、电视、电影和影视录音制作业	Radio, Television, Motion Picture and Videotape Programme	6831	6315	7	509
文化艺术业	Cultural and Art Activities	12466	10491	104	1871
体　育	Sports Activities	1322	1317		5
娱乐业	Entertainment	915	342		573
公共管理、社会保障和社会组织	**Public Management,Social Security and Social Organization**	**406177**	**406122**	**18**	**37**
中国共产党机关	Organs of Communist Party of China	22085	22085		
国家机构	Government Agencies	370533	370533		
人民政协和民主党派	People's Political Consultative Conference and Democratic Parties	3590	3590		
社会保障	Social Security	2062	2062		
群众团体、社会团体和其他成员组织	Non-Governmental Organizations, Social Organizations and Other Member Organizations	7718	7663	18	37
基层群众自治组织	Grass Roots Self-Governing Organizations				

4-6 城镇登记失业人数及失业率
Registered Unemployment Persons and Unemployment Rate in Urban Areas

单位：万人 (10 000 persons)

年 份 Year	本年失业人员就业人数 Number of Re-employment Persons This Year	城镇登记失业人数 Number of Registered Unemployed Persons in Urban Areas	城镇登记失业率(%) Registered Unemployment Rate in Urban Areas (%)	城镇新增就业人员 Newly Increased Urban Employee	城镇失业人员实现再就业人数 Number of Re-employment of Urban Laid-off Workers	城镇就业困难对象再就业人数 Number of Re-employment of the Object of Urban Employment Difficulties
2006	12.32	9.69	3.63	18.40	7.40	2.50
2007	13.56	9.51	3.34	22.70	9.20	3.60
2008	14.53	9.43	3.20	25.60	11.70	4.80
2009	18.32	10.28	3.25	27.80	10.90	4.40
2010	19.69	10.72	3.21	29.30	10.90	4.70
2011	17.60	10.80	3.11	29.55	11.70	4.60
2012	26.05	9.78	2.68	36.00	13.60	5.20
2013	29.12	9.28	2.35	43.46	16.10	5.89
2014	31.04	9.71	2.19	43.50	15.81	5.19
2015		9.48	2.14	43.70	16.80	4.80
2016		9.77	2.20	43.70	14.90	4.80

4-7 城镇单位就业人员工资总额
Total Wage Bill of Employed Persons in Urban Units

单位：万元 (10 000 yuan)

年 份 Year	工资总额 Total Wage Bill	国有单位 State-owned Units	城镇集体单位 Urban Collective-owned Units	其他单位 Units of Other Types of Ownership
2005	2838270	2450917	117662	269691
2006	3296705	2552452	104095	640158
2007	3925014	3104484	107857	712673
2008	4610436	3613034	116787	880615
2009	5177207	4129160	139368	908679
2010	5689458	4443116	155806	1090536
2011	6240152	4775310	197167	1267675
2012	7967933	6066343	264201	1637389
2013	11105296	6735143	374031	3996122
2014	12472598	7628223	375881	4468494
2015	13851432	8860878	390032	4600522
2016	14956853	9836352	356876	4763625

4-8 城镇单位就业人员工资总额指数
Indices of Total Wage Bill of Employed Persons in Urban Units

(上年=100) (preceding year=100)

年份 Year	工资总额指数 Indices of Total Wage Bill	国有单位 State-owned Units	城镇集体单位 Urban Collective-owned Units	其他单位 Units of Other Types of Ownership
2005	111.99	169.56	95.74	110.45
2006	116.15	104.14	88.47	237.37
2007	119.06	121.63	103.61	111.33
2008	117.46	116.38	108.28	123.57
2009	112.29	114.29	119.34	103.19
2010	109.89	107.60	111.79	120.01
2011	109.68	107.48	126.55	116.24
2012	127.69	127.04	134.00	129.16
2013	139.37	111.02	141.57	244.05
2014	112.31	113.26	100.49	111.82
2015	111.05	116.16	103.76	102.95
2016	107.98	111.01	91.50	103.55

4-9 城镇单位就业人员平均工资
Average Wage of Employed Persons in Urban Units

单位：元 (yuan)

年份 Year	平均工资 Average Wage	#在岗职工 Staff and Workers	国有单位 State-owned Units	城镇集体单位 Urban Collective-owned Units	其他单位 Units of Other Types of Ownership
2005	14654	14939	15840	9089	11626
2006	16843	17246	17108	11411	15313
2007	20657	20987	21968	12858	17681
2008	23524	24017	24625	15761	20801
2009	26743	27177	28082	18914	23191
2010	29096	29588	29889	22084	27375
2011	32092	32906	33232	28129	32565
2012	37679	38440	38401	32580	36074
2013	42833	44109	45636	32822	39834
2014	46960	48470	49614	34257	44297
2015	52942	54454	57888	37465	46869
2016	57575	59549	63930	38772	49255

4-10 城镇单位就业人员平均工资指数
Indices of Average Wage of Employed Persons in Urban Units

(上年=100) (preceding year=100)

年 份 Year	平均工资指数 Indices of Average Wage					平均实际工资指数 Indices of Average Real Wage				
	甘肃省 Gansu	#在岗职工 Staff and Workers	国有单位 State-owned Units	城镇集体单位 Urban Collective-owned Units	其他单位 Units of Other Types of Ownership	甘肃省 Gansu	#在岗职工 Staff and Workers	国有单位 State-owned Units	城镇集体单位 Urban Collective-owned Units	其他单位 Units of Other Types of Ownership
2005	109.95	109.66	110.05	110.96	101.14	108.11	107.83	108.21	109.11	99.45
2006	114.94	115.44	108.01	125.55	131.71	113.46	113.96	106.62	123.94	130.02
2007	122.64	121.69	128.41	112.68	115.46	116.25	115.35	121.72	106.81	109.44
2008	113.88	114.44	112.09	122.58	117.65	105.25	105.77	103.60	113.29	108.73
2009	113.68	113.16	114.04	120.01	111.49	112.22	111.71	112.58	118.47	110.06
2010	108.80	108.87	106.43	116.76	118.04	104.51	104.58	102.24	112.16	113.39
2011	110.30	111.21	111.18	127.37	118.96	104.15	105.01	104.99	120.27	112.33
2012	117.41	117.21	115.55	115.82	110.78	114.32	114.13	112.51	112.78	107.87
2013	113.70	114.70	118.80	100.70	110.40	110.17	111.14	115.12	97.58	106.98
2014	109.64	109.89	108.72	104.37	111.20	107.38	107.63	106.48	102.23	108.92
2015	112.74	112.35	116.68	109.36	105.81	110.96	110.53	114.84	107.64	104.14
2016	108.75	109.36	110.44	103.49	105.09	107.36	107.95	109.02	102.16	103.74

4-11 按行业分城镇单位就业人员工资总额(2016)
Total Wage Bill of Employed Persons in Urban Units by Sector (2016)

单位: 万元 (10 000 yuan)

项 目	Item	甘肃省 Gansu	国有单位 State-owned Units	城镇集体单位 Urban Collective-owned Units	其他单位 Units of Other Types of Ownership
城镇单位就业人员工资总额	**Total Wage Bill of Employed Persons in Urban Units**	**14956853**	**9836352**	**356876**	**4763625**
按企、事业和机关分	**By Enterprises, Institutions and Agencies**				
企业	Enterprises	7750119	2659886	337734	4752499
事业	Institutions	4758607	4734069	17556	6982
机关	Agencies & Organizations	2434810	2434289	405	116
民间非盈利组织	Folk Non-profit Organization	921	381		541
其他	Other	12396	7728	1181	3487
按国民经济行业分	**By Sector**				
农、林、牧、渔业	Agriculture, Forestry, Animal Husbandry and Fishery	200371	193879	710	5781
采矿业	Mining	713364	229694	17705	465965
制造业	Manufacturing	1802535	133687	27730	1641119
电力、热力、燃气及水的生产和供应业	Production and Supply of Electricity, Heat, Gas and Water	789081	590933	1066	197083
建筑业	Construction	1869244	424383	186158	1258702
批发和零售业	Wholesale and Retail Trades	333102	82163	10895	240045
交通运输、仓储和邮政业	Transport,Storage and Post	806508	641994	7143	157371
住宿和餐饮业	Hotels and Catering Services	113341	36238	1854	75249
信息传输、软件和信息技术服务业	Information Transmission,Software and Information Technology Services	164893	35745	280	128867
金融业	Financial Intermediation	455574	189937	69339	196298
房地产业	Real Estate	243172	49236	2786	191150
租赁和商务服务业	Leasing and Business Services	168702	112251	10407	46045
科学研究和技术服务业	Scientific Research and Technical Services	509954	400628	2185	107141
水利、环境和公共设施管理业	Management of Water Conservancy, Environment and Public Facilities	295208	283568		11640
居民服务、修理和其他服务业	Service to Households, Repair and Other Services	12482	9123	1059	2299
教育	Education	2686863	2673187	3130	10545
卫生和社会工作	Health and Social Service	880416	852439	12549	15428
文化、体育和娱乐业	Culture, Sports and Entertainment	159979	145634	1698	12646
公共管理、社会保障和社会组织	Public Management,Social Security and Social Organization	2752065	2751633	181	252

4-12 按行业分城镇单位就业人员平均工资(2016)
Average Wage of Employed Persons in Urban Units by Sector (2016)

单位: 元 (yuan)

项　目	Item	甘肃省 Gansu	国有单位 State-owned Units	城镇集体单位 Urban Collective-owned Units	其他单位 Units of Other Types of Ownership
城镇单位就业人员平均工资	**Average Wage of Employed Persons in Urban Units**	**57575**	**63930**	**38772**	**49255**
按企、事业和机关分	**By Enterprises, Institutions and Agencies**				
企业	Enterprises	52276	61992	38167	49250
事业	Institutions	64270	64309	56725	59773
机关	Agencies & Organizations	6555[illegible]	65549	77865	61158
民间非盈利组织	Folk Non-profit Organization	36693	50066		30886
其他	Other	39056	39407	28880	43376
按国民经济行业分	**By Sector**				
农、林、牧、渔业	Agriculture, Forestry, Animal Husbandry and Fishery	40179	40297	50376	35797
采矿业	Mining	64807	80978	42449	60093
制造业	Manufacturing	53130	54686	49105	53080
电力、热力、燃气及水的生产和供应业	Production and Supply of Electricity, Heat, Gas and Water	64084	64957	32886	61908
建筑业	Construction	43683	51588	34338	43190
批发和零售业	Wholesale and Retail Trades	41464	61675	27792	38046
交通运输、仓储和邮政业	Transport,Storage and Post	64177	71899	36633	45710
住宿和餐饮业	Hotels and Catering Services	34914	39436	29810	33219
信息传输、软件和信息技术服务业	Information Transmission,Software and Information Technology Services	60292	53720	50982	62436
金融业	Financial Intermediation	60252	66104	52801	58168
房地产业	Real Estate	46724	60785	30026	44437
租赁和商务服务业	Leasing and Business Services	47145	55468	31214	37701
科学研究和技术服务业	Scientific Research and Technical Services	75114	73201	66419	83495
水利、环境和公共设施管理业	Management of Water Conservancy, Environment and Public Facilities	50595	50756		46973
居民服务、修理和其他服务业	Service to Households, Repair and Other Services	38823	42413	49737	27016
教育	Education	69690	69804	75431	48507
卫生和社会工作	Health and Social Service	61593	62148	57963	42689
文化、体育和娱乐业	Culture, Sports and Entertainment	58837	63418	36444	33633
公共管理、社会保障和社会组织	Public Management,Social Security and Social Organization	63535	63533	95105	66211

4-13 按行业分城镇私营单位就业人员平均工资
Average Wage of Employed Persons in Urban Private Units by Sector

单位: 元 (yuan)

项　目	Item	2013	2014	2015	2016
甘肃省	**Gansu**	**24334**	**27273**	**31091**	**35685**
农、林、牧、渔业	Agriculture, Forestry, Animal Husbandry and Fishery	19319	23011	26297	30052
采矿业	Mining	29127	35228	34446	34098
制造业	Manufacturing	24212	27507	32110	36771
电力、热力、燃气及水的生产和供应业	Production and Supply of Electricity, Heat, Gas and Water	24873	31371	33692	36455
建筑业	Construction	25256	28051	30687	34928
批发和零售业	Wholesale and Retail Trades	26544	28350	33872	40122
交通运输、仓储和邮政业	Transport,Storage and Post	25435	25820	30261	38400
住宿和餐饮业	Hotels and Catering Services	18656	21748	26854	32402
信息传输、软件和信息技术服务业	Information Transmission,Software and Information Technology Services	25994	29282	30890	32991
金融业	Financial Intermediation	21144	26392	29668	33970
房地产业	Real Estate	18383	21340	27716	34445
租赁和商务服务业	Leasing and Business Services	27761	30711	33373	36944
科学研究和技术服务业	Scientific Research and Technical Services	25220	29440	35573	43328
水利、环境和公共设施管理业	Management of Water Conservancy, Environment and Public Facilities	21640	24935	32320	41621
居民服务、修理和其他服务业	Service to Households, Repair and Other Services	17945	19572	25121	31758
教育	Education	26742	28089	29412	32471
卫生和社会工作	Health and Social Service	23149	25354	30324	36692
文化、体育和娱乐业	Culture, Sports and Entertainment	19808	20419	26491	33723
公共管理、社会保障和社会组织	Public Management,Social Security and Social Organization				

4-14 历年职工平均工资及指数
Average Wage of Staff and Workers and Related Indices

年份 Year	平均货币工资(元) Average Money Wage (yuan)				指数(上年=100) Indices (preceding year=100) 货币工资 Average Money Wage				实际工资 Average Real Wage			
	甘肃省 Gansu	国有单位 State-owned Units	城镇集体单位 Urban Collective-owned Units	其他单位 Units of Other Types of Ownership	甘肃省 Gansu	国有单位 State-owned Units	城镇集体单位 Urban Collective-owned Units	其他单位 Units of Other Types of Ownership	甘肃省 Gansu	国有单位 State-owned Units	城镇集体单位 Urban Collective-owned Units	其他单位 Units of Other Types of Ownership
1978	708	751	437									
1979	792	824	557		111.8	109.7	127.5		110.7	108.6	126.2	
1980	875	896	676		110.5	108.7	121.4		105.0	103.3	115.4	
1981	878	904	676		100.3	100.9	100.0		98.1	98.7	97.8	
1982	907	937	649		103.3	103.6	96.0		102.2	102.5	95.0	
1983	944	973	702		104.1	103.8	108.2		103.7	103.4	107.8	
1984	1200	1251	866		127.1	128.6	123.4		123.0	124.5	119.5	
1985	1363	1400	1116	1640	113.6	111.9	128.9		102.7	101.2	116.5	
1986	1555	1630	1090	1848	114.1	116.4	97.7	112.7	106.6	108.8	91.3	105.3
1987	1680	1761	1188	1880	108.0	108.0	109.0	101.7	99.6	99.6	100.6	93.8
1988	1949	2040	1400	2331	116.0	115.8	117.8	124.1	96.2	96.0	97.7	102.9
1989	2207	2317	1577	1927	113.2	113.5	112.6	82.7	95.8	96.0	95.3	70.0
1990	2407	2546	1675	2058	109.1	109.9	106.2	106.8	107.1	107.9	104.2	104.8
1991	2566	2706	1918	2155	106.6	106.3	114.5	104.7	100.9	100.6	108.3	99.1
1992	2902	3077	2127	2205	113.1	113.7	110.9	102.3	105.4	106.0	103.4	95.3
1993	3422	3627	2457	3389	117.9	117.9	115.5	153.7	102.3	102.3	100.3	133.4
1994	4796	5059	3506	4409	140.2	139.5	142.7	130.1	112.5	112.0	114.5	104.4
1995	5493	5747	3944	6534	114.5	113.6	112.5	148.2	96.3	95.5	94.6	124.6
1996	5882	6131	4471	6734	107.1	106.7	113.4	103.1	97.1	96.7	102.8	93.5
1997	6182	6445	4598	6703	105.1	105.1	102.8	99.5	102.2	102.2	100.0	96.8
1998	6418	6757	4774	5528	103.8	104.8	103.8	82.5	104.8	105.9	104.8	83.3
1999	6928	7311	5118	5837	107.9	108.2	107.2	105.6	111.0	111.3	110.3	108.6
2000	7913	8278	6228	6504	114.2	113.2	121.7	111.4	115.1	114.1	122.7	112.3
2001	9177	9690	5929	8244	116.0	113.2	95.2	126.8	112.6	109.9	92.4	123.1
2002	10272	10925	6127	8712	111.9	112.7	103.3	105.7	112.7	113.5	104.0	106.4
2003	11419	12079	6674	10115	111.2	110.6	108.9	116.1	110.2	109.6	107.9	115.1
2004	12711	13427	7676	10957	111.3	111.2	115.0	108.3	109.9	109.8	113.5	106.9
2005	14939	15840	9291	11827	117.5	118.0	121.0	107.9	116.1	116.6	119.6	106.6
2006	17246	18108	11514	15515	115.4	114.3	123.9	131.2	114.1	112.9	122.4	129.6
2007	20987	22314	12979	17948	121.7	123.2	112.7	115.7	115.7	117.1	107.1	110.0
2008	24017	25284	16179	20966	114.4	113.3	124.7	116.8	105.9	104.9	115.5	108.1
2009	27177	28565	19453	23360	113.2	113.0	120.2	111.4	112.2	112.0	119.1	110.4
2010	29588	30475	22249	27616	108.9	106.7	114.4	118.2	104.3	102.2	109.6	113.2
2011	32906	33232	28129	32565	111.2	109.0	126.4	117.9	104.9	102.8	119.2	111.2
2012	38440	39177	32524	36896	116.8	117.9	115.6	113.3	113.7	114.8	112.6	110.3
2013	44109	47050	33040	40833	114.7	120.1	101.6	110.7	111.1	116.4	98.4	107.3
2014	48470	51366	34978	45437	109.9	109.2	105.9	111.3	107.6	106.9	103.7	109.0
2015	54454	59989	37625	47365	112.3	116.8	107.6	104.2	110.6	114.9	105.9	102.6
2016	59549	66511	38907	50093	109.4	110.9	103.4	105.8	108.0	109.4	102.1	104.4

注：2005年起职工工资为在岗职工平均工资。
a) Since 2005 , data in this table are average wage of staff and workers.

4-15 按行业分在岗职工工资总额（2016）
Total Wages of Staff and Workers by Sector (2016)

单位：万元 (10 000 yuan)

项目	Item	甘肃省 Gansu	国有单位 State-owned Units	城镇集体单位 Urban Collective-owned Units	其他单位 Units of Other Types of Ownership
工资总额	**Total**	**13635025**	**9230014**	**321886**	**4083124**
按企、事业和机关分	**By Enterprises, Institutions and Agencies**				
企业	Enterprises	6650043	2273725	303768	4072550
事业	Institutions	4598253	4574841	16558	6854
机关	Agencies & Organizations	2377474	2376962	403	109
民间非盈利组织	Folk Non-profit Organization	921	381		541
其他	Other	8335	4107	1158	3070
按国民经济行业分	**By Sector**				
农、林、牧、渔业	Agriculture,Forestry,Animal Husbandry and Fishery	190483	184661	636	5186
采矿业	Mining	661789	200181	16507	445101
制造业	Manufacturing	1680910	126971	24485	1529454
电力、热力、燃气及水的生产和供应业	Production and Supply of Electricity, Heat, Gas and Water	744299	559067	1066	184167
建筑业	Construction	1240769	203432	163237	874100
批发和零售业	Wholesale and Retail Trades	308464	77946	9920	220598
交通运输、仓储和邮政业	Transport,Storage and Post	759914	612994	5582	141337
住宿和餐饮业	Hotels and Catering Services	99474	31658	1709	66107
信息传输、软件和信息技术服务业	Information Transmission,Software and Information Technology Services	140768	33559	253	106956
金融业	Financial Intermediation	404069	179554	67200	157315
房地产业	Real Estate	220892	47069	2327	171496
租赁和商务服务业	Leasing and Business Services	133951	88149	9852	35951
科学研究和技术服务业	Scientific Research and Technical Services	481277	382085	2012	97179
水利、环境和公共设施管理业	Management of Water Conservancy, Environment and Public Facilities	277188	267435		9753
居民服务、修理和其他服务业	Service to Households, Repair and Other Services	12051	9070	701	2279
教育	Education	2640506	2627876	3081	9549
卫生和社会工作	Health and Social Service	797738	771076	11605	15056
文化、体育和娱乐业	Culture, Sports and Entertainment	151539	138709	1532	11297
公共管理、社会保障和社会组织	Public Management,Social Security and Social Organization	2688945	2688523	181	241

4-16 按行业分在岗职工平均工资(2016)
Average Wage of Staff and Workers by Sector(2016)

单位：元 (yuan)

项　目	Item	甘肃省 Gansu	国有单位 State-owned Units	城镇集体单位 Urban Collective-owned Units	其他单位 Units of Other Types of Ownership
职工平均工资	**Per Capita Wage of Staff and Workers**	**59549**	**66511**	**38907**	**50093**
按企、事业和机关分	**By Enterprises, Institutions and Agencies**				
企业	Enterprises	53568	64512	38245	50088
事业	Institutions	66725	65766	58955	60933
机关	Agencies & Organizations	68378	68376	78980	68125
民间非盈利组织	Folk Non-profit Organization	36693	50066		30886
其他	Other	40303	41172	29990	43841
按国民经济行业分	**By Sector**				
农、林、牧、渔业	Agriculture,Forestry,Animal Husbandry and Fishery	41861	42019	57809	35841
采矿业	Mining	66020	83132	43505	61353
制造业	Manufacturing	54016	55568	50261	53960
电力、热力、燃气及水的生产和供应业	Production and Supply of Electricity, Heat, Gas and Water	64539	65418	32886	62338
建筑业	Construction	43750	56212	33767	42484
批发和零售业	Wholesale and Retail Trades	42547	62387	27974	39094
交通运输、仓储和邮政业	Transport,Storage and Post	65524	72658	34605	47276
住宿和餐饮业	Hotels and Catering Services	35667	40059	32865	34004
信息传输、软件和信息技术服务业	Information Transmission,Software and Information Technology Services	62483	57034	50982	64276
金融业	Financial Intermediation	61145	68576	53882	57328
房地产业	Real Estate	48019	62018	30538	45637
租赁和商务服务业	Leasing and Business Services	49214	59636	32481	38808
科学研究和技术服务业	Scientific Research and Technical Services	76611	74595	67028	85461
水利、环境和公共设施管理业	Management of Water Conservancy, Environment and Public Facilities	55141	55408		48800
居民服务、修理和其他服务业	Service to Households, Repair and Other Services	39220	42760	60959	27099
教育	Education	71524	71623	78305	51091
卫生和社会工作	Health and Social Service	65801	66549	61275	42699
文化、体育和娱乐业	Culture, Sports and Entertainment	60997	65672	36483	33824
公共管理、社会保障和社会组织	Public Management,Social Security and Social Organization	66142	66141	95105	69829
国际组织	International Organizations				

4-17 各地区就业再就业工作情况(2016)
Work Situation of Employment and Re-employment by Region (2016)

单位：人 (person)

地　区	Region	城镇新增就业人员 Newly Increased Urban Employee	城镇失业人员再就业人数 Number of Re-employment of Urban Laid-off Workers	城镇就业困难对象再就业人数 Number of Re-employment of the Object of Urban Employment Difficulties	城镇登记失业率(%) Registered Unemployment Rate in Urban Areas (%)
兰州市	Lanzhou	123605	24562	8953	2.17
嘉峪关市	Jiayuguan	8025	1610	435	2.75
金昌市	Jinchang	18510	15264	3995	3.03
白银市	Baiyin	54024	8576	3198	2.5
天水市	Tianshui	73494	13641	5606	3.13
武威市	Wuwei	29430	14539	7875	3.06
张掖市	Zhangye	29355	20628	1705	2.6
平凉市	Pingliang	37000	12400	5162	3.63
酒泉市	Jiuquan	37091	10818	3106	2.47
庆阳市	Qingyang	78971	16051	1994	2.05
定西市	Dingxi	33300	5118	2359	3.2
陇南市	Longnan	33983	2631	931	1.99
临夏州	Linxia	44835	2046	1149	3.15
甘南州	Gannan	5157	1469	887	3.15

4-18 各地区按行业分城镇单位就业人员数(2016)
Number of Employed Persons in Urban Units at Year-end by Sector and Region(2016)

单位：万人 (10 000 persons)

地　区	Region	甘肃省 Gansu	农、林、牧、渔业 Agriculture, Forestry, Animal Husbandry and Fishery	采矿业 Mining	制造业 Manufacturing	电力、热力、燃气及水的生产和供应业 Production and Supply of Electricity,Heat, Gas and Water	建筑业 Construction	批发和零售业 Wholesale and Retail Trades
甘肃省	**Gansu**	**260.96**	**4.96**	**10.67**	**33.58**	**12.19**	**43.70**	**8.12**
兰州市	Lanzhou	71.87	0.07	1.32	10.57	5.83	15.58	2.90
嘉峪关市	Jiayuguan	6.09	0.01		3.53	0.30	0.28	0.10
金昌市	Jinchang	10.22	0.26	0.02	4.02	0.23	2.50	0.20
白银市	Baiyin	17.30	0.23	1.86	3.07	0.68	2.23	0.24
天水市	Tianshui	23.23	0.48	0.07	3.62	0.41	3.03	1.38
武威市	Wuwei	13.40	0.27	0.29	1.51	0.44	2.86	0.32
张掖市	Zhangye	13.16	1.14	0.39	1.28	0.69	1.41	0.40
平凉市	Pingliang	17.65	0.15	3.04	0.57	0.56	3.09	0.51
酒泉市	Jiuquan	14.92	0.66	0.48	2.48	0.62	2.43	0.64
庆阳市	Qingyang	17.69	0.05	2.41	0.36	0.60	2.93	0.55
定西市	Dingxi	15.57	0.13	0.05	1.01	0.43	2.87	0.27
陇南市	Longnan	14.44	0.42	0.72	0.72	0.47	1.33	0.37
临夏州	Linxia	12.90	0.13		0.49	0.50	2.41	0.19
甘南州	Gannan	7.64	0.97	0.02	0.29	0.38	0.39	0.08

4-18 续表 1 continued

单位：万人 (10 000 persons)

地 区	Region	交通运输、仓储和邮政业 Transport, Storage and Post	住宿和餐饮业 Hotels and Catering Services	信息传输、软件和信息技术服务业 Information Transmission, Software and Information Technology Services	金融业 Financial Intermediation	房地产业 Real Estate	租赁和商务服务业 Leasing and Business Services	科学研究和技术服务业 Scientific Research and Technical Services
甘肃省	**Gansu**	**12.80**	**3.23**	**2.75**	**7.62**	**5.17**	**3.60**	**6.89**
兰州市	Lanzhou	2.48	1.21	0.92	2.52	2.87	2.42	3.80
嘉峪关市	Jiayuguan	0.11	0.10	0.04	0.20	0.04	0.05	0.06
金昌市	Jinchang	0.24	0.06	0.10	0.19	0.06	0.08	0.07
白银市	Baiyin	0.34	0.02	0.11	0.68	0.17	0.07	0.16
天水市	Tianshui	0.58	0.36	0.27	0.55	0.35	0.07	0.60
武威市	Wuwei	0.28	0.10	0.13	0.42	0.15	0.13	0.21
张掖市	Zhangye	0.45	0.11	0.16	0.35	0.22	0.07	0.54
平凉市	Pingliang	0.54	0.21	0.19	0.45	0.28	0.04	0.29
酒泉市	Jiuquan	0.45	0.33	0.14	0.73	0.13	0.43	0.28
庆阳市	Qingyang	0.48	0.21	0.18	0.48	0.09	0.03	0.21
定西市	Dingxi	0.45	0.17	0.11	0.38	0.24	0.09	0.15
陇南市	Longnan	0.70	0.09	0.17	0.37	0.15	0.02	0.18
临夏州	Linxia	0.26	0.06	0.12	0.31	0.10	0.11	0.19
甘南州	Gannan	0.15	0.06	0.12	0.20	0.02		0.10

4-18 续表 2 continued

单位：万人 (10 000 persons)

地 区	Region	水利、环境和公共设施管理业 Management of Water Conservancy, Environment and Public Facilities	居民服务、修理和其他服务业 Service to Households, Repair and Other Services	教 育 Education	卫生和社会工作 Health and Social Service	文化、体育和娱乐业 Culture, Sports and Entertainment	公共管理、社会保障和社会组织 Public Management, Social Security and Social Organization
甘肃省	**Gansu**	**5.91**	**0.33**	**38.67**	**14.54**	**2.72**	**43.51**
兰州市	Lanzhou	1.74	0.08	6.89	3.25	0.97	6.46
嘉峪关市	Jiayuguan	0.18	0.00	0.27	0.20	0.04	0.57
金昌市	Jinchang	0.25	0.01	0.57	0.34	0.05	0.97
白银市	Baiyin	0.38	0.01	2.84	0.83	0.06	3.27
天水市	Tianshui	0.27	0.03	4.41	1.67	0.22	4.85
武威市	Wuwei	0.58	0.02	2.47	1.00	0.06	2.16
张掖市	Zhangye	0.47	0.02	2.14	0.83	0.18	2.26
平凉市	Pingliang	0.32	0.05	3.25	1.14	0.14	2.83
酒泉市	Jiuquan	0.56	0.04	1.48	0.71	0.32	2.01
庆阳市	Qingyang	0.29		3.60	1.03	0.18	4.00
定西市	Dingxi	0.39	0.01	3.78	1.33	0.14	3.59
陇南市	Longnan	0.23	0.01	3.15	0.93	0.12	4.30
临夏州	Linxia	0.29	0.05	2.63	0.87	0.18	4.03
甘南州	Gannan	0.11		1.42	0.45	0.10	2.78

4-19 各地县在岗职工人数(2016)
Number of Staff and Workers by Region,County(2016)

单位：人 (person)

地 区	Region	在岗职工人数 Number of Staff and Workers	国有单位 State-owned Units	城镇集体单位 Urban Collective-owned Units	其他单位 Units of Other Types of Ownership
兰州市	**Lanzhou**	**579044**	**291048**	**14311**	**273685**
城关区	Chengguan	291614	174326	6315	110973
七里河区	Qilihe	75605	33292	160	42153
西固区	Xigu	75415	26387	3798	45230
安宁区	Anning	40316	21897	418	18001
红古区	Honggu	25039	6411	230	18398
永登县	Yongdeng	20976	11061	1096	8819
皋兰县	Gaolan	10452	5765	653	4034
榆中县	Yuzhong	17628	9459	1222	6947
兰州新区	Lanzhou New Area	21999	2450	419	19130
嘉峪关市	**Jiayuguan**	**56232**	**12687**	**2407**	**41138**
金昌市	**Jinchang**	**86190**	**22604**	**410**	**63176**
金川区	Jinchuan	65278	11822	270	53186
永昌县	Yongchang	20912	10782	140	9990
白银市	**Baiyin**	**160239**	**79584**	**7338**	**73317**
白银区	Baiyin	62935	24546	2381	36008
平川区	Pingchuan	38551	11804	3811	22936
靖远县	Jingyuan	25217	15127	558	9532
会宁县	Huining	18651	16534	338	1779
景泰县	Jingtai	14885	11573	250	3062
天水市	**Tianshui**	**190628**	**125276**	**4603**	**60749**
秦州区	Qinzhou	61566	35544	235	25787
麦积区	Maiji	51835	27298	648	23889
清水县	Qingshui	11102	9149	157	1796
秦安县	Qinan	16365	13069	504	2792
甘谷县	Gangu	21772	16619	1728	3425
武山县	Wushan	14266	12584	126	1556
张家川县	Zhangjiachuan	13722	11013	1205	1504
武威市	**Wuwei**	**123733**	**80532**	**1314**	**41887**
凉州区	Liangzhou	84571	51980	1286	31305
民勤县	Minqin	12807	8751		4056
古浪县	Gulang	13072	10361	18	2693
天祝县	Tianzhu	13283	9440	10	3833
张掖市	**Zhangye**	**108862**	**74953**	**2972**	**30937**

4-19 续表 1 continued

单位：人 (person)

地 区	Region	在岗职工人数 Number of Staff and Workers	国有单位 State-owned Units	城镇集体单位 Urban Collective-owned Units	其他单位 Units of Other Types of Ownership
甘州区	Ganzhou	54277	35434	1118	17725
肃南县	Sunan	5601	3552	89	1960
民乐县	Minle	11092	7978		3114
临泽县	Linze	7270	5113	169	1988
高台县	Gaotai	9460	6877	255	2328
山丹县	Shandan	21162	15999	1341	3822
平凉市	**Pingliang**	**165302**	**99886**	**10817**	**54599**
崆峒区	Kongtong	47946	28946	1068	17932
泾川县	Jingchuan	12860	11104	818	938
灵台县	Lingtai	8694	8271	18	405
崇信县	Chongxin	12680	9247	253	3180
华亭县	Huating	33820	10097	1792	21931
庄浪县	Zhuanglang	21967	16477	2398	3092
静宁县	Jingning	23903	14809	4470	4624
工业园区	Industrial Park	3432	935		2497
酒泉市	**Jiuquan**	**130438**	**59417**	**9311**	**61710**
肃州区	Suzhou	50483	21390	4252	24841
金塔县	Jinta	11050	6695	623	3732
瓜州县	Guazhou	8740	5243	177	3320
肃北县	Subei	4976	2320	68	2588
阿克塞县	Akesai	4480	1998	28	2454
玉门市	Yumen	32870	12456	3844	16570
敦煌市	Dunhuang	17839	9315	319	8205
庆阳市	**Qingyang**	**159140**	**116455**	**7855**	**34830**
西峰区	Xifeng	64372	45757	2147	16468
庆城县	Qingcheng	13804	9553	1976	2275
环 县	Huanxian	13194	10093	175	2926
华池县	Huachi	8326	7444	396	486
合水县	Heshui	7563	7176	178	209
正宁县	Zhengning	9420	8494	186	740
宁 县	Ningxian	27286	13629	2649	11008
镇原县	Zhenyuan	15175	14309	148	718
定西市	**Dingxi**	**145759**	**103351**	**5455**	**36953**
安定区	Anding	42695	26037	701	15957
通渭县	Tongwei	19407	14640	210	4557

4-19 续表 2 continued

单位：人 (person)

地 区	Region	在岗职工人数 Number of Staff and Workers	国有单位 State-owned Units	城镇集体单位 Urban Collective-owned Units	其他单位 Units of Other Types of Ownership
陇西县	Longxi	23389	19232	1217	2940
渭源县	Weiyuan	10033	9808	191	34
临洮县	Lintao	29916	16649	2780	10487
漳 县	Zhangxian	7241	5847	107	1287
岷 县	Minxian	13078	11138	249	1691
陇南市	**Longnan**	**140318**	**105351**	**4234**	**30733**
武都区	Wudu	41495	29904	944	10647
成 县	Chengxian	17412	11184	648	5580
文 县	Wenxian	12334	9684	495	2155
宕昌县	Tanchang	11750	10462	190	1098
康 县	Kangxian	8009	6241	497	1271
西和县	Xihe	16296	12872	631	2793
礼 县	Lixian	16516	14060	260	2196
徽 县	Huixian	12959	8414	437	4108
两当县	Liangdang	3547	2530	132	885
临夏州	**Linxia**	**119140**	**86821**	**10239**	**22080**
临夏市	linxia	31557	22749	3950	4858
临夏县	linxia	11569	10738	288	543
康乐县	Kangle	9673	8927	384	362
永靖县	Yongjing	25860	10455	2683	12722
广河县	Guanghe	9446	8158	94	1194
和政县	Hezheng	9784	7574	273	1937
东乡县	Dongxiang	12353	9721	2395	237
积石山县	Jishishan	8898	8499	172	227
甘南州	**Gannan**	**69260**	**60957**	**920**	**7383**
合作市	Hezuo	17001	13929	154	2918
临潭县	Lintan	8217	7579	124	514
卓尼县	Zhuoni	10203	9569	95	539
舟曲县	Zhouqu	9749	9195	209	345
迭部县	Diebu	8636	7647	106	883
玛曲县	Maqu	5047	4039	66	942
碌曲县	Luqu	4349	3917	61	371
夏河县	Xiahe	6058	5082	105	871

4-20 各地区在岗职工平均工资（2016）
Average Wage of Staff and Workers by Region (2016)

单位：元 (yuan)

地 区	Region	甘肃省 Gansu	国有单位 State-owned Units	城镇集体单位 Urban Collective-owned Units	其他单位 Units of Other Types of Ownership
甘肃省	**Gansu**	**59549**	**66511**	**38907**	**50093**
兰州市	Lanzhou	67011	77826	42188	56189
嘉峪关市	Jiayuguan	66925	76877	3685	86853
金昌市	Jinchang	53996	61145	52754	51508
白银市	Baiyin	53848	61467	33264	47717
天水市	Tianshui	50861	58576	37568	36002
武威市	Wuwei	56148	65024	27593	40654
张掖市	Zhangye	57708	66412	36254	40952
平凉市	Pingliang	55693	59110	29462	54613
酒泉市	Jiuquan	55513	61662	41854	52901
庆阳市	Qingyang	61669	70237	43862	38098
定西市	Dingxi	54735	61191	42720	39058
陇南市	Longnan	52135	55217	41465	42858
临夏州	Linxia	51873	57068	35920	38636
甘南州	Gannan	64392	65601	67665	54331

4-21 各地区按行业分在岗职工平均工资（2016）
Average Wage of Staff and Workers by Sector and Region (2016)

单位：元 (yuan)

地 区	Region	甘肃省 Gansu	农、林、牧、渔业 Agriculture, Forestry, Animal Husbandry and Fishery	采矿业 Mining	制造业 Manufacturing	电力、热力、燃气及水的生产和供应业 Production and Supply of Electricity, Heat, Gas and Water	建筑业 Construction	批发和零售业 Wholesale and Retail Trades
甘肃省	**Gansu**	**59549**	**41861**	**66020**	**54016**	**64539**	**43750**	**42547**
兰州市	Lanzhou	67011	64018	47622	59889	68396	53262	45153
嘉峪关市	Jiayuguan	66925	86058		68616	74356	50903	58262
金昌市	Jinchang	53996	34123	40751	53982	48884	49705	36535
白银市	Baiyin	53848	51202	57428	47028	66936	31123	45074
天水市	Tianshui	50861	50139	32679	36805	47033	41426	30400
武威市	Wuwei	56148	48557	50903	41335	60319	41740	46302
张掖市	Zhangye	57708	33333	49033	39263	49153	37695	37178
平凉市	Pingliang	55693	39584	77837	38343	51679	32066	44076
酒泉市	Jiuquan	55513	34180	61737	65977	73235	38736	40393
庆阳市	Qingyang	61669	63276	82732	52946	67828	32686	40019
定西市	Dingxi	54735	60553	29156	40147	58265	38004	49530
陇南市	Longnan	52135	54526	40443	46922	48493	38614	49333
临夏州	Linxia	51873	49250		39550	73735	32316	41350
甘南州	Gannan	64392	37489	65683	64977	65059	45740	67047

4-21 续表 1 continued

单位: 元 (yuan)

地 区	Region	交通运输、仓储和邮政业 Transport, Storage and Post	住宿和餐饮业 Hotels and Catering Services	信息传输、软件和信息技术服务业 Information Transmission, Software and Information Technology Services	金融业 Financial Intermediation	房地产业 Real Estate	租赁和商务服务业 Leasing and Business Services	科学研究和技术服务业 Scientific Research and Technical Services
甘肃省	**Gansu**	**65524**	**35667**	**62483**	**61145**	**48019**	**49214**	**76611**
兰州市	Lanzhou	54587	38473	66783	77478	51068	55948	87631
嘉峪关市	Jiayuguan	74804	34785	84894	71616	58182	53033	83997
金昌市	Jinchang	37663	32321	60613	68816	37916	36661	65636
白银市	Baiyin	46893	26488	74471	47337	39598	38655	66239
天水市	Tianshui	54298	27871	55601	47859	37104	43014	50231
武威市	Wuwei	48056	28839	63727	79294	37634	43113	64768
张掖市	Zhangye	52300	33908	58661	61711	44470	43321	66304
平凉市	Pingliang	34006	33777	45675	46331	37024	40393	55041
酒泉市	Jiuquan	48527	33982	53699	48260	45725	34228	65428
庆阳市	Qingyang	45998	30931	55601	52538	40966	48866	68509
定西市	Dingxi	49753	32542	68877	62352	40778	35493	59080
陇南市	Longnan	41383	29884	69107	59305	38835	36728	57214
临夏州	Linxia	48400	32333	70684	53191	42301	38480	60273
甘南州	Gannan	53497	33409	54079	65913	32665	36085	72916

4-21 续表 2 continued

单位: 元 (yuan)

地 区	Region	水利、环境和公共设施管理业 Management of Water Conservancy, Environment and Public Facilities	居民服务、修理和其他服务业 Service to Households, Repair and Other Services	教 育 Education	卫生和社会工作 Health and Social Service	文化、体育和娱乐业 Culture, Sports and Entertainment	公共管理、社会保障和社会组织 Public Management, Social Security and Social Organization
甘肃省	**Gansu**	**55141**	**39220**	**71524**	**65801**	**60997**	**66142**
兰州市	Lanzhou	63835	49865	97563	83371	69275	89233
嘉峪关市	Jiayuguan	46106	39125	85685	65652	45634	82286
金昌市	Jinchang	61735	56065	68797	61632	42163	61549
白银市	Baiyin	50526	57984	65485	60835	59627	59621
天水市	Tianshui	47984	40375	64253	62466	49623	57216
武威市	Wuwei	59294	70074	71008	58670	60944	66875
张掖市	Zhangye	61597	41958	77290	77035	66755	74076
平凉市	Pingliang	42808	25081	64447	60019	48209	60220
酒泉市	Jiuquan	48408	11905	68555	58120	55676	66076
庆阳市	Qingyang	59359	70667	71018	62295	59319	66411
定西市	Dingxi	39825	56660	66040	58566	53682	61600
陇南市	Longnan	54336	26371	57425	55518	53048	55671
临夏州	Linxia	46638	35018	56243	52872	54601	58474
甘南州	Gannan	56653	42795	72544	68079	71304	72777

主要统计指标解释

经济活动人口 指在16周岁及以上，有劳动能力，参加或要求参加社会经济活动的人口。包括就业人员和失业人员。

就业人员 指在一定年龄以上，有劳动能力，为取得劳动报酬或经营收入而从事一定社会劳动的人员。具体指年满16周岁，为取得报酬或经营利润，在调查周内从事了1小时（含1小时）以上的劳动或由于学习、休假等原因在调查周内暂时处于未工作状态，但有工作单位或场所的人口。

单位就业人员 指报告期末最后一日24时在本单位中工作，并取得工资或其他形式劳动报酬的人员数。该指标为时点指标，不包括最后一日当天及以前已经与单位解除劳动合同关系的人员，是在岗职工、劳务派遣人员及其他就业人员之和。就业人员不包括：

(1)离开本单位仍保留劳动关系，并定期领取生活费的人员；

(2)利用课余时间打工的学生及在本单位实习的各类在校学生；

(3)本单位因劳务外包而使用的人员。

城镇私营和个体就业人员 城镇私营就业人员指在工商管理部门注册登记，其经营地址设在县城关镇(含县城关镇)以上的私营企业就业人员，包括私营企业投资者和雇工。城镇个体就业人员指在工商管理部门注册登记，并持有城镇户口或在城镇长期居住，经批准从事个体工商经营的就业人员，包括个体经营者和在个体工商户劳动的家庭帮工和雇工。

在岗职工 指在本单位工作且与本单位签订劳动合同，并由单位支付各项工资和社会保险、住房公积金的人员，以及上述人员中由于学习、病伤、产假等原因暂未工作仍由单位支付工资的人员。在岗职工还包括：

(1)应订立劳动合同而未订立劳动合同人员(如使用的农村户籍人员)；

(2)处于试用期人员；

(3)编制外招用的人员；

(4)派往外单位工作，但工资仍由本单位发放的人员(如挂职锻炼、外派工作等情况)。

城镇登记失业人员 指有非农业户口，在一定的劳动年龄内(16周岁至退休年龄)，有劳动能力，无业而要求就业，并在当地劳动保障部门进行求职登记的人员。

城镇登记失业率 城镇登记失业人员与城镇单位就业人员(扣除使用的农村劳动力、聘用的离退休人员、港澳台及外方人员)、城镇单位中的不在岗职工、城镇私营业主、个体户主、城镇私营企业和个体就业人员、城镇登记失业人员之和的比。计算公式为：

$$\text{城镇登记失业率}=\frac{\text{城镇登记失业人数}}{\begin{array}{c}\text{城镇单位就业人员}-\text{使用的农村劳动力}-\\\text{聘用的离退休人员}-\text{聘用的港澳台及外方人员}+\\\text{不在岗职工}+\text{城镇私营业主}+\text{城镇个体户主}+\\\text{城镇私营企业及个体就业人员}+\text{城镇登记失业人数}\end{array}}\times 100\%$$

工资总额 指根据《关于工资总额组成的规定》(1990年1月1日国家统计局发布的一号令)进行修订，在报告期内(季度或年度)直接支付给本单位全部就业人员的劳动报酬总额。包括计时工资、计件工资、奖金、津贴和补贴、加班加点工资、特殊情况下支付的工资，是在岗职工工资总额、劳务派遣人员工资总额和其他就业人员工资总额之和。

工资总额是税前工资，包括单位从个人工资中直接为其代扣或代缴的房费、水费、电费、住房公积金和社会保险基金个人缴纳部分等。

工资总额不论是计入成本的还是不计入成本的，不论是以货币形式支付的还是以实物形式支付的，均应列入工资总额的计算范围。

平均工资 指单位就业人员在一定时期内平均每人所得的工资额。它表明一定时期工资收入的高低程度，是反映就业人员工资水平的主要指标。计算公式为：

$$\text{平均工资}=\frac{\text{报告期就业人员工资总额}}{\text{报告期就业人员平均人数}}$$

平均工资指数 指报告期就业人员平均工资与基期就业人员平均工资的比率，是反映不同时期就业人员货币工资水平变动情况的相对数。计算公式为：

$$\text{平均工资指数}=\frac{\text{报告期就业人员平均工资}}{\text{基期就业人员平均工资}}\times 100\%$$

平均实际工资指数 就业人员平均实际工资指扣除物价变动因素后的就业人员平均工资。就业人员平均实际工资指数是反映实际工资变动情况的相对数，表明就业人员实际工资水平提高或降低的程度。计算公式为：

$$\text{平均实际工资指数}=\frac{\text{报告期就业人员平均工资指数}}{\text{报告期城镇居民消费价格指数}}\times 100\%$$

5

价 格

Prices

简要说明

一、本篇资料主要内容

本篇资料反应生产、流通、消费与投资等环节的价格变动趋势和变动幅度。主要包括居民消费价格指数、商品零售价格指数、农业生产资料价格指数、农产品生产价格指数、工业生产者出厂价格指数、工业生产者购进价格指数、固定资产投资价格指数等。

二、本篇资料的来源

1. 居民消费、商品零售和农业生产资料价格指数由国家统计局甘肃调查总队消费价格调查处整理提供。

2. 工业生产者出厂、工业生产者购进、固定资产投资、房地产等价格指数由国家统计局甘肃调查总队生产投资价格调查处整理提供。

5-1 历年各种价格指数
Price Indices

(上年=100) (preceding year=100)

年 份 Year	居民消费价格指数 Consumer Price Index	城 市 Urban Indices	农 村 Rural Indices	商品零售价格指数 Retail Price Index	农业生产资料价格指数 Price Index for Means of Agricultural Production	工业生产者出厂价格指数 Producer Price Index for Industrial Products	工业生产者购进价格指数 Purchasing Price Index for Industrial Producers	固定资产投资价格指数 Price Index for Investment in Fixed Assets
1978	100.6	100.8		100.5	100.2			
1979	101.1	101.1	101.0	100.8	100.2			
1980	104.2	105.2	102.7	104.1	100.2			
1981	101.7	102.2	100.7	101.6	99.8			
1982	101.1	101.1	101.1	101.2	101.3			
1983	100.4	100.4	100.4	100.6	104.4			
1984	102.5	103.3	101.5	103.0	108.3			
1985	109.2	110.6	107.1	108.5	104.6			
1986	106.6	107.0	106.0	106.0	100.6			
1987	107.6	108.4	106.5	107.4	104.8			
1988	119.1	120.6	116.0	118.6	114.3			
1989	117.9	118.2	117.6	116.4	113.7			
1990	103.2	101.9	104.7	103.4	111.2			105.6
1991	104.9	105.7	104.5	104.6	104.5	104.2		109.0
1992	107.2	107.3	106.4	105.8	106.7	110.3		117.4
1993	115.4	115.2	115.8	113.0	120.1	125.3		126.2
1994	123.7	124.6	123.5	122.5	123.2	121.2		112.6
1995	119.8	118.9	120.3	116.5	129.6	115.0	113.7	109.4
1996	110.2	110.3	109.7	106.6	110.7	104.4	107.6	104.9
1997	102.9	102.8	102.9	101.6	101.4	105.0	102.2	102.7
1998	99.0	99.0	98.9	98.2	96.3	95.2	96.4	100.3
1999	97.6	97.2	98.2	97.2	95.8	98.2	98.3	101.0
2000	99.5	99.2	100.1	99.1	103.9	107.2	111.8	102.5
2001	104.0	103.0	105.5	99.6	98.6	98.5	101.4	102.0
2002	100.0	99.3	100.9	98.9	100.4	97.9	98.4	100.2
2003	101.1	100.9	101.4	100.2	101.8	110.0	105.6	101.7
2004	102.3	101.3	104.3	102.1	107.4	114.3	112.5	105.5
2005	101.7	101.2	103.0	99.9	109.0	109.6	109.9	102.2
2006	101.3	101.2	101.4	101.2	104.4	109.8	108.8	104.1
2007	105.5	105.2	106.3	104.4	107.1	105.5	104.3	102.8
2008	108.2	108.0	108.7	107.9	114.7	104.9	110.2	106.7
2009	101.3	100.9	102.2	101.8	99.0	91.0	90.5	101.5
2010	104.1	104.4	103.6	104.6	101.7	115.0	114.4	103.5
2011	105.9	106.0	105.7	105.4	107.6	111.0	115.1	104.7
2012	102.7	102.5	103.1	102.6	105.2	96.3	98.7	102.1
2013	103.2	103.0	103.4	102.6	102.1	96.9	97.8	100.4
2014	102.1	102.2	102.1	101.7	99.0	96.7	97.6	100.1
2015	101.6	101.4	101.8	101.0	98.6	87.0	87.0	97.7
2016	101.3	101.2	101.5	100.9	99.9	94.9	94.6	98.7

注：2011年以前，工业生产者出厂价格指数为工业品出厂价格指数，工业生产者购进价格指数为原材料、燃料和动力购进价格指数。(下表同)

a) Before 2011,data of industrial producer price index data refer to producer price index for manufactured goods, data of industrial producer purchase price index refer to purchasing price index for raw material,fuel and power. The same applies to the tables following.

5-2 历年各种价格定基指数
Fixed-based Price Indices

(1978年 =100) (year of 1978 =100)

年 份 Year	居民消费价格指数 Consumer Price Index	城 市 Urban Indices	农 村 Rural Indices	商品零售价格指数 Retail Price Index	农业生产资料价格指数 Price Index for Means of Agricultural Production
1978	100.0	100.0	100.0	100.0	100.0
1979	101.1	101.1	101.0	100.8	100.2
1980	105.3	106.4	103.7	104.9	100.4
1981	107.1	108.7	104.5	106.6	100.2
1982	108.3	109.9	105.6	107.9	101.5
1983	108.7	110.3	106.0	108.5	106.0
1984	111.5	113.9	107.6	111.7	114.8
1985	121.7	126.1	115.3	121.2	120.0
1986	129.8	134.9	122.2	128.5	120.8
1987	139.6	146.2	130.1	137.9	126.6
1988	166.3	176.3	150.9	163.6	144.7
1989	196.1	208.4	177.5	190.5	164.5
1990	202.3	212.4	185.8	196.9	182.9
1991	212.2	224.5	194.2	206.0	191.1
1992	227.5	240.9	206.6	217.9	203.9
1993	262.6	277.5	239.3	246.4	244.9
1994	324.8	345.7	295.5	301.8	301.8
1995	389.1	411.1	355.5	351.6	391.1
1996	428.8	453.4	389.9	374.8	432.9
1997	441.2	466.1	401.3	380.8	439.0
1998	436.8	461.5	396.9	373.9	422.7
1999	426.3	448.5	389.7	363.2	405.0
2000	424.2	444.9	390.1	360.2	420.8
2001	441.2	458.3	411.6	358.8	414.9
2002	441.2	455.1	415.3	354.9	416.5
2003	446.1	459.2	421.1	355.6	424.0
2004	456.4	465.2	439.2	363.1	455.4
2005	464.2	470.8	452.4	362.7	496.4
2006	470.2	476.4	458.7	367.1	518.2
2007	496.1	501.2	487.1	383.4	555.0
2008	536.8	541.3	529.5	413.7	636.6
2009	543.8	546.2	541.2	421.2	630.2
2010	566.1	570.2	560.7	440.6	640.9
2011	599.5	604.4	592.7	464.4	689.6
2012	615.7	619.5	611.1	476.5	725.5
2013	635.4	638.1	631.9	488.9	740.7
2014	648.7	652.1	645.1	497.2	739.9
2015	659.1	661.2	656.7	502.1	729.5
2016	667.7	669.1	666.6	506.6	728.8

5-3 居民消费价格分类指数(2016)
Consumer Price Indices by Category(2016)

(上年=100)　　(preceding year =100)

项　目	Item	全省 Provincal Indices	城市 Urban Indices	农村 Rural Indices
居民消费价格指数	**Consumer Price Index**	**101.3**	**101.2**	**101.5**
食品烟酒	**Food, Tobacco and Liquor**	**103.2**	**102.8**	**103.8**
食品	Food	104.0	103.6	104.6
粮食	Grain	101.5	100.5	102.5
薯类	Tuber	114.2	117.8	111.0
豆类	Beans and the Products	101.5	102.2	100.3
食用油	Edible oil and Fats	100.9	100.2	101.9
菜	Vegetables	111.6	111.0	112.5
畜肉类	Products of Meat	107.2	106.5	108.2
禽肉类	Products of Poultry meat	102.1	102.1	102.1
水产品	Aquatic Products	102.0	101.6	103.1
蛋类	Eggs	99.0	98.4	100.1
奶类	Milk and Dairy Products	100.0	100.0	99.9
干鲜瓜果类	Dried and Fresh Melons and Fruits	98.9	99.2	98.4
糖果糕点类	Candy and Cakes Products	100.2	100.3	99.9
调味品	Flavoring	100.7	101.0	100.1
其他食品类	Other Foods	102.6	103.6	100.4
茶及饮料	Tea and Beverages	100.4	101.1	99.2
烟酒	Tobacco and Liquor	101.2	100.8	101.8
烟草	Tobacco	101.8	101.0	103.0
酒类	Liquor	100.4	100.5	100.3
在外餐饮	Dining Out	101.8	101.6	102.5
衣着	**Clothing**	**101.4**	**101.7**	**100.9**
服装	Garment	102.1	102.7	101.0
男式服装	Men's Garment	103.2	103.7	102.1
女式服装	Women's Garment	101.6	102.3	100.1
儿童服装	Children's Garment	100.9	100.8	101.2
服装材料	Garment Materials	99.9	99.4	100.7
其他衣着及配件	Other Clothing and Accessories	101.1	101.3	100.8
衣着加工服务费	Clothing Manufacturing Services	103.2	103.7	101.9
鞋类	Footwear	99.2	98.6	100.5
鞋	Shoes	99.2	98.5	100.5
鞋类加工服务	Footwear Manufacturing Services	100.2	100.5	100.0
居住	**Residence**	**100.8**	**100.4**	**101.5**
租赁房房租	Rental Housing Rent	101.7	100.9	105.0
住房保养维修及管理	Maintenance Repair and Management of Housing	100.6	100.6	100.6

5-3 续表 1 continued

(上年=100) (preceding year =100)

项 目	Item	全 省 Provincal Indices	城 市 Urban Indices	农 村 Rural Indices
住房装潢材料	Housing Decoration Materials	99.9	99.7	100.3
物业管理费	Property Management Fees	100.2	100.0	100.7
住房装潢维修	Housing Decoration Repair	101.7	102.4	100.9
水电燃料	Hydropower Fuel	99.8	99.9	99.7
水	Water	101.2	100.7	102.0
电	Electricity	100.0	100.0	100.0
燃气	Gas	98.6	98.2	99.3
取暖费	Heating Fee	100.0	100.0	100.0
其他燃料	Other fuels	99.4	100.7	97.5
自有住房	Private Housing	101.5	100.7	102.7
生活用品及服务	**Household Facilities,Articles and Services**	**100.4**	**100.3**	**100.7**
家具及室内装饰品	Furniture and Interior Decorations	100.9	101.1	100.7
家具	Furniture	101.1	101.3	100.7
室内装饰品	Interior Decorations	100.2	100.1	100.2
家用器具	Household Appliances	99.8	99.8	99.6
大型家用器具	Large Household Appliances	99.6	99.7	99.4
小家电	Small Appliances	100.7	100.5	101.1
家用纺织品	Household Textiles	100.1	100.1	100.2
床上用品	Bed Articles	100.0	99.9	100.3
窗帘门帘	**Curtains**	99.9	100.3	99.5
其他家用纺织品	Other Household Textiles	101.4	101.5	101.2
家庭日用杂品	Daily Use Household Articles	100.4	100.1	100.9
洗涤卫生用品	Washing Hygiene Products	100.4	100.2	100.8
厨具餐具茶具	Kitchenware,Tableware and Tea set	100.5	100.3	100.9
家用手工工具	Household Hand Tools	99.9	99.3	101.2
其他家庭日用杂品	Other Miscellaneous for Household Daily Use	100.5	100.1	101.1
个人护理用品	Personal Care Articles	100.6	100.5	100.9
化妆品	Cosmetic	100.6	100.7	100.3
其他护理用品类	Other Care Articles	100.7	100.1	101.6
家庭服务	Household Services	101.5	100.4	104.6
交通和通信	**Transportation and Communication**	**99.0**	**99.1**	**98.9**
交通	Transportation	98.8	98.7	98.9
交通工具	Transportation Facility	99.8	99.8	99.6
交通工具用燃料	Fuels for Transportation Facility	94.8	94.8	94.7
交通工具使用和维修	Vehicles Use and Maintenance	101.0	100.6	101.6
交通费	Traffic Fare	99.4	99.1	100.1
通信	Communication	99.5	99.8	98.9

5-3 续表 2 continued

(上年=100) (preceding year=100)

项　目	Item	全 省 Provincal Indices	城 市 Urban Indices	农 村 Rural Indices
通信工具	Communication Facility	98.2	99.3	96.7
通信服务	Communication Service	100.0	100.0	99.8
邮递服务	Mail Delivery Services	100.0	100.0	100.0
教育文化和娱乐	**Education,Culture and Recration**	**100.0**	**99.9**	**100.1**
教育	Education	100.2	100.1	100.3
教育用品	Education Articles	100.1	100.0	100.2
教育服务	Education Services	100.2	100.1	100.3
文化娱乐	Culture and Recrational Articles	99.6	99.6	99.6
文娱耐用消费品	Durable Consumer Goods for Culture and Recrational	98.2	98.1	98.5
其他文娱用品	Other Culture and Recrational Articles	101.0	101.3	100.1
文化娱乐服务	Culture and Recrational Services	100.0	100.0	100.1
旅游	Touring and Outing	99.4	99.3	100.2
医疗保健	**Health Care and Medical Services**	**100.8**	**101.1**	**100.4**
药品及医疗器具	Medicines and Medical Instrument	102.0	102.4	101.2
中药	Traditional Chinese Medicine	101.5	101.6	101.0
西药	Western Medicine	101.9	102.2	101.3
滋补保健品	Nourishing Health Care Appliances	105.7	107.5	100.8
医疗卫生器具	Medical and Health Appliances	101.1	100.7	101.5
保健器具	Health Care Appliances	99.9	99.9	100.0
医疗服务	Medical Service	100.0	100.0	99.9
综合医疗类	Comprehensive Medical Category	100.1	100.0	100.2
诊断类	Diagnostic Category	99.6	100.0	99.1
治疗类	Treatment Category	100.0	100.0	100.0
康复类	Rehabilitation Category	99.9	100.0	99.8
中医医疗服务类	Chinese Medicine Medical Services Category	100.8	100.0	101.8
其他医疗服务	Other Medical Services	100.0	100.0	100.0
其他用品和服务	**Miscellaneous Goods and Services**	**101.5**	**101.5**	**101.6**
其他用品类	Miscellaneous Goods	101.7	102.0	101.0
首饰手表	Jewelry and Watch	103.6	103.8	103.1
其他杂项用品	Other Miscellaneous Goods	99.6	99.6	99.6
其他服务类	Other Services	101.4	101.1	102.2
旅馆住宿	Hotel Accommodation	101.1	100.4	103.4
美容美发洗浴	Beauty, Hairdress and Bathing	101.3	101.0	104.6
养老服务	Pension Service	101.3	102.7	100.0
金融保险	Financial Insurance	101.5	101.3	101.8
其他服务类	Other Services	99.4	100.0	98.3

5-4 各地区居民消费价格指数(2016)
Consumer Price Indices by Prefecture (2016)

(上年=100) (preceding year =100)

地 区	Region	居民消费价格指数 Consumer Price Index	食品烟酒 Food, Tobacco and Liquor	衣 着 Clothing	居 住 Residence	生活用品及服务 Household Facilities, Articles and Services	交通和通 信 Transportation and Communica-tion	教育文化和娱乐 Education, Culture and Recration	医疗保健 Health Care and Medical Services	其他用品和服务 Miscellaneous Goods and Services
兰州市	Lanzhou	100.8	101.8	101.6	100.5	100.2	99.2	99.9	101.2	101.1
嘉峪关市	Jiayuguan	101.2	102.6	100.0	101.9	99.9	99.8	100.9	100.8	101.0
金昌市	Jinchang	101.3	101.7	102.3	102.5	100.8	99.3	100.5	100.1	100.4
白银市	Baiyin	101.7	102.1	101.1	103.0	100.6	100.0	100.5	102.9	101.6
天水市	Tianshui	102.0	105.0	101.0	100.9	100.5	99.9	100.0	101.5	100.2
武威市	Wuwei	101.4	102.7	102.1	100.3	100.6	99.3	100.5	100.6	108.8
张掖市	Zhangye	101.5	103.1	98.8	103.4	100.4	98.2	99.8	101.4	105.4
平凉市	Pingliang	101.6	105.1	98.3	102.0	99.2	98.8	99.6	99.6	100.7
酒泉市	Jiuquan	102.2	105.8	103.3	99.0	101.7	99.4	99.7	101.4	101.3
庆阳市	Qingyang	101.3	104.3	99.9	101.1	100.2	97.2	99.7	100.2	103.4
定西市	Dingxi	101.9	104.0	100.8	102.7	100.8	99.9	100.5	99.8	100.6
陇南市	Longnan	101.3	103.6	99.1	100.4	100.4	99.5	100.2	101.4	101.2
临夏州	Linxia	101.2	106.2	98.9	97.5	100.4	97.5	98.6	101.8	101.4
甘南州	Gannan	101.6	103.9	101.7	101.2	99.8	99.2	99.6	101.1	99.4

注:本表数据为各市、州调查点数据，不完全代表各市、州价格总水平。

a) Data in this table are obtained from the sampling points in municipalities and prefectures, not entirely represent the general level of prices of them.

5-5 商品零售价格分类指数(2016)
Retail Price Indices by Category of Commodities(2016)

(上年=100) (preceding year =100)

项　目	Item	全省 Provincial Indices	城市 Urban Indices	农村 Rural Indices
商品零售价格指数	**Retail Price Index**	**100.9**	**100.8**	**101.0**
食品	**Food**	**103.0**	**102.7**	**104.1**
#粮食	Grain	101.3	100.7	102.7
食用油	Edible oil and Fats	100.3	100.4	100.0
畜肉类	Products of Meat	106.2	106.0	107.0
蛋	Eggs	98.7	98.5	99.9
水产品	Aquatic Products	102.2	101.8	103.7
菜	Vegetables	110.9	109.7	115.2
调味品	Flavoring	100.6	100.7	100.3
糖果糕点	Candy and Cakes Products	100.3	100.4	99.5
干鲜瓜果	Dried and Fresh Melons and Fruits	98.8	98.7	99.1
糕点饼干面包	Cake, Biscuit and Bread			
奶类	Milk and Dairy Products	100.1	100.1	100.1
在外餐饮	Dining Out	101.6	101.4	102.9
饮料、烟酒	**Beverages, Tobacco and Liquor**	**100.9**	**100.6**	**101.7**
茶及饮料	Tea and Beverages	100.4	100.6	99.5
烟草	Tobacco	101.5	100.9	103.8
酒	Liquor	100.4	100.3	100.8
服装、鞋帽	**Garments, Shoes and Hats**	**101.5**	**101.7**	**100.7**
#服装	Garments	102.4	102.9	100.9
鞋袜帽	Footgear and Hats	98.9	98.5	100.2
纺织品	**Textiles**	**100.3**	**100.3**	**100.5**
服装材料	Garment Materials	101.2	101.3	101.0
床上用品	Bed Articles	100.1	100.0	100.3
家用电器及音像器材	**Household Appliances,Music and Video Equipment**	**98.6**	**98.6**	**98.4**
文化办公用品	**Cultural and Office Appliances**	**100.0**	**100.0**	**99.8**
日用品	**Articles for Daily Use**	**100.2**	**100.2**	**100.3**
#日用百货	General Merchandise for Daily Use	100.1	100.2	99.9
其他日用品	Miscellaneous for Daily Use	100.0	99.9	100.1
体育娱乐用品	**Sports and Recreation Articles**	**102.5**	**102.9**	**100.0**
交通、通信用品	**Transportation and Communication Appliances**	**99.5**	**99.7**	**98.5**
家具	**Furniture**	**100.7**	**100.8**	**100.5**
化妆品	**Cosmetics**	**100.6**	**100.5**	**100.8**
金银饰品	**Gold and Silver Jewelry**	**103.7**	**103.5**	**104.4**
中西药品及医疗保健用品	**Traditional Chinese and Western Medicines and Health Care Articles**	**102.5**	**102.6**	**102.0**
中药	Traditional Chinese Medicine	102.3	102.0	103.2
西药	Western Medicine	102.1	102.2	101.9
书报杂志及电子出版物	**Books,Newpapers,Magazines and Electronic Publications**	**100.4**	**100.5**	**100.3**
燃料	**Fuels**	**97.1**	**97.1**	**97.2**
建筑材料及五金电料	**Building Materials and Hardware**	**100.0**	**100.0**	**100.0**

5-6 历年商品零售价格指数
Retail Price Indices

(上年=100) (preceding year =100)

项　目	Item	2010	2011	2015	2016
商品零售价格指数	**Retail Price Index**	**104.6**	**105.4**	**101.0**	**100.9**
食品	**Food**	**109.7**	**111.3**	**101.6**	**103.0**
#粮食	Grain	122.2	110.8	101.3	101.3
食用油	Edible oil and Fats	99.4	112.5	99.4	100.3
畜肉类	Products of Meat	104.6	122.5	103.4	106.2
蛋	Eggs	109.3	114.5	92.8	98.7
水产品	Aquatic Products	108.3	108.7	98.9	102.2
菜	Vegetables	110.8	103.6	105.8	110.9
调味品	Flavoring	105.2	105.5	101.8	100.6
糖果糕点	Candy and Cakes Products	109.3	115.2	99.8	100.3
干鲜瓜果	Dried and Fresh Melons and Fruits	117.0	116.1	95.7	98.8
糕点饼干面包	Cake, Biscuit and Bread	102.9	109.9	102.6	
奶类	Milk and Dairy Products	102.4	102.3	100.7	100.1
在外餐饮	Dining Out	106.2	110.0	101.9	101.6
饮料、烟酒	**Beverages, Tobacco and Liquor**	**103.6**	**103.2**	**102.2**	**100.9**
茶及饮料	Tea and Beverages	102.0	103.5	101.3	100.4
烟草	Tobacco	100.2	100.1	105.8	101.5
酒	Liquor	108.3	108.4	97.4	100.4
服装、鞋帽	**Garments, Shoes and Hats**	**99.7**	**100.5**	**103.0**	**101.5**
#服装	Garments	100.4	100.5	103.1	102.4
鞋袜帽	Footgear and Hats	97.9	100.6	103.1	98.9
纺织品	**Textiles**	**100.8**	**102.1**	**100.2**	**100.3**
服装材料	Garment Materials	101.7	106.6	102.7	101.2
床上用品	Bed Articles	100.1	99.2	98.4	100.1
家用电器及音像器材	**Household Appliances,Music and Video Equipment**	**98.0**	**98.1**	**99.6**	**98.6**
文化办公用品	**Cultural and Office Appliances**	**98.6**	**99.7**	**100.1**	**100.0**
日用品	**Articles for Daily Use**	**100.2**	**102.9**	**101.6**	**100.2**
#日用百货	General Merchandise for Daily Use	100.7	102.9	101.9	100.1
其他日用品	Miscellaneous for Daily Use	100.7	104.9	102.2	100.0
体育娱乐用品	**Sports and Recreation Articles**	**100.1**	**100.1**	**100.8**	**102.5**
交通、通信用品	**Transportation and Communication Appliances**	**103.4**	**95.7**	**99.2**	**99.5**
家具	**Furniture**	**100.2**	**100.5**	**100.7**	**100.7**
化妆品	**Cosmetics**	**100.4**	**101.5**	**101.6**	**100.6**
金银饰品	**Gold and Silver Jewelry**	**111.4**	**114.5**	**92.7**	**103.7**
中西药品及医疗保健用品	**Traditional Chinese and Western Medicines and Health Care Articles**	**103.6**	**108.7**	**102.4**	**102.5**
中药	Traditional Chinese Medicine	106.9	119.8	101.3	102.3
西药	Western Medicine	101.9	101.9	103.6	104.1
书报杂志及电子出版物	**Books,Newpapers,Magazines and Electronic Publications**	**102.3**	**104.4**	**100.9**	**100.4**
燃料	**Fuels**	**111.1**	**110.7**	**95.8**	**97.1**
建筑材料及五金电料	**Building Materials and Hardware**	**102.3**	**101.8**	**100.0**	**100.0**

5-7 各地区商品零售价格指数(2016)
Retail Price Indices by Region (2016)

(上年=100) (preceding year =100)

地 区	Region	商品零售价格指数 Retail Price Index	食 品 Food	饮料、烟酒 Beverages, Tobacco and Liquor	服装、鞋帽 Clothing, Shoes and Hats	纺织品 Textiles	家用电器及音像器材 Household Appliances, Music and Video Equipment	文化办公用品 Cultural and Office Appliances	日用品 Articles for Daily Use	体育娱乐用品 Sports and Recreation Articles
兰州市	Lanzhou	100.7	102.1	100.1	101.4	100.1	98.6	100.4	100.1	103.4
嘉峪关市	Jiayuguan	100.5	102.7	101.8	100.0	100.0	99.2	99.8	99.7	100.6
金昌市	Jinchang	100.7	101.8	101.8	102.4	102.0	99.8	100.4	100.3	101.0
白银市	Baiyin	100.7	102.3	101.2	101.0	100.4	101.5	101.3	100.4	100.9
天水市	Tianshui	101.2	105.7	101.5	100.8	101.0	96.4	94.3	100.3	100.5
武威市	Wuwei	100.9	103.2	100.8	101.9	100.0	100.7	100.4	100.4	99.9
张掖市	Zhangye	99.7	102.9	102.1	98.4	99.2	96.9	100.4	100.5	101.3
平凉市	Pingliang	100.7	105.6	101.0	98.2	102.8	97.8	99.6	100.9	98.6
酒泉市	Jiuquan	102.3	106.8	104.7	102.8	100.6	101.5	99.7	99.9	100.0
庆阳市	Qingyang	100.6	104.8	101.6	100.2	100.7	96.2	99.3	100.5	99.6
定西市	Dingxi	101.1	104.9	100.8	100.9	100.0	100.0	100.1	100.6	100.4
陇南市	Longnan	101.0	103.1	101.0	98.7	101.1	100.0	100.0	100.3	100.0
临夏州	Linxia	101.1	106.4	103.5	97.9	99.0	95.5	112.9	100.7	102.1
甘南州	Gannan	101.8	104.7	104.0	101.7	100.7	99.3	100.1	99.8	100.1

注:本表数据为各市、州调查点数据，不完全代表各市、州价格总水平。

a) Data in this table are obtained from the sampling points in municipalities and prefectures, not entirely represent the general level of prices of them.

5-7 续表 continued

(上年=100) (preceding year =100)

地 区	Region	交通、通信用品 Transportation and Communication Appliances	家 具 Furniture	化妆品 Cosmetics	金银珠宝 Gold, Sliver and Jewelery	中西药品及医疗保健用品 Traditional Chinese and Western Medicines and Health Care Articles	书报杂志及电子出版物 Books, Newpapers, Magazines and Electronic Publications	燃 料 Fuels	建筑材料及五金电料 Building Materials and Hardware
兰州市	Lanzhou	99.7	100.7	100.6	103.3	102.6	100.7	97.3	100.1
嘉峪关市	Jiayuguan	97.8	99.8	101.0	105.2	101.2	99.9	97.2	99.2
金昌市	Jinchang	100.3	101.7	100.0	102.0	100.0	100.0	94.2	102.1
白银市	Baiyin	100.0	100.0	100.2	103.3	100.8	103.8	94.9	101.0
天水市	Tianshui	100.0	99.2	100.2	101.2	103.1	98.7	97.0	100.2
武威市	Wuwei	99.2	100.0	99.8	106.3	101.3	100.4	98.0	99.2
张掖市	Zhangye	95.2	100.7	101.7	100.2	100.7	100.8	96.3	100.1
平凉市	Pingliang	99.0	98.9	100.3	99.6	98.9	99.8	97.6	99.2
酒泉市	Jiuquan	100.4	106.1	99.8	107.3	102.7	100.0	93.8	98.4
庆阳市	Qingyang	96.2	100.8	101.5	108.2	101.0	100.0	96.6	99.2
定西市	Dingxi	100.1	99.9	100.8	101.5	99.3	100.0	96.7	99.7
陇南市	Longnan	99.0	100.2	100.4	103.4	105.0	100.5	98.5	100.7
临夏州	Linxia	93.9	100.0	101.9	101.9	103.7	100.7	98.4	96.4
甘南州	Gannan	99.7	99.9	99.3	103.7	103.8	100.9	98.2	99.6

5-8 农业生产资料价格指数
Price Indices of Means Agricultural Production

(上年=100) (preceding year =100)

项目	Item	2010	2011	2015	2016
农业生产资料价格指数	**General Index**	**101.7**	**107.6**	**98.6**	**99.9**
农用手工工具	Farm Handtools	104.4	104.3	101.7	101.0
饲料	Forage	126.3	114.5	100.8	98.5
产品畜	Commodity Animals	82.6	117.3	94.8	114.9
半机械化农具	Semi-mechanized Farm Tools	98.6	100.1	100.0	99.4
机械化农具	Mechanized Farm Machinery	101.8	101.1	100.0	99.7
化学肥料	Chemical Fertilizer	97.8	110.5	97.7	95.8
农药及农药器械	Pesticide and Its Appliances	102.1	103.5	101.0	99.9
农用机油	Oil for Farm Machinery	108.1	107.4	87.7	94.5
其他农业生产资料	Other Means of Agricultural Production	103.8	103.2	100.7	100.1
农业生产服务	Service for Agricultural Production	101.8	104.0	104.8	101.8

5-9 固定资产投资价格指数
Price Index for Investment in Fixed Assets

(上年 =100) (preceding year =100)

项目	Item	2010	2011	2015	2016
固定资产投资价格指数	**Price Index for Investment in Fixed Assets**	**103.5**	**104.7**	**97.7**	**98.7**
建筑安装工程	Construction and Installtion	105.0	106.7	97.5	98.5
#人工费	Labour Cost	108.0	112.2	103.3	102.4
材料费	Materials	104.2	105.2	95.5	96.6
机械使用费	Usage in Machinary	103.7	105.6	97.4	100.2
设备工器具购置	Purchase of Equipment and Instruments	100.8	99.0	97.9	99.4
其他费用	Others	103.1	103.3	99.6	100.4

5-10 农产品生产价格指数
Producer Price Indices for Farm Products

(上年=100) (preceding year =100)

指 标	Item	2010	2011	2015	2016
农产品生产价格指数	**Producer Price Indices for Farm Products**	**113.8**	**112.9**	**98.5**	**101.4**
种植业产品	**Planting Products**	**119.5**	**111.7**	**99.8**	**99.5**
谷物(原粮)	Cereal (Unprocessed Food Grains)	110.8	117.7	99.7	88.9
#小麦	Wheat	106.8	116.9	99.6	90.2
稻谷	Rice				
玉米	Corn	119.4	109.9	97.2	85.7
豆类	Beans	109.4	104.8	99.3	99.5
#大豆	Beans	106.3	105.4	91.0	88.3
蚕豆	Broad Bean	154.8	106.6	104.9	111.6
薯类	Tubers	185.0	99.5	94.0	108.4
油料	Oil-bearing Crops	107.1	104.7	100.3	94.9
#油菜籽	Rapeseeds	103.9	109.3	100.3	87.9
胡麻籽	Benne	104.9	99.6	96.7	103.3
棉花(籽棉)	Cotton (Unginned Cotton)	176.2	113.1	103.0	
糖料	Sugar				102.4
蔬菜	Vegetable	114.2	103.3	104.5	116.6
水果(含果用瓜)	Fruit (Fruit Included Melons)	127.6	109.3	100.5	76.5
#苹果	Apple	142.9	108.5	97.2	71.4
梨	Pear	105.8	93.3	100.0	93.3
桃	Peach	151.9	120.0	91.4	68.9
杏	Apricot	116.3	93.1		100.0
西瓜	Water Melon	103.3	121.6	128.6	86.0
中药材	Traditional Chinese Medicinal Materials	124.1	145.3	96.3	130.6
#党参	Codonopsis	156.9	154.7	95.2	153.6
当归	Angelica	92.7	194.4		
黄芪	Astragalus	127.9	150.3	92.0	97.4
甘草	Licorice	122.9	123.1		
林业产品	**Forestry Products**	**144.9**	**123.5**		
畜牧业产品	**Animal Husbandry Products**	**101.6**	**117.8**	**98.1**	**104.7**
#牛的饲养	Cattle Raising	104.6	103.6	103.4	95.1
羊的饲养	Sheep Raising	103.5	118.8	79.3	102.2
猪的饲养	Pig Raising	92.1	122.2	104.3	114.1
鸡	Chicken	118.7	104.0	100.6	98.8
奶产品	Milk Products	129.2	114.4	99.2	99.7
鸡蛋	Eggs	110.1	110.1	98.2	89.5
渔业产品	**Fishing Products**	**115.5**	**120.3**	**100.6**	**98.7**

注：2012年起，国家统计局实行新方法制度，对分类进行调整并增加了品种。

a) Since 2012,National Bureau of Statistics implemented the new method system, adjusted the classification of producer price indices for farm products and increased the breed.

5-11 工业生产者购进价格指数
Purchasing Price Index for Industrial Producers

(上年 =100) (preceding year =100)

类 别	Types	2010	2011	2015	2016
工业生产者购进价格指数	**Purchasing Price Index for Industrial Producers**	**114.4**	**115.1**	**87.0**	**94.6**
燃料、动力类	Fuel and Power	118.4	110.0	81.5	92.3
黑色金属材料类	Ferrous Metals	109.4	108.3	86.9	92.3
#钢材	Rolled Steel	103.7	105.7	91.1	98.7
有色金属材料和电线类	Nonferrous Metals and Electric Wire	118.8	109.3	94.0	96.1
化工原料类	Raw Chemical Materials	112.0	112.8	96.1	96.8
木材及纸浆类	Timber and Paper Pulp	104.4	103.8	99.4	100.1
建筑材料及非金属矿类	Building Materials and Nonmetal Mine	102.3	110.8	93.8	94.4
其他工业原材料及半成品类	Other Industrial Raw and Processed Materials	103.6	111.5	96.5	99.1
农副产品类	Farm and Sideline Products	111.5	116.3	101.6	104.8
纺织原料类	Textile Materials	108.0	128.5	102.5	106.1

5-12 工业生产者出厂价格指数
Producer Price Index for Industrial Products

(上年=100) (preceding year=100)

项 目	Item	2010	2011	2015	2016
工业生产者出厂价格指数	**Producer Price Index for Industrial Products**	**115.0**	**111.0**	**87.0**	**94.9**
按轻重工业分	**Grouped by Light & Heavy Industry**				
轻工业	Light Industry	104.0	105.6	100.1	99.4
以农产品为原料	Using Farm Products as Raw Materials	103.2	106.2	100.0	99.3
以非农产品为原料	Using Non-farm Products as Raw Materials	105.1	101.9	100.6	101.7
重工业	Heavy Industry	116.7	111.5	85.6	94.4
采掘工业	Mining & Quarrying Industry	116.3	127.7	69.3	85.1
原料工业	Raw Materials Industry	118.5	111.6	87.6	91.6
加工工业	Manufacturing Industry	102.4	104.8	88.1	101.6
按两大部类分	**Grouped by Division**				
生产资料	Means of Production	116.1	111.6	85.6	94.3
采掘工业	Mining & Quarrying Industry	113.6	127.7	69.3	85.1
原料工业	Raw Materials Industry	118.8	111.6	87.6	91.6
加工工业	Manufacturing Industry	103.9	105.2	88.1	101.6
生活资料	Consumer Goods	102.4	104.5	100.2	100.0
食品	Food	102.7	104.9	100.2	100.0
衣着	Clothing	105.4	112.1	90.5	100.1
一般日用品	Articles for Daily Use	102.9	103.1	100.2	97.5
耐用消费品	Durable Consumer Goods	90.5	97.6	99.9	101.1
按工业部门分	**Grouped by Industry Sector**				
冶金工业	Metallurgical Industry	122.0	107.4	86.1	97.4
电力工业	Power Industry	100.7	105.2	99.8	92.1
煤炭及炼焦工业	Coal Industry	101.7	120.6	90.0	89.4
石油工业	Petroleum Industry	120.1	121.4	73.7	88.8
化学工业	Chemical Industry	107.9	113.7	95.7	98.4
机械工业	Machine Manufacturing Industry	101.4	99.0	96.9	99.6
建筑材料工业	Building Materials Industry	104.6	99.9	89.8	96.7
森林工业	Timber Industry	102.1	101.0	95.8	96.1
食品工业	Food Industry	103.0	105.5	100.1	99.3
纺织工业	Textile Industry	111.4	120.5	97.5	97.1
缝纫工业	Tailoring Industry	104.2	111.4	89.9	100.0
皮革工业	Leather Industry	103.6	103.4	101.6	98.1
造纸工业	Paper Industry	104.7	110.2	100.6	101.3
文教艺术用品工业	Cultural,Educational & Handicrafts Articles	102.6	107.3	100.0	100.0
其他工业	Others	108.5	101.8	96.6	91.8

5-13 按行业分工业生产者出厂价格指数
Producer Price Indices for Industrial Products by Sector

(上年＝100) (preceding year =100)

行　　业	Sector	2010	2011	2015	2016
工业生产者出厂价格指数	**Producer Price Indices for Industrial Products**	**115.0**	**111.0**	**87.0**	**94.9**
煤炭开采和洗选业	Mining and Washing of Coal	101.2	120.8	90.0	87.9
石油和天然气开采业	Extraction of Petroleum and Natural Gas	122.6	137.1	52.2	80.7
黑色金属矿采选业	Mining and Processing of Ferrous Metal Ores	110.6	106.6	73.9	84.5
有色金属矿采选业	Mining and Processing of Non-Ferrous Metal Ores	113.0	111.5	98.8	97.9
非金属矿采选业	Mining and Processing of Nonmetal Ores	98.0	107.6	97.8	102.8
农副食品加工业	Processing of Food from Agricultural Products	104.3	108.2	100.5	99.5
食品制造业	Processing of Foodstuff	104.6	104.3	98.6	95.2
饮料制造业	Manufacture of Beverages	102.4	106.6	100.3	100.1
烟草制品业	Manufacture of Tobacco	101.4	100.0	100.0	100.0
纺织业	Manufacture of Textile	111.3	120.6	97.6	97.1
纺织服装、鞋、帽制造业	Manufacture of Textile Wearing Apparel, Footware, and Caps	103.8	109.6	88.9	100.1
皮革、毛皮、羽毛(绒)及其制品业	Manufacture of Leather, Fur, Feather and Related Products	103.6	103.4	101.6	98.1
木材加工及木、竹、藤、棕、草制品业	Processing of Timber, Manufacture of Wood, Bamboo, Rattan, Palm and Straw Products	100.3	102.4	82.6	90.1
家具制造业	Manufacture of Furniture	103.3	100.6	99.4	99.9
造纸及纸制品业	Manufacture of Paper and Paper Products	104.7	110.2	100.6	101.3
印刷业和记录媒介的复制	Printing, Reproduction of Recording Media	102.6	107.3	100.0	100.0
文教体育用品制造业	Manufacture of Articles for Culture, Education and Sport Activities	99.9			
石油加工、炼焦及核燃料加工业	Processing of Petroleum, Coking, Processing of Nuclear Fuel	119.8	117.3	79.0	92.1
化学原料及化学制品制造业	Manufacture of Raw Chemical Materials and Chemical Products	109.0	116.6	94.2	97.3
医药制造业	Manufacture of Medicines	106.0	102.9	101.0	101.2
化学纤维制造业	Manufacture of Chemical Fibers	103.5			
橡胶制品业	Manufacture of Rubber	106.6	121.4	95.2	99.3
塑料制品业	Manufacture of Plastics	101.4	106.4	99.9	95.0
非金属矿物制品业	Manufacture of Non-metallic Mineral Products	109.2	100.6	89.9	107.2
黑色金属冶炼及压延加工业	Smelting and Pressing of Ferrous Metals	107.5	107.4	80.3	91.5
有色金属冶炼及压延加工业	Smelting and Pressing of Non-ferrous Metals	133.1	107.4	89.2	100.4
金属制品业	Manufacture of Metal Products	105.0	106.4	95.8	97.1
通用设备制造业	Manufacture of General Purpose Machinery	100.9	106.6	100.6	103.3
专用设备制造业	Manufacture of Special Purpose Machinery	93.0	81.4	93.1	95.3
交通运输设备制造业	Manufacture of Transport Equipment	96.1	94.1	100.3	99.4
电气机械及器材制造业	Manufacture of Electrical Machinery and Equipment	111.8	104.3	95.1	99.4
通信设备、计算机及其他电子设备制造业	Manufacture of Communication Equipment, Computers and Other Electronic Equipment	100.0	113.2	99.9	96.4
仪器仪表及文化、办公用机械制造业	Manufacture of Measuring Instruments and Machinery for Cultural Activity and Office Work	101.8	96.5	100.0	100.0
工艺品及其他制造业	Manufacture of Artwork and Other Manufacturing	96.6	100.0	99.9	
废弃资源和废旧材料回收加工业	Recycling and Disposal of Waste	106.9			96.4
电力、热力的生产和供应业	Production and Supply of Electric Power and Heat Power	100.7	105.2	99.8	92.1
燃气生产和供应业	Production and Supply of Gas	106.9	114.2	102.7	83.1
水的生产和供应业	Production and Supply of Water	98.6	96.3	102.9	99.9

5-14 房地产价格指数
Price Indices of Real Estate

(上年=100) (preceding year =100)

项　目	Item	2010	2011	2015	2016
房屋销售价格指数	**Selling Price Indices of Houses**	**107.3**			
#新建住宅	Newly Built Residential Building	106.5	107.1	96.4	102.1
二手住宅	Second-hand House	110.5	101.1	96.9	100.6
房屋租赁价格指数	**Renting Price Indices of Houses**	**102.3**			
#住宅租赁	Renting Price Indices of Residential Buildings	103.0	1[illegible]7.6		
物业管理价格指数	**Property Management Price Indices**	**101.0**	**101.4**		
土地交易价格指数	**Transactions Price Indices of Land**	**100.0**	**100.0**		

主要统计指标解释

居民消费价格指数 是反映一定时期内城乡居民所购买的生活消费品价格和服务项目价格变动趋势和程度的相对数，是对城市居民消费价格指数和农村居民消费价格指数进行综合汇总计算的结果。该指数可以观察和分析消费品的零售价格和服务价格变动对城乡居民实际生活费支出的影响程度。

城市居民消费价格指数 是反映一定时期内城市居民家庭所购买的生活消费品价格和服务项目价格变动趋势和程度的相对数。该指数可以观察和分析消费品的零售价格和服务项目价格变动对城镇居民收入和消费支出的影响。

农村居民消费价格指数 是反映一定时期内农村居民家庭所购买的生活消费品价格和服务项目价格变动趋势和程度的相对数。该指数可以观察农村消费品的零售价格和服务项目价格变动对对农村居民收入和生活消费支出的影响。

商品零售价格指数 是反映一定时期内城乡商品零售价格变动趋势和程度的相对数。商品零售价格的变动与国家的财政收入、市场供需的平衡、消费与积累的比例关系有关。因此，该指数可以从一个侧面对上述经济活动进行观察和分析。

农业生产资料价格指数 指反映一定时期内农业生产资料价格变动趋势和程度的相对数。农业生产资料价格指数分为小农具、饲料、幼禽家畜、半机械化农具、机械化农具、化学肥料、农药及农药械、农机用油等八大类。其编制目的是了解农业生产中物质资料投入价格的变动状况，服务于国民经济核算。1994 年以前，农业生产资料价格指数仅仅是商品零售价格指数的一个类别，此后，从商品零售价格指数中分离出来，单独编制。

农产品生产价格指数 是反映一定时期内，农产品生产者出售农产品价格水平变动趋势及幅度的相对数。该指数可以客观反映全国农产品生产价格水平和结构变动情况，满足农业与国民经济核算需要。其中某代表品生产价格指数是通过对全部有出售该产品行为的调查单位的个体指数进行几何平均求得的，类价格指数是通过对其所属的类（或代表品）的价格指数进行加权平均求得的。季度累计价格指数的计算方法与分季指数的计算方法相同。

工业生产者出厂价格指数 是反映一定时期内全部工业产品出厂价格总水平的变动趋势和程度的相对数，包括工业企业售给本企业以外所有单位的各种产品和直接售给居民用于生活消费的产品。该指数可以观察出厂价格变动对工业总产值及增加值的影响。

工业生产者购进价格指数 是反映工业企业作为生产投入，而从物资交易市场和能源、原材料生产企业购买原材料、燃料和动力产品时，所支付的价格水平变动趋势和程度的统计指标，是扣除工业企业物质消耗成本中的价格变动影响的重要依据。目前，我国编制的工业生产者购进价格指数所调查的产品包括燃料动力、黑色金属、有色金属、化工、建材等九大类。

固定资产投资价格指数 是反映一定时期内固定资产投资品及取费项目的价格变动趋势和程度的相对数。固定资产投资额是由建筑安装工程投资完成额、设备工器具购置投资完成额和其他费用投资完成额三部分组成的。编制固定资产投资价格指数应首先分别编制上述三部分投资的价格指数，然后采用加权算术平均法求出固定资产投资价格总指数。该指数可以准确地反映固定资产投资中涉及的各类投资品和取费项目价格变动趋势和变动幅度，消除按现价计算的固定资产投资指标中的价格变动因素，真实地反映固定资产投资的规模、速度、结构和效益，为国家科学地制定、检查固定资产投资计划并提高宏观调控水平，为完善国民经济核算体系提供科学的、可靠的依据。

房地产价格指数 是反映一定时期内房地产价格变动趋势和程度的相对数，包括房屋销售价格指数、房屋租赁价格指数、土地交易价格指数和物业管理价格指数。这四套指数的计算方法相似，均采用由下到上逐级汇总的方法。

6

人民生活

People's Living Conditions

简要说明

一、本篇资料主要内容

本篇资料反映了城乡居民储蓄存款；城镇、农村居民的家庭收支、居住、耐用消费品拥有、生产和生活等方面的情况。

二、本篇资料的来源

1. 城乡居民储蓄存款数据取自中国人民银行兰州中心支行，由省统计局国民经济核算处提供。

2. 城镇、农村居民家庭相关资料由国家统计局甘肃调查总队居民收支调查处整理提供。

3. 自 2015 年起甘肃省发布城乡一体化住户收支与生活状况调查数据，即发布城镇、农村居民可支配收入，原农村居民纯收入数据以后不再发布，本年鉴中涉及 2015 年及以后的居民有关数据均来源于此调查。为了保持历史数据的可比，2014 年及以前年份的居民有关数据和指标解释仍保持了原城镇住户调查和农村住户调查方案的原貌。

6-1 人民物质文化生活情况
Basic Statistics on People's Living Conditions

指标	Item	2010	2011	2015	2016
就业	**Employment**				
每一城镇就业者负担人数(人)	Number of Dependents per Urban Employee (person)	2.01	2.07	1.46	1.45
每一农村劳动力负担人数(人)	Number of Dependents per Rural Laborer (person)	1.56	1.54	1.60	1.59
城镇登记失业率(%)	Registered Urban Unemployment Rate (%)	3.21	3.11	2.14	2.20
收入(元)	**Income of Rural and Urban Residents (yuan)**				
城镇居民人均可支配收入	Annual per Capita Disposable Income of Urban Households	13189	14989	23767	25693
农村居民人均可支配收入	Annual per Capita Net Income of Rural Households	3425	3909	6936	7457
在岗职工平均工资	Average Wage of Staff and Workers	29588	32906	54454	59549
支出(元)	**Expenditure (yuan)**				
城镇居民人均消费支出	Per Capita Consumption Expenditures of Urban Households	9895	11189	17451	19539
#食品烟酒	Food ,Tobacco and Liquor	3702	4182	5346	5777
农村居民人均消费支出	Per Capita Annual Expenditure for Consumption	2942	3665	6830	7487
#食品烟酒	Food,Tobacco and Liquor	1315	1548	2244	2343
消费水平(元)	**Annual per Capita Consumption (yuan)**				
全体居民	Per Capita Consumption of All Residents	6234	7493	11868	13086
城镇居民	Urban Households	11881	13574	19480	21128
农村居民	Rural Households	3126	3977	6255	6781

注：1.从2013年起，国家统计局开展了城乡一体化的住户收支和生活状况调查，甘肃省自2015年起发布城乡一体化住户收支与生活状况调查数据，表中涉及2015年的数据均来源于此调查，2014年及以前的数据来源于城镇住户调查及农村住户调查(下表同)。

2.2014年以前农村居民收入指标为农民人均纯收入(下表同)。

a) Since 2013,the NBS started an integrated household income and expenditure survey,including both urban and rural households.Gansu published the data of integrated household income and expenditure survey,including both urban and rural households in 2015.The 2015 data of this table are come from this survey,the data prior to 2012 are compiled on the basis of the urban household surveys and the rural household surveys. The same applies to the tables following.

b) Indicator of rural households income are the net income of rural households.The same applies to the tables following.

6-1 续表 continued

指　　标	Item	2010	2011	2015	2016
储　　蓄	**Savings Deposit**				
城乡居民年底储蓄存款余额(亿元)	Balance of Savings Deposit of Rural and Urban Households (year-end)(100 million yuan)	3598	4231	7580	8264
人均储蓄存款余额(元)	Per Capita Balance of Saving Deposit (yuan)	14070	16515	29209	31726
住房面积(平方米)	**Per Capita Floor Space of Residential Buildings (sq.m)**				
城镇居民人均居住面积	Per Capita Living Space of Urban Households	27.89	28.04	34.00	33.69
农村居民人均居住面积	Per Capita Living Space of Rural Households	20.96	23.70	29.30	30.36
文　　化	**Culture**				
城镇每百户有彩色电视机(台)	Number of Color TV Sets per 100 Urban Households (set)	110.0	106.7	104.6	105.72
农村每百户有彩色电视机(台)	Number of Color TV Sets per 100 Rural Households (set)	104.0	104.4	109.0	107.9
广播节目综合人口覆盖率(%)	Radio Coverage Rate of the Population (%)	93.47	93.70	98.01	98.12
电视节目综合人口覆盖率(%)	TV Coverage Rate of Population (%)	93.72	94.05	98.47	98.55
教　　育	**Education**				
小学学龄儿童净入学率(%)	Net Enrollment Ratio of School-age Children in Primary Schools (%)	99.46	99.56	99.83	99.89
每万人口中在校大学生数(人)	Number of University Students per 10 000 Population (person)	149	158	173	175
卫　　生	**Public Health**				
每万人口医院、卫生院床位数(张)	Number of Beds of Hospitals and Health Centers per 10 000 Population (bed)	32.2	35.1	45.6	48.1
每万人口执业(助理)医师数(人)	Number of Licensed (Assistant) Doctors per 10 000 Population (person)	15.0	16.1	19.1	20.4

6-2 城乡居民人民币储蓄存款年底余额
Savings Deposit Balance of Urban and Rural Households at Year-end

单位：万元 (10 000 yuan)

年份 Year	年底余额 Balance at Year-end			年增加额 Year-on-year Increase		
	总计 Total	城镇 Urban	农户 Rural	总计 Total	城镇 Urban	农户 Rural
2000	8187607	7093513	1094094	814000	675776	138224
2001	9207078	7995286	1211792	1020647	902950	117697
2002	10422181	8979129	1443052	1213625	984936	228689
2003	12173882	10517505	1656377	1749967	1536641	213326
2004	13831098	11914297	1916801	1657216	1396792	260424
2005	15866560	13520146	2346414	2035462	1605849	429613
2006	18254366	15388163	2866203	2387806	1868017	519789
2007	19152386	15532987	3619399	898020	144824	753196
2008	24618977	19548344	5070633	5466591	4015357	1451234
2009	30269418	23420414	6849004	5650441	3872070	1778371
2010	35982361	27355167	8627194	5712943	3934753	1778190
2011	42314086	31343529	10970557	6331725	3988362	2343363
2012	50500815	36867737	13633078	8186729	5524208	2662521
2013	58784741	41753886	17030855	8283926	4886149	3397777
2014	66746775	47034797	19711978	7962034	5280911	2681123
2015	75803110	52103307	23699803	9056335	5068510	3987825
2016	82639555	55033454	27606101	6836445	2930147	3906298

6-3 各地县金融机构城乡居民人民币储蓄存款(2016)

Savings Deposit of Financial Institutions of Urban and Rural Households by Region, County(2016)

单位：万元 (10 000 yuan)

地　区	Region	城乡居民储蓄存款 Savings Deposit of Urban and Rural Households
兰州市	**Lanzhou**	**26475755**
城关区	Chengguan	13520705
七里河区	Qilihe	3959933
西固区	Xigu	2909189
安宁区	Anning	2085263
红古区	Honggu	622935
永登县	Yongdeng	961370
皋兰县	Gaolan	639847
榆中县	Yuzhong	1389582
兰州新区	Lanzhou New Area	248593
嘉峪关市	**Jiayuguan**	**1440886**
金昌市	**Jinchang**	**2017613**
金川区	Jinchuan	1351030
永昌县	Yongchang	666584
白银市	**Baiyin**	**4156946**
白银区	Baiyin	1594713
平川区	Pingchuan	694049
靖远县	Jingyuan	677168
会宁县	Huining	721360
景泰县	Jingtai	469656
天水市	**Tianshui**	**7904850**
秦州区	Qinzhou	2903038
麦积区	Maiji	1601685
清水县	Qingshui	420513
秦安县	Qinan	997480
甘谷县	Gangu	873368
武山县	Wushan	648764
张家川县	Zhangjiachuan	460003
武威市	**Wuwei**	**5578576**
凉州区	Liangzhou	3451720
民勤县	Minqin	968603
古浪县	Gulang	684058
天祝县	Tianzhu	474194
张掖市	**Zhangye**	**3658898**
甘州区	Ganzhou	1868865
肃南县	Sunan	89730
民乐县	Minle	354450
临泽县	Linze	421328
高台县	Gaotai	426090
山丹县	Shandan	498436
平凉市	**Pingliang**	**5087149**
崆峒区	Kongtong	1695923
泾川县	Jingchuan	732568
灵台县	Lingtai	466046
崇信县	Chongxin	240423
华亭县	Huating	644953
庄浪县	Zhuanglang	639603
静宁县	Jingning	667632
酒泉市	**Jiuquan**	**5035276**
肃州区	Suzhou	2258502
金塔县	Jinta	368480
瓜州县	Guazhou	377268
肃北县	Subei	51321
阿克塞县	Akesai	47895
玉门市	Yumen	495986
敦煌市	Dunhuang	1284263
庆阳市	**Qingyang**	**6305720**
西峰区	Xifeng	2065371
庆城县	Qingcheng	712541
环　县	Huanxian	504307
华池县	Huachi	309495
合水县	Heshui	425558
正宁县	Zhengning	545842
宁　县	Ningxian	914538
镇原县	Zhenyuan	828068
定西市	**Dingxi**	**4888338**
安定区	Anding	1238633
通渭县	Tongwei	467942
陇西县	Longxi	868096
渭源县	Weiyuan	408297
临洮县	Lintao	1100663
漳　县	Zhangxian	244488
岷　县	Minxian	560220
陇南市	**Longnan**	**4954353**
武都区	Wudu	1115923
成　县	Chengxian	674613
文　县	Wenxian	402080
宕昌县	Tanchang	404255
康　县	Kangxian	316264
西和县	Xihe	664124
礼　县	Lixian	745524
徽　县	Huixian	503803
两当县	Liangdang	127767
临夏州	**Linxia**	**3615229**
临夏市	linxia	1447000
临夏县	linxia	402427
康乐县	Kangle	315827
永靖县	Yongjing	510580
广河县	Guanghe	272665
和政县	Hezheng	269484
东乡县	Dongxiang	169361
积石山县	Jishishan	227884
甘南州	**Gannan**	**1519966**
合作市	Hezuo	372235
临潭县	Lintan	231093
卓尼县	Zhuoni	170758
舟曲县	Zhouqu	332175
迭部县	Diebu	129568
玛曲县	Maqu	91499
碌曲县	Luqu	56729
夏河县	Xiahe	135911

6-4 历年城镇居民家庭生活基本情况
Basic Conditions of Urban Households

年 份 Year	每一城镇就业者负担人数 (人) Number of Dependents Per Urban Employee (person)	城镇居民人均可支配收入 (元) Per Capita Disposable Income of Urban Households (yuan)	城镇居民人均消费支出 (元) Per Capita Consumption Expenditures of Urban Households (yuan)	#食品烟酒 Food,Tobacco and Liquor	恩格尔系数 (%) Engle's Coefficient (%)	人均居住面积 (平方米) Per Capita Living Space (sq.m)
1978		408				
1979		418				4.63
1980	2.64	403	399	212	53.10	4.82
1981	1.80	448	433	238	54.96	5.60
1982	1.75	474	447	252	56.41	6.01
1983	1.74	491	482	274	56.78	6.74
1984	1.70	572	552	310	56.22	7.11
1985	1.83	641	625	316	50.59	7.44
1986	1.83	777	737	376	50.96	7.51
1987	1.82	871	829	431	51.97	7.65
1988	1.84	979	1027	502	48.87	8.29
1989	1.82	1133	1065	586	55.05	8.55
1990	1.87	1197	1031	557	54.02	8.86
1991	1.85	1369	1235	666	53.91	9.09
1992	1.75	1708	1457	765	52.51	8.99
1993	1.73	2003	1680	852	50.71	8.96
1994	1.84	2658	2209	1117	50.57	10.44
1995	1.86	3153	2618	1353	51.69	10.74
1996	1.82	3354	2839	1443	50.84	11.10
1997	1.89	3592	2946	1439	48.85	12.70
1998	1.91	4010	3099	1433	46.23	13.30
1999	1.71	4475	3682	1526	41.44	15.16
2000	1.80	4916	4126	1553	37.63	15.21
2001	1.86	5383	4420	1639	37.08	15.54
2002	1.96	6151	5064	1793	35.40	21.55
2003	1.98	6657	5299	1908	36.01	22.27
2004	1.85	7377	5937	2204	37.12	22.90
2005	1.90	8087	6529	2353	36.04	24.16
2006	1.92	8921	6974	2408	34.53	25.60
2007	1.87	10012	7876	2824	35.86	27.04
2008	2.00	10969	8309	3184	38.32	27.19
2009	1.99	11930	8891	3359	37.78	27.35
2010	2.01	13189	9895	3702	37.41	27.89
2011	2.07	14989	11189	4182	37.38	28.04
2012	2.04	17157	12847	4602	35.82	28.45
2013	2.07	18965	14021	5163	36.82	29.82
2014	1.84	20804	15507	5712	36.83	30.60
2015	1.46	23767	17451	5346	30.63	34.00
2016	1.45	25693	19539	5777	29.60	33.69

注：2014年及以前食品烟酒支出为食品支出(下表同)。
a) Expenditures of food ,tobacco and liquor are the expenditures of food since 2014.The same applies to the tables following.

6-5 城镇居民家庭生活基本情况
Basic Conditions of Urban Households

指　标	Item	2015	2016
调查户数(户)	**Number of Households Surveyed (household)**	**1500**	**1500**
平均每户家庭人口(人)	Average Household Size (person)	3.2	3.3
平均每户就业人口(人)	Average Number of Employed Persons per Household (person)	1.8	1.77
平均每户就业面(%)	Proportion of Employment per Household (%)	56.3	68.8
平均每一就业者负担人数(含就业者本人)(人)	Number of Dependents per Employee (including the employee himself or herself)(person)	1.5	1.45
人均可支配收入(元)	**Per Capita Disposable Income (yuan)**	**23767**	**25693**
工资性收入	Income from Wages and Salaries	15189	16751
#工资	Wage and Subsidies	14201	15559
经营净收入	Net Business Income	1805	1961
财产净收入	Net Income from Properties	2295	2356
#利息净收入	Interest Income	32	22
红利收入	Bonus Income	84	53
转移净收入	Net Income from Transfers	4478	4626
#养老金或离退休金	Endowment Insurance or Pension	4459	4782
人均消费支出(元)	**Per Capita Annual Consumption Expenditure (yuan)**	**17451**	**19539**
食品烟酒	Food,Tobacco and Liquor	5346	5777
衣　着	Clothing	1759	1777
居　住	Residence	3540	3753
生活用品及服务	Household Facilities,Articles and Services	1125	1329
交通通信	Transport and Communications	1850	2518
教育文化娱乐	Education, Cultural and Recreation	2045	2322
医疗保健	Health Care and Medical Services	1391	1583
其他用品及服务	Other Goods and Services	395	480

6-5 续表 continued

指 标	Item	2010	2011	2012	2013	2014
调查户数(户)	**Number of Households Surveyed (household)**	**880**	**880**	**880**	**1100**	**1500**
平均每户家庭人口(人)	Average Household Size (person)	2.8	2.8	2.8	3.0	3.5
平均每户就业人口(人)	Average Number of Employed Persons per Household (person)	1.4	1.4	1.4	1.4	1.9
平均每户就业面(%)	Proportion of Employment per Household (%)	49.6	43.4	49.1	48.3	54.3
平均每一就业者负担人数(含就业者本人)(人)	Number of Dependents per Employee (including the employee himself or herself)(person)	2.0	2.1	2.0	2.1	1.8
总收入	**Per Capita Annual Income (yuan)**	**14307**	**16267**	**18498**	**20149**	**22052**
工资性收入	Income from Wages and Salaries	9883	11195	12515	13330	14489
#工资及补贴收入	Wage and Subsidies	9508	10858	12250	12867	14300
经营性收入	Net Business Income	688	914	1126	1302	1488
财产性收入	Income from Properties	72	162	260	365	406
#利息收入	Interest Income	23	21	25	22	17
股息与红利收入	Capital Bonus Income	11	15	21	11	19
转移性收入	Income from Transfers	3665	3996	4598	5152	5669
#养老金或离退休金	Endowment Insurance or Pension	3209	3509	4056	4484	4867
人均可支配收入(元)	**Per Capita Disposable Income (yuan)**	**13189**	**14989**	**17157**	**18965**	**20804**
人均消费支出(元)	**Per Capita Annual Consumption Expenditure (yuan)**	**9895**	**11189**	**12847**	**14021**	**15507**
食品	Food	3702	4182	4602	5163	5712
衣 着	Clothing	1256	1470	1631	1747	1925
居 住	Residence	910	1140	1288	1596	1781
家庭设备用品及服务	Household Facilities and Articles	598	660	833	939	1122
交通和通信	Transport and Communications	1077	1290	1576	1504	1649
教育文化娱乐服务	Education, Cultural and Recreation Services	1137	1158	1388	1548	1680
医疗保健	Health Care and Medical Services	829	874	1050	1117	1189
其他商品及服务	Other Goods and Services	388	413	479	406	450

6-6 按收入等级分城镇居民家庭人均可支配收入及构成（2016）
Per Capita Disposable Income of Urban Households and Its Composition by Level of Income(2016)

指标	Item	全省平均 Average	低收入户 Low Income Households	中低收入户 Low and Middle Income Households	中等收入户 Middle Income Households	中高收入户 Middle and High Income Households	高收入户 High Income Households
人均可支配收入(元)	**Per Capita Disposable Income(yuan)**	**25693**	**9913**	**19254**	**26443**	**33806**	**48367**
工资性收入	Income from Wages and Salaries	16751	5963	13251	18638	22549	29132
#工资	Wage and Subsidies	15559	5194	12481	17827	20997	26681
经营净收入	Net Business Income	1961	1625	1881	1501	2613	2416
财产净收入	Net Income from Properties	2356	873	1748	2394	2447	5273
转移净收入	Net Income from Tranfers	4626	1452	2374	3910	6197	11547
人均可支配收入构成(%)	**Per Composition of Disposable Income(%)**	**100.0**	**100.0**	**100.0**	**100.0**	**100.0**	**100.0**
工资性收入	Income from Wages and Salaries	65.2	65.2	65.2	65.2	65.2	65.2
经营净收入	Net Business Income	7.6	7.6	7.6	7.6	7.6	7.6
财产净收入	Net Income from Properties	9.2	9.2	9.2	9.2	9.2	9.2
转移净收入	Net Income from Tranfers	18.0	18.0	18.0	18.0	18.0	18.0

6-7 城镇居民家庭平均每人总支出
Per Capita Annual Expenditure of Urban Households

单位：元 (yuan)

指标	Item	2015	2016
总支出	**Per Capita Annual Expenditure**	**22564**	**24899**
消费支出	Consumption Expenditure	17451	19539
生产经营费用支出	Production Operations Fee Expenditure	607	777
第一产业经营费用支出	Primary Industry	107	104
第二产业经营费用支出	Secondary Industry	14	22
第三产业经营费用支出	Tertiary Industry	486	651
财产性支出	Property Expenditure	31	13
转移性支出	Transfer Expenditure	1031	1289
部分商业保险支出	Expenditure of Part of Commercial Insurance	140	140
购置资产及非经常性转移支出	Purchase of Assets and Transfer of Non-recurring Expenditure	2043	2210
借贷性支出	Debit and Credit Expenditure	1261	931

6-7 续表 continued

单位：元 (yuan)

指 标	Item	2010	2011	2012	2013	2014
总支出	**Per Capita Annual Expenditure**	**12552**	**14311**	**16767**	**16721**	
#消费性支出	Consumption Expenditure	9895	11189	12847	14021	15507
财产性支出	Property Expenditure	17	25	27	10	10
转移性支出	Transfer Expenditure	1298	1568	1648	1418	1650
社会保障支出	Social Security Expenditure	1009	1176	1242	1031	1152
#个人交纳的养老基金	Annuities	387	454	438	417	435
个人交纳的医疗基金	Iatrical Accumulation Fund	134	159	174	189	224
#购房	House Purchase	333	354	1004	241	59
借贷性支出	Debit and Credit Expenditure	5982	5169	6747	2320	1271
#存入储蓄款	Deposit Money in Bank	5622	4680	6267	1753	711
归还借款	Returning Loans	73	113	79	75	117
归还住房贷款	Return the Housing Loans	137	136	190	330	420

6-8 按收入等级分城镇居民家庭平均每人全年购买主要商品数量(2016)

Per Capita Annual Purchases of Major Commodities of Urban Households by Level of Income(2016)

指 标	Item	全省平均 Average	低收入户 Low Income Households	中低收入户 Low and Middle Income Households	中等收入户 Middle Income Households	中高收入户 Middle and High Income Households	高收入户 High Income Households
大米(千克)	Rice (kg)	18.9	15.3	20.6	21 5	18.9	18.9
面粉(千克)	Flour (kg)	32.6	34.5	36.6	29 7	30.0	30.9
鲜菜(千克)	Fresh Vegetables (kg)	104.7	71.5	106.3	109 3	115.8	135.5
食用植物油(千克)	Edible Vegetable Oil (kg)	10.8	9.8	11.6	11 1	10.6	11.4
猪肉(千克)	Pork (kg)	11.7	9.3	10.9	12 4	13.1	14.2
牛肉(千克)	Beef (kg)	2.5	1.2	2.6	2 9	2.6	3.7
羊肉(千克)	Mutton (kg)	3.6	2.3	3.3	3 3	4.3	5.3
禽类(千克)	Poultry (kg)	4.8	3.2	4.6	4 8	5.8	6.3
鲜蛋(千克)	Fresh Eggs (kg)	8.8	6.0	9.0	9 3	9.7	11.2
鱼(千克)	Fish (kg)	2.9	1.4	2.6	2 7	4.0	4.9
白酒(千克)	Liquor (kg)	2.2	1.0	1.1	1 5	2.1	6.6
啤酒(千克)	Beer (kg)	2.9	2.8	2.6	3.2	2.9	3.0
糕点(千克)	Cake (kg)	2.9	1.6	2.4	2.9	3.8	4.8
鲜奶(千克)	Fresh Milk (kg)	17.3	7.7	14.2	18.8	21.3	29.7
奶粉(千克)	Milk Powder (kg)	0.6	0.3	0.7	0.4	1.0	0.6
鞋类(双)	Shoes (pair)	2.9	2.6	2.9	3.1	3.0	3.1
水(吨)	Water (ton)	34.9	24.5	30.9	35.6	37.4	52.7
电(度)	Electricity (kw.h)	563.4	410.6	510.8	580.8	639.4	761.1
灌装液化石油气(千克)	Liquefied Petroleum Gas(kg)	8.0	6.9	7.9	8.8	6.1	11.0
管道天然气(立方米)	Piped Natural Gas (cu.m)	47.3	10.8	40.6	46.4	56.0	103.4

6-9 城镇居民家庭平均每人全年购买的主要商品数量
Per Capita Annual Purchases of Major Commodities in Urban Households

指　　标	Item	2010	2011	2015	2016
大米(千克)	Rice (kg)	21.7	19.7	20.6	18.9
面粉(千克)	Flour (kg)	37.6	38.0	36.6	32.6
食用植物油(千克)	Edible Vegetable Oil (kg)	10.3	9.9	11.7	10.8
猪肉(千克)	Pork (kg)	11.7	11.2	12.6	11.7
牛肉(千克)	Beef (kg)	2.3	2.3	2.7	2.5
羊肉(千克)	Mutton (kg)	1.5	1.5	3.1	3.6
禽类(千克)	Poultry (kg)	5.0	5.2	4.6	4.8
鲜蛋(千克)	Fresh Eggs (kg)	8.3	8.7	9.2	8.8
鱼(千克)	Fish (kg)	3.2	3.1	3.1	2.9
鲜菜(千克)	Fresh Vegetables (kg)	115.3	110.3	99.0	104.7
啤酒(千克)	Beer (kg)	3.1	3.5	3.3	2.9
鲜乳品(千克)	Fresh Dairy Products (kg)	19.8	16.7	16.6	17.3
灌装液化石油气(千克)	Liquefied Petroleum Gas(kg)	8.2	9.6	8.1	8.0
管道天然气（立方米)	Piped Natural Gas (cu.m)	26.6	27.6	41.3	47.3
水(吨)	Water (ton)	22.3	26.4	34.3	34.9
电(千瓦时)	Electricity (kw·h)	410.9	463.7	559.7	563.4

6-10 城镇居民家庭平均每百户年底耐用消费品拥有量
Number of Major Durable Consumer Goods Owned Per 100 Urban Households at Year-end

指　　标	Item	2010	2011	2015	2016
摩托车(辆)	Motorcycle (unit)	7.8	10.2	20.1	18.8
家用汽车(辆)	Automobile (unit)	3.5	7.3	18.2	23.6
洗衣机(台)	Washing Machine (set)	98.1	97.9	99.0	100.1
电冰箱(台)	Refrigerator (set)	85.8	87.8	92.8	96.6
彩色电视机(台)	Color TV Set (set)	110.0	106.7	104.6	105.7
照相机(架)	Camera (set)	26.5	24.0	29.8	26.9
计算机(台)	Computer (set)	42.9	56.1	64.7	69.3
摄像机(架)	Video Camera (unit)	3.4	5.4	4.6	5.3
空调(台)	Air Conditioner (unit)	5.4	5.2	10.5	11.7
淋浴热水器(台)	Water Heater Shower (unit)	62.3	64.6	71.5	75.9
固定电话(部)	Fixed Telephone (unit)	61.3	55.3	55.0	52.5
移动电话(部)	Mobile Telephone (unit)	159.6	186.5	224.5	237.2

6-11 各地区城镇居民家庭平均每人全年可支配收入(2016)
Per Capita Annual Total Income of Urban Households by Region (2016)

单位：元 (yuan)

地 区	Region	可支配收入 Disposable Income	工资性收入 Income from Wages and Salaries	经营净收入 Net Business Income	财产净收入 Net Income from Properties	转移净收入 Net Income from Transfers
兰州市	Lanzhou	29661	16577	768	3851	8465
嘉峪关市	Jiayuguan	33540	25773	1186	2288	4292
金昌市	Jinchang	32073	24594	2774	1616	3089
白银市	Baiyin	25313	17381	2517	1131	4284
天水市	Tianshui	22684	15473	2377	1777	3057
武威市	Wuwei	23612	17819	1507	1207	3079
张掖市	Zhangye	21503	13102	2509	1667	4225
平凉市	Pingliang	23446	16217	1748	1624	3858
酒泉市	Jiuquan	30072	19667	5330	1773	3302
庆阳市	Qingyang	25300	18161	2760	2112	2268
定西市	Dingxi	20815	14543	2332	1239	2702
陇南市	Longnan	20504	14632	2294	1060	2517
临夏州	Linxia	17912	10220	2565	1150	3977
甘南州	Gannan	21327	16568	3086	672	1001

6-12 各地区城镇居民家庭平均每人全年消费性支出（2016）
Per Capita Annual Consumption Expenditure of Urban Households by Region (2016)

单位：元 (yuan)

地 区	Region	消费性支出 Consumption Expenditures	食品烟酒 Food, Tobacco and Liquor	衣 着 Clothing	居 住 Residence	生活用品及服务 Household Facilities, Articles and Services	交通通信 Transport and Communications	教育文化娱乐 Education, Culture and Recreation	医疗保健 Health Care and Medical Services	其他用品和服务 Miscellaneous Goods and Services	恩格尔系数(%) Engle's Coefficient (%)
兰州市	Lanzhou	22893	7018	1841	4647	1584	2471	2841	1857	635	30.65
嘉峪关市	Jiayuguan	23819	7955	2307	3898	1264	3939	2479	1315	662	33.40
金昌市	Jinchang	21149	5652	2547	2685	1421	4078	2766	1228	772	26.72
白银市	Baiyin	14599	4815	1751	2539	1134	1340	1682	945	394	32.98
天水市	Tianshui	13221	3830	1348	3045	862	1676	1440	716	304	28.97
武威市	Wuwei	16941	5579	1894	3309	876	1724	2109	1220	229	32.93
张掖市	Zhangye	18923	5802	1934	4045	1207	1540	2226	1904	266	30.66
平凉市	Pingliang	14407	4196	1357	3146	873	1548	1692	1347	248	29.12
酒泉市	Jiuquan	23329	7048	2575	3896	1480	2878	3217	1663	572	30.21
庆阳市	Qingyang	14950	4737	1707	3259	1032	1558	1348	921	388	31.68
定西市	Dingxi	15026	4641	1475	3398	1113	1359	1620	1157	264	30.89
陇南市	Longnan	13389	4204	1367	2392	1174	1457	1447	1064	284	31.40
临夏州	Linxia	14161	4383	1339	3033	1080	2098	967	1022	240	30.95
甘南州	Gannan	14661	5599	1639	2908	1110	1482	916	661	346	38.19

6-13 各地县城镇居民人均可支配收入及消费（2016）
Per Capita Disposable Income and Consumption Expenditure of Urban Households by Region, County (2016)

单位：元 (yuan)

地区	Region	城镇居民人均可支配收入 Per Capita Disposable Income of Urban Households	城镇居民人均消费支出 Per Capita Consumption Expeniture Of Urban Househoids
兰州市	**Lanzhou**	**29661**	**22893**
城关区	Chengguan	33399	25558
七里河区	Qilihe	28260	20662
西固区	Xigu	32586	26647
安宁区	Anning	29846	26329
红古区	Honggu	25716	15993
永登县	Yongdeng	16618	10466
皋兰县	Gaolan	15375	12051
榆中县	Yuzhong	15322	12855
嘉峪关市	**Jiayuguan**	**33540**	**23819**
金昌市	**Jinchang**	**32073**	**21149**
金川区	Jinchuan	35724	24405
永昌县	Yongchang	24678	14554
白银市	**Baiyin**	**25313**	**14599**
白银区	Baiyin	30750	16631
平川区	Pingchuan	30265	14982
靖远县	Jingyuan	21644	13796
会宁县	Huining	15683	12777
景泰县	Jingtai	22486	12347
天水市	**Tianshui**	**22684**	**13221**
秦州区	Qinzhou	24571	21538
麦积区	Maiji	23006	10757
清水县	Qingshui	21527	11920
秦安县	Qinan	22334	11891
甘谷县	Gangu	22385	9403
武山县	Wushan	21369	11974
张家川县	Zhangjiachuan	20893	7611
武威市	**Wuwei**	**23612**	**16941**
凉州区	Liangzhou	24924	17519
民勤县	Minqin	20340	16348
古浪县	Gulang	19278	12544
天祝县	Tianzhu	20720	15718
张掖市	**Zhangye**	**21503**	**18923**
甘州区	Ganzhou	22067	20391
肃南县	Sunan	22931	22086
民乐县	Minle	19780	16219
临泽县	Linze	20905	16324
高台县	Gaotai	20898	17488
山丹县	Shandan	21282	17302
平凉市	**Pingliang**	**23446**	**14407**
崆峒区	Kongtong	23097	15131
泾川县	Jingchuan	21597	13906
灵台县	Lingtai	19066	10729
崇信县	Chongxin	27961	18077
华亭县	Huating	27679	12936
庄浪县	Zhuanglang	23281	16849
静宁县	Jingning	21390	13984
酒泉市	**Jiuquan**	**30072**	**23329**
肃州区	Suzhou	31742	24626
金塔县	Jinta	28467	21360
瓜州县	Guazhou	26929	22396
肃北县	Subei	31626	28632
阿克塞县	Akesai	33610	25510
玉门市	Yumen	27503	19220
敦煌市	Dunhuang	29467	23518
庆阳市	**Qingyang**	**25300**	**14950**
西峰区	Xifeng	25898	14921
庆城县	Qingcheng	25026	15703
环　县	Huanxian	25047	18125
华池县	Huachi	25485	15325
合水县	Heshui	24450	12688
正宁县	Zhengning	24117	17341
宁　县	Ningxian	25113	14357
镇原县	Zhenyuan	24537	12994
定西市	**Dingxi**	**20815**	**15026**
安定区	Anding	21723	16385
通渭县	Tongwei	19691	16092
陇西县	Longxi	20409	13850
渭源县	Weiyuan	20044	18064
临洮县	Lintao	20923	15782
漳　县	Zhangxian	20074	8448
岷　县	Minxian	20403	13308
陇南市	**Longnan**	**20504**	**13389**
武都区	Wudu	21502	15299
成　县	Chengxian	20559	16663
文　县	Wenxian	19650	10556
宕昌县	Tanchang	19476	14246
康　县	Kangxian	19756	14677
西和县	Xihe	19561	7367
礼　县	Lixian	19403	13396
徽　县	Huixian	20744	11438
两当县	Liangdang	20960	11805
临夏州	**Linxia**	**17912**	**14161**
临夏市	linxia	18190	16371
临夏县	linxia	17818	9513
康乐县	Kangle	17754	12756
永靖县	Yongjing	17620	11131
广河县	Guanghe	17060	7565
和政县	Hezheng	17578	11114
东乡县	Dongxiang	17117	13051
积石山县	Jishishan	17555	14407
甘南州	**Gannan**	**21327**	**14661**
合作市	Hezuo	21491	18830
临潭县	Lintan	20971	10728
卓尼县	Zhuoni	21175	14023
舟曲县	Zhouqu	20973	14714
迭部县	Diebu	20971	15941
玛曲县	Maqu	22390	14601
碌曲县	Luqu	21990	17231
夏河县	Xiahe	21242	10262

6-14 历年农村居民家庭生活基本情况
Basic Conditions of Rural Households

年份 Year	每个农村劳动力负担人数（人） Average Number of Dependents per Labour Force (person)	农村居民人均可支配收入（元） Per Capita Disposable Income of Rural Households (yuan)	农村居民人均消费支出（元） Per Capita Annual Expenditure for Consumption (yuan)	#食品烟酒 Food, Tobacco and Liquor	恩格尔系数（%） Engle's Coefficient (%)	人均居住面积（平方米） Per Capita Living Space (sq.m)
1978	2.42	101	88	66	74.82	
1979	2.36	112	97	70	72.08	
1980	2.32	153	126	81	64.80	13.87
1981	2.25	159	135	93	68.76	12.75
1982	2.14	174	141	96	67.81	13.53
1983	1.95	213	163	104	63.70	12.95
1984	1.91	221	178	113	63.35	12.96
1985	1.75	257	205	124	60.37	13.24
1986	1.73	283	233	138	59.21	13.44
1987	1.73	303	253	144	57.12	13.93
1988	1.70	345	277	152	54.96	14.32
1989	1.69	376	296	164	55.27	14.67
1990	1.67	431	339	205	60.49	11.88
1991	1.68	446	403	238	59.05	12.85
1992	1.69	489	420	248	59.04	13.13
1993	1.67	551	538	297	55.27	13.77
1994	1.57	724	674	444	65.85	14.54
1995	1.66	880	915	649	70.94	15.64
1996	1.63	1101	986	669	67.86	14.15
1997	1.67	1210	976	561	57.50	14.56
1998	1.65	1393	940	557	59.27	16.47
1999	1.65	1413	945	531	56.22	18.22
2000	1.72	1429	1084	525	48.45	18.00
2001	1.69	1509	1127	520	46.11	17.58
2002	1.69	1590	1153	531	46.07	17.58
2003	1.66	1673	1337	586	43.86	17.60
2004	1.64	1852	1464	703	48.04	17.88
2005	1.67	1980	1820	859	47.20	18.71
2006	1.64	2134	1855	866	46.67	19.12
2007	1.60	2329	2017	944	46.80	19.46
2008	1.59	2724	2401	1133	47.17	19.87
2009	1.57	2980	2766	1142	41.28	20.55
2010	1.56	3425	2942	1315	44.71	20.96
2011	1.54	3909	3665	1548	42.24	23.65
2012	1.54	4507	4146	1649	39.76	24.08
2013	1.59	5108	4850	1799	37.08	24.66
2014	1.60	5736	5272	1980	37.56	28.60
2015	1.60	6936	6830	2244	32.86	29.30
2016	1.59	7457	7487	2343	31.29	30.36

注：2014年以前农村居民人均可支配收入为农民人均纯收入；食品烟酒支出为食品支出(下表同)。

a) Since 2014, per capita disposable income of rural households are the net income of rural households,expenditures of food ,tobacco and liquor are the expenditures of food .The same applies to the tables following.

6-15 农村居民家庭生活基本情况
Basic Conditions of Rural Households

指　标	Item	2015	2016
调查户数(户)	**Number of Households Surveyed (household)**	**2500**	**2500**
平均每户常住人口(人)	Average Number of Permanent Residents per Household (person)	4.5	3.8
平均每户整半劳动力(人)	Average Number of Full/Semi Labor Force per Household (person)	2.5	2.4
平均每个劳动力负担人口(含本人)(人)	Average Number of Dependents per Labour Force (including the laborer himself or herself) (person)	1.6	1.6
人均可支配收入(元)	**Per Capita Disposable Income**	**6936**	**7457**
工资性收入	Income from Wages and Salaries	1975	2125
经营净收入	Net Business Income	3025	3261
财产净收入	Net Income from Properties	128	128
转移净收入	Net Income from Transfers	1808	1942
人均消费支出(元)	**Per Capita Annual Consumption Expenditure(yuan)**	**6830**	**7487**

6-15 续表 continued

指　标	Item	2010	2011	2012	2013	2014
调查户数(户)	**Number of Households Surveyed (household)**	**1800**	**1800**	**1800**	**2900**	**2500**
平均每户常住人口(人)	Average Number of Permanent Residents per Household (person)	4.6	4.4	4.4	4.4	4.0
平均每户整半劳动力(人)	Average Number of Full/Semi Labor Force per Household (person)	2.9	2.9	2.9	2.8	2.4
平均每个劳动力负担人口(含本人)(人)	Average Number of Dependents per Labour Force (including the laborer himself or herself) (person)	1.6	1.5	1.5	1.6	1.6
总收入(元)	**Total Revenue (yuan)**	**4772**	**5878**	**6705**	**7352**	**8295**
工资性收入	Income from Wages and Salaries	1199	1562	1788	2203	2617
家庭经营收入	Income from Household Operations	3194	3779	4260	4211	4723
财产性收入	Income from Properties	40	82	112	133	97
转移性收入	Income from Transfers	339	455	546	805	857
农村居民人均纯收入(元)	**Per Capita Net Income of Rural Households (yuan)**	**3425**	**3909**	**4507**	**5108**	**5736**
总支出 (元)	**Total Expenditure (yuan)**	**4529**	**5932**	**6657**	**7204**	**7834**
#家庭经营费用支出	Expenditure for Household Operations	1192	1626	1850	1702	1965
生活消费支出	Expenses on Consumption	2942	3665	4146	4850	5272
财产性支出	Expenses on Properties	8	8	7	2	2
转移性支出	Expenses on Transfers	205	414	473	389	422

6-16 农村居民家庭人均可支配收入及构成
Per Capita Disposable Income of Rural Households and Its Composition

指 标	Item	2015	2016
农村居民人均可支配收入(元)	**Per Capita Disposable Income of Rural Households(yuan)**	**6936**	**7457**
工资性收入	Income from Wages and Salaries	1975	2125
经营净收入	Net Business Income	3025	3261
第一产业经营净收入	Net Income from Primary Industry	2509	2632
#农业收入	Farming	2003	2057
牧业收入	Animal Husbandry	503	551
第二产业经营净收入	Net Income from Secondary Industry	36	46
第三产业经营净收入	Net Income from Tertiary Industry	480	584
财产净收入	Net Income from Properties	128	128
转移净收入	Net Income from Transfers	1808	1942
构成(农村居民人均可支配收入=100)	**Composition (Per Capita Net Income of Rural Households = 100)**		
工资性收入	Income from Wages and Salaries	28.47	28.50
经营净收入	Net Income from Household Operations	43.62	43.74
财产净收入	Net Income from Properties	1.84	1.72
转移净收入	Net Income from Transfers	26.07	26.04

6-16 续表 continued

指 标	Item	2010	2011	2012	2013	2014
农村居民人均纯收入(元)	**Per Capita Net Income of Rural Households(yuan)**	**3425**	**3909**	**4507**	**5108**	**5736**
工资性收入	Income of Wages and Salaries	1199	1562	1788	2203	2485
家庭经营纯收入	Net Income from Household Operations	1856	1867	2115	2231	2456
第一产业经营收入	Net Income from Primary Industry	1586	1564	1792	1907	2040
#农业收入	Farming	1377	1248	1442	1524	1635
牧业收入	Animal Husbandry	182	255	273	367	389
第二产业收入	Net Income from Secondary Industry	52	35	36	39	70
第三产业收入	Net Income from Tertiary Industry	218	268	286	285	346
财产性纯收入	Net Income from Properties	40	82	112	133	167
转移性收入	Net Income from Transfers	329	398	492	541	629
构成(农村居民人均纯收入=100)	**Composition (Per Capita Net Income of Rural Households = 100)**					
工资性收入	Income of Wages and Salaries	35.02	39.95	39.67	43.14	43.32
家庭经营纯收入	Net Income from Household Operations	54.20	47.75	46.92	43.68	42.82
财产性纯收入	Net Income from Properties	1.20	2.11	2.49	2.60	2.90
转移性纯收入	Income from Transfers	9.60	10.19	10.92	10.58	10.96

6-17 农村住户总支出及构成
Total Expenditure of Rural Households and Its Composition

指　标	Item	2015	2016
总支出(元)	**Total Expenditure(yuan)**	**11761**	**12454**
消费支出	Consumption Expenditure	6830	7487
生产经营费用支出	Production Operations Fee Expenditure	2186	2154
第一产业经营费用支出	Primary Industry	1970	1965
第二产业经营费用支出	Secondary Industry	16	12
第三产业经营费用支出	Tertiary Industry	199	177
财产性支出	Property Expenditure	21	16
转移性支出	Transfer Expenditure	198	237
部分商业保险支出	Expenditure of Part of Commercial Insurance	47	55
购置资产及非经常性转移支出	Purchase of Assets and Transfer of Non-recurring Expenditure	1912	1898
购置资产支出	Purchase of Assets Expenditure	939	896
非经常性转移支出	Purchase of Transfer of Non-recurring Expenditure	973	1002
借贷性支出	Debit and Credit Expenditure	567	607
存入储蓄款	Deposit Money in Bank	186	128
借出款	Lending Money	21	28
归还借款	Returning Loans	242	258
购买有价证券	Purchase Marketable Securities		
其他投资支出	Other Investment Expenditures		
归还住房贷款	Return the Housing Loans	13	38
归还汽车贷款	Return the Car Loans	1	
归还教育贷款	Return the Education Loans	6	12
归还其他贷款	Return the Other Loans	91	131
其他借贷支出	Other Debit and Credit Expenditure	6	11
总支出构成(%)	**Composition of Total Expenditure(%)**	**100.00**	**100.00**
消费支出	Consumption Expenditure	58.07	60.12
生产经营费用支出	Production Operations Fee Expenditure	18.59	17.29
财产性支出	Property Expenditure	0.18	0.13
转移性支出	Transfer Expenditure	1.68	1.90
部分商业保险支出	Expenditure of Part of Commercial Insurance	0.40	0.44
购置资产及非经常性转移支出	Purchase of Assets and Transfer of Non-recurring Expenditure	16.26	15.24
借贷性支出	Debit and Credit Expenditure	4.82	4.88

6-17 续表 continued

指　标	Item	2010	2011	2012	2013	2014
总支出(元)	**Total Expenditure(yuan)**	**4529**	**5932**	**6657**	**7204**	**7834**
#家庭经营费用支出	Household Operations Fee Expenditure	1192	1626	1850	1702	1965
农业生产支出	Farming Production Expenditure	817	1087	1184	1007	1233
牧业生产支出	Animal Husbandry Production Expenditure	299	410	492	503	484
生活消费支出	Living Consumption Expenditure	2942	3665	4146	4850	5272
财产性支出	Property Expenditure	8	8	7	2	2
转移性支出	Transfer Expenditure	205	414	473	389	422
构成(总支出=100)	**Composition (Total Expenditure=100)**					
#家庭经营费用支出	Household Operations Fee Expenditure	26.33	27.41	27.78	23.63	25.08
农业生产支出	Farming Production Expenditure	18.04	18.32	17.79	13.97	15.74
牧业生产支出	Animal Husbandry Production Expenditure	6.61	6.90	7.38	6.98	6.18
生活消费支出	Living Consumption Expenditure	64.97	61.78	62.28	67.32	67.30
财产性支出	Property Expenditure	0.17	0.13	0.10	0.02	0.02
转移性支出	Transfer Expenditure	4.52	6.98	7.11	5.39	5.39

6-18 农村居民家庭平均每人消费支出
Per Capita Living Expenditure of Rural Households

单位：元 (yuan)

指　标	Item	2015	2016
消费支出	**Expenses on Consumption**	**6830**	**7487**
食品烟酒	Food,Tobacco and Liquor	2244	2343
衣　着	Clothing	466	483
居　住	Residence	1221	1341
生活用品及服务	Household Facilities,Articles and Services	445	459
交通通讯	Transport and Communication	812	955
教育文化娱乐	Education,Cultural and Recreation	854	965
医疗保健	Health Care and Medical Services	670	821
其他用品及服务	Other Commodities and Serveics	118	121

6-18 续表 continued

单位：元 (yuan)

指　标	Item	2010	2011	2012	2013	2014
生活消费支出	**Living Consumption Expenditure**	**2942**	**3665**	**4146**	**4850**	**5272**
食　品	Food	1315	1548	1649	1799	1980
衣　着	Clothing	184	247	303	353	386
居　住	Residence	552	597	682	794	883
家庭设备用品及服务	Household Facilities and Services	147	198	250	303	324
交通和通讯	Transport and Communication	257	367	436	598	627
文化教育、娱乐用品及服务	Culture,Education Recreation and Services	238	293	327	367	415
医疗保健	Health Care and Medical Services	203	339	398	513	530
其他商品和服务	Other Commodities and Serveics	46	77	100	124	127

6-19 农村居民家庭平均每人消费支出构成
Composition of Per Capita Living Expenditure of Rural Households

单位：% (%)

指　　标	Item	2015	2016
消费支出	**Consumption Expenditure**	**100.00**	**100.00**
食品烟酒	Food,Tobacco and Liquor	32.86	31.29
衣着	Clothing	6.83	6.44
居住	Residence	17.88	17.91
生活用品及服务	Household Facilities,Articles and Services	6.52	6.13
交通通讯	Transport and Communications	11.88	12.75
教育文化娱乐	Education,Cultural and Recreation	12.50	12.90
医疗保健	Health Care and Medical Services	9.80	10.97
其他用品及服务	Other Goods and Services	1.73	1.61

6-19 续表 continued

单位：% (%)

指　　标	Item	2010	2011	2012	2013	2014
生活消费支出	**Living Consumption Expenditure**	**100.00**	**100.00**	**100.00**	**100.00**	**100.00**
食　　品	Food	44.71	42.24	39.76	37.09	37.56
衣　　着	Clothing	6.25	6.73	7.31	7.27	7.33
居　　住	Residence	18.75	16.28	16.46	16.37	16.75
家庭设备用品及服务	Household Facilities and Articles	5.00	5.40	6.04	6.24	6.14
交通和通讯	Transport and Communications	8.73	10.00	10.52	12.34	11.89
文化教育、娱乐用品及服务	Cultural,Educational and Recreation	8.09	7.99	7.89	7.56	7.87
医疗保健	Health Care and Medical Services	6.90	9.26	9.60	10.58	10.04
其他商品和服务	Other Goods and Services	1.57	2.10	2.42	2.54	2.42

6-20 按收入等级分农村居民家庭基本情况（2016）
Basic Conditions of Rural Households of Income Quintile (2016)

指 标	Item	全省平均 Average	低收入户 Low Income Households	中低收入户 Lower Middle Income Households	中等收入户 Middle Income Households	中高收入户 Middle and High Income Households	高收入户 High Income Households
平均每户常住人口（人）	Average Number of Usual Residents per Household (person)	3.8	4.4	4.3	4.0	3.6	3.0
平均每户整半劳动力（人）	Average Number of Full/Semi Labour Force Per Household (person)	2.4	2.5	2.5	2.5	2.4	2.2
平均每个劳动力负担人口（人）	Average Number of Dependents Per Labour Force (person)	1.59	1.73	1.71	1.61	1.53	1.34
人均消费支出（元）	Per Capita Annual Expenditures (yuan)	7487	5807	5943	6829	8700	11531
人均可支配收入(元)	Per Capita Annual Net Income (yuan)	7457	1892	4660	6691	9606	17937
工资性收入	Income from Wages and Salaries	2125	719	1427	2053	2996	4203
经营净收入	Net Business Income	3261	277	1692	2623	3888	9919
财产净收入	Net Income from Properties	128	23	44	61	188	419
转移净收入	Net Income from Transfers	1942	1068	1692	2190	2775	3755

6-21 按收入等级分农村居民家庭平均每人消费支出（2016）
Per Capita Consumption Expenditure of Rural Households by Income Quintile (2016)

单位：元 (yuan)

指 标	Item	全省平均 Average	低收入户 Low Income Households	中低收入户 Lower Middle Income Households	中等收入户 Middle Income Households	中高收入户 Middle and High Income Households	高收入户 High Income Households
消费支出	**Consumption Expenditure**	**7487**	**5806**	**5942**	**6829**	**8700**	**11531**
食品烟酒	Food,Tobacco and Liquor	2343	1476	1504	1726	1924	2342
衣着	Clothing	483	363	376	467	555	741
居住	Residence	1341	1007	1069	1232	1586	1975
生活用品及服务	Household Facilities,Articles and Services	459	344	364	417	556	697
交通通信	Transport and Communications	955	733	759	773	1162	1543
教育文化娱乐	Education, Cultural and Recreation	965	807	832	919	1096	1289
医疗保健	Health Care and Medical Services	821	484	531	690	984	1702
其他商品及服务	Other Goods and Services	121	83	87	97	145	226

6-22 农村居民家庭平均每人主要消费品消费量
Per Capita Consumption of Major Consumer Goods by Rural Households

单位：千克 (kg)

指 标	Item	2010	2011	2015	2016
粮食(原粮)	Grain (Unprocessed)	229.03	192.02	181.34	178.98
豆类及豆制品	Beans and Bean Products	5.15	3.14	4.31	4.82
蔬菜	Vegetables	43.14	49.43	55.37	60.05
食油	Edible Oil	4.13	5.99	8.47	7.82
猪肉	Pork	12.30	12.71	12.46	11.86
牛肉	Beef	0.35	0.42	0.61	0.63
羊肉	Mutton	0.80	1.27	1.98	2.23
家禽	Poultry	1.29	1.41	3.53	3.73
蛋及蛋制品	Eggs and Processed Products	2.58	3.42	6.40	5.70
奶和奶制品	Milk and Processed Products	2.72	4.67	6.51	6.71
水产品	Aquatic Products	0.30	0.42	0.75	0.91
瓜果	Melons and Fruits	16.39	18.97	35.13	41.08
食糖	Sugar	0.97	1.08	1.73	1.77
酒	Liquor	7.28	8.24	9.82	9.04

6-23 农村居民家庭平均每百户年底耐用消费品拥有量

Number of Durable Consumer Goods Owned Per 100 Rural Households at Year-end

指　标	Item	2015	2016
家用汽车(辆)	Automobile (unit)	10.0	18.0
摩托车(台)	Motorcycle (set)	88.6	54.6
电冰箱(台)	Refrigerator(set)	55.3	80.7
洗衣机(台)	Washing Machine(set)	86.0	95.3
热水器(台)	Water Heater(set)	20.3	47.5
空调(台)	Air Conditioner(set)	0.7	5.7
彩色电视机(台)	Color Tv Set(set)	109.0	107.9
摄像机(台)	Vedio Camera(set)	0.2	2.4
照相机(架)	Camera (set)	2.5	13.0
家用计算机(台)	Computer(set)	14.2	39.9
中高档乐器(件)	Medium and High Grades Musical Instruments(unit)	0.5	2.1
固定电话(部)	Telephone (set)	26.4	36.1
移动电话(部)	Mobile Telephone(set)	244.6	251.9

6-23 续表 continued

指　标	Item	2010	2011	2012	2013	2014
洗衣机(台)	Washing Machine (set)	60.1	73.7	79.7	78.1	84.8
电冰箱(台)	Refrigerator (set)	17.4	26.5	32.9	39.3	51.7
热水器(台)	Water Heater (unit)	8.3	12.6	17.0	15.7	17.5
摩托车(辆)	Motorcycle (unit)	55.2	67.9	71.9	69.1	85.4
彩色电视机(台)	Color TV Set (set)	104.0	104.4	106.3	105.9	109.8
照相机(架)	Camera (set)	2.1	1.7	2.7		2.2
固定电话(部)	Fixed Telephone (unit)	54.9	30.4	29.0	17.7	38.5
移动电话(部)	Mobile Telephone (unit)	112.4	177.4	192.7	203.5	227.5
计算机(台)	Computer (set)	4.4	9.0	11.4	10.1	13.9

6-24 各地县农村居民人均可支配收入（2016）
Per Capita Net Income of Rural Households by Region, County (2016)

单位：元 (yuan)

地　区	Region	农村居民人均可支配收入 Per Capita Disposable Income of Rural Households	工资性收入 Income from Wages and Salaries	经营净收入 Net Business Income	财产净收入 Net Income from Properties	转移净收入 Net Income from Transfers
兰州市	**Lanzhou**	**10391**	**5053**	**3662**	**157**	**1519**
城关区	Chengguan	20786	11558	1043	4509	3677
七里河区	Qilihe	15513	7476	6740	235	1063
西固区	Xigu	15448	9501	3706	179	2061
安宁区	Anning					
红古区	Honggu	16180	7418	7457	203	1102
永登县	Yongdeng	8974	3681	2904	69	2320
皋兰县	Gaolan	9076	4293	4232	56	494
榆中县	Yuzhong	8761	4607	2934	33	1186
嘉峪关市	**Jiayuguan**	**16462**	**8023**	**6989**	**1180**	**271**
金昌市	**Jinchang**	**12284**	**4112**	**6180**	**1037**	**955**
金川区	Jinchuan	15337	5288	7325	2441	283
永昌县	Yongchang	11438	3786	5863	648	1142
白银市	**Baiyin**	**7623**	**3078**	**3564**	**70**	**912**
白银区	Baiyin	12171	2358	9564	131	119
平川区	Pingchuan	8184	3624	3318	43	1199
靖远县	Jingyuan	8085	3061	4371	87	567
会宁县	Huining	6283	3030	2082	62	1109
景泰县	Jingtai	8974	3098	4503	44	1329
天水市	**Tianshui**	**6499**	**1993**	**2269**	**113**	**2124**
秦州区	Qinzhou	7527	3045	2160	168	2154
麦积区	Maiji	6504	2666	1667	297	1874
清水县	Qingshui	5926	1006	1887	79	2953
秦安县	Qinan	6584	991	3378	156	2059
甘谷县	Gangu	6464	2482	2129	79	1775
武山县	Wushan	6740	1872	2438		2430
张家川县	Zhangjiachuan	5843	1280	2015	12	2535
武威市	**Wuwei**	**9784**	**2817**	**5548**	**155**	**1264**
凉州区	Liangzhou	11966	3535	6509	235	1687
民勤县	Minqin	11250	2157	7874	69	1150
古浪县	Gulang	5821	2124	3117	99	480
天祝县	Tianzhu	6369	2179	2819	40	1331
张掖市	**Zhangye**	**11646**	**4124**	**6315**	**265**	**942**

6-24 续表 1 continued

单位：元 (yuan)

地 区	Region	农村居民人均可支配收入 Per Capita Disposable Income of Rural Households	工资性收入 Income from Wages and Salaries	经营净收入 Net Business Income	财产净收入 Net Income from Properties	转移净收入 Net Income from Transfers
甘州区	Ganzhou	12218	4085	6986	133	1014
肃南县	Sunan	14418	2707	9025	268	2418
民乐县	Minle	9976	3551	4911	507	1007
临泽县	Linze	12408	3057	7974	385	992
高台县	Gaotai	11707	5286	5495	201	725
山丹县	Shandan	11295	4894	5648	198	555
平凉市	**Pingliang**	**7008**	**2701**	**2589**	**36**	**1682**
崆峒区	Kongtong	8858	3435	2900	145	2378
泾川县	Jingchuan	8119	2762	3287	-57	2126
灵台县	Lingtai	7012	3352	1575	54	2032
崇信县	Chongxin	6727	2619	3033	-49	1123
华亭县	Huating	7658	3891	2020	-34	1780
庄浪县	Zhuanglang	5739	3014	1698	112	915
静宁县	Jingning	6454	1222	3564	-32	1700
酒泉市	**Jiuquan**	**14596**	**3389**	**9656**	**301**	**1250**
肃州区	Suzhou	14226	3611	9133	399	1083
金塔县	Jinta	14637	3797	9311	203	1326
瓜州县	Guazhou	14237	2358	10156	169	1555
肃北县	Subei	21393	1433	7475	202	12282
阿克塞县	Akesai	22879	3966	12283	206	6424
玉门市	Yumen	14455	3771	9703	407	573
敦煌市	Dunhuang	15311	3533	10644	304	831
庆阳市	**Qingyang**	**7480**	**2521**	**3046**	**175**	**1738**
西峰区	Xifeng	8461	4017	2954	680	810
庆城县	Qingcheng	7238	2794	2780	154	1510
环 县	Huanxian	7088	2161	3033	216	1679
华池县	Huachi	7223	3088	2843	58	1234
合水县	Heshui	7374	2711	3121	43	1498
正宁县	Zhengning	8209	2101	4516	206	1386
宁 县	Ningxian	7356	1967	2594	42	2754
镇原县	Zhenyuan	7193	2328	2886	56	1923
定西市	**Dingxi**	**6289**	**1569**	**2967**	**128**	**1624**
安定区	Anding	6529	1198	2494	162	2675
通渭县	Tongwei	5696	1134	2216	10	2335

6-24 续表 2 continued

单位：元 (yuan)

地 区	Region	农村居民人均可支配收入 Per Capita Disposable Income of Rural Households	工资性收入 Income from Wages and Salaries	经营净收入 Net Business Income	财产净收入 Net Income from Properties	转移净收入 Net Income from Transfers
陇西县	Longxi	6936	2747	2921	143	1124
渭源县	Weiyuan	6275	854	3255	367	1800
临洮县	Lintao	6594	1456	4461	57	621
漳 县	Zhangxian	5972	1628	2220	-2	2126
岷 县	Minxian	5931	2039	2310	139	1444
陇南市	**Longnan**	**5859**	**2406**	**2133**	**137**	**1182**
武都区	Wudu	6161	2741	2664	31	726
成 县	Chengxian	7020	3756	2380	126	758
文 县	Wenxian	5389	1889	2063	87	1351
宕昌县	Tanchang	5251	2441	1896	169	744
康 县	Kangxian	5455	2361	1771	345	978
西和县	Xihe	5397	2336	1606	106	1348
礼 县	Lixian	5490	1222	1857	64	2347
徽 县	Huixian	7084	3170	3009	444	461
两当县	Liangdang	5430	2283	1361	43	1743
临夏州	**Linxia**	**5680**	**1574**	**2386**	**90**	**1630**
临夏市	linxia	11266	5767	3805	503	1192
临夏县	linxia	5945	2139	2385	142	1279
康乐县	Kangle	5849	952	2851	88	1958
永靖县	Yongjing	5639	1571	2442	51	1576
广河县	Guanghe	6212	1409	2756	42	2005
和政县	Hezheng	5400	1306	2374	104	1616
东乡县	Dongxiang	4497	994	1975	27	1501
积石山县	Jishishan	4793	1432	1607	57	1697
甘南州	**Gannan**	**6414**	**2660**	**2746**	**79**	**929**
合作市	Hezuo	6627	4298	1841	5	482
临潭县	Lintan	6055	3261	1628	10	1156
卓尼县	Zhuoni	6260	1689	4298	22	252
舟曲县	Zhouqu	6185	4071	1461	21	631
迭部县	Diebu	6100	2699	2551	75	775
玛曲县	Maqu	7748	63	5268	26	2391
碌曲县	Luqu	7616	1063	4337	579	1637
夏河县	Xiahe	6440	1701	3305	336	1098

6-25 各地县农村居民平均每人消费支出（2016）
Per Capita Consumption Expenditure of Rural Households by Region, County (2016)

单位：元 (yuan)

地区	Region	消费支出 Consumption Expenditures	食品烟酒 Food, Tobacco and Liquor	衣着 Clothing	居住 Residence	生活用品及服务 Household Facilities, Articles and Services	交通通讯 Transport and Communications	教育文化娱乐 Education, Culture and Recreation	医疗保健 Health Care and Medical Services	其他用品和服务 Miscellaneous Goods and Services
兰州市	**Lanzhou**	**8717**	**2868**	**662**	**1665**	**478**	**1031**	**1154**	**712**	**147**
城关区	Chengguan	20601	6795	1508	6128	1199	1763	1430	1391	388
七里河区	Qilihe	8148	2650	670	1618	511	1153	583	747	217
西固区	Xigu	16917	5480	1578	2988	722	3501	1464	869	314
安宁区	Anning									
红古区	Honggu	11648	3588	842	2533	775	2150	923	594	243
永登县	Yongdeng	8291	2681	671	1470	496	1005	1234	601	134
皋兰县	Gaolan	6827	2423	517	1171	334	652	1059	546	125
榆中县	Yuzhong	7878	2623	521	1518	398	658	1249	808	102
嘉峪关市	**Jiayuguan**	**12485**	**3878**	**862**	**2400**	**479**	**2601**	**1332**	**746**	**186**
金昌市	**Jinchang**	**10218**	**2701**	**880**	**1927**	**396**	**1581**	**1393**	**1116**	**223**
金川区	Jinchuan	12295	2937	947	2946	653	2239	1179	1090	302
永昌县	Yongchang	9642	2635	862	1644	325	1398	1452	1124	202
白银市	**Baiyin**	**5872**	**2247**	**436**	**1105**	**345**	**551**	**708**	**357**	**122**
白银区	Baiyin	8169	2854	810	1387	322	1293	973	283	246
平川区	Pingchuan	6022	2091	466	1386	310	707	666	336	60
靖远县	Jingyuan	5784	1873	587	1341	411	441	598	326	206
会宁县	Huining	5605	2589	229	793	290	468	788	396	53
景泰县	Jingtai	6300	2226	529	1136	354	852	741	360	101
天水市	**Tianshui**	**7359**	**2443**	**462**	**1658**	**518**	**734**	**776**	**655**	**112**
秦州区	Qinzhou	9007	2989	685	1857	568	1258	814	683	152
麦积区	Maiji	7711	2529	490	1755	377	743	1038	606	172
清水县	Qingshui	6270	2143	352	1218	520	537	792	627	80
秦安县	Qinan	8469	2654	441	1644	557	928	944	1129	172
甘谷县	Gangu	7967	2612	482	2049	681	706	760	576	100
武山县	Wushan	5741	1923	446	1371	356	543	661	395	46
张家川县	Zhangjiachuan	4678	1868	318	851	297	493	250	557	44
武威市	**Wuwei**	**7494**	**2671**	**424**	**1167**	**315**	**1069**	**1118**	**613**	**117**
凉州区	Liangzhou	8037	2950	411	1258	252	1138	1238	722	67
民勤县	Minqin	10453	3353	553	1177	531	1858	1695	923	363
古浪县	Gulang	4789	1779	382	1165	299	468	428	236	33
天祝县	Tianzhu	6490	2342	380	687	295	882	1274	480	149
张掖市	**Zhangye**	**10379**	**3614**	**801**	**1587**	**597**	**1263**	**1441**	**915**	**160**

6-25 续表 1 continued

单位：元 (yuan)

地　区	Region	消费支出 Consumption Expenditures	食品烟酒 Food, Tobacco and Liquor	衣　着 Clothing	居　住 Residence	生活用品及服务 Household Facilities, Articles and Services	交通通讯 Transport and Communications	教育文化娱乐 Education, Culture and Recreation	医疗保健 Health Care and Medical Services	其他用品和服务 Miscellaneous Goods and Services
甘州区	Ganzhou	10963	3885	865	1606	472	1413	1458	1159	105
肃南县	Sunan	14888	4880	1224	2929	911	1487	2326	941	190
民乐县	Minle	9850	3271	797	1867	546	1129	1469	679	92
临泽县	Linze	11153	3713	769	1789	889	1555	1481	863	94
高台县	Gaotai	9733	3447	732	1192	524	885	1666	1021	265
山丹县	Shandan	8811	3290	668	1130	713	1248	851	605	307
平凉市	**Pingliang**	**7460**	**2052**	**415**	**1333**	**440**	**888**	**824**	**1410**	**98**
崆峒区	Kongtong	7264	1938	489	1618	490	765	690	1212	61
泾川县	Jingchuan	13906	3575	1208	3185	739	1529	1275	2237	158
灵台县	Lingtai	6675	1376	268	1054	315	529	852	2247	34
崇信县	Chongxin	6640	1952	492	1085	397	750	1062	776	125
华亭县	Huating	7717	2029	388	1794	279	1205	746	1226	49
庄浪县	Zhuanglang	5679	1852	408	1000	309	536	554	890	129
静宁县	Jingning	9366	2567	416	1268	527	1224	1077	2140	147
酒泉市	**Jiuquan**	**11133**	**3642**	**745**	**1661**	**751**	**1617**	**1511**	**956**	**249**
肃州区	Suzhou	11107	4007	665	1686	754	1310	1389	1159	137
金塔县	Jinta	11044	3507	846	1233	447	2019	1872	1002	118
瓜州县	Guazhou	12205	3707	725	2254	1014	1732	1310	983	481
肃北县	Subei	20877	7913	1098	2571	1281	2668	2625	362	2357
阿克塞县	Akesai	18098	7599	901	4419	820	1430	2070	654	205
玉门市	Yumen	9106	2904	626	1488	731	1642	1005	585	126
敦煌市	Dunhuang	11017	3321	888	1476	768	1480	1943	848	294
庆阳市	**Qingyang**	**7201**	**2552**	**532**	**1343**	**418**	**911**	**679**	**653**	**113**
西峰区	Xifeng	10689	3925	875	1911	639	1343	833	959	203
庆城县	Qingcheng	8022	2687	513	1378	422	1467	521	936	98
环　县	Huanxian	6191	2312	441	1155	298	852	711	367	56
华池县	Huachi	5288	1990	388	790	255	784	464	494	124
合水县	Heshui	7271	2575	491	1718	439	888	402	655	103
正宁县	Zhengning	5526	1991	443	923	421	701	527	453	68
宁　县	Ningxian	7162	2568	665	1216	428	731	708	719	127
镇原县	Zhenyuan	7080	2343	408	1499	414	771	856	664	125
定西市	**Dingxi**	**6324**	**2346**	**356**	**1252**	**347**	**611**	**725**	**612**	**76**
安定区	Anding	6826	2559	314	1325	354	752	908	522	91
通渭县	Tongwei	7649	2873	282	1462	299	665	912	1048	107

6-25 续表 2 continued

单位：元 (yuan)

地区	Region	消费支出 Consumption Expenditures	食品烟酒 Food, Tobacco and Liquor	衣着 Clothing	居住 Residence	生活用品及服务 Household Facilities, Articles and Services	交通通讯 Transport and Communications	教育文化娱乐 Education, Culture and Recreation	医疗保健 Health Care and Medical Services	其他用品和服务 Miscellaneous Goods and Services
陇西县	Longxi	7028	2389	334	1326	332	872	727	957	91
渭源县	Weiyuan	6896	2713	506	1261	468	711	667	465	105
临洮县	Lintao	5192	1709	208	1212	264	406	844	489	60
漳　县	Zhangxian	6785	2615	494	1031	405	704	719	725	93
岷　县	Minxian	4894	2022	471	1074	372	386	326	230	13
陇南市	**Longnan**	**5674**	**2080**	**494**	**1061**	**418**	**640**	**441**	**460**	**79**
武都区	Wudu	6633	2316	712	1278	451	634	665	492	85
成　县	Chengxian	7479	2351	679	1187	487	907	664	1068	136
文　县	Wenxian	5375	2337	296	1227	279	723	174	230	108
宕昌县	Tanchang	3590	1574	289	708	364	362	100	174	19
康　县	Kangxian	6098	2273	485	1146	369	816	508	397	105
西和县	Xihe	4470	1657	355	892	388	496	330	293	58
礼　县	Lixian	5455	2147	412	998	353	595	491	381	79
徽　县	Huixian	6872	2204	703	1155	680	845	484	726	74
两当县	Liangdang	5247	1789	326	1024	496	707	105	732	68
临夏州	**Linxia**	**5079**	**1773**	**415**	**1147**	**447**	**494**	**248**	**495**	**57**
临夏市	linxia	9383	2847	897	1885	559	1006	835	1179	175
临夏县	linxia	5928	2161	506	1540	418	624	243	403	34
康乐县	Kangle	5844	1712	428	1474	459	571	238	922	40
永靖县	Yongjing	5595	2005	423	1426	343	457	554	307	80
广河县	Guanghe	4702	1799	542	850	462	567	123	327	31
和政县	Hezheng	4386	1481	455	709	634	630	141	309	27
东乡县	Dongxiang	3714	1307	214	937	413	213	108	490	32
积石山县	Jishishan	4198	1678	266	751	420	353	213	388	129
甘南州	**Gannan**	**5221**	**2356**	**387**	**1221**	**303**	**477**	**205**	**167**	**105**
合作市	Hezuo	5389	2328	497	1239	299	559	183	196	88
临潭县	Lintan	6004	2608	504	1851	429	428	75	88	20
卓尼县	Zhuoni	4532	2096	393	1007	277	317	181	149	113
舟曲县	Zhouqu	4462	2102	198	1052	106	415	381	183	24
迭部县	Diebu	5055	2312	276	1446	235	313	102	240	132
玛曲县	Maqu	7034	3233	666	514	591	1062	286	265	417
碌曲县	Luqu	4716	2058	334	446	475	654	414	245	91
夏河县	Xiahe	5084	2225	385	1360	321	466	92	112	124

主要统计指标解释

一、 城乡住户一体化调查主要指标解释

从 2013 年起，国家统计局对分别进行的城乡住户调查实施了一体化改革，规范了城乡划分范围，统一了城乡居民收入指标名称、分类和统计标准，建立了城乡统一的一体化住户调查，并据此采集全国居民有关数据。甘肃省自 2015 年起发布城乡一体化住户收支与生活状况调查数据，即发布城镇、农村居民可支配收入，原农村居民纯收入数据以后不再发布，表中涉及 2015 年的居民有关数据均来源于此调查。

可支配收入 指调查户在调查期内获得的、可用于最终消费支出和储蓄的总和，即调查户可以用来自由支配的收入。可支配收入既包括现金，也包括实物收入。按照收入的来源，可支配收入包含四项，分别为：工资性收入、经营净收入、财产净收入和转移净收入。计算公式为：

可支配收入=工资性收入+经营净收入+财产净收入+转移净收入

其中：经营净收入=经营收入-经营费用-生产性固定资产折旧-生产税

财产净收入=财产性收入-财产性支出

转移净收入=转移性收入-转移性支出

工资性收入 指就业人员通过各种途径得到的全部劳动报酬和各种福利，包括受雇于单位或个人、从事各种自由职业、兼职和零星劳动得到的全部劳动报酬和福利。

经营净收入 指住户或住户成员从事生产经营活动所获得的净收入，是全部经营收入中扣除经营费用、生产性固定资产折旧和生产税之后得到的净收入。

财产净收入 指住户或住户成员将其所拥有的金融资产、住房等非金融资产和自然资源交由其他机构单位、住户或个人支配而获得的回报并扣除相关的费用之后得到的净收入。财产净收入包括利息净收入、红利收入、储蓄性保险净收益、转让承包土地经营权租金净收入、出租房屋净收入、出租其他资产净收入和自有住房折算净租金等。

转移性收入 指国家、单位、社会团体对住户的各种经常性转移支付和住户之间的经常性收入转移。包括政府、非行政事业单位、社会团体对居民转移的养老金或退休金、社会救济和补助、惠农补贴、政策性生活补贴、救灾款、经常性捐赠和赔偿以及报销医疗费等；住户之间的赡养收入、经常性捐赠和赔偿以及农村地区（村委会）在外（含国外）工作的本住户非常住成员寄回带回的收入等。

转移性支出 指调查户对国家、单位、住户或个人的经常性或义务性转移支付。包括缴纳的税款、各项社会保障支出、赡养支出、经常性捐赠和赔偿支出以及其他经常转移支出等。

消费支出 指住户用于满足家庭日常生活消费需要的全部支出，包括用于消费品的支出和用于服务性消费的支出。根据用途不同，消费支出可划分为食品烟酒、衣着、居住、生活用品及服务、交通通信、教育文化娱乐、医疗保健、其他用品及服务八大类。

二、城镇住户调查和农村住户调查指标解释

2014 年及以前年份甘肃省住户调查分城乡分别开展，城镇与农村居民收入、支出等指标的统计口径有所不同，数据不完全可比，城镇调查城镇居民可支配收入，农村调查农村居民纯收入。为了保持历史数据的可比，本年鉴中 2014 年及以前年份的数据和指标解释仍保持了原城镇住户调查和农村住户调查方案的原貌。

城镇家庭人口 指居住在一起，经济上合在一起共同生活的家庭成员。凡计算为家庭人口的成员其全部收支都包括在本家庭中。

城镇就业面 指就业人口占家庭人口的百分比。

城镇就业者负担人数 指家庭人口与就业人口之比。

城镇家庭总收入 指家庭成员得到的工资性收入、经营净收入、财产性收入、转移性收入之和，不包括出售财物收入和借贷收入。

城镇居民家庭可支配收入 指家庭成员得到可用于最终消费支出和其它非义务性支出以及储蓄的总和，即居民家庭可以用来自由支配的收入。它是家庭总收入扣除交纳的所得税、个人交纳的社会保障支出以及记账补贴后的收入。计算公式为：

城镇居民家庭可支配收入=家庭总收入-交纳所得税-个人交纳的社会保障支出-记帐补贴

城镇家庭总支出 指家庭除借贷支出以外的全部实际支出。包括现金消费支出、财产性支出、转移性支出、社会保障支出、购房与建房支出。

城镇家庭现金消费支出 指家庭用于日常生活的支出，包括食品、衣着、家庭设备用品及服务、医疗保健、交通和通信、娱乐教育文化服务、居住、杂项商品和服务等八大类支出。

农村住户 指农村常住户。农村常住户指长期(一年以上)居住在乡镇(不包括城关镇)行政管理区域内的住户，以及长期居住在城关镇所辖行政村范围内的农村住户。户口不在本地而在本地居住一年及以上的住户也包括在本地农村常住户范围内；有本地户口，但举家外出谋生一年以上的住户，无论是否保留承包耕地都不包括在本地农村住户范围内。

总收入 指调查期内农村住户和住户成员从各种来源渠道得到的收入总和。按收入的性质划分为工资性收入、家庭经营收入、财产性收入和转移性收入。

工资性收入 指农村住户成员受雇于单位或个人，靠出卖劳动而获得的收入。

家庭经营收入 指农村住户以家庭为生产经营单位进行生产筹划和管理而获得的收入。农村住户家庭经营活动按行业划分为农业、林业、牧业、渔业、工业、建筑业、交通运输业邮电业、批发和零售贸易餐饮业、社会服务业、文教卫生业和其他家庭经营。

财产性收入 指金融资产或有形非生产性资产的所有者向其他机构单位提供资金或将有形非生产性资产供其支配，作为回报而从中获得的收入。

转移性收入 指农村住户和住户成员无须付出任何对应物而获得的货物、服务、资金或资产所有权等，不包括无偿提供的用于固定资本形成的资金。一般情况下，是指农村住户在二次分配中的所有收入。

现金收入 指农村住户和住户成员在调查期内得到以现金形态表现的收入。按来源分成工资性收入、家庭经营现金收入、财产性收入、转移性收入。

总支出 指农村住户用于生产、生活和再分配的全部支出。家庭经营费用支出、购置生产性固定资产支出、生产性固定资产折旧、税费支出、生活消费支出、财产性支出和转移性支出。

7

财政和金融业

Government Finance and Financial Intermediation

简要说明

一、本篇资料主要内容

本篇反映财政收支状况，金融业的发展情况。主要包括地方财政收支、政府性基金收支资料；金融机构存贷及现金收支等活动；保险业务情况。

二、本篇资料来源

本篇资料由省统计局国民经济核算处搜集、加工整理：

1. 财政收支资料来源于省财政厅。
2. 金融资料来源于中国人民银行兰州中心支行。
3. 保险数据来源于中国保监会甘肃监管局。

7-1 历年财政收支
Government Revenue and Expenditure

单位：万元 (10 000 yuan)

年 份 Year	财政收入 Government Revenue	#一般公共预算收入 General Public Budget Revenue	税收收入 Total Tax Revenue	#附：上划中央税收 Tax Revenue Turned Over to the Central	一般公共预算支出 General Public Budget Expenditure
1978	205280		79168		143429
1979	184606		79407		141810
1980	149348		44606		123045
1981	129859		43143		111955
1982	124713		82870		127857
1983	109003		92004		155256
1984	132338		114322		211510
1985	163814		189074		239971
1986	197635		210832		300125
1987	225831		235266		317747
1988	249786		267766		363835
1989	315242		317768		412645
1990	342065		341541		459395
1991	399801		359225		513188
1992	399736		393208		534786
1993	521132		520393		631676
1994	626198	290797	270086	335401	723817
1995	684142	339211	302594	344931	813908
1996	822714	433733	367663	388981	909538
1997	919259	494108	416575	425151	1067215
1998	974793	540253	465578	434540	1253382
1999	1030025	583657	490034	446368	1477868
2000	1083752	612849	516624	470903	1882322
2001	1241396	699485	587853	541911	2354643
2002	1503365	762432	654283	740933	2740111
2003	1771750	876561	722434	395189	3000070
2004	2158581	1041600	823382	1104105	3569366
2005	2545665	1235026	919615	1310639	4293479
2006	2949750	1412152	1108360	1537598	5285946
2007	3918687	1909107	1420532	2009580	6753372
2008	4709361	2649650	1628049	2059711	9684336
2009	6039849	2865898	1760411	3173951	12462817
2010	7452511	3535833	2202883	3916678	14685810
2011	9336165	4501188	2840435	4834977	17912432
2012	10798983	5203993	3477792	5594990	20595638
2013	11448265	6072717	4177266	5375548	23096230
2014	12342376	6726698	4902596	5615678	25414935
2015	13862830	7438604	5297863	6424226	29583117
2016	14406849	7869669	5259996	6537180	31500340

注：财政收入不含基金收入。
a) Revenue does not include the fund's income.

7-2 税收收入
Total Taxes Revenue

单位：万元 (10 000 yuan)

年 份 Year	税收收入 Total Tax Revenue	#增值税 Value-added Tax	#营业税 Business Tax	#企业所得税 Corporate Income Tax	#个人所得税 Individual Income Tax
1994	270086	86783	63912	27011	4471
1995	302594	90356	77345	33393	6242
1996	367663	93094	101939	32494	8706
1997	416575	104079	120340	39864	10271
1998	465578	108318	142508	44537	14399
1999	490034	111778	147031	66686	18349
2000	516624	119471	158995	60957	25921
2001	587853	133758	173483	104045	38788
2002	654283	150720	209747	66054	40920
2003	722434	181230	240705	53111	36776
2004	823382	216152	270531	63182	43112
2005	919615	253337	315890	84320	51793
2006	1108360	314071	372674	106902	57884
2007	1420532	403624	434006	179740	71513
2008	1628049	379120	531536	206233	81306
2009	1760411	371096	652494	169511	89876
2010	2202883	440902	868425	199868	111253
2011	2840435	489460	1100499	285861	140563
2012	3477792	605180	1367172	365313	135407
2013	4177266	636506	1765945	400978	147793
2014	4902596	884047	1949794	459990	158097
2015	5297863	897868	2071529	592025	189368
2016	5259996	1731601	1106370	549494	205524

7-3 财政收入情况
Government Revenue

单位:万元 (10 000 yuan)

项 目	Item	2011	2015	2016
财政收入	**Government Revenue**	**9336165**	**13862830**	**14406849**
一般公共预算收入	**General Public Budget Revenue**	**4501188**	**7438604**	**7869669**
税收收入	Total Tax Revenue	2840435	5297863	5259996
增值税	Value-added Tax	489460	897868	1731601
营业税	Business Tax	1100499	2071529	1106370
企业所得税	Corporate Income Tax	285861	592025	549494
企业所得税退税	Tax Rebate for Corporate Income Tax	-124		
个人所得税	Individual Income Tax	140563	189368	205524
资源税	Resource Tax	143586	168137	130180
城市维护建设税	City Maintenance and Construction Tax	236219	441658	430724
房产税	House Property Tax	89644	177057	195385
印花税	Stamp Tax	46099	84253	84361
城镇土地使用税	Urban Land Use Tax	100087	188420	191996
土地增值税	Land Appreciation Tax	54596	169708	235807
车船税	Tax on Vehicles and Boat Operation	32752	92186	106613
耕地占用税	Farm Land Occupation Tax	31656	54640	55167
契税	Deed Tax	88214	168466	234736
烟叶税	Tobacco Leaf Tax	1523	2548	2038
其他税收收入	Other Tax Revenue			
非税收入	Total Non-tax Revenue	1660753	2140741	2609673
专项收入	Special Program Receipts	848417	651409	672478
行政事业性收费收入	Charge of Administrative and Institutional Units	376888	534371	576563
罚没收入	Penalty Receipts	105620	177164	291937
国有资本经营收入	Operation Income of Stat-owned Assets	49831	16915	21547
国有资源(资产)有偿使用收入	Income from Use of State-owned Resources (Assets)	130247	515385	586117
其他收入	Other Non-tax Receipts	149750	245497	461031
上划中央税收收入	**Tax Revenue Turned Over to the Central**	**4834977**	**6424226**	**6537180**
#增值税	Value Added Tax	1660425	2109173	2102035
消费税	Consumption Tax	1839348	2634996	2592645
企业所得税	Corporate Income Tax	453517	884729	829699
个人所得税	Individual Income Tax	210343	284050	308290
车辆购置税	Vehicle Purchase Tax	202238	339729	335323

7-4 财政支出情况
Government Expenditure

单位：万元 (10 000 yuan)

项　　目	Item	2011	2015	2016
一般公共预算支出	**General Public Budget Expenditure**	**17912432**	**29583117**	**31500340**
一般公共服务	Expenditures for General Public Pervices	1749150	2720127	2907866
外交	Expenditures for Foreign Affairs			
国防	Expenditures for National Defense	18539	30301	27364
公共安全	Expenditures for Public Security	803139	1231006	1565234
#公安	Police	428142	692730	950107
检察	Procuratorate	81575	106254	141250
法院	Court	117076	160151	178631
监狱	Prison	52635	67447	102741
教育	Expenditures for Education	2843320	4983251	5489460
#教育管理事务	Education Management Affairs	52107	79575	110502
普通教育	General Education	2363686	4080615	4496129
科学技术	Expenditures for Science and Technology	132215	298471	262316
文化体育与传媒	Expenditures for Culture, Sport and Media	330710	627640	638423
#文化	Culture	105427	168672	224085
体育	Sport	38618	82846	86702
广播影视	Broadcasting, Film and Television	80506	146735	131140
社会保障和就业	Expenditures for Social Safety Net and Employment Effort	2792219	4213133	4648042
#行政事业单位离退休	Administrative Institutions Retired	728072	1155418	1335682
就业补助	Employment Subsidies	184055	208377	185886

注：债务付息支出2014年之前为国债还本付息支出。
a) Before 2014,data of expenditure for principal and interest of debts were the interest payment for domestic and foreign debts.

7-4 续表 continued

单位：万元 (10 000 yuan)

项　目	Item	2011	2015	2016
医疗卫生	Expenditures for Medical and Health Care	1431803	2500965	2732504
#医疗保障	Medical Security	696451	1139897	1259600
食品药品监督管理事务	Food and Drug Regulatory Affairs	24935	109139	114710
节能环保	Expenditures for Energy Saving and Environment Protection	349919	953513	952553
#污染防治	Pollution Prevention	164396	137542	190661
城乡社区事务	Expenditure for Urban and Rural Communities Affairs	558825	1216135	1964511
农林水事务	Expenditure for Agriculture, Forestry and Water Conservancy Affairs	2376560	4970520	4881028
#农业	Agriculiture	900828	1424715	1292616
林业	Forestry	254795	461337	452550
水利	Water Conservancy	570368	1044241	1121847
扶贫	Poverty Alleviation	267833	1279444	1132244
交通运输	Expenditure for Transportation	1589122	2782433	2192438
资源勘探电力信息等事务	Expenditure for Affairs of Exploration, Power and Information	293099	477300	699813
商业服务业等事务	Expenditure for Affairs of Commerce and Services	169520	296858	242700
金融监管等事务	Expenditure for Affairs of Financial Supervision	24653	21591	31575
地震灾后恢复重建支出	Expenditure for Post-earthquake Recovery and Reconstruction	87665		
国土资源气象等事务	Expenditure for Affairs of Land and Weather	410584	352034	370564
住房保障支出	Expenditure for Affairs of Housing Security	925756	1278705	1245018
粮油物资管理事务	Expenditure for Affairs of Management of Grain & Oil Reserves	79195	133170	131381
债务付息支出	Expenditure for Principal and Interest of Debts	88301	150947	285748
其他支出	Other Expenditure	258138	345017	231802

7-5 政府性基金收支情况
Renvenue and Expenditure of Government Fund

单位：万元

项　　目	Item	2015	2016
政府性基金收入合计	**Total Renvenue of Government Funds**	**6217220**	**4109982**
#地方教育附加收入	Additional Revenue of Local Education		
新增建设用地土地有偿使用费收入	Add the Land Compensation for the Use of Land for Building Fee Income	262039	80729
地方水利建设基金收入	Revenue of Local Water Conservancy Construction Funds		
残疾人就业保障金收入	Income of Disabled Person Employment Security Payments		
政府住房基金收入	Government Housing Fund Income	177388	
城市公用事业附加收入	Additional Income of Urban Public Utilities	12651	3516
国有土地收益基金收入	Fund Revenue Receipts of State-owned Land	46526	29385
农业土地开发资金收入	Revenue of Agricultural Land Development Capital	56049	17717
国有土地使用权出让收入	Income of State-owned Land Use Right Transfer	3781074	2813785
彩票公益金收入	Lottery and Public Welfare Funds Revenue	361591	100927
城市基础设施配套费收入	Revenue of Urban Infrastructure Fee	189237	153084
车辆通行费	Revenue of Vehicle Tolls	791216	790510
政府性基金支出合计	**Total Expenditure of Government Fund**	**5595333**	**3831320**
#地方教育附加安排的支出	Additional Arrangements Expenditure for Local Education		
新增建设用地有偿使用费安排的支出	Arrangements Expenditure for the Use of Land for Building Fee Income	166001	234722
地方水利建设基金支出	Expenditure for Local Water Conservancy Construction Funds		
残疾人就业保障金支出	Expenditure for Disabled Person Employment Security Payments		
政府住房基金支出	Government Housing Fund Expenditure	159395	
城市公用事业附加安排的支出	Additional Arrangements Expenditure of Urban Public Utilities	11979	1617
国有土地收益基金支出	Fund Expenditure Receipts of State-owned Land	43806	12753
农业土地开发资金支出	Expenditure for Agricultural Land Development Capital	53850	6286
国有土地使用权出让收入安排的支出	Arrangements Expenditure for State-owned Land Use Right Transfer	3512432	2282205
彩票公益金安排的支出	Lottery and Public Welfare Funds Expenditure	259389	212135
城市基础设施配套费安排的支出	Arrangements Expenditure for Urban Infrastructure Fee	158501	90891
车辆通行费安排的支出	Expenditure for Vehicle Tolls	768892	763103

7-6 各地区财政收入(2016)

Government Revenue by Region(2016)

单位：万元 (10 000 yuan)

地 区	Region	一般公共预算收入 General Public Budget Revenue	#税收收入 Total Tax Revenue	#增值税 Domestic Value Added Tax	#营业税 Business Tax	#企业所得税 Corporate Income Tax	#个人所得税 Individual Income Tax
兰州市	Lanzhou	2154794	1584154	452089	239810	138455	56634
嘉峪关市	Jiayuguan	170946	141351	55957	9339	4583	2709
金昌市	Jinchang	207479	146771	54564	16261	6072	1960
白银市	Baiyin	287191	187006	59840	28578	9320	3994
天水市	Tianshui	422152	239236	64410	51001	12352	5696
武威市	Wuwei	311034	146531	36094	27667	11858	4621
张掖市	Zhangye	270966	135459	32115	28126	10342	3558
平凉市	Pingliang	265501	175519	54804	34689	10330	3799
酒泉市	Jiuquan	362187	202733	58139	27585	13330	5264
庆阳市	Qingyang	427635	274744	120825	21847	8208	4013
定西市	Dingxi	250964	145391	40666	32295	10715	3644
陇南市	Longnan	266874	141383	48615	30543	14309	3161
临夏州	Linxia	182085	98611	23907	23138	7545	1608
甘南州	Gannan	98457	44531	13220	13305	4233	1707

7-7 各地区财政支出(2016)

Government Expenditure by Region(2016)

单位：万元 (10 000 yuan)

地 区	Region	一般公共预算支出 General Public Budget Expenditure	#一般公共服务 General Public Service	#教 育 Education	#社会保障和就业 Social Security and Emploment Effort	#医疗卫生 Medical and Health Care	#农林水利事务 Agriculture, Forestry and Water onservancy
兰州市	Lanzhou	4241597	501813	740910	390553	371618	347807
嘉峪关市	Jiayuguan	242744	21954	38380	36068	24490	14342
金昌市	Jinchang	574691	67450	74631	87256	40213	83574
白银市	Baiyin	1607503	101279	291248	278773	158897	294264
天水市	Tianshui	2515359	217957	525682	505116	297074	386636
武威市	Wuwei	1759339	111572	291349	248308	168381	452709
张掖市	Zhangye	1454936	131521	227292	204866	141796	305264
平凉市	Pingliang	1723809	132481	381625	316775	201664	292158
酒泉市	Jiuquan	1276374	138136	220740	142772	129906	227767
庆阳市	Qingyang	2151479	224030	431972	364715	224936	372819
定西市	Dingxi	2005013	170025	458960	361071	230070	362617
陇南市	Longnan	2082743	200488	382063	360668	255873	388768
临夏州	Linxia	1977985	308069	379962	356570	207940	330665
甘南州	Gannan	1492868	232274	197297	211243	97266	276504

7-8 各地县财政收支(2016)
Government Revenue and Expenditure by Region ,County(2016)

单位：万元 (10 000 yuan)

地 区	Region	一般公共预算收入 General Public Budget Revenue	一般公共预算支出 General Public Budget Expenditure
兰州市	**Lanzhou**	**2154794**	**4241597**
城关区	Chengguan	357697	509397
七里河区	Qilihe	179686	323749
西固区	Xigu	132230	277372
安宁区	Anning	128209	206802
红古区	Honggu	26206	136249
永登县	Yongdeng	45158	232839
皋兰县	Gaolan	39149	159727
榆中县	Yuzhong	59329	293804
嘉峪关市	**Jiayuguan**	**170946**	**242744**
金昌市	**Jinchang**	**207479**	**574691**
金川区	Jinchuan	38897	101979
永昌县	Yongchang	34980	230488
白银市	**Baiyin**	**287191**	**1607503**
白银区	Baiyin	73484	205968
平川区	Pingchuan	28741	141288
靖远县	Jingyuan	32188	305758
会宁县	Huining	26098	376330
景泰县	Jingtai	21611	200069
天水市	**Tianshui**	**422152**	**2515359**
秦州区	Qinzhou	86698	420148
麦积区	Maiji	50004	337507
清水县	Qingshui	16594	197499
秦安县	Qinan	22482	297006
甘谷县	Gangu	39786	300221
武山县	Wushan	18116	237439
张家川县	Zhangjiachuan	14664	212544
武威市	**Wuwei**	**311034**	**1759339**
凉州区	Liangzhou	122041	591322
民勤县	Minqin	40529	293798
古浪县	Gulang	26914	318356
天祝县	Tianzhu	45559	352195
张掖市	**Zhangye**	**270966**	**1454936**
甘州区	Ganzhou	84167	393576
肃南县	Sunan	23280	127219
民乐县	Minle	26395	194640
临泽县	Linze	27351	179611
高台县	Gaotai	27614	164797
山丹县	Shandan	34801	183868
平凉市	**Pingliang**	**265501**	**1723809**
崆峒区	Kongtong	59211	305979
泾川县	Jingchuan	18079	201990
灵台县	Lingtai	8255	159029
崇信县	Chongxin	25607	101619
华亭县	Huating	51391	154221
庄浪县	Zhuanglang	17526	281091
静宁县	Jingning	23613	316334
酒泉市	**Jiuquan**	**362187**	**1276374**
肃州区	Suzhou	70714	238758
金塔县	Jinta	22409	138751
瓜州县	Guazhou	34898	150610
肃北县	Subei	14205	66494
阿克塞县	Akesai	12921	53009
玉门市	Yumen	52071	199338
敦煌市	Dunhuang	58471	236151
庆阳市	**Qingyang**	**427635**	**2151479**
西峰区	Xifeng	60357	238094
庆城县	Qingcheng	32906	227302
环 县	Huanxian	30140	320923
华池县	Huachi	22597	163970
合水县	Heshui	14899	154659
正宁县	Zhengning	15230	149101
宁 县	Ningxian	15198	247783
镇原县	Zhenyuan	17259	303369
定西市	**Dingxi**	**250964**	**2005013**
安定区	Anding	39284	318055
通渭县	Tongwei	17190	276794
陇西县	Longxi	46861	286313
渭源县	Weiyuan	17531	223627
临洮县	Lintao	41537	292601
漳 县	Zhangxian	16617	138016
岷 县	Minxian	21713	251975
陇南市	**Longnan**	**266874**	**2082743**
武都区	Wudu	50989	356895
成 县	Chengxian	44083	194452
文 县	Wenxian	22508	202325
宕昌县	Tanchang	15034	204127
康 县	Kangxian	15362	158685
西和县	Xihe	18244	248067
礼 县	Lixian	21649	294377
徽 县	Huixian	30736	158125
两当县	Liangdang	8233	74507
临夏州	**Linxia**	**182085**	**1977985**
临夏市	linxia	49065	275926
临夏县	linxia	16158	250130
康乐县	Kangle	11565	200911
永靖县	Yongjing	39740	198430
广河县	Guanghe	12566	173591
和政县	Hezheng	14933	175614
东乡县	Dongxiang	7602	241730
积石山县	Jishishan	14132	197520
甘南州	**Gannan**	**98457**	**1492868**
合作市	Hezuo	18358	162039
临潭县	Lintan	8180	214804
卓尼县	Zhuoni	7791	186235
舟曲县	Zhouqu	9775	204179
迭部县	Diebu	9866	138202
玛曲县	Maqu	10370	149780
碌曲县	Luqu	6903	111649
夏河县	Xiahe	12335	164520

7-9 金融机构本外币信贷资金平衡表
Balance Sheet of RMB and Foreign Currency Credit Funds of Financial Institutions

单位：亿元　(年末余额)(year-end balance)　(100 million yuan)

项　目	Item	2015	2016
资金来源合计	**Funds Sources**	**16451.35**	**17995.72**
#各项存款	Total Deposits	16299.50	17515.66
境内存款	Domestic Deposits	16297.66	17509.12
住户存款	Household Deposits	7804.53	8530.60
活期存款	Demand Deposits	3120.90	3377.89
定期及其他存款	Time and other Deposits	4683.63	5152.72
非金融企业存款	Non-financial Enterprises Deposits	5288.88	5553.91
活期存款	Demand Deposits	3024.93	3524.41
定期及其他存款	Time and other Deposits	2263.95	2029.50
广义政府存款	General Government Deposits	2874.35	2911.48
财政性存款	Fiscal Deposits	228.00	360.69
机关团体存款	Government Agencies & Organizations Deposits	2646.35	2550.79
非银行业金融机构存款	Non-banking Financial Institutions Deposit	329.90	513.13
境外存款	Offshore Deposits	1.84	6.54
金融债券	Financial Bonds	73.81	126.86
各项准备	Total Reserve Funds	417.52	575.88
所有者权益	Owner's Equity	961.92	1031.49
#实收资本	Paid-in Capital	425.64	466.28
资金运用合计	**Funds Uses**	**16451.35**	**17995.72**
#各项贷款	Total Loans	13728.89	15926.41
境内贷款	Domestic Loans	13649.02	15826.95
住户贷款	Household Loans	3551.09	4065.71
短期贷款	Short-term Loans	1374.61	1505.38
中长期贷款	Medium and Long Term Loans	2176.48	2560.33
非金融企业及机关团体贷款	Loans of Non-financial Enterprises and Government Agencies & Organizations	10097.93	11761.24
短期贷款	Short-term Loans	3287.73	3335.93
中长期贷款	Medium and Long Term Loans	5890.12	7432.76
票据融资	Bill Financing	458.16	517.79
融资租赁	Finance Lease	446.72	435.46
各项垫款	Advances	15.20	39.30
境外贷款	Overseas Loans	79.88	99.46

注：2015、2016年的汇率分别为6.4936、6.9370。
a) The exchange rate of 2015,2016were 6.4936,6.9370.

7-10 金融机构人民币信贷资金平衡表
Balance Sheet of RMB Credit Funds of Financial Institutions

单位：亿元 (年末余额)(year-end balance) (100 million yuan)

项　目	Item	2015	2016
资金来源合计	**All Sources**	**16285.80**	**17882.14**
#各项存款	Total Deposits	16141.19	17411.68
境内存款	Domestic Deposits	16139.48	17405.38
住户存款	Household Deposits	7776.80	8492.87
活期存款	Demand Deposits	3104.36	3355.60
定期及其他存款	Time and other Deposits	4672.44	5137.26
非金融企业存款	Non-financial Enterprises Deposits	5163.05	5492.92
活期存款	Demand Deposits	2970.71	3470.27
定期及其他存款	Time and other Deposits	2192.34	2022.65
广义政府存款	General Government Deposits	2869.89	2906.74
财政性存款	Fiscal Deposits	228.00	360.69
机关团体存款	Government Agencies & Organizations Deposits	2641.89	2546.05
非银行业金融机构存款	Non-banking Financial Institutions Deposit	329.74	512.86
境外存款	Offshore Deposits	1.72	6.30
金融债券	Financial Bonds	73.81	126.86
各项准备	Total Reserve Funds	395.43	552.02
所有者权益	Owner's Equity	961.76	1029.44
#实收资本	Paid-in Capital	425.64	466.28
资金运用合计	**Funds Uses**	**16285.80**	**17882.14**
#各项贷款	Total Loans	13292.18	15650.47
境内贷款	Domestic Loans	13292.11	15648.45
住户贷款	Household Loans	3550.91	4065.55
短期贷款	Short-term Loans	1374.51	1505.29
中长期贷款	Medium and Long Term Loans	2176.40	2560.26
非金融企业及机关团体贷款	Loans of Non-financial Enterprises and Government Agencies&Organizations	9741.20	11582.90
短期贷款	Short-term Loans	2982.57	3226.35
中长期贷款	Medium and Long Term Loans	5838.74	7364.19
票据融资	Bill Financing	458.16	517.79
融资租赁	Finance Lease	446.72	435.46
各项垫款	Advances	15.01	39.11
境外贷款	Overseas Loans	0.07	2.02

7-11 金融机构外汇信贷资金平衡表

Balance Sheet of Foreign Exchange Credit Funds of Financial Institutions

单位：万美元　　(年末余额)(year-end balance)　　(USD 10 000)

项　目	Item	2015	2016
资金来源合计	**All Sources**	**674727**	**399150**
#各项存款	Total Deposits	243783	149885
境内存款	Domestic Deposits	243600	149540
住户存款	Household Deposits	42701	54399
活期存款	Demand Deposits	25467	32119
定期及其他存款	Time and other Deposits	17233	22281
非金融企业存款	Non-financial Enterprises Deposits	193776	87922
活期存款	Demand Deposits	83499	78050
定期及其他存款	Time and other Deposits	110277	9873
广义政府存款	General Government Deposits	6877	6841
财政性存款	Fiscal Deposits	6	
机关团体存款	Government Agencies & Organizations Deposits	6871	6841
非银行业金融机构存款	Non-banking Financial Institutions Deposit	247	377
境外存款	Offshore Deposits	183	344
金融债券	Financial Bonds		
各项准备	Total Reserve Funds	34004	34392
所有者权益	Owner's Equity	246	2965
#实收资本	Paid-in Capital		
资金运用合计	**Funds Uses**	**674727**	**399150**
#各项贷款	Total Loans	672522	397780
境内贷款	Domestic Loans	549623	257316
住户贷款	Household Loans	277	235
短期贷款	Short-term Loans	154	128
中长期贷款	Medium and Long Term Loans	123	107
非金融企业及机关团体贷款	Loans of Non-financial Enterprises and Government Agencies&Organizations	549346	257081
短期贷款	Short-term Loans	469946	157960
中长期贷款	Medium and Long Term Loans	79122	98843
票据融资	Bill Financing		
融资租赁	Finance Lease		
各项垫款	Advances	278	278
境外贷款	Overseas Loans	122899	140464

注：2015、2016年的汇率分别为6.4936、6.9370。
a) The exchange rate of 2015,2016 were 6.4936,6.9370.

7-12 各地区金融机构人民币存款(2016)
RMB Deposits of Financial Institutions by Region(2016)

单位：万元 (10 000 yuan)

地 区	Region	各项存款 Total Deposits	境内存款 Domestic Deposits	住户存款 Household Deposits	非金融企业存款 Non-financial Enterprises Deposits	广义政府存款 General Government Deposits	非银行业金融机构存款 Non-banking Financial Institutions Deposit	境外存款 Offshore Deposits
兰州市	Lanzhou	86231121	86173648	27962448	37250847	16021147	4939207	57473
嘉峪关市	Jiayuguan	3149444	3149369	1481564	1056362	611374	69	75
金昌市	Jinchang	3277965	3277870	2092130	580996	600688	4055	95
白银市	Baiyin	6787917	6787145	4242001	1533008	909449	102686	773
天水市	Tianshui	11557918	11557446	8024876	2351056	1175081	6433	471
武威市	Wuwei	8267237	8267181	5659280	1665127	940414	2360	56
张掖市	Zhangye	5840213	5839854	3702218	1014239	1119280	4116	359
平凉市	Pingliang	7354756	7354058	5157190	1244032	949613	3224	698
酒泉市	Jiuquan	9221030	9220500	5127349	2180269	1909017	3865	530
庆阳市	Qingyang	8779686	8779584	6403360	1423594	900352	52277	103
定西市	Dingxi	7649515	7649253	4912233	1636835	1093636	6549	262
陇南市	Longnan	7826446	7824428	4994668	1660920	1168658	182	2018
临夏州	Linxia	4978835	4978798	3639589	613683	721956	3569	38
甘南州	Gannan	3194732	3194703	1529767	718184	946707	46	29

7-13 各地区金融机构人民币贷款(2016)
RMB Loans of Financial Institutions by Region(2016)

单位：万元 (10 000 yuan)

地 区	Region	各项贷款 Total Loans	境内贷款 Domestic Loans	住户贷款 Household Loans	短期贷款 Short-term Loans	中长期贷款 Medium and Long Term Loans	非金融企业及机关团体贷款 Loans of Non-financial Enterprises and Government Agencies & Organizations	短期贷款 Short-term Loans	中长期贷款 Medium and Long Term Loans	境外贷款 Offshore Loans
兰州市	Lanzhou	84015554	83995386	10707538	3348498	7359040	73287849	15313944	48640453	20168
嘉峪关市	Jiayuguan	4637976	4637976	548374	181208	367166	4089602	3116013	718341	
金昌市	Jinchang	3562876	3562876	1039928	606408	433521	2522947	1631198	731679	
白银市	Baiyin	5823917	5823917	2080866	572643	1508223	3743051	1870460	1777908	
天水市	Tianshui	7486223	7486173	2773998	780121	1993877	4712175	1421569	3282919	50
武威市	Wuwei	7687450	7687450	2533239	1183915	1349325	5154211	1524949	3628163	
张掖市	Zhangye	5557829	5557829	2793492	1342330	1451162	2764337	1285402	1459268	
平凉市	Pingliang	5330308	5330308	2725276	581031	2144245	2605032	990122	1613461	
酒泉市	Jiuquan	7256858	7256858	2548813	1654287	894526	4708045	1705955	2975205	
庆阳市	Qingyang	6420368	6420365	2847880	810506	2037374	3572485	687844	2884142	3
定西市	Dingxi	6661996	6661996	3044778	1554739	1490039	3617218	1289957	2324422	
陇南市	Longnan	5584134	5584134	3369911	469603	2900308	2214222	747751	1446472	
临夏州	Linxia	4168430	4168430	2437266	1684335	752931	1731164	554943	1176181	
甘南州	Gannan	2310828	2310828	1204139	283308	920831	1106689	123382	983306	

7-14 保险事业发展情况
Insurance Business Development

项　目	Item	2010	2011	2015	2016
保险事业机构(个)	**Number of Insurance Institution(unit)**	**1242**	**1276**	**1567**	**1688**
省　级	Provincial	21	23	24	25
地市级	Prefecture	146	156	226	238
县　级	County	1075	1097	1317	1425
财产保险	Property Insurance	491	512	751	834
人身保险	Life Insurance	751	764	816	854
年末实有职工人数(人)	**Number of Employed Persons at Year-end (person)**	**53787**	**57497**	**91298**	**125867**
财产保险	Property Insurance	10357	12700	22267	30592
人身保险	Life Insurance	43430	44797	69031	95275

注：本表指标均按公司类型划分。
a)Indicators of this table are divided on the type of companies.

7-15 保险业务情况
Major Indicators of Insurance Business

单位：万元　　(10 000 yuan)

项　目	Item	2010	2011	2015	2016
保费收入	**Premium Income**	**1463354**	**1409270**	**2568881**	**3076565**
财产保险	Property Insurance	388224	464949	902985	1006150
#机动车辆险	Motor Vehicle Insurance	314573	369357	709018	794629
企业财产险	Enterprise Property Insurance	30129	36633	36672	31443
家庭财产险	Family Property Insurance	1165	1248	2060	4649
人身保险	Life Insurance	1075130	944321	1665896	2070415
寿　险	Life Insurance	989821	841570	1327356	1679007
健康险	Health Insurance	58756	68436	259611	290418
意外伤害险	Accidents Insurance	26553	34315	78928	100990
赔付支出	**Payment**	**311829**	**381962**	**927501**	**1093787**
财产保险	Property Insurance	163246	193968	456811	514328
#机动车辆险	Motor Vehicle Insurance	132848	156905	357410	396364
企业财产险	Enterprise Property Insurance	14974	16223	17575	17781
家庭财产险	Family Property Insurance	253	241	793	2107
人身保险	Life Insurance	148583	187994	470691	579460
寿　险	Life Insurance	118911	156872	330579	416376
健康险	Health Insurance	21221	21399	116664	138143
意外伤害险	Accidents Insurance	8451	9723	23448	24941

主要统计指标解释

一般公共预算收入 指国家财政参与社会产品分配所取得的收入，是实现国家职能的财力保证。主要包括：（1）各项税收：包括国内增值税、国内消费税、进口货物增值税和消费税、出口货物退增值税和消费税、营业税、企业所得税、个人所得税、资源税、城市维护建设税、房产税、印花税、城镇土地使用税、土地增值税、车船税、船舶吨税、车辆购置税、关税、耕地占用税、契税、烟叶税等。（2）非税收入：包括专项收入、行政事业性收费、罚没收入和其他收入。财政收入按现行分税制财政体制划分为中央本级收入和地方本级收入。

一般公共预算支出 指国家财政将筹集起来的资金进行分配使用，以满足经济建设和各项事业的需要。主要包括：一般公共服务、外交、国防、公共安全、教育、科学技术、文化体育与传媒、社会保障和就业、医疗卫生与计划生育、节能环保、城乡社区、农林水、交通运输、资源勘探信息、商业服务业、金融、援助其他地区、国土海洋气象、住房保障、粮油物资储备、政府债务付息等方面的支出。财政支出根据政府在经济和社会活动中的不同职权，划分为中央财政支出和地方财政支出。

信贷资金 指金融机构以信用方式积聚和分配的货币资金。金融机构信贷资金的来源有各项存款、金融债券、对国际金融机构负债、流通中现金、其他项目等；信贷资金的运用有各项贷款、有价证券及投资、金银占款、外汇占款、财政借款及在国际金融机构中的资产等。

存款 指企业、机关、团体或居民根据资金必须收回的原则，把货币资金存入银行或其他信贷机构保管并取得一定利息的一种信用活动形式。根据存款对象或性质的不同可划分为企业存款、财政存款、机关团体存款、城乡储蓄存款、农业存款、信托及委托类存款、其他存款等科目。它是银行信贷资金的主要来源。

贷款 指银行或其他信贷机构根据资金必须归还的原则，按一定利率，为企业、个人等提供资金的一种信用活动形式。我国银行贷款分为短期贷款、委托及信托类贷款、其他类贷款等。

保险公司 在中国境内的、经过保险监督管理部门批准设立，并依法登记注册的各类商业保险公司。

保险金额 指保险人承担赔偿或者给付保险金责任的最高限额。

保费 指投保人为取得保险人在约定范围内所承担赔偿责任而支付给保险人的费用。

赔款 指保险人根据保险合同的规定，向被保险人支付的赔偿保险责任损失的金额。

给付 包括死伤医疗给付和满期给付。死伤医疗给付是指保险人根据人寿保险及长期健康保险合同的规定，因被保险人在保险期内发生保险责任范围内的保险事故支付给被保险人(或受益人)的金额。满期给付是指被保险人生存期满，保险人按人寿保险合同规定支付给被保险人的满期保险金额。

8 资源和环境

Resources and Environment

简要说明

一、本篇资料主要内容

本篇资料主要反映自然资源状况和环境保护事业发展情况。自然资源状况包括气候、矿产、水资源、土地情况等。环境保护事业发展情况包括：自然保护、工业废水和生活污水的排放及治理情况，废气排放及处理情况，工业固体废物的产生、处理及利用情况，环境污染与破坏事故情况，环境污染治理投资，城市空气质量等内容。

二、本篇资料来源

本篇资料中气候情况由省气象局提供，矿产、土地情况由省国土资源厅提供，水资源、供水用水情况由省水利厅提供，其余资料由省环境保护厅提供。

8-1 气候情况(2016)
Climate Conditions(2016)

指 标	Indicators	2016	指 标	Indicators	2016
年平均气温(℃)	Annual Average Temperature (℃)	9.4	年蒸发量(毫米)	Annual Exaporation (mm)	757.1
年最高气温（℃）	Annual Utmost Highest Air Temperature (℃)	43.1	年降水量(毫米)	Annual Preciptation (mm)	379.7
年最低气温（℃）	Annual Utmost Lowest Air Temperature (℃)	-28.6	年降雨日数(天)	Annual Rainy Days (day)	86.2
年日照时数(小时)	Annual Sunshine Time (hour)	2487.7	年无霜期(天)	Annual Frost-free Period(day)	294.4

8-1 续表

月 份	Month	平均气温(℃) Monthly Average Temperature (℃)	日照时数(小时) Sunshine Time (hour)	降雨量(毫米) Preciptation (mm)
1 月	Jan.	-6.0	183.1	3.2
2 月	Feb.	-2.4	211.0	5.0
3 月	Wen.	5.6	209.0	14.2
4 月	Apr.	11.7	225.1	28.5
5 月	May.	14.2	227.8	53.2
6 月	Jun.	19.3	255.5	51.0
7 月	Jul.	21.6	246.6	76.4
8 月	Aug.	22.0	217.5	59.4
9 月	Sep.	15.9	181.7	45.4
10 月	Oct.	9.4	148.0	40.0
11 月	Nov.	2.7	189.5	1.8
12 月	Dec.	-1.3	187.9	1.6
年(平均)	Annual (Average)	9.4	2487.7	379.7

8-2 主要矿产保有资源储量
Identified Reserves of Major Mineral

项　　目	Item	2011	2012	2013	2014	2015
石油(万吨)	Petroleum (10 000 tons)	15529.2	19184.3	21150.0	21878.4	24109.8
天然气(亿立方米)	Natural Gas (100 million cu.m)	191.6	224.6	241.3	256.1	271.9
煤炭(亿吨)	Coal (100 million tons)	181.6	201.4	225.8	227.7	312.6
铁矿(矿石，亿吨)	Iron (Ore, 100 million tons)	10.5	9.1	9.0	9.0	9.4
锰矿(矿石，万吨)	Manganese (Ore, 10 000 tons)	817.8	3196.8	3196.8	3196.6	3196.6
铬矿(矿石，万吨)	Chromium Ore (Ore, 10 000 tons)	212.1	211.8	210.6	242.6	242.6
钒矿(V_2O_5，万吨)	Vanadium (V_2O_5, 10 000 tons)	157.2	157.2	157.2	157.2	169.1
钛矿TiO_2(矿石，万吨)	Titanium Ore TiO_2 (10 000 tons)	0.1	0.1	0.1	0.1	0.1
铜矿(铜，万吨)	Copper (Metal, 10 000 tons)	356.4	355.1	349.4	346.0	341.1
铅矿(铅，万吨)	Lead (Metal, 10 000 tons)	334.9	349.5	347.5	355.4	368.0
锌矿(锌，万吨)	Zinc (Metal, 10 000 tons)	1015.6	1094.7	1075.0	1078.6	1078.0
铝土矿(矿石，万吨)	Bauxite (Ore, 10 000 tons)					
镍矿(镍，万吨)	Nickel (Metal, 10 000 tons)	426.8	416.8	407.3	397.1	387.1
钨矿(WO_3，万吨)	Tungsten (WO_3, 10 000 tons)	40.3	40.3	40.3	40.3	41.7
锡矿(锡，万吨)	Tin (Metal, 10 000 tons)	0.7	0.7	0.7	0.7	0.7
钼矿(钼，万吨)	Molybdenum (Metal, 10 000 tons)	11.6	11.6	11.6	11.6	12.1
锑矿(锑，万吨)	Antimony (Metal, 10 000 tons)	13.7	13.7	13.5	13.4	23.2
金矿(金，吨)	Gold (Metal, ton)	543.5	682.1	795.3	842.4	918.9
银矿(银，吨)	Silver (Metal, ton)	7453.3	7616.2	7182.0	7411.9	8000.4
稀土矿(氧化物，万吨)	Rare Earths (REO, 10 000 tons)	2.6	2.6	2.6	2.6	2.6
菱镁矿(矿石，万吨)	Magnesite Ore (Ore, 10 000 tons)	3075.6	3075.6	3075.6	3075.2	3072.7
普通萤石(矿石，万吨)	Fluorspar Mineral (Ore, 10 000 tons)	82.2	129.9	57.8	56.7	73.1
硫铁矿(矿石，万吨)	Pyrite Ore (Ore, 10 000 tons)	496.9	499.9	499.9	499.9	499.9
磷矿(矿石，亿吨)	Phosphorus Ore (Ore,100 million tons)	0.5	0.5	0.5	0.5	0.5
钾盐(KCl，万吨)	Potassium KCl (KCl, 10 000 tons)	26.1	26.1	26.1	26.1	26.1
盐矿(NaCl，亿吨)	Sodium Salt NaCl (NaCl, 100 million tons)	0.1	0.1	0.1	0.1	0.1
芒硝(Na_2SO_4，亿吨)	Mirabilite (Na_2SO_4, 100 million tons)	0.6	0.5	0.5	0.5	0.5
重晶石(矿石，万吨)	Barite Ore (Ore, 10 000 tons)	2634.6	2411.4	2423.0	2413.0	2405.1
石墨(矿物，万吨)	Graphite Mineral (Crystal) (Mineral, 10 000 tons)	102.2	102.2	102.5	102.5	102.5
滑石(矿石，万吨)	Talc Ore (Ore, 10 000 tons)	10.4	10.4	10.4	10.4	10.4
高岭土(矿石，万吨)	Kaolin Ore (Ore, 10 000 tons)	2937.0	2937.0	2937.0	2937.0	2937.0

8-3 水资源情况
Water Resources

年 份 Year	水资源总量 (亿立方米) Total Amount of Water Resources (100 million cu.m)	地 表 水资源量 Surface Water Resources	地 下 水资源量 Groundwater Resources	地表水与地下 水资源重复量 Duplicated Measurement Between Surface Water and Groundwater	人均水资源量 (立方米/人) Per Capita Water Resources (cu.m/person)
2000	218.7	207.1	145.8	134.1	855.5
2001	221.7	210.5	136.5	125.3	861.1
2002	190.4	178.6	139.5	127.7	734.2
2003	279.5	269.6	136.9	126.9	1073.8
2004	199.7	191.0	105.2	96.5	762.4
2005	304.4	295.2	150.2	140.9	1173.5
2006	220.9	212.2	128.8	120.1	846.8
2007	268.9	259.2	136.9	127.3	1027.4
2008	217.7	210.6	113.2	106.2	828.4
2009	244.1	236.9	123.6	116.4	926.3
2010	254.4	245.9	124.2	115.7	987.8
2011	272.1	263.8	128.4	120.1	1061.3
2012	300.7	292.7	139.1	131.2	1166.6
2013	303.2	295.5	139.1	131.4	1174.2
2014	230.8	222.9	112.6	104.7	891.0
2015	198.8	191.5	100.7	93.5	765.0
2016	209.6	202.0	108.7	101.1	803.0

8-4 供水用水情况
Water Supply and Water Use

年 份 Year	供水总量 (亿立方米) Water Supply (100 million cu.m)	地表水 Surface Water	地下水 Ground-water	其 他 Others	用水总量 (亿立方米) Water Use (100 million cu.m)	农 业 Agriculture	城镇公共 Urban Public	工 业 Industry	生 活 Consumption	生 态 Ecological Protection	人均用水量 (立方米/人) Per Capita Water Use (cu.m/person)
2000	123.1	93.9	28.8	0.4	123.1	97.8	1.4	17.2	6.3		481.3
2001	121.8	93.5	27.8	0.5	121.8	96.7	1.7	16.5	6.7		473.0
2002	122.6	94.0	28.2	0.5	122.6	97.2	1.7	16.6	6.8		473.1
2003	122.0	93.4	28.2	0.4	122.0	97.5	1.6	16.7	5.9	0.2	468.5
2004	121.5	92.8	28.3	0.4	121.5	97.8	1.6	16.8	6.1	0.2	463.8
2005	123.0	92.4	28.9	1.7	123.0	97.5	1.7	14.7	6.2	3.1	474.0
2006	123.4	93.0	28.8	1.6	123.4	98.4	1.8	14.4	6.3	2.7	473.0
2007	123.1	93.3	27.9	2.0	123.1	98.5	1.9	13.4	6.4	2.9	470.4
2008	121.5	93.7	25.9	1.9	121.5	97.0	1.9	13.2	6.5	3.0	462.3
2009	120.6	95.2	24.0	1.4	120.6	95.6	2.0	13.1	7.0	3.0	457.7
2010	121.8	96.1	24.2	1.5	121.8	95.8	2.0	13.9	7.2	3.0	473.0
2011	122.9	97.0	24.4	1.5	122.9	95.3	2.0	15.4	7.2	3.0	479.0
2012	123.1	95.9	25.7	1.5	123.1	95.2	2.0	15.7	7.3	3.0	478.0
2013	122.0	91.1	29.4	1.5	122.0	99.2	2.9	13.1	5.0	1.8	472.5
2014	120.6	90.9	28.1	1.6	120.6	97.8	3.1	12.8	5.1	1.8	465.4
2015	119.2	90.0	26.9	2.3	119.2	96.2	3.0	11.6	5.3	3.1	458.0
2016	118.4	90.5	24.8	3.1	118.4	94.8	3.0	11.2	5.3	4.1	453.0

8-5 土地状况(2016)
Land Characteristics(2016)

项　目	Item	面　积 Area	占总面积% Percentage to Total Area%
总 面 积(万平方公里)	**Total Land Area (10 000 sq.km)**	**42.58**	
按特征分(万公顷)	By Land Use (10 000 hectares)		
农用地	Land for Agriculture Use	1854.58	43.55
建设用地	Land for Construction	91.12	2.14
城镇村及工矿	Land for City,Town and Village,Mining and Manufacturing	78.65	1.85
交通运输	Land for Transportation Facilities	8.56	0.20
水域及水利设施	Land for Waters,Water Conservancy Facilities	3.91	0.09
未利用地	Unused Land	2313.19	54.31

8-6 土地利用情况
Land Use

单位：万公顷　　(10 000 hectares)

年　份 Year	土地调查面　积 Area under Land Survey	农用地 Land for Agriculture Use	#耕　地 Arable Land	#园　地 Garden Land	#牧草地 Grass Land	建设用地 Land for Construction	居民点及工矿用地 Land for Inhabitation, Mining and Manufacturing	交通运输用　地 Land for Transport Facilities	水利设施用　地 Land for Water Conservancy Facilities
2003	4540	2536.38	487.99	19.10	1417.87	95.76	87.01	5.95	2.80
2004	4540	2540.89	466.12	20.17	1412.68	96.37	87.30	6.25	2.82
2005	4540	2541.44	463.26	20.46	1411.29	96.66	87.41	6.41	2.83
2006	4540	2541.73	462.71	20.54	1410.99	96.93	87.60	6.47	2.86
2007	4540	2541.79	462.47	20.54	1410.84	97.19	87.81	6.51	2.87
2008	4540	2541.66	462.37	20.60	1410.69	97.67	88.17	6.63	2.88
2009	4540	2541.66	462.37	20.60	1410.69	97.67	88.17	6.63	2.88
2010	4540	2541.22	462.17	20.56	1410.53	98.17	88.57	6.73	2.87
2011	4540	2541.22	461.43	20.56	1410.53	98.17	88.57	6.73	2.87
2012	4258	2544.87	465.93	20.43	1410.99	101.43	90.94	7.61	2.88
2013	4258	1856.45	538.56	26.00	592.43	83.94	73.10	7.02	3.83
2014	4258	1855.61	537.88	25.86	592.28	86.44	75.09	7.51	3.84
2015	4258	1855.32	537.79	25.79	592.17	88.30	76.47	7.97	3.86
2016	4258	1854.58	537.24	25.64	591.97	91.12	78.65	8.56	3.91

注：自2013年起，牧草地指标口径仅包含人工牧草地和天然牧草地，不包括未利用范围内的草地。

a) Since 2013, the indicator statistical caliber of grass land included the artificial grassland and natural pasture, excluding the grassland of unused range.

8-7 自然保护情况
Basic Statistics on of Natural Protection

指 标	Item	2011	2015	2016
自然保护区情况	**Nature Reserves**			
自然保护区个数（个）	Number of Nature Reserves (unit)	60	60	60
#国家级	National Level	16	20	20
省 级	Provincal Level	41	36	36
自然保护区面积(万公顷)	Area of Nature Reserves (10 000 hectares)	976	914	914
#国家级	National Level	724	687	687
省 级	Provincal Level	244	216	216
生态功能保护区个数(个)	Number of Ecological Functional Conservation Areas (unit)	2	2	2
生态功能保护区面积(万公顷)	Area of EFCAs (10 000 hectares)	766	766	766
集中式饮用水水源情况	**Centralized Drinking Water Sources**			
地表水集中式饮用水源保护区个数(个)	Number of Protected Areas of Surface Water Source for Centralized Drinking Water (unit)	166	61	62
地表水集中式饮用水源保护区面积(平方公里)	Protection Area of Surface Water Source for Centralized Drinking-water (sq.km)	2565	4298	4313
地下水集中式饮用水源保护区个数(个)	Number of Protected Areas of Groundwater Source for Centralized Drinking Water (unit)	198	68	68
地下水集中式饮用水源保护区面积(平方公里)	Protection Area of Groundwater Source for Centralized Drinking-water (sq.km)	1962	6967	6967
集中式饮用水源服务人口(万人)	Service Population of Centralized Drinking Water Source (10 000 persons)	1188	1059	1059

8-8 “三废”排放、处理及综合利用情况
Emission,Disposal and Comprehensive Utilization of Waste Water, Waste Gas and Solid Wastes

项 目	Item	2013	2014	2015	2016
废水	**Waste Water**				
废水排放量(万吨)	Waste Water Emissions (10 000 tons)	64969	65973	67072	66325
工业废水	Industry Waste Water	20171	19742	18760	13022
生活污水	Consumption Waste Water	44769	46209	48275	53283
化学需氧量排放量（万吨）	Discharge Amount of COD (10 000 tons)	37.91	37.32	36.57	16.15
工业废水	Industry Waste Water	9.05	8.86	8.36	1.74
生活污水	Consumption Waste Water	14.54	14.41	14.66	13.82
农业污染源	Agricultural Pollution Source	14.16	13.89	13.38	0.42
集中式治理设施	Centralized Treatment Facilities	0.16	0.16	0.16	0.17
氨氮排放量（万吨）	Ammonia Nitrogen Emissions (10 000 tons)	3.92	3.81	3.72	2.26
工业	Industry	1.26	1.18	1.14	0.24
生活	Consumption	2.09	2.08	2.04	2.00
农业	Agriculture	0.55	0.54	0.53	
集中式治理设施	Centralized Treatment Facilities	0.01	0.01	0.01	0.02
其他主要污染物排放量(吨)	Other Major Pollutant Emissions (ton)				
#石油类	Oil	295.16	281.03	728.43	194.63
挥发酚	Volatile Phenols	2.75	4.42	21.09	1.71
氰化物	Cyanide	0.07	0.68	0.87	0.27
铅	Plumbum	8.09	4.38	5.84	7.23
汞	Mercury	0.09	0.09	0.11	0.02
镉	Cadmium	1.29	0.08	1.16	1.57
六价铬	Hexavalent Chromium	0.42	0.50	0.72	0.13
总铬	Total Chromium	6.14	3.41	1.64	1.07
砷	Arsenic	4.29	3.26	4.70	1.70
工业废水治理设施数(套)	Number of Facilities for Treatment of Industrial Waste Water(set)	596	618	666	530
工业废水处理量(万吨)	Disposal Capacity of Industrial Waste Water (10 000 tons)	30816	21827	19917	15496
生活污水处理量(万吨)	Disposal Capacity of Consumption Waste Water (10 000 tons)	26060	29459	32576	42138
废气	**Waste Gas**				
工业废气排放量（亿立方米）	Industrial Waste Gas Emission (100 million cu.m)	12677	12290	13293	10639
二氧化硫排放量（万吨）	Sulphur Dioxide Emissions (10 000 tons)	56.20	57.56	57.06	27.20
工业	Industry	47.28	47.70	46.70	17.38
生活	Consumption	8.92	9.87	10.36	9.81
氮氧化物排放量（万吨）	Nitrogen Oxide Emissions (10 000 tons)	44.29	41.84	38.72	25.80
#工业	Industry	30.64	27.96	24.65	12.29
生活	Consumption	1.44	1.62	1.58	1.20
烟(粉)尘排放量（万吨）	Soot and Dust Emissions (10 000 tons)	22.66	34.58	29.54	18.03
#工业	Industry	17.46	26.09	20.78	11.62
生活	Consumption	4.36	7.64	7.86	5.54

8-8 续表 continued

项　目	Item	2013	2014	2015	2016
工业二氧化硫去除量（万吨）	Industrial Sulphur Dioxide Removed (10 000 tons)	213.74	204.11	221.95	137.00
固体废物	**Solid Wastes**				
工业固体废物产生量（万吨）	Industrial Solid Wastes Produced (10 000 tons)	5907.22	6140.58	5823.87	5091.28
#危险废物	Hazardous Wastes	30.72	35.00	54.20	120.16
工业固体废物综合利用量（万吨）	Industrial Solid Wastes Comprehensive Utilized (10 000 tons)	3299.79	3086.26	3078.71	2628.29
工业固体废物处置量(万吨)	Volume of Industrial Solid Wastes Disposed (10 000 tons)	1858.81	2044.09	2259.61	1553.75
环境污染	**Pollution**				
突发环境事件次数(次)	Number of Environmental Emergencies (times)	11	22	12	9
环境污染治理投资总额（万元）	Investment in Pollution Treatment (100 million yuan)	24.06	18.91	9.96	85.35
工业污染源治理投资	Control Investment for Pollution Source of Inderstry	22.40	17.83	5.23	10.97
建设项目“三同时”环保投资	Environmental Investment for Construction Projects of "Three Simultaneous"	1.66	1.08	4.73	74.38
工业污染治理项目及投资情况	**Industrial Pollution Treatment Projects**				
当年施工污染治理项目数(个)	Projects under Construction of the Year (unit)	54	88	81	73
污染治理项目本年完成投资(万元)	Investment Completed in the Treatment Projects of Pollution (10 000 yuan)	182144	176244	40525	109742
治理废水	Treatment of Waste Water	21783	19548	5703	34162
治理废气	Treatment of Waste Gas	138315	137981	23862	56999
治理固体废物	Treatment of Solid Waste	400	230	40	120
治理噪声	Treatment of Noise Pollution			200	10
治理其他	Treatment of Other Pollution	21647	18485	10721	18451

8-9 各地区城市空气质量指标(2016)
Ambient Air Quality by Region(2016)

单位：毫克/立方米 (mg/m3)

地 区	Region	可吸入颗粒物 Particulate Matters	二氧化硫 Sulphur Dioxide	二氧化氮 Nitrogen Dioxide	空气质量达到及好于二级的天数(天) Days of Air Quality Equal to or Above Grade II (day)	空气质量达到二级以上天数占全年比重(%) Proportion of Days of Air Quality Equal to or above Grade II in the Whole Year (%)
兰州市	Lanzhou	0.115	0.019	0.057	243	66.4
嘉峪关市	Jiayuguan	0.086	0.021	0.026	315	86.1
金昌市	Jinchang	0.090	0.037	0.017	304	83.1
白银市	Baiyin	0.088	0.042	0.027	299	81.7
天水市	Tianshui	0.078	0.027	0.036	303	82.8
武威市	Wuwei	0.085	0.023	0.027	308	84.2
张掖市	Zhangye	0.078	0.025	0.022	315	86.1
平凉市	Pingliang	0.080	0.019	0.039	310	84.7
酒泉市	Jiuquan	0.100	0.015	0.032	291	79.5
庆阳市	Qingyang	0.066	0.037	0.019	321	87.7
定西市	Dingxi	0.073	0.025	0.031	313	85.5
陇南市	Longnan	0.058	0.028	0.026	324	88.5
临夏州	Linxia	0.081	0.022	0.038	312	85.2
甘南州	Gannan	0.067	0.019	0.022	324	88.5

注：1.临夏州空气质量监测数据为临夏市数据，甘南州空气质量监测数据为合作市数据。

2.为准确评价城市空气质量，根据环境保护部《受沙尘天气过程影响城市空气质量评价补充规定》，表中数据为剔除沙尘后数据。

a) Data of air quality monitoring of Linxia Autonomous prefecture are data of Linxia city,data of air quality monitoring of Gannan Autonomous prefecture are data of Hezuo city.

b) In order to accurately evaluate the quality of urban air, according to "Supplementary Provisions of Urban Air Quality Evaluation Affected by the Dust Weather Process" of Ministry of Environmental Protection, the data in the table is the data excludes dust data.

8-10 各地区工业固体废物产生及处理利用情况(2016)
Production, Disposal and Utilization of Industrial Solid Wastes by Region(2016)

单位：万吨 (10 000 tons)

地 区	Region	工业固体废物产生量 Volume of Industrial Solid Wastes Produced	#危险废物 Hazardous Wastes	工业固体废物综合利用量 Volume of Industrial Solid Wastes Comprehensively Utilized	工业固体废物贮存量 Stock of Industrial Solid Wastes	工业固体废物处置量 Volume of Industrial Solid Wastes Disposed
甘肃省	**Gansu**	**5091.28**	**120.16**	**2628.29**	**963.61**	**1553.75**
兰州市	Lanzhou	291.05	7.64	280.72	0.55	10.07
嘉峪关市	Jiayuguan	838.99	46.38	482.86		356.13
金昌市	Jinchang	1091.14	8.30	146.24	107.24	839.16
白银市	Baiyin	624.65	22.44	375.78	109.58	142.73
天水市	Tianshui	47.51		34.07	13.38	0.05
武威市	Wuwei	48.70	0.04	43.24	2.23	3.24
张掖市	Zhangye	964.03	3.23	758.18	133.48	102.09
平凉市	Pingliang	409.08	0.20	337.94	15.59	71.16
酒泉市	Jiuquan	144.64	0.38	75.51	62.39	6.84
庆阳市	Qingyang	13.18	1.92	13.18		
定西市	Dingxi	23.57	10.52	21.19	2.37	
陇南市	Longnan	500.40	18.48	9.35	472.70	22.06
临夏州	Linxia	9.81	0.01	9.81		
甘南州	Gannan	62.70		32.16	30.34	0.21

注：全省数据中包含甘肃矿区数据。(以下相关表同)

a) The provincial data contained the data of gansu mining area.The same applies to the relevant tables following.

8-11 各地区废水排放及处理情况(2016)
Emission and Disposal of Waste Water by Region (2016)

地 区	Region	废水治理设施数(套) Number of Facilities for Treatment of Waste Water (set)	废水排放量(万吨) Waste Water Emissions Amount (10 000 tons)	#工业废水排放总量 Total Volume of Industrial Waste Water Emissions	#生活污水排放量 Volume of Consumption Waste Water Emissions
甘肃省	**Gansu**	**530**	**66324.70**	**13022.13**	**53283.20**
兰州市	Lanzhou	81	20874.35	3341.89	17530.51
嘉峪关市	Jiayuguan	1	4581.78	3306.73	1275.00
金昌市	Jinchang	18	3552.61	1553.09	1999.45
白银市	Baiyin	51	3996.10	397.76	3595.86
天水市	Tianshui	37	5126.05	330.39	4793.60
武威市	Wuwei	17	3232.31	342.28	2889.48
张掖市	Zhangye	57	2927.34	904.14	2021.86
平凉市	Pingliang	68	3731.11	680.74	3046.84
酒泉市	Jiuquan	44	3481.61	508.64	2972.68
庆阳市	Qingyang	17	3536.11	242.32	3292.69
定西市	Dingxi	53	3613.46	201.08	3410.54
陇南市	Longnan	46	3298.07	253.82	3041.86
临夏州	Linxia	28	2756.87	214.15	2541.71
甘南州	Gannan	9	888.26	16.45	871.13

8-11 续表 continued

地 区	Region	化学需氧量排放量(万吨) Emissions Amount of COD (10 000 tons)	#生活污水中化学需氧量排放量 COD Emissions from Consumption Waste Water	#工业废水中化学需氧量排放量 COD Emissions from Industrial Waste Water	#农业化学需氧量排放量 Agricultural Chemical Oxygen Demand Emissions	氨氮排放量(万吨) Nitrogen Oxide Emissions (10 000 tons)	#工业废水中氨氮排放量 Ammonia Nitrogen Emissions from Industrial Waste Water	#生活污水中氨氮排放量 Ammonia Nitrogen Emissions from Consumption Waste Water	#农业氨氮排放量 Agricultural Chemical Oxygen Demand Emissions
甘肃省	**Gansu**	**16.15**	**13.82**	**1.74**	**0.42**	**2.26**	**0.24**	**2.00**	
兰州市	Lanzhou	3.27	3.09	0.09	0.07	0.43	0.01	0.43	
嘉峪关市	Jiayuguan	0.23	0.15	0.07		0.03	0.01	0.02	
金昌市	Jinchang	0.35	0.27	0.08		0.06		0.05	
白银市	Baiyin	1.85	1.44	0.27	0.11	0.37	0.18	0.19	
天水市	Tianshui	1.88	1.82	0.05		0.22		0.21	
武威市	Wuwei	0.81	0.74	0.07		0.14		0.14	
张掖市	Zhangye	0.21	0.06	0.14		0.08		0.08	
平凉市	Pingliang	0.56	0.45	0.07		0.14		0.12	
酒泉市	Jiuquan	0.92	0.72	0.19		0.10		0.10	
庆阳市	Qingyang	1.35	1.10	0.02	0.23	0.13		0.12	
定西市	Dingxi	1.74	1.26	0.46		0.18		0.17	
陇南市	Longnan	1.49	1.35	0.12		0.17		0.17	
临夏州	Linxia	1.06	1.00	0.05		0.14	0.01	0.14	
甘南州	Gannan	0.39	0.36	0.01		0.06		0.06	

8-12 各地区废气及主要污染物排放情况(2016)
Emission of Waste Gas and Major Pollutants by Region (2016)

地 区	Region	工业废气排放量(亿立方米) Emission of Industrial Waste Gas (100 million cu.m)	二氧化硫(万吨) Sulphur Dioxide (10 000 tons)	#工业二氧化硫 Industrial Sulphur Dioxide
甘肃省	**Gansu**	**10639.44**	**27.20**	**17.38**
兰州市	Lanzhou	2566.45	2.72	1.92
嘉峪关市	Jiayuguan	3577.33	3.03	3.00
金昌市	Jinchang	685.99	2.21	1.82
白银市	Baiyin	961.03	3.88	3.73
天水市	Tianshui	229.35	1.59	1.59
武威市	Wuwei	142.77	1.45	0.40
张掖市	Zhangye	305.12	1.93	1.10
平凉市	Pingliang	845.60	2.56	1.14
酒泉市	Jiuquan	260.76	2.28	1.19
庆阳市	Qingyang	128.60	1.81	0.49
定西市	Dingxi	331.11	1.16	0.73
陇南市	Longnan	294.71	1.00	0.25
临夏州	Linxia	141.82	0.74	0.51
甘南州	Gannan	30.86	0.45	0.22

8-12 续表 continued

地 区	Region	氮氧化物(万吨) Nitrogen Oxides (10 000 tons)	#工业氮氧化物 Industrial Nitrogen Oxides	烟(粉)尘(万吨) Soot and Dust (10 000 tons)	#工业烟(粉)尘 Industrial Soot and Dust
甘肃省	**Gansu**	**25.80**	**12.29**	**18.03**	**11.62**
兰州市	Lanzhou	5.39	2.86	2.06	1.59
嘉峪关市	Jiayuguan	3.17	2.97	4.51	4.45
金昌市	Jinchang	0.92	0.46	0.81	0.47
白银市	Baiyin	2.50	1.11	0.83	0.58
天水市	Tianshui	1.31	0.31	1.20	0.43
武威市	Wuwei	1.12	0.27	0.95	0.35
张掖市	Zhangye	1.23	0.67	1.08	0.61
平凉市	Pingliang	2.15	0.93	1.35	0.51
酒泉市	Jiuquan	1.66	0.71	1.10	0.25
庆阳市	Qingyang	1.48	0.30	0.85	0.22
定西市	Dingxi	1.53	0.37	0.67	0.34
陇南市	Longnan	1.24	0.66	0.76	0.31
临夏州	Linxia	1.38	0.28	1.22	1.01
甘南州	Gannan	0.45	0.13	0.26	0.10

主要统计指标解释

气候 指地球与大气之间长期能量交换与质量交换所形成的一种自然环境状态，它是多种因素综合作用的结果。气候既是人类生活和生产的环境要素之一，又是供给人类生活和生产的重要资源。气温、降水、湿度等气象要素的多年平均值是用来描述一个地区气候状况的主要参数，而各种气象要素某年、某月的平均值(或总量)则可以反映出该时期天气气候状况的重要特征。

自然资源 指人类可以直接从自然界获得，并用于生产和生活的物质资源。自然资源一般可以分成可再生资源和非再生资源两大类。可再生资源指在较短时间内可以再生、可以循环利用的资源，包括土地资源、水资源、气候资源、生物资源和海洋资源等。非再生资源指在使用后不能再生的资源，包括矿产资源和地热能源。

土地资源 土地指陆地的表层部分，它主要由岩石、岩石的风化物和土壤构成。土地资源按利用类型可以分为农用地、建筑用地和未利用地。农用地包括耕地、园地、林地、牧草地和水面。建筑用地包括居民点及工矿用地、交通用地和水利设施用地。未利用地指农用地和建筑用地以外的土地，包括滩涂、荒漠、戈壁、冰川和石山等。

矿产资源 矿产资源指由地质作用形成的，具有利用价值的，呈固态、液态、气态的自然资源，是社会生产发展的重要物质基础。目前我国已发现矿种有 170 多种，按其特点和用途，可分为能源矿产(如煤炭、石油、天然气、地热)、金属矿产(如铁矿、锰矿、铜矿、铅矿、铝土矿)、非金属矿产(如金刚石、石灰岩、粘土)和水气矿产(如地下水、矿泉水、二氧化碳气)四大类。其中：金属矿产按其物质成份和性质又可分为：黑色金属矿产、有色金属矿产、贵金属矿产、稀有金属矿产、稀土金属矿产、分散元素金属矿产六类。

矿产基础储量 基础储量是查明矿产资源的一部分。它能满足现行采矿和生产所需的指标要求，是控制的、探明的并通过可行性或预可行性研究认为属于经济的、边界经济的部分，用未扣除设计、采矿损失的数量表示。

平均气温 指空气的温度，我国一般以摄氏度(℃)为单位表示。气象观测的温度表是放在离地面约 1.5 米处通风良好的百叶箱里测量的，因此，通常说的气温指的是离地面 1.5 米处百叶箱中的温度。其统计计算方法为：

月平均气温是将全月各日的平均气温相加，除以该月的天数而得。

年平均气温是将 12 个月的月平均气温累加后除以 12 而得。

年平均相对湿度 指空气中实际水气压与当时气温下的饱和水气压之比。其统计方法与气温相同。

降水量 指从天空降落到地面的液态或固态(经融化后)水，未经蒸发、渗透、流失而在地面上积聚的深度。其统计计算方法为：

月降水量是将全月各日的降水量累加而得。

年降水量是将 12 个月的月降水量累加而得。

水资源总量 指当地降水形成的地表和地下产水总量，即地表径流量与降水入渗补给量之和。

地表水资源量 指河流、湖泊、冰川等地表水体中可以逐年更新的动态水量，即天然河川径流量。

地下水资源量 指地下饱和含水层逐年更新的动态水量，即降水和地表水入渗对地下水的补给量。

地表水与地下水资源重复量 指地表水和地下水相互转化的部分，即天然河川径流量中的地下水排泄量和地下水补给量中来源于地表水的入渗补给量。

供水总量 指各种水源为用水户提供的包括输水损失在内的毛水量。

地表水源供水量 指地表水体工程的取水量，按蓄、引、提、调四种形式统计。从水库、塘坝中引水或提水，均属蓄水工程供水量；从河道或湖泊中自流引水的，无论有闸或无闸，均属引水工程供水量；利用扬水站从河道或湖泊中直接取水的，属提水工程供水量；跨流域调水指水资源一级区或独立流域之间的跨流域调配水量，不包括在蓄、引、提水量中。

地下水源供水量 指水井工程的开采量，按浅层淡水、深层承压水和微咸水分别统计。城市地下水源供水量包括自来水厂的开采量和工矿企业自备井的开采量。

其他水源供水量 包括污水处理再利用、集雨工程、海水淡化等水源工程的供水量。

用水总量 指各类用户取用的包括输水损失在内的毛用水量之和。

农业用水 指农田灌溉用水、林果地灌溉用水、草地灌溉用水、鱼塘补水和畜禽用水。

工业用水 指工矿企业在生产过程中用于制造、加工、冷却、空调、净化、洗涤等方面的用水，按新水取用量计，不包括企业内部的重复利用水量。

生活用水 包括城镇生活用水和农村生活用水。城镇生活用水由居民用水和公共用水（含第三产业及建筑业等用水）组成；农村生活用水指居民生活用水。

自然保护区 指对有代表性的自然生态系统、珍稀濒危野生动植物物种的天然分布区、水源涵养区、有特殊意义的自然历史遗迹等保护对象所在的陆地、陆地水体或海域，依法划出一定面积进行特殊保护和管理的区域。以县及县以上各级人民政府正式批准建立的自然保护区为准(包括“六五”以前由部门或“革委会”批准且现仍存在的自然保护区)。风景名胜区、文物保护区不计在内。

生态示范区 指省级以上环境保护行政主管部门批准，以省、地、县政府为主按批准的生态示范区建设规划实施的行政区域。包括已经过国家或省级环境保护行政主管部门验收的和正在开展试点工作的。

环境污染治理投资 指在工业污染源治理和城市环境基础设施建设的资金投入中，用于形成固定资产的资金。包括工业新老污染源治理工程投资、建设项目“三同时”环保投资，以及城市环境基础设施建设所投入的资金。

工业固体废物产生量 指未被列入《国家危险废物名录》或者根据国家规定的危险废物鉴别标准（GB5085）、固体废物浸出毒性浸出方法（GB5086）及固体废物浸出毒性测定方法（GB / T 15555）鉴别方法判定不具有危险特性的工业固体废物。计算公式是：

一般工业固体废物产生量=（一般工业固体废物综合利用量－其中：综合利用往年贮存量）+一般工业固体废物贮存量+（一般工业固体废物处置量－其中：处置往年贮存量）+一般工业固体废物倾倒丢弃量

危险废物 指列入国家危险废物名录或根据国家规定的危险废物鉴别标准和鉴别方法认定的，具有爆炸性、易燃性、易氧化性、毒性、腐蚀性、易传染疾病等危险特性之一的废物。

工业固体废物综合利用量 指报告期内企业通过回收、加工、循环、交换等方式，从固体废物中提取或者使其转化为可以利用的资源、能源和其他原材料的固体废物量(包括当年利用往年的工业固体废物贮存量)，如用作农业肥料、生产建筑材料、筑路等。综合利用量由原产生固体废物的单位统计。

工业固体废物处置量 指报告期内企业将工业固体废物焚烧和用其他改变工业固体废物的物理、化学、生物特性的方法，达到减少或者消除其危险成分的活动，或者将工业固体废物最终置于符合环境保护规定要求的填埋场的活动中，所消纳固体废物的量。

9

能源

Energy

简要说明

一、本篇资料主要内容

本篇包括的主要内容有能源生产、消费及品种构成，综合能源平衡表和主要能源品种的单项平衡表，能源生产和消费弹性系数等。

二、本篇资料的统计范围

本篇资料的统计范围为全社会。

三、本篇资料来源

本篇资料由省统计局能源处搜集、加工整理，来自能源生产、消费统计及能源平衡表。

本篇根据第三次经济普查结果，对 2005-2013 年有关能源数据进行了修订。

9-1 能源生产总量及构成

Total Production of Energy and Its Composition

年 份 Year	能源生产总量 (万吨标准煤) Total Energy Production (10 000 tons of SCE)	占能源生产总量的比重（%） As Percentage of Total Energy Production (%)			
		原 煤 Coal	原 油 Crude Oil	天然气 Natural Gas	一次电力及其他能源 Primary Electricity and Other Energy
2005	3605.12	71.72	12.07	0.57	15.64
2006	3798.83	71.88	12.50	0.52	15.10
2007	3985.59	70.78	12.61	0.49	16.13
2008	4069.28	68.71	12.82	0.42	18.06
2009	4232.34	67.10	12.15	0.46	20.29
2010	4631.59	68.37	11.79	0.28	19.56
2011	4884.56	64.64	14.70	0.22	20.45
2012	5362.84	60.29	16.77	0.31	22.63
2013	5538.21	55.48	18.32	0.25	25.95
2014	5926.50	54.64	18.61	0.27	26.48
2015	5816.78	52.02	20.14	0.27	27.57
2016	5654.97	51.75	20.24	0.28	27.73

注：电力折算标准煤的系数根据当年平均发电煤耗计算(下表同)。

a) The coefficient for conversion of electric power into SCE (standard coal equivalent) is calculated on the basis of the data on average coal consumption in generating electric power in the same year. The same applies to the tables following.

9-2 能源消费总量及构成

Total Consumption of Energy and Its Composition

年 份 Year	能源消费总量 (万吨标准煤) Total Energy Consumption (10 000 tons of SCE)	占能源生产总量的比重（%） As Percentage of Total Energy Production (%)			
		煤 炭 Coal	石 油 Crude Oil	天然气 Natural Gas	一次电力及其他能源 Primary Electricity and Other Energy
2005	4300.88	67.84	16.17	2.88	13.11
2006	4670.33	69.09	15.30	3.33	12.28
2007	5031.35	68.78	15.09	3.35	12.78
2008	5264.80	68.54	14.53	2.97	13.96
2009	5398.00	66.15	14.95	2.99	15.91
2010	5829.85	64.08	16.99	3.39	15.54
2011	6393.69	63.35	17.18	3.85	15.62
2012	6893.76	61.85	16.48	4.06	17.61
2013	7286.72	60.63	16.70	3.98	18.69
2014	7521.45	60.41	16.34	4.19	19.06
2015	7522.85	60.03	16.52	4.43	19.02
2016	7333.62	59.35	16.91	4.64	19.10

9-3 综合能源平衡表
Overall Energy Balance Sheet

单位：万吨标准煤 (10 000 tons of SCE)

项 目	Item	2010	2011	2015	2016
可供消费的能源总量	**Total Energy Available for Consumption**	**5829.85**	**6393.69**	**7566.72**	**7351.76**
一次能源生产量	Primary Energy Output	4631.59	4884.56	5816.78	5654.97
调入量	Imports	4003.51	4041.88	4579.34	4547.71
调出量(-)	Exports (-)	2823.88	2374.01	2854.00	3107.54
年初年末库存差额	Stock Changes in the Year	18.64	-158.75	24.59	256.62
能源消费总量	**Total Energy Consumption**	**5829.85**	**6393.69**	**7522.85**	**7333.62**
在总量中:	Consumption by Sector				
农、林、牧、渔业	Agriculture,Forestry,Animal Husbandry,Fishery	252.38	255.40	226.64	237.15
工 业	Industry	4258.42	4674.14	5428.97	5088.87
建筑业	Construction	79.77	82.84	103.67	110.68
交通运输、仓储和邮政业	Transport,Storage and Post	466.19	519.05	601.25	592.39
批发、零售业和住宿、餐饮业	Wholesale and Retail Trades,Hotels and Catering Services	77.58	86.42	141.14	167.85
其他	Others Sectors	162.65	191.87	288.69	331.90
生活消费	Household Consumption	532.86	583.97	732.49	804.77
在总量中:	Consumption by Usage				
终端消费	End-use Consumption	5655.94	6188.20	7230.48	7025.08
#工 业	Industry	4084.51	4468.65	5136.59	4780.33
加工转换损失量	Losses During the Process of Energy Conversion	216.72	297.58	360.16	326.02
#炼 焦	Coking	46.75	43.02	70.07	44.02
炼 油	Petroleum Refining	99.88	175.27	182.38	161.66
损失量	Energy Losses	136.03	132.12	161.53	159.47
回收能(-)	Recovery of Energy (-)	178.83	224.21	229.32	176.95
平衡差额	**Balance**			**43.86**	**18.14**

注：电力按等价热值折算，因此加工转换损失量中不包括发电损失量。

a) Electric Power is converted on the basis of equivalent caloric value.Therefore,losses during the process of energy conversion do not include losses in power generation.

9-4 石油平衡表
Petroleum Balance Sheet

单位：万吨 (10 000 tons)

项　目	Item	2010	2011	2015	2016
可供量	**Total Energy Available for Consumption**	**703.52**	**787.54**	**887.47**	**883.61**
生产量	Output	382.14	502.66	820.09	801.24
调入量	Imports	1062.56	1146.72	665.79	578.01
调出量(-)	Exports (-)	779.25	852.5	595.51	549.27
年初年末库存差额	Stock Changes in the Year	38.07	-9.34	-2.90	53.63
消费量	**Total Energy Consumption**	**703.52**	**787.54**	**887.47**	**883.61**
在消费量中:	Consumption by Sector				
农、林、牧、渔业	Agriculture, Forestry, Animal Husbandry,Fishery	32.90	32.32	37.00	41.00
工　业	Industry	357.15	386.13	397.86	373.54
建筑业	Construction	22.80	24.50	34.00	39.00
交通运输、仓储和邮政业	Transport, Storage and Post	212.72	254.90	280.65	260.89
批发、零售业和住宿、餐饮业	Wholesale and Retail Trades, Hotels and Catering Services	7.71	9.02	14.16	18.02
其他行业	Other Sectors	35.01	39.00	57.00	67.00
生活消费	Household Consumption	35.23	41.67	66.80	84.16
在消费量中:	Consumption by Usage				
终端消费	End-use Consumption	598.66	618.1	714.4	724.41
#工　业	Industry	252.29	216.69	224.79	214.34
中间消费 (用于加工转换)	Intermediate Consumption (Consumed in Conversion)	104.86	169.44	173.07	159.2
发　电	Power Generation	0.59	0.62	1.11	0.5
供　热	Heating	11.35	13.04	12.66	14.44
制　气	Gas Production				
炼油损失量	Losses in Petroleum Refining	92.92	155.78	159.3	144.26
损失量	Energy Losses				
平衡差额	**Balance**				

注：生产量为原油产量。
a) Data on output refer to the output of crude oil.

9-5 煤炭平衡表
Coal Balance Sheet

单位：万吨 (10 000 tons)

项目	Item	2010	2011	2015	2016
可供量	**Total Energy Available for Consumption**	**5301.89**	**5997.62**	**6557.06**	**6377.52**
生产量	Outputs	4688.25	4700.65	4399.63	4254.29
调入量	Imports	2255.30	2668.09	3933.63	4029.72
调出量(-)	Exports (-)	1600.10	1172.58	1785.12	2191.37
年初年末库存差额	Stock Changes in the Year	-41.56	-198.54	8.92	284.88
消费量	**Total Energy Consumption**	**5301.89**	**5997.62**	**6557.06**	**6377.52**
在消费量中:	Consumption by Sector				
农、林、牧、渔业	Agriculture,Forestry,Animal Husbandry, Fishery	48.10	47.00	51.10	57.50
工业	Industry	4787.79	5543.82	6030.96	5794.02
建筑业	Construction	28.00	15.00	17.00	18.00
交通运输、仓储和邮政业	Transport,Storage and Post	49.00	37.00	28.00	45.00
批发、零售业和住宿、餐饮业	Wholesale and Retail Trades,Hotels and Catering Services	33.00	16.20	22.00	29.00
其他	Other Sectors	22.00	17.20	30.00	33.00
生活消费	Household Consumption	334.00	321.40	378.00	401.00
在消费量中:	Consumption by Usage				
终端消费	End-use Consumption	1646.57	1609.46	2007.85	1951.82
#工业	Industry	1132.47	1155.66	1481.75	1368.32
中间消费	Intermediate Consumption	3655.32	4388.16	4549.21	4425.70
(用于加工转换)	(Consumed in Conversion)				
发电	Power Generation	2775.80	3427.40	3168.96	3060.79
供热	Heating	445.30	496.02	534.68	548.19
炼焦	Coking	389.93	413.24	699.18	662.66
制气	Gas Production	9.29	7.61	5.08	6.72
洗选损耗	Losses in Coal Washing and Dressing	35.00	43.89	141.31	147.34
平衡差额	**Balance**				

注：生产量为原煤产量。
a) Data on output refer to the output of raw coal.

9-6 电力平衡表
Electricity Balance Sheet

单位：亿千瓦小时 (100 million kw·h)

项　　目	Item	2010	2011	2015	2016
可供量	**Total Energy Available for Consumption**	**804.43**	**923.45**	**1112.99**	**1071.07**
生产量	Output	874.51	1027.91	1242.20	1214.33
水电、风电及其他发电	Hydropower,Wind Power and other Power	283.16	318.00	521.79	510.15
火　电	Thermal Power	591.35	709.91	720.41	704.18
调入量	Imports	119.73		114.85	119.20
调出量(–)	Exports (-)	189.81	104.46	244.06	262.46
消费量	**Total Energy Consumption**	**804.43**	**923.45**	**1098.72**	**1065.15**
在消费量中:	Consumption by Sector				
农、林、牧、渔业	Agriculture,Forestry,Animal Husbandry, Fishery	54.37	55.89	44.38	44.85
工　业	Industry	617.13	712.53	860.21	811.54
建筑业	Construction	8.33	11.55	13.05	12.88
交通运输、仓储和邮政业	Transport,Storage and Post	32.57	31.89	41.04	40.70
批发、零售业和住宿、餐饮业	Wholesale and Retail Trades,Hotels and Catering Services	11.41	14.83	23.55	27.61
其他	Other Sectors	27.11	34.31	39.87	44.08
生活消费	Household Consumption	53.52	62.45	76.62	83.49
在消费量中:	Consumption by Usage				
终端消费	End-use Consumption	761.91	881.38	1046.17	1013.11
#工　业	Industry	574.61	670.46	807.66	759.50
输配电损失量	Losses in Transmission	42.52	42.07	52.55	52.04
平衡差额	**Balance**			**14.27**	**5.92**

9-7 分行业能源消费量(2016)

行 业	Sector	能源消费总量(万吨标准煤) Total Energy Consumption (10000 tons of SCE)	煤 炭(万吨) Coal (10 000 tons)
消 费 总 计	**Total Consumption**	**7333.62**	**6377.52**
农、林、牧、渔业	**Agricultrue,Forestry,Animal Husbadry and Fishery**	**237.15**	**57.50**
工业	**Industry**	**5088.86**	**5794.02**
采矿业	**Mining**	**338.69**	**481.75**
煤炭开采和洗选业	Mining and Washing of Coal	214.99	457.91
石油和天然气开采业	Extraction of Petroleum and Natural Gas	57.95	7.00
黑色金属矿采选业	Mining and Processing of Ferrous Metal Ores	26.75	7.42
有色金属矿采选业	Mining and Processing of Non-Ferrous Metal Ores	26.08	4.42
非金属矿采选业	Mining and Processing of Nonmetal Ores	11.34	4.60
开采辅助活动	Support Activities for Mining	1.57	0.40
其他采矿业	Mining of Other Ores		
制造业	**Manufacturing**	**4248.17**	**2476.56**
农副食品加工业	Processing of Food from Agricultural Products	54.18	131.09
食品制造业	Manufacture of Foods	14.11	12.10
酒、饮料和精制茶制造业	Manufacture of Liquor, Beverages and Refined Tea	25.84	18.46
烟草制品业	Manufacture of Tobacco	3.00	
纺织业	Manufacture of Textile	3.79	1.10
纺织服装、服饰业	Manufacture of Textile, Wearing Apparel and Accessories	1.83	0.50
皮革、毛皮、羽毛及其制品和制鞋业	Manufacture of Leather, Fur, Feather and Related Products and Footwear	1.20	0.25
木材加工及木、竹、藤、棕、草制品业	Processing of Timber, Manufacture of Wood, Bamboo, Rattan, Palm and Straw Products	0.89	0.01
家具制造业	Manufacture of Furniture	0.55	0.07
造纸及纸制品业	Manufacture of Paper and Paper Products	16.71	17.80
印刷和记录媒介复制业	Printing and Reproduction of Recording Media	1.86	0.99
文教、工美、体育和娱乐用品制造业	Manufacture of Articles for Culture, Education, Arts and Crafts, Sport and Entertainment Activities	1.16	0.59
石油加工、炼焦和核燃料加工业	Processing of Petroleum, Coking and Processing of Nuclear Fuel	624.82	244.57
化学原料和化学制品制造业	Manufacture of Raw Chemical Materials and Chemical Products	467.10	143.17
医药制造业	Manufactare of Medicines	19.21	13.12
化学纤维制造业	Manufacture of Chemical Fibres	8.46	0.06
橡胶和塑料制品业	Manufacture of Rubber and Plastics Products	8.08	0.41
非金属矿物制品业	Manufacture of Non-metallic Mineral Products	682.19	609.56
黑色金属冶炼和压延加工业	Smelting and Pressing of Ferrous Metals	854.88	515.64
有色金属冶炼和压延加工业	Smelting and Pressing of Non-ferrous Metals	1388.13	752.76
金属制品业	Manufacture of Metal Products	14.97	1.51
通用设备制造业	Manufacture of General Purpose Machinery	8.41	3.31
专用设备制造业	Manufacture of Special Purpose Machinery	10.10	1.40
汽车制造业	Manufacture of Automobiles	0.78	0.50
铁路、船舶、航空航天和其他运输设备制造业	Manufacture of Railway, Ship, Aerospace and Other Transport Equipments	0.11	
电气机械和器材制造业	Manufacture of Electrical Machinery and Apparatus	7.02	2.31
通信设备、计算机和其他电子设备制造业	Manufacture of Communication Equipment, Computers and Other Electronic Equipment	5.38	0.08
仪器仪表制造业	Manufacture of Measuring Instruments and Machinery	0.18	
其他制造业	Other Manufacturing	0.12	
废弃资源综合利用业	Utilization of Waste Resources	21.95	5.20
金属制品、机械和设备修理业	Repair Service of Metal Products, Machinery and Equipment	1.16	
电力、燃气及水的生产和供应业	**Electric Power, Gas and Water Production and Supply**	**502.00**	**2835.71**
电力、热力的生产和供应业	Production and Supply of Electric Power and Heat Power	491.69	2835.56
燃气生产和供应业	Production and Supply of Gas	3.29	
水的生产和供应业	Production and Supply of Water	7.02	0.15
建筑业	**Construction**	**110.68**	**18.00**
交通运输储运业和邮政业	**Transport, Storage and Post**	**592.39**	**45.00**
批发、零售业和住宿、餐饮业	**Wholesale, Retail Trade and Hotel,Restraurants**	**167.85**	**29.00**
其他行业	**Others**	**331.90**	**33.00**
城乡居民生活	**Urban and Rural Residential Consumption**	**804.77**	**401.00**

Consumption of Energy by Sector(2016)

焦 炭 (万吨) Coke (10 000 tons)	原 油 (万吨) Crude Oil (10 000 tons)	汽 油 (万吨) Gasoline (10 000 tons)	煤 油 (万吨) Kerosene (10 000 tons)	柴 油 (万吨) Diesel Oil (10 000 tons)	燃料油 (万吨) Fuel Oil (10 000 tons)	液化石油气 (万吨) Liquefied Petroleum Gas (10 000 tons)	天然气 (亿立方米) Natural Gas (100 million cu.m)	电 力 (亿千瓦小时) Electricity (100 million kw · h)
548.64	**1367.29**	**199.30**	**8.06**	**307.01**	**3.33**	**11.07**	**26.17**	**1065.15**
		6.00		**35.00**				**44.85**
548.64	**1367.29**	**7.00**	**0.17**	**17.15**	**3.33**	**0.05**	**10.17**	**811.54**
17.64	**24.33**	**0.93**		**5.74**	**0.03**		**0.50**	**28.84**
2.30		0.20		2.51				15.13
	24.32	0.40		1.40			0.50	2.65
13.24		0.10		0.60				2.35
	0.01	0.10		0.31	0.02			7.10
2.10		0.07		0.54				1.53
		0.06		0.38	0.01			0.08
531.00	**1342.95**	**5.21**	**0.17**	**10.98**	**3.28**	**0.05**	**9.46**	**670.66**
0.06		0.53		0.38			0.06	5.48
		0.16		0.03		0.01		1.33
		0.14		0.04			0.25	2.65
		0.02					0.10	0.44
		0.01		0.01			0.03	0.78
		0.01					0.03	0.29
							0.03	0.08
								0.20
		0.01					0.01	0.05
		0.03		0.01			0.01	0.97
		0.02		0.01			0.02	0.17
		0.01		0.01				0.16
	1342.95	1.98		0.67	1.54	0.02	3.02	25.76
102.90		0.25	0.01	0.40			1.90	69.88
		0.14		0.10			0.21	2.11
		0.01						2.74
0.02		0.18		0.06			0.01	2.22
8.80		0.36		4.70	0.01		1.29	59.15
390.67		0.45		0.96			0.52	95.81
12.50		0.40	0.14	3.15	1.72		1.45	389.44
1.84		0.18		0.09			0.08	3.35
0.07		0.09	0.01	0.07	0.01		0.04	1.55
0.01		0.06		0.04			0.25	1.48
		0.01		0.01				0.07
		0.01						0.03
0.03		0.08		0.01			0.08	1.31
		0.02		0.01			0.02	1.64
		0.01		0.01				0.05
		0.01		0.01				0.03
14.10		0.02		0.10				1.34
		0.01		0.10		0.02	0.05	0.10
		0.86		**0.43**	**0.02**		**0.20**	**112.04**
		0.75		0.42	0.02		0.19	108.93
		0.06					0.01	0.99
		0.05						2.12
		13.00		**17.00**				**12.88**
		48.00	**7.89**	**205.00**			**3.50**	**40.70**
		12.30		**5.00**		**0.72**	**2.50**	**27.61**
		46.00		**21.00**			**5.60**	**44.08**
		67.00		**6.86**		**10.30**	**4.40**	**83.49**

9-8 能源生产弹性系数
Elasticity Ratio of Energy Production

年 份 Year	能源生产比上年增长(%) Growth Rate of Energy Production over Preceding Year (%)	电力生产比上年增长(%) Growth Rate of Electricity Production over Preceding Year (%)	生产总值比上年增长(%) Growth Rate of Gansu Gross Product over Preceding Year (%)	能源生产弹性系数 Elasticity Ratio of Energy Production	电力生产弹性系数 Elasticity Ratio of Electricity Production
2000	-13.06	6.83	9.70		0.70
2001	5.39	8.26	9.76	0.55	0.85
2002	37.66	12.53	9.86	3.82	1.27
2003	16.84	18.71	10.74	1.57	1.74
2004	17.71	13.18	11.51	1.54	1.15
2005	7.29	10.70	11.84	0.62	0.90
2006	5.37	5.08	11.51	0.47	0.44
2007	4.92	16.33	12.30	0.40	1.33
2008	2.10	11.58	10.14	0.21	1.14
2009	4.01	1.86	10.30	0.39	0.18
2010	9.43	24.35	11.78	0.80	2.07
2011	5.46	17.54	12.52	0.44	1.40
2012	9.79	7.70	12.56	0.78	0.61
2013	3.27	8.57	10.76	0.30	0.80
2014	7.01	3.26	8.89	0.79	0.37
2015	-1.85	0.09	8.08		0.01
2016	-2.78	-2.24	7.63		

9-9 能源消费弹性系数
Elasticity Ratio of Energy Consumption

年 份 Year	能源消费比上年增长(%) Growth Rate of Energy Consumption over Preceding Year (%)	电力消费比上年增长(%) Growth Rate of Electricity Consumption over Preceding Year (%)	生产总值比上年增长(%) Growth Rate of Gross Product of Gansu over Preceding Year (%)	能源消费弹性系数 Elasticity Ratio of Energy Consumption	电力消费弹性系数 Elasticity Ratio of Electricity Consumption
2000	3.23	1.29	9.70	0.33	0.13
2001	1.88	1.58	9.76	0.19	0.16
2002	4.36	11.84	9.86	0.44	1.20
2003	11.82	16.36	10.74	1.10	1.52
2004	15.78	13.47	11.51	1.37	1.17
2005	10.06	8.29	11.84	0.85	0.70
2006	8.59	9.57	11.51	0.75	0.83
2007	7.73	14.62	12.30	0.63	1.19
2008	4.64	10.25	10.14	0.46	1.01
2009	2.53	4.09	10.30	0.25	0.40
2010	8.00	14.02	11.78	0.68	1.19
2011	9.67	14.79	12.52	0.77	1.18
2012	7.82	7.70	12.56	0.62	0.61
2013	5.70	7.91	10.76	0.53	0.74
2014	3.22	2.07	8.89	0.36	0.23
2015	0.02	0.30	8.08	0.002	0.04
2016	-2.52	-3.06	7.63		

9-10 能源加工转换效率
Efficiency of Energy Conversion

单位：% (%)

年份 Year	总效率 Total Efficiency	火力发电效率 Generation Efficiency of Thermal Power	炼焦 Coking	炼油 Petroleum Refining
2005	72.97	36.30	97.74	90.13
2006	73.11	36.78	84.54	91.67
2007	73.40	37.17	97.70	89.31
2008	72.81	37.29	94.76	93.25
2009	73.61	37.53	94.00	93.06
2010	70.60	38.42	86.70	94.88
2011	69.41	39.13	88.35	92.41
2012	70.08	39.44	87.88	93.60
2013	72.14	39.96	90.10	92.86
2014	72.55	39.94	91.01	93.22
2015	70.89	39.98	89.27	91.04
2016	70.99	40.11	92.86	91.56

9-11 生活能源消费量
Average Annual Energy Consumption for Households

品种	Item	2010	2011	2014	2015	2016
合计(万吨标准煤)	**Total (10 000 tons of SCE)**	**532.86**	**583.97**	**662.43**	**732.49**	**804.77**
煤炭(万吨)	Coal (10 000 tons)	334.00	321.40	345.50	378.00	401.00
液化石油气(万吨)	Liquefied Petroleum Gas (10 000 tons)	5.52	5.77	6.40	8.50	10.30
焦炉煤气(亿立方米)	Coke Oven Gas (100 million cu.m)	0.15	0.15	0.16	0.16	0.20
天然气(亿立方米)	Natural Gas (100 million cu.m)	1.90	2.80	3.60	4.00	4.40
热力(万百万千焦)	Heat (10 billion kilo-joule)	1741.92	1800.00	2030.00	2260.00	2600.00
电力(亿千瓦小时)	Electricity (100 million kw·h)	53.52	62.45	73.07	76.62	83.49

9-12 平均每天能源消费量
Average Daily Energy Consumption by Type of Energy

品　　种	Item	2010	2011	2014	2015	2016
合计(万吨标准煤)	**Total (10 000 tons of SCE)**	**15.97**	**17.52**	**20.61**	**20.61**	**20.09**
煤炭(万吨)	Coal (10 000 tons)	14.53	16.43	18.40	17.96	17.47
焦炭(万吨)	Coke (10 000 tons)	1.48	1.62	1.90	1.68	1.50
原油(万吨)	Crude Oil (10 000 tons)	3.84	4.47	4.02	3.96	3.75
燃料油(万吨)	Fuel Oil (10 000 tons)	0.04	0.03	0.02	0.01	0.01
汽油(万吨)	Gasoline (10 000 tons)	0.24	0.27	0.35	0.43	0.55
煤油(万吨)	Kerosene (10 000 tons)	0.01	0.01	0.02	0.02	0.02
柴油(万吨)	Diesel Oil (10 000 tons)	0.76	0.87	1.03	0.92	0.84
天然气(亿立方米)	Natural Gas (100 million cu.m)	0.04	0.05	0.07	0.07	0.07
电力(亿千瓦小时)	Electricity (100 million kw·h)	2.20	2.53	3.00	3.01	2.92

9-13 人均生活能源消费量
Annual per Capita Energy Consumption of Households

年　份 Year	平均每人生活消费能源(千克标准煤) Annual per Capita Consumption for Households (kg of SCE)	#煤炭(千克) Coal (kg)	#电力(千瓦小时) Electricity (kw · h)	#液化石油气(千克) Liquefied Petroleum Gas (kg)	#天然气(立方米) Natrual Gas (cu.m)	#煤气(立方米) Coal Gas (cu.m)
2000	164.00	155.00	84.00	2.09		
2001	174.00	152.00	88.31	1.60		
2002	156.00	150.00	89.49	1.50		
2003	172.00	149.00	91.34	1.62		
2004	169.00	147.00	105.29	1.61		
2005	184.13	155.48	127.54	1.93	1.57	1.53
2006	186.52	156.71	132.32	1.96	2.75	1.61
2007	198.58	159.72	142.45	1.96	2.83	1.73
2008	210.37	169.75	159.28	2.14	2.98	2.27
2009	227.94	172.02	181.34	2.16	3.05	2.86
2010	208.36	130.60	209.27	2.16	7.43	0.59
2011	227.93	125.44	243.75	2.25	10.93	0.59
2012	243.91	131.59	256.72	2.42	11.86	0.58
2013	249.16	132.41	267.73	2.45	13.76	0.62
2014	256.11	133.58	282.51	2.47	13.92	0.62
2015	282.25	145.66	295.24	3.28	15.41	0.62
2016	308.96	153.95	320.53	3.95	16.89	0.77

注：计算消费量所使用的人口数为平均人口数。
a) Data in the table are calculated with the data on the annual average population.

9-14 能源消耗
Energy Consumption

年 份 Year	单位生产总值能耗 Energy Consumption per Unit of GRP		单位生产总值电耗 Electricity Consumption per Unit of GRP		单位工业增加值能耗 Energy Consumption per Unit of Industrial Value-added
	绝对值 (吨标准煤/万元) Absolute Value (ton of SCE/10 000 yuan)	上升或下降 (±%) Change (±%)	绝对值 (千瓦小时/万元) Absolute Value (kw · h/10 000yuan)	上升或下降 (±%) Change (±%)	上升或下降 (±%) Change (±%)
2000	2.86		2805		
2001	2.72		2720		
2002	2.57		2779		
2003	2.52		2846		
2004	2.31		2677		
2005	2.22		2531		
2006	2.17	-2.61	2487	-1.74	-3.03
2007	2.08	-4.09	2537	2.02	-6.53
2008	1.97	-5.00	2539	0.09	-5.66
2009	1.84	-6.97	2399	-5.55	-12.84
2010	1.77	-3.40	2445	2.01	-7.94
2011	1.37	-2.51	1984	2.02	-1.96
2012	1.32	-4.21	1899	-4.31	-8.10
2013	1.26	-4.56	1850	-2.57	-7.25
2014	1.19	-5.21	1734	-6.26	-7.02
2015	1.10	-7.46	1609	-7.20	-10.66
2016	1.00	-9.42	1457	-9.93	-12.40

注：1.2000-2004年地区生产总值按当年价格计算，2005-2010年地区生产总值按2005年可比价格计算，2011-2015年地区生产总值按2010年可比价格计算，2016年地区生产总值按2015年可比价格计算。

2.单位工业增加值能耗为规模以上工业口径。

a) GDP of 2000-2004 is calculated at current prices.GDP of 2005-2010 is calculated at 2005 constant prices. GDP of 2011-2015 is calculated at 2010 constant prices.GDP of 2016 is calculated at 2015 constant prices.

b) The statistic caliber of consumption per unit of industrial value-added are the designated industrial added value.

9-15 重点耗能企业单位产品能源消费
Energy Consumption of Per Unit of Product for Key Energy-consuming Enterprises

项　目	Item	2015	2016
吨原煤生产综合能耗(千克标准煤/吨)	Comprehensive Energy Consumption of Tonne Coal Production (kg of SCE/ton)	4.32	4.37
单位油气产量综合能耗(千克标准煤/吨)	Comprehensive Energy Consumption of Unit Oil and Gas Output (kg of SCE/ton)	71.87	65.63
铁矿选矿工序单位能耗(千克标准煤/吨)	Unit Energy Consumption of Iron Ore Beneficiation Process (kg of SCE/ton)	13.94	11.51
机制纸及纸板综合能耗(千克标准煤/吨)	Comprehensive Energy Consumption of Paper Mechanisms and Paperboard (kg of SCE/ton)	802.07	714.30
炼焦工序单位能耗(千克标准煤/吨)	Unit Energy Consumption of Coking Process (kg of SCE/ton)	121.25	133.18
原油加工单位综合能耗(千克标准油/吨)	Unit Comprehensive Energy Consumption of Crude Oil Processing (kg of Standard Oil Equivalent/ton)	66.73	68.60
单位烧碱生产综合能耗(千克标准煤/吨)	Comprehensive Energy Consumption of Unit Caustic Soda Production (kg of SCE/ton)	338.14	344.29
单位纯碱生产能耗(千克标准煤/吨)	Energy Consumption of Unit Soda Ash Production(kg of SCE/ton)	242.00	214.00
单位电石生产综合能耗(千克标准煤/吨)	Comprehensive Energy Consumption of Unit Calcium Carbide Production (kg of SCE/ton)	1027.42	997.07
单位乙烯生产综合能耗（千克标准煤/吨)	Comprehensive Energy Consumption of Unit Ethylene Production (kg of SCE/ton)	918.83	921.83
单位合成氨生产综合能耗(千克标准煤/吨)	Comprehensive Energy Consumption of Unit Synthetic Ammonia Production (kg of SCE/ton)	1264.23	1438.53
吨水泥综合能耗(千克标准煤/吨)	Comprehensive Energy Consumption of Tonne Cement (kg of SCE/ton)	90.48	94.45
吨钢综合能耗(千克标准煤/吨)	Comprehensive Energy Consumption of Tonne Rolled Steel (kg of SCE/ton)	593.58	638.33
单位粗铜综合能耗(千克标准煤/吨)	Comprehensive Energy Consumption of Unit Blister Copper (kg of SCE/ton)	180.10	175.98
单位铜精炼综合能耗(千克标准煤/吨)	Comprehensive Energy Consumption of Unit Copper Refining (kg of SCE/ton)	164.68	164.95
单位铜冶炼综合能耗(千克标准煤/吨)	Comprehensive Energy Consumption of Unit Copper Smelting (kg of SCE/ton)	509.17	493.86
单位电解铝综合能耗(千克标准煤/吨)	Comprehensive Energy Consumption of Unit Electrolytic Aluminum (kg of SCE/ton)	1695.01	1712.86
单位粗铅综合能耗(千克标准煤/吨)	Comprehensive Energy Consumption of Unit Crude Lead (kg of SCE/ton)	340.22	264.42
单位铅冶炼综合能耗(千克标准煤/吨)	Comprehensive Energy Consumption of Unit Lead Smelting (kg of SCE/ton)	537.91	505.13
蒸馏锌综合标准煤耗单耗(千克标准煤/吨)	Comprehensive Standard Coal Consumption Unit Consumption of Distillation Zinc (kg of SCE/ton)	1945.23	1884.57
单位精锌(电锌)综合能耗(千克标准煤/吨)	Comprehensive Energy Consumption of Unit Refined Zinc (Electrolytic Zinc) (kg of SCE/ton)	661.21	666.50
电厂火力发电标准煤耗(克标准煤/千瓦时)	Standard Coal Consumption of Thermal Power of Power Plant (g of SCE/ton)	306.70	305.17

主要统计指标解释

能源生产总量 指一定时期内，本地区一次能源生产量的总和。该指标是观察能源生产水平、规模、构成和发展速度的总量指标。一次能源生产量包括原煤、原油、天然气、水电、核电及其它动力能(如风能、太阳能、地热能等)发电量。

能源消费总量 指一定地域内，国民经济各行业和居民家庭在一定时间消费的各种能源的总和。包括：原煤、原油、天然气、水能、核能、风能、太阳能、地热能、生物质能等一次能源；一次能源通过加工转换产生的洗煤、焦炭、煤气、电力、热力、成品油等二次能源和同时产生的其他产品；其他化石能源、可再生能源和新能源。其中水能、风能、太阳能、地热能、生物质能等可再生能源，是指人们通过一定技术手段获得的，并作为商品能源使用的部分。在核算过程中，一次能源、二次能源消费不能重复计算。能源消费总量分为终端能源消费量、能源加工转换损失量和能源损失量三部分。

(1)终端能源消费量：指一定时期内，本地区生产和生活消费的各种能源在扣除了用于加工转换二次能源消费量和损失量以后的数量。

(2)能源加工转换损失量：指一定时期内，本地区投入加工转换的各种能源数量之和与产出各种能源产品之和的差额。该指标是观察能源在加工转换过程中损失量变化的指标。

(3)能源损失量：指一定时期内，能源在输送、分配、储存过程中发生的损失和由客观原因造成的各种损失量，不包括各种气体能源放空、放散量。

能源生产弹性系数 是研究能源生产增长速度与生产总值增长速度之间关系的指标。计算公式：

$$\text{能源生产弹性系数}=\frac{\text{能源生产总量年平均增长速度}}{\text{国内(地区)生产总值年平均增长速度}}$$

电力生产弹性系数 是研究电力生产增长速度与生产总值增长速度之间关系的指标。一般来说，电力的发展应当快于国民经济的发展，也就是说电力应超前发展。计算公式为：

$$\text{电力生产弹性系数}=\frac{\text{电力生产量年平均增长速度}}{\text{国内(地区)生产总值年平均增长速度}}$$

能源消费弹性系数 反映能源消费增长速度与生产总值增长速度之间比例关系的指标。计算公式为：

$$\text{能源消费弹性系数}=\frac{\text{能源消费量年平均增长速度}}{\text{国内(地区)生产总值年平均增长速度}}$$

电力消费弹性系数 反映电力消费增长速度与生产总值增长速度之间比例关系的指标。计算公式为：

$$\text{电力消费弹性系数}=\frac{\text{电力消费量年平均增长速度}}{\text{国内(地区)生产总值年平均增长速度}}$$

能源加工转换效率 指一定时期内，能源经过加工、转换后，产出的各种能源产品的数量与同期内投入加工转换的各种能源数量的比率。该指标是观察能源加工转换装置和生产工艺先进与落后、管理水平高低等的重要指标。计算公式为：

$$\text{能源加工转换效率}=\frac{\text{能源加工转换产出量}}{\text{能源加工转换投入量}}\times 100\%$$

单位生产总值能耗 指一定时期内，一个国家（地区）每生产一个单位的国内（地区）生产总值所消耗的能源。计算公式为：

$$\text{单位生产总值能耗}=\frac{\text{能源消费总量}}{\text{国内(地区)生产总值}}$$

单位生产总值电耗 指一定时期内，一个国家（地区）每生产一个单位的国内（地区）生产总值所消耗的电力。计算公式为：

$$\text{单位生产总值电耗}=\frac{\text{全社会用电量}}{\text{国内(地区)生产总值}}$$

单位工业增加值能耗 指一定时期内，一个国家（地区）每生产一个单位的工业增加值所消耗的能源。

10 固定资产投资

Investment in Fixed Assets

简要说明

一、本篇资料主要内容

本篇资料主要内容包括：固定资产投资及其主要分组，分地区 500 万元及以上项目个数、新增固定资产、施工和竣工房屋面积、投资规模、投资效率以及 500 万元及以上项目能源工业投资情况，房地产开发企业基本情况等。

二、本篇资料的统计范围

固定资产投资的统计范围包括：500 万元及以上固定资产投资项目投资（不含军工、国防、人防建设项目）和房地产开发投资。从 2011 年起，固定资产投资的起点标准从计划总投资 50 万元提高到 500 万元，500 万元以下项目不再纳入固定资产投资统计范围。

三、本篇资料来源

本篇资料由甘肃省统计局固定资产投资处汇总、加工整理。

10-1 固定资产投资
Investment in Fixed Assets

单位：亿元

指　标	Item	2011	2015	2016	2016年比上年增长(%) Growth Rate in 2016 over 2015 (%)
固定资产投资	**Investment in Fixed Assets**	**4180.24**	**8626.60**	**9534.10**	**10.52**
项目投资	Project Investment	3817.36	7858.53	8684.07	10.50
房地产开发	Real Estate Development	362.88	768.06	850.03	10.67
按隶属关系分	**By Subordination**				
中央项目	Central	280.95	233.02	259.01	11.15
地方项目	Local	3899.29	8393.58	9275.09	10.50
按构成分	**Group by Structure**				
建筑安装工程	Construction and Installation	3077.78	7164.73	7976.78	11.33
设备工具器具购置	Purchase of Equipment and Instruments	716.34	962.24	944.47	-1.85
其他费用	Others	386.12	499.63	612.85	22.66
按产业分	**By Industry**				
第一产业	Primary Industry	191.45	534.89	678.30	26.81
第二产业	Secondary Industry	2032.99	3434.90	3220.99	-6.23
第三产业	Tertiary Industry	1955.80	4656.81	5634.81	21.00
本年实际到位资金	**Actual Funds This Year**	**4064.71**	**8469.94**	**8927.51**	**5.40**
国家预算资金	State Budget	731.12	1101.91	1226.27	11.29
国内贷款	Domestic Loans	488.68	990.33	1039.06	4.92
债券	Bonds	0.56	17.63	23.63	34.01
利用外资	Foreign Investment	17.63	21.39	7.45	-65.15
自筹资金	Self-raising Funds	2410.08	5489.68	5690.14	3.65
其他资金	Others	416.64	849.00	940.95	10.83

注：2011年起，固定资产投资的起点标准从计划总投资50万元提高到500万元，500万元以下项目不再纳入固定资产投资统计范围(以下相关表同)。

a) Since 2011, the cut-off size of fixed assets investment projected rose from 500 thousand yuan to 5 million yuan.Project of below 500 million is no longer included in the investment in fixed assets statistics range.The same applies to the relevant tables following

10-1 续表 continued

指　标	Item	2011	2015	2016	2016年比上年增长(%) Growth Rate in 2016 over 2015 (%)
按登记注册类型分	**By Registration Categories**				
内　资	Domestic Funded Enterprises	4127.66	8565.44	9477.38	10.65
国　有	State-owned Enterprises	2186.61	3635.01	4240.22	16.65
集　体	Collective-owned Enterprises	128.88	333.96	159.87	-52.13
股份合作	Cooperative Enterprises	11.12	18.07	6.72	-62.82
联营企业	Joint Ownership Enterprises	9.13	40.38	30.11	-25.43
国有联营	State Joint Ownership Enterprises	0.50	14.62	8.50	-41.83
集体联营	Collective Joint Ownership Enterprises	3.25	5.06	7.68	51.80
国有与集体联营	Joint State-collective Enterprises		3.39	1.92	-43.54
其他联营	Other Joint Ownership Enterprises	5.39	17.31	12.01	-30.61
有限责任公司	Limited Liability Corporations	861.87	1683.76	2147.41	27.54
国有独资公司	State Sole Funded Corporations	48.57	333.82	406.05	21.64
其他有限责任公司	Other Limited Liability Corporations	813.30	1349.95	1741.37	29.00
股份有限公司	Share-holding Corporations Limited	295.40	258.58	281.28	8.78
私　营	Private Enterprises	498.96	1898.07	2262.13	19.18
其　他	Other Enterprises	135.67	697.61	349.63	-49.88
港澳台商投资	Enterprises with Funds from Hong Kong ,Macao and Taiwan	19.28	20.36	18.70	-8.12
外商投资经济	Foreign Funded Enterprises	19.52	16.50	13.57	-17.71
个体经营	Individual Management	13.79	24.31	24.44	0.55
房屋建筑面积(万平方米)	**Floor Space of Buildings (10 000 sq.m)**				
施工面积	Floor Space under Construction	9980.70	15683.12	14900.93	-4.99
#住　宅	Residential Buildings	6686.04	7459.52	7202.60	-3.44
竣工面积	Floor Space Completed	2360.92	2858.46	2867.84	0.33
#住　宅	Residential Buildings	1496.24	1233.42	1047.19	-15.10

10-2 历年固定资产投资
Investment in Fixed Assets

单位：亿元 (100 million yuan)

指 标 Item	固定资产投资 Investment in Fixed Assets		国有经济 State-owned Units	集体经济 Collective-owned Units	个体经济 Individual Ecomomy	其他经济 Others
	绝对数 Absolute Number	比上年增长(%) Growth Rate (%)				
1978	9.30		9.26	0.04		
1979	11.22	20.63	11.15	0.07		
1980	12.65	12.74	12.57	0.08		
1981	14.10	11.52	11.73	0.76	1.61	
1982	15.69	11.23	13.36	1.07	1.26	
1983	18.91	20.53	16.42	0.92	1.57	
1984	24.51	29.62	19.98	1.71	2.81	
1985	33.90	38.32	25.97	3.95	3.97	
1986	40.42	19.26	31.09	3.99	5.34	
1987	47.91	18.51	38.39	3.11	6.41	
1988	59.54	24.29	47.00	4.76	7.78	
1989	51.19	-14.02	40.65	3.33	7.22	
1990	59.35	15.93	49.27	3.06	7.02	
1991	68.59	15.57	57.03	3.48	8.09	
1992	85.13	24.11	71.76	4.45	8.93	
1993	122.08	43.41	95.70	14.17	12.21	
1994	159.05	30.28	125.18	9.93	13.66	10.29
1995	194.67	22.39	156.61	7.71	17.71	12.65
1996	214.83	10.36	153.90	12.70	21.68	26.55
1997	264.39	23.07	186.03	13.58	35.07	29.70
1998	331.01	25.20	224.67	16.74	50.68	38.92
1999	384.08	16.03	255.85	23.36	51.77	53.10
2000	441.35	14.91	297.30	27.70	54.13	62.21
2001	505.42	14.52	337.88	28.33	56.31	82.90
2002	575.83	13.93	382.12	35.48	50.94	107.29
2003	655.07	13.76	407.18	41.32	50.90	155.67
2004	756.01	15.41	468.53	49.68	53.48	184.31
2005	874.53	15.68	510.76	58.06	54.00	251.71
2006	1024.87	17.19	567.67	25.25	62.33	369.61
2007	1310.38	27.86	700.09	48.29	67.06	494.93
2008	1735.79	32.47	961.33	53.41	97.21	623.85
2009	2479.60	42.85	1430.94	62.86	124.49	861.31
2010	3378.10	36.24	1953.88	71.28	110.91	1242.03
2011	4180.24	40.16	2235.68	143.25	13.79	1787.52
2012	5040.53	30.20	2384.84	170.97	28.15	2456.57
2013	6407.20	27.11	3133.34	243.86	4.98	3025.02
2014	7759.62	21.11	3548.20	374.61	19.28	3817.53
2015	8626.60	11.17	3983.44	357.09	24.31	4261.76
2016	9534.10	10.52	4654.77	174.27	24.44	4680.62

注：1．本表国有经济为大口径，含国有、国有联营和国有独资公司；集体经济为大口径，含集体、集体联营和股份合作。
2．2010年及以前，固定资产投资数据为全社会口径，全社会口径中包含农户投资和跨区域项目投资。
3．2011年起固定资产投资包括500万元及以上城镇项目、非农户项目和房地产开发投资，未包含农村农户投资和跨区域项目投资。
4．2012年起固定资产投资包括500万元及以上项目投资和房地产开发投资，2012年城镇项目和非农户项目合并为项目投资。

a) Data of state-owned units in this table are based on wide coverage,including state-owned, state joint ownership and state sole funded corporations; collective-owned enterprises are based on wide coverage,including collective-owned enterprises, collective joint ownership enterprises and cooperative enterprises.

b) Data of fixed asset investment are the caliber of total society before 2010.Farm households investment and cross-regional project investment is included in the caliber of total society.

c) Since 2011,data of investment in fixed assets in the table are the caliber of urban ,rural non-farm households and real estate development investment in fixed assets with the standard of more than 5 million yuan, not include farm households of rural area and cross-regional project investment.

d) Since 2012,data of investment in fixed assets in this table are the caliber of project investment and real estate development investment in fixed assets with the standard of more than 5 million yuan,urban and rural non-farm households of 2012 are combined into project investment.

10-3 项目固定资产投资
Investment in Fixed Assets of Project (Excluding Investment in Real Estate Development)

单位：亿元 (100 million yuan)

指标	Item	2010	2011	2015	2016
投资额	**Total Investment**	**2716.14**	**3817.36**	**7858.53**	**8684.07**
按隶属关系分	**By Subordination**				
中央	Central	292.41	268.52	228.23	244.69
地方	Local	2423.73	3548.84	7630.30	8439.38
按构成分	**By Structure**				
建筑安装工程	Construction and Installation	1869.54	2788.61	6486.24	7240.40
设备工具器具购置	Purchase of Equipment and Instruments	600.27	714.28	951.07	929.08
其他费用	Others	246.33	314.47	421.22	514.59
按产业分	**By Industry**				
第一产业	Primary Industry	112.57	191.45	534.89	678.30
第二产业	Secondary Industry	1521.59	2032.99	3434.90	3220.99
#工　业	Industry	1214.22	1519.03	2301.46	2216.82
第三产业	Tertiary Industry	1081.98	1592.92	3888.74	4784.78
本年实际到位资金	**Actual Funds This Year**	**2748.26**	**3673.50**	**7530.29**	**7916.03**
国家预算内资金	State Budgetary Appropriation	527.67	731.12	1101.91	1226.27
国内贷款	Domestic Loans	443.13	421.65	837.31	860.01
债　券	Bonds		0.56	17.63	23.63
利用外资	Foreign Investment	18.55	17.63	21.39	7.45
自筹资金	Self-raising Funds	1529.72	2240.27	5059.75	5233.65
其他资金	Others	229.19	262.25	492.30	565.03

注：本表固定资产投资口径为500万元及以上项目投资，不含房地产开发投资。

a) Data of investment in fixed assets in this table are the caliber of project investment with the standard of more than 5 million yuan, excluding real estate development investment.

10-3 续表 continued

指 标	Item	2010	2011	2015	2016
按登记注册类型分	**By Registration Categories**				
内 资	Domestic Funded Enterprises	2665.86	3779.48	7804.15	8630.99
国 有	State-owned Enterprises	1606.96	2146.37	3609.99	4213.91
集 体	Collective-owned Enterprises	53.71	127.60	333.72	159.44
股份合作	Cooperative Enterprises	10.45	10.24	18.07	6.72
联营企业	Joint Ownership Enterprises	8.84	9.13	40.38	30.11
国有联营	State Joint Ownership Enterprises	0.60	0.50	14.62	8.50
集体联营	Collective Joint Ownership Enterprises	1.02	3.25	5.06	7.68
国有与集体联营	Joint State-collective Enterprises	0.09		3.39	1.92
其他联营	Other Joint Ownership Enterprises	7.14	5.39	17.31	12.01
有限责任公司	Limited Liability Corporations	498.48	707.41	1264.36	1678.08
国有独资公司	State Sole Funded Corporations	47.43	48.57	276.89	368.24
其他有限责任公司	Other Limited Liability Corporations	451.05	658.84	987.47	1309.84
股份有限公司	Share-holding Corporations Limited	158.79	279.44	244.66	265.72
私 营	Private Enterprises	218.48	366.59	1599.86	1930.66
其 他	Other Enterprises	110.15	132.69	693.10	346.35
港澳台商投资	Enterprises with Funds from Hong Kong ,Macao and Taiwan	34.80	15.16	17.62	15.80
外商投资经济	Foreign Funded Enterprises	8.82	3.93	12.46	12.82
个体经营	Individual Management	6.66	13.79	24.31	24.44
房屋建筑面积(万平方米)	**Floor Space of Buildings (10 000 sq.m)**				
施工面积	Floor Space under Construction	5552.84	6170.70	7096.94	5967.69
#住 宅	Residential Buildings	2656.29	3544.77	1371.82	1010.95
竣工面积	Floor Space Completed	1562.15	1704.93	1896.22	1876.11
#住 宅	Residential Buildings	772.05	942.09	468.30	316.94

10-4 按行业分项目固定资产投资
Investment in Fixed Assets of Project by Sector

单位：亿元 (100 million yuan)

指 标	Item	2010	2011	2015	2016
甘肃省	**Gansu**	**2716.14**	**3817.36**	**7858.53**	**8684.07**
农、林、牧、渔业	Agriculture,Forestry,Animal Husbandry and Fishery	112.57	191.45	534.89	678.30
采矿业	Mining	141.41	223.26	306.29	178.78
制造业	Manufacturing	520.67	787.15	1232.45	1315.18
电力、热力、燃气及水的生产和供应业	Production and Supply of Electricity, Heat, Gas and Water	552.13	508.61	762.72	722.86
建筑业	Construction	307.37	513.96	1133.44	1004.16
批发和零售业	Wholesale and Retail Trades	62.32	103.65	472.14	481.15
交通运输、仓储和邮政业	Transport,Storage and Post	195.29	237.79	814.89	1100.04
住宿和餐饮业	Hotels and Catering Services	25.78	43.38	170.01	195.60
信息传输、软件和信息技术服务业	Information Transmission,Software and Information Technology Services	22.27	36.10	72.21	105.02
金融业	Financial Intermediation	3.01	8.89	13.29	22.51
房地产业	Real Estate	160.87	278.07	428.66	494.65
租赁和商务服务业	Leasing and Business Services	25.57	18.21	126.58	145.00
科学研究和技术服务业	Scientific Research and Technical Services	23.68	26.32	58.45	79.00
水利、环境和公共设施管理业	Management of Water Conservancy, Environment and Public Facilities	135.34	281.65	762.60	1073.57
居民服务、修理和其他服务业	Service to households, Repair and Other Services	10.03	12.01	154.48	141.98
教育	Education	61.63	70.57	205.27	294.28
卫生和社会工作	Health and Social Work	38.90	52.92	102.24	155.09
文化、体育和娱乐业	Culture, Sports and Entertainment	25.27	39.09	203.85	291.72
公共管理、社会保障和社会组织	Public Management,Social Security and Social Organization	292.01	384.27	304.08	205.17
国际组织	International Organizations				

注：本表固定资产投资口径为500万元及以上项目投资,不含房地产开发投资。
a) Caliber of investment in fixed assets in this table are the project investment of 5 million yuan or more, do not include real estate development.

10-5 按行业、建设性质分项目固定资产投资(2016)

Investment in Fixed Assets of Project by Secter and Type of Construction (2016)

单位:亿元 (100 million yuan)

行业	Sector	投资额 Total Investment	#新建 New Construction	#扩建 Expansion	#改建和技术改造 Reconstruction and Technical Transformation
甘肃省	**Gansu**	**8684.07**	**7598.62**	**367.00**	**492.72**
农、林、牧、渔业	Agriculture,Forestry,Animal Husbandry and Fishery	678.30	642.14	25.05	7.66
采矿业	Mining	178.78	143.98	5.30	23.06
制造业	Manufacturing	1315.18	1079.93	81.70	113.85
电力、热力、燃气及水的生产和供应业	Production and Supply of Electricity, Heat, Gas and Water	722.86	639.64	46.78	26.71
建筑业	Construction	1004.16	915.99	23.42	39.18
批发和零售业	Wholesale and Retail Trades	481.15	421.90	22.91	18.42
交通运输、仓储和邮政业	Transport,Storage and Post	1100.04	923.41	29.48	123.50
住宿和餐饮业	Hotels and Catering Services	195.60	170.81	6.00	16.26
信息传输、软件和信息技术服务业	Information Transmission,Software and Information Technology Services	105.02	78.57	2.76	9.72
金融业	Financial Intermediation	22.51	13.46	0.07	1.50
房地产业	Real Estate	494.65	466.01	10.08	10.02
租赁和商务服务业	Leasing and Business Services	145.00	125.52	12.10	2.99
科学研究和技术服务业	Scientific Research and Technical Services	79.00	65.81	3.71	4.02
水利、环境和公共设施管理业	Management of Water Conservancy, Environment and Public Facilities	1073.57	958.34	40.79	64.19
居民服务、修理和其他服务业	Service to households, Repair and Other Services	141.98	121.52	10.31	4.96
教育	Education	294.28	262.88	7.74	7.64
卫生和社会工作	Health and Social Work	155.09	123.65	10.30	4.79
文化、体育和娱乐业	Culture, Sports and Entertainment	291.72	269.42	8.16	7.81
公共管理、社会保障和社会组织	Public Management,Social Security and Social Organization	205.17	170.64	20.35	6.45
国际组织	International Organizations				

注：本表数据不含房地产开发投资。

a) Data in this table do not include real estate development.

10-6 按行业、构成分项目固定资产投资(2016)
Investment in Fixed Assets of Projects by Secter and Structure (2016)

单位:亿元 (100 million yuan)

行业	Sector	投资额 Total Investment	建筑工程 Construction	安装工程 Installation	设备工器具购置 purchase of Equipment and Instruments	其他 Others
甘肃省	**Gansu**	**8684.07**	**6601.24**	**639.16**	**929.08**	**514.59**
农、林、牧、渔业	Agriculture,Forestry,Animal Husbandry and Fishery	678.30	508.31	46.23	46.98	76.78
采矿业	Mining	178.78	117.40	21.43	26.99	12.97
制造业	Manufacturing	1315.18	826.59	137.41	273.36	77.82
电力、热力、燃气及水的生产和供应业	Production and Supply of Electricity, Heat,Gas and Water	722.86	353.57	108.95	234.35	25.98
建筑业	Construction	1004.16	868.83	56.55	46.67	32.12
批发和零售业	Wholesale and Retail Trades	481.15	375.55	33.69	41.62	30.29
交通运输、仓储和邮政业	Transport,Storage and Post	1100.04	966.58	30.52	44.06	58.88
住宿和餐饮业	Hotels and Catering Services	195.60	159.49	14.38	13.74	7.99
信息传输、软件和信息技术服务业	Information Transmission,Software and Information Technology Services	105.02	46.53	20.44	34.90	3.15
金融业	Financial Intermediation	22.51	13.18	0.68	8.16	0.49
房地产业	Real Estate	494.65	436.48	19.54	6.31	32.32
租赁和商务服务业	Leasing and Business Services	145.00	121.18	8.46	7.40	7.96
科学研究和技术服务业	Scientific Research and Technical Services	79.00	51.87	6.90	12.19	8.04
水利、环境和公共设施管理业	Management of Water Conservancy, Environment and Public Facilities	1073.57	876.56	61.65	48.59	86.77
居民服务、修理和其他服务业	Service to households, Repair and Other Services	141.98	108.48	16.08	7.97	9.46
教育	Education	294.28	243.58	11.89	23.28	15.53
卫生和社会工作	Health and Social Work	155.09	115.10	12.09	21.45	6.46
文化、体育和娱乐业	Culture, Sports and Entertainment	291.72	235.68	21.88	20.37	13.79
公共管理、社会保障和社会组织	Public Management,Social Security and Social Organization	205.17	176.28	10.39	10.70	7.81
国际组织	International Organizations					

注：本表数据不含房地产开发投资。
a) Data in this table do not include real estate development.

10-7 按行业分项目固定资产投资个数及项目新增固定资产(2016)

Number of Investment in Fixed Assets of Projects and Newly Increased Fixed Assets of Projects by Secter (2016)

行业	Sector	施工项目(个) Number of Projects under Construction (unit)	全部建成投产项目(个) Number of Projects Completed and Put into Use (unit)	项目建成投产率(%) Rate of Projects Completed and Put into Use (%)	新增固定资产(亿元) Newly Increased Fixed Assets (100 million yuan)
甘肃省	**Gansu**	**22725**	**16426**	**72.28**	**5644.05**
农、林、牧、渔业	Agriculture,Forestry,Animal Husbandry and Fishery	2513	1968	78.31	506.51
采矿业	Mining	412	266	64.56	120.37
制造业	Manufacturing	2888	2082	72.09	953.88
电力、热力、燃气及水的生产和供应业	Production and Supply of Electricity, Heat,Gas and Water	1163	822	70.68	394.90
建筑业	Construction	3795	2800	73.78	753.95
批发和零售业	Wholesale and Retail Trades	1092	799	73.17	317.13
交通运输、仓储和邮政业	Transport,Storage and Post	1793	1264	70.50	456.69
住宿和餐饮业	Hotels and Catering Services	608	447	73.52	138.67
信息传输、软件和信息技术服务业	Information Transmission,Software and Information Technology Services	372	255	68.55	77.37
金融业	Financial Intermediation	112	89	79.46	19.13
房地产业	Real Estate	982	621	63.24	368.01
租赁和商务服务业	Leasing and Business Services	271	164	60.52	66.06
科学研究和技术服务业	Scientific Research and Technical Services	205	158	77.07	49.05
水利、环境和公共设施管理业	Management of Water Conservancy, Environment and Public Facilities	3060	2211	72.25	754.42
居民服务、修理和其他服务业	Service to households, Repair and Other Services	354	249	70.34	86.35
教育	Education	979	740	75.59	172.69
卫生和社会工作	Health and Social Work	513	357	69.59	89.90
文化、体育和娱乐业	Culture, Sports and Entertainment	713	479	67.18	162.82
公共管理、社会保障和社会组织	Public Management,Social Security and Social Organization	900	655	72.78	156.15
国际组织	International Organizations				

10-8 各地区固定资产投资情况(2016)
Investment in Fixed Assets by Region (2016)

单位：亿元 (100 million yuan)

地 区	Region	固定资产投资额 Investment in Fixed Assets	项目投资 Project Investment	房地产开发投资 Investment in Real Estate Development	亿元及以上项目投资额 Total Investment	施工项目计划总投资 Total Planned Investment of Projects under Construction	新开工项目计划总投资 Total Planned Investment of Newly Started Projects
甘肃省	**Gansu**	**9534.10**	**8684.07**	**850.03**	**3492.11**	**17522.09**	**9410.93**
兰州市	Lanzhou	1990.95	1599.80	391.15	903.02	4656.70	1730.02
嘉峪关市	Jiayuguan	160.43	122.52	37.91	82.60	640.78	106.76
金昌市	Jinchang	229.11	205.90	23.22	102.82	388.72	153.44
白银市	Baiyin	528.38	500.90	27.48	246.60	940.97	523.94
天水市	Tianshui	671.18	624.06	47.12	202.33	1194.11	776.62
武威市	Wuwei	689.22	647.60	41.62	395.65	1256.28	580.97
张掖市	Zhangye	349.72	297.90	51.82	146.83	572.82	372.57
平凉市	Pingliang	670.75	614.99	55.76	118.42	1053.10	671.10
酒泉市	Jiuquan	1215.68	1182.65	33.03	501.31	1935.00	1386.13
庆阳市	Qingyang	1200.87	1152.90	47.97	284.31	1969.27	1360.85
定西市	Dingxi	621.20	587.16	34.04	229.67	1113.70	492.80
陇南市	Longnan	654.02	636.18	17.84	122.20	950.62	790.91
临夏州	Linxia	331.91	291.74	40.17	117.68	473.44	270.64
甘南州	Gannan	208.83	207.92	0.91	26.84	303.54	194.18
省 直	Provincial Directly Belonged	11.84	11.84		11.84	73.06	

10-9 各地区项目固定资产投资个数及项目新增固定资产(2016)
Number of Projects of Investment in Fixed Assets and Newly Increased Fixed Assets of Project by Region (2016)

地 区	Region	施工项目(个) Number of Projects under Construction (unit)	全部建成投产项目(个) Number of Projects Completed and Put into Use (unit)	项目建成投产率(%) Rate of Projects Completed and Put into Use (%)	新增固定资产(亿元) Newly Increased Fixed Assets (100 million yuan)	固定资产交付使用率(%) Rate of Projects of Fixed Assets Completed and Put into Use (%)
甘肃省	**Gansu**	**22725**	**16426**	**72.28**	**5644.05**	**64.99**
兰州市	Lanzhou	3062	2092	68.32	1070.55	66.92
嘉峪关市	Jiayuguan	184	59	32.07	30.90	25.22
金昌市	Jinchang	592	432	72.97	147.84	71.80
白银市	Baiyin	1135	864	76.12	278.01	55.50
天水市	Tianshui	1665	945	56.76	415.19	66.53
武威市	Wuwei	1293	926	71.62	384.22	59.33
张掖市	Zhangye	827	627	75.82	183.97	61.75
平凉市	Pingliang	2358	1951	82.74	412.39	67.06
酒泉市	Jiuquan	2484	1897	76.37	788.35	66.66
庆阳市	Qingyang	3240	2193	67.69	778.26	67.50
定西市	Dingxi	1876	1463	77.99	387.46	65.99
陇南市	Longnan	2133	1640	76.89	447.39	70.32
临夏州	Linxia	868	557	64.17	169.01	57.93
甘南州	Gannan	1007	780	77.46	150.50	72.39
省 直	Provincial Directly Belonged	1				

10-10 各地区项目施工、竣工房屋建筑面积(2016)
Floor Space of Projects under Construction and Buildings Completed by Region (2016)

地 区	Region	施工房屋建筑面积（万平方米） Floor Space of Buildings under Construction (10 000 sq.m)	#住 宅 Residential Buildings	竣工房屋建筑面积（万平方米） Floor Space of Buildings Completed (10 000 sq.m)	#住 宅 Residential Buildings
甘肃省	**Gansu**	**5967.69**	**1010.95**	**1876.11**	**316.94**
兰州市	Lanzhou	2322.52	336.43	602.20	122.74
嘉峪关市	Jiayuguan	93.28	1.12	10.75	
金昌市	Jinchang	211.87	59.09	108.15	19.00
白银市	Baiyin	304.07	17.34	211.59	0.05
天水市	Tianshui	580.83	137.75	151.84	17.68
武威市	Wuwei	466.62	73.09	145.42	32.85
张掖市	Zhangye	160.30	9.69	52.59	0.92
平凉市	Pingliang	217.99	71.29	48.29	28.61
酒泉市	Jiuquan	344.02	55.94	144.29	23.34
庆阳市	Qingyang	468.45	92.61	111.97	3.64
定西市	Dingxi	278.00	65.24	103.27	32.94
陇南市	Longnan	183.83	3.96	90.83	
临夏州	Linxia	252.74	70.36	72.09	31.27
甘南州	Gannan	83.17	17.04	12.82	3.91

10-11 各地区能源工业投资(2016)
Investment in Energy Industry by Region (2016)

单位：万元 (10 000 yuan)

地 区	Region	合 计 Total	煤炭开采及洗选业 Mining and Washing of Coal	石油及天然气开采业 Extraction of Petroleum and Natural Gas	石油加工、炼焦及核燃料加工业 Processing of Petroleum, Coking, Processing of Nucleus Fuel	电力、热力、燃气生产和供应业 Production and Supply of Electricity, Heat,Gas
甘肃省	**Gansu**	**6826838**	**436446**	**258335**	**322609**	**5809448**
兰州市	Lanzhou	725937	52411	9005	76289	588232
嘉峪关市	Jiayuguan	286147			4145	282002
金昌市	Jinchang	226822				226822
白银市	Baiyin	368751	15078			353673
天水市	Tianshui	286147				286147
武威市	Wuwei	642211	25783		13678	602750
张掖市	Zhangye	327148	1462		20040	305646
平凉市	Pingliang	381344	136124	38520		206700
酒泉市	Jiuquan	2315999	90645	71927	162767	1990660
庆阳市	Qingyang	553487	109369	138883	40720	264515
定西市	Dingxi	306197				306197
陇南市	Longnan	187601	4174		4970	178457
临夏州	Linxia	113415				113415
甘南州	Gannan	105632	1400			104232

10-12 房地产开发企业基本情况
Basic Conditions of Enterprises for Real Estate Development

单位：亿元 (100 million yuan)

指 标	Item	2010	2011	2015	2016
开发企业个数(个)	Number of Enterprises (unit)	1185	1249	1533	1664
内资	Domestic Funded	1158	1222	1515	1648
#国有	State-owned Enterprises	60	56	46	53
集体	Collective-owned Enterprises	24	25	14	12
港澳台投资经济	Funded by Entrepreneurs from Hong Kong, Macao and Taiwan	16	16	12	12
外商投资经济	Foreign Funded	11	11	6	4
资产总计	Total Assets	866.84	1174.05	3671.57	4348.87
固定资产累计折旧	Accumulated Depreciation of Fixed Assets	13.39	12.79	29.64	34.47
#本年折旧	Depreciation This Year	1.97	2.68	4.97	6.28
负债合计	Total Liabilities	639.29	882.78	3045.91	3631.03
所有者权益合计	Owners' Equity	227.55	291.28	625.66	717.84
#实收资本合计	Total Paid-in Capital	146.75	189.71	375.41	414.97
资产负债率(%)	Ratio of Debts to Assets(%)	73.75	75.19	82.96	83.49
主营业务收入	Revenue from Principal Business	190.68	219.27	533.77	649.97
土地转让收入	Land Transferred	1.14	1.78	1.38	3.09
商品房屋销售收入	Commercial Houses Sold	180.89	209.07	511.88	620.50
房屋出租收入	Houses Leased	3.90	2.54	4.79	7.20
其他收入	Others	4.75	5.88	15.72	19.18
营业税金及附加	Business Taxes and Surcharges	13.78	14.96	42.58	37.99
营业利润	Business Profits	11.12	6.99	30.26	34.36
利润总额	Total Profits	10.09	3.81	29.52	36.72
本年购置土地面积(万平方米	Land Space Purchased This Year (10 000sq.m)	286.71	287.57	239.72	131.94
竣工房屋造价(元/平方米)	Cost of Buildings Completed (yuan/sq.m)	1828	2250	2442	2564

注：营业税金及附加：2010年为主营业务税金及附加；2011年以后为营业税金及附加。
a) Business Taxes and Surcharges:2010 are main business taxes and surcharges,since 2011,are the business tax and surcharges.

10-13 房地产开发投资完成情况
The Completion of Real Estate Development Investment

指　　标	Item	2010	2011	2015	2016
房地产开发投资(亿元)	**Real Estate Development Investment (100 million yuan)**	**266.41**	**362.88**	**768.06**	**850.03**
#地　　方	Local	263.69	350.45	763.27	835.71
按构成分	**Group by Structure**				
建筑工程	Construction	190.26	255.68	578.25	616.57
安装工程	Installation	17.80	33.49	100.25	119.82
设备工器具购置	Purchase of Equipment and Instruments	1.86	2.07	11.17	15.38
其他费用	Others	56.49	71.64	78.39	98.27
按工程用途分	**By Purpose**				
住　　宅	Residential Buildings	187.93	258.06	526.56	563.75
办公楼	Office Buildings	5.61	6.38	28.01	46.37
商业营业用房	Houses for Business Use	27.02	36.88	162.05	173.48
其　　他	Others	45.85	61.57	51.44	66.43
本年实际到位资金	**Actual Funds This Year**	**317.57**	**390.65**	**939.65**	**1011.47**
国内贷款	Domestic Loans	56.60	67.02	153.02	179.05
利用外资	Foreign Investment				
自筹资金	Self-raising Funds	132.80	169.81	429.93	456.50
其　　他	Others	128.17	153.82	356.70	375.92
新增固定资产(亿元)	**Newly Increased Fixed Assets (100 million yuan)**	**143.35**	**169.41**	**324.46**	**290.20**
#地　　方	Local	143.35	165.50	324.18	278.65
房屋施工面积(万平方米)	**Floor Space of Buildings under Construction (10 000 sq.m)**	**3130.40**	**3810.00**	**8586.18**	**8933.24**
房屋竣工面积(万平方米)	**Floor Space of Buildings Completed (10 000 sq.m)**	**598.66**	**655.99**	**962.24**	**991.73**
商品房屋销售面积(万平方米)	**Floor Space of Commercialized Buildings Sold(10 000 sq.m)**	**756.51**	**815.89**	**1434.96**	**1679.49**
#住　宅	Residential Buildings	692.07	734.38	1307.48	1478.81
商品房屋销售额(亿元)	**Total Sales of Commercialized Buildings(100 million yuan)**	**227.81**	**276.95**	**704.93**	**873.46**
#住　宅	Residential Buildings	201.47	235.55	603.08	712.35

10-14 房地产施工、竣工面积及价值(2016)
Floor Space of Buildings under Construction,Completed and Its Value for Real Estate(2016)

项　目	Item	施工房屋面积（万平方米）Floor Space of Buildings under Construction (10 000 sq.m)	#住　宅 Residential Buildings	竣工房屋面积（万平方米）Floor Space of Buildings Completed (10 0000 sq.m)	竣工房屋价值（亿元）Value of Buildings Completed (100 million yuan)
甘肃省	**Gansu**	**8933.24**	**2331.71**	**991.73**	**254.25**
住宅	Residential Buildings	6191.65	1587.23	730.25	185.17
#别墅、高档公寓	Villas and Good Apartments	58.77	18.32	0.52	0.21
办公楼	Office Buildings	276.95	40.42	10.21	2.87
商业营业用房	Houses for Business Use	1476.47	454.64	162.11	41.55
其他	Others	988.16	249.41	89.16	24.65

10-15 各地区房地产开发企业建设投资总规模及完成情况(2016)
General Scale of Construction and Actually Completed Investment of Enterprises for Real Estate Development by Region(2016)

单位：亿元　　(100 million yuan)

地　区	Region	计划总投资 Total Planned Investment	自开始建设至本年底累计完成投资 Accumulative Investment Actually Completed Since the Start of Construction to the End of This Year	#本年完成投资 Investment Completed This Year
甘肃省	**Gansu**	**4342.00**	**2933.71**	**850.03**
兰州市	Lanzhou	2272.14	1562.37	391.15
嘉峪关市	Jiayuguan	164.69	99.13	37.91
金昌市	Jinchang	64.53	51.89	23.22
白银市	Baiyin	112.48	81.31	27.48
天水市	Tianshui	289.87	154.68	47.12
武威市	Wuwei	221.83	99.12	41.62
张掖市	Zhangye	211.65	160.86	51.82
平凉市	Pingliang	180.55	125.22	55.76
酒泉市	Jiuquan	173.78	129.81	33.03
庆阳市	Qingyang	232.69	150.25	47.97
定西市	Dingxi	225.18	174.14	34.04
陇南市	Longnan	55.48	39.76	17.84
临夏州	Linxia	134.27	103.38	40.17
甘南州	Gannan	2.85	1.80	0.91

10-16 各地区按用途分房地产开发企业投资完成额(2016)
Investment Actually Completed by Enterprises for Real Estate Development by Use,Region (2016)

单位：万元 (10 000 yuan)

地 区	Region	本年完成投资额 Investment Completed This Year	住 宅 Residential Buildings	#别 墅、高档公寓 Villas, High-grade Apartments	办公楼 Office Buildings	商业营业用房 Houses for Business Use	其 他 Others
甘肃省	**Gansu**	**8500344**	**5637505**	**30809**	**463722**	**1734842**	**664275**
兰州市	Lanzhou	3911500	2502841	4637	362658	678611	367390
嘉峪关市	Jiayuguan	379120	208546	2411	1032	143056	26486
金昌市	Jinchang	232169	155742		4130	62490	9807
白银市	Baiyin	274813	194972	12405	14041	54876	10924
天水市	Tianshui	471219	321585	4051	9693	108549	31392
武威市	Wuwei	416210	234417	100	5645	154115	22033
张掖市	Zhangye	518178	350582	7195	6900	119031	41665
平凉市	Pingliang	557602	369544		44658	95063	48337
酒泉市	Jiuquan	330288	269590		4615	47961	8122
庆阳市	Qingyang	479669	375571	10	2803	77119	24176
定西市	Dingxi	340358	211303		4033	94702	30320
陇南市	Longnan	178424	130043		790	36643	10948
临夏州	Linxia	401694	303669		2724	62626	32675
甘南州	Gannan	9100	9100				

10-17 各地区房地产开发企业实际到位资金(2016)
Actual Funds of Real Estate Development Enterprise by Region (2016)

单位：万元 (10 000 yuan)

地 区	Region	本年实际到位资金 Total Actual Funds This Year	国内贷款 Domestic Loans	自筹资金 Self-raising Funds	其他资金来源 Others
甘肃省	**Gansu**	**10114718**	**1790523**	**4564978**	**3759217**
兰州市	Lanzhou	5229436	1161305	1731493	2336638
嘉峪关市	Jiayuguan	363803	71677	103400	188726
金昌市	Jinchang	247723	15730	160599	71394
白银市	Baiyin	272555	60306	112139	100110
天水市	Tianshui	621776	184844	251190	185742
武威市	Wuwei	368698	24300	232635	111763
张掖市	Zhangye	529211	31562	398280	99369
平凉市	Pingliang	475861	47757	224518	203586
酒泉市	Jiuquan	369683	68700	232559	68424
庆阳市	Qingyang	525402	32520	445840	47042
定西市	Dingxi	437409	58809	166575	212025
陇南市	Longnan	225150	16608	101532	107010
临夏州	Linxia	438911	16405	395118	27388
甘南州	Gannan	9100		9100	

10-18 各地区商品房屋销售情况(2016)
Sales of Commercialized Buildings by Region (2016)

地 区	Region	商品房销售面积(万平方米) Floor Space of Commercialized Buildings Sold (10 000 sq.m)	#住宅 Residential Buildings	商品房销售额(万元) Total Sale of Commercialized Buildings (10 000 yuan)	#住宅 Residential Buildings
甘肃省	**Gansu**	**1679.49**	**1478.81**	**8734606**	**7123481**
兰州市	Lanzhou	883.93	763.44	5703126	4593558
嘉峪关市	Jiayuguan	53.80	45.60	189679	160380
金昌市	Jinchang	34.37	30.36	119862	95647
白银市	Baiyin	52.74	47.45	250485	209410
天水市	Tianshui	80.18	75.01	391553	353275
武威市	Wuwei	19.35	14.92	91295	51230
张掖市	Zhangye	108.97	99.50	358880	308721
平凉市	Pingliang	95.18	90.11	329578	295082
酒泉市	Jiuquan	127.69	113.27	479464	405490
庆阳市	Qingyang	32.17	28.50	127810	103554
定西市	Dingxi	91.24	80.34	341746	278447
陇南市	Longnan	45.89	41.98	194171	134639
临夏州	Linxia	53.98	48.32	156957	134048
甘南州	Gannan				

10-19 各地区房地产开发企业建设房屋面积和造价(2016)
Floor Space and Cost of Buildings Developed by Enterprises for Real Estate Development by Region (2016)

地 区	Region	施工房屋面积(万平方米) Floor Space of Buildings under Construction (10 000 sq.m)	竣工房屋面积(万平方米) Floor Space of Buildings Completed (10 000 sq.m)	房屋建筑面积竣工率(%) Rate of Floor Space of Buildings Completed (%)	竣工房屋价值(万元) Value of Buildings Completed (10 000 yuan)	竣工房屋造价(元/平方米) Cost of Buildings Completed (yuan/sq.m)
甘肃省	**Gansu**	**8933.24**	**991.73**	**11.10**	**2542487**	**2564**
兰州市	Lanzhou	4368.69	306.12	7.01	1042152	3404
嘉峪关市	Jiayuguan	346.16	37.55	10.85	96524	2571
金昌市	Jinchang	152.70	7.12	4.66	22361	3140
白银市	Baiyin	297.92	63.78	21.41	146402	2295
天水市	Tianshui	716.66	73.92	10.31	174249	2357
武威市	Wuwei	281.03	19.50	6.94	49665	2546
张掖市	Zhangye	585.65	167.24	28.56	299371	1790
平凉市	Pingliang	440.41	82.95	18.83	204669	2467
酒泉市	Jiuquan	362.60	97.63	26.93	228707	2342
庆阳市	Qingyang	427.46	22.93	5.36	62772	2738
定西市	Dingxi	432.87	43.67	10.09	75446	1728
陇南市	Longnan	153.32	40.52	26.43	90569	2235
临夏州	Linxia	363.55	28.80	7.92	49600	1722
甘南州	Gannan	4.21				

10-20 各地县固定资产投资和新增固定资产(2016)
Investment in Fixed Assets and Newly Increased Fixed Assets by Region, County (2016)

单位：万元 (10 000 yuan)

地区	Region	投资总额 Total Investment	第一产业 Primary Industry	第二产业 Secondary Industry	第三产业 Tertiary Industry	#住宅 Residential Buildings	新增固定资产 Newly Increased Fixed Assets
兰州市	**Lanzhou**	**19909541**	**366847**	**4461933**	**15080761**	**2760364**	**11912967**
城关区	Chengguan	4082244	6121	268546	3807577	1186632	2562396
七里河区	Qilihe	2749030	17832	555794	2175404	369901	1794049
西固区	Xigu	2570137	126293	625457	1818387	120225	1021420
安宁区	Anning	2216587	6917	474385	1735285	352225	2178999
红古区	Honggu	692431	63338	341334	287759	39511	561491
永登县	Yongdeng	768036	66497	289368	412171	82793	366218
皋兰县	Gaolan	553526	9999	98924	444603	47410	320118
榆中县	Yuzhong	1364942	57884	265918	1041140	158055	642412
兰州新区	Lanzhou New Area	4912608	11966	1542207	3358435	403612	2465864
嘉峪关市	**Jiayuguan**	**1604314**	**60533**	**630879**	**912902**	**209352**	**407474**
金昌市	**Jinchang**	**2291132**	**136596**	**969550**	**1184986**	**495185**	**1500784**
金川区	Jinchuan	1571811	58071	749661	764079	353733	1017554
永昌县	Yongchang	719321	78525	219889	420907	141452	483230
白银市	**Baiyin**	**5283819**	**609194**	**1947776**	**2726849**	**248266**	**2944063**
白银区	Baiyin	1795540	19950	671275	1104315	146229	769571
平川区	Pingchuan	862105	153820	376341	331944	27410	637465
靖远县	Jingyuan	1040130	270615	396278	373237	43348	430663
会宁县	Huining	1030852		396668	634184	12717	703928
景泰县	Jingtai	555192	164809	107214	233169	18562	402436
天水市	**Tianshui**	**6711785**	**566064**	**1662250**	**4483471**	**499706**	**4327578**
秦州区	Qinzhou	1827753	138308	500097	1189343	190965	1240433
麦积区	Maiji	1107994	97257	98081	912655	62588	637247
清水县	Qingshui	667578	114011	102955	450612	70484	617266
秦安县	Qinan	507625	58826	151367	297432	11965	282859
甘谷县	Gangu	881925	43644	168332	669949	30305	825525
武山县	Wushan	868660	89742	161331	617587	27106	204456
张家川县	Zhangjiachuan	510350	24276	193503	292571	106293	376994
天水经济技术开发区	Tianshui Economic and Technological Development Zone	339900		286584	53316		142798
武威市	**Wuwei**	**6892245**	**575135**	**2213952**	**4103158**	**406991**	**3897319**
凉州区	Liangzhou	3528914	255563	1126151	2147200	282607	2241434
民勤县	Minqin	1561678	122920	443774	994984	86384	756710
古浪县	Gulang	833346	76852	341182	415312	7514	454923
天祝县	Tianzhu	968307	119800	302845	545662	30486	444252
张掖市	**Zhangye**	**3497188**	**470236**	**1142250**	**1884702**	**371412**	**2197768**

10-20 续表 1 continued

单位：万元 (10 000 yuan)

地 区	Region	投资总额 Total Investment	第一产业 Primary Industry	第二产业 Secondary Industry	第三产业 Tertiary Industry	#住 宅 Residential Buildings	新增固定资产 Newly Increased Fixed Assets
甘州区	Ganzhou	1233046	106875	273055	853116	214636	480875
肃南县	Sunan	313984	14310	190816	108858		188251
民乐县	Minle	494498	63630	195410	235458	35127	334424
临泽县	Linze	477147	81587	126780	268780	31712	491559
高台县	Gaotai	478341	122112	154596	201633	51256	334951
山丹县	Shandan	500172	81722	201593	216857	38681	367708
平凉市	**Pingliang**	**6707535**	**783516**	**2647123**	**3276896**	**544651**	**4345345**
崆峒区	Kongtong	2001876	88562	895806	1017508	288900	1111448
泾川县	Jingchuan	781542	54484	285112	441946	62324	309748
灵台县	Lingtai	484327	126246	60256	297825	21187	382196
崇信县	Chongxin	627908	181552	177212	269144	11440	410064
华亭县	Huating	1433527	80607	913867	439053	24595	899840
庄浪县	Zhuanglang	552879	121398	73174	358307	74374	548074
静宁县	Jingning	825476	130667	241696	453113	61831	683975
酒泉市	**Jiuquan**	**12156817**	**1545612**	**4743762**	**5867443**	**401303**	**8126133**
肃州区	Suzhou	2954871	473724	873446	1607701	233227	2085773
金塔县	Jinta	1062620	163678	495229	403713	16249	651481
瓜州县	Guazhou	2142082	229295	1404568	508219	21677	1495487
肃北县	Subei	705453	24025	242644	438784		329418
阿克塞县	Akesai	412330	25945	192350	194035		104197
玉门市	Yumen	2877214	559485	1093040	1224689	12799	2143734
敦煌市	Dunhuang	2002247	69460	442485	1490302	117351	1316043
庆阳市	**Qingyang**	**12008676**	**543934**	**4339873**	**7124869**	**534387**	**7865202**
西峰区	Xifeng	2941642	33269	1154275	1754098	244925	1863211
庆城县	Qingcheng	1037610	22640	720331	294639	4606	575325
环 县	Huanxian	1331555	119114	275940	936501	25927	979885
华池县	Huachi	960874		618606	342268	22572	875176
合水县	Heshui	949809	14395	283165	652249	24454	571628
正宁县	Zhengning	1197544	78778	581638	537128	11836	1047746
宁 县	Ningxian	2306390	116394	440249	1749747	52677	1093270
镇原县	Zhenyuan	1283252	159344	265669	858239	147390	858961
定西市	**Dingxi**	**6211980**	**585589**	**2221712**	**3404679**	**295181**	**3974853**
安定区	Anding	1412426	128755	568062	715609	78759	1069276
通渭县	Tongwei	527865	25649	219460	282756	28512	349534

10-20 续表 2 continued

单位：万元 (10 000 yuan)

地区	Region	投资总额 Total Investment	第一产业 Primary Industry	第二产业 Secondary Industry	第三产业 Tertiary Industry	#住宅 Residential Buildings	新增固定资产 Newly Increased Fixed Assets
陇西县	Longxi	1318222	127967	343298	846957	31673	502570
渭源县	Weiyuan	647662	38802	282008	326852	38223	228535
临洮县	Lintao	1191276	199093	510419	481764	54229	903001
漳县	Zhangxian	482087	25113	198426	258548	2000	318429
岷县	Minxian	632442	40210	100039	492193	61785	603508
陇南市	**Longnan**	**6540223**	**425853**	**3668186**	**2446184**	**165023**	**4568222**
武都区	Wudu	1077382	77557	744199	255626	63871	712221
成县	Chengxian	850846	67002	474829	309015	4920	603001
文县	Wenxian	789195	4750	729915	54530	5000	532741
宕昌县	Tanchang	742930	8705	285509	448716	7910	321194
康县	Kangxian	748921	21260	470402	257259	1300	726908
西和县	Xihe	761156	40782	498041	222333	2762	709126
礼县	Lixian	726568	101482	78027	547059	30881	492058
徽县	Huixian	659385	66504	312569	280312	48379	409365
两当县	Liangdang	183840	37811	74695	71334		61608
临夏州	**Linxia**	**3319051**	**67640**	**830096**	**2421315**	**184690**	**1769763**
临夏市	linxia	705281		71903	633378	14210	242313
临夏县	linxia	355227	20177	130675	204375	52581	201689
康乐县	Kangle	233625	300	83881	149444	3868	163887
永靖县	Yongjing	668046	38322	236579	393145	10453	115882
广河县	Guanghe	398763	2057	62106	334600	30026	305974
和政县	Hezheng	416496	2731	58234	355531	47568	352438
东乡县	Dongxiang	283049		155744	127305	20418	178947
积石山县	Jishishan	258564	4053	30974	223537	5566	208633
甘南州	**Gannan**	**2088277**	**46283**	**612122**	**1429872**	**68980**	**1505022**
合作市	Hezuo	343746	10000	119445	214301	10418	28755
临潭县	Lintan	319474	10821	130615	178038		291084
卓尼县	Zhuoni	342598	7318	164179	171101	53098	221921
舟曲县	Zhouqu	190420	8991	47044	134385	3800	187074
迭部县	Diebu	312804		12470	300334		268203
玛曲县	Maqu	171895	550	74429	96916	1664	106617
碌曲县	Luqu	153846	995	24383	128468		126678
夏河县	Xiahe	253494	7608	39557	206329		274690

主要统计指标解释

固定资产投资（不含农户） 指城镇和农村各种登记注册类型的企业、事业、行政单位及城镇个体户进行的计划总投资500万元及500万元以上的建设项目投资和房地产开发投资，包含原口径的城镇固定资产投资加上农村企事业组织项目投资，该口径自2011年起开始使用。

房地产开发投资 指各种登记注册类型的房地产开发法人单位统一开发的包括统代建、拆迁还建的住宅、厂房、仓库、饭店、宾馆、度假村、写字楼、办公楼等房屋建筑物，配套的服务设施，土地开发工程（如道路、给水、排水、供电、供热、通讯、平整场地等基础设施工程）和土地购置的投资；不包括单纯的土地开发和交易活动。

固定资产投资按建设性质分 按整个建设项目情况来确定。建设项目的性质一般分为新建、扩建、改建和技术改造、单纯建造生活设施、迁建、恢复、单纯购置。房地产开发单位、农户投资不划分建设性质。

(1)新建 指从无到有“平地起家”开始建设的项目。现有企业、事业、行政单位投资的项目一般不属于新建。但如有的单位原有基础很小，经过建设后新增的固定资产价值超过该企业、事业、行政单位原有固定资产价值（原值）三倍以上的，也应作为新建。

(2)扩建 指在厂内或其他地点，为扩大原有产品的生产能力(或效益)或增加新的产品生产能力，而增建的生产车间(或主要工程)、分厂、独立的生产线的企业、事业单位。行政、事业单位在原单位增建业务性用房(如学校增建教学用房、医院增建门诊部、病房等)也作为扩建。

现有企、事业单位为扩大原有主要产品生产能力或增加新的产品生产能力，增建一个或几个主要生产车间(或主要工程)、分厂，同时进行一些更新改造工程的，也应作为扩建。

(3)改建和技术改造 指现有企业、事业单位对原有设施进行技术改造或更新(包括相应配套的辅助性生产、生活福利设施) 的建设项目。改建项目包括现有企业、事业单位为适应市场变化的需要，而改变企业的主要产品种类(如军工企业转民产品等) 的建设项目，原有产品生产作业线由于各工序(车间)之间能力不平衡，为填平补齐充分发挥原有生产能力而增建不增加本企业主要产品设计能力的车间的建设项目。技术改造是指企业、事业单位在现有基础上，用先进的技术代替落后的技术，用先进的工艺和装备代替落后的工艺和装备，以改变企业落后的技术经济面貌，实现以内涵为主的扩大再生产，达到提高产品质量、促进产品更新换代、节约能源、降低消耗、扩大生产规模、全面提高社会经济效益的目的。技术改造具体包括以下内容：机器设备和工具的更新改造；生产工艺改革、节约能源和原材料的改造；厂房建筑和公共设施的改造；保护环境进行的“三废”治理改造；劳动条件和生产环境的改造等。

固定资产投资按构成分

(1)建筑工程 指各种房屋、建筑物的建造工程，又称建筑工作量。这部分投资额必须兴工动料，通过施工活动才能实现，是固定资产投资额的重要组成部分。

(2)安装工程 指各种设备、装置的安装工程，又称安装工作量。

在安装工程中，不包括被安装设备本身价值。

(3)设备工具器具购置 指报告期内购置或自制的，达到固定资产标准的设备、工具、器具的价值。新建单位及扩建单位的新建车间，按照设计或计划要求购置或自制的全部设备、工具、器具，不论是否达到固定资产标准均计入“设备工具器具购置”中。

(4)其他费用 指在固定资产建造和购置过程中发生的，除建筑安装工程和设备、工器具购置投资完成额以外的应当分摊计入固定资产投资的费用，不指经营中财务上的其他费用。

施工项目个数 是指本年正式进行过建筑或安装施工活动的建设项目个数。包括本年新开工项目，以前年度开工跨入本年继续施工项目，本年全部建成投产项目、以前年度全部停缓建在本年恢复施工的项目，本年进行过施工又在本年内全部停缓建的项目。施工项目个数可以反映一定时期固定资产投资的实际规模，与同期全部建成投产项目个数相比，可以从建设速度的角度反映固定资产投资的效果。

本年投产项目个数 指报告期内按设计文件规定建成主体工程和相应配套的辅助设施，形成生产能力或工程效益，经过验收合格，并且已正式投入生产或交付使用的建设项目。

新增固定资产 是指已经完成建造和购置过程，并已交付生产或使用单位的固定资产的价值，包括已经建成投入生产或交付使用的工程投资和达到固定资产标准的设备、工具、器具的投资及有关应摊入的费用。该指标是表示固定资产投资成果的价值指标，也是反映建设进度，计算固定资产投资效果的重要指标。

11

对外经济贸易

Foreign Trade and Economic Cooperation

简要说明

一、本篇资料主要内容

本篇资料综合反映对外贸易、利用外资、对外经济合作的概况，重点反映对外经济贸易的近期发展状况。

二、本篇资料来源

本篇资料由省统计局贸易外经处搜集整理。数据来源于兰州海关、省商务厅、省工商局、省发改委。

11-1 对外经济贸易
Foreign Trade and Economic Cooperation

指　标	Item	2014	2015	2016
进出口总额(万元)	**Total Value of Imports and Exports (10 000 yuan)**	**5258621**	**4939982**	**4532021**
出口总额	Total Exports	3255805	3611734	2681775
进口总额	Total Imports	2002815	1328248	1850243
进出口差额	Balance	1252939	2283487	831534
外商直接投资合同项目(个)	**Number of Projects for Contracted Foreign Direct Investment (unit)**	**12**	**22**	**30**
实际使用外资额(万美元)	**Total Amount of Foreign Investment Actually Utilized (USD 10 000)**	**45542**	**46036**	**11588**
外商直接投资	Foreign Direct Investments	10032	11036	11588
外商其他投资	Other Foreign Investments	35510	35000	
外商投资企业基本情况	**Registered Foreign-funded Enterprises**			
年底登记户数(户)	Number of Registered Enterprises (household)	2052	1179	2079
投资总额(万美元)	Total Investment (USD 10 000)	747077	644922	752885
注册资本(万美元)	Registered Capital (USD 10 000)	319332	268334	319029
#外方	Capital from Foreign Investors	225403	183760	223548
对外经济合作(亿美元)	**Economic Cooperation with Foreign Countries & Regions (USD 100 million)**			
合同金额	Contracted Value	3.1	8.5	4.7
#对外承包工程	Contracted Projects	2.9	8.5	4.7
对外劳务合作	Labor Services	0.2		
完成营业额	Value of Turnover Fulfilled	3.8	2.9	2.7
#对外承包工程	Contracted Projects	3.4	2.9	2.7
对外劳务合作	Labor Services	0.4		

注：2016年，实际使用外资额不含对外借款(以下相关表同)。

s) Since 2016, data of total amount of foreign Investment actually utilized exclude the foreign loans. The same applies to all tables following.

11-2 历年进出口贸易总额
Total Value of Imports and Exports

年 份 Year	人 民 币（万元） RMB (10 000 yuan)				美 元（万美元） USD 10 000			
	进出口总额 Total Imports & Exports	出口总额 Total Exports	进口总额 Total Imports	差 额 Balance	进出口总额 Total Imports & Exports	出口总额 Total Exports	进口总额 Total Imports	差 额 Balance
1978	5941	5941		5941	3454	3454		3454
1979	5905	5905		5905	3972	3972		3972
1980	5883	5883		5883	3927	3927		3927
1981	8871	7683	1188	6495	5129	4336	793	3543
1982	8850	7743	1107	6636	5069	4330	739	3591
1983	10151	8529	1622	6907	5695	4612	1083	3529
1984	20638	15849	4789	11060	6631	4573	2058	2515
1985	37917	29382	8535	20847	10004	7098	2906	4192
1986	59353	47126	12227	34899	13648	10107	3541	6566
1987	68291	57706	10585	47121	15504	12660	2844	9816
1988	67085	61837	5248	56589	16624	15205	1419	13786
1989	103668	87955	15713	72242	18674	15338	3336	12002
1990	102965	95208	7757	87451	20221	18574	1647	16927
1991	144052	131730	12322	119408	27649	25284	2365	22919
1992	231656	195936	35720	160215	41590	35177	6413	28764
1993	275937	161578	114359	47219	48435	28347	20088	8259
1994	431631	316295	115336	200959	50960	37343	13617	23726
1995	253405	182413	70984	111429	30494	21951	8542	13409
1996	395553	225972	169581	56391	47135	26778	20356	6422
1997	398636	299860	98776	201084	51169	37778	13392	24386
1998	378081	292517	85564	206953	45574	35261	10313	24948
1999	336358	262468	73890	188578	40623	31699	8924	22776
2000	471570	343578	127992	215586	56953	41495	15458	26037
2001	644789	394279	250510	143769	77887	47631	30256	17375
2002	726263	454328	271935	182393	87740	54893	32847	22046
2003	1098872	726322	372550	353772	132714	87720	44994	42726
2004	1459880	825003	634877	190126	176314	99638	76676	22962
2005	2157715	894604	1263111	-368507	263136	109098	154038	-44940
2006	3059600	1207400	1852200	-644800	382450	150925	231525	-80600
2007	4176914	1260999	2915915	-1654916	549594	165921	383673	-217752
2008					609355	160217	449138	-288921
2009					386175	73551	312624	-239073
2010					736975	163797	573178	-409381
2011					875059	218533	656526	-437993
2012					889940	357365	532575	-175210
2013					1028103	467877	560226	-92349
2014	5258621	3255805	2002815	1252989	864894	533077	331817	201260
2015	4939982	3611734	1328248	2283487	795253	581178	214075	367103
2016	4532021	2681775	1850243	831534				

注：货物进出口差额负数为逆差。

a) A negative balance indicates trade deficit.That is,imports surpassing exports.

11-3 甘肃省同主要国家(地区)海关进出口总额
Value of Imports and Exports by Main Country(Region) of Gansu Province

单位：万元 (10 000 yuan)

国别(地区)	Coutry(Region)	2015			2016		
		进出口总额 Total	出口总额 Exports	进出口总额 Imports	进出口总额 Total	出口总额 Exports	进出口总额 Imports
甘肃省	**Gansu**	**4939982**	**3611734**	**1328248**	**4532021**	**2681775**	**1850243**
#中国香港	Hongkong,China	248541	242585	5956	483903	432340	51563
中国台湾	Taiwan,China	132268	74505	57764	152072	50022	102051
印度	India	123573	122054	1519	79351	71843	7508
印度尼西亚	Indonesia	129105	79732	49373	87142	31952	55190
日本	Japan	96047	74314	21733	112026	53323	58703
马来西亚	Malaysia	237967	191783	46184	174962	128596	46367
蒙古	Mongolia	193508	3321	190187	175910	1415	174495
新加坡	Singapore	184697	166244	18453	117092	83633	33459
韩国	Korea	421567	397992	23575	319386	293897	25489
泰国	Tailand	139673	136950	2723	72573	70676	1897
哈萨克斯坦	Kazakhstan	163648	34776	128873	390052	58364	331688
英国	United Kingdom	63220	61374	1846	39369	38158	1211
法国	France	47357	43844	3513	19892	17963	1929
比利时	Belgium	20039	19753	285	16422	14233	2189
德国	Germany	101468	76146	25321	68926	39425	29501
意大利	Italy	31536	28083	3453	26099	23147	2953
荷兰	Netherlands	79932	73434	6498	66749	48993	17755
瑞士	Switzerland	1326	560	766	1701	431	1269
俄罗斯	Russia	75524	69337	6187	92408	53847	38561
巴西	Brazil	24004	19963	4041	30847	15096	15751
智利	Chile	14054	12819	1235	66956	9111	57844
加拿大	Canada	38043	27749	10294	36885	24605	12279
美国	United States	371270	311772	59498	419676	185554	234122
澳大利亚	Australia	325441	42270	283170	194718	21403	173315
新西兰	New Zealand	18471	15393	3078	3485	2708	778

11-4 海关出口主要商品金额
Main Export Commodities in Value

单位：万元 (10 000 yuan)

品　名	Item	2016
未列名电灯及照明装置	nes Lamps and Lighting Fittings	28103
其他集成电路	Other Integrated Circuit	214261
未列名塑料制鞋面的鞋靴	nes Footwear with Plastic Vamp	54290
炉用碳电极	Furnace with Carbon Electrodes	44049
蔬菜种子	Vegetable Seeds	25437
鲜苹果	Fresh Apples	61492
枝形吊灯及天花板或墙壁上的电气照明装置	Tree Branch Shape Chandeliers and Electrical Lightings Equipment on the Ceiling or Wall	17319
其他材料制家具	Furnitures Made of other Materials	4222
未列名塑料制品	nes Plastic Products	22517
贱金属制其他仿首饰	Other Imitation Jewelrys made of Base Metal	10229
塑料或纺织材料作面的提箱、小手袋等	Items Placed in a Pocket or Handbags with Plastic of Textile Materials as Surface	19610
含镁量至少为99.8%的未锻轧镁	Unwrought Magnesium with Magnesium Content of at Least 99.8%	21754
塑料片或纺织材料作面的手提包	Handbag with Surface of Plastic Piece or Textile Materials	14869
未列名化纤女式带风帽防寒短上衣、防风衣等	nes Synthetic Fiber Women Warm Jerkin with a Hood or wind-cheaters, etc.	5962
其他金属家具	Other Metal Furnitures	10059
其他上釉的陶瓷砖、瓦、块及类似品	Other Glazed Ceramic Bricks, Tiles, Blocks and Similar Articles	8878
其他硅	Other Silicon	1455
化纤制针织或钩编套头衫、开襟衫、马甲等	Chemical Fiber, Knitted or Crocheted Pullovers, Cardigans, Waistcoats, etc.	13143
家具用其他贱金属制附件及架座	Other Base Metal Fittings and Mountings for Furnitures	14038
处理器及控制器，不论是否带有存储器，转换器，逻辑电路，放大器，时钟及其他电路	Processors and Controllers,whether or not with the Storage, Converter, Logic Circuits, Amplifiers, Clock and other Circuits	32247
电气的台灯、床头灯或落地灯	Electric Lamps, Bedside Lamps or Floor Lamps	10717
其他镀或涂锌普通钢铁板材	Other Ordinary Steel Sheet with Plated or Coated Zinc	25603
合成纤维制披巾、围巾、披纱、面纱及类似品	Shawls, Scarves, Mantillas, Veils and the like Made of Synthetic Fibers	3984
瓷制固定卫生设备	Fixed Ceramic Sanitary Equipment	13702
按重量计铜含量超过99.9935%的精练铜阴极	Refined Copper Cathode with the Copper Content of over 99.9935% by Weight	18231
其他静止式变流器	Other Static Converter	5414
棉制女裤	Cotton Women Trousers	13623
棉制其他男裤	Other Cotton Men Trousers	11708
其他装软垫的金属框架的坐具	Other Metal Frames Seats with Soft Cushion	7427
星型轮及碟刹件	Star Shape Wheels and Disc Brakes	12407

11-5 海关进口主要商品金额
Main Import Commodities in Value

单位：万元 (10 000 yuan)

品　名	Item	2016
铜矿砂及其精矿	Copper Ores and Concentrates	648365
镍矿砂及其精矿	Nickel Ores and Concentrates	173610
钴湿法冶炼中间品	Intermediate Products of Cobalt Hydrometallurgy	59722
镍锍	Nickel Matte	64487
其他集成电路	Other Integrated Circuits	231510
镍湿法冶炼中间品	Intermediate Products of Nickel Hydrometallurgy	17363
氧化铝，但人造刚玉除外	Alumina, Except the Artificial Corundum	13829
锌矿砂及其精矿	Zinc Ores and Concentrates	26605
其他芳烃混合物，T=25℃，蒸馏出芳烃≥65%	Other Aromatic Mixture, T = 25 ℃, Distilled off Aromatics ≥65%	94933
镍铁	Ferronickel	
处理器及控制器，不论是否带有存储器，转换器，逻辑电路，放大器，时钟及其他电路	Processors and Controller,whether or not with the Storage, Converter, Logic Circuits, Amplifiers, Clock and other Circuits	35073
其他精炼铜的阴极(未锻轧的)	Other Refined Copper Cathodes (Unwrought)	9643
引线键合装置(主要用于或专用于装配与封装半导体器件和集成电路的设备)	Wire Bonding Device(Mainly used for or dedicated to the assembly and packaging the devices of semiconductor and integrated circuit)	16098
其他静止式变流器	Other Static Converter	3
锰矿砂及其精矿	Manganese Ores and Concentrates	6451
液晶门眼	LCD Door Eye	1
其他干豌豆	Other Dried Peas	6828
其他主要或专用于装配封装半导体器件和集成电路的设备	Other Equipments which Mainly or Special Used for Assembly of Packaged Semiconductor Devices and Integrated Circuits	10157
含石油或从沥青矿物提取油类的润滑油添加剂	Lubricant Additives Containing Petroleum Oils or Oils Obtained from Bituminous Minerals	8238
铬铁,按重量计含碳量在4%以上	Chromium iron,with the Carbon Content of over 4% by Weight	58885
亚麻子，不论是否破碎	Linseed, whether or not Broken	997
额定功率不超过20瓦的片式固定电阻器	Rated Power does not Exceed 20 Watts Chip Fixed Resistors	4724
搅混、轧碎、研磨、筛选、均化或乳化机器	Mix, Crushing, Grinding, Screening, Homogenizing or Emulsifying Machines	209
8541所列货品的零件	Parts of the Goods of 8541	1435
以镍及其化合物为活性物的载体催化剂	Supporter Catalyst with the Nickel and its Compounds as the Active Substance	159
液体泵零件	Liquid Pump Parts	3599

11-6 海关出口货物数量和金额
Export Commodities in Volume and Value

单位：万元 (10 000 yuan)

品名	Item	2015		2016	
		数量 Volume	金额 Value	数量 Volume	金额 Value
盐渍绵羊肠衣(吨)	Salted Sheep Casings (ton)	465	7041	681	10095
蕨菜干(吨)	Dried Tterribothyte (ton)	7	27	4	16
干扁豆(吨)	Dried Haricot (ton)	11636	6446	8740	5194
干蚕豆(吨)	Dried Horsebean (ton)	2980	2741	2745	1995
荞麦(吨)	Buckwheat (ton)	45	22	48	23
当归(吨)	Angelica (ton)	65	377	67	428
黄芪(吨)	Astragalus (ton)	73	208	145	408
苦杏仁(吨)	Bitter Almonds (ton)	1008	2654	1340	2843
黑瓜子(吨)	Black Melon Seeds (ton)	1649	2804	702	1187
番茄酱罐头(吨)	Canned Tomato Paste (ton)	823	512	756	437
硫化钠(吨)	Sulfuration Natrium (ton)	2667	672	2113	511
氧化铈(吨)	Oxygenation Cerium (ton)	114	159	129	149
已梳无毛山羊绒(吨)	Non-Hair Cashmere (ton)	22	883	17	734
交流发电机(台)	AC Alternator (unit)	2268	253	1302	78
滚珠轴承(万套)	Ball Bearing (10 000 sets)	612	5498	14	78

11-7 利用外资
Utilization of Foreign Capital

单位：个、万美元 (unit,USD 10 000)

年 份 Year	总计 Total		对外借款 Foreign Loans		外商直接投资 Direct Foreign Investments	
	项目 Number of Projects	金额 Value	项目 Number of Projects	金额 Value	项目 Number of Projects	金额 Value
签订利用外资协议(合同)额 Total Amount of Foreign Capital to be Utilized through the Signed Agreements and Contracts						
1995	177	44199	21	25224	156	18975
1996	138	34365	16	25813	122	8552
1997	69	30882	7	20160	62	10722
1998	72	27995	4	19631	68	8364
1999	73	28592	5	19150	68	9442
2000	84	32250	8	19910	76	12340
2001	78	26230	6	10720	72	15510
2002	63	32026	12	21000	51	11026
2003	73	69464	14	45000	59	24464
2004	92	57031	29	24467	63	32564
2005	51	53996	17	40600	34	13396
2006	49	53533	11	44977	38	8556
2007	44	34242	9	19080	35	15162
2008	49	35776	12	6840	37	28936
2009	32	79533	6	45000	26	34533
2010	32	44015	4	25000	28	19015
2011	34	60222	6	33500	28	26722
2012	27	43587	7	25000	20	18587
2013	22	93662	4	41000	18	52662
2014						
2015	26	78603	4	35000	22	43603
2016	30	1375038			30	1375038

11-7 续表 continued

单位：个、万美元 (unit,USD 10 000)

年 份 Year	金额总计 Total	对外借款 Foreign Loans	外商直接投资 Direct Foreign Investments
实际利用外资额 Total Amount of Foreign Investment Actually Utilized			
1995	35854	24900	10954
1996	29317	20315	9002
1997	21638	16368	5270
1998	14552	10688	3864
1999	20746	16642	4104
2000	20122	13887	6235
2001	20558	13119	7439
2002	22620	17392	5228
2003	24609	20722	3887
2004	26297	22758	3539
2005	25639	23595	2044
2006	27241	24287	2954
2007	38202	26400	11802
2008	47642	34800	12842
2009	51383	38000	13383
2010	51921	38400	13521
2011	38524	31500	7024
2012	37210	31100	6110
2013	39129	32000	7129
2014	45542	35510	10032
2015	46036	35000	11036
2016	11588		11588

11-8 外商直接投资项目和投资额(2016)
Foreign Investment Through Signed Contract and It's Value (2016)

单位：万美元 (USD 10 000)

项　目	Rtem	签订合同项目(个) Number of Contracts (unit)	签订合同投资额 Contracted Value	实际吸收外资金额 Amount of Foreign Capital Actually Used
甘肃省	**Gansu**	**30**	**1375038**	**11588**
按登记注册类型分	**By Investment Manner**			
合资经营	Equity Jonint Venture	22	1344336	5431
合作经营	Contractural Jonint Venture			
外资经营	Wholly Foreign-owned Enterprise	7	30702	6157
外商投资股份制	FDI Shareholding Inc.	1		
其他	Others			
按行业分	**By Sector**			
农、林、牧、渔业	Agriculture, Forestry, Animal Husbandry and Fishery	2	51511	3
采矿业	Mining			
制造业	Manufacturing	19	1286551	1322
电力、燃气及水的生产和供应业	Production and Supply of Electricity, Gas and Water	2	5554	10230
建筑业	Construction			
交通运输、仓储和邮政业	Transport, Storage and Post			
信息传输、计算机服务和软件业	Information Transmission,Computer Services and Software			
批发和零售业	Wholesale and Retail Trades			
住宿和餐饮业	Hotels and Catering Services	2	29802	
金融业	Financial Intermediation			
房地产业	Real Estate			
租赁和商务服务业	Leasing and Business Services	2	38	25
科学研究、技术服务和地质勘查业	Scientific Research, Technical Service and Geologic Prospecting	1	-887	8
水利、环境和公共设施管理业	Management of Water Conservancy, Environment and Public Facilities			
居民服务和其他服务业	Services to Households and Other Services			
教育	Education	1		
卫生、社会保障和社会福利业	Health, Social Security and Social Welfare			
文化、体育和娱乐业	Culture, Sports and Entertainment	1	2469	
公共管理和社会组织	Public Management and Social Organizations			
其他	Others			
按国别(地区)分	**By Countries or Regions**			
香港	Hong Kong,China	21	1319295	1733
新加坡	Singapore			665
阿拉伯联合酋长国	United Arab Emirates			
加纳	Ghana			
中国台湾	Taiwan,China	2	353	25
英国	United Kingdom			
德国	Germany	2	51235	
荷兰	Netherlands			
西班牙	Spain			
芬兰	Finland			
瑞典	Sweden			
英属维尔京群岛	British Virgin Islands			
加拿大	Canada			
美国	United States			55
澳大利亚	Australia			
其它	Others	2	322	5324

11-9 年末登记外商投资企业行业分布情况(2016)
Sector Distribution Registered of Foreign-Funded Enterprises at the Year-end (2016)

行业	Sector	企业数(户) Number of Registered Enterprises (unit)	投资总额(万美元) Total Investment (USD 10 000)	注册资本(万美元) Registered Capital (USD 10 000)	#外方 Capital Invested by Foreign Partner
甘肃省	**Gansu**	**2079**	**752885**	**319029**	**223548**
农、林、牧、渔业	Agriculture, Forestry, Animal Husbandry and Fishery	49	72870	37664	29645
采矿业	Mining	6	7350	6418	4836
制造业	Manufacturing	206	104538	57134	26087
电力、燃气及水的生产和供应业	Production and Supply of Electricity, Gas and Water	38	454612	150483	107339
建筑业	Construction	30	3504	2919	2732
交通运输、仓储和邮政业	Transport, Storage and Post	15	714	664	361
信息传输、计算机服务和软件业	Information Transmission,Computer Services and Software	1311	40434	22072	21191
批发和零售业	Wholesale and Retail Trades	188	16505	9818	7888
住宿和餐饮业	Hotels and Catering Services	59	7897	5045	2253
金融业	Financial Intermediation	46	5582	2344	1691
房地产业	Real Estate	24	11152	8349	4806
租赁和商务服务业	Leasing and Business Services	28	6753	3527	3375
科学研究、技术服务和地质勘查业	Scientific Research, Technical Service and Geologic Prospecting	27	15551	9010	8072
水利、环境和公共设施管理业	Management of Water Conservancy, Environment and Public Facilities	10	2756	1129	1127
居民服务和其他服务业	Services to Households and Other Services	26	599	567	552
教育	Education	5			
卫生、社会保障和社会福利业	Health, Social Security and Social Welfare	1		41	41
文化、体育和娱乐业	Culture, Sports and Entertainment	8	2070	1845	1551
公共管理和社会组织	Public Management and Social Organizations				
其他	Others	2			

11-10 各地区外商直接投资合同项目和投资额(2016)
Foreign Investment Through Signed Contract and It's Value by Region(2016)

地 区	Region	签订合同项目(个) Number of Contracts (unit)	签订合同投资额(万美元) Contracted Value (USD 10 000)	实际吸收外资金额(万美元) Amount of Foreign Capital Actually Attracted (USD 10 000)
甘肃省	**Gansu**	**30**	**1375038**	**11588**
兰州市	Lanzhou	26	1368929	1311
嘉峪关市	Jiayuguan			
金昌市	Jinchang	1	357	
白银市	Baiyin		263	130
天水市	Tianshui			
武威市	Wuwei	2	5059	4111
张掖市	Zhangye			
平凉市	Pingliang			
酒泉市	Jiuquan		-2	5989
庆阳市	Qingyang			
定西市	Dingxi			37
陇南市	Longnan	1	432	
临夏州	Linxia			10
甘南州	Gannan			
构成(%)	**Constitute (%)**			
兰州市	Lanzhou	86.67	99.56	11.31
嘉峪关市	Jiayuguan			
金昌市	Jinchang	3.33	0.03	
白银市	Baiyin		0.02	1.12
天水市	Tianshui			
武威市	Wuwei	6.67	0.37	35.48
张掖市	Zhangye			
平凉市	Pingliang			
酒泉市	Jiuquan			51.68
庆阳市	Qingyang			
定西市	Dingxi			0.32
陇南市	Longnan	3.33	0.03	
临夏州	Linxia			0.09
甘南州	Gannan			

11-11 各地区进出口商品总值(2016)
Import and Export Commodities Value by Region (2016)

单位：万元 (10 000 yuan)

地 区	Region	进出口 Total	出口 Exports	进口 Imports
甘肃省	**Gansu**	**4532021**	**2681775**	**1850243**
兰州市	Lanzhou	2770563	2203564	566999
嘉峪关市	Jiayuguan	176476	48316	128161
金昌市	Jinchang	768424	34903	733522
白银市	Baiyin	299944	43066	256879
天水市	Tianshui	319519	176556	142963
武威市	Wuwei	21328	21119	208
张掖市	Zhangye	15296	15130	166
平凉市	Pingliang	22526	20534	1992
酒泉市	Jiuquan	48115	45702	2413
庆阳市	Qingyang	39889	29861	10028
定西市	Dingxi	19768	14281	5487
陇南市	Longnan	17285	17052	232
临夏州	Linxia	8259	7145	1114
甘南州	Gannan	4628	4547	82

主要统计指标解释

进出口总额 指实际进出我国国境的货物总金额。包括对外贸易实际进出口货物，来料加工装配进出口货物，国家间、联合国及国际组织无偿援助物资和赠送品，华侨、港澳台同胞和外籍华人捐赠品，租赁期满归承租人所有的租赁货物，进料加工进出口货物，边境地方贸易及边境地区小额贸易进出口货物(边民互市贸易除外)，中外合资企业、中外合作经营企业、外商独资经营企业进出口货物和公用物品，到、离岸价格在规定限额以上的进出口货样和广告品(无商业价值、无使用价值和免费提供出口的除外)，从保税仓库提取在中国境内销售的进口货物，以及其他进出口货物。该指标可以观察一个国家在对外贸易方面的总规模。我国规定出口货物按离岸价格统计，进口货物按到岸价格统计。

商品经营单位所在地进、出口额 指在所在地海关注册登记的有进出口经营权的企业实际进、出口额。

利用外资 指我国各级政府、部门、企业和其他经济组织通过对外借款、吸收外商直接投资以及用其他方式筹措的境外现汇、设备、技术等。

对外借款 指通过对外正式签订借款协议，从境外筹措的资金，包括外国政府贷款、国际金融组织贷款、外国银行商业贷款、出口信贷以及对外发行债券等。1996 年及以前还包括对外发行股票。该指标是我国利用外资的重要部分。

外商直接投资 是指外国投资者在我国境内通过设立外商投资企业、合伙企业、与中方投资者共同进行石油资源的合作勘探开发以及设立外国公司分支机构等方式进行投资。外国投资者可以用现金、实物、无形资产、股权等投资，还可以用从外商投资企业获得的利润进行再投资。

外商其他投资 指除对外借款和外商直接投资以外的各种利用外资的形式。包括企业在境内外股票市场公开发行的以外币计价的股票(目前主要是在香港证券市场发行的H股和在境内证券市场发行的B股)发行价总额，国际租赁进口设备的应付款，补偿贸易中外商提供的进口设备、技术、物料的价款，加工装配贸易中外商提供的进口设备、物料的价款。

对外承包工程 根据《对外承包工程管理条例》，对外承包工程是指中国的企业或者其他单位承包境外建设工程项目的活动。

对外劳务合作 指组织劳务人员赴其他国家或地区为国外的企业或机构工作的经营性活动。

12 农业 Agriculture

简要说明

一、本篇资料的主要内容

本篇资料反映了农业生产和农村经济的基本情况，主要包括农林牧渔业总产值、增加值、耕地、主要农产品产量、农业机械年末拥有量、农村电气化和农业化学化情况以及农田水利建设等方面的内容。

二、本篇资料的来源

1. 农业资料来源于农村社会经济统计年报，由省统计局农村处整理提供。

2. 水利资料来源于省水利厅。

3. 农机资料来源于省农机局。

三、本篇资料的统计范围和统计口径

农村社会经济统计报表制度的统计范围包括省内全部农村社会经济情况，以及国营、机关单位农林牧渔场的农林牧渔业生产情况。农业科研单位的农业实验研究生产、军队系统的军马场生产以及军队和公安司法部门的警犬生产除外。

本篇资料中 2003 年及以后年份的农林牧渔业总产值、增加值按新口径计算。即调整了农业中种植业和其他农业的分类，将原属于其他农业的农民家庭兼营商品性工业剔除，作为附记指标统计，增加农林牧渔服务业统计。

根据第一、二次农业普查结果，对部分历史数据进行了调整。

12-1 农村基层组织情况
Basic Conditions of Rural Grass-roots Unit

项　　目	Item	2010	2011	2015	2016
村民委员会(个)	Number of Village Committee (unit)	16162	16103	16133	16134
村民小组(个)	Villagers Group (unit)	96998	97190	97431	97186
农村户数(万户)	Number of Rural Households (10 000 households)	480.63	482.39	493.76	495.25
农村人口(万人)	Rural Population (10 000 persons)	2087.6[illegible]	2080.33	2075.19	2073.27
农村从业人员(万人)	Number of Rural Laborers (10 000 persons)	1113.99	1119.95	1129.74	1132.48
按性别分	By Sex				
男	Male	591.75	594.21	607.14	608.61
女	Female	522.24	525.74	522.60	523.86
按行业分	By Sector				
农林牧渔业	Agriculture, Forestry, Animal Husbandry & Fishery	724.82	715.42	668.07	659.76
工　业	Industry	43.68	42.59	49.20	50.63
建筑业	Construction	86.13	89.77	110.69	115.21
批发与零售业	Wholesale and Retail Trades	29.66	29.53	35.22	36.37
交通运输仓储和邮政业	Transport, Storage and Post	26.92	27.03	29.81	30.21
住宿和餐饮业	Hotels and Catering Serices	17.57	18.21	24.02	25.44
信息传输、软件和信息技术服务业	Information Transmission,Software and Information Technology Services	2.34	2.58	3.59	3.80
金融业	Financial Intermediation	1.53	1.22	1.84	2.17
房地产业	Real Estate				
科学研究和技术服务业	Scientific Research and Technical Services	1.92	1.70	1.89	1.94
水利、环境和公共设施管理业	Management of Water Conservancy, Environment and Public Facilities				
居民服务、修理和其他服务业	Services to Households,Repair and Other Services				
教育	Education	6.03	6.16	6.91	7.13
卫生和社会工作	Health and Social Work	3.52	3.55	4.39	4.71
乡镇经济组织(乡务)管理	Villages and Towns Economic Organizations (Sangkat) Management	0.81	0.79	11.33	11.51
其他	Others	169.06	181.40	182.79	183.59

12-2 各地区农村基本情况(2016)
Basic Conditions of Rural by Region (2016)

地 区	Region	村民委员会 (个) Number of Village Committee (unit)	村民小组 (个) Villagers Group (unit)	农村户数 (万户) Number of Rural Households (10 000 households)	农村人口 (万人) Rural Population (10 000 persons)
兰州市	Lanzhou	755	4246	32.98	124.33
嘉峪关市	Jiayuguan	17	117	0.60	2.15
金昌市	Jinchang	138	1082	6.98	23.96
白银市	Baiyin	702	4523	33.81	134.00
天水市	Tianshui	2491	11504	66.67	306.33
武威市	Wuwei	1127	8380	35.51	147.91
张掖市	Zhangye	836	5682	28.31	100.59
平凉市	Pingliang	1470	9119	45.29	194.55
酒泉市	Jiuquan	437	2436	17.37	64.25
庆阳市	Qingyang	1261	9106	55.07	230.06
定西市	Dingxi	1887	12843	62.67	264.45
陇南市	Longnan	3201	14108	60.70	248.06
临夏州	Linxia	1151	11096	36.96	175.77
甘南州	Gannan	661	2944	12.33	56.86

12-3 各地区农村就业人员(2016)
Rural Laborers by Region(2016)

单位：万人 (10 000 persons)

地 区	Region	总 计 Total	农林牧渔业 Agriculture, Forestry, Animal Husbandry & Fishery	工 业 Industry	建筑业 Construction	批发零售贸易 Wholesale and Retail Trades	交通运输仓储业和邮政业 Transport, Storage and Post	其他非农行业 Other Non-agricultural Trades
兰州市	Lanzhou	70.98	36.94	6.06	5.33	2.96	4.04	15.67
嘉峪关市	Jiayuguan	1.35	0.82	0.14	0.06	0.04	0.08	0.22
金昌市	Jinchang	14.06	8.27	0.90	1.47	0.43	0.60	2.40
白银市	Baiyin	71.29	50.28	2.48	5.08	1.80	1.75	9.89
天水市	Tianshui	166.51	96.12	7.04	20.56	4.66	3.43	34.69
武威市	Wuwei	83.72	47.59	4.76	8.32	3.83	2.69	16.53
张掖市	Zhangye	61.47	32.82	2.40	9.04	2.20	2.12	12.89
平凉市	Pingliang	103.02	53.77	4.52	11.76	3.46	3.00	26.52
酒泉市	Jiuquan	36.89	21.43	1.73	3.29	1.63	1.31	7.51
庆阳市	Qingyang	118.04	67.61	5.74	9.68	4.23	2.96	27.81
定西市	Dingxi	145.65	93.58	4.78	16.24	3.84	2.37	24.85
陇南市	Longnan	133.90	75.12	4.16	11.12	3.08	2.34	38.10
临夏州	Linxia	94.37	53.20	5.28	11.50	3.47	2.82	18.11
甘南州	Gannan	31.22	22.20	0.65	1.79	0.76	0.71	5.11

12-4 各地县农村户数及农村人口(2016)

Number of Rural Households and Population by Region, County(2016)

地区	Region	农村户数(万户) Number of Rural Households (10 000 households)	农村人口(万人) Rural Population (10 000 persons)
兰州市	**Lanzhou**	**32.98**	**124.33**
城关区	Chengguan	1.18	4.20
七里河区	Qilihe	2.13	8.88
西固区	Xigu	2.16	7.52
安宁区	Anning		
红古区	Honggu	1.35	5.59
永登县	Yongdeng	9.14	34.52
皋兰县	Gaolan	3.36	11.54
榆中县	Yuzhong	10.01	37.83
兰州新区	Lanzhou New Area	3.63	14.24
嘉峪关市	**Jiayuguan**	**0.60**	**2.15**
金昌市	**Jinchang**	**6.98**	**23.96**
金川区	Jinchuan	1.76	4.87
永昌县	Yongchang	5.22	19.09
白银市	**Baiyin**	**33.81**	**134.00**
白银区	Baiyin	2.51	7.13
平川区	Pingchuan	2.51	10.06
靖远县	Jingyuan	11.71	45.71
会宁县	Huining	11.91	52.43
景泰县	Jingtai	5.17	18.67
天水市	**Tianshui**	**66.67**	**306.33**
秦州区	Qinzhou	9.74	46.06
麦积区	Maiji	10.21	45.26
清水县	Qingshui	6.48	30.28
秦安县	Qinan	12.61	55.11
甘谷县	Gangu	12.12	55.62
武山县	Wushan	9.11	42.70
张家川县	Zhangjiachuan	6.40	31.31
武威市	**Wuwei**	**35.51**	**147.91**
凉州区	Liangzhou	17.89	73.65
民勤县	Minqin	5.56	22.91
古浪县	Gulang	8.03	35.05
天祝县	Tianzhu	4.03	16.31
张掖市	**Zhangye**	**28.31**	**100.59**
甘州区	Ganzhou	10.12	35.08
肃南县	Sunan	0.95	2.64
民乐县	Minle	5.61	22.32
临泽县	Linze	3.47	12.13
高台县	Gaotai	3.98	13.07
山丹县	Shandan	4.19	15.35
平凉市	**Pingliang**	**45.29**	**194.55**
崆峒区	Kongtong	7.98	33.08
泾川县	Jingchuan	7.82	32.26
灵台县	Lingtai	5.29	21.18
崇信县	Chongxin	2.00	8.19
华亭县	Huating	3.28	13.64
庄浪县	Zhuanglang	9.18	41.52
静宁县	Jingning	9.73	44.67
酒泉市	**Jiuquan**	**17.37**	**64.25**
肃州区	Suzhou	5.96	22.00
金塔县	Jinta	2.98	11.00
瓜州县	Guazhou	2.72	10.60
肃北县	Subei	0.22	0.60
阿克塞县	Akesai	0.12	0.30
玉门市	Yumen	2.58	9.76
敦煌市	Dunhuang	2.80	10.00
庆阳市	**Qingyang**	**55.07**	**230.06**
西峰区	Xifeng	6.36	26.60
庆城县	Qingcheng	5.66	23.64
环　县	Huanxian	7.75	32.83
华池县	Huachi	2.80	11.51
合水县	Heshui	3.85	15.49
正宁县	Zhengning	5.04	21.42
宁　县	Ningxian	11.97	51.24
镇原县	Zhenyuan	11.63	47.33
定西市	**Dingxi**	**62.67**	**264.45**
安定区	Anding	9.90	37.51
通渭县	Tongwei	8.75	39.78
陇西县	Longxi	10.37	43.33
渭源县	Weiyuan	7.80	32.63
临洮县	Lintao	11.65	49.34
漳　县	Zhangxian	4.13	19.24
岷　县	Minxian	10.07	42.61
陇南市	**Longnan**	**60.70**	**248.06**
武都区	Wudu	12.52	51.68
成　县	Chengxian	5.73	21.97
文　县	Wenxian	6.16	21.86
宕昌县	Tanchang	6.33	27.14
康　县	Kangxian	4.80	17.08
西和县	Xihe	8.39	39.40
礼　县	Lixian	10.51	46.64
徽　县	Huixian	4.92	18.63
两当县	Liangdang	1.34	3.65
临夏州	**Linxia**	**36.96**	**175.77**
临夏市	Linxia	2.03	9.16
临夏县	Linxia	7.72	34.77
康乐县	Kangle	5.30	25.12
永靖县	Yongjing	3.89	16.25
广河县	Guanghe	3.94	21.54
和政县	Hezheng	3.87	16.15
东乡县	Dongxiang	5.52	28.92
积石山县	Jishishan	4.68	23.87
甘南州	**Gannan**	**12.33**	**56.86**
合作市	Hezuo	0.57	3.47
临潭县	Lintan	3.21	13.64
卓尼县	Zhuoni	1.89	9.09
舟曲县	Zhouqu	3.05	12.34
迭部县	Diebu	0.84	4.12
玛曲县	Maqu	0.84	4.30
碌曲县	Luqu	0.60	2.90
夏河县	Xiahe	1.32	6.99

12-5 各地县乡村从业人员(2016)
Rural Employed Persons by Region, County(2016)

单位：万人 (10 000 persons)

地 区	Region	乡村从业人员 Rural Employed Persons	#农、林、牧、渔业 Agriculture,Forestry, Animal Husbandry and Fishery	地 区	Region	乡村从业人员 Rural Employed Persons	#农、林、牧、渔业 Agriculture,Forestry, Animal Husbandry and Fishery
兰州市	**Lanzhou**	**70.98**	**36.94**	瓜州县	Guazhou	6.00	4.14
城关区	Chengguan	2.07	0.78	肃北县	Subei	0.32	0.25
七里河区	Qilihe	5.04	2.99	阿克塞县	Akesai	0.18	0.13
西固区	Xigu	4.43	1.79	玉门市	Yumen	6.07	3.67
安宁区	Anning	2.16	0.29	敦煌市	Dunhuang	5.53	3.01
红古区	Honggu	3.11	1.86	**庆阳市**	**Qingyang**	**118.04**	**67.61**
永登县	Yongdeng	20.61	10.61	西峰区	Xifeng	13.50	7.31
皋兰县	Gaolan	6.29	3.45	庆城县	Qingcheng	13.27	8.43
榆中县	Yuzhong	20.46	11.87	环 县	Huanxian	17.47	8.61
兰州新区	Lanzhou New Area	6.81	3.30	华池县	Huachi	6.21	5.00
嘉峪关市	**Jiayuguan**	**1.35**	**0.82**	合水县	Heshui	8.23	5.16
金昌市	**Jinchang**	**14.06**	**8.27**	正宁县	Zhengning	11.74	7.20
金川区	Jinchuan	2.90	1.69	宁 县	Ningxian	26.55	14.44
永昌县	Yongchang	11.17	6.58	镇原县	Zhenyuan	21.06	11.46
白银市	**Baiyin**	**71.29**	**50.28**	**定西市**	**Dingxi**	**145.65**	**93.58**
白银区	Baiyin	3.43	1.58	安定区	Anding	20.76	13.40
平川区	Pingchuan	5.12	3.42	通渭县	Tongwei	23.26	13.96
靖远县	Jingyuan	23.31	17.36	陇西县	Longxi	25.15	15.61
会宁县	Huining	28.27	20.27	渭源县	Weiyuan	17.41	12.58
景泰县	Jingtai	11.17	7.66	临洮县	Lintao	25.47	16.59
天水市	**Tianshui**	**166.51**	**96.12**	漳 县	Zhangxian	9.58	4.39
秦州区	Qinzhou	24.06	13.02	岷 县	Minxian	24.02	17.05
麦积区	Maiji	23.83	13.10	**陇南市**	**Longnan**	**133.90**	**75.12**
清水县	Qingshui	15.77	10.34	武都区	Wudu	26.23	10.99
秦安县	Qinan	30.44	19.95	成 县	Chengxian	11.87	6.31
甘谷县	Gangu	30.21	15.49	文 县	Wenxian	12.24	7.27
武山县	Wushan	23.67	13.07	宕昌县	Tanchang	15.96	10.39
张家川县	Zhangjiachuan	18.53	11.15	康 县	Kangxian	10.28	7.07
武威市	**Wuwei**	**83.72**	**47.59**	西和县	Xihe	20.56	12.55
凉州区	Liangzhou	42.02	19.83	礼 县	Lixian	24.20	14.51
民勤县	Minqin	11.36	8.16	徽 县	Huixian	10.30	4.61
古浪县	Gulang	21.03	13.68	两当县	Liangdang	2.26	1.43
天祝县	Tianzhu	9.31	5.94	**临夏州**	**Linxia**	**94.37**	**53.20**
张掖市	**Zhangye**	**61.47**	**32.82**	临夏市	linxia	4.72	1.83
甘州区	Ganzhou	22.21	11.70	临夏县	linxia	18.08	7.71
肃南县	Sunan	1.49	1.06	康乐县	Kangle	13.27	9.56
民乐县	Minle	13.10	8.79	永靖县	Yongjing	9.41	5.75
临泽县	Linze	7.35	3.30	广河县	Guanghe	11.68	7.93
高台县	Gaotai	8.21	4.03	和政县	Hezheng	10.94	3.71
山丹县	Shandan	9.10	3.94	东乡县	Dongxiang	13.73	9.00
平凉市	**Pingliang**	**103.02**	**53.77**	积石山县	Jishishan	12.56	7.72
崆峒区	Kongtong	18.34	9.15	**甘南州**	**Gannan**	**31.22**	**22.20**
泾川县	Jingchuan	15.86	8.46	合作市	Hezuo	2.06	1.74
灵台县	Lingtai	11.48	6.31	临潭县	Lintan	7.77	5.23
崇信县	Chongxin	5.27	2.46	卓尼县	Zhuoni	5.23	4.33
华亭县	Huating	7.17	3.07	舟曲县	Zhouqu	6.48	3.09
庄浪县	Zhuanglang	23.12	11.59	迭部县	Diebu	2.00	1.36
静宁县	Jingning	21.77	12.73	玛曲县	Maqu	2.23	2.06
酒泉市	**Jiuquan**	**36.89**	**21.43**	碌曲县	Luqu	1.60	1.44
肃州区	Suzhou	12.42	6.47	夏河县	Xiahe	3.85	2.94
金塔县	Jinta	6.36	3.76				

12-6 历年农林牧渔业总产值
Gross Output Value of Agriculture,Forestry, Animal Husbandry and Fishery

单位：万元 (10 000 yuan)

年 份 Year	农林牧渔业总产值 Gross Output Value of Agriculture, Forestry,Animal Husbandry and Fishery	农 业 Agriculture	林 业 Forestry	牧 业 Animal Husbandry	渔 业 Fishery	农林牧渔服务业 Services in Support of Agriculture
1978	224533	180494	6153	37871	15	
1979	232810	184626	6020	42142	22	
1980	273886	219964	6509	47391	22	
1981	280174	223290	9850	47008	26	
1982	305248	234548	16903	53768	29	
1983	400865	311151	21158	68525	31	
1984	403253	298431	32261	72533	28	
1985	488182	347073	36296	104723	90	
1986	563960	404031	34052	125629	248	
1987	655161	450855	34509	169234	563	
1988	847166	564748	38231	242954	1233	
1989	891232	604026	33209	252186	1811	
1990	1024993	732425	32679	257733	2156	
1991	1065704	763191	35284	264560	2669	
1992	1194970	871291	41310	279057	3312	
1993	1353978	991439	47260	311061	4218	
1994	2121949	1579087	57959	479308	5595	
1995	2694508	2002403	65048	619212	7845	
1996	3073203	2352458	65780	646457	8508	
1997	2992411	2230749	74206	678147	9309	
1998	3346943	2525451	87791	722056	11645	
1999	3199866	2492555	96697	600261	10352	
2000	3201176	2389656	111534	688108	11878	
2001	3396579	2539927	86471	759285	10896	
2002	3528583	2572554	138735	807290	10004	
2003	4278433	2758234	198140	854917	9571	457571
2004	5035034	3313663	161915	1057696	9863	491898
2005	5497110	3628896	158959	1143231	10237	555787
2006	5937000	3958383	149934	1182928	10369	635386
2007	6860990	4587283	194286	1311680	10469	757272
2008	8080990	5295644	224366	1682607	10112	868261
2009	8762818	5872679	242400	1718887	11130	917722
2010	10570174	7575568	185445	1818017	11714	979430
2011	11877562	8484540	172413	2105997	15940	1098672
2012	13581624	9842433	200740	2317220	18031	1203200
2013	15177423	11044719	225330	2533899	20062	1353412
2014	16187954	11749284	255416	2684347	21450	1477457
2015	17220912	12525055	286483	2794230	21798	1593347
2016	17780010	12747097	308329	2997481	21652	1705451

注：1.农业总产值和牧业总产值根据第一、二次农业普查数据对部分历史数据进行了调整。
2.2003年起执行新国民经济行业分类标准，总产值包括农林牧渔服务业产值。

a) Part of historical data of gross output value of agriculture, animal husbandry was adjusted according to the data of the First and Second National Agricultural Census.

b) Since 2003,the new classification for national standard of industry classification has been implemented, and gross output value includes the serivces in support of agriculture, forestry, animal husbandry and fishery.

12-7 历年农林牧渔业总产值指数
Indices of Gross Output Value of Agriculture, Forestry,Animal Husbandry and Fishery

(上年=100) (preceding year=100)

年 份 Year	农林牧渔业总产值 Gross Output Value of Agriculture, Forestry,Animal Husbandry and Fishery	农 业 Agriculture	林 业 Forestry	牧 业 Animal Husbandry	渔 业 Fishery	农林牧渔服务业 Services in Support of Agriculture
1978	105.19	104.32	96.75	110.95	84.62	
1979	93.52	91.55	88.71	101.35	120.24	
1980	111.08	115.08	114.92	98.03	83.17	
1981	92.24	91.71	85.76	95.79	104.76	
1982	113.30	108.87	140.21	122.37	111.36	
1983	113.83	115.15	120.15	108.13	107.14	
1984	108.98	105.12	138.46	112.93	138.10	
1985	113.64	108.54	112.93	129.35	158.62	
1986	107.25	107.39	85.43	113.67	145.22	
1987	102.48	102.63	92.00	104.45	200.00	
1988	107.14	111.27	88.71	101.10	134.43	
1989	107.17	105.29	93.81	114.40	136.41	
1990	105.26	106.78	101.45	102.14	117.47	
1991	101.04	100.37	102.04	102.51	113.34	
1992	106.62	108.91	107.01	100.91	114.84	
1993	107.76	109.56	104.46	103.47	116.02	
1994	104.34	104.33	104.09	104.33	114.08	
1995	99.91	98.56	97.36	103.86	128.40	
1996	112.00	115.66	101.20	103.91	106.60	
1997	100.40	100.43	95.49	100.93	110.26	
1998	115.93	119.08	98.92	108.92	117.69	
1999	99.04	98.33	112.22	99.47	120.41	
2000	104.92	103.44	122.46	107.12	109.55	
2001	107.81	109.93	71.19	107.14	104.29	
2002	105.77	103.75	163.62	106.12	100.44	
2003	105.88	103.18	148.36	107.41	97.20	
2004	107.10	108.05	80.83	110.12	107.05	105.00
2005	107.03	107.21	90.85	107.03	105.92	111.30
2006	104.61	103.58	85.55	109.04	105.29	112.99
2007	104.31	104.17	130.96	96.83	107.17	112.76
2008	107.35	108.89	109.48	102.93	101.16	105.24
2009	105.79	105.18	116.21	107.50	101.04	103.57
2010	105.69	106.74	89.35	104.84	105.25	103.02
2011	105.38	106.17	105.35	101.83	109.39	105.83
2012	106.35	106.98	103.13	104.20	102.04	106.22
2013	104.90	104.80	112.25	102.66	105.18	108.79
2014	105.36	104.70	108.91	107.09	101.07	106.92
2015	105.70	105.58	112.16	105.53	101.02	105.94
2016	105.30	105.70	110.45	102.90	101.19	105.52

注：本表按可比价格计算。

a) The indices in this table are calculated at constant prices.

12-8 各地县农林牧渔业总产值(2016)
Gross Output Value of Agriculture,Forestry, Animal Husbandry and Fishery by Region, County(2016)

单位：万元 (10 000 yuan)

地　区	Region	农林牧渔业总产值 Gross Output Value of Agriculture, Forestry,Animal Husbandry and Fishery	农　业 Agriculture	林　业 Forestry	牧　业 Animal Husbandry	渔　业 Fishery	农林牧渔服务业 Services in Support of Agriculture	农林牧渔业总产值指数(上年=100) Indices (preceding year=100)
兰州市	**Lanzhou**	**999451**	**809195**	**14189**	**119183**	**1565**	**55318**	**105.91**
城关区	Chengguan	32977	23772	2840	3018		3347	85.71
七里河区	Qilihe	90313	58623	72	18136		13482	103.79
西固区	Xigu	75815	64470	347	9839	256	903	103.48
安宁区	Anning	3211	1410	670	528		603	97.23
红古区	Honggu	161417	147349	201	11999	144	1725	106.90
永登县	Yongdeng	184799	149899	1170	30708	1061	1960	110.25
皋兰县	Gaolan	110641	91784	1587	10158		7112	106.56
榆中县	Yuzhong	287253	233711	5560	26666	104	21211	105.89
兰州新区	Lanzhou New Area	53026	38179	1742	8130		4975	108.37
嘉峪关市	**Jiayuguan**	**75306**	**59301**	**118**	**11476**	**144**	**4267**	**103.13**
金昌市	**Jinchang**	**374269**	**305811**	**4383**	**52212**	**515**	**11349**	**103.19**
金川区	Jinchuan	111754	91324	1360	13975		5095	104.79
永昌县	Yongchang	262514	214486	3023	38236	515	6253	102.69
白银市	**Baiyin**	**1010841**	**657205**	**21752**	**304010**	**1670**	**26204**	**104.14**
白银区	Baiyin	95222	65985	3460	20863	740	4175	108.44
平川区	Pingchuan	44689	31177	1105	10963	73	1371	106.66
靖远县	Jingyuan	390814	302808	8710	70359	709	8228	102.84
会宁县	Huining	291099	141935	6753	136682		5730	105.03
景泰县	Jingtai	189016	115301	1725	65142	148	6701	102.48
天水市	**Tianshui**	**1658833**	**1426620**	**23717**	**198165**	**1266**	**9065**	**105.23**
秦州区	Qinzhou	210499	189854	1103	18843	216	482	104.98
麦积区	Maiji	211133	184544	2090	23360	226	912	104.10
清水县	Qingshui	181448	140558	964	38838	148	939	104.41
秦安县	Qinan	268006	233585	1519	32718	4	180	107.83
甘谷县	Gangu	305687	264819	669	35700	155	4344	105.02
武山县	Wushan	363063	333212	2076	26005	470	1300	105.07
张家川县	Zhangjiachuan	104370	80048	667	22701	47	907	103.98
武威市	**Wuwei**	**1891747**	**1326791**	**46469**	**463765**	**466**	**54255**	**106.49**
凉州区	Liangzhou	1009284	717267	2074	271441	112	18391	108.44
民勤县	Minqin	466681	332150	33547	75311	348	25325	109.13
古浪县	Gulang	283788	212060	7387	58576		5765	96.32
天祝县	Tianzhu	131994	65315	3461	58437	7	4774	103.18
张掖市	**Zhangye**	**1798700**	**1156052**	**21879**	**388145**	**2759**	**229864**	**104.97**

12-8 续表 1 continued

单位：万元 (10 000 yuan)

地 区	Region	农林牧渔业总产值 Gross Output Value of Agriculture, Forestry,Animal Husbandry and Fishery	农 业 Agriculture	林 业 Forestry	牧 业 Animal Husbandry	渔 业 Fishery	农林牧渔服务业 Services in Support of Agriculture	农林牧渔业总产值指数（上年=100) Indices (preceding year=100)
甘州区	Ganzhou	679594	363143	4175	145334	1101	165841	103.34
肃南县	Sunan	73368	22500	1038	47107		2722	107.05
民乐县	Minle	281772	223584	3406	45438		9344	108.65
临泽县	Linze	256082	143276	7729	59155	599	45323	98.51
高台县	Gaotai	291141	224194	2106	59138	1009	4694	105.86
山丹县	Shandan	188849	152703	3426	30730	50	1940	111.78
平凉市	**Pingliang**	**1676884**	**1334564**	**26616**	**295779**	**2404**	**17521**	**105.40**
崆峒区	Kongtong	308571	225738	4331	75597	678	2227	105.35
泾川县	Jingchuan	301407	238667	9901	49787	956	2095	103.66
灵台县	Lingtai	184970	147865	2276	32396	346	2086	105.53
崇信县	Chongxin	112290	77082	2280	30059	84	2785	107.13
华亭县	Huating	136034	89845	2116	42276	65	1733	105.66
庄浪县	Zhuanglang	246369	203234	3668	38369	202	896	105.86
静宁县	Jingning	387244	352132	2044	27294	74	5700	105.94
酒泉市	**Jiuquan**	**1879584**	**1109209**	**40714**	**269764**	**2055**	**457842**	**105.87**
肃州区	Suzhou	677613	342566	7208	113810	1038	212991	105.26
金塔县	Jinta	415581	252894	16806	54500	547	90835	108.49
瓜州县	Guazhou	253410	182029	6253	25923	153	39052	103.51
肃北县	Subei	10375	1812	30	8116		416	107.14
阿克塞县	Akesai	9764	1398	1126	7040		201	108.69
玉门市	Yumen	195844	150332	4312	31691	128	9381	107.43
敦煌市	Dunhuang	316997	178178	4980	28685	188	104966	104.39
庆阳市	**Qingyang**	**1516696**	**1150132**	**38591**	**197190**	**1297**	**129485**	**104.09**
西峰区	Xifeng	225057	135338	1965	15739	124	71890	103.61
庆城县	Qingcheng	172578	140638	4840	18222	78	8800	101.78
环 县	Huanxian	161878	114845	4727	41318	96	892	105.92
华池县	Huachi	90595	65104	8983	15932	108	468	106.86
合水县	Heshui	144155	119351	5370	17247	164	2022	104.15
正宁县	Zhengning	165613	141316	3406	8845	191	11855	100.94
宁 县	Ningxian	269421	218815	4602	37904	82	8019	103.08
镇原县	Zhenyuan	287400	214723	4699	41984	454	25539	106.55
定西市	**Dingxi**	**1326891**	**1031588**	**12671**	**220413**	**1740**	**60480**	**105.50**
安定区	Anding	226050	185010	2944	35455	8	2634	108.25
通渭县	Tongwei	161513	129670	3025	26805	10	2003	107.08

12-8 续表 2 continued

单位：万元 (10 000 yuan)

地　区	Region	农林牧渔业总产值 Gross Output Value of Agriculture, Forestry,Animal Husbandry and Fishery	农　业 Agriculture	林　业 Forestry	牧　业 Animal Husbandry	渔　业 Fishery	农林牧渔服务业 Services in Support of Agriculture	农林牧渔业总产值指数（上年=100） Indices (preceding year=100)
陇西县	Longxi	265642	198279	1032	31758	146	34427	103.55
渭源县	Weiyuan	153791	125296	2265	22305	281	3645	104.27
临洮县	Lintao	256991	185552	1404	53350	601	16084	104.31
漳　县	Zhangxian	95278	71884	764	21450	583	597	103.77
岷　县	Minxian	167625	135899	1237	29290	111	1089	106.74
陇南市	**Longnan**	**1197394**	**888372**	**68851**	**224718**	**2300**	**13153**	**106.49**
武都区	Wudu	308923	232246	36539	38727	271	1141	106.81
成　县	Chengxian	142375	110713	4779	23401	156	3326	106.32
文　县	Wenxian	94260	70185	3571	19008	1166	330	105.07
宕昌县	Tanchang	110709	85790	4989	19514	57	360	111.30
康　县	Kangxian	70853	49324	4033	16565	90	842	103.41
西和县	Xihe	107570	83199	2636	19999	46	1690	106.48
礼　县	Lixian	155184	104971	5570	41080	63	3500	107.01
徽　县	Huixian	163452	118127	4885	38553	392	1494	104.30
两当县	Liangdang	44067	33816	1850	7872	59	469	108.17
临夏州	**Linxia**	**626695**	**417630**	**15164**	**162324**	**3684**	**27892**	**105.82**
临夏市	linxia	48996	30717	1475	12768	169	3867	107.70
临夏县	linxia	121290	81439	2543	32475	99	4734	105.98
康乐县	Kangle	81146	55737	1872	18304	81	5153	105.28
永靖县	Yongjing	107136	76946	2894	20401	2986	3908	106.41
广河县	Guanghe	56362	43594	1145	9583		2040	105.12
和政县	Hezheng	61333	40220	1625	17272		2217	104.38
东乡县	Dongxiang	76863	32813	1569	38808	234	3439	105.50
积石山县	Jishishan	73568	56164	2041	12714	114	2535	106.12
甘南州	**Gannan**	**378631**	**93886**	**34488**	**244952**	**49**	**5257**	**105.40**
合作市	Hezuo	25267	4764	467	19851		184	104.92
临潭县	Lintan	50566	26971	626	21735	18	1216	102.59
卓尼县	Zhuoni	58665	20400	3574	34015	16	660	106.18
舟曲县	Zhouqu	52393	26739	12744	11859		1051	113.02
迭部县	Diebu	36750	8295	11680	16668		107	107.56
玛曲县	Maqu	61106		327	60198	14	567	102.60
碌曲县	Luqu	37435	1554	1236	33852		793	104.49
夏河县	Xiahe	56450	5163	3834	46774		679	102.75

12-9 农林牧渔业增加值及指数

Value-added of Agriculture,Forestry,Animal Husbandry and Fishery and Related Indices

指　标	Item	2010	2011	2015	2016
绝对数(万元)	**Absolute Number (10 000 yuan)**				
农林牧渔业增加值	**Value-added**	**5992754**	**6787455**	**9955130**	**10277272**
农　业	Agriculture	4413030	4980411	7538336	7644465
林　业	Forestry	78084	75727	128857	142371
牧　业	Animal Husbandry	1239021	1434704	1858290	2031215
渔　业	Fishery	7967	10959	15377	15804
农林牧渔服务业	Services in Support of Agriculture	254652	285655	414270	443417
指数(上年=100)	**Indices (preceding year =100)**				
农林牧渔业增加值	**Value-added**	**105.5**	**105.9**	**105.4**	**105.5**
农　业	Agriculture	106.4	107.0	105.9	105.9
林　业	Forestry	92.3	109.9	107.4	110.8
牧　业	Animal Husbandry	104.6	101.8	103.4	103.5
渔　业	Fishery	105.2	110.6	101.7	100.7
农林牧渔服务业	Services in Support of Agriculture	103.0	105.8	105.9	105.5

12-10 各地区农林牧渔业增加值(2016)

Value-added of Agriculture, Forestry, Animal Husbandry and Fishery by Region(2016)

单位：万元　　(10 000 yuan)

地　区	Region	农林牧渔业增加值 Value-added	农　业 Agriculture	林　业 Forestry	牧　业 Animal Husbandry	渔　业 Fishery	农林牧渔服务业 Services in Support of Agriculture
兰州市	Lanzhou	617950.43	518527.06	6317.25	77543.50	1180.04	14382.58
嘉峪关市	Jiayuguan	45462.06	38169.58	2.49	6115.20	65.29	1109.50
金昌市	Jinchang	210130.85	166648.47	2263.95	38160.01	107.81	2950.61
白银市	Baiyin	626632.43	386079.03	10020.06	222453.55	1266.67	6813.12
天水市	Tianshui	1006231.55	870546.72	13266.34	118932.82	1128.87	2356.80
武威市	Wuwei	1096843.02	701378.06	21956.89	359001.27	400.40	14106.40
张掖市	Zhangye	1083952.70	750836.22	14597.64	256741.50	2012.77	59764.57
平凉市	Pingliang	1034509.18	815624.03	11987.82	200477.39	1864.44	4555.50
酒泉市	Jiuquan	990929.02	674888.46	23113.39	172633.55	1254.68	119038.94
庆阳市	Qingyang	888563.07	704709.69	12324.06	136784.42	1078.91	33665.99
定西市	Dingxi	803201.60	621755.99	3860.36	160279.51	1580.97	15724.77
陇南市	Longnan	741985.10	528887.12	44677.59	163061.18	1939.50	3419.71
临夏州	Linxia	390902.44	251983.84	6286.61	122198.67	3181.27	7252.05
甘南州	Gannan	292572.97	63398.49	25195.26	202588.11	24.29	1366.82

12-11 各地区农林牧渔业增加值指数(2016)
Indices of Value-added of Agriculture, Forestry, Animal Husbandry and Fishery by Region(2016)

(上年=100) (preceding year=100)

地区	Region	农林牧渔业增加值指数 Indices of Value-added	农业 Agriculture	林业 Forestry	牧业 Animal Husbandry	渔业 Fishery	农林牧渔服务业 Services in Support of Agriculture
兰州市	Lanzhou	106.0	107.0	123.1	99.2	101.8	105.8
嘉峪关市	Jiayuguan	105.6	105.2	20.1	110.0	139.6	106.5
金昌市	Jinchang	105.3	105.7	100.9	103.9	184.4	104.4
白银市	Baiyin	105.2	106.3	82.6	104.8	93.5	104.4
天水市	Tianshui	105.9	106.4	98.7	102.9	96.2	110.8
武威市	Wuwei	106.3	106.9	120.1	104.1	83.2	112.7
张掖市	Zhangye	105.5	105.0	141.4	105.9	103.9	103.8
平凉市	Pingliang	105.8	106.3	94.5	104.1	123.2	108.1
酒泉市	Jiuquan	106.2	107.6	91.2	104.4	105.3	104.7
庆阳市	Qingyang	105.7	106.3	92.2	104.0	116.1	104.8
定西市	Dingxi	105.0	106.1	86.0	101.2	104.8	106.4
陇南市	Longnan	105.5	105.1	131.3	101.5	91.7	106.3
临夏州	Linxia	106.0	107.1	78.5	105.1	112.4	110.6
甘南州	Gannan	105.1	105.1	100.3	105.9	123.2	104.0

12-12 耕地面积
Cultivated Area

单位：公顷 (hectare)

指标	Indicators	2010	2011	2015	2016
年初耕地面积	**Cultivated Area at Year-beginning**	**3485187**	**3493807**	**3546800**	**3553344**
当年增加的耕地面积	**Increased Cultivated Area in the Year**	**16433**	**19407**	**17329**	**21379**
#新开荒地面积	Newly Developed Wasteland	9073	6940	12537	11622
治河造田面积	Governance River and Creating Farmlands Area	273	180	313	255
当年减少的耕地面积	**Decreased Cultivated Area in the Year**	**7813**	**10207**	**10785**	**16995**
国家征用	Government Requisition	2785	3359	2802	3393
农村基建	Rural Capital Construction	528	271	369	413
农民个人建房	Private Building	866	610	451	531
还林还牧	Give Back to Forest and Herd Area	822	3662	816	1883
其他	Others	2812	2305	6346	10775
年末耕地面积	**Cultivated Area at Year-end**	**3493807**	**3503007**	**3553344**	**3557727**
水田	Paddy Fields	13187	12720	6615	7502
旱地	Dry Fields	3480620	3490287	3546728	3550226

12-13 各地区耕地面积(2016)
Cultivated Area by Region(2016)

单位：公顷 (hectare)

地 区	Region	年初耕地面积 Cultivated Area at Year-beginning	当年增加耕地面积 Increased Cultivated Area in the Year	当年减少耕地面积 Decreased Cultivated Area in the Year	年末耕地面积 Cultivated Area at Year-end
兰州市	Lanzhou	205264		2037	203227
嘉峪关市	Jiayuguan	2976			2976
金昌市	Jinchang	70869	89		70958
白银市	Baiyin	308136	1862	22	309976
天水市	Tianshui	378586	199	170	378616
武威市	Wuwei	254073	5953	5659	254368
张掖市	Zhangye	272509	5711	3178	275042
平凉市	Pingliang	370370	214	412	370171
酒泉市	Jiuquan	160500	844	144	161200
庆阳市	Qingyang	454420	1273	1500	454192
定西市	Dingxi	513471	143	169	513446
陇南市	Longnan	286021	26	1397	284649
临夏州	Linxia	144057	48	264	143840
甘南州	Gannan	66757	202	167	66792

12-14 农业机械拥有量
Number of Agricultural Machinery Owned

指　标	Item	2010	2011	2015	2016
农业机械总动力合计(万千瓦)	Total Power of Agricultural Machinery (10 000 kw)	1977.55	2136.48	2684.95	1903.90
#柴油发动机动力	Power of Diesel Engines	1579.07	1725.75	2182.11	1381.47
汽油发动机动力	Power of Petrol Engines	24.21	27.04	38.98	45.57
电动机动力	Power of Electric Motor	360.07	383.26	462.94	475.89
农业机械原值(亿元)	Original Value of Agricultural Machinery (100 million yuan)	124.15	141.55	223.85	147.30
农业机械净值(亿元)	Net Value of Agricultural Machinery (100 million yuan)	87.84	99.14	150.49	102.61
农用大中型拖拉机(台)	Number of Large and Medium-sized Agricultural Tractors (unit)	73174	92860	160342	175222
大中型拖拉机(万千瓦)	Power of Large and Medium-sized Agricultural Tractors (10 000 kw)	180.93	235.58	400.76	449.99
小型拖拉机(台)	Number of Small Tractors (unit)	460716	490753	613248	629023
小型拖拉机(万千瓦)	Power of Small Tractors (10 000 kw)	509.82	531.23	633.05	639.89
大中型拖拉机配套农具(万部)	Number of Large and Medium-sized Tractor Towing Farm Machinery (10 000 units)	20.23	26.24	35.64	38.54
小型拖拉机配套农具(万部)	Number of Small Tractor Towing Farm Machinery (10 000 units)	92.08	99.70	127.96	136.97
农用排灌柴油机(台)	Number of Diesel Engines (unit)		18947	26074	27671
农用排灌动力机械动力(万千瓦)	Machinery Power of Drainage and Irrigation Machinery (10 000 kw)	157.12	160.15	170.09	173.69
联合收割机(台)	Combine Harvester (unit)	3632	4111	8110	9559
机动脱粒机(台)	Motorized Thresher (unit)	134419	143328	255225	271506
机动喷雾机(部)	Power Sprayer (unit)	34911	40141	48085	51274
饲料粉碎机(万台)	Fodder Grinder (10 000 units)	14.06	16.73	28.33	
榨油机(万部)	Oil Mill (10 000 units)	2.26	2.39	2.55	

注：根据2016年新修订的《全国农业机械化管理统计报表制度》，农业机械总动力指标统计中删除了农用运输车、三轮汽车、和低速载货汽车，农业机械总动力指标修正后为1903.9万千瓦。

a) According to the newly revised "National Agricultural Mechanization Management Statistical Reporting System"in 2016,the index of agricultural vehicles, three-wheeled vehicles and low-speed trucks were removed in the total power of agricultural machinery statistics, the revised data of total power of agricultural machinery is 1.993 million kilowatts.

12-15 农业生产条件
Agriculture Production Condition

指　标	Item	2010	2011	2015	2016
农业机械化	**Agriculture Mechanization**				
当年机耕地面积(千公顷)	Areas of Motorized Cultivation (1 000 hectares)	1780.29	1904.46	2582.15	2763.07
占耕地面积(%)	Rate in Total (%)	50.96	54.37	72.80	76.50
当年机播面积(千公顷)	Areas of Motorized Planting (1 000 hectares)	1203.11	1291.67	1617.79	1694.99
占总播种面积(%)	Rate in Total Sown Area (%)	30.11	31.74	38.23	39.75
农业水利化	**Agriculture Irrigation and Water**				
有效灌溉面积(千公顷)	Effective Irrigated Area (1 000 hectares)	1098.88	1105.85	1165.59	1178.44
占耕地面积(%)	Rate in Cultivated Land (%)	31.45	31.57	32.80	33.12
水平梯田面积(千公顷)	Level Terrace Area (1 000 hectares)	1840.61	1885.84	2063.50	2088.65
占耕地面积(%)	Rate in Cultivated Land (%)	52.68	53.83	58.07	58.71
条田面积(千公顷)	Strip Area (1 000 hectares)	859.31	862.97	314.60	316.40
农业电气化	**Agriculture Electrization**				
农村用电量(万千瓦时)	Electricity Consumed in Rural Areas (10 000 kwh)	428511	450541	540417	542226
农村生产用电	For Produce	275651	289965	332599	329640
农民生活用电	For Living	152861	160576	207818	212586
乡村办村水电站(个)	Number of Hydropower Stations in Rural Areas(unit)	304	310	365	366
乡村办水电站装机容量(万千瓦)	Generating Capacity of Hydropower Station in Rural Areas (10 000 kw)		76.3	115.9	127.5
已通电村(个)	Electrified Villages (unit)	16115	16056	16108	16111
占全省总数(%)	Rate in Total (%)	99.71	99.71	99.85	99.86
农业化学化	**Chemical for Agriculture**				
农用化肥施用量(实物量)(万吨)	Consumption of Chemical Fertilizers (real)(10 000 tons)	292.92	308.39	321.02	313.70
农用化肥施用量(折纯量)(万吨)	Consumption of Chemical Fertilizers (convert to pure amount)(10 000 tons)	85.26	87.24	97.92	87.10
氮　肥	Nitrogenous Fertilizer	37.93	37.91	40.55	34.78
磷　肥	Phosphate Fertilizer	16.56	17.01	19.13	16.95
钾　肥	Potash Fertilizer	6.09	6.76	8.87	8.18
复合肥	Compound Fertilizer	24.68	25.56	29.37	27.19
农用塑料薄膜使用量(万吨)	Household Plastic Film Consumption (10 000 tons)	12.37	14.34	18.37	19.78

12-16 各地县农业生产条件(2016)
Agriculture Production Condition by Region,County(2016)

地区	Region	耕地面积(公顷) Cultivated Area (hectare)	水地 Paddy Fields	旱地 Dry Fields	农业机械总动力(千瓦时) Total Power of Agricultural Machinery (kw·h)	农村用电量(万千瓦小时) Electricity Consumed in Rural Areas (10 000 kw·h)	化肥施用折纯量(吨) Chemical Fertilizer Consumption (convert to pure amount) (ton)	有效灌溉面积(千公顷) Effective Irrigated Area (1 000 hectares)
兰州市	**Lanzhou**	**203227**	**67**	**203160**	**1063015**	**38136**	**37358**	**80.01**
城关区	Chengguan	1090		1090	21966	2537	359	0.81
七里河区	Qilihe	10093		10093	65133	2707	2515	4.37
西固区	Xigu	3631		3631	47799	3963	991	2.67
安宁区	Anning	42		42	1106	2092	12	0.04
红古区	Honggu	5339		5339	114110	4867	1986	4.04
永登县	Yongdeng	74779		74779	329920	10066	8885	21.93
皋兰县	Gaolan	19545		19545	186466	2977	3446	10.26
榆中县	Yuzhong	68365	67	68298	296515	5892	16598	19.67
兰州新区	Lanzhou New Area	20344		20344		3035	2567	16.23
嘉峪关市	**Jiayuguan**	**2976**		**2976**	**106510**	**1229**	**2007**	**2.98**
金昌市	**Jinchang**	**70958**		**70958**	**931101**	**21442**	**17191**	**62.28**
金川区	Jinchuan	14287		14287	226436	11633	3918	13.19
永昌县	Yongchang	56671		56671	704665	9809	13273	49.08
白银市	**Baiyin**	**309976**	**3278**	**306698**	**1673014**	**48475**	**53288**	**101.98**
白银区	Baiyin	8892	24	8868	228948	5853	4342	4.84
平川区	Pingchuan	17952		17952	109893	9690	4375	6.52
靖远县	Jingyuan	80031	3042	76989	428549	17655	17964	40.04
会宁县	Huining	150708		150708	500441	4465	12947	20.83
景泰县	Jingtai	52393	212	52181	405183	10811	13660	29.75
天水市	**Tianshui**	**378616**	**3**	**378613**	**1389437**	**38729**	**80336**	**35.79**
秦州区	Qinzhou	60838		60838	202123	5875	8279	2.94
麦积区	Maiji	47629		47629	228011	8158	16252	8.75
清水县	Qingshui	62021		62021	129352	2857	7124	1.68
秦安县	Qinan	69877		69877	228859	7362	19499	6.43
甘谷县	Gangu	58291		58291	234768	6442	8478	7.19
武山县	Wushan	42497	3	42494	218026	5257	16946	6.48
张家川县	Zhangjiachuan	37463		37463	148298	2777	3759	2.32
武威市	**Wuwei**	**254368**		**254368**	**2549030**	**72333**	**88913**	**187.24**
凉州区	Liangzhou	97786		97786	946803	42294	25710	91.96
民勤县	Minqin	59228		59228	897868	12582	43189	53.40
古浪县	Gulang	75284		75284	512690	16134	14334	38.09
天祝县	Tianzhu	22070		22070	191669	1323	5680	3.80
张掖市	**Zhangye**	**275042**	**53**	**274990**	**2019425**	**49457**	**87898**	**195.27**

12-16 续表 1 continued

地 区	Region	耕地面积(公顷) Cultivated Area (hectare)	水 地 Paddy Fields	旱 地 Dry Fields	农业机械总动力(千瓦时) Total Power of Agricultural Machinery (kw·h)	农村用电量(万千瓦小时) Electricity Consumed in Rural Areas (10 000 kw·h)	化肥施用折纯量(吨) Chemical Fertilizer Consumption (convert to pure amount) (ton)	有效灌溉面积(千公顷) Effective Irrigated Area (1 000 hectares)
甘州区	Ganzhou	63569	39	63530	473589	20754	23598	63.55
肃南县	Sunan	9087		9087	70290	2491	2353	6.28
民乐县	Minle	64105		64105	516406	1742	22871	44.07
临泽县	Linze	27767	13	27753	334636	7004	12345	27.77
高台县	Gaotai	36124		36124	307500	6103	11495	21.35
山丹县	Shandan	43684		43684	317004	11362	9633	25.45
平凉市	**Pingliang**	**370171**		**370171**	**1054449**	**32906**	**104632**	**43.53**
崆峒区	Kongtong	62906		62906	198114	4911	12272	13.30
泾川县	Jingchuan	45336		45336	124041	5186	19939	8.23
灵台县	Lingtai	51118		51118	132264	3892	10441	2.88
崇信县	Chongxin	24039		24039	47823	1041	7557	1.77
华亭县	Huating	27610		27610	58696	2137	4625	3.09
庄浪县	Zhuanglang	61103		61103	192240	6627	21108	3.19
静宁县	Jingning	98059		98059	301271	9111	28690	11.09
酒泉市	**Jiuquan**	**161200**		**161200**	**2208335**	**40167**	**67951**	**159.81**
肃州区	Suzhou	41631		41631	688610	10359	17815	41.63
金塔县	Jinta	28129		28129	453841	4818	12137	28.13
瓜州县	Guazhou	38731		38731	354621	10723	13669	38.73
肃北县	Subei	799		799	31699	124	185	0.77
阿克塞县	Akesai	366		366	25316	316	180	0.35
玉门市	Yumen	35434		35434	338133	7364	14936	34.09
敦煌市	Dunhuang	16110		16110	316115	6463	9029	16.11
庆阳市	**Qingyang**	**454192**	**264**	**453928**	**1393311**	**58868**	**103440**	**53.62**
西峰区	Xifeng	38580		38580	221429	4487	8681	13.96
庆城县	Qingcheng	53832		53832	135293	8160	15006	4.67
环 县	Huanxian	93524		93524	210658	17741	22670	4.20
华池县	Huachi	34320	27	34294	119679	1802	5281	4.73
合水县	Heshui	23605	237	23367	124702	3746	4988	3.12
正宁县	Zhengning	28629		28629	147201	4041	12315	3.58
宁 县	Ningxian	64181		64181	237260	10685	14306	7.22
镇原县	Zhenyuan	117522		117522	197089	8205	20194	12.15
定西市	**Dingxi**	**513446**		**513446**	**1659674**	**36459**	**95788**	**70.11**
安定区	Anding	114504		114504	366654	8400	17476	11.08
通渭县	Tongwei	122184		122184	236570	5670	19208	3.69

12-16 续表 2 continued

地 区	Region	耕地面积(公顷) Cultivated Area (hectare)	水 地 Paddy Fields	旱 地 Dry Fields	农业机械总动力(千瓦时) Total Power of Agricultural Machinery (kw·h)	农村用电量(万千瓦小时) Electricity Consumed in Rural Areas (10 000 kw·h)	化肥施用折纯量(吨) Chemical Fertilizer Consumption (convert to pure amount) (ton)	有效灌溉面积(千公顷) Effective Irrigated Area (1 000 hectares)
陇西县	Longxi	78352		78352	301481	4855	13833	12.38
渭源县	Weiyuan	53377		53377	143522	4775	8420	9.83
临洮县	Lintao	70852		70852	335477	8825	22577	22.12
漳 县	Zhangxian	31180		31180	128703	1156	5820	4.39
岷 县	Minxian	42996		42996	147267	2778	8453	6.62
陇南市	**Longnan**	**284649**	**2807**	**281843**	**1510000**	**34499**	**68151**	**62.92**
武都区	Wudu	45899	1139	44760	215597	9562	12286	11.17
成 县	Chengxian	27044		27044	208710	4998	9211	3.27
文 县	Wenxian	20502	983	19518	208343	3620	3295	6.24
宕昌县	Tanchang	28534	525	28008	101063	2763	2917	6.69
康 县	Kangxian	20769	33	20736	111619	1515	5970	3.41
西和县	Xihe	39796		39796	200457	2824	9130	6.48
礼 县	Lixian	68753		68753	274669	4143	10201	16.71
徽 县	Huixian	25394	126	25268	142668	4435	13766	7.10
两当县	Liangdang	7958		7958	46874	639	1376	1.84
临夏州	**Linxia**	**143840**		**143840**	**751505**	**41974**	**20490**	**54.58**
临夏市	linxia	2299		2299	29724	4356	2	2.30
临夏县	linxia	24625		24625	102313	3165	4275	12.89
康乐县	Kangle	21769		21769	109614	8538	2671	6.94
永靖县	Yongjing	23706		23706	105278	12553	5002	8.32
广河县	Guanghe	12857		12857	133106	4035	1284	7.13
和政县	Hezheng	15694		15694	83849	1458	492	3.28
东乡县	Dongxiang	24523		24523	95256	6236	3072	7.70
积石山县	Jishishan	18367		18367	92245	1633	3693	6.01
甘南州	**Gannan**	**66792**	**46**	**66746**	**347736**	**7066**	**3507**	**6.10**
合作市	Hezuo	9850		9850	24556	429	162	0.13
临潭县	Lintan	17677		17677	84900	1498	1639	1.64
卓尼县	Zhuoni	10969	46	10923	73437	697	524	0.95
舟曲县	Zhouqu	9372		9372	116039	1559	1008	1.58
迭部县	Diebu	5127		5127	31555	1400	104	0.94
玛曲县	Maqu				1200	437		
碌曲县	Luqu	2771		2771	7052	236	20	
夏河县	Xiahe	11026		11026	8858	810	51	0.85

12-17 灌溉、水库和除涝、治水、治碱情况
Irrigation, Reservoirs, Flood Prevention, Water and Soil Conservation, Improvement of Saline-Alkaline Land

指　标	Item	2010	2011	2015	2016
水库数(座)	Number of Reservoirs (unit)	313	318	381	383
大型水库	Large Reservoir	8	8	9	9
中型水库	Medium-sized Reservoir	38	38	42	42
小型水库	Small Reservoir	267	272	330	332
机电灌溉面积(千公顷)	Motorized Irrigation Area (1 000 hectares)	458.41	520.16	532.36	575.25
固定机电提灌面积(千公顷)	Fixed Area by Electrical Lift Irrigation(1 000 hectares)	265.03	295.47	246.93	
水利工程年供水量(亿立方米)	Annual Water Supply for Irrigation Engineering (100 million cu.m)	122.32	120.71	117.95	113.74
为农业年供水量(亿立方米)	Annual Water Supply for Agriculture (100 million cu.m)	97.79	95.66	88.02	87.37
为工业年供水量(亿立方米)	Annual Water Supply for Industry (100 million cu.m)	12.75	13.45	10.79	9.49
为城乡生活年供水量(亿立方米)	Annual Water Supply for Living (100 million cu.m)	7.23	7.69	9.03	9.16
为生态环境年供水量(亿立方米)	Annual Water Supply for Ecological Environment (100 million cu.m)	3.55	3.91	10.10	7.53
水土流失面积(万公顷)	Area of Soil Erosion (10 000 hectares)	1545.94	1525.66	2812.88	2812.88
水土流失治理面积(万公顷)	Area of Soil Erosion under Control (10 000 hectares)	794.69	809.64	770.22	786.47
占流失面积的比重(%)	Ratio in Soil Erosion Area (%)	51.41	53.07	27.38	27.96
小流域治理面积(万公顷)	Area of Small Valley under Control (10 000 hectares)	212.62	201.50	202.45	237.62
堤防长度(公里)	Total Length of Dikes (km)	3671.00	4171.42	7162.87	7434.95
盐碱地耕地面积(万公顷)	Area of Saline Land Farming (10 000 hectares)	14.55	14.55	14.55	14.55
#治理面积	Harnessing Area	5.26	5.26	5.26	5.26

12-18 农作物播种面积
Total Sown Areas of Farm Crops

指　标	Item	2010	2011	2015	2016
总播种面积(千公顷)	**Total Sown Area (1 000 hectares)**	**3995.18**	**4069.44**	**4230.88**	**4253.84**
粮食作物	Sown Area of Grain Crops	2799.78	2833.65	2849.62	2813.95
谷物	Cereal	1955.46	1951.97	2010.63	1956.63
#稻谷	Rice	5.83	5.61	4.47	4.65
小麦	Wheat	879.65	861.59	794.78	762.33
玉米	Corn	835.48	851.59	1037.75	1017.11
豆类	Soybeans	198.87	199.94	172.33	173.16
#大豆	Soja	90.35	93.53	88.15	89.32
薯类	Tubers	645.45	681.74	666.67	684.16
油料	Oil-bearing Crops	345.71	351.11	320.19	331.97
#花生	Peanuts	0.67	1.09	1.26	1.24
油菜籽	Rapeseeds	182.94	184.76	161.63	162.28
棉花	Cotton	47.91	47.92	25.70	13.25
糖料	Sugar Crops	5.05	4.84	2.88	2.90
#甜菜	Beetroots	5.05	4.84	2.88	2.90
烟叶	Tobacco	4.06	3.72	3.88	3.44
#烤烟	Flue-cured Tobacco Materials	3.13	2.87	3.35	2.89
蔬菜	Vegetables	394.97	415.40	527.17	546.96
瓜类	Melon	51.37	50.05	49.37	52.49
中药材	Traditional Chinese Medician	165.41	185.47	268.70	290.47
其它	Others	180.91	177.28	183.37	198.41
占总播种面积比重(%)	**Ratio in Total Sown Area (%)**				
粮食作物	Sown Area of Grain Crops	70.08	69.63	67.35	66.15
谷物	Cereal	48.95	47.97	47.52	46.00
#稻谷	Rice	0.15	0.14	0.11	0.11
小麦	Wheat	22.02	21.17	18.79	17.92
玉米	Corn	20.91	20.93	24.53	23.91
豆类	Soybeans	4.98	4.91	4.07	4.07
#大豆	Soja	2.26	2.30	2.08	2.10
薯类	Tubers	16.16	16.75	15.76	16.08
油料	Oil-bearing Crops	8.65	8.63	7.57	7.80
#花生	Peanuts	0.02	0.03	0.03	0.03
油菜籽	Rapeseeds	4.58	4.54	3.82	3.81
棉花	Cotton	1.20	1.18	0.61	0.31
糖料	Sugar Crops	0.13	0.12	0.07	0.07
#甜菜	Beetroots	0.13	0.12	0.07	0.07
烟叶	Tobacco	0.10	0.09	0.09	0.08
#烤烟	Flue-cured Tobacco Materials	0.08	0.07	0.08	0.07
蔬菜	Vegetables	9.89	10.21	12.46	12.86
瓜类	Melon	1.29	1.23	1.17	1.23
中药材	Traditional Chinese Medician	4.14	4.56	6.35	6.83
其它	Others	4.53	4.36	4.33	4.66

12-19 各地县农作物播种面积(2016)
Sown Areas of Farm Crops by Region, County(2016)

单位：千公顷 (1 000 hectares)

地 区	Region	农作物播种面积 Total Sown Area	粮 食 Grain Crops	#小 麦 Wheat	#玉 米 Corn	#薯 类 Tubers	棉 花 Cotton	油 料 Oil-bearing Crops	蔬 菜 Vegetables	果园面积 Area of Orchards
兰州市	**Lanzhou**	**239.24**	**119.15**	**35.07**	**34.72**	**37.83**		**11.48**	**72.08**	**10.94**
城关区	Chengguan	2.03	0.13		0.13				1.76	0.49
七里河区	Qilihe	11.32	1.79	0.21	1.54			0.04	9.36	0.75
西固区	Xigu	5.92	0.61	0.20	0.39			0.05	5.15	0.99
安宁区	Anning	0.10							0.10	0.11
红古区	Honggu	8.92	1.50	0.31	1.17			0.10	6.78	1.45
永登县	Yongdeng	79.07	49.18	17.46	10.70	15.56		5.13	10.71	1.62
皋兰县	Gaolan	21.66	8.23	1.67	2.22	3.47		1.44	7.41	4.14
榆中县	Yuzhong	89.71	47.90	10.91	17.92	17.15		2.91	26.52	0.34
兰州新区	Lanzhou New Area	20.52	9.80	4.32	0.66	1.65		1.81	4.29	1.05
嘉峪关市	**Jiayuguan**	**4.71**	**1.16**	**0.40**	**0.67**	**0.08**		**0.04**	**2.06**	**0.80**
金昌市	**Jinchang**	**79.42**	**52.54**	**24.58**	**15.52**	**4.15**		**6.58**	**13.46**	**1.29**
金川区	Jinchuan	15.76	7.65	3.54	3.98	0.08		1.06	4.26	0.73
永昌县	Yongchang	63.66	44.89	21.04	11.53	4.06		5.53	9.20	0.57
白银市	**Baiyin**	**309.15**	**242.40**	**41.38**	**100.58**	**67.78**	**0.04**	**18.45**	**19.48**	**14.22**
白银区	Baiyin	7.89	5.20	2.40	2.02	0.30		0.46	2.17	0.98
平川区	Pingchuan	17.18	13.34	2.18	5.80	3.05	0.04	1.14	1.00	0.59
靖远县	Jingyuan	82.48	50.71	6.72	22.15	9.11		3.46	11.43	3.20
会宁县	Huining	158.49	140.59	20.12	54.83	54.70		8.31	3.63	6.02
景泰县	Jingtai	43.11	32.55	9.96	15.78	0.62		5.09	1.24	3.42
天水市	**Tianshui**	**463.95**	**312.77**	**130.84**	**87.92**	**67.97**		**50.11**	**73.30**	**85.23**
秦州区	Qinzhou	73.55	49.45	23.02	12.83	8.03		12.46	7.38	12.43
麦积区	Maiji	55.64	42.02	19.46	15.68	3.42		5.25	6.04	16.01
清水县	Qingshui	68.14	44.18	16.89	14.27	8.26		8.43	8.74	12.38
秦安县	Qinan	76.64	55.85	22.67	13.90	14.00		7.14	7.76	25.74
甘谷县	Gangu	73.38	48.14	22.44	13.58	11.03		7.58	13.28	12.34
武山县	Wushan	74.93	41.82	13.80	9.15	15.66		4.61	25.53	3.26
张家川县	Zhangjiachuan	41.66	31.32	12.57	8.51	7.56		4.64	4.57	3.06
武威市	**Wuwei**	**253.45**	**131.28**	**20.32**	**61.25**	**28.67**	**0.71**	**31.05**	**45.69**	**44.92**
凉州区	Liangzhou	111.60	69.91	5.91	45.16	9.17		7.62	23.53	14.38
民勤县	Minqin	57.71	13.22	4.36	8.61	0.20	0.71	16.11	6.69	24.58
古浪县	Gulang	60.31	37.68	7.92	7.42	12.40		5.91	8.56	5.57
天祝县	Tianzhu	23.82	10.47	2.13	0.05	6.90		1.41	6.90	0.37
张掖市	**Zhangye**	**286.67**	**190.64**	**46.41**	**89.61**	**29.16**	**0.16**	**25.24**	**27.76**	**30.84**

12-19 续表 1 continued

单位：千公顷 (1 000 hectares)

地　区	Region	农作物播种面积 Total Sown Area	粮　食 Grain Crops	#小　麦 Wheat	#玉　米 Corn	#薯　类 Tubers	棉　花 Cotton	油　料 Oil-bearing Crops	蔬　菜 Vegetables	果园面积 Area of Orchards
甘州区	Ganzhou	67.00	52.24	2.28	47.13	1.74		0.78	8.51	10.73
肃南县	Sunan	10.31	4.95	1.67	1.66	0.09		0.07	0.08	0.07
民乐县	Minle	64.69	43.15	19.82	3.23	16.06		2.75	2.54	6.62
临泽县	Linze	29.08	20.18	0.65	19.44		0.07	0.15	6.01	7.45
高台县	Gaotai	39.29	23.87	5.88	17.40	0.27	0.09	0.69	9.19	4.16
山丹县	Shandan	45.59	29.71	14.45	0.76	9.93		6.61	1.43	1.82
平凉市	**Pingliang**	**457.88**	**338.03**	**128.74**	**84.04**	**79.26**		**39.42**	**64.12**	**101.66**
崆峒区	Kongtong	81.52	57.14	19.93	19.29	6.09		6.05	15.91	7.95
泾川县	Jingchuan	63.15	46.18	22.89	6.59	6.02		4.86	11.50	24.55
灵台县	Lingtai	70.53	48.03	21.34	11.35	5.00		10.67	9.83	13.16
崇信县	Chongxin	29.44	17.56	7.38	4.67	2.00		5.55	4.91	4.69
华亭县	Huating	35.66	22.68	8.62	7.04	2.74		0.85	6.67	1.51
庄浪县	Zhuanglang	82.94	68.57	22.67	15.09	30.71		4.67	8.16	14.83
静宁县	Jingning	94.64	77.87	25.91	20.00	26.70		6.77	7.14	34.97
酒泉市	**Jiuquan**	**176.55**	**38.69**	**13.33**	**24.63**	**0.30**	**8.16**	**7.40**	**42.21**	**18.67**
肃州区	Suzhou	48.16	17.66	2.99	14.40	0.21		0.70	14.43	3.33
金塔县	Jinta	30.90	8.26	4.38	3.79		0.16	0.91	9.81	2.40
瓜州县	Guazhou	40.54	4.22	2.12	2.10		4.98	3.37	2.51	0.31
肃北县	Subei	0.89	0.52	0.34	0.05	0.09		0.12	0.03	0.02
阿克塞县	Akesai	0.53	0.14	0.01	0.13				0.01	0.07
玉门市	Yumen	38.37	5.59	3.19	2.17		0.20	0.68	9.54	1.56
敦煌市	Dunhuang	17.15	2.30	0.30	2.00		2.32	1.62	5.88	10.98
庆阳市	**Qingyang**	**664.61**	**465.62**	**126.83**	**230.21**	**34.40**		**70.23**	**86.28**	**114.19**
西峰区	Xifeng	56.38	32.30	15.83	4.24	2.35		6.07	13.19	15.89
庆城县	Qingcheng	94.80	56.45	20.44	15.68	4.87		8.83	19.70	20.61
环　县	Huanxian	139.13	123.71	14.73	85.01	12.17		9.41	4.29	5.84
华池县	Huachi	57.60	45.93	6.03	33.65	3.08		3.86	5.57	3.95
合水县	Heshui	43.58	23.13	6.91	6.43	3.40		6.30	12.41	14.70
正宁县	Zhengning	36.43	18.32	5.67	6.29	2.07		6.62	4.98	13.21
宁　县	Ningxian	103.79	67.24	30.07	12.31	5.32		15.61	11.09	17.28
镇原县	Zhenyuan	132.89	98.53	27.16	66.61	1.13		13.52	15.04	22.70
定西市	**Dingxi**	**575.71**	**420.56**	**55.82**	**146.75**	**196.77**		**14.68**	**41.00**	**9.06**
安定区	Anding	119.76	107.88	10.00	29.74	67.32		1.01	9.21	2.03
通渭县	Tongwei	126.35	107.54	20.77	49.94	26.09		8.54	1.41	2.03

12-19 续表 2 continued

单位：千公顷 (1 000 hectares)

地 区	Region	农作物播种面积 Total Sown Area	粮 食 Grain Crops	#小 麦 Wheat	#玉 米 Corn	#薯 类 Tubers	棉 花 Cotton	油 料 Oil-bearing Crops	蔬 菜 Vegetables	果园面积 Area of Orchards
陇西县	Longxi	115.19	80.53	9.00	42.87	26.67		2.73	8.53	2.29
渭源县	Weiyuan	53.91	31.16	1.36	6.46	22.67		0.19	2.12	0.69
临洮县	Lintao	86.32	58.60	8.47	15.08	33.36		1.17	15.20	1.18
漳 县	Zhangxian	31.18	18.09	3.77	2.67	7.33		0.42	2.67	0.67
岷 县	Minxian	43.00	16.76	2.45		13.34		0.63	1.87	0.17
陇南市	**Longnan**	**431.81**	**313.43**	**98.40**	**66.48**	**89.50**	**0.01**	**23.20**	**38.93**	**30.70**
武都区	Wudu	81.91	54.86	12.17	10.10	18.63	0.01	1.79	11.38	0.98
成 县	Chengxian	43.97	32.91	12.93	8.72	2.07		4.33	3.78	0.59
文 县	Wenxian	37.29	26.09	6.27	9.54	6.67		2.27	4.33	0.66
宕昌县	Tanchang	34.11	19.22	4.57	3.40	8.27		1.48	1.59	0.45
康 县	Kangxian	36.04	30.45	10.33	8.00	4.27		0.76	1.87	0.61
西和县	Xihe	57.90	45.46	13.05	5.33	23.53		3.13	4.33	4.58
礼 县	Lixian	69.83	58.55	24.67	7.53	22.00		4.42	2.15	21.51
徽 县	Huixian	53.64	36.55	11.57	10.47	3.31		4.67	7.25	0.86
两当县	Liangdang	17.12	9.33	2.83	3.38	0.75		0.36	2.24	0.46
临夏州	**Linxia**	**169.77**	**131.08**	**26.94**	**60.05**	**40.14**		**15.14**	**14.51**	**5.97**
临夏市	linxia	3.28	2.20	0.19	1.83	0.17		0.02	1.01	0.30
临夏县	linxia	34.12	25.02	8.36	11.98	3.33		1.97	4.92	0.49
康乐县	Kangle	22.99	17.55	6.36	7.15	2.71		2.03	0.40	0.05
永靖县	Yongjing	24.89	18.17	1.70	10.99	5.10		1.12	4.70	2.31
广河县	Guanghe	15.46	12.82	0.22	7.22	5.38		0.42	1.43	0.22
和政县	Hezheng	18.87	11.47	4.26	5.45	1.40		5.53	0.53	1.60
东乡县	Dongxiang	25.62	24.90	3.40	4.15	17.19		0.05	0.31	0.29
积石山县	Jishishan	24.54	18.94	2.45	11.27	4.85		4.00	1.22	0.73
甘南州	**Gannan**	**75.48**	**35.47**	**8.87**	**3.06**	**4.46**		**11.79**	**1.17**	**1.02**
合作市	Hezuo	8.27	4.99	0.28		0.37		1.78	0.06	
临潭县	Lintan	17.68	4.97	1.98		0.91		3.90	0.20	0.07
卓尼县	Zhuoni	10.68	2.90	0.57		0.36		1.42	0.14	0.02
舟曲县	Zhouqu	21.79	13.14	4.03	2.85	2.17		1.87	0.50	0.48
迭部县	Diebu	5.60	4.03	1.53	0.21	0.50		0.44	0.22	0.44
玛曲县	Maqu									
碌曲县	Luqu	2.69	1.58			0.08		0.44		
夏河县	Xiahe	8.77	3.86	0.48		0.08		1.92	0.04	0.01

12-20 各地区主要农作物播种面积构成(2016)
Sown Area Structure of Major Farm Crops by Region(2016)

单位：% (%)

地区	Region	农作物播种面积 Total Sown Area	粮食 Grain Crops	#小麦 Wheat	#玉米 Corn	棉花 Cotton	油料 Oil-bearing Crops	烟叶 Tobacco	中药材 Traditional Chinese Medician Materials	蔬菜 Vegetables	瓜果 Fruit and Melon
甘肃省	**Gansu**	**100.00**	**66.15**	**17.92**	**23.91**	**0.31**	**7.80**	**0.08**	**6.83**	**12.86**	**1.26**
兰州市	Lanzhou	100.00	49.80	14.66	14.51		4.80	0.02	5.91	30.13	2.21
嘉峪关市	Jiayuguan	100.00	24.57	8.59	14.33		0.88			43.74	2.60
金昌市	Jinchang	100.00	66.16	30.94	19.54		8.29		1.55	16.95	0.57
白银市	Baiyin	100.00	78.41	13.39	32.53	0.01	5.97		3.88	6.30	1.82
天水市	Tianshui	100.00	67.42	28.20	18.95		10.80	0.01	2.95	15.80	0.55
武威市	Wuwei	100.00	51.80	8.02	24.17	0.28	12.25		5.78	18.03	1.72
张掖市	Zhangye	100.00	66.50	16.19	31.26	0.06	8.80		5.48	9.68	0.24
平凉市	Pingliang	100.00	73.83	28.12	18.35		8.61		2.17	14.00	0.44
酒泉市	Jiuquan	100.00	21.92	7.55	13.95	4.62	4.19		14.40	23.91	6.35
庆阳市	Qingyang	100.00	70.06	19.08	34.64		10.57	0.28	1.93	12.98	2.65
定西市	Dingxi	100.00	73.05	9.70	25.49		2.55		16.21	7.12	0.10
陇南市	Longnan	100.00	72.59	22.79	15.39		5.37	0.34	11.39	9.02	0.30
临夏州	Linxia	100.00	77.21	15.87	35.37		8.92		2.97	8.55	0.23
甘南州	Gannan	100.00	46.99	11.75	4.06		15.62	0.05	25.12	1.55	

12-21 各地区主要农作物播种面积占全省的比重(2016)
Proportion of Major Farm Crops Sown Areas by Region(2016)

单位：% (%)

地区	Region	农作物播种面积 Total Sown Area	粮食 Grain Crops	#小麦 Wheat	#玉米 Corn	棉花 Cotton	油料 Oil-bearing Crops	烟叶 Tobacco	中药材 Traditional Chinese Medician Materials	蔬菜 Vegetables	瓜果 Fruit and Melon
甘肃省	**Gansu**	**100.00**	**100.00**	**100.00**	**100.00**	**100.00**	**100.00**	**100.00**	**100.00**	**100.00**	**100.00**
兰州市	Lanzhou	5.62	4.23	4.60	3.41		3.46	1.36	4.87	13.18	9.90
嘉峪关市	Jiayuguan	0.11	0.04	0.05	0.07		0.01			0.38	0.23
金昌市	Jinchang	1.87	1.87	3.22	1.53		1.98		0.42	2.46	0.85
白银市	Baiyin	7.27	8.61	5.43	9.89	0.31	5.56		4.13	3.56	10.52
天水市	Tianshui	10.91	11.12	17.16	8.64		15.10	1.27	4.71	13.40	4.80
武威市	Wuwei	5.96	4.67	2.67	6.02	5.35	9.35		5.05	8.35	8.14
张掖市	Zhangye	6.74	6.77	6.09	8.81	1.20	7.60		5.41	5.08	1.28
平凉市	Pingliang	10.76	12.01	16.89	8.26		11.87		3.42	11.72	3.75
酒泉市	Jiuquan	4.15	1.38	1.75	2.42	61.58	2.23		8.75	7.72	20.96
庆阳市	Qingyang	15.62	16.55	16.64	22.63		21.15	54.22	4.41	15.77	32.99
定西市	Dingxi	13.53	14.95	7.32	14.43		4.42		32.12	7.50	1.09
陇南市	Longnan	10.15	11.14	12.91	6.54	0.09	6.99	42.13	16.93	7.12	2.44
临夏州	Linxia	3.99	4.66	3.53	5.90		4.56		1.74	2.65	0.73
甘南州	Gannan	1.77	1.26	1.16	0.30		3.55	1.03	6.53	0.21	

12-22 历年主要农产品产量
Calendar Year Agricultural Output

单位：万吨 (10 000 tons)

年 份 Year	粮 食 Grain Crops	棉 花 Cotton	油 料 Oil-bearing Crops	中药材 Traditional Chinese Medician Materials	甜 菜 Beetroots	园林水果 Garden Fruits	肉类总产量 The Total Output Of Meat
1978	510.55	0.34	8.60	1.28	5.80	11.69	15.00
1979	461.35	0.20	8.46	1.25	4.42	7.35	12.90
1980	492.50	0.27	13.95	2.52	6.31	12.75	13.95
1981	412.81	0.40	13.18	1.51	10.62	11.05	14.13
1982	469.10	0.47	14.27	0.96	14.67	12.26	15.65
1983	539.62	0.66	19.28	1.79	17.48	12.58	14.77
1984	539.79	0.78	21.12	3.82	26.95	16.43	17.96
1985	530.55	0.51	26.31	3.23	61.62	19.91	23.95
1986	550.98	0.36	29.87	2.34	52.13	24.81	28.33
1987	529.37	0.50	29.45	2.30	56.32	27.17	29.34
1988	593.07	0.51	30.28	3.29	92.88	33.98	31.06
1989	639.20	0.53	30.39	3.00	66.33	34.84	31.74
1990	686.59	0.79	33.65	2.64	72.35	38.49	33.89
1991	656.38	1.23	32.55	2.79	103.63	40.42	36.56
1992	689.08	1.75	36.48	3.23	94.22	47.12	38.16
1993	750.26	1.28	37.53	5.29	104.62	59.66	41.99
1994	707.37	1.78	39.88	5.09	113.10	66.40	44.09
1995	626.78	2.29	31.69	4.28	107.01	80.36	47.33
1996	820.60	2.57	43.08	4.25	119.11	90.89	49.06
1997	766.16	3.38	35.56	3.99	139.11	100.25	52.60
1998	871.95	6.10	45.47	5.20	130.95	113.17	54.10
1999	814.93	4.31	47.99	10.70	73.85	125.74	55.78
2000	713.48	5.75	41.68	15.98	37.90	121.59	57.33
2001	753.22	9.90	38.42	24.58	45.12	121.71	59.67
2002	782.68	6.96	41.93	30.58	28.85	137.05	62.11
2003	789.34	8.66	46.04	32.51	19.95	145.37	64.37
2004	805.80	11.00	48.50	34.11	15.87	140.98	66.05
2005	836.89	11.05	50.31	35.55	14.54	172.45	69.81
2006	808.05	12.75	48.99	37.16	19.02	205.09	80.47
2007	824.43	12.94	46.36	40.89	27.80	228.10	75.90
2008	888.50	12.32	53.54	46.56	20.09	248.14	79.21
2009	906.20	9.54	58.54	50.36	20.42	277.56	83.32
2010	958.30	7.56	64.05	52.65	22.02	299.46	86.78
2011	1014.60	7.60	63.52	61.94	18.08	330.84	88.46
2012	1109.70	8.10	67.00	75.94	24.65	359.71	92.28
2013	1138.90	7.05	69.72	86.66	24.72	391.37	95.10
2014	1158.65	6.47	72.42	99.37	27.42	425.23	99.73
2015	1171.13	4.25	71.57	108.20	16.05	461.80	100.55
2016	1140.59	1.99	76.02	115.45	16.63	506.44	101.90

12-23 主要农产品产量
Yield of Major Farm Crops

指　标	Item	2010	2011	2015	2016
主要农产品产量(万吨)	**Yield of Major Farm Crops(10 000 tons)**				
粮食	Grain Crops	958.3	1014.6	1171.1	1140.6
夏粮	Summer Grain Crops	330.8	319.5	321.7	307.1
秋粮	Autumn Grain Crops	627.5	695.1	849.4	833.5
谷物	Cereal	737.65	750.89	908.65	879.46
#稻谷	Rice	4.1	3.7	3.0	3.0
小麦	Wheat	250.9	247.5	281.0	267.8
玉米	Corn	390.4	425.6	577.2	560.6
豆类	Beans	35.45	34.81	37.19	35.06
薯类	Tubers	185.20	228.90	225.29	226.07
油料	Oil-bearing Crops	64.05	63.52	71.57	76.02
#油菜籽	Rapeseeds	33.22	33.14	33.97	34.23
棉花	Cotton	7.56	7.60	4.25	1.99
麻类	Fiber Crops	0.26	0.21	0.34	0.36
甜菜	Beetroots	22.02	18.08	16.05	16.63
烟叶	Tobacco	1.23	1.21	1.22	1.10
#烤烟	Flue-cured Tobacco	1.01	0.99	1.04	0.89
中药材	Traditional Chinese Medician Materials	52.65	61.94	108.20	115.45
蔬菜	Vegetables	1235.46	1320.60	1823.14	1951.48
园林水果	Garden Fruits	299.46	330.84	461.80	506.44
农产品单位面积产量（千克／公顷）	**Yield of Farm Crops Per Hectare (kg/hectare)**				
粮食	Grain Crops	3422.77	3580.54	4109.77	4053.35
谷物	Cereal	3772.25	3846.82	4519.26	4494.76
棉花	Cotton	1577.90	1585.11	1655.68	1502.26
油菜籽	Rapeseeds	1815.99	1793.92	2102.02	2109.32
甜菜	Beetroots	43565.36	37360.91	55726.27	57344.83
烟叶	Tobacco	3017.57	3255.55	3144.65	3197.67

12-24 各地县主要农产品产量(2016)
Yield of Farm Crops by Region,County(2016)

单位：吨 (ton)

地区	Region	粮食 Grain Crops	#小麦 Wheat	#玉米 Corn	#薯类 Tubers	棉花 Cotton	油料 Oil-bearing Crops	蔬菜 Vegetables	人均粮食占有量(千克) Per Capita Grain Crops (kg)
兰州市	**Lanzhou**	**450749**	**126272**	**181351**	**106157**		**20117**	**3119955**	**121.64**
城关区	Chengguan	477	8	470				95533	0.37
七里河区	Qilihe	11736	448	11193			58	271922	20.59
西固区	Xigu	4197	719	3403			101	313984	11.41
安宁区	Anning							3663	
红古区	Honggu	13833	1851	11892			337	675863	98.18
永登县	Yongdeng	172319	54174	55329	47634		8137	418205	499.19
皋兰县	Gaolan	42665	5384	18356	14899		3970	290938	396.51
榆中县	Yuzhong	160910	41867	76499	39016		5077	955680	362.98
兰州新区	Lanzhou New Area	44612	21822	4209	4608		2437	94167	312.41
嘉峪关市	**Jiayuguan**	**12759**	**2589**	**9248**	**922**		**149**	**216535**	**51.89**
金昌市	**Jinchang**	**393234**	**153240**	**158605**	**29791**		**24923**	**684649**	**837.02**
金川区	Jinchuan	66826	24537	41100	989		7009	157589	285.95
永昌县	Yongchang	326408	128703	117505	28802		17914	527060	1382.50
白银市	**Baiyin**	**795713**	**134619**	**467426**	**147022**	**56**	**27434**	**1541015**	**463.59**
白银区	Baiyin	21629	4711	14344	1036		1109	240324	72.07
平川区	Pingchuan	35544	8509	21467	2864	56	2032	52153	181.99
靖远县	Jingyuan	187720	28482	97034	38282		5037	1017630	409.15
会宁县	Huining	380935	50917	217000	101340		4491	105633	707.53
景泰县	Jingtai	169886	42000	117581	3500		14765	125276	759.10
天水市	**Tianshui**	**1121901**	**376696**	**500834**	**192761**		**87076**	**2787623**	**337.62**
秦州区	Qinzhou	195499	70172	89310	22694		22340	261358	297.20
麦积区	Maiji	160481	57415	88580	9656		10985	216390	283.89
清水县	Qingshui	155430	48427	76243	25182		19689	167853	567.06
秦安县	Qinan	197314	59355	77774	48697		9979	218933	375.98
甘谷县	Gangu	172301	67304	74600	26600		10704	587245	302.76
武山县	Wushan	130766	41222	48902	33433		8039	1202008	298.08
张家川县	Zhangjiachuan	110110	32800	45424	26500		5340	133836	375.55
武威市	**Wuwei**	**1066003**	**127616**	**703189**	**162574**	**1330**	**133677**	**2650063**	**585.78**
凉州区	Liangzhou	678011	43746	536527	68906		20725	1689591	669.18
民勤县	Minqin	126376	32384	92416	1435	1330	92485	418856	523.73
古浪县	Gulang	210731	43574	73816	54375		17229	356633	542.14
天祝县	Tianzhu	50885	7911	430	37859		3239	184983	288.14
张掖市	**Zhangye**	**1387917**	**298362**	**740616**	**226076**	**334**	**56646**	**1594402**	**1133.73**

12-24 续表 1 continued

单位：吨 (ton)

地 区	Region	粮 食 Grain Crops	#小 麦 Wheat	#玉 米 Corn	#薯 类 Tubers	棉 花 Cotton	油 料 Oil-bearing Crops	蔬 菜 Vegetables	人均粮食占有量(千克) Per Capita Grain Crops (kg)
甘州区	Ganzhou	451800	18317	410035	17964		5435	560645	875.92
肃南县	Sunan	26891	9695	9265	502		155	8272	777.21
民乐县	Minle	287708	119184	29390	122165		8217	46267	1283.84
临泽县	Linze	154300	4850	148974	14	150	738	292227	1131.23
高台县	Gaotai	186245	47397	135176	1883	184	3629	607016	1283.57
山丹县	Shandan	204112	90168	7776	77478		21321	79975	1213.51
平凉市	**Pingliang**	**1109111**	**396245**	**463980**	**193073**		**78278**	**1565716**	**527.37**
崆峒区	Kongtong	207179	64290	116310	15044		12238	416433	433.70
泾川县	Jingchuan	159032	65507	40500	35808		6247	237858	557.61
灵台县	Lingtai	180406	66943	80000	21000		29621	215036	984.21
崇信县	Chongxin	55604	19800	29300	2600		8094	135304	537.24
华亭县	Huating	98604	24091	58370	11990		1933	134345	502.06
庄浪县	Zhuanglang	196076	80206	59400	56168		7806	296571	511.68
静宁县	Jingning	212210	75408	80100	50463		12339	130168	499.55
酒泉市	**Jiuquan**	**337924**	**99099**	**233152**	**2843**	**13617**	**25811**	**2180366**	**301.88**
肃州区	Suzhou	156644	21472	133096	1912		2223	774827	355.12
金塔县	Jinta	78270	36220	41462		350	2652	720712	527.07
瓜州县	Guazhou	29671	13101	16571		7821	12892	85101	199.14
肃北县	Subei	4529	2935	450	900		380	827	296.01
阿克塞县	Akesai	1283	50	1194	31			695	122.21
玉门市	Yumen	46621	23355	21440		270	1482	322553	281.53
敦煌市	Dunhuang	20906	1965	18940		5176	6182	275651	110.38
庆阳市	**Qingyang**	**1567391**	**417252**	**929915**	**103712**		**138213**	**992203**	**699.14**
西峰区	Xifeng	125613	60792	31060	8190		16220	165913	337.76
庆城县	Qingcheng	143757	68390	48828	8716		12024	137770	539.02
环 县	Huanxian	368129	26527	314864	16560		10915	43466	1187.90
华池县	Huachi	136582	16860	111576	4693		5373	51896	1040.23
合水县	Heshui	95692	25071	47429	10328		11962	153049	633.72
正宁县	Zhengning	90026	21505	47889	8465		16306	154165	492.75
宁 县	Ningxian	246711	105507	67400	44700		33684	174214	605.28
镇原县	Zhenyuan	360880	92600	260870	2060		31229	111731	857.60
定西市	**Dingxi**	**1432074**	**152099**	**682718**	**557875**		**27634**	**830083**	**513.32**
安定区	Anding	378623	23385	156241	197525		1980	164703	885.87
通渭县	Tongwei	372204	52299	265111	41001		16084	20576	918.79

12-24 续表 2 continued

单位：吨 (ton)

地区	Region	粮食 Grain Crops	#小麦 Wheat	#玉米 Corn	#薯类 Tubers	棉花 Cotton	油料 Oil-bearing Crops	蔬菜 Vegetables	人均粮食占有量（千克） Per Capita Grain Crops (kg)
陇西县	Longxi	201553	16625	125708	55200		2767	194630	438.16
渭源县	Weiyuan	138513	3438	43011	90591		445	26831	421.27
临洮县	Lintao	213406	38132	78288	93458		3214	346729	414.54
漳县	Zhangxian	60966	10895	14360	23100		2112	51210	309.94
岷县	Minxian	66811	7326		57000		1031	25404	146.19
陇南市	**Longnan**	**1063475**	**374987**	**318458**	**251871**	**13**	**38092**	**616060**	**408.38**
武都区	Wudu	173776	47239	37555	51732	13	3050	118911	306.59
成县	Chengxian	142454	60478	61261	8060		8404	111552	583.59
文县	Wenxian	71326	19442	32199	11169		3486	89891	322.60
宕昌县	Tanchang	88208	16433	24490	37730		2553	27388	317.64
康县	Kangxian	74359	36704	24046	4509		1221	14480	414.95
西和县	Xihe	173901	48534	33760	85133		5369	15230	436.28
礼县	Lixian	141663	74079	22885	36300		6040	33890	302.37
徽县	Huixian	160344	59151	64686	15586		7463	176546	792.21
两当县	Liangdang	37445	12929	17576	1651		507	28172	819.38
临夏州	**Linxia**	**808986**	**134052**	**479802**	**180217**		**57862**	**459567**	**399.22**
临夏市	linxia	22569	1060	20444	1003		128	114298	79.64
临夏县	linxia	174896	46912	106002	16978		6491	89879	515.92
康乐县	Kangle	119209	37100	60899	14705		8899	13803	491.59
永靖县	Yongjing	128713	7701	98064	22146		4037	137730	696.88
广河县	Guanghe	110387	1244	69714	39429		1653	48491	459.56
和政县	Hezheng	65644	21401	33905	9003		19987	26721	341.36
东乡县	Dongxiang	84978	7410	16275	60952		423	5357	283.07
积石山县	Jishishan	102589	11223	74498	16003		16245	23289	420.27
甘南州	**Gannan**	**88086**	**24171**	**10117**	**12739**		**21090**	**22184**	**124.03**
合作市	Hezuo	10681	791		997		2641	1511	113.74
临潭县	Lintan	13857	5793		2582		6502	3038	99.05
卓尼县	Zhuoni	7296	1634		1296		2339	3586	69.76
舟曲县	Zhouqu	31932	10451	9181	5480		4921	8766	239.19
迭部县	Diebu	11346	3730	935	1761		803	5187	211.68
玛曲县	Maqu								
碌曲县	Luqu	3144			228		350	1	83.39
夏河县	Xiahe	9829	1772		394		3534	96	109.83

12-25 各地区主要农产品单位面积产量(2016)
Yield of Major Farm Crops per Hectare by Region(2016)

单位：千克／公顷 (kg / hectare)

地区	Region	粮食 Grain Crops	谷物 Cereal	棉花 Cotton	油菜籽 Rapeseeds	甜菜 Beetroots	烟叶 Tobacco	园林水果 Fruit
甘肃省	**Total**	**4188**	**4747**	**1501**	**2109**	**57321**	**3175**	**10709**
兰州市	Lanzhou	3783	4398		1380		3214	15751
嘉峪关市	Jiayuguan	11032	10973					6550
金昌市	Jinchang	7484	7508		3207	56709		7008
白银市	Baiyin	3283	4001	1347	2137	60000		14043
天水市	Tianshui	3587	3894		1689	22359	1960	15989
武威市	Wuwei	8120	9452	1875	2703	61230		5243
张掖市	Zhangye	7280	7258	2099	1917	60125		9400
平凉市	Pingliang	3281	3660		2094			13009
酒泉市	Jiuquan	8734	8741	1669	2486	83243		16087
庆阳市	Qingyang	3366	3620		2160		3720	6862
定西市	Dingxi	3405	4005		2141	8657		7128
陇南市	Longnan	3393	4076	1054	1673	18000	2225	5201
临夏州	Linxia	6172	7029		3792	21351		15093
甘南州	Gannan	2484	2462		1791	5858	1220	11959

12-26 各地区主要农产品人均占有量(2016)
Output of Major Farm Corps per Capita by Region(2016)

单位：千克／人 (kg/person)

地区	Region	粮食 Grain Crops	谷物 Cereal	棉花 Cotton	油菜籽 Rapeseeds	甜菜 Beetroots	烟叶 Tobacco	园林水果 Fruit
甘肃省	**Total**	**451.56**	**355.89**	**0.76**	**13.11**	**6.37**	**0.42**	**194.04**
兰州市	Lanzhou	121.64	85.88		1.23		0.04	46.50
嘉峪关市	Jiayuguan	51.89	48.14					21.20
金昌市	Jinchang	837.02	772.99		17.98	9.54		19.31
白银市	Baiyin	463.59	365.14	0.03	0.84	0.19		116.31
天水市	Tianshui	337.62	271.50		18.16	1.63	0.03	410.11
武威市	Wuwei	585.78	481.63	0.73	13.44	27.52		129.41
张掖市	Zhangye	1133.73	940.30	0.27	33.24	48.37		236.85
平凉市	Pingliang	527.37	426.56		9.37		0.23	628.79
酒泉市	Jiuquan	301.88	298.49	12.16	2.43	35.37		268.30
庆阳市	Qingyang	699.14	626.72		29.45		3.10	349.52
定西市	Dingxi	513.32	304.14		2.61	0.06		23.15
陇南市	Longnan	408.38	282.41		12.34	0.07	1.24	61.31
临夏州	Linxia	399.22	303.48		26.30	1.11		44.49
甘南州	Gannan	124.03	92.80		29.42	0.69	0.06	17.22

12-27 园林水果生产
Garden Fruits Production

指 标	Item	2010	2011	2015	2016
园林水果产量(吨)	**Output of Garden Fruits (ton)**	**2994553**	**3308385**	**4618038**	**5064394**
# 苹果	Apple	2016609	2279292	3285884	3601081
梨	Pear	334180	342114	414038	404135
葡萄	Grape	128370	126300	317950	353796
红枣	Date	117407	119354	168128	167431
柿子	Persimmon	23803	19529	22739	24427
杏子	Apricot	108809	104877	130023	144620
桃子	Peach	155895	183199	241794	240799
果园面积(千公顷)	**Area of Orchards**	**419.95**	**430.01**	**458.67**	**472.89**
	(1 000 hectares)				
# 苹果园	Apple Orchard	268.64	274.81	294.75	294.23
梨园	Pear Orchard	34.51	33.30	36.29	35.69
葡萄园	Grape Orchard		20.78	27.65	29.79
桃园	Peach Orchard	12.70	12.41	11.81	11.83
杏园	Apricot Orchard		44.84	38.72	38.30

12-28 各地县园林水果产量(2016)
Output of Garden Fruits by Region, County(2016)

单位：吨 (ton)

地 区	Region	园林水果产量 Garden Fruits	#苹果 Apples	#梨 Pears	#葡萄 Grapes	#红枣 Dates	#柿子 Persimmons	#杏子 Apricots	#桃子 Peaches
兰州市	**Lanzhou**	**172300**	**83356**	**30814**	**9031**	**6288**		**4762**	**35473**
城关区	Chengguan	19164	15721	1725	379	17			1296
七里河区	Qilihe	15567	5395	2910	53			69	6533
西固区	Xigu	22958	8286	7052	137	4191		85	2163
安宁区	Anning	1892		62		145			1686
红古区	Honggu	58645	36254	4919	1767	1552		2164	11844
永登县	Yongdeng	11471	2526	1438	6236	113		848	310
皋兰县	Gaolan	33800	11681	9300		248		451	11412
榆中县	Yuzhong	6239	3004	2361	324	22		253	230
兰州新区	Lanzhou New Area	2564	490	1047	135			892	
嘉峪关市	**Jiayuguan**	**5212**	**2125**	**1336**	**1206**			**81**	**465**
金昌市	**Jinchang**	**9072**	**1972**	**2483**	**2628**	**1722**		**235**	**33**
金川区	Jinchuan	6004	803	827	2539	1695		108	33
永昌县	Yongchang	3068	1169	1656	89	27		128	
白银市	**Baiyin**	**199633**	**99375**	**41344**	**296**	**37869**		**9857**	**6632**
白银区	Baiyin	52268	44728	1762	82	1496		195	42
平川区	Pingchuan	4496	1975	481	70	1617		164	108
靖远县	Jingyuan	75631	26824	22057	144	14049		6371	6186
会宁县	Huining	18990	9487	6580				2719	95
景泰县	Jingtai	48249	16361	10465		20707		409	201
天水市	**Tianshui**	**1362795**	**1064777**	**48284**	**42811**	**113**	**2295**	**10407**	**155737**
秦州区	Qinzhou	232933	204295	6505	40			599	855
麦积区	Maiji	279588	216673	7496	39053		1092	3409	6226
清水县	Qingshui	110581	106459	1210	1650		453	54	
秦安县	Qinan	505101	341058	13127	423	113		1976	145597
甘谷县	Gangu	122524	112628	6271	150		750	730	1351
武山县	Wushan	50177	32247	6753	1496			820	1708
张家川县	Zhangjiachuan	61892	51415	6923				2819	
武威市	**Wuwei**	**235509**	**103777**	**33632**	**69797**	**25380**		**350**	**103**
凉州区	Liangzhou	102152	60184	26069	15400	195		145	77
民勤县	Minqin	79569	1501	599	51431	24900		40	26
古浪县	Gulang	51135	42093	6965	411	285		146	
天祝县	Tianzhu	2652			2554			20	
张掖市	**Zhangye**	**289953**	**92241**	**71163**	**27624**	**65040**		**11769**	**1147**

12-28 续表 1 continued

单位：吨 (ton)

地区	Region	园林水果产量 Garden Fruits	#苹果 Apples	#梨 Pears	#葡萄 Grapes	#红枣 Dates	#柿子 Persimmons	#杏子 Apricots	#桃子 Peaches
甘州区	Ganzhou	171098	72293	37294	2324	48250		762	181
肃南县	Sunan	902	190	194	438			80	
民乐县	Minle	48121	12653	21969	588			9213	13
临泽县	Linze	33511	3471	2483	7845	16458		199	415
高台县	Gaotai	30743	3037	7452	15121	222		95	539
山丹县	Shandan	5578	597	1771	1308	110		1420	
平凉市	**Pingliang**	**1322410**	**1266410**	**20010**	**330**	**1309**	**6003**	**9593**	**7445**
崆峒区	Kongtong	91509	80511	3909	320			2558	2970
泾川县	Jingchuan	343650	328110	3305		1022	4872	1353	1392
灵台县	Lingtai	73511	66069	1504		201	1066	2097	565
崇信县	Chongxin	33945	27354	3174	10	86	65	1759	1210
华亭县	Huating	13745	6188	3456				898	563
庄浪县	Zhuanglang	180588	178177	222				378	272
静宁县	Jingning	585463	580000	4440				550	473
酒泉市	**Jiuquan**	**300330**	**27453**	**44549**	**186787**	**12486**	**106**	**11743**	**15501**
肃州区	Suzhou	69714	20365	30782	2968	459		6063	8135
金塔县	Jinta	33040	5311	10106	9075	4810	106	1817	1815
瓜州县	Guazhou	2284	360	245	463	351		45	57
肃北县	Subei	27	3	4				20	
阿克塞县	Akesai	2000			1600	400			
玉门市	Yumen	6731	821	1261	3761	15		659	215
敦煌市	Dunhuang	186534	592	2151	168921	6451		3140	5279
庆阳市	**Qingyang**	**783592**	**668791**	**4157**	**4196**	**9356**	**2545**	**70107**	**6334**
西峰区	Xifeng	133260	126921	1133	891	112	163	2608	1299
庆城县	Qingcheng	169103	152640	332	1421	2013		9731	1379
环县	Huanxian	28007	15825	191	3	125		10597	280
华池县	Huachi	22542	14544	46				6671	
合水县	Heshui	133384	124383	720	397	735	687	3788	641
正宁县	Zhengning	114330	107310	154	118	60	446	3750	142
宁县	Ningxian	48966	29168	735	539	6014	1064	6430	2012
镇原县	Zhenyuan	134000	98000	846	826	297	185	26531	581
定西市	**Dingxi**	**64582**	**30064**	**21398**	**43**	**585**		**8172**	**1736**
安定区	Anding	11651	1480	6959				3087	
通渭县	Tongwei	16065	11951	2823				1077	150

12-28 续表 2 continued

单位：吨 (ton)

地区	Region	园林水果产量 Garden Fruits	#苹果 Apples	#梨 Pears	#葡萄 Grapes	#红枣 Dates	#柿子 Persimmons	#杏子 Apricots	#桃子 Peaches
陇西县	Longxi	12194	4407	4587	24	5		1672	438
渭源县	Weiyuan	3945	653	1939				807	
临洮县	Lintao	14576	6251	4362	19	580		1529	1048
漳县	Zhangxian	5697	5251	346					100
岷县	Minxian	454	72	382					
陇南市	**Longnan**	**159661**	**113980**	**6532**	**3802**	**331**	**11278**	**1176**	**9057**
武都区	Wudu	9319	2517	1370	1288	85	180	200	1721
成县	Chengxian	11301	2897	419	582		3014	154	1401
文县	Wenxian	6137	1448	670	1549	88	238	8	721
宕昌县	Tanchang	3318	1623	670	100		520	13	132
康县	Kangxian	4162	904	392	16	65	1770	118	222
西和县	Xihe	14550	12603	408			216	426	712
礼县	Lixian	92100	87879	926	100		100	15	2870
徽县	Huixian	15596	2762	1634	165	12	4749	196	1077
两当县	Liangdang	3177	1347	43	4	80	492	46	201
临夏州	**Linxia**	**90160**	**20047**	**46540**	**365**	**5470**	**55**	**5962**	**996**
临夏市	linxia	15391	10	11489	273			535	18
临夏县	linxia	9259	669	6928	5			443	307
康乐县	Kangle	1708	235	606				520	20
永靖县	Yongjing	29037	17820	3770	70	5445	55	986	383
广河县	Guanghe	3676	407	1853				148	
和政县	Hezheng	16041		12032					
东乡县	Dongxiang	11853	457	7652	17	25		3128	190
积石山县	Jishishan	3194	449	2210				203	78
甘南州	**Gannan**	**12233**	**7865**	**1440**	**255**	**15**	**2144**	**90**	**140**
合作市	Hezuo								
临潭县	Lintan	478	172	304				2	
卓尼县	Zhuoni	89	30	59					
舟曲县	Zhouqu	8418	5103	580	255	15	2141	65	71
迭部县	Diebu	3189	2560	439			3	23	69
玛曲县	Maqu								
碌曲县	Luqu								
夏河县	Xiahe	59		59					

12-29 林业生产
Forestry Production

指　标	Item	2010	2011	2015	2016
当年造林面积(千公顷)	Total Area of Afforestation in Current Year (1 000 hectares)	100.79	123.98	313.86	290.76
#人工造林	Manual Planting	100.79	123.98	254.31	275.63
#防护林	Protection Forests	73.35	88.05	239.34	220.41
用材林	Timber Forests	1.11	1.41	0.29	2.44
经济林	By-product Forests	23.72	30.63	70.95	63.10
幼林抚育面积(千公顷)	Area of Tending Young Forest (1 000 hectares)	332.14	224.41	203.54	147.97
成林抚育面积(千公顷)	Area of Tending Adult Forest (1 000 hectares)	291.29	281.09	275.01	265.86
更新造林(千公顷)	Reforestation Planting (1 000 hectares)	1.04	1.09		3.54
当年零星(四旁)植树(万株)	Odd Planting in Current Year (10 000 units)	8346.01	6318.31	5537.14	13822.43
年末实有育苗面积(千公顷)	Actual Area of Grown Seedlings at Year-end (1 000 hectares)	13.71	16.63	41.09	66.18
#本年新育面积	Raise Seedlings Areas in Current year	7.78	8.67	17.09	15.14
林产品产量	Output of Forest Products				
#木材(万立方米)	Timber(10 000 cu.m)	10.68	10.01	3.35	7.56
橡胶(吨)	Rubber(ton)				
松脂(吨)	Pine Resin(ton)			341.00	402.50
生漆(吨)	Lacquer(ton)	42.33	41.04	27.59	30.25
油桐籽(吨)	Tung-oil Seeds (ton)	340.93	242.90	271.93	295.30
油茶籽(吨)	Tea-oil Seeds(ton)			1.15	23.15
木耳(吨)	Fungus(ton)	287.03	434.23	798.48	762.34
村及村以下木材采伐量(万立方米)	Harvesting Amount of Timber of Village and Village Level Below (10 000 cu.m)	5.08	3.76	1.88	6.09

12-30 牲畜饲养情况及畜产品产量
Number of Livestock and Output of Livestock Products

指 标	Item	2010	2011	2015	2016
大牲畜年末数(万头)	Large Animals (year-end) (10 000 heads)	645.09	657.64	680.97	674.80
牛	Cattle and Buffaloes	485.06	498.38	517.53	512.87
马	Horses	13.55	14.16	15.07	14.97
骡	Mules	42.69	41.91	43.15	42.76
驴	Donkeys	101.95	101.18	102.71	101.54
骆驼	Camels	1.84	2.01	2.51	2.66
大牲畜出栏数(万头)	Slaughtered Fattened Large Animals (10 000 heads)	183.10	190.19	213.17	225.31
牛	Cattle and Buffaloes	160.62	169.49	192.75	203.54
马	Horses	2.23	2.30	2.33	2.35
骡	Mules	4.37	3.21	3.59	3.72
驴	Donkeys	15.31	14.62	13.66	14.80
骆驼	Camels	0.57	0.57	0.84	0.90
猪年末数(万头)	Hogs (year-end)(10 000 heads)	614.40	62[illegible].59	666.06	644.08
肉猪出栏数(万头)	Slaughtered Fattened Hogs (10 000 heads)	670.88	679.74	747.26	719.61
羊年末数(万只)	Sheep And Goats (year-end)(10 000 heads)	1818.40	1898.59	2096.73	2029.64
羊出栏数(万只)	Sheep Marketable Fattened Stock (10 000 heads)	1052.22	1062.74	1339.29	1437.05
肉类产量(万吨)	Output Of Meat (10 000 tons)	86.78	88.46	100.55	101.90
#猪牛羊肉	Output Of Pork,Beef And Mutton	80.77	82.49	94.05	94.98
猪肉	Pork	47.36	47.99	52.76	50.86
牛肉	Beef	16.78	17.71	20.14	21.44
羊肉	Mutton	16.63	16.79	21.16	22.68
禽肉	Poultry Meat	3.86	3.92	4.39	4.63
奶类(万吨)	Milk (10 000 tons)	44.79	47.83	60.50	64.75
#牛奶	Cow Milk	44.21	47.16	59.87	64.07
绵羊毛(吨)	Sheep Wool (ton)	27545.50	28992.60	32152.29	29827.99
山羊毛(吨)	Goat Wool (ton)	1695.75	1877.00	1987.97	1986.00
山羊绒(吨)	Cashmere (ton)	339.15	375.40	397.59	463.46
禽蛋(万吨)	Poultry Eggs (10 000 tons)	10.70	11.03	11.69	11.55
水产品产量(吨)	Aquatic Products (ton)	12330.69	17771.13	14930.00	25075.83

注：畜牧业及水产品数据根据第一、二次农业普查结果进行了相应衔接调整。
a) Data of animal husbandry and aquatic products were adjusted according to the First and Second National Agricultural Census.

12-31 各地县牲畜饲养情况(2016)
Number of Livestock by Region,County(2016)

地 区	Region	大牲畜存栏(万头) Large animals Livestock (10 000 heads)	#牛 Cattle	羊存栏数(万只) Sheep and Goats Livestock (10 000 heads)	猪存栏数(万头) Sheep and Goats Livestock (10 000 heads)	大牲畜出栏(万头) Slaughtered Fattened Large Animals (10 000 heads)	#牛 Cattle	羊出栏数(万只) Slaughtered Fattened Sheep and Goats (10 000 heads)	猪出栏数(万头) Slaughtered Fattened Hogs (10 000 heads)
兰州市	**Lanzhou**	**8.39**	**4.99**	**65.70**	**36.05**	**1.22**	**0.98**	**33.17**	**34.48**
城关区	Chengguan	0.18	0.18	0.53	0.32	0.03	0.03	0.26	0.61
七里河区	Qilihe	1.14	0.82	2.61	2.16	0.16	0.16	0.87	2.05
西固区	Xigu	0.41	0.31	1.89	1.54	0.03	0.03	1.10	1.58
安宁区	Anning	0.02	0.02	0.17	0.13			0.15	0.17
红古区	Honggu	0.82	0.82	4.59	2.68	0.09	0.09	2.00	3.05
永登县	Yongdeng	2.33	1.00	30.77	9.59	0.23	0.18	11.83	10.86
皋兰县	Gaolan	0.17	0.08	8.35	4.82	0.06		6.44	3.33
榆中县	Yuzhong	3.10	1.61	12.18	11.20	0.47	0.35	8.63	10.02
兰州新区	Lanzhou New Area	0.22	0.17	4.60	3.61	0.15	0.12	1.89	2.82
嘉峪关市	**Jiayuguan**	**0.61**	**0.55**	**5.17**	**2.44**	**0.15**	**0.14**	**3.39**	**3.07**
金昌市	**Jinchang**	**5.29**	**4.99**	**86.63**	**5.61**	**1.03**	**0.99**	**43.61**	**7.21**
金川区	Jinchuan	1.25	0.97	12.46	1.09	0.23	0.22	7.88	2.17
永昌县	Yongchang	4.04	4.02	74.17	4.52	0.79	0.78	35.73	5.04
白银市	**Baiyin**	**24.07**	**7.87**	**187.16**	**61.67**	**8.29**	**4.47**	**171.87**	**70.06**
白银区	Baiyin	0.80	0.51	9.60	5.05	0.08	0.07	7.53	6.85
平川区	Pingchuan	1.19	0.23	7.32	3.38	0.20	0.07	5.45	3.39
靖远县	Jingyuan	3.57	0.27	39.30	16.05	0.21	0.06	34.94	17.82
会宁县	Huining	17.82	6.53	69.54	24.13	7.60	4.20	76.04	29.06
景泰县	Jingtai	0.68	0.34	61.40	13.06	0.20	0.07	47.92	12.94
天水市	**Tianshui**	**55.09**	**32.13**	**31.37**	**76.12**	**14.54**	**11.16**	**15.10**	**82.57**
秦州区	Qinzhou	7.14	3.63	2.12	8.42	1.02	0.71	1.13	8.32
麦积区	Maiji	4.63	3.57	2.55	9.67	0.96	0.89	1.34	10.47
清水县	Qingshui	11.88	6.78	3.68	9.03	4.44	3.70	2.23	12.74
秦安县	Qinan	5.16	2.07	3.83	15.03	0.70	0.35	1.74	17.54
甘谷县	Gangu	5.37	2.29	1.79	20.43	0.85	0.58	0.72	20.32
武山县	Wushan	7.68	1.81	4.85	12.21	1.79	0.68	2.92	11.64
张家川县	Zhangjiachuan	13.23	11.97	12.54	1.33	4.78	4.25	5.02	1.53
武威市	**Wuwei**	**61.35**	**56.50**	**323.72**	**104.21**	**26.53**	**24.92**	**204.21**	**116.10**
凉州区	Liangzhou	36.85	36.25	94.76	76.10	15.44	15.31	59.89	86.97
民勤县	Minqin	4.27	3.58	100.60	6.03	3.18	2.00	68.99	6.90
古浪县	Gulang	7.66	5.34	53.06	17.58	2.13	2.06	33.55	16.50
天祝县	Tianzhu	12.58	11.32	75.29	4.50	5.78	5.55	41.78	5.74
张掖市	**Zhangye**	**79.14**	**65.61**	**276.24**	**67.85**	**27.37**	**25.42**	**191.16**	**74.99**

12-31 续表 1 continued

地 区	Region	大牲畜存栏(万头) Large animals Livestock (10 000 heads)	#牛 Cattle	羊存栏数(万只) Sheep and Goats Livestock (10 000 heads)	猪存栏数(万头) Sheep and Goats Livestock (10 000 heads)	大牲畜出栏(万头) Slaughtered Fattened Large Animals (10 000 heads)	#牛 Cattle	羊出栏数(万只) Slaughtered Fattened Sheep and Goats (10 000 heads)	猪出栏数(万头) Slaughtered Fattened Hogs (10 000 heads)
甘州区	Ganzhou	33.23	29.03	68.64	25.34	13.32	12.52	42.53	31.56
肃南县	Sunan	4.39	3.69	67.12	0.19	1.48	1.38	56.77	0.13
民乐县	Minle	6.63	4.68	28.41	14.09	0.94	0.66	16.37	15.52
临泽县	Linze	13.35	12.21	14.32	10.44	6.11	6.09	10.48	11.84
高台县	Gaotai	16.26	12.93	34.28	15.01	4.57	4.02	21.95	12.95
山丹县	Shandan	4.03	1.98	61.24	2.78	0.62	0.45	42.47	2.98
平凉市	**Pingliang**	**85.78**	**74.81**	**21.50**	**43.11**	**47.57**	**46.59**	**16.31**	**49.28**
崆峒区	Kongtong	17.65	17.27	7.93	3.09	14.46	14.38	5.95	3.32
泾川县	Jingchuan	9.71	9.71	2.25	8.42	7.76	7.76	1.51	9.84
灵台县	Lingtai	11.71	11.67	4.26	2.01	6.80	6.73	2.00	2.00
崇信县	Chongxin	6.70	6.54	3.37	2.85	5.32	5.25	2.89	3.36
华亭县	Huating	12.06	11.73	2.71	4.16	7.24	7.23	3.33	6.25
庄浪县	Zhuanglang	12.09	7.73	0.64	12.01	3.96	3.66	0.48	13.06
静宁县	Jingning	15.87	10.17	0.35	10.58	2.02	1.57	0.16	11.45
酒泉市	**Jiuquan**	**18.39**	**14.83**	**377.35**	**21.51**	**12.48**	**11.39**	**302.60**	**24.57**
肃州区	Suzhou	10.52	10.10	81.59	9.88	9.23	9.20	79.66	11.19
金塔县	Jinta	1.41	1.32	81.59	4.67	0.64	0.56	76.95	6.20
瓜州县	Guazhou	2.03	1.75	41.23	2.10	1.11	0.92	35.02	2.07
肃北县	Subei	1.87	0.46	35.76	0.14	0.54	0.16	11.26	0.16
阿克塞县	Akesai	0.59	0.06	16.46	0.00	0.15	0.03	12.35	0.00
玉门市	Yumen	1.28	0.81	78.75	3.10	0.35	0.19	45.30	2.91
敦煌市	Dunhuang	0.70	0.33	41.96	1.62	0.47	0.33	42.06	2.03
庆阳市	**Qingyang**	**65.03**	**37.91**	**174.80**	**39.89**	**24.77**	**18.02**	**86.97**	**38.50**
西峰区	Xifeng	1.85	1.77	11.69	6.00	0.82	0.78	4.48	5.97
庆城县	Qingcheng	6.66	4.90	19.08	3.47	2.08	2.01	9.11	3.34
环 县	Huanxian	13.61	4.21	70.63	6.67	4.32	1.86	39.58	6.78
华池县	Huachi	6.39	2.64	19.29	3.67	1.71	1.17	8.20	3.38
合水县	Heshui	2.97	2.64	18.04	3.19	1.28	1.25	9.11	2.85
正宁县	Zhengning	1.61	1.55	2.54	2.73	0.75	0.75	1.05	2.46
宁 县	Ningxian	9.31	9.17	10.27	9.17	5.41	5.32	4.83	8.56
镇原县	Zhenyuan	22.62	11.02	23.27	4.99	8.41	4.88	10.59	5.16
定西市	**Dingxi**	**63.28**	**30.82**	**87.99**	**88.73**	**8.60**	**6.94**	**51.27**	**91.96**
安定区	Anding	13.18	2.90	16.18	12.27	1.82	1.13	12.86	13.58
通渭县	Tongwei	12.76	4.54	3.97	10.53	1.49	1.13	2.29	11.28

12-31 续表 2 continued

地 区	Region	大牲畜存栏（万头） Large animals Livestock (10 000 heads)	#牛 Cattle	羊存栏数（万只） Sheep and Goats Livestock (10 000 heads)	猪存栏数（万头） Sheep and Goats Livestock (10 000 heads)	大牲畜出栏（万头） Slaughtered Fattened Large Animals (10 000 heads)	#牛 Cattle	羊出栏数（万只） Slaughtered Fattened Sheep and Goats (10 000 heads)	猪出栏数（万头） Slaughtered Fattened Hogs (10 000 heads)
陇西县	Longxi	9.35	2.51	13.07	14.80	0.75	0.54	6.04	15.09
渭源县	Weiyuan	5.86	4.17	7.75	11.04	0.70	0.64	2.91	10.61
临洮县	Lintao	6.39	5.03	25.32	18.01	1.78	1.76	20.41	20.33
漳 县	Zhangxian	5.41	2.31	7.17	6.74	0.47	0.16	1.06	7.50
岷 县	Minxian	10.33	9.35	14.54	15.34	1.58	1.58	5.70	13.55
陇南市	**Longnan**	**54.74**	**35.58**	**35.96**	**88.23**	**12.17**	**10.68**	**21.02**	**98.24**
武都区	Wudu	8.11	4.92	6.22	21.06	1.12	0.89	4.20	20.33
成 县	Chengxian	2.38	2.33	1.12	9.74	0.82	0.81	0.98	11.38
文 县	Wenxian	5.63	3.50	4.34	8.04	0.47	0.42	2.18	9.54
宕昌县	Tanchang	9.94	5.01	6.45	8.29	1.45	1.29	2.80	8.05
康 县	Kangxian	2.87	2.72	2.38	5.68	0.78	0.75	1.48	6.02
西和县	Xihe	4.07	2.04	2.43	8.30	1.21	0.95	1.67	9.20
礼 县	Lixian	14.36	7.68	10.24	11.06	3.74	2.99	6.10	16.05
徽 县	Huixian	6.09	6.09	2.06	13.40	2.05	2.05	1.22	14.53
两当县	Liangdang	1.29	1.29	0.72	2.67	0.55	0.55	0.40	3.15
临夏州	**Linxia**	**37.71**	**28.19**	**144.91**	**25.46**	**12.72**	**12.18**	**111.48**	**25.27**
临夏市	linxia	1.15	1.15	1.79	1.90	1.85	1.85	1.60	2.07
临夏县	linxia	6.01	5.86	17.09	7.08	1.21	1.21	9.18	7.19
康乐县	Kangle	6.47	5.43	14.51	3.03	2.78	2.66	5.63	2.71
永靖县	Yongjing	3.83	0.84	15.26	5.85	0.61	0.19	11.01	7.65
广河县	Guanghe	3.94	3.86	17.67		1.21	1.21	7.40	
和政县	Hezheng	3.65	3.56	12.83	2.96	2.18	2.18	7.27	2.87
东乡县	Dongxiang	5.81	3.73	49.21	0.34	1.42	1.42	63.20	0.52
积石山县	Jishishan	6.85	3.76	16.55	4.30	1.46	1.45	6.19	2.26
甘南州	**Gannan**	**131.83**	**123.79**	**213.65**	**22.77**	**42.69**	**42.68**	**118.48**	**20.46**
合作市	Hezuo	11.32	10.83	17.77	1.14	3.38	3.38	9.39	1.60
临潭县	Lintan	5.27	4.40	13.99	4.28	1.76	1.76	9.12	4.32
卓尼县	Zhuoni	15.54	14.83	28.86	6.88	5.24	5.24	12.99	4.61
舟曲县	Zhouqu	4.58	3.16	1.18	3.53	0.72	0.72	1.06	4.61
迭部县	Diebu	11.28	10.45	2.93	4.85	2.38	2.38	2.12	3.83
玛曲县	Maqu	48.94	46.55	47.41		16.88	16.88	21.54	
碌曲县	Luqu	19.94	19.56	35.36	0.53	4.90	4.90	23.34	0.39
夏河县	Xiahe	14.96	14.01	66.14	1.56	7.41	7.41	38.93	1.09

12-32 各地县畜产品产量(2016)
Output of Livestock Products by Region,County(2016)

单位：吨 (ton)

地区	Region	肉类 Output of Meat	#猪肉 Pork	#牛肉 Beef	#羊肉 Mutton	奶类 Milk	绵羊毛 Sheep Wool	山羊毛 Goat Wool	禽蛋 Poultry Eggs	水产品 Aquatic Products
兰州市	**Lanzhou**	**41100**	**24142**	**931**	**5984**	**69851**	**983**	**45**	**18006**	**1799**
城关区	Chengguan	563	439	41	42	4520	7		95	
七里河区	Qilihe	2001	1478	158	147	28460	40	2	1551	
西固区	Xigu	2438	1136	42	176	6464	28		3617	294
安宁区	Anning	179	123		25	282	3		49	
红古区	Honggu	2783	2198	111	341	13563	66	1	806	165
永登县	Yongdeng	10546	7817	194	1775	6868	514	15	4471	1220
皋兰县	Gaolan	3656	2397	4	966	634	145	3	1398	
榆中县	Yuzhong	9392	7211	351	1294	6756	134	17	2905	120
兰州新区	Lanzhou New Area	9541	1344	30	1218	2303	46	6	3114	
嘉峪关市	**Jiayuguan**	**2862**	**2152**	**137**	**508**	**10370**	**95**	**3**	**454**	**165**
金昌市	**Jinchang**	**13611**	**5046**	**994**	**6978**	**29240**	**1490**	**101**	**2206**	**592**
金川区	Jinchuan	3099	1516	218	1260	13488	236	10	458	
永昌县	Yongchang	10513	3530	776	5718	15752	1254	91	1748	592
白银市	**Baiyin**	**89300**	**50373**	**4474**	**25781**	**26014**	**2624**	**203**	**14491**	**1919**
白银区	Baiyin	6908	4930	74	1129	8429	106	20	1115	850
平川区	Pingchuan	3620	2370	66	818	425	78	14	764	84
靖远县	Jingyuan	20445	12832	61	5240	2948	508	53	8992	815
会宁县	Huining	40994	20924	4203	11406	11625	1032	49	2270	
景泰县	Jingtai	17334	9317	70	7188	2587	900	67	1349	170
天水市	**Tianshui**	**78419**	**57799**	**11157**	**2265**	**7316**	**304**	**50**	**13025**	**1455**
秦州区	Qinzhou	7567	5825	709	170	301	20	4	1619	249
麦积区	Maiji	9183	7331	895	202	1156		6	2353	260
清水县	Qingshui	14226	8921	3699	334	2971	11	6	2581	170
秦安县	Qinan	13908	12278	348	261	791	52	4	2441	4
甘谷县	Gangu	15807	14224	576	107	621	21	4	1511	178
武山县	Wushan	10788	8148	676	438	640	76	11	1527	540
张家川县	Zhangjiachuan	6939	1072	4255	753	835	125	15	994	54
武威市	**Wuwei**	**142961**	**81271**	**24917**	**30632**	**20845**	**5332**	**125**	**12878**	**536**
凉州区	Liangzhou	88035	60876	15311	8983	17138	1726	39	8129	128
民勤县	Minqin	19698	4829	2001	10349	731	1481	18	2710	400
古浪县	Gulang	19064	11550	2056	5033	653	779	14	1786	
天祝县	Tianzhu	16164	4015	5550	6266	2324	1346	54	253	8
张掖市	**Zhangye**	**116845**	**51251**	**26463**	**28880**	**85488**	**6029**	**155**	**13520**	**3169**

12-32 续表 1 continued

单位：吨 (ton)

地 区	Region	肉 类 Output of Meat	# 猪肉 Pork	# 牛肉 Beef	# 羊肉 Mutton	奶类 Milk	绵羊毛 Sheep Wool	山羊毛 Goat Wool	禽蛋 Poultry Eggs	水产品 Aquatic Products
甘州区	Ganzhou	49430	22092	13768	6805	21681	1579	48	8521	1265
肃南县	Sunan	9887	91	1169	8515	5384	2088	22	26	
民乐县	Minle	14884	10866	664	2455	11812	553	13	1583	
临泽县	Linze	16019	7699	6094	1573	25312	232	3	1463	689
高台县	Gaotai	16629	8416	4023	3073	18610	620	23	1193	1158
山丹县	Shandan	9582	2087	448	6370	2028	914	45	734	57
平凉市	**Pingliang**	**89059**	**34498**	**46588**	**2447**	**18283**	**166**	**46**	**9185**	**2764**
崆峒区	Kongtong	20123	2321	14383	892	11637	94	10	1145	779
泾川县	Jingchuan	15324	6886	7758	226	778		8	1869	1099
灵台县	Lingtai	8688	1403	6729	300	651	16	15	367	398
崇信县	Chongxin	8254	2354	5250	434	1869	38	6	513	96
华亭县	Huating	12383	4372	7231	499	2089	10	6	572	74
庄浪县	Zhuanglang	13709	9145	3664	72	441		1	2612	232
静宁县	Jingning	10578	8016	1573	25	818	8		2108	86
酒泉市	**Jiuquan**	**82482**	**17199**	**11391**	**45390**	**31057**	**6638**	**288**	**9671**	**2361**
肃州区	Suzhou	34157	7833	9204	11949	20346	1980	38	6427	1194
金塔县	Jinta	17622	4343	555	11543	1158	1567	16	1390	628
瓜州县	Guazhou	8043	1448	917	5252	1875	704	44	317	176
肃北县	Subei	2455	111	163	1689	228	305	89	48	
阿克塞县	Akesai	2017	2	26	1853	315	204	14	2	
玉门市	Yumen	9517	2040	193	6796	3793	1096	71	795	148
敦煌市	Dunhuang	8672	1422	333	6309	3342	781	15	692	216
庆阳市	**Qingyang**	**73241**	**28878**	**21626**	**13915**	**11246**	**402**	**596**	**10438**	**1491**
西峰区	Xifeng	6369	4479	938	717	1120	139	24	603	143
庆城县	Qingcheng	6510	2504	2408	1458	431	3	68	617	90
环 县	Huanxian	15895	5084	2232	6333		13	244	1225	110
华池县	Huachi	5931	2539	1407	1312	1554	4	64	767	125
合水县	Heshui	5247	2141	1504	1458	4347	7	84	791	189
正宁县	Zhengning	3187	1842	896	168	450	18	10	676	219
宁 县	Ningxian	13882	6420	6387	774	2586	90	32	1846	94
镇原县	Zhenyuan	16219	3870	5854	1695	758	127	71	3914	522
定西市	**Dingxi**	**88436**	**68798**	**6940**	**7690**	**7718**	**456**	**76**	**8924**	**2000**
安定区	Anding	16651	12361	1129	1929	346	196	10	1453	9
通渭县	Tongwei	10274	7897	1129	344	1642	32	3	1628	12

12-32 续表 2 continued

单位：吨 (ton)

地区	Region	肉类 Output of Meat	#猪肉 Pork	#牛肉 Beef	#羊肉 Mutton	奶类 Milk	绵羊毛 Sheep Wool	山羊毛 Goat Wool	禽蛋 Poultry Eggs	水产品 Aquatic Products
陇西县	Longxi	12571	10564	536	905	369	1	5	1194	167
渭源县	Weiyuan	8977	7430	639	437	980	38	3	1000	323
临洮县	Lintao	20302	14231	1761	3061	3992	176	14	2792	690
漳县	Zhangxian	7592	6829	163	159	185		23	474	670
岷县	Minxian	12070	9486	1584	856	204	12	18	383	128
陇南市	**Longnan**	**86686**	**68771**	**10684**	**3153**	**895**	**15**	**99**	**10498**	**2510**
武都区	Wudu	16470	14228	894	631	425	7	17	1614	280
成县	Chengxian	9370	7964	805	147	283	[illegible]	4	1439	170
文县	Wenxian	7633	6681	419	326	5		22	920	1270
宕昌县	Tanchang	7588	5638	1293	419	44		16	344	65
康县	Kangxian	5416	4211	750	222	91		10	1214	100
西和县	Xihe	8011	6440	945	251			2	1365	50
礼县	Lixian	16042	11232	2985	915	4	4	17	1517	72
徽县	Huixian	13109	10170	2047	183	10	3	9	1633	437
两当县	Liangdang	3047	2207	546	59	34		3	452	66
临夏州	**Linxia**	**58699**	**19000**	**15418**	**21335**	**32156**	**2803**	**122**	**5814**	**4208**
临夏市	linxia	4479	1657	2402	319	3364	53		110	194
临夏县	linxia	9398	5036	1576	1835	22898	407	14	2253	112
康乐县	Kangle	6297	1898	3193	844	501	372	7	779	93
永靖县	Yongjing	9428	6117	249	2203	1491	315	28	825	3420
广河县	Guanghe	2853		1574	1111	799	428	5	631	
和政县	Hezheng	6654	2294	2831	1455	2160	285	10	280	
东乡县	Dongxiang	15237	418	1850	12640	281	660	35	608	262
积石山县	Jishishan	4354	1581	1743	928	663	288	22	328	127
甘南州	**Gannan**	**74356**	**13291**	**38357**	**22167**	**84636**	**2065**	**64**	**1232**	**56**
合作市	Hezuo	4946	481	2775	1690	4889	166	6		
临潭县	Lintan	6444	3236	1757	1368	6838	95	31	96	21
卓尼县	Zhuoni	11132	3459	5239	2338	4007	272	25	395	19
舟曲县	Zhouqu	5488	4151	866	159	230	10	2	569	
迭部县	Diebu	4094	1342	2385	318	5556	29		170	
玛曲县	Maqu	18657		14350	4307	37330	474			16
碌曲县	Luqu	9400	295	4904	4202	18158	353	1		
夏河县	Xiahe	14196	327	6082	7785	7628	667		2	

12-33 各地县中药材种植面积和产量(2016)
Sown Areas and Products of Chinese Medicine by Region,County (2016)

地 区	Region	中药材 Chinese Medicinal Materials		当归 Angelica		党参 Codonopsis		其他 Others	
		面积(万亩) Areas (10 000 mu)	产量(吨) Products (ton)	面积(万亩) Areas (10 000 mu)	产量(吨) Products (ton)	面积(万亩) Areas (10 000 mu)	产量(吨) Products (ton)	面积(万亩) Areas (10 000 mu)	产量(吨) Products (ton)
兰州市	**Lanzhou**	**21.21**	**36048.84**	**0.11**	**435.50**	**0.93**	**1409.07**	**20.18**	**34204.27**
城关区	Chengguan								
七里河区	Qilihe	0.19	415.50	0.04	149.00	0.07	93.60	0.08	172.90
西固区	Xigu	0.04	100.00					0.04	100.00
安宁区	Anning								
红古区	Honggu								
永登县	Yongdeng	3.06	10200.00			0.09	172.00	2.97	10028.00
皋兰县	Gaolan								
榆中县	Yuzhong	17.68	23513.84	0.04	41.50	0.77	1143.47	16.87	22328.87
兰州新区	Lanzhou New Area	0.25	1819.50	0.03	245.00			0.22	1574.50
嘉峪关市	**Jiayuguan**								
金昌市	**Jinchang**	**1.85**	**15136.00**					**1.85**	**15136.00**
金川区	Jinchuan	0.33	3080.00					0.33	3080.00
永昌县	Yongchang	1.52	12056.00					1.52	12056.00
白银市	**Baiyin**	**18.00**	**38108.16**	**0.06**	**98.00**	**0.89**	**1311.68**	**17.05**	**36698.48**
白银区	Baiyin								
平川区	Pingchuan	0.72	1177.10					0.72	1177.10
靖远县	Jingyuan	10.50	16691.00	0.06	98.00	0.31	222.00	10.14	16371.00
会宁县	Huining	2.17	4014.67			0.59	1089.68	1.58	2924.99
景泰县	Jingtai	4.62	16225.39					4.62	16225.39
天水市	**Tianshui**	**20.52**	**45680.93**	**1.07**	**3875.10**	**6.28**	**11661.20**	**13.17**	**30144.63**
秦州区	Qinzhou	5.56	8455.50			0.25	683.00	5.31	7772.50
麦积区	Maiji	1.21	3518.00	0.03	62.00	0.20	973.00	0.98	2483.00
清水县	Qingshui	2.85	10209.17	0.30	1416.50	0.03	121.20	2.51	8671.47
秦安县	Qinan	1.52	2451.00	0.02	45.00	0.69	1148.00	0.81	1258.00
甘谷县	Gangu	5.68	8521.60			4.31	5787.70	1.38	2733.90
武山县	Wushan	3.31	11341.62	0.72	2351.60	0.80	2948.30	1.79	6041.72
张家川县	Zhangjiachuan	0.39	1184.04					0.39	1184.04
武威市	**Wuwei**	**21.99**	**70052.26**	**0.76**	**2641.95**	**0.67**	**2446.35**	**20.55**	**64963.96**
凉州区	Liangzhou	3.50	22010.95	0.24	1063.75	0.57	1979.25	2.69	18967.95
民勤县	Minqin	11.69	23036.11					11.69	23036.11
古浪县	Gulang	4.98	18778.20	0.09	116.90	0.07	242.70	4.82	18418.60
天祝县	Tianzhu	1.82	6227.00	0.42	1461.30	0.04	224.40	1.36	4541.30
张掖市	**Zhangye**	**23.55**	**76735.00**	**0.29**	**520.50**			**23.26**	**76214.50**

12-33 续表 1 continued

地 区	Region	中药材 Chinese Medicinal Materials		当归 Angelica		党参 Codonopsis		其他 Others	
		面积(万亩) Areas (10 000 mu)	产量(吨) Products (ton)	面积(万亩) Areas (10 000 mu)	产量(吨) Products (ton)	面积(万亩) Areas (10 000 mu)	产量(吨) Products (ton)	面积(万亩) Areas (10 000 mu)	产量(吨) Products (ton)
甘州区	Ganzhou	2.10	9031.00					2.10	9031.00
肃南县	Sunan	0.34	3447.00	0.01	22.50			0.34	3424.50
民乐县	Minle	16.39	41714.00	0.16	345.00			16.23	41369.00
临泽县	Linze	2.24	10048.00					2.24	10048.00
高台县	Gaotai	0.41	2524.00	0.12	153.00			0.29	2371.00
山丹县	Shandan	2.07	9971.00					2.07	9971.00
平凉市	**Pingliang**	**14.88**	**55639.68**	**0.05**	**130.00**	**0.71**	**2720.30**	**14.12**	**52789.38**
崆峒区	Kongtong	1.07	4291.00			0.07	247.30	1.00	4043.70
泾川县	Jingchuan	0.21	266.00			0.02	32.00	0.19	234.00
灵台县	Lingtai	2.00	4854.00					2.00	4854.00
崇信县	Chongxin	1.00	2555.30	0.05	130.00	0.03	58.00	0.92	2367.30
华亭县	Huating	7.10	26121.38			0.05	104.00	7.05	26017.38
庄浪县	Zhuanglang	2.00	9732.00			0.13	624.00	1.87	9108.00
静宁县	Jingning	1.49	7820.00			0.40	1655.00	1.09	6165.00
酒泉市	**Jiuquan**	**38.13**	**138670.92**					**38.13**	**138670.92**
肃州区	Suzhou	0.22	641.75					0.22	641.75
金塔县	Jinta	1.50	19628.00					1.50	19628.00
瓜州县	Guazhou	22.03	105545.64					22.03	105545.64
肃北县	Subei								
阿克塞县	Akesai	0.03	222.50					0.03	222.50
玉门市	Yumen	12.70	12030.00					12.70	12030.00
敦煌市	Dunhuang	1.65	603.03					1.65	603.03
庆阳市	**Qingyang**	**19.22**	**107367.59**	**0.51**	**1926.10**	**1.29**	**2943.30**	**17.42**	**102498.19**
西峰区	Xifeng	0.85	2694.00					0.85	2694.00
庆城县	Qingcheng	2.72	8756.95	0.005	20.00	0.02	15.30	2.70	8721.65
环 县	Huanxian	0.77	5497.50	0.03	350.00			0.73	5147.50
华池县	Huachi	2.00	5800.00	0.06	193.60	0.02	35.00	1.92	5571.40
合水县	Heshui	0.28	1795.09	0.02	94.50	0.01	24.00	0.25	1676.59
正宁县	Zhengning	5.16	47219.00			0.57	1226.00	4.59	45993.00
宁 县	Ningxian	5.48	27569.05	0.06	86.00	0.37	533.00	5.05	26950.05
镇原县	Zhenyuan	1.95	8036.00	0.32	1182.00	0.31	1110.00	1.33	5744.00
定西市	**Dingxi**	**139.96**	**322564.48**	**35.39**	**74781.62**	**49.04**	**96732.90**	**55.53**	**151049.96**
安定区	Anding	2.50	7417.40			0.11	264.00	2.39	7153.40
通渭县	Tongwei	6.15	11502.66	0.20	309.98	1.61	4655.72	4.34	6536.96

12-33 续表 2 continued

地 区	Region	中药材 Chinese Medicinal Materials		当归 Angelica		党参 Codonopsis		其他 Others	
		面积（万亩）Areas (10 000 mu)	产量（吨）Products (ton)	面积（万亩）Areas (10 000 mu)	产量（吨）Products (ton)	面积（万亩）Areas (10 000 mu)	产量（吨）Products (ton)	面积（万亩）Areas (10 000 mu)	产量（吨）Products (ton)
陇西县	Longxi	35.00	96566.00	0.26	929.40	16.39	38636.10	18.35	57000.50
渭源县	Weiyuan	30.66	64703.94	10.50	24283.96	11.81	17713.05	8.36	22706.93
临洮县	Lintao	15.03	26676.48	1.69	3414.28	9.40	14924.03	3.94	8338.17
漳 县	Zhangxian	15.00	23744.00	6.24	9354.00	2.26	2955.00	6.50	11435.00
岷 县	Minxian	35.61	91954.00	16.50	36490.00	7.46	17585.00	11.65	37879.00
陇南市	**Longnan**	**73.76**	**153631.98**	**7.96**	**18915.67**	**13.55**	**21141.25**	**52.25**	**113575.06**
武都区	Wudu	20.34	29905.58	0.99	2117.50	3.23	5825.78	16.11	21962.30
成 县	Chengxian	3.28	19988.00	0.09	264.00	0.15	404.30	3.04	19319.70
文 县	Wenxian	6.80	6584.00	0.04	145.30	5.33	5245.67	1.43	1193.03
宕昌县	Tanchang	17.31	37340.00	6.34	14971.00	3.66	6510.00	7.31	15859.00
康 县	Kangxian	3.36	2445.20	0.01	3.40	0.04	11.00	3.31	2430.80
西和县	Xihe	6.65	12023.20			0.65	1124.50	6.00	10898.70
礼 县	Lixian	4.21	9460.00	0.30	490.00	0.36	1140.00	3.55	7830.00
徽 县	Huixian	4.69	17688.30	0.14	815.00	0.11	844.00	4.44	16029.30
两当县	Liangdang	7.12	18197.70	0.05	109.47	0.02	36.00	7.06	18052.23
临夏州	**Linxia**	**7.57**	**34260.26**	**4.16**	**19363.65**	**0.50**	**2109.30**	**2.91**	**12787.31**
临夏市	linxia	0.01	133.00	0.01	133.00				
临夏县	linxia	0.61	2658.10	0.47	2055.84	0.01	28.00	0.14	574.26
康乐县	Kangle	3.84	18075.06	2.41	11828.41	0.23	1023.50	1.20	5223.15
永靖县	Yongjing	0.63	3683.00			0.03	154.00	0.61	3529.00
广河县	Guanghe	0.18	602.70	0.05	113.10	0.07	107.80	0.07	381.80
和政县	Hezheng	1.70	7754.40	1.14	4999.30	0.14	776.00	0.42	1979.10
东乡县	Dongxiang	0.03	173.00	0.03	173.00				
积石山县	Jishishan	0.56	1181.00	0.06	61.00	0.03	20.00	0.47	1100.00
甘南州	**Gannan**	**28.44**	**51683.14**	**7.76**	**16125.99**	**2.75**	**4509.03**	**17.93**	**31048.12**
合作市	Hezuo	0.31	602.00	0.31	602.00				
临潭县	Lintan	10.00	21058.83	3.96	8374.96	0.30	535.18	5.75	12148.69
卓尼县	Zhuoni	7.51	15097.00	2.56	5376.00	0.23	477.00	4.72	9244.00
舟曲县	Zhouqu	8.86	11102.31	0.42	597.84	2.14	3291.65	6.31	7212.82
迭部县	Diebu	1.37	3093.00	0.51	1165.69	0.10	205.20	0.77	1722.11
玛曲县	Maqu								
碌曲县	Luqu	0.06	641.00	0.01	8.00			0.05	633.00
夏河县	Xiahe	0.33	89.00	0.002	1.50			0.33	87.50

12-34 受灾面积和成灾面积
Areas Covered and Affected by Natural Disaster

单位：千公顷 (1 000 hectares)

年份 Year	受灾面积 Areas Covered	成灾面积 Areas Affected	成灾面积占受灾面积比重 (%) Percentage of Disaster Areas Affected to Areas Covered (%)	水灾 Flood		旱灾 Drought	
				受灾面积 Areas Covered	成灾面积 Areas Affected	受灾面积 Areas Covered	成灾面积 Areas Affected
2000	2004.12	1572.91	78.48	55.77	41.82	1622.33	1303.93
2001	1575.59	1180.72	74.94	33.53	24.53	1089.83	833.13
2002	1270.29	913.25	71.89	50.61	35.68	636.83	483.13
2003	1176.41	813.87	69.18	229.70	169.51	562.63	383.31
2004	1243.84	866.83	69.69	80.08	42.44	378.59	286.02
2005	1137.95	739.98	65.03	101.30	76.76	607.03	380.82
2006	1422.13	1061.68	74.65	73.91	48.95	875.49	662.81
2007	1436.16	1040.57	72.46	110.55	77.95	975.71	700.30
2008	1238.71	871.81	70.38	35.05	20.23	731.83	520.05
2009	1299.83	981.59	75.52	38.51	23.23	1008.87	792.49
2010	1167.48	877.71	75.18	101.79	74.66	601.85	499.85
2011	1209.77	881.60	72.87	55.24	37.83	893.77	656.66
2012	676.43	490.05	72.45	98.41	63.54	211.83	144.15
2013	977.64	593.59	60.72	151.93	110.55	551.76	297.37
2014	695.34	389.48	56.01	25.67	14.80	242.03	108.38
2015	664.38	416.59	62.70	33.21	24.23	316.81	181.58
2016	844.51	499.69	59.17	34.38	26.15	605.69	350.13

12-35 各地区受灾面积和成灾面积(2016)
Areas Covered and Affected by Natural Disaster by Region(2016)

单位：千公顷 (1 000 hectares)

地区	Region	受灾面积 Areas Covered	成灾面积 Areas Affected	成灾面积占受灾面积比重(%) Percentage of Disaster Areas Affected to Areas Covered (%)	水灾 Flood		旱灾 Drought	
					受灾面积 Areas Covered	成灾面积 Areas Affected	受灾面积 Areas Covered	成灾面积 Areas Affected
兰州市	Lanzhou	16.89	6.63	39.29	1.60	1.44	13.96	4.36
嘉峪关市	Jiayuguan	0.15	0.04	25.85	0.01	0.01		
金昌市	Jinchang	1.78	0.76	42.91				
白银市	Baiyin	132.65	80.54	60.72	4.12	2.32	91.40	55.43
天水市	Tianshui	55.16	27.43	49.73	1.62	0.72	35.74	16.14
武威市	Wuwei	24.05	12.09	50.26	0.71	0.44	0.73	0.59
张掖市	Zhangye	50.99	39.91	78.26	19.46	16.85	0.14	0.12
平凉市	Pingliang	103.54	40.14	38.77			88.42	29.20
酒泉市	Jiuquan	2.21	0.74	33.41	1.88	0.73		
庆阳市	Qingyang	130.30	66.12	50.75	2.72	1.93	95.50	48.48
定西市	Dingxi	240.40	163.19	67.88	0.08	0.07	229.10	156.06
陇南市	Longnan	48.61	33.92	69.78	0.82	0.55	31.49	23.58
临夏州	Linxia	30.74	22.52	73.26	0.76	0.60	14.19	12.08
甘南州	Gannan	7.04	5.65	80.25	0.61	0.50	5.00	4.09

主要统计指标解释

农林牧渔业总产值 指以货币表现的农、林、牧、渔业全部产品和对农林牧渔业生产活动进行的各种支持性服务活动的价值总量，它反映一定时期内农林牧渔业生产总规模和总成果。1957 年以前的农林牧渔业总产值中包括了厩肥和农民自给性手工业(如农民自制衣服、鞋、袜，自己从事粮食初步加工等)。1958 年及以后，林业中增加了村及村以下竹木采伐产值；牧业中取消了厩肥产值；副业中取消了农民自给性手工业产值，增加了村及村以下办的工业产值；渔业中增加了海洋捕捞水产品产值。1980 年及以后，在副业中增加了农民家庭兼营工业商品部分的产值。从 1984 年起村及村以下工业产值划归工业。从 1993 年起取消副业，将野生动物的捕猎划入牧业，野生植物采集和农民家庭兼营商品性工业划归农业。从 2003 年起，执行新的国民经济行业分类标准，农林牧渔业总产值中包括了农林牧渔服务业产值。林业中增加了森林采运业产值。农业中取消了家庭兼营商品性工业产值，将野生林产品的采集划归林业。第一次农业普查以后，由于畜牧业产品年报数据与普查数据之间存在一定的差距，根据农业普查结果，对畜牧业年报数据和畜牧业产值进行了修正。2010 年执行《统计用产品分类目录》，对 2009 年的农业、林业产值做了相应调整。

农林牧渔业总产值的计算方法通常是按农、林、牧、渔业产品及其副产品的产量分别乘以各自单位产品价格求得；少数生产周期较长，当年没有产品或产品产量不易统计的，则采用间接方法匡算其产值；然后将四业产品产值及农林牧渔服务业产值相加即为农林牧渔业总产值。

粮食产量 指农业生产经营者日历年度内生产的全部粮食数量。按收获季节包括夏收粮食、早稻和秋收粮食，按作物品种包括谷物、薯类和豆类。其产量计算方法：谷物按脱粒后的原粮计算，豆类按去豆荚后的干豆计算；薯类(包括甘薯和马铃薯，不包括芋头和木薯)1963 年以前按每 4 公斤鲜薯折 1 公斤粮食计算，从 1964 年开始改为按 5 公斤鲜薯折 1 公斤粮食计算；城市郊区作为蔬菜的薯类(如马铃薯等)按鲜品计算，并且不作粮食统计。1989 年以前全国粮食产量数据主要靠全面报表取得，1989 年开始使用抽样调查数据。

棉花产量 指全社会的产量。包括春播棉和夏播棉；产量按皮棉计算；不包括木棉。

油料产量 指全部油料作物的生产量。包括花生、油菜籽、芝麻、向日葵籽、胡麻籽（亚麻籽）和其他油料。不包括大豆、木本油料和野生油料。花生以带壳干花生计算。

猪、牛、羊肉产量 指当年出栏并已屠宰、除去头蹄下水后带骨肉(即胴体重)的重量。包括全社会范围内的产量。1996 年以前为全面统计并逐级上报数据。1996 年第一次全国农业普查以后，根据普查结果，对畜牧业主要年报数据进行了修正。1999 年以后，国家统计局在部分地区开展了猪、牛、羊、禽等主要畜禽品种的抽样调查，并用抽样数据作为国家定案数据使用。未开展抽样调查的地区和品种，仍使用各级统计部门逐级上报数据。2007 年，根据第二次全国农业普查结果，对 2000—2006 年畜牧业主要年报数据进行了修正。2008 年，建立了主要畜禽监测调查制度，猪、牛、羊、禽等主要畜禽数据均以抽样调查数为法定数据。

期初(末)畜禽存栏头(只)数 指报告期初(末)农村各种合作经济组织和国营农场、农民个人、机关、团体、学校、工矿企业、部队等单位，以及城镇居民饲养的大牲畜、猪、羊、家禽等畜禽的数量。数据上报方式及数据调整情况同猪、牛、羊肉产量。

常用耕地 指耕地总资源中专门种植农作物并经常进行耕种、能够正常收获的土地。包括当年实际耕种的熟地；弃耕、休闲不满三年，随时可以复耕的地；开荒利用三年以上的土地。在统计口径上包括南方小于 1 米、北方小于 2 米宽的沟、渠、路和田埂。不包括临时种植农作物的坡度在 25 度以上的陡坡地；在河套、湖畔、库区临时开发的成片或零星土地；也不包括已列为国家和省（区、市）退耕计划但临时耕种的土地。

农作物播种面积 指农业生产经营者应在日历年度内收获农作物在全部土地（耕地或非耕地）上的播种或移植面积。凡是本年内收获的农作物，无论是本年还是上年播种，都算为播种面积，但不包括本年播种，下年收获的农作物面积。

有效灌溉面积 指具有一定的水源，地块比较平整，灌溉工程或设备已经配套，在一般年景下能够进行正常灌溉的耕地面积。在一般情况下，有效灌溉面积应等于灌溉工程或设备已经配套，能够进行正常灌溉的水田和水浇地面积之和。它是反映我国农田水利建设的重要指标。

农用化肥施用量 指本年度内实际用于农业生产的化肥数量，包括氮肥、磷肥、钾肥和复合肥。化肥施用量要求按折纯量计算数量。折纯量是指把氮肥、磷肥、钾肥分别按含氮、含五氧化二磷、含氧化钾的百分比成份进行折算后的数量。复合肥按其所含主要成分折算。公式为：

折纯量=实物量×某种化肥有效成分含量的百分比

农业机械总动力 指全部农业机械动力的额定功率之和。农业机械是指用于种植业、畜牧业、渔业、农产品初加工、农用运输和农田基本建设等活动的机械及设备。农机总动力按使用能源不同分为以下四部分：

柴油发动机动力：指全部柴油发动机额定功率之和；

汽油发动机动力：指全部汽油发动机额定功率之和；

电动机动力：指全部电动机（含潜水电泵的电动机）额定功率之和；

其他机械动力：指采用柴油、汽油、电力之外的其他能源，如水力、风力、煤炭、太阳能等动力机械功率之和。

这个指标的统计数据主要来源于农机部门。

农村户数 指长期(一年以上)居住在乡镇(不包括城关镇)行政管理区域内的住户，还包括居住在城关镇所辖行政村范围内的农村住户。户口不在本地而在本地居住一年及以上的住户也包括在本地农村住户内；有本地户口，但举家外出谋生一年以上的住户，无论是否保留承包耕地都不包括在本地农村住户范围内。不包括乡村地区内的国有经济机关、团体、学校、企业、事业单位的集体户。

农村人口 指乡村地区常住居民户数中的常住人口数，即经常在家或在家居住 6 个月以上，而且经济和生活与本户连成一体的人口。外出从业人员在外居住时间虽然在 6 个月以上，但收入主要带回家中，经济与本户连为一体，仍视为家庭常住人口；在家居住，生活和本户连成一体的国家职工、退休人员也为家庭常住人口。但是现役军人、中专及以上(走读生除外)的在校学生、以及常年在外(不包括探亲、看病等)且已有稳定的职业与居住场所的外出从业人员，不应当作家庭常住人口。

13 工　业

Industry

简要说明

一、本篇资料的主要内容

本篇反映工业经济方面的基本情况。主要包括规模以上工业企业主要经济指标、构成资料；主要工业产品产量、规模以上工业主要产品生产能力资料；国有及国有控股工业企业情况；支柱产业情况。

二、本篇资料的统计范围

本篇资料的统计范围：2010年为年主营业务收入在500万元以上工业企业（即规模以上工业企业），从2011年开始，规模以上工业统计范围的工业企业起点标准从年主营业务收入500万元提高到2000万元。

三、本篇资料来源

本篇资料由省统计局工业交通处根据工业统计年报表中有关资料整理。

13-1 规模以上工业企业工业增加值
Value-added of Industry of Industrial Enterprises above Designated Size

单位：亿元 (100 million yuan)

项 目	Item	2010	2011	2015	2016	2016年比2015年增长(%) Increase Rate in 2016 over 2015 (%)
工业增加值	**Value-added of Industry**	**1376.3**	**1782.8**	**1662.0**	**1565.4**	**6.2**
#国有及国有控股	State-owned and State-holding Enterprises	1098.6	1450.5	1216.1	1105.9	3.9
按登记注册类型分	**By Status of Registration**					
国有企业	State-owned Enterprises	319.1	472.7	472.6	471.0	23.9
集体企业	Collective-owned Enterprises	27.3	32.4	13.1	10.3	-20.5
股份合作企业	Cooperative Enterprises	7.0	7.3	0.8	0.8	-4.0
股份制企业	Share-holding Corporations	968.4	1213.8	1142.5	1052.4	-0.9
外商及港澳台商投资企业	Enterprises with Funds from Foreign, Hong Kong ,Macao and Taiwan	29.1	30.6	23.4	27.6	24.3
其他企业	Other Enterprises	25.4	26.1	4.5	3.3	34.4
按企业规模分	**Grouped by Size of Enterprises**					
大型企业	Large Enterprises	805.2	1090.4	1090.3	986.5	4.3
中型企业	Medium-size Enterprises	251.1	328.4	183.6	173.3	1.8
小型企业	Small Enterprises	320.0	364.0	371.6	381.8	14.2
微型企业	Micro Enterprises			16.6	23.9	6.6
按轻重工业分	**Grouped by Light and Heavy Industries**					
轻工业	Light Industry	194.0	224.1	319.8	297.4	-2.6
重工业	Heavy Industry	1182.3	1558.7	1342.2	1268.1	8.3
工业增加值指数（可比价）（上年=100）	**Indices of Value-added of Industry (By Comparable Prices) (preceding year=100)**	**116.6**	**116.2**	**106.8**	**106.2**	

注：1.工业增加值中含长庆油田甘肃部分。
2.从2011年起，规模以上工业统计范围的工业企业起点标准从年主营业务收入500万元提高到2000万元。
3.工业增加值增长速度按可比价计算。

a) The value-added of industry included the data of PCOC Gansu Part.

b) Since 2011,the cut-off point of Industrial enterprises covered by statistics of industrial enterprises above designated size are raised from revenue from principal business of 5 million yuan to 20 million yuan.

c)Growth rate of value-added of industrial was calculated by comparable prices.

13-2 规模以上工业企业主要经济指标(2016)

单位：万元

类　别	Item	企业单位数(个) Number of Enterprises (unit)	#亏损企业 Loss-making Enterprises	工业总产值 Gross Industrial Output Value
甘肃省	**Gansu**	**2105**	**608**	**69043427**
按登记注册类型分	**By Status of Registration**			
内　资	Domestic Funded Enterprises	2056	587	67431483
国有企业	State-owned Enterprises	48	16	9363490
集体企业	Collective-owned Enterprises	21	5	429739
股份合作企业	Cooperative Enterprises	2		25904
联营企业	Joint Ownership Enterprises	1		33863
有限责任公司	Limited Liability Corporations	1104	361	28835895
股份有限公司	Stock-holding Corporations Limited	117	43	18677831
私营企业	Private Enterprises	759	160	9972781
其他企业	Other Enterprises	4	2	91980
港澳台商投资企业	Enterprises with Funds from Hong Kong ,Macao and Taiwan	21	9	652939
外商投资企业	Foreign Funded Enterprises	28	12	959004
按轻重工业分	**Grouped by Light and Heavy Industries**			
轻工业	Light Industry	739	148	12351033
重工业	Heavy Industry	1366	460	56692394
按企业规模分	**Grouped by Size of Enterprises**			
大型企业	Large Enterprises	56	15	37234471
中型企业	Medium-size Enterprises	215	84	10543620
小型企业	Small Enterprises	1640	429	20110237
微型企业	Micro Enterprises	194	80	1155099
按行业分	**Grouped by Sector**			
煤炭开采和洗选业	Mining and Washing of Coal	44	27	2514343
石油和天然气开采业	Extraction of Petroleum and Natural Gas	2	1	3937102
黑色金属矿采选业	Mining and Processing of Ferrous Metal Ores	31	11	714732
有色金属矿采选业	Mining and Processing of Non-Ferrous Metal Ores	42	16	882576
非金属矿采选业	Mining and Processing of Non-metal Ores	32	11	463135
开采辅助活动	Support Activities for Mining	14	1	286330
其他采矿业	Mining of Other Ores			
农副食品加工业	Processing of Food from Agricultural Products	315	62	4654567
食品制造业	Manufacture of Foods	82	17	889921
酒、饮料和精茶制造业	Manufacture of Liquor, Beverages and Refined Tea	80	23	1592624
烟草制品业	Manufacture of Tobacco	2		1456442
纺织业	Manufacture of Textile	22	3	288119
纺织服装、服饰业	Manufacture of Textile, Wearing Apparel and Accessories	12		97946
皮革、毛皮、羽毛(绒)及其制品和制鞋业	Manufacture of Leather, Fur, Feather and Related Products and Footwear	12	3	94245

Main Economic Indicators of Industrial Enterprises above Designated Size (2016)

(10 000 yuan)

工业销售产值 Sales Value of Industry Products	#出口交货值 Delivery Value for Export	全部从业人员年平均人数（人） Average Annual Employed Persons (person)	资产总计 Total Assets	#产成品 Finished Product	流动资产合计 Total Current Assets	固定资产合计 Total Fixed Assets
65274216	**1119529**	**585457**	**122633555**	**4640305**	**43226166**	**59226781**
63696931	1117268	575149	119579437	4575714	42380996	57588902
9231920	141	91807	14205525	227229	1879133	11485454
408380		7791	439458	17678	227329	164946
17203		146	11409	400	3991	672
30157		144	9832	1897	9795	30
27062683	268979	282736	64862620	1786839	22404589	31611166
17933872	769743	118493	30583025	1880077	12984339	11340469
8936189	78406	73793	9442234	661212	4857334	2982783
76527		239	25333	383	14487	3382
656363		3568	1354654	33147	428512	481392
920922	2261	6740	1699464	31443	416657	1156488
11151615	133348	103130	15027747	1101961	8215187	4094611
54122602	986181	482327	107605808	3538344	35010979	55132170
36239773	789906	316978	69118670	2421679	23766537	33676081
9672790	79085	125871	17914269	776067	7023945	8059452
18281404	249666	139734	30283282	1398034	11174626	14049906
1080250	871	2874	5317335	44526	1261057	3441342
2496187		66507	5986213	172526	1778676	3438636
3957580		20822	5556391	20916	567448	4260096
646641		3236	850426	57236	469588	325567
688344		8767	1598752	60496	598391	651643
384970		2872	263631	18787	133660	107389
274764		3935	288165	5928	169475	111885
4119091	43863	27332	4387726	463316	2052746	1351689
819162	13678	10487	931781	70562	492974	282189
1409647	53189	14016	1671266	157415	806543	570065
1472658		3097	1554968	25297	1166222	263150
242176	6165	4301	319847	15744	181594	109176
99134		2354	67030	1642	37260	9689
94951	1025	2722	538714	110717	410560	19943

13-2 续表 1

单位：万元

类 别	Item	企业单位数（个）Number of Enterprises (unit)	#亏损企业 Loss-making Enterprises	工业总产值 Gross Industrial Output Value
木材加工及木、竹、藤、棕、草制品业	Processing of Timber, Manufacture of Wood, Bamboo, Rattan, Palm and Straw Products	4	1	13318
家具制造业	Manufacture of Furniture	5	1	36410
造纸及纸制品业	Manufacture of Paper and Paper Products	20	3	208591
印刷业和记录媒介复制业	Printing and Reproduction of Recording Media	17	3	127124
文教、工美、体育和娱乐用品制造业	Manufacture of Articles for Culture, Education, Arts and Crafts, Sport and Entertainment Activities	8	1	52719
石油加工、炼焦及核燃料加工业	Processing of Petroleum, Coking and Processing of Nuclear Fuel	13	6	6942656
化学原料及化学制品制造业	Manufacture of Raw Chemical Materials and Chemical Products	132	40	3092491
医药制造业	Manufacture of Medicines	99	13	1496368
化学纤维制造业	Manufacture of Chemical Fibers	1		4133
橡胶和塑料制品业	Manufacture of Rubber and Plastics Products	91	14	1103344
非金属矿物制品业	Manufacture of Non-metallic Mineral Products	326	78	4304619
黑色金属冶炼及压延加工业	Smelting and Pressing of Ferrous Metals	51	22	3338384
有色金属冶炼及压延加工业	Smelting and Pressing of Non-ferrous Metals	65	25	16065386
金属制品业	Manufacture of Metal Products	87	16	1358253
通用设备制造业	Manufacture of General Purpose Machinery	36	7	773472
专用设备制造业	Manufacture of Special Purpose Machinery	49	13	1349720
汽车制造业	Manufacture of Automobile	8	3	124618
铁路、船舶、航空航天和其他运输设备制造业	Manufacture of Railway, Ship, Aerospace and Other Transport Equipments	7		172147
电气机械及器材制造业	Manufacture of Electrical Machinery and Apparatus	66	23	1535499
计算机、通讯和其他电子设备制造业	Manufacture of Computers,Communicationt and Other Electronic Equipment	9		825732
仪器仪表制造业	Manufacture of Measuring Instruments and Machinery	7	2	48155
其他制造业	Other Manufacture	4	1	469218
废弃资源综合利用业	Utilization of Waste Resources	13	4	179150
金属制品、机械和设备修理业	Repair Service of Metal Products, Machinery and Equipment	3	1	107464
电力、热力生产和供应业	Production and Supply of Electric Power and Heat Power	269	146	6969845
燃气生产和供应业	Production and Supply of Gas	14	4	375661
水的生产和供应业	Production and Supply of Water	11	6	96870

continued

(10 000 yuan)

工业销售产值 Sales Value of Industry Products	#出口交货值 Delivery Value for Export	全部从业人员年平均人数（人） Average Annual Employed Persons (person)	资产总计 Total Assets	#产成品 Finished Product	流动资产合计 Total Current Assets	固定资产合计 Total Fixed Assets
12417		256	17892	4529	12489	4533
36263		643	37186	3331	14018	7293
182854		3279	149785	17112	46388	89301
127706		4784	205180	16701	105351	56641
46838		1160	36833	5019	18648	12199
6864641	1	31576	5582213	163010	2096875	3274275
2768543	13910	31343	3472778	204779	1412037	1700301
1299379	11786	14254	2587265	144288	1511994	522402
4133		128	3050	665	986	1409
953545	1268	8735	975650	87775	638226	212372
3949289	43219	39986	5733443	248940	2598023	2310080
3128659		35091	12517807	340976	3463857	5938354
15486350	376028	76454	25198838	1729176	10406375	9181812
1287193	963	9943	1080278	55472	668116	207463
719314	30037	10924	1445902	64122	852400	265488
1148651	11440	19732	3759502	137515	1974620	901154
122162		1027	342207	1074	277666	44780
159342		2741	300762	13129	229715	20029
1405049	147258	13199	2146728	132279	1449432	250227
804830	354806	9859	1436543	44581	595685	443851
34569	10894	1280	274927	7713	119305	31163
468219		4479	1357370	13112	898451	320695
130500		1611	292060	12201	106504	102560
103465		3025	373992	1568	218633	21447
6854477		81215	28243634	9002	4322453	21265527
376065		4253	540064	1608	233751	253307
94460		4032	506757	48	89036	287005

13-2 续表 2

单位：万元

类别	Item	固定资产原价 Original Value of Fixed Assets	固定资产净值 Net Value of Fixed Assets	负债合计 Total Liabilities	流动负债合计 Total Liquid Liabilities
甘肃省	**Gansu**	**88247341**	**54702092**	**80761415**	**49945504**
按登记注册类型分	**By Status of Registration**				
内资	Domestic Funded Enterprises	85631869	53110111	79258883	49086183
国有企业	State-owned Enterprises	18253479	10108767	8854547	3460681
集体企业	Collective-owned Enterprises	303934	168342	292523	224610
股份合作企业	Cooperative Enterprises	1776	667	6840	6840
联营企业	Joint Ownership Enterprises	130	30	4307	2277
有限责任公司	Limited Liability Corporations	44352171	29039869	45009358	28318030
股份有限公司	Stock-holding Corporations Limited	18868924	10967180	19944784	13367333
私营企业	Private Enterprises	3847769	2821875	5126635	3701526
其他企业	Other Enterprises	3686	3380	19890	4886
港澳台商投资企业	Enterprises with Funds from Hong Kong ,Macao and Taiwan	748565	461457	641209	448171
外商投资企业	Foreign Funded Enterprises	1866907	1130524	861323	411150
按轻重工业分	**Grouped by Light and Heavy Industries**				
轻工业	Light Industry	5753849	3880057	7595390	5486978
重工业	Heavy Industry	82493492	50822034	73166025	44458526
按企业规模分	**Grouped by Size of Enterprises**				
大型企业	Large Enterprises	54280699	30658482	45647802	29994332
中型企业	Medium-size Enterprises	11519688	7061375	11676168	7926929
小型企业	Small Enterprises	18466057	13606277	19659296	10722877
微型企业	Micro Enterprises	3980896	3375958	3778149	1301366
按行业分	**Grouped by Sector**				
煤炭开采和洗选业	Mining and Washing of Coal	3793042	1973644	3717044	2908049
石油和天然气开采业	Extraction of Petroleum and Natural Gas	7431090	4259747	2493151	560112
黑色金属矿采选业	Mining and Processing of Ferrous Metal Ores	791931	321702	690097	573009
有色金属矿采选业	Mining and Processing of Non-Ferrous Metal Ores	716899	474341	882540	718609
非金属矿采选业	Mining and Processing of Non-metal Ores	179932	78554	158976	116633
开采辅助活动	Support Activities for Mining	145432	107809	172395	122829
其他采矿业	Mining of Other Ores				
农副食品加工业	Processing of Food from Agricultural Products	1683558	1294974	2179475	1572791
食品制造业	Manufacture of Foods	345325	247046	451608	323659
酒、饮料和精茶制造业	Manufacture of Liquor, Beverages and Refined Tea	796547	522310	833868	703885
烟草制品业	Manufacture of Tobacco	469122	263150	643370	628332
纺织业	Manufacture of Textile	131519	101323	182986	111364
纺织服装、服饰业	Manufacture of Textile, Wearing Apparel and Accessories	16999	10434	24262	22461
皮革、毛皮、羽毛(绒)及其制品和制鞋业	Manufacture of Leather, Fur, Feather and Related Products and Footwear	20822	15117	257554	20137

continued

(10 000 yuan)

所有者权益 Owners Equity	主营业务收入 Revenue from Principal Business	主营业务成本 Cost of Principal Business	主营业务税金及附加 Taxes and Extra Charges from Principal Business	管理费用 Management Expenses	利润总额 Total Profits	利税总额 Total Profits and Taxes	税金总额 Total Taxes	本年应交增值税 Value Added Tax Payable
41878748	**78502945**	**68692258**	**3148951**	**2699742**	**726806**	**5828261**	**5532252**	**1929959**
40327163	77193027	67539148	3132169	2653765	720863	5796456	5495559	1921260
5350978	6605150	5915110	89440	109391	220676	588835	383657	270486
146935	344284	300644	4138	24122	4597	26636	23070	17587
4569	12601	12257	35	86	174	841	705	632
5525	17542	17511	2	4	5	13	8	6
19893267	29862909	24680711	1613542	1453269	750348	3224946	2782234	850474
10639930	33178413	30263157	1393342	827692	-489752	1594927	2150476	688666
4280517	7100813	6279232	31654	238822	234837	350222	155352	93368
5444	71316	70528	16	380	-21	37	58	41
713445	662724	631053	1306	16124	19223	25340	11117	4760
838141	647194	522057	15475	29854	-13280	6465	25576	3939
7397003	9221147	6917650	951223	409345	539884	1758213	1308424	266552
34481745	69281798	61774608	2197727	2290398	186922	4070043	4223828	1663407
23465418	55235645	48302912	3001311	1628917	592256	5223627	4898787	1611921
6237257	8114883	7181747	71740	472830	-134132	143412	351666	203861
10623299	14293938	12534304	72651	551716	284157	539737	345377	180753
1552774	858480	673295	3249	46279	-15475	-78516	-63578	-66576
2269168	1509019	1418629	40521	141299	-121272	56301	183235	133089
3063240	1449451	1005018	73548	35877	202224	383288	185383	99872
160330	404725	382165	2053	12193	-19237	-10887	8924	6297
716212	613895	485200	6724	40203	61504	96800	55054	28572
104655	255141	213516	1778	6339	17206	23429	9152	4323
114745	304616	261659	6066	13161	16620	31212	15655	8053
2202962	3347039	3027488	3308	92519	118714	126454	14280	4371
480173	701156	556786	2900	29655	60693	79459	25109	15729
805778	1011769	715440	61964	51270	65120	162478	112022	35255
911598	1477577	444704	867518	46856	98477	1112976	1043692	146981
138421	228552	208028	4752	8327	4640	10772	6442	1380
42769	76801	60213	277	6816	5740	8458	3653	2410
281160	140211	111576	197	8320	2848	4376	1170	1329

13-2 续表 3

单位：万元

类　别	Item	固定资产原价 Original Value of Fixed Assets	固定资产净值 Net Value of Fixed Assets	负债合计 Total Liabilities	流动负债合计 Total Liquid Liabilities
木材加工及木、竹、藤、棕、草制品业	Processing of Timber, Manufacture of Wood, Bamboo, Rattan, Palm and Straw Products	5220	4522	8276	8093
家具制造业	Manufacture of Furniture	8665	7293	27089	14045
造纸及纸制品业	Manufacture of Paper and Paper Products	103373	85886	58197	44196
印刷业和记录媒介复制业	Printing and Reproduction of Recording Media	119194	53932	103439	80962
文教、工美、体育和娱乐用品制造业	Manufacture of Articles for Culture, Education, Arts and Crafts, Sport and Entertainment Activities	12622	9531	15802	10854
石油加工、炼焦及核燃料加工业	Processing of Petroleum, Coking and Processing of Nuclear Fuel	6864755	3350232	3746754	2541904
化学原料及化学制品制造业	Manufacture of Raw Chemical Materials and Chemical Products	1945837	1113513	2228567	1602838
医药制造业	Manufacture of Medicines	701999	493228	963858	667794
化学纤维制造业	Manufacture of Chemical Fibers	1472	1409	588	588
橡胶和塑料制品业	Manufacture of Rubber and Plastics Products	282090	210391	497854	436560
非金属矿物制品业	Manufacture of Non-metallic Mineral Products	3089811	2108498	3051791	2463510
黑色金属冶炼及压延加工业	Smelting and Pressing of Ferrous Metals	10175773	5919783	9429672	8110043
有色金属冶炼及压延加工业	Smelting and Pressing of Non-ferrous Metals	13499523	8702489	17583694	11014964
金属制品业	Manufacture of Metal Products	292899	180240	583659	554276
通用设备制造业	Manufacture of General Purpose Machinery	348728	262411	1129152	715757
专用设备制造业	Manufacture of Special Purpose Machinery	1075093	846417	2474583	1901293
汽车制造业	Manufacture of Automobile	61086	44371	272036	259396
铁路、船舶、航空航天和其他运输设备制造业	Manufacture of Railway, Ship, Aerospace and Other Transport Equipments	38993	19937	164436	73456
电气机械及器材制造业	Manufacture of Electrical Machinery and Apparatus	343878	242386	1558541	1382063
计算机、通讯和其他电子设备制造业	Manufacture of Computers,Communicationt and Other Electronic Equipment	709414	414981	465536	402567
仪器仪表制造业	Manufacture of Measuring Instruments and Machinery	57705	31506	72424	66673
其他制造业	Other Manufacture	593155	322766	1227027	829547
废弃资源综合利用业	Utilization of Waste Resources	118236	99426	181729	120794
金属制品、机械和设备修理业	Repair Service of Metal Products, Machinery and Equipment	77358	48265	320746	210840
电力、热力生产和供应业	Production and Supply of Electric Power and Heat Power	30362837	19961267	21376606	7679087
燃气生产和供应业	Production and Supply of Gas	345383	226431	331549	278167
水的生产和供应业	Production and Supply of Water	490023	270831	200489	93372

continued

(10 000 yuan)

所有者权益 Owners Equity	主营业务收入 Revenue from Principal Business	主营业务成本 Cost of Principal Business	主营业务税金及附加 Taxes and Extra Charges from Principal Business	管理费用 Management Expenses	利润总额 Total Profits	利税总额 Total Profits and Taxes	税金总额 Total Taxes	本年应交增值税 Value Added Tax Payable
9616	12063	10106	20	460	1073	1137	64	44
10096	14638	11593	53	1102	2361	2425	109	12
91589	145215	130640	357	4566	3887	6688	3147	2443
101741	100078	75611	837	16832	4448	7848	4332	2550
21031	40759	36949	139	643	1788	2153	426	226
1835459	6771858	4112398	1863900	415904	-97559	2262399	2371427	492232
1301049	2255978	2020282	9506	154041	-41214	15892	71010	47413
1623406	1053304	730326	6733	78784	154475	202928	69109	41616
2462	3506	3083	55	176	152	262	110	55
477795	881061	767927	3236	40763	19851	30463	15389	7360
2680871	3068867	2552900	20060	189393	119589	239692	147830	99163
3088134	9047896	8007930	42586	446114	158699	413783	371220	217486
7615144	31432538	30361847	70271	358651	-102694	209912	377699	242306
489850	835451	746448	6104	36929	24487	57223	36301	26590
316750	475694	386052	2150	45069	9842	25150	20371	13155
1284918	1351761	1212321	12785	82626	80573	111554	37301	17371
70171	121477	111117	81	5087	2377	3716	2462	1175
130877	145478	103077	182	19705	13386	14362	1128	794
588187	1012017	908057	3275	60994	-8764	21186	35544	26425
970165	753895	617854	1489	69601	72941	96781	35050	22352
202502	45642	33604	515	9788	1816	4606	3471	2274
130344	258567	248422	538	18550	40614	43579	9613	2396
110331	99014	100277	244	4913	1125	-3535	-4454	-4905
53246	96296	84852	1621	12819	-7131	-1133	6686	4327
6867023	6540938	6076394	28315	94820	-274495	-79730	227023	164807
208515	329820	275322	1369	21597	39833	52658	19899	9475
306268	89184	76449	924	16980	-7931	-3850	6214	3156

13-3 按行业分国有及国有控股企业主要经济指标(2016)

单位：万元

类别	Item	企业单位数(个) Number of Enterprises (unit)	#亏损企业 Loss-making Enterprises	工业总产值 Gross Industrial Output Value
甘肃省	**Gansu**	**419**	**184**	**43037246**
煤炭开采及洗选业	Mining and Washing of Coal	11	6	2002481
石油和天然气开采业	Extraction of Petroleum and Natural Gas	2	1	3937102
黑色金属矿采选业	Mining and Processing of Ferrous Metal Ores	1	1	54754
有色金属矿采选业	Mining and Processing of Non-Ferrous Metal Ores	12	3	452800
非金属矿采选业	Mining and Processing of Non-metal Ores			
开采辅助活动	Support Activities for Mining	2		93893
其他采矿业	Mining of Other Ores			
农副食品加工业	Processing of Food from Agricultural Products	18	5	402677
食品制造业	Manufacture of Foods	4	2	34432
酒、饮料和精茶制造业	Manufacture of Liquor, Beverages and Refined Tea	11	3	179871
烟草制品业	Manufacture of Tobacco	2		1456442
纺织业	Manufacture of Textile	1		23312
纺织服装、服饰业	Manufacture of Textile, Wearing Apparel and Accessories	1		4464
皮革、毛皮、羽毛(绒)及其制品和制鞋业	Manufacture of Leather, Fur, Feather and Related Products and Footwear	1	1	14557
木材加工及木.竹、藤、棕、草制品业	Processing of Timber, Manufacture of Wood, Bamboo, Rattan, Palm and Straw Products			
家具制造业	Manufacture of Furniture			
造纸及纸制品业	Manufacture of Paper and Paper Products	1	1	4565
印刷业和记录媒介复制业	Printing and Reproduction of Recording Media	7	2	42221
文教、工美、体育和娱乐用品制造业	Manufacture of Articles for Culture, Education, Arts and Crafts, Sport and Entertainment Activities			
石油加工、炼焦和核燃料加工业	Processing of Petroleum, Coking and Processing of Nuclear Fuel	8	4	6722218
化学原料及化学制品制造业	Manufacture of Raw Chemical Materials and Chemical Products	22	11	1033003
医药制造业	Manufacture of Medicines	8		311513
化学纤维制造业	Manufacture of Chemical Fibers			
橡胶和塑料制品业	Manufacture of Rubber and Plastics Products	5	3	38498
非金属矿物制品业	Manufacture of Non-metallic Mineral Products	42	13	1020355
黑色金属冶炼和压延加工业	Smelting and Pressing of Ferrous Metals	5	4	2086353
有色金属冶炼和压延加工业	Smelting and Pressing of Non-ferrous Metals	20	6	13512599
金属制品业	Manufacture of Metal Products	12	5	611884
通用设备制造业	Manufacture of General Purpose Machinery	9	2	378721
专用设备制造业	Manufacture of Special Purpose Machinery	12	3	1081015
汽车制造业	Manufacture of Automobile			
铁路、船舶、航空航天和其他运输设备制造业	Manufacture of Railway, Ship, Aerospace and Other Transport Equipments	2		80633
电气机械及器材制造业	Manufacture of Electrical Machinery and Apparatus	17	7	404098
计算机、通讯和其他电子设备制造业	Manufacture of Computers,Communicationt and Other Electronic Equipment	3		61868
仪器仪表制造业	Manufacture of Measuring Instruments and Machinery			
其他制造业	Other Manufacture	1		307804
废弃资源综合利用业	Utilization of Waste Resources	1	1	10389
金属制品、机械和设备修理业	Repair Service of Metal Products, Machinery and Equipment	3	1	107464
电力、热力生产和供应业	Production and Supply of Electric Power and Heat Power	158	92	6167846
燃气生产和供应业	Production and Supply of Gas	7	1	310259
水的生产和供应业	Production and Supply of Water	10	6	87155

Main Indicators of State-owned and State-holding Industrial Enterprises by Industrial Sector (2016)

(10 000 yuan)

工业销售产值 Sales Value of Industry Products	#出口交货值 Delivery Value for Export	全部从业人员年平均人数（人） Average Annual Employed Persons (person)	资产总计 Total Assets	#产成品 Finished Product	流动资产合计 Total Current Assets	固定资产合计 Total Fixed Assets
41876342	**459545**	**386151**	**90052563**	**2858418**	**27914051**	**48008185**
1994124		60725	5250447	128689	1488816	3049303
3957580		20822	5556391	20916	567448	4260096
59269		447	364448	354	114644	232804
351681		5056	747353	26931	191367	339829
91433		1051	96513	653	59942	33482
319097	2826	2423	275556	42272	169491	76499
29298	3623	768	62700	4889	44906	15215
152615	17350	2237	289675	51308	164730	106050
1472658		3097	1554968	25297	1166222	263150
24455	6165	1482	68100	5100	23700	38786
4464		159	7285	78	6121	1164
17859		961	154389	4325	65535	1682
4565		66	3994	1320	2332	
44460		3948	132063	14781	68709	31264
6673463	1	30854	5349260	155845	2038484	3273392
1021217	13136	15789	1935809	91498	680195	1109248
289069	2547	4391	869706	36327	540704	193770
37390		1194	93086	16902	76326	14748
955074		11850	1603920	42401	545768	865651
2042912		26746	11756636	275485	2993494	5708730
13062224	376028	68393	23336321	1666801	9605504	8723177
592403		2417	524726	6916	296946	80077
324659	26233	5741	577543	33965	342252	151997
906516	11212	14334	3333559	96854	1740511	796165
79778		2425	252329	8430	188945	14169
428142	424	6532	1182170	66433	762219	96849
61509		1822	164310	19187	109310	32986
307804		4283	1309369	3649	855286	316510
11496		307	95946		22840	72533
103465		3025	373992	1568	218633	21447
6060800		75408	21875295	8722	2504057	17589003
310123		3428	393831	477	174469	211532
84746		3970	460876	48	84147	286877

13-3 续表

单位：万元

类 别	Item	固定资产原 价 Original Value of Fixed Assets	固定资产净 值 Net Value of Fixed Assets	负债合计 Total Liabili-ties
甘肃省	**Gansu**	**73500080**	**44148592**	**61832959**
煤炭开采及洗选业	Mining and Washing of Coal	3466480	1770267	3203651
石油和天然气开采业	Extraction of Petroleum and Natural Gas	7431090	4259747	2493151
黑色金属矿采选业	Mining and Processing of Ferrous Metal Ores	395323	232804	293797
有色金属矿采选业	Mining and Processing of Non-Ferrous Metal Ores	480900	324499	277538
非金属矿采选业	Mining and Processing of Non-metal Ores			
开采辅助活动	Support Activities for Mining	36259	30861	55404
其他采矿业	Mining of Other Ores			
农副食品加工业	Processing of Food from Agricultural Products	121261	66220	147138
食品制造业	Manufacture of Foods	29893	15234	40521
酒、饮料和精茶制造业	Manufacture of Liquor, Beverages and Refined Tea	148683	102249	253480
烟草制品业	Manufacture of Tobacco	469122	263150	643370
纺织业	Manufacture of Textile	53993	38786	46500
纺织服装、服饰业	Manufacture of Textile, Wearing Apparel and Accessories	3056	1164	2903
皮革、毛皮、羽毛(绒)及其制品和制鞋业	Manufacture of Leather, Fur, Feather and Related Products and Footwear	3747	1682	47616
木材加工及木.竹、藤、棕、草制品业	Processing of Timber, Manufacture of Wood, Bamboo, Rattan, Palm and Straw Products			
家具制造业	Manufacture of Furniture			
造纸及纸制品业	Manufacture of Paper and Paper Products			2808
印刷业和记录媒介复制业	Printing and Reproduction of Recording Media	81202	29997	54202
文教、工美、体育和娱乐用品制造业	Manufacture of Articles for Culture, Education, Arts and Crafts, Sport and Entertainment Activities			
石油加工、炼焦和核燃料加工业	Processing of Petroleum, Coking and Processing of Nuclear Fuel	6695571	3181977	3598664
化学原料及化学制品制造业	Manufacture of Raw Chemical Materials and Chemical Products	1210971	620660	1098515
医药制造业	Manufacture of Medicines	300301	193038	236728
化学纤维制造业	Manufacture of Chemical Fibers			
橡胶和塑料制品业	Manufacture of Rubber and Plastics Products	16705	7241	44464
非金属矿物制品业	Manufacture of Non-metallic Mineral Products	1307934	817318	846499
黑色金属冶炼和压延加工业	Smelting and Pressing of Ferrous Metals	9830052	5707964	8821138
有色金属冶炼和压延加工业	Smelting and Pressing of Non-ferrous Metals	12885646	8261339	16347846
金属制品业	Manufacture of Metal Products	112115	71875	331095
通用设备制造业	Manufacture of General Purpose Machinery	191693	152979	515273
专用设备制造业	Manufacture of Special Purpose Machinery	863263	750187	2272270
汽车制造业	Manufacture of Automobile			
铁路、船舶、航空航天和其他运输设备制造业	Manufacture of Railway, Ship, Aerospace and Other Transport Equipments	31365	14169	142041
电气机械及器材制造业	Manufacture of Electrical Machinery and Apparatus	139033	93111	926382
计算机、通讯和其他电子设备制造业	Manufacture of Computers,Communicationt and Other Electronic Equipment	62854	33024	120817
仪器仪表制造业	Manufacture of Measuring Instruments and Machinery			
其他制造业	Other Manufacture	587556	318587	1186287
废弃资源综合利用业	Utilization of Waste Resources	79079	72533	88620
金属制品、机械和设备修理业	Repair Service of Metal Products, Machinery and Equipment	77358	48265	320746
电力、热力生产和供应业	Production and Supply of Electric Power and Heat Power	25609543	16212307	16948935
燃气生产和供应业	Production and Supply of Gas	288261	184655	242207
水的生产和供应业	Production and Supply of Water	489771	270703	182355

continued

(10 000 yuan)

流动负债合计 Total Liquid Liabilities	所有者权益 Owners Equity	主营业务收入 Revenue from Principal Business	主营业务成本 Cost of Principal Business	主营业务税金及附加 Taxes and Extra Charges from Principal Business	管理费用 Manage-ment Expenses	利润总额 Total Profits	利税总额 Total Profits and Taxes	税金总额 Total Taxes	本年应交增值税 Value Added Tax Payable
36973193	**28263377**	**60024695**	**52654492**	**3021540**	**1916417**	**119840**	**4873399**	**5061733**	**1711182**
2527099	2046796	1207716	1133270	38512	124787	-95925	73196	174747	126745
560112	3063240	1449451	1005018	73548	35877	202224	383288	185383	99872
287320	70651	32181	25641	258	4734	-15194	-13431	1821	1505
225438	469816	309648	232529	3954	20242	44071	69720	38737	21694
15294	41109	105814	99440	258	858	4032	4627	1078	179
129038	128418	284135	266439	249	14575	-11940	-12019	509	-376
39926	22179	29299	26324	139	1163	-99	387	715	347
205696	36194	126906	90878	6744	8020	9110	21591	14305	5693
628332	911598	1477577	444704	867518	46856	98477	1112976	1043692	146981
30700	21600	24431	19909	3854	3677	1185	5318	4344	279
2697	4382	4553	2113	68	1958	304	899	619	527
3798	106773	21771	17069		3564	-897	-954	-501	-59
2808	1186	2002	1929	1	27	-16		16	16
48478	77861	56930	38646	723	15237	2089	4977	3614	2163
2536696	1750597	6620966	3961541	1863114	410872	-88228	2273194	2372436	494501
726241	894133	952240	822012	5495	105297	-23872	12886	46118	31214
131153	632978	294260	131530	2880	39073	80798	99951	31315	16273
41984	48623	61540	53235	416	3275	-183	1414	1707	1181
618652	757419	860254	657172	5534	77005	65982	120651	69750	48553
7563632	2935498	8145638	7156972	39714	423118	155744	392545	343762	197087
10071526	6988475	29346434	28436346	64677	302943	-157436	143203	347484	235952
327292	186863	247769	230163	1597	13400	11426	28698	18985	15675
359657	62270	179918	151877	620	16772	-469	8743	10016	8592
1739561	1061289	1194614	1085113	12129	65796	81668	107499	30331	12987
53504	104839	94072	61339	76	15915	12088	12402	366	239
822921	255787	347371	302288	1242	32993	-19821	-11987	11000	6358
120804	42652	62028	52544	55	6349	1414	1653	299	184
828965	123081	212195	203475	419	18050	41113	43725	9260	2162
42448	7326	11410	13340		1639	-6572	-11833	-5261	-5261
210840	53246	96296	84852	1621	12819	-7131	-1133	6686	4327
5782764	4926355	5810159	5542845	24235	56988	-291344	-41932	274091	223563
210608	151624	270736	231174	1043	15861	35834	47813	18261	8955
77209	278522	84383	72766	851	16680	-8591	-4666	6049	3074

13-4 按行业分大中型企业主要经济指标(2016)

单位：万元

类　别	Item	企业单位数(个) Number of Enterprises (unit)	#亏损企业 Loss-making Enterprises
甘肃省	**Gansu**	**271**	**99**
煤炭开采及洗选业	Mining and Washing of Coal	18	12
石油和天然气开采业	Extraction of Petroleum and Natural Gas	2	1
黑色金属矿采选业	Mining and Processing of Ferrous Metal Ores	4	4
有色金属矿采选业	Mining and Processing of Non-Ferrous Metal Ores	4	1
非金属矿采选业	Mining and Processing of Non-metal Ores	2	
开采辅助活动	Support Activities for Mining	2	
其他采矿业	Mining of Other Ores		
农副食品加工业	Processing of Food from Agricultural Products	10	2
食品制造业	Manufacture of Foods	5	1
酒、饮料和精茶制造业	Manufacture of Liquor, Beverages and Refined Tea	13	2
烟草制品业	Manufacture of Tobacco	2	
纺织业	Manufacture of Textile	3	
纺织服装、服饰业	Manufacture of Textile, Wearing Apparel and Accessories	2	
皮革、毛皮、羽毛(绒)及其制品和制鞋业	Manufacture of Leather, Fur, Feather and Related Products and Footwear	3	1
木材加工及木.竹、藤、棕、草制品业	Processing of Timber, Manufacture of Wood, Bamboo, Rattan, Palm and Straw Products		
家具制造业	Manufacture of Furniture		
造纸及纸制品业	Manufacture of Paper and Paper Products	2	
印刷业和记录媒介复制业	Printing and Reproduction of Recording Media	5	1
文教、工美、体育和娱乐用品制造业	Manufacture of Articles for Culture, Education, Arts and Crafts, Sport and Entertainment Activities		
石油加工、炼焦和核燃料加工业	Processing of Petroleum, Coking and Processing of Nuclear Fuel	7	4
化学原料及化学制品制造业	Manufacture of Raw Chemical Materials and Chemical Products	25	15
医药制造业	Manufacture of Medicines	14	1
化学纤维制造业	Manufacture of Chemical Fibers		
橡胶和塑料制品业	Manufacture of Rubber and Plastics Products	2	1
非金属矿物制品业	Manufacture of Non-metallic Mineral Products	32	10
黑色金属冶炼和压延加工业	Smelting and Pressing of Ferrous Metals	10	4
有色金属冶炼和压延加工业	Smelting and Pressing of Non-ferrous Metals	23	7
金属制品业	Manufacture of Metal Products	8	1
通用设备制造业	Manufacture of General Purpose Machinery	12	2
专用设备制造业	Manufacture of Special Purpose Machinery	9	4
汽车制造业	Manufacture of Automobile	1	
铁路、船舶、航空航天和其他运输设备制造业	Manufacture of Railway, Ship, Aerospace and Other Transport Equipments	2	
电气机械及器材制造业	Manufacture of Electrical Machinery and Apparatus	7	2
计算机、通讯和其他电子设备制造业	Manufacture of Computers,Communicationt and Other Electronic Equipment	4	
仪器仪表制造业	Manufacture of Measuring Instruments and Machinery	2	1
其他制造业	Other Manufacture	1	
废弃资源综合利用业	Utilization of Waste Resources	2	2
金属制品、机械和设备修理业	Repair Service of Metal Products, Machinery and Equipment	3	1
电力、热力生产和供应业	Production and Supply of Electric Power and Heat Power	26	16
燃气生产和供应业	Production and Supply of Gas	2	1
水的生产和供应业	Production and Supply of Water	2	2

Main Economic Indicators of Large and Medium-sized Industrial Enterprises by Industrial Sector (2016)

(10 000 yuan)

工业总产值 Gross Industrial Output Value	工业销售产值 Sales Value of Industry Products	#出口交货值 Delivery Value for Export	全部从业人员年平均人数（人） Average Annual Employed Persons (person)	资产总计 Total Assets	#产成品 Finished Product	流动资产合计 Total Current Assets	固定资产合计 Total Fixed Assets
47778090	**45912563**	**868992**	**442849**	**87032938**	**3197745**	**30790482**	**41735533**
2067355	2059420		63575	5591899	133563	1573061	3291695
3937102	3957580		20822	5556391	20916	567448	4260096
200326	168713		1651	568501	22501	282380	258516
290060	198017		3905	525001	11332	129123	232522
83078	75010		816	23788	602	3639	20149
132171	123644		2639	191971	5058	125108	66864
742761	717461		6116	1336877	27202	397497	529456
250421	261016	3623	4177	224436	16847	125648	60008
965208	857044	16479	8058	828338	82286	397671	315917
1456442	1472658		3097	1554968	25297	1166222	263150
70231	71363	6165	2947	157881	7725	63793	85751
46646	46646		1078	34058	442	15576	2058
42040	45342		1981	485696	104200	371683	7874
77268	72788		1805	62943	7794	10233	52710
32670	38106		3659	118890	14124	62498	25278
6881737	6810085	1	31380	5544081	159868	2065051	3272653
2163365	1907242	13136	22504	2396396	112699	845328	1409032
661425	563469	2676	6954	1545592	38187	906125	309346
79469	77463	1268	2203	259306	19786	201160	33082
1351115	1210972	39259	17622	2643069	66276	984908	1290647
2803230	2621127		31338	12171805	304693	3257090	5832657
13771163	13309863	376028	71836	23627481	1678613	9735064	8856048
651252	633592	963	3370	405015	14405	220514	36580
367148	347547	29946	8616	1031185	51578	601059	191198
1090357	903762	10609	15631	3305125	103512	1718288	806344
103206	103206		617	273811	560	245699	26452
80633	79778		2425	252329	8430	188945	14169
550172	451461	6783	8032	1072105	96313	642805	109915
749642	730165	354806	9247	1341906	42448	523705	436032
33505	25345	7251	1064	244522	6476	102438	22956
307804	307804		4283	1309369	3649	855286	316510
15780	16887		632	139730	1083	37165	80292
107464	103465		3025	373992	1568	218633	21447
5288205	5217018		70027	11273896	7581	1969007	8853446
278444	278307		3070	339116	136	156318	181731
49200	49200		2647	221475		24317	162951

13-4 续表

单位：万元

类别	Item	固定资产原价 Original Value of Fixed Assets	固定资产净值 Net Value of Fixed Assets	负债合计 Total Liabilities
甘肃省	**Gansu**	**65800387**	**37719858**	**57323970**
煤炭开采及洗选业	Mining and Washing of Coal	3574874	1834342	3452689
石油和天然气开采业	Extraction of Petroleum and Natural Gas	7431090	4259747	2493151
黑色金属矿采选业	Mining and Processing of Ferrous Metal Ores	492456	257647	489990
有色金属矿采选业	Mining and Processing of Non-Ferrous Metal Ores	356829	231897	164026
非金属矿采选业	Mining and Processing of Non-metal Ores	20952	8657	925
开采辅助活动	Support Activities for Mining	89892	64243	127340
其他采矿业	Mining of Other Ores			
农副食品加工业	Processing of Food from Agricultural Products	677279	595158	598819
食品制造业	Manufacture of Foods	104262	58332	79683
酒、饮料和精茶制造业	Manufacture of Liquor, Beverages and Refined Tea	443230	300910	390364
烟草制品业	Manufacture of Tobacco	469122	263150	643370
纺织业	Manufacture of Textile	102725	85724	85814
纺织服装、服饰业	Manufacture of Textile, Wearing Apparel and Accessories	3419	2044	8952
皮革、毛皮、羽毛(绒)及其制品和制鞋业	Manufacture of Leather, Fur, Feather and Related Products and Footwear	10310	5574	224216
木材加工及木.竹、藤、棕、草制品业	Processing of Timber, Manufacture of Wood, Bamboo, Rattan, Palm and Straw Products			
家具制造业	Manufacture of Furniture			
造纸及纸制品业	Manufacture of Paper and Paper Products	62277	50688	19797
印刷业和记录媒介复制业	Printing and Reproduction of Recording Media	71419	23981	49190
文教、工美、体育和娱乐用品制造业	Manufacture of Articles for Culture, Education, Arts and Crafts, Sport and Entertainment Activities			
石油加工、炼焦和核燃料加工业	Processing of Petroleum, Coking and Processing of Nuclear Fuel	6862422	3348616	3728017
化学原料及化学制品制造业	Manufacture of Raw Chemical Materials and Chemical Products	1548650	845206	1459283
医药制造业	Manufacture of Medicines	429980	285494	494074
化学纤维制造业	Manufacture of Chemical Fibers			
橡胶和塑料制品业	Manufacture of Rubber and Plastics Products	49175	32856	121358
非金属矿物制品业	Manufacture of Non-metallic Mineral Products	1867911	1234256	1241194
黑色金属冶炼和压延加工业	Smelting and Pressing of Ferrous Metals	10050653	5831483	9171318
有色金属冶炼和压延加工业	Smelting and Pressing of Non-ferrous Metals	13055189	8377735	16568065
金属制品业	Manufacture of Metal Products	58549	35252	173959
通用设备制造业	Manufacture of General Purpose Machinery	262630	195117	856846
专用设备制造业	Manufacture of Special Purpose Machinery	890719	760990	2218274
汽车制造业	Manufacture of Automobile	38699	26452	227747
铁路、船舶、航空航天和其他运输设备制造业	Manufacture of Railway, Ship, Aerospace and Other Transport Equipments	31365	14169	142041
电气机械及器材制造业	Manufacture of Electrical Machinery and Apparatus	171801	109019	771790
计算机、通讯和其他电子设备制造业	Manufacture of Computers,Communicationt and Other Electronic Equipment	700250	407765	406723
仪器仪表制造业	Manufacture of Measuring Instruments and Machinery	45495	22956	59090
其他制造业	Other Manufacture	587556	318587	1186287
废弃资源综合利用业	Utilization of Waste Resources	96249	79950	117416
金属制品、机械和设备修理业	Repair Service of Metal Products, Machinery and Equipment	77358	48265	320746
电力、热力生产和供应业	Production and Supply of Electric Power and Heat Power	14511484	7397443	8987145
燃气生产和供应业	Production and Supply of Gas	253425	158751	209948
水的生产和供应业	Production and Supply of Water	300692	147401	34325

continued

(10 000 yuan)

流动负债合计 Total Liquid Liabilities	所有者权益 Owners Equity	主营业务收入 Revenue from Principal Business	主营业务成本 Cost of Principal Business	#主营业务税金及附加 Taxes and Extra Charges from Principal Business	管理费用 Manage-ment Expenses	利润总额 Total Profits	利税总额 Total Profits and Taxes	税金总额 Total Taxes	本年应交增值税 Value Added Tax Payable
37921261	**29702676**	**63350528**	**55484659**	**3073051**	**2101747**	**458124**	**5367039**	**5250453**	**1815782**
2681070	2139210	1258382	1187288	39463	129163	-109626	62698	177162	128997
560112	3063240	1449451	1005018	73548	35877	202224	383288	185383	99872
400528	78511	77716	72726	358	8134	-22503	-20572	2863	1608
133696	360976	197290	139183	3261	7868	38737	61621	6940	5173
702	22863	64182	55408	260	134	8015	9883		
87230	64631	177770	161315	962	5759	3131	9613	2291	464
								16771	11501
330104	738059	670819	603034	340	24871	19043	19847	90205	27604
71194	144753	239252	160606	1096	10516	40386	52983	1043692	146981
334187	437973	574014	353460	50591	30158	56087	134281	4587	367
628332	911598	1477577	444704	867518	46856	98477	1112976	2216	1329
59961	72067	63253	54721	3990	5369	1925	5282	540	828
8952	25106	46646	37947	124	2614	2982	4435		
7789	261480	91796	67289	134	6807	2809	3773		
								241	193
								3219	1824
11232	43146	55969	49092	43	2063	1875	2112		
43713	69700	51425	33865	700	14533	2517	5043		
								2369053	490903
								50985	35603
2523882	1816064	6713827	4061038	1862963	414442	-99038	2258654	50595	29234
1128260	937112	1617325	1478088	6430	107834	-44208	-2175		
350638	1051518	505273	285072	4168	50135	116252	149653	4883	1940
								86676	61130
99347	137948	122827	95734	987	9595	4988	7915	358905	209343
1017963	1401875	1100236	859077	8111	94372	72694	142608	355283	236476
7879499	3000487	8612622	7594211	41054	436145	159180	409577	15394	12327
10232353	7059415	29499619	28551517	65246	320108	-138717	163029	14934	10460
172278	231056	244746	228601	2940	8046	5342	21109	30035	12521
564398	174338	333122	268308	1016	30441	6827	18305	1847	312
1683688	1086851	1188555	1075691	12187	69049	79173	104595	366	239
224747	46065	103206	95014		3585	2696	3592		
53504	104839	94072	61339	76	15915	12088	12402	26221	22254
								32494	20916
638463	300315	383033	317209	1863	37774	-8113	16188		
344854	934342	680674	559264	1280	66412	63920	86116	2474	1808
								9260	2162
53718	185432	31565	21528	492	7285	97	2397	-5046	-5088
828965	123081	212195	203475	419	18050	41113	43725	6686	4327
71244	22314	16451	19020	23	2008	-7251	-12316	248996	210826
210840	53246	96296	84852	1621	12819	-7131	-1133	15184	7567
4271520	2286751	5015057	4954114	18759	42627	-173410	57153	3530	1588
189341	129167	235769	204026	853	14180	28647	38723		
22959	187150	48521	41826	177	10203	-3106	-1340		

13-5 非公有制工业企业主要财务指标（2016）

单位：万元

类 别	Item	企业单位数（个）Number of Enterprises (unit)	#亏损企业 Loss-making Enterprises	工业总产值 Gross Industrial Output Value
甘肃省	**Gansu**	**1610**	**404**	**23945733**
煤炭开采及洗选业	Mining and Washing of Coal	28	19	495250
石油和天然气开采业	Extraction of Petroleum and Natural Gas			
黑色金属矿采选业	Mining and Processing of Ferrous Metal Ores	30	10	659979
有色金属矿采选业	Mining and Processing of Non-Ferrous Metal Ores	25	12	392099
非金属矿采选业	Mining and Processing of Non-metal Ores	31	11	420395
开采辅助活动	Support Activities for Mining	11	1	141879
其他采矿业	Mining of Other Ores			
农副食品加工业	Processing of Food from Agricultural Products	294	56	4208110
食品制造业	Manufacture of Foods	74	13	839990
酒、饮料和精茶制造业	Manufacture of Liquor, Beverages and Refined Tea	67	20	1396925
烟草制品业	Manufacture of Tobacco			
纺织业	Manufacture of Textile	19	2	186173
纺织服装、服饰业	Manufacture of Textile, Wearing Apparel and Accessories	10		90927
皮革、毛皮、羽毛(绒)及其制品和制鞋业	Manufacture of Leather, Fur, Feather and Related Products and Footwear	8		64104
木材加工及木.竹、藤、棕、草制品业	Processing of Timber, Manufacture of Wood, Bamboo, Rattan, Palm and Straw Products	4	1	13318
家具制造业	Manufacture of Furniture	5	1	36410
造纸及纸制品业	Manufacture of Paper and Paper Products	19	2	204026
印刷业和记录媒介复制业	Printing and Reproduction of Recording Media	10	1	84903
文教、工美、体育和娱乐用品制造业	Manufacture of Articles for Culture, Education, Arts and Crafts, Sport and Entertainment Activities	8	1	52719
石油加工、炼焦和核燃料加工业	Processing of Petroleum, Coking and Processing of Nuclear Fuel	4	2	174702
化学原料及化学制品制造业	Manufacture of Raw Chemical Materials and Chemical Products	101	27	1806368
医药制造业	Manufacture of Medicines	89	13	1146640
化学纤维制造业	Manufacture of Chemical Fibers	1		4133
橡胶和塑料制品业	Manufacture of Rubber and Plastics Products	82	11	990532
非金属矿物制品业	Manufacture of Non-metallic Mineral Products	277	61	3187099
黑色金属冶炼和压延加工业	Smelting and Pressing of Ferrous Metals	41	18	877030
有色金属冶炼和压延加工业	Smelting and Pressing of Non-ferrous Metals	44	19	2487988
金属制品业	Manufacture of Metal Products	75	11	746369
通用设备制造业	Manufacture of General Purpose Machinery	25	5	355583
专用设备制造业	Manufacture of Special Purpose Machinery	34	8	246576
汽车制造业	Manufacture of Automobile	8	3	124618
铁路、船舶、航空航天和其他运输设备制造业	Manufacture of Railway, Ship, Aerospace and Other Transport Equipments	5		91514
电气机械及器材制造业	Manufacture of Electrical Machinery and Apparatus	45	16	1111805
计算机、通讯和其他电子设备制造业	Manufacture of Computers,Communicationt and Other Electronic Equipment	4		87238
仪器仪表制造业	Manufacture of Measuring Instruments and Machinery	7	2	48155
其他制造业	Other Manufacture	3	1	161414
废弃资源综合利用业	Utilization of Waste Resources	11	3	166735
金属制品、机械和设备修理业	Repair Service of Metal Products, Machinery and Equipment			
电力、热力生产和供应业	Production and Supply of Electric Power and Heat Power	103	51	768912
燃气生产和供应业	Production and Supply of Gas	7	3	65402
水的生产和供应业	Production and Supply of Water	1		9715

Main Financial Indicators of the Non-public Industrial Enterprises (2016)

(10 000 yuan)

工业销售产值 Sales Value of Industry Products	#出口交货值 Delivery Value for Export	全部从业人员年平均人数（人） Average Annual Employed Persons (person)	资产总计 Total Assets	#产成品 Finished Product	流动资产合计 Total Current Assets	固定资产合计 Total Fixed Assets	固定资产原价 Original Value of Fixed Assets
21500145	**315118**	**174328**	**29744766**	**1639616**	**14019814**	**10214648**	**13143339**
482202		4189	693339	43258	271544	378066	306428
587372		2789	485978	56883	354943	92763	396609
320670		3154	737918	33098	351452	284034	169601
342230		2346	256625	18342	131523	102520	175606
141299		1217	75782	870	34378	37688	44406
3778154	41037	24557	4047862	412531	1836613	1261575	1543748
771013	7271	9328	826650	63769	431154	250349	294702
1248938	35839	11585	1341017	94215	616403	460765	644188
176233		2566	232077	8745	142035	66579	68575
91820		2090	55204	1037	26900	8222	13384
62846	1025	1510	357476	102655	320035	17936	13067
12417		256	17892	4529	12489	4533	5220
36263		643	37186	3331	14018	7293	8665
178290		3213	145792	15792	44056	89301	103373
83246		836	73116	1920	36642	25377	37992
46838		1160	36833	5019	18648	12199	12622
152302		674	222677	7066	48163	836	169136
1507272	774	13092	1390294	105634	679706	506759	591009
982163	9239	9508	1672445	105718	934708	320905	393401
4133		128	3050	665	986	1409	1472
846930	1268	6992	857501	67869	541263	194288	258584
2914576	43219	26748	3942223	180679	1951986	1381869	1712511
716193		4917	479460	40642	293621	148868	176259
2365407		7616	1753283	61624	775257	395747	531104
694790	963	7526	555552	48556	371170	127386	180784
351403	3804	4472	797291	23915	455250	99489	135590
222320	84	3829	348486	28180	182539	86617	174803
122162		1027	342207	1074	277666	44780	61086
79564		316	48433	4699	40770	5860	7628
958315	146835	6361	930338	62537	667182	142620	189705
74483	12867	830	94032	4897	62092	22626	24957
34569	10894	1280	274927	7713	119305	31163	57705
160415		196	48002	9464	43165	4184	5599
116978		1194	184593	11353	76371	28552	37263
760682		5296	6187114	208	1791600	3529592	4539186
65942		825	146234	1131	59282	41774	57122
9715		62	45881		4389	128	252

13-5 续表

单位：万元

类　　别	Item	固定资产净　　值 Net Value of Fixed Assets	负债合计 Total Liabili-ties	流动负债合　　计 Total Liquid Liabilities
甘肃省	**Gansu**	**9601419**	**17463145**	**11781870**
煤炭开采及洗选业	Mining and Washing of Coal	192249	492901	363689
石油和天然气开采业	Extraction of Petroleum and Natural Gas			
黑色金属矿采选业	Mining and Processing of Ferrous Metal Ores	88898	396300	285689
有色金属矿采选业	Mining and Processing of Non-Ferrous Metal Ores	115157	492698	422348
非金属矿采选业	Mining and Processing of Non-metal Ores	77719	158274	115931
开采辅助活动	Support Activities for Mining	36233	29760	20305
其他采矿业	Mining of Other Ores			
农副食品加工业	Processing of Food from Agricultural Products	1217911	1988529	1411618
食品制造业	Manufacture of Foods	217357	389104	262249
酒、饮料和精茶制造业	Manufacture of Liquor, Beverages and Refined Tea	416811	563724	481575
烟草制品业	Manufacture of Tobacco			
纺织业	Manufacture of Textile	58809	136263	80440
纺织服装、服饰业	Manufacture of Textile, Wearing Apparel and Accessories	8967	19164	17569
皮革、毛皮、羽毛(绒)及其制品和制鞋业	Manufacture of Leather, Fur, Feather and Related Products and Footwear	9553	186636	13746
木材加工及木.竹、藤、棕、草制品业	Processing of Timber, Manufacture of Wood, Bamboo, Rattan, Palm and Straw Products	4522	8276	8093
家具制造业	Manufacture of Furniture	7293	27089	14045
造纸及纸制品业	Manufacture of Paper and Paper Products	85886	55389	41388
印刷业和记录媒介复制业	Printing and Reproduction of Recording Media	23935	49236	32484
文教、工美、体育和娱乐用品制造业	Manufacture of Articles for Culture, Education, Arts and Crafts, Sport and Entertainment Activities	9531	15802	10854
石油加工、炼焦和核燃料加工业	Processing of Petroleum, Coking and Processing of Nuclear Fuel	168213	148061	5178
化学原料及化学制品制造业	Manufacture of Raw Chemical Materials and Chemical Products	412472	1044745	797931
医药制造业	Manufacture of Medicines	294638	692507	504489
化学纤维制造业	Manufacture of Chemical Fibers	1409	588	588
橡胶和塑料制品业	Manufacture of Rubber and Plastics Products	199830	443758	385123
非金属矿物制品业	Manufacture of Non-metallic Mineral Products	1249232	2053771	1715229
黑色金属冶炼和压延加工业	Smelting and Pressing of Ferrous Metals	132257	375467	340757
有色金属冶炼和压延加工业	Smelting and Pressing of Non-ferrous Metals	378261	1160978	892819
金属制品业	Manufacture of Metal Products	108365	252565	226984
通用设备制造业	Manufacture of General Purpose Machinery	96084	552958	299116
专用设备制造业	Manufacture of Special Purpose Machinery	77741	175874	135293
汽车制造业	Manufacture of Automobile	44371	272036	259396
铁路、船舶、航空航天和其他运输设备制造业	Manufacture of Railway, Ship, Aerospace and Other Transport Equipments	5767	22395	19952
电气机械及器材制造业	Manufacture of Electrical Machinery and Apparatus	138517	607874	535575
计算机、通讯和其他电子设备制造业	Manufacture of Computers,Communicationt and Other Electronic Equipment	21985	45456	33756
仪器仪表制造业	Manufacture of Measuring Instruments and Machinery	31506	72424	66673
其他制造业	Other Manufacture	4179	40740	583
废弃资源综合利用业	Utilization of Waste Resources	25418	84066	69302
金属制品、机械和设备修理业	Repair Service of Metal Products, Machinery and Equipment			
电力、热力生产和供应业	Production and Supply of Electric Power and Heat Power	3598441	4300264	1827385
燃气生产和供应业	Production and Supply of Gas	41776	89342	67558
水的生产和供应业	Production and Supply of Water	128	18135	16163

continued

(10 000 yuan)

所有者权益 Owners Equity	主营业务收入 Revenue from Principal Business	主营业务成本 Cost of Principal Business	#主营业务税金及附加 Taxes and Extra Charges from Principal Business	管理费用 Manage-ment Expenses	利润总额 Total Profits	利税总额 Total Profits and Taxes	税金总额 Total Taxes	本年应交增值税 Value Added Tax Payable
12244459	**16845342**	**14658677**	**117460**	**660355**	**521383**	**808066**	**387388**	**167828**
200439	285500	272240	1442	13074	-22414	-16801	6269	4072
89679	372544	356524	1795	7459	-4043	2543	7104	4791
245220	282298	237598	2552	16502	16114	25226	15754	6561
98351	214515	176953	1739	6310	13231	19024	7726	3930
44997	117025	92695	5012	6942	10618	18363	7868	2733
2054044	3030952	2730871	3055	76952	131059	138874	13640	4746
437545	652940	515603	2691	26985	60441	78565	23797	15297
745673	874711	618604	54225	42800	55447	139327	96622	29561
97374	162633	151485	311	3412	2287	2701	513	103
36040	69398	55808	188	4606	5000	6929	2838	1711
170840	108226	84235	185	4670	4148	5675	1601	1343
9616	12063	10106	20	460	1073	1137	64	44
10096	14638	11593	53	1102	2361	2425	109	12
90403	143213	128711	356	4539	3903	6688	3131	2427
23880	43148	36965	115	1595	2360	2871	719	387
21031	40759	36949	139	643	1788	2153	426	226
74616	112016	116491	242	4457	-10959	-13768	-2355	-3070
345548	1172368	1083174	2445	40887	-18582	-5638	16944	10360
979937	736676	580519	3671	38510	72059	100613	36983	24779
2462	3506	3083	55	176	152	262	110	55
413742	763677	662612	2194	36296	18840	26252	11993	5205
1887672	2149276	1840400	14197	107427	57175	120132	73492	48462
103992	644688	614651	1968	12623	-611	14913	18390	13543
592304	2024125	1890281	5019	48549	36848	48240	25133	6354
302987	587682	516285	4507	23529	13061	28525	17316	10915
244333	253432	199198	1256	25485	7550	12096	8186	3287
172612	143283	116985	520	11634	1130	5436	5756	3677
70171	121477	111117	81	5087	2377	3716	2462	1175
26038	51406	41738	107	3790	1298	1960	762	556
322463	645841	589418	1982	26339	10857	32590	23962	19737
48576	69394	54234	196	2558	12461	14080	3064	1424
202502	45642	33604	515	9788	1816	4606	3471	2274
7262	46372	44946	120	501	-499	-146	353	234
100527	85578	83902	233	2952	7622	8073	638	217
1886849	700459	511266	3876	35681	20758	-35239	-49256	-59901
56891	59083	44148	326	5736	3999	4845	1638	520
27746	4802	3683	74	300	660	816	165	82

13-6 按行业分规模以上工业企业主要经济效益指标(2016)

类别	Branch	总资产贡献率(%) Ratio of Profits,Taxes and Interests to Average Assets(%)			
		规模以上工业企业 Industrial Enterprises above Designated Size	国有及国有控股企业 State-owned and State-holding Enterprises	大中型企业 Large & Medium-sized Industrial Enterprises	规模以上工业企业 Industrial Enterprises above Designated Size
甘肃省	**Gansu**	**6.30**	**7.03**	**7.61**	**65.86**
煤炭开采及洗选业	Mining and Washing of Coal	2.13	2.56	2.28	62.09
石油和天然气开采业	Extraction of Petroleum and Natural Gas	7.95	7.95	7.95	44.87
黑色金属矿采选业	Mining and Processing of Ferrous Metal Ores	0.93	-1.21	-0.77	81.15
有色金属矿采选业	Mining and Processing of Non-Ferrous Metal Ores	7.36	10.27	12.66	55.20
非金属矿采选业	Mining and Processing of Non-metal Ores	11.18		41.27	60.30
开采辅助活动	Support Activities for Mining	11.85	6.82	6.19	59.82
其他采矿业	Mining of Other Ores				
农副食品加工业	Processing of Food from Agricultural Products	4.10	-3.20	1.86	49.67
食品制造业	Manufacture of Foods	9.35	1.57	24.34	48.47
酒、饮料和精茶制造业	Manufacture of Liquor, Beverages and Refined Tea	10.80	9.36	16.78	49.89
烟草制品业	Manufacture of Tobacco	71.71	71.71	71.71	41.38
纺织业	Manufacture of Textile	5.31	12.45	6.47	57.21
纺织服装、服饰业	Manufacture of Textile, Wearing Apparel and Accessories	13.04	12.06	13.55	36.19
皮革、毛皮、羽毛(绒)及其制品和制鞋业	Manufacture of Leather, Fur, Feather and Related Products and Footwear	2.35	-0.59	2.42	47.81
木材加工及木.竹、藤、棕、草制品业	Processing of Timber, Manufacture of Wood, Bamboo, Rattan, Palm and Straw Products	7.76			46.25
家具制造业	Manufacture of Furniture	7.94			72.85
造纸及纸制品业	Manufacture of Paper and Paper Products	5.83	1.33	4.88	38.85
印刷业和记录媒介复制业	Printing and Reproduction of Recording Media	4.53	4.12	4.81	50.41
文教、工美、体育和娱乐用品制造业	Manufacture of Articles for Culture, Education, Arts and Crafts, Sport and Entertainment Activities	7.77			42.90
石油加工、炼焦和核燃料加工业	Processing of Petroleum, Coking and Processing of Nuclear Fuel	41.83	43.85	42.05	67.12
化学原料及化学制品制造业	Manufacture of Raw Chemical Materials and Chemical Products	1.54	1.48	0.86	64.17
医药制造业	Manufacture of Medicines	8.14	10.91	9.55	37.25
化学纤维制造业	Manufacture of Chemical Fibers	9.26			19.27
橡胶和塑料制品业	Manufacture of Rubber and Plastics Products	4.17	3.07	4.28	51.03
非金属矿物制品业	Manufacture of Non-metallic Mineral Products	5.38	8.83	6.61	53.23
黑色金属冶炼和压延加工业	Smelting and Pressing of Ferrous Metals	5.58	5.62	5.62	75.33
有色金属冶炼和压延加工业	Smelting and Pressing of Non-ferrous Metals	2.31	2.12	2.19	69.78
金属制品业	Manufacture of Metal Products	6.09	6.09	5.95	54.03
通用设备制造业	Manufacture of General Purpose Machinery	2.74	2.57	3.03	78.09
专用设备制造业	Manufacture of Special Purpose Machinery	4.04	4.33	4.29	65.82
汽车制造业	Manufacture of Automobile	1.34		1.40	79.49
铁路、船舶、航空航天和其他运输设备制造业	Manufacture of Railway, Ship, Aerospace and Other Transport Equipments	5.80	6.10	6.10	54.67
电气机械及器材制造业	Manufacture of Electrical Machinery and Apparatus	1.85	0.07	2.81	72.60
计算机、通讯和其他电子设备制造业	Manufacture of Computers,Communicationt and Other Electronic Equipment	6.85	1.13	6.52	32.41
仪器仪表制造业	Manufacture of Measuring Instruments and Machinery	2.07		1.38	26.34
其他制造业	Other Manufacture	2.73	2.79	2.79	90.40
废弃资源综合利用业	Utilization of Waste Resources	0.35	-9.32	-6.49	62.22
金属制品、机械和设备修理业	Repair Service of Metal Products, Machinery and Equipment	0.85	0.85	0.85	85.76
电力、热力生产和供应业	Production and Supply of Electric Power and Heat Power	2.12	2.17	2.81	75.69
燃气生产和供应业	Production and Supply of Gas	9.61	11.45	10.58	61.39
水的生产和供应业	Production and Supply of Water	-0.09	-0.28	-0.49	39.56

Designated Size by Industrial Sector (2016)

资产负债率(%) Ratio of Debts to Assets (%)		流动资产周转次数(次/年) Turnover of Current Assets (times/year)			工业成本费用利润率(%) Ratio of Profits to Total Industrial Costs(%)			产品销售率(%) Sales Ratio of Products (%)		
国有及国有控股企业 State-owned and State-holding Enterprises	大中型企业 Large & Medium-sized Industrial Enterprises	规模以上工业企业 Industrial Enterprises above Designated Size	国有及国有控股企业 State-owned and State-holding Enterprises	大中型企业 Large & Medium-sized Industrial Enterprises	规模以上工业企业 Industrial Enterprises above Designated Size	国有及国有控股企业 State-owned and State-holding Enterprises	大中型企业 Large & Medium-sized Industrial Enterprises	规模以上工业企业 Industrial Enterprises above Designated Size	国有及国有控股企业 State-owned and State-holding Enterprises	大中型企业 Large & Medium-sized Industrial Enterprises
68.66	**65.86**	**1.84**	**2.18**	**2.09**	**0.96**	**0.21**	**0.76**	**94.54**	**97.30**	**96.10**
61.02	61.74	0.96	0.94	0.92	-6.74	-6.52	-7.13	99.28	99.58	99.62
44.87	44.87	2.59	2.59	2.59	17.36	17.36	17.36	100.52	100.52	100.52
80.61	86.19	0.87	0.30	0.29	-4.46	-30.33	-20.75	90.47	108.25	84.22
37.14	31.24	1.03	1.63	1.55	11.02	16.54	24.55	77.99	77.67	68.27
	3.89	1.91		17.64	7.30		14.34	83.12		90.29
57.41	66.33	1.82	1.82	1.43	5.81	3.84	1.79	95.96	97.38	93.55
53.40	44.79	1.63	1.69	1.69	3.65	-4.04	2.93	88.50	79.24	96.59
64.63	35.50	1.44	0.65	1.95	9.30	-0.34	19.64	92.05	85.09	104.23
87.51	47.13	1.29	0.77	1.49	7.09	7.93	11.38	88.51	84.85	88.79
41.38	41.38	1.27	1.27	1.27	19.18	19.18	19.18	101.11	101.11	101.11
68.28	54.35	1.43	2.32	1.47	1.86	2.33	2.17	84.05	104.90	101.61
39.84	26.28	2.08	0.81	2.99	8.05	7.51	6.85	101.21	100.00	100.00
30.84	46.16	0.34	0.34	0.25	2.13	-4.08	3.29	100.75	122.68	107.85
		0.97			9.77			93.23		
		1.05			16.56			99.60		
70.31	31.45	3.13	0.86	5.47	2.75	-0.78	3.47	87.66	100.00	94.20
41.04	41.37	1.00	0.91	0.91	4.29	3.32	4.44	100.46	105.30	116.64
		2.19			4.55			88.85		
67.27	67.24	3.25	3.27	3.27	-2.07	-1.93	-2.12	98.88	99.27	98.96
56.75	60.89	1.68	1.50	2.01	-1.71	-2.30	-2.55	89.52	98.86	88.16
27.22	31.97	0.70	0.55	0.56	17.46	40.56	31.16	86.84	92.80	85.19
		3.56			4.61			100.00		
47.77	46.80	1.42	0.81	0.61	2.24	-0.30	4.23	86.42	97.12	97.48
52.78	46.96	1.20	1.59	1.15	4.00	8.18	6.80	91.75	93.60	89.63
75.03	75.35	2.66	2.75	2.69	1.73	1.90	1.83	93.72	97.92	93.50
70.05	70.12	3.03	3.07	3.04	-0.33	-0.54	-0.47	96.40	96.67	96.65
63.10	42.95	1.26	0.85	1.12	2.93	4.33	2.07	94.77	96.82	97.29
89.22	83.09	0.57	0.53	0.57	2.07	-0.26	2.03	93.00	85.73	94.66
68.16	67.12	0.69	0.69	0.69	5.90	6.76	6.58	85.10	83.86	82.89
	83.18	0.44		0.42	2.00		2.72	98.03		100.00
56.29	56.29	0.64	0.50	0.50	9.33	13.07	13.07	92.56	98.94	98.94
78.36	71.99	0.71	0.46	0.61	-0.85	-5.39	-2.02	91.50	105.95	82.06
73.53	30.31	1.29	0.59	1.33	10.34	2.28	9.97	97.47	99.42	97.40
	24.17	0.39		0.31	3.74		0.30	71.79		75.64
90.60	90.60	0.29	0.25	0.25	15.33	18.85	18.85	99.79	100.00	100.00
92.36	84.03	0.93	0.5	0.44	1	-36.38	-29.63	72.84	110.66	107.02
85.76	85.76	0.45	0.45	0.45	-6.71	-6.71	-6.71	96.28	96.28	96.28
77.48	79.72	1.54	2.36	2.6	-3.93	-4.66	-3.25	98.34	98.26	98.65
61.5	61.91	1.64	1.86	1.78	11.63	12.49	11.53	100.11	99.96	99.95
39.57	15.50	1.02	1.02	2.03	-7.66	-8.70	-5.82	97.51	97.24	100.00

13-7 主要工业产品产量
Output of Major Industrial Products

产品名称	Product Name	2010	2011	2015	2016
原煤(万吨)	Coal (10 000 tons)	4547.20	4700.65	4390.27	4236.88
天然原油(万吨)	Crude Petroleum Oil (10 000 tons)	382.14	502.66	820.09	801.24
天然气(万立方米)	Natural Gas (10 000 cu.m)	10344	8146	12108	10514
铁矿石原矿(万吨)	Iron Ore (10 000 tons)	991.62	963.69	1596.21	1648.38
小麦粉(万吨)	Wheatmeal (10 000 tons)	151.08	127.51	119.36	116.47
饮料、酒(万千升)	Drinks (10 000kl)	71.54	69.60	66.18	65.87
软饮料(万吨)	Soft Drinks (10 000 tons)	138.43	92.99	241.40	230.34
卷烟(万箱)	Cigarettes (10 000 cases)	80.00	82.00	103.00	95.80
原油加工量(万吨)	Crude Oil Processing (10 000 tons)	1383.54	1613.53	1424.31	1341.49
焦炭(万吨)	Coke (10 000 tons)	244.32	263.24	525.05	508.59
硫酸(万吨)	Sulfuric Acid (10 000 tons)	247.00	258.72	443.03	479.77
烧碱(万吨)	Caustic Soda (10 000 tons)	21.69	24.75	19.02	18.12
纯碱(万吨)	Soda Ash (10 000 tons)	13.66	18.98	9.77	10.14
电石(万吨)	Calcium Carbide (10 000 tons)	97.54	102.10	112.80	125.03
乙烯(万吨)	Ethene (10 000 tons)	69.48	69.39	64.20	51.73
农用化肥(万吨)	Chemical Fertilizer (10 000 tons)	81.32	62.17	46.70	29.89
化学农药(万吨)	Chemical Pesticide (10 000 tons)	0.13	0.14	0.32	0.54
塑料制品(万吨)	Plastic Products (ton)	13.88	11.81	39.09	45.73
水泥(万吨)	Cement (10 000 tons)	2414.11	2746.82	4764.30	4633.00
平板玻璃(万重量箱)	Plate Glass (10 000 weight cases)	653.89	577.14	124.78	605.27
生铁(万吨)	Pig Iron (10 000 tons)	625.49	769.28	690.52	494.26
粗钢(万吨)	Crude Steel (10 000 tons)	662.25	819.80	852.10	628.36
钢材(万吨)	Rolled Steel (10 000 tons)	699.17	812.75	847.77	665.87
铁合金(万吨)	Iron Alloy (10 000 tons)	119.49	129.25	85.65	76.50
十种有色金属(万吨)	Ten Kinds of Nonferrous Metals (10 000 tons)	191.53	219.23	381.36	374.59
#铜(万吨)	Copper (10 000 tons)	44.79	62.54	92.47	87.59
铅(万吨)	Lead (10 000 tons)	2.69	1.91	2.82	2.18
锌(万吨)	Zinc (10 000 tons)	23.51	24.42	40.38	39.99
镍(万吨)	Nickel (10 000 tons)	12.98	12.70	15.31	14.32
铝(万吨)	Aluminium (10 000 tons)	104.40	117.41	230.38	230.50
汽车(辆)	Motor Vehicles (set)	20718	20634	24354	11458
发电设备(万千瓦小时)	Power Generating Equipment (10 000 kw·h)	3.53	4.15	4.52	1.52
变压器(万千伏安)	Power Transformer (10 000 kva)	221.95	224.99	160.56	105.93
集成电路(万块)	Integrated Circuits (10 000 units)	550307	652805	1497496	197
发电量(亿千瓦小时)	Electricity (100 million kw·h)	791.53	1027.91	1139.45	1131.23
#火力发电量	Fire Power	502.29	709.91	718.65	702.95
水力发电量	Hydraulic Power	262.32	252.03	270.96	254.08

13-8 规模以上工业主要产品年末生产能力
Production Capacity of Major Products of Industrial Enterprises above Designated Size (Year-end)

产品名称	Product name	2011	2015	2016
原煤(万吨)	Coal (10 000 tons)	4964.18	5260.29	5020.93
卷烟(亿支)	Cigarettes (100 million pieces)	500.85	695.25	676.35
原油加工量(万吨)	Crude Oil Processing (10 000 tons)	1600.00	1600.00	1670.00
焦炭(万吨)	Coke (10 000 tons)	435.00	807.50	837.50
碳化钙(万吨)	Calcium Carbide(10 000 tons)	131.10	169.00	151.00
农用氮、磷、钾化学肥料总计(万吨)	Chemical Fertilizer (10 000 tons)	97.28	122.70	106.70
水泥熟料(万吨)	Cement Clinker(10 000 tons)	3216.15	4199.16	4230.40
水泥(万吨)	Cement (10 000 tons)	4523.13	6817.61	6930.00
平板玻璃(万重量箱)	Plate Glass (10 000 weight cases)	610.68	602.20	600.00
生铁(万吨)	Pig Iron (10 000 tons)	789.00	1017.32	845.62
粗钢(万吨)	Crude Steel (10 000 tons)	905.00	1300.00	1160.00
钢材(万吨)	Rolled Steel (10 000 tons)	883.74	1191.08	1188.40
铁合金(万吨)	Iron Alloy (10 000 tons)	158.92	157.32	133.23
原铝(万吨)	Primary Aluminium (10 000 tons)	191.00	291.08	276.00
汽车(万辆)	Motor Vehicles(10 000 sets)	12.00	4.00	4.00
#轿车	Cars(10 000 sets)	12.00	4.00	4.00
发电设备容量总计(万千瓦)	Electricity(10 000 kwh)	2588.45	4075.30	4375.30
#火电设备容量总计	Fire Power	1524.30	1893.90	1941.60
水电设备容量总计	Hydropower	533.91	678.70	727.60
风电设备容量总计	Wind Power	514.76	1085.40	1218.30

13-9 国有及国有控股企业主要指标(2016)

Major Indicators of State-owned and State-holding Industrial Enterprises(2016)

单位：亿元　(100 million yuan)

指　标	Item	全　省 Total	国有及国有控股企业 State-owned and State-holding Industrial Enterprises	占全省比重(%) Proportion (%)	国有及国有控股大中型企业 Large and Medium-sized State-owned and State-holding Industrial Enterprises	占全省比重(%) Proportion (%)
企业单位数(个)	Number of Enterprises (unit)	2105	419	19.90	151	7.17
就业人员(万人)	Year-end Employees (10 000 persons)	58.55	38.62	65.96	36.12	61.69
工业总产值	Gross Output Value	6904.34	4303.72	62.33	4002.85	57.98
年末资产总计	Total Property (year-end)	12263.36	9005.26	73.43	7532.75	61.42
流动资产合计	Total Current Assets	4322.62	2791.41	64.58	2487.11	57.54
固定资产合计	Total Fixed Assets	5922.68	4800.82	81.06	3812.82	64.38
年末负债合计	Total Liabilities (year-end)	8076.14	6183.30	76.56	5117.88	63.37
年末所有者权益	Owners' Equity (year-end)	4187.87	2826.34	67.49	2414.24	57.65
#实收资本	Paid-up Capital	2575.33	1828.28	70.99	1449.63	56.29
主营业务收入	Revenue from Principal Business	7850.29	6002.47	76.46	5742.57	73.15
主营业务税金及附加	Taxes and Extra Charges from Principal Business	314.90	302.15	95.95	300.56	95.45
利润总额	Total Profits	72.68	11.98	16.49	20.33	27.97
税金总额	Total Taxes	553.23	506.17	91.49	494.03	89.30
亏损企业数(个)	Number of Loss-making Enterprises (unit)	608	184	30.26	67	11.02
亏损企业亏损额	Total Losses Loss-making Enterprises	193.03	160.79	83.30	133.18	68.99

13-10 支柱工业主要指标占全省比重

Proportion to Total Industry in Gansu of Main Indicators of Pillar Industry

单位：%　(%)

指　标	Item	2010	2011	2015	2016
单位数	Number of Enterprises	77.11	77.68	69.60	70.31
就业人员	Year-end Employees	84.64	84.32	81.43	81.54
工业总产值	Gross Output Value of Industry	92.75	98.52	87.01	86.21
工业增加值	Value Added	91.62	92.90	87.07	85.95
年末资产总计	Total Assets (year-end)	90.86	90.88	88.02	87.97
负债合计	Total Liabilities	91.77	92.09	90.18	90.40
利润总额	Total Profits	86.78	87.43		34.77
利税总额	Total Profits and Taxes	92.68	92.83	81.40	87.55
工业销售产值	Sales Value of Industry Products	92.87	92.99	87.78	86.63

13-11 支柱工业主要指标
Main Indicators of Pillar Industry

行　业	Sector	2011	2015	2016	2016年比2015年增长(%) Increase Rate in 2016 over 2015 (%)
单位数(个)	**Number of Enterprises (unit)**	**1065**	**1495**	**1480**	**-1.00**
石化工业	Petrochemical Industry	181	235	239	1.70
有色工业	Ferrous Industry	87	119	107	-10.08
电力工业	Power Industry	138	242	269	11.16
冶金工业	Metallurgical Industry	103	111	82	-26.13
机械工业	Machinery Industry	189	250	260	4.00
食品工业	Food Industry	297	485	479	-1.24
煤炭工业	Coal Industry	70	53	44	-16.98
就业人员(万人)	**Year-end Employees (10 000 persons)**	**50.46**	**50.09**	**47.74**	**-4.69**
石化工业	Petrochemical Industry	11.23	10.00	9.25	-7.50
有色工业	Ferrous Industry	9.32	9.22	8.53	-7.48
电力工业	Power Industry	5.69	7.99	8.12	1.63
冶金工业	Metallurgical Industry	5.39	4.21	3.83	-9.03
机械工业	Machinery Industry	6.63	5.85	5.87	0.34
食品工业	Food Industry	6.02	5.78	5.49	-5.02
煤炭工业	Coal Industry	6.17	7.04	6.65	-5.54
工业增加值(亿元)	**Value-added (100 million yuan)**	**1656.33**	**1447.10**	**1345.46**	**6.03**
石化工业	Petrochemical Industry	560.08	506.64	528.20	6.00
有色工业	Ferrous Industry	265.93	223.96	194.90	16.10
电力工业	Power Industry	214.69	221.31	206.40	1.20
冶金工业	Metallurgical Industry	210.70	73.66	29.00	-6.60
机械工业	Machinery Industry	107.83	96.36	87.20	5.20
食品工业	Food Industry	171.32	242.42	214.56	-5.30
煤炭工业	Coal Industry	125.78	82.78	85.20	7.60
年末资产总计(亿元)	**Total Assets (year-end) (100 million yuan)**	**6966.08**	**10490.42**	**10788.19**	**2.84**
石化工业	Petrochemical Industry	1307.19	1529.98	1559.02	1.90
有色工业	Ferrous Industry	1611.04	2706.42	2679.76	-0.99
电力工业	Power Industry	1596.94	2609.42	2824.36	8.24
冶金工业	Metallurgical Industry	1202.28	1371.29	1336.82	-2.51
机械工业	Machinery Industry	431.23	812.55	935.03	15.07
食品工业	Food Industry	437.03	831.42	854.58	2.79
煤炭工业	Coal Industry	380.37	629.34	598.62	-4.88

13-11 续表 continued

行　业	Sector	2011	2015	2016	2016年比2015年增长(%) Increase Rate in 2016 over 2015 (%)
负债合计(亿元)	**Total Liabilities (100 million yuan)**	**4520.10**	**7025.64**	**7300.99**	**3.92**
石化工业	Petrochemical Industry	679.57	869.39	896.71	3.14
有色工业	Ferrous Industry	1014.46	1885.77	1846.62	-2.08
电力工业	Power Industry	1232.27	1938.27	2137.66	10.29
冶金工业	Metallurgical Industry	867.72	996.66	1011.98	1.54
机械工业	Machinery Industry	255.33	529.47	625.48	18.13
食品工业	Food Industry	230.58	419.38	410.84	-2.04
煤炭工业	Coal Industry	240.17	386.70	371.70	-3.88
利润总额(亿元)	**Total Profit (100 million yuan)**	**234.39**	**-151.15**	**25.27**	
石化工业	Petrochemical Industry	68.78	-4.03	8.35	
有色工业	Ferrous Industry	68.05	-61.80	-4.12	
电力工业	Power Industry	0.04	-5.93	-27.45	
冶金工业	Metallurgical Industry	26.31	-110.43	13.95	
机械工业	Machinery Industry	18.85	12.23	12.37	1.14
食品工业	Food Industry	22.00	32.48	34.30	5.60
煤炭工业	Coal Industry	30.36	-13.67	-12.13	
利税总额(亿元)	**Total Profits and Taxes (100 million yuan)**	**654.31**	**369.47**	**510.29**	**38.11**
石化工业	Petrochemical Industry	283.21	284.58	269.24	-5.39
有色工业	Ferrous Industry	98.97	-23.43	30.67	
电力工业	Power Industry	29.81	15.25	-7.97	
冶金工业	Metallurgical Industry	54.90	-92.01	40.79	
机械工业	Machinery Industry	32.79	21.04	23.78	13.02
食品工业	Food Industry	95.13	159.38	148.15	-7.05
煤炭工业	Coal Industry	59.50	4.66	5.63	20.82
工业销售产值(亿元)	**Sales Value of Industry Products (100 million yuan)**	**5483.02**	**6094.03**	**5654.59**	**-7.21**
石化工业	Petrochemical Industry	1959.09	1540.48	1454.83	-5.56
有色工业	Ferrous Industry	1026.45	1537.34	1617.47	5.21
电力工业	Power Industry	619.99	737.19	685.45	-7.02
冶金工业	Metallurgical Industry	854.87	772.44	377.53	-51.13
机械工业	Machinery Industry	356.93	480.69	487.63	1.44
食品工业	Food Industry	440.03	782.17	782.06	-0.01
煤炭工业	Coal Industry	225.66	243.72	249.62	2.42

13-12 各地区规模以上工业企业主要经济指标(2016)

Main Economic Indicators of Industrial Enterprises above Designated Size by Region (2016)

单位：亿元 (100 million yuan)

指标	Item	兰州市 Lanzhou	嘉峪关市 Jiayuguan	金昌市 Jinchang	白银市 Baiyin	天水市 Tianshui
企业单位数(个)	Number of Enterprises (unit)	361	43	86	158	167
亏损企业	Loss-making Enterprises	90	18	34	53	32
工业总产值(当年价格)	Gross Output Value (At Current Prices)	2361.48	475.93	772.02	563.99	255.80
按登记注册类型分	Grouped by Registration Categories					
内资	Domestic Funded Enterprises	2240.68	475.93	772.02	552.55	250.30
港澳台商投资企业	Enterprises with Investment from Hong Kong ,Macao and Taiwan	56.46			1.78	
外商投资企业	Enterprises with Investment from Foreign	64.34			9.65	5.50
按轻重工业分	Grouped by Light and Heavy Industries					
轻工业	Light Industry	374.20	7.94	11.22	45.12	64.86
重工业	Heavy Industry	1987.28	467.99	760.79	518.87	190.94
按企业规模分	Grouped by Size of Enterprises					
大型企业	Large Enterprises	1378.45	384.70	601.88	413.02	88.83
中型企业	Medium-size Enterprises	431.47	52.21	129.80	48.76	62.34
小型企业	Small Enterprises	551.56	39.03	40.34	102.20	104.64
工业销售产值(当年价格)	Sales Value of Industry Products (At Current Prices)	2204.94	471.79	746.86	540.62	239.46
#出口交货值	Delivery Value for Export	22.32		33.95	5.23	40.69
全部就业人员年平均人数(人)	Average Annual Employed Persons (person)	189707	38521	46187	62274	35940
年末资产总计	Total Assets (Year-end)	3017.90	1625.06	1618.98	1104.54	407.05
流动资产合计	Total Current Assets	1179.02	512.04	604.83	498.22	195.51
#存货	Stock	426.08	150.74	279.78	146.84	52.41
#产成品	Finished Product	77.58	38.88	109.51	75.01	18.07
固定资产合计	Total Fixed Assets	1388.69	785.98	619.15	437.19	117.70
固定资产原价合计	Total Original Value of Fixed Assets	2221.99	1291.25	957.90	540.37	193.55
累计折旧	Accumulative Total Depreciation	992.41	505.42	320.83	236.88	73.67
年末负债合计	Total Liabilities at Year-end	2027.48	1209.56	1127.00	725.20	208.15
#流动负债	Total Liquid Liabilities	1406.50	914.86	659.52	518.01	131.85
长期负债	Long-term Liabilities	531.93	290.36	447.26	197.83	62.00
年末所有者权益	Creditors'Equity at Year-end	994.80	415.50	491.98	378.97	198.90
实收资本	Actural Capital	582.23	210.58	305.92	172.42	89.55
主营业务收入	Revenue from Principal Business	1933.25	1117.08	2123.28	785.24	203.95
主营业务成本	Cost of Principal Business	1537.94	978.38	2080.90	749.91	168.84
主营业务税金及附加	Taxes and Extra Charges from Principal Business	198.83	4.83	5.53	2.91	1.11
其他业务利润	Other Bussiness Profits	-7.49	1.85	0.01	7.27	1.08
管理费用	Management Expenses	92.18	47.77	18.98	19.37	15.63
#税金	Tax	2.44	3.14	0.96	0.69	0.80
利润总额	Total Profits	23.25	36.23	-42.30	5.45	10.02
利税总额	Total Profits and Taxes	302.65	61.05	-18.55	20.87	18.72
税金总额	Total Taxes	290.03	37.35	23.81	20.23	11.23
工业企业本年应交增值税	Value-added Tax Payable	80.05	19.98	18.21	12.47	7.55

13-12 续表 1 continued

单位：亿元 (100 million yuan)

指 标	Item	武威市 Wuwei	张掖市 Jiuquan	平凉市 Pingliang	酒泉市 Jiuquan	庆阳市 Qingyang
企业单位数(个)	Number of Enterprises (unit)	260	230	120	267	120
亏损企业	Loss-making Enterprises	81	52	31	130	9
工业总产值(当年价格)	Gross Output Value (At Current Prices)	451.36	336.30	155.70	442.50	668.36
按登记注册类型分	Grouped by Registration Categories					
内 资	Domestic Funded Enterprises	450.87	326.44	155.70	432.10	666.19
港澳台商投资企业	Enterprises with Investment from Hong Kong ,Macao and Taiwan	0.49	0.69		4.08	1.80
外商投资企业	Enterprises with Investment from Foreign		9.17		6.31	0.38
按轻重工业分	Grouped by Light and Heavy Industries					
轻工业	Light Industry	254.64	169.38	36.02	53.97	46.45
重工业	Heavy Industry	196.72	166.92	119.68	388.52	621.91
按企业规模分	Grouped by Size of Enterprises					
大型企业	Large Enterprises	50.29	22.68	55.18	121.19	554.33
中型企业	Medium-size Enterprises	75.57	38.70	49.03	37.58	19.16
小型企业	Small Enterprises	325.49	274.92	51.50	283.73	94.87
工业销售产值(当年价格)	Sales Value of Industry Products (At Current Prices)	425.38	291.93	152.68	419.31	664.76
#出口交货值	Delivery Value for Export	1.49	2.29	0.01	1.00	3.98
全部从业人员年平均人数(人)	Average Annual Employed Persons (person)	27735	22813	41552	40360	37265
年末资产总计	Total Assets (Year-end)	590.32	385.45	371.22	1321.82	841.66
流动资产合计	Total Current Assets	194.12	152.01	116.29	426.76	132.97
#存 货	Stock	48.64	51.30	27.37	79.02	20.09
#产成品	Finished Product	24.64	36.38	13.93	20.34	8.34
固定资产合计	Total Fixed Assets	270.69	190.02	231.95	771.54	613.94
固定资产原价合计	Total Original Value of Fixed Assets	309.53	265.41	379.79	1137.56	908.57
累计折旧	Accumulative Total Depreciation	58.11	82.88	183.87	367.21	358.78
年末负债合计	Total Liabilities at Year-end	385.77	235.55	249.79	921.02	383.11
#流动负债	Total Liquid Liabilities	196.92	135.47	135.89	451.23	123.98
长期负债	Long-term Liabilities	135.23	74.88	109.09	429.07	244.14
年末所有者权益	Owners' Equity at Year-end	201.38	149.90	121.36	400.80	458.43
实收资本	Actural Capital	118.46	96.32	76.91	359.52	311.57
主营业务收入	Revenue from Principal Business	287.10	202.19	137.46	332.67	391.77
主营业务成本	Cost of Principal Business	253.37	177.30	119.93	282.86	253.17
主营业务税金及附加	Taxes and Extra Charges from Principal Business	1.38	1.51	2.35	27.54	64.69
其他业务利润	Other Bussiness Profits	0.13	0.22	0.15	0.30	-0.29
管理费用	Management Expenses	8.91	8.41	10.71	20.02	10.36
#税 金	Taxes	0.40	0.01	0.42	0.53	0.69
利润总额	Total Profits	8.68	6.19	-10.88	-27.68	42.63
利税总额	Total Profits and Taxes	6.43	10.33	0.83	7.27	134.13
税金总额	Total Taxes	-0.95	4.81	12.54	37.82	92.34
工业企业本年应交增值税	Value-added Tax Payable	-3.65	2.61	8.95	7.33	25.87

13-12 续表 2 continued

单位: 亿元 (100 million yuan)

指 标	Item	定西市 Dingxi	陇南市 Longnan	临夏州 Linxia	甘南州 Gannan
企业单位数(个)	Number of Enterprises (unit)	149	77	34	33
亏损企业	Loss-making Enterprises	27	24	10	17
工业总产值(当年价格)	Gross Output Value (At Current Prices)	164.51	155.02	67.80	33.60
按登记注册类型分	Grouped by Registration Categories				
内 资	Domestic Funded Enterprises	163.95	155.02	67.80	33.60
港澳台商投资企业	Enterprises with Investment from Hong Kong ,Macao and Taiwan				
外商投资企业	Enterprises with Investment from Foreign	0.55			
按轻重工业分	Grouped by Light and Heavy Industries				
轻工业	Light Industry	82.01	45.78	34.15	9.38
重工业	Heavy Industry	82.50	109.24	33.65	24.22
按企业规模分	Grouped by Size of Enterprises				
大型企业	Large Enterprises	4.67	43.31	4.42	
中型企业	Medium-size Enterprises	39.89	40.20	16.94	12.71
小型企业	Small Enterprises	119.94	71.01	46.44	20.88
工业销售产值(当年价格)	Sales Value of Industry Products (At Current Prices)	147.33	127.62	64.25	30.49
#出口交货值	Delivery Value for Export	0.73		0.24	0.02
全部从业人员年平均人数(人)	Average Annual Employed Persons (person)	15456	15294	8428	3925
年末资产总计	Total Assets (Year-end)	262.63	409.87	161.76	145.09
流动资产合计	Total Current Assets	99.47	122.05	63.28	26.04
#存 货	Stock	33.62	19.68	30.41	3.94
#产成品	Finished Product	13.83	9.36	15.68	2.48
固定资产合计	Total Fixed Assets	129.39	175.13	87.66	103.66
固定资产原价合计	Total Original Value of Fixed Assets	146.75	215.85	120.22	135.99
累计折旧	Accumulative Total Depreciation	31.86	56.49	53.22	32.90
年末负债合计	Total Liabilities at Year-end	161.17	232.21	104.96	105.16
#流动负债	Total Liquid Liabilities	89.27	134.00	51.60	45.48
长期负债	Long-term Liabilities	59.90	66.66	34.94	55.44
年末所有者权益	Owners' Equity at Year-end	101.47	177.65	56.80	39.93
实收资本	Actural Capital	65.61	96.72	62.03	27.50
主营业务收入	Revenue from Principal Business	134.28	107.00	63.05	31.97
主营业务成本	Cost of Principal Business	116.16	72.91	55.09	22.47
主营业务税金及附加	Taxes and Extra Charges from Principal Business	0.40	3.33	0.23	0.26
其他业务利润	Other Bussiness Profits		0.03	0.01	
管理费用	Management Expenses	5.59	7.01	2.46	2.57
#税 金	Taxes	0.40	0.24	0.06	0.12
利润总额	Total Profits	4.67	13.69	1.23	1.50
利税总额	Total Profits and Taxes	9.00	23.46	3.77	2.87
税金总额	Total Taxes	5.13	13.59	2.94	2.36
工业企业本年应交增值税	Value-added Tax Payable	3.88	6.41	2.23	1.10

13-13 各地区规模以上工业增加值及效益指标（2016）
Value-added of Industry and Main Indicators on Economic Benefit of Industrial Enterprises above Designated Size by Region (2016)

地 区	Region	工业增加值（亿元）Value-added of Industry (100 million yuan)	工业增加值指数（可比价）（上年=100）Indices of Value-added of Industry (At Comparable Prices) (preceding year=100)	总资产贡献率(%) Ratio of Profits, Taxes and Interests to Average Assets (%)	资产负债率(%) Ratio of Debts to Assets (%)	流动资产周转次数（次/年）Turnover of Current Assets (time/year)	工业成本费用利润率(%) Ratio of Profits to Total Industrial Costs (%)	产品销售率(%) Sales Ratio of Products (%)
兰州市	Lanzhou	502.0	102.6	11.33	67.18	1.68	1.33	93.37
嘉峪关市	Jiayuguan	48.7	102.6	6.11	74.43	2.21	3.27	99.13
金昌市	Jinchang	70.0	105.2	0.45	69.61	3.51	-1.97	96.74
白银市	Baiyin	112.8	105.3	3.12	65.66	1.61	0.68	95.86
天水市	Tianshui	104.2	109.8	5.61	51.14	1.06	5.03	93.61
武威市	Wuwei	88.5	110.1	2.52	65.35	1.49	3.09	94.25
张掖市	Zhangye	59.6	108.4	4.37	61.11	1.34	3.12	86.81
平凉市	Pingliang	42.8	104.0	2.04	67.29	1.28	-7.09	98.06
酒泉市	Jiuquan	107.9	103.6	2.21	69.68	0.79	-8.19	94.76
庆阳市	Qingyang	247.6	109.0	17.03	45.52	2.97	15.02	99.46
定西市	Dingxi	29.4	109.5	4.96	61.37	1.37	3.56	89.56
陇南市	Longnan	38.6	107.8	7.24	56.66	0.89	14.92	82.33
临夏州	Linxia	14.5	107.6	4.09	64.88	1.00	2.00	94.76
甘南州	Gannan	10.8	108.5	3.91	72.48	1.24	5.03	90.74

13-14 各地区规模以上工业主要工业产品产量(2016)
Output of Major Industrial Products of Industrial Interprises above Designated Size by Region (2016)

地 区	Region	原煤（万吨）Coal (10 000 tons)	天然原油（万吨）Natural Crude Oil (10 000 tons)	原油加工量（万吨）Crude Oil Processing (10 000 tons)	发电量（亿千瓦小时）Electricity (100 million kwh)	粗钢（万吨）Crude Steel (10 000 tons)	钢材（万吨）Rolled Steel (10 000 tons)	水泥（万吨）Cement (10 000 tons)	汽车（辆）Motor Vehicles (set)
兰州市	Lanzhou	637.63		823.02	147.53	78.38	134.96	1129.98	11458
嘉峪关市	Jiayuguan				181.88	550.00	522.33	252.34	
金昌市	Jinchang				74.38			179.00	
白银市	Baiyin	995.74			161.73		0.28	419.03	
天水市	Tianshui				14.10		4.27	404.34	
武威市	Wuwei	414.86			26.74		2.64	196.06	
张掖市	Zhangye	81.91			68.80			177.56	
平凉市	Pingliang	2024.19			138.72		1.39	381.73	
酒泉市	Jiuquan	41.83	38.00	175.12	147.63			352.29	
庆阳市	Qingyang	40.73	763.24	343.36	10.22			28.88	
定西市	Dingxi				13.59			375.52	
陇南市	Longnan				38.47			441.55	
临夏州	Linxia				80.82			215.83	
甘南州	Gannan				26.61			78.88	

主要统计指标解释

工业 指从事自然资源的开采，对采掘品和农产品进行加工和再加工的物质生产部门。具体包括：(1)对自然资源的开采，如采矿、晒盐等(但不包括禽兽捕猎和水产捕捞)；(2)对农副产品的加工、再加工，如粮油加工、食品加工、缫丝、纺织、制革等；(3)对采掘品的加工、再加工，如炼铁、炼钢、化工生产、石油加工、机器制造、木材加工等，以及电力、自来水、煤气的生产和供应等；(4)对工业品的修理、翻新，如机器设备的修理、交通运输工具(如汽车)的修理等。

工业统计调查单位为工业法人单位。

工业法人单位指从事工业生产经营活动的法人单位。工业法人单位应同时具备以下条件：①依法成立，有自己的名称、组织机构和场所，能够独立承担民事责任；②独立拥有（或授权）使用资产，承担负债，有权与其他单位签订合同；③具有包括资产负债表在内的帐户，或者能够根据需要编制帐户。

国有及国有控股企业 指国有企业加上国有控股企业。国有企业(即原全民所有制工业或国营工业)指企业全部资产归国家所有，并按《中华人民共和国企业法人登记管理条例》规定登记注册的非公司制的经济组织。包括国有企业、国有独资公司和国有联营企业。1957 年以前的公私合营和私营工业，后均改造为国营工业，1992 年改为国有工业，这部分工业的资料不单独分列时，均包括在国有企业内。国有控股企业是对混合所有制经济的企业进行的“国有控股”分类。它是指这些企业的全部资产中国有资产(股份)相对其他所有者中的任何一个所有者占资(股)最多的企业。该分组反映了国有经济控股情况。

轻工业 指主要提供生活消费品和制作手工工具的工业。按其所使用的原料不同，可分为两大类：(1)以农产品为原料的轻工业，是指直接或间接以农产品为基本原料的轻工业。主要包括食品制造、饮料制造、烟草加工、纺织、缝纫、皮革和毛皮制作、造纸以及印刷等工业；(2)以非农产品为原料的轻工业，是指以工业品为原料的轻工业。主要包括文教体育用品、化学药品制造、合成纤维制造、日用化学制品、日用玻璃制品、日用金属制品、手工工具制造、医疗器械制造、文化和办公用机械制造等工业。

重工业 指为国民经济各部门提供物质技术基础的主要生产资料的工业。按其生产性质和产品用途，可以分为下列三类：(1)采掘(伐)工业，是指对自然资源的开采，包括石油开采、煤炭开采、金属矿开采、非金属矿开采等工业；(2)原材料工业，指向国民经济各部门提供基本材料、动力和燃料的工业。包括金属冶炼及加工、炼焦及焦炭、化学、化工原料、水泥、人造板以及电力、石油和煤炭加工等工业；(3)加工工业，是指对工业原材料进行再加工制造的工业。包括装备国民经济各部门的机械设备制造工业、金属结构、水泥制品等工业，以及为农业提供的生产资料如化肥、农药等工业。

根据上述划分原则，修理业中以重工业产品为修理作业对象的划为重工业，反之划为轻工业。

工业总产值 工业总产值是以货币形式表现的，工业企业在一定时期内生产的工业最终产品或提供工业性劳务活动的总价值量。它反映一定时间内工业生产的总规模和总水平。

工业增加值 指工业企业在报告期内以货币表现的工业生产活动的最终成果。

工业增加值有两种计算方法：一是生产法，即工业总产出减去工业中间投入加上应交增值税；二是收入法，即从收入的角度出发，根据生产要素在生产过程中应得到的收入份额计算，具体构成项目有固定资产折旧、劳动者报酬、生产税净额、营业盈余，这种方法也称要素分配法。本年鉴中的工业增加值是以生产法计算的。

资产总计 指企业拥有或控制的能以货币计量的经济资源，包括各种财产、债权和其他权利。资产按流动性分为流动资产、长期投资、固定资产、无形资产、递延资产和其他资产。该指标根据企业会计“资产负债表”中“资产总计”项目的期末数增列。

流动资产 指企业可以在一年内或者超过一年的一个生产周期内变现或者耗用的资产，包括现金及各种存款、短期投资，应收及预付款项、存货等。

固定资产原价 指企业在建造、购置、安装、改建、扩建、技术改造某项固定资产时所支出的全部货币总额。它一般包括买价、包装费、运杂费和安装费等。

固定资产净值 指固定资产原价减去历年已提折旧额后的净额。计算公式为：

固定资产净值=固定资产原价−累计折旧

负债合计 指企业所承担的能以货币计量，将以资产或劳务偿付的债务，偿还形式包括货币、资产或提供劳务。负债一般按偿还期长短分为流动负债和长期负债。根据会计“资产负债表”中“负债合计”的年末数填列。

所有者权益合计 指企业资产扣除负债后由所有者享有的剩余权益。公司的所有者权益又称股东权益。包括实收资本、资本公积、盈余公积、未分配利润等。来源于会计“资产负债表”中“所有者权益合计”项目的期末余额数。

主营业务收入 指企业确认的销售商品、提供劳务等主营业务的收入。来源于会计“主营业务收入”科目的期末贷方余额（结转前）。

主营业务成本 指企业经营主要业务所发生的成本总额。来源于会计“主营业务成本”科目的期末借方余额（结转前）。

主营业务税金及附加 指企业经营主要业务应负担的营业税、消费税、城市维护建设税、教育费附加等。来源于会计“主营业务税金及附加”科目的期末借方余额（结转前）。

利润总额 指企业在一定会计期间的经营成果，是生产经营过程中各种收入扣除各种耗费后的盈余，反映企业在报告期内实现的盈亏总额。来源于会计“利润表”中“利润总额”项目的本期金额数。

本年应交增值税 指企业按税法规定，从事货物销售或提供加工、修理修配劳务等增加货物价值的活动本期应交纳的税金。指企业在报告期应交增值税额。计算公式为：

本年应交增值税=销项税额-（进项税额-进项税额转出）-出口抵减内销产品应纳税额-减免税款+出口退税

本年进项税额 指工业企业在报告期内购入货物或接受应税劳务而支付的、准予从销项税额中抵扣的增值税额。

本年销项税额 指工业企业在报告期内销售货物或提供应税劳务应收取的增值税额。

就业人员平均人数 是指报告期内每天拥有的就业人员人数。其计算公式为：

$$\text{月平均人数}=\frac{\text{报告月内每天实有人数之和}}{\text{报告月日历日数}}$$

$$\text{季平均人数}=\frac{\text{季内各月平均人数之和}}{3}$$

$$\text{年平均人数}=\frac{\text{年内各月平均人数之和}}{12}$$

总资产贡献率 反映企业全部资产的获利能力，是企业经营业绩和管理水平的集中体现，是评价和考核企业盈利能力的核心指标。计算公式为：

$$\text{总资产贡献率(\%)}=\frac{\text{利润总额}+\text{税金总额}+\text{利息支出}}{\text{平均资金总额}}\times 100\%$$

公式中：税金总额为产品销售税金及附加与应交增值税之和；平均资产总额为期初期末资产之和的算术平均值。

资产负债率 该指标既反映企业经营风险的大小，也反映企业利用债权人提供的资金从事经营活动的能力。计算公式为：

$$\text{资产负债率(\%)}=\frac{\text{负债总额}}{\text{资产总额}}\times 100\%$$

资产与负债均为报告期期末数。

流动资产周转次数 指一定时期内流动资产完成的周转次数，反映投入工业企业流动资金的周转速度。计算公式为：

$$\text{流动资产周转次数}=\frac{\text{产品销售收入}}{\text{全部流动资产平均余额}}$$

公式中：全部流动资产平均余额为期初和期末的流动资产之和的算术平均值。

成本费用利润率 反映企业投入的生产成本及费用的经济效益，同时也反映企业降低成本所取得的经济效益。计算公式为：

$$\text{成本费用利润率(\%)}=\frac{\text{利润总额}}{\text{成本费用总额}}\times 100\%$$

公式中：成本费用总额为产品销售成本、销售费用、管理费用、财务费用之和。

产品销售率 该指标反映工业产品已实现销售的程度，是分析工业产销衔接情况，研究工业产品满足社会需求的指标。计算公式为：

$$\text{产品销售率(\%)}=\frac{\text{工业销售产值}}{\text{工业总产值(现价)}}\times 100\%$$

14 建筑业

Construction

简要说明

一、本篇资料主要内容

本篇资料反映建筑业概况和发展情况。主要包括建筑业企业基本情况和生产经营情况。

二、本篇资料的统计范围

建筑业统计范围为辖区内具有建筑业资质的所有独立核算建筑业企业及所属的产业活动单位。

三、本篇资料来源

本篇资料由省统计局固定资产投资处根据国家统计局制定的《建筑业统计报表制度》整理、汇总。

14-1 建筑业企业概况
Main Indicators on Construction Enterprises

年 份 Year	总 计 Total	国有企业 State-owned	集体企业 Collective-owned	其 他 Others
企业单位数(个) Number of Enterprises(unit)				
2005	933	148	156	629
2006	951	145	150	656
2007	930	134	147	649
2008	926	111	114	701
2009	919	101	110	708
2010	890	101	98	691
2011	908	92	97	719
2012	1215	103	105	1007
2013	1295	73	87	1135
2014	1348	69	86	1193
2015	1370	69	82	1219
2016	1393	63	78	1252
从业人员(万人) Number of Persons Employed (10 000 persons)				
2005	42.77	9.25	9.04	24.48
2006	43.67	8.51	9.53	25.63
2007	43.88	7.32	9.40	27.16
2008	42.03	5.66	5.39	30.97
2009	44.98	5.35	5.67	33.97
2010	45.76	6.36	4.86	34.55
2011	46.00	7.31	5.60	33.08
2012	56.26	7.49	5.81	42.96
2013	54.81	5.97	5.86	42.98
2014	58.89	7.63	6.21	45.05
2015	55.10	7.88	5.40	41.82
2016	54.10	8.38	5.35	40.37
建筑业总产值(万元) Gross Output Value (10 000 yuan)				
2005	3141700	1169235	376213	1596252
2006	3443287	1103154	486291	1853842
2007	4369039	974710	662602	2731727
2008	4812744	900868	529097	3382779
2009	5798859	987574	508935	4302350
2010	7519879	1303237	580351	5636292
2011	9256772	2262570	744144	6250058
2012	13722823	3221873	1086236	9414714
2013	17208628	2698696	1241827	13268105
2014	18145239	2818352	1329573	13997314
2015	18490185	2731643	1245432	14513110
2016	19472432	2973159	1159388	15339885

注：本表数据指标口径为资质以上建筑业企业。

a) Indicator caliber of data in this table refer to the construction enterprises above qualification grades.

14-2 建筑业企业主要经济指标(2016)

登记注册类型	Type of Registered	单位数（个）Number of Construction Enterprises (unit)	从业人员（万人）Number of Employed Persons (10 000 persons)	建筑业总产值（万元）Gross Output Value of Construction (10 000 yuan)
甘肃省	**Gansu**	**1393**	**54.10**	**19472432**
内资企业	Domestic Funded Enterprises	1389	54.08	19466888
国有企业	State-owned Enterprises	63	8.38	2973159
集体企业	Collective-owned Enterprises	78	5.35	1159388
股份合作企业	Cooperative Enterprises	3	0.04	15557
联营企业	Joint Ownership Enterprises	1		
有限责任公司	Limited Liability Corporations	611	24.50	10198343
股份有限公司	Share-holding Corporations Ltd.	66	4.62	2222565
私营企业	Private Enterprises	564	11.01	2876263
其他企业	Other Enterprises	3	0.18	21612
港、澳、台商投资企业	Enterprises with Investment from Hong Kong ,Macao and Taiwan	3	0.02	5023
外商投资企业	Foreign Funded Enterprises	1		521

14-2 续表

登记注册类型	Type of Registered	劳动生产率(元/人) Overall Labor Productivity (yuan/person)		主营业务收入（万元）Revenue from Principal Business (10 000 yuan)	主营业务成本（万元）Cost of Project Settlement Accounts (10 000 yuan)
		按总产值计算 In Terms of Gross Output Value	按增加值计算 In Terms of Value-added		
甘肃省	**Gansu**	**309498**	**123395**	**18451597**	**15848272**
内资企业	Domestic Funded Enterprises	309527	123406	18447408	15844534
国有企业	State-owned Enterprises	370940	147891	2750408	1951031
集体企业	Collective-owned Enterprises	197252	78643	1019865	872257
股份合作企业	Cooperative Enterprises	378518	150912	10742	8080
联营企业	Joint Ownership Enterprises				
有限责任公司	Limited Liability Corporations	335809	133884	9656669	8716407
股份有限公司	Share-holding Corporations Ltd.	450486	179605	2055959	1820440
私营企业	Private Enterprises	213529	85132	2940766	2464537
其他企业	Other Enterprises	116824	46577	12999	11781
港、澳、台商投资企业	Enterprises with Investment from Hong Kong ,Macao and Taiwan	228318	91029	3662	3248
外商投资企业	Foreign Funded Enterprises	289444	115399	526	491

Main Economic Indicators on Construction Enterprises(2016)

建筑业增加值（万元） Value Added of Construction (10 000 yuan)	营业利润（万元） Operating Profits (10 000 yuan)	利润总额（万元） Total Profits (10 000 yuan)	税金总额（万元） Total Tax (10 000 yuan)	产值利润率 (%) Ratio of Profit to Gross Output Value (%)	产值利税率 (%) Ratio of Output Value to Profit and Tax (%)
7763501	**637930**	**645465**	**782704**	**3.31**	**7.33**
7761291	637566	645401	782653	3.32	7.34
1185375	9193	9189	77744	0.31	2.92
462238	52963	53259	75313	4.59	11.09
6202	1526	1518	881	9.76	15.42
4065997	348520	356230	386016	3.49	7.28
886119	53721	54814	90247	2.47	6.53
1146743	171454	170258	152159	5.92	11.21
8617	189	133	294	0.61	1.97
2003	377	77	34	1.54	2.21
208	-13	-13	18	-2.55	0.92

Continued

主营业务税金及附加（万元） Taxes and Extra Charges on Project Settlement Accounts (10 000 yuan)	房屋建筑施工面积（万平方米） Floor Space of Buildings under Construction (10 000 sq.m)	房屋建筑竣工面积（万平方米） Floor Space of Buildings Completed (10 000 sq.m)	#住 宅 Residential Buildings	房屋建筑面积竣工率 (%) Rat of Floor Space of Buildings Completed (%)
385162	**10422.41**	**3915.21**	**2662.52**	**37.57**
385135	10422.21	3915.05	2662.42	37.56
43736	1722.31	398.91	334.48	23.16
43625	768.49	399.38	250.03	51.97
123	1.60	4.40	1.00	275.50
177282	4808.61	1832.42	1151.65	38.11
38723	1617.21	570.33	417.39	35.27
81414	1486.40	699.38	503.83	47.05
232	17.61	10.23	4.04	58.08
23	0.20	0.16	0.11	79.90
4				

14-3 按行业分建筑企业主要指标(2016)
Main Indicators of Construction Enterprises by Sector(2016)

类别	Items	单位数（个）Number of Construction Enterprises (unit)	年末从业人员（万人）Year-end Employed Persons (10 000 persons)	建筑业总产值（万元）Gross Output Value of Construction (10 000 yuan)	#建筑工程 Construction	#安装工程 Installation
甘肃省	**Gansu**	**1393**	**54.10**	**19472432**	**16839826**	**1900190**
房屋建筑业	Housing Construction Industry	694	39.39	13521907	12178493	921949
土木工程建筑业	Civil Engineering Construction	340	9.50	4398785	3814236	451263
铁路、道路、隧道和桥梁工程建筑	Railways,Tunnels,Highways and Bridges Buildings	157	5.02	2744891	2588807	61485
水利和内河港口工程建筑	Water Conservancy and River Ports Engineering Buildings	84	2.22	738931	698632	33146
工矿工程建筑	Mining Engineering Buildings	25	1.12	396976	192815	202173
架线和管道工程建筑	Wired and Pipeline Engineering Buildings	47	0.86	465615	297552	153359
其他土木工程建筑	Other Civil Engineering Buildings	27	0.27	52373	36430	1099
建筑安装业	Construction Installation	139	3.90	1227363	638118	451071
建筑装饰及其他建筑业	Construction Decoration and Other Construction	220	1.32	324376	208980	75908
建筑装饰业	Construction Decoration	176	0.80	193589	111242	47030
工程准备	Engineering Preparing	15	0.10	42445	40731	
提供施工设备服务	Providing Construction Equipment Services	2	0.14	18412	664	17743
其他未列明的建筑活动	Other Unindicated Building Industry	27	0.28	69930	56343	11134

14-3 续表 continued

类别	Items	房屋建筑施工面积（万平方米）Floor Space of Buildings under Construction (10 000 sq.m)	房屋建筑竣工面积（万平方米）Floor Space of Buildings Completed (10 000 sq.m)	房屋建筑竣工价值（万元）Value of Buildings Completed (10 000 yuan)	房屋建筑竣工率(%) Rate of Floor Space of Buildings Completed (%)	竣工房屋造价（元/平方米）Cost of Buildings Completed (yuan/sq.m)
甘肃省	**Gansu**	**10422**	**3915**	**6878234**	**37.57**	**1757**
房屋建筑业	Housing Industry	10090	3735	6537899	37.01	1751
土木工程建筑业	Civil Engineering Construction	132	87	174256	65.93	2002
铁路、道路、隧道和桥梁工程建筑	Railways,Tunnels,Highways and Bridges Buildings	58	33	64194	56.67	1966
水利和内河港口工程建筑	Water Conservancy and River Ports Engineering Buildings	34	34	67593	101.06	1994
工矿工程建筑	Mining Engineering Buildings	32	18	38559	53.88	2203
架线和管道工程建筑	Wired and Pipeline Engineering Buildings	1				
其他土木工程建筑	Other Civil Engineering Buildings	7	3	3911	42.16	1317
建筑安装业	Construction Installation	174	81	160409	46.47	1978
建筑装饰及其他建筑业	Construction Decoration and Other Construction	26	12	5670	48.27	455
建筑装饰业	Construction Decoration					
工程准备	Engineering Preparing	12	11	3600	91.67	327
提供施工设备服务	Providing Construction Equipment Services					
其他未列明的建筑活动	Other Unindicated Building Industry	14	1	2070	10.50	1430

14-4 建筑业房屋建筑面积
Floor Space of Buildings Constructed by Construction Enterprises

单位：万平方米 (10 000 sq.m)

年份 Year	房屋建筑面积 Floor Space of Buildings		#国有 State-owned		#集体 Collective-owned	
	施工面积 Floor Space under Construction	竣工面积 Floor Space Completed	施工面积 Floor Space under Construction	竣工面积 Floor Space Completed	施工面积 Floor Space under Construction	竣工面积 Floor Space Completed
2005	3008.48	1455.17	636.08	262.00	583.25	304.75
2006	3313.53	1638.38	804.52	311.11	557.08	363.28
2007	3788.00	1472.74	838.00	236.91	589.00	270.19
2008	3791.49	1842.81	485.63	185.15	424.29	220.34
2009	4178.20	1724.38	597.54	215.41	509.05	223.82
2010	5032.63	2013.88	804.77	230.30	471.00	256.97
2011	5925.09	2409.80	1418.58	382.33	574.60	348.14
2012	8179.58	3257.61	1714.87	514.66	679.56	378.62
2013	10319.41	3976.67	1616.24	393.28	845.32	473.32
2014	11531.10	4172.00	2158.26	521.83	763.39	460.86
2015	10757.08	4082.94	1751.51	481.47	833.61	455.53
2016	10422.41	3915.21	1722.31	398.91	768.49	399.38

14-5 建筑施工企业主要财务指标(2016)

单位：万元

项目	Item	资产总计 Total Assets	#流动资产 Current Assets	#固定资产 Fixed Assets
甘肃省	**Gansu**	**18790044**	**14300782**	**2650623**
按企业登记注册类型分	**By Type of Enterprises Registered**			
内资企业	Domestic Funded Enterprises	18781903	14297930	2650611
国有企业	State-owned Enterprises	2241017	1683710	373240
集体企业	Collective-owned Enterprises	593362	411368	154833
股份合作企业	Cooperative Enterprises	10506	8725	1530
联营企业	Joint Ownership Enterprises			
有限责任公司	Limited Liability Corporations	9948977	7629311	1291855
股份有限公司	Share-holding Corporations Ltd.	2103283	1786646	255466
私营企业	Private Enterprises	3854702	2750125	572025
其他企业	Other Enterprises	30058	28045	1662
港、澳、台商投资企业	Enterprises with Investment from Hong Kong ,Macao and Taiwan	6584	1295	13
外商投资企业	Foreign Funded Enterprises	1557	1557	
按行业类别分	**By Sector**			
房屋建筑业	Construction of Buildings	10684552	8214220	1797467
土木工程建筑业	Civil Engineering	6135472	4567607	591651
建筑安装业	Construction Installation	1355395	1019859	186074
建筑装饰和其他建筑业	Building Decoration and Other Constructions	614626	499096	75432
按隶属关系分	**By Administrative Relationship**			
中　央	Central	2550822	2058957	114202
地　方	Local	16239222	12241825	2536422
#市　属	City Owned	2307844	1845729	306620
区县属	District and County	1531166	967595	373887

Main Financial Indicators of Construction Enterprises(2016)

(10 000 yuan)

负债合计 Total Liabilities	流动负债 Liquid Liabilities	非流动负债 Non-current Liabilities	所有者权益 Owners' Equity	实收资本 Paid-in Capitals	营业收入 Business Revenue	主营业务收入 Revenue from Principal Business	利税总额 Total Pre-tax Profits	利润总额 Total Profits
12642371	**11699297**	**624781**	**6147673**	**3764035**	**18764532**	**18451597**	**1428169**	**645465**
12640553	11697479	624781	6141350	3758887	18760343	18447403	1428053	645401
1762076	1666771	91588	478940	299765	2856964	2750403	86932	9189
381664	318806	46579	211698	141735	1021505	1019865	128572	53259
4906	4884	22	5600	4064	10833	10742	2399	1518
6754772	6356773	240695	3194205	1889620	9758634	9656669	742246	356230
1670818	1619923	10336	432465	260436	2105925	2055959	145061	54814
2040049	1704399	235561	1814653	1159866	2993303	2940766	322416	170258
26267	25923		3790	3401	13179	12959	427	133
1629	1629		4955	4648	3662	3662	111	77
189	189		1368	500	526	526	5	-13
7190060	6739980	257108	3494492	2048916	12784408	12584180	959139	391245
4249494	3831569	304637	1885978	1197104	4361237	4283054	363902	216719
930832	874045	49048	424564	288953	1210006	1197621	73866	25253
271986	253704	13988	342640	229062	408881	386741	31262	12247
2029407	2006675	17786	521415	384660	2032821	2009608	86862	49597
10612964	9692622	606995	5626258	3379375	16731710	16441989	1341307	595868
1433255	1326593	73281	874589	487781	1695477	1681332	168249	85113
716293	574003	67576	814874	439267	2164785	2139034	279972	134662

14-6 各地县建筑业企业情况(2016)
Basic Conditions of Construction Enterprises by Region ,County (2016)

地 区	Region	单位数 (个) Number of Construction Enterprises (unit)	从业人员 (人) Number of Employed Persons (person)	建筑业总产值 (万元) Gross Output Value of Construction (10 000 yuan)	利税总额 (万元) Total Pre-tax Profits (10 000 yuan)
甘肃省	**Gansu**	**1393**	**541032**	**19472432**	**1428169**
兰州市	**Lanzhou**	**470**	**173144**	**10032031**	**458483**
城关区	Chengguan	316	77142	4609329	257824
七里河区	Qilihe	63	50891	2740633	89621
西固区	Xigu	40	23773	1090965	41131
安宁区	Anning	19	14415	1323021	63609
红古区	Honggu	9	691	46543	917
永登县	Yongdeng	7	2470	54424	2219
皋兰县	Gaolan	3	576	22013	1467
榆中县	Yuzhong	4	2002	88837	7537
兰州新区	Lanzhou New Area	9	1184	56266	-5840
嘉峪关市	**Jiayuguan**	**27**	**4253**	**242757**	**15468**
金昌市	**Jinchang**	**36**	**25804**	**1030405**	**58125**
金川区	Jinchuan	24	24549	1011915	56119
永昌县	Yongchang	12	1255	18490	2006
白银市	**Baiyin**	**61**	**28009**	**554662**	**76597**
白银区	Baiyin	29	4642	97644	23546
平川区	Pingchuan	8	8873	176668	13900
靖远县	Jingyuan	4	8279	211104	23414
会宁县	Huining	15	3761	55351	7740
景泰县	Jingtai	5	2454	13896	7997
天水市	**Tianshui**	**96**	**40778**	**1028441**	**55143**
秦州区	Qinzhou	47	24305	738533	25885
麦积区	Maiji	15	3998	66404	2796
清水县	Qingshui	2	483	14713	1222
秦安县	Qinan	5	1413	34172	3450
甘谷县	Gangu	18	6633	111780	9791
武山县	Wushan	7	3303	34455	10830
张家川县	Zhangjiachuan	2	643	28384	1169
武威市	**Wuwei**	**73**	**35688**	**960562**	**88640**
凉州区	Liangzhou	52	28761	767403	66201
民勤县	Minqin	9	3112	109690	13067
古浪县	Gulang	6	1323	55563	3429
天祝县	Tianzhu	6	2492	27905	5943
张掖市	**Zhangye**	**150**	**24640**	**557270**	**99054**

14-6 续表 1 continued

地 区	Region	单位数(个) Number of Construction Enterprises (unit)	从业人员(人) Number of Employed Persons (person)	建筑业总产值(万元) Gross Output Value of Construction (10 000 yuan)	利税总额(万元) Total Pre-tax Profits (10 000 yuan)
甘州区	Ganzhou	100	13100	223618	55120
肃南县	Sunan	5	635	16980	8829
民乐县	Minle	9	2140	70150	5699
临泽县	Linze	12	1628	48914	11210
高台县	Gaotai	16	3540	86436	9061
山丹县	Shandan	8	3597	111172	9134
平凉市	**Pingliang**	**65**	**42813**	**770905**	**89560**
崆峒区	Kongtong	33	15222	252459	40815
泾川县	Jingchuan	6	2039	39381	3678
灵台县	Lingtai	3	2366	58348	3851
崇信县	Chongxin	3	2211	44400	5189
华亭县	Huating	5	1943	25550	2903
庄浪县	Zhuanglang	7	9780	188860	15391
静宁县	Jingning	8	9252	161907	17734
酒泉市	**Jiuquan**	**81**	**26362**	**1371613**	**103619**
肃州区	Suzhou	45	12330	350060	50348
金塔县	Jinta	6	890	22132	3167
瓜州县	Anxi	5	1434	352100	17944
肃北县	Subei	2	126	2521	356
阿克塞县	Akesai	2	550	13356	1373
玉门市	Yumen	12	10190	309627	22367
敦煌市	Dunhuang	9	842	321818	8063
庆阳市	**Qingyang**	**79**	**46903**	**1052697**	**132879**
西峰区	Xifeng	50	20036	449454	49649
庆城县	Qingcheng	12	6748	190195	22996
环 县	Huanxian	2	2182	14938	1817
华池县	Huachi	4	3371	110293	14091
合水县	Heshui	1	460	1700	655
正宁县	Zhengning	2	1951	14800	4689
宁 县	Ningxian	6	11371	263679	37911
镇原县	Zhenyuan	2	784	7638	1071
定西市	**Dingxi**	**85**	**36573**	**750409**	**86040**
安定区	Anding	44	14052	274075	32241
通渭县	Tongwei	7	5441	143713	14873

14-6 续表 2 continued

地 区	Region	单位数（个）Number of Construction Enterprises (unit)	从业人员（人）Number of Employed Persons (person)	建筑业总产值（万元）Gross Output Value of Construction (10 000 yuan)	利税总额（万元）Total Pre-tax Profits (10 000 yuan)
陇西县	Longxi	10	3927	109580	16408
渭源县	Weiyuan	3	2790	24419	3018
临洮县	Lintao	13	8707	147908	14870
漳 县	Zhangxian	3	542	34821	3374
岷 县	Minxian	5	1114	15893	1255
陇南市	**Longnan**	**102**	**18475**	**336258**	**49271**
武都区	Wudu	70	11897	244527	36782
成 县	Chengxian	6	2048	20834	1967
文 县	Wenxian	3	370	2988	577
宕昌县	Tanchang	4	625	5639	425
康 县	Kangxian	4	967	8505	1198
西和县	Xihe	4	811	18158	1315
礼 县	Lixian	3	959	20557	6638
徽 县	Huixian	7	550	7928	277
两当县	Liangdang	1	248	7122	93
临夏州	**Linxia**	**38**	**32481**	**714236**	**103843**
临夏市	linxia	16	9348	135339	15407
临夏县	linxia	4	2753	90530	8165
康乐县	Kangle	7	907	49135	6415
永靖县	Yongjing	5	12206	306802	44695
广河县	Guanghe	2	1404	24049	4028
和政县	Hezheng	2	3260	34916	10096
东乡县	Dongxiang	2	2603	73466	15038
积石山县	Jishishan				
甘南州	**Gannan**	**30**	**5109**	**70187**	**11447**
合作市	Hezuo	16	2258	41702	6341
临潭县	Lintan	2	372	5361	520
卓尼县	Zhuoni	1	230	7765	187
舟曲县	Zhouqu	4	492	1735	355
迭部县	Diebu	4	1366	8834	1486
玛曲县	Maqu	2	325	4085	2096
碌曲县	Luqu	1	66	705	463
夏河县	Xiahe				

主要统计指标解释

建筑业统计单位 指从事房屋、构筑物建造和设备安装活动的法人企业。建筑业法人企业应具有建筑业资质并能够独立核算，同时其应具备以下条件：①依法成立，有自己的名称、组织机构和场所，能够承担民事责任；②独立拥有和使用资产，承担负债，有权与其他单位签订合同；③独立核算盈亏，能够编制资产负债表。

建筑业总产值 是以货币形式表现的建筑业企业在一定时期内生产的建筑业产品和提供的服务的总和。建筑业总产值包括：

(1) 建筑工程产值 指列入建筑工程预算内的各种工程价值。

(2) 安装工程产值 指设备安装工程价值，不包括被安装设备本身的价值。

(3) 其他产值 建筑业总产值中除建筑工程、安装工程以外的产值。包括房屋构筑物修理产值、非标准设备制造产值、总包企业向分包企业收取的管理费以及不能明确划分的施工活动所完成的产值。

a. 房屋构筑物修理产值：指房屋和构筑物修理所完成的产值，但不包括被修理房屋、构筑物本身价值和生产设备的修理价值。

b. 非标准设备制造产值：指加工制造没有定型的非标准生产设备的加工费和原材料价值(如化工厂、炼油厂用的各种罐、槽，矿井生产统一使用的各种漏斗、三角槽、阀门等)以及附属加工厂为本企业承建工程制作的非标准设备的价值。

建筑业增加值 指建筑业企业在报告期内以货币形式表现的建筑业生产经营活动的最终成果。

从 2004 年第一次全国经济普查开始，建筑业现价增加值按生产法和分配法(收入法)两种方法计算，以收入法的计算结果为准，即从收入的角度出发，根据生产要素在生产过程中应得的收入份额计算。具体计算方法：经济普查年度建筑业增加值按照《经济普查年度 GDP 核算方案》计算，非经济普查年度建筑业增加值按照《非经济普查年度 GDP 核算方案》计算。

房屋施工面积 指在报告期内施工的全部房屋建筑面积，包括本期新开工的房屋建筑面积、上期施工跨入本期继续施工的房屋建筑面积、上期停缓建在本期恢复施工的房屋建筑面积、本期竣工的房屋建筑面积及本期施工后又停缓建的房屋建筑面积。

房屋竣工面积 指在报告期内房屋建筑按照设计要求全部完工，达到了住人和使用条件，经验收鉴定合格或达到竣工验收标准，正式移交使用的各栋房屋建筑面积总和。

年末自有机械设备净值 指本企业自有机械设备经过使用、磨损后实际存在的价值，即原值减去折旧后的净额。

年末自有机械设备总台数 指年末本企业（或单位）自有的直接用于工程施工的各种机械设备的台数。不包括附属辅助生产机械设备、运输机械设备、生产试验机械设备的台数。

年末自有机械设备总功率 指年末本企业（或单位）自有的直接用于工程施工的各种机械设备年末总功率、按设定能力或查定能力计算。包括施工机械本身的动力和为该机械服务的单独动力设备，如电动机等。但不包括附属辅助生产机械设备、运输机械设备、生产试验机械设备的功率。计量单位用千瓦，动力换算可按 1 马力 = 0.735 千瓦折合成千瓦数。电焊机、变压器、锅炉不计算动力。

营业收入 指企业经营主要业务和其他业务所确认的收入总额。营业收入合计包括“主营业务收入”和“其他业务收入”。

主营业务收入 指企业确认的销售商品、提供劳务等主营业务的收入。

主营业务成本 指企业经营主要业务所发生的成本总额。

主营业务税金及附加 指企业经营主要业务应负担的营业税、消费税、城市维护建设税、教育费附加等。

营业利润 指企业从事生产经营活动所取得的利润。

15

批发和零售业

Wholesale and Retail Trades

简要说明

一、本篇资料主要内容

本篇资料主要反映批发和零售业发展与经营状况，同时反映商品流通、商品消费、市场运行态势。主要内容包括：限额以上批发和零售业基本情况、商品流转情况、财务状况；亿元商品交易市场成交情况；社会消费品零售总额等。

二、本篇资料的统计范围

限额以上批发和零售业的法人企业、个体户，成交额在亿元以上的商品交易市场，以及参与商品零售、餐饮经营活动的各行业法人企业和产业活动单位、个体户。限额以上批发和零售业统计单位是指：批发业，年主营业务收入 2000 万元及以上；零售业，年主营业务收入 500 万元及以上。

三、本篇资料来源

本篇资料由省统计局贸易外经处加工整理。

15-1 社会消费品零售总额
Total Retail Sales of Consumer Goods

项　　目	Item	2010	2011	2015	2016
社会消费品零售总额(亿元)	**Total Retail Sales of Consumer Goods (100 million yuan)**	**1435.53**	**1772.94**	**2907.22**	**3184.39**
按城乡分	**By Urban and Rural Area**				
城镇	Urban	1156.31	1423.29	2316.80	2535.91
#城区	City Subdivision	858.70	1067.30	1709.07	1896.93
乡村	Rural	279.22	349.65	590.42	648.48
按消费形态分	**By Consumption Morphological**				
#商品零售	Commodity Retail	1219.62	1528.33	2447.19	2679.16
餐费收入	Income from Meals	215.91	244.61	460.03	505.23
构成(%)（总额=100)	**Composition (%) (Total=100)**				
按城乡分	**By Urban and Rural Area**				
城镇	Urban	80.55	80.28	79.69	79.64
#城区	City Subdivision	59.82	60.20	58.79	59.57
乡村	Rural	19.45	19.72	20.31	20.36
按消费形态分	**By Consumption Morphological**				
#商品零售	Commodity Retail	84.96	86.20	84.18	84.13
餐费收入	Income from Meals	15.04	13.80	15.82	15.87

注：表中数据依据第三次经济普查数据进行了调整。(以下相关表同)

a) Data in the table have been adjusted according to the data of the third economic census.The same applies to the relevant tables following.

15-2 限额以上批发和零售业情况
Basic Conditions of Wholesale and Retail Trades

项　　目	Item	2010	2011	2015	2016
批发和零售业	**Wholesale and Retail Trades**				
法人企业(个)	Number of Corporation Enterprises (unit)	705	814	1595	1718
年末从业人数(人)	Engaged Persons at Year-end (person)	66546	68919	100243	103819
商品购进额(亿元)	Total Purchases (100 million yuan)	1727.21	2400.08	3572.37	4223.76
#进口额　(亿元)	Imports (100 million yuan)	1.78	7.96	31.95	42
商品销售额　(亿元)	Total Sales (100 million yuan)	2021.40	2642.14	4232.94	4802.33
#出口额　(亿元)	Exports (100 million yuan)	4.00	5.67	21.68	24.34
期末商品库存额(亿元)	Total Stock at Year-end (100 million yuan)	205.77	246.89	240.68	260.00
批发业	**Wholesalel Trade**				
法人企业（个）	Number of Corporation Enterprises (unit)	265	294	574	599
年末从业人数（人）	Engaged Persons at Year-end (person)	22404	24328	30977	31821
商品购进额(亿元)	Total Purchases (100 million yuan)	1391.31	1929.42	2825.42	3186.59
#进口额　(亿元)	Imports (100 million yuan)	0.99	0.79	12.29	27.55
商品销售额　(亿元)	Total Sales (100 million yuan)	1644.99	2117.56	3350.29	3613.98
#出口额　(亿元)	Exports (100 million yuan)	3.99	5.46	21.28	24.31
期末商品库存额(亿元)	Total Stock at Year-end (100 million yuan)	161.28	168.36	158.93	169.07
零售业	**Retail Trade**				
法人企业（个）	Number of Corporation Enterprises (unit)	440	520	1021	1119
年末从业人数（人）	Engaged Persons at Year-end (person)	44142	44591	69266	71998
商品购进额(亿元)	Total Purchases (100 million yuan)	335.91	470.66	746.96	1037.17
#进口额　(亿元)	Imports (100 million yuan)	0.79	7.16	19.65	14.03
商品销售额　(亿元)	Total Sales (100 million yuan)	376.41	524.58	882.64	1188.35
#出口额　(亿元)	Exports (100 million yuan)	0.01	0.21	0.40	0.03
期末商品库存额(亿元)	Total Stock at Year-end (100 million yuan)	44.49	78.54	81.74	90.93
年末零售营业面积（万平方米）	Business Area of Retail at Year-end (10 000 sq.m)	301.83	285.94	361.10	393.58

15-3 限额以上批发业企业基本情况(2016)
Basic Conditions of Enterprises above Designated Size of Wholesale Trade (2016)

项　目	Item	法人企业(个) Number of Corporation Enterprises (unit)	年末从业人数(人) Engaged Persons at Year-end (person)
批发业	**Wholesale Trade**	**599**	**31821**
按登记注册类型分	**By Status of Registration**		
内资企业	**Domestic Funded Enterprises**	**596**	**31473**
国有企业	State-owned Enterprises	25	4649
集体企业	Collective-owned Enterprises	7	380
股份合作企业	Cooperative Enterprises	3	90
联营企业	Joint Ownership Enterprises		
有限责任公司	Limited Liability Corporations	216	11759
国有独资公司	State Sole Funded Corporations	8	544
其他有限责任公司	Other Limited Liability Corporations	208	11215
股份有限公司	Share-holding Corporations Ltd.	24	3150
私营企业	Private Enterprises	318	11345
私营独资企业	Private-funded Enterprises	5	173
私营合伙企业	Private Partnership Enterprises		
私营有限责任公司	Private Limited Liability Corporations	300	10442
私营股份有限公司	Private Share-holding Corporations Ltd.	13	730
其他企业	Other Enterprises	3	100
港、澳、台商投资企业	**Enterprises with Funds from Hong Kong, Macao and Taiwan**	**1**	**206**
合资经营企业	Joint-venture Enterprises		
合作经营企业	Cooperative Enterprises		
独资经营企业	Enterprises with Sole Fund	1	206
投资股份有限公司	Share-holding Corporations Ltd. with Investment		
其他港澳台商投资企业	Other Enterprises with Funds from Hong Kong, Macao and Taiwan		
外商投资企业	**Foreign Funded Enterprises**	**2**	**142**
中外合资经营企业	Joint-venture Enterprises		
中外合作经营企业	Cooperation Enterprises		
外资企业	Enterprises with Sole Fund	2	142
外商投资股份有限公司	Share-holding Corporations Ltd. With Foreign Investment		
其他外商投资企业	Other Foreign Funded Enterprises		

15-3 续表 continued

项 目	Item	法人企业（个）Number of Corporation Enterprises (unit)	年末从业人数（人）Engaged Persons at Year-end (person)
按行业分	**By Sector**		
农、林、牧、产品批发	Wholesale of Agriculture,Forestry, Animal Husbandry Products	34	903
食品饮料及烟草制品批发	Wholesale of Food, Beverages and Tobaccos	149	12305
#米、面制品及食用油批发	Wholesale of Rice, Flour and Edible Oil	15	685
烟草制品批发	Wholesale of Tobaccos	15	3755
纺织、服装及家庭用品批发	Wholesale of Textiles, , Wearing Apparel and Household Articles	18	1197
#服装批发	Wholesale of Garments	3	250
文化、体育用品及器材批发	Wholesale of Culture, Sports Appliances and Equipments	9	1023
医药及医疗器材批发	Wholesale of Medicines and Medical Appliances	74	5805
矿产品、建材及化工产品批发	Wholesale of Mineral Products, Building Materials and Chemical Products	245	8367
#煤炭及制品批发	Wholesale of Coal and Related Products	22	453
石油及制品批发	Wholesale of Petroleum and Related Products	25	3377
金属及金属矿批发	Wholesale of Metal Materials	101	1731
建材批发	Wholesale of Building Materials	29	765
化肥批发	Wholesale of Chemical Fertilizer	35	1105
机械设备、五金产品及电子产品批发	Wholesale of Machinery, Hardware and Electronic Equipment	59	2020
其他批发	Other Wholesale not Classified Elsewhere	11	201

15-4 限额以上批发业企业购销存情况(2016)
Total Purchases, Sales and Stock of Enterprises above Designated Size of Wholesale Trade (2016)

单位：万元 (10 000 yuan)

项目	Item	商品购进额 Total Purchases Value	进口 Imports	商品销售额 Total Sales Value	出口 Exports	期末商品库存额 Stock (year-end)
批发业	**Wholesale Trade**	**31865896**	**275538**	**36139809**	**243088**	**1690701**
按登记注册类型分	**By Status of Registration**					
内资企业	**Domestic Funded Enterprises**	**31840795**	**275538**	**36106689**	**243088**	**1690037**
国有企业	State-owned Enterprises	2096883	6538	2662232	7369	190827
集体企业	Collective-owned Enterprises	74080		80170		3646
股份合作企业	Cooperative Enterprises	63412		62899		4883
联营企业	Joint Ownership Enterprises					
有限责任公司	Limited Liability Corporations	7547709	6251	8321906	46903	270209
国有独资公司	State Sole Funded Corporations	2967389		2979636		11760
其他有限责任公司	Other Limited Liability Corporations	4580320	6251	5342270	46903	258449
股份有限公司	Share-holding Corporations Ltd.	14699855	112502	17011310	112959	860678
私营企业	Private Enterprises	7328560	150247	7936197	75856	359043
私营独资企业	Private-funded Enterprises	5565		5354		769
私营合伙企业	Private Partnership Enterprises					
私营有限责任公司	Private Limited Liability Corporations	7153542	150247	7750703	75856	346391
私营股份有限公司	Private Share-holding Corporations Ltd.	169454		180140		11883
其他企业	Other Enterprises	30297		31974		751
港、澳、台商投资企业	**Enterprises with Funds from Hong Kong, Macao and Taiwan**	**18937**		**24739**		**1**
合资经营企业	Joint-venture Enterprises					
合作经营企业	Cooperative Enterprises					
独资经营企业	Enterprises with Sole Fund	18937		24739		1
投资股份有限公司	Share-holding Corporations Ltd. with Investment					
其他港澳台商投资企业	Other Enterprises with Funds from Hong Kong,Macao and Taiwan					
外商投资企业	**Foreign Funded Enterprises**	**6164**		**8381**		**663**
中外合资经营企业	Joint-venture Enterprises					
中外合作经营企业	Cooperation Enterprises					
外资企业	Enterprises with Sole Fund	6164		8381		663
外商投资股份有限公司	Share-holding Corporations Ltd. With Foreign Investment					
其他外商投资企业	Other Foreign Funded Enterprises					

15-4 续表 continued

单位：万元 (10 000 yuan)

项目	Item	商品购进额 Total Purchases Value	进口 Imports	商品销售额 Total Sales Value	出口 Exports	期末商品库存额 Stock (year-end)
按行业分	**By Sector**					
农、林、牧、产品批发	Wholesale of Agricultural, Forestry and Livestock Products	247552	8570	278877	27847	24518
食品饮料及烟草制品批发	Wholesale of Food, Beverages and Tobaccos	5794121	6203	7040679	45386	306467
#米、面制品及食用油批发	Wholesale of Rice, Flour and Edible Oil	124336	3025	131768		18259
烟草制品批发	Wholesale of Tobaccos	1518780	79	2092965		177989
纺织、服装及家庭用品批发	Wholesale of Textiles, Wearing Apparel and Household Articles	222305		239489	7736	25248
#服装批发	Wholesale of Garments	53411		61291		12127
文化、体育用品及器材批发	Wholesale of Culture, Sports Appliances and Equipments	291901		303848		44981
医药及医疗器材批发	Wholesale of Medicines and Medical Appliances	1427345	173	1626974		140234
矿产品、建材及化工产品批发	Wholesale of Mineral Products, Building Materials and Chemical Products	22514602	260592	25181157	132273	1080524
#煤炭及制品批发	Wholesale of Coal and Related Products	329201		347737		13580
石油及制品批发	Wholesale of Petroleum and Related Products	15436737	139222	17802011	2620	861128
金属及金属矿批发	Wholesale of Metal Materials	4407602	9040	4515815	7369	140991
建材批发	Wholesale of Building Materials	325161		341709		16740
化肥批发	Wholesale of Chemical Fertilizer	602002		628002	1396	34008
机械设备、五金产品及电子产品批发	Wholesale of Machinery, Hardware and Electronic Equipment	1346750		1437944	27988	66333
其他批发	Other Wholesale not Classified Elsewhere	21320		30842	1859	2397

15-5 限额以上批发业企业资产及负债(2016)
Assets and Liabilities of Enterprises above Designated Size of Wholesale Trade (2016)

单位：万元 (10 000 yuan)

项 目	Item	资产总计 Total Assets	#流动资产 Total Current Assets	#固定资产 Total Fixed Assets	负债合计 Total Liabilities	所有者权益合计 Total Owners' Equities
批发业	**Wholesale Trade**	**9041634**	**6399543**	**987355**	**5280151**	**3761484**
按登记注册类型分	**By Status of Registration**					
内资企业	**Domestic Funded Enterprises**	**9034153**	**6396441**	**987244**	**5273309**	**3760844**
国有企业	State-owned Enterprises	712049	492608	72725	111563	600486
集体企业	Collective-owned Enterprises	39942	30352	7578	33966	5976
股份合作企业	Cooperative Enterprises	34504	31803	1288	22144	12360
联营企业	Joint Ownership Enterprises					
有限责任公司	Limited Liability Corporations	2937075	2087556	447938	1950531	986544
国有独资公司	State Sole Funded Corporations	607511	303783	208800	302090	305421
其他有限责任公司	Other Limited Liability Corporations	2329564	1783774	239139	1648442	681123
股份有限公司	Share-holding Corporations Ltd.	1990029	1197455	234710	692928	1297101
私营企业	Private Enterprises	3313543	2552713	220226	2457964	855579
私营独资企业	Private-funded Enterprises	2215	1137	1008	417	1798
私营合伙企业	Private Partnership Enterprises					
私营有限责任公司	Private Limited Liability Corporations	2736086	2281199	197845	2044048	692038
私营股份有限公司	Private Share-holding Corporations Ltd.	575242	270377	21373	413499	161743
其他企业	Other Enterprises	7011	3954	2777	4213	2797
港、澳、台商投资企业	**Enterprises with Funds from Hong Kong, Macao and Taiwan**	**4318**	**27**	**40**	**3214**	**1103**
合资经营企业	Joint-venture Enterprises					
合作经营企业	Cooperative Enterprises					
独资经营企业	Enterprises with Sole Fund	4318	27	40	3214	1103
投资股份有限公司	Share-holding Corporations Ltd. with Investment					
其他港澳台商投资企业	Other Enterprises with Funds from Hong Kong,Macao and Taiwan					
外商投资企业	**Foreign Funded Enterprises**	**3163**	**3075**	**72**	**3627**	**-464**
中外合资经营企业	Joint-venture Enterprises					
中外合作经营企业	Cooperation Enterprises					
外资企业	Enterprises with Sole Fund	3163	3075	72	3627	-464
外商投资股份有限公司	Share-holding Corporations Ltd. With Foreign Investment					
其他外商投资企业	Other Foreign Funded Enterprises					

15-5 续表 continued

单位：万元 (10 000 yuan)

项目	Item	资产总计 Total Assets	#流动资产 Total Current Assets	#固定资产 Total Fixed Assets	负债合计 Total Liabilities	所有者权益合计 Total Owners' Equities
按行业分	**By Sector**					
农、林、牧、产品批发	Wholesale of Agricultural, Forestry and Livestock Products	154719	115383	29282	107954	46765
食品饮料及烟草制品批发	Wholesale of Food, Beverages and Tobaccos	1501787	965024	309028	566147	935639
#米、面制品及食用油	Wholesale of Rice, Flour and Edible Oil	58642	38537	13300	46829	11814
批发烟草制品批发	Wholesale of Tobaccos	570955	425273	60096	31717	539238
纺织、服装及家庭用品批发	Wholesale of Textiles, Wearing Apparel and Household Articles	74192	56374	14945	50003	24189
#服装批发	Wholesale of Garments	17133	16655	165	14622	2511
文化、体育用品及器材批发	Wholesale of Culture, Sports Appliances and Equipments	273824	190580	19691	189916	83908
医药及医疗器材批发	Wholesale of Medicines and Medical Appliances	1055234	805228	37651	749270	305964
矿产品、建材及化工产品批发	Wholesale of Mineral Products, Building Materials and Chemical Products	5472407	3815323	561483	3183372	2289036
#煤炭及制品批发	Wholesale of Coal and Related Products	260838	231956	15087	223554	37284
石油及制品批发	Wholesale of Petroleum and Related Products	1769993	1134444	428699	717575	1052418
金属及金属矿批发	Wholesale of Metal Materials	1720723	1370630	51759	1236461	484262
建材批发	Wholesale of Building Materials	997493	431632	13666	485227	512265
化肥批发	Wholesale of Chemical Fertilizer	194804	152059	31250	130329	64475
机械设备、五金产品及电子产品批发	Wholesale of Machinery, Hardware and Electronic Equipment	495156	439719	13494	427237	67919
其他批发	Other Wholesale not Classified Elsewhere	14316	11914	1783	6251	8064

15-6 限额以上批发业企业主要财务指标(2016)
Main Financial Indicators of Enterprises above Designated Size of Wholesale Trade (2016)

单位：万元 (10 000 yuan)

项目	Item	主营业务收入 Revenue from Principal Business	主营业务成本 Cost of Principal Business	主营业务税金及附加 Taxes and Other Charges on Principal Business
批发业	**Wholesale Trade**	**34339100**	**32557705**	**286553**
按登记注册类型分	**By Status of Registration**			
内资企业	**Domestic Funded Enterprises**	**34308262**	**32533529**	**286431**
国有企业	State-owned Enterprises	2270619	1731723	248449
集体企业	Collective-owned Enterprises	70499	65759	141
股份合作企业	Cooperative Enterprises	62873	61003	31
联营企业	Joint Ownership Enterprises			
有限责任公司	Limited Liability Corporations	9812316	9154110	21134
国有独资公司	State Sole Funded Corporations	4787371	4514909	6818
其他有限责任公司	Other Limited Liability Corporations	5024945	4639200	14316
股份有限公司	Share-holding Corporations Ltd.	14618674	14588229	4014
私营企业	Private Enterprises	7441490	6902267	12627
私营独资企业	Private-funded Enterprises	5399	3558	37
私营合伙企业	Private Partnership Enterprises			
私营有限责任公司	Private Limited Liability Corporations	7263167	6736384	12351
私营股份有限公司	Private Share-holding Corporations Ltd.	172924	162325	239
其他企业	Other Enterprises	31793	30438	35
港、澳、台商投资企业	**Enterprises with Funds from Hong Kong, Macao and Taiwan**	**22993**	**18448**	**91**
合资经营企业	Joint-venture Enterprises			
合作经营企业	Cooperative Enterprises			
独资经营企业	Enterprises with Sole Fund	22993	18448	91
投资股份有限公司	Share-holding Corporations Ltd. with Investment			
其他港澳台商投资企业	Other Enterprises with Funds from Hong Kong, Macao and Taiwan			
外商投资企业	**Foreign Funded Enterprises**	**7845**	**5728**	**32**
中外合资经营企业	Joint-venture Enterprises			
中外合作经营企业	Cooperation Enterprises			
外资企业	Enterprises with Sole Fund	7845	5728	32
外商投资股份有限公司	Share-holding Corporations Ltd. With Foreign Investment			
其他外商投资企业	Other Foreign Funded Enterprises			

15-6 续表 continued

单位：万元 (10 000 yuan)

项 目	Item	主营业务收入 Revenue from Principal Business	主营业务成本 Cost of Principal Business	主营业务税金及附加 Taxes and Other Charges on Principal Business
按行业分	**By Sector**	**34339100**	**32557705**	**286553**
农、林、牧、产品批发	Wholesale of Agricultural, Forestry and Livestock Products	280167	264562	297
食品饮料及烟草制品批发	Wholesale of Food, Beverages and Tobaccos	6681914	5565874	265731
#米、面制品及食用油批发	Wholesale of Rice, Flour and Edible Oil	126651	116638	2992
烟草制品批发	Wholesale of Tobaccos	1871816	1351675	247435
纺织、服装及家庭用品批发	Wholesale of Textiles, Wearing Apparel and Household Articles	216651	198051	720
#服装批发	Wholesale of Garments	51520	47048	111
文化、体育用品及器材批发	Wholesale of Culture, Sports Appliances and Equipments	241937	219027	83
医药及医疗器材批发	Wholesale of Medicines and Medical Appliances	1498012	1388180	2792
矿产品、建材及化工产品批发	Wholesale of Mineral Products, Building Materials and Chemical Products	24098383	23648282	15777
#煤炭及制品批发	Wholesale of Coal and Related Products	315146	307078	374
石油及制品批发	Wholesale of Petroleum and Related Products	17503861	17194953	11803
金属及金属矿批发	Wholesale of Metal Materials	3832843	3795396	1054
建材批发	Wholesale of Building Materials	342003	325614	466
化肥批发	Wholesale of Chemical Fertilizer	593967	562375	901
机械设备、五金产品及电子产品批发	Wholesale of Machinery, Hardware and Electronic Equipment	1292309	1247711	1051
其他批发	Other Wholesale not Classified Elsewhere	29728	26018	103

15-7 限额以上零售业企业基本情况(2016)

Basic Conditions of Enterprises above Designated Size in Retail Trade (2016)

项　目	Item	法人企业(个) Number of Corporation Enterprises (unit)	年末从业人数(人) Engaged Persons at Year-end (person)
零售业	**Retail Trade**	**1119**	**71998**
按登记注册类型分	**By Status of Registration**		
内资企业	**Domestic Funded Enterprises**	**1112**	**70286**
国有企业	State-owned Enterprises	26	1079
集体企业	Collective-owned Enterprises	23	801
股份合作企业	Cooperative Enterprises	1	79
联营企业	Joint Ownership Enterprises	1	8
有限责任公司	Limited Liability Corporations	471	36814
国有独资公司	State Sole Funded Corporations	26	2798
其他有限责任公司	Other Limited Liability Corporations	445	34016
股份有限公司	Share-holding Corporations Ltd.	38	5706
私营企业	Private Enterprises	537	25418
私营独资企业	Private-funded Enterprises	32	1028
私营合伙企业	Private Partnership Enterprises		
私营有限责任公司	Private Limited Liability Corporations	493	23679
私营股份有限公司	Private Share-holding Corporations Ltd.	12	711
其他企业	Other Enterprises	15	381
港、澳、台商投资企业	**Enterprises with Funds from Hong Kong, Macao and Taiwan**	**6**	**1062**
合资经营企业	Joint-venture Enterprises		
合作经营企业	Cooperative Enterprises		
独资经营企业	Enterprises with Sole Fund	5	995
投资股份有限公司	Share-holding Corporations Ltd. with Investment	1	67
其他港澳台商投资企业	Other Enterprises with Funds from Hong Kong,Macao and Taiwan		
外商投资企业	**Foreign Funded Enterprises**	**1**	**650**
中外合资经营企业	Joint-venture Enterprises		
中外合作经营企业	Cooperation Enterprises		
外资企业	Enterprises with Sole Fund	1	650
外商投资股份有限公司	Share-holding Corporations Ltd. With Foreign Investment		
其他外商投资企业	Other Foreign Funded Enterprises		

15-7 续表 continued

项 目	Item	法人企业（个）Number of Corporation Enterprises (unit)	年末从业人数（人）Engaged Persons at Year-end (person)
按行业分	**By Sector**		
综合零售	Integrated Retail	238	23817
#百货零售	Retail of General Merchandise	132	14245
超级市场零售	Retail of Supermarkets	84	8139
食品、饮料及烟草制品专门零售	Retail of Food, Beverages and Tobaccos	111	4992
纺织、服装及日用品专门零售	Special Retail of Textiles, Garments and Daily Consumer Articles	38	3730
#服装零售	Retail of Garments	24	2770
文化、体育用品及器材专门零售	Special Retail of Culture, Sports Appliances and Equipments	83	3032
#图书报刊零售	Retail of Books Newspapers and Magazines	51	1652
医药及医疗器材专门零售	Retail of Medicines and Medical Appliances	59	8830
#药品零售	Retail of Medicines	54	8718
汽车、摩托车、燃料及零配件专门零售	Retail of Motor Vehicles, Motorcycles, Fuel and Parts	363	17501
#汽车零售	Retail of Motor Vehicles	295	11933
机动车燃料零售	Retail of Fuel of Motor Vehicles	55	5143
家用电器及电子产品专门零售	Special Retail of Household Electric Appliances and Electronic Products	108	3352
#日用家电设备零售	Retail of Household Electric Appliances	38	1459
计算机、软件及辅助设备零售	Retail of Computer, Software and Assistant Appliances	41	869
通信设备零售	Retail of Communication Equipments	7	492
五金、家具及室内装饰材料专门零售	Special Retail of Hardware, Furniture and Decoration Materials	60	5303
货摊、无店铺及其他零售	Stall,Non-shop and Other Retails	59	1441

15-8 限额以上零售业企业购销存情况(2016)
Total Purchases, Sales and Stock of Enterprises above Designated Size of Retail Trade (2016)

单位：万元 (10 000 yuan)

项目	Item	商品购进额 Total Purchases Value	进口 Imports	商品销售额 Total Sales Value	出口 Exports	期末商品库存额 Stock (year-end)
零售业	**Retail Trade**	**10371692**	**140305**	**11883482**	**295**	**909290**
按登记注册类型分	**By Status of Registration**					
内资企业	**Domestic Funded Enterprises**	**10210806**	**140305**	**11664048**	**295**	**893883**
国有企业	State-owned Enterprises	96921		110773		19986
集体企业	Collective-owned Enterprises	73097		74892		8061
股份合作企业	Cooperative Enterprises	2635		2630		877
联营企业	Joint Ownership Enterprises	3167		3499		43
有限责任公司	Limited Liability Corporations	6092760	52296	6777488	295	420787
国有独资公司	State Sole Funded Corporations	607485		680659		27521
其他有限责任公司	Other Limited Liability Corporations	5485275	52296	6096829	295	393266
股份有限公司	Share-holding Corporations Ltd.	1571264	18816	1789763		111926
私营企业	Private Enterprises	2348096	69193	2877836		331668
私营独资企业	Private-funded Enterprises	68103	90	72501		10191
私营合伙企业	Private Partnership Enterprises					
私营有限责任公司	Private Limited Liability Corporations	2207547	48087	2734380		309484
私营股份有限公司	Private Share-holding Corporations Ltd.	72446	21016	70955		11993
其他企业	Other Enterprises	22867		27166		537
港、澳、台商投资企业	**Enterprises with Funds from Hong Kong, Macao and Taiwan**	**159437**		**201078**		**14721**
合资经营企业	Joint-venture Enterprises					
合作经营企业	Cooperative Enterprises					
独资经营企业	Enterprises with Sole Fund	137000		179786		12158
投资股份有限公司	Share-holding Corporations Ltd. with Investment	22437		21292		2563
其他港澳台商投资企业	Other Enterprises with Funds from Hong Kong,Macao and Taiwan					
外商投资企业	**Foreign Funded Enterprises**	**1450**		**18356**		**686**
中外合资经营企业	Joint-venture Enterprises					
中外合作经营企业	Cooperation Enterprises					
外资企业	Enterprises with Sole Fund	1450		18356		686
外商投资股份有限公司	Share-holding Corporations Ltd. With Foreign Investment					
其他外商投资企业	Other Foreign Funded Enterprises					

15-8 续表 continued

单位：万元 (10 000 yuan)

项目	Item	商品购进额 Total Purchases Value	进口 Imports	商品销售额 Total Sales Value	出口 Exports	期末商品库存额 Stock (year-end)
按行业分	**By Sector**					
综合零售	Integrated Retail	1290014	16711	1793493		174386
#百货零售	Retail of General Merchandise	870802	15307	1284561		92640
超级市场零售	Retail of Supermarkets	352575	10	431555		72601
食品、饮料及烟草制品专门零售	Retail of Food, Beverages and Tobaccos	277446		344285	295	63932
纺织、服装及日用品专门零售	Special Retail of Textiles, Garments and Daily Consumer Articles	104957		122465		28727
#服装零售	Retail of Garments	61454		68241		17520
文化、体育用品及器材专门零售	Retail of Culture, Sports Appliances and Equipments	408143		417705		125126
#图书报刊零售	Retail of Books Newspapers and Magazines	129439		133096		18022
医药及医疗器材专门零售	Retail of Medicines and Medical Appliances	350689	90	420564		62148
#药品零售	Retail of Medicines	322180	90	387553		59220
汽车、摩托车、燃料及零配件专门零售	Retail of Motor Vehicles, Motorcycles, Fuel and Parts	7182955	123505	7747602		364840
#汽车零售	Retail of Motor Vehicles	5209597	122838	5499649		312638
机动车燃料零售	Retail of Fuel of Motor Vehicles	1942076	667	2208898		48500
家用电器及电子产品专门零售	Special Retail of Household Electric Appliances and Electronic Products	391755		467311		46380
#日用家电设备零售	Retail of Household Electric Appliances	204640		211800		16283
计算机、软件及辅助设备零售	Retail of Computer, Software and Assistant Appliances	103288		110903		10727
通信设备零售	Retail of Communication Equipments	20577		79707		3736
五金、家具及室内装饰材料专门零售	Special Retail of Hardware, Furniture and Decoration Materials	191013		358844		26710
货摊、无店铺及其他零售	Stall,Non-shop and Other Retails	174720		211214		17041

15-9 限额以上零售业企业资产及负债(2016)
Assets and Liabilities of Enterprises above Designated Size of Retail Trade (2016)

单位：万元 (10 000 yuan)

项目	Item	资产总计 Total Assets	#流动资产 Total Current Assets	#固定资产 Total Fixed Assets	负债合计 Total Liabilities	所有者权益合计 Total Owners' Equities
零售业	**Retail Trade**	**7092464**	**4868931**	**830166**	**4404198**	**2670514**
按登记注册类型分	**By Status of Registration**					
内资企业	**Domestic Funded Enterprises**	**7016904**	**4814492**	**815886**	**4352839**	**2646314**
国有企业	State-owned Enterprises	51672	38089	9071	35919	15753
集体企业	Collective-owned Enterprises	25299	12703	9114	18453	6846
股份合作企业	Cooperative Enterprises	1534	1449	85	834	700
联营企业	Joint Ownership Enterprises	1885	1535	26	735	1150
有限责任公司	Limited Liability Corporations	3755183	3032918	404106	2646705	1108478
国有独资公司	State Sole Funded Corporations	343606	104007	147005	189766	153840
其他有限责任公司	Other Limited Liability Corporations	3411577	2928911	257100	2456939	954638
股份有限公司	Share-holding Corporations Ltd.	1180416	494012	143150	415604	747061
私营企业	Private Enterprises	1993312	1231193	245901	1232791	760521
私营独资企业	Private-funded Enterprises	23793	13755	9023	12898	10895
私营合伙企业	Private Partnership Enterprises					
私营有限责任公司	Private Limited Liability Corporations	1867969	1134414	231618	1138539	729430
私营股份有限公司	Private Share-holding Corporations Ltd.	101550	83024	5261	81354	20196
其他企业	Other Enterprises	7603	2592	4434	1798	5806
港、澳、台商投资企业	**Enterprises with Funds from Hong Kong, Macao and Taiwan**	**72298**	**51371**	**14086**	**49100**	**23198**
合资经营企业	Joint-venture Enterprises					
合作经营企业	Cooperative Enterprises					
独资经营企业	Enterprises with Sole Fund	59264	45349	10761	41320	17944
投资股份有限公司	Share-holding Corporations Ltd. with Investment	13034	6023	3325	7779	5255
其他港澳台商投资企业	Other Enterprises with Funds from Hong Kong,Macao and Taiwan					
外商投资企业	**Foreign Funded Enterprises**	**3262**	**3068**	**194**	**2260**	**1002**
中外合资经营企业	Joint-venture Enterprises					
中外合作经营企业	Cooperation Enterprises					
外资企业	Enterprises with Sole Fund	3262	3068	194	2260	1002
外商投资股份有限公司	Share-holding Corporations Ltd. With Foreign Investment					
其他外商投资企业	Other Foreign Funded Enterprises					

15-9 续表 continued

单位：万元 (10 000 yuan)

项 目	Item	资产总计 Total Assets	#流动资产 Total Current Assets	#固定资产 Total Fixed Assets	负债合计 Total Liabilities	所有者权益合计 Total Owners' Equities
按行业分	**By Sector**					
综合零售	Integrated Retail	1171557	610426	207078	722017	449540
#百货零售	Retail of General Merchandise	912935	420598	170546	544989	367946
超级市场零售	Retail of Supermarkets	231630	176763	29871	159505	72125
食品、饮料及烟草制品专门零售	Retail of Food, Beverages and Tobaccos	286097	165514	70651	183878	102220
纺织、服装及日用品专门零售	Special Retail of Textiles, Garments and Daily Consumer Articles	107000	73756	21799	68590	38409
#服装零售	Retail of Garments	76284	47484	18542	52686	23599
文化、体育用品及器材专门零售	Retail of Culture, Sports Appliances and Equipments	862819	491474	50281	276508	586311
#图书报刊零售	Retail of Books Newspapers and Magazines	101415	81359	15364	74042	27372
医药及医疗器材专门零售	Retail of Medicines and Medical Appliances	244051	195320	18154	182697	61354
#药品零售	Retail of Medicines	226971	178393	18000	169623	57348
汽车、摩托车、燃料及零配件专门零售	Retail of Motor Vehicles, Motorcycles, Fuel and Parts	3643323	2894497	373306	2605349	1020223
#汽车零售	Retail of Motor Vehicles	3161176	2768951	156585	2359870	801306
机动车燃料零售	Retail of Fuel of Motor Vehicles	461810	112435	212981	234713	209345
家用电器及电子产品专门零售	Special Retail of Household Electric Appliances and Electronic Products	449189	220948	9141	180726	268463
#日用家电设备零售	Retail of Household Electric Appliances	77919	60576	2131	51168	26751
计算机、软件及辅助设备零售	Retail of Computer, Software and Assistant Appliances	308638	108716	2076	83469	225168
通信设备零售	Retail of Communication Equipments	26126	23093	785	21465	4662
五金、家具及室内装饰材料专门零售	Special Retail of Hardware, Furniture and Decoration Materials	160220	97906	47561	89841	70379
货摊、无店铺及其他零售	Stall,Non-shop and Other Retails	168209	119091	32196	94592	73617

15-10 限额以上零售业企业主要财务指标(2016)
Main Financial Indicators of Enterprises above Designated Size of Retail Trade (2016)

单位：万元 (10 000 yuan)

项目	Item	主营业务收入 Revenue from Principal Business	主营业务成本 Cost of Principal Business	主营业务税金及附加 Taxes and Other Charges on Principal Business
零售业	**Retail Trade**	**10632359**	**9604225**	**44825**
按登记注册类型分	**By Status of Registration**			
内资企业	**Domestic Funded Enterprises**	**10425795**	**9424816**	**43889**
国有企业	State-owned Enterprises	109138	95208	2898
集体企业	Collective-owned Enterprises	69039	65854	419
股份合作企业	Cooperative Enterprises	2630	1887	7
联营企业	Joint Ownership Enterprises	3499	3187	6
有限责任公司	Limited Liability Corporations	5856331	5418318	19417
国有独资公司	State Sole Funded Corporations	641408	553933	3708
其他有限责任公司	Other Limited Liability Corporations	5214923	4864385	15709
股份有限公司	Share-holding Corporations Ltd.	1639098	1414349	3907
私营企业	Private Enterprises	2720724	2404299	17065
私营独资企业	Private-funded Enterprises	71369	62697	913
私营合伙企业	Private Partnership Enterprises			
私营有限责任公司	Private Limited Liability Corporations	2578477	2275954	15806
私营股份有限公司	Private Share-holding Corporations Ltd.	70878	65648	345
其他企业	Other Enterprises	25335	21714	171
港、澳、台商投资企业	**Enterprises with Funds from Hong Kong, Macao and Taiwan**	**194890**	**169141**	**929**
合资经营企业	Joint-venture Enterprises			
合作经营企业	Cooperative Enterprises			
独资经营企业	Enterprises with Sole Fund	171109	147364	903
投资股份有限公司	Share-holding Corporations Ltd. with Investment	23781	21777	26
其他港澳台商投资企业	Other Enterprises with Funds from Hong Kong,Macao and Taiwan			
外商投资企业	**Foreign Funded Enterprises**	**11675**	**10268**	**7**
中外合资经营企业	Joint-venture Enterprises			
中外合作经营企业	Cooperation Enterprises			
外资企业	Enterprises with Sole Fund	11675	10268	7
外商投资股份有限公司	Share-holding Corporations Ltd. With Foreign Investment			
其他外商投资企业	Other Foreign Funded Enterprises			

15-10 续表 continued

单位：万元 (10 000 yuan)

项 目	Item	主营业务收入 Revenue from Principal Business	主营业务成本 Cost of Principal Business	主营业务税金及附加 Taxes and Other Charges on Principal Business
按行业分	**By Sector**			
综合零售	Integrated Retail	1581081	1358391	16086
#百货零售	Retail of General Merchandise	1118167	961899	11946
超级市场零售	Retail of Supermarkets	388188	330021	3790
食品、饮料及烟草制品专门零售	Retail of Food, Beverages and Tobaccos	330040	282480	1332
纺织、服装及日用品专门零售	Special Retail of Textiles, Garments and Daily Consumer Articles	123116	95522	1109
#服装零售	Retail of Garments	68352	52717	786
文化、体育用品及器材专门零售	Retail of Culture, Sports Appliances and Equipments	349975	285567	5443
#图书报刊零售	Retail of Books Newspapers and Magazines	127656	105307	887
医药及医疗器材专门零售	Retail of Medicines and Medical Appliances	405101	322760	3509
#药品零售	Retail of Medicines	375030	299640	3395
汽车、摩托车、燃料及零配件专门零售	Retail of Motor Vehicles, Motorcycles, Fuel and Parts	6893921	6431503	12149
#汽车零售	Retail of Motor Vehicles	4767721	4566024	6994
机动车燃料零售	Retail of Fuel of Motor Vehicles	2087423	1831867	4385
家用电器及电子产品专门零售	Special Retail of Household Electric Appliances and Electronic Products	450851	402752	1872
#日用家电设备零售	Retail of Household Electric Appliances	181690	158483	1036
计算机、软件及辅助设备零售	Retail of Computer, Software and Assistant Appliances	134285	120353	369
通信设备零售	Retail of Communication Equipments	70725	65003	204
五金、家具及室内装饰材料专门零售	Special Retail of Hardware, Furniture and Decoration Materials	290368	250196	2241
货摊、无店铺及其他零售	Stall,Non-shop and Other Retails	207905	175055	1085

15-11 亿元以上商品交易市场摊位分类情况(2016)
Classification of Commodity Exchange Markets of Transaction Value over 100 Million Yuan (2016)

类　别	Classification	摊位数 (个) Number of Booths (unit)	成交额 (万元) Turnover (10 000 yuan)
总　计	**Total**	**30729**	**3627286**
粮油、食品类	Grain and Oil,Food	11280	1688081
#粮油类	Grain and Oil	1064	260148
肉禽蛋类	Meat,Poultry and Eggs	771	267366
水产品类	Aquatic Products	666	277300
蔬菜类	Vegetables	7201	540365
干鲜果品类	Dried and Fresh Melons and Fruits	1438	322959
饮料类	Beverages	371	48810
烟酒类	Tobacco and Liquor	439	92495
服装鞋帽、针、纺织品类	Clothing, Shoes, Hats and Textiles	7467	465287
服装类	Clothing	5989	414033
鞋帽类	Footwear and Hats	780	20613
针、纺织品类	Knitwear and Textiles	698	30641
化妆品类	Cosmetics	390	60693
金银珠宝类	Gold,Silver and Jewellery	52	9645
日用品类	Articles for Daily Use	1654	193198
#儿童玩具类	Children Toys	171	44025
五金、电料类	Hardware & Electrical Materials	380	34613
体育、娱乐用品类	Sports & Recreational Articles	211	22396
书报杂志类	Newspapers and Magazines	277	1140
电子出版物及音像制品类	E-journal and Video Products	200	10048
家用电器和音像器材类	Household Appliances and Video Equipments	577	164740
中西药品类	Traditional Chinese and Western Medicine	33	3721
西药类	Western Medicine	24	2644
中草药及中成药类	Traditional Chinese	9	1077
文化办公用品类	Cultural and Official Goods	575	63020
家具类	Furniture	1155	70848
通讯器材类	Communication Appliances	42	9570
煤炭及制品类	Coal and Related Products	2	61
木材及制品类	Wood and Wooden Products	1	110
石油及制品类	Petroleum and Related Products		
化工材料及制品类	Raw Chemical Materials and Related Products	63	2550
#化肥类	Fertilizer	27	501
金属材料类	Metal Materials	1429	426381
建筑及装潢材料类	Building and Decoration Materials	1677	168371
机电产品及设备类	Mechanical & Electrical Products	160	29997
#农机类	Agricultural Machinery	10	200
汽车类	Automobile		
种子饲料类	Seed and Feedstuff	12	2472
棉麻类	Cotton and Hemp	3	19
其他类	Others	1679	59020

15-12 各地区限额以上批发业企业基本情况和主要财务指标(2016)

Basic Conditions and Main Financial Indicators of Enterprises above Designated Size of Wholesale Trade by Region (2016)

单位：万元 (10 000 yuan)

地区	Region	法人企业(个) Number of Corporation Enterprises (unit)	年末从业人数(人) Engaged Persons at Year-end (person)	商品销售额 Total Sales	主营业务收入 Revenue from Principal Business	主营业务成本 Cost of Principal Business	主营业务税金及附加 Taxes and Other Charges on Principal Business
兰州市	Lanzhou	307	14687	28908644	27970969	27055687	80681
嘉峪关市	Jiayuguan	31	514	507843	456416	442279	4419
金昌市	Jinchang	15	877	264002	255962	207468	13286
白银市	Baiyin	26	802	310959	292296	234490	16786
天水市	Tianshui	48	2599	1140110	929567	791996	28443
武威市	Wuwei	28	1749	552546	407651	344919	15724
张掖市	Zhangye	33	2379	611095	596757	519264	12368
平凉市	Pingliang	17	1114	419835	351844	300980	16468
酒泉市	Jiuquan	36	1813	1736820	1495336	1378863	15674
庆阳市	Qingyang	10	1304	447801	388592	321954	22160
定西市	Dingxi	26	1262	503828	503779	445707	23510
陇南市	Longnan	12	1493	359776	340332	227353	24708
临夏州	Linxia	8	1002	321700	302594	252873	5791
甘南州	Gannan	2	226	54849	47003	33873	6537

15-13 各地区限额以上零售业企业基本情况和主要财务指标(2016)

Basic Conditions and Main Financial Indicators of Enterprises above Designated Size of Retail Trade by Region (2016)

单位：万元 (10 000 yuan)

地区	Region	法人企业(个) Number of Corporation Enterprises (unit)	年末从业人数(人) Engaged Persons at Year-end (person)	商品销售额 Total Sales	主营业务收入 Revenue from Principal Business	主营业务成本 Cost of Principal Business	主营业务税金及附加 Taxes and Other Charges on Principal Business
兰州市	Lanzhou	292	29036	4559109	4179471	3705180	13502
嘉峪关市	Jiayuguan	44	2434	258608	226702	199299	733
金昌市	Jinchang	38	1541	216607	207784	191442	522
白银市	Baiyin	87	3875	594868	589680	465837	1517
天水市	Tianshui	105	9339	3859419	3119363	3008774	3549
武威市	Wuwei	58	1839	140261	143873	129381	315
张掖市	Zhangye	79	2828	281436	264534	232422	1034
平凉市	Pingliang	58	4379	241189	240288	211102	6595
酒泉市	Jiuquan	137	4856	635782	602350	522489	8496
庆阳市	Qingyang	94	6052	323032	297776	256622	3563
定西市	Dingxi	45	2017	364715	367201	334330	586
陇南市	Longnan	52	2196	220990	219861	197924	413
临夏州	Linxia	22	1046	67572	67709	55427	3779
甘南州	Gannan	8	560	119896	105769	93996	221

15-14 按城乡分各地县社会消费品零售总额(2016)
Total Retail Sale of Consumer Goods of Urban and Rural Areas by Region,County(2016)

单位：万元 (10 000 yuan)

地 区	Region	社会消费品零售总额 Total Retail Sales of Consumer Goods	城 镇 Urban	#城 区 City	乡 村 Rural
兰州市	**Lanzhou**	**12633456**	**10653890**	**8923978**	**1979567**
城关区	Chengguan	6879573	6874809	6830857	4764
七里河区	Qilihe	2153751	1333457	596283	820294
西固区	Xigu	1223024	716135	199609	506889
安宁区	Anning	1013911	864045	864045	149866
红古区	Honggu	247929	177127	172527	70802
永登县	Yongdeng	252221	212800	107785	39421
皋兰县	Gaolan	203696	180139	152872	23557
榆中县	Yuzhong	365101	115492		249609
兰州新区	Lanzhou New Area	294251	179885		114366
嘉峪关市	**Jiayuguan**	**600024**	**600024**	**592298**	
金昌市	**Jinchang**	**829244**	**708305**	**687339**	**120939**
金川区	Jinchuan	570356	570356	570356	
永昌县	Yongchang	258888	137949	116983	120939
白银市	**Baiyin**	**1936374**	**1626647**	**992019**	**309727**
白银区	Baiyin	1093054	1093054	691846	
平川区	Pingchuan	178668	178668	175314	
靖远县	Jingyuan	241058	127394	20263	113664
会宁县	Huining	258485	95209	58181	163277
景泰县	Jingtai	165110	132323	46416	32787
天水市	**Tianshui**	**2886602**	**2050803**	**1539654**	**835799**
秦州区	Qinzhou	949193	725980	484495	223213
麦积区	Maiji	928404	709333	709522	219071
清水县	Qingshui	80750	50105	20087	30645
秦安县	Qinan	302435	145761	113995	156674
甘谷县	Gangu	318328	198842	122695	119486
武山县	Wushan	229604	168653	62329	60951
张家川县	Zhangjiachuan	77888	52129	26531	25759
武威市	**Wuwei**	**1781506**	**1207658**	**810846**	**573849**
凉州区	Liangzhou	1049667	783053	643083	266615
民勤县	Minqin	259340	157822		101518
古浪县	Gulang	205487	135356	94638	70131
天祝县	Tianzhu	267012	131426	73125	135586
张掖市	**Zhangye**	**1609038**	**1211242.0**	**977218**	**397796**

15-14 续表 1 continued

单位：万元 (10 000 yuan)

地　区	Region	社会消费品零售总额 Total Retail Sales of Consumer Goods	城　镇 Urban	#城　区 City	乡　村 Rural
甘州区	Ganzhou	884809	665898	628457	218911
肃南县	Sunan	47333	35642	20826	11691
民乐县	Minle	196307	147819	98975	48488
临泽县	Linze	151978	114439	60579	37539
高台县	Gaotai	142895	107600	43764	35295
山丹县	Shandan	185716	139844	124617	45872
平凉市	**Pingliang**	**1941643**	**1331407**	**773921**	**610236**
崆峒区	Kongtong	705250	607539	525711	97711
泾川县	Jingchuan	225438	116442	17774	108996
灵台县	Lingtai	137951	75836		62115
崇信县	Chongxin	81097	46642	32161	34455
华亭县	Huating	215538	138173		77365
庄浪县	Zhuanglang	194296	115780	64600	78516
静宁县	Jingning	274230	184745	92402	89485
平凉工业园区	Pingliang Industrial Park	107843	46250	41273	61593
酒泉市	**Jiuquan**	**1933330**	**1501794**	**1242084**	**431537**
肃州区	Suzhou	819409	598113	448337	221296
金塔县	Jinta	131827	119614	55009	12213
瓜州县	Guazhou	220877	172783	149379	48095
肃北县	Subei	20619	18385	7964	2234
阿克塞县	Akesai	20228	15743	15495	4485
玉门市	Yumen	291420	273308	273308	18111
敦煌市	Dunhuang	428950	303848	292591	125102
庆阳市	**Qingyang**	**2231075**	**1665927**	**1191427**	**565148**
西峰区	Xifeng	691190	580698	549891	110492
庆城县	Qingcheng	339819	222591	146144	117228
环　县	Huanxian	180324	143477	80389	36847
华池县	Huachi	121575	75183	40980	46393
合水县	Heshui	119316	82213	44198	37103
正宁县	Zhengning	162380	115526	60626	46854
宁　县	Ningxian	332360	229969	138052	102391
镇原县	Zhenyuan	284110	216270	131148	67840
定西市	**Dingxi**	**1176647**	**1008718**	**720987**	**167929**
安定区	Anding	386629	386629	385517	
通渭县	Tongwei	86458	71647	41572	14811

15-14 续表 2 continued

单位：万元 (10 000 yuan)

地 区	Region	社会消费品零售总额 Total Retail Sales of Consumer Goods	城 镇 Urban	#城 区 City	乡 村 Rural
陇西县	Longxi	273482	244952	171898	28531
渭源县	Weiyuan	69607	49008	37954	20599
临洮县	Lintao	203156	163671	67676	39486
漳 县	Zhangxian	38847	24261	15740	14586
岷 县	Minxian	118469	68552	632	49917
陇南市	**Longnan**	**994963**	**716377**	**451458**	**278586**
武都区	Wudu	393181	318584	244768	74597
成 县	Chengxian	98820	70662	29377	28158
文 县	Wenxian	69109	40474	27472	28636
宕昌县	Tanchang	73738	44193	18945	29546
康 县	Kangxian	58384	35957	20533	22427
西和县	Xihe	69415	49535	29517	19880
礼 县	Lixian	143232	87485	42908	55747
徽 县	Huixian	66982	55409	31106	11573
两当县	Liangdang	22102	14079	6833	8022
临夏州	**Linxia**	**836762**	**700707**	**403364**	**136055**
临夏市	linxia	429822	429822	403364	
临夏县	linxia	77392	55688		21704
康乐县	Kangle	62203	34332		27871
永靖县	Yongjing	73287	56230		17057
广河县	Guanghe	76387	49073		27314
和政县	Hezheng	36943	26170		10773
东乡县	Dongxiang	26877	16721		10156
积石山县	Jishishan	53852	32671		21180
甘南州	**Gannan**	**453187**	**375584**	**363268**	**77603**
合作市	Hezuo	174938	174938	174938	
临潭县	Lintan	42264	34603	34603	7661
卓尼县	Zhuoni	42679	30729	30729	11950
舟曲县	Zhouqu	35544	24881	12565	10663
迭部县	Diebu	32526	22768	22768	9758
玛曲县	Maqu	35010	24507	24507	10503
碌曲县	Luqu	31212	21848	21848	9364
夏河县	Xiahe	59014	41310	41310	17704

15-15 按行业分各地县社会消费品零售总额(2016)
Total Retail Sale of Consumer Goods by Sector and Region, County (2016)

单位：万元

地　区	Region	社会消费品零售总额 Total Retail Sales of Consumer Goods	餐费收入 Income from Meals	商品零售 Commodity Retail
兰州市	**Lanzhou**	**12633456**	**2049245**	**10584211**
城关区	Chengguan	6879573	856641	6022932
七里河区	Qilihe	2153751	301598	1852153
西固区	Xigu	1223024	494262	728762
安宁区	Anning	1013911	130459	883452
红古区	Honggu	247929	96756	151173
永登县	Yongdeng	252221	48792	203429
皋兰县	Gaolan	203696	26285	177412
榆中县	Yuzhong	365101	68322	296779
兰州新区	Lanzhou New Area	294251	26130	268121
嘉峪关市	**Jiayuguan**	**600024**	**96909**	**503116**
金昌市	**Jinchang**	**829244**	**153371**	**675874**
金川区	Jinchuan	570356	81217	489139
永昌县	Yongchang	258888	72153	186735
白银市	**Baiyin**	**1936374**	**269248**	**1667126**
白银区	Baiyin	1093054	146131	946923
平川区	Pingchuan	178668	46584	132084
靖远县	Jingyuan	241058	36842	204216
会宁县	Huining	258485	11890	246595
景泰县	Jingtai	165110	27802	137308
天水市	**Tianshui**	**2886602**	**489926**	**2396675**
秦州区	Qinzhou	949193	246379	702814
麦积区	Maiji	928404	98650	829754
清水县	Qingshui	80750	15518	65232
秦安县	Qinan	302435	26975	275460
甘谷县	Gangu	318328	56881	261447
武山县	Wushan	229604	29119	200484
张家川县	Zhangjiachuan	77888	16404	61484
武威市	**Wuwei**	**1781506**	**353221**	**1428286**
凉州区	Liangzhou	1049667	236195	813473
民勤县	Minqin	259340	42047	217293
古浪县	Gulang	205487	20780	184707
天祝县	Tianzhu	267012	54199	212813
张掖市	**Zhangye**	**1609038**	**274048**	**1334990**

15-15 续表 1 continued

地　　区	Region	社会消费品零售总额 Total Retail Sales of Consumer Goods	餐费收入 Income from Meals	商品零售 Commodity Retail
甘州区	Ganzhou	884809	150929	733880
肃南县	Sunan	47333	8047	39286
民乐县	Minle	196307	33372	162935
临泽县	Linze	151978	25836	126142
高台县	Gaotai	142895	24292	118603
山丹县	Shandan	185716	31572	154144
平凉市	**Pingliang**	**1941643**	**273130**	**1668513**
崆峒区	Kongtong	705250	101021	604229
泾川县	Jingchuan	225438	59291	166147
灵台县	Lingtai	137951	17384	120567
崇信县	Chongxin	81097	22597	58500
华亭县	Huating	215538	33361	182177
庄浪县	Zhuanglang	194296	15515	178781
静宁县	Jingning	274230	23066	251164
平凉工业园区	Pingliang Industrial Park	107843	895	106948
酒泉市	**Jiuquan**	**1933330**	**242576**	**1690755**
肃州区	Suzhou	819409	124811	694598
金塔县	Jinta	131827	7561	124266
瓜州县	Guazhou	220877	18963	201914
肃北县	Subei	20619	3374	17245
阿克塞县	Akesai	20228	3241	16987
玉门市	Yumen	291420	19026	272394
敦煌市	Dunhuang	428950	65600	363350
庆阳市	**Qingyang**	**2231075**	**271729**	**1959346**
西峰区	Xifeng	691190	77039	614151
庆城县	Qingcheng	339819	22357	317462
环　县	Huanxian	180324	31628	148696
华池县	Huachi	121575	16354	105222
合水县	Heshui	119316	19240	100076
正宁县	Zhengning	162380	17570	144810
宁　县	Ningxian	332360	36825	295536
镇原县	Zhenyuan	284110	50717	233393
定西市	**Dingxi**	**1176647**	**178726**	**997921**
安定区	Anding	386629	54712	331917
通渭县	Tongwei	86458	12154	74304

15-15 续表 2 continued

单位：万元

地 区	Region	社会消费品零售总额 Total Retail Sales of Consumer Goods	餐费收入 Income from Meals	商品零售 Commodity Retail
陇西县	Longxi	273482	47078	226404
渭源县	Weiyuan	69607	10635	58972
临洮县	Lintao	203156	32353	170803
漳 县	Zhangxian	38847	2945	35902
岷 县	Minxian	118469	18850	99619
陇南市	**Longnan**	**994963**	**155148**	**839815**
武都区	Wudu	393181	51251	341930
成 县	Chengxian	98820	25134	73686
文 县	Wenxian	69109	9625	59484
宕昌县	Tanchang	73738	23044	50694
康 县	Kangxian	58384	15022	43362
西和县	Xihe	69415	10089	59326
礼 县	Lixian	143232	6800	136432
徽 县	Huixian	66982	11297	55685
两当县	Liangdang	22102	2885	19217
临夏州	**Linxia**	**836762**	**157154**	**679609**
临夏市	linxia	429822	76790	353033
临夏县	linxia	77392	12908	64484
康乐县	Kangle	62203	12883	49320
永靖县	Yongjing	73287	15159	58128
广河县	Guanghe	76387	16421	59966
和政县	Hezheng	36943	5196	31747
东乡县	Dongxiang	26877	9072	17805
积石山县	Jishishan	53852	8725	45127
甘南州	**Gannan**	**453187**	**87828**	**365359**
合作市	Hezuo	174938	25488	149450
临潭县	Lintan	42264	10728	31536
卓尼县	Zhuoni	42679	7415	35264
舟曲县	Zhouqu	35544	3254	32290
迭部县	Diebu	32526	11181	21345
玛曲县	Maqu	35010	4363	30647
碌曲县	Luqu	31212	4009	27203
夏河县	Xiahe	59014	21390	37624

主要统计指标解释

社会消费品零售总额　指企业（单位、个体户）通过交易直接售给个人、社会集团非生产、非经营用的实物商品金额，以及提供餐饮服务所取得的收入金额。个人包括城乡居民和入境人员，社会集团包括机关、社会团体、部队、学校、企事业单位、居委会或村委会等。

批发业　指批发商向批发、零售单位及其他企事业单位、机关团体等批量销售生活用品和生产资料的活动，以及从事进出口贸易和贸易经纪与代理的活动。批发商可以对所批发的货物拥有所有权，并以本单位、公司的名义进行交易活动；也可以不拥有货物的所有权，收取佣金的商品代理、商品代售活动；还包括各类商品批发市场中固定摊位的批发活动，以及以销售为目的的收购活动。

零售业　指百货商店、超级市场、专门零售商店、品牌专卖店、售货摊等主要面向最终消费者（如居民等）的销售活动，以互联网、邮政、电话、售货机等方式的销售活动，还包括在同一地点，后面加工生产，前面销售的店铺（如面包房）；谷物、种子、饲料、牲畜、矿产品、生产用原料、化工原料、农用化工产品、机械设备（乘用车、计算机及通信设备除外）等生产资料的销售不作为零售活动；多数零售商对其销售的货物拥有所有权，但有些则是充当委托人的代理人，进行委托销售或以收取佣金的方式进行销售。

批发和零售业商品购进、销售、库存额　指各种登记注册类型的批发和零售业企业(单位)以本企业(单位)为总体的，从国内、国外市场购进的商品总量，销售和出口的商品总量，库存的商品总量等情况。该指标可以反映商品流转过程中商品的购进、销售、库存之间的比例关系和存在的问题。

商品购进额　指从本企业以外的单位和个人购进(包括从国外直接进口）作为转卖或加工后转卖的商品金额（含增值税）。商品购进包括：（1）从工农业生产者、批发和零售业企业、住宿和餐饮业企业、出版社或报社的出版发行部门和其他服务业企业购进的商品；（2）从机关团体、事业单位购进的商品；（3）从海关、市场管理部门购进的缉私和没收的商品；（4）从居民收购的废旧商品等。不包括：（1）企业为本单位自身经营用，不是作为转卖而购进的商品，如材料物资、包装物、低值易耗品、办公用品等；（2）未通过买卖行为而收入的商品，如接受其他部门移交的商品、借入的商品、收入代其他单位保管的商品、其他单位赠送的样品、加工回收的成品等；（3）经本单位介绍，由买卖双方直接结算，本单位只收取手续费的业务；（4）销售退回和买方拒付货款的商品；（5）商品溢余。

商品销售额　指对本单位以外的单位和个人出售的商品金额（包括售给本单位消费用的商品，含增值税）。商品销售包括（1）售给城乡居民和社会集团消费用的商品；（2）售给农业、工业、建筑业、服务业等国民经济各行业用于生产、经营用的商品，包括售予批发和零售业作为转卖或加工后转卖的商品；（3）对国（境）外直接出口的商品。不包括：（1）未通过买卖行为付出的商品，如随机构变动移交给其他企业单位的商品、借出的商品、归还受其他单位委托代保管的商品、付出的加工原料和赠送给其他单位的样品等；（2）经本单位介绍，由买卖双方直接结算，本单位只收取手续费的业务；（3）购货退回的商品；（4）商品损耗和损失；（5）出售本单位自用的废旧物资。

商品库存额　对于批发和零售业法人单位和个体经营户，是指报告期末取得所有权的全部商品金额（含增值税）；对于批发和零售业产业活动单位，是指报告期末实际在库且归属法人具有所有权的全部商品金额（含增值税）。库存商品包括：(1)存放在本单位(如门市部、批发站、采购站、经营处)的仓库、货场、货柜和货架中的商品；(2)挑选、整理、包装中的商品；(3)已记入购进而尚未运到本单位的商品，即发货单或银行承兑凭证已到而货未到的商品；(4)寄放他处的商品，如因购货方拒绝付款而暂时存在购货方的商品；(5)委托其他单位代销(未作销售或调出)尚未售出的商品；(6)代其他单位购进尚未交付的商品。不包括：所有权不属于本单位的商品；委托外单位加工的商品；外贸企业代理其他单位从国外进口，尚未付给订货单位的商品；代国家储备部门保管的商品。

亿元商品交易市场成交额　指年成交额在亿元及以上的商品交易市场。商品交易市场是指经有关部门和组织批准设立，有固定场所、设施，有经营管理部门和监管人员，若干市场经营者入内，常年或实际开业三个月以上，集中、公开、独立地进行生活消费品、生产资料等现货商品交易以及提供相关服务的交易场所，包括各类消费品市场、生产资料市场等。

16

住宿、餐饮业和旅游业

Hotels, Catering Services and Tourism

简要说明

一、本篇资料主要内容

本篇资料主要反映住宿和餐饮业的基本情况、经营情况和旅游产业的发展状况。主要内容包括：限额以上住宿和餐饮业基本情况、经营情况、财务状况；连锁餐饮业经营情况；旅行社、星级饭店基本情况；入境、出境旅游人数、国内旅游人数，以及国际、国内旅游收入等。

二、本篇资料的统计范围

限额以上住宿和餐饮业的企业、个体户；餐饮连锁集团；旅行社、星级饭店和旅游者。

限额以上住宿和餐饮业统计单位为：年主营业务收入 200 万元及以上。

三、本篇资料来源

本篇资料由省统计局贸易外经处加工整理；旅游资料由省旅游发展委员会提供。

16-1 住宿和餐饮业情况
Basic Conditions of Hotels and Catering Services

指 标	Item	2011	2015	2016
住宿和餐饮业	**Hotels and Catering Services**			
法人企业(个)	Number of Corporation Enterprises (unit)	439	624	678
年末从业人数(人)	Engaged Persons at Year-end (person)	46037	45848	47313
营业额(万元)	Business Revenue (10 000 yuan)	475084	716557	780412
#餐费收入(万元)	From Meals (10 000 yuan)	302943	427105	460125
年末营业面积(平方米)	Business Area of Hotel and Catering Services at Year-end (sq.m)	975936	1314533	1348902
住宿业	**Hotels**			
法人企业(个)	Number of Corporation Enterprises (unit)	203	286	320
年末从业人数(人)	Engaged Persons at Year-end (person)	23850	24210	25482
营业额(万元)	Business Revenue (10 000 yuan)	232613	390244	430700
#客房收入(万元)	From Hotel Rooms (10 000 yuan)	125805	219333	246024
餐费收入(万元)	From Meals (10 000 yuan)	84876	141301	153665
客房数(间)	Number of Rooms (room)	24207	42109	39331
床位数(位)	Number of Beds (bed)	44037	70577	66523
年末餐饮营业面积(平方米)	Business Area of Catering Services at Year-end (sq.m)	422824	536155	568315
餐饮业	**Catering Services**			
法人企业(个)	Number of Corporation Enterprises (unit)	236	338	358
年末从业人数(人)	Engaged Persons at Year-end (person)	22187	21638	21831
营业额(万元)	Business Revenue (10 000 yuan)	242471	326313	349712
#餐费收入(万元)	From Meals (10 000 yuan)	218067	285804	306460
年末餐饮营业面积(平方米)	Business Area of Catering Services at Year-end (sq.m)	553112	778378	780587

16-2 限额以上住宿业企业基本情况(2016)
Basic Conditions of Enterprises above Designated Size of Hotels (2016)

项　　目	Item	法人企业 (个) Number of Corporation Enterprises (unit)	年末从业人数 (人) Engaged Persons at Year-end (person)
住宿业	**Hotels**	**320**	**25482**
按登记注册类型分	**By Status of Registration**		
内资企业	**Domestic Funded Enterprises**	**318**	**24949**
国有企业	State-owned Enterprises	46	5927
集体企业	Collective-owned Enterprises	4	351
联营企业	Joint Ownership Enterprises		
有限责任公司	Limited Liability Corporations	125	10311
国有独资公司	State Sole Funded Corporations	10	1157
其他有限责任公司	Other Limited Liability Corporations	115	9154
股份有限公司	Share-holding Corporations Ltd.	6	379
私营企业	Private Enterprises	134	7651
私营独资企业	Private-funded Enterprises	17	734
私营合伙企业	Private Partnership Enterprises	2	94
私营有限责任公司	Private Limited Liability Corporations	110	6458
私营股份有限公司	Private Share-holding Corporations Ltd.	5	365
其他企业	Other Enterprises	3	330
港、澳、台商投资企业	**Enterprises with Funds from Hong Kong, Macao and Taiwan**	**1**	**179**
外商投资企业	**Enterprises with Foreign Investment**	**1**	**354**
按行业分	**By Sector**		
旅游饭店	Tourist Hotel	210	19907
一般旅馆	Fonda	94	4823
其他住宿业	Others	16	752

16-3 限额以上住宿业企业经营情况(2016)
Business of Enterprises above Designated Size of Hotels (2016)

单位：万元 (10 000 yuan)

项 目	Item	营业额 Business Revenue	#客房收入 From Hotel Rooms	#餐费收入 From Meals
住宿业	**Hotels**	**430700**	**246024**	**153665**
按登记注册类型分	**By Status of Registration**			
内资企业	**Domestic Funded Enterprises**	**416690**	**238404**	**148092**
国有企业	State-owned Enterprises	113779	60608	48049
集体企业	Collective-owned Enterprises	3758	2104	1012
联营企业	Joint Ownership Enterprises			
有限责任公司	Limited Liability Corporations	184054	100472	64551
国有独资公司	State Sole Funded Corporations	39170	16934	10902
其他有限责任公司	Other Limited Liability Corporations	144884	83538	53648
股份有限公司	Share-holding Corporations Ltd.	4879	2617	2251
私营企业	Private Enterprises	108959	71813	31786
私营独资企业	Private-funded Enterprises	13773	8138	5261
私营合伙企业	Private Partnership Enterprises	1934	1556	353
私营有限责任公司	Private Limited Liability Corporations	88546	58253	25582
私营股份有限公司	Private Share-holding Corporations Ltd.	4706	3866	590
其他企业	Other Enterprises	1261	791	444
港、澳、台商投资企业	**Enterprises with Funds from Hong Kong, Macao and Taiwan**	**4379**	**2454**	**1778**
外商投资企业	**Enterprises with Foreign Investment**	**9631**	**5166**	**3796**
按行业分	**By Sector**			
旅游饭店	Tourist Hotel	354338	189357	136606
一般旅馆	Fonda	64946	48939	13406
其他住宿业	Others	11417	7728	3654

16-4 限额以上住宿业企业资产及负债(2016)
Assets and Liabilities of Enterprises above Designated Size of Hotels (2016)

单位：万元 (10 000 yuan)

项　目	Item	资产总计 Total Assets	#流动资产合计 Total Current Assets	#固定资产合计 Total Fixed Assets	负债合计 Total Liabilities	所有者权益合计 Total Owners' Equities
住宿业	**Hotels**	**1247661**	**463414**	**529654**	**780597**	**467064**
按登记注册类型分	**By Status of Registration**					
内资企业	**Domestic Funded Enterprises**	**1228859**	**459775**	**514492**	**767646**	**461213**
国有企业	State-owned Enterprises	162834	60015	84034	94929	67906
集体企业	Collective-owned Enterprises	6857	2911	3930	7583	-726
联营企业	Joint Ownership Enterprises					
有限责任公司	Limited Liability Corporations	659628	233271	280743	431640	227989
国有独资公司	State Sole Funded Corporations	145031	23119	106144	127935	17096
其他有限责任公司	Other Limited Liability Corporations	514597	210152	174599	303704	210893
股份有限公司	Share-holding Corporations Ltd.	12595	5530	6524	4235	8360
私营企业	Private Enterprises	386114	157720	138889	228671	157444
私营独资企业	Private-funded Enterprises	19994	3361	15306	5693	14301
私营合伙企业	Private Partnership Enterprises	4696	3066	1609	3339	1357
私营有限责任公司	Private Limited Liability Corporations	348388	146353	114516	208408	139980
私营股份有限公司	Private Share-holding Corporations Ltd.	13036	4941	7458	11231	1805
其他企业	Other Enterprises	830	328	372	589	241
港、澳、台商投资企业	**Enterprises with Funds from Hong Kong, Macao and Taiwan**	**4879**	**2455**	**2425**	**565**	**4315**
外商投资企业	**Enterprises with Foreign Investment**	**13922**	**1185**	**12738**	**12386**	**1537**
按行业分	**By Sector**					
旅游饭店	Tourist Hotel	1043694	372814	436834	653001	390693
一般旅馆	Fonda	150247	54032	79405	84755	65492
其他住宿业	Others	53720	36568	13415	42841	10879

16-5 限额以上住宿业企业主要财务指标(2016)
Main Financial Indicators of Enterprises above Designated Size of Hotels(2016)

单位：万元 (10 000 yuan)

项　目	Item	主营业务收入 Revenue from Principal Business	主营业务成本 Cost of Principal Business	主营业务税金及附加 Taxes and Extra Charges on Principal Business
住宿业	**Hotels**	**424260**	**219364**	**15807**
按登记注册类型分	**By Status of Registration**			
内资企业	**Domestic Funded Enterprises**	**410250**	**215364**	**15581**
国有企业	State-owned Enterprises	112461	60246	5472
集体企业	Collective-owned Enterprises	3758	1483	79
联营企业	Joint Ownership Enterprises			
有限责任公司	Limited Liability Corporations	181656	97124	6075
国有独资公司	State Sole Funded Corporations	39058	30599	918
其他有限责任公司	Other Limited Liability Corporations	142598	66524	5157
股份有限公司	Share-holding Corporations Ltd.	4274	1248	394
私营企业	Private Enterprises	106984	54607	3501
私营独资企业	Private-funded Enterprises	13550	7479	418
私营合伙企业	Private Partnership Enterprises	1934	937	58
私营有限责任公司	Private Limited Liability Corporations	87013	44922	2842
私营股份有限公司	Private Share-holding Corporations Ltd.	4487	1270	183
其他企业	Other Enterprises	1117	657	60
港、澳、台商投资企业	**Enterprises with Funds from Hong Kong, Macao and Taiwan**	**4379**	**2297**	**134**
外商投资企业	**Enterprises with Foreign Investment**	**9631**	**1704**	**93**
按行业分	**By Sector**			
旅游饭店	Tourist Hotel	351010	181451	13020
一般旅馆	Fonda	62737	30467	2546
其他住宿业	Others	10513	7446	241

16-6 限额以上餐饮业企业基本情况(2016)
Basic Conditions of Enterprises above Designated Size of Catering Sevices (2016)

项 目	Item	法人企业(个) Number of Corporation Enterprises (unit)	年末从业人数(人) Engaged Persons at Year-end (person)
餐饮业	**Catering Services**	**358**	**21831**
按登记注册类型分	**By Status of Registration**		
内资企业	**Domestic Funded Enterprises**	**356**	**20342**
国有企业	State-owned Enterprises	13	1260
联营企业	Joint Ownership Enterprises	1	32
有限责任公司	Limited Liability Corporations	113	7504
国有独资公司	State Sole Funded Corporations	1	6
其他有限责任公司	Other Limited Liability Corporations	112	7498
股份有限公司	Share-holding Corporations Ltd.	13	748
私营企业	Private Enterprises	211	10532
私营独资企业	Private-funded Enterprises	31	1120
私营合伙企业	Private Partnership Enterprises	2	172
私营有限责任公司	Private Limited Liability Corporations	171	8811
私营股份有限公司	Private Share-holding Corporations Ltd.	7	429
其他企业	Other Enterprises	5	266
港、澳、台商投资企业	**Enterprises with Funds from Hong Kong, Macao and Taiwan**	**1**	**65**
外商投资企业	**Enterprises with Foreign Investment**	**1**	**1424**
按行业分	**By Sector**		
正餐服务	Restaurant	351	19522
快餐服务	Fast Food	5	2237
饮料及冷饮服务	Beverages and Cold Drinks	1	37
其他餐饮业	Others	1	35

16-7 限额以上餐饮业企业经营情况(2016)
Business of Enterprises above Designated Size of Catering Services (2016)

单位：万元 (10 000 yuan)

项　目	Item	营业额 Business Revenue	#餐费收入 From Meals
餐饮业	**Catering Services**	**349712**	**306460**
按登记注册类型分	**By Status of Registration**		
内资企业	**Domestic Funded Enterprises**	**320639**	**277387**
国有企业	State-owned Enterprises	20284	11553
联营企业	Joint Ownership Enterprises	701	701
有限责任公司	Limited Liability Corporations	107654	92649
国有独资公司	State Sole Funded Corporations	466	466
其他有限责任公司	Other Limited Liability Corporations	107188	92183
股份有限公司	Share-holding Corporations Ltd.	18073	17251
私营企业	Private Enterprises	167339	150082
私营独资企业	Private-funded Enterprises	25906	24740
私营合伙企业	Private Partnership Enterprises	1812	1253
私营有限责任公司	Private Limited Liability Corporations	131181	116562
私营股份有限公司	Private Share-holding Corporations Ltd.	8440	7527
其他企业	Other Enterprises	6589	5151
港、澳、台商投资企业	**Enterprises with Funds from Hong Kong, Macao and Taiwan**	**522**	**522**
外商投资企业	**Enterprises with Foreign Investment**	**28551**	**28551**
按行业分	**By Sector**		
正餐服务	Restaurant	311482	270466
快餐服务	Fast Food	37562	35326
饮料及冷饮服务	Beverages and Cold Drinks	262	262
其他餐饮业	Others	406	406

16-8 限额以上餐饮业企业资产及负债(2016)
Assets and Liabilities of Enterprises above Designated Size of Catering Services (2016)

单位：万元 (10 000 yuan)

项 目	Item	资产总计 Total Assets	#流动资产合计 Total Current Assets	#固定资产合计 Total Fixed Assets	负债合计 Total Liabilities	所有者权益合计 Total Owners' Equities
餐饮业	**Catering Services**	**463828**	**147467**	**204393**	**214685**	**249143**
按登记注册类型分	**By Status of Registration**					
内资企业	**Domestic Funded Enterprises**	**453813**	**143321**	**202977**	**211581**	**242232**
国有企业	State-owned Enterprises	52533	5566	45894	10505	42028
联营企业	Joint Ownership Enterprises	384	186	198	27	357
有限责任公司	Limited Liability Corporations	154945	53569	58796	80778	74167
国有独资公司	State Sole Funded Corporations	30	30		10	20
其他有限责任公司	Other Limited Liability Corporations	154915	53539	58796	80767	74147
股份有限公司	Share-holding Corporations Ltd.	18344	6523	2916	7278	11066
私营企业	Private Enterprises	222682	75494	94344	111340	111342
私营独资企业	Private-funded Enterprises	16451	3683	11319	6182	10269
私营合伙企业	Private Partnership Enterprises	1272	509	322	333	939
私营有限责任公司	Private Limited Liability Corporations	194537	70388	80572	98564	95974
私营股份有限公司	Private Share-holding Corporations Ltd.	10422	913	2132	6262	4160
其他企业	Other Enterprises	4926	1984	829	1653	3272
港、澳、台商投资企业	**Enterprises with Funds from Hong Kong, Macao and Taiwan**	**94**	**83**	**4**	**3**	**91**
外商投资企业	**Enterprises with Foreign Investment**	**9921**	**4063**	**1412**	**3102**	**6819**
按行业分	**By Sector**					
正餐服务	Restaurant	409268	139059	167117	203676	205592
快餐服务	Fast Food	53612	8216	36519	10878	42734
饮料及冷饮服务	Beverages and Cold Drinks	366	55	311	91	275
其他餐饮业	Others	582	137	445	40	542

16-9 限额以上餐饮业企业主要财务指标(2016)
Main Financial Indicators of Enterprises above Designated Size of Catering Services (2016)

单位：万元 (10 000 yuan)

项目	Item	主营业务收入 Revenue from Principal Business	主营业务成本 Cost of Principal Business	主营业务税金及附加 Taxes and Extra Charges on Principal Business
餐饮业	**Catering Services**	**341872**	**196585**	**11393**
按登记注册类型分	**By Status of Registration**			
内资企业	**Domestic Funded Enterprises**	**312799**	**184052**	**10836**
国有企业	State-owned Enterprises	16302	9591	452
联营企业	Joint Ownership Enterprises	701	542	29
有限责任公司	Limited Liability Corporations	106216	63280	3994
国有独资公司	State Sole Funded Corporations	466	396	4
其他有限责任公司	Other Limited Liability Corporations	105750	62884	3990
股份有限公司	Share-holding Corporations Ltd.	17267	10054	263
私营企业	Private Enterprises	165777	96379	6008
私营独资企业	Private-funded Enterprises	25685	18758	1285
私营合伙企业	Private Partnership Enterprises	1812	798	67
私营有限责任公司	Private Limited Liability Corporations	130295	71726	4459
私营股份有限公司	Private Share-holding Corporations Ltd.	7985	5096	198
其他企业	Other Enterprises	6537	4206	90
港、澳、台商投资企业	**Enterprises with Funds from Hong Kong, Macao and Taiwan**	**522**	**229**	**12**
外商投资企业	**Enterprises with Foreign Investment**	**28551**	**12304**	**545**
按行业分	**By Sector**			
正餐服务	Restaurant	303642	180711	10658
快餐服务	Fast Food	37562	15487	712
饮料及冷饮服务	Beverages and Cold Drinks	262	124	13
其他餐饮业	Others	406	264	10

16-10 各地区限额以上住宿业企业基本情况和主要财务指标(2016)
Basic Conditions and Main Financial Indicators of Enterprises above Designated Size of Hotels by Region (2016)

单位：万元 (10 000 yuan)

地　区	Region	法人企业(个) Number of Corporation Enterprises (unit)	年末从业人数(人) Engaged Persons at Year-end (person)	营业额 Business Revenue	主营业务收入 Revenue from Principal Business	主营业务成本 Cost of Principal Business	主营业务税金及附加 Taxes and Extra Charges on Principal Business
兰州市	Lanzhou	87	8630	195886	193244	96855	6681
嘉峪关市	Jiayuguan	9	475	5314	5269	2272	126
金昌市	Jinchang	6	570	6663	6513	5572	142
白银市	Baiyin	15	629	5658	5658	2791	172
天水市	Tianshui	34	2321	42164	41838	23395	1403
武威市	Wuwei	9	626	5722	5798	3097	210
张掖市	Zhangye	25	1293	18475	18481	8144	881
平凉市	Pingliang	13	1422	19725	19992	7466	705
酒泉市	Jiuquan	36	2733	54915	54216	27641	1954
庆阳市	Qingyang	18	1461	16557	16619	10176	1399
定西市	Dingxi	19	1664	26458	25809	14562	667
陇南市	Longnan	24	1727	14199	13772	7431	477
临夏州	Linxia	5	748	8299	7637	5271	756
甘南州	Gannan	20	1183	10666	9414	4692	234

16-11 各地区限额以上餐饮业企业基本情况和主要财务指标(2016)
Basic Conditions and Main Financial Indicators of Enterprises above Designated Size of Catering Services by Region (2016)

单位：万元 (10 000 yuan)

地　区	Region	法人企业(个) Number of Corporation Enterprises (unit)	年末从业人数(人) Engaged Persons at Year-end (person)	营业额 Business Revenue	主营业务收入 Revenue from Principal Business	主营业务成本 Cost of Principal Business	主营业务税金及附加 Taxes and Extra Charges on Principal Business
兰州市	Lanzhou	140	9667	162925	161374	90265	4336
嘉峪关市	Jiayuguan	7	913	12516	12679	5105	272
金昌市	Jinchang	7	353	4558	4696	2680	335
白银市	Baiyin	7	626	8139	8139	3734	299
天水市	Tianshui	43	2125	35356	34717	22022	1649
武威市	Wuwei	20	963	10280	10150	6160	383
张掖市	Zhangye	17	587	9920	10057	6513	189
平凉市	Pingliang	14	964	13193	9890	6778	265
酒泉市	Jiuquan	23	1370	27678	27217	17355	1246
庆阳市	Qingyang	42	1983	32251	31738	17596	1237
定西市	Dingxi	21	1334	18466	17584	10208	433
陇南市	Longnan	4	213	2331	2320	972	89
临夏州	Linxia	11	703	10845	10696	6890	546
甘南州	Gannan	2	30	1255	616	308	114

16-12 旅游业发展情况
Development of Tourism

指 标	Item	2011	2015	2016
旅行社数(个)	**Number of Travel Agencies (unit)**	**437**	**523**	**546**
# 出境旅游组团社	Number of Outbound Travel Tour Agencies	9	50	55
星级饭店数(个)	**Number of Star-rated Hotel (unit)**	**337**	**382**	**382**
入境旅游人数(人次)	**Number of Overseas Visitor Arrivals (person-time)**	**91080**	**54508**	**71479**
外国人	Foreigners	54595	31607	39624
港澳同胞	Chinese Compatriots From Hong Kong and Macao	13568	7018	11566
台湾同胞	Chinese Compatriots From Taiwan Province	22817	15883	20289
国内旅游人数(万人次)	**Number of Domestic Visitors (10 000 person-times)**	**5827**	**15633**	**19089**
旅游收入	**Tourism Earnings**			
国际旅游(外汇)收入(万美元)	Foreign Exchange Earnings from International Tourism (10 000 USD)	1740	1418	1914
国内旅游收入(亿元)	Earnings from Domestic Tourism (100 million yuan)	333	975	1219

16-13 国内旅游情况
Domestic Tourism

年 份 Year	旅游人数(万人次) Domestic Tourists (10 000 person-times)	比上年增长(%) Growth Rate (%)	旅游总收入(亿元) Tourism Earnings (100 million yuan)	比上年增长(%) Growth Rate (%)
2000	733.00	15.98	18.58	15.98
2001	838.88	14.44	21.26	14.42
2002	1035.00	23.38	26.83	26.20
2003	863.31	-16.59	21.89	-18.41
2004	949.60	10.00	51.62	135.82
2005	1207.85	27.20	57.68	11.74
2006	1574.10	30.32	75.19	30.36
2007	2389.93	51.83	110.64	47.15
2008	2482.30	3.86	136.40	23.28
2009	3387.67	36.47	191.90	40.69
2010	4284.45	26.47	236.21	23.09
2011	5826.48	35.99	332.57	40.79
2012	7824.26	34.29	469.67	41.22
2013	10068.40	28.68	618.90	31.80
2014	12660.20	25.74	780.20	26.06
2015	15632.88	23.53	974.47	25.00
2016	19089.40	22.11	1219.20	25.11

16-14 接待港澳台同胞和外国旅游人数
Number of Hongkong, Macao and Taiwan Chinese Compatriots and Foreign Tourists

国 别	Country	2010	2011	2015	2016
旅游人数(人次)	**Total (person-time)**	**70167**	**91080**	**54508**	**71479**
港澳台同胞	Chinese Compatriots form Hongkong, Macao and Taiwan	20246	36385	22901	31855
外国人	Foreigner	49921	54695	31607	39624
日本人	Japanese	14273	12628	7171	8355
韩国人	South Korea	4622	6101	3378	3913
菲律宾人	Filipino	176	131	387	222
新加坡人	Singaporean	2300	3003	2358	2741
泰国人	Thai	265	754	761	1854
印尼人	Indonesian	696	654	314	1173
美国人	American	6025	8002	3297	3429
加拿大人	Canadian	1242	1654	929	916
英国人	British	1387	1703	1017	1231
德国人	German	2413	2694	1173	1536
法国人	French	2893	2922	1508	1957
意大利人	Italian	828	806	677	936
瑞士人	Swiss	578	634	352	500
瑞典人	Swedish	180	189	150	185
荷兰人	Dutch	549	459	130	122
西班牙人	Spanish	521	445	485	284
澳大利亚人	Australian	2258	2189	831	1221
新西兰人	New Zealander	301	512	986	516
俄罗斯人	Russian	355	206	272	492
其他	Others	8059	9009	5431	8041

16-15 国际旅游外汇收入及构成
Foreign Exchange Earning from International Tourism and It's Composition

单位：万美元,% (USD 10 000, %)

指 标	Item	2015 数 额 Value	2015 比 重 Percentage	2016 数 额 Value	2016 比 重 Percentage
总 计	**Total**	**1418.10**	**100.00**	**1913.91**	**100.00**
长途交通	Long Distance Transportation	535.76	37.78	710.06	37.10
民航	Civil Aviation	362.32	25.55	468.91	24.50
铁路	Railway	100.26	7.07	139.72	7.30
汽车	Highway	73.17	5.16	101.44	5.30
轮船	Waterway				
游览	Sightseeing	123.52	8.71	164.60	8.60
住宿	Acommodation	211.72	14.93	285.17	14.90
餐饮	Food and Beverage	114.58	8.08	162.68	8.50
商品销售	Shopping	225.05	15.87	298.57	15.60
娱乐	Entertainment	65.23	4.60	89.95	4.70
邮电通讯	Postal and Communication Services	23.54	1.66	38.28	2.00
市内交通	Local Transpotation	41.98	2.96	57.42	3.00
其他服务	Other Service	76.72	5.41	107.18	5.60

16-16 各地区国际旅游外汇收入及接待入境旅游人数(2016)
Foreign Exchange Earning from International Tourism and Number of Overseas Visitor Arrivals by Region(2016)

地 区	Region	国际旅游外汇收入（万美元） Foreign Exchange Earning from International Tourism (USD 10 000)	入境旅游人数（人次） Number of Overseas Visitor Arrivals (person-time)	#外国人 Foreigner
甘肃省	**Gansu**	**1913.91**	**71479**	**39624**
兰州市	Lanzhou	584.69	21829	12486
嘉峪关市	Jiayuguan	177.99	8450	4350
金昌市	Jinchang	10.39	320	276
白银市	Baiyin	12.83	402	352
天水市	Tianshui	6.83	348	194
武威市	Wuwei	22.63	1197	743
张掖市	Zhangye	140.51	5790	3344
平凉市	Pingliang	85.85	2403	74
酒泉市	Jiuquan	820.92	23350	16121
庆阳市	Qingyang	6.91	393	163
定西市	Dingxi	4.96	285	100
陇南市	Longnan	1.25	35	20
临夏州	Linxia	2.74	131	77
甘南州	Gannan	35.40	1546	1324

主要统计指标解释

住宿业 指为旅行者提供短期留宿场所的活动，有些单位只提供住宿，也有些单位提供住宿、饮食、商务、娱乐一体的服务，不包括主要按月或按年长期出租房屋住所的活动。

餐饮业 指通过即时制作加工、商业销售和服务性劳动等，向消费者提供食品和消费场所及设施的服务。

营业额 指住宿和餐饮业单位在经营活动中因提供服务或销售商品等取得的收入。包括：客房收入、餐费收入、商品销售额（含增值税）和其他收入。其中，客房收入指住宿和餐饮业单位在经营活动中因提供住宿服务取得的收入。餐费收入指本单位为顾客提供就餐服务取得的收入，包括：经烹饪、调制加工后出售的各种食品，如主食、炒菜、凉拌菜等的收入。

客房收入 指住宿和餐饮业法人企业（单位）在经营活动中因提供住宿服务取得的收入。不包括法人企业附营的其他行业产业活动单位的客房收入。

餐费收入 指住宿和餐饮业法人企业（单位）因为顾客提供就餐服务取得的收入，包括经烹饪、调制加工后出售的各种食品，如主食、炒菜、凉拌菜等的收入。不包括法人企业附营的其他行业产业活动单位的餐费收入。

住宿和餐饮业年末营业面积 指住宿和餐饮企业对外提供餐饮服务的就餐面积和从事食品加工、烹饪、调制的厨房面积，不包括办公用房和仓库等面积。按年末实有建筑面积统计。

客房数 指住宿和餐饮业连锁门店提供住宿服务的房间数，该指标按报告期内正常情况下的实有数统计。

床位数 指住宿和餐饮业连锁门店供应旅客使用的床位数，不包括临时加床和门店内部工作人员使用的床位。该指标按报告期内正常情况下的实有数统计。

入境旅游人数 指报告期内来中国（大陆）观光、度假、探亲访友、就医疗养、购物、参加会议或从事经济、文化、体育、宗教活动的外国人、港澳台同胞等游客（即入境旅游人数）。统计时，入境游客按每入境一次统计 1 人次。入境旅游人数包括入境过夜游客和入境一日游游客。

国内旅游人数 指在报告期内在中国（大陆）观光游览、度假、探亲访友、就医疗养、购物、参加会议或从事经济、文化、体育、宗教活动的中国（大陆）居民人数，其出游的目的不是通过所从事的活动谋取报酬。统计时，国内游客按每出游一次统计 1 人次。

国际旅游(外汇)收入 指入境游客在中国（大陆）境内旅行、游览过程中用于交通、参观游览、住宿、餐饮、购物、娱乐等全部花费。

国内旅游收入 又称旅游总花费，指国内游客在国内旅行、游览过程中用于交通、参观游览、住宿、餐饮、购物、娱乐等全部花费。

星级饭店 指设备、设施、服务符合《旅游饭店星级的划分与评定》（GB/T14308-2003），通过相关旅游管理部门评定，并取得星级饭店称号的饭店（含预备星级饭店）。

17

运输和邮电

Transport, Postal and Telecommunication Services

简要说明

一、本篇资料主要内容

本篇资料反映交通运输业，邮政、电信业发展的基本状况。

交通运输业资料主要包括：三种运输方式的线路里程及完成的货物和旅客运输量、周转量。

邮政、电信业资料主要包括：邮政局（所）及邮路情况，邮电通信主要电路及设备拥有量，主要的邮电业务完成情况及邮电通信发展水平资料。

二、本篇资料来源

本篇资料由省统计局服务业处搜集、加工整理。

1. 交通运输资料分别由兰州铁路局、省交通厅、东航甘肃分公司、海航甘肃分公司、省公安厅提供。

2. 邮政、电信业资料由省邮政管理局、省通信管理局提供。

17-1 交通运输业基本情况
Basic Conditions of Transport

指　标	Item	2010	2011	2015	2016
运输线路长度(公里)	**Length of Transport Routes (km)**	**124584**	**129401**		
铁路营业里程	Railways in Operation	2149	2149	3272	3527
公路里程	Highways	118879	123695	140052	142126
民航航线里程	Total Civil Aviation Routes	2200	2200		
客运量总计(万人次)	**Total Passenger Traffic (10 000 person-times)**	**53776**	**60906**	**41516**	**41775**
#铁路	Railways	2178	2353	3123	3604
公路	Highways	51404	58355	37242	37932
民航	Civil Aviation	100	102	1061	149
旅客周转量总计(亿人公里)	**Total Passenger-Kilometers (100 million passenger-km)**	**509.6**	**594.6**	**641.0**	**635.8**
#铁路	Railways	275.1	314.6	370.7	360.0
公路	Highways	220.1	265.1	248.8	253.3
民航	Civil Aviation	14.1	14.7	21.5	22.3
货运量总计(万吨)	**Total Freight Traffic (10 000 tons)**	**29009**	**34179**	**58258**	**60657**
#铁路	Railways	4926	5355	5936	5861
公路	Highways	24050	28790	52281	54761
民航	Civil Aviation	1	1	7	1
货物周转量总计(亿吨公里)	**Total Freight Ton-kilometers (100 million tons-km)**	**1607.2**	**1791.2**	**2226.0**	**2170.2**
#铁路	Railways	1083.0	1143.6	1313.6	1220.3
公路	Highways	524.1	647.4	912.1	949.6
民航	Civil Aviation	0.2	0.2	0.2	0.2
民用汽车拥有量(万辆)	**Possession of Civil Motor Vehicles Owned (10 000 units)**	**127**	**149**	**297**	**330**
#载客汽车辆数	Number of Buses and Cars	58	73	168	202
载货汽车辆数	Number of Trucks	26	31	45	49
#普通载货汽车	Ordinary Trucks	18	21	31	33
#公路部门营运汽车	Number of Motor Vehicles Owned by Highway Departments	22	24	39	39
#私人汽车拥有量	Possession of Private Vehicles	69	88	228	260

注：1.铁路运输数据从2012年8月起增加西安铁路局、青藏铁路公司、乌鲁木齐铁路局甘肃段统计数据(下表同)。
2.2013年起，公路数据统计口径为交通部专项调查数据，与往年不可比(下表同)。
3.民航统计口径从2013年1月起增加海航客运量、货运量，2016年民航数据仅为东航数据(下表同)。
4.私人汽车拥有量中含三轮汽车和低速货车;汽车拥有量=汽车保有量(下表同)。

a) Since August 2012, railway data increase the statistical data of Xi'an Railway Bureau, Qinghai-Tibet Railway Company and Urumqi Railway Bureau in Gansu section.The same applies to the table following.

b) Since 2013,the statistical coverage of highway data are the data from the survey of transport economics, and the data are not comparable with those in previous years.The same applies to the table following.

c)The statistics caliber of civil aviation increased the passenger traffic and freight volume of HNA from January 2013 In 2016,the civil aviation data is only the data of China Eastern Airlines.The same applies to the table following.

d) Possession of private vehicles including three-wheeled vehicles and low-speed trucks. Possession of vehicles are equal to ownership of vehicles. The same applies to the table following.

17-2 运输线路长度
Length of Transportation Routes

单位：公里 (km)

年份 Year	铁路营业里程 Length of Railways in Operation	#电气化里程 Electrified Railways	公路 Length of Highways	等级公路 Expressway and Class I to IV Highways	#高速 Express Way	#一级 First Class	#二级 Second Class	等外路 Highway Below Class IV	民航 Length of Civil Aviation Routes
2000	1962	1766	39344	29393				9951	2166
2001	1962	1766	39844	30283				9561	2166
2002	1961	1766	40223	30806				9417	2166
2003	1962	1766	40293	30947				9346	2198
2004	1938	1748	40751	31614				9137	2200
2005	2013	1754	41330	32792	1006	141	4969	8538	2200
2006	1987	2208	95642	42866	1060	166	4962	52776	2200
2007	2148	2208	100612	50662	1316	144	5076	49950	2200
2008	2149	2213	105638	58381	1316	147	5076	47257	2200
2009	2149	2346	114000	76631	1644	147	5494	37369	2200
2010	2149	2799	118879	85733	1993	161	5768	33147	2200
2011	2149	3054	123696	91692	2343	170	5856	32003	2200
2012	2194	3100	131201	101372	2549	178	6648	29829	3240
2013	2286	3191	133597	106812	2953	206	7309	26785	4018
2014	2966	3920	138084	114080	3262	321	7519	24004	
2015	3272	4090	140052	120447	3522	368	7928	19604	
2016	3527	4585	142126	124122	3845	503	8302	18004	

注：铁路营业里程为兰州铁路局甘肃境内数。电气化里程为兰州铁路局全路局数。2007年起铁路营业里程中包括敦煌铁路161.48公里。（下表同）

a) Data of electrified railways refer to total railway of Lanzhou Railway Bureau. Since 2007, data in length of railways in operation included 161.48 km of the Dunhuang Railway. The same applies to the table following.

17-3 运输线路质量
Quality of Transport Routes

单位：公里 (km)

指标	Item	2010	2011	2015	2016
铁路营业里程	Length of Railways in Operation	2149	2149	3272	3527
#复线里程	Double-Tracking Length	1363	1363	2127	2490
复线里程比重(%)	Proportion (%)	63.42	63.42	65.01	70.61
公路里程	Length of Highways	118879	123696	140052	142126
#等级公路里程	Expressway and Class I to IV Highways	85733	91692	120447	124122
等级公路里程比重(%)	Proportion (%)	72.12	74.13	86.00	87.33

17-4 历年货运量和货运周转量
Freight Traffic & Freight Ton-Kilometers

年 份 Year	货运量总计 (万吨) Total Freight Traffic (10 000 tons)	#铁路 Railways	#公路 Highways	#民航 Civil Aviation	货物周转量总计 (万吨公里) Total Freight Ton-Kilometers (10 000 tons-km)	#铁路 Railways	#公路 Highways	#民航 Civil Aviation
1978	4423	2216	2206	0.65	1755838	1639720	115549	569
1979	4197	2112	2084	0.80	1748310	1637919	109522	809
1980	3802	2059	1742	0.90	1670043	1581640	87594	809
1981	3184	1867	1317	0.47	1471411	1401651	69182	578
1982	3388	1904	1484	0.16	1629900	1546783	82556	561
1983	3454	2051	1403	0.08	1844799	1756788	87535	476
1984	3883	2192	1691	0.11	2067094	1965203	100862	1029
1985	10112	2414	7698	0.12	2549908	2198316	350133	1459
1986	10448	2384	8064	0.19	2690694	2321373	369231	90
1987	14543	2373	12170	0.28	2956050	2467467	488295	288
1988	14585	2361	12224	0.28	3307597	2671064	636195	338
1989	14317	2397	11920	0.26	3364697	2822220	542184	293
1990	16614	2386	14228	0.28	3430561	2867147	563117	297
1991	14726	2426	12300	0.32	3642872	3033640	608898	334
1992	17144	2501	14643	0.30	3913987	3127573	786101	313
1993	19193	2571	16622	0.30	3991162	3180172	810653	337
1994	19921	2571	17350	0.35	4166823	3320168	846225	430
1995	20275	2555	17719	1.00	4329026	3442644	885896	486
1996	20813	2602	18210	1.00	4355906	3427759	927744	403
1997	21236	2628	18608	0.30	4481783	3510000	970783	1000
1998	21614	2546	19035	0.39	4544182	3532400	1010587	700
1999	22060	2691	19333	0.47	4944052	3902035	1040687	800
2000	22722	2885	19800	1.09	5414243	4318100	1093800	1798
2001	23208	2991	20179	0.90	5731518	4589095	1140253	1615
2002	23541	3092	20408	0.99	5914802	4727078	1185412	1707
2003	23915	3158	20713	1.26	6329270	5089413	1237113	2089
2004	24776	3270	21460	1.26	7463255	6160593	1300096	1883
2005	25843	3274	22520	1.08	8550947	7175573	1373122	1532
2006	27512	3633	23826	1.32	9236681	7768408	1464606	1598
2007	29505	4126	25325	1.33	10248126	8680625	1564847	1896
2008	22742	4512	18201	1.44	14546351	9795759	4748432	2130
2009	25489	4646	20812	1.33	14770589	9871265	4897214	2076
2010	29009	4926	24050	1.13	16072479	10829795	5240872	1776
2011	34179	5355	28790	1.22	17912097	11436045	6474126	1885
2012	45856	6313	39517	1.34	23958822	14897305	9059411	2078
2013	51482	6394	45072	5.55	23796586	15682383	8112113	1989
2014	57247	6450	50780	5.96	25168239	15240465.4	9926016	1656
2015	58258	5936	52281	6.55	22260101	13136160.9	9121353	2007
2016	60657	5861	54761	1.19	21702297	12203327.5	9496431	1958

17-5 历年客运量和客运周转量
Passenger Traffic & Passenger-Kilometers

年 份 Year	客运量总计 (万人次) Total Passenger Traffic (10 000 person-times)	#铁路 Railways	#公路 Highways	#民航 Civil Aviation	旅客周转量总计 (万人公里) Total Passenger-Kilometers (10 000 passenger-km)	#铁路 Railways	#公路 Highways	#民航 Civil Aviation
1978	3038	686	2324	28	517244	394470	101700	21074
1979	3374	772	2567	34	604842	459070	116453	29319
1980	3865	789	3038	38	615282	462433	137295	15554
1981	3882	751	3123	8	630667	456567	156107	17993
1982	4387	883	3494	10	671083	491181	170374	9528
1983	4871	893	3974	4	747147	551551	192306	3290
1984	5526	1026	4496	4	846471	622656	220324	3491
1985	6355	1094	5256	5	1026714	758260	264594	3857
1986	7053	1131	5910	12	1135579	817713	310882	6984
1987	8010	1173	6819	18	1227471	837559	369660	20252
1988	9550	1244	8286	20	1355410	937992	391904	25514
1989	10101	1083	9001	17	1324260	877921	426463	19876
1990	8712	860	7832	20	1170899	727603	420304	22992
1991	8845	850	7970	25	1270144	799460	442582	28103
1992	9108	874	8208	26	1305117	835667	440311	29139
1993	9580	883	8668	29	1407127	914261	458720	34146
1994	10148	926	9186	36	1506567	978776	485571	42220
1995	10547	942	9563	42	1506159	951327	504754	50078
1996	10748	841	9872	35	1524313	936886	543747	43680
1997	11234	884	10319	31	1609997	970000	575997	64000
1998	11881	886	10796	31	1761177	1079200	617471	63000
1999	12361	923	11223	35	1818744	1093499	659525	64100
2000	12907	1039	11600	76	2061583	1245700	706300	107868
2001	13921	1080	12560	70	2268380	1390319	777658	98504
2002	14750	1038	13420	72	2327182	1387254	840621	97294
2003	15004	948	13732	84	2307861	1327067	871629	106963
2004	16519	1125	15050	109	2683583	1577558	963182	140701
2005	17803	1230	16247	85	2883045	1726990	1048886	104980
2006	19066	1402	17319	100	3199586	1952819	1130009	114463
2007	20435	1566	18510	113	3489326	2135378	1209272	142336
2008	46002	1844	43962	103	4413419	2322174	1967056	122109
2009	49995	2038	47755	110	4699944	2482313	2065849	149732
2010	53776	2178	51404	100	5096087	2751326	2201455	141164
2011	60906	2353	58355	102	5945561	3145705	2650685	146981
2012	64477	2383	61884	117	6834114	3797544	2864380	170059
2013	36934	2522	33556	771	6130019	3832395	2120108	175926
2014	39852	2672	36224	866	6243066	3778665	2290169	172562
2015	41516	3123	37242	1061	6411028	3707379	2487489	214479
2016	41775	3604	37932	149	6357688	3599572	2532613	222941

17-6 民用汽车拥有量
Possession of Civil Vehicles

单位：万辆 (10 000 units)

年份 Year	民用汽车总计 Total Possession of Civil Vehicles	载客汽车 Passenger Vehicles	大型 Large	中型 Medium	小型 Small	微型 Minicar	载货汽车 Trucks	重型 Heavy	中型 Medium	轻型 Light	微型 Mini	其他汽车 Others
2006	46.85	22.71	1.50	1.40	17.22	2.59	13.60	2.81	3.58	6.83	0.38	10.54
2007	53.23	27.18	1.57	1.44	21.76	2.42	14.71	2.98	3.72	7.74	0.27	11.34
2008	62.44	32.89	1.64	1.41	27.66	2.18	16.36	3.35	4.01	8.79	0.22	13.19
2009	105.45	43.86	1.74	1.45	38.58	2.08	20.91	4.78	4.46	11.50	0.17	40.68
2010	126.77	57.52	1.85	1.48	52.17	2.01	26.37	6.29	4.75	15.22	0.11	42.88
2011	148.76	73.30	1.97	1.51	67.67	2.14	31.00	7.40	4.88	18.64	0.08	44.46
2012	174.14	92.32	2.01	1.47	86.63	2.20	35.42	8.12	4.73	22.51	0.07	46.40
2013	202.77	114.92	2.05	1.36	109.37	2.14	39.89	8.78	4.15	26.91	0.06	47.95
2014	231.86	139.91	2.12	1.34	134.59	1.87	43.79	9.56	4.00	30.18	0.05	48.17
2015	296.84	167.55	2.14	1.22	162.31	1.88	45.39	9.40	3.60	32.34	0.05	83.90
2016	330.37	202.09	2.22	1.20	197.09	1.58	48.65	9.45	3.34	35.82	0.04	79.63

17-7 私人汽车拥有量
Possession of Private Vehicles

单位：万辆 (10 000 units)

年份 Year	私人汽车总计 Total Private Vehicles	载客汽车 Passenger Vehicles	大型 Large	中型 Medium	小型 Small	微型 Minicar	载货汽车 Trucks	重型 Heavy	中型 Medium	轻型 Light	微型 Mini	其他汽车 Others
2006	24.21	8.65	0.22	0.43	6.62	1.38	6.14	1.26	1.80	2.89	0.19	9.42
2007	28.75	11.72	0.18	0.41	9.84	1.29	6.96	1.30	1.90	3.61	0.15	10.07
2008	35.94	16.02	0.16	0.38	14.31	1.18	8.15	1.46	2.08	4.48	0.13	11.77
2009	51.18	25.06	0.14	0.38	23.36	1.18	11.36	1.98	2.44	6.83	0.11	14.76
2010	69.33	36.74	0.13	0.38	35.01	1.22	15.77	2.63	2.79	10.27	0.08	16.82
2011	87.61	50.28	0.12	0.38	48.41	1.38	19.06	3.06	2.93	13.01	0.06	18.26
2012	109.92	67.23	0.08	0.35	65.33	1.47	22.58	3.39	2.89	16.25	0.05	20.12
2013	135.70	87.89	0.04	0.27	86.13	1.45	26.19	3.70	2.60	19.85	0.04	21.63
2014	163.35	112.34	0.03	0.24	110.78	1.28	29.09	4.04	2.56	22.45	0.04	21.92
2015	228.07	139.66	0.02	0.20	138.33	1.11	30.87	4.07	2.35	24.41	0.04	57.53
2016	260.06	173.15	0.01	0.18	171.99	0.96	33.61	4.20	2.22	27.16	0.03	53.30

17-8 邮电通信行业基本情况
Basic Conditions of Postal and Telecommunication Services

指　　标	Item	2010	2011	2015	2016
邮电业务量	**Business Volume of Post and Telecommunication Services**				
邮政业务总量(亿元)	Business Volume of Postal Services(100 million yuan)	8.49	7.46	16.32	22.19
电信业务总量(亿元)	Business Volume of Telecommunication Services(100 million yuan)	444.81	160.75	347.29	232.05
邮政业务量	**Business Volume of Post**				
函件(万件)	Number of Letters (10 000 pcs)	3806	3277	1582	1029
包裹(万件)	Package (10 000 pcs)	90	91	68	51
快递(万件)	Pieces of Express Mail Services (10 000 pcs)	421	1135	3541	6065
#国内同城快递	Local Express Service		167	555	1394
#国内异地快递	National Express Service		964	2982	4666
快递业务收入(亿元)	Revenue from Express Service (100 million yuan)		2.77	7.25	12.50
报刊期发数(万份)	Issue of Newspapers and Magazines (10 000 copies)	210	201	124	129
集邮业务(万枚)	Stamps for Collection (10 000 pcs)	1500	1989	2166	2216
局所及通信网络	Offices and Network				
营业网点（处）	Number of Offices (unit)	1270	1325	1655	4635
邮路总长度(万公里)	Length of Postal Routes (10 000 km)	7.96	4.30	8.52	19.26
#汽车邮路总长度	Length of Vehicle Postal Routes	3.06	3.30	8.08	7.63
铁路邮路总长度	Length of Railway Postal Routes	0.60	0.60	0.38	0.38
农村投递线路总长度(万公里)	Rural Delivery Routes (10 000 km)	11.04	11.20	14.89	14.47
电信业务量	**Business Volume of Telecommunication**				
长途电话业务电路(2M)	Long-distance Call Lines (2M)	214867	207351	1999913	21540786
移动电话用户期末数(万户)	Number of Mobile Telephones Subscribers at Year-end (10 000 subscribers)	1390	1614	2108	2204
#3G移动电话用户数	3G Mobile Phone Subscribers (10 000 subscribers)	52.77	152.75	553.96	334.60
固定电话年末用户(万户)	Number of Fixed Telephone Subscribers at Year-end (10 000 subscribers)	411.90	396.44	325.99	312.26
城　市	Urban Fixed Telephone Subscribers	265.36	269.93	261.85	241.20
#住宅	Household Fixed Telephone Subscribers	160.96	145.93	143.16	145.55
乡　村	Rural Fixed Telephone Subscribers	146.54	126.51	64.14	71.10
#住宅	Household Fixed Telephone Subscribers	126.01	104.86	54.87	63.69
公用电话(万户)	Public Telephone (10 000 subscribers)	52.19	50.14	27.18	19.95
互联网宽带接入用户(万户)	Number of Broadband Subscribers of Internet (10 000 subscribers)	109.52	145.63	245.34	392.86
长途电话交换机容量(路端)	Capacity of Long-distance Call Exchanges (line)	253576	337000	72000	72000
局用电话交换机容量(万门)	Capacity of Office Telephone Exchanges (10 000 lines)	439	438	278	117
移动电话交换机容量(万户)	Capacity of Mobile Telephone Exchanges (10 000 subscribers)	1940	2399	2997	3128
长途光缆线路长度(万公里)	Length of Long-distance Optical Cable Lines (10 000km)	2.99	2.83	3.24	3.34

注：1.邮政业务总量、快递的统计口径2006年以前为中国邮政集团，2007年起为规模以上(年业务收入200万元以上)邮政业法人企业数据，2011年起统计口径为年营业收入10万元以上法人企业(下表同)。

2.邮政业务总量和电信业务总量2010年及以前按2000年不变价格计算，2011年起按2010年不变价格计算，2016年电信业务总量按2015年不变价格计算。

3.邮政行业营业网点数从2007年起为规模以上邮政业法人企业办理业务的场所，2016年起包括邮政公司网点和各快递服务企业网点(下表同)。

4.长途电话业务电路包括固定长途电话业务电路和移动长途电话业务电路。

5.长途电话为本地网内区间电话通话量。

a) Statistical coverages of business volume of postal and telecommunication services and pieces of express mail services are China Post Group before 2006, and postal enterprises above designated size (with annual business revenue above 2 million yuan),Since 2011,statistical caliber is the corporate enterprises whose annual operating revenue are more than 100 thousand yuan.. The same applies to the table following.

b) Business volume of postal services and business volume of telecommunication services before 2010 was calculated at 2000 constant prices. Since 2011, it was calculated at 2010 constant prices. Business volume of telecommunication services in 2016 was calculated at 2015 constant prices.

c) Number of postal offices referred to the business sites of postal enterprises above designated size since 2007. Since 2016,the offices including the offices of postal company and express service business. The same applies to the table following.

d) Long-distance telephone circuits includes fixed and mobile long-distance telephone circuits.

e) Long-distance telephone is the volume within the range of local network.

17-9 邮电业务量
Business Volume of Postal and Telecommunication Services

年 份 Year	邮政业务总量 (万元) Business Volume of Postal Services (10 000 yuan)	电信业务总量 (万元) Business Volume of Telecom-munication Services (10 000 yuan)	函件 (万件) Number of Letters (10 000 pcs)	包裹 (万件) Package (10 000 pcs)	快递 (万件) Pieces of Express Mail Services (10 000 pcs)	快递业务收入 (万元) Revenue from Express Service (10 000 yuan)	报刊期发数 (万份) Issue of Newspapers and Magazines (10 000 copies)	集邮业务 (万枚) Stamps for Collection (10 000 copies)
1995			9104		29		496	4161
1996			9716		48		474	4897
1997			8969		61		500	7942
1998			8245		72		502	10997
1999			7817		79		656	11150
2000			9919		101		679	10767
2001			10032		104		672	8110
2002			12215		128		421	4276
2003			10483		196		469	2876
2004			5645		213		353	2495
2005	70225	1289021	5071	111	227		175	1700
2006	87945	1586780	4019	112	233		200	1400
2007	77052	2115772	3490	103	226		189	1427
2008	79622	2718466	3769	96	301		303	1800
2009	89399	3529286	3811	102	347		200	1600
2010	84871	4448065	3806	90	421		210	1500
2011	74612	1607463	3277	91	1135	27730	201	1989
2012	82361	1799694	3560	94	1470	35525	226	1952
2013	113795	1982160	3190	40	1789	4078[illegible]	188	1738
2014	135103	2640164	2664	89	2656	51198	210	1920
2015	163248	3472888	1582	68	3541	72537	124	2166
2016	221880	2320505	1029	51	6065	12504[illegible]	129	2216

注：邮政业务总量和电信业务总量2000年及以前按1990年不变价格计算，2001–2010年按2000年不变价格计算，2011年起按2010年不变价格计算，2016年电信业务总量按2015年不变价格计算。

a) Business volume of postal services and business volume of telecommunication services before 2000 was calculated at 1990 constant prices and that from 2001 to 2010 was calculated at 2000 constant prices. Since 2011, it was calculated at 2010 constant prices. Business volume of telecommunication services in 2016 was calculated at 2015 constant prices.

17-9 续表 continued

年 份 Year	固定电话年末用户(万户) Number of Fixed Telephone Subscribers at Year-end (10 000 subscribers)	城 市 Urban	#住 宅 Household	乡 村 Rural	#住 宅 Household	公用电话 (万户) Public Telephone (10 000 subscribers)	移动电话用户期末数(万户) Number of Mobile Telephones Subscribers at Year-end (10 000 subscribers)	互联网宽带接入用户(万户) Broadband Subscribers of Internet (10 000 subscribers)
1995	43.32	40.26	26.73	3.06	1.14	0.50		
1996	57.65	53.52	37.75	4.12	2.20	0.95		
1997	73.49	67.29	49.45	6.20	3.23	1.68		
1998	95.23	85.48	70.36	9.75	6.67	2.52		
1999	118.15	100.26	74.74	17.88	13.13	3.52		
2000	180.17	137.97	108.46	42.20	34.65	4.90		
2001	250.43	183.23	135.90	67.21	57.03	5.35		
2002	321.99	233.40	181.63	88.60	80.24	6.75		
2003	402.30	287.30	125.44	115.00	101.54	37.61		
2004	477.25	344.57	232.06	132.68	118.17	56.46		
2005	548.04	395.29	252.76	152.75	135.91	71.18	408	56.54
2006	607.49	432.11	280.89	175.38	156.48	67.24	545	63.74
2007	585.46	394.41	252.36	191.05	62.57	67.97	686	77.77
2008	519.19	334.83	213.93	184.36	166.93	56.93	896	68.04
2009	453.93	285.94	145.72	167.99	147.87	54.55	1194	98.30
2010	411.90	265.36	160.96	146.54	126.01	52.19	1390	109.52
2011	396.44	269.93	145.93	126.51	104.86	50.14	1614	145.63
2012	377.76	272.42	151.77	105.34	84.88	48.19	1764	163.30
2013	364.33	269.76	139.65	94.57	74.04	46.93	1976	192.15
2014	341.30	260.36	137.78	80.94	60.31	40.41	2059	213.90
2015	325.99	261.85	143.16	64.14	54.87	27.18	2108	245.34
2016	312.26	241.20	145.55	71.10	63.69	19.95	2204	392.86

17-10 邮电局所数及邮递线路、邮电通信电路

Number of Postal Offices and Postal Delivery Routes, Telecommunications Services Facilities

年 份 Year	营业网点 (处) Number of Offices (unit)	邮路及农村投递线路总长度 (公里) Length of Postal Routes and Rural Delivery Routes (km)	农村投递线 路 (公里) Rural Delivery Routes (km)	长话业务电 路 (路) Number of Long-distance Calls (line)	长途光缆线路长度 (公里) Length of Long Distance Optical Cable Lines (km)
1995	1217	164629	106265	12174	2462
1996	1254	179278	106321	15253	4909
1997	1286	179241	106397	15596	6524
1998	1526	167616	105925	30742	8336
1999	1278	143249	105794	28147	8410
2000	1290	180748	105856	28650	10140
2001	1293	181034	106216	55712	12474
2002	1289	174706	105985	108971	18061
2003	1279	174599	106200	135051	20703
2004	1281	175896	106089	254790	21873
2005	1280	179404	104848	440670	19729
2006	1286	179089	104393	637300	23091
2007	1310	180592	104906	1588192	27122
2008	1269	186505	109679	3042030	27772
2009	1269	188415	110944	5269198	30106
2010	1270	190024	110385	6446010	29939
2011	1325	155012	112023	6220530	28259
2012	1197	188238	134411	5580840	29525
2013	1208	191651	134717	25833120	31099
2014	1493	190451	133743	41394180	31377
2015	1655	234109	148872	59997390	32446
2016	4635	337209	144652	646223580	33409

17-11 邮电通信服务水平

Postal and Telecommunication Services Available

指 标	Item	2010	2011	2015	2016
平均每人每年发函件数(件)	Annual Average Number of Letters Mailed per Capita (copy)	1.40	1.30	1.00	1.00
平均每百人每年订报刊数(份)	Annual Average Number of Newspaper and Magazine Subscribed per 100 Persons (copy)	8.00	7.80	7.00	7.00
固定电话普及率(部／百人)	Popularization Rate of Fixed Telephone (set/100 persons)	15.53	15.50	12.58	12.01
移动电话普及率(部／百人)	Popularization Rate of Mobile Telephone (set/100 persons)	52.75	63.13	81.37	84.78
城市固定电话普及率(部／百人)	Popularization Rate of Urban Fixed Telephone (set/100 persons)	30.33	28.34	24.25	21.48
设有邮电局、所的乡(镇)比重(%)	Percentage of Townships with Postal and Telecommunication Offices (%)	63.70	67.00	100	100

17-12 各地区交通运输业基本情况（2016）
Basic Conditions of Transportation by Region (2016)

地 区	Item	公路里程（公里）Length of Highways (km)	#等级公路（公里）Expressway and Class I to IV Highways (km)	#高 速 Expressway	民用汽车拥有量（万辆）Possession of Civil Vehicles (10 000 units)	#私人汽车 Private Vehicles
兰州市	Lanzhou	7993.44	6226.75	415.45	73.14	54.58
嘉峪关市	Jiayuguan	539.95	506.44	27.50	5.82	5.13
金昌市	Jinchang	2873.56	2863.92	225.70	6.50	5.78
白银市	Baiyin	12502.50	9371.00	270.48	22.46	19.63
天水市	Tianshui	10700.93	10181.55	242.93	25.70	23.70
武威市	Wuwei	13072.48	10451.57	388.99	16.96	15.48
张掖市	Zhangye	11140.63	8864.63	241.49	15.80	14.38
平凉市	Pingliang	10352.98	8805.76	185.64	21.51	19.04
酒泉市	Jiuquan	17249.41	16460.47	754.07	16.44	14.67
庆阳市	Qingyang	13328.84	10497.34	190.90	27.19	24.06
定西市	Dingxi	10922.02	10184.36	331.26	30.48	27.68
陇南市	Longnan	17093.50	16496.73	400.65	14.68	13.26
临夏州	Linxia	6781.12	6622.75	100.75	20.91	16.54
甘南州	Gannan	7574.60	6589.19	69.24	6.83	6.11

17-13 各地区邮电通信行业基本情况（2016）
Basic Conditions of Postal and Telecommunication Services by Region (2016)

地 区	Item	邮电业务总量（万元）Business Volume of Postal and Telecommunication Services (10 000 yuan)	邮政业务总量 Business Volume of Postal Services	电信业务总量 Business Volume of Telecommunication Services	固定电话用户期末数（万户）Number of Fixed Telephone Subscribers at Year-end (10 000 subscribers)	移动电话用户期末数（万户）Number of Mobile Telephones Subscribers at Year-end (10 000 subscribers)	（固定）互联网宽带用户数（万户）Number of (Fixed) Broadband Subscribers of Internet (10 000 subscribers)
兰州市	Lanzhou	742776	84879.32	657896.84	77.19	467.28	104.58
嘉峪关市	Jiayuguan	49905	4222.78	45681.77	11.22	35.94	10.03
金昌市	Jinchang	53507	4085.51	49421.63	7.05	46.62	11.31
白银市	Baiyin	139456	10802.32	128653.25	23.22	134.79	24.09
天水市	Tianshui	240330	25318.45	215011.48	36.38	231.80	36.97
武威市	Wuwei	139218	9506.41	129711.84	15.92	135.04	24.55
张掖市	Zhangye	116603	7756.81	108846.46	24.63	114.98	26.90
平凉市	Pingliang	155549	10902.6	144646.35	24.21	154.88	27.22
酒泉市	Jiuquan	143454	10085.42	133368.57	19.85	118.79	23.95
庆阳市	Qingyang	200666	17481.14	183185.35	20.95	183.63	29.39
定西市	Dingxi	181042	11904.3	169137.31	11.69	194.88	24.55
陇南市	Longnan	178437	15230.35	163206.81	20.12	187.92	25.69
临夏州	Linxia	139080	6704.34	132375.47	14.39	139.64	14.82
甘南州	Gannan	62363	2999.99	59362.57	5.44	57.65	8.81

主要统计指标解释

铁路营业里程 又称营业长度(包括正式营业和临时营业里程)，指投入客货运输营业或临时营业的线路长度。

电气化里程 指具备了电力机车牵引条件，并已交付运营的线路里程。

公路里程 指报告期末公路的实际长度。统计范围：包括城间、城乡间、乡（村）间能行驶汽车的公共道路，公路通过城镇街道的里程，公路桥梁长度、隧道长度、渡口宽度。不包括城市街道里程，断头路里程，农（林）业生产用道路里程，工（矿）企业等内部道路里程。统计原则：按已竣工验收或交付使用的实际里程计算；两条或多条公路共同经由同一路段的重复里程，只计算一次。

民用航空航线里程 指统计期间内全部民用航空航线的航线总长度。航线长度指民用航空航线的计费距离。计算航线里程可按重复和不重复两种方法，前者是指各航线长度相加的总和；后者则要扣除各航线之间相同航段重复计算的部分。

货(客)运量 指在一定时期内,各种运输工具实际运送的货物(旅客)数量。该指标是反映运输业为国民经济和人民生活服务的数量指标，也是制定和检查运输生产计划、研究运输发展规模和速度的重要指标。货运按吨计算，客运按人计算。货物不论运输距离长短、货物类别，均按实际重量统计。旅客不论行程远近或票价多少，均按一人一次客运量统计；半价票、小孩票也按一人统计。

货物(旅客)周转量 指在一定时期内，由各种运输工具运送的货物(旅客)数量与其相应运输距离的乘积之总和。该指标可以反映运输业生产的总成果，也是编制和检查运输生产计划，计算运输效率、劳动生产率以及核算运输单位成本的主要基础资料。计算货物周转量通常按发出站与到达站之间的最短距离，也就是计费距离计算。计算公式为：

货物（旅客）周转量=Σ（货物（旅客）运输量×运输距离）

民用汽车拥有量 指报告期末，在公安交通管理部门按照《机动车注册登记工作规范》，已注册登记领有民用车辆牌照的全部汽车数量。汽车拥有量统计的主要分类：根据汽车结构分为载客汽车、载货汽车及其他汽车；根据汽车所有者不同分为个人(私人)汽车、单位汽车；根据汽车的使用性质分为营运汽车、非营运汽车；根据汽车大小规格不同载客汽车分为大型、中型、小型和微型，载货汽车分为重型、中型、轻型和微型。

邮电业务总量 指以货币形式表现的邮电企业为社会提供各类邮电通信服务的总数量。该指标是用于观察邮电业务发展变化总趋势的综合性总量指标，分别按邮政业务总量和电信业务总量统计。邮电业务总量是以各类业务的实物量分别乘以相应的不变单价，求出各类业务的货币量加总求得。不变单价是一定时期内计算业务总量的同度量因素，是根据基年各类邮电业务量与相对应的邮电业务收入测算的平均单价。

移动电话用户 指在电信运营企业营业网点办理开户登记手续，通过移动电话交换机进入移动电话网，占用移动电话号码的各类电话用户。包括各类签约用户、智能网预付费用户、无线上网卡用户。

城市电话用户 指按行政区划属于中央直辖市、省辖市、地级市、县级市的市区、市郊区及县城区范围内的电话用户数。包括分布在农村地区但以县团级以上建制的独立工矿区、林区、驻军的电话用户。

农村电话用户 指按行政区划属于城市范围以外的乡（镇）、村电话用户。

住宅电话用户 指私人付费或安装在居民住宅并按照私人或住宅电话用户登记注册和收费的各类电话用户。

长途电话交换机容量 指电信企业用于接入长途电话网的电话交换机的设备额定容量。

局用交换机容量 指安装在电信企业内用于接续本地固定电话的电话交换机容量，包括接入网设备容量（安装在电信运营企业用于连接语音用户的远端节点的设备容量）。

移动电话交换机容量 指移动电话交换机根据一定话务模型和交换机处理能力计算出来的最大同时服务用户的数量。按报告期末已割接入网正式投入使用的设备实际容量统计。

18 教育和科学技术

Education & Science and Technology

简要说明

一、本篇资料主要内容

本篇主要反映教育、科学技术活动的基本情况。

教育资料主要包括：高等教育（研究生教育、普通本专科教育、成人本专科、其他各类高等学历教育），中等教育（高中阶段、初中阶段），小学教育，教育经费情况等资料。主要包括学校数、在校学生数、招生数、毕业生数、教职工数和专任教师数以及各类学校教育经费情况。

科学技术资料主要内容包括：研究与试验发展（R&D）情况、规模以上工业科技活动情况、大中型工业企业科技活动情况、科学与开发机构科技活动情况、高等学校科技活动情况、科技成果情况、专利申请及授权情况、企事业单位专业技术人员等。

二、本篇资料来源

本篇资料由省统计局社会科技处搜集、整理。

1. 教育资料由省教育厅提供。

2. 科技资料来源于省统计局《科技统计综合年报》、《大中型工业企业科技统计年报》、省人力资源和社会保障厅、省科学技术厅。

3. 专利资料由省专利局提供。

18-1 各级各类学校、教职工和专任教师情况（2016）
Number of Schools, Educational Personnel and Full-time Teachers by Type and Level (2016)

项　目	Item	学校数（所）Number of Schools (unit)	教职工数（人）Teachers and Staff (person)	专任教师（人）Full-time Teachers (person)
高等教育	**Higher Education**			
研究生培养机构	Institutions Providing Postgraduate Programs	14		107
普通高校	Regular Higher Education Institutions	10		15
科研机构	Research Institutions	4		92
普通高等学校	Regular Higher Education Institutions	44	39256	26731
本科院校	HEIs Offering Degree Programs	17	25513	16205
专科院校	Colleges with Specialized Courses	27	10157	7892
#职业技术学院	Vocational and Technical Colleges	25	8529	6640
其他机构(教学点)	Other Institutions	(5)	3586	2634
#独立学院	Independent Institutions	(5)	3586	2634
成人高等学校	Adult HEIs	6	534	402
民办的其他高等教育机构	Other Non-government HEIs	39	550	318
中等教育	**Secondary Education**			
高中阶段教育	Senior Secondary Education	681	23408	63845
高　中	Senior Secondary Schools	379		45107
普通高中	Regular Senior Secondary Schools	379		45107
成人高中	Adult High Schools			
中等职业教育	Secondary Vocational Education	302	23408	18738
普通中专	Regular Specialized Secondary Schools	84	8698	6713
成人中专	Adult Specialized Secondary Schools	22	648	479
职业高中	Vocational Senior Secondary Schools	114	9330	8104
技工学校	Skilled Workers Schools	82	4732	3442
其他机构(教学点)	Other Institutions	(6)	105	71
初中阶段教育	Junior Secondary Education	1482	149897	82364
普通初中	Regular Junior Secondary Schools	1482	149897	82364
职业初中	Vocational Junior Secondary Schools			
成人初中	Adult Junior Secondary Schools			
初等教育	**Primary Education**			
普通小学	Regular Primary Schools	6924	131570	141113
成人小学	Adult Primary Schools			
#扫盲班	Literacy Courses			
工读学校	**Correctional Work-Study Schools**			
特殊教育	**Special Education Schools**	**40**	**912**	**825**
学前教育	**Pre-school Education Institutions**	**6441**	**56510**	**39459**

注:普通初中教职工数包含普通高中的教职工数，()表示不计校数。

a) Number of staff and teachers in regular junior secondary schools includes regular senior second schools. () indicates that does not count the number of schools.

18-2 各级各类学历教育学生情况（2016）
Number of Students of Formal Education by Type and Level (2016)

单位：人 (person)

项目	Item	招生数 New Enrollment	在校学生数 Total Enrollment	毕业生数 Graduates
高等教育	**Higher Education**			
研究生	Postgraduates	10699	31199	8806
博士	Doctor's Degree	873	3720	601
硕士	Master's Degree	9826	27479	8205
普通本专科	Undergraduates in Regular HEIs	130683	457204	119911
本科	Normal Courses	73496	291662	70621
专科	Short-cycle Courses	57187	165542	49290
成人本专科	Undergraduates in Adult HEIs	25734	80699	32050
本科	Normal Courses	11973	39755	11993
专科	Short-cycle Courses	13761	40944	20057
其他高等学历教育	Students Enrolled in Other Formal Programs	28062	99117	238576
在职人员攻读博士、硕士学位	Doctor and Master´s Degree Programs for On-the-job Personnel	442	5713	
网络本专科生	Web-based Undergraduates	26968	62568	18197
本科	Normal Courses	10503	27945	7649
专科	Short-cycle Courses	16465	34623	10548
学历文凭考试	Students Taking Exam Leading to Diploma			
自学考试	Students Taking Unified Exams after Completing Self-learning Programs			
其他	Others	652	30836	220379
中等教育	**Secondary Education**			
高中阶段教育	Senior Secondary Education	285920	853759	308646
高中	Senior Secondary Schools	193389	603490	219083
普通高中	Regular Senior Secondary Schools	193389	603490	219083
成人高中	Adult High Schools			
中等职业教育	Secondary Vocational Education	92531	250269	89563
普通中专	Regular Specialized Secondary Schools	32632	97912	37493
成人中专	Adult Specialized Secondary Schools	6700	14415	7114
职业高中	Vocational Senior Secondary Schools	41215	98383	30008
技工学校	Skilled Workers Schools	11984	39559	14948
初中阶段教育	Junior Secondary Education	290194	876171	312390
普通初中	Regular Junior Secondary Schools	290194	876171	312390
职业初中	Vocational Junior Secondary Schools			
成人初中	Adult Junior Secondary Schools			
初等教育	**Primary Education**			
普通小学	Regular Primary Schools	326665	1821629	298820
成人小学	Adult Primary Schools			
#扫盲班	Literacy Courses			
工读学校	**Correctional Work-Study Schools**			
特殊教育	**Special Education Schools**	**2235**	**11373**	**1046**
学前教育	**Pre-school Education Institutions**	**484236**	**892087**	**322001**

注：特殊教育学生数中包括普通中小学随班就读的学生。
a) Number of the students followed in the regular primary and secondary schools is included in the special education.

18-3 各级各类学校数
Number of School by Type and Level

单位：所 (Unit)

年份 Year	普通高等学校 Regular HEIs	普通中学 Regular Secondary Schools	高中 Senior Secondary Schools	初中 Junior Secondary Schools	职业中学 Vocational Secondary Schools	普通小学 Regular Primary Schools	特殊教育学校 Special Education Schools	学前教育 Pre-primary Education Institutions
1995	17	1626	444	1182	190	23713	11	1235
1996	17	1657	430	1227	180	23653	11	1321
1997	17	1656	427	1229	182	22843	11	1545
1998	17	1666	421	1245	178	22634	10	1803
1999	18	1667	410	1257	177	22560	10	2040
2000	18	1689	419	1270	170	21557	12	2249
2001	25	1979	435	1544	154	17477	11	1992
2002	25	2004	438	1566	156	16648	14	2286
2003	31	2031	453	1578	140	15635	14	2276
2004	31	2054	470	1584	151	15347	14	2377
2005	33	2050	497	1553	153	14963	14	2451
2006	33	2155	495	1660	154	14685	14	2556
2007	34	2130	493	1637	162	14002	14	2457
2008	34	2103	480	1623	181	13424	15	2503
2009	34	2081	463	1618	177	12637	15	2452
2010	35	2038	452	1586	150	11582	17	2407
2011	37	2012	436	1576	147	10907	22	2457
2012	37	2033	445	1588	141	10336	28	2712
2013	37	1989	428	1561	133	9640	32	3141
2014	38	1940	402	1538	126	8979	33	3471
2015	40	1877	386	1491	118	8052	37	3971
2016	44	1861	379	1482	114	6924	40	6441

注：职业中学包括职业高中和职业初中(下表同)。
a) Vocational secondary schools include vocational senior and junior secondary schools. The same applies to the tables following.

18-4 各级各类学校专任教师数
Number of Full-time Teachers of Schools by Type and Level

单位：人 (person)

年份 Year	普通高等学校 Regular HEIs	普通中学 Regular Secondary Schools	高中 Senior Secondary Schools	初中 Junior Secondary Schools	职业中学 Vocational Secondary Schools	普通小学 Regular Primary Schools	特殊教育学校 Special Education Schools	学前教育 Pre-primary Education Institutions
1995	6284	62669	12970	49699	4173	130032	224	9776
1996	6282	63912	13151	50761	4013	129823	235	8758
1997	6403	66124	13723	52401	4190	130628	248	10194
1998	6505	67774	13703	54071	4415	131473	221	10765
1999	6899	70711	14233	56478	4615	128839	297	10669
2000	7208	74082	15200	58882	4549	125172	269	11953
2001	8826	78439	16562	61877	4598	122038	271	10109
2002	10021	82709	18582	64127	4751	124017	279	10115
2003	12274	87753	21754	65999	3945	126740	294	11109
2004	13727	93024	25458	67566	4614	128725	296	9933
2005	14816	99150	29127	70023	5158	130841	303	10221
2006	16105	106106	32081	74025	5803	135491	314	10939
2007	17439	110204	33979	76225	7337	137149	345	10950
2008	18581	114963	35524	79439	7537	141371	341	12589
2009	19629	116883	36450	80433	8256	139966	380	12365
2010	20761	120689	37517	83172	7522	140381	418	13668
2011	22066	123055	38593	84462	8283	141324	484	15009
2012	23232	124844	40467	84377	8042	140235	572	17086
2013	24351	126817	42469	84348	7860	140436	692	20621
2014	25283	128599	43761	84838	7739	140476	671	26097
2015	26132	128621	44764	83857	8099	140320	729	30342
2016	26731	127471	45107	82364	8104	141113	825	39459

18-5 各级各类学校招生数

Number of Entrants of Formal Education by Type and Level of School

单位:人 (person)

年 份 Year	普通高等学校 Regular HEIs	普通中学 Regular Secondary Schools	高中 Senior Secondary Schools	初中 Junior Secondary Schools	职业中学 Vocational Secondary Schools	普通小学 Regular Primary Schools	特殊教育学校 Special Education Schools
1995	15119	337758	64113	273645	19260	525875	311
1996	15567	354996	63001	291995	19533	548661	281
1997	16313	375656	63782	311874	20593	563443	333
1998	16813	404014	69652	334362	19790	546980	842
1999	23010	455111	75439	379672	21180	538695	1049
2000	33425	508648	90840	417808	21461	552740	1094
2001	45382	547593	109805	437788	20945	601257	1644
2002	53079	590617	143666	446951	23013	609934	1231
2003	60069	621290	168181	453109	19212	572321	975
2004	66182	657600	186561	471039	26738	508787	979
2005	71572	691600	205710	485890	32313	461894	915
2006	90373	711676	207257	504419	52175	481721	1301
2007	98569	678575	204816	473759	71267	435661	1614
2008	110889	696897	210511	486386	72436	411003	2051
2009	112280	699300	216982	482318	72692	372689	1954
2010	114899	673394	219614	453780	70355	361331	2071
2011	124935	628251	221551	406700	56719	338176	1457
2012	131263	602045	226107	375938	55991	341155	1434
2013	123402	552431	218143	334288	45215	320908	1409
2014	130624	518092	208136	309956	40433	280655	1285
2015	126242	490221	199426	290795	38362	313028	1769
2016	130683	483583	193389	290194	41215	326665	2235

18-6 各级各类学校在校学生数
Number of Students Enrollment by Level and Type of School

单位:人 (person)

年份 Year	普通高等学校 Regular HEIs	普通中学 Regular Secondary Schools	高中 Senior Secondary Schools	初中 Junior Secondary Schools	职业中学 Vocational Secondary Schools	普通小学 Regular Primary Schools	特殊教育学校 Special Education Schools	学前教育 Pre-primary Education Institutions
1995	45480	915263	168589	746674	42747	2737059	1529	409893
1996	47578	966394	176444	789950	45696	2857986	1523	403714
1997	50678	1021024	180035	840989	48111	2992795	1476	398426
1998	54014	1079819	185946	893873	48889	3092488	4003	376575
1999	62637	1185891	201138	984753	49866	3131747	4653	407489
2000	81734	1314710	229500	1085210	52573	3164603	6438	427960
2001	110898	1459845	276573	1183272	52657	3189816	9953	401681
2002	143009	1606592	346294	1260298	56483	3229371	9192	402653
2003	173391	1733035	427011	1306024	49529	3227592	7673	372225
2004	200282	1844406	499609	1344797	62506	3155535	7732	350749
2005	229459	1943839	566168	1377671	73451	3035794	8339	349407
2006	263691	2047847	603358	1444489	100062	2984425	9127	342279
2007	295992	2036640	613906	1422734	131929	2846312	11606	330213
2008	331895	2038447	618253	1420194	155909	2689631	13443	337843
2009	361490	2041628	630654	1410974	167699	2525962	13687	358748
2010	381526	2031002	646975	1384027	170001	2370406	13350	387338
2011	405306	1942478	657086	1285392	147946	2200743	9455	432181
2012	431069	1845050	664879	1180171	151327	2063549	8337	480323
2013	442963	1702496	666556	1035940	125348	1867268	8396	549800
2014	452300	1625349	654430	970919	111266	1802371	7635	620127
2015	450463	1538620	629365	909255	101348	1802401	9260	701132
2016	457204	1479661	603490	876171	98383	1821629	11373	892087

18-7 各级各类学校毕业生数
Number of Graduates by Level and Type of School

单位：人 (person)

年 份 Year	普通高等学校 Regular HEIs	普通中学 Regular Secondary Schools	高 中 Senior Secondary Schools	初 中 Junior Secondary Schools	职业中学 Vocational Secondary Schools	普通小学 Regular Primary Schools	特殊教育学校 Special Education Schools
1995	14288	252360	46948	205412	14053	319684	141
1996	13314	256098	48060	208038	12993	336205	121
1997	13140	274961	52911	222050	14834	355832	132
1998	13251	291067	54794	236273	14726	383938	258
1999	14007	305292	53867	251425	17030	424250	684
2000	13971	327787	56479	271308	15210	459255	948
2001	17000	351876	62793	289083	16785	488961	900
2002	21647	402829	72295	330534	17021	486101	712
2003	29582	456044	89040	367004	14753	481495	466
2004	39390	506391	109055	397336	16975	488842	612
2005	49886	561654	138165	423489	19[illegible]44	502605	684
2006	57381	595637	164257	431380	19539	506371	701
2007	63315	628548	179335	449213	24451	478740	1089
2008	75051	645494	194146	451348	29587	485899	1664
2009	84082	655641	192269	463372	39579	492720	1965
2010	92226	649631	195045	454586	44095	474328	1850
2011	99042	660487	202234	458253	50585	426257	708
2012	102980	656260	213620	442640	43807	398700	834
2013	109192	636032	216530	419502	45569	370611	831
2014	118697	575501	223828	351673	35089	319335	818
2015	124003	556758	224408	332350	33969	300080	917
2016	119911	531473	219083	312390	30008	298820	1046

18-8 研究生数
Number of Postgraduates

单位:人 (person)

年份 Year	招生数 Entrants	博士 Doctor's Degree	硕士 Master's Degree	在校学生数 Enrollment	博士 Doctor's Degree	硕士 Master's Degree	毕业生数 Graduates	博士 Doctor's Degree	硕士 Master's Degree
1995	689			1873	361	1512	416	76	340
1996	780			2146	440	1706	484	71	413
1997	884			2350	495	1855	601	93	508
1998	875			2563	523	2040	623	127	496
1999	1075			2874	597	2277	706	139	567
2000	1558			3579	764	2815	801	130	671
2001	2147			4781	963	3118	1096	283	813
2002	2703	448	2255	6403	1236	5167	940	168	772
2003	3634	583	3051	8555	1594	6961	1349	218	1131
2004	5073	683	4390	11496	1986	9509	1965	290	1675
2005	6146	717	5429	14895	2320	12575	2484	378	2106
2006	6710	747	5963	18069	2583	15486	3201	474	2727
2007	7117	783	6334	20034	2765	17269	4831	595	4236
2008	7502	810	6692	21580	2953	18627	5649	600	5049
2009	8463	887	7576	23469	3153	20316	6122	633	5459
2010	9098	888	8210	25609	3335	22274	6523	669	5854
2011	9307	923	8384	26973	3482	23491	7160	729	6431
2012	9804	943	8861	28306	3597	24709	8002	797	7205
2013	10116	973	9143	29412	3746	25666	8629	762	7867
2014	9870	820	9050	29080	3370	25710	8637	600	8037
2015	10089	825	9264	29637	3516	26121	9195	644	8551
2016	10699	873	9826	31199	3720	27479	8806	601	8205

18-9　高等教育学校(机构)学生数（2016）
Number of Students in Higher Education Institutions (2016)

单位：人

项　目	Item	招生数 Entrants	在校学生数 Enrollment	毕业生数 Graduates	授予学位数 Degrees Awarded
研究生	Postgraduates	10699	31199	8806	8610
博　士	Doctor's Degrees	873	3720	601	8116
硕　士	Master's Degrees	9826	27479	8205	494
普通本专科	Undergraduates in Regular HEIs	130683	457204	119911	68550
本　科	Normal Courses	73496	291662	70621	68550
专　科	Short-cycle Courses	57187	165542	49290	
成人本专科	Undergraduates in Adult HEIs	25734	80699	32050	901
本　科	Normal Courses	11973	39755	11993	901
专　科	Short-cycle Courses	13761	40944	20057	
在职人员攻读硕士学位	Master's Degree Programs for On-the-job Personnel	442	5713		1031
网络本专科生	Web-based Undergraduates	26968	52563	18197	
本　科	Normal Courses	10503	27945	7649	
专　科	Short-cycle Courses	16465	34623	10548	
自考助学班	Classes run by Non-government HEIs for Students Preparing for Self-directed State-administered Examinations				
普通预科生	College-preparatory Classes				
研究生课程进修班	Postgraduates Courses				
进修及培训	In-service Training				
留学生	Foreign Students	652	30836	220379	127

注：留学生指来中国学习的留学生数。
a) Foreign students refer to foreign students studying in China.

18-10　普通本科分学科学生数（2016）
Number of Regular Students for Normal Courses in HEIs by Discipline (2016)

单位：人　　(person)

类　别	Item	毕业生数 Graduates	招生人数 Entrants	在校学生数 Enrollment
甘肃省	**Gansu**	**70621**	**73496**	**291662**
哲　学	Philosophy	61	79	282
经济学	Economics	4494	3789	15322
法　学	Law	4296	3797	16282
教育学	Education	3893	3570	14098
文　学	Literature	7345	7179	28839
历史学	History	1328	967	4087
理　学	Science	6412	6501	27609
工　学	Engineering	21986	23171	91550
农　学	Agriculture	1969	2053	8167
医　学	Medicine	3279	5806	19433
管理学	Administrators	11138	11626	45560
艺术学	Art	4420	4958	20433

18-11 普通专科分学科学生数（2016）
Number of Students in Undergraduate and Junior Colleges by Field of Study(2016)

单位：人 (person)

类别	Item	毕业生数 Graduates	招生人数 Entrants	在校学生数 Enrollment
甘肃省	**Gansu**	**49290**	**57187**	**165542**
农林牧渔大类	Agriculture, Forestry, Husbandry and Fishing	3581	2934	9029
交通运输大类	Transpotation and Communication	3834	3258	10809
生化与药品大类	Biochemistry and Medicine	1434	1613	4843
资源开发与测绘大类	Resources Development and Survey	4253	4469	13559
材料与能源大类	Material and Energy	771	588	1770
土建大类	Civil Engineering	6462	8824	24829
水利大类	Water Resources	3239	2357	9183
制造大类	Manufacturing	83	160	440
电子信息大类	Electronic Information	497	746	1779
环保、气象与安全大类	Environment Protection, Meteorology and Safety	1913	2085	6652
轻纺食品大类	Light,Textile and Food	3036	5337	13486
财经大类	Finance	5475	7625	20862
医药卫生大类	Medicine and Health	6595	7824	22243
旅游大类	Tourism	1109	1578	3790
公共事业大类	Public Service	828	1221	3273
文化教育大类	Culture and Education	144	137	412
艺术设计传媒大类	Artistic Design and Mass Media	4612	4533	13442
公安大类	Public Security	1223	1485	4114
法律大类	Law	201	413	1027

18-12 成人本科分学科学生数（2016）
Number of Adult Students for Normal Courses in HEIs by Discipline (2016)

单位：人 (person)

类别	Item	毕业生数 Graduates	招生人数 Entrants	在校学生数 Enrollment
甘肃省	**Gansu**	**11993**	**11973**	**39755**
哲　学	Philosophy			
经济学	Economics	159	145	427
法　学	Law	927	1393	3660
教育学	Education	416	503	1376
文　学	Literature	1661	1282	4395
历史学	History	74	36	129
理　学	Science	216	130	413
工　学	Engineering	4874	3546	15182
农　学	Agriculture	381	349	1267
医　学	Medicine	860	2154	4505
管理学	Administrators	2398	2382	8293
艺术学	Art	27	53	108

18-13 成人专科分学科学生数（2016）
Number of Adult Students for Short-cycle Courses in HEIs by Discipline(2016)

单位：人 (person)

类 别	Item	毕业生数 Graduates	招生人数 Entrants	在校学生数 Enrollment
甘肃省	**Gansu**	**20057**	**13761**	**40944**
农林牧渔大类	Agriculture, Forestry, Husbandry and Fishing	1280	240	1105
交通运输大类	Transpotation and Communication	329	92	293
生化与药品大类	Biochemistry and Medicine	303	85	650
资源开发与测绘大类类	Resources Development and Survey	2709	702	3391
材料与能源大类	Material and Energy	43	15	85
土建大类	Civil Engineering	2022	1330	4099
水利大类	Water Resources	340	123	514
制造大类	Manufacturing	25	1	8
电子信息大类	Electronic Information		1	13
环保、气象与安全大类	Environment Protection, Meteorology and Safety	3824	5135	13721
轻纺食品大类	Light,Textile and Food	1043	750	1609
财经大类	Finance	2672	1625	4952
医药卫生大类	Medicine and Health	3088	1467	4324
旅游大类	Tourism	222	322	680
公共事业大类	Public Service	182	63	131
文化教育大类	Culture and Education			
艺术设计传媒大类	Artistic Design and Mass Media	1692	1617	4851
公安大类	Public Security	200	158	324
法律大类	Law	83	35	194

18-14 网络本科分学科学生数（2016）
Number of Web-based Students for Normal Courses in HEIs by Discipline (2016)

单位：人 (person)

类 别	Item	毕业生数 Graduates	招生人数 Entrants	在校学生数 Enrollment
甘肃省	**Gansu**	**7649**	**10503**	**27945**
哲 学	Philosophy			
经济学	Economics	478	673	1758
法 学	Law	506	679	1741
教育学	Education			
文 学	Literature	338	356	1041
历史学	History			
理 学	Science	40	70	245
工 学	Engineering	1077	1848	4307
农 学	Agriculture			
医 学	Medicine	1858	3515	8333
管理学	Administrators	3352	3362	10520
艺术学	Art			

18-15 网络专科分学科学生数（2016）
Number of Web-based Students for Short-cycle Courses in HEIs by Discipline (2016)

单位：人 (person)

类 别	Item	毕业生数 Graduates	招生人数 Entrants	在校学生数 Enrollment
甘肃省	**Gansu**	**10548**	**16465**	**34623**
农林牧渔大类	Agriculture, Forestry, Husbandry and Fishing			
资源环境与安全大类	Resources, Environment and Safety			
能源动力与材料大类	Energy Power and Materials			
土木建筑大类	Civil Construction	1371	2324	4430
水利大类	Water Resources			
装备制造大类	Equipment Manufacturing			
生物与化工大类	Biology and Chemical Engineering			
轻工纺织大类	Light Industry and Textile			
食品药品与粮食大类	Food ,Drugs and Grain			
交通运输大类	Transpotation and Communication			
电子信息大类	Electronic Information	625	1104	2185
医药卫生大类	Medicine and Health	2439	3994	9098
财经商贸大类	Financial ,Trade and Business	3192	4634	9518
旅游大类	Tourism			
文化艺术大类	Culture and Art			
新闻传播大类	Journalism and Communication			
教育与体育大类	Education and Sports			
公安与司法大类	Public Security and Justice	424	740	1499
公共管理与服务大类	Public Administration and Service	2497	3669	7893

18-16 技工学校数、学生数和教职工数
Number of Schools, Students, Educational Personnel of Skilled Workers Schools

单位：人 (person)

年 份 Year	学校数(所) Schools (unit)	毕业生数 Graduates	招生人数 Entrants	在校学生数 Enrollment	教职员工 Educational Personnel	专任教师 Full-time Teachers
2003	56	4881	6169	12356	3260	3260
2004	57	4342	10986	19336	3758	2012
2005	57	4586	11424	23971	3698	2856
2006	62	7068	12878	29781	5206	4415
2007	62	7068	12878	29781	4598	3807
2008	75	11304	24720	57631		4147
2009	78	12549	41016	71060	4205	2928
2010	78	19944	39944	91249	4525	2189
2011	78	27378	31338	94678	4468	3171
2012	79	25182	26620	96116	4553	3235
2013	80	46847	17402	66671	4555	3250
2014	81	29525	15374	52520	4626	3110
2015	82	23797	13623	42523	4656	3133
2016	82	14948	11984	39559	4732	3442

18-17 各级各类成人教育基本情况（2016）
Basic Statistics of Adult Education by Type and Level (2016)

单位：人 (person)

类别	Item	学校数(所) Schools (unit)	毕业生数 Graduates	招生人数 Entrants	在校学生数 Enrollment	教职员工 Educational Personnel	专任教师 Full-time Teachers
成人高等教育	Adult Education Schools	6	32050	25734	80699	534	402
#广播电视大学	Radio and TV Universities	1	2759	1295	3098	220	144
职工高等学校	Staff Higher Education Schools	5	334	170	619	314	258
教育学院	Education Academy						
函　授	Correspondence Education		24481	20070	65537		
夜　大	Evening College Education		4536	4215	11378		
成人脱产	Off-job Adult Education		3033	1449	3784		
成人中等专业学校	Secondary Schools for Adults	22	7144	6700	14415	648	479
成人中学	Adult Middle School						
成人技术培训学校	Adults Technical Secondary Schools						

18-18 平均每万人口在校学生数和大中小学学生构成
Number of Students per 10 000 Population and It's Composition

年份 Year	平均每万人口在校学生数(人) Students Enrollment per 10 000 Persons (person)			大、中、小学学生占学生总数 (%) Students of Different Levels as Percentage to Total Students (%)		
	大学生 University and College Students	中学生 Secondary School Students	小学生 Primary School Students	大学生 University and College Students	中学生 Secondary School Students	小学生 Primary School Students
1995	19	383	1146	0.88	16.90	50.50
1996	20	398	1177	0.82	16.00	47.20
1997	21	416	1218	0.82	15.80	46.30
1998	22	435	1245	0.88	16.80	48.20
1999	25	466	1232	1.01	18.30	48.30
2000	32	514	1238	1.26	19.40	46.70
2001	42	588	1239	2.09	27.44	59.95
2002	55	681	1246	2.57	28.91	58.13
2003	67	725	1240	3.05	33.26	56.85
2004	76	769	1205	3.73	37.49	58.78
2005	88	818	1170	4.26	39.38	56.36
2006	101	868	1145	4.78	41.06	54.16
2007	113	778	1088	5.72	39.33	54.95
2008	126	776	1023	6.56	40.29	53.15
2009	137	907	1116	6.35	41.98	51.67
2010	149	931	1103	6.83	42.65	50.52
2011	158	888	859	8.30	46.61	45.09
2012	168	721	806	9.91	42.53	47.56
2013	172	659	723	11.04	42.43	46.53
2014	175	631	699	11.66	41.89	46.45
2015	173	592	694	11.88	40.58	47.54
2016	175	567	698	12.16	39.37	48.47

18-19 小学和初中辍学率
Dropout Rate of Primary Schools and Junior Secondary Schools

单位：% (%)

年份 Year	小学辍学率 Dropout Rate of Primary Schools	#女生 Girls	初中辍学率 Dropout Rate of Junior Secondary School	#女生 Girls
2000	1.65	1.96		
2001	2.57	2.95		
2002	2.44	2.57		
2003	2.87	2.99	3.20	2.64
2004	2.66	2.79	2.42	2.07
2005	2.49	2.37	2.50	1.95
2006	1.06	1.26	0.82	0.50
2007	3.17	3.24	3.31	2.85
2008	2.66	2.50	2.75	2.43
2009	1.66	2.02	2.00	1.67
2010	1.60	1.71	1.88	1.45
2011	0.07	0.60	0.60	0.46
2012	0.31	0.28	0.57	0.46
2013	0.30	0.28	0.66	0.53
2014	0.14	0.12	0.98	0.76
2015	0.24	0.18	0.78	0.57
2016	0.23	0.24	0.66	0.47

18-20 小学学龄儿童净入学率和各级普通学校毕业生升学率
Net Enrolment Ratio of School-age Children in Primary Schools and Promotion Rate of Graduates of Regular School by Levels

单位：% (%)

年份 Year	小学学龄儿童净入学率 Net Enrollment Ratio of School-age Children in Primary Schools	小学升学率 Promotion Rate from Primary Schools to Junior Secondary Schools	初中升学率 Promotion Rate from Junior Secondary Schools to Senior Secondary Schools	高中升学率 Promotion Rate from Senior Secondary Schools to Higher Education
1996	97.20	86.85		
1997	97.68	87.93		
1998	98.20	87.40		
1999	98.62	89.49		
2000	98.83	90.98		
2001	98.02	89.53	37.98	35.48
2002	98.55	91.95	43.46	38.20
2003	97.99	94.10	45.83	40.33
2004	98.27	96.36	46.95	42.16
2005	98.87	96.67	48.58	42.77
2006	98.89	99.61	48.04	44.50
2007	98.94	98.96	45.59	52.00
2008	99.14	100.10	46.64	60.00
2009	99.45	97.89	46.83	70.00
2010	99.46	95.67	48.31	71.00
2011	99.56	95.41	48.35	75.00
2012	99.68	94.29	51.08	80.00
2013	99.78	90.20	52.00	85.00
2014	99.80	97.06	59.18	90.00
2015	99.83	96.90	60.00	92.00
2016	99.89	97.09	61.81	93.00

注：1.初中升高级中学包含升入技工学校。
2.高中升学率为普通高校招生数（含电大普通班）与普通高中毕业生数之比。

a) Data on promotion rate from junior secondary schools to senior secondary schools include those entering into secondary technical schools.

b) Data on promotion rate from senior secondary schools to higher education refer to the ratio of new entrants into regular institutions of higher education (including regular classes of TV universities) to graduates of senior secondary schools.

18-21 各级学校教师负担学生数
Student-Teacher Ratio of School by Level

单位：人 (person)

年 份 Year	平均每个教师负担学生数 Students Taught Each Teacher			
	普通高等学校 Regular HEIs	普通中等专业学校 Regular Secondary Vocational Schools	普通中学 Regular Secondary Schools	普通小学 Primary School
1995	7	9	15	21
1996	8	10	15	22
1997	8	10	15	23
1998	8	11	16	24
1999	9	11	17	24
2000	12	12	18	25
2001	13	14	19	26
2002	14	16	19	26
2003	14	17	20	25
2004	15	18	19	25
2005	15	20	20	23
2006	16	22	19	22
2007	17	22	18	21
2008	18		18	19
2009	18		17	18
2010	18	23	17	17
2011	19	21	16	15
2012	19	21	15	15
2013	18	18	13	13
2014	18	17	13	13
2015	18	17	12	13
2016	18	15	12	13

18-22 教育经费情况
Basic Statistics on Educational Funds

单位：万元 (10 000 yuan)

年 份 Year	合 计 Total	国家财政性教育经费 Government Appropriation for Education	#预算内教育经费 Budgetary	民办学校办学经费 Funds from Private Schools	社会捐赠经 费 Donations and Fund-raising for Running Schools	事业收入 Income from Teaching Research and Other Auxiliary Activity	#学杂费 Tuition and Miscellaneous Fees	其他教育经 费 Other Educational Funds
2000	535287	425021	352952	1831	11207	88887	63864	8341
2001	686750	520918	442922	4401	7428	135660	104008	18342
2002	836719	618783	538793	8872	9239	182477	132539	17348
2003	914336	652146	582181	18685	5686	212472	156053	25348
2004	1031445	727916	659017	21274	7037	248453	174186	26765
2005	1195074	847512	785026	34541	5555	273897	198727	33569
2006	1448234	1108365	1024273	41261	5451	260510	188990	32646
2007	1779095	1413920	1342179	2256	6090	326870	244610	29959
2008	2469385	2077502	2009317	1245	11587	354513	272808	24538
2009	2957602	2502298	2426498	2361	28287	395001	311653	29655
2010	3276887	2756965	2644938	7953	19834	450572	359800	41563
2011	3926598	3374222	3179614	4558	8132	482239	399882	57446
2012	4841482	4276671	4014241	5053	3714	494962	404867	61083
2013	5105559	4483501	4126143	4111	5444	545763	450078	66740
2014	5500815	4873620	4622912	6733	8178	547647	462768	64638
2015	6478024	5778852	5709262	6066	6826	598436	477707	87845
2016	7075700	6357782	6284544	7126	6920	621472	484153	82400

18-23 各类学校教育经费情况(2016)
Educational Funds in Various School(2016)

单位：万元 (10 000 yuan)

类别	Item	合计 Total	国家财政性教育经费 Government Appropriation for Education	#预算内教育经费 Budgetary	民办学校办学经费 Funds from Private Schools	社会捐赠经费 Donations and Fund-raising for Running Schools	事业收入 Income from Teaching Research and Other Auxiliary Activity	#学杂费 Tuition and Miscellaneous Fees	其他教育经费 Other Educational Funds
高等学校	Institutions of Higher Education	1591818	1180689	1121367		4049	371809	278368	35271
普通高等学校	Regular HEIs	1569385	1170295	1111425		4049	359983	268219	35058
成人高等学校	Adults HEIs	22433	10394	9941			11825	10149	213
中等职业学校	Secondary Vocational Schools	331135	306415	304498	3632	185	17171	9160	3732
中等专业学校	Secondary Specialized Schools	243483	226421	224999	696	4	13028	7198	3335
职业高中	Vocational Senior Secondary Schools	79451	72748	72659	2936	181	3205	1642	382
技工学校	Skilled Workers Schools	507	443	443			63	58	
成人中专学校	Adult Specialized Secondary Schools	7693	6803	6396			875	262	15
普通中学	Regular Secondary Schools	1987853	1888513	1883997	324	1843	81356	71759	15818
普通高中	Regular Senior Secondary Schools	786625	701495	699509	188	1106	74555	65649	9281
普通初中	Regular Junior Secondary Schools	1201229	1187019	1184488	136	737	6801	6109	6537
#农村	Rural Areas	924060	917659	915373	134	713	779	586	4774
普通小学	Regular Primary Schools	2332645	2316052	2311931	110	652	2492	2006	13339
#农村	Rural Areas	1888154	1879878	1876471	110	479	530	345	7158
特殊教育学校	Special Education Schools	14063	13625	13475		4			434
幼儿园	Kindergartens	548217	412585	411382	3060	45	130226	122836	2302
教育行政单位	Education Administrative Unit	119754	110211	109858		35	167		9341
教育事业单位	Education Institution	63681	50620	49280		108	12094		859
其它	Others	86533	79071	78756			6158	24	1304

18-24 各地县幼儿园和普通小学基本情况（2016）
Basic Statistics on Kindergartens and Regular Primary Schools by Region, County (2016)

单位：人 (person)

地区	Region	幼儿园数(所) Kindergartens (unit)	在园儿童数 Children in kindergartens	学龄儿童入学率(%) Enrollment Rate of School-age Children (%)	普通小学学校数(所) Schools (unit)	普通小学专任教师数 Full-time Teachers	普通小学招生数 Entrants	普通小学在校学生数 Enrollment	普通小学毕业生数 Graduates
兰州市	**Lanzhou**	**815**	**112767**	**104.04**	**515**	**14365**	**37584**	**211993**	**33349**
城关区	Chengguan	276	38720	100.00	83	3431	12839	72226	11233
七里河区	Qilihe	149	18729	100.00	61	2252	5050	34758	5353
西固区	Xigu	80	10078	100.00	31	1552	3727	21498	3513
安宁区	Anning	64	9046	100.00	17	942	3317	16420	2012
红古区	Honggu	20	4721	100.00	25	766	1577	9392	1537
永登县	Yongdeng	90	11479	132.53	119	2004	3853	21178	3579
皋兰县	Gaolan	20	3040	120.12	24	731	1093	6721	1186
榆中县	Yuzhong	66	11069	100.00	116	2070	3575	21488	3658
兰州新区	Lanzhou New Area	50	5885	100.00	39	617	1553	8312	1278
嘉峪关市	**Jiayuguan**	**59**	**8737**	**100.00**	**15**	**920**	**2811**	**16610**	**2805**
金昌市	**Jinchang**	**59**	**11362**	**100.00**	**28**	**1902**	**4223**	**27645**	**5038**
金川区	Jinchuan	29	6930	100.00	13	954	2437	15093	2532
永昌县	Yongchang	30	4432	100.00	15	948	1786	12552	2506
白银市	**Baiyin**	**289**	**54574**	**97.44**	**382**	**10943**	**19125**	**105450**	**17235**
白银区	Baiyin	54	8856	86.56	26	1410	3116	17628	2957
平川区	Pingchuan	35	7881	100.00	32	1512	2714	15043	2507
靖远县	Jingyuan	112	15112	100.00	124	2979	5549	29497	4501
会宁县	Huining	57	15349	99.26	128	3337	5244	29151	4995
景泰县	Jingtai	31	7376	100.00	72	1705	2502	14131	2275
天水市	**Tianshui**	**719**	**99347**	**123.20**	**1004**	**18610**	**43862**	**255015**	**46358**
秦州区	Qinzhou	50	17008	100.00	109	3402	8698	49080	7997
麦积区	Maiji	129	17968	100.00	98	3029	7232	39761	6976
清水县	Qingshui	61	9645	100.00	186	1771	4003	24449	4179
秦安县	Qinan	159	12935	100.00	213	2525	5148	32022	6417
甘谷县	Gangu	39	16642	100.00	97	3438	7910	48365	9684
武山县	Wushan	160	15549	100.00	176	2282	6461	37328	6936
张家川县	Zhangjiachuan	121	9600	100.00	125	2163	4410	24010	4169
武威市	**Wuwei**	**367**	**52768**	**100.00**	**353**	**9852**	**17304**	**102867**	**18639**
凉州区	Liangzhou	155	34400	100.00	170	5498	10695	62745	10545
民勤县	Minqin	20	3184	100.00	12	1032	1192	8799	2294
古浪县	Gulang	127	10351	100.00	107	1855	3528	20692	3870
天祝县	Tianzhu	65	4833	100.00	64	1467	1889	10631	1930
张掖市	**Zhangye**	**443**	**36925**	**100.00**	**214**	**6168**	**13145**	**76211**	**12101**

18-24 续表 1 continued

单位：人 (person)

地 区	Region	幼儿园数(所) Kindergartens (unit)	在园儿童数 Children in indergartens	学龄儿童入学率(%) Enrollment Rate of School-age Children (%)	普通小学学校数(所) Schools (unit)	普通小学专任教师数 Full-time Teachers	普通小学招生数 Entrants	普通小学在校学生数 Enrollment	普通小学毕业生数 Graduates
甘州区	Ganzhou	95	15500	100.00	86	2398	5434	31408	4955
肃南县	Sunan	10	680	100.00	5	198	262	1614	242
民乐县	Minle	130	7935	100.00	72	1207	2947	17241	2889
临泽县	Linze	81	3931	100.00	11	734	1339	7432	1159
高台县	Gaotai	65	3641	100.00	17	638	1184	6963	1092
山丹县	Shandan	62	5238	100.00	23	993	1979	11553	1764
平凉市	**Pingliang**	**844**	**69434**	**100.00**	**848**	**12222**	**25808**	**148890**	**25989**
崆峒区	Kongtong	158	16715	100.00	163	2636	6414	36506	6532
泾川县	Jingchuan	139	8905	100.00	167	1677	3025	17130	3273
灵台县	Lingtai	77	6371	100.00	59	930	2311	12447	2062
崇信县	Chongxin	48	3706	100.00	50	471	1242	6499	984
华亭县	Huating	80	7722	100.00	75	1390	2912	15676	2425
庄浪县	Zhuanglang	149	12616	100.00	147	2416	4908	29143	5361
静宁县	Jingning	193	13399	100.00	187	2702	4996	31489	5352
酒泉市	**Jiuquan**	**216**	**30674**	**98.74**	**141**	**4891**	**10319**	**66909**	**12004**
肃州区	Suzhou	102	13540	100.00	41	1919	4143	26904	4892
金塔县	Jinta	33	3555	91.01	20	737	1241	8863	1731
瓜州县	Guazhou	22	4261	100.00	41	751	1494	9831	1705
肃北县	Subei	1	347	100.00	2	87	104	627	112
阿克塞县	Akesai	1	402	100.00	1	73	116	800	126
玉门市	Yumen	26	4110	100.00	14	686	1734	10175	1645
敦煌市	Dunhuang	31	4459	100.00	22	638	1487	9709	1793
庆阳市	**Qingyang**	**631**	**99350**	**93.38**	**990**	**14733**	**34537**	**181769**	**26994**
西峰区	Xifeng	89	23733	99.83	101	2585	7820	38094	5019
庆城县	Qingcheng	62	11303	85.05	29	1510	3223	16917	2471
环 县	Huanxian	51	11503	88.91	177	1975	4464	24868	4085
华池县	Huachi	26	5200	88.13	54	862	1804	9855	1339
合水县	Heshui	87	6733	87.73	28	905	2276	11688	1612
正宁县	Zhengning	17	9637	99.83	86	1391	3255	15492	1903
宁 县	Ningxian	68	16882	100.00	247	2810	5600	30653	4956
镇原县	Zhenyuan	231	14359	89.93	268	2695	6095	34202	5609
定西市	**Dingxi**	**737**	**96574**	**100.00**	**770**	**14319**	**31639**	**175325**	**30756**
安定区	Anding	116	14064	100.00	63	2193	4325	22005	3903
通渭县	Tongwei	101	7979	100.00	80	1958	3048	17313	4317

18-24 续表 2 continued

单位：人 (person)

地 区	Region	幼儿园数(所) Kindergartens (unit)	在园儿童数 Children in indergartens	学龄儿童入学率(%) Enrollment Rate of School-age Children (%)	普通小学学校数(所) Schools (unit)	普通小学专任教师数 Full-time Teachers	普通小学招生数 Entrants	普通小学在校学生数 Enrollment	普通小学毕业生数 Graduates
陇西县	Longxi	94	17227	100.00	114	2943	5985	32222	5364
渭源县	Weiyuan	111	10050	100.00	104	1652	3078	17918	3611
临洮县	Lintao	116	18976	100.00	174	2453	5827	32351	4784
漳 县	Zhangxian	33	7876	100.00	56	1051	2727	14106	2492
岷 县	Minxian	166	20402	100.00	179	2069	6649	39410	6285
陇南市	**Longnan**	**479**	**108774**	**99.05**	**662**	**14638**	**38072**	**201415**	**32056**
武都区	Wudu	48	28296	100.00	82	3165	8397	45288	7171
成 县	Chengxian	29	10368	99.96	45	1400	3898	19733	2667
文 县	Wenxian	38	7962	94.47	42	1262	2693	13898	2439
宕昌县	Tanchang	45	11957	100.00	111	1597	3882	21882	3592
康 县	Kangxian	37	6361	99.89	40	907	2322	12695	1716
西和县	Xihe	100	15938	96.81	78	2169	6484	32893	5364
礼 县	Lixian	97	18266	100.00	182	2835	7051	38686	6451
徽 县	Huixian	69	8345	100.00	71	1049	2908	14085	2315
两当县	Liangdang	16	1281	100.00	11	254	437	2255	341
临夏州	**Linxia**	**502**	**87073**	**99.31**	**803**	**11485**	**37373**	**189636**	**25068**
临夏市	linxia	78	15908	99.32	44	1262	4836	23968	3399
临夏县	linxia	32	12600	100.00	151	1768	5320	27395	3474
康乐县	Kangle	53	14139	100.00	88	1328	4863	25055	3090
永靖县	Yongjing	49	7159	100.00	78	1518	2122	11803	1751
广河县	Guanghe	69	9353	98.60	96	1337	5260	25815	3082
和政县	Hezheng	121	7686	100.00	72	1270	3710	19096	2776
东乡县	Dongxiang	74	9280	100.00	136	1577	5283	30892	4354
积石山县	Jishishan	26	10948	96.86	138	1425	5979	25612	3142
甘南州	**Gannan**	**281**	**23728**	**99.20**	**199**	**6065**	**10863**	**61894**	**10428**
合作市	Hezuo	35	3428	100.00	13	685	1477	8346	1347
临潭县	Lintan	50	4747	100.05	49	1124	2179	12052	2036
卓尼县	Zhuoni	42	3940	100.00	26	877	1687	9097	1318
舟曲县	Zhouqu	44	4252	100.00	37	1053	1751	11251	2102
迭部县	Diebu	37	1714	90.66	17	634	803	4703	962
玛曲县	Maqu	13	1653	100.00	9	443	996	5647	831
碌曲县	Luqu	22	1407	100.00	19	508	635	3558	628
夏河县	Xiahe	38	2587	100.00	29	741	1335	7240	1204

18-25 各地县普通中学基本情况（2016）

Basic Statistics on Regular Primary Schools by Region, County (2016)

单位：人 (person)

地 区	Region	普通中学学校数（所）Schools (unit)	毕业生数 Graduates	招生数 Entrants	在校学生数 Enrollment	高中 Senior Secondary Schools	初中 Junior Secondary Schools	专任教师 Full-time Teachers
兰州市	**Lanzhou**	**197**	**58088**	**55824**	**166932**	**68812**	**98120**	**13995**
城关区	Chengguan	47	18299	17990	53192	19933	33259	4082
七里河区	Qilihe	22	7533	7113	21780	7853	13927	1730
西固区	Xigu	26	6784	6673	19606	9333	10273	1753
安宁区	Anning	14	4122	4297	12508	4822	7686	1043
红古区	Honggu	9	2445	2555	7368	2960	4408	728
永登县	Yongdeng	32	7359	6302	18649	8496	10153	1595
皋兰县	Gaolan	12	2206	2128	7009	3101	3908	781
榆中县	Yuzhong	27	7056	6462	19873	8538	11335	1646
兰州新区	Lanzhou New Area	8	2284	2304	6947	3776	3171	637
嘉峪关市	**Jiayuguan**	**11**	**5056**	**4895**	**14471**	**6317**	**8154**	**1073**
金昌市	**Jinchang**	**20**	**9653**	**8997**	**27605**	**12232**	**15373**	**2150**
金川区	Jinchuan	11	4688	4556	13886	5993	7893	1096
永昌县	Yongchang	9	4965	4441	13719	6239	7480	1054
白银市	**Baiyin**	**144**	**42844**	**32299**	**107641**	**52547**	**55094**	**10854**
白银区	Baiyin	17	7121	6401	19704	10445	9259	1627
平川区	Pingchuan	19	4980	4285	13339	5849	7490	1372
靖远县	Jingyuan	41	11278	8035	26822	12681	14141	2995
会宁县	Huining	48	14501	9705	34744	17339	17405	3494
景泰县	Jingtai	19	4964	3873	13032	6233	6799	1366
天水市	**Tianshui**	**255**	**73836**	**71598**	**216099**	**80076**	**136023**	**16863**
秦州区	Qinzhou	38	11764	12341	36212	12895	23317	2840
麦积区	Maiji	43	10935	11028	32787	12464	20323	2723
清水县	Qingshui	27	5166	5759	16654	4966	11688	1272
秦安县	Qinan	38	14044	10940	34857	15366	19491	2872
甘谷县	Gangu	54	15718	15200	46407	17683	28724	3376
武山县	Wushan	35	10796	10834	32550	11810	20740	2321
张家川县	Zhangjiachuan	20	5413	5496	16632	4892	11740	1459
武威市	**Wuwei**	**136**	**40615**	**31610**	**100692**	**43228**	**57464**	**8600**
凉州区	Liangzhou	75	19773	17217	52823	21529	31294	4588
民勤县	Minqin	16	6586	4170	14318	6598	7720	1228
古浪县	Gulang	26	10223	6916	23024	10456	12568	1691
天祝县	Tianzhu	19	4033	3307	10527	4645	5882	1093
张掖市	**Zhangye**	**65**	**24872**	**20862**	**64699**	**27741**	**36958**	**5628**

18-25 续表 1 continued

单位：人 (person)

地区	Region	普通中学学校数(所) Schools (unit)	毕业生数 Graduates	招生数 Entrants	在校学生数 Enrollment	高中 Senior Secondary Schools	初中 Junior Secondary Schools	专任教师 Full-time Teachers
甘州区	Ganzhou	38	10102	8670	27379	12125	15254	2518
肃南县	Sunan	6	412	336	1073	413	660	192
民乐县	Minle	5	5472	4991	15023	6139	8884	1008
临泽县	Linze	4	2494	1947	6118	2612	3506	540
高台县	Gaotai	5	3028	2098	6612	3128	3484	647
山丹县	Shandan	7	3364	2820	8494	3324	5170	723
平凉市	**Pingliang**	**161**	**48239**	**43743**	**135872**	**53872**	**82000**	**11680**
崆峒区	Kongtong	34	10202	10404	31491	11017	20474	2203
泾川县	Jingchuan	21	6465	5675	17862	7188	10674	1689
灵台县	Lingtai	18	4251	3537	11246	4662	6584	1104
崇信县	Chongxin	10	1603	1489	4383	1611	2772	470
华亭县	Huating	11	3488	3748	10533	3685	6848	913
庄浪县	Zhuanglang	29	11561	9485	30824	13032	17792	2437
静宁县	Jingning	38	10669	9405	29533	12677	16856	2864
酒泉市	**Jiuquan**	**59**	**21160**	**19569**	**60055**	**23597**	**36458**	**4824**
肃州区	Suzhou	21	9269	8440	25903	10745	15158	1982
金塔县	Jinta	6	2940	2668	8263	3065	5198	688
瓜州县	Guazhou	7	2744	2721	8293	3482	4811	640
肃北县	Subei	2	205	191	619	270	349	82
阿克塞县	Akesai	1	181	198	542	189	353	55
玉门市	Yumen	10	2565	2481	7198	2449	4749	611
敦煌市	Dunhuang	12	3256	2870	9237	3397	5840	766
庆阳市	**Qingyang**	**167**	**46339**	**43844**	**130801**	**53919**	**76882**	**11619**
西峰区	Xifeng	24	10120	9803	28919	14335	14584	2601
庆城县	Qingcheng	17	3915	3570	10338	3217	7121	1013
环县	Huanxian	31	6696	6408	19464	7854	11610	1616
华池县	Huachi	13	2098	2088	6310	2439	3871	566
合水县	Heshui	8	2081	2250	6333	2006	4327	567
正宁县	Zhengning	16	3418	2964	9131	3624	5507	1123
宁县	Ningxian	28	8118	7675	23084	9275	13809	1820
镇原县	Zhenyuan	30	9893	9086	27222	11169	16053	2313
定西市	**Dingxi**	**271**	**64323**	**52418**	**167480**	**73653**	**93827**	**15816**
安定区	Anding	48	10821	7439	24468	12885	11583	2600
通渭县	Tongwei	53	11595	7916	26915	12596	14319	2760

18-25 续表 2 continued

单位：人 (person)

地 区	Region	普通中学学校数(所) Schools (unit)	毕业生数 Graduates	招生数 Entrants	在校学生数 Enrollment	高中 Senior Secondary Schools	初中 Junior Secondary Schools	专任教师 Full-time Teachers
陇西县	Longxi	49	11175	9293	29522	13346	16176	2844
渭源县	Weiyuan	29	7404	6253	19922	8872	11050	1913
临洮县	Lintao	45	10829	8167	26452	11980	14472	2677
漳 县	Zhangxian	18	4170	3914	12352	4549	7803	933
岷 县	Minxian	29	8329	9436	27849	9425	18424	2089
陇南市	**Longnan**	**231**	**48746**	**50120**	**146356**	**51230**	**95126**	**11718**
武都区	Wudu	40	10761	11876	33197	12011	21186	2456
成 县	Chengxian	25	4186	4025	12008	3998	8010	1036
文 县	Wenxian	25	3927	4059	11536	4221	7315	1051
宕昌县	Tanchang	25	4479	5475	15640	4986	10654	1094
康 县	Kangxian	18	2625	2771	7896	3220	4676	726
西和县	Xihe	29	8850	8594	26540	8927	17613	1919
礼 县	Lixian	39	9243	9039	26776	8931	17845	2290
徽 县	Huixian	24	3996	3616	10709	4000	6709	946
两当县	Liangdang	6	679	665	2054	936	1118	200
临夏州	**Linxia**	**102**	**31485**	**32142**	**94526**	**37857**	**56669**	**8513**
临夏市	linxia	7	6590	7039	21075	11402	9673	1495
临夏县	linxia	18	4361	4236	12488	4203	8285	1201
康乐县	Kangle	16	4162	4394	12707	5522	7185	995
永靖县	Yongjing	13	3745	3319	10228	4963	5265	1145
广河县	Guanghe	9	3224	3584	9955	3371	6584	844
和政县	Hezheng	9	2895	2790	7827	2196	5631	715
东乡县	Dongxiang	18	3034	2774	9222	2589	6633	862
积石山县	Jishishan	12	3474	4006	11024	3611	7413	1256
甘南州	**Gannan**	**42**	**16217**	**15662**	**46432**	**18409**	**28023**	**4138**
合作市	Hezuo	4	3153	2921	8827	4131	4696	687
临潭县	Lintan	10	2566	2511	7452	2596	4856	736
卓尼县	Zhuoni	8	2351	2105	6482	2666	3816	659
舟曲县	Zhouqu	6	3650	3269	9904	3750	6154	795
迭部县	Diebu	5	1301	1311	3983	1556	2427	398
玛曲县	Maqu	3	791	1026	2838	921	1917	226
碌曲县	Luqu	2	1025	974	2739	1148	1591	258
夏河县	Xiahe	4	1380	1545	4207	1641	2566	379

18-26 各地区普通高等学校基本情况（2016）
Number of Regular Institutions of Higher Education by Region (2016)

单位：人 (person)

地 区	Region	学校数(所) Schools (unit)	专任教师数 Full-time Teachers	招生数 Entrants	本科 Normal Courses	专科 Short-cycle Courses	在校学生数 Enrollment	本科 Normal Courses	专科 Short-cycle Courses
兰州市	Lanzhou	30	19027	87799	58550	29249	318885	234886	83999
嘉峪关市	Jiayuguan	1	188	934		934	2909		2909
金昌市	Jinchang	1	148	1089		1089	3318		3318
白银市	Baiyin	1	184	1375		1375	3678		3678
天水市	Tianshui	4	1824	11885	3780	8105	38558	14934	23624
武威市	Wuwei	2	831	5389		5389	16560		16560
张掖市	Zhangye	1	895	5005	3756	1249	19638	14702	4936
平凉市	Pingliang	2	721	2300	966	1334	5670	1492	4178
酒泉市	Jiuquan	1	416	2729		2729	7966		7966
庆阳市	Qingyang	2	1101	4786	3784	1002	16821	15026	1795
定西市	Dingxi	1	395	1469		1469	4535		4535
陇南市	Longnan	1	376	2103		2103	6133		6133
临夏州	Linxia	1	117	1160		1160	1820		1820
甘南州	Gannan	1	508	2659	2659		10712	10621	91

注：普通高等学校数中包含5所独立学院。
a)Number of regular institutions of higher education include the 5 independent institutions.

18-26 续表 continued

单位：人 (person)

地 区	Region	毕(结)业生数 Graduates with Degrees or Diplomas	本科 Normal Courses	专科 Short-cycle Courses	授予学位数 Degrees Awarded
兰州市	Lanzhou	81151	56590	24561	55230
嘉峪关市	Jiayuguan	850		850	
金昌市	Jinchang	1061		1061	
白银市	Baiyin	640		640	
天水市	Tianshui	10709	3748	6961	3579
武威市	Wuwei	5712		5712	
张掖市	Zhangye	5056	3319	1737	3189
平凉市	Pingliang	1973		1973	
酒泉市	Jiuquan	2076		2076	
庆阳市	Qingyang	4698	4510	188	4208
定西市	Dingxi	1606		1606	
陇南市	Longnan	1841		1841	
临夏州	Linxia				
甘南州	Gannan	2538	2454	84	2344

18-27 科技活动基本情况
Basic Statistics on Scientific and Technological Activities

指　　标	Item	2010	2011	2015	2016
研究与试验发展(R&D)投入情况	**Statistics on R&D Input**				
有R&D活动的单位数(个)	Number of Units with R & D Activities (unit)	331	383	693	695
R&D人员(人)	R & D Personnel (person)	30321	31819	40787	39796
R&D人员全时当量(人年)	Full-time Equivalent of R&D Personnel (man-year)	20774	21283	25859	25760
R&D经费内部支出(万元)	Internal Expenditure on R&D (10 000yuan)	415886	485261	827203	869850
R&D经费内部支出相当于生产总值比例(%)	Ratio of Internal Expenditure on R&D to GDP (%)	1.01	0.97	1.22	1.22
科技产出及成果情况	**Statistics on S&T Outputs and Results**				
发表科技论文(篇)	Scientific Papers Issued (piece)	26016	24199	25668	26173
出版科技著作(种)	Publication on Science and Technology (kind)	645	699	1020	1089
专利申请受理数(件)	Number of Patents Applications Accepted (piece)	1817	1994	4125	5428
#发明专利	Inventions	933	1002	1550	2020
专利申请授权数(件)	Number of Patents Application Granted (piece)	304	426	1353	2065
#发明专利	Inventions	187	281	524	717
有效发明专利数(件)	Number of Patents in Force (piece)	1554	2004	4523	6057
专利所有权转让及许可数(件)	Number of Transfer and License of Patent Ownership (piece)	138	159	76	171
专利所有权转让与许可收入(万元)	Income of Transfer and License of Patent Ownership (10 000 yuan)	2015	991	3569	1401
植物新品种权授予数(项)	Number of New Plant Varieties Granted (item)	20	9	19	18
形成国家或行业标准数(项)	Number of Form the National or Industry Standards (item)	170	187	216	340

18-28 研究与试验发展(R&D)人员
R&D Personnel

单位：人 (person)

指　标	Item	2010	2011	2015	2016
R&D人员	**R&D Personnel**	**30321**	**31819**	**40787**	**39796**
按学历分	**By Level of Education**				
博士毕业	Doctor	2096	2331	3809	4065
硕士毕业	Master	4882	5211	7797	8182
本科毕业	Under-graduate	13319	12796	13533	18346
其他人员	Others	10024	11481	15648	9203
女性	Female	7368	7863	11575	11529
研究人员	Researchers	18739	19216	21360	23703
全时人员	Full-time Equivalent	16978	17537	23074	22596

18-29 研究与试验发展(R&D)人员全时当量
Full-time Equivalent of R&D Personnel

单位：人年 (man-year)

指　标	Item	2010	2011	2015	2016
R&D人员全时当量	**Full-time Equivalent of R&D Personnel**	**20774**	**21283**	**25859**	**25760**
#研究人员	Researchers	12771	12967	13256	15060
按活动类型分	**By Type of Activity**				
基础研究	Basic Research	2299	2333	4309	4420
应用研究	Applied Research	4890	5496	5570	5189
试验发展	Experimental Development	13586	13452	15980	16151

18-30 研究与试验发展(R&D)经费情况
Expenditure on R&D

单位：万元 (10 000yuan)

指 标	Item	2010	2011	2015	2016
R&D经费内部支出	**Internal Expenditure on R&D by Sources**	**415886**	**485261**	**827203**	**869850**
按活动类型分	**By Type of Activity**				
基础研究	Basic Research	56498	68419	127825	135258
应用研究	Applied Research	87531	91863	129000	120894
试验发展	Experimental Development	271858	324978	570378	613698
按执行部门分	**By Execution Departments**				
企业	Enterprises	223202	264063	493772	518864
#大中型工业企业	Large and Medium-sized Industrial Enterprises	208652	229686	369704	509228
研究与开发机构	R&D Institutions	120428	135373	248233	254815
高等学校	Higher Education	62646	68605	69583	77230
其他	Others	9610	17220	15615	18942
按支出用途分	**By Expenditure Use**				
日常性支出	Routine Expenses	355587	392575	695594	727584
#人员劳务费	Labor Cost	95801	114288	199305	205732
资产性支出	Assets Expenditure	60299	92686	131609	142266
#仪器和设备	Equipment	50997	65584	99373	113356
按资金来源分	**By Sources of Funding**				
政府资金	Government Funds	161543	171498	297574	300201
企业资金	Self-raised Funds by Enterprises	238039	290893	500065	532536
国外资金	Foreign Funds	1224	376	2780	958
其他资金	Other Funds	15081	22493	26784	36156
R&D经费外部支出	**External Expenditure on R&D by Performer and Sources**	**35208**	**54518**	**132107**	**37981**
#对国内研究机构支出	to Domestic Research Institutions	16414	29403	66762	18151
对国内高等学校支出	to Domestic Higher Education	10888	13778	29546	15179
对国内企业支出	to Domestic Enterprises	3013	4374	27094	4268
对境外机构支出	to Foreign Institutions	4894	6881	8678	383

18-31 研究与试验发展(R&D)项目(课题)情况
Statistics on R&D Projects (Topics)

指 标	Item	2010	2011	2015	2016
R&D项目(课题)数(项)	R&D Projects(item)	10126	11545	14036	14394
R&D项目(课题)人员折合全时当量(人年)	R&D Participants(man-year)	17463	18069	22205	21357
R&D项目(课题)经费内部支出(万元)	R&D Intramural Expenditure(10 000 yuan)	296798	303735	631666	631906

18-32 分行业研究与试验发展(R&D)基本情况（2016）
Basic Statistics on R&D by Sector (2016)

行　业	Sector	R&D人员合计(人) Total R&D Personnel (person)	R&D人员全时当量(人年) Full-time Equivalent of R&D Personnel (man-year)	R&D经费内部支出合计(万元) Intramural Expenditure on R&D by Sources (10 000 yuan)	项目(课题)数(项) R&D Projects (item)
农、林、牧、渔业	Agriculture,Forestry,Animal Husbandry and Fishery	256	178	1058	27
采 矿 业	Mining	1564	1270	28186	112
制 造 业	Manufacturing	16207	11015	471251	1316
电力、热力、燃气及水的生产和供应业	Production and Supply of Electricity, Heat, Gas and Water	408	325	9791	37
建 筑 业	Construction	130	105	3889	10
批发和零售业	Wholesale and Retail Trades				
交通运输、仓储和邮政业	Transport,Storage and Post				
住宿和餐饮业	Hotels and Catering Services				
信息传输、软件和信息技术服务业	Information Transmission,Software and Information Technology Services	224	197	2929	18
金融业	Financial Intermediation				
房地产业	Real Estate				
租赁和商务服务业	Leasing and Business Services	9	7	14	7
科学研究和技术服务业	Scientific Research and Technical Services	8437	7420	269449	2789
水利、环境和公共设施管理业	Management of Water Conservancy, Environment and Public Facilities	3	3	13	1
居民服务、修理和其他服务业	Services to Households,Repair and Other Services				
教育	Education	9688	3909	77230	9858
卫生和社会工作	Health and Social Work	2852	1328	5974	215
文化、体育和娱乐业	Culture, Sports and Entertainment	18	3	67	3
公共管理、社会保障和社会组织	Public Management,Social Security and Social Organization				
国际组织	International Organizations				

18-33 研究机构情况（2016）
Situation of Research Institutions (2016)

指标	Item	机构数（个）Number of Institutions (unit)	R&D人员（人）R&D Personnel (person)	R&D经费支出（万元）R&D Expenditure (10 000yuan)
甘肃省	**Gansu Province**	**674**	**17565**	**350446**
按执行部门分	**By Execution Departments**			
科研机构	Research Institutions	106	7485	254815
高等学校	Higher Education	223	2227	15190
企业	Enterprises	284	6932	73433
其他	Others	61	921	7009
按行业分	**By Sector**			
农、林、牧、渔业	Agriculture,Forestry,Animal Husbandry and Fishery	16	130	701
采矿业	Mining	13	256	4760
制造业	Manufacturing	246	6326	66518
电力、热力、燃气及水的生产和供应业	Production and Supply of Electricity, Heat, Gas and Water	4	137	90
建筑业	Construction	5	28	962
批发和零售业	Wholesale and Retail Trades			
交通运输、仓储和邮政业	Transport,Storage and Post			
住宿和餐饮业	Hotels and Catering Services			
信息传输、软件和信息技术服务业	Information Transmission,Software and Information Technology Services	1	68	502
金融业	Financial Intermediation			
房地产业	Real Estate			
租赁和商务服务业	Leasing and Business Services			
科学研究和技术服务业	Scientific Research and Technical Services	124	7827	260674
水利、环境和公共设施管理业	Management of Water Conservancy, Environment and Public Facilities	3	3	5
居民服务、修理和其他服务业	Services to Households,Repair and Other Services			
教育	Education	223	2227	15190
卫生和社会工作	Health and Social Work	38	552	1002
文化、体育和娱乐业	Culture, Sports and Entertainment	1	11	42
公共管理、社会保障和社会组织	Public Management,Social Security and Social Organization			
国际组织	International Organizations			

18-34 规模以上工业企业科技活动基本情况
Basic Statistics on Science and Technology Activities of Industrial Enterprises above Designated Size

指　　标	Item	2010	2011	2015	2016
企业基本情况	**Statistics on Industrial Enterprises**				
有R&D活动企业数(个)	Number of Enterprises Having R&D Activities (unit)	126	138	457	453
有R&D活动企业占规模以上企业比重(%)	Ratio of Enterprises Having R&D Activities to Total Number of Enterprises (%)	6.3	10.1	21.4	21.6
研究与试验发展(R&D)活动	**Statitstics on R&D Activities**				
R&D人员全时当量（人年）	Full-time Equivalent of R&D Personnel(man-year)	9561	9307	12578	12610
R&D经费内部支出（万元）	Internal Expenditure on R&D(10 000 yuan)	218590	257916	486077	509228
R&D项目数(项)	R&D Projects (item)	644	1280	1572	1465
R&D项目经费内部支出(万元	Internal Expenditure on R&D Projects(10 000 yuan)	152320	165295	412787	405098
企业办研发机构	**Statistics on R&D Institutions**				
机构数（个）	Number of R&D Institutions(unit)	161	150	284	263
机构人员数（人）	R&D Personnel (person)	5383	8364	12113	11948
机构经费支出（万元）	Expenditure on R&D(10 000yuan)	52792	67777	167872	105248
新产品开发及生产	**Statitstics on New Products Development and Production**				
新产品开发项目数（个）	Number of New Products(unit)	1182	1192	1291	1222
新产品开发经费支出（万元）	Expenditure on New Products Development(10 000 yuan)	212337	273986	392974	397701
新产品销售收入（亿元）	Sales Revenue of New Products(100 million yuan)	349.06	502.69	574.10	303.11
#新产品出口	Export	25.32	30.09	50.72	27.75
专利	**Statistics on Patent**				
专利申请数（件）	Patent Applications (piece)	1043	1053	2230	2600
#发明专利	Inventions	328	320	698	814
有效发明专利数(件)	Number of Patents in Force(piece)	402	493	1884	2427
技术获取和技术改造（万元）	**Statistics on Technology Acquisition and Technology Reconstruction(10 000 yuan)**				
引进国外技术经费支出	Expenditure for Acquisition of Foreign Technology	59956	53317	21378	1298
引进技术消化吸收经费支出	Expenditure for Assimilation of Technology	122099	127331	69148	5939
购买国内技术经费支出	Expenditure for Purchase of Domestic Technology	44929	41682	35973	2694
技术改造经费支出	Expenditure for Technical Renovation	408340	419642	571814	476440

18-35 大中型工业企业科技活动基本情况
Basic Statistics on Science and Technology Activities of Large and Medium-sized Industrial Enterprises

指标	Item	2011	2015	2016
企业基本情况	**Statistics on Industrial Enterprises**			
有R&D活动企业数(个)	Number of Enterprises having R&D Activities(unit)	70	104	108
有R&D活动企业占大中型工业企业比重(%)	Ratio of Enterprises having R&D Activities to Total Number of Enterprises (%)	20	37	41
研究与试验发展(R&D)活动	**Statitstics on R&D Activities**			
R&D人员全时当量（人年）	Full-time Equivalent of R&D Personnel(man-year)	7886	9500	9430
R&D经费内部支出（万元）	Internal Expenditure on R&D (10 000 yuan)	229686	369704	391443
R&D项目数(项)	R&D Projects (item)	1085	1032	921
R&D项目经费内部支出(万元)	Internal Expenditure on R&D Projects(10 000 yuan)	146081	309132	297760
企业办研发机构	**Statistics on R&D Institutions**			
机构数（个）	Number of R&D Institutions(unit)	102	95	123
机构人员数（人）	R&D Personnel(person)	7821	9356	10259
机构经费支出（万元）	Expenditure on R&D(10 000 yuan)	63786	135738	82359
新产品开发及生产	**Statitstics on New Products Development and Production**			
新产品开发项目数（个）	Number of New Products(unit)	1054	787	705
新产品开发经费支出（万元）	Expenditure on New Products Development(10 000 yuan)	258707	289018	305867
新产品销售收入（万元）	Sales Revenue of New Products(10 000 yuan)	4977241	5494304	2806385
#新产品出口	Export	298145	494386	263356
专利	**Statistics on Patent**			
专利申请数（件）	Patent Applications (piece)	901	1707	2021
#发明专利	Inventions	261	506	658
有效发明专利数(件)	Number of Patents in Force(piece)	423	1361	1895
技术获取和技术改造（万元）	**Statistics on Technology Acquisition and Technology Reconstruction(10 000 yuan)**			
引进国外技术经费支出	Expenditure for Acquisition of Foreign Technology	53277	21318	1238
引进技术消化吸收经费支出	Expenditure for Assimilation of Technology	127161	68708	5910
购买国内技术经费支出	Expenditure for Purchase of Domestic Technology	41424	35818	2126
技术改造经费支出	Expenditure for Technical Renovation	414236	556771	469648

18-36 按行业分规模以上工业企业R&D项目情况（2016）
R&D Projects of Industrial Enterprises above Designated Size by Industrial Sector (2016)

行 业	Industry	R&D项目数（项）R&D Projects (item)	R&D项目人员（人）R&D Personnel (person)	R&D项目经费内部支出（万元）Expenditure on R&D Project (10000 yuan)
甘肃省	**Gansu**	**1465**	**15376**	**405098**
煤炭开采和洗选业	Mining and Washing of Coal	20	418	7846
石油和天然气开采业	Extraction of Petroleum and Natural Gas	53	630	7515
黑色金属矿采选业	Mining and Processing of Ferrous Metal Ores	10	138	5148
有色金属矿采选业	Mining of and Processing Non-ferrous Metal Ores	13	100	3827
非金属矿采选业	Mining and Processing of Non-metal Ores	6	46	1458
开采辅助活动	Support Activities for Mining			
其他采矿业	Mining of Other Ores			
农副食品加工业	Processing of Food from Agricultural Products	130	1151	25013
食品制造业	Manufacture of Foods	47	397	9654
酒、饮料和精茶制造业	Manufacture of Liquor, Beverages and Refined Tea	32	251	6723
烟草制品业	Manufacture of Tobacco	4	50	3506
纺织业	Manufacture of Textile	9	68	696
纺织服装、服饰业	Manufacture of Textile, Wearing Apparel and Accessories			
皮革、毛皮、羽毛(绒)及其制品和制鞋业	Manufacture of Leather, Fur, Feather and Related Products and Footwear	4	25	150
木材加工及木、竹、藤、棕、草制品业	Processing of Timbers,Manufacture of Wood, Bamboo,Rattan,Palm,Straw Products	1	9	116
家具制造业	Manufacture of Furniture	2	13	640
造纸及纸制品业	Manufacture of Paper and Paper Products	4	14	416
印刷业和记录媒介复制业	Printing and Reproduction of Recording Media	1	6	25
文教、工美、体育和娱乐用品制造业	Manufacture of Articles for Culture, Education Arts and Crafts,Sport and Entertainment Activities			
石油加工、炼焦及核燃料加工业	Processing of Petroleum ,Coking,Processing of Nucleus Fuel	82	733	9831
化学原料及化学制品制造业	Manufacture of Chemical Raw Material and Chemical Products	112	940	15637
医药制造业	Manufacture of Medicines	156	1333	22617
化学纤维制造业	Manufacture of Chemical Fiber			
橡胶和塑料制品业	Manufacture of Rubber and Plastic Products	33	336	17149
非金属矿物制品业	Manufacture of Non-metallic Mineral Products	58	628	24906
黑色金属冶炼及压延加工业	Manufacture and Processing of Ferrous Metals	50	688	70419
有色金属冶炼及压延加工业	Manufacture and Processing of Non-ferrous Metals	131	2018	98283
金属制品业	Manufacture of Metal Products	31	425	6363
通用设备制造业	Manufacture of General Purpose Machinery	39	572	8344
专用设备制造业	Manufacture of Special Purpose Machinery	205	1783	22141
汽车制造业	Manufacture of Automobile	4	86	89
铁路、船舶、航空航天和其他运输设备制造业	Manufacture of Railway Equipment, Ships, Aerospace and Other Transport Equipments	4	41	333
电气机械和器材制造业	Manufacture of Electrical Machinery and Apparatus	122	1377	15659
计算机、通讯和其他电子设备制造业	Manufacture of Computers,Communicationt and Other Electronic Equipment	40	512	6785
仪器仪表制造业	Manufacture of Measuring Instruments and Machinery	6	120	2517
其他制造业	Other Manufacturing			
废弃资源综合利用业	Utilization of Waste Resources	5	38	1141
金属制品、机械和设备修理业	Repair Service of Metal Products, Machinery and Equipment	4	115	876
电力、热力生产和供应业	Production and Supply of Electric Power and Heat Power	35	291	9153
燃气生产和供应业	Production and Supply of Gas	1	9	110
水的生产和供应业	Production and Supply of Water	1	15	15

18-37 按登记注册类型分规模以上工业企业新产品开发和生产（2016）
New Products Development and Production of Industrial Enterprises above Designated Size by Registration Status (2016)

单位：万元 (10 000 yuan)

类　型	Type of Registration	新产品开发项目数(项) New Products (unit)	新产品开发经费支出 Expenditure on New Products Development	新产品销售收入 Sales Revenue of New Products
甘肃省	**Gansu**	**1222**	**397701**	**3031098**
内资企业	**Domestic Funded**	**1203**	**391567**	**3026204**
国有企业	State-owned Enterprises	17	3248	20993
#大型企业	Large-sized Enterprises			
集体企业	Collective-owned Enterprises	4	461	8276
股份合作企业	Cooperative Enterprises			
联营企业	Joint Ownership Enterprises			
有限责任公司	Limited Liability Corporations	600	213863	762317
股份有限公司	Share-holding Corporations Ltd.	301	113103	2028912
私营企业	Private Enterprises	279	60328	205398
其他企业	Other Enterprises	2	564	308
港澳台商投资企业	**Enterprises with Funds from Hong Kong,Macau and Taiwan**	**3**	**305**	
合资经营企业	Joint-venture Enterprises	3	305	
合作经营企业	Cooperative Enterprises			
独资经营企业	Enterprises with Sole Fund			
投资股份有限公司	Share-holding Corporations Ltd.			
外商投资企业	**Foreign Funded Enterprises**	**16**	**5830**	**4894**
中外合资经营企业	Joint-venture Enterprises	10	4730	4894
中外合作经营	Cooperation Enterprises	1	124	
外资企业	Enterprises with Sole Foreign Funds	5	975	
外商投资股份有限公司	Share-holding Corporations Ltd.			

18-38 按行业分规模以上工业企业新产品开发和生产（2016）
New Products Development and Production of Industrial Enterprises above Designated Size by Industrial Sector (2016)

单位：万元 (100 000 yuan)

行业	Industry	新产品开发项目数(项) New Products (unit)	新产品开发经费支出 Expenditure on New Products Development	新产品销售收入 Sales Revenue of New Products
煤炭开采和洗选业	Mining and Washing of Coal	3	1758	
石油和天然气开采业	Extraction of Petroleum and Natural Gas			
黑色金属矿采选业	Mining and Processing of Ferrous Metal Ores	6	2687	
有色金属矿采选业	Mining of and Processing Non-ferrous Metal Ores	4	1100	420
非金属矿采选业	Mining and Processing of Non-metal Ores	6	1526	3000
开采辅助活动	Support Activities for Mining	1	748	753
其他采矿业	Mining of Other Ores			
农副食品加工业	Processing of Food from Agricultural Products	142	28180	46475
食品制造业	Manufacture of Foods	44	6671	27038
酒、饮料和精茶制造业	Manufacture of Liquor, Beverages and Refined Tea	27	6402	13042
烟草制品业	Manufacture of Tobacco			13543
纺织业	Manufacture of Textile	6	603	10484
纺织服装、服饰业	Manufacture of Textile, Wearing Apparel and Accessories			
皮革、毛皮、羽毛(绒)及其制品和制鞋业	Manufacture of Leather, Fur, Feather and Related Products and Footwear	4	430	
木材加工及木、竹、藤、棕、草制品业	Processing of Timbers,Manufacture of Wood, Bamboo,Rattan,Palm,Straw Products			
家具制造业	Manufacture of Furniture	4	1385	510
造纸及纸制品业	Manufacture of Paper and Paper Products	3	266	
印刷业和记录媒介复制业	Printing and Reproduction of Recording Media	1	28	
文教、工美、体育和娱乐用品制造业	Manufacture of Articles for Culture, Education Arts and Crafts,Sport and Entertainment Activities			3388
石油加工、炼焦及核燃料加工业	Processing of Petroleum ,Coking, Processing of Nucleus Fuel	34	6256	101550
化学原料及化学制品制造业	Manufacture of Chemical Raw Material and Chemical Products	116	22059	190536
医药制造业	Manufacture of Medicines	149	22138	136342
化学纤维制造业	Manufacture of Chemical Fiber			
橡胶和塑料制品业	Manufacture of Rubber and Plastic Products	36	20254	27436
非金属矿物制品业	Manufacture of Non-metallic Mineral Products	59	26558	68946
黑色金属冶炼及压延加工业	Manufacture and Processing of Ferrous Metals	34	105717	42206
有色金属冶炼及压延加工业	Manufacture and Processing of Non-ferrous Metals	86	60320	1348465
金属制品业	Manufacture of Metal Products	38	9105	90223
通用设备制造业	Manufacture of General Purpose Machinery	56	11725	80396
专用设备制造业	Manufacture of Special Purpose Machinery	170	22796	159670
汽车制造业	Manufacture of Automobile	4	195	1344
铁路、船舶、航空航天和其他运输设备制造业	Manufacture of Railway Equipment, Ships, Aerospace and Other Transport Equipments	5	963	270
电气机械及器材制造业	Manufacture of Electrical Machinery and Apparatus	103	14996	127244
计算机、通讯和其他电子设备制造业	Manufacture of Computers,Communicationt and Other Electronic Equipment	45	11746	458155
仪器仪表制造业	Manufacture of Measuring Instruments and Machinery	7	2266	26045
其他制造业	Other Manufacturing			5000
废弃资源综合利用业	Utilization of Waste Resources			
金属制品、机械和设备修理业	Repair Service of Metal Products, Machinery and Equipment	10	2620	48618
电力、热力生产和供应业	Production and Supply of Electric Power and Heat Power	17	6199	
燃气生产和供应业	Production and Supply of Gas			
水的生产和供应业	Production and Supply of Water	2	6	

18-39 科学研究与开发机构科技活动基本情况
Basic Statistics on Scientific Research and Development Institutions

指 标	Item	2011	2015	2016
机构基本情况	**Basic Statistics on Institutions**			
机构数（个）	Number of R&D Institutions(unit)	109	108	106
研究与试验发展(R&D)投入情况	**Statistics on R&D Input**			
R&D人员（人）	R&D Personnel(person)	6220	7370	7485
R&D人员全时当量（人年）	Full-time Equivalent of R&D Personnel(man-year)	5635	6691	6570
基础研究	Basic Research	1430	2640	2614
应用研究	Applied Research	1525	1828	1620
试验发展	Experimental Development	2680	2223	2336
R&D经费内部支出（万元）	Internal Expenditure on R&D (10 000 yuan)	135373	248233	254815
按活动类型分	By Type of Activity			
基础研究	Basic Research	45963	99966	101541
应用研究	Applied Research	25998	64329	55231
试验发展	Experimental Development	63412	83938	98043
按资金来源分	By Sources of Funding			
政府资金	Government Funds	107417	227444	214182
企业资金	Self-raised Funds by Enterprises	9568	8855	14480
国外资金	Forein Funds	178	716	775
其他资金	Other Funds	18210	11218	25379
研究与试验发展(R&D)项目(课题)情况	**Statistics on R&D Topics**			
R&D项目(课题)数（项）	R&D Projects(item)	1746	2637	2607
R&D项目(课题)人员全时当量（人年）	Participants(man-year)	4338	5632	5349
R&D项目(课题)经费内部支出（万元）	Intramural Expenditure(10 000 yuan)	73399	148459	145656
科技产出及成果情况	**Statistics on S&T Outputs and Results**			
发表科技论文(篇)	Scientific Papers Issued (piece)	4084	4121	3827
#国外发表	Published in Foreign Periodicals			
出版科技著作（种）	Publication on Science and Technology (kind)		121	186
专利申请受理数（件）	Number of Patents Applications Accepted (piece)	313	902	982
#发明专利	Inventions	253	417	598
专利申请授权数（件）	Number of Patents Applications Granted (piece)	170	640	698
#发明专利	Inventions	137	222	322

18-40 高等学校科技活动情况
Basic Statistics on Higher Education for Science and Technology Activities

指 标	Item	201[illegible]	2015	2016
高等学校基本情况	**Basic Statistics on Higher Education**			
R&D机构（个）	R&D Institutions(unit)	47	50	54
研究与试验发展(R&D)投入情况	**Statistics on R&D Input**			
R&D人员（人）	R&D Personnel(person)	6513	9564	9688
R&D人员全时当量（人年）	Full-time Equivalent of R&D Personnel(man-year)	3091	3810	3909
基础研究	Basic Research	892	1659	1712
应用研究	Applied Research	2020	1963	2030
试验发展	Experimental Development	178	188	167
R&D经费内部支出（万元）	**Internal Expenditure on R&D (10 000 yuan)**	**68605**	**69583**	**77230**
按活动类型分	By Type of Activity			
基础研究	Basic Research	22396	27762	32351
应用研究	Applied Research	37017	35385	39074
试验发展	Experimental Development	9192	6435	5805
按资金来源分	By Sources of Funding			
#政府资金	Government Funds	34088	41976	48335
企业资金	Self-raised Funds by Enterprises	31551	19693	23868
研究与试验发展(R&D)项目(课题)情况	**Statistics on R&D Topics**			
R&D项目(课题)数（项）	R&D Projects(item)	8016	9319	9858
R&D项目(课题)人员全时当量（人年）	Participants(man-year)	3090	3810	3902
R&D项目(课题)经费内部支出（万元）	Intramural Expenditure(100 million yuan)	56191	55545	61701
科技产出及成果情况	**Statistics on S&T Outputs and Results**			
发表科技论文(篇)	Scientific Papers Issued (piece)	16163	17459	18468
出版科技著作（种）	Publication on Science and Technology (kind)	526	848	835
专利申请受理数（件）	Number of Patents Applications Accepted (piece)	520	878	1696
#发明专利	Inventions	380	375	551
专利申请授权数（件）	Number of Patents Applications Granted (piece)	232	672	1359
#发明专利	Inventions	141	285	392

18-41 科技成果情况
Statistics on Scientific and Technological Results

指标	Item	2010	2011	2015	2016
基本情况(项)	**Basic Statistics (unit)**				
鉴定项目数	Number of Appraisal Projects	972	1031	203	189
登记项目数	Number of Book in Projects	1065	1108	819	1276
奖励项目数	Number of Prized Projects	181	182	149	149
成果水平(项)	**Apprais of Scientific Achievenments(unit)**				
国际领先	Keep Ahead at International Level	16	26	14	2
国际先进	International Advanced Level	134	139	60	5
国内领先	Keep Ahead at Domestically Level	681	734	114	20
国内先进	Domestically Advanced Level	152	137	14	7
国内一般	Domestically General Level		3	1	1
未评价	Unevaluated		9	452	864
应用领域(项)	**Applied Field (unit)**				
工业(交通、邮电、建筑、地质)	Industry (Transportation, Post and Telecommunications, Construction, Geology)	282	310	211	270
农业(林、牧、渔)	Agriculture (Forestry, Animal Husbandry and Fishery)	294	276	276	429
已应用项目数(项)	**Number of Adopted Project (unit)**	**790**	**849**	**344**	**818**

18-42 专利申请及授权情况
Statistics of Patent Application and Grant

单位：项 (unit)

指标	Item	申请量 Patent Applications		授权量 Patent Application Granted	
		2015	2016	2015	2016
总计	**Total**	**14584**	**20276**	**6912**	**7975**
#发明专利	Inventions	5504	6114	1238	1308
实用新型	Utility Models	6825	10272	4478	5075
外观设计	Designs	2255	3890	1196	1592
#职务	Official	6630	10008	4463	5133
大专院校	Universities and Colleges	1410	3065	870	1331
科研单位	Research Institutions	1279	1511	707	759
企业	Enterprises	3713	5070	2758	2925
机关团体	Government Agencies and Organizations	228	362	128	118
非职务	Non-official	7954	10268	2449	2842

18-43 各类技术合同签订情况（2016）
Statistics of Signing Technical Contract (2016)

指标	Item	合同数(项) Number of Contracts (unit)	合同成交金额(万元) Amount of Contracts (10 000 yuan)	#技术交易额 Revenue for Technique Trade
技术开发合同	Technical Development	658	204585	95412
技术转让合同	Technical Transfer	34	42840	30205
技术咨询合同	Technical Advisory	1090	93577	42547
技术服务合同	Technical Service	3470	1167104	713439

18-44 各地区研究与试验发展(R&D)情况（2016）
Basic Statistics on R&D by Region (2016)

地区	Region	有R&D活动的单位数(个) Number of Units (unit)	R&D人员(人) R&D Personnel (person)	R&D人员折合全时人员(人年) Full-time Equivalent of R&D Personnel (man-year)	#研究人员 Researcher	按活动类型分R&D人员折合全时人员(人年) Full-time Equivalent of R&D Personnel by Type of Activity (man-year)		
						基础研究 Basic Research	应用研究 Applied Research	试验发展 Experimental Development
兰州市	Lanzhou	214	21559	14025	9706	3838	3845	6344
嘉峪关市	Jiayuguan	11	1398	1184	625	1	60	1123
金昌市	Jinchang	15	2125	1055	558		19	1036
白银市	Baiyin	36	1877	907	392		50	857
天水市	Tianshui	43	3380	1884	948	181	126	1577
武威市	Wuwei	118	1857	1363	511		351	1012
张掖市	Zhangye	97	2096	1281	506	129	90	1062
平凉市	Pingliang	11	422	336	179	9	35	292
酒泉市	Jiuquan	83	2123	1852	658	173	70	1610
庆阳市	Qingyang	24	1805	1202	623	61	369	772
定西市	Dingxi	17	533	360	167	1	69	290
陇南市	Longnan	17	323	170	81	10	35	125
临夏州	Linxia	4	144	93	70		18	76
甘南州	Gannan	5	154	50	38	17	13	19

18-44 续表 continued

地 区	Region	R&D经费内部支出(万元) Internal Expenditure on R&D (10 000yuan)	按活动类型分 By Type of Activity 基础研究 Basic Research	应用研究 Applied Research	试验发展 Experimental Development	按支出用途分 By Expenditure Use 日常性支出 Routine Expenses	资产性支出 Assets Expenditure	R&D经费外部支出(万元) External Expenditure on R&D (10000yuan)
兰州市	Lanzhou	409508	124300	99870	185338	326199	83305	16734
嘉峪关市	Jiayuguan	106740	48	2188	104503	104997	1743	2220
金昌市	Jinchang	102770		55	102714	93814	8957	9230
白银市	Baiyin	42340		1296	41044	25243	17098	2711
天水市	Tianshui	34635	3966	3275	27394	31453	3186	1381
武威市	Wuwei	25808		4195	21613	18881	6928	841
张掖市	Zhangye	51023	842	1984	48196	43893	7127	1080
平凉市	Pingliang	4509	106	2192	2212	4222	287	365
酒泉市	Jiuquan	60882	5596	1913	53373	52975	7907	1946
庆阳市	Qingyang	19364	252	1615	17497	15241	4123	920
定西市	Dingxi	5741	7	730	5004	4767	975	385
陇南市	Longnan	4574	41	1272	3261	4032	542	137
临夏州	Linxia	1307		116	1191	1241	65	30
甘南州	Gannan	651	100	192	359	629	22	

18-45 各地区研究与试验发展(R&D)项目(课题)情况 (2016)
Statistics of R&D Projects (Topics) by Region (2016)

地 区	Region	项目(课题)数(项) Number of Projects (Topics) (unit)	项目(课题)参加人数折合全时当量(人年) Projects (Topics) Participant (man-year)	#研究人员 Researcher	项目(课题)经费内部支出(万元) Internal Expenditure of Projects (Topics) (10 000 yuan)
兰州市	Lanzhou	11703	12353	8333	286816
嘉峪关市	Jiayuguan	71	615	197	70495
金昌市	Jinchang	62	599	281	75440
白银市	Baiyin	153	748	280	29065
天水市	Tianshui	576	1476	615	25711
武威市	Wuwei	277	1120	381	23360
张掖市	Zhangye	477	1210	429	45253
平凉市	Pingliang	56	202	93	3244
酒泉市	Jiuquan	226	1511	521	49962
庆阳市	Qingyang	441	920	488	14964
定西市	Dingxi	56	313	121	3938
陇南市	Longnan	141	158	67	2567
临夏州	Linxia	28	90	65	733
甘南州	Gannan	130	42	31	358

18-46 企业单位分行业各类专业技术人员(2016)
Professional and Technical Personnel of Enterprises Units by Sector and Type(2016)

单位：人 (person)

行业	Sector	总计 Total	工程技术人员 Engineering	农业技术人员 Agriculture	科学研究人员 Scientific Research	卫生技术人员 Health Care	教学人员 Teaching	其他 Other
总计	**Total**	**73251**	**40548**	**979**	**156**	**2471**	**774**	**28323**
农、林、牧、渔业	Agriculture,Forestry,Animal Husbadry and Fishery	3329	1235	762		93	58	1181
采矿业	Mining	11216	6939	5		978	198	3096
制造业	Manufacturing	14688	9504	180	127	163	69	4645
电力、热力、燃气及水的生产和供应业	Production and Supply of Electricity, Heat, Gas and Water	3886	3270	1	3	20	16	576
建筑业	Construction	17350	12548			308	23	4471
批发和零售业	Wholesale and Retail Trades	585	71	10		1	1	502
交通运输、仓储和邮政业	Transport, Storage and Post	5752	3481	5	2	8	9	2247
住宿和餐饮业	Hotels and Catering Services	139	6					133
信息传输、软件和信息技术服务业	Information Transmission,Software and Information Technology Services	16	10					6
金融业	Financial Intermediation	9198	214	2	1	1	8	8972
房地产业	Real Estate	742	458			1		283
租凭和商务服务业	Leasing and Commercial Services	281	100			2	3	176
科学研究和技术服务业	Scientific Research and Technical Services	881	741		21	2		117
水利环境和公共设施管理业	Management of Water Conservancy, Environment and Public Facilities	1717	1381	5		4	4	323
居民服务、修理和其他服务业	Services to Households, Repair and Other Services	308	161	9		1	2	135
教育	Education	432	25				383	24
卫生和社会工作	Health and Social Work	939	8			877		54
文化、体育和娱乐业	Culture, Sports and Entertainment	1703	354			12		1337
公共管理、社会保障和社会组织	Public Management,Social Security and Social Organization	89	42		2			45
国际组织	International Organizations							

注：此表为公有制经济企业专业技术人员数据。
a)Data in this table are data of professional and technical personnel of public economic enterprises.

18-47 事业单位分行业各类专业技术人员（2016）
Professional and Technical Personnel of Institutional Unit by Sector and Type (2016)

单位：人 (person)

行业	Sector	总计 Total	高级岗位 Senior Position	中级岗位 Intermediate Position	初级岗位 Primary Position	其他 Other
总　计	**Total**	**499500**	**51173**	**167253**	**272233**	**8841**
农、林、牧、渔业	Agriculture,Forestry,Animal Husbadry and Fishery	35930	3053	10093	21813	971
采矿业	Mining	80		6	74	
制造业	Manufacturing	1			1	
电力、热力、燃气及水的生产和供应业	Production and Supply of Electricity, Heat, Gas and Water	455	24	149	194	88
建筑业	Construction	1134	48	325	754	7
批发和零售业	Wholesale and Retail Trades	4			4	
交通运输、仓储和邮政业	Transport, Storage and Post	5538	887	1962	2670	19
住宿和餐饮业	Hotels and Catering Services	6		2	4	
信息传输、软件和信息技术服务业	Information Transmission,Software and Information Technology Services	228	10	52	156	10
金融业	Financial Intermediation	310	3	32	275	
房地产业	Real Estate	104	4	50	41	9
租凭和商务服务业	Leasing and Commercial Services	27		11	16	
科学研究和技术服务业	Scientific Research and Technical Services	9709	2026	3430	4137	116
水利环境和公共设施管理业	Management of Water Conservancy, Environment and Public Facilities	10529	978	3587	5822	142
居民服务、修理和其他服务业	Services to Households,Repair and Other Services	415	4	78	331	2
教育	Education	333287	33939	120017	174392	4939
卫生和社会工作	Health, Social Security and Social Welface	81875	8301	22134	49283	2157
文化、体育和娱乐业	Culture, Sports and Entertainment	11421	1546	3870	5739	266
公共管理、社会保障和社会组织	Public Management,Social Security and Social Organization	8447	350	1455	6527	115
国际组织	International Organizations					

18-48 企业创新基本情况(2016)
Enterprise Innovation (2016)

指 标	Item	全 省 Total	工 业 Industry	建筑业 Construction	服务业 Service Industry
创新活动	**Innovative Activity**				
企业数(个)	Number of Enterprises (unit)	5245	2097	628	2520
开展创新活动的企业数(个)	Number of Enterprises to Carry out Innovation Activities (unit)	1882	1029	168	685
#成功实现创新	Successful to Achieve Innovation	1732	896	164	672
#开展产品或工艺创新活动	Carry out Product or Process Innovation Activities	1142	768	81	293
#有组织(管理)创新或营销创新	Own the Organize (Manage) Innovation or Marketing Innovation	1588	791	151	646
#同时实现四种创新	Simultaneously Achieving Four Innovations	321	197	20	104
产品或工艺创新	**Product or Process Innovation**				
有内部R&D的企业数(个)	Number of Enterprises with Internal R&D (unit)	480	453	7	20
有外部R&D的企业数(个)	Number of Enterprises with External R&D (unit)	115	106	5	4
工业企业创新费用(万元)	Innovation Expense for Industrial Enterprises (10 000yuan)	1128295	1128295		
#R&D经费内部支出	Internal Expenditure on R&D	509228	509228		
#R&D经费外部支出	External Expenditure on R&D	29856	29856		
创新合作	**Innovation Cooperation**				
开展创新合作的企业数(个)	Number of Enterprises to Carry out Innovation Cooperation (unit)	778	500	58	220
#与高等学校开展创新合作	Carry out Innovation Cooperation with Colleges and Universities	261	203	24	34
#与研究机构开展创新合作	Carry out Innovation Cooperation with Research Institutions	174	131	14	29
保持和提高竞争力	**Maintain and Enhance Competitiveness**				
占全部企业的比重(%)	**Proportion of Following Enterprises to All Enterprises (%)**				
申请了专利的企业	Enterprises Applied for a Patent	3.53	8.20	0.96	0.28
申请了注册商标的企业	Enterprises Applied for a Registered Trademark	13.52	22.13	3.98	8.73
申请了版权登记的企业	Enterprises Applied for a Copyright Registration	1.94	2.72	0.80	1.59
形成了国家或行业技术标准的企业	Enterprises Formed a National or Industry Technical Standards	11.92	16.02	10.19	8.93
对技术秘密进行内部保护的企业	Enterprises Carried out Internal Protection to Technical Secret	11.88	18.41	9.55	7.02
发挥了时间上的先发优势的企业	Enterprises Played the Time's First-mover Advantage	31.71	24.61	27.23	38.73
有发明专利申请的企业	Enterprises Have the Patent Applications	2.46	5.77	0.64	0.16
采取知识产权保护或相关措施的企业	Enterprises Take Intellectual Property Protection or Related Measures	65.30	74.82	52.39	60.60

18-49 分地区企业创新基本情况(2016)

指　标	Item	甘肃省 Gansu	兰州市 Lanzhou	嘉峪关市 Jiayuguan
创新活动	**Innovative Activity**			
企业数(个)	Number of Enterprises (unit)	5245	1574	160
开展创新活动的企业数(个)	Number of Enterprises to Carry out Innovation Activities (unit)	1882	493	58
#成功实现创新	Successful to Achieve Innovation	1732	462	57
#开展产品或工艺创新活动	Carry out Product or Process Innovation Activities	1142	304	25
#有组织(管理)创新或营销创新	Own the Organize (Manage) Innovation or Marketing Innovation	1588	420	53
#同时实现四种创新	Simultaneously Achieving Four Innovations	321	79	11
产品或工艺创新	**Product or Process Innovation**			
有内部R&D的企业数(个)	Number of Enterprises with Internal R&D (unit)	480	98	9
有外部R&D的企业数(个)	Number of Enterprises with External R&D (unit)	115	40	4
工业企业创新费用(万元)	Innovation Expense for Industrial Enterprises (10 000yuan)	1128295	171029	177491
#R&D经费内部支出	Internal Expenditure on R&D	509228	88722	106643
#R&D经费外部支出	External Expenditure on R&D	29856	10315	2217
保持和提高竞争	**Maintain and Enhance Competitiveness**			
占全部企业的比重(%)	**Proportion of Following Enterprises to All Enterprises (%)**			
申请了专利的企业	Enterprises Applied for a Patent	3.53	4.19	6.25
申请了注册商标的企业	Enterprises Applied for a Registered Trademark	13.52	9.53	5.63
申请了版权登记的企业	Enterprises Applied for a Copyright Registration	1.94	2.54	1.25
形成了国家或行业技术标准的企业	Enterprises Formed a National or Industry Technical Standards	11.92	9.91	24.38
发挥了时间上的先发优势的企业	Enterprises Played the Time's First-mover Advantage	31.71	29.42	55.63
有发明专利申请的企业	Enterprises Have the Patent Applications	2.46	3.30	5.63

Basic Statistics of Enterprise Innovation by Region (2016)

金昌市 Jinchang	白银市 Baiyin	天水市 Tianshui	武威市 Wuwei	张掖市 Zhangye	平凉市 Pingliang	酒泉市 Jiuquan	庆阳市 Qingyang	定西市 Dingxi	陇南市 Longnan	临夏州 Linxia	甘南州 Gannan
185	332	407	415	437	261	530	328	272	177	109	58
77	110	149	161	201	96	177	131	99	69	36	25
77	101	147	123	176	92	162	121	96	57	36	25
39	66	79	134	143	43	111	72	52	47	19	8
73	94	143	108	149	90	144	111	90	53	35	25
11	18	35	34	41	13	18	17	17	15	9	3
8	32	27	101	87	6	67	14	13	14	4	
3	12	7	13	12	2	9	4	5	3	1	
379523	139790	46404	27674	57324	12964	55431	21379	6349	28405	4353	181
102683	41690	25796	22053	47355	2182	46211	16810	4574	3892	616	
9230	2702	893	829	1073	365	770	920	375	137	30	
5.95	4.22	3.93	3.37	4.81	0.77	3.40	0.91	2.21	1.69	0.92	
12.97	18.37	18.18	20.48	15.79	16.48	6.98	14.33	21.69	15.25	11.01	20.69
1.08	1.51	2.21	2.17	1.14	1.53	1.13	0.91	4.04	0.56	3.67	1.72
11.35	11.14	11.30	12.29	10.53	15.33	11.32	14.94	11.40	12.99	20.18	6.90
31.89	19.28	28.50	30.12	35.01	31.80	33.77	42.99	31.62	30.51	29.36	32.76
3.78	3.31	2.21	1.69	2.52	0.77	2.26	0.61	1.47	1.13	0.92	

主要统计指标解释

普通高等学校 指通过国家普通高等教育招生考试，招收高中毕业生为主要培养对象，实施高等学历教育的全日制大学、独立设置的学院、独立学院和高等专科学校、高等职业学校及其他机构。

大学、独立设置的学院主要实施本科及本科层次以上的教育。独立学院主要实施本科层次的教育。高等专科学校、高等职业学校实施专科层次的教育。其他机构是指承担国家普通招生计划任务不计校数的机构，包括普通高等学校分校、大专班等。

成人高等学校 指通过国家成人高等教育招生考试，招收具有高中毕业或同等学力的人员为主要培养对象，利用函授、业余、脱产等多种形式，对其实施高等学历教育的学校。包括：职工高等学校、农民高等学校、管理干部学院、教育学院、独立函授学院、广播电视大学、其他机构。其他机构是指承担国家成人招生计划任务不计校数的机构。

小学学龄儿童净入学率 指调查范围内已入小学学习的学龄儿童占校内外学龄儿童总数(包括弱智儿童，不包括盲聋哑儿童)的比重。

研究与试验发展(R&D) 指在科学技术领域，为增加知识总量，以及运用这些知识去创造新的应用进行的系统的创造性的活动，包括基础研究、应用研究、试验发展三类活动。国际上通常采用 R&D 活动的规模和强度指标反映一国的科技实力和核心竞争力。

基础研究 指为了获得关于现象和可观察事实的基本原理的新知识(揭示客观事物的本质、运动规律，获得新发现、新学说)而进行的实验性或理论性研究，它不以任何专门或特定的应用或使用为目的。其成果以科学论文和科学著作为主要形式。用来反映知识的原始创新能力。

应用研究 指为获得新知识而进行的创造性研究，主要针对某一特定的目的或目标。应用研究是为了确定基础研究成果可能的用途，或是为达到预定的目标探索应采取的新方法(原理性)或新途径。其成果形式以科学论文、专著、原理性模型或发明专利为主。用来反映对基础研究成果应用途径的探索。

试验发展 指利用从基础研究、应用研究和实际经验所获得的现有知识，为产生新的产品、材料和装置，建立新的工艺、系统和服务，以及对已产生和建立的上述各项作实质性的改进而进行的系统性工作。其成果形式主要是专利、专有技术、具有新产品基本特征的产品原型或具有新装置基本特征的原始样机等。在社会科学领域，试验发展是指把通过基础研究、应用研究获得的知识转变成可以实施的计划(包括为进行检验和评估实施示范项目)的过程。人文科学领域没有对应的试验发展活动。主要反映将科研成果转化为技术和产品的能力，是科技推动经济社会发展的物化成果。

R&D 人员 指参与研究与试验发展项目研究、管理和辅助工作的人员， 包括项目(课题)组人员，企业科技行政管理人员和直接为项目(课题)活动提供服务的辅助人员。反映投入从事拥有自主知识产权的研究开发活动的人力规模。

R&D 人员全时当量 指全时人员数加非全时人员按工作量折算为全时人员数的总和。例如：有两个全时人员和三个非全时人员(工作时间分别为 20%、30%和 70%)，则全时当量为 2+0.2+0.3+0.7=3.2 人年。为国际上比较科技人力投入而制定的可比指标。

R&D 经费内部支出合计 指调查单位用于内部开展 R&D 活动（基础研究、应用研究和试验发展）的实际支出。包括用于 R&D 项目（课题）活动的直接支出，以及间接用于 R&D 活动的管理费、服务费、与 R&D 有关的基本建设支出以及外协加工费等。不包括生产性活动支出、归还贷款支出以及与外单位合作或委托外单位进行 R&D 活动而转拨给对方的经费支出。

R&D 项目（课题）数 指在当年立项并开展研究工作、以前年份立项仍继续进行研究的研发项目（课题）数，包括当年完成和年内研究工作已告失败的研发项目（课题），但不包括委托外单位进行的研发项目（课题）数。

R&D 项目（课题）人员全时当量 指实际参加研发项目（课题）活动人员折合的全时当量。

R&D 项目（课题）经费内部支出 指调查单位内部在报告年度进行研发项目（课题）研究和试制等的实际支出。包括劳务费、其他日常支出、固定资产购建费、外协加工费等，不包括委托或与外单位合作进行项目（课题）研究而拨付给对方使用的经费。

专利 是专利权的简称，是对发明人的发明创造经审查合格后，由专利局依据专利法授予发明人和设计人对该项发明创造享有的专有权。包括发明、实用新型和外观设计。反映拥有自主知识产权的科技和设计成果情况。

发明（专利）　指对产品、方法或者其改进所提出的新的技术方案。是国际通行的反映拥有自主知识产权技术的核心指标。

实用新型（专利）　指对产品的形状、构造或者其结合所提出的适于实用的新的技术方案。反映具有一定技术含量的技术成果情况。

外观设计（专利）　指对产品的形状、图案、色彩或者其结合所作出的富有美感并适于工业上应用的新设计。反映拥有自主知识产权的外观设计成果情况。

19

卫生、社会服务和社会保障

Public Health, Social Services and Social Security

简要说明

一、本篇资料主要内容

本篇资料主要包括卫生、民政事业、安全生产、劳动保障、残疾人事业及其他社会统计情况。

卫生主要包括:卫生机构、卫生技术人员、床位数、医院诊疗人次及入院人数、新型农村合作医疗情况。

民政事业和劳动保障资料主要包括：社会福利事业机构、人员和社会救济情况、社会保障、婚姻登记等情况。

二、本篇资料来源

本篇资料由省统计局社会科技处搜集、加工整理。

1. 卫生、新型农村合作医疗资料由省卫生和计划生育委员会提供。

2. 安全生产资料由省安全生产监督管理局提供。

3. 民政事业、劳动保障及其他社会统计数据分别来源于省民政厅、省人力资源和社会保障厅、省公安厅、省委统战部、省妇联、省总工会、省残联。

19-1 医疗卫生机构基本情况
Basic Statistics of Health Care Institutions

项 目	Item	2013	2014	2015	2016
卫生机构数(个)	**Number of Health Care Institutions (unit)**	**26528**	**27902**	**27606**	**28144**
医院	Hospitals	419	427	442	446
综合医院	General Hospitals	273	275	277	277
中医医院	Hospitals Specialized in Traditional Chinese Medicine	73	76	81	81
中西医结合医院	Hospital of Integrated Traditional Chinese with Western Medicine	7	9	10	12
民族医院	Nationalities Hospitals	12	13	12	12
专科医院	Specialized Hospitals	54	54	62	64
卫生院	Health Centers	1381	1378	1351	1376
疗养院	Sanatoriums	5	4	4	4
社区卫生服务中心（站）	Community Health Service Centers (Stations)	606	597	612	582
村卫生室	Village dinics	16683	16686	16573	16719
门诊部	Outpatient Department	69	76	74	70
诊所、卫生所、医务室	Clinics	6620	6523	6618	7004
急救中心(站)	First Aid Centers (Stations)	2	3	3	3
采供血机构	Blood Collection Agencies	17	17	17	17
妇幼保健院（所、站）	Women and Children Care Agencies	100	100	100	103
专科疾病防治院（所、站）	Specialized Disease Prevention & Treatment Institute	7	7	7	7
疾病预防控制中心(防疫站)	Centers for Disease Control and Prevention	103	103	103	103
卫生监督所(中心)	Health Inspection Institution(center)	93	92	92	92
医学科学研究机构	Medicine Scientific Research Institutions	5	5	5	5
医学在职培训机构	Medical-service Training Institutions	11	11	10	10
健康教育所	Health Education Institution	13	13	13	13
其他卫生机构	Other Health Institutions	394	1860	1582	1590
床位(张)	**Beds (unit)**	**116087**	**122375**	**127011**	**136571**
医院	Hospitals	84511	90499	94596	100882
综合医院	General Hospitals	62070	65782	67077	71639
中医医院	Hospitals Specialized in Traditional Chinese Medicine	15936	17661	19935	20719
中西医结合医院	Hospital of Integrated Traditional Chinese with Western Medicine	973	1244	1336	1591
民族医院	Nationalities Hospitals	716	818	760	798
专科医院	Specialized Hospitals	4816	4994	5488	6135
卫生院	Health Centers	23447	23814	24013	24608
疗养院	Sanatoriums	750	650	650	650
社区卫生服务中心（站）	Community Health Service Centers (Stations)	3465	3473	3766	5840
门诊部	Outpatient Department	326	322	148	138
诊所、卫生所、医务室	Clinics	12	12	12	12
急救中心(站)	First Aid Centers (Stations)	12	12	12	12
妇幼保健院（所、站）	Women and Children Care Agencies	3532	3561	3782	4397
专科疾病防治院（所、站）	Specialized Disease Prevention & Treatment Institute	32	32	32	32

19-1 续表 continued

项　　目	Item	2013	2014	2015	2016
卫生机构人员数(人)	**Number of Health Agency Personnel (person)**	**159645**	**178919**	**182305**	**187632**
卫生技术人员(人)	**Medical Technical Personnel (person)**	**116319**	**126294**	**129523**	**135188**
医院	Hospitals	61257	65757	69473	74644
综合医院	General Hospitals	47966	51172	53047	56306
中医医院	Hospitals Specialized in Traditional Chinese Medicine	8906	9691	11218	12559
中西医结合医院	Hospital of Integrated Traditional Chinese with Western Medicine	552	748	904	1007
民族医院	Nationalities Hospitals	548	575	488	495
专科医院	Specialized Hospitals	3285	3571	3816	4277
卫生院	Health Centers	25517	25588	25323	25482
疗养院	Sanatoriums	114	105	101	111
社区卫生服务中心（站）	Community Health Service Centers (Stations)	6562	6748	7048	7018
门诊部	Outpatient Department	659	718	621	617
诊所、卫生所、医务室	Clinics	10825	10831	11113	11159
急救中心(站)	First Aid Centers (Stations)	89	100	102	99
采供血机构	Blood Collection Agencies	379	420	410	401
妇幼保健院（所、站）	Women and Children Care Agencies	3718	4522	4718	5356
专科疾病防治院（所、站）	Specialized Disease Prevention & Treatment Institute	50	39	55	42
疾病预防控制中心	Centers for Disease Control and Prevention	3650	3613	3598	3472
卫生监督所(中心)	Health Inspection Institution(center)	1349	1409	1424	1377
医学科学研究机构	Medicine Scientific Research Institutions	241	268	274	50
医学在职培训机构	Medical-service Training Institutions	181	184	167	180
健康教育所	Health Education Institution	50	33	54	58
其他卫生机构	Other Health Institutions	1678	5959	5042	5122
每万人口执业(助理)医师(人)	**Number of Licensed (Assistant) Doctors per 10 000 Population(person)**	**17.4**	**18.5**	**19.1**	**20.4**
每万人口注册护士(人)	**Number of Registered Nurses per 10 000 Population(person)**	**15.9**	**17.4**	**18.4**	**19.4**

19-2 卫生机构数
Number of Health Care Institutions

单位：个 (unit)

年 份 Year	总 计 Total	#医 院 Hospitals	#卫生院 Health Centers	#疗养院 Sanatoriums	#社区卫生服务中心(站) Community Health Service Centers (Stations)	#门诊部 Outpatient Department
2007	11958	370	1343	6	299	81
2008	10737	371	1342	5	321	82
2009	10011	373	1342	5	340	74
2010	10267	378	1350	6	429	64
2011	10065	388	1381	5	575	50
2012	9542	402	1382	5	620	66
2013	9845	419	1381	5	606	69
2014	11216	427	1378	4	597	76
2015	11031	442	1351	4	612	74
2016	11425	446	1376	4	582	70

注：本表卫生机构数不包含村卫生室数。
a) Number of health care institutions in this table doesn't include villages clinics.

19-2 续表 continued

单位：个 (unit)

年 份 Year	#诊所、卫生所、医务室 Clinics	#急救中心(站) First Aid Centers (Stations)	#专科疾病防治院(所、站) Specialized Disease Prevention & Treatment Institute	#疾病预防控制中心 Centers for Disease Control and Prevention	#妇幼保健院(所、站) Women and Children Care Agencies	#卫 生 监督所 Health Inspection Institution (Center)	#医学科学研究机构 Medicine Scientific Research Institutions
2007	9553	2	7	106	99	87	5
2008	7841		7	104	100	87	5
2009	7523	2	7	103	99	86	5
2010	7686	2	7	103	100	90	5
2011	7313	2	7	103	100	91	5
2012	6703	2	7	103	99	93	5
2013	6620	2	7	103	100	93	5
2014	6523	3	7	103	100	92	5
2015	6618	3	7	103	100	92	5
2016	7004	3	7	103	103	92	5

19-3　卫生机构人员数
Number of Employed Persons in Health Care Institutions

单位：人　　　　(person)

年份 Year	总计 Total	#卫生技术人员 Medical Technical Personnel	#执业(助理)医师 Licensed (Assistant) Doctors	执业医师 Licensed Doctors	#注册护士 Registered Nurses	#药师(士) Pharmacist	#检验技师(士) Laboratory Technician	每万人口执业(助理)医师 Number of Licensed (Assistant) Doctors per 10 000 Population
2000	85167	69318					2000	14.7
2001	85774	70283			22376		2183	14.5
2002	81177	66799	29947	23007	20232	5407	3454	13.4
2003	81495	67243	29924	23172	22460	5565	3489	13.5
2004	80994	66503	29415	23199	20054	5085	3359	13.2
2005	81049	66926	29701	23222	22403	5023	3463	13.6
2006	82357	68507	30238	23656	20425	4943	33561	11.6
2007	101796	85348	35144	27523	23999	4972	4747	13.4
2008	103982	87436	36176	29015	24950	4859	5148	13.8
2009	107312	89963	36721	29907	26422	4766	5328	13.9
2010	115368	97387	38249	31309	29646	5058	5522	15.0
2011	146290	106252	41121	33382	33713	5317	5802	16.1
2012	152294	111907	43302	35173	37212	5589	5802	16.8
2013	159645	116319	43442	35813	40668	5816	6033	17.4
2014	178919	126294	47791	38667	45196	6046	6429	18.5
2015	182305	129523	49663	40185	47832	6118	6705	19.1
2016	187632	135188	53195	43124	50653	6236	7035	20.4

19-4　卫生机构床位数
Number of Beds in Health Institutions

单位：张　　　　(unit)

年份 Year	总计 Total	医院 Hospitals	卫生院 Health Centers	疗养院 Sanatoriums	社区卫生服务中心(站) Community Health Service Centers (Stations)
2000	59441	43511	13046	985	
2001	60336	44303	13072	913	
2002	61157	44287	13064	702	170
2003	61223	44387	12715	1032	246
2004	61801	45123	12906	950	241
2005	63638	47073	12783	850	323
2006	66197	48779	13672	782	441
2007	70290	50459	15992	540	978
2008	76581	53847	18468	810	1359
2009	87419	56767	20260	690	1607
2010	94883	60961	21461	690	2117
2011	101108	67303	22273	690	2713
2012	111979	76304	22682	750	8877
2013	116087	84511	23447	750	3465
2014	122375	90499	23814	650	3473
2015	127011	94596	24013	650	3766
2016	136571	100882	24608	650	5840

19-4 续表 continued

单位：张 (unit)

年 份 Year	门诊部 Outpatient Department	急救中心(站) First Aid Centers (Stations)	妇幼保健院(所、站) Women and Children Care Agencies	专科疾病防治院(所、站) Specialized Disease Prevention & Treatment Institute	其他卫生机构 Others	每万人口医院、生院床位 Number of Beds of Hospitals and Health Centers per 10 000 Population
2000	253	12	684		950	23.2
2001	288	12	695	2	1051	23.4
2002	355	12	1602	26	939	23.5
2003	545	12	1566	62	658	23.5
2004	407	12	1739	61	362	23.6
2005	441	12	1811	12	333	24.5
2006	516	12	1768	18	209	25.4
2007	291	12	1804	214		26.9
2008	160	12	1911	14		29.2
2009	6034	12	2021	28		29.2
2010	7368	12	2246	28		32.2
2011	5725	12	2364	28		35.1
2012	155	12	3187	12		38.4
2013	326	12	3532	32	12	46.3
2014	322	12	3561	32	12	44.1
2015	148	12	3782	32	12	45.6
2016	138	12	4397	32	12	48.1

19-5 按市县分卫生机构数、床位数和卫生技术人员

Number of Health Institutions, Beds and Health Technicians by City and County

年 份 Year	卫生机构数(个) Health Institutions (unit)		卫生机构床位数(张) Beds of Medical Institutions (unit)		卫生技术人员(人) Medical Technical Personnel (person)		#执业(助理)医师 Licensed (Assistant) Doctors		#注册护士 Registered Nurses	
	市 City	县 County	市 City	县 County	市 City	县 County	市 City	县 County	市 City	县 County
2000			31287	28154	35977	33341	15037	16614	11924	7526
2001			32146	28190	37069	33214	15485	16885	12440	7780
2002			32317	28619	34808	31806	14494	15331	12518	7647
2003			32877	28346	35344	31899	14692	15232	12318	7846
2004			33455	28346	35004	31499	14697	14718	12296	7758
2005			35673	27965	36444	30482	15357	14344	12470	7611
2006			37327	28870	36876	31631	15633	14605	12707	7718
2007	3771	8169	39480	30837	47418	38172	19859	15349	15958	8039
2008	3413	7324	42447	34216	48824	38875	20507	15669	16524	8426
2009	3289	6722	49327	38092	50541	39422	21003	15718	17676	8746
2010	3229	7038	53823	41060	54078	43309	21875	16374	19788	9858
2011	6957	19805	56163	44945	58569	47683	23334	17787	21933	11780
2012	7012	19246	61874	50105	62101	49806	24573	18729	23776	13436
2013	7064	19464	60460	55627	65275	51044	25349	18093	25825	14843
2014	7412	20490	62858	59517	70057	56237	26891	20900	28312	16884
2015	7399	20204	65315	61696	72522	57001	27973	21690	29975	17857
2016	7718	20426	70054	66517	75506	59682	29639	23556	31684	18969

注：按市县分的卫生机构床位数为医院、卫生院床位数。2011年起卫生机构数包括村卫生室数。

a) Number of beds in health care institutions by city and county referred to beds of hospital and health centers.Since 2011,data of health care institutions include the villages clinics.

19-6 医疗机构门诊、住院服务情况（2016）
Situation of Outpatient and Hospitaliztion Services of Health Institutions(2016)

类别	Item	诊疗人次（万人次）Visits (10 000 person-times)	#门、急诊 Outpatients with Emergency Treatment	入院人数（万人）Impatients (10 000 persons)	出院人数（万人）Patients Discharged (10 000 persons)	每百门、急诊入院人数（人）Impatients Per 100 Outpatients and Emergency Visits (person)
总　计	**Total**	**13150.60**	**12317.40**	**404.19**	**398.12**	**3.28**
医　院	Hospital	4361.59	4106.37	309.96	307.02	7.55
卫生院	Health Centers	2018.92	1953.64	71.16	68.14	3.64
疗养院	Sanatoriums	0.79	0.58	0.38	0.38	65.52
社区卫生服务中心(站)	Community Health Service Centers (stations)	657.35	619.87	5.37	5.35	0.87
门诊部	Outpatient Department	34.67	33.48	0.34	0.34	1.02
诊所、卫生所、医务室	Clinics	1778.14	1671.06	0.01	0.01	
妇幼保健院(所、站)	Maternity and Child Care Centers (stations)	441.55	433.06	16.96	16.88	3.92
专科疾病防治院(所、站)	Speclalized Disease Prevention and Treatment Centers (stations)	6.73	6.73	0.01	0.01	0.15

19-7 医疗机构病床使用情况(2016)
Utilization of Beds Medical Institutions (2016)

类别	Item	病床周转次数（次）Turnoverof Beds (times)	病床工作日（日）Work Day of Beds (day)	病床使用率（%）Utilization Rate of Beds (%)	出院者平均住院日（日）Average Stay Days in Hospital (day)
总　计	**Total**	**31.8**	**282.3**	**77.3**	**8.5**
医　院	Hospitals	31.9	301.6	82.6	9.1
卫生院	Health Centers	31.1	219.0	60.0	6.4
疗养院	Sanatoriums	7.0	54.9	15.1	7.9
社区卫生服务中心(站)	Community Health Service Centers (stations)	20.6	215.7	59.1	5.6
门诊部	Outpatient Department				
妇幼保健院(所、站)	Women and Children Care Agencies (stations)	42.1	240.1	65.8	5.5
专科疾病防治院(所、站)	Speclalized Disease Prevention and Treatment Centers(stations)	11.6	11.6	3.2	1.0

19-8 农村乡镇卫生院医疗服务情况
Situations of Medical Services in Township Health Centers

年 份 Year	诊疗人次 (万人次) Visits (10 000 person-times)	病床使用率 (%) Utilization Rate of Beds (%)	出院者平均住院日 (日) Average Stay Days in Hospital (day)
2007	1453	24.03	4.4
2008	1799	51.81	4.9
2009	1653	58.62	6.0
2010	1547	54.44	6.0
2011	1763	52.94	6.4
2012	1947	58.73	6.2
2013	2089	56.97	6.4
2014	1988	55.96	6.8
2015	1970	57.05	6.7
2016	2018	59.99	6.4

19-9 社区卫生服务中心(站)医疗服务情况
Medical Services of Community Health Service Centers(Stations)

年 份 Year	入院人数 (人) Inpatients (person)	病床使用率 (%) Utilization Rate of Beds (%)	出院者平均住院日 (日) Average Stay Days in Hospital (day)	医师日均担负诊疗人次 (人次) Daily Visits Each Doctor (person-time)	医师日均担负住院床日 (日) Daily Inpatients Each Doctor (day)
2007	19355	58.1	2.0	9.1	0.3
2008	24980	70.3	1.1	10.6	0.5
2009	26585	60.5	1.2	8.9	0.4
2010	25320	51.8	4.7	5.1	0.4
2011	44305	59.3	5.6	7.9	0.5
2012	51806	57.2	5.8	7.8	0.5
2013	45655	54.9	6.8	8.1	0.5
2014	47294	56.5	6.8	9.7	0.5
2015	53392	55.9	6.1	9.8	0.5
2016	53729	59.1	5.6	9.4	0.5

19-10 医院、卫生院基本情况(2016)
Basic Statistics of Hospitals and Health Centers (2016)

项目	Item	总计 Total	医院 Hospitals	市 City	县 County	卫生院 Health Centers
医院数(个)	Hospitals(unit)	1822	446	240	206	1376
床位数(张)	Beds(unit)	125490	100882	59156	41726	24608
人员数(人)	Personnel(person)	117867	89873	60384	29489	27994
#卫生技术人员	Medical Technical Personnel	100126	74644	49761	24883	25482
执业医师	Licensed Doctor	37401	28341	18544	9797	9060
注册护士	Registered Nurses	40961	32598	22850	9748	8363
药剂人员	Pharmacists	5160	3772	2491	1281	1388
检验人员	Laboratory Technicians	5614	4584	3001	1583	1030
其他	Others	10990	5349	2875	2474	5641

19-11 法定报告传染病发病及死亡情况(2016)
Pathogenesis and Death Situation of Infectious Diseases Reported (2016)

疾病名称	Diseases	发病率 (1/10万) Disease Incidence (1/100 000)	死亡率 (1/10万) Death Rate (1/100 000)	病死率 (%) Mortality Rate (%)
鼠疫	Plague			
艾滋病	AIDS	1.55	0.24	15.67
病毒性肝炎	Viral Hepatitis	0.88		
麻疹	Measles	11.14		
出血热	Hemorrhagic Fever	0.07		
流行性乙型脑炎	Encephalitis B	0.32	0.01	3.36
炭疽	Anthrax	0.32		1.22
痢疾	Dysentery	24.34		
肺结核	Pulmonary Tuberculosis	58.13	0.16	0.27
伤寒、副伤寒	Typhoid, Paratyphoid	0.13		
流行性脑脊髓膜炎	Epidemic Cerebrospinal Meningitis			
百日咳	Pertussis	0.46		
新生儿破伤风	Newborn Tetanus	0.03		
布病	Brucellosis	6.71		
猩红热	Scarlet Fever	5.50		
淋病	Gonorrhea	3.24		
梅毒	Syphilis	18.61		
血吸虫	Schistosomiasis			
疟疾	Malaria	0.09		

19-12 卫生总费用
Total Health Expenditure

年 份 Year	卫生总费用（亿元） Total Health Expenditure (100 million yuan)	政府卫生支出 Government Health Expenditure		社会卫生支出 Social Health Expenditure		个人现金卫生支出 Out-of-pocket Health Expenditure		人均卫生总费用（元） Per Capita Health Expenditure (yuan)	卫生总费用相对于GDP比重(%) Health Expenditure as Percentage of GDP (%)
		绝对数（亿元） Level (100 million yuan)	占卫生总费用比重(%) As Percentage of Health Expenditure (%)	绝对数（亿元） Level (100 million yuan)	占卫生总费用比重(%) As Percentage of Health Expenditure (%)	绝对数（亿元） Level (100 million yuan)	占卫生总费用比重(%) As Percentage of Health Expenditure (%)		
2000	4.37	0.72	16.49	1.23	28.16	2.42	55.34	129.01	5.44
2001	4.61	0.97	21.13	0.85	18.52	2.78	60.35	135.32	5.27
2002	5.83	1.10	18.83	0.88	15.04	3.85	66.13	169.84	5.98
2003	79.85	17.89	22.40	18.93	23.71	43.03	53.89	305.80	6.10
2004	89.92	20.11	22.36	24.02	26.72	45.79	50.92	343.45	5.77
2005	106.61	27.12	25.44	22.07	20.70	57.42	53.86	410.91	5.51
2006	124.41	31.13	25.02	27.31	21.95	65.98	53.03	447.36	5.46
2007	147.15	45.37	30.83	31.53	21.43	70.25	47.74	562.27	5.45
2008	213.89	83.93	39.24	48.18	22.53	81.78	38.24	813.85	6.73
2009	263.98	102.42	38.80	69.80	26.44	91.76	34.76	1001.65	7.79
2010	295.38	116.54	39.45	74.22	25.13	104.62	35.42	1153.86	7.17
2011	393.60	161.60	41.06	99.25	25.22	132.75	33.73	1534.99	7.84
2012	444.72	168.88	37.97	113.94	25.62	161.91	36.41	1725.36	7.87
2013	518.21	188.17	36.31	141.28	27.26	188.75	36.43	2006.89	8.27
2014	569.75	212.32	37.27	164.19	28.82	193.24	33.92	2199.13	8.34
2015	654.07	259.10	39.61	199.60	30.52	195.37	29.87	2516.09	9.63

19-13 各地区卫生机构基本情况（2016）
Basic Statistics of Health Institutions by Region (2016)

地 区	Region	卫生机构数（个） Number of Health Institutions (unit)	#医院 Hospitals	#卫生院 Health Centers	卫生机构床位数（张） Number of Hospital Beds (unit)	#医院 Hospitals	#卫生院 Health Centers	卫生机构人员数（人） Number of Persons Engaged in Health Institutions (person)	#医院 Hospitals	#卫生院 Health Centers
兰州市	Lanzhou	2371	93	67	26538	22822	1209	40835	25689	1658
嘉峪关市	Jiayuguan	118	5	3	1985	1645	66	3087	2162	83
金昌市	Jinchang	558	13	12	2649	2352	242	4317	2318	269
白银市	Baiyin	1385	33	74	8241	6111	1517	11124	4438	1796
天水市	Tianshui	3576	37	132	13458	9604	2547	19536	6702	2711
武威市	Wuwei	2065	20	107	9263	6804	2067	12662	6354	2286
张掖市	Zhangye	1588	40	91	8625	5971	1973	10833	4494	1484
平凉市	Pingliang	2700	38	108	12251	9246	2528	15174	5444	2785
酒泉市	Jiuquan	956	30	75	6452	4975	1278	8963	4581	1143
庆阳市	Qingyang	1943	28	125	9420	6321	2660	13370	4574	2804
定西市	Dingxi	2787	37	138	14229	10087	3397	15054	4970	3187
陇南市	Longnan	5163	27	216	9476	6640	2298	17096	4260	2689
临夏州	Linxia	2035	26	128	11399	6548	2391	10747	3369	1620
甘南州	Gannan	899	19	100	2585	1756	435	4834	1457	1028

注：卫生机构数包括村卫生室数。
a)Number of health care institutions included number of village clinics.

19-14 各地区卫生技术人员数(2016)
Number of Medical Technical Personnel in Health Care Institutions by Region (2016)

单位：人 (person)

地 区	Region	卫生技术人员 Medical Technical Personnel	#执业医师 Licensed Doctors	#执业助理医师 Licensed (Assistant) Doctors	#注册护士 Registered Nurses	#药师(士) Pharmacist	#检验技师(士) Laboratory Technician
兰州市	Lanzhou	32153	12076	1057	13917	1478	1642
嘉峪关市	Jiayuguan	2694	826	85	1235	143	188
金昌市	Jinchang	3594	1125	188	1442	226	191
白银市	Baiyin	8211	2405	650	3310	364	463
天水市	Tianshui	11989	3810	1022	4210	556	730
武威市	Wuwei	9471	2941	625	4014	435	534
张掖市	Zhangye	8254	2494	601	3332	306	438
平凉市	Pingliang	10769	3203	1114	3626	510	502
酒泉市	Jiuquan	7553	2374	526	3168	375	392
庆阳市	Qingyang	9431	3096	840	3452	439	440
定西市	Dingxi	10066	3231	1207	3280	586	631
陇南市	Longnan	10198	2236	995	2761	448	399
临夏州	Linxia	6876	1998	751	2013	232	303
甘南州	Gannan	3929	1309	410	893	138	182

19-15 新型农村合作医疗情况
Conditions of New Cooperative Medical System

指 标	Item	2010	2011	2015	2016
开展新农合县(市、区)(个)	Number of Counties Implementing of NCMS(unit)	86	86	86	86
参加新农合人数(万人)	Number of Enrollees(10 000 persons)	1910.32	1918.27	1909.34	1897.8493
参合率(%)	Enrollment Rate (%)	95.92	96.54	98.3	98.53
当年基金支出(亿元)	Payout at Current Year (100 million yuan)	22.612894	37.89	81.06	99.77
补偿支出受益人次(万人次)	Number of Beneficiaries from Reimbursement (10 000 persons-times)	2132.41	3067.99	4517.42	4712.76
农村医疗救助人次(万人次)	Person-times Receiving Medical Aid in Rural Areas (10 000 persons-times)	123.7	178.16	223.78	280.93
民政部门资助农村医疗合作人数(万人次)	Civil Affairs Department Subsidized Number of Rural Cooperative Medical (10 000 persons-times)	83.5	143.43	223.78	280.93

19-16 各地区新型农村合作医疗情况(2016)
Conditions of New Rural Cooperative Medical System by Region (2016)

地 区	Region	开展新农合县(市、区)(个) Number of Counties Implementing of NCMS (unit)	参加新农合人数(万人) Number of Enrollees (10 000 persons)	补偿受益人次(万人次) Number of Benificiaries from Reimbursement (10 000 person-times)	本年度筹资总额(万元) Permiums This Year (10 000 yuan)
甘肃省	**Gansu**	**86**	**1897.85**	**4712.76**	**1071953**
兰州市	Lanzhou	7	113.04	231.07	63991
嘉峪关市	Jiayuguan	1	1.98	6.48	1235
金昌市	Jinchang	2	22.27	17.72	12491
白银市	Baiyin	5	122.01	383.60	68036
天水市	Tianshui	7	284.72	996.15	160978
武威市	Wuwei	4	139.71	536.86	78923
张掖市	Zhangye	6	94.46	307.20	52918
平凉市	Pingliang	7	173.82	457.25	97851
酒泉市	Jiuquan	7	62.25	141.40	34985
庆阳市	Qingyang	8	214.40	401.43	121993
定西市	Dingxi	7	233.83	432.87	132074
陇南市	Longnan	9	225.00	429.10	128882
临夏州	Linxia	8	157.63	307.27	87924
甘南州	Gannan	8	52.72	54.37	29672

19-17 孕产妇及婴儿死亡率
Mortality Rate of Maternal and Infant

指 标	Item	2010	2011	2015	2016
孕产妇死亡率(1/10万)	Maternal Mortality Rate (1/100 000)	33.23	30.72	15.07	17.12
城市	Urban	23.38	25.10	19.34	14.88
农村	Rural	37.50	33.12	13.27	18.15
婴儿死亡率(‰)	Infant Mortality Rate(‰)	10.00	8.28	5.28	4.48
城市	Urban	7.66	6.78	4.48	3.81
农村	Rural	11.02	8.93	5.62	4.78
5岁以下儿童死亡率(‰)	Mortality Rate of Children under 5(‰)	11.35	9.53	6.40	5.52
城市	Urban	8.86	7.97	5.71	4.68
农村	Rural	12.43	10.20	6.70	5.91
新生儿死亡率(‰)	Newborn Mortality Rate(‰)	7.81	6.30	3.74	3.11
城市	Urban	5.90	5.17	3.24	2.82
农村	Rural	8.64	6.78	3.96	3.24

19-18 妇联组织及干部基本情况
Basic Conditions of Women's Federation Organizations and Cadres

指　标	Item	2010	2011	2015	2016
乡及乡以上妇联组织机构(个)	Women's Federation Institution of Township and above (unit)	1488	1512	1469	1473
乡及乡以上妇联干部(人)	Women's Federation Cadres of Township and above (person)	2197	2148	2218	2221
在干部中少数民族干部数(人)	Number of Minority Cadres (person)	276	309	263	314
少数民族干部占干部总数(%)	Percentage of Minority Cadres in Total Cadres (%)	12.6	14.4	11.9	14.1

19-19 各党派党员(成员)数
Number of Different Parties Member

项　目	Item	2010	2011	2015	2016
中国共产党(万人)	Communist Party of China (10 000 persons)	151	158	175	175
中国国民党革命委员会(人)	Revolutionary Committee of Kuomingdan (person)	2668	2772	3262	2434
中国民主同盟(人)	Democracy League (person)	6444	6812	8118	6472
中国民主建国会(人)	China Democratic National Construction Association (person)	2341	2430	2854	2567
中国民主促进会(人)	China Association Promoting Democracy (person)	2767	2840	3364	2951
中国农工民主党(人)	Chinese Peasants' and Workers' Democratic Party (person)	2041	2176	2610	1850
九三学社(人)	Jiu San Society (person)	2898	3030	3583	2281

19-20 工会组织情况
Basic Statistics on Trade Unions

年 份 Year	工会基层组织数(个) Number of Grassroots Unions (unit)	已建立工会组织的基层单位的职工与会员人数(万人) Membership and Number of Staff and Workers in Grassroots Unions(10 000 persons)				工会专职干部人员数(人) Number of Full-time Personnel of Unions (person)
		职工人数 Number of Staff and Workers	#女职工 Female	会员人数 Membership	#女会员 Female	
1995	12251	194.29	68.44	173.91	62.31	11532
1996	12052	196.34	71.72	175.78	63.88	10020
1997	10596	173.33	61.80	155.82	54.46	8601
1998	10519	173.68	62.45	159.78	57.14	9073
1999	9788	177.23	60.71	157.06	55.36	9554
2000	10768	168.25	60.86	154.69	55.16	8714
2001	14675	177.76	63.50	163.40	56.00	6257
2002	15320	222.27	75.81	209.00	70.25	5789
2003	24291	206.12	69.16	190.43	63.72	5861
2004	23061	206.42	71.29	195.35	67.31	6279
2005	17522	219.05	75.67	207.14	70.49	5475
2006	19328	238.70	83.80	225.35	79.50	5051
2007	21642	268.76	93.14	256.68	89.44	4895
2008	24366	294.22	102.26	281.12	99.18	4890
2009	26936	312.17	105.12	301.35	102.03	5267
2010	28711	326.68	111.90	316.24	109.52	4998
2011	30422	347.28	122.48	335.97	119.19	5989
2012	33196	354.67	126.20	344.56	123.90	6336
2013	35123	370.31	131.38	358.67	129.22	6838
2014	35873	369.92	130.42	356.36	128.25	7199
2015	36626	373.12	134.29	363.35	132.10	7504
2016	37134	386.79	138.60	374.61	135.46	9177

19-21 刑事案件发、破案情况
Statistics on Occurred and Solved of Criminal Cases

年 份 Year	刑事案件发案总数(件) Number of Criminal Cases Occurred (case)	刑事案件破案总数(件) Number of Criminal Cases Solved (case)	刑事案件破案率(%) Rate of Criminal Cases Solved (%)
2000	36481	20420	55.97
2001	42881	22546	52.58
2002	36758	19538	53.15
2003	34016	18812	55.30
2004	33099	18216	55.03
2005	31587	18473	58.48
2006	31114	18378	59.07
2007	31203	18325	58.73
2008	43037	20932	48.64
2009	46611	22365	47.98
2010	66472	26404	39.72
2011	78682	30573	38.86
2012	87084	36129	41.50
2013	89013	33814	37.98
2014	92040	30709	33.36
2015	108472	34431	31.74
2016	99806	40701	40.80

19-22 生产安全事故绝对指标
Absolute Indicators of Production Safety Accidents

年 份 Year	事故起数(起) Number of Accidents (case)	死亡人数(人) Number of Death (person)	受伤人数(人) Number of Injuries (person)	直接经济损失(万元) Direct Economic Loss (10 000 yuan)
2000	10679	2670	6155	7168.0
2001	11376	2602	6690	6570.6
2002	11607	2759	6769	7016.0
2003	11422	2661	6262	7360.3
2004	9842	2460	5740	6559.9
2005	8420	2181	5564	6924.6
2006	7828	2082	5453	7980.7
2007	5736	1889	4352	8017.5
2008	4875	1797	3774	7789.1
2009	4383	1758	3401	6975.6
2010	4375	1703	3728	8447.5
2011	4103	1737	3627	20239.1
2012	5090	1639	3403	16758.2
2013	5028	1579	3394	11503.9
2014	5061	1543	3605	8699.1
2015	4759	1519	3583	8670.5
2016	1214	978	1036	9959.0

注：自2016年1月1日起，《生产安全事故统计管理办法》和《生产安全事故统计报表制度(暂行)》开始实施，对生产安全事故统计范围、统计口径进行改革，具体是：

1. 道路运输事故是指公路客运、公交客运、出租客运、网络约车、旅游客运、租赁、教练、货运、危化品运输、工程救险、校车，包括企业通勤车在内的其他营运性车辆或其他生产经营性车辆等十二类道路运输车辆在从事相应运输活动中发生人员伤亡的事故纳入道路运输业事故统计。
2. 未造成人员伤亡且直接经济损失小于100万元(不含)的生产安全事故暂不纳入统计。(下表同)

Since January 1, 2016, "production safety accident statistical management approach" and "production safety accident statistical reporting system (temporary)" began to implement.The production safety accident statistics, statistical caliber were reformed.Specifically is:

a)Road transport accident refers to the road passenger transport, bus passenger transport, leasing passenger transport, network bus, travel passenger, leasing, coach, freight, hazardous chemicals transportation, engineering rescue, school bus, including business commuter vehicles, including other operating vehicles or Other production and operation of vehicles and other 12 types of road transport vehicles engaged in the corresponding transport activities which occurred in the casualties of the accident,include in the road transport industry accident statistics.

b)The production safety accidents that didn't cause casualties and direct economic losses of less than 100 million (excluding) are not included in the statistics temporarily.The same applies to the relevant table following.

19-23 较大以上生产安全事故指标
Production Safety Accident Indicators with Larger Above

年 份 Year	较大生产安全事故起数(起) Number of Production Safety Accident with Larger above (case)	较大生产安全事故死亡人数(人) Number of Death of Production Safety Accident with Larger above (person)	重大以上生产安全事故起数(起) Number of Production Safety Accident with Significantly above (person)	重大以上生产安全事故死亡人数(人) Number of Death of Production Safety Accident with Significantly above (person)
2000	72	284	8	112
2001	58	228	1	22
2002	89	343	3	37
2003	74	282	3	40
2004	68	282	2	29
2005	60	218	2	26
2006	67	261	3	68
2007	78	316		
2008	67	247		
2009	67	250	1	10
2010	59	235	2	23
2011	53	227	3	57
2012	54	203	2	30
2013	50	189	1	18
2014	40	186	3	36
2015	40	155		
2016	18	66	1	12

19-24 生产安全事故相对指标
Relative Indicators of Production Safety Accidents

年 份 Year	亿元国内生产总值安全事故死亡率(人) Rate of Safety Accident Mortality Per 100 Million Yuan of GDP (person)	工矿商贸就业人员十万人生产安全事故死亡率(人) Production Safety Accident Mortality Rate Per One Hundred Thousand Employed Persons of Industrial, Mining and Business Enterprises (person)	道路交通万车死亡率(人) 10 Thousand Vehicle Mortality Rate of Road Traffic (person)	煤矿百万吨死亡率(人) Coal Mine Million Tons Mortality Rate (person)
2000	2.54	5.35	31.19	8.45
2001	2.43	4.00	27.09	3.25
2002	2.39	5.48	29.34	2.92
2003	2.04	4.61	22.60	3.05
2004	1.57	4.50	19.36	2.97
2005	1.13	3.00	15.17	1.31
2006	0.92	5.24	14.13	2.62
2007	0.70	4.85	11.43	1.53
2008	0.56	2.99	10.79	0.91
2009	0.52	2.71	9.63	0.75
2010	0.42	2.83	7.64	0.77
2011	0.35	3.41	6.89	0.77
2012	0.29	2.90	5.92	0.74
2013	0.24	2.30	5.15	0.21
2014	0.23	1.33	6.24	0.27
2015	0.22	1.62	4.70	0.43

19-24 续表

年 份 Year	亿元国内生产总值安全事故死亡率(人) Rate of Safety Accident Mortality Per 100 Million Yuan of GDP (person)	工矿商贸就业人员十万人生产安全事故死亡率(人) Production Safety Accident Mortality Rate Per One Hundred Thousand Employed Persons of Industrial,Mining and Business Enterprises (person)	十二类车辆道路交通万车死亡率(人) 10 Thousand Vehicle Mortality Rate of Road Traffic of Twelve Types of Vehicles (person)	煤矿百万吨死亡率(人) Coal Mine Million Tons Mortality Rate (person)
2015(新标准) (New Standard)	0.17	1.62	26.67	0.43
2016	0.14	2.02	17.02	0.35

19-25 交通事故情况
Basic Statistics on Traffic Accidents

年 份 Year	交通事故 (起) Number of Traffic Accidents (case)	死亡人数 (人) Number of Deaths (person)	受伤人数 (人) Number of Injuries (person)	直接损失 (万元) Direct Property Losses (10 000 yuan)
2000	7520	2078	5637	2927.4
2001	7929	2110	6350	3170.7
2002	7696	2188	6363	3264.9
2003	7659	2090	5948	3498.8
2004	6361	1992	5566	2512.2
2005	5414	1799	5406	2252.8
2006	4822	1695	5311	1737.9
2007	3809	1549	4293	1303.2
2008	3371	1557	3697	1447.9
2009	2937	1553	3353	1224.9
2010	3090	1501	3692	1094.7
2011	3027	1505	3578	2835.5
2012	2954	1438	3343	1659.7
2013	2915	1435	3336	1212.2
2014	3038	1432	3575	1291.2
2015	3064	1396	3554	1236.3
2016	2878	1345	3161	1064.7

19-26 火灾事故情况
Basic Statistics on Fire Accidents

年 份 Year	火灾事故 (起) Number of Fire Accidents (case)	死亡人数 (人) Number of Deaths (person)	受伤人数 (人) Number of Injuries (person)	直接损失 (万元) Direct Property Losses (10 000 yuan)
2000	2291	24	62	2542.4
2001	2736	51	88	2244.1
2002	3276	32	85	2182.8
2003	3137	31	83	1706.2
2004	3030	24	30	1959.1
2005	2599	31	41	2335.7
2006	2673	16	39	1564.5
2007	1658	15	18	1566.5
2008	1235	7	16	1932.9
2009	1198	5	6	1088.2
2010	1140	10	7	1897.2
2011	912	5	5	3773.2
2012	4388	8	1	4139.4
2013	6472	22	35	7292.0
2014	6028	9	3	5432.2
2015	5469	13	6	4906.8
2016	4887	9	25	3194.9

19-27 受灾情况
Disater Situation

指 标	Item	2012	2013	2014	2015	2016
受灾面积(公顷)	Area Affected (hectare)	1185518	16068661	1272621	1020927	1426763
#旱灾	Drought	431379	8217461	222489	532988	999917
洪涝灾	Flood Disaster	190757	3440159	160702	72184	104065
风雹灾	Wind and Hail Disaster	225911	2553613	174796	268847	158396
台风灾	Typhoon Disaster					
雪灾低温冷冻	Snow and Frozing	102748	1447649	714013	103239	164358
受灾人次(万人次)	Affected Person-times (10 000 person-times)	1172	1439	1197	660	930
直接经济损失(万元)	Direct Economic Loss (10 000 yuan)	1365401	5580939	786853	622061	913109

19-28 婚姻登记和离婚情况
Number of Marriages and Divorces

年 份 Year	准予登记结婚 (对) Registered Marriages (couples)			离婚 (对) Divorces (couple)	离婚率 (‰) Divorce Rate (‰)
		初婚（人） First Marriages (person)	再婚（人） Re-marriages (person)		
1995	155553	302938	8168	4541	0.38
1996	170379	331815	8943	4855	0.40
1997	154302	298654	9950	4409	0.36
1998	136978	262488	11468	5061	0.41
1999	133121	255203	11039	5241	0.42
2000	127799	244975	10623	5541	0.43
2001	126045	239734	12656	5790	0.45
2002	122033	227496	16570	6224	0.48
2003	118476	222219	14573	23000	1.77
2004	121187	225150	17008	21499	1.64
2005	114554	209947	19161	22260	1.72
2006	132615	245015	20215	23287	1.76
2007	115761	218565	12957	22017	1.68
2008	118023	223252	12794	22928	1.68
2009	122398	233316	11480	24742	1.88
2010	142294	269585	15003	27926	2.18
2011	169112	316838	21386	30473	2.38
2012	167518	318659	16377	32908	2.55
2013	186467	359247	13687	38500	2.98
2014	201813	391891	11735	42231	3.27
2015	220327	426481	14173	46185	3.56
2016	219095	425510	12680	38839	2.98

注：从2003年起离婚人数包含法院判决离婚人数。
a) Since 2003, number of divorce has included the number of divorce sentenced by the courts.

19-29 社会救助情况
Statistics on Social Relief

项　目	Item	2010	2011	2015	2016
城镇低保人数(万人)	Number of Urban Residents Receiving Minimum Living Allowance (10 000 persons)	87.81	88.12	76.21	69.99
女性	Female	31.90	32.65	29.79	28.91
老年人	Old People	9.70	8.36	6.80	6.43
残疾人	Disabled	4.70	4.56	3.72	3.40
三无人员	"Three Noes" Personnel	1.80	1.60	0.87	
在职人员	Serving Officers	3.20	2.94	0.75	0.51
灵活就业	Flexible Employment	13.90	14.84	14.23	12.63
在校生	School Students	16.60	17.04	14.51	
城镇居民最低生活保障资金(亿元)	Minimum Living Security Fund of Urban Households (100 million yuan)	18.95	24.92	25.13	32.31
城市“三无”救助人数(万人)	Number of Persons Receiving Temporary Relief in Urban Areas (10 000 persons)	1.80	1.60	0.87	
农村低保人数(万人)	Number of Rural Residents Receiving Minimum Living Allowance (10 000 persons)	326.7	321.8	336.9	324.7
#女性	Female	104.9	101.3	122.8	123.8
#老年人	Old People	77.7	71.0	74.1	71.3
未成年人	Minor	70.7	55.1	48.7	48.2
#残疾人	Disabled	22.3	18.8	12.3	10.8
农村居民最低生活保障资金(亿元)	Minimum Living Security Fund of Rural Households (100 million yuan)	24.27	41.91	55.03	59.85
农村五保供养人数(万人)	Number of Rural Households with Livelihood Guaranteed in Five Aspects (10 000 persons)	13.06	12.44	12.07	11.68
#女性	Female	3.10	2.71	2.31	
#老年人	Old People	9.32	10.17	9.99	
#残疾人	Disabled	3.22	2.59	2.75	
农村集中五保供养人数	Centralized	1.00	1.04	0.93	0.91
农村分散五保供养人数	Decentralized	11.60	11.40	11.14	10.77
农村传统救济人数(万人)	Number of Persons Receiving Traditional Relief in Rural Areas (10 000 persons)	1.46	2.13	2.63	2.93

19-30 社会福利事业单位基本情况(2016)
Basic Statistics on Social Welfare Institutions (2016)

项　目	Item	收留抚养类机构数(个) Number of Adoption Bodies (unit)	年末床位数(张) Number of Beds at Year-end (bed)	年末在院人数(人) Number of Adoption Persons at Year-end (person)	年末职工人数(人) Number of Staff and Workers at Year-end (person)
为老人与残疾人提供收留抚养服务的机构	Institutions with Adoption Services for the Aged and Disabled	249	26462	12292	2215
城市养老服务机构	Service Institutions for the Aged in Urban Areas	47	8272	3371	714
农村养老服务机构	Service Institutions for the Aged in Rural Areas	138	10065	5326	609
社会福利院	Social Welfare Institutions	39	5521	2624	511
光荣院	Glory School	1	20	14	8
荣誉军人康复医院	Rehabilitation Hospital for Honor Soldiers				
复员军人疗养院	Demobilized Soldiers Sanatorium				
军队离退休干部休养所(军休所)	Retired Military Officers Sanatorium	24	2584	957	373
为智障与精神病人提供收留抚养服务机构	Institutions with Adoption Services for Mentally Retarded and Mental Patients	5	1051	463	394
福利类精神病院和医院(社会福利院)	Welfare Class Mental Hospital and Hospital (Social Welfare Hospital)	3	451	330	186
复退军人精神病院	Mertal Hospitals for Ex-serviceman	2	600	133	208
为儿童提供收留抚养和救助服务的机构	Institutions with Adoption and Relief Services for Children				
儿童福利机构	Welfare Institutions for Children	18	3581	2205	444
儿童福利院	Children Welfare House	12	2996	1757	397
SOS儿童村	SOS Children's Village				
未成年人救助保护中心	Juvenile Rescue and Protection Centers	6	585	448	47
其他提供住宿保护中心	Other Protection Centers with Accommodation	60	2072		520
救助管理站	Relief Shelters	45	1407	298	380
军供站	Serviceman Supply Stations	8	334		98
安置农场	Placement Farms				
其他收留抚养机构	Other Adoption Institutions	7	331	175	42

19-31 各地区社会服务基本情况(2016)
Basic Statistics on Social Service by Region(2016)

地 区	Region	社会服务民政经费(万元) Civil Affairs Funds for Social Service (10 000 yuan)	农村传统救济(人) Number of Rural Persons Receiving Traditional Relief (person)	养老服务机构数(个) Number of Service Institutions for the Aged (unit)	养老服务年末收留抚养人数(人) Number of Adoption Persons for the Pension Services at Year-end (person)	养老服务床位数(张) Number of Beds for the Pension Services at Year-end (bed)	社区服务中心单位数(个) Number of Community Service Centers (unit)
甘肃省	**Gansu**	**1631306.1**	**29340**	**249**	**22457**	**139529**	**862**
省本级	Province Level	67608.8		6	277	640	60
兰州市	Lanzhou	170597.5	279	24	2382	23143	30
嘉峪关市	Jiayuguan	9826.6		9	125	1418	16
金昌市	Jinchang	22340.2	4280	7	598	2321	90
白银市	Baiyin	115787.5	18305	14	294	7718	21
天水市	Tianshui	174136.6		7	391	16794	22
武威市	Wuwei	94972.5	61	24	4393	14498	30
张掖市	Zhangye	75497.2	2242	33	2568	7996	60
平凉市	Pingliang	110450.4	341	25	2447	9826	351
酒泉市	Jiuquan	55581.1	43	16	727	7231	63
庆阳市	Qingyang	129520.1	1082	20	2988	14797	20
定西市	Dingxi	179558.3	2313	57	2370	14471	32
陇南市	Longnan	165605.2	37	1	377	5519	29
临夏州	Linxia	190114.9	357	4	2101	9889	38
甘南州	Gannan	69279.2		2	419	3268	
甘肃矿区	Gansu Mining Area	430.0					

19-32 各地区抚恤及社会福利救济费用(2016)
Basic Statistics on Pensions and Social Welfare Relief Funds by Region(2016)

单位:万元 (10 000 yuan)

地 区	Region	抚 恤 Pensions	城市居民最低生活保障 Urban Residents Receiving Minimum Living Allowance	农村居民最低生活保障 Rural Residents Receiving Minimum Living Allowance	自然灾害生活救助 Living Relief for Natural Disasters
甘肃省	**Gansu**	**69183**	**323073**	**598521**	**81603**
省本级	Province Level	856			1143
兰州市	Lanzhou	13417	25923	16389	1549
嘉峪关市	Jiayuguan	671	1596	235	30
金昌市	Jinchang	794	8691	5658	376
白银市	Baiyin	5130	26883	42987	6162
天水市	Tianshui	9070	30567	80233	9040
武威市	Wuwei	4469	19384	32987	2907
张掖市	Zhangye	3227	17117	15604	2978
平凉市	Pingliang	5564	22319	39773	9077
酒泉市	Jiuquan	2999	22721	9834	1840
庆阳市	Qingyang	7206	17240	60914	10043
定西市	Dingxi	6313	25518	94579	12977
陇南市	Longnan	5782	25309	89348	9721
临夏州	Linxia	2694	62882	76293	9073
甘南州	Gannan	958	16635	33687	4687
甘肃矿区	Gansu Mining Area	32	289		

19-33 各地区城乡居民最低生活保障情况(2016)
Basic Statistics on Urban and Rural Residents Receiving Minimum Living Allowance by Region (2016)

单位：人 (person)

地 区	Region	城镇居民最低生活保障人数 Number of Urban Residents Receiving Minimum Living Allowance	#"三无"人员 Personnel of No Identity,No Address and No Source of Income	#登记失业 Registered Unemployed	#未登记失业 Unregistered Unemployed	农村最低生活保障人数 Number of Rural Residents Receiving inimum Living Allowance
甘肃省	**Gansu**	**699949**		**125925**		**3247111**
兰州市	Lanzhou	55006		13970		87348
嘉峪关市	Jiayuguan	2624		291		359
金昌市	Jinchang	18584		2759		12313
白银市	Baiyin	64606		16635		219048
天水市	Tianshui	79236		18195		403178
武威市	Wuwei	45089		16446		184296
张掖市	Zhangye	40148		4753		78992
平凉市	Pingliang	52403		2609		213757
酒泉市	Jiuquan	29713		2457		100005
庆阳市	Qingyang	41526		13927		344264
定西市	Dingxi	49209		9576		505912
陇南市	Longnan	53104		12739		459998
临夏州	Linxia	134344		9654		472719
甘南州	Gannan	33682		1842		164922
甘肃矿区	Gansu Mining Area	675		72		

19-34 各地区社区服务中心情况(2016)
Statistics on Community Service Centers by Region (2016)

地 区	Region	单位数(个) Number of Community Service Centers (unit)	年末职工人数(人) Number of Staff and Workers at Year-end (person)	床位数(个) Number of Beds (unit)
甘肃省	**Gansu**	**862**	**3344**	**4047**
兰州市	Lanzhou	60	177	307
嘉峪关市	Jiayuguan	30	100	200
金昌市	Jinchang	16	279	55
白银市	Baiyin	90	1495	630
天水市	Tianshui	21	66	542
武威市	Wuwei	22	109	42
张掖市	Zhangye	30	105	478
平凉市	Pingliang	60	122	478
酒泉市	Jiuquan	351	370	44
庆阳市	Qingyang	63	170	15
定西市	Dingxi	20	57	197
陇南市	Longnan	32	78	67
临夏州	Linxia	29	50	352
甘南州	Gannan	38	166	640

19-35 残疾人事业基本情况(2016)
Basic Information of Person with Disabilities(2016)

项　目	Item	2016
康复	**Rehabilitation**	
视力残疾人接受基本康复服务	Persons with Visually Disability Received Basic Rehabilitation Services	
盲人	Blind Persons	
白内障复明手术(人)	Sight-restoring Surgeries for Cataract Patients(case)	4615
盲人定向行走及适应训练(人)	Blind Persons Receiving Directional Walking and Adaptive Training (person)	1755
低视力者	Persons with Low-vision	
助视器适配及服务(人)	Fitted with Eyesight-aiding Devices and It's Services (person)	2574
听力残疾人接受基本康复服务	Persons with Hearing Disability Received Basic Rehabilitation Services	
0-6岁儿童	Children with 0-6 Year	
家长支持性服务(人)	Parental Supportive Services (person)	376
7-17岁儿童	Children with 7-17 Year	
助听器适配及适应训练(人)	Hearing Aid Fitted and Adaptation Training (person)	734
家长支持性服务(人)	Parental Supportive Services (person)	685
肢体残疾人接受基本康复服务	Persons with Physical Disability Received Basic Rehabilitation Services	
0-6岁儿童	Children with 0-6 Year	
辅助器具适配及服务(人)	Fitted with Auxiliary Equipment and It's Services (person)	540
#假肢(人)	Artificial Limb (person)	6
矫形器(人)	Orthosis (person)	230
其他辅助器具(人)	Other Auxiliary Equipment (person)	303
7-17岁儿童及成人	7-17 Year Children and Adults	
辅助器具适配及服务(人)	Fitted with Auxiliary Equipment and It's Services (person)	5171
#假肢(人)	Artificial Limb (person)	806
矫形器(人)	Orthosis (person)	142
其他辅助器具(人)	Other Auxiliary Equipment (person)	4255
智力残疾人接受基本康复服务	Persons with Intellectual Disability Received Basic Rehabilitation Services	
0-6岁儿童	Children with 0-6 Year	
#认知及适应训练(人)	Cognitive and Adaptive Training (person)	1000
家长支持性服务(人)	Parental Supportive Services (person)	855
7-17岁儿童及成人	7-17 Year Children and Adults	
#认知及适应训练(人)	Cognitive and Adaptive Training (person)	769
重度残疾人支持性服务(人)	Supportive Services for People with Severe Disability (person)	416
精神残疾人接受基本康复服务	Persons with Mental Disability Received Basic Rehabilitation Services	
0-6岁孤独症儿童	0-6 year Autism Children	
#沟通及适应训练(人)	Communication and Adaptive Training (person)	117
家长支持性服务(人)	Parental Supportive Services (person)	123
7-17岁孤独症儿童	7-17 year Autism Children	
#沟通及适应训练(人)	Communication and Adaptive Training (person)	94
家长支持性服务(人)	Parental Supportive Services (person)	83
成年精神残疾人(人)	Adult with Mental Disability (person)	3290
精神病治疗(人)	Psychiatric Treatment (person)	3266

注：1.2014年以后残疾居民参加医疗保险实行实名制。
2.根据中国残联各业务部规定，对2016年甘肃残疾事业指标进行了调整。
a)Since 2014, disabled residents participated the medical insurance implement the real-name system.
b)According to the provisions of the China Disabled Persons' Federation Business Unit, the indicators of disability of Gansu were adjusted in 2016.

19-35 续表 1 continued

项　目	Item	2016
教育	**Education**	
高等院校招生残疾考生人数(人)	Disable Students Admitted to Higher Education Institutions (person)	483
就业	**Employment**	
按比例就业(人)	Proportionate Employment (person)	6929
集中就业(人)	Centralized Employment (person)	1990
个体就业(人)	Individual Employment (person)	18592
公益性岗位(人)	Public Welfare Position (person)	2620
辅助性岗位(人)	Auxiliary Position (person)	4362
从事农业种植加(人)	Engaged in Agricultural Planting and Processing (person)	162631
灵活就业形式(人	Flexible Employment (person)	64211
社会保障	**Social Security**	
符合参保条件的残疾居民	Disability Residents Who Meet the Insured Conditions	
#重度残疾人(人)	People with Severe Disability (person)	330396
实际参保的残疾居民	Disabled Residents who Actual Participate in Insurance	967757
60周岁以上参保残疾居民	60 Year Old and above Disabled Residents who Actual Participate in Insurance	
#重度残疾人(人)	People with Severe Disability (person)	228452
#获得全额代缴(人)	Get Full Payment by Others (person)	177276
获得部分代缴(人)	Get Part of Payment by Others (person)	28312
残疾人托养机构(个)	Care and Rehabilitation Institutions for Disabled (unit)	63
扶贫	**Poverty Alleviation**	
扶持情况	Assisted Situation	
本年度退出建档立卡贫困残疾户(户)	Impoverished PWDs Droped Out the Filing Riser this year (household)	27683
本年度退出建档立卡贫困残疾人(人)	Impoverished PWDs Droped Out the Filing Riser this year (person)	38636
本年度返贫残疾人(人)	Poverty-returning for PWDs this year (person)	3036
农村残疾人危房改造(户)	Dilapidated House Renovation for PWDs (household)	2024
维权	**Rights Protection**	
残疾人法律援助工作站(个)	Legal Assistance Station for PWDs(unit)	102
残疾人法律救助工作站办理的案件(件)	Case Handled by the Legal Assistance Station for PWDs (case)	240
组织建设	**Organization construction**	
省市县乡残联编制(人)	Manning Quotas of Provincial,Municipal,County and Township CDPFs (person)	3557
省市县乡残联实有人员(人)	Actual Personnel with Provincial,Municipal,County and Township CDPFs (person)	4058
服务设施	**Service Facilities**	
已投入使用残疾人综合服务设施(个)	Comprehensive Service Facilities for PWDs that Already Put into Use (unit)	90

19-35 续表 2 continued

项 目	Item	2011	2012	2013	2014	2015
康复	**Rehabilitation**					
视力残疾康复	Rehabilitation of Persons with Visual Disability					
免费白内障复明手术(例)	Free Sight-restoring Surgeries for Cataract Patients (case)	7528	7295	7331	8338	14054
低视力者配用助视器(人)	Persons of Low-vision Fitted with Vision-aids(person)	1082	4988	3127	3574	11474
盲人定向行走训练数(人)	Blindman Receiving Orientation Skill Training(person)	430	2601	2126	2199	3004
聋儿康复	Rehabilitation of Children with Hearing Disability					
年收训聋儿(人)	Deaf Children Newly Trained in the year (person)	447	385	396	478	513
精神病防治康复	Prevention and Rehabilitation of Mental Illness(PRMI)					
开展精神病防治康复工作市县数（个）	Counties/Cities/Districts where PRMI have been Conducted (unit)	31	60	60	62	60
精神病人数(万人)	People with Mental Illness (10 000 persons)	6.30	12.10	12.00	12.13	11.49
监护率(%)	Guardianship Rate(%)	84	89	86	86	85.2
肢体残疾康复(人)	Rehabilitation of Persons with Sight Disability Physical Disability (person)					
肢体残疾人社区康复训练数	Persons Rehabilitated at Community	909	1206	3872	3905	3813
肢体残疾儿童机构康复训练数	Children Rehabilitated at Institutions	170	533	865	670	616
智力残疾康复(人)	Rehabilitation of Persons with Intellectual Disability (person)					
智障儿童康复训练数	Children with Intellectual Disability Receiving Rehabilitation Training	375	2411	1969	2225	2656
辅助器具供应	Supply of Assistive Devices					
免费发放的辅助器具件数(件)	Pieces of Assistive Devices Free of Charge(piece)	7925	11849	11845	26311	28046
教育	**Education**					
未入学适龄残疾儿童少年(人)	School-age Disabled Children without Schooling (person)	8602	3329	3137	3618	2834
就业	**Employment**					
城镇残疾人就业(万人)	Employment of Urban Handicapped(10 000persons)	11.61	10.88	10.6	10.7	10.6
#当年安排就业(人)	Persons Employed in the Year(person)	9809	9859	8990	8523	7886
农村残疾人就业(万人)	Employment of Rural Handicapped(10 000persons)	50.03	49.01	53.86	53.3	53.1

19-35 续表 3 continued

项　　目	Item	2011	2012	2013	2014	2015
盲人按摩	**Massage by Persons with Visual Disability**					
按摩机构数(个)	Number of Massage Institutions(unit)	282	208	237	259	289
保健按摩人员培训(人)	Massage Therapists Training(person)	254	236	371	339	390
医疗按摩人员培训(人)	Keep-fit Massager Training (person)	35	54	112	116	137
扶贫	**Poverty Alleviation**					
农村贫困残疾人(万人)	Poor PWDs in Rural Areas(10 000persons)	100.94	100.57	100.48	105.90	96.25
本年度实际脱贫残疾人(万人)	Actual Number of Disabled Persons Shake off Poverty in the Year(10 000 persons)	10.30	10.18	9.69	9.69	9.48
社会保障	**Social Security**					
城镇社会保障措施落实情况	Implement Situation of Social Security Measures in Urban Areas					
已纳入最低生活保障范围(万人)	Covered by the Baisc Living Allowance System (10 000 persons)	8.85	11.05	11.37	42.26	41.80
残疾职工参加养老保险(万人)	Disabled Workers Participated in Pension Insurance (10 000 persons)	1.16	1.69	1.76	4.81	5.23
残疾居民参加医疗保险(万人)	Disabled Residents Participated in Medical Insurance(10 000 persons)	18.30	19.83	19.18	4.90	5.50
农村社会保障措施落实情况	**Implement Situation of Social Security Measures in Rural Areas**					
已纳入最低生活保障范围(万人)	Covered by the Baisc Living Allowance System (10 000 persons)	42.26	35.71	33.35	35.47	41.80
残联组织建设	**Organization of the Disabled Persons' Federation**					
残疾人工作者数（人）	Workers Working for the Disabled (person)	3801	3818	3993	4020	3966
已投入使用的残疾人综合服务设施（个）	Comprehensive Service facilities for Disabled Persons been Put into Use(unit)	94	92	99	99	89

19-36 社会保险基金收支及累计结余
Revenue, Expenses and Balance of Social Insurance Fund

单位：万元 (10 000 yuan)

年 份 Year	合 计 Total	基本养老保险 Basic Pension Insurance	失业保险 Unemployment Insurance	城镇基本医疗保险 Basic Medical Care Insurance	工伤保险 Work Injury Insurance	生育保险 Maternity Insurance
基金收入 Revenue						
1995	61053	60848		101	90	14
1996	94266	93715		349	156	46
1997	124765	124078		426	183	78
1998	135667	134754		421	324	168
1999	288392	287409		453	357	173
2000	362539	361037		878	446	178
2001	426149	372816	26752	26158	297	126
2002	533371	443252	27341	62343	252	183
2003	590252	473460	29227	86925	325	315
2004	680744	538930	29968	108013	2335	1498
2005	768770	603454	33913	122647	5246	3510
2006	1041336	802548	45350	178381	11561	3496
2007	1272909	963161	47454	244994	13551	3749
2008	1593361	1139038	65240	364387	19266	5430
2009	1928964	1374014	83594	438172	25944	7240
2010	2273747	1656659	86576	492238	28762	9512
2011	3039940	2227124	114802	620985	59085	17944
2012	3253788	2331174	128708	719366	51333	23207
2013	3622603	2579881	147850	802865	60957	31050
2014	4212005	2981741	166208	951800	72288	40018
2015	4445590	3113855	155599	1054949	78147	43040
2016	5386647	3927631	145984	1190656	82279	40097
基金支出 Expenses						
1995	43678	43578		66	21	13
1996	82195	93715		212	31	23
1997	112622	124078		350	38	53
1998	136044	134754		374	69	98
1999	297059	287409		245	141	124
2000	368560	361037		839	286	124
2001	399340	372816	16334	14297	157	89

注：1.2007年及以后城镇基本医疗保险基金中包括城镇职工基本医疗保险和城镇居民基本医疗保险。
2.2010年及以后基本养老保险基金中包括城镇职工基本养老保险和城乡居民基本养老保险。
3.工伤保险累计结余中含储备金。

a) Data of basic medical care insurance include both urban workers and urban residence from 2007.
b) Data of the basic pension insurance for 2010 and following years include the basic pension insurances for urban workers and for urban and rural residents.
c) The grand total of work injury insurance at year-end include reserve fund.

19-36 续表 continued

单位：万元 (10 000 yuan)

年 份 Year	合 计 Total	基本养老保险 Basic Pension Insurance	失业保险 Unemployment Insurance	城镇基本医疗保险 Basic Medical Care Insurance	工伤保险 Work Injury Insurance	生育保险 Maternity Insurance
2002	472790	443252	19723	45717	187	88
2003	531273	473460	32138	71084	344	157
2004	575528	465062	23643	85995	535	293
2005	639453	501410	24625	110468	1856	1094
2006	799960	614418	39276	140115	4641	1510
2007	921999	708366	26033	178778	6878	1944
2008	1185827	896631	34488	242606	9346	2756
2009	1478303	1063507	60588	332770	17411	4027
2010	1744135	1269141	74598	378909	16783	4704
2011	2123277	1534152	33027	506543	42740	6815
2012	2661208	1926021	30279	653193	39895	11820
2013	3108375	2247052	26453	762692	51699	20479
2014	3548465	2585831	18794	857968	60771	25101
2015	4136933	3068733	49579	927726	64290	26605
2016	4864849	3673157	82224	1005799	67530	36139
累计结余 Balance at Year-end						
1995	66108	65949		47	108	4
1996	78176	77735		178	236	27
1997	90319	89632		254	381	52
1998	89939	88883		301	636	119
1999	86307	85110		177	852	168
2000	80447	78836		377	1012	222
2001	150355	73189	53024	13055	863	224
2002	210946	119376	60642	29681	928	319
2003	314408	200118	57731	54956	1126	477
2004	400752	266104	64056	65974	2936	1682
2005	530901	368146	73342	78989	6326	4098
2006	782212	560176	79423	121865	14664	6084
2007	1140053	814976	100845	188240	28095	7897
2008	1547277	1057383	131258	310096	37968	10572
2009	1998372	1367889	154264	415931	46503	13785
2010	2541256	1769817	166242	528462	58144	18591
2011	3457915	2462788	248016	642900	74491	29720
2012	4050546	2867941	346445	665153	85549	41107
2013	4577811	3215776	467841	747894	94586	51714
2014	5240005	3611686	615255	840319	106102	66644
2015	5529615	3637160	721275	968142	119959	83079
2016	7010309	4850528	785036	1152993	134709	87038

19-37 社会保障基本情况
Basic Statistics of Social Security

单位：万人 (10 000 persons)

项目	Item	2010	2011	2015	2016
基本养老保险	**Basic Pension Insurance**				
年末参加基本养老保险人数	Basic Pension Insurance Participants at Year-end				
城镇职工基本养老保险	Urban Employees Basic Pension Insurance	242.48	262.95	306.2	315.0
职工	Number of Employees	171.13	177.86	197.01	200.9
离退休人员	Number of Retirees	71.35	85.09	109.19	114.1
城乡居民基本养老保险	Basic Pension Insurance for Urban and Rural Residents	378.99	787.31	1236.74	1253.7
失业保险	**Unemployment Insurance**				
年末参保人数	Contributors at Year-end	164.46	164.48	162.76	164.3
全年发放失业保险金(万元)	Unemployed Relief (10 000 yuan)	14673	12085	13600	15219
城镇基本医疗保险	**Medical Care Insurance**				
年末参保人数	Contributors at Year-end	588.79	590.82	634.96	643.34
城镇职工	Staff and Workers	290.22	291.06	307.90	314.44
城镇居民	Residents	298.57	299.77	327.03	328.90
工伤保险	**Work Injury Insurance**				
年末参保人数	Contributors at Year-end	130.09	150.19	182.6	188.4
年末享受待遇的人数	Beneficiaries at Year-end	1.09	1.37	2.33	2.47
生育保险	**Maternity Insurance**				
年末参保人数	Contributors at Year-end	82.00	110.13	154.1	162.7
享受待遇人数(万人次)	Beneficiaries at Year-end (10 000 person-times)	1.02	1.65	3.53	6.8

注：2012年8月起，新型农村社会养老保险和城镇居民社会养老保险制度全覆盖工作全面启动，合并为城乡居民社会养老保险(下表同)。

a) Since August 2012, system of new rural old-age insurance and urban basic pension insurance have started completely, and called basic pension insurance for urban and rural residents as total.The same applies to the table following.

19-38 各地区年末参加城镇职工基本养老保险人数
Urban Employees Basic Pension Insurance Contributors at Year-end by Region

单位：万人 (10 000 persons)

地区	Region	2011	2012	2013	2014	2015	2016
甘肃省	**Gansu**	**262.95**	**277.37**	**288.40**	**298.85**	**306.20**	**315.00**
兰州市	Lanzhou	49.19	54.67	59.92	66.16	68.76	71.73
嘉峪关市	Jiayuguan	7.61	8.98	9.37	9.66	10.09	10.43
金昌市	Jinchang	5.55	5.86	5.99	6.00	6.37	6.69
白银市	Baiyin	11.08	12.33	13.00	13.22	14.02	14.31
天水市	Tianshui	18.67	19.43	19.79	20.12	20.52	21.82
武威市	Wuwei	9.31	10.05	11.00	11.40	12.20	12.51
张掖市	Zhangye	9.62	10.11	10.39	10.73	11.33	11.63
平凉市	Pingliang	9.75	9.80	9.82	9.99	10.33	10.41
酒泉市	Jiuquan	9.94	10.39	10.95	11.64	12.02	13.78
庆阳市	Qingyang	7.33	7.50	7.32	7.46	7.57	7.64
定西市	Dingxi	8.42	8.70	9.09	9.49	10.10	10.29
陇南市	Longnan	6.48	6.86	7.02	7.14	7.30	7.41
临夏州	Linxia	5.53	6.04	6.27	6.35	6.43	6.48
甘南州	Gannan	2.31	2.45	2.44	2.45	2.53	2.45

注：不包括离退休人员。

a)The retirees are not included in this table.

19-39 各地区年末参加城乡居民基本养老保险人数
Urban and Rural Residents Basic Pension Insurance Contributors at Year-end by Region

单位：万人 (10 000 persons)

地 区	Region	2011	2012	2013	2014	2015	2016
甘肃省	**Gansu**	**787.31**	**1221.39**	**1238.49**	**1240.13**	**1236.74**	**1253.73**
兰州市	Lanzhou	72.65	74.98	74.81	74.05	72.78	72.78
嘉峪关市	Jiayuguan	1.80	1.67	1.67	1.75	1.85	1.90
金昌市	Jinchang	15.83	16.03	15.87	15.99	15.87	15.91
白银市	Baiyin	48.08	72.54	74.06	73.47	74.33	75.63
天水市	Tianshui	89.62	151.96	163.27	166.73	167.53	170.90
武威市	Wuwei	84.22	88.34	88.14	87.62	87.40	87.49
张掖市	Zhangye	19.48	67.91	68.52	69.15	68.98	68.70
平凉市	Pingliang	63.85	118.52	118.45	119.36	119.60	120.76
酒泉市	Jiuquan	15.29	43.17	44.31	44.58	44.43	44.47
庆阳市	Qingyang	99.97	142.93	143.32	142.74	148.03	148.94
定西市	Dingxi	96.81	153.45	156.02	156.11	150.06	156.18
陇南市	Longnan	52.70	148.73	149.76	149.52	150.51	152.88
临夏州	Linxia	89.60	105.63	104.41	102.95	100.05	100.81
甘南州	Gannan	37.41	35.53	35.87	36.12	35.32	36.38

19-40 各地区年末参加失业保险人数
Unemployment Insurance Contributors at Year-end by Region

单位：万人 (10 000 persons)

地 区	Region	2011	2012	2013	2014	2015	2016
甘肃省	**Gansu**	**164.48**	**163.55**	**163.09**	**162.35**	**162.76**	**164.32**
兰州市	Lanzhou	56.12	56.06	57.36	57.27	56.75	56.76
嘉峪关市	Jiayuguan	4.35	5.16	5.36	5.38	5.55	5.77
金昌市	Jinchang	7.88	7.45	7.30	7.28	7.59	7.55
白银市	Baiyin	13.08	12.15	11.88	12.00	12.47	12.51
天水市	Tianshui	14.94	14.77	14.51	14.37	14.20	14.10
武威市	Wuwei	6.31	6.43	6.39	6.48	7.12	7.29
张掖市	Zhangye	6.94	6.92	6.85	7.00	7.34	7.67
平凉市	Pingliang	8.99	8.89	8.70	8.69	8.68	8.66
酒泉市	Jiuquan	7.18	6.90	7.03	6.52	6.70	7.17
庆阳市	Qingyang	8.16	8.28	8.27	8.26	8.26	8.27
定西市	Dingxi	8.32	8.16	8.25	8.38	8.57	8.81
陇南市	Longnan	4.87	4.37	4.26	4.82	4.72	4.76
临夏州	Linxia	4.85	4.43	4.19	4.11	4.17	4.00
甘南州	Gannan	3.29	2.74	2.76	2.31	3.05	3.36

19-41 各地区城镇基本医疗保险年末参保人数
Persons Covered of Urban Basic Medical Care Insurance at Year-end by Region

单位：万人 (10 000 persons)

地　区	Region	2011	2012	2013	2014	2015	2016
甘肃省	**Gansu**	**590.82**	**616.54**	**622.77**	**630.65**	**634.96**	**643.34**
兰州市	Lanzhou	169.47	173.43	182.51	191.29	192.55	196.64
嘉峪关市	Jiayuguan	15.36	25.24	16.11	15.79	16.99	17.38
金昌市	Jinchang	20.33	43.00	42.78	42.93	43.02	43.07
白银市	Baiyin	40.58	42.60	42.27	43.85	40.23	41.53
天水市	Tianshui	54.91	55.64	55.64	47.99	49.26	46.64
武威市	Wuwei	30.79	29.63	30.32	30.44	30.67	34.78
张掖市	Zhangye	29.36	29.15	28.64	28.79	28.87	28.87
平凉市	Pingliang	35.93	33.07	27.21	28.26	29.42	30.53
酒泉市	Jiuquan	31.25	30.31	30.01	28.24	28.42	28.92
庆阳市	Qingyang	27.67	27.97	29.62	28.24	28.25	28.45
定西市	Dingxi	30.76	29.71	30.21	31.28	32.65	33.59
陇南市	Longnan	30.06	29.57	28.14	27.84	27.65	29.91
临夏州	Linxia	24.83	25.94	28.93	31.61	31.86	32.00
甘南州	Gannan	15.34	13.64	13.74	13.16	13.47	13.79

19-42 各地区城镇职工基本医疗保险参保人数
Persons Covered of Urban Employees Basic Medical Care Insurance by Region

单位：万人 (10 000 persons)

地　区	Region	2011	2012	2013	2014	2015	2016
甘肃省	**Gansu**	**202.84**	**292.97**	**297.05**	**302.60**	**307.92**	**314.44**
兰州市	Lanzhou	49.22	79.86	82.23	84.45	85.72	90.73
嘉峪关市	Jiayuguan	5.74	8.00	8.38	8.06	8.75	8.92
金昌市	Jinchang	7.29	11.68	11.36	11.89	12.05	12.11
白银市	Baiyin	12.73	21.55	21.83	22.15	22.45	23.19
天水市	Tianshui	19.21	27.67	27.66	27.66	27.67	25.16
武威市	Wuwei	10.26	12.61	12.69	12.84	13.16	13.30
张掖市	Zhangye	9.62	13.05	12.15	12.00	11.85	12.16
平凉市	Pingliang	10.02	10.53	11.03	11.20	1.95	12.36
酒泉市	Jiuquan	10.45	13.07	12.82	11.28	11.52	11.79
庆阳市	Qingyang	7.75	13.85	13.93	14.09	14.10	14.30
定西市	Dingxi	9.24	14.02	14.52	14.92	15.48	15.82
陇南市	Longnan	10.72	13.20	13.35	13.44	13.41	14.08
临夏州	Linxia	7.84	10.22	10.33	10.68	10.89	11.01
甘南州	Gannan	4.52	6.40	6.59	6.98	7.26	7.46

19-43 各地区城镇居民基本医疗保险参保人数

Persons Covered of Urban Non-employment Basic Medical Care Insurance by Region

单位：万人 (10 000 persons)

地 区	Region	2010	2011	2012	2013	2014	2015	2016
甘肃省	**Gansu**	**298.57**	**299.77**	**323.57**	**325.72**	**328.05**	**327.03**	**328.90**
兰州市	Lanzhou	81.17	90.42	93.57	100.27	106.84	106.82	105.91
嘉峪关市	Jiayuguan	7.27	7.65	17.24	7.73	7.73	8.24	8.46
金昌市	Jinchang	8.46	8.72	31.32	31.42	31.04	30.97	30.96
白银市	Baiyin	23.51	19.47	21.05	20.44	21.70	17.78	18.34
天水市	Tianshui	33.13	27.29	27.98	27.98	20.33	21.59	21.48
武威市	Wuwei	17.34	17.38	17.02	17.63	17.60	17.51	21.48
张掖市	Zhangye	15.49	16.05	16.10	16.49	16.79	17.02	16.71
平凉市	Pingliang	22.58	22.54	22.54	16.18	17.05	17.47	18.17
酒泉市	Jiuquan	16.91	17.42	17.24	17.19	16.96	16.89	17.13
庆阳市	Qingyang	15.14	15.01	14.12	15.69	14.15	14.15	14.15
定西市	Dingxi	18.17	17.34	15.69	15.69	16.36	17.17	17.77
陇南市	Longnan	16.37	16.37	16.37	14.79	14.40	14.23	15.83
临夏州	Linxia	14.14	14.96	15.72	18.60	20.93	20.98	20.99
甘南州	Gannan	8.89	9.16	7.21	7.15	6.18	6.21	6.33

19-44 各地区年末参加工伤保险人数

Work Injury Insurance Contributors at Year-end by Region

单位：万人 (10 000 persons)

地 区	Region	2010	2011	2012	2013	2014	2015	2016
甘肃省	**Gansu**	**130.09**	**150.19**	**158.53**	**167.72**	**175.14**	**182.60**	**188.35**
兰州市	Lanzhou	41.01	45.27	44.67	46.28	46.18	45.92	49.91
嘉峪关市	Jiayuguan	5.10	5.43	6.43	6.47	6.85	7.28	7.16
金昌市	Jinchang	6.66	7.02	7.18	7.39	7.40	7.44	7.31
白银市	Baiyin	12.51	12.11	12.45	13.02	12.72	12.84	13.48
天水市	Tianshui	9.94	9.94	9.94	9.94	9.94	12.46	13.33
武威市	Wuwei	4.65	6.58	9.09	10.29	11.39	11.86	12.51
张掖市	Zhangye	6.44	6.81	7.70	7.49	7.83	9.02	8.73
平凉市	Pingliang	7.26	7.89	8.17	9.10	8.73	8.88	8.09
酒泉市	Jiuquan	6.01	7.13	8.66	9.50	8.85	9.68	10.18
庆阳市	Qingyang	3.26	3.66	4.77	5.69	5.81	6.53	7.53
定西市	Dingxi	4.84	6.64	7.81	8.22	8.90	9.44	9.53
陇南市	Longnan	3.57	4.11	6.33	6.90	6.70	6.67	6.97
临夏州	Linxia	1.37	3.01	3.70	3.81	4.22	4.35	4.71
甘南州	Gannan	2.07	2.21	2.50	3.02	2.95	3.10	3.37

19-45 各地区年末参加生育保险人数
Maternity Insurance Contributors at Year-end by Region

单位：万人 (10 000 persons)

地 区	Region	2010	2011	2012	2013	2014	2015	2016
甘肃省	**Gansu**	**82.00**	**110.13**	**129.52**	**135.07**	**143.70**	**154.10**	**162.75**
兰州市	Lanzhou	34.59	41.79	44.01	45.61	45.52	45.25	48.49
嘉峪关市	Jiayuguan	3.93	4.31	5.88	6.18	7.14	7.37	7.50
金昌市	Jinchang	1.20	1.50	3.12	3.63	3.77	3.94	4.06
白银市	Baiyin	5.60	6.98	7.43	7.51	8.05	8.60	8.81
天水市	Tianshui	4.10	8.91	10.62	10.62	10.89	13.31	13.84
武威市	Wuwei	1.81	4.60	6.27	6.83	7.35	7.51	7.61
张掖市	Zhangye	6.25	6.71	6.94	6.62	7.14	7.54	7.90
平凉市	Pingliang	5.58	5.69	6.03	6.26	6.40	7.36	7.58
酒泉市	Jiuquan	0.72	0.72	5.96	6.58	6.21	6.72	7.04
庆阳市	Qingyang	5.57	8.57	8.61	8.65	8.88	8.96	9.16
定西市	Dingxi	4.75	6.24	8.04	9.89	10.29	10.63	10.75
陇南市	Longnan	0.54	2.34	4.20	4.30	4.54	4.71	6.92
临夏州	Linxia	4.22	4.91	5.28	5.35	5.64	5.89	6.37
甘南州	Gannan	2.46	2.37	2.65	2.92	3.38	3.55	3.92

主要统计指标解释

卫生机构 指从卫生行政部门取得《医疗机构执业许可证》，或从民政、工商行政、机构编制管理部门取得法人单位登记证书，为社会提供医疗保健、疾病控制、卫生监督服务或从事医学科研和教育等工作的单位。卫生机构包括医院、疗养院、社区卫生服务中心(站)、卫生院、门诊部、诊所(卫生所、医务室)、急救中心(站)、采供血机构、妇幼保健院(所、站)、专科疾病防治院(所、站)、疾病预防控制中心(防疫站)、卫生监督所、卫生监督检验(监测、检测)机构、医学科研机构、医学在职培训机构、健康教育所(站)等其他卫生机构。

医院 包括综合医院、中医医院、中西医结合医院、民族医院、各类专科医院和护理院。

卫生人员 指在医院、基层医疗卫生机构、专业公共卫生机构及其他医疗卫生机构工作的职工，包括卫生技术人员、乡村医生和卫生员、其他技术人员、管理人员和工勤人员。一律按支付年底工资的在岗职工统计，包括各类聘任人员(含合同工)及返聘本单位半年以上人员，不包括临时工、离退休人员、退职人员、离开本单位仍保留劳动关系人员、本单位返聘和临聘不足半年人员。

卫生技术人员 包括执业医师、执业助理医师、注册护士、药师（士）、检验技师（士）、影像技师、卫生监督员和见习医（药、护、技）师（士）等卫生专业人员。不包括从事管理工作的卫生技术人员(如院长、副院长、党委书记等)。

执业医师 指具有《医师执业证》及其“级别”为“执业医师”,且实际从事医疗、预防保健工作的人员，不包括实际从事管理工作的执业医师。执业医师类别分为临床、中医、口腔和公共卫生。

参加新农合人数 指根据本地新农合实施方案到年内新农合筹资截止时已缴纳新农合资金的人口数。

新农合当年基金支出 指本年度实际从新农合基金帐户中支出用于新农合补偿的资金。

新农合补偿支出受益人次 指年内新农合参合人员因病就医获得补偿的人次数，包括住院、家庭帐户形式、门诊、特殊病种大额门诊、住院正常分娩、体检和其他补偿人次之和。

新农合本年度筹资总额 指为本年度筹集的、实际进入新农合专用帐户的基金数额。包括本年度中央及地方财政配套资金、农民个人交纳资金（含民政部门及其他相关部门代缴的救助资金）、新农合基金本年度产生的全部利息收入及其他渠道实际筹集到的新农合基金额。筹资数额以进入新农合专用帐户的基金数额为准，不含上年结转额资金。

卫生总费用 是反映一个国家或地区在一定时期内（通常为 1 年）用于医疗卫生保健服务所消耗的资金总量。用筹资来源法测算，分为政府卫生支出、社会卫生支出、个人现金卫生支出三部分。

基本养老保险（参保）职工人数 指报告期末按照国家法律、法规和有关政策规定参加基本养老保险并在社保经办机构已建立缴费记录档案的职工人数，包括中断缴费但未终止养老保险关系的职工人数，不包括只登记未建立缴费记录档案的人数。

基本医疗保险参保人数 指报告期末按国家有关规定参加基本医疗保险的人数。包括参加保险的职工人数和退休人员人数。

失业保险参保人数 指报告期末按照国家法律、法规和有关政策规定参加了失业保险的城镇企业事业单位的职工及地方政府规定参加失业保险的其他人员的人数。

工伤保险参加人数 指报告期末依据国家有关规定参加工伤保险的职工人数。

生育保险参保人数 指报告期末依据有关规定参加生育保险的职工人数。

城镇居民最低生活保障人数 指报告期末家庭平均收入在当地规定的最低生活保障线以下的城镇居民数。包括“三无”对象、失业人员和在职、下岗、退休人员等。

农村居民最低生活保障人数 指报告期末在建立农村最低生活保障制度的地区，得到当地政府或集体给予最低生活保障的农业人口家庭人数。

农村传统救济人数 指未开展最低生活保障制度的农村地区，仍沿用传统救济制度救济的贫困人口数量。

城镇社区服务设施数 指报告期末城镇（街道办事处、居委会）设立的以非盈利为目的，为本社区居民服务，特别是为老年人、残疾人、儿童服务的社区服务中心、活动站、服务站、养老院、老年公寓（托老所），残疾人工疗站、残疾儿童日托所、家务服务站、婚姻介绍所等福利性设施以及职工社会保险管理服务的机构数。几种不同类型的社区服务单位，共用一个场所的，只能统计为一个社区服务设施。成为社区服务设施的条件：（1）是独立核算单位；（2）有固定的从业人员；（3）有一定的服务项目；（4）有一定的场所。

20

文化和体育

Culture and Sports

简要说明

一、本篇资料主要内容

本篇主要反映文化、体育、新闻出版、广播电视事业的发展情况。

文化资料主要包括文化产业基本情况、艺术表演团体、艺术表演场所、公共图书馆、博物馆、文化馆、文化站、广播、电影、电视、新闻出版等文化事业的机构、人员、经费和业务活动情况。体育资料主要包括体育系统职工和运动员情况。

二、本篇资料来源

本篇资料由省统计局社会科技处搜集、整理。艺术业、图书馆业、群众文化服务业的资料来自省文化厅；广播、电影、电视资料、新闻出版资料来自省新闻出版广电局；体育资料来自省体育局。

20-1 文化产业基本情况
Basic Statistics of Cultural Industry

项　　目	Item	2011	2015	2016
文化产业增加值(亿元)	Value-added of Cultural Industry (100 million yuan)	62.03	124.24	146.05
#法人单位增加值(亿元)	Value-added of Corporate Units (100 million yuan)	52.2	99.36	117.19
文化产业增加值占GDP的比重(%)	Value-added of Cultural Industry as Proportion of GDP (%)	1.24	1.83	2.03
文化产业法人单位机构数(家)	Number of Corporate Units Institutions of Cultural Industry (uint)	3887	11025	12135
从业人员(万人)	Employed Persons (10 000 persons)	9.65	20.25	22.77

20-2 文化事业基本情况
Basic Statistics of Culture Industry

项　　目	Item	2010	2011	2015	2016
文化事业机构数(个)	**Number of Institutions (unit)**	**4903**	**5097**	**5434**	**5752**
文化部门	Cultural Department	1987	2068	2210	2219
其他部门	Other Department	2916	3029	3224	3533
文化事业人员数(人)	**Number of Employed Persons (person)**	**32645**	**36556**	**47838**	**47868**
文化部门	Cultural Department	15374	17275	26141	26291
其他部门	Other Department	17271	19281	21679	21577
文化部门事业单位数（个）	**Number of Public Institutions of Culture Department(unit)**	**1987**	**2063**	**2142**	**2152**
#文化馆、艺术馆	Cultural Centers and Art Stations	102	103	103	103
公共图书馆	Public Libraries	94	100	103	103
博物馆	Museums	102	145	150	152
艺术表演场馆	Art Performance Places	27	24	24	48
艺术表演团体	Art Performance Troupes	82	84	191	227

20-3 艺术表演团体、艺术表演场馆演出情况
Statistics on Performance of Art Performance Troupes and Art Performance Places

项　目	Item	2011	2015	2016
艺术表演团体	**Art Performance Troupes**			
国内演出场次(千场次)	Number of Domestic Performances (1000 shows)	16.2	23.1	31.4
#农村演出场次	Rural Performances	11.0	16.5	22.7
国内演出观众人次(千人次)	Spectators of Domestic Audience (1000 person-times)	20198.7	20342.2	27749.2
#农村观众人次	Rural Audience	15221.1	14579.7	13914.9
艺术表演场馆	**Art Performance Places**			
演(映)出场次(千场次)	Number of Performances(1000 shows)	1.7	14.1	25.8
#艺术演出场次	Art Performances	0.7	1.3	2.4
观众人次(千人次)	Number of Audience(1000 person-times)	815.0	710.6	1038.7
#艺术演出观众人次	Art Performances	345.0	369.1	374.4

20-4 博物馆基本情况
Basic Statistics on Museums

项　目	Item	2011	2015	2016
机构数(个)	Number of Institutions(unit)	145	150	152
从业人员(人)	Number of Employed Persons(person)	2503	3265	3371
文物藏品(件/套)	Number of Collections(piece/set)	492348	558789	522853
本年从有关部门接收文物数(件/套)	Accepted Cultural Relics from Department This Year(piece/set)	606	8100	4342
本年修复文物数(件/套)	Cultural Relics Repaired This Year(piece/set)	297	594	369
基本陈列(个)	Displays (unit)	276	352	348
临时展览(个)	Exhibition (unit)	344	353	354
参观人次(千人次)	Spectators(1000 person-times)	11130	21909	23171
门票销售总额(千元)	Total Sales of Ticket (1000 yuan)	3813	2981	10741

20-5 公共图书馆情况
Statistics on Public Libraries

项目	Item	2011	2015	2016
公共图书馆个数(个)	Number of Public Library(unit)	100	103	103
总藏量(千册件)	Total Collections(1000 volumes)	11596	13996	13939
# 本年新购藏量	Purchased this Year	287	551	614
累计发放有效借书证数(个)	Accumulative Number of Library Cards Distributed(unit)	218125	314572	359783
总流通人次(千人次)	Total Number of Circulation(1000 person-times)	4730	6781	7242
# 书刊文献外借人次	Borrowing from Libraries	2342	3439	3526
书刊文献外借册次(千册次)	Number of Books and Periodicals Lent to Readers(1000 copies-times)	3892	5885	6188
阅览室座席数(个)	Seats of Reading Room(unit)	14514	18873	20158

20-6 图书、杂志、报纸出版数量
Number of Books, Magazines and Newspapers Published

项目	Item	2010	2011	2015	2016
图书出版	**Books Published**				
种数(种)	Number of Publication (kind)	2031	2237	3412	3508
# 新出版	New Publication	1259	1365	2161	2165
总印数(万册)	Printed Copies (10 000 copies)	6737	6747	6650	7576
总印张(千印张)	Printed Sheets (1 000 sheets)	505394	516045	566554	613445
杂志出版	**Magazines Publised**				
种数(种)	Number of Publication (kind)	128	131	131	131
总印数(万册)	Total Printed Copies (10 000 copies)	11082	11152	9672	9561
总印张(千印张)	Printed Sheets (1 000 sheets)	455806	455728	525365	520776
报纸出版	**Newspapers Publised**				
种数(种)	Number of Publication (kind)	63	63	61	61
总印数(万份)	Total Printed Copies (10 000 copies)	40714	45776	50828	50207
总印张(千印张)	Printed Sheets (1 000 sheets)	2690631	1049533	1044639	1037892

20-7 少年儿童读物和课本出版情况
Number of Books Published for Children and Textbooks

项　目	Item	2011	2015	2016
种数(种)	Number of Publications (kind)			
儿童读物	Books for Children	45	70	89
课　本	Textbooks	62	66	51
总印数（万册）	Printed Copies (10 000 copies)			
儿童读物	Books for Children	63	78	91
课　本	Textbooks	3920	3172	2944
总印张(千印张)	Printed Sheets (1 000 sheets)			
儿童读物	Books for Children	1990	2457	2719
课　本	Textbooks	319352	245261	232171

20-8 录像、录音制品出版品种及数量
Variety and Quantity of Publication of Video Products and Audio Products

项　目	Item	品种(种) Number(kind)		数量(万盒、万张) Volume (10000 cassettes,10000 discs)	
		2015	2016	2015	2016
录像制品	**Total Video Products**	**16**	**37**	**4**	**8**
发行数量	Number Publicated			3	8
录音制品	**Total of Audio Products**	**8**	**1**	**3.5**	**0.5**
发行数量	Number Publicated			0.1	0.1
电子出版物	**Electronic Publications**	**5**	**1**	**0.5**	**0.4**
发行数量	Number Publicated				

20-9 出版物发行机构数和网点数
Issuing Institutions and Spots of Publication

项目	Item	2011	2015	2016
发行机构(处)	**Issuing Institutions (unit)**	**2210**	**2350**	**2194**
国有书店及国有发行点	State-owned Book Store and Issuing Spots	323	270	253
供销社	Supply and Marketing Cooperatives			
出版社	Press	8	9	9
网上书店	Online Bookstore	1	2	2
文化教育广电邮政系统	Cultural, Educational Broadcasting and Postal Systems	80	82	81
新华书店系统外批发网点	Wholesale Spots Outside Xinhua Bookstore	179	197	169
集体个体零售	Collective and Personal Retail	1619	1790	1680
新华书店系统出版社自办发行从业人数(人)	**Persons Engaged in Own Issuance of Presses of Xinhua Bookstore System(person)**			
全部职工	All Staff	3136	2891	2482
#国有书店及国有发行点	State-owned Bookstores and Issuing Spots	3032	2751	2652

20-10 出版印刷生产情况
Conditions of Printing

项目	Item	2011	2015	2016
企业数(个)	Number of Enterprises(unit)	105	100	104
印刷产量	Output of Printing			
黑白(万令)	Black and White(10 000 ream)	251	201	213
彩色(万对开色令)	Color(10 000 bisect color ream)	442	422	461
装订产量(万令)	Output of Bookbinding(10 000 ream)	238	207	224
用纸量(万令)	Amout of Paper Used(10 000 ream)	160	299	349

20-11　各地区文化事业基本情况(2016)
Basic Statistics of Culture Industry by Region (2016)

地　区	Region	文化事业机构数(个) Number of Institutions (unit)	文化部门 Cultural Department	其他部门 Other Department	文化事业人员数(人) Number of Employed Persons (person)	文化部门 Cultural Department	其他部门 Other Department
兰州市	Lanzhou	450	169	281	4226	2200	2026
嘉峪关市	Jiayuguan	114	19	95	1072	619	453
金昌市	Jinchang	159	42	117	1128	551	577
白银市	Baiyin	494	117	377	4476	2034	2442
天水市	Tianshui	445	201	244	3774	2322	1452
武威市	Wuwei	387	144	243	2327	1086	1241
张掖市	Zhangye	376	130	246	2510	1080	1430
平凉市	Pingliang	371	183	188	2623	1573	1050
酒泉市	Jiuquan	483	168	315	2394	1133	1261
庆阳市	Qingyang	535	200	335	6514	3554	2960
定西市	Dingxi	494	180	314	3831	1804	2027
陇南市	Longnan	602	269	333	3908	1974	1934
临夏州	Linxia	400	198	202	2599	1861	738
甘南州	Gannan	316	156	160	2120	1346	774

注：本表不含省本级和甘肃矿区数据。
a) Data of this table excluding Provincial level and Gansu Mine Area data.

20-11　续表　continue

地　区	Region	文化部门事业单位数(个) Number of Public Institutions of Culture Department (unit)	#文化馆、艺术馆 Cultural Centers and Art Station	#公　共图书馆 Public Libraries	#博物馆 Museums	#艺术表演场　所 Art Performance Places	#艺术表演团　体 Art Performance Troupes	公共图书馆藏书量(万册、件) Total Collections of Public Library (10 000volumes)
兰州市	Lanzhou	165	9	8	11	1	4	107.14
嘉峪关市	Jiayuguan	20	1	2	5	1		21..53
金昌市	Jinchang	42	3	4	5			65.83
白银市	Baiyin	115	6	6	10		1	80.89
天水市	Tianshui	194	8	8	9	2	4	88.23
武威市	Wuwei	142	5	5	10	1	1	52.46
张掖市	Zhangye	130	8	7	12		2	68.62
平凉市	Pingliang	177	8	8	12	4	3	79.39
酒泉市	Jiuquan	164	8	8	9	4	3	62.86
庆阳市	Qingyang	188	9	9	16		4	75.74
定西市	Dingxi	175	8	8	12	1	4	78.25
陇南市	Longnan	267	10	10	11	2	6	89.11
临夏州	Linxia	194	9	9	14	1	1	43.01
甘南州	Gannan	150	9	9	13		8	38.67

20-12 广播电视事业基本情况
Basic Statistics of Radio and Television Industry

项　　目	Item	2010	2011	2015	2016
广播	**Radio**				
广播电台(座)	Number of Broadcasting Stations (set)	4	5	2	2
中短波广播发射和转播台(座)	Medium and Short Wave Transmission Stations and Relay Stations (set)	30	30	31	31
中短波广播发射功率(千瓦)	Medium and Short Wave Transmission Power (kw)	702	702	683	684
发射机功率(千瓦)	Power of Transmitters (kw)	234	240	271	288
公共广播节目套数(套)	Number of Public Radio Programs (set)	86	87	94	96
广播节目制作时间(万小时)	Length of Radio Programs Produced (10 000 hours)	10.78	10.88	13.37	14.27
#新闻节目	News Programs	2.29	2.27	2.92	2.94
专题节目	Special Subject Programs	2.77	2.75	3.30	3.62
文艺节目	Entertainment Programs	3.20	3.17	3.93	4.69
服务节目	Service Programs	0.66	1.03	1.10	1.17
县广播电视台(座)	County Broadcasting Stations (set)	76	75	68	68
广播节目综合人口覆盖率(%)	Radio Coverage Rate of the Population (%)	93.47	93.70	98.01	98.12
电视	**Television**				
电视台(座)	Television Stations (set)	7	8	4	3
发射机功率(千瓦)	Power of Transmitters (kw)	366	356	409	501
电视节目套数(套)	Number of TV Programs (set)	104	106	110	111
#公共电视	Public TV (set)	104	106	110	111
付费电视	Pay TV (set)				
电视节目制作时间(万小时)	Length of TV Programs Produced (10 000 hours)	5.89	5.94	6.74	7.53
#新闻节目	News Programs	1.95	2.17	2.31	2.47
专题节目	Special Subject Programs	1.58	1.67	2.03	2.15
文艺节目	Entertainment Programs	0.83	0.75	0.73	0.81
服务节目	Service Programs	0.65	0.51	0.67	0.70
电视节目综合人口覆盖率(%)	TV Coverage Rate of Population (%)	93.72	94.05	98.47	98.55
有线广播电视用户数(万户)	Number of Users of Cable Radio and TV (10 000 households)	206.9	220.5	233.6	206.1
#农村	Rural	51.41	54.38	28.50	37.47
数字电视用户数	Number of Users of Digital TV	122.85	147.79	191.78	171.37
有线广播电视入户率(%)	Popularization Rate of Cable Radio and TV (%)	27.37	28.57	28.19	24.70
#农村	Rural	10.84	11.30	5.83	7.59
其他	**Others**				
广播电视总收入(亿元)	Revenue of Radio and TV (100 million yuan)	14.37	15.77	37.12	40.61
广播电视从业人员数(万人)	Staff and Workers of Radio and TV (10 000 persons)	1.41	1.40	1.59	1.60

20-13 广播电视节目综合人口覆盖情况
Population Coverage of Radio and TV Programs

单位：% (%)

项 目	Item	2011	2015	2016
广播节目综合人口覆盖率	Population Coverage Rate of Radio Programs	93.70	98.01	98.12
#中央广播节目	Coverage Rate of Central Radio Station	89.30	96.52	96.66
#农村广播节目	Rural Population Coverage Rate of Radio Programs	92.35	97.63	97.75
电视节目综合人口覆盖率	Population Coverage Rate of TV Programs	94.05	98.47	98.55
#中央电视节目	Coverage Rate of CCTV	91.24	97.14	97.34
#农村电视节目	Rural Population Coverage Rate of TV Programs	92.75	98.14	98.24

20-14 广播节目制作播出情况
Basic Statistics on Radio Programs Produced and Broadcasted

项 目	Item	2011	2015	2016
公共广播节目套数(套)	Number of Public Radio Programs(set)	87	94	96
全年制作广播节目时间(小时)	Length of Radio Programs Produced(hour)	108777	133738	142746
全年公共广播节目播出时间(小时)	Length of Public Radio Programs Broadcasted(hour)	283157	342009	357488

20-15 电视节目制作播出情况
Basic Statistics on TV Program Produced and Broadcasted

项 目	Item	2011	2015	2016
电视节目套数(套)	Number of TV Programs(set)			
公共电视	Public TV	106	110	111
全年制作电视节目时间(小时)	Length of TV Progarms Produced(hour)	59424	67384	75298
全年公共电视节目播出时间(小时)	Length of Public TV Programs Broadcasted (hour)	423256	487173	499656
全年电视剧播出数	Number of TV Plays Broadcasted (set)			
(部)	(set)	6709	7414	7257
(集)	(part)	186740	228603	227070
#进口电视剧	Imported TV Play Broadcasted			
(部)	(set)	54	100	10
(集)	(part)	1918	3226	330

20-16 有线广播电视传输干线网络及用户情况
Transmission Trunk and Users of Cable Radios and TVs

项 目	Item	2011	2015	2016
有线广播电视传输干线网络总长(公里)	Total Length of Transmission Trunk for Cable Radios and TVs(km)	47161	56496	81232
有线广播电视用户数(户)	Users of Cable Radios and TVs (household)	2204622	2335791	2061363
#数字电视用户数	Users of Digital TV Programs	1477353	1917800	1713654
#付费电视用户数	Users of Pay TV	102783	1118929	1033906
#农村有线广播电视用户数	Users of Rural Cable Radios and TVs	543844	285030	374665
有线广播电视入户率(%)	Popularization Rate of Cable TV Programs (%)	23.57	28.19	24.7
#农村有线广播电视入户率	Rural Areas	11.30	5.83	7.59

20-17 广播电视技术情况
Technology Statistics on Radio and TV

项 目	Item	2011	2015	2016
中、短波转播发射台(座)	Transmission and Relaying Stations of Medium and Short Wave Broadcast(unit)	30	31	31
中波发射机(部)	Medium Wave Transmitters(set)	59	68	69
短波发射机(部)	Sort Wave Transmitters(set)	2	2	2
调频转发射机(部)	Frequency Modulation Transmitters(unit)	967	773	702
电视发射机(部)	TV Program Transmitters(set)	3997	2453	2396
微波实有站(座)	Microwave Stations(unit)	108	97	89

20-18 各地区广播电视事业基本情况（2016）
Basic Statistics of Broadcasting and Television by Region (2016)

单位：小时 (hour)

地 区	Region	公共广播节目套数(套) Number of Public Radio Programs (set)	全年制作广播节目时间 Length of Radio Programs Produced	全年公共广播节目播出时间 Length of Public Radio Programs Broadcasted	全年制作电视节目时间 Length of TV Progarms Produced	全年公共电视节目播出时间 Length of Public TV Programs Broadcasted
兰州市	Lanzhou	6	21514	28648	6267	40921
嘉峪关市	Jiayuguan	2	9688	12775	2097	17155
金昌市	Jinchang	2	2644	8458	1960	16092
白银市	Baiyin	4	6434	12037	7946	25320
天水市	Tianshui	9	8696	40648	5571	42402
武威市	Wuwei	5	5110	25213	1391	30644
张掖市	Zhangye	7	5936	24769	9490	36567
平凉市	Pingliang	8	9019	25116	6208	39928
酒泉市	Jiuquan	8	6651	21973	4742	43852
庆阳市	Qingyang	9	12217	29949	5394	27376
定西市	Dingxi	8	4949	20196	2965	30916
陇南市	Longnan	10	2723	33969	6553	44273
临夏州	Linxia	9	1633	22185	2514	33372
甘南州	Gannan	3	5485	7806	1606	9479
甘肃矿区	Gansu Mine Area				156	5098

20-19 体育系统机构数、从业人员数(2016)
Number of Institutions and Engaged Persons of Physical Education System (2016)

单位：个、人 (unit,person)

指 标	Item	合计 Total 机构数 Institutions	合计 Total 人数 Persons	省级 Provincial Level 机构数 Institutions	省级 Provincial Level 人数 Persons	地级 Prefectural Level 机构数 Institutions	地级 Prefectural Level 人数 Persons	县级 County Level 机构数 Institutions	县级 County Level 人数 Persons
总 计	**Total**	**163**	**3273**	**14**	**1242**	**39**	**907**	**110**	**1124**
体育行政机关	Administrative Agencies of Physical Culture and Sports	83	891	1	46	15	243	67	602
运动项目管理部门	Sports Events Management	6	1047	5	939	1	108		
本科院校	Colleges								
职业、运动技术学院	Sports Technical Institutes								
体育运动学校	Physical Education and Sports Schools	6	386	1	95	5	291		
竞技体校	Competitive Sports School								
少儿体育运动学校（业余体校）	Spare-time Sports School	24	307	1	25	2	46	21	236
单项运动学校	Physical Education and Sports Schools								
训练基地	Training Bases								
体育场馆	Stadium and Gymnasium	6	77	1	34	4	39	1	4
科研所	Science and Technology Institute	1	25	1	25				
其他事业单位	Other Institutions	35	488	2	26	12	180	21	282
其他	Others	2	52	2	52				

注：体育场馆是指独立法人单位的体育场馆。
a) The Stadium and gymnasium refered to the stadium with independent legal entity.

20-20 分技术等级运动员发展人数
Certified Athletes by Technical Grade

单位：人 (person)

项 目	Item	2012	2013	2014	2015	2016
合 计	**Total**	**854**	**944**	**649**	**709**	**743**
#女性	Female	255	285	201	185	292
运动健将	Master of Sports	18	20	18	16	14
#女性	Female	7	8	8	6	6
一级运动员	First Grade	140	132	122	144	229
#女性	Female	39	38	41	46	92
二级运动员	Second Grade	695	792	509	549	500
#女性	Female	208	239	152	133	194

主要统计指标解释

文化及相关产业 指为社会公众提供文化、娱乐产品和服务的活动以及与这些活动有关联的活动的集合。根据提供文化、娱乐产品和服务活动的属性特点，划分为公益性文化活动和经营性文化活动两大类。

文化及相关产业是第三产业的重要组成部分。是在我国《国民经济行业分类》基础上的派生分类，有文化服务和相关文化服务两大类。

文化服务 主要指新闻服务，出版发行和版权服务，广播、电视、电影服务，文化艺术服务，网络文化服务，文化休闲娱乐服务，其他文化服务。

相关文化服务 主要有文化用品、设备及相关文化产品的生产，文化用品、设备及相关文化产品的销售。

非文化及相关产业 指由文化部门主办的不属于文化及相关产业的其他各类行业活动。

文化事业机构 指从事专业文化工作和为专业文化工作服务的独立建制的单位。不包括这些单位另外举办独立核算的其他机构和各部门的业余文化组织。该指标主要反映文化事业机构发展规模水平。

广播/电视节目综合人口覆盖率 指根据原国家广电总局制定的《广播电视人口覆盖率统计技术标准和方法》进行统计调查的，在对象区内能接收到由中央、省、地市或县通过无线、有线或卫星等各种技术方式转播的各级广播/电视节目的人口数占全国总人口数的百分比。

艺术表演团体 指由文化部门主办或实行行业管理（经文化市场行政部门审批或已申报登记并领取相关许可证），专门从事表演艺术等活动的各类专业艺术表演团体，含民间职业剧团。如话剧团、方言话剧团、滑稽剧团、儿童剧团、歌剧团、木偶团、皮影团等以及由若干剧种组成的综合性专业艺术表演团体。不包括群众业余文艺表演团体。

艺术表演场馆 指由文化部门主办或实行行业管理（经文化市场行政部门审批或已申报登记并领取相关许可证），有观众席、舞台、灯光设备，公开售票、专供文艺团体演出的文化活动场所。附属于文化部门机构内非独立核算的剧场、排演场，公开营业的也应单独统计。

21 城市

City

简要说明

一、本篇资料的主要内容

本篇资料反映了各城市主要社会经济和城市公用事业基本情况。城市公用事业基本情况包括市政建设、设施水平、供水、供气、供热、公共交通、园林绿化、环境卫生等。

二、本篇资料的来源

本篇资料中 21–1 表数据资料由省统计局城市调查处依据国家统计局制定的《市、县社会经济基本情况统计报表制度》提供，其余各表数据的资料来源于省住房和城乡建设厅《城市建设统计年报》，由省统计局城市调查处整理提供。

21-1 分城市主要社会经济指标(2016)
Main Social and Economic Indicators by Cities (2016)

指　　标	Item	兰州市 Lanzhou	嘉峪关市 Jiayuguan	金昌市 Jinchang
年底人口数(万人)	Population (year-end)(10 000 persons)	206.13	20.53	21.28
年底单位就业人员(万人)	Number of Employed Persons (year-end) (10 000 persons)	59.73	7.75	7.98
生产总值(万元)	Gross Regional Product (10 000 yuan)	18822489	1534089	1419351
第一产业	Primary Industry	224138	44353	55120
第二产业	Secondary Industry	6104787	603208	866078
第三产业	Tertiary Industry	12493564	886528	498153
人均生产总值(元)	Per Capita GDP (yuan)	70681	62641	60747
生产总值增长率(%)	Growth Rate of GDP (%)	7.7	7.3	6.8
一般公共预算收入(万元)	General Public Budget Revenue (10 000 yuan)	2011158	170946	38897
一般公共预算支出(万元)	General Public Budget Expenditure (10 000 yuan)	3555227	242761	101969
年末金融机构各项存款余额(万元)	Deposits of Financial Institution (year-end)(10 000 yuan)	72399076	3326605	2314300
#城乡居民储蓄存款	Savings Deposits of Urban and Rural Residents	24547060	1546335	1428200
年末金融机构各项贷款余额(万元)	Loans of Financial Institutions(year-end) (10 000 yuan)	54454577	4887728	2571500
规模以上工业总产值(当年价)(万元)	Gross Industrial Output Value of Industrial Enterprises above Designated Size (current price)(10 000 yuan)	14565700	4759319	7074836
规模以上工业企业	Industrial Enterprises above Designated Size			
主营业务收入(万元)	Revenue from Principal Business (10 000 yuan)	11247500	11170843	20191380
利润总额(万元)	Total Profit(10 000 yuan)	101600	362257	-83352
邮电局所数(个)	Number of Postal and Telecommunication Offices (unit)	98	15	8
全社会用电量(万千瓦时)	Annual Electricity Consumption (10 000 kw·h)	1195118	2201141	
#工业用电量	Electricity Consumption of Industry	684072	2059481	
社会消费品零售总额(万元)	Total Retail Sales of Consumer Goods (10 000 yuan)	11518187	600024	570356
固定资产投资额(万元)	Total Investment in Fixed Assets (10 000 yuan)	12310429	1604314	1571811
房地产开发投资额	Real Estate Development Investment	2869227	379120	186582
#住宅	Residential Buildings	1828664	208546	114310
新增固定资产	Newly Increased Fixed Assets	8118355	407474	995595
在校学生数	Number of Enrollment			
普通高等学校(人)	Regular Higher Education Institutions (person)	424842	2919	3318
中等职业技术学校(人)	Secondary Vocational Technical Schools (person)	45543	2261	958
普通中学(万人)	Regular Secondary Schools (10 000 persons)	11.45	1.45	1.39
小学(万人)	Primary Schools (10 000 persons)	15.43	1.66	1.51
医院、卫生院数(个)	Number of Hospitals (unit)	168	14	11
医院、卫生院床位数(张)	Number of Beds of Hospitals (bed)	20549	1785	1714
执业(助理)医师(人)	Licensed (Assistant) Doctors (person)	11695	864	795
在岗职工平均工资(元)	Average Wages of Staff and Workers (yuan)	68073	66925	55514

21-1 续表 1 continued

指 标	Item	白银市 Baiyin	天水市 Tianshui	武威市 Wuwei	张掖市 Zhangye	平凉市 Pingliang
年底人口数(万人)	Population (year-end)(10 000 persons)	50.01	131.62	104.15	51.29	52.03
年底单位就业人员(万人)	Number of Employed Persons (year-end) (10 000 persons)	10.15	14.84	9.13	6.31	5.33
生产总值(万元)	Gross Regional Product (10 000 yuan)	2588993	3473280	2869897	1687684	1310696
第一产业	Primary Industry	82733	258528	604599	374338	191088
第二产业	Secondary Industry	1324684	1370774	1088480	390584	310109
第三产业	Tertiary Industry	1181576	1843978	1176818	922762	809499
人均生产总值(元)	Per Capita GDP (yuan)	52298	28439	28349	32790	24997
生产总值增长率(%)	Growth Rate of GDP (%)	7.6	8.9	8.5	8.0	7.7
一般公共预算收入(万元)	General Public Budget Revenue (10 000 yuan)	207294	310510	198032	84167	52601
一般公共预算支出(万元)	General Public Budget Expenditure (10 000 yuan)	725346	1270650	794990	393576	282066
年末金融机构各项存款余额(万元)	Deposits of Financial Institution (year-end)(10 000 yuan)	3993015	7138308	5319900	3044905	2824500
#城乡居民储蓄存款	Savings Deposits of Urban and Rural Residents	2305485	4608620	3527000	1868865	170100
年末金融机构各项贷款余额(万元)	Loans of Financial Institutions(year-end) (10 000 yuan)	3312979	4933550	4605900	2918253	2094700
规模以上工业总产值(当年价)(万元)	Gross Industrial Output Value of Industrial Enterprises above Designated Size (current price)(10 000 yuan)	5071636	2681553	3222363	1118878	292376
规模以上工业企业主营业务收入(万元)	Industrial Enterprises above Designated Size Revenue from Principal Business (10 000 yuan)	7357813	1526952	2146933	654424	299653
利润总额(万元)	Total Profit(10 000 yuan)	-8920	126757	48452	17017	28550
邮电局所数(个)	Number of Postal and Telecommunication Offices (unit)	31	57	59	38	27
全社会用电量(万千瓦时)	Annual Electricity Consumption (10 000 kw·h)	573392		140046	308225	115196
#工业用电量	Electricity Consumption of Industry	361307		56943	110421	63580
社会消费品零售总额(万元)	Total Retail Sales of Consumer Goods (10 000 yuan)	1271722	1922211	1049667	884809	705200
固定资产投资额(万元)	Total Investment in Fixed Assets (10 000 yuan)	2657645	3275647	3528914	1233046	1430685
房地产开发投资额	Real Estate Development Investment	176123	330640	374927	305334	372100
#住宅	Residential Buildings	173639	186737	204161	201158	217482
新增固定资产	Newly Increased Fixed Assets	1407036	2020478	2241434	480875	885804
在校学生数	Number of Enrollment					
普通高等学校(人)	Regular Higher Education Institutions (person)	3678	43608	16560	19638	5670
中等职业技术学校(人)	Secondary Vocational Technical Schools (person)	4039	15249	6915	4414	5313
普通中学(万人)	Regular Secondary Schools (10 000 persons)	3.30	6.90	5.28	2.74	3.15
小学(万人)	Primary Schools (10 000 persons)	3.24	8.90	6.27	3.14	3.65
医院、卫生院数(个)	Number of Hospitals (unit)	36	62	143	62	89
医院、卫生院床位数(张)	Number of Beds of Hospitals (bed)	4108	6679	5893	3217	3826
执业(助理)医师(人)	Licensed (Assistant) Doctors (person)	1612	2593	2099	1576	1404
在岗职工平均工资(元)	Average Wages of Staff and Workers (yuan)	54113	48244	53463	60359	46744

21-1 续表 2 continued

指　　标	Item	酒泉市 Jiuquan	庆阳市 Qingyang	定西市 Dingxi	陇南市 Longnan
年底人口数(万人)	Population (year-end)(10 000 persons)	41.34	33.83	46.50	59.97
年底单位就业人员(万人)	Number of Employed Persons (year-end) (10 000 persons)	5.40	7.57	4.55	3.30
生产总值(万元)	Gross Regional Product (10 000 yuan)	1687131	1718881	761211	1037419
第一产业	Primary Industry	279071	108323	124931	177281
第二产业	Secondary Industry	411741	739636	225637	141936
第三产业	Tertiary Industry	996319	870922	410643	718202
人均生产总值(元)	Per Capita GDP (yuan)	38370	45527	17850	18303
生产总值增长率(%)	Growth Rate of GDP (%)	4.8	7.2	7.7	9.0
一般公共预算收入(万元)	General Public Budget Revenue (10 000 yuan)	70714	79406	39284	50989
一般公共预算支出(万元)	General Public Budget Expenditure (10 000 yuan)	265580	269372	318055	356945
年末金融机构各项存款余额(万元)	Deposits of Financial Institution (year-end)(10 000 yuan)	3962387	3146939	2243546	2128200
#城乡居民储蓄存款	Savings Deposits of Urban and Rural Residents	2090951	2125327	1248359	1129100
年末金融机构各项贷款余额(万元)	Loans of Financial Institutions(year-end) (10 000 yuan)	3377286	3151561	1722170	1959200
规模以上工业总产值(当年价)(万元)	Gross Industrial Output Value of Industrial Enterprises above Designated Size (current price)(10 000 yuan)	703309	1931205	669192	148451
规模以上工业企业主营业务收入(万元)	Industrial Enterprises above Designated Size Revenue from Principal Business (10 000 yuan)	737142	1992047	516409	87081
利润总额(万元)	Total Profit(10 000 yuan)	5448	155812	6554	277
邮电局所数(个)	Number of Postal and Telecommunication Offices (unit)	27	15	27	41
全社会用电量(万千瓦时)	Annual Electricity Consumption (10 000 kw·h)	116712	192600	24752	47725
#工业用电量	Electricity Consumption of Industry	72108	127180	5615	10337
社会消费品零售总额(万元)	Total Retail Sales of Consumer Goods (10 000 yuan)	819410	691190	386629	393181
固定资产投资额(万元)	Total Investment in Fixed Assets (10 000 yuan)	2954871	2941642	1412426	1077382
房地产开发投资额	Real Estate Development Investment	274497	319265	154052	103506
#住宅	Residential Buildings	233227	244925	77175	63871
新增固定资产	Newly Increased Fixed Assets	199007	1854715	106928	1077382
在校学生数	Number of Enrollment				
普通高等学校(人)	Regular Higher Education Institutions (person)	8469	17123		3465
中等职业技术学校(人)	Secondary Vocational Technical Schools (person)	7994	5885	3972	5282
普通中学(万人)	Regular Secondary Schools (10 000 persons)	2.59	2.89	2.45	2.12
小学(万人)	Primary Schools (10 000 persons)	2.69	3.81	2.20	4.53
医院、卫生院数(个)	Number of Hospitals (unit)	35	20	28	48
医院、卫生院床位数(张)	Number of Beds of Hospitals (bed)	2903	3606	2867	1925
执业(助理)医师(人)	Licensed (Assistant) Doctors (person)	1203	1485	1053	466
在岗职工平均工资(元)	Average Wages of Staff and Workers (yuan)	50663	67084	53090	57590

21-2 城市公用事业基本情况
Basic Statistics on City Public Utilities

指　标	Item	2011	2015	2016
城市建设	**City Areas and Floor Space of Buildings**			
建成区面积(平方公里)	Area of Built Districts (sq.km)	656	834	870
城市现状建设用地面积(平方公里)	Area of Land Used for Urban Construction Status (sq.km)	615	771	806
城市人口密度(人/平方公里)	Population Density of City Districts (person/sq.km)	3824	4049	4076
城市供水、燃气	**Water Supply and Gas Supply**			
全年供水总量(万立方米)	Annual Volume of Total Water Supply (10 000 cu.m)	55703	51154	48671
#居民家庭用水	Water Consumption for Residential Use	20291	22229	20155
人均日生活用水量(升)	Per Capita Daily Water Consumption for Residential Use (liter)	146	132	70
用水普及率(%)	Coverage Rate of Urban Population with Access to Tap Water (%)	92.50	97.28	97.93
供气总量(人工、天然气)(亿立方米)	Volume of Gas Supply(Coal Gas,Natural Gas) (100 million cu.m)	8.97	16.36	17.04
#家庭用量	Consumption of Gaswork Gas for Residential Use	1.90	3.14	7.13
液化石油气供气总量(万吨)	Volume of Liquefied Petroleum Gas 10 000 ton)	15.17	8.53	4.96
#家庭用量	Consumption of Gaswork Gas for Residential Use	7.04	7.80	3.84
燃气普及率(%)	Coverage Rate of Urban Population with Access to Gas (%)	75.62	85.77	88.15
城市市政建设	**Municipal Infra-structure**			
年末实有道路长度(公里)	Length of Paved Roads at Year-end (km)	3503	4489	4607
城市排水管道长度(公里)	Length of City Sewaeg Pipes (km)	3144	5558	5802
城市绿化和园林	**City Greening**			
园林绿地面积(公顷)	Area of Urban Green Land (hectare)	18260	23560	26339
人均拥有公园绿地面积(平方米)	Per Capita Area of Parks and Green Land (sq.m)	8.32	12.23	13.94
公园数(个)	Number of Parks and Zoos (unit)	92	123	131
公园面积(公顷)	Area of Parks (hectare)	2572	4335	5752
城市环境卫生	**Environmental Sanitation**			
生活垃圾清运量(万吨)	**Volume of Garbage Disposal (10 000 tons)**	276.18	262.68	257.19
粪便清运量(万吨)	Volume of Disposal of Excrement and Urine (10 000 tons)	16.22	18.02	16.16
生活垃圾无害化处理率(%)	Harmless Treatment Rate of Garbage (%)	41.71	64.24	72.76

注：本表数据来源于省住建厅。
a) Data of this table are from the Urban and Rural Housing Construcion in Gansu Province.

21-3　各地区城市建设情况(2016)
Statistics on City Construction by Region (2016)

地　区	Region	城区面积(平方公里) Urban Area (sq.km)	建成区面积(平方公里) Area of Build Disticts (sp.km)	城市现状建设用地面积(平方公里) Area of Land Used for UrbanConstruction Status (sq.km)	征用土地面积(平方公里) Land Put in Requisition for State Construction Projects (sq.km)	城市人口密度(人/平方公里) Population Density of City Districts (person/sq.km)
甘肃省	**Gansu**	**1580.1**	**870.4**	**806.0**	**37.2**	**4076**
兰州市	Lanzhou	340.6	321.8	308.4	24.3	7377
嘉峪关市	Jiayuguan	120.0	70.4	72.1		1844
金昌市	Jinchang	52.3	43.1	43.1	1.8	3692
白银市	Baiyin	99.5	63.0	62.0	1.3	4418
天水市	Tianshui	60.0	56.0	50.8	3.3	11595
武威市	Wuwei	32.5	32.5	32.0		10333
张掖市	Zhangye	200.0	64.2	39.8	2.6	1229
平凉市	Pingliang	255.0	42.0	38.3	0.5	1332
酒泉市	Jiuquan	235.0	53.3	42.8		1640
玉门市	Yumen	15.0	10.7	9.9		5007
敦煌市	Dunhuang	19.9	15.0	15.0	0.6	5881
庆阳市	Qingyang	25.4	24.6	24.1	1.2	7885
定西市	Dingxi	35.9	25.2	23.8	1.3	5592
陇南市	Longnan	40.0	13.8	9.7		4130
临夏市	Linxia	33.5	24.0	23.8	0.3	7579
合作市	Hezuo	15.6	11.0	10.4		3859

注：各地区城市数据来源于省住建厅(以下相关表同)。
a) Data of cities by region are from the Urban and Rural Housing Construcion in Gansu Province.The same applies to the tables following.

21-4　各地区城市市政设施(2016)
Basic Statistics on Municipal Infrastructure in Cities by Region (2016)

地　区	Region	年末实有道路长度(公里) Length of Paved Roads (year-end) (km)	年末实有道路面积(万平方米) Area of Paved Roads (year-end) (10 000 sq.m)	城市桥梁(座) Number of City Bridges (unit)	城市排水管道长度(公里) Length of City Sewage Pipes (km)	城市污水处理厂日处理能力(万立方米) Daily Disposal Capacity of City Sewage (10 000 cu.m)	城市道路照明灯(盏) Number of Street Lights (unit)
甘肃省	**Gansu**	**4668**	**9933**	**96**	**5802**	**132**	**306934**
兰州市	Lanzhou	1739	4276	58	2846	68	112738
嘉峪关市	Jiayuguan	341	424		385	2	27060
金昌市	Jinchang	176	484		102	8	23444
白银市	Baiyin	418	629	5	189	7	13006
天水市	Tianshui	321	642	6	315	12	13436
武威市	Wuwei	171	408		192	4	12705
张掖市	Zhangye	155	501		204	8	10258
平凉市	Pingliang	215	669		436	5	19441
酒泉市	Jiuquan	285	453	6	297	4	15006
玉门市	Yumen	141	163		142	1	2620
敦煌市	Dunhuang	220	235		59	3	5895
庆阳市	Qingyang	166	321		215	2	8022
定西市	Dingxi	102	270	3	140	3	6000
陇南市	Longnan	58	100	12	89	2	3724
临夏市	Linxia	125	255	6	154	3	31264
合作市	Hezuo	35	102		39	1	2315

21-5 各地区城市供水情况(2016)
Basic Statistics on Tap Water Supply in Cities by Region (2016)

地 区	Region	年末供水综合生产能力(万立方米/日) Production Capacity of Tap Water Supply(year-end) (10 000cu.m/day)	年末供水管道长度(公里) Length of Water Supply Pipelines (year-end)(km)	用水人口(万人) Number of Residents with Access to Tap Water (10 000 persons)	人均日生活用水量(升) Per Capita Daily Consumption of Tap Water for Residential Use (liter)
甘肃省	**Gansu**	**342.2**	**5319.3**	**630.7**	**125.3**
兰州市	Lanzhou	156.9	1303.3	243.8	164.7
嘉峪关市	Jiayuguan	8.5	419.3	22.1	80.8
金昌市	Jinchang	30.0	296.1	19.3	242.8
白银市	Baiyin	39.1	161.6	44.0	80.5
天水市	Tianshui	14.5	237.9	67.3	107.8
武威市	Wuwei	20.0	234.0	32.6	106.6
张掖市	Zhangye	15.2	428.3	24.6	128.7
平凉市	Pingliang	4.7	363.5	33.9	77.4
酒泉市	Jiuquan	14.4	306.5	38.5	84.7
玉门市	Yumen	8.0	248.5	7.5	127.7
敦煌市	Dunhuang	7.0	318.5	11.7	116.1
庆阳市	Qingyang	5.3	389.6	20.1	78.4
定西市	Dingxi	5.0	207.9	19.7	47.9
陇南市	Longnan	1.7	66.3	15.7	64.6
临夏市	Linxia	10.4	280.0	25.4	110.8
合作市	Hezuo	1.5	58.2	4.5	88.7

21-5 续表 continued

地 区	Region	全年供水总量(万立方米) Total Annual Volume of Water Supply (10 000 cu.m)	#居民家庭用水 Water for Households Use	#生产运营用水 Water for Production Operations Use
甘肃省	**Gansu**	**48670.7**	**20154.7**	**13564.2**
兰州市	Lanzhou	25676.2	9935.7	9624.9
嘉峪关市	Jiayuguan	953.4	350.5	210.5
金昌市	Jinchang	2845.5	908.6	322.6
白银市	Baiyin	1799.0	1144.4	
天水市	Tianshui	3266.0	1796.5	291.3
武威市	Wuwei	2198.2	890.0	572.3
张掖市	Zhangye	2301.6	971.5	464.0
平凉市	Pingliang	1653.0	794.0	494.0
酒泉市	Jiuquan	2044.0	853.7	505.6
玉门市	Yumen	711.0	294.0	280.0
敦煌市	Dunhuang	787.0	330.0	147.0
庆阳市	Qingyang	787.5	450.0	102.0
定西市	Dingxi	644.0	243.0	126.0
陇南市	Longnan	521.3	278.9	65.0
临夏市	Linxia	2117.0	792.0	199.0
合作市	Hezuo	366.0	122.0	160.0

21-6 各地区城市燃气情况（2016）
Basic Statistics on Supply of Gas in Cities by Region (2016)

地 区	Region	人工煤气生产能力（万立方米/日）Production Capacity of Gaswork Gas (10 000 cu.m/day)	全年供气总量 Volume of Gas Supply		
			人工煤气（万立方米）Coal Gas (10 000 cu.m)	液化石油气（吨）Liquefied Petroleum Gas (ton)	天然气（万立方米）Natural Gas (10 000 cu.m)
甘肃省	**Gansu**	**10.8**	**1844.7**	**49611.2**	**168570.9**
兰州市	Lanzhou			17398.9	137138.8
嘉峪关市	Jiayuguan	10.8	1844.7	56.5	1480.5
金昌市	Jinchang			277.0	3473.9
白银市	Baiyin			1940.0	6004.0
天水市	Tianshui			6234.0	4249.8
武威市	Wuwei			3528.0	2445.2
张掖市	Zhangye			2879.5	1582.7
平凉市	Pingliang			2952.8	832.0
酒泉市	Jiuquan			1529.0	2063.1
玉门市	Yumen			368.0	131.7
敦煌市	Dunhuang			670.0	2314.0
庆阳市	Qingyang			8004.0	2039.0
定西市	Dingxi			652.0	67.2
陇南市	Longnan			927.9	358.1
临夏市	Linxia			768.6	4391.0
合作市	Hezuo			1425.0	

21-6 续表 continued

地 区	Region	管道长度（公里）Length of Gas Pipelines (km)			用气人口（万人）Population with Access to Gas (10 000 persons)		
		人工煤气（万立方米）Coal Gas (10 000 cu.m)	液化石油气（吨）Liquefied Petroleum Gas (ton)	天然气（万立方米）Natural Gas (10 000 cu.m)	人工煤气 Coal Gas	液化石油气 Liquefied Petroleum Gas	天然气 Natural Gas
甘肃省	**Gansu**	**384.6**		**2491.5**	**14.6**	**149.0**	**404.2**
兰州市	Lanzhou			963.6		18.6	220.3
嘉峪关市	Jiayuguan	384.6		29.0	14.6	1.1	6.5
金昌市	Jinchang			85.4		5.5	8.7
白银市	Baiyin			458.5		10.3	26.4
天水市	Tianshui			151.2		26.6	26.7
武威市	Wuwei			87.0		7.2	20.7
张掖市	Zhangye			97.6		4.9	19.7
平凉市	Pingliang			49.3		10.4	16.1
酒泉市	Jiuquan			181.1		20.1	18.5
玉门市	Yumen			35.0		4.0	3.6
敦煌市	Dunhuang			192.4		0.2	11.5
庆阳市	Qingyang			56.5		13.0	5.1
定西市	Dingxi					14.8	0.3
陇南市	Longnan			31.0		5.8	8.4
临夏市	Linxia			73.9		1.6	11.8
合作市	Hezuo					5.0	

21-7 各地区城市集中供热情况(2016)
Basic Statistics on Heating in Cities by Region (2016)

地 区	Region	供应能力 Heating Capacity		供热总量 Quantity of Heat Supplied		管道长度 Length of Heating Pipelines		供热面积(万平方米) Area of Centralized Heating (10 000 sq.m)
		蒸汽(吨/小时) Steam (ton/hour)	热水(兆瓦) Hot Water (mega watts)	蒸汽(万吉焦) Steam (10 000 gigajoules)	热水(万吉焦) Hot Water (10 000 gigajoules)	蒸汽(公里) Steam (km)	热水(公里) Hot Water (km)	
甘肃省	**Gansu**	**26**	**15441**	**8**	**10251**	**23.6**	**4408.9**	**17435**
兰州市	Lanzhou		5103		3309		723.9	6537
嘉峪关市	Jiayuguan		1380		951		547.9	1260
金昌市	Jinchang		660		477		324.1	929
白银市	Baiyin		1464		683		629.1	1265
天水市	Tianshui		562		483		120.0	965
武威市	Wuwei		1553		492		200.0	1180
张掖市	Zhangye		716		341		83.1	653
平凉市	Pingliang		760		558		715.0	959
酒泉市	Jiuquan		870		698		370.6	1104
玉门市	Yumen	26	156	8	50	23.6	121.8	186
敦煌市	Dunhuang		600		331		292.3	480
庆阳市	Qingyang		530		981		73.0	720
定西市	Dingxi		461		551		55.7	569
陇南市	Longnan		50		20		18.1	50
临夏市	Linxia		460		247		80.7	453
合作市	Hezuo		116		80		53.7	125

21-8 各地区城市绿地和园林(2016)
Basic Statistics on Parks and Green Areas in Cities by Region (2016)

地 区	Region	城市园林绿地面积(公顷) Area of Parks and Green Land (hectare)	公园绿地(公顷) Park Green Areas (hectare)	公园(个) Number of Parks (unit)	公园面积(公顷) Area of arks (hectare)	建成区绿化覆盖率(%) Green Covered Area as % of Completed Area (%)
甘肃省	**Gansu**	**26339.1**	**8975.7**	**131**	**5752.2**	**31.5**
兰州市	Lanzhou	9065.3	3193.2	29	1898.3	27.4
嘉峪关市	Jiayuguan	2689.0	818.0	8	531.0	39.2
金昌市	Jinchang	1400.2	441.5	3	256.2	36.7
白银市	Baiyin	1977.4	418.1	14	409.4	34.7
天水市	Tianshui	1933.8	688.0	23	384.0	38.4
武威市	Wuwei	760.8	501.6	5	120.0	25.8
张掖市	Zhangye	2352.1	1110.2	3	1110.2	38.8
平凉市	Pingliang	1723.1	283.6	6	133.0	37.1
酒泉市	Jiuquan	1629.0	441.0	7	292.0	37.1
玉门市	Yumen	427.8	172.8	4	169.5	38.9
敦煌市	Dunhuang	568.8	162.2	10	67.0	39.4
庆阳市	Qingyang	741.0	150.0	2	23.0	33.8
定西市	Dingxi	571.4	332.4	3	164.0	25.2
陇南市	Longnan	211.1	94.4	9	57.6	10.1
临夏市	Linxia	188.5	126.9	3	120.1	14.5
合作市	Hezuo	100.0	42.0	2	17.0	9.3

21-9 各地区城市市容环境卫生情况(2016)
Basic Statistics on Urban Sanitation in Cities by Region (2016)

地 区	Region	清扫保洁面积(万平方米) Area under Cleaning Program (10 000 sq.m)	生活垃圾清运量(万吨) Volume of Garbage Disposal (10 000 tons)	粪便清运量(万吨) Volume of Excrement and Urine Disposal (10 000 tons)	市容环卫专用车辆设备总数(台) Number of Special Vehicles for Environmental Sanitation (unit)	公共厕所(座) Number of Public Lavatories (unit)	#三类以上 Third Grade and above
甘肃省	**Gansu**	**9556**	**257.19**	**16.16**	**2153**	**1664**	**1359**
兰州市	Lanzhou	3556	96.08	7.79	1330	528	507
嘉峪关市	Jiayuguan	769	6.7		58	134	104
金昌市	Jinchang	751	9.2	0.06	65	73	64
白银市	Baiyin	715	15.97	0.18	119	120	101
天水市	Tianshui	290	22.1		27	48	29
武威市	Wuwei	548	18		98	116	85
张掖市	Zhangye	568	10.7	0.18	16	90	41
平凉市	Pingliang	517	13.85	6.01	27	80	65
酒泉市	Jiuquan	570	12.33	0.52	60	110	108
玉门市	Yumen	240	3.28		19	29	4
敦煌市	Dunhuang	118	4.56		16	63	52
庆阳市	Qingyang	286	12.45		145	115	75
定西市	Dingxi	162	6.5		35	50	45
陇南市	Longnan	67	4.96		50	51	35
临夏市	Linxia	348	17.18	1.3	81	44	44
合作市	Hezuo	51	3.33	0.12	7	13	

21-10 各地区城市设施水平(2016)
Level of Public Facilities in Cities by Region (2016)

地 区	Region	城市用水普及率(%) Coverage Rate of Urban Population with Access to Tap Water (%)	城市燃气普及率(%) Coverage Rate of Urban Population with Access to Gas (%)	人均城市道路面积(平方米) Per Capita Area of Paved Roads (sq.m)	人均公园绿地面积(平方米) Per Capita Public Green Areas (sq.m)
甘肃省	**Gansu**	**97.93**	**88.15**	**15.42**	**13.94**
兰州市	Lanzhou	97.02	95.09	17.02	12.71
嘉峪关市	Jiayuguan	100.00	100.00	19.15	36.96
金昌市	Jinchang	100.00	73.43	25.08	22.86
白银市	Baiyin	100.00	83.39	14.31	9.51
天水市	Tianshui	96.77	76.57	9.23	9.89
武威市	Wuwei	97.32	83.21	12.18	14.96
张掖市	Zhangye	100.00	100.00	20.40	45.17
平凉市	Pingliang	99.73	78.15	19.69	8.35
酒泉市	Jiuquan	100.00	100.00	11.75	11.45
玉门市	Yumen	100.00	100.00	21.70	23.01
敦煌市	Dunhuang	100.00	100.00	20.10	13.89
庆阳市	Qingyang	100.00	90.03	16.00	7.48
定西市	Dingxi	98.36	75.34	13.47	16.56
陇南市	Longnan	95.04	85.96	6.05	5.71
临夏市	Linxia	100.00	52.84	10.04	5.00
合作市	Hezuo	75.42	83.39	16.92	6.98

主要统计指标解释

建城区面积　指市政区范围内经过征用的土地和实际建设发展起来的非农业生产建设地段，包括市区集中连片的部分以及分散在近郊区与城市有着密切联系，具有基本完善的市政共用设施的城市建设用地（如机场、污水处理厂、通讯电台）。

供水综合生产能力　指按供水设施取水、净化、送水、出厂输水干管等环节设计能力计算的综合生产能力。包括在原设计能力的基础上，经挖、革、改增加的生产能力。计算时，以四个环节中最薄弱的环节为主确定能力。

年末供水管道长度　指从送水泵至用户水表之间所有管道的长度。不包括新安装尚未使用、水厂内以及用户建筑物内的管道。

全年供水总量　指报告期供水企业(单位)供出的全部水量。包括有效供水量和损失水量。

生活用水量　包括公共服务用水和居民家庭用水。公共服务用水指为城市社会公共生活服务的用水。包括行政事业单位、部队营区和公共设施服务、社会服务业、批发零售贸易业、旅馆饮食业以及其他公共服务业等单位的用水。居民家庭用水指城市范围内所有居民家庭的日常生活用水。包括城市居民、农民家庭、公共供水站用水。

用水普及率　指报告期末城区用水人口数与城市人口总数的比率

人工煤气生产能力　指报告期末人工煤气生产厂制气、净化、输送等环节的综合生产能力，不包括备用设备能力。一般按设计能力计算，如果实际生产能力大于设计能力时，应按实际测定的生产能力计算。测定时应以制气、净化、输送三个环节中最薄弱的环节为主。

供气管道长度　指报告期末从气源厂压缩机的出口或门站出口至各类用户引入管之间的全部已经通气投入使用的管道长度。不包括煤气生产厂、输配站、液化气储存站、灌瓶站、储配站、气化站、混气站、供应站等厂(站)内的管道。

全年供气总量　指全年燃气企业(单位)向用户供应的燃气数量。包括销售量和损失量。

燃气普及率　指报告期末城区使用燃气的城市人口数与城市人口总数的比率。其中燃气包括人工煤气、天然气、液化石油气三种。

年末道路长度　指年末道路长度和与道路相通的桥梁、隧道的长度，按车行道中心线计算。在统计时只统计路面宽度在 3.5 米(含 3.5 米)以上的各种铺装道路，包括开放型工业区和住宅区道路在内。

年末运营车数　指年末城市用于公共交通运营业务的全部车辆数。新购、新制和调入的运营车辆，自投入之日起开始计算；调出、报废和调作他用的运营车辆，自上级主管机关批准之日起不再计入。

城市园林绿地面积　指报告期末用作园林和绿化的各种绿地面积。包括公园绿地、生产绿地、防护绿地、附属绿地和其他绿地的面积。

公园绿地面积　城市中向公众开放的、以游憩为主要功能，有一定的游憩设施和服务设施，同时兼有健全生态、美化景观、防灾减灾等综合作用的绿化用地。包括综合公园、社区公园、专类公园、带状公园和街旁绿地。其中综合公园、专类公园和带状公园面积之和为公园面积。

清扫保洁面积　指报告期末对城市道路和公共场所（主要包括城市行车道、人行道、车行隧道、人行过街地下通道、道路附属绿地、地铁站、高架路、人行过街天桥、立交桥、广场、停车场及其他设施等）进行清扫保洁的面积。一天清扫多次的，按清扫保洁面积最大的一次计算。

市容环卫专用车辆　指用于环境卫生作业、监察的专用车辆和设备，包括用于道路清扫、冲洗、洒水、除雪、垃圾粪便清运、市容监察以及与其配套使用的车辆和设备。

每万人拥有公共交通车辆　指报告期末城区内每万人平均拥有的公共交通车辆标台数。

22

民族自治地方

Ethnic Minority Autonomous Area

简要说明

一、本篇资料主要内容

本篇资料反映 2 个民族自治州、5 个民族自治县的经济社会发展情况。重点反映了民族自治地方农牧业的发展状况以及教育、卫生方面的情况。

二、本篇资料来源

本篇资料数据来源于省统计局相关处、省有关部门。

22-1 民族自治地方年末人口与人口自然变动情况
Total Population at Year-end and It's Natural Changes of Ethnic Minority Autonomous Areas

单位：万人、‰ (10 000 persons,‰)

年份 year / 地区 Region		常住人口 Total Population	按性别分 By Sex		按城乡分 By Urban and Rural		自然增长率 Natural Growth Rate
			男 Male	女 Female	城镇人口 Urban	乡村人口 Rural	
民族自治地方合计	**Total**						
2010		316.00	160.86	155.14	78.12	237.88	7.79
2011		317.60	161.66	155.95	81.15	236.45	7.63
2012		319.49	162.62	156.87	85.45	234.04	7.64
2013		321.14	163.53	157.61	89.88	231.26	7.64
2014		323.24	164.49	158.75	95.35	227.89	7.68
2015		324.55	163.86	160.69	100.84	223.71	7.69
2016		326.68	166.34	160.34	106.17	220.51	7.56
临夏回族自治州	Linxia	202.64	102.56	100.08	66.32	136.32	7.75
甘南藏族自治州	Gannan	71.02	36.61	34.41	22.73	48.29	7.91
张家川回族自治县	Zhangjiachuan	29.32	14.96	14.36	6.97	22.35	6.97
天祝藏族自治县	Tianzhu	17.66	9.14	8.52	6.85	10.81	5.35
肃南裕固族自治县	Sunan	3.46	1.82	1.64	1.36	2.10	5.86
肃北蒙古族自治县	Subei	1.53	0.74	0.79	0.93	0.60	5.59
阿克塞哈萨克族自治县	Akesai	1.05	0.51	0.54	1.01	0.04	7.89

22-2 民族自治地方生产总值
Gross Regional Product of Ethnic Minority Autonomous Areas

单位：万元 (10 000 yuan)

年份 year / 地区 Region		生产总值 Gross Regional Product	第一产业 Primary Industry	第二产业 Secondary Industry	第三产业 Tertiary Industry	人均生产总值（元）Per Capita GDP (yuan)
民族自治地方合计	**Total**					
2014		4758087	779831	1610303	2367953	14774
2015		4714780	817575	1281173	2616032	14556
2016		5062012	872913	1314020	2875080	15545
临夏回族自治州	Linxia	2301067	383650	463294	1454123	11395
甘南藏族自治州	Gannan	1359521	291206	218467	849848	19213
张家川回族自治县	Zhangjiachuan	273632	64756	31933	176943	9345
天祝藏族自治县	Tianzhu	499689	74175	230552	194963	28343
肃南裕固族自治县	Sunan	286759	48248	157622	80889	82998
肃北蒙古族自治县	Subei	188212	5188	115601	67423	123014
阿克塞哈萨克族自治县	Akesai	153132	5690	96551	50891	145840

22-3 民族自治地方农牧业生产基本情况
Farming and Animal Husbandry Producting Basic Statistic of Ethnic Minority Autonomous Areas

指 标	Item	2010	2011	2015	2016
农林牧渔业总产值(亿元)	**Gross Output Value of Agriculture,Forestry, Animal Husbandry and Fishery (100 million yuan)**	**76.47**	**86.57**	**125.41**	**133.52**
#农业	Agriculture	40.52	43.98	64.39	68.26
林业	Forestry	2.60	3.32	5.21	5.60
牧业	Animal Husbandry	31.25	36.87	51.69	55.07
渔业	Fishery	0.17	0.20	0.34	0.38
耕地面积(千公顷)	**Cultivated Area (1 000 hectares)**	**276.84**	**278.17**	**280.30**	**280.42**
# 有效灌溉面积	Irrigated Area	72.74	72.96	73.22	74.19
总播种面积(千公顷)	**Total Sown Area (1 000 hectares)**	**297.45**	**304.31**	**318.30**	**322.46**
# 粮食作物	Sown Area of Grain Crops	212.08	217.43	215.46	213.94
主要农作物产量(万吨)	**Yield of Major Farm Crops(10 000 tons)**				
粮食	Grain Crops	88.79	91.85	110.05	109.08
油料	Oil-bearing	8.51	8.63	8.62	8.81
甜菜	Beetroots	0.34	0.89	0.36	0.82
畜牧业产品产量(万吨)	**Output of Livestock Products (10 000 tons)**				
猪肉产量	Pork	3.63	3.64	3.91	3.76
牛肉产量	Beef	4.76	5.18	6.20	6.49
羊肉产量	Mutton	4.71	4.91	6.02	6.26
牛奶产量	Cow Milk	10.87	11.20	11.48	12.42
羊毛产量	Wool	0.86	0.90	0.97	0.93
农业生产条件	**Agriculture Production Condition**				
农业机械总动力(万千瓦)	Total Power of Agricultural Machinery (10 000 kw)	151.60	164.59	224.77	156.65
农村用电量(万千瓦时)	Electricity Consumed in Rural Area (10 000 kw·h)	46251.46	47920.82	55127.90	56070.97
化肥施用量(万吨)	Chemical Fertilizer Cosumption (10 000 tons)				
按实物量计算	Consumtion of Chemical Fertilizer	11.52	11.91	12.36	12.00
按折纯量计算	Convert to Pure Amount	3.41	3.59	3.74	3.62

注：根据2016年新修订的《全国农业机械化管理统计报表制度》，农业机械总动力指标统计中删除了农用运输车、三轮汽车、和低速载货汽车。

a) According to the newly revised "National Agricultural Mechanization Management Statistical Reporting System"in 2016,the index of agricultural vehicles, three-wheeled vehicles and low-speed trucks were removed in the total power of agricultural machinery statistics.

22-4 民族自治地方农、林、牧、渔业总产值
Gross Output Value of Farming,Forestry,Animal Husbandry and Fishery of Ethnic Minority Autonomous Area

单位：万元 (10 000 yuan)

地 县	Region and County	农、林、牧、渔业总产值 Gross Output Value of Agriculture, Forestry, Animal Husbandry and Fishery	#农 业 Agriculture	#林 业 Forestry	#牧 业 Animal Husbandry	#渔 业 Fishery	农、林、牧、渔业总产值指数(上年=100) Indices (preceding year=100)
民族自治地方合计	**Total**						
2010		764730	405172	26010	312464	1741	
2011		865718	439753	33214	368670	2007	
2012		1003180	521221	38794	414140	2451	
2013		1111791	573698	44452	460995	2619	
2014		1192822	612437	50156	493737	3186	
2015		1254130	643892	52118	516904	3447	
2016		1335197	682590	55974	550675	3786	
临夏回族自治州	Linxia	626695	417630	15164	162324	3684	105.82
甘南藏族自治州	Gannan	378631	93886	34488	244952	49	105.40
张家川回族自治县	Zhangjiachuan	104370	80048	667	22701	47	103.98
天祝藏族自治县	Tianzhu	131994	65315	3461	58437	7	103.18
肃南裕固族自治县	Sunan	73368	22500	1038	47107		107.05
肃北蒙古族自治县	Subei	10375	1812	30	8116		107.14
阿克塞哈萨克族自治县	Akesai	9764	1398	1126	7040		108.69

22-5 民族自治地方牲畜头数
Number of Domestic Animals of Ethnic Minority Autonomous Areas

年 份 Year	大牲畜年末数 (百头) Large Animals (year-end) (100 heads)	牛 Cows	马 Horses	驴 Donkeys	骡 Mules	骆 驼 Camels	羊年末数(百只) Sheep and Goats (year-end)(100 heads)		猪年末数 (百头) Hogs (year-end) (100 heads)
							山 羊 Goats	绵 羊 Sheep	
1990	17009	13949	1379	932	628	121	7166	30920	4474
1991	16887	13864	1353	920	641	109	7179	29405	4575
1992	16994	13917	1359	940	684	94	7410	29754	4802
1993	16954	13862	1367	938	707	80	7578	29915	5048
1994	17022	13914	1368	929	738	73	7958	30472	5198
1995	17119	14016	1362	916	754	71	8204	30462	5333
1996	17126	13995	1366	910	786	69	8325	30559	5410
1997	16985	13878	1360	893	784	70	8555	30633	5542
1998	15522	13180	946	617	717	58	8107	30094	4256
1999	15418	13122	916	573	749	58	8172	28199	4393
2000	15356	13020	902	603	778	53	8444	28001	4648
2001	15137	12804	864	628	789	52	8555	27882	4797
2002	15235	12913	897	641	740	44	8581	28448	5200
2003	15330	13103	877	636	669	45	8491	29602	5464
2004	15619	13371	864	639	698	47	8414	30702	5839
2005	16435	14185	848	648	701	53	8988	32288	6146
2006	16971	14734	835	665	679	58	9368	34027	6232
2007	17776	15522	827	676	690	61	9828	36611	6077
2008	18953	16906	709	633	641	64	9165	41916	4694
2009	19356	17231	719	682	657	67	8413	44552	4863
2010	19994	17819	739	708	658	69	7872	46927	5191
2011	20171	17998	759	736	627	51	7864	48358	5281
2012	19935	17699	778	754	637	67	7516	48731	5498
2013	20186	17864	811	796	643	72	7511	49207	5697
2014	20685	18383	832	766	623	82	8050	50502	5793
2015	20499	18185	828	773	625	88	8007	50075	5588
2016	20218	17949	816	759	590	105	7525	49047	5440

注：2008年数据为农业普查衔接数。
a) Data of 2008 was adjusted according to the National Agricultural Census.

22-6 民族自治地方固定资产投资
Investment in Fixed Assets of Ethnic Minority Autonomous Areas

单位：万元 (10 000 yuan)

地 县	Region and County	固定资产投资 Investment in Fixed Assets	第一产业 Primary Industry	第二产业 Secondary Industry	第三产业 Tertiary Industry	新增固定资产 Newly Increased Fixed Assets
民族自治地方合计	**Total**					
2013		6004301	255644	2478118	3270539	3107640
2014		7053497	279685	2894591	3879221	5635912
2015		7783238	565302	2895955	4321981	6121364
2016		8317752	322279	2564376	5431097	4717897
临夏回族自治州	Linxia	3319051	67640	830096	2421315	1769763
甘南藏族自治州	Gannan	2088277	46283	612122	1429872	1505022
张家川回族自治县	Zhangjiachuan	510350	24276	193503	292571	376994
天祝藏族自治县	Tianzhu	968307	119800	302845	545662	444252
肃南裕固族自治县	Sunan	313984	14310	190816	108858	188251
肃北蒙古族自治县	Subei	705453	24025	242644	438784	329418
阿克塞哈萨克族自治县	Akesai	412330	25945	192350	194035	104197

22-7 民族自治地方社会消费品零售总额
Total Retail Sale of Consumer Goods of Ethnic Minority Autonomous Areas

单位：万元 (10 000 yuan)

地 区	Region and County	社会消费品零售总额 Total Retail Sales of Consumer Goods	餐费收入 Wholesalel Trade	商品零售 Retail Trade
民族自治地方合计	**Total**			
2011		868181	183216	684965
2012		1003474	209091	794383
2013		1144324	233512	910812
2014		1443257	266321	1176935
2015		1562543	296192	1266351
2016		1723029	330246	1392783
临夏回族自治州	Linxia	836762	157154	679609
甘南藏族自治州	Gannan	453187	87828	365359
张家川回族自治县	Zhangjiachuan	77888	16404	61484
天祝藏族自治县	Tianzhu	267012	54199	212813
肃南裕固族自治县	Sunan	47333	8047	39286
肃北蒙古族自治县	Subei	20619	3374	17245
阿克塞哈萨克族自治县	Akesai	20228	3241	16987

22-8 民族自治地方农村居民人均可支配收入（2016）
Per Capita Disposable Income of Rural Households of Ethnic Minority Autonomous Areas(2016)

单位：元 (yuan)

地县	Region and County	农村居民人均可支配收入 Per Capita Disposable Income of Rural Households	工资性收入 Income of Wages and Salaries	经营净收入 Net Business Income	财产净收入 Net Income from Properties	转移净收入 Net Income from Transfers
临夏回族自治州	Linxia	5680	1574	2386	90	1630
甘南藏族自治州	Gannan	6414	2660	2746	79	929
张家川回族自治县	Zhangjiachuan	5843	1280	2015	12	2535
天祝藏族自治县	Tianzhu	6369	2179	2819	40	1331
肃南裕固族自治县	Sunan	14418	2707	9025	268	2418
肃北蒙古族自治县	Subei	21393	1433	7475	202	12282
阿克塞哈萨克族自治县	Akesai	22879	3966	12283	206	6424

22-9 民族自治地方财政金融情况
Government Finance and Financial of Ethnic Minority Autonomous Areas

单位：万元 (10 000 yuan)

指标	Item	2010	2011	2015	2016
财 政	**Government Finance**				
一般公共预算收入	Public Government Budget Revenue	139453	189935	366235	391171
一般公共预算支出	Public Government Budget Expenditure	2014808	2475059	3974701	4282314
金 融	**Financial**				
金融机构存款余额	Deposit Balance of Financial Institutions	3946959	4894484	9631042	9984590
金融机构贷款余额	Loan Balance of Financial Institutions	1844408	2446392	7066179	7820170
城乡居民储蓄存款	Saving Deposit Balance of Urban and Rural Residents	2189572	2722856	5629508	6258338

22-10 民族自治地方教育、卫生及文化情况
Basic Statistics on Education, Health and Culture of Ethnic Minority Autonomous Areas

指 标	Item	2010	2011	2015	2016
教育	**Education**				
高等学校所数(所)	**Institutions of Higher Education(unit)**	**1**	**1**	**2**	**2**
专任教师数(人)	Number of Full-time Teachers(person)	403	435	575	625
在校学生数(人)	Number of Student Enrollment(person)	8087	8266	11303	12532
中等学校所数(所)	**Number of Secondary Schools(unit)**	**7**	**7**	**6**	**6**
专任教师数(人)	Number of Full-time Teachers(person)	477	611	501	436
在校学生数(人)	Number of Student Enrollment(person)	5819	4986	2633	4806
普通中学数(所)	**Regular Secondary Schools(unit)**	**209**	**201**	**195**	**144**
专任教师数(人)	Number of Full-time Teachers(person)	12963	13491	15738	12651
在校学生数(万人)	Number of Student Enrollment(10 000 persons)	22.52	22.75	17.56	14.09
小学校所数(所)	**Number of Primary School(unit)**	**1641**	**1606**	**1357**	**1002**
专任教师数(人)	Number of Full-time Teachers(person)	19080	20396	21244	17549
在校学生数(万人)	Number of Student Enrollment(10 000 persons)	36.44	34.50	28.18	25.15
卫生	**Health**				
卫生机构数(个)	**Number of Health Institutions (unit)**	**1208**	**1292**	**3590**	**3781**
#医院	Hospitals	47	48	53	54
卫生院	Health Centers	291	293	273	294
社区卫生服务中心(站)	Community Health Service Centers (stations)		37	43	40
疾病预防控制中心(防疫站)	Centers for Disease Control and Prevention		24	23	21
床位(张)	**Beds (unit)**	**9929**	**10451**	**13451**	**16380**
#医院	Hospitals	6166	6493	9050	9674
卫生院	Health Centers	3155	3320	3618	3712
社区卫生服务中心(站)	Community Health Service Centers (stations)		195	241	2225
疾病预防控制中心(防疫站)	Disease Prevention and Control Centers				
卫生机构人员数(人)	**Medical institution Personnel (person)**	**11993**	**15206**	**18982**	**19517**
卫生技术人员(人)	**Medical Technical Personnel (person)**	**10392**	**11044**	**12726**	**13499**
#医院	Hospitals		4330	5451	5936
卫生院	Health Centers		3413	3285	3570
社区卫生服务中心(站)	Community Health Service Centers (stations)		304	425	414
疾病预防控制中心(防疫站)	Centers for Disease Control and Prevention		756	640	546
文化	**Culture**				
文化事业	**Culture Institution**				
机构数(个)	Number of Institution (unit)	726	722	804	892
人员数(人)	Personnel(person)	3611	4560	5119	5900
各类文化艺术事业单位数（个）	**Number of Culture and Art Institution (unit)**	**401**	**415**	**436**	**450**
#文化馆、艺术馆	Cultural Centers and Art Station	23	23	23	23
公共图书馆	Public Libraries	23	23	23	23
博物馆	Museums	24	29	31	33
艺术表演场馆	Art Performance Places	3	2	3	4
艺术表演团体	Art Performance Troupes	16	14	17	18

23

兰州新区

Lanzhou New Area

简要说明

一、本篇资料主要内容

本篇资料反映兰州新区 2011–2016 年的经济社会发展情况。重点反映了兰州新区人口变动、经济总量、投资、能源消耗、农业、财政等方面的基本情况。

二、本篇资料来源

本篇资料由兰州新区经发局搜集、加工整理。

1. 年末户籍人口数据由兰州新区公安局提供。

2. 财政数据由兰州新区财政局提供。

23-1 兰州新区经济社会主要指标
Main Economic and Social Indicators of Lanzhou New Area

指 标	Item	2011	2012	2013	2014	2015	2016
年末户籍人口(万人)	Household Registered Population at Year-end(10 000 persons)			13.12	13.73	14.04	14.44
法人单位数(个)	Number of Legal Entities (unit)	205	211	222	663	757	854
生产总值(亿元)	Gross Regional Product (100 million yuan)	39.04	56.02	68.95	96.36	125.5	151.7
第一产业	Primary Industry	3.26	3.49	3.49	3.81	3.83	3.62
第二产业	Secondary Industry	25.84	41.31	52.7	74.99	94.69	113.9
#工业	Industry	3.38	3.68	4.48	18.4	33.9	49.3
第三产业	Tertiary Industry	9.94	11.22	12.76	17.56	27	34.18
生产总值指数	Indices of Gross Regional Product		142.0	126.0	133.1	129.2	125.1
生产总值构成(%)	Composition of Gross Regional Product(%)						
第一产业	Primary Industry	8.35	6.23	5.06	3.96	3.05	2.39
第二产业	Secondary Industry	66.19	73.74	76.43	77.82	75.44	75.07
#工业	Industry	8 66	6.57	6.5	19.1	27.01	32.51
第三产业	Tertiary Industry	25.46	20.03	18.51	18.22	21.51	22.54
工业	**Industry**						
规模以上工业增加值(亿元)	Value-added of Industry above Designated Size (100 million yuan)	2.08	2.18	2.6	13.2	27.9	42.53
轻工业	Light Industry	0.4	0.5	0.78	1.15	1.2	4.7
重工业	Heavy Industry	1.68	1.68	1.82	12.05	26.7	37.83
规模以上工业企业经济效益	Economic Benefit of Industry Enterprises above Designated Size						
主营业务收入(亿元)	Revenue from Principal Business (100 million yuan)			9.04	33.22	143.5	238.3
利润总额(亿元)	Total Profits (100 million yuan)				5.4	13.3	10.6
能源	**Energy**						
全社会用电量(万千瓦时)	Whole Society Electricity Consumption(10 000kw·h)				19834	27754	33856
#工业用电量(万千瓦时)	Industry Electricity Consumption(10 000kw·h)				5034	9122	11686
能源消费总量(万吨标煤)	Total Energy Consumption (10 000 tons of SCE)				20.35	21.24	20.82
单位生产总值能耗(吨标煤/万元)	Energy Consumption per Unit of GRP(ton of SCE/10 000 yuan)				0.23	0.17	0.13

23-1 续表 continued

指 标	Item	2011	2012	2013	2014	2015	2016
固定资产投资(亿元)	**Investment in Fixed Assets (100 million yuan)**						
固定资产投资总额	Total Investment in Fixed Assets	140.37	235.16	301.58	435	476.3	491.26
项目投资	Project Investment	140.37	235.16	301.58	370	396.37	445.66
房地产开发	Real Estate Development				65	79.93	45.6
#住宅	Residential Buildings				17.3	40.48	39.83
按产业分	By Industry						
第一产业	Primary Industry	0.40	7.66	2.96	3.56	2.40	1.20
第二产业	Secondary Industry	25.73	46.10	66.63	185.00	143.45	142.80
第三产业	Tertiary Industry	114.24	181.40	231.99	246.45	330.45	347.26
农业农村	**Agriculture and Rural**						
乡镇个数(个)	Number of Townships (unit)				3	3	3
行政村个数(个)	Administrative Village (unit)				54	54	54
耕地面积(公顷)	Cultivated Area (hectare)				23652	21902	20344
农林牧渔业总产值(万元)	Gross Output Value of Agriculture,Forestry, Animal Husbandry and Fishery (10 000 yuan)				50172	51686	53026
化肥施用折纯量(吨)	Convert to Pure Amount of Chemical Fertilizers Consumption (ton)				2890	2832	2567
农作物播种面积(公顷)	Sown Areas of Farm Crops (hectare)				22956	21504	20517
主要农产品产量(吨)	Yield of Major Farm Crops (ton)				54444	59996	59154
粮食	Grain Crops				46819	45856	44612
油料	Oil-bearing Crops				2593	2421	2437
园林水果	Garden Fruits				2496	2690	2564
肉类	Meat				2536	9029	9541
财政(亿元)	**Finance (100 million yuan)**						
一般公共预算收入	General Public Budget Revenue	1.00	1.36	2.88	6.05	9.18	13.87
税收收入	Total Tax Revenue	0.96	1.25	2.60	5.34	7.95	12.42
一般公共预算支出	General Public Budget Expenditure		6.15	26.27	21.16	31.93	37.54

《甘肃发展年鉴》电子版说明

《甘肃发展年鉴》2017（电子版）是新型的阅读工具，它界面美观，便于携带，操作简便，功能实用。

《甘肃发展年鉴》2017（电子版）内容分为二部分：第一部分设特载、概况、国民经济、建设测绘、财政金融、经济管理、社会事业、人民生活、地县及兰州新区概况等 9 个篇目；第二部分设综合，人口，国民经济核算，就业和工资，价格，人民生活，财政和金融业，资源和环境，能源，固定资产投资，对外经济贸易，农业，工业，建筑业，批发和零售业，住宿、餐饮业和旅游业，运输和邮电，教育和科学技术，卫生、社会服务和社会保障，文化和体育，城市，民族自治地方，兰州新区等 23 个篇章。

系统要求：

中文 Windows 9X，Windows ME /2000 /XP；建议使用 IE 浏览器

使用方法：

1. 将《年鉴》光盘插入光驱，光盘自动运行进入主页，如不能自动启动，请进入光盘所在的驱动器，点击 Start.exe，即可启动。

2. 光盘启动后，会自动运行 FLASH，然后进入主页面，点击“浏览光盘”即可以进入光盘正文。

3. 光盘分为两帧，左边目录，右边正文。目录分为两级，点击目录可以进入正文，显示于光盘的右边。

4. 正文分 WEB 页和 EXCEL 两种格式的文档，点击左边目录上图标可以进行转换。

5. 点击主页面的“退出动画”即可退出光盘。

6. 如若目录无法打开，请详见光盘中的帮助文件（help.htm）。

Gansu development Yearbook 2017 (electric version) is a new type reading tool. It has beautiful interface, and is easy to carry, easy to operate, functional and practical.

Gansu development Yearbook 2017 (electric version) has two parts. The first part contains Featured Articles, Survey, National Economy, Construction, Survey & Mapping Government Finance and Financial, Economy & Management, Social Undertaking, People's Living Conditions, General Situation of Prefectures & Counties and Lanzhou New Area, total 9 chapters. The second part contains total 23 sections and chapters: General Survey; Population; National Accounts; Employment and Wages; Prices; People's Living Conditions; Government Finance and Financial Intermediation; Resources and Environment; Energy; Investment in Fixed Assets; Foreign Trade and Economic Cooperation; Agriculture; Industry; Construction; Wholesale and Retail Trades; Hotels, Catering Services and Tourism; Transport, Postal and Telecommunication Services; Education & Science and Technology; Public Health, Social Services and Social Security; Culture and Sports; City; Ethnic Minority Autonomous Area; Lanzhou New Area.

System Requirements
Windows 98, Windows Me, Windows 2000, Windows XP, Windows 2003
Microsoft Internet Explorer 6.0 and above version

How to Use

1.Insert Gansu Development Yearbook 2017 disc into your CD-ROM drive, the disc will be automatically started. If not, please click start2017.exe to open the CD-ROM.

2.After the CD-ROM is started, it will automatically run FLASH, and then enter the main page, click on “Browse CD” to enter the CD-ROM text.

3.Disc is divided into two pictures, the left is the directory, the right is the text. Directory is divided into two levels, click on the directory you can enter the text, and displayed on the right side of the disc.

4.The main text is divided into WEB page and EXCEL two format documents, click on the icon on the left-hand directory to convert.

5.Click “Exit Animation” on the main page to exit the disc.

6.If the directory can't be opened, please see the help file (help.htm) of the disc.

图书在版编目（CIP）数据

甘肃发展年鉴. 2017 : 汉英对照 / 甘肃发展年鉴编委会编. -- 北京 : 中国统计出版社, 2017.12
ISBN 978-7-5037-8255-8

Ⅰ. ①甘… Ⅱ. ①甘… Ⅲ. ①区域经济发展－甘肃－2017－年鉴－汉、英②社会发展－甘肃－2017－年鉴－汉、英
Ⅳ. ①F127.42-54

中国版本图书馆 CIP 数据核字(2017)第 184705 号

甘肃发展年鉴—2017

作　　者/甘肃发展年鉴编委会
责任编辑/李　冲
装帧设计/黄　晨
出版发行/中国统计出版社
通信地址/北京市丰台区西三环南路甲 6 号　邮政编码/100073
电　　话/邮购（010）63376909　书店（010）68783171
网　　址/http://www.zgtjcbs.com/
印　　刷/河北鑫兆源印刷有限公司
经　　销/新华书店
开　　本/880mm×1230mm　1/16
字　　数/1500 千字
印　　张/50.5
版　　别/2017 年 12 月第 1 版
版　　次/2017 年 12 月第 1 次印刷
定　　价/380.00 元

本书附同版本 CD-ROM 一张，光盘内容以书面文字为准。
如有印装差错，由本社发行部调换。